Ägypten und Altes Testament

Band 67

ÄGYPTEN UND ALTES TESTAMENT

Studien zu Geschichte, Kultur und Religion Ägyptens
und des Alten Testaments

Herausgegeben von
Manfred Görg

Band 67

2007

HARRASSOWITZ VERLAG · WIESBADEN

Jan Moje

Untersuchungen zur Hieroglyphischen Paläographie und Klassifizierung der Privatstelen der 19. Dynastie

2007

HARRASSOWITZ VERLAG · WIESBADEN

Bibliografische Information der Deutschen Nationalbibliothek
Die Deutsche Nationalbibliothek verzeichnet diese Publikation in der Deutschen Nationalbibliografie; detaillierte bibliografische Daten sind im Internet über http://dnb.d-nb.de abrufbar.

Bibliographic information published by the Deutsche Nationalbibliothek
The Deutsche Nationalbibliothek lists this publication in the Deutsche Nationalbibliografie; detailed bibliographic data are available in the internet at http://dnb.d-nb.de.

Informationen zum Verlagsprogramm finden Sie unter
http://www.harrassowitz-verlag.de

Gedruckt auf alterungsbeständigem Papier.
Druck und Verarbeitung: Memminger MedienCentrum AG
Printed in Germany

ISSN 0720-9061
ISBN 978-3-447-05321-1

Inhaltsverzeichnis

I. Vorwort

Vorliegende Arbeit wurde im Jahre 2005 als Dissertation von der Philosophischen Fakultät der Westfälischen Wilhelms-Universität Münster angenommen. Die gedruckte Version ist gegenüber der ursprünglich ein-gereichten Fassung nur geringfügig bzgl. Fragen der Stilistik u. ä. überarbeitet worden, Inhalt und Struktur der Untersuchung wurden nicht verändert.

Während der Abfassung dieser Arbeit bekam ich vielfältige Hilfe und Unterstützung, für die ich mich an dieser Stelle bedanken möchte, zuallererst meinem Doktorvater J. KAHL sowie meinem Zweitkorrektor E. GRAEFE.

Folgende Personen haben mir dankenswerterweise Originale zugänglich gemacht und mich tatkräftig bei meinem Aufenthalt unterstützt, wofür ich ihnen meinen ganz herzlichen Dank aussprechen möchte: Berlin, *Ägyptisches Museum und Papyrussammlung*: D. WILDUNG, I. MÜLLER, K. FINNEISER, F. MAROHN; Bruxelles, *Musées Royaux d'Art et d'Histoire*: L. LIMME, D. HUYGE, C. VAN WINKEL; Hannover, *Kestner-Museum*: R. DRENKHAHN; København, *Nationalmuseet*: A. HASLUND-HANSEN; København, *Ny Carlsberg Glyptothek*: M. JØRGENSEN und Mitarbeiter; Leiden, *Rijksmuseum van Oudheden*: M. J. RAVEN; Liverpool, *Liverpool Museum*: P. BIENKOWSKI; London, *British Museum*: N. STRUDWICK und das Team des Departments, besonders BOB und TONI; München, *Staatliches Museum Ägyptischer Kunst*: A. GRIMM, H. DIETRICH sowie das Team vom *Zweigmuseum in Seefeld*; Oxford, *Ashmolean Museum*: H. WHITEHOUSE, C. RIGGS.

Mein herzlicher Dank gilt auch denjenigen Institutionen und Personen, die mir Fotos bzw. noch unpublizierte Faksimiles zur Verfügung gestellt haben oder mir bei der Beschaffung behilflich waren: Avignon, *Musée Calvet*: O. CAVALIER, V. AUTAJON; Bologna, *Museo Civico Archeologico*: C. M. GOVI, D. PICCHI; Bordeaux, *Musée des Beaux-Arts*: G. LUBY; Bristol, *City Museum and Art Gallery*: S. GILES; Brooklyn, *The Brooklyn Museum of Art*: K. ZUREK; Cambridge, *Fitzwilliam Museum*: S. A. ASHTON, G. T. MARTIN (Christ's College Cambridge); Firenze, *Museo Egizio di Firenze, Soprintendenza per i beni archeologici della Toscana*: C. GUIDOTTI; Hildesheim, *Pelizaeus-Museum*: B. SCHMITZ; Leipzig, *Ägyptisches Museum der Universität*: F. SEYFRIED; Marseille; *Musée d'Archeologie Méditerranéenne*: G. PIERINI; New York, *Metropolitan Museum of Art*: J. P. ALLEN; Paris, *Musée National du Louvre/ Réunion des Musées Nationaux*: C. ZIEGLER, E. DAVID, P. COUTON; Philadelphia, *University of Pennsylvania Museum*: J. HOUSER WEGNER; St. Louis, *City Art Museum*: Team des Museums; Straßbourg, *Institut d'Égyptologie de l'Université*: A. SCHWEITZER; Torino, *Museo Egizio*: A. DONADONI, M. BORLA.

B. SCHMITZ, Hildesheim gebührt herzlichen Dank für vielfältige Anregungen und Hinweise zu den Qantir-Stelen. Mit E. BLUMENTHAL, Leipzig, konnte ich eine anregende Diskussion über Deir el-Medineh-Stelen und Arbeitsstätten führen. Auch von K. OHLHAFER, Münster bekam ich dankenswerterweise viele Hinweise.

W. SCHENKEL, Tübingen verdanke ich wertvolle Hinweise zu verschiedenen Zeichenformen und zum System der Numerierung.

Des weiteren danke ich auch H.-W. FISCHER-ELFERT und den übrigen Mitgliedern des Leipziger Ägyptologischen Instituts, die es mir ermöglichten, erste Ergebnisse vortragen sowie zur Diskussion stellen zu können und die mir wertvolle Anregungen gaben.

Folgende Personen, denen ebenfalls mein herzlicher Dank gilt, haben mir bei Übersetzungen meiner Korrespondenz geholfen: D. BREITBACH, Frechen; R. CORNEJO, Münster; A. CHRISTENHUIS, Düsseldorf.

Der Arbeit des Korrekturlesens eines großen Teils unterzogen sich meine Eltern, denen dafür sowie für die tatkräftige und auch finanzielle Unterstützung zu danken ist, die mich während der ganzen Zeit begleitet hat.

Ganz besonders möchte ich meiner Frau C. BREITBACH für vielfältige Hinweise und Inspirationen danken.

Nicht zuletzt danke ich M. GÖRG für die Möglichkeit, meine Arbeit in dieser Reihe publizieren zu können, sowie dem Verlag Harrassowitz, besonders M. LANGFELD und R. FRIEDRICH, für die sehr gute Zusammenarbeit.

Die paläographischen Tabellen befinden sich auf der CD-ROM am Ende des Bandes in Form von pdf-Tabellen, auch aufgrund des Umfangs war eine Publikation dieses Teils meiner Arbeit in gedruckter Form nicht realisierbar.

Köln, im Juli 2006 Jan Moje

II. Provenienz-Kartierung des vorliegenden Objektcorpus

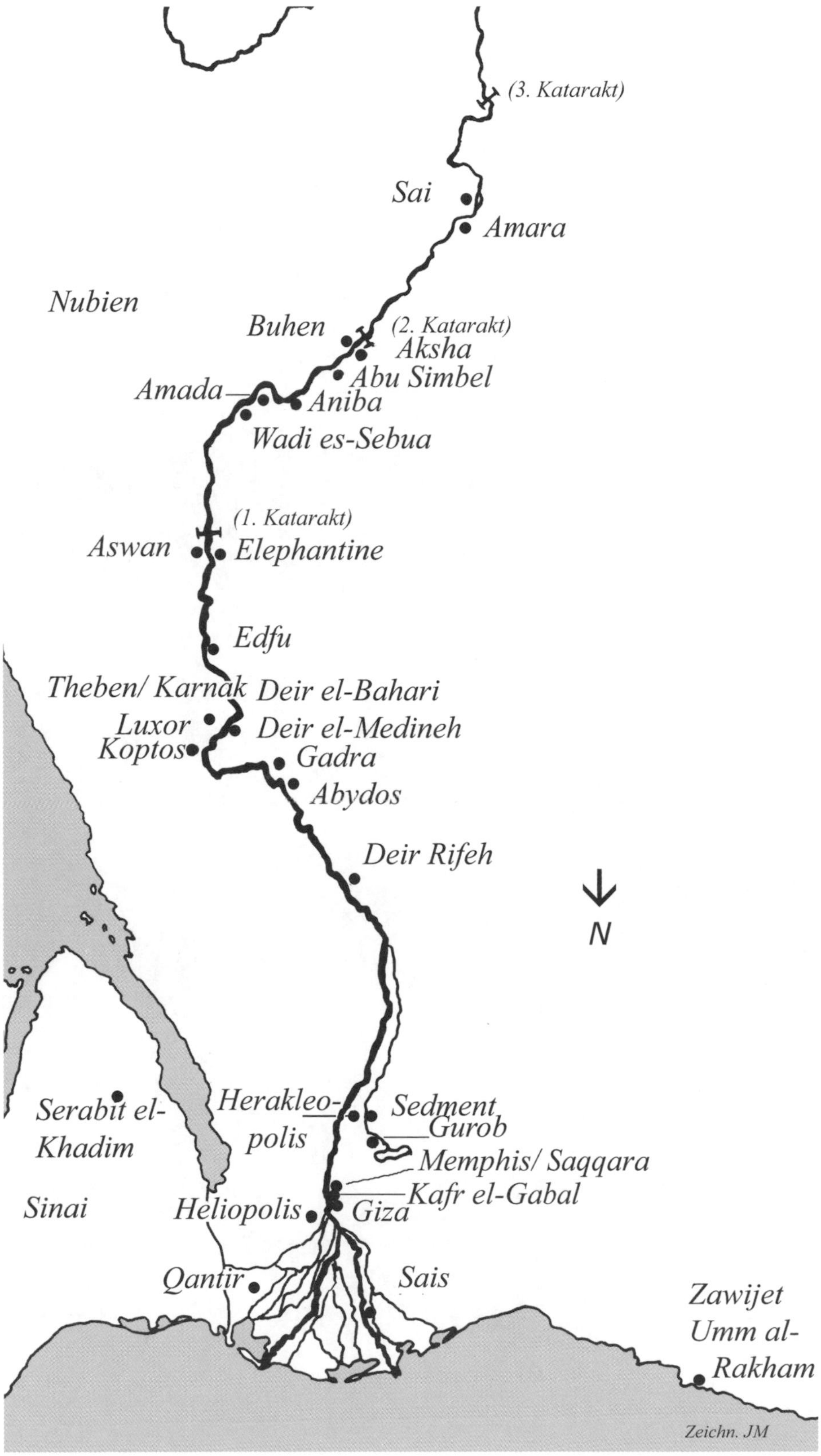

1. Einleitung

1.1. Ziele und Vorgehensweise

Eine hieroglyphisch-paläographische Arbeit für die gesamte Spannbreite der ägyptischen Geschichte, wie sie noch G. MÖLLER für das Hieratische vorgelegt hat, ist heute schon allein aufgrund des immensen Materialvorkommens und der gestiegenen Anforderungen nicht mehr durchführbar. Daher ist es sinnvoller, sich auf bestimmte Zeiten und/ oder Materialgruppen zu beschränken.

In dieser Arbeit sollen die Möglichkeiten paläographischen Arbeitens beispielhaft anhand des ausgewählten Objektcorpus der freistehenden Privatstelen der 19. Dynastie dargelegt werden. Es handelt sich insgesamt um 572 erfaßte Objekte, von denen 313 Stück in meiner Paläographie verwendet werden konnten. Aufgenommen wurden sämtliche mir bekannt gewordenen Privatstelen der 19. Dynastie, die auf einen Pharao genau (von der Regierung Ramses I bis zu der Siptahs) datierbar und deren Provenienzen gesichert sind.

Auf Grabwände gemalte sowie in Fels gravierte „Stelen“ wurden ebenso wie Stelophore und inschriftenlose Stelen nicht in die Untersuchung mit einbezogen[1].

In den Texten der von mir untersuchten Stelen kommt – allerdings sehr selten – nur der Terminus *wḏ* [2] „Stele“ vor, alle übrigen von R. HÖLZL[3] aufgelisteten altägyptischen Bezeichnungen für diese Objektgruppe nicht.

Die Untersuchungen sollen zum einen zeigen, wie die einzelnen Hieroglyphen dieser Objektgruppe in der 19. Dynastie geschrieben werden und welche Unterschiede es zwischen den Zeichen aus verschiedenen Regionen gibt[4]. Darüber hinaus ist es möglich, interne Zusammenhänge spezifizieren zu können, so die gemeinsame Herkunft verschiedener Stelen aus einer Arbeitsstätte oder von einem Hersteller ermitteln zu können sowie regionale Besonderheiten oder lokale Eigenheiten zu erfassen. Die erstellten Tabellen sollen auch für spätere Forschungen eine Arbeitsgrundlage bilden, mit der über den paläographischen Ansatz Datierungsvorschläge für undatierte oder zeitlich unsichere Privatmonumente erarbeitet werden können.

Des weiteren bietet die vorliegende Untersuchung einen nahezu vollständigen Überblick über die bis jetzt gesichert datierbaren und lokalisierbaren Privatstelen der 19. Dynastie sowie über deren Darstellungen und Texte.

Neben der paläographischen Bearbeitung ist ein weiterer Schwerpunkt dieser Untersuchung die Herausarbeitung eines Codes für eine standardisierte Klassifizierung der Stelen. Dieses System ist so beschaffen, daß es auch auf Exemplare anderer Zeiten übertragbar ist. Außerdem soll die Möglichkeit von Hinzufügungen neuer Unterpunkte und Ergänzungen gegeben sein, ohne Bestehendes ändern zu müssen. Die Klassifizierung macht die grundlegenden Eigenschaften der Stele schnell erkennbar.

---

1 Für eine Übersicht der verschiedenen „Arten“ von Stelen cf. HÖLZL, *Giebelfelddekorationen*, 5.
2 *WB I*, 398 – 399.
3 HÖLZL, *Giebelfelddekorationen*, 5.
4 Ist dabei vom „Basiszeichen“ die Rede, handelt es sich um die jeweilige Form der Hieroglyphe in A. H. GARDINERs maßgeblichem Zeichenfont.

Bei der Vielzahl der in meiner Arbeit erfaßten Objekte und Untergliederungskriterien mußte eine erweiterte Form derjenigen Präsentation gefunden werden, die G. MÖLLER und O. EL-AGUIZY[5] benutzten.

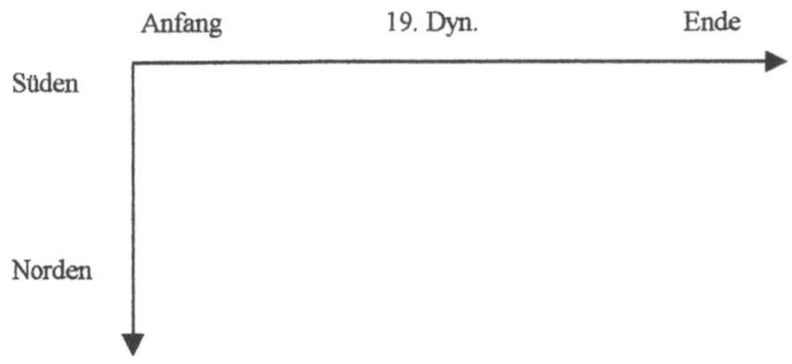

Abb. 1 Das paläographische System

Die paläographischen Variationen der einzelnen Zeichen werden nach dem in Abb. 1 gezeigten System verarbeitet. So sind auf der waagerechten Achse die chronologischen Entwicklungen von der Zeit Ramses I bis zu der Siptahs, auf der Senkrechten die topographischen Unterschiede von Süden (Nubien) nach Norden (Delta) verdeutlicht. Im Gegensatz dazu sind im Quellenkatalog die Toponym-Siglen alphabetisch sortiert, was den Vorteil der schnellen Auffindbarkeit eines bestimmten Stückes bietet.

Meine Arbeit ist von ihrer Intention her diachron angelegt, berücksichtigt also diverse Objekte aus einer breiten Zeitspanne, um u. a. Datierungskriterien erarbeiten zu können. Einen ähnlichen Ansatz lag auch schon G. MÖLLERs *Hieratischen Paläographie* zugrunde. M. MEGALLY[6] hingegen veröffentlichte 1971 eine andere Herangehensweise an dieses Thema. Er analysierte ausführlich die Nachteile und Schwächen von G. MÖLLERs diachroner Struktur seiner Paläographie. So ist die Auswahl der Papyri für jede Zeitspanne sehr beschränkt und muß nicht zwangsläufig repräsentativ sein, darüber hinaus ist das Problem der exakten Datierungen immanent[7]. M. MEGALLY plädiert deshalb für einen synchronen Ansatz, bei dem das gesamte Zeichenspektrum jeweils nur eines einzigen Textes tiefschürfend analysiert und ausgewertet wird[8]. Aufgrund der immensen Zahl der erhaltenen Papyri sind solche Vorarbeiten sicher sinnvoll, sofern man eine diachrone Bearbeitung einer Schrift durch die ganze Geschichte Ägyptens anstrebt.

Aber gerade wegen dieser Belegmengen sollte man meiner Meinung nach diachrone Arbeiten für bestimmte Epochen resp. adäquat ausgewählte Objektgruppen erarbeiten[9]. Die letztendliche Zusammenstellung meines Kataloges mag aufgrund des Zufalls der Erhaltung nur einen Ausschnitt bieten, aber ich denke doch, daß dieser Ausschnitt bei der hohen Zahl der verwendeten Stücke repräsentativ ist. Das Problem der oft in der Literatur nicht exakten oder variierenden Datierungen einzelner Objekte habe ich dadurch behoben, daß ich nur solche Stelen in der Paläographie verwende, die aufgrund der Inschriften oder der Prosopographie eindeutig in die Zeit eines Pharaos datiert werden können – und darüber hinaus auch eine gesicherte Provenienz haben.

Einen wichtigen Teil dieser Arbeit nimmt die Systematisierung der aufgenommenen Hieroglyphen nach geographischen Gesichtspunkten ein. So ist es möglich, wie bereits oben ange-

5 MÖLLER, *Hieratische Paläographie*; EL-AGUIZY, *Palaeographical Study*.

6 MEGALLY, *Considérations*, XVII ff.

7 Allerdings sollte man stets bedenken, daß diese Kritik aus der Sicht heutiger Arbeitsmethoden zwar berechtigt ist, G. MÖLLERs Arbeit zum Abfassungszeitpunkt jedoch auf der Höhe der Zeit war.

8 Einen solchen synchronen Ansatz verfolgt auch das Projekt „Paléographie Hiéroglyphique" des IFAO unter D. MEEKS, cf. seine kurze Beschreibung in den *Résumés des 9. IÄK Grenoble Sept. 2004*, 81 sowie in EA 22/ 2003, 20.

9 Für das Hieratische sind bereits einige neuere, diachron angelegte Arbeiten zu ausgewählten Bereichen zu verzeichnen: WIMMER, *Paläographie* (zu den nichtliterarischen, ramessidenzeitlichen Ostraka aus Deir el-Medineh), sowie VERHOEVEN, *Untersuchungen* (zur spähieratischen Buchschrift), die zusätzlich noch eine synchrone Analyse des saitischen Orakel-Papyrus pBrooklyn 47.218.3 angefertigt hat.

sprochen, Stelen in lokale Kontexte einordnen zu können und so eventuell die gemeinsame Herkunft aus einer Arbeitsstätte oder von einem Hersteller zu erfassen.

In den bisherigen paläographischen Studien wurde diesem Aspekt selten Beachtung geschenkt. Erst in der demotischen Paläographie von O. EL-AGUIZY[10] wird eine grobe geographische Unterteilung in Unter-, Mittel- und Oberägypten vorgenommen.

Eine weitere Differenzierung erfolgte nach den verschiedenen Schriftträgern, nach weichen bzw. harten Gesteinen und Quarzkeramik, da Schrift auf verschiedenen Trägern nicht immer paläographisch miteinander verglichen werden kann[11]. Die Einbeziehung des jeweiligen Schriftträgers, des Materials der Stele, ist ein wichtiger Aspekt bei der Bearbeitung der unterschiedlichen Erscheinungsformen von Hieroglyphen.

Verwendet wurden verschiedenste Steinsorten wie Kalkstein, Sandstein, Granit oder Basalt, daneben Quarzkeramik und Holz. Stelen aus Metall sind mir nicht bekannt geworden, es könnte sie allerdings durchaus gegeben haben, wenn auch wohl nicht im privaten Bereich.

Die Reihenfolge der Hieroglyphen folgt A. H. GARDINER[12], ergänzend dazu wurde die Zeichenliste der Sargtexte von W. SCHENKEL[13] sowie der Hieroglyphenfont des IFAO[14] herangezogen. Die dort nicht vorkommenden Zeichen werden in der paläographischen Analyse mit schriftsystematischen Angaben zu Lautwert und Funktion verzeichnet und nach einem eigenen System numeriert[15]. Diese Numerierung setzt sich bei Kompositshieroglyphen aus [Hiero. a]+[Hiero. B] zusammen, bei neuen Einzelzeichen wird hinter den Buchstaben der Abteilung ein # gesetzt, dahinter eine laufende, zweistellige Zahl. Bei allen neu vergebenen Nummern macht ein nachgestelltes „M“ diese zusätzlich als eine von mir eingeführte kenntlich.

Meiner Meinung nach wird oft eine viel zu detaillierte Unterteilung einzelner Zeichen mit mehreren Unternummern vorgenommen, jede neue Variante eines Zeichens wird dann gerne als neues Zeichen mit neuer Nummer klassifiziert. Dies kann unter Umständen zu einer unnötigen Aufteilung in viele Einzelnummern führen[16]. Das birgt meines Erachtens die Gefahr, nicht mehr das gemeinsame Zeichen dahinter zu sehen, dabei vergißt man leicht, daß viele Zeichen nicht neu entstanden, sondern Abwandlungen eines schon bestehendes Zeichens sind. Die Unterschiede sind meistens zeitlich oder regional bedingt, aber es bleibt immer noch das gleiche „Basiszeichen“ mit jeweils identischen Funktionen und Lautwerten[17].

10 EL-AGUIZY, *Palaeographical Study*, speziell zu den Gruppenschreibungen 386 – 427.

11 Hierzu auch Kap. 4.5. Auf die Bedeutung des Schriftträgers für philologische Untersuchungen wies nach BRUNSCH, *Notizen*, 69 auch U. LUFT hin.

12 GARDINER, *EG*, 442 – 543, die Nummern seiner *Extended Library* wieder leicht zugänglich in HANNIG, *HWB*, 1117 – 1168.

13 SCHENKEL, *Konkordanz*, 45 ff. Die Liste DAUMAS, *Valeurs Phonétiques* gilt nur für die griechisch-römische Epoche und wird daher nicht herangezogen. Zu dieser Liste cf. LEITZ, *QÄR I*, 151.

14 *Cauville, Devauchelle, Grenier, Catalogue*.

15 W. SCHENKEL danke ich herzlich für Hinweise zu diesem Thema, seinen Anregungen folgend verwende ich eine eigene Systematik, die aber derzeit – wie alle Systeme – nur provisorischen Charakter haben kann.

16 Ein Beispiel GRIMAL, HALLOF, VAN DER PLAS, *Hieroglyphica*, 1 A-3 (Hieroglyphen A 40 – A 40F).

17 Welche Hieroglyphenform im jeweiligen Einzelfall als Basiszeichen zu etablieren sei, kann im Rahmen der vorliegenden Arbeit nicht detailliert untersucht werden. Diese Gedanken beziehen sich auf den Zeitraum meiner Untersuchung, das Problem der Schriftentwicklung in der Ptolemäer- und in der Römerzeit, wo schon subtile Veränderungen völlig andere Zeichen mit anderen Bedeutungen bilden, muß hier ausgeklammert bleiben, cf. dazu z. B. MORENZ, *Schrift – Mysterium*.

Wenn die Lesung und Verwendung eines „neuen“ Zeichens mit denen eines bereits bekannten übereinstimmen, ist dies eher als eine in einer bestimmten Zeit vorkommende Variante anzusehen und nicht als ein völlig neues Zeichen. Auch eine a/b/c-Numerierung ist dann unnötig. H. G. FISCHER hat sich verschiedentlich dieses Problems angenommen, so faßt er z. B. A 47 () und A 48 ()[18] zu einem Zeichen zusammen. Auch in A. H. GARDINERS *Sign List* sind einige Inkonsequenzen vorhanden. Ich nenne an dieser Stelle lediglich die durch die Numerierung bedingte Vorstellung von drei voneinander verschiedenen Zeichen bei Aa 13 (), Aa 14 () und Aa 15 ()[19], obwohl alle eigentlich nur Form-Varianten ein und derselben Hieroglyphe sind[20]. S. L. GOSLINE[21] hat 1999 für ihre Hieratische Paläographie ein neues, von A. H. GARDINERS Anordnung abweichendes Analysesystem verwendet, bei dem jedes Zeichen als Strichsequenz aus max. 12 miteinander kombinierten Standardstrichen verstanden wird.

Neben der Auflistung der als Einzelzeichen vorkommenden Hieroglyphen wird auch ihrer Vergesellschaftung mit anderen Zeichen in einer geschlossenen Gruppe Beachtung geschenkt[22].

In allen Tabellen folgt hinter der Einzelzeichen-Auflistung die Zusammenstellung der relevanten *Schriftfelder*[23] mit dem entsprechenden Zeichen. Voraussetzung dafür ist, daß sich diese kombinierten Zeichen gegenseitig in Form und/ oder Größe beeinflussen, abweichend vom Aussehen des jeweiligen Einzelzeichens.

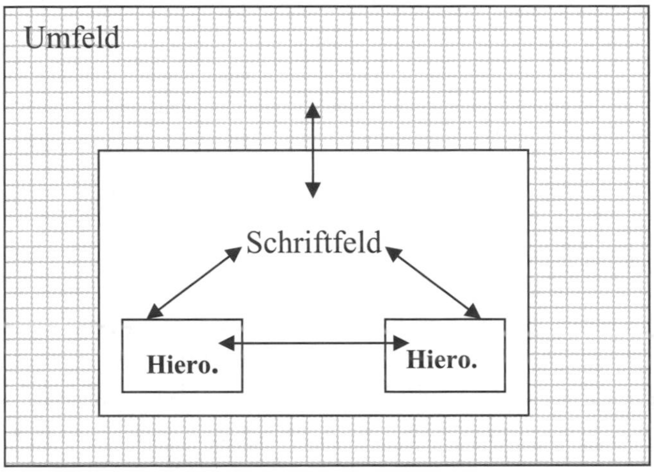

Abb. 2 Die gegenseitige Beeinflussung von Hieroglyphe – Schriftfeld – Umfeld

Innerhalb eines Schriftfeldes nehmen die einzelnen Hieroglyphen aufeinander Bezug, aber auch auf das Schriftfeld, in dem sie sich befinden (Abb. 2). Dieses Schriftfeld wiederum kann durch die darum umliegenden Schriftfelder, dem von mir so genannten *Umfeld*, in seiner Form beeinflußt werden und wirkt sich im Gegenzug auch wieder auf das Umfeld aus.
Alle Schriftfelder resp. das gesamt Umfeld in einer zusammenhängenden Textpassage bilden das sogenannte Textfeld eines Registers/ einer Stele.

18 FISCHER, *Calligraphy*, 16.
19 GARDINER, *EG*, 542.
20 Zu weiteren – speziell paläographischen – Problemen der *Sign List* cf. VERNER, *Preparation*, 50.
21 GOSLINE, *HP 1*, dazu die Rez. K. REINHARDT in JAC 14/ 1999154 f.
22 In diesem Zusammenhang danke ich W. SCHENKEL für mündliche Anregungen in Basel 2003.
23 Ich lehne für die Hieroglyphenschrift die Existenz von kanonisierten, einheitlichen Schrift„quadraten“ ab, zumindest in der Ramessidenzeit, und verwende statt dessen den von mir in diesem Zusammenhang hier eingeführten Begriff des „Schriftfeldes“. Cf. auch SCHENKEL, *Einführung*, 51. Eine ausführliche Untersuchung zu diesem Thema wird derzeit von mir vorbereitet.

Diese Betrachtung von Schreibungen in Gruppen ist ein wichtiger Aspekt innerhalb einer paläographischen Untersuchung, leider ist dies in der Hieroglyphischen Paläographie bis heute ein Desiderat geblieben[24]. G. MÖLLER hatte in seiner hieratischen Paläographie diesem Teil ebenfalls Beachtung geschenkt, im Anhang jedes Bandes faßt er diverse Gruppenschreibungen, Wörter und Wortgruppen zusammen, die im Hieratischen zu Ligaturen verschmolzen sind[25]. Die einzige Ausnahme im Bereich der hieroglyphischen Schrift ist die Publikation von P. LACAU und H. CHEVRIER[26] von 1955/ 1969 über die Kapelle Sesostris I.

Bei den in meinem Corpus auftretenden Schriftfeldschreibungen ist beispielsweise zu beobachten, daß die Wasserlinie in der Gruppe *Jmn (*oder auch in ***bhn***) weniger Zacken aufweist als dasjenige Einzelzeichen im gleichen Text, das die ganze Breite einer solchen Gruppe einnimmt. Gleiches gilt für das Spielbrett, bei dem die Anzahl der Spielfiguren analog zur Position in einem Schriftfeld variiert. Zur Veranschaulichung seien drei Beispiele gegeben:

 →  (SI/ DeM/ 001),  → 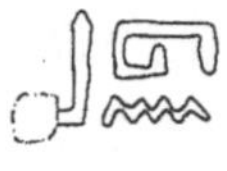 (RII/ Buh/ 001) und

 →  (RII/ SeK/ 003).

Diese Veränderungen treten hauptsächlich bei Zeichengruppen auf, die auch inhaltlich zusammengehören, wie beispielsweise *[j+mn+n]* =*Jmn* oder *[b+h+n]* =***bhn***, und dementsprechend häufiger auftauchen. Im Falle der Gruppe *Jmn* erfährt das Schilfblatt M 17 keine Beeinflussung durch das unmittelbare Umfeld der anderen Zeichen, es wird daher als Einzelzeichen in der entsprechenden Tabelle „M 17" dargestellt.

Andere Zeichen wiederum verkleinern sich in solchen Fällen nur maßstäblich gegenüber dem ebenfalls auftretenden Einzelzeichen, ohne eine Formenvarianz aufzuweisen, so z. B.

 →  (SI/ DeM/ 001), oder die Form wird gestreckt bzw. gestaucht:

 → 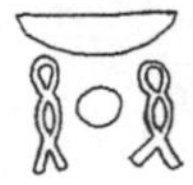 (RII/ KeG/ 004), 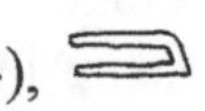 →  (RII/ SeK/ 003).

Bei einer einfachen Aneinanderreihung der Hieroglyphen als einzelne Zeichen in einer Tabelle würde dem Betrachter nicht ohne weiteres klarwerden, daß ein , das in der gleichen Zeit sowohl langgestreckt mit fünf Zacken als auch sehr klein mit drei Zacken vorkommt, nicht auf verschiedene Arbeitsstätten, Hersteller oder Orte hinweisen muß, sondern

24 In GARDINER, *Caractères d'Impression* sind die Zeichen der Gardinerliste in verschiedenen Größen publiziert, jedoch wurden sie lediglich maßstäblich verkleinert, wie dies bei allen Computerschriftsätzen für Hieroglyphen zur Zeit noch der Fall ist.

25 Ligaturen sind im Bereich der Hieroglyphenschrift natürlich nicht möglich, abgesehen von den Kompositbieroglyphen, Einzelzeichen, die zu bestimmten Gelegenheiten eine dauerhafte Verbindung eingegangen sind, aber auch einzeln vorkommen.

26 LACAU, CHEVRIER, *Chapelle Sésostris I*, Epigraphie et détails, 253 – 279, Taf. I – XXII, XXXII – XXXIV.

daß beide von der gleichen Stele stammen können, aber ihre Veränderung nur in der Beeinflussung durch das direkte Umfeld verursacht liegt[27].
Die Entscheidung, ob eine Hieroglyphe einzeln oder in der Gruppe aufgenommen wird, muß bei jedem Objekt neu getroffen werden. Sie kann auch differieren, d. h. daß eine Hieroglyphe auf verschiedenen Stelen einmal als ein Einzelzeichen, das ein ganzes Schriftfeld ausfüllt, ein anderes mal als ein Einzelzeichen, das allein nur ein halbes Schriftfeld ausfüllt, verwendet wird[28].

Um eine hohe Zuverlässigkeit der in meiner Arbeit gebotenen Faksimiles sowohl hinsichtlich der Form als auch der Datierung resp. Provenienz zu erreichen, war die Einhaltung bestimmter Anforderungen nötig. Ich habe nur solche Objekte verwendet:

- die sicher datiert werden können (inschriftlich durch Königstitulatur und ev. Datierung bzw. durch Prosopographie der vorkommenden Privatpersonen) *und*
- deren Provenienz einwandfrei geklärt ist.

Außerdem habe ich eine Kontrolle aller Fremd-Faksimiles vorgenommen durch

- Kollationierung am Original *oder*
- Kollationierung an einem qualitätvollen Photo.

Wenn nicht alle diese Punkte gegeben sind, dürfen die jeweiligen Objekte für eine Paläographie *nicht* verwendet werden.

Zur besseren Vergleichbarkeit eines Zeichens durch den Rezipienten wurden alle relevanten Hinweise direkt in den Tabellen angegeben. Eine Notiz erfolgte auch dann, wenn ein Zeichen vom einheitlichen Maßstab 1:2 abwich. Bei sehr kleinformatigen Zeichen war 1:1, bei übergroßen 1:4 nötig.

Abb. 3

Die in den Tabellen bei jeder Hieroglyphe eingetragene dreistellige Zahl (dazu Abb. 3, ein Beispiel von der Stele SI/ DeM/ 001) ist die in meiner Quellen-Nummer an dritter Stelle stehende laufende Nummer der Stele, z.B. SI/ DeM/ **001** (= erste Stele in meiner Quellensammlung aus der Zeit Sethos I mit dem Aufstellungsort Deir el-Medineh)[29].

Der auf jede dieser dreistelligen Zahlen folgende Buchstabe bezeichnet die Herkunft des verwendeten Faksimiles. Es handelt sich dabei um folgende Möglichkeiten:

O = von mir am Original angefertigtes Faksimile,
P = von mir nach einem Photo angefertigtes Faksimile,
F = publiziertes bzw. mir vorliegendes Faksimile, das nicht von mir selbst angefertigt wurde,
P/O = Photo, am Original kollationiert,
F/O = mir vorliegendes Faksimile, am Original kollationiert,
F/P = mir vorliegendes Faksimile, am Photo kollationiert.

---

27 In den vorhandenen Hieroglyphen-Computerschriftsätzen sind ebenfalls keine detaillierten Veränderungen von Schriftfeldzeichen zu beobachten, hier werden alle Zeichen nach Bedarf einfach maßstäblich verkleinert. Allerdings muß man auch die Möglichkeiten und Grenzen der Programme berücksichtigen, eine Umsetzung aller möglichen Zeichenvarianten einer Hieroglyphe in einem Schriftfeld wäre technisch noch nicht realisierbar.

28 Nicht jede kleinere Abweichung vom gewohnten Erscheinungsbild muß zwangsläufig tiefere Bedeutung haben, da man die Möglichkeit nicht außer acht lassen sollte, daß die altägyptischen Hersteller Schreibfehler mit Putz korrigiert haben.

29 Die Abkürzungen der Toponyme werden im Abkürzungsverzeichnis aufgeschlüsselt.

Jede Hieroglyphe ist mit doppelten Umrißlinien gezeichnet, Ausbrüche und Beschädigungen sind gestrichpunktet (·–·–), völlig gesicherte Rekonstruktionen gestrichelt (– – –).

Durch die an die Arbeit angehängten Indices erschließen sich vielfältige Informationen über die in meinem Corpus auftauchenden Götter, Könige, Privatpersonen und Toponyme auf der Objektgruppe der Privatstelen. Die Indices „Gottheiten – Namen" und „Gottheiten – Epitheta" bzw. „Privatpersonen – Namen" und „Privatpersonen – Titel" wurden jeweils miteinander verlinkt, so daß leicht ersichtlich wird, welche Kombinationen von Gottheiten und Epitheta auftreten[30]. Das gleiche gilt auch für die Namen und Titel der Privatpersonen.
Durch die Form der Quellen-Nummern *„König/ Toponym/ laufende Nr.*" ist darüber hinaus leicht ersichtlich, wann an welchen Orten z. B. die auf den Stelen vorkommenden Gottheiten welche Epitheta tragen.

Da diese Arbeit auch ein Nachschlagewerk sein soll, sind manche Informationen in verschiedenen Kapiteln wiederaufgegriffen worden, damit sich der Benutzer beim Nachschlagen besser zurechtfinden kann.

Für die Erarbeitung des Beschreibungscodes von Stelen wurde das System der Klassifizierung verwendet[31]. G. WAHRIGS *Deutsches Wörterbuch*[32] definiert „Klassifizierung" folgendermaßen:

> *„Eines der beiden grundlegenden Analyseverfahren des Strukturalismus. Sprachliche Einheiten (Sätze, Wörter usw.) werden zunächst segmentiert, um dann auf der Basis gemeinsamer Merkmale bestimmten Klassen zugeordnet zu werden. Eine Klasse zeichnet sich dementsprechend dadurch aus, daß ihre Mitglieder funktional verwandt sind. So läßt sich z.B. die Klasse der Substantive von der Klasse der Verben trennen. Bei den Substantiven kann man u.a. die Klasse der belebten von der Klasse der nicht-belebten Substantive unterscheiden. Die Morpheme /-n/ und /-s/ in den Wörtern Mauern und Autos sind Elemente der Klasse Plural. (...)".*

Auf ähnliche Weise kann mit einem Objektcorpus wie dem hier vorliegenden verfahren werden.
Die sprachlichen Einheiten (Sätze/ Wörter) entsprechen in meinem Verfahren den jeweiligen Stelen als oberste Einheit. Eine Stele definiert sich als Zusammensetzung verschiedener Klassen, die wiederum in Komponenten unterteilt werden. Komponenten sind die einzelnen Teile der jeweiligen Klassen, die für sich genommen nur Einzelaspekte benennen.

Jede Stele besteht aus den gleichen fünf Klassen, nur die jeweilige, unterschiedliche Kombination der einzelnen Komponenten kennzeichnet eine bestimmte Stele.

Das Klassifikationssystem ist so standardisiert, daß nicht nur die Privatstelen der Ramessidenzeit in ihren Strukturen damit beschrieben werden können, sondern insgesamt alle privaten Stelen des pharaonischen Ägypten. In diesem offenen System ist eine spätere Hinzufügung weiterer Unterpunkte jederzeit möglich, ohne Benennungen ändern zu müssen.

Die Klassifizierung ist in fünf Klassen gegliedert, die sich jeweils in mehrere aufeinanderfolgende Komponenten aufteilen. Für den Klassifizierungscode, der im Katalog Verwendung findet, werden diese Klassen nacheinander mit „ / " abgetrennt, die Komponenten mit „ - ".

30 Nicht aufgenommen sind die Namen von Gottheiten aus Namen und Titeln.

31 Eine eigene Typologie speziell für die *ꜣḫ-jqr-n-Rꜥ(.w)*-Stelen hat R. J. DEMARÉE 1983 erstellt, die aber von ihm nicht als Werkzeug oder zur Datierung gedacht ist: DEMARÉE, *ꜣḫ-jqr-n-Rꜥ.w-Stelae*.

32 WAHRIG, *Wörterbuch*, 78.

Ein Fragezeichen „?“ deutet an, daß dieser spezielle Punkt nicht eindeutig zu klären ist, entweder durch Zerstörung relevanter Passagen bzw. Bereiche oder aufgrund inhaltlicher Interpretationsschwierigkeiten. Zur Aufschlüsselung des Codes cf. Kap. 6., „Die Klassifizierung der Stelen“.
Diese Klassifizierung erfaßt die Grundprinzipien und Inhalte einer Stele, eine hundertprozentig exakte Beschreibung einer jeden einzelnen Stele soll damit nicht erreicht werden. Dies ist auch gar nicht möglich, da gerade ein Objektcorpus aus dem privaten Bereich unendlich viele Kombinationsmöglichkeiten resp. Variationen aufweist und sich nicht immer unserem modernen Systematisierungsbestreben anpassen läßt[33].

1.2. Auswahl des Textcorpus

Für meine Arbeit habe ich den Bereich der privaten Objekte gewählt, da bei diesen eine größere Bandbreite an paläographischen Besonderheiten zu erwarten ist.

Königliche Monumente wurden stärker unter Einbeziehung des geltenden Kanons gefertigt. Für entsprechende, repräsentative Bauvorhaben in entfernten Regionen beauftragte man vermutlich zu einem Großteil auch Spezialisten aus der Residenz. Dies hat zur Folge, daß die Inschriften königlicher Provenienz in großem Maße „gleichförmiger“ ausfallen und bei den Schriftzeichen relativ wenige Unterschiede eruierbar sind, auch entfallen so lokale Eigenheiten.

Private Stelen dagegen wurden vor Ort von ansässigen Stelenherstellern gefertigt. Transporte der teilweise doch recht schweren Objekte über längere Strecken dürften wohl die Ausnahme gewesen sein. Nur bei solchen lokal gefertigten Objekten ist es möglich, signifikante Orts-Unterschiede erkennen zu können.

Für einige Stelen des Mittleren Reiches aus Abydos ist H. G. FISCHER[34] der Ansicht, daß sie an einem anderen Ort gefertigt wurden, oder zumindest der abydenische Hersteller woanders ausgebildet wurde und somit den dortigen, erlernten „Stil“ mitbrachte. Antike Verschleppungen von Objekten, so z. B. von Pi-Ramesse nach Tanis, dürfte für das vorliegende Corpus eher unwahrscheinlich sein, da die Privatstelen sich nicht unbedingt zur Wiederverwendung an anderer Stelle eigneten und aufgrund der geringen Größe relativ leicht herstellbar waren, im Gegensatz zu den monumentalen Objekten aus der Ramsesstadt wie Statuen, Säulen und Obelisken.

1.3. Zur Quellensammlung

In die Quellensammlung wurden sämtliche mir bekannt gewordenen, zeitlich exakt fixierbaren Privatstelen der 19. Dynastie aufgenommen.

Alle Quellen sind dort zweifach gegliedert: 1. chronologisch nach Herrschern, 2. alphabetisch nach Toponymen, also nicht von Süden nach Norden, wie dies in den Zeichentabellen der Fall ist. Dieses hat den Vorteil, daß in der Quellensammlung eine schnelle Auffindbarkeit

---

33 Dazu passend ist eine Äußerung D. KESSLERS, die MORGAN, *Ohrenstelen*, 42 zitiert: *„Keine Stele des Neuen Reiches ist wie die andere.“*, auch wenn es sich im Material natürlich nicht so absolut darstellt. Cf. auch SCHULZ, *Ohrenstelen*, 563.

34 FISCHER, *Aspects*, 30; FISCHER, *Eleventh Dynasty Couple*, 20 mit Anm. 8.

gewährleistet ist. Die Beschreibung der Bildfelder verläuft von oben nach unten und von links nach rechts.

Diverse Stelen wurden nicht in die Paläographie aufgenommen. Es handelt sich dabei einerseits um Objekte mit heute unbekanntem bzw. unzugänglichem Verbleib, von denen keine Faksimiles oder nur Photos in unzureichender Qualität vorhanden sind, andererseits um solche Stücke, deren – geringe oder fragmentarische – Inschriften keine neuen oder nur äußerst magere Erkenntnisse liefern können, so daß die Anfertigung von Faksimiles nicht lohnend erschien. Nicht verwendet wurden auch diejenigen Stelen, von denen zwar Faksimiles zugänglich sind, deren Herkunft aber nicht eruierbar ist.

2. Forschungsgeschichte der Hieroglyphischen Paläographie

Der Beginn einer Auseinandersetzung der wissenschaftlichen Welt mit dem Gebiet der Paläographie liegt im 17. Jahrhundert[1]. J. MABILLON stellte 1681 erstmals Schrifttafeln für das 4. bis 15. nachchristliche Jahrhundert zusammen, die nach Schriftformen sowie chronologisch geordnet waren. Seit diesem Zeitpunkt versuchten Forscher, die Formen von Handschriften in ein System zu bringen.

Der heute gebräuchliche Name wurde zuerst in der *Palaeographia Graeca* von B. DE MONTFAUCON im Jahre 1708 verwendet. Diese bahnbrechende Abhandlung über die Ausprägungen der griechischen Schrift in den erhaltenen Codices war rund zweihundert Jahre lang ein Standardwerk. So konnte sich der Name der „Paläographie" in der Wissenschaft etablieren und hat sich seitdem durchgesetzt. Allerdings blieb die Paläographie bis ins vorletzte Jahrhundert hinein größtenteils hinter der Diplomatik[2] zurück, mit der sie eng verknüpft war. Neben der traditionellen Hauptaufgabe der Paläographie, Hilfen für die korrekte Entzifferung verschiedener Schriftarten zu geben, entwickelte sich erst langsam die Erarbeitung von Datierungsregeln für einzelne Handschriften mittels Erkennen und Sortieren von Schriftformen. Heute ist letzteres die nach meinem Verständnis stärkere Gewichtung der Paläographie. G. WAHRIGS *Deutsches Wörterbuch*[3] deutet Paläographie als „Lehre von den Schriften und Schreibmaterialien des Altertums und Mittelalters", als Synonym für „Handschriftenkunde".

Der Anfang paläographischen Arbeitens liegt in der klassischen Altertumswissenschaft und der Mediävistik, waren doch diese Bereiche die einzigen, zu denen einigermaßen zuverlässige und vor allem lesbare Quellen zur Verfügung standen. Erst mit der beginnenden Entzifferung des Demotischen durch J. D. ÅKERBLAD 1802 bzw. T. YOUNG 1814[4] sowie mit dem 1822 erfolgten, gemeinhin als Geburtsstunde der Ägyptologie angesehenen Durchbruch bei der Entzifferung der Hieroglyphenschrift durch J. – F. CHAMPOLLION im Jahre 1822 war es auch möglich, alle Schriften des alten Ägypten zu lesen. Die ägyptologische Paläographie entwickelte sich jedoch erst viel später. Zu Anfang stand naturgemäß die Suche nach Verständnis und Lesung der einzelnen Hieroglyphen, weniger das Interesse an den Variationen des Aussehens der Zeichen. In diesem Zusammenhang sind auch die damaligen Arbeitsmöglichkeiten zu bedenken, da aufgrund der schweren Erreichbarkeit und oft ungenauer Abschriften des Materials paläographisch exakte Faksimiles im heutigen Sinne oft nicht realisierbar waren.

Die frühen Faksimiles waren Kopien nach dem Auge, bei talentierten Zeichnern wurde ein hoher Grad an Genauigkeit erreicht, der noch manche heutzutage publizierten „Faksimiles" überragt.

Den „Pionierschritt" in der Ägyptologie machte W. M. F. PETRIE 1892. In seinem Werk über Meidum[5] publizierte er Tuschezeichnungen einiger ansehnlicher Zeichen auf dem farbigen Frontispiz, beschrieb sie allerdings nicht. Darüber hinaus bietet er Beobachtungen zu diversen

1 Eine gute Übersicht über die Anfänge der Paläographie bietet beispielsweise BISCHOFF, *Paläographie*, 17 ff.

2 „Diplomatik" = Urkundenlehre, cf. WAHRIG, *Wörterbuch*, 263, meint hier speziell die Beschäftigung mit den mittelalterlichen Codices.

3 WAHRIG, *Wörterbuch*, 936.

4 Cf. GARDINER, *Egypt*, 13 – 14; HOFFMANN, *Kultur und Lebenswelt*, 27 – 29.

5 PETRIE, *Medum*, Frontispiz. Arbeiten, die sich nur mit einigen wenigen Zeichen beschäftigen, wurden in dieser Übersicht ignoriert, da sie für die Entwicklung der Paläographie nur von untergeordneter Bedeutung sind. Ebenso ausgeklammert wurden die Arbeiten zu hieroglyphischen Graffiti und zu Kursivhieroglyphen. Zu letzteren cf. ALI, *Kursivhieroglyphen*.

Zeichen, die in den Tafeln vorkommen, jedoch nicht speziell zu den ausgewählten auf dem Frontispiz, sowie zu einigen anderen, die ihm im damaligen Gizeh Museum auffielen.

Im Kapitel *Early Hieroglyphs* sinnierte er in einem kurzen Absatz[6] über „importance of epigraphy“:

> *„A branch of Egyptology which has been remarkably neglected hitherto is epigraphy. In the limited and arbitrary alphabets of Phoenicia, Greece, and other lands we know that epigraphy is one of the most carefully and scientifically treated subjects. But in Egypt epigraphy should be not merely a study of arbitrary signs, but also of the greatest interest as throwing a light on the civilization; and yet it has scarcely been thought of beyond the mere matter of classifying the signs by their nature. Some variations of forms in different ages are generally recognised, but the question of the earliest forms known has hardly been touched; yet this matter is what ex-plains to us more of the condition of the earliest historic Egyptians than any actual objects that have been found. I propose here to state the illustrative details of the signs that occur at Medum (...).“*

Er hatte somit als erster erkannt, welche wissenschaftlichen Erkenntnisse aus der Epigraphik, und damit waren auch paläographische Untersuchungen im heutigen Sinn gemeint[7], für die Ägyptologie gezogen werden können, wenn sie im Zusammenspiel mit systematischen Forschungen stattfinden. Durch seinen interdisziplinären „Blick über den Tellerrand“ war es W. M. F. PETRIE möglich, Impulse in diesem Sinne zu geben, auch wenn sich seine damals fortschrittlichen Erkenntnisse in der Ägyptologie erst langsam durchsetzen sollten.

Der Erste, der Faksimiles unter dem speziellen Gesichtspunkt der Zeichenformen publizierte, war F. L. GRIFFITH[8] mit seinem dritten Band über die Gräber von Beni Hassan aus dem Jahre 1896, in dem ein Kapitel den Hieroglyphen gewidmet ist. Die allerdings nicht systematisch angelegten Tafeln enthalten durchgehend farbige (!) Reproduktionen von vor Ort gemachten, sehr detaillierten Zeichnungen verschiedener Zeichner, die einen sehr hohen Genauigkeitsgrad erkennen lassen. Ein Kommentar beinhaltet eine knappe Beschreibung sowie weitere Informationen zu den einzelnen Schriftzeichen.

Zwei Jahre später lieferte er die erste Monographie[9], die nicht nur nebenbei Abzeichnungen von Objekten lieferte, sondern intentional im Sinne der Paläographie allein Faksimiles einzelner Hieroglyphen beinhaltet. Hierbei handelt es sich um ebenfalls farbige Reproduktionen gleicher Qualität. Daneben sind in einem Kommentarteil zu jedem Abbild Beschreibungen, Schreib- und manchmal auch Zeichenvarianten angegeben. Die Schriftzeichen sind im Tafelteil chronologisch sowie nach Herkunft gegliedert, im Textteil nach einer eigenen Gruppeneinteilung.

Wiederum nach zwei Jahren erschien N. D. G. DAVIES[10] erster Band über die Mastaba von Ptahhotep und Achethotep in Saqqara, wo auf 15 teilweise farbigen Tafeln sehr detaillierte Zeichnungen von über 400 Hieroglyphen allein aus diesem Grab, nach einer eigenen Gruppeneinteilung sortiert, reproduziert sind. Im Textteil finden sich ähnlich wie bei F. L. GRIFFITH, *Hieroglyphs*, welchen der Autor oft zitiert, Informationen zu Aussehen und möglichen Lesungen der einzelnen Zeichen. Dieses ist die erste hieroglyphisch-paläographische

---

6 PETRIE, *Medum*, 29.

7 Die im Deutschen gebräuchliche Unterscheidung zwischen „paläographisch“ und epigraphisch“ ist z. B. im Englischen weniger ausgeprägt, cf. dazu FISCHER, *Aspects*, 29 mit Anm. 1.

8 GRIFFITH, *Beni Hasan III*, 1-32, Taf. 1 – 6.

9 GRIFFITH, *Hieroglyphs*.

10 DAVIES, *Ptahhetep I*, Taf. 4 – 18.

Übersicht mit einer Sortierung der Einzelzeichen nach Sachgruppen, wie dies auch in G. MÖLLERS *Hieratischer Paläographie* ab 1927 der Fall ist.

1904 publizierte M. MURRAY[11] einige Strichzeichnungen von Hieroglyphen aus Saqqara. Sie verwendet eine eigene Gruppensortierung und bietet lediglich knappe Informationen zu Formen und Lesungen der ausgewählten Zeichen. Der zweite Band folgte erst 1937.

Ein Jahrzehnt später stellte A. M. BLACKMAN[12] (1915) in seinem zweiten Band über die Felsgräber von Meir ausgewählte Hieroglyphen aus mehreren Gräbern auf zwei Tafeln zusammen. Die Zeichen sind nach Menschen, Vögeln, Pflanzen, Emblemen etc. gruppiert, allerdings ohne tiefergehende Systematik. In einem eigenen Anhang über besondere Hieroglyphenformen in ausgewählten Gräbern werden die Tafeln näher kommentiert. Jeder Eintrag ist erstmals mit Querverweisen zu allen bis dahin publizierten Werken mit paläographischen Inhalten (s. oben) versehen.

Einen Fort-, aber auch partiellen Rückschritt bietet die 1927 erschienene Paläographie von H. PETRIE[13]. Sie besteht aus einer reinen, unkommentierten Materialsammlung von 1080 Hieroglyphen der 1. und 2. Dynastie. Es handelt sich hierbei erstmals um eine Darstellung von Schriftzeichen einer eingegrenzten Epoche von verschiedenen Fundorten, gegliedert nach Gruppen. So kann der Rezipient erstmals leichter das Aussehen einer Hieroglyphe innerhalb einer bestimmten Zeitspanne in verschiedenen Regionen nachvollziehen.

Die durchgehende Sortierung nach Sachgruppen, so z.B. Männer, Götter, Arme, Vierfüßler usw., entspricht allerdings ebenso wie bei N. D. G. DAVIES (1900) weder der Reihenfolge von F. THEINHARDT[14] noch von A. H. GARDINER.

Die einzelnen Hieroglyphen wurden aus der vorhandenen, jeweils vermerkten Literatur als Umrißzeichnungen durchgezeichnet. Da die Genauigkeit der Zeichen von den damaligen Vorlagen abhängt, die nach heutigem Wissen nicht immer exakt sind, kann man heute diese Publikation nicht mehr ohne Überprüfung an den Originalen benutzen. Nachteilig wirkt sich ebenfalls aus, daß ein Rezipient die Datierung der einzelnen Schriftzeichen nicht erkennen kann, ohne in der vorne angegebenen Literatur nachschlagen zu müssen.

Nach H. PETRIES Werk wurde das Interesse an größeren paläographischen Arbeiten wieder geringer, und auch die bis dahin publizierten Werke waren nicht (mehr) ausreichend, wie A. H. GARDINER[15] schon 1927 beklagte:

> *„The study of the individual hieroglyphs is still in its infancy, through some admirable pioneering work has been done."*

Längere Zeit folgten nur vereinzelt Veröffentlichungen von paläographischen Hinweisen.
So publizierte z. B. P. MONTET[16] 1930 fünf Tafeln mit Hieroglyphen-Faksimiles aus dem Grab des *Ḥ*ᶜ*pj-ḏf*ꜣ*=j* in Assiut, jedoch ohne Kommentierung.

Die erste paläographische Arbeit mit einer Tabelle, aus der man die zeitliche Entwicklung der Formen ablesen kann, findet sich 1933 in R. COTTEVIEILLE-GIRAUDETS[17] Bericht über die Grabungen in Medamud mit Schwerpunkt auf den Bauwerken des Mittleren Reiches. Der

---

11 MURRAY, *Saqqara Mastabas I*, 40 – 46, Taf. 37 – 40.
12 BLACKMAN, *Meir II*, 31 – 38, Taf. 17 – 18.
13 PETRIE, *Hieroglyphs*.
14 Zu dieser Liste LEPSIUS, *Liste*.
15 GARDINER, *EG*, 441 (Ausgabe von 1927).
16 MONTET, *Tombeaux de Siout*, Taf. 6 – 10.
17 COTTEVIEILLE-GIRAUDET, *Fouilles de Médamoud*, 41 – 91, Taf. 27 – 43.

Hauptteil beschäftigt sich mit „Épigraphie", allerdings hauptsächlich auf philologischer Grundlage bzw. mit Hinweisen zur Identifizierung speziell der Fauna und Flora in den Hieroglyphen.

Die Tafeln sind nach der GARDINER-Liste sortiert, allerdings ohne deren Numerierung zu nennen. Die detaillierten, sehr großformatigen Zeichen sind in ein grobes Zeitschema eingeordnet, das gegliedert ist nach einigen Königen (in der Reihenfolge Sesostris III – Sobekemsaf[18] – Sobekhotep II) sowie einer Extraspalte für Beispiele von usurpierten Monumenten.

Danach folgen weiterhin nur vereinzelte Veröffentlichungen zu Zeichenformen.

1937 publizierte M.A. MURRAY[19] den zweiten Band über Mastabas in Saqqara, in dem sie einige Zeichen aus dem Grab des *Tj* zusammenstellte und darüber hinaus auch einige Informationen zu Formen und Lesungen gab.

Kurz darauf stellte W. B. EMERY 1939[20] die Schriftzeichen auf den ihm bekannten Objekten von König Hor-Aḥa in Form von Faksimiles zusammen. Neben den Strichzeichnungen der Zeichen notiert der Autor Herkunft und Schriftträger jedes einzelnen Beispiels.

In der Publikation von R. MOND und O. H. MYERS[21] aus dem darauf folgenden Jahr (1941) finden sich einige wenige, aber im Gegensatz zu manchen älteren Werken sehr detailliert gezeichnete Hieroglyphen von Reliefblöcken der 11. Dynastie aus Armant.

Zeitgleich veröffentlichte H. W. MÜLLER[22] eine Tafel mit ausgewählten Hieroglyphen aus den Gräbern Sarenputs I und Sarenputs II in Elephantine.

Neun Jahre später, 1949, publizierte W. S. SMITH[23] zwei Tafeln mit Hieroglyphen aus einigen Mastabas in Giza. Leider sind alle diese Arbeiten nur deskriptiv, nähere Informationen oder Analysen fehlen.

Eine sehr ausführliche Zusammenstellung von Zeichen aus der Kapelle Sesostris I in Karnak bietet die Publikation von P. LACAU und H. CHEVRIER[24] von 1955 und 1969.

Die sehr übersichtlich gestalteten Tafeln sind nach Gruppen sortiert, die sich in den Grundzügen nach A. GARDINERs *Sign List* richten.

Die Bearbeiter haben hier erstmals auch Beispiele von Schriftfeldern bestimmter Zeichen zusammengestellt, wie dies auch in meinen Tabellen der Fall ist. In der paläographischen Bearbeitung werden die Veränderungen der Zeichen in den Schriftfeldern detailliert dargestellt. Leider ist diese Form der paläographischen Recherche bis heute wenig rezipiert worden.

1969 stellte M. VERNER[25] ein Projekt über paläographische Analysen von Hieroglyphen des Alten Reiches vor, angeregt von den Ergebnissen der tschechoslowakischen Grabungen in Abusir, speziell der Mastaba des Ptahschepses. Die besondere Gestaltung der Schriftzeichen dieses Grabes legte eine solche Bearbeitung nahe.

Als mittelfristige Ziele nannte er eine Bearbeitung der Inschriften der Ptahschepses-Mastaba aufgrund der teilweise besonderen Gestaltung der Inschriften[26] und eine Studie über die Paläographie der 5. Dynastie. Eine geforderte dritte paläographische Untersuchung über das

18 Es bleibt unklar, welcher der beiden Könige der 17. Dynastie mit diesem Namen hier gemeint ist.
19 M.A. MURRAY, *Saqqara Mastabas II*, 27 – 29, Taf. 5 – 7.
20 W. B. EMERY, *Hor-Aha*, 83 – 112.
21 MOND, MYERS, *Temples of Armant*, Taf. 96: 3-5, 97: 1 – 4.
22 MÜLLER, *Felsengräber*, Abb. 43.
23 SMITH, *History*, Taf. A – B.
24 LACAU, CHEVRIER, *Chapelle Sésostris I*, Epigraphie et détails, 253 – 279, Taf. I – XXII, XXXII – XXXIV.
25 VERNER, *Preparation*.
26 Dazu VERNER, *Abusir I*, 141 – 180 (Faksimiles der Inschriften).

Zeicheninventar des gesamten Alten Reiches schätzte M. VERNER[27] zutreffend als zu umfangreich ein, um von einer Person allein bewältigt zu werden.

Eine vollständige Zeichenliste des Sanktuars im Tempel des Mentuhotep Nebhepetre II in Deir el-Bahari stellte D. ARNOLD[28] 1974 zusammen. Die bei jedem der sorgfältig wiedergegebenen, sehr detailreichen Zeichen stets erwähnten Verweise auf Faksimiles des entsprechenden Zeichens in den bis dahin vorliegenden paläographischen Arbeiten mit Zeichen der 11. Dynastie[29] bieten dem Bearbeiter schnelle Vergleichsmöglichkeiten. Der Autor weist darauf hin[30], daß diese Liste dem Zwecke diene, „einem zukünftigen Bearbeiter paläographischer Probleme die Materialsammlung (zu) erleichtern". Sie könne „keine Grundlage für eine Paläographie der 11. Dynastie bilden", da das Bauwerk durch den monotonen Wortschatz mit einem geringen Prozentsatz des zur Verfügung stehenden Hieroglypheninventars auskommt. Lediglich 120 verschiedene Hieroglyphen sind in den Inschriften dieses Bauwerkes verwendet worden.

In jüngerer Zeit ist die hieroglyphische Paläographie wieder etwas in den Hintergrund geraten. Paläographische Arbeiten, die in Tabellen größeren Umfangs Zusammenstellungen von Zeichen zwecks übersichtlicher Datierungsmöglichkeiten und einer Formgeschichte liefern, existieren bis heute nur für Teilgebiete des Hieratischen[31] bzw. Demotischen[32]. Diese zurückhaltende Beachtung zeigt sich auch deutlich daran, daß weder die Stichworte „Paläographie" und „Epigraphik" noch irgendwelche Verweise darauf im *Lexikon der Ägyptologie* zu finden sind. 1972 faßte H. BRUNNER[33] in einem kurzen Artikel den damals aktuellen Forschungsstand zusammen, der in großen Teilen auch heute noch gültig ist.

1981 erschien von F. LE SAOUT[34] in C. TRAUNECKERs Publikation der Kapelle des Achoris eine umfangreiche Studie zur hieroglyphischen Paläographie dieses Gebäudes. Neben Aufstellungen aller vorkommenden Zeichen, mit Verweisen auf Vergleichsstücke in anderen Zusammenstellungen von Hieroglyphen, publiziert sie sehr fein und detailliert gezeichnete Faksimiles in der Reihenfolge von A. H. GARDINERs *Sign List*, leider in sehr kleinen, unterschiedlichen Maßstäben. In einem umfangreichen Abbildungsteil sind Vergleichshieroglyphen verschiedenster Zeiten und Orte zusammengestellt, die in einem Kommentarteil beschrieben und bibliographiert werden. Es handelt sich um die erste größere Sammlung von Hieroglyphenfaksimiles seit H. PETRIE 1927[35]. Wegen der gedrängten Anordnung der Zeichnungen und des uneinheitlich strukturierten Aufbaus der einzelnen Seiten wird die Übersichtlichkeit leider etwas ein-geschränkt. Nachteilig wirkt sich aus, daß die Entwicklung der einzelnen Zeichen unklar bleibt, da diese nicht chronologisch geordnet sind und die Datierungen erst im Kommentarteil herausgesucht werden müssen.
Zwei Jahre später erschien H. G. FISCHERs *Ancient Egyptian Calligraphy*[36]. Neben der im Titel vermerkten Hauptaufgabe, ein Anfänger-Leitfaden zum Zeichnen von Hieroglyphen zu

27 VERNER, *Preparation*, 52.
28 ARNOLD, *Mentuhotep (II)*, 46-52.
29 MOND, MYERS, *Temples of Armant*; LACAU, CHEVRIER, *Chapelle Sésostris I*; COTTEVIEILLE-GIRAUDET, *Fouilles de Médamoud*; GRIFFITH, *Beni Hasan III*.
30 Zum Folgenden cf. ARNOLD, *Mentuhotep (II)*, 46.
31 Die für das Hieratische bis heute Standardwerk gebliebene Arbeit von MÖLLER, *Hieratische Paläographie*, die von der 5. Dyn. bis zur römischen Kaiserzeit reicht.
32 EL-AGUIZY, *Palaeographical Study*, für die Zeit von Taharka bis zur römischen Eroberung von Ägypten.
33 BRUNNER, *Epigraphik*.
34 LE SAOUT, *paléographie*, in Traunecker, *Achôris*, 149 – 249.
35 PETRIE, *Hieroglyphs*.
36 FISCHER, *Calligraphy*, mittlerweile ist bereits die 4. Auflage (1999) erschienen.

sein, bietet die Publikation sehr viele detaillierte Zeichenfaksimiles und einen großen Schatz an paläographischen Hinweisen, schwerpunktmäßig für das Alte Reich.

1985 wurde eine allerdings unveröffentlicht gebliebene Dissertation von M. G. RILEY[37] über die Paläographie der 0. bis 2. Dynastie vorgelegt.

In C. ZIEGLERS[38] Publikation der Mastaba des *ꜣḫ.t-ḥtp* (1993) ist eine Liste aller auf diesem Bauwerk vorkommenden Zeichen zusammengestellt, die wie auch D. ARNOLDs Arbeit[39] als Materialvorlage für paläographische Arbeiten gedacht ist.

Die griechische sowie auch die römische Zeit verhindern naturgemäß, aufgrund der immensen Zeichenfülle und -varianten hauptsächlich der großen Tempel, eine Paläographie aller Zeichen zusammenzustellen. Dies wäre nur mit enormem Aufwand zu realisieren und würde wohl jegliche Übersichtlichkeit verlieren.

Abhilfe hat hier erst in jüngster Zeit M. T. DERCHAIN-URTEL[40] geboten, die ihren Schwerpunkt auf epigraphische sowie orthographische Untersuchungen gesetzt hat. Aus ihren Analysen sowie den handschriftlichen Strichzeichnungen sind viele wertvolle Informationen zu den Zeichenformen dieser Epoche zu gewinnen, wenngleich jene nicht nach einer Systematik geordnet sind, von einigen Zeichen in der Übersichtstabelle abgesehen.

Als gute Ausgangsbasis sind heute jedoch auch die umfangreichen Publikationen der großen ptolemäisch/ römischen Tempelanlagen im Rahmen ihrer Möglichkeiten verwendbar. Nach M. T. DERCHAIN–URTEL[41] bieten die gedruckten Hieroglyphentexte aufgrund der Verwendung des stets erweiterten und angepaßten Drucktypensatzes des IFAO[42] bezüglich der Formenvarianten einen hohen Grad an Zuverlässigkeit, ebenso wie die autographierten Texte.

Erfreulicherweise mehren sich in den neueren Arbeiten die Faksimiles, die inzwischen sehr vielen Objekt- bzw. Inschriftenpublikationen beigefügt sind. Daneben tauchen auch bei Objekt- bzw. Corpuspublikationen vermehrt Zusammenstellungen der vorkommenden Zeichenformen auf. Ein aktuelles Beispiel ist die Arbeit von P. DER MANUELIAN[43] über Stelen aus Giza. Alle Formen eines jeden Zeichens sind mit sehr detaillierten Faksimiles in einer Tabelle zusammengestellt, die noch erhaltenen roten Vorzeichnungen wurden, ebenfalls in rot, dargestellt. Daneben sind in einer eigenen Tabelle *Color Palaeography* in gleicher Weise Farbfotos aller noch Farbe tragenden Hieroglyphen publiziert. Diese Verfahrensweise wurde hier erstmals angewandt.

Jedoch sind nicht alle farbigen Hieroglyphen auf diese Weise publizierbar. Bei schlechtem Erhaltungszustand, wie öfters bei Objekten aus dem von mir untersuchten Corpus, sind kleinere Details eher am Original als auf einem Photo erkennbar und können auch nur am Original gezeichnet werden. Für gut erhaltene Objekte mit ausreichenden Arbeitsmöglichkeiten vor Ort (Beleuchtung etc.) dürfte dieser Teil von P. DER MANUELIANs Arbeit aber für die Hieroglyphische Paläographie vorbildlich werden.

---

37 RILEY, *Paléographie*. Aktuell wird für die Frühzeit eine neue Arbeit von I. REGULSKI erstellt.
38 ZIEGLER, *Akhethetep*, 174 – 195.
39 ARNOLD, *Mentuhotep (II)*.
40 DERCHAIN-URTEL, *Untersuchungen*, cf. hierzu die Rez. HALLOF in BiOr 58/ 2001, 354 – 7.
41 DERCHAIN-URTEL, *Untersuchungen*, 4 – 6.
42 Cf. hierzu den aktuellsten Zeichenkatalog: CAUVILLE, DEVAUCHELLE, GRENIER, *Catalogue*.
43 MANUELIAN, *Slab Stelae*, 171 ff., 189 ff.

3. Die deiktischen Möglichkeiten der Hieroglyphischen Paläographie

Ein Nachteil aller alten Paläographien ist die Tatsache, daß sie eher deskriptiv arbeiten. Informationen zu Form und Formvarianz halten sich in Grenzen und eine Auswertung findet so gut wie nie statt.

Eigentlich werden nur Einzelzeichen behandelt, die Paläographien sind losgelöst von den Objekten, die diese Inschriften tragen und um die es in erster Linie gehen sollte. Die Betrachtung der Einzelzeichen kann nur derjenige Teil des Ganzen sein, der Hinweise für die Entwicklungsgeschichte einer Hieroglyphe sowie daraus resultierende Datierungsmöglichkeiten liefern kann.

Darüber hinaus können über die deiktischen Möglichkeiten der Paläographie eventuell wietere Informationen über das entsprechende Objekt gewonnen werden, die vielleicht aus den Textinhalten oder den Darstellungen allein nicht erkennbar sind.
Es ist die Chance gegeben, mehrere Stelen in einen internen Kontext einordnen zu können, einen Kontext, in dessen Zusammenhang hier der Begriff „Werkstatt" erwähnt sei.
G. WAHRIGs *Deutsches Wörterbuch*[1] definiert Werkstatt folgendermaßen:

> *„1. Arbeitsstätte für die gewerbliche Herstellung von Waren, in der im allg. sämtl. Arbeitsgänge durchgeführt werden; 2. Arbeitsraum eines Künstlers."*

Für das alte Ägypten ist eine solche Trennung in diese beiden speziellen Punkte nicht anzusetzen, da es bei der Produktion der Stelen meiner Meinung nach eine solche Unterscheidung in „gewöhnlicher" Hersteller und Künstler nicht gegeben hat. Die differierende Qualität der Ausführung rührt eher vom Unterschied zwischen begabten und weniger begabten Herstellern her. D. FRANKE[2] hat diesen Sachverhalt treffend in seiner Bearbeitung des Heiligtums des Heqaib in Elephantine ausgeführt:

> *„Die Herstellung von Reliefs, Statuen, Stelen und Opfertafeln galt im Alten Ägypten als handwerkliche Produktion. Es waren Auftragsarbeiten, die im wesentlichen eine Funktion ausüben sollten, die nichts mit dem Wert dieser Objekte als Kunstwerke ‚an sich' zu tun hatte. Motive der Auftraggeber sind Frömmigkeit und vielleicht auch Prestige, nicht aber Vergnügen oder Interesse an l'Art pour l'Art. Auch im europäischen Mittelalter zählten Bildhauerei, Malerei und Architektur lange zu den ‚mechanischen Künsten' und erst im 16. Jahrhundert bildete sich der Begriff des ‚Künstlers' (artista) heraus."*

Eine Zweiteilung ist auch für das Corpus der Privatstelen zu beachten, allerdings in anderem Rahmen. Da die erste Definition von G. WAHRIG in bezug auf die Fertigungsprozesse der Objekte des vorliegenden Corpus am ehesten zutrifft, möchte ich auch hier den Begriff „Arbeitsstätte" verwenden. Nach den Untersuchungen von R. DRENKHAHN[3] setzt sich eine solche Arbeitsstätte in der Regel aus verschiedenen, voneinander räumlich getrennten „Handwerksabteilungen" zusammen. Dies macht Sinn, da manche Objekte aus mehreren Materialien bestehen können, für die verschiedene Spezialisten benötigt wurden.

Es gibt folgende Möglichkeiten für einen internen, kontextuellen Zusammenhang von Stelen bei der Herstellung:

---

1 WAHRIG, *Wörterbuch*, 1362.
2 FRANKE, *Heqaib*, 105
3 DRENKHAHN, *Werkstatt*, passim, cf. auch FRANKE, *Heqaib*, 105 f.

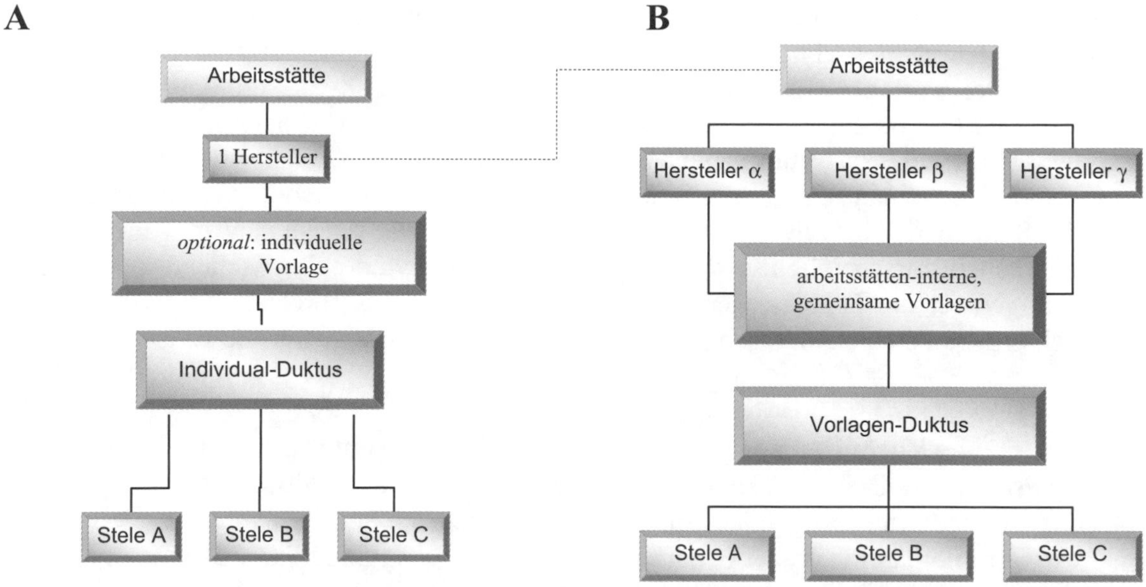

A In einer Arbeitsstätte arbeitet ein Hersteller[4] nach seinem individuellen Duktus. Dies kann entweder direkt geschehen oder aber nach individuellen Vorlagen, die die Arbeitsstätte besitzt oder die eventuell von ihm selbst angefertigt worden sind.
B In einer Arbeitsstätte arbeiten mehrere Hersteller, hier als α, β und γ bezeichnet, natürlich kann es sich auch um nur zwei oder mehr als drei Personen handeln. Sie arbeiten alle nach internen, gemeinsamen Vorlagen, die in dieser Arbeitsstätte aufbewahrt werden und auf Papyrus oder Ostraka (cf. weiter unten) vorlagen. Wenn all diese Hersteller nun keinem eigenen Individual-Duktus folgen, sei es auf Grund eines vorgeschriebenen Arbeitsablaufes oder aus mangelnder Begabung, so orientieren sie sich am Vorlagen-Duktus, was die Herstellung von Stelen bewirkt, die sich sehr ähnlich sehen und die man so einem gemeinsamen Kontext zuweisen kann.

Natürlich kann es auch vorkommen, daß beide Fertigungsprozesse unter einem Dache stattfinden, dies soll durch die gestrichelte Beziehungs-Linie zwischen **A** und **B** angedeutet werden.

Die oben dargestellten Möglichkeiten können beide ein vergleichbares Formenspektrum bei mehreren Stelen bewirken. Sie sind am einzelnen Objekt nicht unterscheidbar, aber eine solche Entscheidung wäre in diesen Fällen auch irrelevant.

Ich gehe davon aus, daß bei Fertigungswünschen diverse Standard-Vorlagen des Herstellers bzgl. möglicher Darstellungsoptionen zum Tragen kamen, die dann entsprechend den Käuferwünschen zusammengestellt werden konnten.

In den Arbeitsstätten müssen solche Vorlagen aufbewahrt worden sein, an denen die Hersteller sich orientieren konnten. Solche Vorlagen werden höchstwahrscheinlich auf Papyri

4 Ich vermeide den Begriff des „Künstlers“ (cf. die Anm. oben) genauso wie den des „Handwerkers“. Der erste impliziert m. E. eher eine eigene, durch den Künstler geschaffene Aussagekraft des jeweiligen Objektes unter verstärkter Beachtung von ästhetischen Aspekten, der zweite eher die rein handwerkliche Tätigkeit ohne eine stilistische Komponente. Die Produktion einer solchen Stele war Auftragsarbeit und resultierte nicht aus dem eigenen unabhängigen Willen des Herstellers. Diese Menschen gaben demjenigen eine Form, die von anderen entworfen worden war, und konnten nur in sehr eingeschränkten Maße eigenen Duktus ein arbeiten. Auch die Frage, ob Hersteller selbst lesekundig waren oder nur nach Vorlagen arbeiteten, ist noch nicht befriedigend geklärt. So möchte ich wertneutraler überwiegend lieber von „Stelenherstellern“ sprechen.

aufgezeichnet worden sein, jedoch sind auch Ostraka möglich[5]. Die Informationen dürften in Hieroglyphen, Kursivhieroglyphen oder Hieratisch aufgezeichnet gewesen sein[6].

Bezüglich der Vorlagen von Grabwanddekorationen nimmt J. KAHL[7] an, daß diese für die Handwerker vorher in einem Scriptorium in Hieroglyphen oder Kursivhieroglyphen umgesetzt worden seien, „da kaum angenommen werden kann, daß direkt vor Ort ein Handwerker (oder Vorzeichner) einen hieratisch geschriebenen Text in Hieroglyphen umsetzte".

Für die Stelenhersteller, die in ihrer Arbeitsstätte eine Stele fertigten, waren meiner Ansicht nach höchstwahrscheinlich sowohl hieroglyphisch/ kursivhieroglyphische als auch hieratische Vorlagen für die Textpassagen nötig. Leider sind keine entsprechenden Belege erhalten, jedoch ergeben sich aus meinen Auswertungen einige Hinweise auf die Existenz solcher Vorlagen[8].

Die Person, die die Vorzeichnung von einer Vorlage auf den Rohling auftrug, mußte entweder Hieroglyphisch/ Hieratisch lesen können oder zumindest über das „Halbwissen" verfügen, um hieratische Vorlagen in Hieroglyphen umzusetzen. Im nächsten Schritt wurde diese Vorzeichnung korrigiert und dann wohl bei Bedarf eine korrigierte, endgültige Fassung aufgemalt. Bei einer Arbeitsteilung mußte nur der Vorzeichner über genügend hieroglyphisches Wissen verfügen, der „Ausmeißler" brauchte lediglich zu wissen, wie ein Zeichen auszusehen hat. Bei einem länger in dieser Arbeit Tätigen wird sich im Laufe der Zeit aber das Wissen herausgebildet haben, wie bestimmte Zeichen oder Wortgruppen zu interpretieren sind.

Ich bin allerdings der Ansicht, daß es neben einer solchen Teamarbeit auch Hersteller gab, die alleine eine Stele in allen Arbeitsschritten vom Rohling bis zum fertigen Objekt fertigen konnten[9], bei denen das Problem der Schrifterkennung also eine wesentlich geringere Rolle gespielt haben dürfte.

Da die Inschriften mancher Objekte jedoch einen sehr gedrängten Eindruck machen, speziell bei Namensbeischriften, ist zumindest für Teile der hieroglyphischen Texte zu vermuten, daß sie ohne ausreichende Vorbereitung direkt eingraviert wurden, bei Namen also erst bei Kauf, als die Stele individualisiert wurde (cf. unten).

Dabei hat man sich neben den „Mustertexten" die Vorschläge für Gestaltung der Darstellungen vielleicht weniger visuell, sondern eher als textliche Beschreibung vorzustellen. Entsprechende Indizien für die Existenz von archivierten Statuenbeschreibungen sowie anderen textlichen Beschreibungen von „Motiven der bildenden Künste" hat J. KAHL[10] zusammengestellt, man kann sich vorstellen, daß solche Aufzeichnungen für Stelen existiert haben und in den Arbeitsstätten verfügbar waren. Auch in einem religiösen Text, dem „Buch von der Himmelskuh", befindet sich eine entsprechende Passage, in der genau ausgeführt ist, wie das Bild der Himmelskuh zu gestalten, zu bemalen und zu beschriften ist. Dadurch erhielt der Hersteller exakte Anweisungen, wie die Darstellung auszusehen hat, jedoch wird nichts zum Duktus gesagt. Dieser blieb dem Hersteller überlassen und wandelte sich in den verschie-

---

5 Entsprechende Belege für Vorlagen in Form von Ostraka sind mir nicht bekannt, cf. aber die individuelle Bestellung einer Stele auf O.DeM 246 (cf. unten).

6 STEINDORFF, *Aniba II*, 64 nimmt für die Stele des *Mry* (SII/ Ani/ 001) an, daß der Hersteller „eine hieroglyphische, teilweise auch kursiv geschriebene, aber schon recht fehlerhafte Vorlage" benutzte.

7 KAHL, *Steh auf*, 69 ff.

8 Cf. auch Kap. 9.

9 Dagegen FRANKE, *Heqaib*, der davon ausgeht, daß die Anfertigung eines solchen Objekts nur im „Rahmen der Kooperation verschiedener Spezialisten" stattfinden konnte.

10 KAHL, *Siut – Theben*, 276 – 279.

denen erhaltenen Belegen. Anweisungen zum genauen Duktus von Hieroglyphenschrift sind niemals belegt, es ist fast nicht möglich, so etwas schriftlich niederzulegen. Bemerkenswert ist beim Kuhbuch, daß die Anleitung integraler Bestandteil des Textes war und auch auf dem frühesten Beleg, dem äußersten Schrein des Tutanchamun, mit enthalten war[11].

Belege für graphische Musterbilder von Stelen sind nicht erhalten, können jedoch allein aufgrund eines *argumentum ex silentio* nicht ablehnt werden[12]. Solche graphischen Grundrißpläne und Bauzeichnungen sind jedoch für räumliche Konstruktionen, z. B. steinerne Statuen und hölzerne Schreine oder Architektur belegt[13].

Textliche und graphische Vorlagen für Stelen können natürlich den speziellen Duktus, der in einer bestimmten Arbeitsstätte vorherrschte, nicht darstellen, dieser entwickelte sich aus Erfahrung und der Gewohnheit und wurde von den jüngeren Mitarbeitern rezipiert und weitergeführt. Ein solcher Duktus ist nur zeitgenössisch, er hält sich nicht über mehrere Jahrzehnte oder gar Jahrhunderte. Einem Hersteller ist es nur möglich, in einem der seinigen Zeit entsprechenden „Stil" zu arbeiten, auch der Individualduktus ist temporären Einflüssen unterworfen. Deshalb ist ein Schreibduktus ein untrügliches Indiz für die Entstehungszeit des entsprechenden Dokumentes, wenn man denn versteht, es zu deuten und zu datieren.

Dies ist auch bei den spätzeitlichen Objekten aus dem Umfeld des „Archaismus" zu beobachten, die vorgeben, aus einer weitaus älteren Zeit zu stammen, als sie es tatsächlich sind[14]. Die bildlichen Darstellungen und auch die Textinhalte können dabei relativ exakt Formen des Alten Reiches entsprechen. Textinhalte und Orthographie sind dann zwar archaisierend, nicht jedoch die Formen der einzelnen Hieroglyphen. Auch wenn ein spätzeitlicher Hersteller ein frühes Dokument im Original vor sich hatte, konnte er doch nur die äußeren Formen nachahmen, bei der Gestaltung der Hieroglyphen mußte dann aber zwangsläufig doch sein zeitgenössischer „Stil" zum Tragen kommen. Die Formen der Schriftzeichen auf einem solchen archaisierenden Objekt sind demnach nicht „auf alt gemacht", sondern zeitgenössisch zur Anfertigung.

Sofern graphische Vorlagen existiert haben, die sowohl Texte als auch Darstellungen beinhalten, könnten sie ähnlich ausgesehen haben wie die Aufzeichnungen des Amduat in den Gräbern Thutmosis III (KV 34) und Amenhoteps II (KV 35)[15]. Die in der Sargkammer angebrachten Wandmalereien stellen eine mit Strichmännchen und kursiven Hieroglyphen ausgestattete Papyrusvorlage für königliche Grabdekorationen mit dem Amduat dar. Bei dieser außergewöhnlichen Dekoration diente die Vorlage selbst als detailliertes Hauptmotiv.

---

11 HORNUNG, *Kuhbuch*; MAYSTRE, *livre*, 52 ff.; PIANKOFF, *Shrines*, 30 ff. Es stellt sich dabei die Frage, ob diese Passage überhaupt mit abgeschrieben werden sollte, eigentlich würde man denken, daß Texte solcher Natur nichts auf religiös motivierten Objekten königlicher Grabausstattung/ -dekoration zu suchen haben. Vielleicht haben die Hersteller diese Texte überhaupt nicht verstanden.

12 Aus der späthellenistischen Zeit ist ein Papyrus mit diversen, nicht in Zusammenhang stehenden Darstellungen von Tieren erhalten, der wohl als ein solches „Musterbuch" interpretiert werden darf: GALIAZZI, KRAMER, *Artemidor*, dazu auch DONDERER, *Papyrus*, der überzeugend anhand von klassisch antiken Mosaiken materialimmanente, aber sichere Indizien für die Verwendung von Musterbüchern gewinnen kann. Zu spätantiken Teppichmustervorlagen STAUFFER, *Cartoons*.

13 Statuen: z. B. GALÁN, EL-BIALY, *appretice's board*; Schreine und Architektur: HEISEL, *Bauzeichnungen*, 131 ff.; SMITH, STEWARD, *Gurob Shrine Papyrus*; cf. auch KAHL, *Siut – Theben*, 294.

14 Cf. KAHL, *Siut – Theben*; MANUELIAN, *Living*; MANUELIAN, *Prolegomena*; NEUREITER, *Interpretation*; SCHENKEL, *Vorlagen*. Zum Archaismus im Neuen Reich speziell MORKOT, *Archaism*, 95 ff.

15 Dazu cf. BUCHER, *textes*, 1 – 116, Taf. 1 – 26 (KV 34), 117 – 217, Taf. 27 – 42 (KV 35); REEVES, WILLKINSON, *Tal der Könige*, 98; WEEKS, *Tal der Könige*, 137 – 139.

Einen Beleg für die Herstellung einer Stele als Auftragsarbeit bietet O.DeM 246[16], bei dem es sich um einen Auftrag aus der Korrespondenz einer Arbeitstätte aus der 20. Dynastie (Zeit Ramses III) handelt. Dieses Ostrakon ist keine direkte Vorlage, sondern ein Auftrag, jedoch dürften entsprechende Vorlagen ähnlich, wenn auch wohl detaillierter, ausgesehen haben.

Dieses annähernd stelenförmige Ostrakon enthält einen vollständigen hieratischen Text in zwei Kolumnen. Der Schreiber *Pn-Tꜣ-wr.t* bestellt eine Stele[17] zu Ehren des Gottes Month und gibt Anweisungen bezüglich der gewünschten Darstellungen. Month soll thronend dargestellt werden, ihm gegenüber der Nutznießer *Pn-Tꜣ-wr.t* in Adorationsgestus. Angaben zu möglichen Inschriften sind nicht enthalten.

Ich kann mir aber auch als weitere Möglichkeit vorstellen, daß in der Arbeitsstätte diverse (halb)fertige Stelen vorhanden waren, die sich die Mitarbeiter zum Vorbild nahmen.

Unterschiedliche Hieroglyphenformen können auch innerhalb einer Stele auftreten. Dies dürfte dann mit der Art der Herstellung zu tun haben.

Es wird in Ägypten neben der direkten Auftragsarbeit (einer kompletten Stele) auch eine Produktion von Stelen „auf Vorrat“ gegeben haben, von denen sich ein Interessent eine seinen Vorstellungen entsprechende aussuchen konnte[18].

Ein Hinweis auf eine solche Fertigungsmethode sind m. E. diejenigen Objekte, die komplette Darstellungen sowie Götterepitheta, Verehrungs- bzw. Anrufungsformeln etc. haben, aber lediglich bei einigen Privatpersonen freie Flächen für die Namen aufweisen. Als ein Beispiel aus meiner Quellensammlung wäre RII/ Buh/ 005 zu nennen.

Wenn der Käufer also nur drei Personen genannt haben wollte, auf der Stele aber fünf Personen dargestellt waren, konnten die beiden „übrigen“ Darstellungen einfach unbenannt gelassen werden, sie blieben dadurch unbelebt und waren somit für das Kultgeschehen nicht existent. Für eine solche These spricht meiner Meinung nach auch die Tatsache, daß die freigelassenen Namensfelder stets am äußeren Rand der Stele liegen, die unbelebt gelassenen Darstellungen sich also ganz hinten befanden. Mit der Einsetzung der Namen des Nutznießers und eventueller Angehöriger war die Individualisierung und so auch die kultische Belebung der Stele durchgeführt, das Objekt konnte jetzt seine religiöse Funktion erfüllen (*Schöpfung durch das Wort*)[19].

Bei einer solchen Produktion auf Vorrat können die Hieroglyphen der Namen und Titel anders aussehen als im übrigen Text, wenn die nachträglich eingefügten Textteile von einer anderen Person eingesetzt wurden.

Produktion auf Vorrat hat sich in veränderter Form bis heute erhalten, man denke nur an die großen Lager von Grabsteinen bei unseren Friedhofs-Steinmetzen, wo man aus dem aus-

---

16 Černý, OHNL IV, Nr. 246, Taf. 2. Auf diesen Beleg wies mich H.- W. FISCHER-ELFERT hin, dem dafür an dieser Stelle ganz herzlich gedankt sei. Weitere Hinweise hierzu verdanke ich K. OHLHAFER. Ein Artikel zu diesem Objekt ist durch mich in Arbeit.

17 Das Wort *wḏ*, „Stele“, taucht zwar im Text nicht auf, aber die Sachlage dürfte aus dem Inhalt eindeutig sein. Cf. auch MCDOWELL, *Village Life*, Nr. 70; VAN WALSEM, *Monthu*, 193 – 196; WENTE, *Letters*, Nr. 175.

18 Einen Hinweis darauf bietet auch MORGAN, *Ohrenstelen*, 2. Ähnliches konnte MARÉE, *Remarkable Group*, 14 schon für einige Stelen der Zweiten Zwischenzeit aus der Umgebung von Gebelein feststellen.

19 Eine solche Individualisierung einer Stele war meines Erachtens in jedem Fall notwendig. Sämtliche anonyme Stelen dürften demnach entweder unfertig oder unverkauft geblieben sein, oder sie waren lediglich Ausschuß. Demzufolge kann ich mich der Meinung MORGAN, *Ohrenstelen*, 54 zu den vorgefertigten Ohrenstelen nicht anschließen.

gestellten Vorrat einen Stein wählen kann, der dann mit den Daten des Verstorbenen beschriftet wird.

Ein anderes, etwas weiter abseits liegendes Beispiel ist die moderne Grußkarte. Man findet in dieser Gruppe Karten – aber auch z. B. Gutscheine, die vorgefertigtes Design und einen dazu passenden Text aufweisen, es muß nur noch der Name selbst eingesetzt werden. Auf anderen Karten ist lediglich das Design bereits vorhanden, Text und Name des Nutznießers müssen noch eingesetzt werden. Die preislich hochwertigsten Karten sind die kompletten Auftragsarbeiten, bei denen eine Druckerei die individuelle Karte komplett mit Design, Text und Namen herstellt.

Die Paläographie kann keine exakte Wissenschaft sein. Schriftformen erscheinen nicht schlagartig innerhalb einer genau eingrenzbaren Zeitperiode, und ebensowenig verschwinden sie auf diese Weise auch wieder. Diverse Faktoren beeinflussen die Gestalt der Zeichen, wie Schreibereigenheiten, Schreiberschulen-Duktus, abgelegene Orte mit verzögerter Rezeption von Neuerungen etc. Man muß dabei auch berücksichtigen, daß manche Stelenhersteller möglicherweise unter mehreren Herrschern ihren Beruf ausübten und ihre eigenen Zeichenduktus weiterhin unverändert beibehielten. Schon E. BLUMENTHAL[20] riet 1976 zur Vorsicht im „Umgang mit allzu präzisen Terminvorstellungen". Weiter führt sie aus, daß eine

> *„scharfe Trennungslinie der Komplexität der ägyptischen Sprach- und Schriftgeschichte [nicht] gerecht wird, die im allgemeinen keine normierenden Rechtschreibreformen und Sprachregelungen kennt. Neuerungen [...] wurden nicht beschlossen und zu einem Stichtag eingeführt, sondern sind das Ergebnis von Entwicklungen; sie entstanden in einem langen Neben- und Gegeneinander von Varianten, zunächst regional begrenzt, später auch in größeren, überlokalen Zusammenhängen, in dessen Verlauf sich das Neue keineswegs überall und immer durchsetzte, Sonderformen sich ausbildeten und verschwanden und nur wenige Besonderheiten schließlich die Oberhand behielten und zum Allgemeingut wurden."*

So soll in dieser Arbeit ein Anhaltspunkt gegeben werden, wie eine Hieroglyphe in der Regierungsperiode eines speziellen Herrschers ausgesehen hat. Exakte Datierungen allein durch die Paläographie auf einen Pharao genau sind dagegen bei undatierten Denkmälern stets mit Vorsicht zu vollziehen[21], da immer die Möglichkeit besteht, daß einige der oben genannten Faktoren einwirken und das Ergebnis verfälschen können. Es sollten weitere Datierungskriterien herangezogen werden, wie beispielsweise Angaben von Regierungsjahren oder prosopographisch bekannte und demzufolge sicher datierbare Personen.

---

20 BLUMENTHAL, *Datierung*, 52 f., auch für das nächste Zitat.

21 Cf. auch die Ausführungen U. VERHOEVENS zur späthieratischen Buchschrift: VERHOEVEN, *Untersuchungen*, 272 ff.

4. Schriftträger

4.1. Schriftträger Gestein

Der überwiegende Teil der Privatstelen der 19. Dynastie ist aus Gestein gefertigt, wobei Kalkstein mit nahezu 80 % den weitaus größten Anteil einnimmt. Nur vereinzelt wurden Sandstein, Schist, Basalt, Calcit und Granit benutzt. Sandstein fand vorwiegend bei den Objekten nubischer Provenienz Verwendung.

Wegen der Verwendung von unterschiedlichen Gesteinsarten können sich aufgrund der differierenden Härte teilweise andere Formen der Hieroglyphen ergeben. Für Relief-Gravierungen ist Kalkstein wegen seiner Dichte und der geringen Härte am besten geeignet, der ebenfalls weiche Sandstein aufgrund der quarzigen, körnigen Grundstruktur dagegen weniger, er mußte sorgfältiger bearbeitet werden[1]. Aber auch harte Steinsorten wie Granit, Basalt oder Calcit wurden für Stelen benutzt[2].

Das hauptsächliche Verfahren für die Anbringung von Inschriften auf steinernen Stelen ist das Einmeißeln in versenktem Relief. Daneben wurde auch erhabenes Relief verwendet, das allerdings im vorliegenden Corpus nur selten vorkommt, bei den figürlichen Darstellungen aber häufiger ist.

Wenig angewandt wurde die Methode, auf die geglättete Steinoberfläche Inschriften mit Farbe bzw. Tinte aufzumalen. Diese Hieroglyphen können paläographisch nicht mit den eingemeißelten Schriftzeichen verglichen werden. Mit Hilfe dieser Methode wurde eine Stele in Amiens aus der 19. Dynastie[3] hergestellt. Darüber hinaus konnten auch ältere Stelen wiederverwendet werden. So wurde bei dem Objekt SI/ DeM/ 032 aus meiner Quellensammlung aus der ursprünglichen Stele später eine kleinere ausgeschnitten, wobei das Objekt aber zerbrach. Eine Stele aus der Sammlung BANKES[4] stammt dem Stil der Darstellungen nach aus der 18. Dynastie, wurde aber erst nachweislich in der 21. Dynastie (wieder)verwendet.

4.2. Schriftträger Holz

Ein weiterer Schriftträger für private Stelen ist Holz. In der Ramessidenzeit wurde dieses Material noch relativ selten verwendet, erst in der Spätzeit erfuhr es dagegen große Beliebtheit, auch resultierend aus dem in dieser Zeit vollzogenen Wechsel des Aufstellungsortes, von der öffentlichen Kapelle in die unzugängliche und vor Mensch und Natur geschützte Grabkammer[5]. Ohne die schädlichen Einflüsse von natürlicher und mutwilliger Zerstörung konnten Totenstelen bedenkenloser aus dem leicht vergänglichen Material Holz gefertigt werden.

Auch bei hölzernen Stelen hatte der Stelenhersteller mehrere Möglichkeiten der Beschriftung. Er konnte Gravierung verwenden, bei der die Schriftzeichen entweder in das Material eingeschnitten bzw. eingeschnitzt werden (versenkt) oder der Hintergrund um die Zeichen abgearbeitet wird (erhaben), ähnlich wie bei den Stelen aus Gestein. Danach konnte eine Stuckierung (s. u.) und/ oder Bemalung erfolgen.

---

1 cf. *BMHT 10*, 23 (zur Stele London, British Museum 188)

2 Siehe z.B. Basalt: RII/ Sed/ 001; Calcit: SI/ ???/ 002, RII/ Ele/ 001, RII/ Qan/ 080, Mer/ Aby/ 005; Granit: SI/ DeB/ 001, SI/ The/ 001, RII/ Hel/ 003, RII/ Saq/ 011, SII/ Mem/ 001.

3 PERDU, RICKAL, *Collection Égyptienne*, 19 (nicht in meiner Paläographie).

4 ČERNY, *Bankes*, Nr. 13 (nicht in meiner Paläographie).

5 Vgl. MUNRO, *Totenstelen*, 5-6.

Besonders ab der Dritten Zwischenzeit wurden viele dieser Stelen nicht mehr mit gravierten Reliefs versehen, sondern nur noch stuckiert und bemalt[6].
Stelen aus Holz sind in meinem Corpus nicht vertreten.

4.3. Schriftträger Stuck

Oft ist eine Stuckierung der Stelenoberfläche vorgenommen worden, die dann in einem weiteren Arbeitsschritt graviert und gefaßt wurde[7]. Diese Stuckschicht bewirkte, daß die aufgesetzten polychromen Fassungen besser hafteten und ein gleichmäßiger Untergrund erzielt wurde, ohne mögliche störende Maserungsverläufe des Gesteins oder des Holzes. Der für Stelenoberflächen erforderliche dünne Stuck bestand aus Gips, Kalk, Quarzsand, Wasser und optionalen Bindemitteln[8].

Entweder wurde der Stuck auf eine glatte Oberfläche aufgetragen und bemalt (in der Ramessidenzeit noch sehr selten), oder er wurde über die bereits bearbeitete Oberfläche gelegt. Die nur gemalten Hieroglyphen können paläographisch nicht mit denen in Relieftechnik verglichen werden. Bei überstuckierten und bemalten Zeichen ist darauf zu achten, daß ein dicker Stuck sowie der darauf liegende Farbauftrag die Konturen der Zeichen im Stein verändern können. Die versenkt gearbeiteten Hieroglyphen der Stele SII/ Ani/ 001 wurden in einem zweiten Arbeitsschritt bemalt. B. GUNN[9] bemerkte, daß bei einigen Zeichen die reliefierte Version von der bemalten Version abweicht. Diese (wenigen) Zeichen wurden nicht aufgenommen, um die Einheitlichkeit nicht zu stören.

In seiner Veröffentlichung des Pylons von Philae (1958) wies H. JUNKER[10] darauf hin, daß der ganze Bau einst mit einer Stuckschicht überzogen war, auf die Farbe aufgetragen wurde, so daß das heutige Erscheinungsbild nicht demjenigen der späten Ptolemäerzeit entspricht. Auch die Hieroglyphen erhielten ihr endgültiges Aussehen erst durch die Bemalung, wobei dann Details wie Innenzeichnungen etc. entstanden. Dies erklärt das teilweise recht flüchtige Erscheinungsbild der Schriftzeichen auf dem Pylon. So besteht auch die Möglichkeit, daß heute als „unsauber“ zu charakterisierende Hieroglyphen auf Privatstelen früher gar nicht in dieser Weise sichtbar waren, sondern ebenfalls erst durch die Stuckierung und Bemalung das endgültig intendierte Aussehen erhielten.

Jedoch sind die privaten Stelen der Ramessidenzeit meist nur schwach verputzt worden, manchmal finden sich noch Farbreste in den Vertiefungen. Im Unterschied zu den Zeichen auf repräsentativen Gebäuden sind diejenigen auf relativ kleinformatigen Objekten erheblich kleiner und müssen daher sorgfältiger graviert werden. Bei einer dickeren Putzschicht würden die Vertiefungen fast vollständig verklebt, so daß die Hieroglyphen gänzlich neu gemalt werden müßten, ein doppelter Arbeitsgang, den die altägyptischen Stelenhersteller sicherlich vermieden haben.

Daneben ist das Wiederbenutzen von steinernen Stelen durch Überstuckieren nachgewiesen. Aus Deir el-Medineh stammt das Fragment RII/ DeM/ 038[11], das sekundär mit Stuck überzogen wurde, welchen man danach neu mit einem Relief versah. Bei ungünstigen Erhaltungsbedingungen kann der Stuck vollständig verschwunden sein, so daß die Informationen über den

---

6 z. B. Leiden AH 28: SEIPEL, *Ägypten*, Nr. 466 (22. Dyn.)
7 JAMES, *Painting Techniques*, 58f.
8 Dazu FUCHS, *Stuck*, bes. 87.
9 STEINDORFF, *Aniba II*, 62.
10 JUNKER, *Pylon*, III – IV.
11 ANTHES, *Grabungen*, 67, Taf. 18b. Leider konnte das Stück nicht in die Paläographie aufgenommen werden. Cf. den Eintrag in der Quellensammlung.

zweiten Nutzer verloren sind, bzw. der einzig bekannte erste Besitzer nicht die Person ist, in deren Kontext die Stele eventuell gefunden wurde. Von oben erwähntem Beispiel abgesehen, war das vollständige Stuckieren steinerner Stelen in der Ramessidenzeit unüblich.

4.4. Schriftträger Quarzkeramik

Stelen aus Quarzkeramik, der oft sog. Ägyptischen Fayence, sind sehr selten. Früheste Exemplare sind seit dem Mittleren Reich bekannt[12], im Neuen Reich handelt es sich überwiegend um kleinformatige Anhängerstelen (Amulettstelen), die aber in diese Arbeit nicht aufgenommen worden sind[13]. Quarzkeramische Stelen im großen Format der steinernen Stelen kommen dagegen auch in der Ramessidenzeit nur in äußerst geringer Zahl vor, F. D. FRIEDMAN[14] hält jene für eine Innovation der 19. Dynastie. A. SCHULMAN[15] spricht 1960 bei der Publikation eines solchen Objektes von lediglich 10 ihm bekannten Exemplaren des Neuen Reiches, setzt jedoch – sicherlich zu Recht – weitere unpublizierte voraus.

Bei den quarzkeramischen Stelen kam aufgrund des differierenden Herstellungsverfahrens eine andere Technik für die Anbringung der Inschriften zum Einsatz: Die Schriftzeichen wurden im gleichen Verfahren wie die figürlichen Darstellungen mit einer Manganoxid-Paste aufgemalt[16]. Diese Schriftzeichen sind paläographisch nur bedingt mit den auf Stein und Holz gemalten zu vergleichen.

Darüber hinaus konnte die Quarzmasse vor dem Brennen auch leicht mit versenkten Darstellungen und Texten versehen werden, was allerdings nicht so häufig geschah.

Eine weitere Möglichkeit der Gestaltung einer Inschrift ist die Verwendung von verschiedenen polychromen Quarzkeramiken. Allgemein ist deren Verwendung seit der 5. Dynastie belegt, in der Ramessidenzeit sind wenige Exemplare bekannt[17]. Ein Exemplar aus dem von mir bearbeiteten Corpus ist RII/ ???/ 002, bei der die Vertiefungen der Darstellungen und Zeichen mit einer weißen Quarzmasse ausgefüllt wurden, die einen farblich sehr harmonischen Kontrast zu der leuchtend blauen Farbe der gesamten Stele bildet.

Daneben haben die Ägypter auch Inschriften mit Hilfe von Calcit-Einlagen zusammengesetzt, was allerdings nur bei Quarzkeramikkacheln zu beobachten ist, bislang nicht jedoch bei Stelen[18].

4.5. Zur paläographischen Vergleichbarkeit von Schriftzeichen

Aufgrund der Tatsache, daß verschiedene Varianten des Schriftträgers, des Beschreibmaterials und daraus resultierend auch der Schrift-Anbringung existieren, stellt sich die Frage, inwieweit die Hieroglyphen dieser verschiedenen Formen paläographisch miteinander verglichen werden können.

Es gibt folgende Möglichkeiten der Anbringung von Hieroglyphen auf Stelen:

1. graviert	a. in weiches Gestein	d. in Holz*
	b. in hartes Gestein	e. in Stuck*
	c. in Quarzkeramik*	

12 CASTEL, SOUKIASSIAN, *dépôt*.
13 cf. PAGE-GASSER, WIESE, *Augenblicke*, Nr. 119, auch zu dem folgenden Absatz.
14 FRIEDMAN, *Gifts*, 250, Text zu Nr. 166-167 (RII/ The/ 023. 024; Anders dagegen NICHOLSON, *Faience*, 34.
15 SCHULMAN, *Faience Stela*, in Expedition 2,4/ 1960, 32-33; cf. auch FRIEDMAN, *Gifts*, Nr. 166-168.
16 Zur Technologie der Herstellung z. B. NICHOLSON, PELTENBURG, *Egyptian faience*, NICHOLSON, *Faience*.
17 z.B. FRIEDMAN, *Gifts*, 157, 250; Nr. 168, Leiden AD 37.
18 z.B. MÜLLER, *Sammlung Esch*, 20-24, GEßLER-LÖHR, *Meisterwerke*, Frontispiz.

2. zusammengesetzt aus polychromen Quarzkeramiken
3. gemalt
   a. auf weichem Gestein
   b. auf hartem Gestein*
   c. auf Quarzkeramik
   d. auf Holz*
   e. auf Stuck*

Die derzeit in meinem Corpus nicht vorkommenden Möglichkeiten sind mit einem * gekennzeichnet.

Es liegt auf der Hand, daß mit Werkzeugen eingetiefte Zeichen (1.) im paläographischen Sinne nicht mit aufgemalten (3.) verglichen werden können. Die Unterteilung für weiches und hartes Gestein resultiert auch aus der Verwendung verschiedener Werkzeuge für die unterschiedlichen Steinsorten[19], die zusammen mit der unterschiedlichen Steinhärte differierende Formen hervorbringen können.

Die Hieroglyphen, die bei der Zusammensetzung von polychromen Quarzkeramiken Verwendung finden (2.), sind vom Werkverfahren her an sich eher den gravierten (1.) zuzurechen, da vor dem Einlegen die Vertiefungen in die Quarzmasse eingebracht wurden. Jedoch sind Unterschiede vorhanden, daher sollten diese Objekte gesondert betrachtet werden. Als Vergleich könnte man hier die Hieroglyphen-Calciteinlagen für Quarzkeramikkacheln nennen, jedoch sind letztere aus anderem Material und darüber hinaus nicht Gegenstand vorliegender Untersuchung.

Bei den aufgemalten Hieroglyphen (3.) muß beachtet werden, daß dic Schriftzeichen auf der Quarzkeramik bei Verwendung dickerer Manganoxid-Paste ungenauer werden können als mit der feinflüssigeren Fassung für Stein, Holz und Stuck.

19 cf. ANTHES, *Werkverfahren*, 109.

5. Handwerkszeug und Schreibwerkzeug

5.1. Vorbemerkungen

Werkzeuge für die Herstellung der Stelen und deren Beschriftung sind bislang in der Forschung überwiegend vernachlässigt worden.

Der Begriff „Schreibwerkzeug“ mag im ersten Moment widersprüchlich erscheinen, verbindet man doch mit dem Hieroglyphen-Schreiben eine Tätigkeit mit der Hand, welche einen Pinsel oder eine Binse führt. Jedoch ist generell das Darstellen von Schriftzeichen, auch Hieroglyphen, in einer dem kundigen Leser verständlichen Reihenfolge als Schreiben zu bezeichnen, so werden auch heute mit dem Computer erstellte Texte als „geschrieben“ bezeichnet, selbst wenn diese Art des Schreibens sich von der ursprünglich mit „schreiben“ assoziierten Tätigkeit weit entfernt hat.

W. M. F. PETRIES[1] Publikation über Werkzeuge und Waffen aus dem Jahr 1917 stellt die erste, wenn auch vom Inhaltlichen her etwas magere Monographie zu Werkzeugen u.a. im Alten Ägypten dar. Allerdings wird speziell auf Stelen- oder Reliefherstellung nicht eingegangen. Darüber hinaus konnte bis heute die Produktion von Stelen in Arbeitsstätten archäologisch leider nicht belegt werden.

5.2. Bearbeitung von Gestein

Die neueste umfassendste Bearbeitung wurde 1976 von R. DRENKHAHN[2] vorgelegt. In bezug auf Steinbearbeitung werden dort im Kap. IV die Statuenherstellung und danach diejenige von Steingefäßen untersucht.

Nur in einem Unterkapitel erwähnt die Autorin[3], daß zu den Aufgabenbereichen der Bildhauer auch die Herstellung von Reliefs in Stein und Holz gehöre. In diesem Zusammenhang ist auch die Objektgruppe der Stelen zu sehen. Allerdings dürften die verwendeten Werkzeuge für die Feinarbeiten an einer steinernen Statue die gleichen gewesen sein wie für die Bearbeitung einer steinernen Stele. Demnach hat es speziell für Stelenherstellung spezialisierte Geräte offenbar nicht gegeben.

Die häufigsten Geräte bei der Bearbeitung von Statuen sind hölzerne Schlegel sowie bronzene oder kupferne Meißel (*mḏꜣ.t*) und Stichel[4], wobei die bronzenen Werkzeuge erst seit dem Neuen Reich vorkommen[5]. Eben diese sind wohl auch die Werkzeuge, mit denen eine steinerne Stele bearbeitet wurde. Eine Szene mit der Herstellung einer Statue, bei der Meißel und Schlegel benutzt werden, findet sich schon im Grab des *Tj*[6]. Es handelt sich bei den dargestellten Meißeln – im Gegensatz zum Werkszeug der Zimmerer – um Ganzmetallwerk-

1 PETRIE, *Tools*, bes. 19 ff., 38ff., Taf. 22f (Meißel), 38 (Schlegel).

2 DRENKHAHN, *Handwerker*, bes. 52 ff. Allgemein cf. auch R. KLEMM, *Steinbearbeitung*.

3 DRENKHAHN, *Handwerker*, 65.

4 DRENKHAHN, *Handwerker*, 57. Meißel und Schlegel sind in größerer Zahl erhalten, so z.B. ANDREU, *artistes*, Kat.-Nr. 140 – 142; ANTHES, *Werkverfahren*, 107; BROVARSKI, DOLL, FREED, *Golden Age*, Nr. 25-26; EGGEBRECHT, *Aufstieg*, Nr. 59, 60; GABOLDE, GALLIANO, *Coptos*, 188; GIDDY, *Memphis II*, Kap. IV.3 Nr. 4, Taf. 37-39 u.a. der 19. Dyn. aus Kupfer; HASLAUER, *Werkverfahren*, 50 – 51; LETELLIER, *vie quotidienne*, Nr. 86; NAVILLE, *Deir el-Bahari III*, Taf. 29:3 (Schlegel), 29:7 (Meißel); PETRIE, *Tools*, Taf. 46.
Zu Preisen: JANSSEN, *Commodity Prices*, 317-8.

5 Vgl. auch ASTON, HARRELL, SHAW, *Stone*, 7

6 SCHEEL, *Metalworking*, 52 Fig. 57; WILD, *Ti*, Taf. 173.

zeuge[7], allerdings wurden bei weicheren Steinen auch solche mit Holzgriff verwendet[8]. Nach R. ANTHES[9] wurden bei harten und weichen Steinsorten verschiedene Werkzeuge benutzt, neben den hölzernen Schlegeln konnten je nach Härte des Materials aber auch steinerne verwendet werden[10].

Für die Feinarbeiten wie das Gravieren von Hieroglyphen wurden feine Meißel mit Schlegeln, aber eher noch Stichel benutzt, wie sie beispielsweise aus Deir el-Bahari erhalten sind[11]. Im Grab des *Tȝtj* aus der 18. Dynastie ist in einer leider sehr fragmentarischen Darstellung[12] die Verwendung von Meißel und Schlegel bei der Bearbeitung einer Stele gezeigt. Ähnliches ist aus dem Grab des *Dwȝ-r-nḥḥ* gleicher Zeit erhalten[13], daneben erkennt man noch die weiteren notwendigen Arbeitsschritte, nämlich das Polieren mit Steinen und einer "schmirgelähnlichen Masse", die in Schälchen danebensteht[14], sowie das Vorzeichnen des Dekorationsprogrammes. Auch *Rḫ-mj-Rꜥ(.w)* hat entsprechende Szenen in seiner Dekoration[15].

5.3. Bearbeitung von Holz und Stuck

Für den Bereich der Holzbearbeitung wurden Werkzeuge benutzt, die denen der Steinbildhauer entsprechen. Die Grobarbeit wurde mit einer Dechsel oder einer Säge durchgeführt, für die feinen Arbeiten beim Aufbringen des Bildfeldes verwendete man feine Meißel mit Schlegeln sowie Stichel[16]. Schnitzmesser jedoch werden m. W. nicht dargestellt, es hat sie aber durchaus gegeben[17], auch sie kamen wohl bei der Ausführung der Inschriften zum Einsatz.

Meißel und Stichel wurden aus Kupfer oder Bronze gefertigt und in einem hölzernen Griff fixiert, die Schlegel aus Holz geschnitzt[18]. Eiserne Werkzeuge sind in der Ramessidenzeit noch nicht belegt, sie treten erst in der Spätzeit auf[19].

Das Zurechtschlagen eines hölzernen Rohlings in die gewünschte Form, hier allerdings für einen Djedpfeiler, ist in einer Szene im Grab von *Nb(.w)-Jmn(.w)* und *Jpwky*[20] in Theben dargestellt. Die gleiche Tätigkeit direkt für eine hölzerne Stele ist vielleicht im Grab des *Rḫ-mj-Rꜥ(.w)*[21] wiedergegeben. Geglättet wurde der Holzrohling mit Sandstein oder einem Rei-

7 PETRIE, *Tools*, 19f., Taf. 21-22, cf. auch Abb. bei NAVILLE, *Deir el-Bahari III*, Taf. 29.7; DEVAUX, *Définition*, Taf. 4b.

8 cf. CORTEGGIANI, *Centenaire*, 49 Nr. 35 – 36.

9 ANTHES, *Werkverfahren*, 109.

10 So z.B. auch bei der Metallbearbeitung: SCHEEL, *Metallhandwerk III*, 261 Anm. 54; vgl. ANTHES, *Werkverfahren*, 89 ff.

11 Abb. bei NAVILLE, *Deir el-Bahari III*, Taf. 29:6

12 WRESZINSKI, *Atlas I*, Taf. 352; auch in römischer Zeit hatte sich das Verfahren nicht wesentlich geändert: KAUFMANN, *Epigraphik*, 21 – 22, Abb. 14.

13 WRESZINSKI, *Atlas I*, Taf. 64, 342.

14 Auch im Grab von *Rḫ-mj-Rꜥ(.w)*: WILKINSON, *Wall Paintings*, Nr. 55. DAVIES, *Rekh-mi-Re*, Taf. 60.

15 ASTON, HARRELL, SHAW, *Stone*, Abb. 2.30.

16 HASLAUER, *Werkverfahren*, 54; cf. z.B. LETELLIER, *vie quotidienne*, Nr. 87 – 88; DRENKHAHN, *Handwerker*, 117 Abb. unten; Abbildung diverser Werkzeuge aus dem Neuen Reich bei KILLEN, *Woodworking*, 43 Fig. 50; REINEKE, *Technik*, 372-3.

17 Vgl. BADAWY, *Collection*, Abb. 35 links.

18 Cf. ANDREU, *artistes*, Kat.-Nr. 141.

19 So auch HASLAUER, *Werkverfahren*, 49; BAINES, MÁLEK, *Weltatlas*, 61.

20 SCHEEL, *Metalworking*, 50 Fig. 54, nach DAVIES, *Two Sculptors*, Taf. 11, Farbabb. BAINES, MÁLEK, *Weltatlas*, 194.

21 DAVIES, *Rekh-mi-Re*, Taf. 55; WILKINSON, *Wall Paintings*, 93 Nr. 31.6.28.

bebrett unter Verwendung von Sand oder einer Schmirgelmasse, ähnlich wie bei den steinernen Exemplaren[22].

Bei *Nb(.w)-Jmn(.w)* und *Jpwky*[23] findet sich auch eine Szene, die den folgenden Arbeitsschritt, die Verwendung von Meißel und Stichel, illustriert. Dieses ist auch in den Gräbern von *Jpwy*[24] und *Rḫ-mj-Rꜥ(.w)*[25] abgebildet. Nach der Aufbringung der Vorzeichnung konnte so die Ausarbeitung des Bildfeldes vorgenommen werden.

Vermutlich wurde auch ein Stucküberzug mit feinen Sticheln bearbeitet, wie sie auch bei der Holzbearbeitung vorkommen.

5.4. Bearbeitung von Quarzkeramik

Quarzkeramische Stelen wurden meistens nicht graviert, sondern es wurden Darstellungen und Text mit einer Manganoxid-Paste auf die glatte Oberfläche aufgemalt. Bei den wenigen Exemplare, die in versenktem Relief ausgeführt wurden, kann man ähnliche Werkzeuge wie für Stein und Holz vermuten, auch wenn spezielle Werkzeuge hierfür nicht belegt werden können.

22 REINEKE, *Technik*, 373.

23 SCHEEL, *Metalworking*, 51 Fig. 56, nach DAVIES, *Two Sculptors*, Taf. 11, Farbabb. BAINES, MÁLEK, *Weltatlas*, 194.

24 WRESZINSKI, *Atlas I*, Taf. 370.

25 DAVIES, *Rekh-mi-Re*, Taf. 52, 53.

6. Die Klassifizierung der Stelen

6.1. Die einzelnen Klassifizierungskriterien

Die altägyptische Privatstele hat stets den Charakter eines religiösen Mediums, sie ist im Neuen Reich auch Ausdruck der erstarkenden volkstümlichen Frömmigkeit, der sog. Persönlichen Frömmigkeit[1]. Die Stele soll eine Bitte an eine Gottheit oder einen Wunsch nach einer Gottesleistung manifestieren, manchmal verbunden mit einer versprochenen Eigenleistung. Andere sollen die jenseitige Versorgung mit Opfergaben sicherstellen sowie die Erinnerung an den Verstorbenen und dessen Familie bewahren, um so die nachtodliche Existenz zu gewährleisten.

Dieser in so vielfältiger Weise zum Ausdruck kommende religiöse Charakter ist vielschichtig und zeigt sehr individuelle Züge, die manchmal über die kanonisierten, heute oft als „typisch" bezeichneten Strukturen hinausgehen. Bestimmte einheitliche Grundformen sind jedoch erkennbar und können durch die Klassifizierung dargelegt werden. Diese Klassifizierung beschreibt in knapper, übersichtlicher Form die äußere Gestaltung der entsprechenden Stele, deren Inhalt sowie ihren „Sitz im Leben". In diesem Zusammenhang ist es dabei nicht von Belang, welche Darstellungen in Bild und Text konkret auf der einzelne Stele vorhanden sind.

6.1.1. Klasse I: äußere Form

Die erste Klasse besteht aus vier Komponenten. Dabei wird zunächst die Form der gesamten Stele in drei Teile untergliedert, dies sind A) der *Stelenkörper*, B) der *Stelenabschluß* sowie C) ein optionaler *Aufsatz* (Pyramidion oder Hohlkehle).

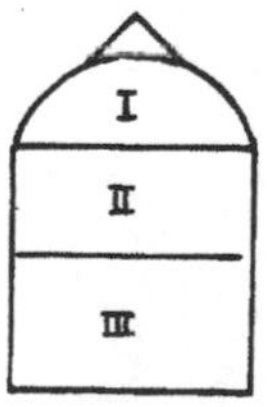

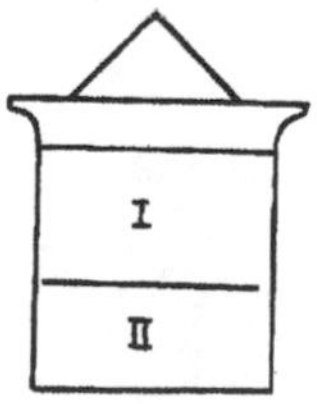

Abb. 4 Schemata Stelenaufbau

Als *Stelenkörper* verstehe ich den Teil der Stele, der sich unter dem Abschlußsegment befindet und stets geradlinige Außenränder hat.

Ein separates *Stelenabschlußsegment* ist bei fast allen Objekten vorhanden, jedoch nicht bei Stelen mit insgesamt nur rechteckiger bzw. quadratischer Form, ebensowenig wie bei Stelen mit trapez- oder dreiecksförmigem Körper und bei Objekten mit einem Hohlkehlenaufsatz[3].

Bei den Stelen mit rechteckigem/ quadratischem Stelenkörper kann ab der Ramessidenzeit an oberster Stelle noch ein mehr oder weniger stark ausgeprägter *Aufsatz* angebracht sein. Zum einen handelt es sich hierbei um die Hohlkehle, zum anderen um ein sog. Stelenpyra-

1 Dazu ASSMANN, *Theologie und Frömmigkeit*; ASSMANN, *Gottesbeherzigung*; BRUNNER, *Persönliche Frömmigkeit*; GUGLIELMI, *Persönliche Frömmigkeit*; STERNBERG-EL HOTABI, *Horusstelen*, 25 ff.

2 Bei Stelen mit Hohlkehlenaufsatz ist grundsätzlich kein Stelenabschlußsegment vorhanden.

3 Die im Stelenabschlußbereich untergebrachten Darstellungen zähle ich als 1. Register. Ich verwende weder den Begriff „Lunette" noch „Giebelfeld". Zu einer detaillierten Analyse der Dekoration in diesem Bereich auf Stelen des Mittleren Reiches cf. HÖLZL, *Giebelfelddekorationen*.

midion. R. SCHULZ/ M. SEIDEL[4] setzen solche Stelen mit einem Stelenpyramidion in den Kontext memphitischer Gräber. Jedoch gibt es auch andernorts solche Formen, so z.B. in Qantir mit RII/ Qan/ 052, sowie in Abydos (z. B. mit RII/ Aby/ 005) oder sogar in Buhen (RII/ Buh/ 005), so gut wie alle stammen archäologisch gesichert aus Grabkontexten. Das Stelenpyramidion stellt die Miniatur einer Privatgrabpyramide des Neuen Reiches dar, deren reales Vorbild für viele Ägypter in ihrem Grabkontext nicht realisierbar war. Dieses Stelenpyramidion ersetzt somit für den Nutznießer einer Stele mit diesem Element eine architektonisch nicht vorhandene Grabpyramide. Hohlkehle und Stelenpyramidion können auch gemeinsam auf einer Stele vorkommen.

Dieses Stelenpyramidion schließt in der Regel nicht bündig an den Stelenabschluß an, sondern ist etwas nach innen versetzt. Ausnahmen stellen z. B. SI/ Saq/ 008 und RII/ Buh/ 005 dar. Hier wurde im eigentlich hochrechteckigen Stelenkörper das 1. Register mit einem aus der Fläche herausgearbeiteten bogigen Abschluß versehen. So ist das darüber gestellte Element als Pyramidion zu klassifizieren, obwohl es direkt an den rechteckigen Außenseiten der Stele ansetzt.

Die 4. Komponente dieser Klasse beinhaltet die gewählte *Plastizität* der mit Darstellungen/ Texten versehenen Breitseite(n). Es bestand die Möglichkeit, diese Seiten entweder als flache Ebene zu gestalten oder aber durch mehrere, miteinander kombinierte Ebenen, durch erhabene oder vertiefte Bereiche, plastische Ränder oder Darstellungen im Halbrelief Plastizität zu bewirken.

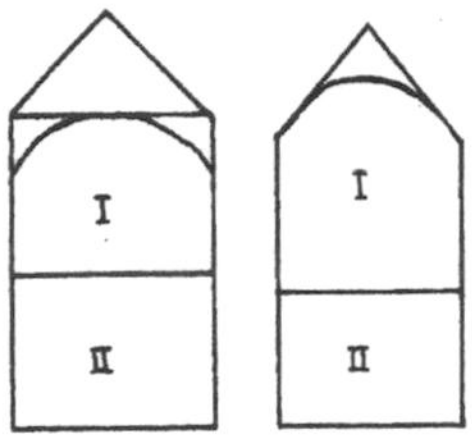

Abb. 5 Schema von SI/ Saq/ 008 bzw. RII/ Buh/ 005

6.1.1.1. Komponente A: Form des Stelenkörpers:

H Hochrechteck
B Breitrechteck
Q Quadrat
T Trapez
D Dreieck
U unförmige Gestalt

6.1.1.2. Komponente B: Form des Stelenabschlusses:

Dieser Stelenabschluß ist ein Element, das auf dem Stelenkörper aufgesetzt ist. Es gibt dabei folgende Formen[5]:
0Sa ohne Stelenabschluß (Null)
fSa flach bogenförmiger Stelenabschluß
hSa halbrund bogenförmiger Stelenabschluß
sSa steil bogenförmiger Stelenabschluß
dSa dreieckiger Stelenabschluß

4 SCHULZ, SEIDEL, *Ägypten*, 252.
5 HÖLZL, *Giebelfelddekorationen*, 11 führt für das Mittlere Reich nur einen halbrunden oder einen flachgewölbten Abschluß an. Eine *ebenda* getroffene Unterscheidung in ein Giebelfeld [= 1. Register], das in den Stelenkörper hineinragt (heruntergezogenes Giebelfeld) und in eins, das kleiner als die Fläche der Rundung ist (verkleinertes Giebelfeld) wurde für meine Untersuchung nicht übernommen.

6.1.1.3. Komponente C: Existenz von Aufsätzen oberhalb des Stelenabschlusses:

0As ohne Aufsätze (Null)
PyAs mit Pyramidion-Aufsatz
HoAs mit Hohlkehlen-Aufsatz

6.1.1.4. Komponente D: Plastizität der Darstellungsseite(n):

fDs flache Darstellungsseite(n)
pDs plastische Darstellungsseite(n), mit versenkten und erhabenen Bereichen

6.1.2. Klasse II: Anbringungsort der Darstellungen auf der Stele

Die nächste Klasse informiert über den Anbringungsort der bildlichen und textlichen Darstellungen. Diese sind auf allen Flächen, den Schmalseiten sowie oben möglich. Klasse II ist durch drei Komponenten gegliedert:

6.1.2.1. Komponente A: Anzahl der Register

Die Anzahl der Register ist bei der Benutzung von mehr als einer Breitseite in fast allen Fällen identisch. Auf den Schmalseiten wurde keine Registereinteilung verwendet, dort reichte der Platz lediglich für eine oder zwei Kolumnen.

1R	1 Register	**3R**	3 Register
2R	2 Register	**4R**	4 Register

Ist die Stele resp. die Darstellung teilweise verloren, werden die Register mit **1+xR**, **2+xR** etc. beschrieben.

6.1.2.2. Komponente B: Darstellungen auf den breiten Seiten:

0Bs	auf keiner Breitseite (Null)	**3Bs**	auf drei Breitseiten
1Bs	auf einer Breitseite	**4Bs**	auf vier Breitseiten
2Bs	auf zwei Breitseiten		

6.1.2.3. Komponente C: Darstellungen auf den Schmalseiten:

0Ss	auf keiner Schmalseite (Null)	**rSs**	auf der rechten Schmalseite
lSs	auf der linken Schmalseite[6]	**bSs**	auf beiden Schmalseiten

6.1.2.4. Komponente D: Darstellungen auf der Oberseite

nOs nein, auf der Oberseite keine Darstellungen vorhanden
jOs ja, auf der Oberseite Darstellungen vorhanden

---

6 Links und rechts sind jeweils als vom Betrachter aus gesehen zu verstehen.

6.1.3. Klasse III: Dargestelltes in Bild und Text.

Die dritte Klasse widmet sich der generellen Erfassung der dargestellten und erwähnten Gottheiten und Personen. Eine spezielle Untergliederung in „bildlich dargestellt" bzw. „nur im Text erwähnt" wurde von mir nicht vorgenommen. Oftmals ist gerade bei Privatpersonen nicht zu erkennen, ob die alten Ägypter so etwas wie „Wert-Abstufungen" vorgenommen haben zwischen „abgebildet" und „nur erwähnt". Öfters, speziell bei Familienstelen, scheint offenbar lediglich kein Platz mehr vorhanden gewesen zu sein für Darstellungen weiterer Personen, so daß dann deren Namen einfach neben bereits vorhandene Darstellungen geschrieben wurden, ohne soziale Abstufungen visualisieren zu wollen.

Darüber hinaus ist es für die hier vorliegende Gliederung unerheblich, ob auf einer Stele eine oder mehrere bzw. welche Gottheiten im Einzelnen auftreten.

Diese Klasse hat auch einen deiktischen Charakter bzgl. der Funktion der Stele, welche in der Klasse IV aufgeschlüsselt wird.

Die Kombination der Buchstaben in der hier vorgegebenen Reihenfolge zeigt an, welche Gruppierungen auf der entsprechenden Stele vertreten sind.

6.1.3.1. Komponente A: Dargestelltes göttlicher Sphäre

∅ nichts aus dieser Komponente

G *Gottheit*
alle männlichen und weiblichen Gottheiten;

gA *göttlicher Assoziationsauslöser*
Gegenstände und Tiere, die auch ohne erklärende Beischrift Auslöser für Assoziationen mit einer bestimmten Gottheit sind, so z. B. eine geflügelte Sonnenscheibe (→ ***Bḥdtj***) oder ein Widder (→***Jmn*(.*w*)**);

A *Assoziationsauslöser*
Objekte, die Auslöser für Assoziationen mit Handlungen/ Wünschen von Gottheiten oder des Nutznießers sind, so z. B. Ohren, Augen, Füße[7], nicht jedoch in bezug auf eine bestimmte, namentlich benannte Gottheit.

vK *vergöttlichter König*
alle vergöttlichten Könige, wie Thutmosis III, Amenhotep I oder (allerdings schon zu Lebzeiten[8]) Ramses II.

K *König*
der jeweils lebende, regierende Herrscher.

M *Mitglied der königlichen Familie*
direkte Mitglieder der Königsfamilie (Königin, Prinzen und Prinzessinnen).

6.1.3.2. Komponente B: Dargestelltes profaner Sphäre

∅ nichts aus dieser Komponente

N *Nutznießer*
die Privatperson, zu deren Nutzen die Stele hergestellt wurde, sie muß nicht mit dem Stifter identisch sein.

---

7 Dazu besonders GUGLIELMI, *Persönliche Frömmigkeit;* GUGLIELMI, DITTMAR, *Anrufungen*, SCHULZ, *Ohrenstelen*.

8 Zur Vergöttlichung Ramses II schon zu seinen Lebzeiten u. a. HABACHI, *Features*; ROEDER, *Ramses II*; WILLEITNER, *Gottkönig*.

P *Privatperson*
alle privaten Personen außer dem Nutznießer der Stele, einschließlich des Stifters, sofern er nicht mit dem Nutznießer identisch ist.

6.1.4. Klasse IV: Funktion der Stele

Die vierte Klasse behandelt den jeweiligen Zweck des gesamten Objektes. In die Auswertung fließen die Informationen sowohl aus den bildlichen Darstellungen als auch aus den vorhandenen Texten ein.

HG *Hinwendung an Gottheit(en)*
Stele, mit der sich der Nutznießer an eine oder mehrere Gottheit(en) wendet. Mit Anrufungs-[9], Lobpreisungs-, Verehrungs-, Königsopfer- und/ oder Darreichungsformeln zum Nutzen dieser Gottheit mit ausgesprochener oder stillschweigend erwünschter Gegenleistung für den Nutznießer der Stele.

HvK *Hinwendung an einen vergöttlichten König*
Stele, mit der sich der Nutznießer an einen vergöttlichten König wendet. Mit Anrufungs-, Lobpreisungs-, Verehrungs-, Königsopfer- und/ oder Darreichungsformeln zum Nutzen dieses vergöttlichten Königs mit ausgesprochener oder stillschweigend erwünschter Gegenleistung für den Nutznießer der Stele.

HK *Hinwendung an zeitgenössischen König*
Stele, mit der sich der Nutznießer an den regierenden Herrscher wendet. Mit Anrufungs-, Lobpreisungs-, Verehrungs- und/ oder Darreichungsformeln zum Nutzen dieses Königs mit ausgesprochener oder stillschweigend erwünschter Gegenleistung für den Nutznießer der Stele.

HvM *Hinwendung an vergöttlichte Mitglieder der königlichen Familie*
Stele, mit der sich der Nutznießer an vergöttlichte Mitglieder der königlichen Familie (Königin, Prinzen, Prinzessinnen) wendet, in meinem Corpus nur an Ahhotep und Ahmose-Nefertari. Mit Anrufungs-, Lobpreisungs-, Verehrungs-, Königsopfer- und/ oder Darreichungsformeln zum Nutzen dieser Familienmitglieder mit ausgesprochener oder stillschweigend erwünschter Gegenleistung für den Nutznießer der Stele.

HM *Hinwendung an Mitglieder der königlichen Familie*
Stele, mit der sich der Nutznießer an die Familie des regierenden Herrscher (Königin, Prinzen, Prinzessinnen) wendet. Mit Anrufungs-, Lobpreisungs-, Verehrungs-, Königsopfer- und/ oder Darreichungsformeln zum Nutzen dieser Familienmitglieder mit ausgesprochener oder stillschweigend erwünschter Gegenleistung für den Nutznießer der Stele.

HV *Hinwendung an Vorgesetzte*
Stele, mit der sich der Nutznießer an einen (direkten oder nicht direkten) Vorgesetzen wendet. Mit Anrufungs-, Lobpreisungs-, Verehrungs-, Königsopfer- und/ oder Darreichungsformeln zum Nutzen dieses Vorgesetzen mit ausgesprochener oder stillschweigend erwünschter Gegenleistung für den Nutznießer der Stele. Ein, wenn auch nicht direkter, Vorgesetzter ist z. B. der Vizekönig von Kusch, vor dem auf diversen Stelen aus Buhen adoriert wird.

HP *Hinwendung an Privatpersonen*
Stele, mit der sich der Nutznießer an Privatpersonen (z. B. Verwandte, Besucher der Grabanlage) wendet, z. B. mit Bitten um Opfergaben oder Aufforderungen zur Lektüre

9 Zur den inhaltlichen Kategorien der Inschriften siehe das folgende Kapitel.

der zugänglichen Aufzeichnungen des Grabes. Im Gegenzug werden den Angesprochenen göttliche Wohltaten als Belohnung in Aussicht gestellt.

HN *Hinwendung an den Nutznießer*
Stele, auf der der Nutznießer selbst oder eine Privatperson, z. B. Angehöriger oder ein Priester, dem Nutznießer der Stele opfert bzw. adoriert, ohne daß ein Bezug zu einer Gottheit gegeben ist.
Ist der Nutznießer jedoch als *ȝḫ-jqr-n-Rʿ(.w)* bezeichnet, handelt es sich um die folgende Einordnung als „*ȝḫ*".

ȝḫ *ȝḫ-jqr-n-Rʿ.w -Stele*[10]
Stele, auf denen der Nutznießer als vortrefflicher Totengeist, *ȝḫ-jqr-n-Rʿ.w*, auftritt[11]. Diese Stelen belegen eine Ahnenkult, der im Neuen Reich in Deir el-Medineh stattfand. Der Nutznießer bestellte diese Stelen nicht selbst, sie wurden posthum von seinen Nachkommen etc. in Auftrag gegeben. Dies spiegelt auch die von J. ASSMANN[12] konstatierte Wiederherstellung des Toten in seiner Sozialsphäre durch die „Sohnesliebe" wider.

Jur *juristische Texte*
Stele, auf der Stiftungen, Landschenkungen oder juristische Bestimmungen veröffentlicht sind.

OP *Orakelprotokoll*
Stele, auf der das Ergebnis eines vom Nutznießer initiierten Orakels veröffentlicht ist[13].

Ap *Apotropaion*
Stele, die der Umgebung ihres Aufstellungsortes apotropäischen Schutz gewähren sollte, so z. B. die vier Stelen aus dem Grab des *Kȝsȝ* (SI/ Saq/ 003-006).

SP *Selbstpräsentation*
Stele, auf der Teile des Textes eine Selbstdarstellung des Nutznießers (sog. Autobiographie) enthalten.

6.1.5. Klasse V: Kontext ursprüngliche Aufstellung

Die fünfte und letzte Klasse widmet sich dem Aufstellungsort der Stele und ist wiederum in zwei Komponenten gegliedert, in den Aufstellungsort und die gesellschaftliche Sphäre desselben. Als Aufstellungsorte sind bei mir Tempel, Grabkomplexe, Kenotaphe/ Gedenkstätten sowie Lararien belegt.

Tempel: Ein Großteil der ägyptischen Privatstelen war sicherlich in einem Tempel aufgestellt, auch wenn heute für die meisten dieser Objekte gesicherte Fundkontexte nicht mehr zur Verfügung stehen[14]. Dabei gibt es Göttertempel, Tempel für den zeitgenössischen König, Tempel für vergöttlichte, frühere Könige sowie in einem Fall ein Tempel für ein Mitglied der königlichen Familie, nämlich für den Prinzen *Wȝḏ-ms(w)* in Theben-West[15]. Unter die Ka-

10 Eine eigene Typologie für diese Gruppe hat R. J. DEMARÉE erstellt. Sie war aber nicht als Werkzeug oder zur Datierung gedacht: DEMARÉE, *ȝḫ-jqr-n-Rʿ.w-Stelae*.

11 Dazu DEMARÉE, *ȝḫ-jqr-n-Rʿ.w-Stelae* sowie VERHOEVEN, *Post ins Jenseits*, 32.

12 ASSMANN, *Totenglauben*, 17 ff.

13 Dazu RÖMER, *Gottes- und Priesterherrschaft*.

14 Eine ausführliche Darlegung zum Sinn und Zweck der Aufstellung einer Privatstatue im Tempel, die für eine Privatstele in großen Teilen auch zutreffen dürfte, bietet der Würfelhocker Kairo JE 37354, publ. JANSEN-WINKELN, *Inschriften*, 79, cf. dazu die Rez. C. LEITZ in WdO 34/ 2004, 156 ff.

15 Es handelt sich dabei um die Stele SI/ The/ 002.

tegorie „Tempel" fallen in meiner Untersuchung nur offizielle, staatliche Bauten, kleine, private Verehrungsstätten sind eher als Kenotaphe oder Lararien anzusprechen.

Grabkomplex: Die sog. *stèle lucarne* setzte ich in den Privatgrab-Kontext, sie dürften in der kleinen Nische oberhalb der Tür bzw. oben in der Privatgrabpyramide gesessen haben[16]. Es handelt sich dabei um eher kleinformatigen Objekte, die im oberen Register eine Barke mit einer Darstellung des Sonnengottes als *(Jmn(.w)-)Rꜥ(.w)* resp. *Rꜥ(.w)-Ḥr(.w)-ꜣḫ.tj* oder aber *Jꜥḥ-Ḏḥwtj* abbilden, im unteren den Nutznießer im Adorationsgestus, meist vor einem die ganze Stelenbreite einnehmenden Kolumnentext mit Lobpreisungs- oder Verehrungsformeln an die im oberen Register dargestellten Gottheiten. Die Stele RII/ DeM/ 128 aus dieser Gruppe ist archäologisch als aus dem Privatgrab-Kontext des Nutznießers stammend gesichert.

Diese Stelen waren durch ihren Anbringungsort unzugänglich, sie sollten nicht von Menschen gelesen werden, so daß ihre Wirkmächtigkeit in der göttlichen Sphäre also nur durch die „Schöpfung durch das Wort" garantiert war.

Ebenfalls aus einem Grabkomplex dürften einige der größeren Stelen stammen, die den Grabherrn/ Nutznießer vor *Wsjr* zeigen. Diese Stelen waren im zugänglichen Teil der Grabanlage aufgestellt, wie dies sehr anschaulich im Grab des *Rꜣj*[17] oder auch im Totenbuch des *Hw-nfr*[18] illustriert. Stelen konnten im Vorhof vor der Fassade oder in den inneren, zugänglichen Räumen aufgestellt werden

In Abydos sind jedoch an *Wsjr* gerichtete Stelen nicht nur im privaten Grabkomplex aufgestellt worden, sondern auch in Kenotaphen im Zusammenhang mit den dort stattfindenden Osirismysterien (cf. unten). Auch die Stelen mit einem aufgesetzten Stelenpyramidion dürften aus Gräbern stammen, da dieses Element ausschließlich die Imitation einer für den Nutznießer nicht realisierbaren Privatgrabpyramide war.

Kenotaph: Unter dem Begriff Kenotaph/ Gedenkstätte sind u. a. diejenigen Stelen einzuordnen, die im Kontext der Osiris-Prozessionsstraße in Abydos aufgestellt waren.

Ein Kenotaph ist eigentlich ein kleines, aber nicht unbedingt von einer Privatperson initiiertes Scheingrab. Dieses sollte dem Nutznießer auch am Ort der Aufstellung, der nicht mit dem Begräbnisplatz dieser Person identisch ist, Anteil an funerären Handlungen sichern, oder die Erinnerung an den Nutznießer wachhalten und so Vorteile für die nachtodliche Existenz gewährleisten. Auch die Nutznießer der an der abydenischen Prozessionsstraße aufgestellten Privatstelen erhielten nutzbringenden Anteil am dortigen funerären Osiriskult. Daher passen auch diese Objekte in das Konzept des Kenotaphs.

Lararium: Unter einem Lararium versteht man eine kleine Nische o ä. für Kulthandlungen, die im privaten Umfeld eingerichtet war, vornehmlich in Wohnhäusern[19]. Stelen aus solchen Lararien kommen im von mir bearbeiteten Material überwiegend in Deir el Medineh vor. Aber auch an anderen Orten ist die Existenz von diesen Zeugnissen der „Persönlichen Fröm-

---

16 So dargestellt z. B. im Totenbuch des *ꜣny*: SCHULZ, SEIDEL, *Kunst*, 478, oder im Grab des *Jmn(.w)-m-jn.t* (TT 277): KAMPP, *Nekropole*, 548 ff. Auch auf den Stelen SI/ DeM/ 027. 039 sowie RII/ DeM/ 069. 070. 138 findet sich dieses Motiv.

17 TT 255 (Haremhab/ Sethos I), KAMPP, *Nekropole*, 532 ff., eine Abbildung der entsprechende Stelle findet sich nur bei BAUD, DRIOTON, *Roy*, Abb. 8 sowie in Farbe bei *Eggebrecht*, ÄGYPTEN, 289. Eine Untersuchung zur altägyptischen Darstellung von Stelen wird von mir vorbereitet.

18 Cf. GERMER, *Mumien*, 39, SCHULZ, SEIDEL, *Kunst*, 307.

19 Cf. BOMANN, *Private Chapel*; STERNBERG-EL HOTABI, *Horusstelen*, 27 Anm. 48 mit weiterer Literatur.

migkeit" zu vermuten, für mein Corpus postuliere ich solche noch in Qantir, Abydos und Saqqara.

Der genaue ursprüngliche Aufstellungsort kann jedoch bei fehlendem archäologischem Fundkontext oftmals nur vermutet werden, vollständige Sicherheit gibt es dabei nicht. So werden die (archäologisch) gesicherten Aufstellungsorte mit einem „!" versehen, die vermuteten mit einem „?", so z. B. „Gr-p!" oder „La-p?".

6.1.5.1. Komponente A: Aufstellungsort:

Te Tempel
Gr Grabkomplex
Ke Kenotaph
La Lararium

6.1.5.2. Komponente B: gesellschaftliche Sphäre des Aufstellungsortes:

g göttlich
vk vergöttlicht-königlich
k königlich (zeitgenössisch)
m von Mitgliedern der königlichen Familie (zeitgenössisch)
p privat

6.2. Die Formeln der Inschriften

6.2.1. Vorbemerkungen

Die speziellen Formeln der Inschriften werden hier gesondert aufgelistet, jedoch nicht in einer Extra-Klasse dargestellt. Dies würde zu einer unverhältnismäßigen Verkomplizierung führen, denn viele Stelen beinhalten mehrere verschiedene Kategorien von Texten. Die Angaben darüber, welche Textkategorien konkret auf der einzelnen Stele angewendet wurden, kann man dem Katalog entnehmen. In Klasse IV wird demnach nur die grundsätzliche Kategorie spezifiziert.

Die Verwendung der Termini nach H. BUCHBERGER[20], so bes. "Gebet" und "Hymnus", wird hierbei vermieden. Er setzt für seine Gattungen bereits auf der quellensprachlichen Ebene Gattungsnamen an, so in unserem Fall *dwꜣ.w* für Hymnus und *rḏ(j).t jꜣ.w* für Gebet. Generell ist es erstrebenswert, sich so nah wie möglich am Original bzw. am kulturellen Wissen des pharaonischen Ägypten zu halten, jedoch wird meiner Ansicht nach im konkreten Fall bei der Verwendung dieser Termini zu differenziert unterschieden zwischen den Texten mit bzw. ohne Angabe einer gewünschten göttlichen Gegenleistung. Unser Verständnis des Wortes "Gebet" schließt eine solche ein, beim "Hymnus" ist dies nicht der Fall[21]. In den Texten der hier behandelten Stelen kommen aber sowohl bei der Verwendung von *dwꜣ.w* als auch

20 BUCHBERGER, *Transformation*, 68f.
21 WAHRIG, *Wörterbuch*: s. v. *Gebet* = u. a. „Bitte zu Gott", s. v. *Hymnus* = „Gesang zum Lob Gottes oder der Götter".

von *rḏ(j).t j3.w* jeweils Texte mit und ohne Nennung einer eigenen Gegenleistung vor[22]. Daher habe ich für die entsprechenden inhaltlichen Kategorien der Inschriften andere Bezeichnungen gewählt.

Die hier vorgestellten Einteilungen beziehen sich nur auf das Material der ausgewerteten ramessidischen Privatstelen, für andere Epochen kann eine Erweiterung zu einem späteren Zeitpunkt erfolgen.

Bei allen Formeln (abgesehen vom Stiftungsformel) kann am Ende der Nutznießer bzw. Auftraggeber, die nicht identisch sein müssen, durch *jn* bzw. *n k3 n* eingeleitet werden.

Bei der Einfügung der versprochenen Eigenleistung (bzw. gewünschten Leistung angesprochener Privatpersonen) steht diese immer vor der gewünschten Gottesleistung (bzw. der in Aussicht gestellten Gottesleistung für angesprochene Privatpersonen).

K. JANSEN-WINKELN[23] hat in seiner detaillierten Untersuchung der kurzen Inschriften auf Denkmälern der 3. Zwischenzeit diejenigen Beischriften, die nur den Namen der dargestellten Person[24] beinhalten, mit dem Oberbegriff „Etikettierungen" und der Bezeichnung „Szenenbeischriften" versehen. Solche Beischriften haben in meiner Quellensammlung jedoch keinen eigenen speziellen Begriff erhalten, da dieses m. M. n. zu einer zu großen Aufsplitterung der Kategorien führt.

6.2.2. Stiftungsformel

Es handelt sich hierbei um die Angabe, wer die Stele stiftete, dieser muß nicht der Nutznießer sein, es kann sich dabei um zwei verschiedene Personen handeln[25].

Mit dieser Formel kann auch die handelnde Person in einem Tätigkeits-Vermerk (cf. 7.2.3.) eingeführt werden. Demnach kann diese Phrase mehrfach in einer Stele vorkommen. Die entsprechende inhaltliche Kategorie erschließt sich jedoch (zumeist) leicht, bei fragmentierten Stücken und zerstörten Textpassagen ist allerdings von einer schnellen Zuweisung abzuraten.

Es gibt zwei Möglichkeit, diese Formel zu gestalten, und zwar sowohl mit der Präposition *jn* als auch mit einer *sḏm=f*-Form von *jr(j)*.

> *jn* (Auftraggeber/ Nutznießer)
> *jr(j).n* / *jr(j).t n* (Auftraggeber/ Nutznießer)

6.2.3. Tätigkeitsvermerk[26]

Bei dieser Formel handelt es sich um eine Szenenbeischrift zur näheren Bezeichnung der dargestellten, durchgeführten Tätigkeit, z. B. Wein oder Weihrauch opfern.

---

22 *WB* übersetzt „Gebet" für die Lemmata *s3ḫ* (IV, 24), *s:m3ᶜ* (IV, 125), *s:nmḥ* (IV, 166), *sns* (IV, 171), „Hymnus" für *ḥkn.w* (III, 179), *s3ḫ* (IV, 24), *dw3.w* (V, 428) sowie *dw3w.t* (V, 428), jedoch wäre in einer eigenen Untersuchung die exakte Bedeutung eines jeden Wortes einzeln festzustellen.

23 JANSEN-WINKELN, *Vermerke*, 128 ff.

24 Sowie auch z. B. für das oft belegte *jr(j).t s:nṯr*, *jr(j).t qbḥ.w*, siehe dazu bei 7.2.3. (Tätigkeitsvermerk).

25 Cf. auch JANSEN-WINKELN, *Vermerke*, 138 f.

26 Auch JANSEN-WINKELN, *Vermerke*, 128 ff. benutzt für diesen Vermerk den Begriff „Szenenbeischrift", zusammen mit reinen Personennamen unter dem Oberbegriff „Etikettierungen".

jr(j).t (Tätigkeit)

6.2.4. Kernwunschformel

Diese von mir als „Kernwunschformel" bezeichnete Formel wird direkt ohne Einleitung (z.B. Lobpreisung o. ä.) verwendet.

sḏm=f:	*ḏ(j)=f*	(Leistung) *n* (Nutznießer)
	ḏ(j) (Gott)	(Leistung) *n* (Nutznießer)
imperativisch:	*(j)m(j)*	(Leistung)

6.2.5. Anrufungsformel

Eine Anrufungsformel beginnt mit *j* bzw. ***j.nḏ-ḥr=k*** (Gott). Sie kann mit ***ḏd=f*** eingeleitet werden, oft folgt nach dem Gottesnamen ein mehr oder weniger längerer Text.

Eine Anrufung kann auch direkt und uneingeleitet beginnen, z.B. bei SI/ Aby/ 005 „***wṯs ṯw m ḥtp(.w) Ptḥ-Skr***...", in dem Fall könnte man eher von einer Anrufung als von einer Anrufungs*formel* sprechen.

Die Anrufung an Privatpersonen ist nicht standardisiert und richtet sich an die Lebenden, an diejenigen Besucher der Grabstätte (resp. des Aufstellungsortes), die die Stele lesen sollen. Die gewünschte Leistung soll durch die angesprochenen Leser durchgeführt werden, die versprochene Gegenleistung vergibt der Nutznießer aber nicht selbst, sondern stellt diese den Lesern durch Gottheiten, meistens die auf der entsprechenden Stele genannten, in Aussicht.

ohne Angabe von Leistungen
j / ***j.nḏ-ḥr=k*** (Gott)
mit Angabe von Eigenleistung
j/ ***j.nḏ-ḥr=k*** (Gott) *ḏ(j)=j* (Leistung)
mit Angabe von gewünschter Gottesleistung
j/ ***j.nḏ-ḥr=k*** (Gott) *ḏ(j)=f* (Leistung)
mit Angabe von Eigenleistung und von gewünschter Gottesleistung
j/ ***j.nḏ-ḥr=k*** (Gott) *ḏ(j)=j* (Leistung) *ḏ(j)=f* (Leistung)

an Privatpersonen mit Angabe von Leistungswunsch und versprochener Gegenleistung
j (Name/n)

6.2.6. Lobpreisungsformel

Diese Formel beginnt mit *j3.w* oder ausführlicher *rḏ(j).t j3.w*. Der Bestandteil ***sn t3 n*** (Gott) kann ausgelassen sein.

ohne Angabe von Leistungen
rḏ(j).t j3.w ***n*** (Gott), ***sn t3 n*** (Gott)
j3.w ***n*** (Gott), ***sn t3 n*** (Gott)
j3.w n k3 nj (Nutznießer)

mit Angabe von Eigenleistung
rḏ(j).t j3.w n (Gott), ***sn t3 n*** (Gott) *ḏ(j)=j* (Leistung)
j3.w n (Gott), ***sn t3 n*** (Gott) *ḏ(j)=j* (Leistung)

mit Angabe von gewünschter Gottesleistung
rḏ(j).t j3.w n (Gott), ***sn t3 n*** (Gott) *ḏ(j)=f* (Leistung)
j3.w n (Gott), ***sn t3 n*** (Gott) *ḏ(j)=f* (Leistung)
mit Angabe von Eigenleistung und von gewünschter Gottesleistung
rḏ(j).t j3.w n (Gott), ***sn t3 n*** (Gott) *ḏ(j)=j* (Leistung) *ḏ(j)=f* (Leistung)
j3.w n (Gott), ***sn t3 n*** (Gott) *ḏ(j)=j* (Leistung) *ḏ(j)=f* (Leistung)

6.2.7. Verehrungsformel

Der Teil ***j.nḏ-ḥr=k*** (Gott) kann ausgelassen werden.

ohne Angabe von Leistungen
dw3.w (Gott) ***j.nḏ-ḥr=k*** (Gott)
mit Angabe von Eigenleistung
dw3.w (Gott) ***j.nḏ-ḥr=k*** (Gott) *ḏ(j)=j* (Leistung)
mit Angabe von gewünschter Gottesleistung
dw3.w (Gott) ***j.nḏ-ḥr=k*** (Gott) *ḏ(j)=f* (Leistung)
mit Angabe von Eigenleistung und von gewünschter Gottesleistung
dw3.w (Gott) ***j.nḏ-ḥr=k*** (Gott) *ḏ(j)=j* (Leistung) *ḏ(j)=f* (Leistung)

6.2.8. Darreichungsformel[27]

n k3 kann für den Gott oder aber für den Nutznießer der Stele sein!
Nur einmal, bei RII/ DeM/ 102, beginnt diese Formel mit *ḏ(j)=f* statt ***wdn***. Da der erste Teil bereits eine Eigenleistung Nutznießers der jeweiligen Stele ist, wird generell keine mit *ḏ(j)=j* eingeleitete weitere Eigenleistung mehr angegeben.

ohne Angabe von Leistungen
wdn jḫ.wt nb.wt nfr.wt wꜥb.wt n k3 (Gott)
mit Angabe von gewünschter Gottesleistung
wdn jḫ.wt nb.wt nfr.wt wꜥb.wt n k3 (Gott) *ḏ(j)=f* (Leistung)

6.2.9. Königsopferformel[28]

Die Königsopferformel kann zu Nutzen verschiedener Personen angewendet werden, so, mit eingeleitet, für den Nutznießer oder für auf der Stele erwähnte Höherstehende, den König, Vizekönig oder Vorgesetzte. Ich betrachte diese Formel mit K. JANSEN-WINKELN[29] ebenfalls

27 BUCHBERGER, *Transformation*, 68 spricht in diesem Falle von einer „Opferlitanei".
28 Eine genaue Auflistung von allen möglichen bei ihm sog. „Bitten" (= gewünschte Gottesleistung) bietet BARTA, *Opferformel*, 234 ff.
29 JANSEN-WINKELN, *Vermerke*, 143 ff.

als substantivische Form in der Reihenfolge ***ḥtp-ḏ(j)-nzw***. Er nimmt an[30], daß das der Formel folgende ***ḏ(j)=f*** / ***=s*** / ***=sn*** als Umstandssatz aufzufassen sei, und daher keine „Bitte" sein kann, wie dies in der Forschungsliteratur überwiegend verstanden wird.

ohne Angabe von Leistungen
ḥtp ḏ(j) nzw (Gott)
mit Angabe von Eigenleistung
ḥtp ḏ(j) nzw ḏ(j)=j (Leistung)
mit Angabe von gewünschter Gottesleistung
ḥtp ḏ(j) nzw (Gott) ***ḏ(j)=f*** (Leistung)
mit Angabe von Eigenleistung und von gewünschter Gottesleistung
ḥtp ḏ(j) nzw ḏ(j)=j (Leistung) ***n*** (Gott) ***ḏ(j)=f*** (Leistung)

6.2.10. Widmungsformel

Die Widmungsformel[31] tritt in meinem Corpus nur auf der Stele SII/ Kar/ 001 auf.

jr(j).n=f m mnw=f

30 JANSEN-WINKELN, *Vermerke*, 144.
31 Cf. JANSEN-WINKELN, *Vermerke*, 146 ff., cf. a. BUCHBERGER, *Transformation*, 68.

6.3. Klassifizierungscodes der privaten Stelen der 19. Dynastie

Quellen-Nr.	I	II	III	IV	V
RI/ Amd/ 001	: ?-?Sa-?As-fDs	/ 2+xR-1Bs-0Ss-nOs	/ GK-N	/ HG	/ Te-g!
RI/ ???/ 001	: H-fSa-0As-fDs	/ 2R-1Bs-0Ss-nOs	/ GK-NP	/ Jur	/ Te-g!
SI/ Aby/ 001	: ?-?Sa-0As-fDs	/ 2R-1Bs-0Ss-nOs	/ G-NP	/ HG	/ Gr-p!
SI/ Aby/ 002	: H-fSa-0As-fDs	/ 2R-1Bs-0Ss-nOs	/ GgAK-NP	/ HG	/ Ke-g?
SI/ Aby/ 003	: H-fSa-0As-fDs	/ 3R-1Bs-0Ss-nOs	/ GK-NP	/ HG	/ Gr-p?
SI/ Aby/ 004	: H-fSa-0As-fDs	/ 3R-1Bs-0Ss-nOs	/ GK-NP	/ HG,P	/ Gr-p?
SI/ Aby/ 005	: H-fSa-0As-fDs	/ 2R-1Bs-0Ss-nOs	/ GgAK-N	/ HG	/ Ke-g?
SI/ Aby/ 006	: H-fSa-0As-fDs	/ 3R-1Bs-0Ss-nOs	/ G-NP	/ HG,P?	/ Gr-p?
SI/ Aby/ 007	: Q-fSa-0As-fDs	/ 2R-1Bs-0Ss-nOs	/ G-NP	/ HG,P?	/ Ke-g?
SI/ Aby/ 008	: B-fSs-PyAs-fDs	/ 3R-1Bs-0Ss-nOs	/ G-NP	/ HG	/ Gr-p?
SI/ Aby/ 009	: H-hSa-0As-fDs	/ 3R-1Bs-0Ss-nOs	/ G-NP	/ HG	/ Ke-g?
SI/ Buh/ 001	: ?-?Sa-?As-fDs	/ 1+xR-1Bs-0Ss-nOs	/ GM-N	/ HG,M	/ Te-g?
SI/ DeB/ 001	: ?-fSa-0As-fDs	/ 2+xR-1Bs-bSs-jOs	/ G-N	/ HG	/ Gr-p! (sekundär)
SI/ DeM/ 001	: H-fSa-0As-fDs	/ 2R-1Bs-0Ss-nOs	/ GgA-N	/ HG	/ Te-g,La-p?
SI/ DeM/ 002	: Q-fSa-0As-fDs	/ 2R-1Bs-0Ss-nOs	/ G?-NP	/ HG	/ Te-g,La-p?
SI/ DeM/ 003	: H-fSa-0As-fDs	/ 1R-1Bs-0Ss-nOs	/ G-N	/ *3ḫ*	/ La-p?
SI/ DeM/ 004	: H-fSa-0As-fDs	/ 2R-1Bs-0Ss-nOs	/ GA-NP	/ HG	/ Te-g,La-p?
SI/ DeM/ 005	: ?-?Sa-?As-fDs	/ 1+xR-1Bs-?Ss-?Os	/ vK-NP	/ HvK	/ La-p?
SI/ DeM/ 007	: Q-fSa-0As-fDs	/ 2R-1Bs-?Ss-?Os	/ G-NP	/ HG	/ La-p?
SI/ DeM/ 008	: ?-?Sa-?As-fDs	/ 1+xR-?Bs-?Ss-?Os	/ ?-?	/ ?	/ Gr-p?
SI/ DeM/ 009	: Q-fSa-0As-fDs	/ 1R-1Bs-0Ss-nOs	/ G-N	/ HG	/ La-p?
SI/ DeM/ 010	: H-fSa-0As-fDs	/ 2R-1Bs-0Ss-nOs	/ GA-NP	/ HG	/ Te-g,La-p?
SI/ DeM/ 011	: H-fSa-0As-fDs	/ 2R-1Bs-0Ss-nOs	/ GgA-N	/ HG	/ Gr-p!
SI/ DeM/ 012	: H-fSa-0As-fDs	/ 2R-1Bs-0Ss-nOs	/ G-NP	/ HG	/ Gr-p!
SI/ DeM/ 013	: H-hSa-?As-fDs	/ 2R-1Bs-0Ss-?Os	/ GgAK-N	/ HG	/ Gr-p!
SI/ DeM/ 014	: ?-fSa-0As-fDs	/ 2+xR-1Bs-0Ss-?Os	/ GgA-NP	/ HG	/ Gr-p?
SI/ DeM/ 015	: H-fSa-0As-fDs	/ 1R-1Bs-0Ss-nOs	/ GgA-N	/ HG	/ Te-g,La-p?
SI/ DeM/ 016	: ?-?Sa-0As-fDs	/ 1+xR-1Bs-?Ss-?Os	/ ?-NP	/ ?	/ Gr-p!
SI/ DeM/ 017	: H-fSa-0As-fDs	/ 2R-1Bs-0Ss-nOs	/ G-NP	/ HG	/ Te-g?
SI/ DeM/ 018	: H-fSa-PyAs-fDs	/ 2R-1Bs-0Ss-nOs	/ GgA-NP	/ HG	/ Gr-p!
SI/ DeM/ 019	: ?-?Sa-?As-fDs	/ ?R-?Bs-?Ss-?Os	/ G?-N?	/ HG	/ ?
SI/ DeM/ 020	: ?-?Sa-?As-fDs	/ ?R-?Bs-?Ss-?Os	/ G-N	/ HG	/ ?
SI/ DeM/ 021	: H-hSa-0As-fDs	/ 3R-1Bs-0Ss-nOs	/ G-NP	/ HG	/ Te-g,La-p?
SI/ DeM/ 022	: H-0Sa-HoAs-pDs	/ 3R-1Bs-0Ss-nOs	/ G-NP	/ HG,N	/ Gr-p!
SI/ DeM/ 023	: ?-?Sa-?As-?Ds	/ ?R-?Bs-?Ss-?Os	/ ?-N?	/ ?	/ ?
SI/ DeM/ 024	: ?-?Sa-?As-?Ds	/ ?R-?Bs-?Ss-?Os	/ ?-NP	/ ?	/ ?
SI/ DeM/ 025	: ?-?Sa-?As-fDs	/ 2+xR-1Bs-?Ss-?Os	/ GgA-NP	/ HG	/ Gr-p!
SI/ DeM/ 026 -027	: ?-?Sa-?As-pDs	/ 3+xR-1Bs-?Ss-?Os	/ G-NP	/ HG,N	/ Gr-p!
SI/ DeM/ 028	: H-fSa-0As-fDs	/ 2R-1Bs-0Ss-nOs	/ G-NP	/ HG	/ Te-g,La-p?
SI/ DeM/ 029	: H-0Sa-0As-fDs	/ 1R-1Bs-0Ss-nOs	/ GA-N	/ HG	/ Te-g,La-p?
SI/ DeM/ 030	: H-hSa-0As-fDs	/ 2R-1Bs-0Ss-nOs	/ G-NP	/ HG	/ Te-g,La-p?
SI/ DeM/ 031	: H-?Sa-?As-fDs	/ 2R-1Bs-0Ss-nOs	/ G-NP	/ HG	/ Gr-p!

Quellen-Nr.		I	II	III	IV	V
SI/ DeM/ 032	:	H-fSa-0As-fDs	/ 2R-1Bs-0Ss-nOs	/ GgA-NP	/ HG	/ Gr-p!
SI/ DeM/ 033	:	H-hSa-0As-fDs	/ 2R-1Bs-0Ss-nOs	/ G-N	/ HG	/ La-p?
SI/ DeM/ 034	:	?-?Sa-?As-fDs	/ 2R-1Bs-0Ss-?Os	/ G-N?	/ HG	/ Te-g,La-p?
SI/ DeM/ 035	:	?-?Sa-?As-?Ds	/ ?R-?Bs-?Ss-?Os	/ ?-[N]P	/ ?	/ ?
SI/ DeM/ 036	:	?-0Sa-?As-fDs	/ 2+xR-1Bs-0Ss-?Os	/ ?-NP	/ ?	/ Gr-p!
SI/ DeM/ 037	:	?-?Sa-0As-?Ds	/ 2R-1Bs-0Ss-nOs	/ G-N	/ ?	/ La-p?
SI/ DeM/ 038	:	H-hSa-0As-fDs	/ 2R-1Bs-0Ss-nOs	/ G-NP	/ HG	/ La-p?
SI/ DeM/ 039	:	?-?Sa-?As-fDs	/ 2+xR-1Bs-0Ss-?Os	/ G-NP	/ HG,N	/ Gr-p!
SI/ DeM/ 040	:	H-fSa-0As-fDs	/ 2R-1Bs-0Ss-nOs	/ GgA-N	/ HG	/ Gr-p!
SI/ DeM/ 041	:	H-fSa-0As-fDs	/ 2R-1Bs-0Ss-nOs	/ G-NP	/ HG	/ La-p?
SI/ DeM/ 042	:	H-fSa-0As-fDs	/ 2R-1Bs-0Ss-nOs	/ GgA-N	/ HG	/ Gr-p!
SI/ DeM/ 043	:	H-fSa-0As-fDs	/ 2R-1Bs-lSs-nOs	/ GvKgA-N	/ HvK	/ La-p?
SI/ DeM/ 044	:	H-fSa-0As-fDs	/ 2R-1Bs-0Ss-nOs	/ G-NP	/ HG	/ Gr-p!
SI/ Edf/ 001	:	?-?Sa-?As-fDs	/ 1+xR-?Bs-?Ss-?Os	/ ?-N?	/ ?	/ ?
SI/ Giz/ 001	:	H-fSa-0As-fDs	/ 2R-1Bs-0Ss-nOs	/ GgAK-N	/ ?	/ Te-g!
SI/ Saq/ 001	:	?-?Sa-?As-?Ds	/ 2+xR-1Bs-?Ss-?Os	/ G-N	/ ?	/ Gr-p!
SI/ Saq/ 002	:	Q-fSa-0As-fDs	/ 1R-1Bs-0Ss-nOs	/ ∅-NP	/ HN	/ Gr-p!
SI/ Saq/ 003	:	H-0Sa-0As-fDs	/ 2R-1Bs-0Ss-nOs	/ gA-N	/ Ap	/ Gr-p!
SI/ Saq/ 004	:	H-0Sa-0As-fDs	/ 2R-1Bs-0Ss-nOs	/ ∅-N	/ Ap	/ Gr-p!
SI/ Saq/ 005	:	H-0Sa-0As-fDs	/ 2R-1Bs-0Ss-nOs	/ ∅-N	/ Ap	/ Gr-p!
SI/ Saq/ 006	:	H-0Sa-0As-fDs	/ 2R-1Bs-0Ss-nOs	/ gA-N	/ Ap	/ Gr-p!
SI/ Saq/ 007	:	H-0Sa-Py+HoAs-pDs	/ 2R-1Bs-0Ss-nOs	/ G-NP	/ HG	/ Gr-p!
SI/ Saq/ 008	:	H-fSa-PyAs-pDs	/ 2R-1Bs-0Ss-nOs	/ GgA-NP	/ HG	/ Gr-p!
SI/ SeK/ 001 - Seite A	:	H-fSa-0As-fDs	/ 3R-1Bs-0Ss-nOs	/ GK-N	/ HK	/ Te-g!
SI/ SeK/ 001 - Seite B	:	H-fSa-0As-fDs	/ 2R-1Bs-0Ss-nOs	/ GK-N	/ HK	/ Te-g!
SI/ The/ 001	:	H-fSa-0As-pDs	/ 2R-2Bs-0Ss-nOs	/ G-NP	/ HG,P	/ Gr-p!
SI/ The/ 002	:	Q-hSa-0As-fDs	/ 2R-1Bs-0Ss-nOs	/ gAM-N	/ HG,M	/ Te-m!
SI/ ???/ 001	:	H-fSa-0As-fDs	/ 3R-1Bs-0Ss-nOs	/ G-NP	/ HG,M	/ Gr-p?
SI/ ???/ 003	:	?-?Sa-0As-fDs	/ ?R-1Bs-0Ss-nOs	/ GgA-N	/ HG,P+SP	/ Gr-p?
SI/ ???/ 004	:	H-fSa-0As-fDs	/ 3R-1Bs-0Ss-nOs	/ GgA-NP	/ HG,P+SP	/ Te-g,Ke-g?
SI/ ???/ 005	:	H-fSa-0As-fDs	/ 3R-1Bs-0Ss-nOs	/ G-NP	/ HG	/ Gr-p?
RII/ Aby / 001	:	H-?Sa-?As-fDs	/ 2R-1Bs-0Ss-?Os	/ GA-NP	/ HG	/ Ke-g?
RII/ Aby/ 002	:	?-?Sa-0As-fDs	/ ?R-1Bs-0Ss-nOs	/ G?-NP	/ HG	/ Gr-p!
RII/ Aby/ 003	:	?-?Sa-0As-fDs	/ ?R-1Bs-0Ss-nOs	/ G?-NP	/ HG	/ Gr-p!
RII/ Aby/ 004	:	?-?Sa-0As-fDs	/ 2R-1Bs-0Ss-nOs	/ G-NP	/ HG	/ Gr-p?
RII/ Aby/ 005	:	H-hSa-PyAs-fDs	/ 2R-1Bs-0Ss-nOs	/ G-NP	/ HG	/ Gr-p!
RII/ Aby/ 006	:	H-hSa-0As-fDs	/ 3R-1Bs-0Ss-nOs	/ GgA-NP	/ HG	/ Te-g,Ke-g?
RII/ Aby/ 007	:	H-hSa-0As-fDs	/ 4R-1Bs-0Ss-nOs	/ GgA-NP	/ HG	/ Te-g,Ke-g?
RII/ Aby/ 008	:	?-?Sa-?As-fDs	/ 2+xR-1Bs-?Ss-?Os	/ G-NP	/ HG	/ Te-g,Ke-g?
RII/ Aby/ 009	:	H-?Sa-?As-fDs	/ 2R-1Bs-0Ss-?Os	/ ?-N	/ ?	/ Gr-p?
RII/ Aby/ 010	:	H-hSa-?As-fDs	/ 3R-1Bs-0Ss-nOs	/ GgAK-NP	/ HG	/ Te-g!
RII/ Aby/ 011	:	H-0A-0As-pDs	/ 2R-1Bs-0Ss-nOs	/ GK-NP	/ HG,P (?)	/ Gr-p?
RII/ Aby/ 012	:	?-fSa-0As-fDs	/ 2+xR-1Bs-0Ss-nOs	/ G-NP	/ HG	/ Ke-g?
RII/ Aby/ 013	:	?-?Sa-?As-?Ds	/ ?R-?Bs-?Ss-?Os	/ ?-NP	/ ?	/ ?
RII/ Aby/ 014	:	?-?Sa-?As-?Ds	/ ?R-?Bs-?Ss-?Os	/ gAK-N	/ ?	/ ?

Quellen-Nr.	I	II	III	IV	V
RII/ Aby/ 015	H-hSa-0As-fDs	2R-1Bs-0Ss-nOs	GgA-NP	OP	Te-vk!
RII/ Aby/ 016	?-?Sa-?As-fDs	2R-1Bs-0Ss-?Os	G-NP	HG	Te-g?
RII/ Aby/ 017	?-?Sa-?As-fDs	3R-1Bs-0Ss-nOs	G-NP	HG	Gr-p!
RII/ Aby/ 018	?-?Sa-?As-fDs	2R-1Bs-0Ss-nOs	G-NP	HG	Gr-p!
RII/ Aby/ 019	H-hSa-0As-fDs	4R-1Bs-0Ss-nOs	GgA-NP	HG(?)	Te-g,Ke-g?
RII/ Aby/ 020	H-fSa-0As-fDs	2R-1Bs-0Ss-nOs	G-NP	HG	Ke-g?
RII/ Aby/ 021	H-fSa-0As-fDs	3R-1Bs-0Ss-nOs	G-NP	HG	Gr-p!
RII/ Aby/ 022	U-0Sa-0As-f	1R-2Bs-1Ss-nOs	G-N	HG	Ke-g!
RII/ Aks/ 001	Q-fSa-0As-fDs	2R-1Bs-0Ss-nOs	GvK-N	HG,vK	Te-vk!
RII/ Aks/ 002	H-fSa-0As-fDs	2R-1Bs-0Ss-nOs	GvK-N	HG,vK	Te-vk!
RII/ Aks/ 003	?-?Sa-?As-fDs	1+xR-1Bs-0Ss-?Os	?-N	?	?
RII/ Ama/ 001	Q-hSa-0As-fDs	2R-1Bs-bSs-nOs	GgA-N	Jur	Te-g!
RII/ Ama/ 002	Q-fSa-0As-fDs	1R-1Bs-0Ss-nOs	GK-∅	HG	Te-g!
RII/ Ani/ 001	?-fSa-0As-fDs	1R-1Bs-0Ss-nOs	GgA-N	HG	Te-g?
RII/ Ani/ 002	H-fSa-0As-fDs	2R-1Bs-0Ss-nOs	∅-NP	HN	Gr-p!
RII/ ASi/ 001	H-hSa-0As-fDs	2R-1Bs-0Ss-nOs	GK-NP	Jur	Te-vk!
RII/ ASi/ 002	H-hSa-0As-fDs	2R-1Bs-0Ss-nOs	GK-NP	Jur	Te-vk!
RII/ ASi/ 003	Q-fSa-0As-fDs	1R-1Bs-0Ss-nOs	GvK-NP	HG	Te-vk!
RII/ Buh/ 001	?-?Sa-?As-pDs	2+xR-1Bs-0Ss-?Os	GK-N	HG	Te-g!
RII/ Buh/ 002	?-?Sa-?As-fDs	2+xR-1Bs-0Ss-?Os	GK-N	HG	Te-g!
RII/ Buh/ 003	H-?Sa-?As-pDs	2+xR-1Bs-0Ss-?Os	GK-N	HG	Te-g!
RII/ Buh/ 004	?-fSa-0As-fDs	2+xR-1Bs-0Ss-nOs	K-N	HK	Te-g!
RII/ Buh/ 005	H-fSa-PyAs-fDs	4R-1Bs-0Ss-nOs	G-NP	HG	Gr-p!
RII/ DeM/ 001	?-?Sa-?As-?Ds	?R-1Bs-?Os-?Os	GK-N?	HG	?
RII/ DeM/ 002	?-?Sa-?As-fDs	2+xR-1Bs-0Ss-?Os	GK-N?	HG	Te-g?
RII/ DeM/ 003	?-?Sa-?As-?Ds	1+xR-?Bs-?Ss-?Os	?K-N?	?	?
RII/ DeM/ 004	?-hSa-0As-fDs	1+xR-1Bs-0Ss-nOs	GK-N?	?	?
RII/ DeM/ 005	H-?Sa-?As-fDs	2+xR-1Bs-0Ss-?Os	G-N	HG	Te-g?
RII/ DeM/ 006	?-?Sa-?As-fDs	2+xR-1Bs-0Ss-?Os	GK-NP	?	?
RII/ DeM/ 007	?-?Sa-?As-fDs	2+xR-1Bs-0Ss-?Os	?-NP	?	?
RII/ DeM/ 008	?-hSa-0As-fDs	1+xR-1Bs-0Ss-nOs	GvK-NP	HvK	Te-k?
RII/ DeM/ 009	?-hSa-0As-fDs	1+xR-1Bs-?Ss-nOs	GK-N?	HG	?
RII/ DeM/ 010	?-?Sa-?As-fDs	1+xR-1Bs-?Ss-?Os	?-N?	?	?
RII/ DeM/ 011	?-fSa-0As-fDs	1+xR-2Bs-0Ss-nOs	G-N?	HG	La-p?
RII/ DeM/ 012	H-hSa-0As-fDs	3R-1Bs-0Ss-nOs	G-NP	HG	Te-g,La-p?
RII/ DeM/ 013	H-hSa-0As-fDs	2R-1Bs-0Ss-nOs	vK-N	HvK	La-p?
RII/ DeM/ 014	?-hSa-0As-fDs	1+xR-1Bs-0Ss-nOs	GgA-N	HG	La-p?
RII/ DeM/ 015	H-fSa-0As-fDs	2R-1Bs-0Ss-nOs	G-N	HG	Gr-p?
RII/ DeM/ 016	?-?Sa-?As-fDs	2+xR-1Bs-0Ss-?Os	G-NP	HG	?

Quellen-Nr.	I	II	III	IV	V
RII/ DeM/ 017	: ?-?Sa-?As-fDs	/ 1+xR-1Bs-?Ss-?Os	/ GK-N?	/ HG	/ Gr-p!
RII/ DeM/ 018	: ?-fSa-0As-fDs	/ 1+xR-1Bs-?Ss-nOs	/ G-N	/ HG	/ La-p?
RII/ DeM/ 019	: H-fSa-0As-fDs	/ 3R-1Bs-0Ss-nOs	/ G-NP	/ HG	/ Gr-p?
RII/ DeM/ 020	: H-fSa-0As-pDs	/ 2R-1Bs-0Ss-nOs	/ G-NP	/ HG	/ La-p?
RII/ DeM/ 021	: H-hSa-0As-fDs	/ 2R-1Bs-0Ss-nOs	/ GgAvK-NP	/ HG,vK,vM	/ La-p?
RII/ DeM/ 022	: H-0Sa-0As-fDs	/ 2R-1Bs-0Ss-nOs	/ G-N	/ HG	/ Te-g?
RII/ DeM/ 023	: ?-?Sa-?As-fDs	/ 1+xR-1Bs-?Ss-?Os	/ ?-N	/ ?	/ ?
RII/ DeM/ 024	: ?-?Sa-?As-fDs	/ 2+xR-1Bs-?Ss-?Os	/ GK-NP	/ HG	/ Gr-p!
RII/ DeM/ 025	: ?-?Sa-?As-fDs	/ 2+xR-1Bs-?Ss-?Os	/ G-N?	/ HG	/ ?
RII/ DeM/ 026	: Q-hSa-0As-fDs	/ 2R-1Bs-0Ss-nOs	/ G-N	/ HG	/ La-p?
RII/ DeM/ 027	: B-sSa-0As-fDs	/ 2R-1Bs-0Ss-nOs	/ GgA-N	/ HG	/ Gr-p!
RII/ DeM/ 028	: Q-fSa-0As-fDs	/ 2R-1Bs-0Ss-nOs	/ GgA-N	/ HG	/ Te-g?
RII/ DeM/ 029	: H-fSa-0As-fDs	/ 2R-1Bs-0Ss-nOs	/ GA-NP	/ HG	/ La-p?
RII/ DeM/ 031	: ?-?Sa-?As-fDs	/ 2+xR-1Bs-?Ss-?Os	/ ?gA-N	/ ?	/ ?
RII/ DeM/ 032	: H-fSa-0As-fDs	/ 2R-1Bs-0Ss-nOs	/ G - N	/ HG	/ La-p?
RII/ DeM/ 033	: Q-fSa-0As-fDs	/ 2R-1Bs-0Ss-nOs	/ G-NP	/ HG	/ La-p?
RII/ DeM/ 034	: ?-?Sa-0As-fDs	/ 2R-1Bs-0Ss-nOs	/ gA-NP	/ HG	/ Te-g?
RII/ DeM/ 035	: H-fSa-0As-fDs	/ 2R-1Bs-0Ss-nOs	/ G-N	/ HG	/ La-p?
RII/ DeM/ 036	: H-hSa-0As-fDs	/ 2R-1Bs-0Ss-nOs	/ vK-N	/ HvK	/ La-p?
RII/ DeM/ 037	: Q-hSa-0As-fDs	/ 2R-1Bs-0Ss-nOs	/ K-N	/ HK	/ La-p?
RII/ DeM/ 038	: ?-?Sa-?As-fDs	/ 1+xR-1Bs-?Ss-?Os	/ ?gA-N?	/ ?	/ ?
RII/ DeM/ 039	: Q-fSa-0As-fDs	/ 2R-1Bs-0Ss-nOs	/ G-N	/ HG	/ Te-g!
RII/ DeM/ 040	: H-hSa-0As-fDs	/ 2R-1Bs-0Ss-nOs	/ G-N	/ HG	/ La-p?
RII/ DeM/ 041	: H-hSa-0As-fDs	/ 2R-1Bs-0Ss-nOs	/ G-N?	/ HG	/ La-p?
RII/ DeM/ 042	: H-fSa-0As-fDs	/ 2R-1Bs-0Ss-nOs	/ G-N	/ HG	/ Te-g?
RII/ DeM/ 043	: H-fSa-0As-fDs	/ 1R-1Bs-0Ss-nOs	/ G-N	/ HG	/ Te-g,La-p?
RII/ DeM/ 044	: ?-?Sa-?As-fDs	/ 1+xR-1Bs-0Ss-?Os	/ G-?	/ HG?	/ La-p?
RII/ DeM/ 045	: ?-?Sa-?As-fDs	/ 1+xR-1Bs-?Ss-?Os	/ ?vK-N	/ ?	/ ?
RII/ DeM/ 046	: ?-?Sa-?As-fDs	/ 2+xR-1Bs-0Ss-?Os	/ GK-N	/ HG,K	/ La-p?
RII/ DeM/ 047	: ?-?Sa-?As-fDs	/ 1+xR-1Bs-?Ss-?Os	/ G?-N?	/ HG?	/ Te-g!
RII/ DeM/ 048	: ?-?Sa-?As-fDs	/ 2+xR-1Bs-?Ss-?Os	/ ?K-N?	/ HK	/ Te-k!
RII/ DeM/ 049	: ?-?Sa-?As-?Ds	/ ?R-?Bs-?Ss-?Os	/ G-N?	/ HG	/ Te-g,La-p?
RII/ DeM/ 050	: H-fSa-0As-fDs	/ 1R-1Bs-0Ss-nOs	/ G-N	/ HG	/ Te-g,La-p?
RII/ DeM/ 051	: H-hSa-0As-fDs	/ 2R-1Bs-0Ss-nOs	/ G-NP	/ HG	/ Te-g!
RII/ DeM/ 052	: Q-hSa-0As-fDs	/ 2R-1Bs-0Ss-nOs	/ G-NP	/ HG	/ Te-g,La-p?
RII/ DeM/ 053	: T-fSa-0As-fDs	/ 2R-1Bs-0Ss-nOs	/ G-NP	/ HG	/ Te-g!
RII/ DeM/ 054	: H-fSa-0As-fDs	/ 2R-1Bs-0Ss-nOs	/ GA-NP	/ HG	/ Te-g,La-p?
RII/ DeM/ 055	: Q-fSa-0As-fDs	/ 2R-1Bs-0S-nOs	/ G-NP	/ HG	/ Te-g,La-p?
RII/ DeM/ 056	: H-fSa-0As-fDs	/ 1R-1Bs-0Ss-nOs	/ G-N	/ HG	/ Te-g?
RII/ DeM/ 057	: H-dSa-0As-fDs	/ 2R-1Bs-0Ss-nOs	/ A-NP	/ HG	/ La-p?
RII/ DeM/ 058	: H-fSa-0As-fDs	/ 2R-1Bs-0Ss-nOs	/ G-NP	/ HG	/ Te-g?
RII/ DeM/ 059	: H-fSa-0As-fDs	/ 2R-1Bs-0Ss-nOs	/ vMA-NP	/ HvM	/ La-p?

Quellen-Nr.		I	II	III	IV	V
RII/ DeM/ 060	:	D-0Sa-0As-fDs	/ 2R-1Bs-0Ss-nOs	/ Ø-NP	/ HN	/ Ke-p!
RII/ DeM/ 061	:	H-fSa-?As-fDs	/ 2R-1Bs-0Ss-nOs	/ G-NP	/ HG	/ Gr-p!
RII/ DeM/ 062	:	?-hSa-?As-fDs	/ 1+xR-1Bs-0Ss-?Os	/ ?-NP	? HG	/ ?
RII/ DeM/ 063	:	?-?Sa-?As-?Ds	/ 1+xR-?Bs-?Ss-?Os	/ ?-?P	/ HG(?)	/ Gr-p!
RII/ DeM/ 064	:	?-?Sa-?As-?Ds	/ 1+xR-?Bs-?Ss-?Os	/ ?-NP	/ ?	/ Gr-p!
RII/ DeM/ 065	:	H-fSa-0As-fDs	/ 2R-1Bs-0Ss-nOs	/ GvK-NP	/ HG,N	/ ?
RII/ DeM/ 066	:	Q-fSa-0As-fDs	/ 2R-1Bs-0Ss-nOs	/ G-N	/ HG	/ Gr-p!
RII/ DeM/ 067	:	Q-fSa-0As-fDs	/ 1R-2Bs-0Ss-nOs	/ G-NP	/ HG	/ Te-g?
RII/ DeM/ 068	:	?-?Sa-?As-?Ds	/ 1+xR-1Bs-?Ss-?Os	/ ?-?P	/ HG(?)	/ Gr-p?
RII/ DeM/ 069	:	H-fSa-0As-fDs	/ 3R-1Bs-0Ss-nOs	/ G-NP	/ HG	/ Gr-p!
RII/ DeM/ 070	:	H-0Sa-HoAs-pDs	/ 2R-1Bs-0Ss-nOs	/ G-NP	/ HG,N	/ Gr-p!
RII/ DeM/ 071	:	H-fSa-0As-fDs	/ 2R-1Bs-0Ss-nOs	/ vKvM-NP	/ HvK,vM	/ La-p?
RII/ DeM/ 072	:	H-?Sa-?As-fDs	/ 2R-1Bs-0Ss-?Os	/ G-NP	/ HG	/ Gr-p!
RII/ DeM/ 073	:	?-?Sa-?As-?Ds	/ 1R-1Bs-0Ss-nOs	/ G-N	/ *3ḫ*	/ La-p?
RII/ DeM/ 074	:	?-hSa-0As-fDs	/ 1+xR-1Bs-0Ss-nOs	/ HvK-NP	/ HG	/ Te-g,La-p?
RII/ DeM/ 075	:	H-fSa-0As-fDs	/ 2R-1Bs-0Ss-nOs	/ G-NP	/ HG	/ Te-g,La-p?
RII/ DeM/ 076	:	?-dSa-0As-fDs	/ 2R-1Bs-0Ss-nOs	/ gA-N	/ *3ḫ*	/ La-p?
RII/ DeM/ 077	:	?-hSa-?As-fDs	/ 2+xR-1Bs-0Ss-nOs	/ G?-NP	/ HG	/ ?
RII/ DeM/ 078	:	?-hSa-0As-fDs	/ 1+xR-1Bs-0Ss-nOs	/ ?-N	/ ?	/ ?
RII/ DeM/ 079	:	?-fSa-0As-pDs	/ 2+xR-1Bs-0Ss-nOs	/ ?K-NP	/ ?	/ ?
RII/ DeM/ 080	:	H-?Sa-?As-fDs	/ 1+xR-1Bs-0Ss-nOs	/ G-N?	/ HG	/ Te-g,La-p?
RII/ DeM/ 081	:	H-fSa-0As-fDs	/ 2R-1Bs-0Ss-nOs	/ G-NP	/ HG	/ Te-g,La-p?
RII/ DeM/ 082	:	H-fSa-0As-fDs	/ 2R-1Bs-0Ss-nOs	/ GgA-NP	/ HG	/ Gr-p!
RII/ DeM/ 083	:	H-fSa-0As-fDs	/ 2R-1Bs-0Ss-nOs	/ G-NP	/ HG	/ Te-g,La-p?
RII/ DeM/ 084	:	H-fSa-0As-fDs	/ 2R-1Bs-0Ss-nOs	/ GK-NP	/ HG	/ Te-g!
RII/ DeM/ 085	:	H-hSa-0As-fDs	/ 2R-1Bs-0Ss-nOs	/ GgA-NP	/ HG	/ Gr-p!
RII/ DeM/ 086	:	?-?Sa-?As-fDs	/ 1+xR-1Bs-?Ss-?Os	/ G?-N?	/ HG	/ Gr-p!
RII/ DeM/ 087	:	H-fSa-0As-fDs	/ 2R-1Bs-0Ss-nOs	/ G-N	/ HG	/ Te-g,La-p?
RII/ DeM/ 088	:	H-fSa-0As-fDs	/ 2R-1Bs-0Ss-nOs	/ vKvM-NP	/ HvK,vM	/ La-p?
RII/ DeM/ 089	:	H-fSa-0As-fDs	/ 4R-1Bs-0Ss-nOs	/ GgA-NP	/ HG(?)	/ Te-g,La-p?
RII/ DeM/ 090	:	?-?Sa-?As-pDs	/ 1+xR-1Bs-?Ss-?Os	/ G?-N?	/ ?	/ ?
RII/ DeM/ 091	:	H-0Sa-0As-pDs	/ 1R-1Bs-0Ss-nOs	/ GgA-N	/ HG	/ Te-g,La-p?
RII/ DeM/ 092	:	?-?Sa-0As-?Ds	/ 2R-1Bs-0Ss-nOs	/ G-NP	/ HG	/ ?
RII/ DeM/ 093	:	?-?Sa-0As-?Ds	/ 2R-1Bs-0Ss-nOs	/ G-NP	/ HG	/ La-p?
RII/ DeM/ 094	:	Q-fSa-0As-fDs	/ 3R-1Bs-0Ss-nOs	/ GvK-NP	/ HG	/ Gr-p!
RII/ DeM/ 095	:	H-fSa-0As-fDs	/ 3R-1Bs-0Ss-nOs	/ G-NP	/ HG	/ La-p?
RII/ DeM/ 096	:	H-fSa-0As-fDs	/ 2R-1Bs-0Ss-nOs	/ GgA-N	/ HG	/ Te-g?
RII/ DeM/ 097	:	?-fSa-0As-pDs	/ 1R-1Bs-0Ss-nOs	/ G-N	/ HG	/ La-p?
RII/ DeM/ 098	:	?-?Sa-?As-fDs	/ 2+xR-1Bs-lSs-?Os	/ G-N?	/ HG(?)	/ Gr-p!
RII/ DeM/ 099	:	?-?Sa-?As-fDs	/ 1+xR-1Bs-0Ss-?Os	/ G-NP	/ HG	/ Te-g?
RII/ DeM/ 100	:	H-fSa-0As-fDs	/ 2R-1Bs-0Ss-nOs	/ GgA-NP	/ HG	/ Gr-p!
RII/ DeM/ 101	:	H-fSa-0As-fDs	/ 2R-1Bs-0Ss-nOs	/ G-N	/ HG	/ La-p?

Quellen-Nr.	I	II	III	IV	V
RII/ DeM/ 102	: H-fSa-0As-fDs	/ 2R-1Bs-0Ss-nOs	/ GgA-NP	/ HG	/ La-p?
RII/ DeM/ 103	: ?-?Sa-0As-fDs	/ 1+xR-1Bs-?Ss-nOs	/ G?-N?	/ ?	/ Gr-p!
RII/ DeM/ 104	: H-hSa-0As-fDs	/ 2R-1Bs-0Ss-nOs	/ G-NP	/ HG	/ Gr-p!
RII/ DeM/ 105	: B-hSa-0As-fDs	/ 2R-1Bs-0Ss-nOs	/ gA-NP	/ *3ḫ*	/ La-p?
RII/ DeM/ 106	: B-0Sa-0As-fDs	/ 1R-1Bs-0Ss-nOs	/ GgA-N	/ HG	/ Te-g,La-p?
RII/ DeM/ 107	: H-0Sa-HoAs-pDs	/ 1R-1Bs-0Ss-nOs	/ G-N	/ HG	/ Te-g,La-p?
RII/ DeM/ 108	: H-hSa-0As-fDs	/ 2R-1Bs-0Ss-nOs	/ GgA-NP	/ HG	/ Gr-p!
RII/ DeM/ 109	: H-fSa-0As-fDs	/ 2R-1Bs-0Ss-nOs	/ GgA-N	/ HG	/ Gr-p!
RII/ DeM/ 110	: Q-fSa-0As-fDs	/ 2R-1Bs-0Ss-nOs	/ GgA-NP	/ HG	/ La-p?
RII/ DeM/ 111	: H-fSa-0As-fDs	/ 2R-1Bs-0Ss-nOs	/ GA-N	/ HG	/ La-p?
RII/ DeM/ 112	: Q-fSa-0As-fDs	/ 2R-1Bs-0Ss-nOs	/ G-NP	/ HG	/ La-p?
RII/ DeM/ 113	: H-fSa-0As-fDs	/ 2R-1Bs-0Ss-nOs	/ vMA-NP	/ HvM	/ La-p?
RII/ DeM/ 114	: H-hSa-0As-fDs	/ 2R-1Bs-0Ss-nOs	/ G-NP	/ HG	/ La-p?
RII/ DeM/ 115	: ?-?Sa-?As-fDs	/ 1+xR-1Bs-0Ss-nOs	/ ?-N?	/ H?	/ ?
RII/ DeM/ 116	: ?-?Sa-?As-?Ds	/ 2R-1Bs-0Ss-nOs	/ G-NP	/ HG	/ Te-g!
RII/ DeM/ 117	: ?	/ ?R-?Bs-?Sa-?Os	/ ?-N?	/ ?	/ ?
RII/ DeM/ 118	: ?-?Sa-?As-fDs	/ 1+xR-1Bs-0Ss-nOs	/ ?-N?	/ ?	/ ?
RII/ DeM/ 119	: ?	/ 1+xR-1Bs-0Ss-nOs	/ ?-NP	/ ?	/ ?
RII/ DeM/ 120	: B-fSa-0As-fDs	/ 1R-2Bs-0Ss-nOs	/ G-N	/ HG	/ La-p?
RII/ DeM/ 121	: H-?Sa-?As-fDs	/ 3R-1Bs-0Ss-nOs	/ G-NP	/ HG	/ Gr-p!
RII/ DeM/ 122	: H-fSa-0As-fDs	/ 2R-1Bs-0Ss-nOs	/ GgA-N	/ HG	/ Gr-p!
RII/ DeM/ 123	: H-fSa-0As-fDs	/ 2R-1Bs-0Ss-nOs	/ G-NP	/ HG	/ La-p?
RII/ DeM/ 124	: ?-?Sa-?As-?Ds	/ 1+xR-?Bs-?Ss-?Os	/ ?-N?	/ ?	/ ?
RII/ DeM/ 126	: H-hSa-0As-fDs	/ 3R-1Bs-0Ss-nOs	/ G-NP	/ HG,N	/ Gr-p!
RII/ DeM/ 127	: H-fSa-0As-fDs	/ 2R-1Bs-0Ss-nOs	/ GA-N	/ HG	/ La-p?
RII/ DeM/ 128	: H-hSa-0As-fDs	/ 2R-1Bs-0Ss-nOs	/ GgA-NP	/ HG	/ Gr-p!
RII/ DeM/ 129	: H-hSa-0As-fDs	/ 4R-1Bs-0Ss-nOs	/ GgA-NP	/ HG	/ Gr-p!
RII/ DeM/ 130	: H-fSa-0As-fDs	/ 2R-1Bs-0Ss-nOs	/ G-NP	/ HG	/ La-p?
RII/ DeM/ 131	: H-hSa-0As-fDs	/ 2R-1Bs-0Ss-nOs	/ G-NP	/ HG	/ Te-g?
RII/ DeM/ 132	: H-0Sa-0As-fDs	/ 2R-1Bs-0Ss-nOs	/ G-NP	/ HG	/ Te-g?
RII/ DeM/ 133	: H-fSa-0As-fDs	/ 2R-1Bs-0Ss-nOs	/ GgAK-NP	/ HG	/ Te-g,La-p?
RII/ DeM/ 134	: H-fSa-0As-fDs	/ 2R-1Bs-0Ss-nOs	/ G-NP	/ HG	/ La-p?
RII/ DeM/ 135	: H-fSa-0As-fDs	/ 3R-1Bs-0Ss-nOs	/ vKvM-NP	/ HvK,vM	/ Te-g,La-p?
RII/ DeM/ 136	: ?-?Sa-?As-?Ds	/ 2+xR-?Bs-?Ss-?Os	/ ?-?P	/ ?	/ Te-g!
RII/ DeM/ 137	: Q-hSa-0As-fDs	/ 2R-1Bs-0Ss-nOs	/ G-NP	/ HG	/ Te-g?
RII/ DeM/ 138	: ?-?Sa-?As-pDs	/ 2-xR-1Bs-?Ss-?Os	/ GA-NP	/ HG	/ Gr-p!
RII/ DeM/ 139	: Q-fSa-0As-fDs	/ 2R-1Bs-0Ss-nOs	/ Ø-NP	/ *3ḫ*	/ La-p?
RII/ DeM/ 140	: H-0Sa-HoAs-pDs	/ 2R+3R-2Bs-bSs-nOs	/ GA-NP	/ HG	/ La-p?
RII/ DeM/ 141	: ?-?Sa-?As-fDs	/ 2+xR-1Bs-0Ss-?Os	/ GvKvM-NP	/ HG,vK,vM	/ Gr-p?
RII/ DeM/ 142	: Q-fSa-0As-fDs	/ 3R-1Bs-0Ss-nOs	/ GgAvK-NP	/ HG,vK,N	/ Gr-p!
RII/ DeM/ 143	: Q-fSa-0As-fDs	/ 2R-1Bs-0Ss-nOs	/ GgA-N	/ HG	/ Gr-p!
RII/ DeM/ 144	: Q-hSa-0As-fDs	/ 2R-1Bs-0Ss-nOs	/ A-NP	/ HG	/ La-p?
RII/ DeM/ 145	: H-0Sa-HoAs-pDs	/ 2R-1Bs-0Ss-nOs	/ GgA-NP	/ HG	/ La-p?
RII/ DeM/ 146	: H-hSa-0As-fDs	/ 3R-1Bs-0Ss-nOs	/ GgA-NP	/ HG	/ Gr-p!

Quellen-Nr.	I	II	III	IV	V
RII/ DeM/ 147	: ?-?Sa-?As-fDs	/ 2+xR-1Bs-0Ss-nOs	/ ?-N?	/ ?	/ Gr-p!
RII/ DeM/ 148	: ?-?Sa-?As-?Ds	/ ?R-?Bs-?Ss-?Os	/ ?-NP	/ ?	/ Gr-p?
RII/ DeM/ 149	: Q-hSa-0As-fDs	/ 2R-1Bs-0Ss-nOs	/ GgA-NP	/ HG	/ La-p?
RII/ DeM/ 150	: ?-?Sa-?As-fDs	/ 2+xR-1Bs-1Ss-?Os	/ G-NP	/ HG	/ Te-g?
RII/ DeM/ 151	: Q-hSa-0As-fDs	/ 3R-1Bs-0Ss-nOs	/ G-NP	/ HG,P,N	/ Gr-p!
RII/ DeM/ 152	: Q-hSa-0As-fDs	/ 2R-1Bs-0Ss-nOs	/ GK-NP	/ HG	/ La-p?
RII/ DeM/ 153	: ?-?Sa-?As-fDs	/ 2+xR-1Bs-0Ss-nOs	/ G-NP	/ HG	/ ?
RII/ DeM/ 154	: ?-?Sa-?As-fDs	/ 2+xR-1Bs-0Ss-nOs	/ G-NP	/ HG	/ Gr-p!
RII/ DeM/ 155	: ?-?Sa-?As-fDs	/ 2+xR-?Bs-?Ss-?Os	/ G-NP	/ HG	/ Gr-p!
RII/ DeM/ 156	: H-hSa-0As-fDs	/ 3R-1Bs-0Ss-nOs	/ GgA-NP	/ HG	/ Te-g,La-p?
RII/ DeM/ 157	: H-fSa-0As-fDs	/ 2R-1Bs-0Ss-nOs	/ GgA-NP	/ HG	/ Te-g,La-p?
RII/ DeM/ 158	: ?-?Sa-?As-pDs	/ 2+xR-1Bs-?Ss-?Os	/ ?-NP	/ ?	/ ?
RII/ DeM/ 159	: H-hSa-0As-fDs	/ 2R-1Bs-0Ss-nOs	/ G-NP	/ HG	/ Te-g,La-p?
RII/ DeM/ 160	: H-fSa-0As-fDs	/ 2R-1Bs-0Ss-nOs	/ GgA-N	/ HG	/ Gr-p!
RII/ DeM/ 161	: ?-?Sa-?As-fDs	/ 2R-1Bs-0Ss-?Os	/ G-N	/ HG	/ Te-g?
RII/ DeM/ 162	: H-fSa-0As-fDs	/ 2R-1Bs-0Ss-nOs	/ G-NP	/ HG	/ Te-g,La-p?
RII/ DeM/ 163	: ?-?Sa-?As-fDs	/ 1+xR-1Bs-?Ss-?Os	/ ?-N	/ ?	/ ?
RII/ DeM/ 164	: Q-hSa-0As-fDs	/ 2R-1Bs-0Ss-nOs	/ vKvM-N	/ HvK,vM	/ La-p?
RII/ DeM/ 165	: ?-?Sa-?As-fDs	/ 2+xR-1Bs-0Ss-nOs	/ G-N?	/ HG	/ Te-g!
RII/ DeM/ 166	: H-fSa-0As-fDs	/ 2R-2Bs-0Ss-nOs	/ GgA-NP	/ HG	/ La-p?
RII/ DeM/ 167	: Q-fSa-0As-fDs	/ 2R-1Bs-0Ss-nOs	/ G-NP	/ HG	/ La-p?
RII/ DeM/ 168	: H-hSa-0As-fDs	/ 2R-1Bs-0Ss-nOs	/ G-NP	/ HG	/ La-p?
RII/ DeM/ 169	: ?-?Sa-?As-fDs	/ 1+xR-1Bs-?Ss-?Os	/ ?-NP	/ HG,P,N	/ Gr-p!
RII/ DeM/ 170	: ?-?Sa-?As-fDs	/ 1+xR-1Bs-?Ss-?Os	/ G-NP	/ HG	/ Te-g,Ke-g?
RII/ DeM/ 171	: ?-?Sa-?As-fDs	/ 2+xR-1Bs-?Ss-?Os	/ G-NP	/ HG	/ Gr-p?
RII/ DeM/ 172	: H-fSa-0As-fDs	/ 2R-1Bs-0Ss-nOs	/ GA-NP	/ HG	/ La-p?
RII/ DeM/ 173	: Q-dSa-0As-fDs	/ 2R-1Bs-0Ss-nOs	/ GvK-N	/ HG	/ Te-g,La-p?
RII/ DeM/ 174	: H-hSa-0As-fDs	/ 2R-1Bs-0Ss-nOs	/ GgA-NP	/ HG	/ Gr-p!
RII/ DeM/ 175	: H-hSa-0As-fDs	/ 2R-1Bs-0Ss-nOs	/ GgA-NP	/ HG	/ Gr-p!
RII/ DeM/ 176	: B-0Sa-0As-fDs	/ 1R-1Bs-0Ss-nOs	/ G-N	/ HG	/ Te-g,La-p?
RII/ DeM/ 177	: H-fSa-0As-fDs	/ 2R-1Bs-0Ss-nOs	/ GgA-NP	/ HG	/ Gr-p!
RII/ DeM/ 178	: ?-?Sa-0As-fDs	/ 1+xR-1Bs-0Ss-nOs	/ G?-NP	/ HG	/ La-p?
RII/ DeM/ 179	: ?-?Sa-?As-fDs	/ 1+xR-1Bs-?Ss-?Os	/ ?-NP	/ ?	/ ?
RII/ DeM/ 180	: H-fSa-0As-fDs	/ 1R-1Bs-0Ss-nOs	/ vK-N	/ HvK	/ La-p?
RII/ DeM/ 181	: H-fSa-0As-fDs	/ 2R-1Bs-0Ss-nOs	/ GgAK-N	/ HG,K	/ La-p?
RII/ DeM/ 182	: H-hSa-0As-fDs	/ 2R-1Bs-0Ss-nOs	/ GgAK-N	/ HG	/ Te-g?
RII/ DeM/ 183	: ?-?Sa-?As-fDs	/ 1+xR-1Bs-?Ss-?Os	/ ?-N	/ ?	/ ?
RII/ DeM/ 184	: T-fSa-0As-fDs	/ 2R-1Bs-0Ss-nOs	/ G-NP	/ HG	/ Te-g?
RII/ DeM/ 185	: Q-hSa-0As-fDs	/ 2R-1Bs-0Ss-nOs	/ GgA-NP	/ HG	/ Gr-p!
RII/ DeM/ 186	: D-0Sa-0As-fDs	/ 1R-1Bs-0Ss-nOs	/ Ø-N	/ HN	/ Ke-p!
RII/ DeM/ 187	: ?-?Sa-?As-fDs	/ 2+xR-1Bs-0Ss-nOs	/ ?-NP	/ HN	/ Ke-p!

Quellen-Nr.	I	II	III	IV	V
RII/ DRi/ 001	: ?-?Sa-?As-?Ds	/ ?R-?Bs-?Ss-?Os	/ G-N	/ HG	/ Gr-p!
RII/ DRi/ 002	: H-0Sa-HoAs-pDs	/ 2R-1Bs-0Ss-nOs	/ G-NP	/ HG	/ Gr-p!
RII/ Ele/ 001	: ?-?Sa-?As-fDs	/ 2+xR-1Bs-?Ss-?Os	/ G-N	/ HG	/ Te-g?
RII/ Gad/ 001	: ?-?Sa-?As-?Ds	/ 2R-1Bs-0Ss-nOs	/ G-NP	/ HG	/ Gr-p!
RII/ Giz/ 001	: ?-?Sa-?As-fDs	/ 2+xR-1Bs-?Ss-?Os	/ G-N	/ HG	/ Te-g!
RII/ Gur/ 001	: ?-hSa-0As-fDs	/ 1+xR-1Bs-?Ss-?Os	/ ?-NP	/ ?	/ Gr-p!
RII/ Hel/ 001	: ?-?Sa-?As-pDs	/ 3+xR-1Bs-0Ss-nOs	/ G-NP	/ HG	/ Te-g!
RII/ Hel/ 002	: H-fSa-0As-fDs	/ 2R-1Bs-bSs-nOs	/ GK-NP	/ HG	/ Te-g?
RII/ Hel/ 003	: H-fSa-0As-fDs	/ 2R-1Bs-bSs-nOs	/ GgAK-NP	/ HG	/ Te-g?
RII/ Hel/ 004	: H-fSa-0As-fDs	/ 2R-1Bs-0Ss-nOs	/ GgA-N	/ HG	/ Te-g!
RII/ Her/ 001	: ?-?Sa-?As-fDs	/ 2+xR-1Bs-0Ss-nOs	/ GvK-NP	/ HvK	/ Te-g,La-p?
RII/ KeG/ 001	: H-0Sa-HoAs-pDs	/ 2R-1Bs-0Ss-nOs	/ GgA-NP	/ HG	/ Te-g!
RII/ KeG/ 002	: H-0Sa-HoAs-pDs	/ 2R-1Bs-0Ss-nOs	/ GgA-NP	/ HG	/ Te-g!
RII/ KeG/ 003	: H-0Sa-HoAs-pDs	/ 2R-1Bs-bSs-nOs	/ GgA-NP	/ HG	/ Ke-p!
RII/ KeG/ 004	: H-fSa-0As-fDs	/ 2R-4Bs-0Ss-jOs	/ GK-N	/ HG	/ Ke-p!
RII/ Kop/ 001	: ?-?Sa-?As-?Ds	/ 2+xR-1Bs-0Ss-?Os	/ K-NP	/ Jur	/ Te-g?
RII/ Kop/ 002	: H-fSa-0As-fDs	/ 2+xR-1Bs-0Ss-nOs	/ GKgA-N	/ HG; OP	/ Te-g!
RII/ Lux/ 001	: H-fSa-0As-fDs	/ 2R-1Bs-0Ss-nOs	/ KvK-N	/ HK,vK	/ Te-g!
RII/ Mem/ 001	: H-fSa-0As-fDs	/ 3R-1Bs-0Ss-nOs	/ GgA-NP	/ HG	/ Te-g?
RII/ M-S/ 001	: T-fSa-0As-fDs	/ 2R-1Bs-0Ss-nOs	/ GgA-NP	/ HG	/ Gr-g!
RII/ M-S/ 002	: H-fSa-0As-fDs	/ 2R-1Bs-0Ss-nOs	/ GgA-NP	/ HG	/ Gr-g!
RII/ M-S/ 003	: ?-hSa-0As-fDs	/ 2R-1Bs-0Ss-nOs	/ GgAK-NP	/ HG	/ Gr-g!
RII/ M-S/ 004	: H-fSa-0As-fDs	/ 3R-1Bs-0Ss-nOs	/ GgA-NP	/ HG	/ Gr-g!
RII/ M-S/ 005	: Q-fSa-0As-fDs	/ 2R-1Bs-0Ss-nOs	/ GgA-NP	/ HG	/ Gr-g!
RII/ M-S/ 006	: H-hSa-0As-fDs	/ 2R-1Bs-0Ss-nOs	/ GgA-NP	/ HG	/ Gr-g!
RII/ M-S/ 007	: H-fSa-0As-fDs	/ 2R-1Bs-0Ss-nOs	/ GgA-NP	/ HG	/ Gr-g!
RII/ M-S/ 008	: H-0Sa-HoAs-pDs	/ 2R-1Bs-0Ss-nOs	/ G-NP	/ HG	/ Gr-g!
RII/ M-S/ 009	: H-0Sa-HoAs-pDs	/ 2R-1Bs-0Ss-nOs	/ G-NP	/ HG	/ Gr-g!
RII/ M-S/ 010	: H-fSa-0As-fDs	/ 2R-1Bs-0Ss-nOs	/ GgA-N	/ HG	/ Gr-g!
RII/ M-S/ 011	: H-0Sa-HoAs-fDs	/ 2R-1Bs-0Ss-nOs	/ GgA-N	/ HG	/ Gr-g!
RII/ Nub/ 001	: T-fSa-0As-fDs	/ 2R-1Bs-0Ss-nOs	/ GM-N	/ HV	/ Te-g?
RII/ Nub/ 002	: H-fSa-0As-fDs	/ 2R-1Bs-0Ss-nOs	/ GM-NP	/ HG,V	/ Te-g?
RII/ Qan/ 001	: Q-hSa-0As-fDs	/ 2R-1Bs-0Ss-nOs	/ vK-NP	/ HvK	/ Te-g?
RII/ Qan/ 002	: H-fSa-0As-fDs	/ 2R-1Bs-0Ss-nOs	/ AvKK-N	/ HvK	/ Te-g,Ke-vk,La-p?
RII/ Qan/ 003	: H-fSa-0As-fDs	/ 1R-1Bs-0Ss-nOs	/ G-N	/ HG	/ Te-g,La-p?
RII/ Qan/ 004	: Q-fSa-0As-fDs	/ 1R-1Bs-bSs-nOs	/ vK-NP	/ HvK	/ Te-g,Ke-vk,La-p?
RII/ Qan/ 005	: H-fSa-0As-fDs	/ 1R-1Bs-0Ss-nOs	/ vK-N	/ HvK	/ Te-g,Ke-vk,La-p?
RII/ Qan/ 006	: B-hSa-0As-fDs	/ 1R-1Bs-0Ss-nOs	/ vK-N	/ HvK	/ Te-g,Ke-vk,La-p?
RII/ Qan/ 007	: H-hSa-0As-fDs	/ 1R-2Bs-0Ss-nOs	/ vK-N	/ HvK	/ Te-g,Ke-vk,La-p?
RII/ Qan/ 008	: Q-fSa-0As-fDs	/ 1R-1Bs-0Ss-nOs	/ vK-N	/ HvK	/ Te-g,Ke-vk,La-p?
RII/ Qan/ 009	: H-fSa-0As-fDs	/ 1R-1Bs-0Ss-nOs	/ vK-N	/ HvK	/ Te-g,Ke-vk,La-p?

Quellen-Nr.	I	II	III	IV	V
RII/ Qan/ 010	: H-fSa-0As-fDs	/ 1R-1Bs-0Ss-nOs	/ vK-N	/ HvK	/ Te-g,Ke-vk,La-p?
RII/ Qan/ 011	: H-hSa-0As-fDs	/ 2R-1Bs-0Ss-nOs	/ GgA-NP	/ HG	/ Te-g,La-p?
RII/ Qan/ 012	: H-fSa-0As-fDs	/ 1R-1Bs-0Ss-nOs	/ vK-N	/ HvK	/ Te-g,Ke-vk,La-p?
RII/ Qan/ 013	: H-fSa-0As-fDs	/ 2R-1Bs-0Ss-nOs	/ G-N	/ HG	/ Te-g,La-p?
RII/ Qan/ 014	: H-fSa-0As-fDs	/ 1R-1Bs-0Ss-nOs	/ vK-N	/ HvK	/ Te-g,Ke-vk,La-p?
RII/ Qan/ 015	: H-fSa-0As-fDs	/ 1R-1Bs-0Ss-nOs	/ vK-N	/ HvK	/ Te-g,Ke-vk,La-p?
RII/ Qan/ 016	: Q-fSa-0As-fDs	/ 2R-1Bs-0Ss-nOs	/ G-N	/ HG	/ Te-g,La-p?
RII/ Qan/ 017	: H-fSa-0As-fDs	/ 1R-1Bs-0Ss-nOs	/ vk-N	/ HvK	/ Te-g,Ke-vk,La-p?
RII/ Qan/ 018	: H-hSa-0As-fDs	/ 1R-1Bs-0Ss-nOs	/ G-N	/ HG	/ Te-g,La-p?
RII/ Qan/ 019	: H-fSa-0As-fDs	/ 1R-1Bs-0Ss-nOs	/ vK-N	/ HvK	/ Te-g,Ke-vk,La-p?
RII/ Qan/ 020	: H-fSa-0As-fDs	/ 1R-1Bs-0Ss-nOs	/ vK-N	/ HvK	/ Te-g,Ke-vk,La-p?
RII/ Qan/ 021	: H-fSa-0As-fDs	/ 1R-1Bs-0Ss-nOs	/ vK-N	/ HvK	/ Te-g,Ke-vk,La-p?
RII/ Qan/ 022	: H-fSa-0As-fDs	/ 1R-1Bs-0Ss-nOs	/ vK-N	/ HvK	/ Te-g,Ke-vk,La-p?
RII/ Qan/ 023	: Q-fSa-0As-fDs	/ 1R-1Bs-0Ss-nOs	/ vK-N	/ HvK	/ Te-g,Ke-vk,La-p?
RII/ Qan/ 024	: H-fSa-0As-fDs	/ 1R-1Bs-0Ss-nOs	/ vK-N	/ HvK	/ Te-g,Ke-vk,La-p?
RII/ Qan/ 025	: H-fSa-0As-fDs	/ 1R-1Bs-0Ss-nOs	/ vK-N	/ HvK	/ Te-g,Ke-vk,La-p?
RII/ Qan/ 026	: H-fSa-0As-fDs	/ 1R-1Bs-0Ss-nOs	/ vK-N	/ HvK	/ Te-g,Ke-vk,La-p?
RII/ Qan/ 027	: H-fSa-0As-fDs	/ 1R-1Bs-0Ss-nOs	/ vK-N	/ HvK	/ Te-g,Ke-vk,La-p?
RII/ Qan/ 028	: H-fSa-0As-fDs	/ 1R-1Bs-0Ss-nOs	/ vK-N	/ HvK	/ Te-g,Ke-vk,La-p?
RII/ Qan/ 029	: H-fSa-0As-fDs	/ 2R-1Bs-0Ss-nOs	/ vK-N	/ HvK	/ Te-g,Ke-vk,La-p?
RII/ Qan/ 030	: ?-fSa-0As-fDs	/ 1+xR-1Bs-0Ss-nOs	/ vK-N	/ HvK	/ Te-g,Ke-vk,La-p?
RII/ Qan/ 031	: H-fSa-0As-fDs	/ 2R-1Bs-0Ss-nOs	/ vKK-N	/ HvK	/ Te-g,Ke-vk,La-p?
RII/ Qan/ 032	: H-fSa-0As-fDs	/ 1R-1Bs-0Ss-nOs	/ vK-N	/ HvK	/ Te-g,Ke-vk,La-p?
RII/ Qan/ 033	: Q-fSa-0As-fDs	/ 1R-1Bs-0Ss-nOs	/ vK-N	/ HvK	/ Te-g,Ke-vk,La-p?
RII/ Qan/ 034	: H-fSa-0As-fDs	/ 2R-1Bs-0Ss-nOs	/ G-NP	/ HG	/ Te-g?
RII/ Qan/ 035	: Q-hSa-0As-fDs	/ 1R-1Bs-0Ss-nOs	/ vK-N	/ HvK	/ Te-g,Ke-vk,La-p?
RII/ Qan/ 036	: H-hSa-0As-fDs	/ 2R-1Bs-0Ss-nOs	/ GvK-N	/ HvK	/ Te-g,La-p?
RII/ Qan/ 037	: Q-fSa-0As-fDs	/ 2R-1Bs-0Ss-nOs	/ GvKK-N	/ HGKvK	/ Te-g?
RII/ Qan/ 038	: H-fSa-0As-fDs	/ 1R-1Bs-0Ss-nOs	/ vK-N	/ HvK	/ Te-g,Ke-vk,La-p?
RII/ Qan/ 039	: ?-?Sa-0As-fDs	/ 2R-1Bs-0Ss-nOs	/ G-NP	/ HG; SP	/ Te-g?
RII/ Qan/ 040	: H-fSa-0As-fDs	/ 2R-1Bs-0Ss-nOs	/ G-NP	/ HG	/ Te-g?
RII/ Qan/ 041	: H-hSa-0As-fDs	/ 1R-1Bs-0Ss-nOs	/ G-N	/ HG	/ Te-g?
RII/ Qan/ 042	: Q-hSa-0As-fDs	/ 1R-1Bs-0Ss-nOs	/ vK-N	/ HvK	/ Te-g,Ke-vk,La-p?
RII/ Qan/ 043	: H-fSa-0As-fDs	/ 3R-1Bs-0Ss-nOs	/ G-NP	/ HG	/ Gr-p?

Quellen-Nr.	I	II	III	IV	V
RII/ Qan/ 044	: B-hSa-0As-fDs	/ 2R-1Bs-0Ss-nOs	/ G-NP	/ HG	/ Gr-p?
RII/ Qan/ 045	: Q-hSa-0As-fDs	/ 2R-1Bs-0Ss-nOs	/ G-N	/ HG	/ Gr-p?
RII/ Qan/ 046	: H-fSa-0As-fDs	/ 1R-1Bs-0Ss-nOs	/ vK-N	/ HvK	/ Te-g,Ke-vk,La-p?
RII/ Qan/ 047	: ?-fSa-0As-fDs	/ 1+xR-1Bs-0Ss-nOs	/ vK-N	/ HvK	/ Te-g,Ke-vk,La-p?
RII/ Qan/ 048	: H-fSa-0As-fDs	/ 2R-1Bs-0Ss-nOs	/ G-N	/ HG	/ Te-g,La-p?
RII/ Qan/ 049	: Q-fSa-0As-fDs	/ 1R-1Bs-0Ss-nOs	/ vK-N	/ HvK	/ Te-g,Ke-vk,La-p?
RII/ Qan/ 050	: H-hSa-0As-fDs	/ 1R-1Bs-0Ss-nOs	/ G-N	/ HG	/ Te-g,La-p?
RII/ Qan/ 051	: ?-fSa-0As-fDs	/ 1+xR-1Bs-0Ss-nOs	/ vK-N	/ HvK	/ Te-g,Ke-vk,La-p?
RII/ Qan/ 052	: Q-fSa-PyAs-fDs	/ 1R-1Bs-0Ss-nOs	/ G-N	/ HG	/ Gr-p!
RII/ Qan/ 053	: H-fSa-0As-fDs	/ 2R-1Bs-0Ss-nOs	/ GK-N	/ HK	/ Te-g,Ke-vk,La-p?
RII/ Qan/ 054	: H-fSa-0As-fDs	/ 1R-1Bs-0Ss-nOs	/ G-Ø	/ HG	/ La-p?
RII/ Qan/ 055	: H-fSa-0As-fDs	/ 1R-1Bs-0Ss-nOs	/ vK-N	/ HvK	/ Te-g,Ke-vk,La-p?
RII/ Qan/ 056	: H-fSa-0As-fDs	/ 1R-1Bs-0Ss-nOs	/ vK-N	/ HvK	/ Te-g,Ke-vk,La-p?
RII/ Qan/ 057	: Q-fSa-0As-fDs	/ 1R-1Bs-0Ss-nOs	/ G-Ø	/ HvK	/ La-p?
RII/ Qan/ 058	: H-fSa-0As-fDs	/ 1R-1Bs-0Ss-nOs	/ vK-N	/ HvK	/ Te-g,Ke-vk,La-p?
RII/ Qan/ 059	: H-fSa-0As-fDs	/ 2R-1Bs-0Ss-nOs	/ GA-NP	/ HG	/ Te-g,La-p?
RII/ Qan/ 060	: T-fSa-0As-fDs	/ 1R-1Bs-0Ss-nOs	/ vK-NP	/ HvK	/ Te-g,Ke-vk,La-p?
RII/ Qan/ 061	: H-fSa-0As-fDs	/ 1R-1Bs-0Ss-nOs	/ vK-NP	/ HvK	/ Te-g,Ke-vk,La-p?
RII/ Qan/ 062	: H-fSa-0As-fDs	/ 1R-1Bs-0Ss-nOs	/ vK-Ø	/ HvK	/ La-p?
RII/ Qan/ 063	: ?-?Sa-?As-fDs	/ 1+xR-?Bs-?Ss-?Os	/ vK-N?	/ HvK	/ Te-g,Ke-vk,La-p?
RII/ Qan/ 064	: H-fSa-0As-fDs	/ 1R-1Bs-0Ss-nOs	/ vK-N	/ HvK	/ Te-g,Ke-vk,La-p?
RII/ Qan/ 065	: H-fSa-0As-fDs	/ 1R-1Bs-0Ss-nOs	/ vK-N	/ HvK	/ Te-g,Ke-vk,La-p?
RII/ Qan/ 066	: H-fSa-0As-fDs	/ 1R-1Bs-0Ss-nOs	/ vK-N	/ HvK	/ Te-g,Ke-vk,La-p?
RII/ Qan/ 067	: H-fSa-0As-fDs	/ 1R-1Bs-0Ss-nOs	/ vK-N	/ HvK	/ Te-g,Ke-vk,La-p?
RII/ Qan/ 068	: H-fSa-0As-fDs	/ 1R-1Bs-0Ss-nOs	/ vK-N	/ HvK	/ Te-g,Ke-vk,La-p?
RII/ Qan/ 069	: H-fSa-0As-fDs	/ 1R-1Bs-0Ss-nOs	/ vK-N	/ HvK	/ Te-g,Ke-vk,La-p?
RII/ Qan/ 070	: H-fSa-0As-fDs	/ 1R-1Bs-0Ss-nOs	/ vK-N	/ HvK	/ Te-g,Ke-vk,La-p?
RII/ Qan/ 071	: H-fSa-0As-fDs	/ 1R-1Bs-0Ss-nOs	/ vK-N	/ HvK	/ Te-g,Ke-vk,La-p?
RII/ Qan/ 072	: H-fSa-0As-fDs	/ 1R-1Bs-0Ss-nOs	/ vK-N	/ HvK	/ Te-g,Ke-vk,La-p?
RII/ Qan/ 073	: H-fSa-0As-fDs	/ 1R-1Bs-0Ss-nOs	/ vK-N	/ HvK	/ Te-g,Ke-vk,La-p?
RII/ Qan/ 074	: ?-?Sa-0As-fDs	/ ?R-1Bs-0Ss-nOs	/ G-N	/ HG	/ Te-g,La-p?
RII/ Qan/ 075	: H-fSa-0As-fDs	/ 1R-1Bs-0Ss-nOs	/ vK-N	/ HvK	/ Te-g,Ke-vk,La-p?
RII/ Qan/ 076	: T-fSa-0As-fDs	/ 1R-1Bs-0Ss-nOs	/ vK-N	/ HvK	/ Te-g,Ke-vk,La-p?
RII/ Qan/ 078	: Q-fSa-0As-fDs	/ 1R-1Bs-0Ss-nOs	/ vK-N	/ HvK	/ Te-g,Ke-vk,La-p?

Quellen-Nr.	I	II	III	IV	V
RII/ Qan/ 079	: T-fSa-0As-fDs	/ 1R-1Bs-0Ss-nOs	/ GvK-Ø	/ HG,vK	/ La-p?
RII/ Qan/ 080	: ?-?Sa-?As-fDs	/ 1+xR-?Bs-?Ss-?Os	/ G-N?	/ HG	/ Te-g,La-p?
RII/ Sai/ 001	: ?-?Sa-?As-fDs	/ 1+xR-?Bs-?Ss-?Os	/ GM?-NP	/ ?,SP	/ ?
RII/ Saq/ 001	: ?-?Sa-?As-fDs	/ 1+xR-?Bs-?Ss-?Os	/ ?-N?	/ ?	/ ?
RII/ Saq/ 002	: ?-?Sa-?As-fDs	/ 1+xR-?Bs-?Ss-?Os	/ ?-NP	/ ?	/ ?
RII/ Saq/ 003	: H-0Sa-HoAs-pDs	/ 2R-1Bs-0Ss-nOs	/ G-NP	/ HG	/ Gr-p!
RII/ Saq/ 004	: B-fSa-0As-fDs	/ 2R-1Bs-0Ss-nOs	/ G-NP	/ HG	/ Gr-p!
RII/ Saq/ 005	: Q-fSa-PyAs-fDs	/ 1R-1Bs-0Ss-nOs	/ G-NP	/ HG	/ Gr-p!
RII/ Saq/ 007	: H-hSa-0As-fDs	/ 2R-1Bs-0Ss-nOs	/ G-NP	/ HG	/ Gr-p?
RII/ Saq/ 008	: H-hSa-0As-fDs	/ 2R-1Bs-0Ss-nOs	/ G-NP	/ HG	/ Gr-p?
RII/ Saq/ 009	: H-?Sa-?As-?Ds	/ 2+xR-1Bs-?Ss-?Os	/ G-N	/ HG	/ Gr-p!
RII/ Saq/ 010	: H-dSa-0As-fDs	/ 2R-1Bs-0Ss-nOs	/ G-NP	/ HG	/ Gr-p!
RII/ Saq/ 011	: H-fSa-0As-fDs	/ 2R-2Bs-bSs-jOs	/ G-N	/ SP	/ Gr-p?
RII/ Saq/ 012	: ?-fSa-0As-fDs	/ 1+xR-1Bs-0Ss-nOs	/ G-N?	/ HG	/ Gr-p!
RII/ Saq/ 013	: H-0Sa-HoAs-pDs	/ 2R-1Bs-0Ss-nOs	/ GgA-NP	/ HG	/ Gr-p!
RII/ Saq/ 014	: ?-?Sa-?As-pDs	/ 1+xR-1Bs-0Ss-nOs	/ ?-N	/ HG	/ Gr-p!
RII/ Saq/ 015	: H-0Sa-?As-fDs	/ 2R-1Bs-0Ss-nOs	/ G-NP	/ HG	/ Gr-p!
RII/ Saq/ 016	: H-fSa-0As-fDs	/ 2R-1Bs-0Ss-nOs	/ G-NP	/ HG,P	/ Gr-p!
RII/ Saq/ 017	: H-?Sa-?As-fDs	/ 3R-1Bs-0Ss-nOs	/ GgA-NP	/ HG	/ Gr-p!
RII/ Saq/ 018	: H-fSa-0As-fDs	/ 3R-1Bs-0Ss-nOs	/ GgA-NP	/ HG	/ Gr-p!
RII/ Saq/ 019	: H-hSa-0As-fDs	/ 5R-1Bs-0Ss-nOs	/ GgA-NP	/ HG,P,N	/ Gr-p?
RII/ Saq/ 020	: H-hSa-0As-fDs	/ 4R-1Bs-0Ss-nOs	/ GgA-NP	/ HG,P,N	/ Gr-p?
RII/ Saq/ 021	: H-?Sa-?As-pDs	/ 2R-1Bs-0Ss-nOs	/ G-N	/ HG	/ Gr-p!
RII/ Sed/ 001	: H-?Sa-?As-fDs	/ 3R-1Bs-0Ss-nOs	/ G-NP	/ HG	/ Gr-p!
RII/ Sed/ 002	: ?-?Sa-?As-fDs	/ 1+xR-?Bs-?Ss-?Os	/ ?-?	/ HG	/ Gr-p!
RII/ Sed/ 003	: ?-0Sa-HoAs-pDs	/ 3+xR-1Bs-0Ss-nOs	/ GgA-NP	/ HG	/ Gr-p!
RII/ Sed/ 004	: H-?Sa-PyAs-fDs	/ 2R-1Bs-0Ss-nOs	/ G-NP	/ HG	/ Gr-p!
RII/ SeK/ 001	: H-fSa-0As-fDs	/ 2R-1Bs-0Ss-nOs	/ K-N	/ HK	/ Te-g!
RII/ SeK/ 002	: H-fSa-0As-fDs	/ 3R-1Bs-0Ss-nOs	/ GK-N	/ HK	/ Te-g!
RII/ SeK/ 003	: ?-?Sa-?As-fDs	/ 1+xR-1Bs-0Ss-nOs	/ ?K-N	/ HK	/ Te-g!
RII/ SeK/ 004	: H-fSa-0As-fDs	/ 3R-1Bs-0Ss-nOs	/ GK-NP	/ HK	/ Te-g!
RII/ Sin/ 001	: ?-?Sa-?As-?Ds	/ 1R-1Bs-0Ss-nOs	/ ?K-N	/ HK	/ Te-g?
RII/ The/ 001	: ?-?Sa-?As-?Ds	/ ?R-1Bs-0Ss-nOs	/ G-NP	/ HG	/ La-p?
RII/ The/ 002	: ?-hSa-0As-fDs	/ 1+xR-1Bs-0Ss-nOs	/ GgA-NP	/ HG	/ Te-g,La-p?
RII/ The/ 003	: Q-0Sa-HoAs-pDs	/ 2R-1Bs-0Ss-nOs	/ N-NP	/ HG	/ Gr-p?
RII/ The/ 004	: ?-?Sa-?As-fDs	/ 2R-1Bs-0Ss-nOs	/ vK-NP	/ HvK	/ La-p?
RII/ The/ 005	: H-fSa-0As-fDs	/ 4R-1Bs-0Ss-nOs	/ G-NP	/ HG	/ Gr-p?
RII/ The/ 008	: ?-?Sa-?As-fDs	/ 1+xR-1Bs-0Ss-nOs	/ K-N	/ HK	/ Gr-p?
RII/ The/ 009	: Q-fSa-0As-fDs	/ 1R-1Bs-0Ss-nOs	/ G-N	/ HG	/ Te-g,La-p?
RII/ The/ 010	: H-fSa-0As-fDs	/ 2R-1Bs-0Ss-nOs	/ G-N	/ HG	/ Te-k!
RII/ The/ 011	: H-?Sa-?As-fDs	/ 2R-1Bs-0Ss-nOs	/ G-NP	/ HG	/ Te-k!
RII/ The/ 012	: H-fSa-0As-fDs	/ 3R-1Bs-0Ss-nOs	/ G-NP	/ HG,P,N	/ Gr-p?
RII/ The/ 013	: B-fSa-0As-fDs	/ 3R-1Bs-0Ss-nOs	/ G-NP	/ HG	/ Te-k!

Quellen-Nr.	I	II	III	IV	V
RII/ The/ 014	: B-fSa-0As-fDs	/ 2R-1Bs-0Ss-nOs	/ G-NP	/ HG	/ Te-g,La-p?
RII/ The/ 016	: ?-?Sa-?As-?Ds	/ 2R-1Bs-0Ss-nOs	/ ?-NP	/ ?	/ ?
RII/ The/ 017	: ?-?Sa-?As-?Ds	/ ?R-?Bs-?Ss-?Os	/ ?-?	/ ?	/ ?
RII/ The/ 018	: ?-?Sa-0As-fDs	/ 1+xR-1Bs-0Ss-nOs	/ ?M-N?	/ ?	/ Gr-p!
RII/ The/ 019	: ?-?Sa-?As-?Ds	/ 2R-1Bs-0Ss-nOs	/ ?-NP	/ ?	/ Gr-p?
RII/ The/ 022	: H-fSa-0As-fDs	/ 2R-1Bs-0Ss-nOs	/ vKK-N	/ HvK	/ Gr-k!
RII/ The/ 023	: H-fSa-0As-fDs	/ 2R-1Bs-0Ss-nOs	/ G-N	/ HG	/ Gr-p!
RII/ The/ 024	: H-0Sa-PyAs-fDs	/ 1R-1Bs-0Ss-nOs	/ G-N	/ HG	/ Gr-p!
RII/ The/ 025	: H-fSa-0As-fDs	/ 3R-1Bs-0Ss-nOs	/ G-NP	/ HG	/ Gr-p!
RII/ WeS/ 001	: H-0Sa-HoAs-pDs	/ 2R-1Bs-0Ss-nOs	/ GgAKm-N	/ HG,K,M	/ Te-gk!
RII/ WeS/ 002	: H-0Sa-HoAs-pDs	/ 2R-1Bs-0Ss-nOs	/ GgAK-N	/ HG,K	/ Te-gk!
RII/ WeS/ 003	: H-0Sa-HoAs-pDs	/ 2R-1Bs-0Ss-nOs	/ GKM-N	/ HG,K,M	/ Te-gk!
RII/ WeS/ 004	: H-0Sa-HoAs-pDs	/ 2R-1Bs-0Ss-nOs	/ GKM-N	/ HG,K,M	/ Te-gk!
RII/ WeS/ 005	: H-0Sa-HoAs-pDs	/ 2R-1Bs-0Ss-nOs	/ GK-N	/ HG,K	/ Te-gk!
RII/ WeS/ 006	: H-?Sa-?As-pDs	/ 2R-1Bs-0Ss-nOs	/ GKM-N	/ HG,K,M	/ Te-gk!
RII/ WeS/ 007	: H-?Sa-?As-pDs	/ 2R-1Bs-0Ss-nOs	/ GK-N	/ SP	/ Te-gk!
RII/ WeS/ 008	: H-fSa-0As-fDs	/ 2R-1Bs-0Ss-nOs	/ GKM-N	/ HG,K,M	/ Te-gk!
RII/ WeS/ 009	: H-0Sa-HoAs-pDs	/ 2R-1Bs-0Ss-nOs	/ GgAKM-N	/ HG,K,M	/ Te-gk!
RII/ WeS/ 010	: H-0Sa-HoAs-pDs	/ 2R-1Bs-0Ss-nOs	/ GKM-N	/ HG,K,M	/ Te-gk!
RII/ WeS/ 011	: H-0Sa-HoAs-pDs	/ 2R-1Bs-0Ss-nOs	/ GKM-N	/ HG,K,M	/ Te-gk!
RII/ WeS/ 012	: ?-?Sa-?As-?Ds	/ 2R-1Bs-0Ss-nOs	/ GK-N	/ HG,K	/ Te-gk!
RII/ WeS/ 013	: T-fSa-0As-fDs	/ 2R-1Bs-0Ss-nOs	/ G-N	/ HG	/ Te-gk!
RII/ ZUR/ 001	: H-fSa-0As-fDs	/ 2R-1Bs-0Ss-nOs	/ GK-N	/ HG,K	/ Te-g!
RII/ ZUR/ 002	: H-hSa-0As-fDs	/ 3R-1Bs-0Ss-nOs	/ GK-N	/ HG,K	/ Te-g!
RII/ ZUR/ 003	: H-fSa-0As-fDs	/ 2R-1Bs-0Ss-nOs	/ G-N	/ HG	/ Te-g!
RII/ ???/ 002	: Q-fSa-0As-fDs	/ 1R-1Bs-0Ss-nOs	/ G-N	/ HG	/ Te-g,La-p?
RII/ ???/ 004	: H-fSa-0As-fDs	/ 2R-1Bs-0Ss-nOs	/ G-NP	/ HG	/ Te-g,La-p?
RII/ ???/ 005	: H-fSa-0As-fDs	/ 2R-1Bs-0Ss-nOs	/ G-NP	/ HG	/ Te-g,La-p?
RII/ ???/ 006	: H-0Sa-HoAs-pDs	/ 2R-1Bs-0Ss-nOs	/ GgA-NP	/ HG	/ Gr-p?
RII/ ???/ 007	: H-fSa-0As-fDs	/ 3R-1Bs-0Ss-nOs	/ G-NP	/ HG,P,N	/ Gr-p?
RII/ ???/ 008	: Q-0Sa-HoAs-pDs	/ 3R-1Bs-0Ss-nOs	/ GgA-NP	/ HG,P,N	/ Gr-p?
RII/ ???/ 009	: ?-?Sa-0As-fDs	/ 2R-1Bs-0Ss-nOs	/ G-NP	/ HG	/ Te-k?
RII/ ???/ 010	: H-fSa-0As-fDs	/ 4R-1Bs-0Ss-nOs	/ GgA-NP	/ HG	/ ?
RII/ ???/ 011	: T-fSa-0As-fDs	/ 3R-1Bs-0Ss-nOs	/ GK-NP	/ HG	/ Gr-p?
RII/ ???/ 012	: H-fSa-0As-fDs	/ 2R-1Bs-0Ss-nOs	/ KvM-N	/ HvK,vM	/ Te-g,La-p?
RII/ ???/ 013	: ?-?Sa-0As-fDs	/ 4R-1Bs-0Ss-nOs	/ G-NP	/ HG	/ ?
RII/ ???/ 014	: H-0Sa-HoAs-pDs	/ 3R-1Bs-0Ss-nOs	/ GgA-NP	/ HG	/ Gr-p?
RII/ ???/ 017	: H-fSa-0As-fDs	/ 2R-1Bs-0Ss-nOs	/ G-N	/ HG	/ Te-g,La-p?
RII/ ???/ 018	: ?-fSa-0As-fDs	/ 1+xR-1Bs-0Ss-nOs	/ Ø-NP	/ HN?	/ Ke-p,Gr-p?
RII/ ???/ 019	: H-hSa-0As-fDs	/ 4R-1Bs-0Ss-nOs	/ G-NP	/ HG	/ Gr-p?
RII/ ???/ 020	: H-fSa-0As-fDs	/ 3R-1Bs-0Ss-nOs	/ GA-NP	/ HG	/ ?
RII/ ???/ 021	: H-fSa-0As-fDs	/ 4R-1Bs-0Ss-nOs	/ GKgA-NP	/ HG	/ Te-g?
RII/ ???/ 022	: ?-?Sa-0As-fDs	/ 1+xR-1Bs-0Ss-nOs	/ ?-NP	/ ?	/ ?
RII/ ???/ 023	: ?-fSa-0As-fDs	/ 1+xR-1Bs-0Ss-nOs	/ G-N?	/ HG	/ ?
RII/ ???/ 024	: T-fSa-0As-fDs	/ 3R-1Bs-0Ss-nOs	/ G-NP	/ HG	/ Gr-p?
RII/ ???/ 027	: H-fSa-0As-fDs	/ 1R-1Bs-0Ss-nOs	/ GgA-NP	/ HG	/ Gr-p?
RII/ ???/ 028	: H-fSa-0As-fDs	/ 3R-1Bs-0Ss-nOs	/ G-NP	/ HG	/ Gr-p?
RII/ ???/ 029	: B-fSa-0As-fDs	/ 2R-1Bs-0Ss-nOs	/ Ø-NP	/ HP	/ Gr-p?

Quellen-Nr.	I	II	III	IV	V
RII/ ???/ 030	: H-fSa-0As-fDs	/ 3R-1Bs-0Ss-nOs	/ G-NP	/ HG	/ Gr-p?
RII/ ???/ 032	: H-fSa-0As-fDs	/ 2R-1Bs-0Ss-nOs	/ G-NP	/ HG	/ ?
RII/ ???/ 033	: H-0Sa-HoAs-pDs	/ 3R-1Bs-0Ss-nOs	/ G-NP	/ HG	/ Gr-p!
RII/ ???/ 034	: H-fSa-0As-fDs	/ 3R-1Bs-0Ss-nOs	/ GK-NP	/ HG	/ Gr-p?
RII/ ???/ 035	: H-fSa-0As-fDs	/ 2R-1Bs-0Ss-nOs	/ GvK-N	/ HG,vK	/ Te-g,La-p?
RII/ ???/ 037	: H-fSa-0As-fDs	/ 3R-1Bs-0Ss-nOs	/ G-NP	/ HG	/ ?
RII/ ???/ 038	: H-0Sa-Py+HoAs-pDs	/ 3R-1Bs-0Ss-nOs	/ G-NP	/ HG	/ Gr-p!
Mer/ Aby/ 001	: ?-?Sa-?As-?Ds	/ 1R-1Bs-0Ss-nOs	/ G-N	/ HG	/ Ke-g?
Mer/ Aby/ 002	: H-fSa-0As-fDs	/ 2R-1Bs-0Ss-nOs	/ G-N	/ HG	/ Ke-g?
Mer/ Aby/ 003	: H-hSa-0As-fDs	/ 2R-1Bs-0Ss-nOs	/ GK-NP	/ HG	/ Ke-g?
Mer/ Aby/ 004	: H-fSa-0As-fDs	/ 2R-1Bs-0Ss-nOs	/ GK-NP	/ HG	/ Ke-g?
Mer/ Aby/ 005	: H-fSa-0As-fDs	/ 3R-1Bs-0Ss-nOs	/ GK-NP	/ HG	/ Gr-p?
Mer/ Aby/ 006	: ?-?Sa-?As-?Ds	/ 2R-1Bs-0Ss-nOs	/ G-NP	/ HG	/ Gr-p?
Mer/ DeB/ 001	: ?-hSa-0As-fDs	/ 1+xR-1Bs-0Ss-nOs	/ G?-N?	/ HG,?	/ Te-vk!
Mer/DeM/ 001	: ?-?Sa-?As-fDs	/ 2+xR-1Bs-0Ss-nOs	/ G?-NP	/ ?	/ ?
Mer/DeM/ 002	: ?-?Sa-?As-fDs	/ 2+xR-1Bs-0Ss-nOs	/ G-NP	/ HG	/ Te-g!
Mer/DeM/ 003	: ?-?Sa-?As-?Ds	/ 2+xR-1Bs-0Ss-nOs	/ GK-N	/ ?	/ ?
Mer/ Gur/ 001	: B-fSa-0As-fDs	/ 1R-1Bs-0Ss-nOs	/ vK-N	/ HvK	/ Te-vk!
Mer/ Saq/ 001	: H-0Sa-0As-fDs	/ 2R-1Bs-0Ss-nOs	/ G-NP	/ HG	/ Te-g,La-p?
Mer/ Saq/ 002	: B-fSa-0As-fDs	/ 1R-1Bs-0Ss-nOs	/ GgA-N	/ HG	/ Te-g,La-p?
Mer/ The/ 001	: T-fSa-0As-fDs	/ 2R-1Bs-0Ss-nOs	/ Ø-NP	/ *3ḫ*	/ Te-k!
Mer/ The/ 002	: ?-?Sa-0As-fDs	/ 2R-1Bs-0Ss-nOs	/ GgA-N	/ HG	/ Te-k!
Mer/ The/ 003	: H-hSa-0As-fDs	/ 3R-1Bs-0Ss-nOs	/ GvKvM-NP	/ HG,vK,vM,P	/ Te-g,La-p?
Mer/ ???/ 001	: H-fSa-0As-fDs	/ 3R-1Bs-0Ss-nOs	/ G-NP	/ HG	/ Te-g?
Mer/ ???/ 003	: ?-?Sa-?As-fDs	/ 2+xR-1Bs-0Ss-nOs	/ G-NP	/ HG	/ Gr-p?
Mer/ ???/ 004	: H-?Sa-0As-fDs	/ 3R-1Bs-0Ss-nOs	/ G-NP	/ HG	/ Gr-p?
Mer/ ???/ 005	: H-fSa-0As-fDs	/ 3R-1Bs-0Ss-nOs	/ G-NP	/ HG	/ Gr-p?
Mer/ ???/ 006	: H-fSa-0As-fDs	/ 4R-1Bs-0Ss-nOs	/ GgAAK-NP	/ HG	/ Te-g,Ke-g?
Mer/ ???/ 007	: Q-fSa-0As-fDs	/ 2R-2Bs-0Ss-nOs	/ GgA-NP	/ HG	/ Gr-p?
Mer/ ???/ 009	: ?-?Sa-0As-?Ds	/ ?R-1Bs-0Ss-nOs	/ GKvK	/ HG,vK,K	/ Gr-p?
Mer/ ???/ 010	: H-fSa-0As-fDs	/ 4R-1Bs-0Ss-nOs	/ GgAA-NP	/ HG	/ Te-g,Ke-g?
SII/ Aby/ 001	: H-hSa-0As-fDs	/ 3R-1Bs-0Ss-nOs	/ G-N	/ HG	/ Gr-p?
SII/ Aby/ 002	: H-fSa-0As-fDs	/ 3R-1Bs-0Ss-nOs	/ G-N	/ HG,P	/ Gr-p?
SII/ Aby/ 003	: H-fSa-0As-fDs	/ 2R-1Bs-0Ss-nOs	/ G-N	/ HG	/ Gr-p?
SII/ Ani/ 001	: H-0Sa-HoAs-pDs	/ 3R-1Bs-0Ss-nOs	/ G-NP	/ HG	/ Gr-p!
SII/ Buh/ 001	: H-?Sa-?As-fDs	/ 2+xR-1Bs-0Ss-nOs	/ GM-?	/ HG	/ Te-g!
SII/ DeM/ 001	: ?-?Sa-?As-fDs	/ 2+xR-1Bs-0Ss-nOs	/ G-NP	/ HG	/ ?
SII/ DeM/ 002	: Q-fSa-0As-fDs	/ 2R-1Bs-0Ss-nOs	/ vM-NP	/ HvM	/ La-p?
SII/ DeM/ 003	: H-hSa-0As-fDs	/ 1R-1Bs-0Ss-nOs	/ G-N	/ HG	/ La-p?
SII/ Gur/ 001	: B-fSa-0As-fDs	/ 1R-1Bs-0Ss-nOs	/ vK-N	/ HvK	/ Te-vk!
SII/ Gur/ 002	: Q-fSa-0As-fDs	/ 2R-1Bs-0Ss-nOs	/ G-NP	/ HG	/ Te-g?
SII/ Kar/ 001	: H-hSa-0As-fDs	/ 3R-1Bs-0Ss-nOs	/ GK-N	/ Jur	/ Te-g!
SII/ Mem/ 001	: H-0Sa-0As-fDs	/ 3R-1Bs-0Ss-nOs	/ G-NP	/ HG	/ Te-g!
Am/ DeM/ 001	: ?-fSa-0As-fDs	/ 1+xR-1Bs-?Ss-nOs	/ ?-N?	/ ?	/ ?

Quellen-Nr.	I	II	III	IV	V
Am/ DeM/ 002	Q-hSa-0As-fDs	2R-1Bs-0Ss-nOs	G-NP	HG	Te-g,La-p?
Am/ DeM/ 003	B-fSa-0As-fDs	2R-1Bs-0Ss-nOs	G-NP	HG	La-p?
Am/ DeM/ 004	H-?Sa-?As-fDs	2+xR-1Bs-0Ss-?Os	G-N	HG	La-p?
Am/ DeM/ 005	?-?Sa-?As-?Ds	1+xR-1Bs-?Ss-?Os	?-N	?	Gr-p?
Am/ The/ 001	H-fSa-0As-fDs	3R-1Bs-0Ss-nOs	gA-NP	HG	Te-k!
Sip/ Aby/ 001	H-fSa-0As-fDs	2R-1Bs-0Ss-nOs	GvKvM-NP	HG,vK,vM	La-p?
Sip/ Aby/ 002	?-?Sa-0As-fDs	2R-1Bs-0Ss-nOs	G-NP	HG	La-p?
Sip/ Aby/ 003	H-fSa-0As-fDs	4R-1Bs-0Ss-nOs	G-NP	HG	Gr-p?
Sip/ DeM/ 001	Q-hSa-0As-fDs	2R-1Bs-0Ss-nOs	vKvM-NP	HvK,vM	La-p?
Sip/ DeM/ 002	H-?Sa-?As-fDs	1+xR-1Bs-0Ss-nOs	G-NP	HG	La-p?
Sip/ DeM/ 003	H-fSa-0As-fDs	2R-1Bs-0Ss-nOs	G-NP	HG	La-p?
Sip/ DeM/ 004	?-?Sa-?As-fDs	2+xR-1Bs-?Ss-?Os	G-NP	HG	?
Sip/ DeM/ 005	?-?Sa-?As-fDs	1+xR-1Bs-?Ss-?Os	G-N?	HG	?
Sip/ DeM/ 006	?-?Sa-?As-fDs	2+xR-1Bs-?Ss-?Os	?gA-NP	HG	?
Sip/ DeM/ 007	Q-sSa-0As-fDs	1R-1Bs-0Ss-nOs	G-N	HG	La-p?
Sip/ DeM/ 008	Q-fSa-0As-fDs	2R-1Bs-0Ss-nOs	G-NP	HG	La-p?
Sip/ DeM/ 009	?-?Sa-0As-fDs	2R-1Bs-0Ss-nOs	vM-N	HvM	La-p?
Sip/ DeM/ 010	Q-fSa-0As-fDs	2R-1Bs-0Ss-nOs	gA-N	*3ḫ*	La-p?
Sip/ DeM/ 011	Q-hSa-0As-fDs	2R-1Bs-0Ss-nOs	Gvk-NP	HG,vK	Te-g,La-p?
Sip/ DeM/ 012	H-fSa-0As-fDs	2R-1Bs-0Ss-nOs	vKvM-NP	HvK,vM	La-p?
Sip/ DeM/ 013	?-?Sa-?As-?Ds	?R-1Bs-0Ss-nOs	Ø-N	*3ḫ*	?
Sip/ DeM/ 014	Q-hSa-0As-fDs	2R-1Bs-0Ss-nOs	gA-N	*3ḫ*	La-p?
Sip/ DeM/ 015	D-0Sa-0As-fDs	2R-1Bs-0Ss-nOs	A-N	*3ḫ*	La-p?
Sip/ DeM/ 016	B-dSa-0As-fDs	1R-1Bs-0Ss-nOs	Ø-N	*3ḫ*	La-p?
Sip/ DeM/ 017	H-sSa-0As-fDs	1R-1Bs-0Ss-nOs	?-N	*3ḫ*	La-p?
Sip/ DeM/ 018 - Seite A	Q-0Sa-HoAs-pDs	1R-2Bs-0Ss-nOs	GgA-N	HG	La-p?
Sip/ DeM/ 018 - Seite B	H-0Sa-0As-fDs	1R-2Bs-0Ss-nOs	G-N	HG	La-p?
Sip/ DeM/ 019	?-?Sa-0As-fDs	2R-1Bs-0Ss-nOs	G-NP	HG	La-p?
Sip/ DeM/ 020	?-?Sa-0As-fDs	2R-1Bs-0Ss-nOs	G-N	HG	La-p?
Sip/ DeM/ 021	Q-dSa-0As-fDs	1R-1Bs-0Ss-nOs	Ø-N	*3ḫ*	La-p?
Sip/ DeM/ 022	Q-dSa-0As-fDs	2R-1Bs-0Ss-nOs	Ø-N	*3ḫ*	La-p?
Sip/ DeM/ 023	Q-fSa-0As-fDs	2R-1Bs-0Ss-nOs	gA-N	*3ḫ*	La-p?
Sip/ Kar/ 001	Q-hSa-0As-fDs	1R-1Bs-0Ss-nOs	Ø-N	HG	Te-g!

6.4. Klassifizierung: Synthesis

Die Auswertung der Klassifizierung zeigt, daß das hier entwickelte System in der Lage ist, die Hauptmerkmale von Stelen auch bei großen Materialmengen übersichtlich darzustellen.

Die Zusammenstellung der vorhandenen Klassen weist auf stark „individuelle" Züge der privaten Stelen der 19. Dynastie hin. Es gibt sehr viele Kombinationsmöglichkeiten der Klassifizierungscodes, dennoch kristallisiert sich die dominierende Verwendung bestimmter Formen heraus, wobei man allerdings auch diejenigen Belege nicht vergessen darf, bei denen an einer oder mehreren Stellen ein „?" gesetzt werden mußte, da der entsprechende Aspekt aufgrund von Zerstörung oder Unzugänglichkeit nicht geklärt werden konnte.

Die äußere Gestalt (Klasse I) zeigt 40 verschiedene Formen, dazu 13 Formen, bei denen die Gestalt des Stelenkörpers nicht vollständig erkennbar war. Diese Zahl impliziert einen hohen Grad an „Individualität" bei der Herstellung von privaten Stelen, es gab demnach keineswegs einen streng festgelegten Kanon von wenigen Musterformen, die strikt anzuwenden waren. Auffällig ist auch, daß bestimmte Kombinationen nicht überwiegend einer bestimmten Region zuzuordnen sind, die vorhandenen Möglichkeiten, eine Privatstele zu gestalten, waren also in ganz Ägypten bekannt und wurden überall voll ausgeschöpft. Nur aufgrund der Form können somit keine Rückschlüsse auf die Provenienz des entsprechenden Objektes gezogen werden.

Zwei Formen der Klasse I sind sehr stark, A) dabei sogar überproportional häufig vertreten[32].

Häufigste Formen der Klasse I	**kombiniert am häufigsten mit den Formen der Klasse II**
A) H-fSa-0As-fDs (180 x)	α) 2R-1Bs-0Ss-nOs (91 x)
	β) 1R-1Bs-0Ss-nOs (44 x)
	γ) 3R-1Bs-0Ss-nOs (31 x)
B) H-hSa-0As-fDs (51 x)	α) 2R-1Bs-0Ss-nOs (29 x)
	γ) 3R-1Bs-0Ss-nOs (11 x)

Das Hochrechteck war die beliebteste Form für den Stelenkörper, Breitrechteck und Quadrat wurden weniger verwendet. Trapezförmige Stelenkörper sind bei mir nur sehr selten vertreten, unförmige nur ein einziges Mal mit der kryptographischen Stele RII/ Aby/ 021. Am Ende dieses Kapitels sind die Häufigkeiten sämtlicher Komponenten aller Klassen numerisch geordnet aufgelistet.

Für Klasse II (Anbringungsort der Darstellungen), ergeben sich drei hauptsächlich verwendete Formen, hier mit α – γ numeriert.

α) 2R-1Bs-0Ss-nOs	(239 x)
β) 1R-1Bs-0Ss-nOs	(88 x)
γ) 3R-1Bs-0Ss-nOs	(62 x)
δ) 4R-1Bs-0Ss-nOs	(14 x)
ε) 5R-1Bs-0Ss-nOs	(1 x)

32 Die Belege, bei denen die Registeranzahl unklar bleibt, sind nicht mit aufgenommen, jedoch würden sie das durch die „unbeschädigten" Formen gewonnene Bild nicht verändern, sondern nur bestätigen. Dieses gilt für die Auswertung der Zahlen aller fünf Klassen!

Vier Register wurden seltener eingerichtet, und nur eine Stele, RII/ Saq/ 019, hat mit fünf Registern die am höchsten belegte Registerzahl meines Materials.

Eine höhere Registerzahl bedingte zumeist auch eine Vergrößerung der Stele und damit deren Verteuerung. Wie bei der Auswertung der Daten für Klasse I ist hier ebenfalls die Bevorzugung von zwei Registern erkennbar.

Die Verwendung von mehreren Breitseiten (2 – 4Bs), der Schmalseiten (l/ r/ bSs) sowie der Oberseite (jOs) ist nur bei sehr wenigen Stelen belegt. Der überwiegende Teil meiner Objekte trägt Darstellungen und Texte ausschließlich auf einer Breitseite. Lediglich acht Stelen zeigen dabei Text auf beiden, vier nur auf der linken[33] Schmalseite, nirgends jedoch kommt eine Verzierung allein der rechten Seite vor. Eine Verwendung der Oberseite als eigenständige Darstellungseinheit ist nur auf der Blockstele RII/ KeG/ 004 (mit vier Breitseiten) vorhanden, wo eine Kartusche Ramses II von den Namen des Nutznießers *Ṯȝ* flankiert wird.

Ebenfalls in der Klasse III (Dargestelltes in Bild und Text) sind manche Formen überproportional vertreten.

α) G-NP (138 x)
β) G-N (63 x)
γ) GgA-NP (53 x)
[δ) vK-N (52 x)]

Die einfachsten Formen sind auch hier die am intensivsten verwendeten. Die Kombination [Gottheit + Nutznießer + weitere Privatpersonen] rangiert mit Abstand auf dem ersten Platz, danach folgen mit relativ ähnlichen Anzahlen die drei weiteren. Der Nutznießer alleine vor einer Gottheit kommt erheblich seltener vor (63 Belege). Die Masse der Belege von δ) vK-N wird in hohem Maße durch das Corpus der qantirer Stelen mit den Ramses II-Statuen gebildet, ansonsten würde diese spezielle Komponente nur einen verschwindend geringen Anteil ausmachen, wie dies bei sämtlichen übrigen Kombinationen der Klasse III der Fall ist.

In der Klasse IV (Funktion) sind zwei Funktionen überdurchschnittlich vertreten.

α) HG (328 x)
β) HvK (68 x)
γ) *ȝḫ* (15 x)
δ) HK (12 x)

Mit Abstand die meisten meiner Objekte, 328 sichere Belege, sind einfache Hinwendungen an eine Gottheit α), also mehr als die Hälfte des gesamten untersuchten Materials. Die zweithäufigste Gruppe sind Hinwendungen an einen vergöttlichten König, β). In dieser Gruppe sind überwiegend qantirer Stelen vertreten, die ca. 90 % dieser 68 Objekte ausmachen[34].
Alle anderen erfaßten Funktionen von Privatstelen sind nur in äußerst geringen Mengen vertreten, davon noch am häufigsten γ) mit 15 sowie δ) mit 12 Belege.

Bei der Klasse V (Ursprünglicher Aufstellungsort) bietet sich ein nicht so deutliches Bild, was auch daran liegt, daß für eine Vielzahl der Belege kein gesicherter archäologischer Kontext vorhanden ist. Diese Objekte kommen aus dem Kunsthandel, sind Altfunde oder wurden ohne verifizierbare Fundortangaben verkauft. Sehr oft ist eine Zuweisung zu einem ursprünglichen Aufstellungsort nicht mit letztendlicher Sicherheit durchführbar, es kommen oftmals mehrere Möglichkeiten in Frage. Bei dieser Klasse ist also eine statistische Auswertung nur

33 Vom Betrachter aus gesehen.
34 51 Objekte konnten hinsichtlich ihrer Funktion nicht einwandfrei bestimmt werden.

vorbehaltlich zu erreichen und stets mit Vorsicht zu betrachten. So sind unten lediglich die gesicherten Aufstellungsorte aufgelistet, die aber nicht unbedingt das reale Bild widerspiegeln müssen, da sie nur ca. ein Drittel der gesamten Belege umfassen. Alle fraglichen oder mehrfach möglichen Zuordnungen sind hier ausgelassen.

α) Gr-p!	(102 x)	ζ) Ke-p!	(5 x)
β) Te-g!	(39 x)	η) Te-m!	(1 x)
γ) Te-gk!	(13 x)	θ) Gr-k!	(1 x)
δ) Te-vK!	(9 x)	ι) Ke-g!	(1 x)
ε) Te-k!	(7 x)		

Übersicht über sämtliche Werte aller Klassen (in numerisch absteigender Reihenfolge):

I		**II**		**III**		**IV**		**V**	
H-fSa-0As-fDs	180	2R-1Bs-0Ss-nOs	239	G-NP	**138**	HG	**328**	Gr-p!	102
?-?Sa-?As-fDs	71	1R-1Bs-0Ss-nOs	88	G-N	**63**	HvK	**68**	La-p?	93
H-hSa-0As-fDs	51	3R-1Bs-0Ss-nOs	62	GgA-NP	**53**	?	**51**	Te-g,La-p?	61
Q-fSa-0As-fDs	39	1+xR-1Bs-0Ss-nOs	26	vk-N	**52**	*ꜣḫ*	**15**	?	59
?-?Sa-?As-?Ds	31	1+xR-1Bs-?Ss-?Os	19	GgA-N	**24**	HK	**12**	Gr-p?	55
H-0Sa-HoAs-pDs	21	2+xR-1Bs-0Ss-nOs	18	?-NP	**18**	HG,K,M	**8**	Te-g,Ke-vk,La-p?	54
Q-hSa-0As-fDs	21	2+xR-1Bs-0Ss-?Os	15	GK-N	**17**	HG,K	**7**	Te-g!	39
?-?Sa-0As-fDs	20	2+xR-1Bs-?Ss-?Os	14	GK-NP	**17**	HG,P,N	**7**	Te-g?	39
?-fSa-0As-fDs	14	4R-1Bs-0Ss-nOs	14	G-N?	**12**	HvK,vM	**7**	Te-gk!	13
H-?Sa-?As-fDs	13	?R-?Bs-?Ss-?Os	12	?-N?	**10**	HG(?)	**7**	Gr-g!	11
T-fSa-0As-fDs	11	1+xR-?Bs-?Ss-?Os	12	?-N	**9**	Jur	**6**	Ke-g?	11
?-hSa-0As-fDs	10	?R-1Bs-0Ss-nOs	7	Ø-N	**8**	HG,N	**5**	Te-vk!	9
H-0Sa-0As-fDs	10	2R-1Bs-0Ss-?Os	7	Ø-NP	**7**	HG,vK	**5**	Te-g,Ke-g?	8
B-fSa-0As-fDs	9	1R-2Bs-0Ss-nOs	5	G?-N?	**6**	HN	**5**	Te-k!	7
?-?Sa-?As-pDs	7	1+xR-1Bs-?Ss-nOs	4	G?-NP	**6**	Ap	**4**	Ke-p!	5
?-?Sa-0As-?Ds	4	1+xR-1Bs-0Ss-?Os	4	GgAK-N	**6**	HG,P	**4**	Te-k?	2
H-?Sa-?As-pDs	4	2R-1Bs-bSs-nOs	4	GKM-N	**6**	HvM	**4**	Te-m!	1
H-0Sa-HoAs-pDs	4	2R-2Bs-0Ss-nOs	3	Gvk-NP	**6**	HG,M	**3**	Gr-k!	1
B-hSa-0As-fDs	3	3+xR-1Bs-?Ss-?Os	3	vk-NP	**6**	HG,vK,vM	**3**	Ke-g!	1
D-0Sa-0As-fDs	3	2+xR-?Bs-?Ss-?Os	2	GA-NP	**5**	HG,P?	**2**	Ke-p,Gr-p?	1
Q-0Sa-HoAs-pDs	3	?R-1Bs-?Os-?Os	1	GgAK-NP	**5**	HG,P+SP	**2**		
Q-dSa-0As-fDs	3	1R-1Bs-bSs-nOs	1	GK-N?	**5**	SP	**2**		
?	2	1R-2Bs-1Ss-nOs	1	Gvk-N	**5**	?,SP	**1**		
?-fSa-0As-pDs	2	2+xR-1Bs-1Ss-?Os	1	vKvM-NP	**5**	H?	**1**		
?-hSa-?As-fDs	2	2+xR-1Bs-bSs-jOs	1	GA-NP	**4**	HG,?	**1**		
B-0Sa-0As-fDs	2	2+xR-1Bs-lSs-?Os	1	K-N	**4**	HG,N	**1**		
H-0Sa-Py+HoAs-pDs	2	2R+3R-2Bs-bSs-nOs	1	?-?	**3**	HG,P (?)	**1**		
H-fSa-0As-pDs	2	2R-1Bs-?Ss-?Os	1	?-?P	**3**	HG,V	**1**		
H-fSa-PyAs-fDs	2	2R-1Bs-0S-nOs	1	gA-N	**3**	HG,vK,K	**1**		

I **V**

		II		III		IV	
H-hSa-?As-fDs	2	2R-1Bs-lSs-nOs	1	gA-N	**3**	HG,vK,N	**1**
Q-fSa-PyAs-fDs	2	2R-2Bs-2Ss-jOs	1	GvKvM-NP	**3**	HG,vK,vM,P	**1**
?-?Sa-HoAs-pDs	1	2R-4Bs-0Ss-jOs	1	?K-N	**2**	HG; OP	**1**
?-0Sa-?As-fDs	1	2-xR-1Bs-?Ss-?Os	1	?K-N?	**2**	HG; SP	**1**
?-dSa-0As-fDs	1	5R-1Bs-0Ss-nOs	1	A-NP	**2**	HGKvK	**1**
B-dSa-0As-fDs	1			G-Ø	**2**	HK,vK	**1**
B-fSs-PyAs-fDs	1			GA-N	**2**	HN?	**1**
B-sSa-0As-fDs	1			GgAvk-NP	**2**	HP	**1**
H-?Sa-?As-?Ds	1			GM-N	**2**	HV	**1**
H-?Sa-0As-fDs	1			vkK-N	**2**	OP	**1**
H-?Sa-PyAs-fDs	1			vMA-NP	**2**		
H-0A-0As-pDs	1			?-[N]P	**1**		
H-0Sa-?As-fDs	1			?gA-N	**1**		
H-0Sa-0As-pDs	1			?gA-N?	**1**		
H-0Sa-HoAs-fDs	1			?gA-NP	**1**		
H-0Sa-PyAs-fDs	1			?K-NP	**1**		
H-dSa-0As-fDs	1			?M-N?	**1**		
H-dSa-0As-fDs	1			?vk-N	**1**		
H-fSa-?As-fDs	1			A-N	**1**		
H-fSa-PyAs-pDs	1			AvkK-N	**1**		
H-hSa-PyAs-fDs	1			G - N	**1**		
H-sSa-0As-fDs	1			G-?	**1**		
Q-sSa-0As-fDs	1			gAK-N	**1**		
U-0Sa-0As-f	1			gAM-N	**1**		
				GA-N	**1**		
				gA-NP	**1**		
				GA-NP	**1**		
				gA-NP	**1**		
				gA-NP	**1**		
				GgAAK-NP	**1**		
				GgAA-NP	**1**		
				GgAKm-N	**1**		
				GgAKM-N	**1**		
				GK-Ø	**1**		
				GKgA-N	**1**		
				GKgA-NP	**1**		
				GKvk	**1**		
				GM-?	**1**		
				GM?-NP	**1**		
				GM-NP	**1**		
				Gvk-Ø	**1**		
				GvkgA-N	**1**		
				GvkK-N	**1**		
				Hvk-NP	**1**		
				K-NP	**1**		
				Kvk-N	**1**		

I	II	III		IV	V
		KvM-N	1		
		N-NP	1		
		vk-∅	1		
		vk-N?	1		
		vkvM-N	1		
		vM-N	1		
		vM-NP	1		

Zusammenfassend kann man festhalten, daß es zumindest in der von mir untersuchten Zeitspanne keine Vorlagen gegeben haben dürfte, die nur wenige Formen und Kombinationen als verbindlich vorschrieben. Die Vielfalt der Stelen ist daher auch ein Spiegelbild der bunten und weitumfassenden „privaten Kultur“ der 19. Dynastie, die keineswegs immer durch Zwänge eines staatlichen Kanons bis in die Privatsphäre hinein eingeengt wurde.

7. Quellensammlung

7.1. Stelen aus der Zeit von Ramses I

RI/ Amd/ 001

Ort: Wien, Kunsthistorisches Museum 8953
Material: Sandstein Maße: H: x+0,38; B: x+0,485; T: 0,05 m
Zustand: Fragment
Nutznießer: [///]
1. Reg.: 2 Gottheiten schreitend n.l., vor ihnen Podest. Alles weitere verloren.
2. Reg.: 4+x Zeilen Text: Datierung, Königstitulatur, Titel N., Name verloren.
Faksimile: publiziert
Anm.: Aus dem Hypostyl des 18. Dyn.-Tempels für Amun-Re und Re-Harachte.
Bibl.: HEIN, *Stelenfragment*, 36-40, Taf. 1

RI/ ???/ 001

Ort: Straßbourg, Collection de l'Institut d'Égyptologie de la Université 1378
Material: Kalkstein Maße: H: 0,34; B: 0,28 m
Zustand: kpl., abgewittert
Nutznießer: *Jjꜣ*
1. Reg.: Amun-Re stehend n.r. Opfertisch. König stehend darreichend n.l.
2. Reg.: 5 Zeilen Text: Datierung, Königstitulatur, Bericht über eine Stiftung des N. an Domäne des Amun-Re sowie an einen Verwandten, Name und Titel des N.
Faksimile: (---) Nicht nötig.
Anm.: Hinweise zu dieser Stele verdanke ich A. SCHWEITZER, Straßbourg.
Bibl.: K*RI I*, 3-4; SPIEGELBERG, *Schenkungsstelen*, 55-6, Taf. IV: 1

7.2. Stelen aus der Zeit von Sethos I

SI/ Aby/ 001

Ort: ?
Material: Kalkstein Maße: H: 0,23, B: 0,16 m
Zustand: kpl.
Nutznießer: *Wsr-ḥ3.t*
1. Reg.: Osiris, Isis, Horus stehend n.r., Mann adorierend n.l. Alle Texte zerstört
2. Reg.: N., ihr Sohn und 3 Männer n.r., über ihnen Namen, Titel. Stiftungsvermerk des Sohnes der N.
Faksimile: (---)
Anm.: Mir ist keine Abb. bekannt.
Bibl.: *KRI I*, 321; MARIETTE, *Abydos*, 423f. Nr. 1137

SI/ Aby/ 002

Ort: Bruxelles, Musées Royaux d´Art et d´Histoire E 5300
Material: Kalkstein Maße: H: 0,945; B: 0,595 m
Zustand: kpl.
Nutznießer: *Mꜥj*
1. Reg.: Osiris thronend, Isis und Horus stehend n.r. König und Königssohn von Kusch Ramose stehend adorierend n.l. Über allen Namen, Epi., Titel. Oberer Abschluß Flügelsonne.
2. Reg.: 20 Kolumnen Text: Verehrungsformel an Osiris mit Eigen- und gewünschter Gottesleistung. Opfertisch. N. stehend adorierend n.l., über ihm Name, Filiation.
Faksimile: Vom Original.
Bibl.: *KRI I*, 342-4; PM V, 99; SPELEERS, *stèle de Mai*, 113-144, Taf. IV; ZIEGLER, *les Pharaons*, 215

SI/ Aby/ 003

Ort: London, British Museum 146
Material: Kalkstein Maße: H: 0,95; B: 0,67 m
Zustand: kpl.
Nutznießer: *R'-mꜥ*
1. Reg.: Upuaut als Schakal auf Podest, zweimal antithetisch einander gegenüber, zwischen ihnen ein Emblem des Osiris. Namen, Epi.
2. Reg.: Osiris thronend, Isis und Horus stehend n.r. Opfertisch. N., seine Frau und 3 Kinder stehend libierend und räuchernd n.l., über ihnen Tätigkeitsvermerk, Namen, Titel.
3. Reg.: N. und seine Frau sitzend n.r., Opfergaben. 8 Verwandte stehend darreichend n.l., Tätigkeitsvermerk. Über allen Namen, Titel.
Faksimile: Von unpubliziertem Photo, selbst angefertigt.
Bibl.: *BMHT 9*, 61-2, Taf. 47/A; *KRI I*, 344-5; *PM V*, 96

SI/ Aby/ 004

Ort: Paris, Musée National du Louvre C 93
Material: Kalkstein Maße: H: 0,80; B: 0,52 m
Zustand: ?
Nutznießer: *Njȝnwy*
1. Reg.: Osiris , Isis, Horus n.r., N. stehend adorierend n.l.
2. Reg.: *Linke Hälfte*: N. und Frau sitzend n.r., Verwandter stehend adorierend n.l. *Rechte Hälfte*: N. stehend adorierend n.r., Eltern des N. sitzend n.l. Über allen Namen, Titel.
3. Reg.: *Linke Hälfte*: Paar stehend n.r., 2 Männer stehend adorierend n.l. *Rechte Hälfte*: 4 Verwandte stehend n.r. Über allen Namen, Titel, letzte Person (ein Mädchen) unbenannt.
Faksimile: Von unpubliziertem Photo, erhalten von C. ZIEGLER, E. DAVID, P. COUTON.
Anm.: Mir ist keine Abb. bekannt.
Bibl.: *KRI I*, 345-6

SI/ Aby/ 005

Ort: Kairo, Ägyptisches Museum JdE 34503
Material: Kalkstein Maße: ?
Zustand: kpl., unten beschädigt
Nutznießer: *Ḥr(j)*
1. Reg.: König stehend adorierend n.r. Opferständer. Osiris thronend, Isis stehend n.r. Opferständer. König stehend adorierend n.l., vor und über ihm Anrede an Osiris. Über allen Namen, Titel, Epi. Oberer Abschluß Flügelsonne.
2. Reg.: N. kniend adorierend n.r., um ihn Name, Titel. Opferständer. Ptah-Sokar-Osiris stehend n.l. Opfertisch. N. kniend adorierend n.l., um ihn Name und Titel. Im oberen Teil des Registers 5 Zeilen: Anrufung an den Gott ohne einleitende Formel.
Faksimile: (---) Nicht zugänglich, da auf mein Anfragen hin keine Antwort erfolgte.
Bibl.: *KRI I*, 349-50; MARIETTE, *Abydos II*, Taf. 51 (seitenverkehrt!); PM V, 59

SI/ Aby/ 006

Ort: Oxford, Ashmolean Museum 1883.14
Material: Kalkstein Maße: H: 0,55; B: 0,35 m
Zustand: kpl.
Nutznießer: *Jwny*
1. Reg.: Osiris thronend, Isis stehend n.r, über ihnen Namen, Epi. Opferständer. N. und Frau stehend adorierend n.l., über Namen, Titel.
2. Reg.: Paar sitzend n.r., Opfertisch. Deren Sohn und Frau sitzend n.l. Namen, Titel. Möglicherweise Angehörige des N.
3. Reg.: Mann stehend darreichend n.r., vor ihm Name, Titel. 2 Männer stehend adorierend bzw. darreichend n.l., vor ihnen Königsopferformel für Osiris mit gewünschter Gottesleistung, Namen, Titel der beiden.
Faksimile: Von unpubliziertem Photo, erhalten von H. WHITEHOUSE, am Original kollationiert.

Anm.: vgl. auch SI/ Aby/ 007.
Bibl.: *KRI I*, 356; NUNN, *Medicine*, Abb. 6.12

SI/ Aby/ 007

Ort: Paris, Musée National du Louvre C 89
Material: Kalkstein Maße: H: 0,33, B: 0,225 m
Zustand: kpl.
Nutznießer: *Jwny*
1. Reg.: Osiris thronend, Isis stehend n.r., über ihnen Namen, Epi. Opfertisch. N. stehend räuchernd n.l., über ihm Königsopferformel für Osiris mit gewünschter Gottesleistung, Name, Titel.
2. Reg.: Mann sitzend n.r., über ihm Name, Titel. Opfertisch. Sohn dieses Mannes stehend räuchernd n.l., vor und über ihm Tätigkeitsvermerk.
Faksimile: Von publiziertem Photo.
Anm.: vgl. auch SI/ Aby/ 006. Alle Hieroglyphen in erhabenem Relief.
Bibl.: *KRI I*, 356-7; NUNN, *Medicine*, Abb. 6.13

SI/ Aby/ 008

Ort: (Handel)
Material: Kalkstein Maße: H: x+0,6; B: 0,2 m
Zustand: Verlust des oberen rechten Teils.
Nutznießer: *Ḥr(.w)-m-wjꜣ*
1. Reg.: Osiris thronend, Horus, Isis, Nephthys stehend n.r., über ihnen Namen, Epi. Opfertisch. [N.] kniend adorierend n.l., dieser Teil allerdings überwiegend zerstört.
2. Reg.: 6 Zeilen Text: 6 Lobpreisungsformeln an Abydos.
3. Reg.: 2 männliche und 6 weibliche Verwandte des N. stehend adorierend n.r., vor ihnen Namen, Titel.
Pyramidion: Überwiegend zerstört, erkennbar nur noch ein Podest.
Faksimile: Von publiziertem Photo.
Bibl.: CLÈRE, *hymne à Abydos*, 86 ff.; *KRI I*, 357, 363

SI/ Aby/ 009

Ort: Rio de Janeiro, Museu Nacional 653
Material: Kalkstein Maße: H: 0,66; B: 0,44 m
Zustand: kpl., rechts abgewittert
Nutznießer: *Ḥwy*
1. Reg.: Osiris, Horus, Isis thronend n.r.. Opfergaben. Über ihnen Namen, Epi.
2. Reg.: N., seine Frau und eine weitere Frau sitzend n.r. Eltern des N. n.l., alles weitere zerstört. Über allen Namen, Titel.
3. Reg.: 3 Zeilen: Königsopferformel für die Götter des 1. Reg. und Anubis mit gewünschter Gottesleistung.
Faksimile: Von publiziertem Photo.
Anm.: Weitere Stelen dieses N. sind SI/ Saq/ 007 und SI/ ???/ 005.
Bibl.: BELTRÃO, KITCHEN, *Catálogo*, Nr. 28; *KRI VII*, 19

SI/ Buh/ 001

Ort: Philadelphia, University Museum E.10998
Material: Sandstein Maße: H: x+0,253; B: 0,323+x m
Zustand: Erhalt nur des unteren Registers.
Nutznießer: *Ḥwy*
Reg.: N. stehend darreichend n.l., vor ihm in 5 Kolumnen Königsopferformel für Horus von Buhen zum Nutzen des Vizekönigs *Jmn(.w)-m-jp3.t*. Stiftungsvermerk des N.
Faksimile: unpubliziert, erhalten von J. HOUSER WEGNER.
Bibl.: *KRI I*, 304; RANDALL-MACIVER, WOOLEY, *Buhen*, 77; PM VII, 137

SI/ DeB/ 001

Ort: London, British Museum 706
Material: Granit Maße: H: 0,508+x; B: 0,46 m
Zustand: unterer Teil verloren
Nutznießer: *Djdj*
1. Reg.: Amun-Re thronend, Mut und Chons stehend n.r. Zwei Unterregister mit 5 bzw. 6 Gottheiten stehend n.l. Bei allen Namen, Epi.
2. Reg.: 8+x Zeilen Text: Jeweils Anrufungsformel an eine Gottheit mit gewünschter Gottesleistung.
Rand oben + links: Königsopferformel für mehrere Gottheiten mit gewünschter Gottesleistung. Unterer Teil verloren.
Rand oben + rechts: Königsopferformel für mehrere Gottheiten mit gewünschter Gottesleistung. Unterer Teil verloren.
Seite links: Anrufungsformel an alle Libierer mit Leistungswunsch und versprochener Gegenleistung
Seite rechts: Anrufungsformel an alle Leser mit Leistungswunsch und versprochener Gegenleistung
Faksimile: Vom Original. Die Abschrift bei E. NAVILLE ist nicht immer zuverlässig.
Anm.: Gefunden sekundär in einem Grab der 11. Dyn. in der Nähe des Mentuhotep-Tempels.
Bibl.: *BMHT 6*, 11, Taf. 48-9; *KRI I*, 329-31; NAVILLE, *Deir el-Bahari I*, 45, III, Taf. 6:2, 8:c

SI/ DeM/ 001

Ort: Torino, Museo Egizio 50055
Material: Kalkstein Maße: H: 0,45; B: 0,28 m
Zustand: kpl.
Nutznießer: *B3kj*
1. Reg.: Amun als Widder mit Wedel auf Hausfassade, zweimal antithetisch einander gegenüber. Zwischen ihnen Blumenkelch. Über ihnen jeweils Name, Epi. Oberer Abschluß Flügelsonne.
2. Reg.: N. kniend adorierend n.r., vor und über ihm in 9 Kolumnen Lobpreisungsformel an Amun mit Eigen- und gewünschter Gottesleistung, Name, Titel.

Faksimile: Von publiziertem Photo.
Bibl.: *KRI I*, 372-3; *PM I:2*, 717; TOSI, ROCCATI, *Stele*

SI/ DeM/ 002
Ort: London, British Museum 265
Material: Kalkstein Maße: H: 0,51; B: 0,36 m
Zustand: kpl.
Nutznießer: ***B3kj***
1. Reg.: N. und Sohn stehend adorierend n.r. Opferständer. Ptah und geflügelte Göttin in Schrein n.l. Über ihnen Lobpreisungsformel an Ptah, Namen, Titel, Epi.
2. Reg.: N. und 4 Männer stehend adorierend n.r. Vor und über ihnen in 18 teils sehr kurzen Kolumnen Lobpreisungsformel an Ptah und Hathor mit gewünschter Gottesleistung.
Faksimile: Vom Original.
Bibl.: *BMHT 9*, 40-1, Taf. 35:2; *KRI I*, 373; *PM I:2*, 717

SI/ DeM/ 003
Ort: Paris, Musée National du Louvre E. 16369
Material: Kalkstein Maße: H: 0,19; B: 0,14 m
Zustand: kpl.
Nutznießer: ***B3kj***
Reg.: N. sitzend n.r., vor ihm Opfertisch. Über ihm Königsopferformel für Re-Harachte mit gewünschter Gottesleistung.
Faksimile: Von publiziertem Photo.
Bibl.: BRUYÈRE, *Rapp. 34-35 III*, 164:28, 310:9, Taf. 23; DEMARÉE, *3ḫ-jqr-n-Rᶜ.w-Stelae*, 29; *PM I:2*, 705

SI/ DeM/ 004
Ort: Torino, Museo Egizio 50051
Material: Kalkstein Maße: H: 0,38; B: 0,27 m
Zustand: Oben Ofl. stellenweise abgeplatzt.
Nutznießer: ***Nb.t-nhw***
1. Reg.: Gott, wohl Sopdu, thronend n.r., Opferständer. Hinter ihm 4 Ohren. Großvater der N. kniend adorierend n.l., über und hinter ihm Teil einer Eigenleistung, Name und Titel des N., Anfang zerstört.
2. Reg.: N. und ihre Tochter kniend darreichend n.l., zwischen ihnen stehend Sohn. Vor und über ihnen in 10 Kolumnen Lobpreisungsformel an Sopdu mit gewünschter Gottesleistung, Namen, Titel.
Faksimile: Von publiziertem Photo.
Anm.: Die kreisrunde Scheibe an der Thronseite ist auch bei METZGER, *Königsthron* nicht erwähnt.
Bibl.: *KRI I*, 373-4; *PM I:2*, 735; MORGAN, *Ohrenstelen*, Nr. 18; TOSI, ROCCATI, *Stele*

SI/ DeM/ 005

Ort: Firenze, Museo Archeologico 7624
Material: Kalkstein Maße: ?
Zustand: Fragment
Nutznießer: *P3-šd(w)*
Reg.: Zwei Männer stehend adorierend n.r., über ihnen Darreichungsformel ohne Angabe des Empfängers, Stiftungsvermerk des Sohnes des N., Namen, Titel. Amenhotep I n.l., fast vollständig verloren, über ihm Titulatur. Linker Rand original erhalten.
Faksimile: Von unpubliziertem Photo, erhalten von M. C. GUIDOTTI.
Bibl.: *KRI I*, 379; *PM I:2*, 740

SI/ DeM/ 006 UNBESETZT

SI/ DeM/ 007

Ort: Genf, Musée Archéologique D 55
Material: Kalkstein Maße: H: H: 0,25; B: 0,175 m
Zustand: Oben Ofl. abgeplatzt, sonst kpl.
Nutznießer: ***Nḏm.t-Bḥd.t***, gen. ***Bsj***
1. Reg.: Isis thronend n.r. Hinter ihr florale Elemente, vor ihr Opfertisch. Texte verloren.
2. Reg.: N. und Tochter kniend adorierend n.l., vor ihnen in 2 Kolumnen Darreichungsformel an Isis. Stiftungsvermerk der N. Bei der Tochter Name.
Faksimile: Von publiziertem Photo.
Bibl.: *KRI I*, 380; MENZ, CHAPPAZ, RITSCHARD, *Voyages*, 101 bb. 5; *PM I:2*, 730; SPIEGELBERG, *Grabsteine III*, 21:21, Taf. VIII

SI/ DeM/ 008

Ort: ?
Material: Kalkstein Maße: H: x+0,095+x; B: x+0,09+x m
Zustand: Fragment
Nutznießer: [*Jmn(.w)-m-jp3.t*] ?
x+1. Reg.: Teile von 3 Kolumnen Text mit Nennung der Namen eines Mannes und einer Frau. Oberer Teil eines männlichen Kopfes n.l. Alles weitere verloren.
Faksimile: (---) Da mir kein Photo bekannt ist, ist die publizierte Zeichnung nicht auf Zuverlässigkeit überprüfbar, kann deshalb hier nicht verwendet werden.
Bibl.: BRUYÈRE, *Rapp. 26*, 16:9, Abb. 7; *PM I:2*, 346

SI/ DeM/ 009

Ort: London, British Museum 373
Material: Kalkstein Maße: H: 0,2; B: 0,15 m
Zustand: kpl.
Nutznießer: ***P3y***
1. Reg.: Haroeris thronend n.r., vor ihm Opfertisch. Oben Name, Epi.
2. Reg.: 1 Zeile: Stiftungsvermerk des N.

Faksimile: Von publiziertem Photo.
Bibl.: *BMHT 9*, 56, Taf. 44; K*RI I*, 390; *PM I:2*, 731

SI/ DeM/ 010

Ort: Torino, Museo Egizio 50052
Material: Kalkstein Maße: H: 0,43; B: 0,28 m
Zustand: kpl.
Nutznießer: *P3y*
1. Reg.: Chons thronend n.r., hinter ihm je 2 Ohren- und Augenpaare. Opfertisch. N. kniend darreichend n.l., über ihnen Namen, Titel, Epi., und eine Anrufung ohne Einleitung an Chons.
2. Reg.: Mutter des N. kniend adorierend n.l., vor und über ihr in 9 Kolumnen Lobpreisungsformel an Chons mit Eigenleistung und gewünschter Gottesleistung. Stiftungsvermerk des N.
Faksimile: Von publiziertem Photo.
Bibl.: K*RI I*, 390; MORGAN, *Ohrenstelen*, Nr. 19; TOSI, ROCCATI, *Stele*

SI/ DeM/ 011

Ort: Torino, Museo Egizio 50042
Material: Kalkstein Maße: H: 0,24; B: 0,16 m
Zustand: kpl.
Nutznießer: *P3y*
1. Reg.: Sonnenscheibe in Barke. Darüber Name, Epi.
2. Reg.: N. stehend adorierend n.r., vor und über ihm Lobpreisungsformel an die Sonne und Re-Harachte mit Eigenleistung. Stiftungsvermerk des N.
Faksimile: Von publiziertem Photo.
Bibl.: K*RI I*, 390; TOSI, ROCCATI, *Stele*

SI/ DeM/ 012

Ort: Torino, Museo Egizio 50048
Material: Kalkstein Maße: H: 0,47; B: 0,31 m
Zustand: kpl.
Nutznießer: *P3y*
1. Reg.: Re-Harachte sitzend in Barke n.l., Name.
2. Reg.: N. kniend adorierend n.r., vor und über ihm Verehrungsformel an Re, danach Anrufungsformel an Re mit Eigenleistung. Name, Titel, Filiation des N.
Faksimile: Von unpubliziertem Photo, erhalten von M. BORLA.
Bibl.: K*RI I*, 391; TOSI, ROCCATI, *Stele*

SI/ DeM/ 013

Ort: ?
Material: Kalkstein Maße: H: x+0,75; B: 0,46 m
Zustand: 12 Fragmente
Nutznießer: *P3-šd(w)*

1. Reg.: König und N. stehend adorierend n.r. Opfertisch. Osiris stehend n.l., hinter ihm Imiut. Über ihnen Namen, Titel, Epi., jedoch überwiegend verloren.

2. Reg.: N. kniend adorierend n.r. vor Schakal auf Podest. Vor und hinter ihm Lobpreisungsformel an Osiris, überwiegend verloren. Stiftungsvermerk des N.

Faksimile: (---) Es sind weder Photo noch Faksimile publiziert.

Bibl.: BRUYÈRE, *Rapp. 23-24*, 86f., Abb. 15; *KRI I*, 394

SI/ DeM/ 014

Ort: St. Petersburg, Ermitage 8726

Material: Kalkstein Maße: H: 0,145; B: 0,185 m

Zustand: In zwei Teile zerbrochen, Verlust des unteren Teils.

Nutznießer: ***Jmn(.w)-ms(w)***

x+1. Reg.: N. und sein Vater kniend adorierend n.r., über ihnen Namen, Titel. Amun-Re als Widder mit Flagellum auf Podest n. l., über ihm Name, Epi.

x+2. Reg.: 4 Zeilen Text: Name, Titel, Filiation des N. Anrufungsformel an Re, Erhalt nur des Anfangs, alles weitere verloren.

Faksimile: (---) Nicht lohnend, Oberfläche sehr stark erodiert.

Bibl.: BOGOSLOVSKY, *Monuments*, 78 ff., Taf. 2; *KRI I*, 394-5; *PM I:2*, 732-3

SI/ DeM/ 015

Ort: Slg. Bankes 8

Material: Kalkstein Maße: H: 0,53; B: 0,405 m

Zustand: kpl.

Nutznießer: ***Pj3y***

Reg.: Falkenkopf in Halskragen als Bild des Chons n.r. über Opfergaben, über ihm Name, Epi. N. und Sohn stehend adorierend n.l., über ihnen Königsopferformel für Chons mit gewünschter Gottesleistung.

Faksimile: Von publiziertem Photo.

Bibl.: ČERNÝ, *Bankes*, 8; *KRI I*, 396

SI/ DeM/ 016

Ort: Paris, Musée National du Louvre E 14405

Material: Kalkstein Maße: H: x+0,17+x; B: 0,34+x m

Zustand: Erhalt nur eines Registers.

Nutznießer: ***Pj3y***

x+1. Reg.: *Linke Hälfte*: N., Frau, Sohn und 2 Töchter stehend n.r., Sohn stehend adorierend n.l. Über allen Name, Titel.
Rechte Hälfte: Enkelin stehend adorierend n.r., ihr Vater sitzend n.l., weitere Personen verloren. Über allen Namen, Titel.

Faksimile: Von unpubliziertem Photo, erhalten von C. ZIEGLER, E. DAVID, P. COUTON.

Bibl.: BRUYÈRE, *Rapp. 33-34*, 139 ff., Abb. 64; *KRI I*, 396

SI/ DeM/ 017

Ort:	Slg. Bankes 2		
Material:	Kalkstein	Maße:	H: 0,46; B: 0,28 m
Zustand:	kpl.		
Nutznießer:	*Ḥwy*		
1. Reg.:	Amun-Re, Mut thronend, Sat-Re stehend n.r. N. stehend darreichend n.l. Über allen Namen, Epi., Titel.		
2. Reg.:	Mann und 4 Verwandte stehend adorierend n.l. Über allen Namen, Titel.		
Faksimile:	(---) Nicht lohnend.		
Bibl.:	ČERNÝ, *Bankes*, 2; *KRI I*, 398-9		

SI/ DeM/ 018

Ort:	Torino, Museo Egizio 50069		
Material:	Kalkstein	Maße:	H: 0,72; B: 0,4 m
Zustand:	kpl.		
Nutznießer:	*Ḥwy*		
1. Reg.:	Osiris, Hathor, Anubis thronend n.r. Opferständer. N. mit Frau und Enkelin stehend räuchernd n.l. Über allen Namen, Titel, Epi. Darreichungsformel an diese Götter.		
2. Reg.:	N. und Frau sitzend, Enkel stehend n.r. 8 Nachkommen des N., davon 5 Erwachsene und 3 Kinder, stehend, teilweise darreichend n.l. Über ihnen Namen, Titel.		
3. Reg.:	4 Zeilen: Königsopferformel für die Götter des 1. Reg. mit gewünschter Gottesleistung. Name, Titel des N., Frau, Filiation.		
Pyramidion:	Anubis als Schakal mit Flagellum auf Podest, zweimal antithetisch einander gegenüber, zwischen ihnen das Zeichen für Westen.		
Faksimile:	Von unpubliziertem Photo, erhalten von M. BORLA.		
Bibl.:	*KRI I*, 399; TOSI, ROCCATI, *Stele*		

SI/ DeM/ 019

Ort:	?		
Material:	Kalkstein	Maße:	H: x+?+x; B: ?+x m
Zustand:	Fragment		
Nutznießer:	*Ḥwy*		
1. Reg.:	Unterer Teil einer thronenden Gottheit n.r., alles weitere verloren.		
2. Reg.:	Kopf des N. stehend darreichend n.l. Über ihm Namen, Titel des N., seiner Frau und mind. 2 Söhnen. Alles weitere verloren.		
Faksimile:	(---) Das publizierte Photo ist qualitativ nicht ausreichend, um davon ein Faksimile zu zeichnen.		
Bibl.:	BRUYÈRE, *Rapp. 35-40 II*, 124 ff., Abb. 207: 292 (sic, ist 293); *KRI I*, 400		

SI/ DeM/ 020

Ort:	Berlin 20143		
Material:	Kalkstein	Maße:	B: 0,25
Zustand:	Fragment		
Nutznießer:	*Ḥwy*		
Reg.:	Amun-Re, Mut n.r., über ihnen Namen, Epi. N. adorierend n.l., über ihm Darreichungsformel an diese Götter. Stiftungsvermerk des N.		
Faksimile:	(---) Das Stück ist Kriegsverlust.		
Anm.:	Beschreibung nach KRI, es ist keine Abb. vorhanden.		
Bibl.:	*ÄIB II*, 213; K*RI I*, 400		

SI/ DeM/ 021

Ort:	?		
Material:	Kalkstein	Maße:	H: 0,53+x; B: 0,38 m
Zustand:	zwei Fragmente		
Nutznießer:	?		
1. Reg.:	Osiris, Meretseger thronend n.l., vor ihnen Opferständer.		
2. Reg.:	5 Männer kniend adorierend n.r., 3 erhalten, über ihnen Namen. Rechter Teil des Registers mit 2 Personen verloren.		
3. Reg.:	2 Männer kniend adorierend n.r., über ihnen Namen. Linker Teil des Registers verloren.		
Faksimile:	(---) Das publizierte Photo ist qualitativ nicht ausreichend, um davon ein Faksimile zu zeichnen.		
Anm.:	Der N. ist nicht identifizierbar.		
Bibl.:	BRUYÈRE, *Rapp. 35-40 II*, 121, Abb. 202: 282; K*RI I*, 400		

SI/ DeM/ 022

Ort:	?		
Material:	Kalkstein	Maße:	?
Zustand:	mehrere Fragmente		
Nutznießer:	*Djdj*		
1. Reg.:	2 Frauen stehend n.l., alles weitere verloren.		
2. Reg.:	Links Grabfassade, rechts Mann stehend n.l., vor ihm wohl Name. Alles weitere verloren.		
3. Reg.:	Links beugt sich Anubis über Mumie auf Bahre in Zelt. Über ihm Epi. Am rechten Rand Mann stehend rezitierend n.l., Textreste. Alles weitere verloren.		
Hohlkehle:	Geringe Reste der rechten Seite erhalten.		
Rand oben:	Ganz rechts 2 Frauen in Proskynese n.l., Namen. Alles weitere verloren.		
Rand links:	Wohl Königsopferformel für Osiris(?), überwiegend verloren.		
Rand rechts:	Königsopferformel für Re-Harachte, überwiegend verloren.		
Faksimile:	(---) Es sind weder Photo noch Faksimile publiziert.		
Bibl.:	BRUYÈRE, *Rapp. 33-34*, 80f. Abb. 38, 119f. Abb. 51; K*RI I*, 402		

SI/ DeM/ 023

Ort: ?
Material: Kalkstein Maße: ?
Zustand: Fragment
Nutznießer: *Djdj*
x+1. Reg.: Textreste: gewünschte Gottesleistung?, Name, Titel des N.
Faksimile: (---) Es sind weder Photo noch Faksimile publiziert.
Anm.: Mir ist keine Abb. bekannt.
Bibl.: BRUYÈRE, *Rapp. 35-40 II*, 149 Nr. 419; K*RI I*, 402

SI/ DeM/ 024

Ort: ?
Material: Kalkstein Maße: H: x+0,28+x; B: x+0,15+x m
Zustand: Fragment
Nutznießer: *Djdj*
x+1. Reg.: Textreste, Erwähnung des vermutlichen N. und einer weiteren Person.
Faksimile: (---) Es sind weder Photo noch Faksimile publiziert.
Anm.: Aus dem Grabbereich des N. Mir ist keine Abb. bekannt
Bibl.: BRUYÈRE, *Rapp. 30*, 91:11; K*RI I*, 402

SI/ DeM/ 025

Ort: Torino, Museo Egizio 50082 (partiell)
Material: Kalkstein Maße: H max: 0,89; B max: 0,88 m
Zustand: mehrere Fragmente, einige anpassende Stücke heute nicht in Torino, Museo Egizio.
Nutznießer: *P3-šd(w)*
1. Reg.: Mann stehend adorierend n.r., falkenköpfiger Gott n.l., hinter ihm Göttin stehend. Auf der rechten Seite antithetisch die gleiche Szene, Gott hier jedoch Ptah. Ganz rechts oben 2 Namen.
2. Reg.: N. und Frau kniend adorierend n.r., Hathor als Kuh aus dem Westberg n.l.
Rand links: 2 Kolumnen: Je eine Königsopferformel für mehrere Gottheiten, oberer und unterer Abschluß verloren.
Faksimile: Von unpubliziertem Photo, erhalten von M. BORLA.
Bibl.: BRUYÈRE, *Rapp.* 26, 16f., Abb. 8; TOSI, ROCCATI, *Stele*

SI/ DeM/ 026

Ort: Torino, Museo Egizio 50083
Material: Kalkstein Maße: H: 0,21; B: 0,68 m
Zustand: Fragment des untersten Registers der folgenden Stele SI/ DeM/ 027.
Nutznießer: *P3-šd(w)*
x+4. Reg.: Dieses Fragment paßt an die folgende Stele SI/ DeM/ 027 an, Beschreibung siehe dort.
Bibl.: K*RI I*, 405; TOSI, ROCCATI, *Stele*

SI/ DeM/ 027

Ort: Torino, Museo Egizio 50076

Material: Kalkstein Maße: H: x+1,05; B: x+0,785 m

Zustand: Fragment

Nutznießer: *P3-šd(w)*

x+1. Reg.: 2 Männer stehend und 5 Frauen klagend n.r., über ihnen Namen, Titel. Opfergaben. 4 Mumien stehend n.l. vor einer typischen, ramessidenzeitlichen Grabfassade aus DeM, bei ihnen mehrere Klagende, vor ihnen Namen und Titel des N. und seiner Frau.

x+2. Reg.: 7 Personen stehend adorierend n.r., über ihnen Namen, Titel. Anubis thronend n.l. vor Grabfassade am Berg, über ihm Name, Epi.

x+3. Reg.: Das Fragment SI/ DeM/ 026 mit 2 Zeilen: Königsopferformel für Osiris und Anubis mit gewünschter Gottesleistung

Rand rechts: 2 Kolumnen: Je eine Königsopferformel, größtenteils verloren, zum Nutzen von 2 nicht mit dem N. identischer Männer.

Faksimile: Von unpubliziertem Photo, erhalten von M. BORLA.

Bibl.: *KRI I*, 407-8; TOSI, ROCCATI, *Stele*

SI/ DeM/ 028

Ort: London, British Museum 262

Material: Kalkstein Maße: H: 0,32; B: 0,25 m

Zustand: kpl.

Nutznießer: *P3-šd(w)*

1. Reg.: Ptah stehend in Schrein n.r. Opferständer. N. stehend darreichend n.l. Über ihnen Namen, Titel, Epi.

2. Reg.: Frau und 2 Söhne des N. kniend bzw. stehend adorierend n.l. Vor, über und hinter ihnen in 7 Kolumnen Lobpreisungsformel an Ptah mit gewünschter Gottesleistung, Namen und Titel.

Faksimile: Von publiziertem Photo.

Bibl.: *BMHT 9*, 40, Taf. 35:1; *KRI I*, 406-7

SI/ DeM/ 029

Ort: Torino, Museo Egizio 50026

Material: Kalkstein Maße: H: 0,17; B: 0,14 m

Zustand: kpl.

Nutznießer: *Wsr-Sṯt*

1. Reg.: Mittig 1 Kolumne mit Name und Epi. der Göttin Nebet-Hotep. Links und rechts davon je 2 zur Mitte hin ausgerichtete Ohren.

2. Reg.: 1 Zeile: Stiftungsvermerk des N.

Faksimile: Von publiziertem Photo.

Bibl.: *KRI I*, 408; MORGAN, *Ohrenstelen*, Nr. 16; TIRADRITTI, *Cammino*, 55; TOSI, ROCCATI, *Stele*

SI/ DeM/ 030

Ort:	London, British Museum 807		
Material:	Kalkstein	Maße:	H: 0,4; B: 0,27
Zustand:	kpl.		
Nutznießer:	*Nb(.w)-ḏfꜣ*		
1. Reg.:	Thot und Ptah thronend n.r., vor ihnen Opfertisch. Über ihnen Namen, Epi.		
2. Reg.:	N. und Sohn kniend adorierend n.l., vor und über ihnen in 7 Kolumnen Lobpreisungsformel an die Götter des 1. Reg. mit Eigenleistung, Namen und Titel.		
Faksimile:	Von publiziertem Photo.		
Bibl.:	*BMHT 9*, 38, Taf. 33:1; *KRI I*, 409-10; *PM I:2*, 728		

SI/ DeM/ 031

Ort:	London, British Museum 268		
Material:	Kalkstein	Maße:	H: 0,31; B: 0,305 m
Zustand:	oberer Teil abgebrochen		
Nutznießer:	*Nb(.w)-ḏfꜣ*		
1. Reg.:	Sonne in Barke n.r., oberer Teil verloren.		
2. Reg.:	N. und seine Frau kniend adorierend n.l., vor und über ihnen in 9 Kolumnen Verehrungsformel an Re mit gewünschter Gottesleistung, Namen, Titel.		
Faksimile:	Die Oberfläche ist stark verwittert.		
Anm.:	Zeichen nur flüchtig eingeritzt.		
Bibl.:	*BMHT 9*, 38, Taf. 33:2; *KRI I*, 410; *PM I:2*, 728		

SI/ DeM/ 032

Ort:	Slg. Bankes 6		
Material:	Kalkstein	Maße:	H: 0,495; B: 0,32 m
Zustand:	kpl.		
Nutznießer:	***Jy(j)-nfr.tj***		
1. Reg.:	Jah-Thot hockend in Barke n.r., vor ihm Mondsichel und -scheibe. Namen, Epi.		
2. Reg.:	N. kniend, Sohn stehend adorierend n.l., vor und über ihnen in 9 Kolumnen Lobpreisungsformel an Jah-Thot mit gewünschter Gottesleistung, Namen, Titel.		
Faksimile:	Von publiziertem Photo.		
Bibl.:	ČERNÝ, *Bankes*, 6; *KRI I*, 413; MAHMOUD, *Ii-neferti*, Taf. 52:1		

SI/ DeM/ 033

Ort:	Torino, Museo Egizio 50035		
Material:	Kalkstein	Maße:	H: 0,235; B: 0,16 m
Zustand:	kpl.		
Nutznießer:	a) ***Mw.t-nfr.t***, b) ***Jy(j)-nfr.tj***		
1. Reg.:	Renenutet thronend n.r., Opferständer. N.a) stehend adorierend n.l., über ihnen Namen, Epi.		

2. Reg.: Renenutet thronend n.r., Opferständer. N.b) kniend adorierend n.l., über ihnen Namen, Epi.
Faksimile: Von publiziertem Photo.
Bibl.: *KRI I*, 413; *PM I:2*, 726; TOSI, ROCCATI, *Stele*

SI/ DeM/ 034
Ort: ?
Material: Kalkstein Maße: ?
Zustand: ein großes Fragment
Nutznießer: *Jy(j)-nfr.tj*
1. Reg.: Unterer Teil einer thronenden Gottheit n.r., Opferständer. Weiteres verloren.
2. Reg.: N. kniend adorierend n.l., vor ihm in 5 Kolumnen Lobpreisungsformel an [Gottheit], mit gewünschter Gottesleistung, Name, Titel.
Faksimile: (---) Das publizierte Photo ist qualitativ nicht ausreichend, um davon ein Faksimile zu zeichnen.
Bibl.: BRUYÈRE, *Rapp. 35-40 II*, Abb. 108; BRUYÈRE, *Sen-nedjem*, Taf. 33:4; *KRI I*, 413

SI/ DeM/ 035
Ort: ?
Material: Kalkstein Maße: ?
Zustand: Fragment
Nutznießer: ?
x+1.Reg. Taillenpartie von 2 Männern n.r., Namen von 3 Männern. Alles weitere verloren.
Faksimile: (---) Da mir kein Photo bekannt ist, ist die publizierte Zeichnung nicht auf Zuverlässigkeit überprüfbar.
Anm.: Der N. kann nicht identifiziert werden.
Bibl.: BRUYÈRE, *Sen-nedjem*, Taf. 33:5; *KRI I*, 413

SI/ DeM/ 036
Ort: Torino, Museo Egizio 50075
Material: Kalkstein Maße: H: 0,53; B: x+0,46+x; T: 0,13 m
Zustand: Fragment
Nutznießer: ?
1. Reg.: *Linke Hälfte*: 1 Mann adorierend und 2 Klagende n.r., vor ihnen 2 Mumien n.l. *Rechte Hälfte*: Paar sitzend n.r., Rest verloren. Über allen Namen, Titel.
2. Reg.: Linker Teil verloren. 2 Mumien n.l. 2 Paare sitzend n.r. Rest verloren. Über allen Namen, Titel.
Faksimile: (---) Nicht lohnend.
Anm.: Der N. kann nicht identifiziert werden.
Bibl.: *KRI I*, 413-14; TOSI, ROCCATI, *Stele*

SI/ DeM/ 037

Ort: Accra (Ghana), National Museum o.Nr. (früher Tunbridge Wells Museum)
Material: ? Maße: ?
Zustand: kpl.
Nutznießer: ***P3y***
1. Reg.: Haroeris thronend n.r., vor ihm Opfer. Name, Epi.
2. Reg.: N. kniend adorierend n.l., vor ihm in 8 Kolumnen Lobpreisungsformel an Haroeris mit gewünschter Gottesleistung, Name, Titel.
Faksimile: (---) Nicht zugänglich.
Anm.: Beschreibung nach KRI, mir ist keine Abb. bekannt.
Bibl.: *KRI VII*, 34; *PM I:2*, 731

SI/ DeM/ 038

Ort: ex Slg. Whitehead, heutiger Ort unbekannt.
Material: Kalkstein Maße: H: 0,305; B: 0,258 m
Zustand: kpl.
Nutznießer: ***Ḥwy***
1. Reg.: Anuket thronend n.r., über ihr Name, Epi. Opferständer. N. stehend adorierend n.l., über ihm Lobpreisungsformel an die Göttin, Name, Titel des N.
2. Reg.: Frau des N., und 3 Söhne kniend adorierend n.l., kleine Tochter stehend n.l. Über allen Namen, Titel.
Faksimile: (---) Das publizierte Photo ist qualitativ nicht ausreichend, um davon ein Faksimile zu zeichnen.
Bibl.: *KRI VII*, 36-7; *PM I:2*, 720; VALBELLE, *Témoignages*, 139 ff., Taf. 19

SI/ DeM/ 039

Ort: London, British Museum 1629
Material: Kalkstein Maße: H: x+0,365+x; B: x+0,45+x m
Zustand: Ein großes Fragment, keine originalen Kanten.
Nutznießer: *Djdj*
1. Reg.: 2 Söhne des N.(?) stehend n.r., 2 Frauen kniend, 1 stehend adorierend n.l. Ganz rechts Opfergaben. Bei den Personen ihre Namen.
2. Reg.: Grabfassade, 4 Mumien n.r. Über ihnen Königsopferformel für mehrere Gottheiten mit gewünschter Gottesleistung.
Faksimile: Die zur Verfügung stehenden Photos sind qualitativ nicht ausreichend, um davon ein Faksimiles zu zeichnen.
Bibl.: *BMHT 10*, 26-7, Taf. 63; *KRI VII*, 37-8

SI/ DeM/ 040

Ort: Cambridge, Fitzwilliam Museum E.191.1932
Material: Kalkstein Maße: H: 0,205; B: 0,13 m
Zustand: In mehrere Teile zerbrochen, aber größtenteils erhalten.
Nutznießer: *Djdj*
1. Reg.: Barke mit Sonnenscheibe und Sichel n.l., darüber Name des Jah-Thot. Oben rechts Ausbruch.

2. Reg.:	N. kniend adorierend n.r., vor und über ihm in 7 Kolumnen Lobpreisungsformel an Jah-Thot mit Eigenleistung und gewünschter Gottesleistung, Name, Titel.
Faksimile:	Unpubliziert, erhalten von G.T. MARTIN.
Anm.:	Eine Publikation wird von G.T. MARTIN vorbereitet.
Bibl.:	*KRI VII*, 38; MARTIN, *Stelae*, in Vorb.

SI/ DeM/ 041

Ort:	London, British Museum 1388
Material:	Kalkstein — Maße: H: 0,56; B: 0,38 m
Zustand:	Ofl. an vielen Stellen beschädigt
Nutznießer:	***Jmn(.w)-ms(w)***
1. Reg.:	Thoeris, Nechbet, Hathor thronend n.r., über ihnen Namen, Epi. Opferständer. N. stehend adorierend n.l., über ihm Lobpreisungsformel an diese Göttinnen, Name, Titel.
2. Reg.:	6 Frauen stehend adorierend und darreichend n.l. Über allen ihre Namen.
Faksimile:	(---) Nicht lohnend, Ofl. zu stark beschädigt.
Bibl.:	*BMHT 10*, 32-3, Taf. 76; *KRI VII*, 38-9

SI/ DeM/ 042

Ort:	Torino, Museo Egizio 50043
Material:	Kalkstein — Maße: H: 0,39; B: 0,29 m
Zustand:	kpl.
Nutznießer:	***Jmn(.w)-m-jp3.t***
1. Reg.:	Sonne in Barke. Kein Text.
2. Reg.:	N. stehend adorierend n.r. Figur getilgt. Vor und über ihm in 9 Kolumnen Verehrungsformel an Re-Harachte, Stiftungsvermerk des N. Name des N. getilgt.
Faksimile:	Von unpubliziertem Photo, erhalten von M. BORLA.
Bibl.:	*KRI VII*, 406; TOSI, ROCCATI, *Stele*

SI/ DeM/ 043

Ort:	Torino, Museo Egizio 50049
Material:	Kalkstein — Maße: H: 0,29; B: 0,18
Zustand:	kpl.
Nutznießer:	***Jtm(.w)-nḫw***
1. Reg.:	Vergöttlichter Amenhotep I. auf Thron. Opferständer. N. stehend adorierend n.l. Über ihnen Namen, Titel, Titulatur.
2. Reg. + Seite links:	Nur Text in 8 Kolumnen, der sich auf der linken Seite in 2 Kolumnen fortsetzt: Lobpreisungsformel an Amenhotep I, im hinteren Teil unklar.
Faksimile:	Von unpubliziertem Photo, erhalten von M. BORLA.
Bibl.:	*KRI VII*, 406-7; TOSI, ROCCATI, *Stele;* ZIEGLER, *les Pharaons*, 146

SI/ DeM/ 044

Ort: Früher London, United Services Museum o.Nr.
Material: Kalkstein Maße: H: 0,37; B: 0,25 m
Zustand: kpl.
Nutznießer: *P3-šd(w)*
1. Reg.: Re-Harachte hockend in Barke n.r. N. kniend vor ihm in der Barke, adorierend n.l. Lobpreisungsformel an den Gott, Namen, Titel.
2. Reg.: N. kniend adorierend n.l. Vor und über ihm in 10 Kolumnen Verehrungsformel an Re, Name, Titel, auch seines Sohnes.
Faksimile: Publiziert, nach einem Abklatsch angefertigt.
Anm.: Das Objekt ist verschollen, nur ein Abklatsch ist erhalten.
Bibl.: MALEK, *Stela,* 176-80

SI/ Edf/ 001

Ort: Kairo, Ägyptisches Museum JdE 46749
Material: Kalkstein Maße: H: x+0,25; B: 0,19 m
Zustand: Fragment der unteren linken Ecke
Nutznießer: *Ḥ3tj3y*
x+1. Reg.: N. kniend n.r., hinter ihm Textrest mit Name und Titel. Alles weitere verloren.
Faksimile: (---) Da mir das Objekt nicht zugänglich war, ist die publizierte Zeichnung nicht auf Zuverlässigkeit überprüfbar, kann deshalb hier nicht verwendet werden.
Bibl.: ENGELBACH, *Report*, 73-4, Abb. 9; *KRI I*, 325

SI/ Giz/ 001

Ort: Kairo, Ägyptisches Museum JdE 72269
Material: Kalkstein Maße: H: 0,325; B: 0,22 m
Zustand: kpl.
Nutznießer: *Ḥ3tj3y*
1. Reg.: Sphinx von Giza als Verkörperung des Hauron auf Podest n.r., König kniend darreichend n.l. Über ihnen Namen, Titel, Epi. Oberer Abschluß Flügelsonne.
2. Reg.: N. kniend adorierend n.l., vor ihm in 4 Kolumnen Lobpreisungsformel an Hauron mit gewünschter Gottesleistung, Name, Titel.
Faksimile: (---) Da mir das Objekt nicht zugänglich war, ist die publizierte Zeichnung nicht auf Zuverlässigkeit überprüfbar, kann deshalb hier nicht verwendet werden.
Anm.: Die Stele wurde nahe dem großen Sphinx gefunden.
Bibl.: HASSAN, *Giza VIII*, 263, Abb. 199:21; HASSAN, *Sphinx*, Abb. 36; *KRI I*, 78

SI/ Saq/ 001

Ort: ?
Material: ? Maße: ?
Zustand: Erhalt nur der linken Hälfte
Nutznießer: *Nfr-ḥtp(w)*

1. Reg.:	Osiris, Nephthys thronend in Kiosk n.r. Text fast vollständig verloren.
2. Reg.:	Text: Wohl eine Hinwendung an Gottheiten mit gewünschter Gottesleistung, vermutlich 2 parallele Texte. Genaueres nicht bekannt.
Faksimile:	(---) Es sind weder Photo noch Faksimile publiziert.
Anm.:	Aus einem Grab. Beschreibung nach KRI, mir ist keine Abb. bekannt.
Bibl.:	*KRI VII*, 18; *PM III:2*, 572

SI/ Saq/ 002

Ort:	Hannover, Kestner-Museum 1935.200.196
Material:	Kalkstein Maße: H: 0,38; B: 0,3 m
Zustand:	kpl.
Nutznießer:	*K3s3*
Reg.:	N. sitzend n.r., über ihm Name, Titel. Stifter stehend libierend und räuchernd n.l., über ihm Tätigkeitsvermerk sowie Stiftungsvermerk desselben.
Faksimile:	Vom Original.
Bibl.:	BERLANDINI, *Varia*, 38f., Taf. VII; *KRI VII*, 20

SI/ Saq/ 003

Ort:	Marseille, Musée d'Archéologie Méditerranéenne NI 240
Material:	Kalkstein Maße: H: 0,76; B: 0,5 m
Zustand:	kpl.
Nutznießer:	*K3s3*
1. Reg.:	Zwei Schakale auf Podest antithetisch einander gegenüber. Darunter 6 Zeilen Text: Nennung eines Schutzspruches. Herstellungs- und Aufstellungsanleitung für eine Statuette auf einem Ziegel. Text setzt sich fort in 2 Kolumnen links im 2. Reg.
2. Reg.:	Vertiefter Hohlraum für die o.g. Statue auf Ziegel (zum Einsetzen aus anderem Material) n.r. N. kniend adorierend n.l. Vor und über ihm Lobpreisungsformel an Osiris, Name, Titel.
3. Reg.:	1 Zeile: Nennung des N. mit Filiation
Faksimile:	Von unpubliziertem Photo, erhalten von G. PIERINI.
Anm.:	Nördliche Stele aus seinem Grab; vgl. SI/ Saq/ 004-006.
Bibl.:	*KRI VII*, 21f.; NAVILLE, *Stèles*, Taf. 12; BRUNON, BOURLARD-COLLIN, *Nil*, 280-3

SI/ Saq/ 004

Ort:	Marseille, Musée d'Archéologie Méditerranéenne NI 241
Material:	Kalkstein Maße: H: 0,76; B: 0,5 m
Zustand:	kpl.
Nutznießer:	*K3s3*
1. Reg.:	2 Udjat-Augen antithetisch einander gegenüber. Darunter 5 Zeilen Text: Nennung eines Schutzspruches. Herstellungs- und Aufstellungsanleitung für eine Fackel auf einem Ziegel.

2. Reg.:	In Mitte vertiefter Hohlraum für die o.g. Fackel auf Ziegel (zum Einsetzen aus anderem Material) n.r. Links 3 Kolumnen: Nennung des N. mit Wünschen für sein Nachleben. Rechts 4 Kolumnen: Anrufungsformel an die Fackel auf Ziegel.
4. Reg.:	1 Zeile: Nennung des N. mit Filiation.
Faksimile:	Von unpubliziertem Photo, erhalten von G. PIERINI.
Anm.:	Südliche Stele aus seinem Grab; vgl. SI/ Saq/ 003. 005-006.
Bibl.:	*KRI VII*, 21f.; NAVILLE, *Stèles*, Taf. 13; BRUNON, BOURLARD-COLLIN, *Nil*, 280-3

SI/ Saq/ 005

Ort:	Marseille, Musée d'Archéologie Méditerranéenne NI 242
Material:	Kalkstein Maße: H: 0,76; B: 0,5 m
Zustand:	kpl.
Nutznießer:	*K3s3*
1. Reg.:	2 Udjat-Augen antithetisch einander gegenüber. Darunter 6 Zeilen Text: Nennung eines Schutzspruches. Herstellungs- und Aufstellungsanleitung für einen Djedpfeiler.
2. Reg.:	In Mitte vertiefter Hohlraum für den o.g. Djedpfeiler (zum Einsetzen aus anderem Material). Links und rechts davon diesem zugewandt jeweils N. kniend adorierend. Über diesen jeweils Name, Titel.
3. Reg.:	1 Zeile: Nennung des N. mit Filiation.
Faksimile:	Von unpubliziertem Photo, erhalten von G. PIERINI.
Anm.:	Westliche Stele aus seinem Grab; vgl. SI/ Saq/ 003-004. 006.
Bibl.:	*KRI VII*, 21f.; NAVILLE, *Stèles*, Taf. 14; BRUNON, BOURLARD-COLLIN, *Nil*, 280-3

SI/ Saq/ 006

Ort:	Marseille, Musée d'Archéologie Méditerranéenne NI 243
Material:	Kalkstein Maße: H: 0,76; B: 0,5 m
Zustand:	kpl.
Nutznießer:	*K3s3*
1. Reg.:	2 Schakale auf Podest antithetisch einander gegenüber. Darunter 6 Zeilen Text: Nennung eines Schutzspruches. Herstellungs- und Aufstellungsanleitung für eine Anubis-Statue.
2. Reg.:	Vertiefter Hohlraum für die o.g. Anubis-Statue in Form eines Schakals auf Podest (zum Einsetzen aus anderem Material) n.r. Opferständer. N. kniend adorierend n.l. Über ihnen Namen, Titel, Epi.
3. Reg.:	1 Zeile: Nennung des N. mit Filiation.
Faksimile:	Von unpubliziertem Photo, erhalten von G. PIERINI.
Anm.:	Östliche Stele aus seinem Grab; vgl. SI/ Saq/ 003-005.
Bibl.:	*KRI VII*, 21f.; NAVILLE, *Stèles*, Taf. 15; BRUNON, BOURLARD-COLLIN, *Nil*, 280-3

SI/ Saq/ 007

Ort:	Wien, Kunsthistorisches Museum 178		
Material:	Kalkstein	Maße:	H: 1,2 m B: ?
Zustand:	kpl.		
Nutznießer:	*Jmn(.w)-ḥtp(w)*, gen. *Ḥwy*		
1. Reg.:	Osiris thronend, die Westgöttin stehend n.r., über ihnen Namen, Epi. Opfertisch. N. stehend adorierend n.l., über ihm Lobpreisungsformel an Ptah-Sokar und Osiris, Name und Titel.		
2. Reg.:	Eltern des N. sitzend n.r., über ihnen Namen, Titel. Opfertisch. N. seine Frau, und ein Priester stehend libieren und adorierend n.l., über ihnen Darreichungsformel, Namen und Titel.		
Pyramidion:	Sonnenscheibe über drei Wasserlinien und Topf, flankiert von je einem Udjat-Auge.		
Hohlkehle:	Flügelsonne, flankiert jeweils vom Namen des Behdeti.		
Rand oben+ links:	Königsopferformel für Osiris, danach eine Anrufungsformel an die "Herren der Ewigkeit" mit Eigenleistung, Name und Titel des N.		
Rand oben+ rechts	Königsopferformel für Ptah-Sokar und Osiris mit gewünschter Gottesleistung, Name und Titel eines Mannes.		
Faksimile:	(---) Mir nicht zugänglich.		
Anm.:	Zwei weitere Stelen des N. sind (SI/ ???/ 005) und (SI/ Aby/ 009).		
Bibl.:	SATZINGER, *KHM*, 29; SCHULZ, SEIDEL, *Ägypten*, 252		

SI/ Saq/ 008

Ort:	Kairo, Ägyptisches Museum JdE 54144		
Material:	Kalkstein	Maße:	H: 1,57; B: 0,34 m
Zustand:	kpl.		
Nutznießer:	*Swtḫy*		
Pyramidion	2 Paviane antithetisch adorierend einander gegenüber stehend, unter einem *ꜣḫ.t*-Zeichen. Zwischen ihnen Verehrungsformel an Re. Darunter Mann in Tracht der Lebenden *en face* als Halbrelief in Nische (ob N?). Links und rechts jeweils Ba-Vogel adorierend, darunter Anubis als Schakal auf Podest. Anubis mit Name und Epitheton.		
1. Reg.:	Osiris thronend, Isis stehend n.r., über ihnen Namen, Epi. Opfertisch. N. stehend adorierend n.l., über ihm Königsopferformel für Osiris, Name, Titel.		
2. Reg.:	Paar (Eltern des N.?) sitzend n.r., über ihnen Namen, Titel. Opferständer. Mann stehend libierend n.l., über ihm Tätigkeitsvermerk, Name, Titel.		
3. Reg.:	3 Verwandte des N. stehend darreichend n.l., vor ihnen Namen, Titel.		
Faksimile:	Von publiziertem Photo.		
Anm.:	Das erste Register ist mit einem aus der Fläche herausgearbeiteten bogigen Abschluß versehen, so daß das darüber gestellte Element als Pyramidion anzusprechen ist, obwohl es bündig an den Seiten anschließt. Unten wurde eine ca. 20 cm hohe Fläche freigelassen, die offensichtlich im Zusammenhang mit der Aufstellung des Objektes zu sehen ist.		
Bibl.:	JEQUIER, *Aba*, 25-33, Taf. 17:10; MÜLLER, SETTGAST, EGGEBRECHT, *Nofretete - Echnaton - Tutanchamun*, Nr. 71		

SI/ SeK/ 001

Ort: *in situ*
Material: Kalkstein Maße: H: 2,25; B: 0,58 m
Zustand: kpl., beschädigt
Nutznießer: *ꜥšꜣ-ḥꜣb-sd*
Seite A
1. Reg.: Re-Harachte stehend n.r., über ihm Königsopferformel für ihn mit Name, Epi. Opferständer. König stehend darreichend n.l. Über ihm Name, Titel.
2. Reg.: 8 Zeilen Text: Datierung, Titulatur und Epi des Königs.
3. Reg.: Kartuschen des Königs über Gold-Zeichen n.r. N. stehend adorierend n.l. Über ihm Stiftungsvermerk des N. mit Name, Titel.
Seite B
1. Reg.: König stehend darreichend n.r. Hathor stehend n.l. Über ihnen Namen, Titel, Epi.
2. Reg.: 14+x Kolumnen Text: Datierung, Königstitulatur, danach überwiegend zerstört. Wohl parallel zum Text im 2. Reg. auf der Nordseite.
Faksimile: publiziert
Anm.: Die westliche Seite wurde vom gleichen N. in der Zeit Ramses II beschriftet, cf. RII/ SeK/ 001.
Bibl.: BRAND, *Seti I*, 125-6; GARDINER, PEET, *Sinai*, 68:247, II, 175f.; *KRI I*, 62-3

SI/ The/ 001

Ort: Paris, Musée National du Louvre C 50
Material: Granit Maße: H: 0,8; B: 0,485 m
Zustand: kpl.
Nutznießer: *Ḏdjꜣ*
Seite A
1. Reg.: Horus, Osiris, Isis im Halbrelief *en face*. Zwischen ihnen Namen, Epi. Erwähnt Ahmose, Thutmosis III und die Horussöhne.
2. Reg.: N. kniend darreichend n.r., vor ihm Kolumne mit Name, Titel. Frau des N. kniend darreichend n.l., vor ihr Kolumne mit Name.
Rand oben+ links: Königsopferformel für Osiris, Isis, Horus mit gewünschter Gottesleistung.
Rand oben+ rechts: Königsopferformel für Isis und Hathor mit gewünschter Gottesleistung.
Seite B
1. Reg.: 2 Udjat-Augen antithetisch einander gegenüber. Darunter Isis, Maat, Thot hockend n.r., Nephthys, Hathor, Anubis hockend n.l. Links und rechts Erwähnung je eines *ꜣḫ-jqr*, nicht mit dem N. identisch.
2. Reg.: 4 Zeilen Text: Anrufungsformel an alle Leser mit Leistungswunsch und versprochener Gegenleistung.

3. Reg.: In Mitte Kolumne mit Tätigkeitsvermerk von Räuchern und Libation an Götter mit gewünschter Gottesleistung. Links und rechts davon Namen von 7 Paaren, wohl Verwandte des N., danach Filiation des N. Unten Mann kniend libierend und räuchernd n.r., Frau kniend libierend n.l. Neben ihnen Namen weiterer Personen.

Rand oben+ links: Königsopferformel für Re-Harachte mit gewünschter Gottesleistung.

Rand oben+ rechts: Königsopferformel für Osiris, Ptah-Sokar, Anubis mit gewünschter Gottesleistung.

Faksimile: Von unpubliziertem Photo, erhalten von C. ZIEGLER, E. DAVID, P. COUTON.

Bibl.: ANDRÉ-LEICKNAM, ZIEGLER, *naissance*, Nr. 76; BISSING, *Denkmäler I*, Nr. 53, Taf. 53; LOWLE, *Remarkable Family*, 91-106, Taf. 1-2; K*RI I*, 327-9

SI/ The/ 002

Ort: Kairo, Ägyptisches Museum JdE 27820

Material: Kalkstein Maße: H: 0,28; B: 0,18 m

Zustand: kpl., unten Absplitterung

Nutznießer: *P3-šd(w)*

1. Reg.: Katze (der Mut) auf Podest n.r., Gans des Amun n.l. Über ihnen Namen.

2. Reg.: Prinz *W3ḏ-ms(w)* sitzend n.r., N. kniend adorierend n.l. Über ihnen Namen, Titel, Lobpreisungsformel an Amun und Mut.

Faksimile: Von publiziertem Photo.

Anm.: Aus der Kapelle des *W3ḏ-ms(w)* in Theben-West.

Bibl.: GRÉBAUT, *Musée Égyptien*, 5f., Taf. III (inkorrekte Datierung!); K*RI I*, 379; *PM II*, 445

SI/ ???/ 001

Ort: Paris, Musée National du Louvre C 92

Material: Kalkstein Maße: H: 1,46; B: 0,95 m

Zustand: kpl.

Nutznießer: *Rwrw*

1. Reg.: Osiris, Isis, Horus und Upuaut von Oberägypten n.r., über ihnen Namen, Epi. N. adorierend n.l., über ihm Lobpreisungsformel an Osiris.

2. Reg.: 1 Mann und 5 Frauen räuchernd und libierend n.r., Tätigkeitsvermerk, Namen und Titel der Personen, zwei Namen nicht ausgefüllt. N. und seine Frau n.l., Namen, Titel.

3. Reg.: 4 Männer und 2 Frauen adorierend n.r., Textfelder nicht ausgefüllt. Eltern des N. n.l., Namen, Titel.

Faksimile: (---)

Anm.: Möglicherweise aus Abydos.

Bibl.: K*RI* I, 307-8

SI/ ???/ 002 UNBESETZT

SI/ ???/ 003

Ort:	Stockholm, Nationalmuseet 25
Material:	Kalkstein — Maße: ?
Zustand:	stark beschädigt
Nutznießer:	*Ḥwy-Śrj*
1. Reg.:	Flügelsonne mit Bezeichnung Behdeti, Name Sethos I.
2. Reg.:	10 Zeilen: Anrufungsformel an Osiris, Isis, Upuaut, Anubis und Thot mit gewünschter Gottesleistung. Danach eine Selbstpräsentation, danach eine Anrufung an eine Gottheit mit gewünschter Gottesleistung, überwiegend zerstört.
3. Reg.:	N. kniend adorierend n.l., vor ihm in 5 Zeilen stark zerstörter Text, möglicherweise Fortsetzung der Inschrift des 2. Reg., dahinter in 6 Kolumnen Name und Titel des N.
Faksimile:	(---)
Bibl.:	*KRI I*, 332-3; MOGENSEN, *Stèles*, 64 ff.

SI/ ???/ 004

Ort:	Leiden, RMO V.1
Material:	Kalkstein — Maße: H: 1,02; B: 0,67 m
Zustand:	kpl.
Nutznießer:	*Ḥ3tj3y*
1. Reg.:	Upuaut des Nordens als Schakal über Udjatauge, hinter ihm Name und Epi. Ganze Szene zweimal antithetisch einander gegenüberstehend.
2. Reg.:	N. sitzend n.r., über und vor ihm in 21 Zeilen Lobpreisungsformel an Osiris und Thot. Danach eine Selbstpräsentation des N. Unter dem Stuhl des N. ein Bruder kniend, vor ihm sein Name.
3. Reg.:	Mittig vertikal geteilt. Rechts ragt das 2. Reg. noch in den Raum des 3. Reg. hinein. *Linke Hälfte*: Ein Bruder und eine Schwester hockend, Eltern des N. sitzend n.r. Darunter in 2 Unterregistern jeweils 2 Brüder und 2 Schwestern hockend n.r. *Rechte Hälfte*: In 2 Unterregistern jeweils abwechselnd 3 Brüder und 3 Schwestern hockend n.l. Jede Person ist von einem Rechteck eingerahmt, über jeder der Name.
Faksimile:	(---)
Anm.:	Aus Abydos? Aus Ashmunein?
Bibl.:	BOESER, *Beschreibung VI*, Taf. 1; GUKSCH, *Wsr-ḥ3.t*; *KRI VII*, 26-9; cf. auch KRUCHTEN, *Maître*

SI/ ???/ 005

Ort:	Wien, Kunsthistorisches Museum 49
Material:	Kalkstein — Maße: H: 0,97; B: 0,66 m
Zustand:	kpl.
Nutznießer:	*Jmn(.w)-ḥtp(w)*, gen. *Ḥwy*
1. Reg.:	Osiris thronend, Horus stehend n.r., Namen, Epi. Opfertisch. N. stehend adorierend n.l., Lobpreisungsformel an Osiris, Isis und Horus mit gewünschter Gottesleistung.

2. Reg.:	Eltern des N. n.r., ein Bruder und 2 Schwestern adorierend n.l. N., seine Frau und deren Eltern n.r., ein Bruder und eine Schwester adorierend n.l. Bei allen Namen und Titel.
3. Reg.:	4 Zeilen: Königsopferformel für Osiris, Horus, Isis, Upuaut des Südens, Anubis, Thot und Hathor mit gewünschter Gottesleistung.
Faksimile:	(---)
Anm.:	Mir ist z.Z. keine Abb. bekannt. Weitere Stelen dieses N. sind SI/ Aby/ 009 und SI/ Saq/ 007.
Bibl.:	BERGMANN, *Inschriftliche Denkmäler*, 39-40; K*RI VII*, 405-6

7.3. Stelen aus der Zeit von Ramses II

RII/ Aby / 001

Ort:	?
Material:	Kalkstein Maße: ?
Zustand:	oberes Reg. überwiegend verloren
Nutznießer:	*Ḫ*ꜥ*y*
1. Reg.:	Thronsitz, Göttin und Gott stehend n.r., oberhalb Brustbereich verloren, kein Text erhalten.
2. Reg.:	N. und Frau sitzend n.r. Opfertisch. Eltern und Verwandte? des N. sitzend n.l. Über allen Namen, Titel.
3. Reg.:	2 Zeilen: Königsopferformel für Osiris mit gewünschter Gottesleistung.
Faksimile:	(---) Da mir kein Photo bekannt ist, ist die publizierte Zeichnung nicht auf Zuverlässigkeit überprüfbar, kann deshalb hier nicht verwendet werden.
Anm.:	Aus dem Osiris-Temenos.
Bibl.:	K*RI III*, 37; PETRIE, *Abydos I*, Taf. 66

RII/ Aby/ 002

Ort:	Kairo, Ägyptisches Museum JdE 19775
Material:	Kalkstein Maße: H: 0,33; B: 0,2 m
Zustand:	kpl.?
Nutznießer:	*P*ꜣ*-R*ꜥ*(.w)-ḥtp(w)*
1.+2. Reg.:	Osiris, Isis. 3 Männer, 3 Frauen adorierend. Bei ihnen Namen, Epi., Titel.
Faksimile:	(---) Mir nicht zugänglich.
Anm.:	Süd-Nekropole, nördlicher Abschnitt. Mir ist keine Abb. bekannt, Aufbau der Stele daher nicht bekannt.
Bibl.:	K*RI III*, 52; MARIETTE, *Abydos*, 435, Nr. 1160; cf. a. RAUE, *Wesir*.

RII/ Aby/ 003

Ort:	?
Material:	Kalkstein Maße: H: 0,64; B: 0,62 m
Zustand:	Verlust des untersten Teils?
Nutznießer:	*P*ꜣ*-R*ꜥ*(.w)-ḥtp(w)*
1. Reg.:	Osiris, Isis n.r., 4+x? Personen adorierend n.l. Namen, Titel, Epi.
2. Reg.:	Darstellung des Osiris. Vor ihm mehrere Personen. Namen, Titel, Epi.
Faksimile:	(---) Es sind weder Photo noch Faksimile publiziert.
Anm.:	Nord-Nekropole, südöstlicher Abschnitt. Mir ist keine Abb. bekannt, Aufbau der Stele daher unbekannt.
Bibl.:	K*RI III*, 63; MARIETTE, *Abydos*, 424f., Nr. 1138

RII/ Aby/ 004

Ort:	Kairo, Ägyptisches Museum 34620
Material:	Kalkstein Maße: H: 0,69; B: 0,45 m
Zustand:	Kpl. ??
Nutznießer:	***Jwny***

1. Reg.:	Osiris thronend, Isis, Horus stehend n.r., über ihnen Namen, Epi. N. stehend adorierend n.l., über ihm Name, Titel, Tätigkeitsvermerk.
2. Reg.:	Wohl N. und Frau sitzend n.r. Frau adorierend n.l Texte verloren.
Faksimile:	(---) Mir nicht zugänglich.
Bibl.:	DARESSY, *Fils Royal*, 129; *KRI III*, 68; *PM V*, 93

RII/ Aby/ 005

Ort:	Berlin 2080		
Material:	Kalkstein	Maße:	H: 0,85; B: 0,53 m
Zustand:	An Rändern bestoßen, sonst kpl., Ofl. rezent stark beschädigt, verbrannt.		
Nutznießer:	***Ḥwy***		
1. Reg.:	Osiris thronend n.r., über ihm Name, Epi. N. und Sohn stehend adorierend n.l., über ihnen Lobpreisungsformel an Osiris mit gewünschter Gottesleistung, sowie Stiftungsvermerk des Sohnes des N.		
2. Reg.:	Mutter des N. sitzend n.r. In der rechten Hälfte in jeweils einem Halbregister 4 männliche bzw. 4 weibliche Verwandte des N. stehend adorierend n.l. Bei allen Namen und Titel.		
Pyramidion:	Anubis als Schakal n.r. Name, Epi.		
Faksimile:	Vom Original.		
Bibl.:	*ÄIB II*, 143-4; *Ausf. Verz. (Berlin)*, 167-8; *KRI III*, 186		

RII/ Aby/ 006

Ort:	Kairo, Ägyptisches Museum CG 34517		
Material:	Kalkstein	Maße:	H: 1,12; B: 0,8 m
Zustand:	kpl.		
Nutznießer:	***Pr(j)-nfr***		
1. Reg.:	Antithetischer Aufbau: Osiris-Fetisch in Mitte, l. Isis, r. Nephthys stehend adorierend. Hinter ihnen Opferständer. Ganz außen jeweils N. stehend adorierend in Richtung Mitte. Über ihnen Namen, Titel, Filiation, jeweils Lobpreisungsformel an Osiris mit gewünschter Gottesleistung. Oberer Abschluß Flügelsonne.		
2. Reg.:	6 Männer und 2 Frauen sitzend n.l. Über ihnen Namen, Titel.		
3. Reg.:	9 Frauen sitzend n.l. Über ihnen Namen, Titel.		
Faksimile:	Von publiziertem Photo.		
Anm.:	s.a. RII/ Aby/ 007		
Bibl.:	*KRI III*, 220-1; LOWLE, *Two Monuments*, 57-62, MARIETTE, *Abydos*, 418-9		

RII/ Aby/ 007

Ort:	Bologna, Museo Civico 1915		
Material:	Kalkstein	Maße:	H: 0,84; B: 0,54 m
Zustand:	Basis abgesägt.		
Nutznießer:	***Pr(y)-nfr***		

1. Reg.:	Antithetischer Aufbau: Osiris-Fetisch in Mitte, flankiert von Isis n.r. und Nephthys n.l., jeweils stehend adorierend. hinter ihnen Opferständer. Ganz außen jeweils N. kniend adorierend in Richtung Mitte. Über ihnen Namen, Titel, Filiation, Lobpreisungsformel bzw. Verehrungsformel an Osiris. Oberer Abschluß Flügelsonne.
2. Reg.:	5 Männer, 3 Frauen hockend n.r. Kein Text.
3. Reg.:	9 Frauen hockend n.r. Kein Text.
4. Reg.:	4+x Zeilen: Königsopferformel für Osiris und Anubis mit gewünschter Gottesleistung. Ab 4. Zeile Objekt abgesägt, am unteren Rand noch Zeichenreste.
Faksimile:	Von unpubliziertem Photo, erhalten von C. M. GOVI, D. PICCHI.
Anm.:	s.a. RII/ Aby/ 006
Bibl.:	BRESCIANI, *Stele*, Kat.Nr. 26; KRI III, 221-2; LOWLE, *Two Monuments*, 57-62

RII/ Aby/ 008

Ort:	?
Material:	? Maße: ?
Zustand:	Fragment, keine originalen Kanten.
Nutznießer:	*Swtj-m-ḥ3b*
1. Reg.:	Oben Kartusche Ramses II. Gottheit thronend auf Podest n.r. Opfertisch. N. und Sohn stehend adorierend n.l. Über ihnen Lobpreisungsformel an Osiris.
2. Reg.:	N. und Frau sowie weiteres Paar sitzend n.r., Sohn des N. stehend darreichend n.l. Über ihnen Namen, Titel. Unterhalb der Köpfe verloren.
Faksimile:	(---) Es sind weder Photo noch Faksimile publiziert.
Bibl.:	*KRI III*, 246; PETRIE, *courtiers*, Taf. 31:2

RII/ Aby/ 009

Ort:	Bruxelles, Musées Royaux d'Art et d'Histoire E.5184
Material:	Kalkstein Maße: H: x+0,65+x; B: 0,48+x m
Zustand:	Fragment
Nutznießer:	*Ḫʿy*
1. Reg.:	Paar n.r., Mann adorierend n.l. Text verloren
2. Reg.:	Paar n.r., Mann adorierend n.l. Namen, Titel des N. u. seiner Frau.
Faksimile:	Vom Original.
Bibl.:	*KRI III*, 373

RII/ Aby/ 010

Ort:	Kairo, Ägyptisches Museum CG 34505
Material:	Kalkstein Maße: ?
Zustand:	kpl.
Nutznießer:	*Wnn-nfr*
1. Reg.:	König stehend räuchernd und libierend n.r. Opferständer, Tisch mit Uschebtis. Osiris auf Podest, Isis, Horus stehend n.l. Hinter König Datierung. Namen, Titel, Epi.

2. Reg.:	N. und Frau stehend adorierend n.l., Emblem n.r. Über ihnen Namen, Titel. Vor ihm Lobpreisungsformel an Osiris mit gewünschter Gottesleistung.
3. Reg.:	3 Zeilen: Kurze Selbstpräsentation des N., Erwähnung von 2 Brüdern.
Pyramidion:	Mariettes Zeichnung oben unklar, nicht erkannte Udjat-Augen?
Faksimile:	(---) Mir nicht zugänglich.
Anm.:	Aus dem "kleinen Westtempel".
Bibl.:	EFFLAND, EFFLAND, *Minmose*, 16; *KRI III*, 453-4; MARIETTE, *Abydos II*, Taf. 41 (seitenverkehrt!)

RII/ Aby/ 011

Ort:	Paris, Musée National du Louvre C. 97
Material:	Sandstein Maße: H: 0,7; B: 0,5 m
Zustand:	kpl. ?
Nutznießer:	***Wnn-nfr***
1. Reg.:	Osiris, Isis, Horus, Hathor thronend. Namen und Epi.
Mittelzeile:	Zweimal antithetisch einander zugewandt Name und Titel des N.
2. Reg.:	N. und Frau sitzend n.r., Paar sitzend n.l.
Rand oben:	zweimal antithetisch einander zugewandt Titulatur des Königs
Rand links:	Name, Titel, Filiation des N.
Rand rechts:	Name, Titel, Filiation des N.
Rand unten:	Namen der 4 Personen aus dem 2. Reg.
Faksimile:	Von unpubliziertem Photo, erhalten von C. ZIEGLER, E. DAVID, P. COUTON.
Bibl.:	*KRI III*, 454-5

RII/ Aby/ 012

Ort:	Kairo, Ägyptisches Museum JdE 32025
Material:	Sandstein Maße: H: 0,53+x; B: 0,71 m
Zustand:	nur oberer Teil erhalten
Nutznießer:	***Wnn-nfr***
1. Reg.:	Osiris thronend, Nephthys, Isis, Anubis stehend n.l., über ihnen Namen, Epi. Opfertisch. N. stehend adorierend n.l., über ihm Lobpreisungsformel an Osiris mit gewünschter Gottesleistung.
2. Reg.:	Erhalt nur eines kleinen Teils links oben: mehrere kurze Kolumnen Text: Namen, Titel der Eltern des N.
Faksimile:	publiziert
Bibl.:	GABALLA, *Monuments*, 43, 46, Taf. II; *KRI III*, 455

RII/ Aby/ 013

Ort:	?
Material:	Kalkstein Maße: ?
Zustand:	?
Nutznießer:	*Ḥr(j)*
1. Reg.:	Name, Titel des N. mit Filiation.
Faksimile:	(---) Es sind weder Photo noch Faksimile publiziert.

Anm.: Mir ist keine Abb. bekannt, Aufbau der Stele daher unklar.
Bibl.: *KRI III*, 461

RII/ Aby/ 014

Ort: Kairo, Ägyptisches Museum Nr. ??
Material: ? Maße: ?
Zustand: ?
Nutznießer: *Ḥr(j)*
1.[?] Reg.: N. adorierend vor Sistrum von Hathor. Kartusche Ramses II, Name, Titel des N.
Faksimile: (---) Mir nicht zugänglich.
Anm.: Mir ist keine Abb. bekannt, genauer Aufbau der Stele daher unklar.
Bibl.: *KRI III*, 462

RII/ Aby/ 015

Ort: Kairo, Ägyptisches Museum JdE 43649
Material: Kalkstein Maße: H: 0,54; B: 0,35 m
Zustand: an den Ecken beschädigt
Nutznießer: *P3-sr*
1. Reg.: Götterbarke für Ahmose und Ahmose-Nefertari mit 4 Trägern und Priester n.r. N. stehend adorierend n.l. Bei allen Name, Titel.
2. Reg.: 9 Zeilen Text: Datierung, Königstitulatur. Ergebnis eines vom N. angerufenen Orakels. Mann stehend adorierend n.l. in unterer rechter Ecke.
Faksimile: Von publiziertem Photo.
Bibl.: *KRI III*, 464-5; LEGRAIN, *miracle d'Ahmès*, 161-70, Taf.; *PM V*, 93; RÖMER, *Gottes- und Priesterherrschaft*, 465 (mit weiterer Lit.)

RII/ Aby/ 016

Ort: Kairo, Ägyptisches Museum JdE 21801
Material: Kalkstein Maße: H: x+0,52; B: 0,51; T: 0,13 m
Zustand: oberes Reg. überwiegend verloren
Nutznießer: *P3-nḫw-m-t3.wj*
1. Reg.: Antithetischer Aufbau: Zwei Männer kniend adorierend einander gegenüber. Bei ihnen Titel. Oberkörper verloren.
2. Reg.: Antithetischer Aufbau: Sohn des N. kniend adorierend n.r. Vor ihm Name. N. kniend adorierend n.l., vor ihm Anrufung an Leser mit Warnung vor Gott und Handlungswunsch.
Faksimile: publiziert
Bibl.: GABALLA, *Nineteenth Dynasty Monuments*, 135-7, Abb. 5, Taf. 27; *KRI III*, 468-9

RII/ Aby/ 017

Ort: Kairo, Ägyptisches Museum Nr. ??
Material: Kalkstein Maße: H: 0,5; B: 0,38 m
Zustand: ?

Nutznießer: *P3-s3ḥ-t3*
1. Reg.: Osiris, Isis, Horus. N. adorierend. Bei ihnen Name, Titel des N.
2. Reg.: 4 Verwandte des N., bei ihnen Namen.
3. Reg.: Stiftungsvermerk ds N., Filiation und Name der Frau.
Faksimile: (---) Mir nicht zugänglich.
Anm.: Kom es -Sultan, nördliche Umfassung. Mir ist keine Abb. bekannt.
Bibl.: *KRI III*, 477-8; *PM V*, 51; MARIETTE, *Abydos*, 420 Nr. 1132; DE ROUGÉ, *Inscriptions hiéroglyphiques*, Taf. 32 Ende

RII/ Aby/ 018
Ort: Kairo, Ägyptisches Museum Nr. ??
Material: Kalkstein Maße: H: 0,6; B: 0,38 m
Zustand: ?
Nutznießer: *P3-s3ḥ-t3*
1. Reg.: Osiris, N. adorierend. Name, Titel des N.
2. Reg.: 2 Paare einander gegenüber, dazwischen Sohn des N. Letzterer selbst möglicherweise ebenfalls dargestellt. Namen.
Faksimile: (---) Mir nicht zugänglich.
Anm.: Nord-Nekropole, östlicher Abschnitt. Beschreibung nach KRI, mir ist keine Abb. bekannt.
Bibl.: *KRI III*, 478; MARIETTE, *Abydos*, 430 Nr. 1147

RII/ Aby/ 019
Ort: London, British Museum 161
Material: Kalkstein Maße: H: 1,325; B: 0,9 m
Zustand: Ausbrüche an der linken Seite und rechten oberen Ecke.
Nutznießer: a) ***Ršw*** b) ***Jmn(.w)-ms(w)***
1. Reg.: Zentral Osiris-Fetisch, flankiert von Isis n.r. und Horus n.l., über ihnen Namen, Epi. Links außen N. a) stehend adorierend n.r., rechts außen N. b), vor und hinter ihnen jeweils Lobpreisungsformel an Osiris und Horus mit gewünschter Gottesleistung.
2. Reg.: Durch Mittellinie in zwei Hälften geteilt. Links N.a) und 3 männliche Verwandte des N.a) stehend adorierend n.r., rechts 4 männliche Verwandte des N.b) stehend adorierend n.l. Vor und über ihnen Namen, Titel.
3. Reg.: Durch Mittellinie in zwei Hälften geteilt. Links 2 männliche und 3 weibliche Verwandte des N.a) stehend adorierend n.r., rechts 2 männliche und 2 weibliche Verwandte des N.b) stehend adorierend n.l. Vor und über ihnen Namen, Titel.
4. Reg.: Durch Mittellinie in zwei Hälften geteilt. Links 5 weibliche Verwandte des N.a) stehend adorierend n.r., rechts 4 weibliche Verwandte des N.b) stehend adorierend n.l. Vor und über ihnen Namen, Titel.
Faksimile: Vom Original.
Anm.: Der Text im 4. Reg. ist stärker verwittert und verwaschen. Die Kartusche rechts im 2. Reg. ist schwächer eingeritzt als der übrige Text.
Bibl.: *BMHT 10*, 22-3, Taf. 52-3; *KRI VII*, 141-3

RII/ Aby/ 020

Ort: Rio de Janeiro, Museu Nacional 654 [2442]
Material: Kalkstein Maße: H: 0,42; B: 0,275; T: 0,075 m
Zustand: kpl.
Nutznießer: *R3j*ᶜ
1. Reg.: Osiris thronend n.r., vor ihm zwei Opferständer mit Gaben. Über ihm Name, Epi. Oberer Abschluß Udjat-Augen links und rechts von *šn*-Ring, drei Wasserlinien und Topf.
2. Reg.: N. und Frau stehend adorierend n.l. Vor ihnen Lobpreisungsformel an Osiris mit gewünschter Gottesleistung. Stiftungsvermerk des N. Über Frau Name, Titel.
Faksimile: (---) Das publizierte Photo ist qualitativ nicht ausreichend, um davon ein Faksimile zu zeichnen.
Bibl.: BELTRÃO, KITCHEN, *Catálogo*, 92-3, Taf. 71-2 Nr. 33; KITCHEN, *West Semitic title*, 218-20, Abb. 1; K*RI VII*, 411

RII/ Aby/ 021

Ort: Mâcon, Musée des Ursulines 7894
Material: Kalkstein Maße: H: 0,46; B: 0,28; T: 0,088 m
Zustand: geringe Ausbrüche am oberen Rand
Nutznießer: *R'j3*
1. Reg.: Osiris thronend, Isis und Horus stehend n.r. Opfertisch. N. und seine Frau stehend adorierend n.l. Über ihnen Namen, Epi., Titel. Lobpreisungsformel an die drei Götter mit gewünschter Gottesleistung.
2. Reg.: N., seine Frau, Vater und weitere Frau sitzend n.r. Opfertisch. Sohn des N. und seine Frau stehend libierend n.l. Über ihnen Namen, Titel.
3. Reg.: 2 Männer und 2 Frauen sitzend n.r. Mann stehend darreichend n.l. Über ihnen Namen, Titel.
Faksimile: publiziert
Bibl.: AUTUN, *Collections*, Nr. 11; LAURENT, *pharaons*, Nr. 49

RII/ Aby/ 022

Ort: Grabung des DAI in Abydos, Ab K 2280
Material: Kalkstein Maße: H: 0,096; B: 0,044 m
Zustand: unten geringfügiger Ausbruch, sonst komplett
Nutznießer: *Mnw-ms(w)*
Seite A
1. Reg: kryptographische Schreibung von Name und Titel des N. Unten ca. 3 cm freigelassen.
Seite B
1. Reg: kryptographische Schreibung von Name und Titel des N. Unten ca. 3 cm freigelassen.
senkrechter Rand. 1 Kolumne: Name des N., Wünsche mit Bezug auf eine Prozession der Osiris-Mysterien.
Faksimile: Von publiziertem Photo.

Anm.:	Der Zeichnung PUMPENMEIER in DREYER ET AL., *Umm el-Qaab 9./10. Vorbericht*, Abb. 20 fehlt bei der Hieroglyphe für *ḥ3m* der Fisch.
Bibl:	EFFLAND, EFFLAND, *Minmose*, 10, 13 - 15; PUMPENMEIER in DREYER ET AL., *Umm el-Qaab 9./10. Vorbericht*, 129, Taf. 8a

RII/ Aks/ 001

Ort:	La Plata, Museo de Ciencias Naturales A 505
Material:	Sandstein Maße: H: 0,45; B: 0,33
Zustand:	kpl.
Nutznießer:	*Wp(j)-w3j.wt-ms(w)*
1. Reg.:	Ramses II thronend n.r. 2 Opferständer. Falkenköpfiger Gott thronend n.l. Über ihnen jeweils eine Königsopferformel lediglich mit Nennung des Amun und Ramses II.
2. Reg.:	N. zweimal einander zugewandt, jeweils kniend und einen Wedel tragend. Vor und hinter ihnen je ein Stiftungsvermerk mit jeweils einem anderen Titel.
Faksimile:	(---) Da mir das Objekt nicht zugänglich war, da auf mein Anfragen hin keine Antwort erfolgte, ist die publizierte Zeichnung nicht auf Zuverlässigkeit überprüfbar, kann deshalb hier nicht verwendet werden.
Bibl.:	K*RI III*, 257-8; ROSENVASSER, *Stela*, 108, Abb. 3

RII/ Aks/ 002

Ort:	La Plata, Museo de Ciencias Naturales A 12+506
Material:	Sandstein Maße: H: 0,49; B: 0,29 m
Zustand:	Zwei große Fragmente, rechts mehrere Verluste.
Nutznießer:	*Nḫ.t*
1. Reg.:	Prozessionsbarke Ramses II vergöttlicht als Amun n.r., Opferständer. Königsopferformel für Amun des Ramses II.
2. Reg.:	Symbol des Amun, Opfertisch, N. stehend räuchernd und libierend n.l. Königsopferformel für Amun. Stiftungsvermerk des N.
Faksimile:	(---) Da mir das Objekt nicht zugänglich war, da auf mein Anfragen hin keine Antwort erfolgte, ist die publizierte Zeichnung nicht auf Zuverlässigkeit überprüfbar, kann deshalb hier nicht verwendet werden.
Bibl.:	FUSCALDO, *Aksha (a.)*, 19-36, FUSCALDO, *Aksha (b.)*, 61-9, 1 Taf.

RII/ Aks/ 003

Ort:	?
Material:	Sandstein? Maße: ?
Zustand:	Verlust des oberen Teils.
Nutznießer:	?
x+1. Reg.:	x+4 Zeilen Text, teilw. zerstört, Erwähnung von 2 Personen sowie von einer Landschenkung durch den Vizekönig
Faksimile:	(---) Da mir das Objekt nicht zugänglich war, ist die publizierte Zeichnung nicht auf Zuverlässigkeit überprüfbar, kann deshalb hier nicht verwendet werden.

Bibl.: SÄVE-SÖDERBERGH, *Tomb*, 174, Abb. 8

RII/ Ama/ 001

Ort: Brooklyn, Brooklyn Museum of Art 38.544
Material: Sandstein Maße: H: 0,488; B: 0,35 m
Zustand: kpl.
Nutznießer: *Ḥr(j)*
1. Reg.: Amun-Re als Sphinx n.r. N. kniend adorierend n.l. Über ihnen Namen, Epi., Titel.
2. Reg.: 7 Zeilen Text: Juristische Bestimmungen mit Vereinbarungen bzgl. Bestimmungen über Vererbungen innerhalb einer Familie nach dem erfolgten Tod des Vaters.
Faksimile: Von unpubliziertem Photo, erhalten von K. ZUREK.
Bibl.: FAIRMAN, *Preliminary Report*, 155, Taf. 11:3; *PM VII*, 162; THÉODORIDÈS, *stèle juridique*

RII/ Ama/ 002

Ort: London, British Museum 68675
Material: Sandstein Maße: H: 0,5; B: 0,34 m
Zustand: kpl.
Nutznießer: [anonym]
Reg.: Satet stehend adorierend n.r. Opferständer. Ramses II stehend darreichend n.l. Über ihnen Namen.
Faksimile: publiziert
Bibl.: *BMHT 12*, 8, Taf. 12-3

RII/ Ani/ 001

Ort: ?
Material: Sandstein Maße: H: 0,27; B: 0,29 m
Zustand: Verlust des unteren Teils
Nutznießer: *Jn(j)-ḥrj-nḫ.t/ Nḫ.t-Mnw*
1. Reg.: Links Barke des Horus auf Untersatz. Vor ihr Standarte des Amun mit Bezeichnung sowie Opfertisch.
2. Reg.: N. adorierend n.l., vor ihm Stiftungsvermerk. Rest des Registers verloren.
Faksimile: (---) Nicht lohnend. Nur sehr wenige Hieroglyphen erhalten.
Bibl.: *KRI III*, 116; STEINDORFF, *Aniba II*, 26:51, Taf. 12:49

RII/ Ani/ 002

Ort: Philadelphia, University Museum E.14232
Material: Quarzkeramik Maße: H: 0,171; B: 0,121
Zustand: kpl.
Nutznießer: *T3-nḏm.t*
1. Reg.: N. sitzend n.r. Davor ihr Sohn stehend adorierend n.l. Namen, Titel, Tätigkeitsvermerk des Sohnes.

2. Reg.: 2 Zeilen: Nennung von Name und Titel der N., Stiftungsvermerk ihres Sohnes.
Faksimile: unpubliziert, von J. HOUSER WEGNER erhalten.
Bibl.: *KRI III*, 118; *PM VII*, 79; STEINDORFF, *Aniba II*, 67-8, Abb. 13, Taf. 38b

RII/ ASi/ 001

Ort: Kairo, Ägyptisches Museum TR 5/12/35/1
Material: Sandstein Maße: H: 1,45; B: 0,48 m
Zustand: kpl.
Nutznießer: *Pꜣ-sr*
1. Reg.: N. stehend adorierend n.r. Opferständer. Amun stehend auf Podest n.l. Über ihnen Namen, Titel. Spruch des Gottes mit versprochener Leistung für Ramses II.
2. Reg.: 6 Zeilen: Landstiftung des N. an Amun. Darunter Freifläche.
Faksimile: Von publiziertem Photo.
Anm.: Fast identisch mit RII/ ASi/ 002.
Bibl.: GAUTHIER, *fondation pieuse*, 49-71, Taf. 3; *KRI III*, 75; *PM VII*, 118

RII/ ASi/ 002

Ort: Kairo, Ägyptisches Museum JdE 65834
Material: Sandstein Maße: H: 1,45; B: 0,48 m
Zustand: kpl.
Nutznießer: *Pꜣ-sr*
1. Reg.: N. stehend adorierend n.r. Opferständer. Amun stehend auf Podest n.l. Über ihnen Namen, Titel.
2. Reg.: 6 Zeilen: Landstiftung des N. an Amun. Darunter Freifläche.
Faksimile: Von publiziertem Photo.
Anm.: Fast identisch mit RII/ ASi/ 001.
Bibl.: GAUTHIER, *fondation pieuse*, 49-71, Taf. 3; *KRI III*, 75; *PM VII*, 118

RII/ ASi/ 003

Ort: Kairo, Ägyptisches Museum TR 26/8/15/1
Material: Sandstein Maße: ?
Zustand: kpl.
Nutznießer: a) *Ḥwy*; b) *Tꜣ-bs*
1. Reg.: N. a) stehend adorierend n.r. Ramses als Falkengott und Thot thronend n.l. Über ihnen Stiftungsvermerk des N. a), Namen, Titel, Epi.
2. Reg.: N. b) kniend adorierend n.r. Opferständer. Anuket thronend n.l. Über ihnen Namen, Titel, Epi.
Faksimile: (---) Oberfläche stark verwittert.
Bibl.: DILS, *grote tempel*, 198, Abb. 17; *KRI III*, 130-1, RADWAN, *Aspekte*, Taf. 10

RII/ Buh/ 001

Ort: EES, Magazin Buhen 1585+1586+1599

Material:	Sandstein	Maße:	H: x+0,54; B: 0,52 m
Zustand:	Erhalt nur des untersten Registers		
Nutznießer:	*Stȝw*		
x+1. Reg.:	Gottheit n.r., König adorierend n.l. Alle Texte verloren.		
x+2. Reg.:	Mann kniend adorierend n.l. Vor ihm 2 Kolumnen mit Teil einer Lobpreisungsformel an Horus von Buhen sowie Vizekönig Setau.		
Faksimile:	publiziert		
Anm.:	Der Aufbau dürfte ähnlich dem von RII/ Buh/ 003 sein.		
Bibl.:	*KRI III*, 109; SMITH, *Buhen II*, 123, Taf. 27:7, 74:7		

RII/ Buh/ 002

Ort:	Durham, Oriental Museum 1964/ 177+185		
Material:	Sandstein	Maße:	H: x+0,56; B: 0,54 m
Zustand:	Erhalt nur des unteren Teils		
Nutznießer:	*Stȝw*		
x+1. Reg.:	Gott stehend n.r. König stehend räuchernd n.l. Dabei Tätigkeitsvermerk.		
x+2. Reg.:	1 Zeile: Stiftungsvermerk des N.		
Faksimile:	publiziert		
Bibl.:	*KRI III*, 109; SMITH, *Buhen II*, 132-3, Taf. 32:1		

RII/ Buh/ 003

Ort:	Magazin, EES 1722		
Material:	Sandstein	Maße:	H: x+0,86; B: 0,6 m
Zustand:	Verlust des obersten Teils		
Nutznießer:	*Stȝw*		
1. Reg.:	Horus von Buhen thronend n.r. Ramses II stehend darreichend n.l. Zwischen ihnen Namen, Titulatur.		
2. Reg.:	N. kniend adorierend n.l. Vor ihm 2 Kolumnen mit Stiftungsvermerk des N.		
Faksimile:	publiziert		
Anm.:	Der Aufbau dürfte ähnlich dem von RII/ Buh/ 001 sein.		
Bibl.:	*KRI III*, 110; SMITH, *Buhen II*, 139; Taf. 35:3, 77:1		

RII/ Buh/ 004

Ort:	EES-Magazin 1728		
Material:	Sandstein	Maße:	?
Zustand:	mehrere Fragment des oberen Teils		
Nutznießer:	*Ḥr(.w)-m-ḥȝb*		
1. Reg.:	König thronend n.r. N.? stehend adorierend n.l. Geringe, unlesbare Textreste.		
2. Reg.:	5+x Kolumnen: Nennung des N., Tätigkeits- oder Stiftungsvermerk sowie unlesbare Reste.		
Faksimile:	publiziert		
Bibl.:	*KRI III*, 119; SMITH, *Buhen II*, 141-2, Taf. 36:2		

RII/ Buh/ 005

Ort:	London, British Museum 1188

Material: Sandstein Maße: H: 1,82; B: 0,93 m
Zustand: zerbrochen, einige Partien verloren.
Nutznießer: *Mr(j)-nḏm*
1. Reg.: Osiris, Isis und Horus thronend n.r., über ihnen Königsopferformel für Isis und Horus von Buhen mit gewünschter Gottesleistung, Name und Titel des N. Opfertisch. N. stehend räuchernd n.l., über ihm Königsopferformel für Osiris und Anubis mit gewünschter Gottesleistung, Name und Titel des N.

2. Reg.: 5 Frauen, Frau und Töchter des N., stehend n.r., über ihnen Namen, Titel, Kolumnen über den hinteren 3 Personen freigelassen. Opfertisch. 5 Männer und 2 Kinder, wohl alles Söhne des N., stehend adorierend n.l., über ihnen Namen, Titel, Text über den hinteren 4 Personen frei gelassen.

3. Reg.: Eltern und 2 Töchter des N. stehend adorierend n.l. vor Opfertisch, über ihnen Namen, Titel, Kolumnen über der hinteren 2 Personen freigelassen. Vor ihnen 6 Kolumnen und darunter 4 Zeilen mit Königsopferformel für Osiris, Anubis, Isis und Nephthys mit gewünschter Gottesleistung, Name und Titel des N. Danach Anrufung an den Fährmann der Nekropole durch den N., Name und Titel des N., Stiftungsvermerk eines Sohnes des N. sowie eines weiteren Sohnes.
4. Reg.: [Fortführung des Textes aus dem 3. Reg., cf. dort.]
Pyramidion: Barke mit Sonnenscheibe, darunter 2x antithetisch N. kniend adorierend nach außen blickend vor Anubis als Schakal auf Podest. Über den Schakalen jeweils Name des Anubis, 1 Mittelkolumne mit Name und Titel des N.

Faksimile: Vom Original.
Anm.: Das erste Register ist mit einem aus der Fläche herausgearbeiteten bogigen Abschluß versehen, so daß das darüber gestellte Element als Pyramidion anzusprechen ist, obwohl es bündig an die Außenseiten anschließt.
Bibl.: *BMHT 10*, 23-4, Taf. 54-5; K*RI III*, 132-4; *PM VII*, 41

RII/ DeM/ 001
Ort: ?
Material: Kalkstein Maße: ?
Zustand: Fragment
Nutznießer: *P3-sr*
1. Reg.: Text teilweise zerstört: Lobpreisungsformel an Göttin und den Königs-Ka. Tätigkeitsvermerk des N., Name zerstört
Faksimile: (---) Es sind weder Photo noch Faksimile publiziert.
Anm.: Beschreibung nach KRI, mir ist keine Abb. bekannt.
Bibl.: BRUYÈRE, *Rapp. 35-40 II*, 78 Nr. 133a; K*RI III*, 24; *PM I:2*, 714

RII/ DeM/ 002
Ort: ?
Material: Kalkstein Maße: H: 0,41; B: 0,545 m
Zustand: Fragment
Nutznießer: *P3-sr*
1. Reg.: Hathor und eine Göttin thronend n.r. Ramses II und N. stehend darreichend n.l. Über ihnen Namen, Epi., Titel, Titulatur.

2. Reg.: Kopfaufsatz von Amun und Mut erkennbar, alles weitere verloren.
Faksimile: (---) Das publizierte Photo ist qualitativ nicht ausreichend, um davon ein Faksimile zu zeichnen.
Bibl.: BRUYÈRE, *Rapp. 35-40 II*, 47-8, 98-9, Abb. 136; *KRI III*, 24; *PM I:2*, 74

RII/ DeM/ 003
Ort: ?
Material: Kalkstein Maße: ?
Zustand: Fragment
Nutznießer: *Pꜣ-sr*
1. Reg.: N. hinter einem König. Name und Titel des N.
Faksimile: (---) Es sind weder Photo noch Faksimile publiziert.
Anm.: Mir ist keine Abb. bekannt, Aufbau der Stele daher nicht klar.
Bibl.: BRUYÈRE, *Rapp. 35-40 II*, 141 Nr. 369; *KRI III*, 24

RII/ DeM/ 004
Ort: Torino, Museo Egizio 50095
Material: Kalkstein Maße: H: 0,234+x; B : x+0,23 m
Zustand: zwei Fragmente
Nutznießer: *Pꜣ-sr*
1. Reg.: Ramses II stehend adorierend n.l., hinter ihm Symbol des Königs-Kas. Über ihm Name, Titulatur. Hinter ihm Name und Titel des N., der wohl darunter dargestellt war. Alles weitere verloren.
Faksimile: Von publiziertem Photo.
Bibl.: BRUYÈRE, *Mert Seger*, 284; *KRI III*, 24; *PM I:2*, 731b; TOSI, ROCCATI, *Stele*

RII/ DeM/ 005
Ort: ?
Material: Kalkstein Maße: H: 0,85+x; B: x+0,6 m
Zustand: Fragment
Nutznießer: [///]
1. Reg.: Gottheit thronend n.l. Alles weitere verloren.
2. Reg.: 4+x Kolumnen Text: Lobpreisungsformel an Hathor, Nennung des Ramses II. Alles weitere verloren.
Faksimile: (---) Das publizierte Photo ist qualitativ nicht ausreichend, um davon ein Faksimile zu zeichnen.
Bibl.: BRUYÈRE, *Rapp. 35-40 II*, 143, Abb. 234 Nr. 383; *KRI III*, 24; *PM I:2*, 695 (i. e. Nr. 382!)

RII/ DeM/ 006
Ort: ?
Material: Kalkstein Maße: ?
Zustand: Erhalt nur des unteren Teils.
Nutznießer: *Rꜥ(.w)-ms(w)*
1. Reg.: 2 Gottheiten erkennbar, Rest verloren.

2. Reg.: Ramses II stehend n.r. Vezir Paser und N. stehend adorierend n.l. Vor jedem je eine Lobpreisungsformel an ungenannte Gottheiten, beim N. mit gewünschter Gottesleistung.

Faksimile: (---) Das publizierte Photo ist qualitativ nicht ausreichend, um davon ein Faksimile zu zeichnen.

Bibl.: BRUYÈRE, *Rapp. 35-40 II*, 129f., Abb. 212:149; K*RI III*, 26; *PM I:2*, 695

RII/ DeM/ 007

Ort: ?

Material: Kalkstein Maße: ?

Zustand: Fragment des unteren Teils.

Nutznießer: *Rᶜ(.w)-ms(w)*

1. Reg.: 2 "Gold"-Hieroglyphen, darunter 3 Zeilen mit Nennung des Vezirs Paser und des N. mit Namen, Titel. Rest verloren.

Faksimile: (---) Da mir kein Photo bekannt ist, ist die publizierte Zeichnung nicht auf Zuverlässigkeit überprüfbar, kann deshalb hier nicht verwendet werden.

Bibl.: BRUYÈRE, *Rapp. 35-40 II*, 34, 37, 84, Abb. 113, Taf. 23:113; K*RI III*, 26; *PM I:2*, 731

RII/ DeM/ 008

Ort: Boston, Museum of Fine Arts 09.287

Material: Kalkstein Maße: H: 0,465+x; B: x+0,508 m

Zustand: Erhalt nur des oberen Teils

Nutznießer: [///]

1. Reg.: Vezir Paser und N. stehend adorierend n.l. Über ihnen Namen, Titel. Ramses II thronend n.l., hinter ihm Hathor stehend. Über ihm bzw. hinter ihr Namen, Epi., Titulatur.

Faksimile: Von publiziertem Photo.

Bibl.: DUNHAM, *Four New Kingdom Monuments*; K*RI III*, 26; LEPROHON, *Stelae II (CAA Boston 3)*, 86-88, cf. aber dazu die Rezension H. FELBER in OLZ 90/ 1995, 31 ff.;

RII/ DeM/ 009

Ort: Torino, Museo Egizio 50098

Material: Kalkstein Maße: H: 0,1+x; B: x+0,07 m

Zustand: kleines Fragment oberes Teil

Nutznießer: *Ḫᶜy*

1. Reg.: Erhalten nur Titulatur Ramses II sowie Name und Titel des N. in 3 Kolumnen, Alles weitere verloren.

Faksimile: (---) Nicht lohnend.

Bibl.: BRUYÈRE, *Mert Seger*, 284; K*RI III*, 40; *PM I:2*, 725; TOSI, ROCCATI, *Stele*

RII/ DeM/ 010

Ort: ??

Material: Kalkstein Maße: H: x+0,15; B: 0,085+x m
Zustand: Fragment des linken, unteren Teils
Nutznießer: *Jmn(.w)-m-jp3.t*
x+1. Reg.: Thronsitz n.r., dahinter 1 Kolumne mit Name und Titel des N., alles weitere verloren.
Faksimile: (---) Da mir kein Photo bekannt ist, ist die publizierte Zeichnung nicht auf Zuverlässigkeit überprüfbar, kann deshalb hier nicht verwendet werden.
Bibl.: BRUYÈRE, *Rapp. 34-35 III*, 245:4, Abb. 123; *KRI III*, 267

RII/ DeM/ 011
Ort: Torino, Museo Egizio 50093
Material: Kalkstein Maße: H: 0,22+x; B: 0,25+x m
Zustand: Fragment vom oberen Teil
Nutznießer: *Nfr-ḥtp(.w)*
Seite A
1. Reg.: Erhalt von Teilen von 4+x Kolumnen mit Lobpreisungsformel an Amenhotep I, Name des N., Rest verloren.
Seite B
1. Reg.: Sachmet, Min-Amun stehend n.l., über ihnen Name des Min-Amun erhalten, linke Hälfte der Stele verloren
Faksimile: Von publiziertem Photo.
Bibl.: *KRI III*, 576; TOSI, ROCCATI, *Stele*

RII/ DeM/ 012
Ort: London, British Museum 267
Material: Kalkstein Maße: H: 0,55; B: 0,36 m
Zustand: kpl., rechts Ausbruch
Nutznießer: *Nb(.w)-nfr*
1. Reg.: Ptah, Chnum, Neith und Anuket thronend n.r., über ihnen Namen, Epi.
2. Reg.: N. und 3 weitere Männer kniend adorierend n.l., über ihnen Namen, Titel.
3. Reg.: 4 Männer kniend adorierend n.l., über ihnen Namen, Titel.
Faksimile: (---) Nicht zugänglich. Das publizierte Photo ist qualitativ nicht ausreichend, um davon ein Faksimile zu zeichnen.
Anm.: Der erste Mann im 2. Register ist größer als die andern Männer dargestellt, daher wird diesem vermutlich die Nutznießerschaft zuzusprechen sein.
Bibl.: *BMHT 9*, 42-3, Taf. 37:1/ A; *KRI III*, 582

RII/ DeM/ 013
Ort: København, National Museet A.A.d.9
Material: Kalkstein Maße: H: 0,48; B: 0,3 m
Zustand: kpl., aus 3 Fragm. zusammengesetzt.
Nutznießer: *Nb(.w)-nfr*
1. Reg.: Amenhotep I und Ahmose-Nefertari thronend n.r., über ihnen Titulatur. Vor ihnen Opfertisch, über diesem Darreichungsformel ohne weitere Angaben.

2. Reg.: Antithetisch aufgebaut: N. kniend adorierend n.r., vor und über ihm in 5 Kolumnen Lobpreisungsformel an die vergöttlichten Personen des 1. Registers mit Eigenleistung.
N. kniend adorierend n.l., vor und über ihm in 5 Kolumnen Anrufungsformel an Amenhotep I mit gewünschter Gottesleistung. Auf jeder Seite ein Stiftungsvermerk mit Nennung jeweils eines anderen Titels.

Faksimile: Vom eigenen Photo, am Original kollationiert.

Anm.: Die Namen und Titel der beiden Männer im unteren Register sind erneuert worden. Die Hieroglyphen scheinen aber nicht gegen andere ersetzt, sondern nur erneut an die beschädigten Stellen eingesetzt worden zu sein.

Bibl.: *KRI III*, 583; MOGENSEN, *Inscriptions hiéroglyphique*, 30-1, Taf. 14, Abb. 18; *PM I:2*, 727

RII/ DeM/ 014

Ort: ?

Material: Kalkstein — Maße: H: x+0,35+x; B: x+0,4 m

Zustand: mehrere Fragmente

Nutznießer: *Nb(.w)-nfr*

1. Reg.: Reschef thronend n.r., über ihm einflüglige Sonne sowie Name und Epi. Opferständer und -tische. Über diesen Darreichungsformel an den Ka des Gottes, Nennung von Name, Titel und Filiation des N.

Faksimile: (---) Das publizierte Photo ist qualitativ nicht ausreichend, um davon ein Faksimile zu zeichnen.

Bibl.: BRUYÈRE, *Rapp. 35-40 III*, 115-6 Nr. 272, Abb. 196; *KRI III*, 583-4; *PM I:2*, 727

RII/ DeM/ 015

Ort: Straßbourg, Collection de l'Institut d'Égyptologie de la Université 974

Material: Kalkstein — Maße: H: x+0,19; B: 0,11 m

Zustand: Erhalt nur des unteren Teils

Nutznießer: Usurpiert von *Nb(.w)-nfr*

x+1. Reg.: [Amun] n.r. Opfertisch. Mann kniend adorierend n.l., über ihm Lobpreisungsformel an Amun, Mut und Hathor mit gewünschter Gottesleistung. Anrufungsformel an Amun mit gewünschter Gottesleistung. Name, Titel und Stiftungsvermerk des N.

Faksimile: (---) Da die Stele usurpiert ist, sind möglicherweise nicht alle Hieroglyphen zeitgleich, daher wird dieses Objekt nicht für die Paläographie verwendet.

Bibl.: *KRI III*, 584; *PM I:2*, 727; SPIEGELBERG, *Grabsteine I*, 20-1, Taf. 19:36

RII/ DeM/ 016

Ort: Torino, Museo Egizio 50141

Material:	Kalkstein	Maße:	H: x+0,26+x; B: 0,17+x m
Zustand:	Fragment		
Nutznießer:	*Nfr-ḥtp(w)*		
1. Reg.:	Gott thronend n.r., alles weitere verloren		
2. Reg.:	Erhalten Kopf des N. stehend adorierend n.l., über ihm in 5+x Kolumnen Namen und Titel des N. und seines Sohnes. Rest verloren.		
Faksimile:	(---) Nicht lohnend.		
Bibl.:	*KRI III*, 584; *PM I:2*, 727; TOSI, ROCCATI, *Stele*		

RII/ DeM/ 017

Ort:	?		
Material:	Kalkstein	Maße:	?
Zustand:	fünf Fragmente		
Nutznießer:	[///]		
x+1. Reg.:	König stehend darreichend n.r. Falkenköpfiger Gott n.l. Titulatur Ramses II auf weiterem Fragment.		
Faksimile:	(---) Nicht lohnend.		
Bibl.:	BRUYÈRE, *Rapp. 23-24*, 50, Abb. 3; *KRI III*, 596		

RII/ DeM/ 018

Ort:	Torino, Museo Egizio 50155		
Material:	Kalkstein	Maße:	H: 0,1+x; B: x+0,07+x m
Zustand:	Fragment		
Nutznießer:	*Nfr-ḥtp(w)*		
1. Reg.:	Erhalt von 3 Kolumnen mit Lobpreisungsformel an eine Erscheinungsform des Amun, Nennung von Name, Titel des N.		
Faksimile:	Von publiziertem Photo.		
Bibl.:	*KRI III*, 596; TOSI, ROCCATI, *Stele*		

RII/ DeM/ 019

Ort:	London, British Museum 144		
Material:	Kalkstein	Maße:	H: 0,95; B: 0,57 m
Zustand:	oben kleiner Ausbruch, geringer Textverlust		
Nutznießer:	*Q3ḥ3*		
1. Reg.:	N. stehend adorierend n.r., Osiris thronend n.l. Anubis thronend n.r., N. stehend adorierend n.l. Über ihnen Namen, Epi., Titel. Stiftungvermerk des N.		
2. Reg.:	Zentral ein Opfertisch. Links drei Männer stehend darreichend n.r., rechts fünf Frauen stehend darreichend n.l. Über allen Namen.		
3. Reg.:	Zentral ein Opfertisch. Links drei Männer und eine Frau stehend darreichend n.r., rechts je zwei Männer und Frauen stehend darreichend n.l. Über allen Namen.		
Faksimile:	(---) Oberfläche teilw. verwittert, nicht lohnend.		
Bibl.:	*BMHT 9*, 46-7, Taf. 39:1; *KRI III*, 602-3; *PM I:2*, 424		

RII/ DeM/ 020

Ort:	London, British Museum 191		
Material:	Kalkstein	Maße:	H: 0,75; B: 0,48 m
Zustand:	kpl.		
Nutznießer:	*Q3ḥ3*		
1. Reg.:	Qadesch stehend en face auf einem Löwen mit Lotos- und anderen Pflanzenstengeln in den Händen. Links Min stehend n.r., rechts Reschef stehend n.l, jeweils auf einer Fassade. Über ihnen Namen und Epi. Das Register wird von einer Hohlkehle abgeschlossen. Darstellungen in erhabenem Relief.		
2. Reg.:	N. mit Frau und Sohn stehend adorierend n.r., über ihnen Lobpreisungsformel an Anat. Opfertische. Anat thronend n.l. Über ihr Name, Epi.		
Faksimile:	Vom Original.		
Anm.:	Ähnliche Darstellung bei RII/ DeM/ 029		
Bibl.:	*BMHT 9*, 47-8, Taf. 39:2; K*RI III*, 603; *PM I:2*, 723		

RII/ DeM/ 021

Ort:	London, British Museum 291		
Material:	Kalkstein	Maße:	H: 0,52; B: 0,35 m
Zustand:	an den Rändern größere Ausbrüche		
Nutznießer:	*Q3ḥ3*		
1. Reg.:	Amun-Re als Stier auf Podest n.r., über ihm Name, Epi. Opfertisch. N. stehend räuchernd n.l., über ihm Tätigkeitsvermerk mit Name, Titel.		
2. Reg.:	Hathor, Amenhotep I und Ahmose-Nefertari thronend n.r. Vater des N. und ein weiterer Mann stehend adorierend und darreichend n.l. Über allen Namen, Epi., Titel.		
Faksimile:	(---) Nicht lohnend.		
Bibl.:	*BMHT 10*, 27-8, Taf. 32; K*RI III*, 604; *PM I:2*, 723		

RII/ DeM/ 022

Ort:	?		
Material:	Kalkstein	Maße:	H: 0,2; B: 0,11 m
Zustand:	kpl.		
Nutznießer:	*Q3ḥ3*		
1. Reg.:	1 Kolumne mit Namen und Epi. der Hathor.		
2. Reg.:	1 Zeile mit Namen und Titel des N.		
Faksimile:	(---) Das publizierte Photo ist qualitativ nicht ausreichend, um davon ein Faksimile zu zeichnen.		
Anm:	Östlich vom *Ḫnw* Ramses II aufgefunden		
Bibl.:	BRUYÈRE, *Rapp. 35-40 II*, 35-6, Abb. 110: 50; K*RI III*, 604; P*M I:2*, 723		

RII/ DeM/ 023

Ort:	Handel in Luxor		
Material:	Kalkstein	Maße:	H: x+0,1+x; B: 0,11+x m
Zustand:	Fragment der linken Seite		

Nutznießer: *Q3ḥ3*
x+1. Reg.: Mann n.r., über ihm Reste von Name und Titel, weiteres nicht erhalten.
Faksimile: (---) Das publizierte Photo ist qualitativ nicht ausreichend, um davon ein Faksimile zu zeichnen.
Bibl.: CLÈRE, *Monuments inédits*, 188 Nr. 7, Abb. 2; K*RI III*, 604; *PM I:2*, 723

RII/ DeM/ 024
Ort: ?
Material: Kalkstein Maße: H: 1,05+x; B: x+0,8 m
Zustand: 5 Fragmente
Nutznießer: *Q3ḥ3*
1. Reg.: Gott thronend n.r., König und Vezir Paser darreichend n.l., Name und Titel des Vezirs erhalten, alle übrigen Texte verloren.
2. Reg.: N. und seine Frau n.l., vor und über ihnen x+8 Kolumnen mit hinterem Teil einer Darreichungsformel, Name und Titel, dahinter Erwähnung eines Sohnes, dieser ist in der Darstellung verloren. Linker und unterer Teil des Reg. verloren.
Faksimile: (---) Das publizierte Photo ist qualitativ nicht ausreichend, um davon ein Faksimile zu zeichnen.
Bibl.: BRUYÈRE, *Rapp. 30*, 87:23, 90-1:7; K*RI III*, 609; *PM I:2*, 425

RII/ DeM/ 025
Ort: Torino, Museo Egizio 50144 + zwei Fragmente in DeM
Material: Kalkstein Maße: H: x+0,1+x; B: 0,21+x m
Zustand: Fragmente
Nutznießer: [///]
1. Reg.: Gottheiten thronend n.r., Adorant(en) n.l., alle Texte verloren.
2. Reg.: 6+x kurze Kolumnen mit Namen und Titel des Vaters des N.
Faksimile: Von publiziertem Photo.
Bibl.: K*RI III*, 661; TOSI, ROCCATI, *Stele*

RII/ DeM/ 026
Ort: Slg. Bankes 3
Material: Kalkstein Maße: H: 0,46; B: 0,32 m
Zustand: kpl.
Nutznießer: *Rʿ(.w)-ms(w)*
1. Reg.: Mut thronend n.r., über ihr Name und Epi. Vor ihr Opfergaben, über diesen Darreichungsformel.
2. Reg.: N. kniend adorierend n.l., vor und über ihm in 9 Kolumnen Lobpreisungsformel an Mut mit gewünschter Gottesleistung, Name und Titel des N.
Faksimile: Von publiziertem Photo.
Bibl.: ČERNÝ, *Bankes*, 3; K*RI III*, 619-20; *PM I:2*, 734-5

RII/ DeM/ 027
Ort: Slg. Bankes 4

Material: Kalkstein, [Flint] Maße: H: 0,43; B: 0,32 m
Zustand: kpl.
Nutznießer: *R*^{c}*(.w)-ms(w)*
1. Reg.: Sonnenbarke n.r., darauf Thot ibisköpfig, Käfer und Kind, oberer Abschluß Flügelsonne. In der Mitte der Barke war einst ein Flint eingelassen, der in etwa die Form eines  hatte, heute verloren.
2. Reg.: N. kniend adorierend n.r., vor und über ihm in 10 Kolumnen Verehrungsformel an Amun-Re, Anrufungsformel an ihn mit gewünschter Gottesleistung, Name und Titel des N. Hinterer Teil des Textes unverständlich.
Faksimile: Von publiziertem Photo.
Anm.: Zum Text cf. auch RII/ DeM/ 048
Bibl.: ČERNÝ, *Bankes*, 4; *KRI III*, 620; *PM I:2*, 304

RII/ DeM/ 028
Ort: Torino, Museo Egizio 50047
Material: Kalkstein Maße: H: 0,35; B: 0,24 m
Zustand: kpl., Ofl. verwittert
Nutznießer: *R*^{c}*(.w)-ms(w)*
1. Reg.: Thot als Affe hockend n.r., vor ihm Opfertisch. Über ihm Name, Epi.
2. Reg.: N. kniend adorierend n.l., vor und über ihm in 7 Kolumnen Lobpreisungsformel an Thot mit gewünschter Gottesleistung. Name und Titel des N.
Faksimile: (---) Nicht lohnend.
Bibl.: *KRI III*, 620-1; *PM I:2*, 733; TOSI, ROCCATI, *Stele*

RII/ DeM/ 029
Ort: Torino, Museo Egizio 50066
Material: Kalkstein Maße: H: 0,45; B: 0,3 m
Zustand: links kleiner Ausbruch
Nutznießer: *R*^{c}*(.w)-ms(w)*
1. Reg.: Qadesch stehend en face auf Löwen mit Lotos- und Pflanzenstengeln n den Händen. Links Min-Amun-Re stehend n.r., rechts Reschef stehend n.l. Über ihnen Namen, Epi.
2. Reg.: N. und seine Frau kniend adorierend n.l., vor und über ihnen in 6 Kolumnen Namen und Titel.
Faksimile: Von publiziertem Photo.
Anm.: Ähnliche Darstellung bei RII/ DeM/ 020
Bibl.: *KRI III, 621*; *PM I:2*, 733; TOSI, ROCCATI, *Stele*

RII/ DeM/ 030 UNBESETZT

RII/ DeM/ 031
Ort: Torino, Museo Egizio 50134
Material: Kalkstein Maße: H: 0,14; B: 0,15 m
Zustand: Fragment
Nutznießer: *R*^{c}*(.w)-ms(w)*

x+1. Reg.: Kuh n.r., alles weitere zerstört
x+2. Reg.: Name und Titel des N. in einer erhaltenen Zeile.
Faksimile: Von publiziertem Photo.
Bibl.: *KRI III*, 621; *PM I:2*, 734; TOSI, ROCCATI, *Stele*

RII/ DeM/ 032

Ort: Paris, Musée National du Louvre E.16340
Material: Kalkstein Maße: H: 0,35; B: 0,235 m
Zustand: kpl.
Nutznießer: *Rc(.w)-ms(w)*
1. Reg.: Re-Harachte, Atum und Ptah thronend n.r., vor ihnen florale Elemente. Über ihnen Namen.
2. Reg.: N. kniend adorierend n.l., vor und über ihm in 8 Kolumnen Lobpreisungsformel an die Götter des 1. Reg. mit gewünschter Gottesleistung, Name und Titel des N.
Faksimile: publiziert
Bibl.: BRUYÈRE, *Rapp. 35-40 II*, 90-1, Taf. 12:35, 37:35; *KRI III*, 622; *PM I:2*, 733

RII/ DeM/ 033

Ort: Voronezh, Voronezh Museum 156
Material: Kalkstein Maße: H: 0,41; B: 0,3 m
Zustand: kpl.
Nutznießer: *Rc(.w)-ms(w)*
1. Reg.: Thoeris thronend in Schrein n.r., über ihr Name. Hinter ihr Dumpalmen. Vor ihr Opfertisch, darüber Darreichungsformel.
2. Reg.: N. und seine Frau kniend adorierend n.l., vor und über ihnen in 5 Kolumnen Lobpreisungsformel an Thoeris mit gewünschter Gottesleistung, Namen und Titel.
Faksimile: (---) Das publizierte Photo ist qualitativ nicht ausreichend, um davon ein Faksimile zu zeichnen.
Bibl.: BERLEV, HODJASH, *Catalogue*, 50-1 (IV, 16); *KRI III*, 622; *PM I:2*, 733

RII/ DeM/ 034

Ort: ex Slg. Belmore, heutiger Aufbewahrungsort unbekannt
Material: ? Maße: ?
Zustand: kpl.?
Nutznießer: *Rc(.w)-ms(w)*
1. Reg.: Hathor als Kuh in Naos n.r., Name, Epi. N. adorierend (?), Stiftungsvermerk.
2. Reg.: Mann kniend adorierend n.l., vor ihm Lobpreisungsformel an Hathor durch diesen.
Faksimile: (---) Es sind weder Photo noch Faksimile publiziert.
Bibl.: *KRI III*, 623; *PM I:2*, 734

RII/ DeM/ 035

Ort:	?		
Material:	Kalkstein	Maße:	?
Zustand:	kpl.		
Nutznießer:	*Rꜥ(.w)-ms(w)*		
1. Reg.:	Mut n.r. thronend vor Opfertisch, Name und Titel		
2. Reg.:	N. kniend adorierend n.l., vor und über ihm in 6 Kolumnen Lobpreisungsformel an Mut mit gewünschter Gottesleistung, Name und Titel des N.		
Faksimile:	(---) Es sind weder Photo noch Faksimile publiziert.		
Bibl.:	BRUYÈRE, *Rapp. 35-40 II*, 38, 79f., Abb. 158; K*RI III*, 623; *PM I:2*, 697		

RII/ DeM/ 036

Ort:	Kairo, Ägyptisches Museum JdE 72023		
Material:	Kalkstein	Maße:	H: 0,33; B: 0,185 m
Zustand:	Kpl.		
Nutznießer:	*Rꜥ(.w)-ms(w)*		
1. Reg.:	Ramses I, Haremhab und Sethos I thronend n.r., über ihnen Namen und Titulatur.		
2. Reg.:	Links zwei geflügelte und auf Goldzeichen stehende Kartuschen Ramses II, daneben N. kniend adorierend n.l., über ihm Stiftungsvermerk mit Name und Titel.		
Faksimile:	publiziert		
Bibl.:	BRUYÈRE, *Rapp. 35-40 II*, 38, 68-70, Taf. 12:79, 38:79; K*RI III*, 623-4; *PM I:2*, 696-7		

RII/ DeM/ 037

Ort:	Paris, Musée National du Louvre E.16373		
Material:	Kalkstein	Maße:	H: 0,3; B: 0,2 m
Zustand:	kpl.		
Nutznießer:	*Rꜥ(.w)-ms(w)*		
1. Reg.:	Ramses II beim Erschlagen der Feinde n.l., vor ihm in einem Kasten Name und Titulatur.		
2. Reg.:	N. kniend adorierend n.r., vor ihm in 5 Kolumnen Lobpreisungsformel an Ramses II mit gewünschter Gottesleistung.		
Faksimile:	Von unpubliziertem Photo, erhalten von C. ZIEGLER, E. DAVID, P. COUTON.		
Bibl.:	BRUYÈRE, *Rapp. 35-40 II*, 39, 72, Taf. 38:80; BRUYÈRE, *Rapp. 35-40 III*, 62, Abb. 4; K*RI III*, 624; *PM I:2*, 697		

RII/ DeM/ 038

Ort:	?		
Material:	Kalkstein	Maße:	H: x+?; B: 0,54+x m
Zustand:	rechts (und oben??) verloren, stark verfallen.		
Nutznießer:	*Rꜥ(.w)-ms(w)*		

x+1. Reg.: Mann kniend n.r. vor einen anchförmigen Krug
x+2. Reg.: 1 Zeile mit Name und Titel des N.
Rand oben: 1 Zeile, fast vollständig zerstört
Faksimile: (---) Das publizierte Photo ist qualitativ nicht ausreichend, um davon ein Faksimile zu zeichnen.
Anm.: Das Objekt wurde zweifach verwendet, die sekundäre Darstellung wurde in eine aufgebrachte Stuckschicht eingetieft. Die primäre Darstellung bildete nach R. ANTHES einen Menschen n.l. ab, weitere Einzelheiten sind mir nicht bekannt.
Bibl.: ANTHES, *Grabungen*, 67 ff., Taf. 18b; K*RI III*, 624; *PM I:2*, 689

RII/ DeM/ 039
Ort: Kairo, Ägyptisches Museum JdE 72024
Material: Kalkstein Maße: H: 0,3; B: 0,21 m
Zustand: Verlust der rechten unteren Ecke
Nutznießer: *R*ᶜ*(.w)-ms(w)*
1. Reg.: Sched stehend n.r., mehrere Tiere haltend, um ihn herum Name, Epi.
2. Reg.: N. kniend adorierend n.l., vor und über ihm in 6 Kolumnen Lobpreisungsformel wohl an Sched mit gewünschter Gottesleistung, teilweise verloren. Name und Titel des N.
Faksimile: publiziert
Bibl.: BRUYÈRE, *Rapp. 35-40 II*, 42, 72-3, Taf. 39:118; BRUYÈRE, *Rapp. 35-40 III*, 141-2, Abb. 18; K*RI III*, 625; NEGM, *Stela*; *PM I:2*, 697

RII/ DeM/ 040
Ort: Paris, Musée National du Louvre E.16343
Material: Kalkstein Maße: H: 0,32; B: 0,22 m
Zustand: kpl.
Nutznießer: *R*ᶜ*(.w)-ms(w)*
1. Reg.: Horus, Isis und Sched thronend n.r., über ihnen Namen und Epi.
2. Reg.: N. kniend adorierend n.l., vor und über ihm in 7 Kolumnen Lobpreisungsformel an die Gottheiten des 1. Reg. mit gewünschter Gottesleistung, Name und Titel des N.
Faksimile: Von unpubliziertem Photo, erhalten von C. ZIEGLER, E. DAVID, P. COUTON.
Bibl.: BRUYÈRE, *Rapp. 35-40 II*, 42, 73-4, Taf. 39:119; BRUYÈRE, *Rapp. 35-40 III*, 142:2; K*RI III*, 625-6; *PM I:2*, 697; LETELLIER, *vie quotidienne*, Nr. 75

RII/ DeM/ 041
Ort: Magazin DeM 238
Material: Kalkstein Maße: H: 0,2; B; 0,095+x m
Zustand: Verlust der rechten Hälfte
Nutznießer: [///]
1. Reg.: [Isis] thronend, Sched stehend n.r., über ihm Name, Epi. Rest verloren.
2. Reg.: Erhalt von 5+x Kolumnen: Lobpreisungsformel an Horus und Isis mit Eigenleistung für Sched und gewünschter Gottesleistung des letzteren. Hinterer Teil des Textes verloren.

Faksimile: publiziert
Bibl.: BRUYÈRE, *Rapp. 35-40 II*, 74-5, Abb. 152; BRUYÈRE, *Rapp. 35-40 III*, 142-4, Abb. 19; K*RI III*, 626; *PM I:2*, 691

RII/ DeM/ 042

Ort: Paris, Musée National du Louvre E.16345
Material: Kalkstein Maße: H: 0,5; B: 0,335 m
Zustand: kpl.
Nutznießer: *Rᶜ(.w)-ms(w)*
1. Reg.: Hathor thronend n.l., vor ihr Opfergaben. Über ihr Name, Epi.
2. Reg.: N. kniend adorierend n.r., vor und über ihm in 7 Kolumnen Lobpreisungsformel an Hathor mit gewünschter Gottesleistung, Name und Titel des N.
Faksimile: Von unpubliziertem Photo, erhalten von C. ZIEGLER, E. DAVID, P. COUTON.
Bibl.: BRUYÈRE, *Rapp. 35-40 II*, 42, 68-9, Abb. 150; K*RI III*, 626-7; *PM I:2*, 697

RII/ DeM/ 043

Ort: DeM 207
Material: Kalkstein Maße: H: 0,37; B: 0,25 m
Zustand: 10 Fragmente, stellenweise verloren
Nutznießer: *Rᶜ(.w)-ms(w)*
Reg.: N. kniend adorierend n.r., über ihm Name und Titel. Vor und unter ihm in 7 Kolumnen Lobpreisungsformel an Amun[-Re?] mit gewünschter Gottesleistung, Name und Titel des N.
Faksimile: publiziert
Bibl.: BRUYÈRE, *Rapp. 35-40 II*, 100, Abb. 169, Taf. 12:207; K*RI III*, 627; *PM I:2*, 745

RII/ DeM/ 044

Ort: Lyon, Slg. Varille o.Nr.
Material: ? Maße: ?
Zustand: Erhalt nur der unteren linken Ecke
Nutznießer: *Rᶜ(.w)-ms(w)*
x+1. Reg.: Reschef stehend n.r., hinter ihm Stiftungsvermerk
Faksimile: (---) Das publizierte Photo ist qualitativ nicht ausreichend, um davon ein Faksimile zu zeichnen. Nicht lohnend.
Bibl.: K*RI III*, 627; LEIBOVITCH, *fragment de stèle*, 489-93, Taf. 45; *PM I:2*, 734

RII/ DeM/ 045

Ort: London, British Museum 813
Material: Kalkstein Maße: H: x+0,152; B: x+0,28 m
Zustand: Erhalt nur der unteren rechten Ecke
Nutznießer: *Rᶜ(.w)-ms(w)*
x+1. Reg.: Mann kniend n.r., vor ihm unterer Teil von vier Kolumnen mit Namen des N. und eines *Jmn(.w)-ḥtp(w)*.
Faksimile: (---) Nicht zugänglich.

Anm.: Genauere Angaben sind nicht zu eruieren.
Bibl.: *BMHT 6*, 10, Taf. 41o.; *KRI III*, 627; *PM I:2*, 733

RII/ DeM/ 046

Ort: DeM 273
Material: Kalkstein Maße: H: x+0,4; B: 0,34 m
Zustand: Verlust des oberen Registers
Nutznießer: *Rᶜ(.w)-ms(w)*
1. Reg.: [König darreichend n.r., Ptah n.l.], Register fast völlig verloren.
2. Reg.: N. kniend adorierend n.r., vor und über ihm in 7 Kolumnen Lobpreisungsformel an Ptah und den Ka des Ramses II mit gewünschter Gottesleistung, Name und Titel des N.
Faksimile: Von publiziertem Photo.
Bibl.: BRUYÈRE, *Rapp. 35-40 II*, 116 - 117, Abb. 197; *KRI III*, 628

RII/ DeM/ 047

Ort: DeM 49
Material: Kalkstein Maße: H: x+?+x; B: x+? m
Zustand: Fragment
Nutznießer: *Rᶜ(.w)-ms(w)*
x+1. Reg.: Opferständer, Gott stehend n.l., linker und oberer Teil des Reg. verloren.
x+2. Reg.: 2 Zeilen: Nennung von Re mit Name und Epi., Stiftungsvermerk des N.
Faksimile: (---) Das publizierte Photo ist qualitativ nicht ausreichend, um davon ein Faksimile zu zeichnen.
Bibl.: BRUYÈRE, *Rapp. 35-40 II*, 35, 81-2, Abb. 160; *KRI III*, 628; *PM I:2*, 734

RII/ DeM/ 048

Ort: DeM 214
Material: Kalkstein Maße: H: x+?; B: ?+x m
Zustand: Fragment
Nutznießer: *Rᶜ(.w)-ms(w)*
x+1. Reg.: N. stehend adorierend n.r., vor und hinter ihm in x+7 Kolumnen hinterer Teil einer Formel an Gottheiten und Ramses II mit gewünschter Gottesleistung, Name und Titel des N. Hinterer Teil des Textes unverständlich.
Faksimile: (---) Nicht lohnend.
Anm.: Zum Text vergl. auch RII/ DeM/ 027
Bibl.: BRUYÈRE, *Rapp. 35-40 II*, 52, Abb. 142; *KRI III*, 628-9

RII/ DeM/ 049

Ort: DeM 425
Material: Kalkstein Maße: H: x+0,16; B: 0,08+x m
Zustand: Erhalt nur der unteren linken Ecke.
Nutznießer: *Rᶜ(.w)-ms(w)*
x+1. Reg.: Erhalt von 2+x Kolumnen mit Beginn einer Lobpreisungsformel an die "Herrin des Himmels" und "Herrin der Beiden Länder", Name und Titel des N.

Faksimile: (---) Es sind weder Photo noch Faksimile publiziert.
Anm.: Mir ist keine Abb. bekannt, Aufbau der Stele daher unklar.
Bibl.: BRUYÈRE, *Rapp. 35-40 II*, 150:425; *KRI III*, 629

RII/ DeM/ 050

Ort: Stockholm, Medelhavsmuseet 18566
Material: Kalkstein Maße: H: 0,325; B: 0,205 m
Zustand: kpl., nur kleiner Ausbruch
Nutznießer: *Rꜥ(.w)-ms(w)*
Reg.: N. kniend adorierend n.l., vor und über ihm in 9 Kolumnen Verehrungsformel an Amun-Re mit gewünschter Gottesleistung. Danach eine Anrufungsformel an ihn mit Eigenleistung und gewünschter Gottesleistung. Name und Titel des N.
Faksimile: Von publiziertem Photo.
Bibl.: *KRI III*, 848; *PM I:2*, 734; WÅNGSTEDT, *Vier Stelen*, 6-8, Abb. 2

RII/ DeM/ 051

Ort: Hannover, Kestner Museum 2937
Material: Kalkstein Maße: H: 0,26; B: 0,17 m
Zustand: kpl.
Nutznießer: *M33.n=j-nḫt=f*
1. Reg.: Thot ibisköpfig hock auf Podest n.r., flankiert von je einer Göttin stehend mit Stern auf dem Kopf. Keine Texte.
2. Reg.: N. kniend adorierend n.l., vor und über ihm in 7 Kolumnen Lobpreisungsformel an Jah-Thot und die "Sterne des Himmels" mit gewünschter Gottesleistung, Name und Titel des N. Erwähnung seines Sohnes, möglicherweise der Stifter der Stele.
Faksimile: Vom Original.
Bibl.: CRAMER, *Ägyptische Denkmäler*, 95ff., Taf. VII:4; *KRI III*, 650-1; *PM I:2*, 725

RII/ DeM/ 052

Ort: London, British Museum 269
Material: Kalkstein Maße: H: 0,365; B: 0,255 m
Zustand: zerbrochen, Ausbrüche
Nutznießer: *M33-nḫt=f*
1. Reg.: Ptah thronend, Maat stehend n.r., Opferständer. Mann stehend adorierend n.l. Text über wiegend verloren.
2. Reg.: N. und weiterer Mann kniend adorierend n.l. Vor und über ihnen in 13 Kolumnen Lobpreisungsformel an Ptah und Maat. Namen und Titel der Männer. Stiftungsvermerk des zweiten Mannes.
Faksimile: publiziert
Bibl.: *BMHT 12*, 11-12, Taf. 30-31:1; *KRI III*, 651; *PM I:2*, 725

RII/ DeM/ 053

Ort: Berlin 20377

Material: Kalkstein Maße: H: x+0,25+x; B: 0,18+x m

Zustand: Einst kpl., nach 1945 nur ca. 20 % in 4 Fragmenten erhalten

Nutznießer: *Nb(.w)-Rᶜ(.w)*

1. Reg.: Amun-Re thronend n.r. vor den Pylonen seines Tempels, über und hinter ihm Name, Epi. N. kniend adorierend n.l., über ihm Lobpreisungsformel an Amun-Re und Amun-der-Stadt mit gewünschter Gottesleistung, Name und Titel des N.

2. Reg.: 4 Männer kniend adorierend n.l., vor und über ihnen in 16 langen Kolumnen Lobpreisungsformel an Amun mit Eigenleistung und einer Warnung an alle Lebewesen vor dem Zorn des Gottes. Danach Anrufung an den Gott, Name, Titel des N. sowie Filiation (Vater). Präsentation der Rettung des sündigen und kranken Sohnes des N. durch den Gott. Name des N. und Filiation. Anrufung an den Gott mit Hinweis auf die deswegen versprochene und hiermit errichtete Stele. Stiftungsvermerk des N. und eines weiteren Sohnes.

Anm.: Heute sind nur noch einige Fragmente mit Textpassagen erhalten.

Faksimile: Vom Original.

Bibl.: ERMAN, *Religion*, Taf. 5 (Photo der noch vollständigen Stele); *KRI III*, 653-5

RII/ DeM/ 054

Ort: London, British Museum 276

Material: Kalkstein Maße: H: 0,265; B: 0,172 m

Zustand: linke untere Ecke abgebrochen, sonst kpl.

Nutznießer: *Nb(.w)-Rᶜ(.w)*

1. Reg.: Haroeris thronend n.r., über und hinter ihm Name, Epi. sowie 4 Augen und 2 Ohren. Opferständer. Über und hinter diesem Stiftungsvermerk des N. mit Filiation.

2. Reg.: N. kniend adorierend n.l. Vor und über ihm in 7 Kolumnen Lobpreisungsformel an Haroeris mit gewünschter Gottesleistung. Name, Titel und Filiation des N.

Faksimile: Vom Original.

Bibl.: *BMHT 5*, Taf. 43; *BMHT 10*, 34, Taf. 79; *KRI III*, 655; MORGAN, *Ohrenstelen*, Nr. 10, mit ungenauer Datierung; *PM I:2*, 727

RII/ DeM/ 055

Ort: Torino, Museo Egizio 50036

Material: Kalkstein Maße: H: 0,22; B: 0,155 m

Zustand: kpl.

Nutznießer: *Nb(.w)-Rᶜ(.w)*

1. Reg.: Chons thronend n.r., über ihm Name, Epi. Vor ihm Opfertisch, über diesem eine Anrufung an Chons ohne Einleitung.

2. Reg.: N. und sein Sohn kniend adorierend n.r. Vor und über ihnen in 6 Kolumnen Lobpreisungsformel an Chons.

Faksimile: Von publiziertem Photo.

Bibl.: *KRI III*, 655-6; Seipel, *Ägypten*, Nr. 441; Tosi, Roccati, *Stele*

RII/ DeM/ 056

Ort: Torino, Museo Egizio 50063

Material: Kalkstein Maße: H: 0,17; B: 0,11 m

Zustand: Verlust linke untere Ecke

Nutznießer: *Nb(.w)-R*^{c}*(.w)*

1. Reg.: Meret als Schlange auf Schrein n.r., über ihr Name, Epi. N. kniend adorierend n.l., über ihm Lobpreisungsformel an Meret.

Faksimile: Von publiziertem Photo.

Bibl.: Bruyère, *Mert Seger*, 127, Abb. 65; *KRI III*, 656; *PM I:2*, 727; Tosi, Roccati, *Stele*

RII/ DeM/ 057

Ort: Torino, Museo Egizio 50056

Material: Kalkstein Maße: H: 0,142; B: 0,092 m

Zustand: kpl.

Nutznießer: a) *Nb(.w)-R*^{c}*(.w)* b) *Nḫt-Jmn(.w)* c) *Ḫ*^{c}*y*

1. Reg.: Schwalbe auf Palastfassade n.r., vor ihr Opfertisch. Über beiden Name, Epi., Stiftungsvermerk des N.a)

2. Reg.: Katze hockend n.r., über ihr Name, Epi. N.b) und N.c) kniend adorierend n.l., über ihnen Stiftungsvermerk dieser beiden.

Faksimile: publiziert.

Bibl.: *KRI III*, 656; *PM I:2*, 727; Servajean, *hirondelle*; Tiradritti, *Cammino*, 56; Tosi, Roccati, *Stele*

RII/ DeM/ 058

Ort: Paris, Musée National du Louvre N.4194

Material: Kalkstein Maße: H: 0,177; B: 0,114 m

Zustand: kpl.

Nutznießer: *⟨N⟩ḫt-Jmn(.w)*

1. Reg.: Meretseger-Renenutet als Schlange n.r., vor ihr Opfertisch. Über ihr Name, Epi.

2. Reg.: N. kniend adorierend n.l., vor und hinter ihm in 2 Kolumnen Stiftungsvermerk des N. mit Name und Titel sowie Name und Titel des Vaters des N.

Faksimile: Von unpubliziertem Photo, erhalten von C. Ziegler, E. David, P. Couton.

Anm.: Die Darstellungen sind erhaben, die Texte versenkt ausgeführt.

Bibl.: Bruyère, *Mert Seger*, 128-9, Abb. 66; *KRI III*, 657; *PM I:2*, 729

RII/ DeM/ 059

Ort: Paris, Musée National du Louvre N.662

Material: Kalkstein Maße: H: 0,337; B: 0,224 m

Zustand: kpl.
Nutznießer: *Jy(j)-r-n'.t=f*
1. Reg.: Ahmose-Nefertari thronend n.r., über ihr Name, Titulatur. Opfertisch. N. stehend adorierend und räuchernd n.l., über ihm Tätigkeitsvermerk, Name, Titel.
2. Reg.: Links 2 Paar Ohren. Frau und Bruder des N. kniend adorierend und darreichend n.l., vor und über ihnen in 7 Kolumnen Lobpreisungsformel an die vergöttlichte Königin, Namen des N. und der beiden dargestellten Personen.
Faksimile: Von unpubliziertem Photo, erhalten von C. ZIEGLER, E. DAVID, P. COUTON.
Bibl.: *KRI III*, 659-60; *PM I:2*, 722; LETELLIER, *vie quotidienne*, Nr. 127, MORGAN, *Ohrenstelen*, Nr. 15

RII/ DeM/ 060
Ort: ?
Material: Kalkstein Maße: H: 0,16; B: 0,14 m
Zustand: kpl.
Nutznießer: *Jy(j)-r-n'.t=f*
1. Reg.: Eine Kolumne mit Titel des N.
2. Reg.: N. kniend adorierend n.r., vor und hinter ihm Name und Filiation.
Faksimile: publiziert
Bibl.: DAVIES, *High Place*, 248, Taf. 3, 4 §V; *KRI III*, 660; *PM I:2*, 590

RII/ DeM/ 061
Ort: Zagreb, Arheoloski Muzej u Zagrebu 15
Material: Kalkstein Maße: H: x+0,3; B: 0,23 m
Zustand: Verlust des obersten Teils, bestoßen.
Nutznießer: *Jpwy*
1. Reg.: Osiris mumienförmig thronend n.r., über ihm Name, Epi. Opferständer. N. stehend darreichend n.l., über ihm Darreichungsformel, Name und Titel des N.
2. Reg.: 2 Männer, 2 Frauen und 1 Junge (Nachkommen des N.) stehend darreichend und adorierend n.l., über ihnen Namen.
Faksimile: publiziert
Bibl.: *KRI III*, 663-4; MONNET, SALEH, *Zagreb*, 31 Nr. 15; *PM I:2*, 721

RII/ DeM/ 062
Ort: ex Kairo, Slg. Bircher o.Nr.
Material: Kalkstein Maße: ?
Zustand: offenbar mehrere Fragmente, mir ist nur dieses eine bekannt
Nutznießer: ?
x+1. Reg.: 3 Männer stehend adorierend n.l., alles weitere sowie Großteil des Textes verloren, nur ein Name erhalten.
Faksimile: (---) Nicht lohnend.
Bibl.: BRUYÈRE, *Rapp. 29*, Abb. 53; *KRI III*, 664

RII/ DeM/ 063

Ort: ?
Material: Kalkstein Maße: ?
Zustand: Fragment
Nutznießer: ?
x+1. Reg.: Klagefrau n.r., Mumie und Mann stehend n.l., beim Mann Name einer Frau.
Faksimile: (---) Da mir kein Photo bekannt ist, ist die publizierte Zeichnung nicht auf Zuverlässigkeit überprüfbar, kann deshalb hier nicht verwendet werden, aufgrund der geringen Zeichenreste außerdem nicht lohnend.
Anm.: Der erhaltene Name ist der der Ehefrau des ***Jpwky*** (TT 217).
Bibl.: BRUYÈRE, *Rapp. 29*, 55:18, Abb. 22; *KRI III*, 664; *PM I:2*, 689

RII/ DeM/ 064

Ort: DeM 339
Material: Kalkstein Maße: 1. Frag. H: x+0,3+x; B: x+0,32+x; 2. Frag. H: x+0,16+x; B:x+0,2+x m
Zustand: zwei Fragmente
Nutznießer: [Nicht identifizierbar]
x+1. Reg.: Mehrere Männer stehend adorierend n.l., 5 Namen erhalten.
Faksimile: (---) Das publizierte Photo ist qualitativ nicht ausreichend, um davon ein Faksimile zu zeichnen.
Anm.: Mir ist vom 1. Fragment keine Abb. bekannt.
Bibl.: BRUYÈRE, *Rapp. 35-40 II*, 135, Abb. 222; *KRI III*, 664-5

RII/ DeM/ 065

Ort: Torino, Museo Egizio 50031
Material: Kalkstein Maße: H: 0,57; B: 0,38 m
Zustand: kpl.
Nutznießer: ***Jpwy***
1. Reg.: Osiris, Hathor stehend n.r., Re-Harachte und Amenhotep I stehend n.l., über allen Namen, Epi.
2. Reg.: N., seine Frau und sein Sohn sitzend n.r., über ihnen Namen, Titel. Opfertisch. Drei Söhne des N. stehend adorierend, libierend und darreichend n.r., über ihnen Darreichungsformel für den Ka des N.
Faksimile: Von unpubliziertem Photo, erhalten von M. BORLA.
Bibl.: *KRI III*, 665-6; *PM I:2*, 721; TOSI, ROCCATI, *Stele*

RII/ DeM/ 066

Ort: DeM 360
Material: Kalkstein Maße: H: 0,2; B: 0,155 m
Zustand: Verlust der rechten unteren Ecke
Nutznießer: ***Nfr-rnp.t***
1. Reg.: Sonne in Barke, Bezeichnung *pꜣ Šw* und Epi.
2. Reg.: N. kniend adorierend n.l., vor ihm in 5+x Kolumnen Lobpreisungsformel an die Sonne mit Eigenleistung, Name und Titel des N.

Faksimile: (---) Das publizierte Photo ist qualitativ nicht ausreichend, um davon ein Faksimile zu zeichnen.
Bibl.: BRUYÈRE, *Rapp. 35-40 II*, 139-40, Taf. 25: 229; *KRI III*, 669; *PM I:2*, 700

RII/ DeM/ 067
Ort: Paris, Musée National du Louvre E.13935
Material: Kalkstein Maße: H: 0,13; B: 0,09 m
Zustand: Verlust einer oberen Ecke
Nutznießer: *Ḫnsw*
Seite A
Reg.: Meretseger als Schlange auf Podest n.r. vor Opfertisch, Name, Epi.
Seite B
Reg.: 4 Kolumnen Text: Lobpreisungsformel an Meretseger mit gewünschter Gottesleistung, Name und Titel des N. und seiner Frau.
Faksimile: Von publiziertem Photo.
Bibl.: BRUYÈRE, *Mert Seger*, 123, Abb. 63; *KRI III*, 675; *PM I:2*, 725

RII/ DeM/ 068
Ort: ?
Material: Kalkstein Maße: H: x+0,16+x; B: x+0,24+x m
Zustand: Fragment
Nutznießer: ?
x+1. Reg.: Träger sowie Adoranten n.l., Abbild des vergöttlichten Amenhotep I tragend. Bei ihnen Namen und Titel. Alles weitere verloren.
Faksimile: publiziert
Bibl.: CLÈRE, *Monuments inédits*, 190-2, Abb. 3, Taf. 2; *KRI III*, 675; *PM I:2*, 736

RII/ DeM/ 069
Ort: København, Nationalmuseet A.A.d.11
Material: Kalkstein Maße: H: 0,485; B: 0,3 m
Zustand: kpl., rechte untere Ecke abgebrochen.
Nutznießer: *Qn*
1. Reg.: N. und seine Frau sitzend n.r., über ihnen Namen, Titel. 1 Sohn stehend libierend n.l., über ihm Name.
2. Reg.: 2 Mumien, N. und seine Frau, stehend vor Grabfassade n.r., über ihnen Name, Titel, bei ihnen drei Klagende. Sohn des 1. Reg. das Mundöffnungsritual vollziehend n.l., über ihm Tätigkeitsvermerk, Name des N. und seiner Frau.
3. Reg.: 5 Zeilen: Königsopferformel für Osiris, Hathor und Anubis mit gewünschter Gottesleistung, Namen und Titel des N., seiner Frau und zweier Söhne.
Faksimile: Vom eigenen Photo, am Original kollationiert.
Bibl.: *KRI III*, 684-5; MOGENSEN, *Inscriptions Hiéroglyphique*, 26-9, Abb. 27, Taf. 17; *PM I:1*, 12

RII/ DeM/ 070

Ort: Torino, Museo Egizio 50074
Material: Kalkstein Maße: H: 0,57; B: 0,36 m
Zustand: Ausbrüche an den Ecken
Nutznießer: ***Qn***
1. Reg.: Re-Harachte in Barke n.r., Name, Epi.
2. Reg.: Vier Mumien des N. und seiner Frau vor Grabfassaden, dahinter Klagefrau. Zwei Söhne des N. libierend n.l. Bei allen Namen, Titel.
Hohlkehle: Geflügelter Cheperkäfer.
Rand oben: Horizonthieroglyphe, flankiert von Isis n.r., Nephthys n.l. Hinter den Göttinnen jeweils ein Adorant in Proskynese.
Rand links: Stiftungsvermerk des N. mit Nennung eines Sohnes.
Rand rechts: Stiftungsvermerk des N. mit Filiation und Nennung eines anderen Sohnes.
Faksimile: Von unpubliziertem Photo, erhalten von M. BORLA.
Bibl.: *KRI III*, 685-6; *PM I:2*, 723; TIRADRITTI, *Cammino*, 83; TOSI, ROCCATI, *Stele*

RII/ DeM/ 071

Ort: New York, Metropolitan Museum of Art 59.93
Material: Kalkstein Maße: H: 0,38; B: 0,271 m
Zustand: kpl.
Nutznießer: ***Qn***
1. Reg.: Amenhotep I und Ahmose-Nefertari thronend n.r.. über ihnen Namen, Titel. Vor ihnen Opfertisch.
2. Reg.: N. und seine Frau kniend adorierend n.l., 2 Kinder stehend n.l. Über N. Stiftungsvermerk. Über allen Namen, Titel.
Faksimile: Von unpubliziertem Digital-Photo, erhalten von J. P. ALLEN.
Bibl.: ANONYMUS, *Illustrations*, 41 Abb.; *KRI III*, 686; *PM I:2*, 723, SCOTT, *Stela*, 150

RII/ DeM/ 072

Ort: DeM 320
Material: Kalkstein Maße: H: x+0,2; B: 0,14+x m
Zustand: größere Ausbrüche oben, rechts und unten rechts
Nutznießer: ***Qn***
1. Reg.: [///]
2. Reg.: Erhalt von 6+x Kolumnen mit einer Lobpreisungsformel an die Sonne und alle Götter mit Eigenleistung, danach eine Selbstpräsentation mit Angabe eines Meineides als Grund für die Errichtung dieser Stele.
Faksimile: (---) Das publizierte Photo ist qualitativ nicht ausreichend, um davon ein Faksimile zu zeichnen.
Bibl.: BRUYÈRE, *Rapp. 35-40 II*, 130-1, Abb. 215; *KRI III*, 687; *PM I:2*, 694

RII/ DeM/ 073

Ort: Torino, Museo Egizio 1634

Material: Kalkstein Maße: H: 0,42; B: 0,28 m
Zustand: kpl.
Nutznießer: *Qn*
1. Reg.: N. sitzend n.r. Opfertisch. Über ihm Königsopferformel für Re-Harachte mit gewünschter Gottesleistung, Name des N. und Bezeichnung als *3ḫ-jqr-n-R*ᶜ*(.w)*.
Faksimile: (---) Nicht lohnend.
Bibl.: DEMARÉE, *3ḫ-jqr-n-R*ᶜ*.w-Stelae*, 115; *KRI III*, 687; MASPERO, *Rapport*, 194 §87; *PM I:2*, 724

RII/ DeM/ 074
Ort: London, British Museum 815
Material: Kalkstein Maße: H: x+0,29+x; B: x+0,345+x m
Zustand: zwei Fragmente
Nutznießer: *Qn*
x+1. Reg.: Osiris und Amenhotep I stehend n.r., Hathor als Schlange aus Berg n.l. Über ihnen Namen, Epi. Unter dem Berg in 4 Kolumnen Stiftungsvermerk des N. mit Filiation sowie Namen von Frau und Sohn.
Faksimile: (---) Nicht lohnend.
Bibl.: *BMHT 10*, 37, Taf. 84-5:2; *KRI III*, 687; *PM I:2*, 723

RII/ DeM/ 075
Ort: Torino, Museo Egizio 50040
Material: Kalkstein Maße: H: 0,39; B: 0,26 m
Zustand: kpl.
Nutznießer: *Pn-dw3*
1. Reg.: Göttin Neferet-jyti thronend n.r. Opferständer. Göttin Iret-nefer thronend n.l., über ihnen Name, Epi.
2. Reg.: Frau des N. kniend, Tochter stehend adorierend n.r. N. kniend, Sohn stehend adorierend n.l. Über ihnen Name, Titel. Mittig Name des Vaters des N., dem die 4 Personen offenbar adorieren.
Faksimile: Von unpubliziertem Photo, erhalten von M. BORLA.
Bibl.: *KRI III*, 688; *PM I:2*, 732; TOSI, ROCCATI, *Stele*

RII/ DeM/ 076
Ort: DeM 19
Material: Kalkstein Maße: H: ?+x; B: ? m
Zustand: unteres Register überwiegend verloren
Nutznießer: *Ṯ3w-n-3nwy*
1. Reg.: Geflügelter Cheperkäfer unter Sonne, kein Text.
2. Reg.: N. n.r., Name und Bezeichnung als *3ḫ-jqr-n-R*ᶜ*(.w)*.
Faksimile: publiziert
Bibl.: BRUYÈRE, *Rapp. 35-40 II*, 32-3, Abb. 100, Taf. 24; DEMARÉE, *3ḫ-jqr-n-R*ᶜ*.w-Stelae*, 122 f.; *KRI III*, 688; *PM I:2*, 735

RII/ DeM/ 077

Ort:	?		
Material:	Kalkstein	Maße:	H: x+0,43+x; B: x+0,3+x m
Zustand:	Große Ausbrüche auf der rechten Seite.		
Nutznießer:	***Qn***		
1. Reg.:	2 Göttinnen thronend n.r., Kopfpartie und alles weitere verloren.		
2. Reg.:	N. und 2 seiner Frauen n.r., über ihnen Namen und Titel. Unterhalb der Köpfe vollständig verloren.		
Faksimile:	(---) Da mir kein Photo bekannt ist, ist die publizierte Zeichnung nicht auf Zuverlässigkeit überprüfbar, kann deshalb hier nicht verwendet werden.		
Bibl.:	BRUYÈRE, *Rapp. 27*, 14, Abb. 7:2; *KRI III*, 688; *PM I:1*, 12		

RII/ DeM/ 078

Ort:	?		
Material:	Kalkstein	Maße:	H: 0,17; B: 0,16; T: 0,05 m
Zustand:	Erhalt nur des oberen linken Teils.		
Nutznießer:	***Qn***		
x+1. Reg.:	N. stehend adorierend und darreichend n.r., über ihm wohl Darreichungsformel, Name und Titel.		
Faksimile:	(---) Da mir kein Photo bekannt ist, ist die publizierte Zeichnung nicht auf Zuverlässigkeit überprüfbar, kann deshalb hier nicht verwendet werden.		
Bibl.:	BRUYÈRE, *Rapp. 27*, 22:1, Abb. 11:1; *KRI III*, 688; *PM I:1*, 12		

RII/ DeM/ 079

Ort:	?		
Material:	Kalkstein	Maße:	H: 0,075+x; B: x+0,125+x m
Zustand:	Erhalt nur des oberen linken Teils.		
Nutznießer:	***Qn***		
1. Reg.:	x+6 Kolumnen: Name und Titel des N. und einer Tochter.		
2. Reg.:	Erhalt lediglich 1+x Zeilen: Titulatur eines König.		
Faksimile:	(---) Es sind weder Photo noch Faksimile publiziert.		
Bibl.:	BRUYÈRE, *Rapp. 26*, 83:5, Abb. 58A; *KRI III*, 685		

RII/ DeM/ 080

Ort:	?		
Material:	?	Maße:	?
Zustand:	Fragment		
Nutznießer:	?		
x+1. Reg.:	Mann stehend adorierend n.r., über ihm Reste einer Götterformel an Re-Harachte, Name und Titel. Gottheit, wohl Re-Harachte stehend n.l. Alles wietere verloren.		
Faksimile:	(---) Das publizierte Photo ist qualitativ nicht ausreichend, um davon ein Faksimile zu zeichnen.		
Bibl.:	BRUYÈRE, *Rapp. 24-25*, 43, Abb. 29o.; *KRI III*, 689		

RII/ DeM/ 081

Ort: Stockholm, Medelhavsmuseet MM 32000 (= Nationalmuseet NME 28)
Material: Kalkstein Maße: H: 0,33; B: 0,23 m
Zustand: Unten große Ausbrüche, sonst kpl.
Nutznießer: *N3ḫj*
1. Reg.: Horus thronend n.r., über ihm Name, Epi. Opferständer. N. stehend darreichend n.l., über ihm Name, Titel.
2. Reg.: 1 Sohn und 2 Enkel des N. stehend adorierend n.l., über ihnen Namen.
Faksimile: Von publiziertem Photo.
Bibl.: *KRI III*, 691; MOGENSEN, *Stèles*, 45-6; WÅNGSTED, *Vier Stelen*, 10-11; *PM I:2*, 726

RII/ DeM/ 082

Ort: Torino, Museo Egizio 50045
Material: Kalkstein Maße: H: 0,31; B: 0,2 m
Zustand: kpl.
Nutznießer: *Jmn(.w)-m-jn.t*
1. Reg.: Jah-Thot als Mondscheibe und -sichel in Barke n.r. Über ihm Name, Epi.
2. Reg.: N. und seine Frau kniend, Tochter stehend adorierend n.l. Vor und über ihnen in 11 Kolumnen Lobpreisungsformel an "die Sonne" und Jah-Thot mit Eigenleistung des N. Danach folgend Anrufungsformel an Re mit gewünschter Gottesleistung. Namen und Titel aller Personen.
3. Reg.: 1 Zeile: Stiftungsvermerk des N.
Faksimile: Von publiziertem Photo.
Bibl.: *KRI III*, 693; *PM I:2*, 715; TOSI, ROCCATI, *Stele*

RII/ DeM/ 083

Ort: London, British Museum 279
Material: Kalkstein Maße: H: 0,452; B: 0,3 m
Zustand: kpl.
Nutznießer: *S:mn-t3.wj*
1. Reg.: Amun-Re und Mut thronend n.r., über ihnen Namen, Epi. N. kniend adorierend und räuchernd n.l., über ihm sein Tätigkeitsvermerk.
2. Reg.: Meretseger thronend n.r., über ihr Namen, Epi. Opferständer. Weiterer Mann und seine Frau kniend adorierend n.l., über ihnen Lobpreisungsformel an Meretseger.
Faksimile: publiziert
Bibl.: *BMHT 12*, 17, Taf. 50-1; *KRI III*, 694; *PM I:2*, 734

RII/ DeM/ 084

Ort: Kairo, Ägyptisches Museum JdE 72021
Material: Kalkstein Maße: H: 0,425; B: 0,3 m
Zustand: kpl.
Nutznießer: *Ḫ3wj*
1. Reg.: Hathor thronend n.r., über ihr Name, Epi. Ramses II und Vezir Paser stehend Pflanzen darreichend und adorierend n.l., über ihnen Name, Titel, vor dem König Tätigkeitsvermerk.
2. Reg.: N. kniend adorierend n.l., vor und über ihm in 6 Kolumnen Lobpreisungsformel an Hathor mit Eigenleistung und gewünschter Gottesleistung, Name und Titel des N.
Faksimile: publiziert, jedoch vom publiziertem Photo korrigiert.
Bibl.: BRUYÈRE, *RAPP. 35-40 II*, 37, 77-8, TAF. 10, 37: 63; *KRI III*, 699; *PM I:2*, 697

RII/ DeM/ 085

Ort: ?
Material: Kalkstein Maße: H: 0,51; B: 0,345 m
Zustand: Verlust der linken unteren Ecke.
Nutznießer: *Ḫ3wj*
1. Reg.: Amun in Sonnenbarke n.l., über ihm Name und Epi. des Re-Harachte.
2. Reg.: N. und seine Frau kniend adorierend n.l., vor und über ihnen in 10 Kolumnen Verehrungsformel an Re, danach eine Anrufungsformel an ihn mit gewünschter Gottesleistung. Stiftungsvermerk des N. und seiner Frau mit Namen, Titel.
Faksimile: (---) Das publizierte Photo ist qualitativ nicht ausreichend, um davon ein Faksimile zu zeichnen.
Bibl.: BRUYÈRE, *RAPP. 27*, 40-1, ABB. 27; *KRI III*, 699; *PM I:1*, 311

RII/ DeM/ 086

Ort: ?
Material: Kalkstein Maße: H: ?+x+?; B: ?+x+? m
Zustand: Fragment
Nutznießer: *Ḫ3wy*
x+1. Reg.: Erhalt von 4 Kolumnen mit Verehrungsformel an Re, Anrufungsformel an Amun-Re, weiteres verloren.
Faksimile: (---) Es sind weder Photo noch Faksimile publiziert.
Bibl.: BRUYÈRE, *Rapp. 27*, 41:6, Abb.. 28; *KRI III*, 700

RII/ DeM/ 087

Ort: Torino, Museo Egizio 50135
Material: Kalkstein Maße: H: x+0,44; B: 0,27 m
Zustand: Verlust des obersten Teils.
Nutznießer: ***Bn-nḫ.t***
1. Reg.: Amun thronend n.r. Opferständer. Mann kniend adorierend n.l. Alle Texte verloren.

2. Reg.: Mut thronend n.r., über ihr Name, Epi. N. kniend adorierend n.l., über ihm Lobpreisungsformel an Mut.

Faksimile: Von unpubliziertem Photo, erhalten von M. Borla.

Anm.: Aus den bei *KRI III*, 701 publizierten Belegen geht für mich nicht hervor, daß der Name unbedingt ***Bn-nḫt=f*** lautet, daher fällt bei mir das Suffix weg.

Bibl.: *KRI III*, 701; *PM I:2*, 738; TOSI, ROCCATI, *Stele*

RII/ DeM/ 088

Ort: Berlin 21538

Material: Kalkstein Maße: H: 0,11; B: 0,08 m

Zustand: Kpl.

Nutznießer: ***Jmn(.w)⟨-m⟩-wjꜣ***

1. Reg.: Amenhotep I und Ahmose-Nefertari stehend n.r., hinter ihnen Namen.

2. Reg.: N. und sein Sohn kniend sowie ein weiterer Mann stehend adorierend n.l., über ihnen Namen.

Faksimile: Vom Original.

Bibl.: *KRI III*, 706; *PM I:2*, 706

RII/ DeM/ 089

Ort: Cambridge, Fitzwilliam Museum E.55.52

Material: Kalkstein Maße: H: 0,57; B: 0,44 m

Zustand: kpl.

Nutznießer: ***Jmn(.w)-m-ḥꜣb***

1. Reg.: Barke des Amun-Re n.r., bei ihr Name und Epi. des Amun-Re mit seinem schönen Namen.

2. Reg.: Barke der Mut n.r., bei ihr Name und Epi. der Mut mit ihrem schönen Namen.

3. Reg.: Barke des Chons n.r., bei ihr Name und Epi. des Chons mit seinem schönen Namen.

4. Reg.: Opfergaben. N. in Proskynese, seine Frau kniend adorierend n.l., über ihnen in 9 Kolumnen Stiftungsvermerk des N., Namen und Titel von beiden.

Faksimile: Unpubliziert, von G.T. MARTIN erhalten, der eine Publikation des Objektes vorbereitet.

Bibl.: BRUYÈRE, *Rapp. 35-40 III*, 39; *KRI III*, 707; MARTIN, *Stelae*, in Vorb.

RII/ DeM/ 090

Ort: ?

Material: ? Maße: ?

Zustand: Erhalt nur der untersten rechten Ecke.

Nutznießer: ***Jmn(.w)-nḫt***

x+1. Reg.: Sitzende n.r., Opferständer. Aller Text verloren.

Rand links: [///]

Rand rechts: Unterer Teil eine Götterformel mit gewünschter Gottesleistung(?).

Rand unten: Name und Titel des N.

Faksimile: (---) Das publizierte Photo ist qualitativ nicht ausreichend, um davon ein Faksimile zu zeichnen.

Bibl.: BRUYÈRE, *Rapp. 48-51*, 40: 18, Taf. 11:6; *KRI III*, 712

RII/ DeM/ 091

Ort: Torino, Museo Egizio 50059

Material: Kalkstein Maße: H: 0,43; B: 0,3 m

Zustand: kpl.

Nutznießer: *Jmn(.w)-nḫ.t*

1. Reg.: Oben mittig 4 Uräen *en face*, um die der Hintergrund abgearbeitet wurde. Darunter Berglandschaft stilisiert durch gewellte Striche, die Abhänge angeben. Unten rechts in einem durch Striche abgegrenztem Quadrat N. kniend adorierend n.l., vor ihm in 1 Kolumne Name und Titel. Darüber Isis stehend n.r., vor ihr in 5 Kolumnen Name und Epi. Rechts außen in 1 abgegrenzten Kolumne Nennung der großen Bergspitze des Westens mit Epi, Text teilweise in das Quadrat mit N. hineingehend.

2. Reg.: 1 Zeile: Stiftungsvermerk des N. mit Filiation.

Faksimile: Von publiziertem Photo.

Bibl.: *KRI III*, 712-3; *PM I:2*, 708; TOSI, ROCCATI, *Stele*

RII/ DeM/ 092

Ort: Handel

Material: ? Maße: ?

Zustand: Fragment

Nutznießer: *Djdj*, *Jmn(.w)-nḫ.t* (?)

1. Reg.: [Gottheit thronend n.r.], Opfertisch, [Adorant n.l.]

2. Reg.: 7+x Zeilen Text, stark zerstört, Nennung der beiden N., Anrufungsformel an die Neunheit, näheres unklar.

Faksimile: (---) Es sind weder Photo noch Faksimile publiziert.

Anm.: Mir ist nichts näheres bekannt.

Bibl.: *KRI III*, 713

RII/ DeM/ 093

Ort: Torino, Museo Egizio 149

Material: Kalkstein Maße: ?

Zustand: kpl.

Nutznießer: *Pn-dwꜣ*

1. Reg.: Ptah n.r., Opfergaben. Name und Epi.

2. Reg.: N. und sein Sohn n.r. Stiftungsvermerk des N., Namen und Titel.

Faksimile: (---) Nicht zugänglich.

Anm.: Beschreibung nach KRI, mir ist keine Abb. bekannt.

Bibl.: *KRI III*, 713-4

RII/ DeM/ 094

Ort: Paris, Musée National du Louvre E. 12964 (= C 311)
Material: Sandstein Maße: H: 0,75; B: 0,58 m
Zustand: kpl.
Nutznießer: ***Jr.j-nfr***
1. Reg.: Osiris und Anubis thronend n.r., über ihnen Namen, Epi. Opfertisch. Amenhotep I und Ahmose-Nefertari thronend n.l., über ihnen Lobpreisungsformel an sie, Namen und Titulatur.
2. Reg.: Paar und 2 Söhne sitzend n.r., über ihnen Namen, Titel. Opfertisch. N., seine Frau und 1 Tochter stehend darreichend n.l., über ihnen Stiftungsvermerk des N., Namen und Titel.
3. Reg.: N., seine Frau und 1 Schwester sitzend n.r. Opfertisch. 2 Töchter und 3 Brüder stehend darreichend n.l., über allen Namen und Titel.
Faksimile: Von unpubliziertem Photo, erhalten von C. ZIEGLER, E. DAVID, P. COUTON.
Anm.: aus Grab TT 290
Bibl.: BRUYÈRE, *Rapp. 22-23*, 15-23, Taf. 10; BRUYÈRE, KUENTZ, *tombes thébaines*, 77-89, Taf. 18-9; *KRI III*, 716-7; LETELLIER, *vie quotidienne*, Nr. 3

RII/ DeM/ 095

Ort: London, British Museum 284
Material: Kalkstein Maße: H: 0,305; B: 0,215 m
Zustand: Verlust der oberen linken Ecke, sonst kpl.
Nutznießer: ***Jr.j-nfr***
1. Reg.: Thoeris stehend n.r., vor ihr Opfertisch. Über und hinter ihr Name und Epi.
2. Reg.: N. und seine Frau kniend adorierend n.l., zwischen ihnen in 4 Kolumnen Stiftungsvermerk des N., Namen und Titel.
Faksimile: publiziert
Bibl.: *BMHT 12*, 13, Taf. 36-7; *KRI III*, 718; *PM I:2*, 722

RII/ DeM/ 096

Ort: London, British Museum 814
Material: Kalkstein Maße: H: 0,33; B: 0,22 m
Zustand: kpl., in der Mitte antike Reparatur.
Nutznießer: ***Jr.j-nfr***
1. Reg.: Hathor als Kuh auf Schlitten n.r. Opfertisch. N. kniend darreichend n.l. Über ihnen Namen, Titel, Epi.
2. Reg.: 1 Zeile: Restaurationsvermerk des N. Darunter N. kniend adorierend n.l., vor und über ihm in 8 Kolumnen Lobpreisungsformel an Hathor mit Eigenleistung und gewünschter Gottesleistung, Name und Titel des N.
Faksimile: publiziert
Bibl.: *BMHT 12*, 13-4, Taf. 36-7; *KRI III*, 718-9; *PM I:2*, 722

RII/ DeM/ 097

Ort: London, University College 14545
Material: Kalkstein Maße: H: 0,23+x; B: 0,2 m
Zustand: Verlust des untersten Teils
Nutznießer: ***Jr.j-nfr***
1. Reg.: Ptah stehend *en face*, links neben ihm Opfergaben, über ihm in 2 Kolumnen Name und Epi. N. kniend(?) n.l., über ihm in 3 Kolumnen Lobpreisungsformel an Ptah mit gewünschter Gottesleistung, Name und Titel des N.
Faksimile: publiziert
Bibl.: K*RI III*, 719; *PM I:2*, 722; STEWARD, *Stelae I*, 36, Taf. 29:2

RII/ DeM/ 098

Ort: ?
Material: Kalkstein Maße: ?
Zustand: Fragment
Nutznießer: ***Jr.j-nfr***
1. Reg.: Opferständer, 2 Personen stehend n.l., oberer Teil verloren.
2. Reg.: Mann adorierend n.l., über ihm in 8+x Kolumnen hinterer Teil einer Götterformel für Anubis mit Eigenleistung, Name und Titel eines Mannes (Stifter?).
Rand links: Text: hinterer Teil einer Götterformel u.a. für Atum mit gewünschter Gottesleistung, Name und Titel des N.
Faksimile: (---) Da mir kein Photo bekannt ist, ist die publizierte Zeichnung nicht auf Zuverlässigkeit überprüfbar, kann deshalb hier nicht verwendet werden.
Bibl.: BRUYÈRE, *Rapp. 22-23*, 30, 34, Abb. 7; BRUYÈRE, KUENTZ, *tombes thébaines*, 98:4, 99, Abb. 5; K*RI III*, 720; *PM I:1*, 373

RII/ DeM/ 099

Ort: ?
Material: Kalkstein Maße: ?
Zustand: Erhalt nur der linken untersten Ecke.
Nutznießer: ***ꜥꜣ-mk***
x+1. Reg.: Mann kniend adorierend n.l., vor und hinter ihm in x+6 Kolumnen Nennung von Name und Titel des N. und seines Sohnes, Art des Textes unklar.
Faksimile: (---) Das publizierte Photo ist qualitativ nicht ausreichend, um davon ein Faksimile zu zeichnen.
Bibl.: BRUYÈRE, *Rapp. 35-40 II*, 35, 46, Abb. 108 li.; K*RI III*, 720-1; *PM I:2*, 715

RII/ DeM/ 100

Ort: Slg. Bankes 5
Material: Kalkstein Maße: H: 0,51; B: 0,33 m
Zustand: kpl.
Nutznießer: ***ꜥꜣ-mk***
1. Reg.: Re-Harachte falkenköpfig in Barke n.r., bei ihm Name, Epi.

2. Reg.: N. kniend adorierend n.l., vor und über ihm in 9 Kolumnen Verehrungsformel an Re, Anrufungsformel an Re-Harachte mit Eigenleistung und gewünschter Gottesleistung, Name, Titel und Filiation des N.

Faksimile: (---) Das publizierte Photo ist qualitativ nicht ausreichend, um davon ein Faksimile zu zeichnen.

Bibl.: ČERNÝ, *Bankes*, 5; K*RI III*, 721; *PM I:2*, 714-5

RII/ DeM/ 101

Ort: Torino, Museo Egizio 50038

Material: Kalkstein — Maße: H: 0,26; B: 0,18 m

Zustand: kpl.

Nutznießer: *W3ḏ-ms(w)*

1. Reg.: Ptah n.r. und Neti n.l. thronend einander gegenüber. Über ihnen Namen und Epitheta.

2. Reg.: Antithetischer Aufbau: N. kniend n.l., vor und über ihm in 4 Kolumnen Lobpreisungsformel an Neti mit gewünschter Gottesleistung, Name und Titel des N. Rechte Seite ebenso, Lobpreisungsformel hier an Nebmaat (i.e. Ptah).

Faksimile: Von publiziertem Photo.

Bibl.: K*RI III*, 725; *PM I:2*, 735; TOSI, ROCCATI, *Stele*

RII/ DeM/ 102

Ort: London, British Museum 320

Material: Kalkstein — Maße: H: 0,335; B: 0,235 m

Zustand: kpl.

Nutznießer: *Rꜥ(.w)-wbn.w*

1. Reg.: Re-Harachte thronend n.r., über ihm Name, Epi. Opferständer. Mann stehend adorierend n.l., um ihm Darreichungsformel mit *ḏj=f* durch diesen, danach Stiftungsvermerk des N. und Nennung des Sohnes des N. Oberer Abschluß: Behdeti als einflüglige Sonne

2. Reg.: 3 Zeilen: Königsopferformel für Re-Harachte mit gewünschter Gottesleistung, Name und Titel des N.

Faksimile: publiziert

Bibl.: *BMHT 10*, 35, Taf. 81:1 (falsche Nummer!); K*RI III*, 784; *PM I:2*, 734

RII/ DeM/ 103

Ort: ?

Material: Kalkstein — Maße: H: urspr. ca. 1,25 m

Zustand: Fragment des obersten Teils.

Nutznießer: *Wn-nḫt*

1. Reg.: Nach Text Osiris und Hathor n.l., Reste des Kopfes von Anubis n.r., dahinter nach Text Isis n.r., Kopf des N. stehend adorierend n.l. Namen, Epitheta und Ausführungsvermerk. Alles weitere verloren.

Faksimile: (---) Da mir kein Photo bekannt ist, ist die publizierte Zeichnung nicht auf Zu-verlässigkeit überprüfbar, kann deshalb hier nicht verwendet werden.

Anm.: Aus Grab TT 290.

Bibl.: BRUYÈRE, *Rapp. 22-23*, 29, Abb. 3; K*RI III*, 727; *PM I:2*, 736

RII/ DeM/ 104

Ort: früher Slg. Kelekian
Material: Kalkstein Maße: H: 0,45; B: 0,3 m
Zustand: kpl.
Nutznießer: *Wn-nḫt*
1. Reg.: Re-Harachte hockend in Sonnenbarke n.r. Name und Epi.
2. Reg.: Sohn des N. n.r. kniend adorierend, vor ihm Name. Ihm gegenüber N. in der gleichen Haltung n.l., vor ihm Stiftungsvermerk, Name und Titel.
Faksimile: Von publiziertem Photo.
Bibl.: CLÈRE, *Monuments inédits*, 176ff., Abb. IA, Taf. 1; K*RI III*, 727; *PM I:2*, 736

RII/ DeM/ 105

Ort: København, Thorvaldsensmuseum 348
Material: Kalkstein Maße: H: 0,22; B: 0,17 m
Zustand: Oben kleiner Ausbruch, unteres Register stark verwittert.
Nutznießer: *Nb(.w)-nḫt*
1. Reg.: N., als *ꜣḫ-jqr-n-Rꜥ(.w)* bezeichnet, sitzend n.r. Opfertisch. Bruder des N. stehend darreichend n.l., hinter ihnen jeweils Name, Titel.
2. Reg.: Gleiche Szene wie im 1. Reg.
Faksimile: (---) Oberfläche stark verwittert
Bibl.: DEMARÉE, *ꜣḫ-jqr-n-Rꜥ.w-Stelae*, 71 f.; KOEFOED-PETERSEN, *stèles égyptiennes*, 431-2, Taf. 43; K*RI III*, 727; *PM I:2*, 726

RII/ DeM/ 106

Ort: Kairo, Ägyptisches Museum JdE 72018
Material: Kalkstein Maße: H: 0,195; B: 0,32 m
Zustand: kpl.
Nutznießer: *Pꜣ-sr*
Reg.: Meretseger thronend n.r., ihr gegenüber Hathor, ein Kind säugend. Über beiden jeweils Name und Epi. Zwischen ihnen 14 Schlangen n.r. Unter diesen 1 Zeile mit Ausführungsvermerk des N.
Faksimile: (---) Mir nicht zugänglich.
Bibl.: BRUYÈRE, *Rapp. 35-40 II*, 34, 76f., Abb. 156; K*RI III*, 729; *PM I:2*, 731

RII/ DeM/ 107

Ort: Kairo, Ägyptisches Museum JdE 43564
Material: Kalkstein Maße: H: 0,2; B: 0,15 m
Zustand: rechts Ausbrüche.
Nutznießer: *Ḫꜥ(j)-m-Wꜣs.t*
Reg.: Amun-Re stehend n.r., über ihm Name, Titel N. stehend adorierend n.l., über ihm Lobpreisungsformel an Amun-Re, Name und Titel.
Hohlkehle: Palmblattmuster, kein Text.
Rand links: Königsopferformel für Amun-Re mit gewünschter Gottesleistung, Name und Titel eines weiteren Mannes.

Rand rechts: [///]
Faksimile: Von publiziertem Photo.
Bibl.: Bruyère, *Stèles*, 78 - 80, Taf. I:1; *KRI III*, 732; *PM I:2*, 698

RII/ DeM/ 108

Ort: Kairo, Ägyptisches Museum JdE 72025
Material: Kalkstein Maße: H: 0,46; B: 0,305 m
Zustand: kpl., Ofl. stark verwittert
Nutznießer: *Pn-Jmn(.w)*
1. Reg.: Thot als Affe in Sonnenbarke n.r., 2 Udjat-Augen, 3 Ohren, Name, Epi.
2. Reg.: N. kniend adorierend, Tochter stehend n.l., vor und über ihnen in 10 Kolumnen Lobpreisungsformel an Jah-Thot mit gewünschter Gottesleistung, Namen und Titel.
Faksimile: (---) Nicht lohnend.
Bibl.: Bruyère, *Rapp. 35-40 II*, 42, 79-81, Abb. 159:111, Taf. 10-1; *KRI III*, 732; Morgan, *Ohrenstelen*, Nr. 08; *PM I:2*, 698

RII/ DeM/ 109

Ort: ?
Material: Kalkstein Maße: H: 0,23; B: x+0,16 m
Zustand: Verlust des linken Randteils.
Nutznießer: *Pn-Jmn(.w)*
1. Reg.: Sonnenbarke n.r, nur geringe Textspuren.
2. Reg.: N. kniend adorierend n.l., vor und über ihm in x+8 Kolumnen Götterformel mit gewünschter Gottesleistung. Stiftungsvermerk, Name und Titel des N.
Faksimile: (---) Das publizierte Photo ist qualitativ nicht ausreichend, um davon ein Faksimile zu zeichnen.
Bibl.: Bruyère, *Rapp. 35-40 II*, 148, Abb. 242:411; *KRI III*, 733; *PM I:2*, 731

RII/ DeM/ 110

Ort: Kairo, Ägyptisches Museum JdE 72020
Material: Kalkstein Maße: H: 0,25; B: 0,17 m
Zustand: gebrochen, kleiner Ausbruch, sonst kpl.
Nutznießer: a) *Jmn(.w)-šd(w)* b) *Pn-Jmn(.w)*
1. Reg.: Papyrus-Vase, Nilpferd n.l., kein Text.
2. Reg.: Antithetischer Aufbau. N. a) kniend adorierend n.l., vor und über ihm in 5 Kolumnen Lobpreisungsformel an Seth, Name. N. b) kniend adorierend n.l., vor und über ihm in 4 Kolumnen Lobpreisungsformel an Seth mit gewünschter Gottesleistung.
Faksimile: (---) Das publizierte Photo ist qualitativ nicht ausreichend, um davon ein Faksimile zu zeichnen.
Bibl.: Bruyère, *Rapp. 35-40 II*, 101, Taf. 16, Abb. 173:228

RII/ DeM/ 111

Ort:	London, British Museum 1466
Material:	Kalkstein Maße: H: 0,385; B: 0,27 m
Zustand:	kpl.
Nutznießer:	***Pn-bwy***
1. Reg.:	Ptah thronend in Schrein n.r., über ihm Name, Epi. Opfertisch, darüber Tätigkeitsvermerk mit gewünschter Gottesleistung, kein Personenname.
2. Reg.:	Links Ka-Arme mit Brot, N. kniend adorierend n.l., über und zwischen ihnen in 9 Kolumnen Lobpreisungsformel an Ptah mit gewünschter Gottesleistung, Stiftungsvermerk des N.
Faksimile:	publiziert
Bibl.:	*BMHT 10*, 31-2, Taf. 73; *KRI III*, 740; MORGAN, *Ohrenstelen*, Nr. 13; *PM I:2*, 731

RII/ DeM/ 112

Ort:	London, British Museum 65355
Material:	Kalkstein Maße: H: 0,2; B: 0,145 m
Zustand:	kpl.
Nutznießer:	***Pn-bwy***
1. Reg.:	Ptah thronend n.r., Opfertisch, vor ihm N. kniend adorierend n.l. Namen, Epi. und Titel.
2. Reg.:	Sohn und weibliche Angehörige des N. kniend adorierend n.l. Namen und Titel.
Faksimile:	publiziert
Bibl.:	*BMHT 10*, 31, Taf. 72; *KRI III*, 740; *PM I:2*, 732

RII/ DeM/ 113

Ort:	Torino, Museo Egizio 50037
Material:	Kalkstein Maße: H: 0,225; B: 0,155 m
Zustand:	kpl.
Nutznießer:	***Pn-bwy***
1. Reg.:	Ahmose-Nefertari thronend n.r. Opfertisch. Vor ihr N. kniend darreichend n.l. Über ihnen Namen und Titel.
2. Reg.:	Sohn und Frau des N. adorierend bzw. darreichend n.l., vor ihnen jeweils Namen und Titel.
Faksimile:	Von publiziertem Photo.
Bibl.:	*KRI III*, 741; *PM I:2*, 732; MORGAN, *Ohrenstelen*, Nr. 17; TOSI, ROCCATI, *Stele*

RII/ DeM/ 114

Ort:	Paris, Musée National du Louvre E.16374
Material:	Kalkstein Maße: H: 0,375; B: 0,265 m
Zustand:	Links oben kleiner Ausbruch
Nutznießer:	***Pn-bwy***

1. Reg.:	Thoeris thronend n.r., über ihr Name, Epi. Opfertisch. N. stehend adorierend n.l., über ihm Lobpreisungsformel an die Göttin, Name und Titel des N.
2. Reg.:	Hathor-Isis thronend n.r., über ihr Name, Epi. Opferständer. Frau und Tochter des N. kniend adorierend n.l, über ihnen Lobpreisungsformel an diese Göttin, Namen und Titel.
Faksimile:	Von unpubliziertem Photo, erhalten von C. ZIEGLER, E. DAVID, P. COUTON.
Bibl.:	BRUYÈRE, *Rapp. 34-35 III*, 198-9, 334, Abb. 206, Taf. 22; K*RI III*, 741; *PM I:2*, 705

RII/ DeM/ 115

Ort:	?		
Material:	Kalkstein	Maße:	H: x+0,11 m
Zustand:	Erhalt nur der unteren linken Ecke.		
Nutznießer:	***Jrj***		
1. Reg.:	(verloren)		
2. Reg.:	Erhalt von 5 Kolumnen Text: Lobpreisungsformel an [///] mit Eigenleistung, Name und Titel des N.		
Faksimile:	(---) Da mir kein Photo bekannt ist, ist die publizierte Zeichnung nicht auf Zuverlässigkeit überprüfbar, kann deshalb hier nicht verwendet werden.		
Bibl.:	BRUYÈRE, *Rapp. 45-47*, 42: 81, Abb. 27:1; K*RI III*, 742		

RII/ DeM/ 116

Ort:	?		
Material:	Kalkstein	Maße:	?
Zustand:	Fragment		
Nutznießer:	***Pn-bwy***		
1. Reg.:	Gott n.r., Adorant n.l., alle Texte zerstört		
2. Reg.:	Zwei Männer kniend n.l., N. und sein Sohn, Namen, übriger Text zerstört.		
Faksimile:	(---) Es sind weder Photo noch Faksimile publiziert.		
Bibl.:	BRUYÈRE, *Rapp. 31-32*, 68:12; BRUYÈRE, *Rapp. 35-40 II*, 146:396; K*RI III*, 742		

RII/ DeM/ 117

Ort:	?		
Material:	Kalkstein	Maße:	?
Zustand:	mehrere Fragmente		
Nutznießer:	***Pn-Ḫnmw***		
x+1. Reg.:	3 Männer stehend, dahinter Textrest: Name des N.		
Faksimile:	(---) Es sind weder Photo noch Faksimile publiziert.		
Bibl.:	BRUYÈRE, *Rapp. 34-35* III, 202-3, 245:2; K*RI III*, 745		

RII/ DeM/ 118

Ort: ?
Material: Kalkstein Maße: ?
Zustand: Erhalt nur der unteren rechten Ecke.
Nutznießer: [*Pn-šj-*]*n-ᶜbw*
1. Reg.: [///]
2. Reg.: N. kniend n.l., Text überwiegend zerstört, Eigenleistung, Name und Titel des N. erhalten
Faksimile: (---) Da mir kein Photo bekannt ist, ist die publizierte Zeichnung nicht auf Zuverlässigkeit überprüfbar, kann deshalb hier nicht verwendet werden.
Bibl.: BRUYÈRE, *Rapp. 23-24*, 57, Abb. 5; *KRI III*, 746; *PM I:1*, 394

RII/ DeM/ 119

Ort: ?
Material: ? Maße: ?
Zustand: Fragment des unteren Registers.
Nutznießer: *Pn-šj-n-ᶜbw*
1. Reg.: [///]
2. Reg.: Frau mit Blumen, teilweise erhalten, Textreste: Name und Titel des N.
Faksimile: (---) Es sind weder Photo noch Faksimile publiziert.
Bibl.: BRUYÈRE, *Rapp. 35-40 II*, 145; *KRI* III, 747

RII/ DeM/ 120

Ort: Torino, Museo Egizio 50028
Material: Kalkstein Maße: H: 0,19; B: 0,2 m
Zustand: kpl.
Nutznießer: *Mᶜḥw*
Seite A
Reg.: Amun-Re, Mut und Meretseger thronend n.r., über ihnen Name, Epi. N. stehend darreichend, adorierend n.l., über ihm Darreichungsformel für den N.
Seite B
Reg.: Auf der rechten Seite 4 Kolumnen Text: Königsopferformel für Amun-Re, Mut und Meretseger sowie für alle Schreiber. Ende des Textes unklar und abgewaschen. Linke Hälfte des Registers frei.
Faksimile: (---) Nicht lohnend.
Anm.: Texte und Darstellungen sind aufgemalt.
Bibl.: *KRI III*, 748-9; TOSI, ROCCATI, *Stele*

RII/ DeM/ 121

Ort: Paris, Musée National du Louvre C 280
Material: silexhaltiger Kalkstein Maße: H: x+1,50+x; B: x+0,90+x m
Zustand: An allen Rändern bestoßen und abgebrochen.
Nutznießer: a) *Jpy* b) *Ms*(*w*)

1. Reg.:	Antithetisch aufgebaut. *Linke Hälfte*: N. a) [und seine Frau?] stehend adorierend n.r., über ihnen Lobpreisungsformel an Anubis und Isis, Namen, Titel. Anubis thronend, Hathor stehend n.l., über ihnen Namen, Epi. *Rechte Hälfte*: Osiris thronend, Isis stehend n.r., über ihnen Namen, Epi. Wohl N. b) und sei-ne Frau stehend adorierend n.l., über ihnen Lobpreisungsformel an Osiris und Isis, Namen zerstört.
2. Reg.:	Antithetisch aufgebaut. *Linke Hälfte*: Paar stehend darreichend n.r., über ihnen Darreichungsformel. N. a) und seine Frau sitzend n.l., über ihnen Namen, Titel. *Rechte Hälfte*: N. b) und seine Frau sitzend n.r., über ihnen Namen, Titel. Paar stehend darreichend n.l., über ihnen Darreichungsformel.
3. Reg.:	4 Söhne und 6 Töchter stehend adorierend und darreichend n.l., über ihnen Namen.
Faksimile:	(---) Nicht lohnend.
Bibl.:	BRUYÈRE, *Rapp. 26*, 78-9, Taf. 9; *KRI III*, 750-1

RII/ DeM/ 122

Ort:	London, British Museum 332
Material:	Kalkstein — Maße: H: 0,363; B: 0,243 m
Zustand:	kpl., nur unwesentliche Ausbrüche.
Nutznießer:	*Jpy*
1. Reg.:	Sonnenbarke n.r., über ihr in 7 Kolumnen Nennung von Re, Amun und Atum mit Epi.
2. Reg.:	N. kniend adorierend n.l., vor ihm in 9 Kolumne Lobpreisungsformel an Re, Stiftungsvermerk des N.
Faksimile:	publiziert
Bibl.:	*BMHT 12*, 16, Taf. 46-7; *KRI III*, 752; *PM I:2*, 722

RII/ DeM/ 123

Ort:	Voronezh, Voronezh Museum 157
Material:	Kalkstein — Maße: H: 0,51, B: 0.335 m
Zustand:	kpl.
Nutznießer:	*Nb(.w)-Jmnt.t*
1. Reg.:	Tanenet thronend n.r., ihr gegenüber Month und Rat-taui thronend n.l., Namen und Epi.
2. Reg.:	N. und 7 Verwandte stehend adorierend n.l., über ihnen Namen und Titel.
Faksimile:	(---) Das publizierte Photo ist qualitativ nicht ausreichend, um davon ein Faksimile zu zeichnen.
Anm.:	Die gleichen Göttinnen kommen auf der Stele Kairo JdÉ 66338 aus Tôd vor. Zu Rat-taui im Demotischen vgl. KOCKELMANN, *Demotic Manual*.
Bibl.:	BERLEV, HODJASH, *Catalogue*, 51 (IV, 17); *KRI* III, 754-5; *PM I:2*, 726

RII/ DeM/ 124

Ort:	Torino, Museo Egizio 50171
Material:	Kalkstein — Maße: H: x+0,18+x; B: x+0,12+x m
Zustand:	Fragment

Nutznießer: *Nb(.w)-Jmnt.t* (?)
x+1. Reg.: Hand und Schurz eines Mannes kniend n.l., geringe Textreste: Name und Titel vielleicht des N.
Faksimile: (---) Nicht lohnend.
Bibl.: *KRI III*, 755; TOSI, ROCCATI, *Stele*

RII/ DeM/ 125 UNBESETZT

RII/ DeM/ 126
Ort: London, British Museum 305
Material: Kalkstein Maße: H: 0,63; B: 0,42 m
Zustand: Nur leichte Beschädigungen am oberen Teil, sonst kpl.
Nutznießer: *Nfr-rnp.t*
1. Reg.: 4 Mumien stehend n.r., über ihnen Namen, teilweise zerstört. Um sie 5 Klagende, bei ihnen Namen. 2 Männer und 2 Frauen stehend adorierend n.l., über ihnen Namen.
2. Reg.: Anubis über Mumie gebeugt in Schrein, kein Text. 4 Männer und 2 Frauen, Verwandte des N., stehend adorierend n.l., über ihnen in 8 Kolumnen Namen.
3. Reg.: 11 Kolumnen Text: Teile des Tb-Spruches 1, Stiftungsvermerk des Sohnes des N.
Faksimile: Von publiziertem Photo.
Bibl.: *BMHT 9*, 36-7, Taf. 32/A:1; *KRI III*, 770-1; *PM I:2*, 728

RII/ DeM/ 127
Ort: London, British Museum 589
Material: Kalkstein Maße: H: 0,39; B: 0,28 m
Zustand: kpl.
Nutznießer: *Nfr-ʿ3b.t*
1. Reg.: Ptah thronend in Schrein n.r., über ihm Name, Epi. Vor ihm Opfertisch.
2. Reg.: N. kniend adorierend n.l., vor ihr in 8 Kolumnen Lobpreisungsformel an Ptah mit gewünschter Gottesleistung, Stiftungsvermerk des N.
Faksimile: Von publiziertem Photo.
Bibl.: *BMHT 9*, 36, Taf. 31/A; *KRI III*, 771-2; MORGAN, *Ohrenstelen*, Nr. 12; *PM* I:2, 728

RII/ DeM/ 128
Ort: Paris, Musée National du Louvre E 13993
Material: Kalkstein Maße: H: 0,6+x; B: x+0,39 m
Zustand: Links und unten Abbrüche.
Nutznießer: *Nfr-ʿ3b.t*
1. Reg.: Sonnenbarke n.r., darüber Name des Re-Harachte-Atum.
2. Reg.: Schlangengöttin mit dem Namen "westliche Felsspitze" n.r., über ihr Name, Epi. Lotosblüte. N. kniend adorierend n.l., über ihm Lobpreisungsformel an diese Göttin, Name und Titel.

3. Reg.: Erhalt von 9 (von einst 10) Kolumnen Text: Verehrungsformel und Anrufungsformel an Re, Name und Titel des N.
Faksimile: Von unpubliziertem Photo, erhalten von C. ZIEGLER, E. DAVID, P. COUTON.
Anm.: Von der Grabanlage des N., TT 5.
Bibl.: BRUYÈRE, *Rapp. 29*, 82-4, Abb. 38; *KRI III*, 773-4; *PM I:1*, 14; LETELLIER, *vie quotidienne*, Nr. 123

RII/ DeM/ 129
Ort: London, British Museum 150 + 1754
Material: Kalkstein Maße: H: 1,76+x; B: x+1,03 m
Zustand: mehrere, nicht anpassende Fragmente.
Nutznießer: *Nfr-ꜥꜣb.t*
1. Reg.: Meretseger als Schlange n.r. Opfertisch. N. in Proskynese, sein Vater kniend adorierend n.l., über ihnen Lobpreisungsformel an Meretseger, Name, Titel und Filiation des N.
2. Reg.: Mundöffnungsszene vor Grabfassade, darüber Namen und Titel des N. und seiner Frau. Gruppe von Klagenden n.l. Über ihnen Tätigkeitsvermerk bez. der Mundöffnung, Name und Titel des N., seiner Frau sowie 9 Verwandten. Linker Teil des Registers verloren.
3. Reg.: Totenschrein auf einer Barke n.r., gezogen von Ochsen und mehreren Männern, teilweise wohl Verwandte des N. Über ihnen ihre Namen und Titel.
4. Reg.: Totenschrein auf einer Barke n.r., gezogen von Ochsen und mehreren Männern, Verwandten des N. Über ihnen ihre Namen und Titel.
5. Reg.: Fünf (+x) Männer, teilweise Verwandte des N. n.r., beladen mit Grabinventar und Opfergaben. Über ihnen Namen, Titel.
Faksimile: (---) Oberfläche stellenweise verwittert. Nicht lohnend.
Bibl.: *BMHT 9*, 34-5, Taf. 30/A; *KRI III*, 774-6; *PM I:1*, 14

RII/ DeM/ 130
Ort: København, National Museet A.A.d.8
Material: Kalkstein Maße: H: 0,27; B: 0,17 m
Zustand: kpl.
Nutznießer: *Nfr-rnp.t*
1. Reg.: Re-Harachte thronend n.r., vor ihm Name, Epi. N. stehend darreichend n.l., über ihm Name, Titel.
2. Reg.: 1 Mann, 3 Frauen und ein Mädchen stehend adorierend n.l., vor und über ihnen Namen, Titel.
Faksimile: Vom eigenen Photo, am Original kollationiert.
Bibl.: *KRI III*, 776; MOGENSEN, *Inscriptions Hiéroglyphiques*, 20-1, Taf. 15:22; *PM I:2*, 728

RII/ DeM/ 131
Ort: ?
Material: Kalkstein Maße: H: 0,46+x; B: 0,33 m
Zustand: Verlust der unten linken Ecke, größere Ausbrüche an der Ofl.

Nutznießer: *Nfr-rnp.t*
1. Reg.: Hathor n.r., über ihr Name, Epi. Opferständer. N. und 1 Mann stehend adorierend n.l., über ihnen Lobpreisungsformel an Hathor mit gewünschter Gottesleistung, Namen und Titel, hinterer Teil verloren.
2. Reg.: Fünf weibliche Verwandte des N. stehend adorierend n.l., über ihnen Namen.
Faksimile: (---) Das publizierte Photo ist qualitativ nicht ausreichend, um davon ein Faksimile zu zeichnen.
Bibl.: BRUYÈRE, *Rapp. 35-40 II*, 122-3, Taf. 44, Abb. 205; *KRI III*, 777; *PM I:2*, 729

RII/ DeM/ 132
Ort: London, British Museum 316
Material: Kalkstein Maße: H: 0,425; B: 0,283 m
Zustand: kpl.
Nutznießer: *Nfr-snt*
1. Reg.: Hathor thronend n.r., über ihr Name, Epi. Opferständer. N. kniend räuchernd n.l., über ihm Tätigkeitsvermerk
2. Reg.: 2 Söhne und 1 Enkel kniend adorierend n.l., über ihnen Namen, Titel.
Faksimile: Von publiziertem Photo.
Bibl.: *BMHT 10*, 29-30, Taf. 70:1; *KRI III*, 780; *PM I:2*, 729

RII/ DeM/ 133
Ort: Slg. Bankes 9
Material: Kalkstein Maße: H: 0,52; B: 0,35 m
Zustand: kpl.
Nutznießer: *Nḫw-Mw.t*
1. Reg.: Hathor und Mut thronend n.r., über ihnen Namen, Epi. Opferständer. Ramses II stehend adorierend n.l., über ihm Name, Titulatur. Oberer Abschluß Flügelsonne.
2. Reg.: N., seine Frau und 2 Kinder kniend adorierend n.l., über ihnen Lobpreisungsformel an Hathor und Mut, Namen und Titel.
Faksimile: Von publiziertem Photo.
Bibl.: ČERNÝ, *Bankes*, 9; *KRI III*, 781-2; *PM I:2*, 729

RII/ DeM/ 134
Ort: Avignon, Musée Calvet A 16
Material: Kalkstein Maße: H: 0,38; B: 0,27 m
Zustand: kpl.
Nutznießer: *Ḥ3y*
1. Reg.: Reschef thronend n.r., über ihm Name, Epi. N. stehend adorierend n.l., über ihm Name und Titel.
2. Reg.: 1 Sohn, 2 Frauen, 1 Sohn und ein Kind stehend darreichend n.l., über ihnen Stiftungsvermerk (?) des linken Sohnes, Namen und Titel.
Faksimile: Von unpubliziertem Photo, erhalten von O. CAVALIER.
Bibl.: *KRI III*, 788; LECLANT, *Astarté*, 26, Abb. 7; *PM I:2*, 719

RII/ DeM/ 135

Ort: ?
Material: Kalkstein Maße: ?
Zustand: Nur noch mehrere Fragmente.
Nutznießer: *Ḫ3y*
1. Reg.: Erhalten nur Namen, Epi. und Titel von Amenhotep I, Ahmose-Nefertari und einem Mann n.r. Ihnen gegenüber Titel eines Adoranten. Alles weitere verloren.
2. Reg.: 3 Männer stehend n.r. mit Opfergaben, vor ihnen Namen, Titel. Ihnen gegenüber Paar mit Kind stehend n.l. Rest verloren.
3. Reg.: Namen und Titel über mehreren, heute verlorenen Männern, adorierend n.r. Ihnen gegenüber mehrere Männer kniend adorierend n.l., über ihnen Namen, Titel. Register überwiegend verloren.
Faksimile: (---) Nicht zugänglich.
Bibl.: BRUYÈRE, *Rapp. 29*, 40-1 § 2, 52 § 7, Abb. 14:12, 13; K*RI III*, 788-9

RII/ DeM/ 136

Ort: ?
Material: Kalkstein Maße: ?
Zustand: Fragmente
Nutznießer: [///]
1. Reg.: Text: Namen und Titel der Frau des N.
2. Reg.: Namen einer Frau und ihres Sohnes.
Faksimile: (---) Es sind weder Photo noch Faksimile publiziert. Keine näheren Angaben bekannt.
Bibl.: BRUYÈRE, *Rapp. 35-40 II*, 45 Nr. 168; K*RI III*, 789

RII/ DeM/ 137

Ort: Torino, Museo Egizio 50030
Material: Kalkstein Maße: H: 0,31; B: 0,44 m
Zustand: kpl.
Nutznießer: *Ḥwy*
1. Reg.: Hathor thronend n.r. Opfertisch. Ramses II stehend räuchernd n.l. Über beiden Namen, Titel.
2. Reg.: N., sein Vater und 1 Sohn kniend adorierend n.l. Über ihnen Namen, Titel. sowie Erwähnung eines weiteren Sohnes
Faksimile: Von publiziertem Photo.
Bibl.: K*RI III*, 790; *PM I:2*, 720; TOSI, ROCCATI, *Stele*; ZOFFILI, *Kleidung*, 32

RII/ DeM/ 138

Ort: Torino, Museo Egizio 50077
Material: Kalkstein Maße: H: x+0,7+x; B: x+0,55 m
Zustand: Ein großes Fragment.
Nutznießer: *Ḥwy*

1. Reg.: Hathor als Kuh aus Berg kommend n.l., vor ihr Person stehend n.l., oberer Teil sowie gesamter Text verloren.

2. Reg.: Mumien des N., seiner Frau und Tochter vor Grabfassade n.l., über ihnen Namen und Titel. Ganz links erhalten Tätigkeitsvermerk für das Mundöffnungsritual.

Rand rechts: 2 Kolumnen Verehrungsformel an Re, teilweise Textverlust.

Faksimile: Von unpubliziertem Photo, erhalten von M. BORLA.

Bibl.: *KRI III*, 790-1; *PM I:2*, 720; TOSI, ROCCATI, *Stele*

RII/ DeM/ 139

Ort: Torino, Museo Egizio 50022

Material: Kalkstein Maße: H: 0,3; B: 0,23 m

Zustand: kpl.

Nutznießer: *Ḏsr-kȝ-Rᶜ(.w)*

1. Reg.: Der als *ȝḫ-jqr-n-Rᶜ(.w)* bezeichnete N. sitzend n.r., über ihm Name. Opferständer. Bruder des N. stehend räuchernd und libierend n.l., über ihm Tätigkeitsvermerk für das Darreichen. Dieser Text setzt sich im 2. Reg. fort.

2. Reg.: Fortsetzung der Inschrift aus dem Register: 1 Zeile mit Namen und Titel des Stifters.

Faksimile: Von unpubliziertem Photo, erhalten von M. BORLA.

Bibl.: DEMARÉE, *ȝḫ-jqr-n-Rᶜ.w-Stelae*, 129; *KRI III*, 791; *PM I:2*, 736; TOSI, ROCCATI, *Stele*

RII/ DeM/ 140

Ort: Paris, Musée National du Louvre C 86

Material: Kalkstein Maße: H: 0,315 ; B: 0,188 m

Zustand: kpl.

Nutznießer: *Ḥwy*

Seite A

1. Reg.: Zentral Qadesch *en face* auf einem Löwen, flankiert von Min-Amun-Re stehend n.r. und Reschef stehend n.l. Über ihnen Namen, Epi.

2. Reg.: Antithetisch aufgebaut. Sohn des N. kniend adorierend n.r., vor und über ihm in 5 Kolumnen Stiftungsvermerk, Name und Titel. N. kniend adorierend n.l., vor und über ihm in 5 Kolumnen Stiftungsvermerk, Name, Titel und Filiation des N.

Hohlkehle: Palmblattmuster, zentral Sonne, kein Text.

Rand oben: 1 Zeile aufgemalt, nur noch unleserliche Spuren.

Rand links: 1 Kolumne aufgemalt, nur noch unleserliche Spuren.

Rand rechts: 1 Kolumne aufgemalt, nur noch unleserliche Spuren.

Seite links: Mann stehend adorierend n.r. (=zur Vorderseite der Stele). Über ihm in 2 Kolumnen Lobpreisungsformel an Min-Amun, Name und Titel eines Mannes.

Seite B

1. Reg.: Antithetisch aufgebaut. Frau des N. kniend darreichend n.r., vor und über ihr in 5 Kolumnen Lobpreisungsformel an Qadesch mit gewünschter Gottesleistung, Name und Titel. Tochter kniend darreichend n.l., vor und über ihr in 5 Kolumnen Lobpreisungsformel an Qadesch mit gewünschter Gottesleistung, Name und Titel.

2. Reg.: Antithetisch aufgebaut. Tochter kniend adorierend n.r., vor und über ihr in 5 Kolumnen Lobpreisungsformel an Qadesch mit gewünschter Gottesleistung, Name und Titel. Tochter kniend darreichend n.l., vor und über ihr in 5 Kolumnen Lobpreisungsformel an Qadesch mit gewünschter Gottesleistung, Name und Titel.

3. Reg.: Tochter des N. kniend adorierend n.r., vor und über ihr in 10 Kolumnen Lobpreisungsformel an Qadesch mit gewünschter Gottesleistung für den N., Name der dargestellten Tochter. Dahinter Anrufungsformel an Qadesch mit gewünschter Gottesleistung.

Seite rechts Mann stehend adorierend n.l. (=zur Vorderseite der Stele). Über ihm in 2 Kolumnen Lobpreisungsformel an Min-[///] mit gewünschter Gottesleistung, Name und Titel eines Mannes.

Faksimile: Von unpubliziertem Photo, erhalten von C. ZIEGLER, E. DAVID, P. COUTON.

Anm.: Zu den Verwandtschaftsbeziehungen der einzelnen Personen siehe LETELLIER, *stèle de Qadesh*, 150 ff.

Bibl.: *KRI III*, 791-3; LETELLIER, *stèle de Qadesh*, 150 ff., Taf. 11-2; *PM I:2*, 719-20:b

RII/ DeM/ 141

Ort: London, British Museum 446

Material: Kalkstein Maße: H: x+0,245; B: 0,6 m

Zustand: Erhalt nur der Basis.

Nutznießer: *Ḥwy*

x+1. Reg.: *Linke Hälfte*: Mann stehend n.r., 4 Sitzende n.l. *Rechte Hälfte*: Frau stehend n.r., 6 Sitzende n.l., Erhalt nur der Fußpartie, sämtlicher Text verloren.

x+2. Reg.: 5 Zeilen: Königsopferformel für Osiris, Ptah-Sokar, Hathor, Horus, Amun, Amenhotep I, Ahmose-Nefertari mit gewünschter Gottesleistung, Name und Titel des N mit Filiation, seiner Frau und Tochter.

Faksimile: publiziert

Bibl.: *BMHT 12*, 14-5, Taf. 40/A:2; *KRI III*, 793; *PM I:2*, 720

RII/ DeM/ 142

Ort: Neuchâtel, Musée des Beaux-Arts Ég 238

Material: Kalkstein Maße: H: 0,57; B: 0,46 ,

Zustand: kpl.

Nutznießer: *Ḥwy*

1. Reg.: Osiris, Anubis, Hathor thronend, [Hathor] als Kuh aus dem Westgebirge n.l., über ihnen Namen, Epi. Opfertisch. N. stehend adorierend n.l., über ihm Darreichungsformel, Name, Titel und Filiation.

2. Reg.: Amenhotep I und Ahmose-Nefertari thronend n.r., über ihnen Namen, Titulatur. N., seine Frau 1 männlicher und 4 weibliche Verwandte stehend darreichend n.l., über ihnen Stiftungsvermerk des N., Namen, Titel.

3. Reg.: Antithetischer Aufbau. Mütter des N. und seiner Frau sitzend n.r.. Tochter stehend darreichend n.l., über ihnen Namen. Weitere Tochter stehend darreichend n.r. Vater und 1 Frau sitzend n.r., 1 Sohn stehend n.l., über allen Namen.

Faksimile: (---) Nicht lohnend.

Bibl.: BRUYÈRE, *Mert Seger*, 209, Abb. 108; K*RI III*, 793-4; *PM I:2*, 719; SPIEGELBERG, *Grabsteine III*, 17-18 Nr. 12, Taf. 7:12

RII/ DeM/ 143

Ort: Torino, Museo Egizio 50044

Material: Kalkstein Maße: H: 0,275; B: 0,2 m

Zustand: kpl.

Nutznießer: *Ḥwy*

1. Reg.: Barke mit Jah-Thot als Mondscheibe und -sichel, darüber Name, Epi.

2. Reg.: N. kniend adorierend n.r., vor und über ihm in 9 Kolumnen Stiftungsvermerk des N. sowie eine negative Selbstpräsentation mit Eigenleistung als Buße für Jah.

Faksimile: Von publiziertem Photo.

Bibl.: K*RI III*, 795; *PM I:2*, 720; TOSI, ROCCATI, *Stele*

RII/ DeM/ 144

Ort: Torino, Museo Egizio 50053

Material: Kalkstein Maße: H: 0,16; B: 0,11 m

Zustand: kpl.

Nutznießer: *Ḥm.t-nṯr*

1. Reg.: Zwei Katzen hockend einander gegenüber, zwischen ihnen ein Gefäß. Kein Text.

2. Reg.: 5 Kolumnen: Königsopferformel für die als "gute Katze" bezeichnete Gottheit mit gewünschter Gottesleistung. Name, Titel der N. und ihrer Tochter.

Faksimile: Von publiziertem Photo.

Bibl.: K*RI III*, 795; *PM I:2*, 719; TOSI, ROCCATI, *Stele*

RII/ DeM/ 145

Ort: Kairo, Ägyptisches Museum JdE 43565

Material: Kalkstein Maße: H: 0,175; B: 0,115 m

Zustand: kpl.

Nutznießer: *Ḥr(.w)-m-wjꜣ*

1. Reg.: Ptah thronend n.r., über ihm Name, Epi. N kniend adorierend n.l., über ihm Name, Titel.

2. Reg.: 1 Sohn und 1 Enkel des N. kniend adorierend n.l., über ihnen Namen.

Hohlkehle: Palmblattmuster. Kein Text.

Rand oben: Flügelsonne. In die Stelle der Sonnenscheibe war ein dreieckiger Gegenstand eingelassen, der heute verloren ist.

Rand links: [Kein Text.]
Rand rechts: [Kein Text.]
Faksimile: Von publiziertem Photo.
Anm.: Die Register sind gegenüber dem Rand auf einer tieferen Ebene.
Bibl.: BRUYÈRE, *quelques stèles*, 78-80, Taf. I:1; K*RI III*, 796; *PM I:2*, 698

RII/ DeM/ 146
Ort: London, British Museum 555
Material: Kalkstein Maße: H: 0,635; B: 0,415 m
Zustand: kpl.
Nutznießer: *Ḫ*ᶜ(*j*)-*bḫn.t*
1. Reg.: Re-Harachte in Barke n.l., daneben Udjatauge bzw. Schenring. Oben Name, Epi.
2. Reg.: N. kniend adorierend n.r., über ihm Name, Titel. Prinz in Kindertracht stehend n.l., über ihm Name. Dahinter Hathor als Kuh aus dem Westberg n.l., über ihr Name, Epi.
3. Reg.: N. und seine Frau kniend adorierend n.r., vor und über ihnen in 9 Kolumnen Lobpreisungsformel an Hathor mit gewünschter Gottesleistung, Namen und Titel.
Faksimile: publiziert
Bibl.: *BMHT 12*, 12, Taf. 30-1; K*RI III*, 816-7; *PM I:1*, 8, QUIRKE, *Religion*, 183

RII/ DeM/ 147
Ort: ?
Material: Kalkstein Maße: H: x+0,17+x; B: x+0,135 m
Zustand: Fragment
Nutznießer: *Ḫ*ᶜ(*j*)-*bḫn.t*
1. Reg.: Erhalt des unteren Teils von zwei knienden Männer n.l.
2. Reg.: N. kniend adorierend n.l., vor und hinter ihm Name und Titel.
Faksimile: publiziert
Bibl.: GODRON, *fragment*, 81-5, Abb.; K*RI III*, 817

RII/ DeM/ 148
Ort: ?
Material: ? Maße: ?
Zustand: Fragment
Nutznießer: ?
x+1. Reg.: Mehrere Männer n.r., erhalten drei Namen.
Faksimile: (---) Es sind weder Photo noch Faksimile publiziert.
Bibl.: BRUYÈRE, *Rapp. 35-40 II*, 141 Nr. 372; K*RI III*, 817

RII/ DeM/ 149
Ort: Straßburg, Collection de l'Institut d'Égyptologie de la Université 206
Material: Kalkstein Maße: H: 0,3; B: 0,18+x m

Zustand: Rechte Hälfte überwiegend verloren.
Nutznießer: a) *Ḫꜥ(j)-m-ṯr.t* b) *Nb(.w)-n-mꜣꜥ*[///]
1. Reg.: Ptah thronend n.r., über ihm Name, Epi., darüber einflügelige Sonne mit Uräus. Opferständer. Mann stehend darreichend n.l., über ihm Name, Titel.
2. Reg.: N. a) und N. b) kniend adorierend n.l., über jedem Stiftungsvermerk, Name, Titel.
Faksimile: (---) Nicht lohnend.
Bibl.: BRUYÈRE, *Mert Seger*, 51, Abb. 32 li., K*RI III*, 820; *PM I:2*, 724; SPIEGELBERG, *Grabsteine I*, S. 19 Nr. 33

RII/ DeM/ 150
Ort: ?
Material: Kalkstein Maße: H: x+0,3; B: x+0,22 m
Zustand: Mehrere Fragmente
Nutznießer: *Ḫnsw*
1. Reg.: [Meretseger] stehend in Schrein n.r., überwiegend verloren. N. kniend adorierend n.l., Götterformel an Meretseger, Name und Titel des N.
2. Reg.: Opferständer, dahinter einst wohl Renenutet, darüber Name, Epi. Frau des N. kniend adorierend n.l., vor und über ihr in 6 Kolumnen Lobpreisungsformel an diese Göttin mit gewünschter Gottesleistung. Stiftungsvermerk der Frau.
Rand rechts: 2+x Kolumnen: Teile einer Lobpreisungsformel erhalten, stark zerstört.
Faksimile: publiziert, nur der am Photo überprüfbare Teil wurde verwendet.
Bibl.: BRUYÈRE, *Rapp. 35-40 II*, 101, Taf. 16: 227, 18: 227; K*RI III*, 821; *PM I:2*, 725

RII/ DeM/ 151
Ort: Torino, Museo Egizio 50012
Material: Kalkstein Maße: H: 0,76; B: 0,55 m
Zustand: kpl.
Nutznießer: *Kꜣ-r'*
1. Reg.: Osiris, Ptah-Sokar, Anubis, Horus, Hathor thronend n.r., über ihnen Namen, Epi. Opfertisch. N. stehend adorierend und libierend n.l., über und hinter ihm Darreichungsformel an diese Gottheiten, Name und Titel des N.
2. Reg.: Eltern, 3 Brüder, 2 Schwestern und Frau des N. sitzend n.r., über ihnen Namen, Titel. N. stehend darreichend n.l., über ihm Tätigkeitsvermerk, Name, Titel.
3. Reg.: N. (?) und zweite Frau sowie ein Bruder sitzend, zwei Söhne stehend n.r., über ihnen Namen, Titel. Opfertisch. Sohn und zwei Töchter des N. stehend darreichend n.l., über ihnen Stiftungsvermerk sowie Namen, Titel.
Faksimile: Von unpubliziertem Photo, erhalten von M. BORLA.
Bibl.: K*RI III*, 824-6; *PM I:2*, 398; TOSI, ROCCATI, *Stele*

RII/ DeM/ 152
Ort: London, British Museum 328
Material: Kalkstein Maße: H: 0,35; B: 0,24 m

Zustand: kpl.
Nutznießer: *K3-r'*
1. Reg.: Ptah stehend n.r., über ihm Name, Epi. Ramses II stehend darreichend n.l., über ihm Name, Titulatur. Zwischen ihnen Tätigkeitsvermerk des Königs.
2. Reg.: N. und sein Sohn kniend adorierend n.l., vor und hinter ihnen in 9 Kolumnen Lobpreisungsformel an Ptah mit Eigenleistung, Namen und Titel.
Faksimile: (---) Nicht lohnend.
Bibl.: *BMHT 9*, 48-9, Taf. 40:1; *KRI III*, 826; *PM I:2*, 723

RII/ DeM/ 153
Ort: London, British Museum 818
Material: Kalkstein Maße: H: x+0,38; B: 0,29 m
Zustand: Zwei große Fragmente.
Nutznießer: *K3-r'*
1. Reg.: Gottheit thronend n.r. Opfertisch. Mann stehend adorierend n.l., obere Hälfte und fast aller Text verloren.
2. Reg.: Frau des N., 2 Söhne und 6 Töchter stehend adorierend und darreichend n.l., über ihnen Namen.
Faksimile: (---) Nicht lohnend.
Bibl.: *BMHT 9*, 49-50, Taf. 40:2; *KRI III*, 826-7; *PM I:2*, 723

RII/ DeM/ 154
Ort: ?
Material: Kalkstein Maße: ?
Zustand: Fragment
Nutznießer: ?
1. Reg.: Zwei Götter thronend n.r., Opfertisch. Obere Hälfte sowie aller Text verloren.
2. Reg.: Erhalt nur von 5 Kolumnen: mehrere Namen.
Faksimile: (---) Es sind weder Photo noch Faksimile publiziert.
Bibl.: BRUYÈRE, *Rapp. 23-24*, 96:3, Abb. 18; *KRI III*, 827; *PM I:1*, 398

RII/ DeM/ 155
Ort: ?
Material: Kalkstein Maße: H: x+0,105+x; B: 0,185+x+0,06 m
Zustand: Fragment
Nutznießer: *Z3-Mw.t* ?
x+1. Reg.: Vater (des N.?) stehend adorierend n.r., über ihm Name, Titel. Mann (N.?) n.l., über ihm Verehrungsformel an Re, Name und Titel.
Faksimile: (---) Es sind weder Photo noch Faksimile publiziert.
Anm.: Aus TT 330 des *K3-r'*.
Bibl.: BRUYÈRE, *Rapp. 31-32*, 8, Abb. 3, Taf. 69:23; *KRI III*, 827; *PM I:1*, 398

RII/ DeM/ 156
Ort: Slg. Bankes 7
Material: Kalkstein Maße: H: 0,53; B: 0,305 m

Zustand: kpl.
Nutznießer: ***Bw-ḫ3ʿ.n=f-Ptḥ***
1. Reg.: Sistrum der Göttin Nebet-Hotep en face, flankiert von 2 Katzen, Nebet-Hotep thronend n.r., über beiden Name und Epi. Opfertisch. N. stehend adorierend n.l., über ihr Stiftungsvermerk und Name.
2. Reg.: 4 Zeilen: Lobpreisungsformel an Nebet-Hotep mit Eigenleistung und gewünschter Gottesleistung.
3. Reg.: Mann der N., die N., 1 männlicher und 4 weibliche Verwandte der N. stehend mit Musikinstrumenten und Pflanzen n.l., vor bzw. über ihnen Namen und Titel.
4. Reg.: 4 männliche und 4 weibliche Verwandte der N. stehend mit Musikinstrumenten oder mit leeren Händen n.l., vor bzw. zwischen ihnen Namen.
Faksimile: (---) Nicht lohnend.
Bibl.: ČERNÝ, *Bankes*, 7; *KRI III*, 828-9; *PM I:2*, 717

RII/ DeM/ 157
Ort: London, British Museum 369
Material: Kalkstein Maße: H: 0,26; B: 0,17 m
Zustand: Rechte Hälfte im oberen Teil größtenteils zerstört.
Nutznießer: ***Bw-ḫ3ʿ.n=f-Ptḥ***
1. Reg.: Zentral Hathor-Sistrum *en face*, flankiert von 2 Katzen. Links Hathor thronend n.r., über ihr Name und Epi. Oberer Abschluß Flügelsonne. Rechte Hälfte verloren.
2. Reg.: 2 Töchter der N., die N., 1 Tochter und 3 Söhne stehend darreichend n.l., vor bzw. über ihnen Namen.
Faksimile: (---) Oberfläche stark verwittert.
Anm.: Aus dem Suffix "=*s*" bei der Verwandtschaftsbezeichnung der Kinder im 2. Reg. folgt, daß es sich um einen weiblichen N. handeln muß. Auffällig ist, daß die N. im 2. Reg. erst an dritter Stelle in der Prozession steht, sofern es sich nicht um eine andere Person gleichen Namens handelt.
Bibl.: *BMHT 9*, 43-4, Taf. 37:2; *KRI III*, 829; *PM I:2*, 723

RII/ DeM/ 158
Ort: Torino, Museo Egizio 50084
Material: Kalkstein Maße: H: x+0,56+x: B: 0,18+x m
Zustand: Fragment
Nutznießer: *K3s3*
x+1. Reg.: Frau und Kind stehend n.l. Erhalten nur ihre Namen, alles weitere verloren.
x+2. Reg.: Mann n.l., alles weitere verloren.
Rand links: Erhalt nur des unteren Teils einer Kolumne mit Nennung von Name, Titel und Filiation des N. Unten N. stehend n.l. mit Name und Titel.
Faksimile: (---) Nicht lohnend.
Bibl.: *KRI III*, 830; *PM I:2*, 739; TOSI, ROCCATI, *Stele*

RII/ DeM/ 159
Ort: Torino, Museo Egizio 50039
Material: Kalkstein Maße: H: 0,3; B: 0,18 m

Zustand: kpl.
Nutznießer: *Tws3*
1. Reg.: Oberägyptischer Upuaut thronend n.r. Opferständer. Hathor thronend n.l., über ihnen Namen, Epi.
2. Reg.: Mutter und Frau des N. kniend adorierend und darreichend n.r. N. kniend darreichend, Sohn stehend n.l., über allen Namen, Titel.
Faksimile: Von unpubliziertem Photo, erhalten von M. BORLA.
Bibl.: *KRI III*, 834-5; *PM I:2*, 735; TOSI, ROCCATI, *Stele*

RII/ DeM/ 160
Ort: London, British Museum 266
Material: Kalkstein Maße: H: 0,543; B: 0,37 m
Zustand: Rechte untere Ecke ausgebrochen.
Nutznießer: ***Ḏḥwtj-ḥr-mkw.t=f***
1. Reg.: Re-Harachte falkenköpfig in Barke n.l., vor ihm Pavian hockend n.r. Über ihm Name.
2. Reg.: N. kniend adorierend n.r., vor und über ihm, in 10 Kolumnen Verehrungsformel an Re, Kernwunschformel mit gewünschter Gottesleistung, Name und Titel des N.
Faksimile: publiziert
Bibl.: *BMHT 12*, 16, Taf. 46-7; *KRI III*, 841; *PM I:2*, 718

RII/ DeM/ 161
Ort: Slg. Clère o.Nr.
Material: Kalkstein Maße: H: x+0,29; B: 0,29 m
Zustand: Oberes Register verloren, unteres durchbohrt.
Nutznießer: ***Ḏḥwtj-ḥr-mkw.t=f***
1. Reg.: [///]
2. Reg.: N. und seine Frau kniend adorierend n.l., vor und über ihm in 8 Kolumnen Lobpreisungsformel an Amun-Re und Thoeris mit gewünschter Gottesleistung, Name und Titel des N. Über der Frau in 2 Kolumnen höchstwahrscheinlich „Hieroglypheninschrift“ einer rezenten Restaurierung, ursprünglich (möglicherweise) vorhandener Text verloren.
Faksimile: (---) Das publizierte Photo ist qualitativ nicht ausreichend, um davon ein Faksimile zu zeichnen.
Bibl.: CLÈRE, *Monuments inédits*, 178-81, Taf. 1:2; *KRI III*, 841; *PM I:2*, 718

RII/ DeM/ 162
Ort: Firenze, Museo Archeologico 2524
Material: Kalkstein Maße: H: 0,465; B: 0,315 m
Zustand: Kpl., nur leichte Ausbrüche.
Nutznießer: ***Ḏḥwtj-ḥr-mkw.t=f***
1. Reg.: Ptah und Hathor thronend n.r., über ihnen Namen, Epi. Opfertisch. N. und sein Sohn stehend darreichend und adorierend n.l., über ihnen Darreichungsformel, Stiftungsvermerk des Sohnes, Namen und Titel.

2. Reg.:	Vater sowie 3 männliche Verwandte des N. stehend darreichend n.l., über ihnen Namen, Titel.
Faksimile:	Von unpubliziertem Photo, erhalten von M. C. GUIDOTTI.
Bibl.:	BOSTICCO, *stele N.R.*, 62-3, Nr. 55; *KRI III*, 842; *PM I:2*, 718

RII/ DeM/ 163

Ort:	Illinois, Wheaton College, Leihgabe des MMA Inv.Nr. 17300
Material:	Kalkstein Maße: ?
Zustand:	Fragment
Nutznießer:	*Nfr-ḥtp(.w)*
x+1. Reg.:	Mann (N.?) stehend n.r. Über ihm unterer Teil einer Götterformel(?) für den N., Nennung seines Namens und Titels.
Faksimile:	(---) Nicht lohnend.
Bibl.:	*KRI VII*, 199

RII/ DeM/ 164

Ort:	London, British Museum 1516
Material:	Kalkstein Maße: H: 0,46; B: 0,305 m
Zustand:	Nur geringe Ausbrüche an den Rändern,
Nutznießer:	*Nfr-ḥtp(.w)*
1. Reg.:	Amenhotep I und Ahmose-Nefertari thronend n.l., über ihnen Namen, Titulatur.
2. Reg.:	N. kniend adorierend n.r., vor und über ihm in 9 Kolumnen Lobpreisungsformel an die vergöttlichten des 1. Reg. mit gewünschter Gottesleistung, Name und Titel des N. und seines Sohnes
Faksimile:	Teilweise publiziert, teilweise von publiziertem Photo.
Anm.:	Die Texte und Darstellungen des 1. Reg. sind in erhabenem, die des 2. Reg. in versenktem Relief gefertigt.
Bibl.:	*BMHT 10*, 27, Taf. 64; *KRI VII*, 199; *PM II*, 279; RUSSMANN, *Eternal Egypt*, Kat. 98

RII/ DeM/ 165

Ort:	Wien, Kunsthistorisches Museum 8390
Material:	Kalkstein Maße: H: x+0,337; B: 0,263 m
Zustand:	Oberes Register überwiegend verloren.
Nutznießer:	*Jpwy*
Seite A	
1. Reg.:	Göttin, wohl Hathor stehend in Kapelle n.r. Opferständer. Mann kniend adorierend n.l. Texte verloren.
2. Reg.:	N. kniend adorierend n.l., vor und über ihm in 9 Kolumnen Lobpreisungsformel an Hathor mit Eigenleistung sowie Darstellung einer Traumoffenbarung der Göttin dem N., hinterer Teil des Textes verloren.
Seite B	
Reg.:	8(+2) Kolumnen Text: Anfang verloren, danach Lobpreisung der Hathor.

Faksimile: (---) Mir nicht zugänglich.
Bibl.: *KRI VII*, 201-2; SATZINGER, *Wiener Objekte*, 249-54, Taf. 1:1

RII/ DeM/ 166
Ort: Bordeaux, Musée d´Aquitaine 8635
Material: Kalkstein Maße: H: 0,235; B: 0,16 m
Zustand: kpl.
Nutznießer: *Qn*
Seite A
1. Reg.: Renenutet als menschenköpfige Schlange n.r. vor Opfergaben Darüber Name, Titel. Hinter ihr 10 Schlangen.
2. Reg.: Sohn und Tochter des N. kniend adorierend n.l., über ihnen Namen. N. und seine Frau kniend adorierend n.l., über ihnen Stiftungsvermerk des N., Namen, Titel.
Seite B
1. Reg.: Renenutet thronend n.r., über ihr Name, Epi. Vor ihr in 4 Kolumnen Lobpreisungsformel an Renenutet, Name und Titel des N., danach Anrufung an alle Menschen mit Bitte, sich vor der Göttin zu hüten. Letzte Kolumnen läuft bis zum untersten Rand der Stele durch das 2. Reg.
2. Reg.: N. und 3 Söhne kniend adorierend n.l., über ihnen Namen, Titel.
Faksimile: Von publiziertem Photo.
Bibl.: ANDREU, *artistes*, Kat. 166; CLÈRE, *monument*, 72-7, Taf. 4; *KRI VII*, 203-4

RII/ DeM/ 167
Ort: London, British Museum 8493
Material: Kalkstein Maße: H: 0,142; B: 0,109 m
Zustand: kpl., Ofl. stark verwittert
Nutznießer: *Qn*
1. Reg.: Re-Harachte thronend n.r., Meretseger thronend n.l., über ihnen Namen, Epi.
2. Reg.: Frau des N. kniend adorierend n.r., über ihr Name, Titel. N. kniend adorierend n.l., über ihm Stiftungsvermerk, Name und Titel.
Faksimile: (---) Nicht lohnend, Oberfläche zu stark verwittert.
Bibl.: *BMHT 10*, 37, Taf. 84/5; *KRI VII*, vii, 204; *PM I:2*, 723

RII/ DeM/ 168
Ort: Glasgow, Art Gallery and Museum o.Nr.
Material: Kalkstein Maße: H: 0,529; B: 0,36; T: 0,083 m
Zustand: kpl.
Nutznießer: *Pn-bwy*
1. Reg.: Thoeris in Menschengestalt thronend n.r., über ihr in 2 Kolumne Name, Epi. Opfertisch. N. kniend adorierend n.l., über ihm in 11 Kolumnen Lobpreisungsformel an Thoeris mit Eigenleistung und gewünschter Gottesleistung, Stiftungsvermerk des N.
2. Reg.: Ein Junge, Mutter, Frau und Tochter des N. sowie zwei weitere, unbezeichnete Frauen kniend darreichend n.l., über ihnen Namen.
Faksimile: Von publiziertem Photo.

Bibl.: BLUMENTHAL, *Kuhgöttin*, 28-30, Abb. 18; BIERBRIER, MEULENAERE, *Hymne*; *KRI VII*, 206-7

RII/ DeM/ 169

Ort: ?
Material: Kalkstein Maße: H: x+0,2+x: B: x+0,5+x m
Zustand: Fragment
Nutznießer: *Pn-bwy* ?
x+1. Reg.: Wohl antithetisch aufgebaut. *Linke Seite*: 1+x Mumien n.l., alles weitere links davon verloren. *Rechte Seite*: 4 Mumien stehend n.r., vor ihnen Klagender. Opfertisch. 4 Männer stehend, das Mundöffnungsritual vollziehend, rezitierend bzw. adorierend n.l., über ihnen Namen.
Faksimile: (---) Das publizierte Photo ist qualitativ und quantitativ nicht ausreichend, um davon ein Faksimile zu zeichnen.
Bibl.: BRUYÈRE, *Rapp. 22-23*, 54-5, Taf. 12 unten, 13:c; *KRI VII*, 207-8

RII/ DeM/ 170

Ort: London, British Museum 444
Material: Kalkstein Maße: H: 0,31; B: 0,565
Zustand: Verlust eines oberen Registers? sowie der oberen rechten Ecke des Erhaltenen.
Nutznießer: *Mr(j)-W3s.t*
Reg.: N. kniend adorierend n.r., über ihm in 5 Kolumnen Lobpreisungsformel an Amun-Re mit gewünschter Gottesleistung, Name und Titel des N. 12 Priester schreitend n.l., die Barke des Amun-Re tragend, daneben 2 weitere Priester, einer davon der N. Vor der Barke Name und Epi. des Gottes, 8 der Priester mit Namen.
Faksimile: (---) Nicht lohnend.
Anm.: Ist ein oberes Register verloren bzw. rezent abgesägt?
Bibl.: *BMHT 10*, 29, Taf. 69; *KRI VII*, 215

RII/ DeM/ 171

Ort: Torino, Museo Egizio 50078
Material: Kalkstein Maße: H: x+0,65; B: x+0,54+x
Zustand: Fragment
Nutznießer: *Ḥwy*
1. Reg.: Zwei Männer, fünf Frauen und zwei Kinder stehend n.r., oberer Teil sowie aller Text verloren.
2. Reg.: N. stehend darreichend n.r.(?) Bei ihm in x+10 Kolumnen Rest einer Götterformel (?) mit Namen und Titel des N., danach der erste Teil von Tb 1.
3. Reg.: Zwei Zeilen: mit Nennung von Osiris, Anubis und Hathor, zum Großteil verloren.
Rand links: Teil einer Kolumne mit einer Götterformel, fast völlig zerstört.
Faksimile: Von unpubliziertem Photo, erhalten von M. BORLA.
Bibl.: TOSI, ROCCATI, *Stele*

RII/ DeM/ 172

Ort: Moskau, Puschkin Museum I.1.a.5614
Material: Kalkstein Maße: H: 0,74; B: 0,34 m
Zustand: Zerbrochen, rechts abgewittert.
Nutznießer: [///]
1. Reg.: Qadesch stehend en face auf einem Löwen n.r. Paar stehend adorierend n.l., Texte verloren.
2. Reg.: Drei Männer und zwei Frauen kniend adorierend n.l. (wohl Verwandte des N.), über ihnen Namen.
Faksimile: (---) Nicht lohnend.
Bibl.: HODJASH, BERLEV, *Reliefs*, Nr. 74

RII/ DeM/ 173

Ort: Hamburg, Privatslg.
Material: Kalkstein Maße: H: 0,255; B: 0,19 m
Zustand: Zerbrochen, rechts Ausbrüche.
Nutznießer: ***Jw=f-n-Jmn(.w)***
1. Reg.: Kartusche Amenhoteps I senkrecht, von je einem Udjatauge flankiert. Registertrennung nur durch eine Himmelshieroglyphe.
2. Reg.: Min und Isis stehend n.r., über bzw. vor ihnen Namen, Epi. Amenhotep I und der N. stehend darreichend bzw. adorierend n.l., über ihnen Namen und Titel.
Seite links: Name und Titel des Vaters des N.
Seite rechts: Stiftungsvermerk des N.
Faksimile: (---) Oberfläche zu stark verwittert.
Bibl.: ALTENMÜLLER, *Amenophis I*, 1-7, Taf. 1

RII/ DeM/ 174

Ort: London, British Museum 1248
Material: Kalkstein Maße: H: 0,353; B: 0,235
Zustand: kpl.
Nutznießer: ***Wn-nḫt***
1. Reg.: Re-Harachte falkenköpfig in Barke n.l., kein Text.
2. Reg.: N. und sein Sohn kniend adorierend n.l., um sie in 6 Kolumnen Stiftungsvermerk, Name und Titel des N. sowie Name des Sohnes.
Faksimile: publiziert
Bibl.: *BMHT 10*, 35, Taf. 81:2 (falsche Nr.!); K*RI III*, 726; *PM I:2*, 735-6

RII/ DeM/ 175

Ort: Boston, Museum of Fine Arts 09.290
Material: Kalkstein Maße: H: 0,343; B: 0,232 m
Zustand: kpl.
Nutznießer: *Nb(.w)-Rꜥ(.w)*
1. Reg.: Mondbarke n.r., darüber Name und Titel des Jah.

2. Reg.: Re-Harachte thronend n.r., vor ihm Name. N. kniend adorierend n.l., über ihm in 5 Kolumnen Lobpreisungsformel an Re-Harachte mit gewünschter Gottesleistung, Name und Titel des N.

Faksimile: Von publiziertem Photo.

Bibl.: FREED, *Divine Tour*, Kat.Nr. 16; LEPROHON, *Stelae II (CAA Boston 3)*, 89-91

RII/ DeM/ 176

Ort: Torino, Museo Egizio 50058

Material: Kalkstein Maße: H: 0,2; B: 0,54 m

Zustand: kpl.

Nutznießer: *Nfr-ꜥ3b.t*

Reg.: Meretseger als Schlange vor Opfertisch n.l., über ihr Name, Epi. Vor ihr in 17 Kolumnen Lobpreisungsformel an sie in ihrer Erscheinung als "Bergspitze des Westens" mit Eigenleistung.

Faksimile: Von unpubliziertem Photo, erhalten von M. BORLA.

Anm.: Die Hieroglyphen der Beischrift Meretsegers sind erheblich größer als die der Lobpreisungsformel ihr gegenüber. Ein solcher Wechsel der Schriftgröße innerhalb eines Registers ist in meinem Corpus ungewöhnlich.

Bibl.: *KRI III*, 772-3; TOSI, ROCCATI, *Stele*

RII/ DeM/ 177

Ort: Torino, Museo Egizio 50046

Material: Kalkstein Maße: H: 0,48; B: 0,33 m

Zustand: kpl.

Nutznießer: *Nfr-rnp.t*

1. Reg.: Jah hockend n.r. n einer Barke, vor ihm Thot stehend und eine Udjatauge darreichend n.l., über ihnen Namen, Epi.

2. Reg.: N. und seine Frau kniend adorierend, eine Tochter stehend n.l., vor und über ihnen in 10 Kolumnen Lobpreisungsformel an Jah-Thot mit Eigenleistung und gewünschter Gottesleistung, Nennung ihrer Namen und Titel des N.

Faksimile: Von unpubliziertem Photo, erhalten von M. BORLA.

Bibl.: *KRI III*, 668-9; TIRADRITTI, *Cammino*, 57; TOSI, ROCCATI, *Stele*

RII/ DeM/ 178

Ort: Pisa, Museo dell'Opera della Primaziale Pisana 64

Material: Kalkstein Maße: H: 0,12+x; B: 0,145 m

Zustand: Fragment

Nutznießer: *Qn*

1. Reg.: Anubis als Schakal auf Podium n.r., bei ihm Name, Epi., auf dem Podium Stiftungsvermerk des N. N. und seine Frau adorierend n.l., bei ihnen Namen, Titel. Alles weitere verloren.

Faksimile: (---) Mir nicht zugänglich.

Bibl.: *KRI VII*, 204; PERNIGOTTI, in Studi Classici e Orientali 19/20 /1970-1, 123-5, Taf. 1 (mir nicht zugänglich)

RII/ DeM/ 179

Ort: København, Ny Carlsberg Glyptothek ÆIN 724
Material: Kalkstein Maße: H: x+0,19; B: 0,14+x m
Zustand: Fragment des unteren rechten Teils
Nutznießer: ?
x+1. Reg.: Zwei Männer stehend adorierend n.l., vor ihnen Namen, Titel. Alles weitere verloren.
Faksimile: Vom Original.
Bibl.: JØRGENSEN, *Egypt II*, Kat.Nr. 111

RII/ DeM/ 180

Ort: London, British Museum 274
Material: Kalkstein Maße: H: 0,17; B: 0,115 m
Zustand: Ausbruch der oberen linken Ecke, sonst kpl.
Nutznießer: *Q3ḥ3*
Reg.: N. stehend darreichend n.r., über ihm Stiftungsvermerk, Name, Titel. Amenhotep I stehend n.l., über ihm Name.
Faksimile: publiziert
Bibl.: *BMHT 10*, 28, Taf.. 66-7

RII/ DeM/ 181

Ort: Stockholm, Medelhavsmuseet M 18565
Material: Kalkstein, Flint Maße: H: 0,34; B: 0,225 m
Zustand: kpl.
Nutznießer: *Rꜥ(.w)-ms(.w)*
1. Reg.: Renenutet als Schlange n.r., Jah ibisköpfig n.l., über ihnen Namen, Epi. Sonnenscheibe bzw. Mondscheibe mit Sichel jeweils durch einen eingesetzten Flint dargestellt.
2. Reg.: N. kniend adorierend n.r., über ihm in 4 Kolumnen Stiftungsvermerk, Name, Titel und Filiation. Vor ihm Kartuschen mit Namen Ramses II in erhöhtem Relief.
Faksimile: Von publiziertem Photo.
Bibl.: WÅNGSTEDT, *Vier Stelen*, 4-6, Abb. 1

RII/ DeM/ 182

Ort: Leipzig, Ägyptisches Museum der Universität 5141
Material: Kalkstein Maße: H: 0,4; B: 0,305 m
Zustand: Oben und rechts Ausbrüche
Nutznießer: *Pn-bwy*
1. Reg.: Hathor als Kuh in Papyrusdickicht n.r., geführt von Ramses II kniend n.r. Vor diesem Name. Rechter und oberer Teil abgebrochen.
2. Reg.: N. kniend adorierend n.l., vor und über ihm in 9 Kolumnen Lobpreisungsformel an Hathor mit gewünschter Gottesleistung, Name und Titel des N.
Faksimile: Unpubliziert, erhalten von F. SEYFRIED.
Bibl.: BLUMENTHAL, *Kuhgöttin*; KRAUSPE, *Ägyptisches Museum*, Nr. 60

RII/ DeM/ 183

Ort: [Handel]
Material: Kalkstein Maße: H: x+0,41; B: x+0,568 m
Zustand: Verlust des 1. Reg.
Nutznießer: ***Pn-bwy***
1. Reg.: [///]
2. Reg.: Opfer. N. kniend adorierend n.l., vor und hinter ihm Darreichungsformel, Name und Titel.
Faksimile: publiziert
Bibl.: BLUMENTHAL, *Kuhgöttin*; *Christie's Catalogue 14.04.1970*, 28 Nr. 82, Taf.; K*RI VII*, 207

RII/ DeM/ 184

Ort: Tübingen, Museum Schloß Hohentübingen 1716
Material: Kalkstein, Quarzkeramik Maße: H: 0,135; B: 0,11 m
Zustand: kpl.
Nutznießer: *Rᶜ(.w)-ms(w)*
1. Reg.: Quarzkeramikamulett einer Hathorkuh separat eingesetzt n.r., darüber Name, Epi. Davor Name und Titel des N.
2. Reg.: Stifter (Diener des N.) kniend n.r., vor und über ihm in 5 Kolumnen Lobpreisungsformel an Hathor, Name und Titel.
Faksimile: Von publiziertem Photo.
Bibl.: BRUNNER-TRAUT, BRUNNER, *ÄSUT*, 100f., Taf. 11; K*RI III*, 623; ZIBELIUS-CHEN, *Hohentübingen*, 65

RII/ DeM/ 185

Ort: Paris, Louvre E 14406
Material: Kalkstein Maße: H: 0,53; B: 0,36 m
Zustand: verbrannt, aus mehreren Fragm. zusammengesetzt, unten teilw. verloren
Nutznießer: *Ḫ3wj*
1. Reg.: Sonnenbarke des Re-Harachte n.l., darüber sein Namen und Epi.
2. Reg.: N. und seine Frau kniend adorierend n.r. Vor und über ihnen in 9 Kolumnen Verehrungsformel an Re, Namen und Titel.
Faksimile: Von unpubliziertem Photo, erhalten von C. ZIEGLER, E. DAVID, P. COUTON.
Bibl.: ANDREU, *artistes*, 302; BRUYÈRE, *Rapp. 1927*, 40, Abb. 27

RII/ DeM/ 186

Ort: Oxford, Ashmolean Museum 1942.47
Material: Kalkstein Maße: H: 0,155+x; B= 0,15 m
Zustand: unten Verlust eines kleinen(?) Teils, sonst kpl.
Nutznießer: ***Ḫᶜ(j)-m-jp3.t***
Reg.: Mittig eine Kolumne mit Name und Titel des N.
Faksimile: Vom Original.

Bibl.: DAVIES, *High Place*, 244-5, 248, Taf. 3:2, 4:2; *KRI III*, 818; *PM I:2*, 590

RII/ DeM/ 187

Ort: Paris, Musée National du Louvre E 16341
Material: Kalkstein Maße: H: x+0,28; B: 0,33 m
Zustand: Erhalt nur des untersten Teils.
Nutznießer: *Nfr-sn.t*
x+1. Reg.: 5 Zeilen Text, Nennung des N. und eines Sohnes.
x+2. Reg.: 11 Kolumnen Text: Jeweils Name und Titel eines Mannes.
Faksimile: Von unpubliziertem Photo, erhalten von C. ZIEGLER, E. DAVID, P. COUTON.
Anm.: Vom Weg von Deir el-Medineh zum Tal der Könige, sog. "hillschrines".
Bibl.: BRUYÈRE, *Rapp. 34-35 III*, 361-2, Abb. 211; *KRI III*, 781; *PM I:2*, 589

RII/ DRi/ 001

Ort: ?
Material: Kalkstein Maße: ?
Zustand: Fragment
Nutznießer: *Ḥwy*
1. Reg.: [Anubis?] n.l. Name, Epi. Adorant n.r.? Lobpreisungsformel an Anubis.
Faksimile: (---) Es sind weder Photo noch Faksimile publiziert.
Anm.: Mir ist keine Abb. bekannt, Aufbau der Stele nicht klar.
Bibl.: KAMAL, *Fouilles*, 136; *KRI III*, 365

RII/ DRi/ 002

Ort: Bristol, City Museum and Art Gallery H 650
Material: Kalkstein Maße: H: 0,62M B: 0,6 m
Zustand: Überwiegender Teil der linken Seite verloren.
Nutznießer: *Ḥwtj*
1. Reg.: Osiris [thronend], Nephthys und Isis [stehend] n.r., Über ihnen Namen, Epi. [Opferständer?] N. stehend dar n.l., über ihm Name, Titel.
2. Reg.: Linke Hälfte verloren. [Mann stehend], 3 Frauen (wohl alle Töchter des N.) stehend n.l. Über ihnen Namen.
Hohlkehle: [Kein Text]
Faksimile: Unpubliziert, erhalten von S. GILES.
Anm.: Heute ist von der Stele erheblich weniger erhalten als bei PETRIE, *Gizeh, Rifeh* abgebildet. Die Informationen über die Stele verdanke ich S. GILES.
Bibl.: *KRI III*, 443; PETRIE, *Gizeh, Rifeh*, 22, Taf. 27N:2

RII/ Ele/ 001

Ort: Paris, Musée National du Louvre E 12685
Material: Calcit Maße: H: x+0,114; B: 0,078+x m
Zustand: Erhalt nur der unteren linken Ecke.
Nutznießer: [///]
1. Reg.: Überwiegend verloren, erkennbar noch eine thronende Gottheit n.r. vor Opfertisch.

2. Reg.: Königsopferformel für Chnum, Satet und Anuket mit gewünschter Gottesleistung. Altartisch mit Gefäßen, Darstellung des N. verloren.
Faksimile: publiziert
Bibl.: *KRI VII*, 123; VALBELLE, *Témoignages*, 127-9 § 3, Abb. 2

RII/ Gad/ 001
Ort: Kairo, Ägyptisches Museum JdE 29332; (=? TR 21/3/25/11)
Material: ? Maße: ?
Zustand: ?
Nutznießer: ***Jpy-tꜣ***
1. Reg.: Osiris thronend, Horus, Isis stehend n.r., über ihnen Namen, Epi. Opfertisch. N. und Sohn stehend adorierend n.l., über ihnen Namen, Titel, Stiftungsvermerk.
2. Reg.: Sechs Verwandte n.l., über ihnen Namen, Titel.
Faksimile: (---) Mir nicht zugänglich.
Anm.: Beschreibung nach KRI, mir ist keine Abb. bekannt.
Bibl.: *KRI III*, 467

RII/ Giz/ 001
Ort: ?
Material: ? Maße: ?
Zustand: Erhalt nur eines Teils der linken Seite.
Nutznießer: ***Mꜥy***
1. Reg.: Fast gänzlich verloren, Reste von Darstellung.
2. Reg.: Lobpreisungsformel an Re-Harachte, Nennung N. mit Name, Titel. Alles weitere verloren.
Faksimile: (---) Da mir kein Photo bekannt ist, ist die publizierte Zeichnung nicht auf Zuverlässigkeit überprüfbar, kann deshalb hier nicht verwendet werden.
Bibl.: HABACHI, *Grands Personnages*, 217, Abb. 29; HASSAN, *Giza VIII*, 9, Abb. 5; *KRI III*, 280; *PM III:1*, 43

RII/ Gur/ 001
Ort: ?
Material: Kalkstein Maße: H: ?+x; B: x+?+x m
Zustand: Erhalt nur des rechten, oberen Teils.
Nutznießer: ***Mn-ḫpr***
1. Reg.: N. und Kind? stehend adorierend n.l., über ihnen Namen, Titel. Rest verloren, ebenso wie alle weiteren Register
Faksimile: publiziert
Bibl.: BRUNTON, ENGELBACH, *Gurob*, 11, Taf. 50:1; ZECCHI, *Prosopographia*, Doc. 160a

RII/ Hel/ 001
Ort: Paris, Musée National du Louvre C 292
Material: Kalkstein Maße: H: 0,783; B: 0,91 m

Zustand: Erhalt nur des unteren Teils.
Nutznießer: ***Pjꜣy***
1. Reg.: Antithetisch aufgebaut: Mann n.r., Gott n.l., Gott n.r., Mann n.l., Text verloren
2. Reg.: Mnevis-Stier n.l., über ihm Name, Epi. Opferständer. Frau und zwei Männer stehend adorierend n.l., über und vor ihnen Namen, Titel, Epi.
3. Reg.: Königsopferformel für Osiris, Mnevis und Re-Harachte mit gewünschter Gottesleistung, Name und Titel des N., Stiftungsvermerk seines Sohnes.
Faksimile: Von unpubliziertem Photo, erhalten von C. ZIEGLER, E. DAVID, P. COUTON.
Bibl.: DESROCHES-NOBLECOURT, VERCOUTTER, *Siecle*, 267-9 Nr. 284; *KRI VII*, 125-6; *PM IV*, 63

RII/ Hel/ 002
Ort: Paris, Musée National du Louvre C 94
Material: Diorit Maße: H: 0,42; B: 0,335 m
Zustand: Verlust des unteren Registers.
Nutznießer: ***Mꜥy***
1. Reg.: Re-Harachte und Hathor stehend n.r. Ramses II stehend darreichend n.l., über allen Namen, Epi., Titulatur.
2. Reg.: 7 Kolumnen Text. Erhalten nur die obersten Partien. Königsopferformel, Titel des N., alles weitere verloren.
Rand links: 1 Kolumne: Name und Titel des N.
Rand rechts: 1 Kolumne: Name sowie weitere Titel des N.
Faksimile: Von publiziertem Photo.
Anm.: Aufbau ähnlich RII/ Hel/ 003.
Bibl.: *KRI III*, 281; SAUNERON, *chef*, 59-60, Abb. 2

RII/ Hel/ 003
Ort: Kairo, Ägyptisches Museum TR 14/10/69/1
Material: Diorit Maße: H: 0,92; B: 0,51 m
Zustand: kpl.
Nutznießer: ***Mꜥy***
1. Reg.: Osiris, Isis und Horus stehend n.r., über ihnen Namen, Epi. Ramses II stehend darreichend n.l., über ihm Titulatur, vor ihm Tätigkeitsvermerk.
2. Reg.: N. stehend adorierend n.l. Vor ihm in 7 Kolumnen jeweils ein anderer Titel sowie Name. Über ihm in 2 Kolumnen Filiation.
Faksimile: publiziert
Anm.: Aufbau ähnlich RII/ Hel/ 002.
Bibl.: GABALLA, *Nineteenth Dynasty Monuments*, 129ff., Abb. 1-3, Taf. 23-5; *KRI III*, 280-1

RII/ Hel/ 004
Ort: München, Ägyptische Sammlung 1400
Material: Kalkstein Maße: H: 0,376; B: 0,27 m
Zustand: Nur geringer Ausbruch am oberen Rand.

Nutznießer: *Ṯ3w-n=f*

1. Reg.: Kuh n.r., vor ihr Opferständer, über ihr Bezeichnung als schwarze Kuh. Wohl eine von den Kühen des Mnevis-Stieres.

2. Reg.: Mnevis-Stier auf Podest n.r., über ihm Name, Epi. Opferständer. N. stehend darreichend und adorierend n.l., über ihm Stiftungsvermerk, Name, Titel.

Faksimile: Vom Original.

Bibl.: GRIMM, *Spiegelberg*, Nr. 38; MOURSI, *Corpus*, 265-6, Abb. 2, Taf. 6

RII/ Her/ 001

Ort: Slg. Aubert

Material: Kalkstein Maße: H: 0,28, B: 0,3 m

Zustand: Verlust des oberen rechten Teils.

Nutznießer: *Jn(j)-nḫt*

1. Reg.: Ramses II-Statue thronend n.r., über ihr Name. Opferständer. Drei Frauen und ein Kind stehend adorierend n.l., Text verloren.

2. Reg.: 3 Zeilen: Königsopferformel für Amun-Re mit gewünschter Gottesleistung, Name und Titel des N.

Faksimile: Teilweise publiziert. Für den Rest der Inschriften ist das publizierte Photo qualitativ nicht ausreichend, um davon ein Faksimile zu zeichnen.

Bibl.: LOPEZ, *stèle ramesside*, 115-7

RII/ KeG/ 001

Ort: Magazin SCA 43

Material: Kalkstein Maße: H: 1,07; B: 0,6 m

Zustand: kpl.

Nutznießer: *Jww-rwd=f*

1. Reg.: Osiris thronend n.r., über ihm Name, Epi. Opferständer. Tia und Tia stehend adorierend n.l., über ihnen Lobpreisungsformel, Namen und Titel der beiden Dargestellten.

2. Reg.: N., seine Frau und vier Kinder stehend adorierend n.l., über ihnen Namen, Titel.

Hohlkehle: Zwei Schakale mit Wedel auf Podest zu beiden Seiten einer Sonnenscheibe. Kein Text. Außen Palmblattmuster.

Rand oben + links: Königsopferformel für Ptah-Sokar-Osiris und Anubis mit gewünschter Gottesleistung, Name und Titel des N.

Rand oben + rechts: Königsopferformel für Re-Harachte-Atum mit gewünschter Gottesleistung, Name und Titel des N.

Faksimile: Von publiziertem Photo.

Bibl.: ABDEL-AAL, *Memphite Family*, 1-4, Taf. 1

RII/ KeG/ 002

Ort: Magazin SCA 44

Material: Kalkstein Maße: H: 1,14; B: 0,74 m

Zustand: kpl.

Nutznießer: *Jmn(.w)-m-jp3.t*

1. Reg.:	Osiris thronend n.r., über ihm Name, Epi. Opferständer. N. und Stifter stehend adorierend n.l., über ihnen Lobpreisungsformel, Namen und Titel. Stiftungsvermerk der 2. Person, des Vaters des N.
2. Reg.:	Stifter, seine Frau und Kinder stehend adorierend n.l., über ihnen Namen, Titel.
Hohlkehle:	Zwei Schakale mit Wedel auf Podest zu beiden Seiten einer Sonnenscheibe. Außen Palmblattmuster. Kein Text.
Rand oben:	Zweimal antithetisch jeweils nach außen verlaufend Name und Titel des Stifters (nicht der N.)
Rand links:	Königsopferformel für Sokar-Osiris mit gewünschter Gottesleistung, Name und Titel des N. Stiftungsvermerk des Stifters.
Rand rechts:	Königsopferformel für Sokar-Osiris mit gewünschter Gottesleistung, Name und Titel des N. Stiftungsvermerk des Stifters.
Rand unten:	Namen, Titel des Stifters und seiner Frau.
Faksimile:	Von publiziertem Photo.
Bibl.:	ABDEL-AAL, *Memphite Family*, 1-4, Taf. 2

RII/ KeG/ 003

Ort:	Durham, Oriental Muscum N 1965
Material:	Kalkstein Maße: H: 0,81; B: 0,6 m
Zustand:	kpl.
Nutznießer:	***Jmn(.w)-m-ḥ3b***
1. Reg.:	Osiris thronend, Isis-Hathor stehend n.r. Über ihnen Namen, Epi. Opfertisch. Tia und Tia stehend adorierend n.l. Über ihnen Lobpreisungsformel an Osiris, für Tia und Tia.
2. Reg.:	Hathor als Kuh auf Podest n.r. Über ihr Name, Epi. Opfertisch. Iurudjef und Pacharu kniend adorierend n.l. Über ihnen Lobpreisungsformel an die Göttin durch Iurudjef. Stiftungsvermerk des Pacharu.
Hohlkehle	Sonne, jeweils flankiert von zwei adorierenden Pavianen, außen Palmblattmuster.
Rand oben+ links:	Königsopferformel für Re-Harachte-Atum und Hathor mit gewünschter Gottesleistung für N. b)
Rand oben+ rechts:	Königsopferformel für Osiris und Anubis mit gewünschter Gottesleistung für N. a)
Seite links:	Lobpreisungsformel an Sokar und Osiris mit gewünschter Gottesleistung für N. b)
Seite rechts:	Lobpreisungsformel an Re-Harachte mit gewünschter Gottesleistung für N. b)
Faksimile:	teilweise publiziert
Anm.:	Aus der (Kenotaph?-)Kapelle von Tia und Tia.
Bibl.:	ABDEL-AAL, *Memphite Family*, 3; MALEK, *Two Monuments*, 161-5, Abb. 1, Taf. 34; MARTIN, *Tia, Tia*, 36, Taf. 58, 164; K*RI III*, 372

RII/ KeG/ 004

Ort:	Kairo, Ägyptisches Museum JdE 89624

Material: Kalkstein Maße: H: 1,07; B: 0,45; T: 0,45 m
Zustand: kpl.
Nutznießer: *Tj3*
Seite A
1. Reg.: N. stehend adorierend n.r., über ihm Lobpreisungsformel an Re, Name und Titel. Opferständer. Re-Harachte stehend n.r., über ihm Name, Epi.
2. Reg.: 8 Zeilen Text: Verehrungsformel an Re, Anrufungsformel an Re-Harachte mit gewünschter Gottesleistung, Name und Titel des N.
Seite B
1. Reg.: Atum stehend n.r., über ihm Name, Epi. Opferständer. N. stehend adorierend n.l., über ihm Lobpreisungsformel an Atum, Name, Titel.
2. Reg.: 8 Zeilen Text: Verehrungsformel an Atum, Selbstpräsentation des N.
Seite C
1. Reg.: Osiris stehend n.r., über ihm Name, Epi. Opferständer. N. stehend adorierend n.l., über ihm Lobpreisungsformel an Osiris, Name und Titel.
2. Reg.: 8 Zeilen Text: Name und Titel des N., Selbstpräsentation des N.
Seite D
1. Reg.: Sokar stehend n.r., über ihm Name, Epi. Opferständer. N. stehend adorierend n.l., über ihm Lobpreisungsformel an Sokar, Name und Titel.
2. Reg.: 8 Zeilen Text: Verehrungsformel an Sokar, Selbstpräsentation des N.
Oberseite: Kartusche Ramses II, links und rechts davon antithetisch je 1 Kolumne mit Name und Titel des N.
Faksimile: publiziert
Bibl.: *KRI III*, 366-7; MARTIN, *Tia, Tia*, 46-7, Taf. 95-7; MYSLIEWIEC, *Pyramidia*, 145, Taf.. 40; ZAYED, *Stela*, 193-208, Abb. 1, Taf. 7-8; ZIVIE, *Giza*, NE 61

RII/ Kop/ 001
Ort: Kairo, Ägyptisches Museum CG 34507
Material: Kalkstein Maße: ?
Zustand: Fragment
Nutznießer: *T3-rnp.t-mn.tj*
1. Reg.: [///]
2. Reg.: Erhalt von nur 9 Zeilen Text: Datierung, Königstitulatur, Eidesformel der N. bezüglich Ackerpreise.
Faksimile: (---) Mir nicht zugänglich.
Bibl.: BOURIANT, *Petits monuments*, 100 §77; *KRI III*, 155; *PM V*, 129

RII/ Kop/ 002
Ort: Oxford, Ashmolean Museum 1894.106d
Material: Kalkstein Maße: H: 0,98 m+x; B: 0,95 m
Zustand: Ab Mitte des 2. Reg. verloren.
Nutznießer: ?

1. Reg.:	Prozession mit Barke der Isis n.r., darüber fliegender Geier n.r. ‚vor ihm Name und Epi. der Isis. Ramses II stehend räuchernd n.l., über ihm sein Tätigkeitsvermerk, über ihm fliegender Falke n.l.
2. Reg.:	18 Kolumnen Text, jeweils nur der oberer Teil einer jeden Kolumne erhalten: Lobpreisungsformel an Isis, Ergebnis eines (vom N. initiierten?) Orakels.
Faksimile:	Von unpubliziertem Photo, erhalten von H. WHITEHOUSE, am Original kollationiert.
Bibl.:	*KRI III*, 270-1; MOOREY, *Egypt*, 36-7, Abb. 20; PETRIE, *Koptos*, S. 15, Taf. 19

RII/ Lux/ 001

Ort:	Chicago, Oriental Institute 10494		
Material:	Kalkstein	Maße:	H: 0,83; B: 0,53 m
Zustand:	kpl.		
Nutznießer:	*Pn-Rᶜ(.w)*		
1. Reg.:	Kultbild des Amenhotep I n.r., über ihm Name, Titulatur. 2 Opferständer. Ramses II stehend räuchernd und libierend n.l., über ihm Name, Titulatur. Texte teilweise zerstört.		
2. Reg.:	N. stehend adorierend n.l., vor ihm in 8 Zeilen Lobpreisungsformel an Amenhotep I mit gewünschter Gottesleistung, Name und Titel des N.		
Faksimile:	Von publiziertem Photo.		
Bibl.:	*KRI III*, 268-9; NIMS, *Stela*, 146 ff., Taf. 9		

RII/ Mem/ 001

Ort:	Paris, Musée National du Louvre C 148		
Material:	Kalkstein	Maße:	H: 0,8; B: 0,54 m
Zustand:	kpl.		
Nutznießer:	*Nfr-ḥtp(.w)*		
1. Reg.:	Oä. Upuaut, Maat, Chnum-Standarte, RII-Kartuschen, Nephthys stehend n.r., Fetisch als Zentralelement, Isis, Chnum-Standarte, Horus, Thot stehend n.l.		
2. Reg.:	N. stehend adorierend n.l., vor, über und hinter ihm in 12 Kolumnen Verehrungsformel an Osiris, danach eine Anrufungsformel an ihn. Name, Titel und Filiation des N.		
3. Reg.:	Frau, Eltern und Großeltern des N. kniend n.r., über ihnen Namen, Titel.		
Faksimile:	Von unpubliziertem Photo, erhalten von C. ZIEGLER, E. DAVID, P. COUTON		
Bibl.:	*KRI III*, 219-20; LOWLE, *Stela*, Abb. 1, Taf. 1		

RII/ M-S/ 001

Ort:	Paris, Musée National du Louvre IM 4963		
Material:	Kalkstein	Maße:	H: 0,59; B: 0,415 m
Zustand:	kpl.		
Nutznießer:	a) *Pjꜣy* b) *Ḏḥwtj-ms(w)*		

1. Reg.: Apis-Stier hockend n.r., bei ihm Datierung ins 16. Jahr Ramses II, des Begräbnisses des vorigen Apis-Stieres.
Mnevis-Stier hockend n.l., bei ihm Datierung ins 26. Jahr Ramses II, des Begräbnisses eines Mnevis-Stieres.
Darunter Apis-Stier in Schrein, über ihm sein Name und Kartuschen Ramses II. Opfertisch. N.a) stehend aus einer Rolle das Mundöffnungsritual rezitierend, N.b) räuchernd und libierend n.l., über ihnen Tätigkeitsvermerk des N.a), Namen und Titel.
2. Reg.: Sohn des N.b) sowie ein weiterer Kollege stehend, Instrumente des Mundöffnungsrituals haltend n.l. Vor ihnen in 8 Kolumnen Datierung ins 30. Jahr Ramses II., Bericht über den Tod und das Begräbnis des Apis-Stieres, sowie eine gewünschte Gottesleistung. Über ihnen in 8 kurzen Kolumnen Tätigkeitsvermerk, Namen und Titel.
Faksimile: (---) Nicht aufgenommen.
Anm.: Da diese Stelen nicht reinen privaten, sondern eher einen halboffiziellen Charakter haben, wurden sie vielleicht nicht unbedingt von vor Ort ansässigen (Privat-) Handwerkern gefertigt. Deshalb wird diese gesamte Stelengruppe RII/ M-S/ 001 – 011 nicht in die Paläographie aufgenommen.

Bibl.: K*RI II*, 369-70; MALININE, POSENER, VERCOUTTER, *Serapeum*, 3-5, Taf. 2:4

RII/ M-S/ 002
Ort: Paris, Musée National du Louvre IM 5936
Material: Kalkstein Maße: H: 0,585; B: 0,4 m
Zustand: Zerbrochen, unten kleiner Ausbruch
Nutznießer: *Pjꜣy, Rjꜣy*
1. Reg.: Apis-Stier in Schrein mit Kartuschen Ramses II .r. Beide N stehend adorierend n.l., über ihnen Tätigkeitsvermerk, Namen, Titel.
2. Reg.: Beide N. stehend adorierend n.l. Vor und über ihnen in 13 Kolumnen Datierung, und Beschreibung des Balsamierungsrituals, Namen und Titel der N.
Faksimile: (---) Nicht aufgenommen.
Bibl.: K*RI II*, 370-1; MALININE, POSENER, VERCOUTTER, *Serapeum*, 5-6, Taf. 2:5

RII/ M-S/ 003
Ort: Paris, Musée National du Louvre IM 6154
Material: Kalkstein Maße: H: 0,26+x+0,195; B: 0,46 m
Zustand: Mehrere Fragmente.
Nutznießer: *Pjꜣy*
1. Reg.: Apis-Stier in Schrein mit Kartuschen Ramses II n.r. N. und weiterer Mann stehend adorierend n.l., über ihnen Tätigkeitsvermerk, Namen, Titel.
2. Reg.: Text, größtenteils verloren.
Faksimile: (---) Nicht aufgenommen.
Bibl.: K*RI II*, 371-2; MALININE, POSENER, VERCOUTTER, *Serapeum*, 6-7, Taf. 1:6

RII/ M-S/ 004
Ort: Paris, Musée National du Louvre IM 5269
Material: Kalkstein Maße: H: 0,555; B: 0,308 m
Zustand: kpl.

Nutznießer: *Ptḥ-ms(w)*

1. Reg.: N. und seine Frau stehend adorierend n.r., über ihnen Namen, Titel. Opfertisch. Ptah thronend n.l., über ihm Name, Epi.

2. Reg.: Paar stehend libierend n.r., über ihnen Namen. Opfertisch. Apis-Stier auf Podest n.l., über ihm Name, Epi.

3. Reg.: 1 Mann stehend, 3 Frauen kniend adorierend n.l., über ihnen Namen.

Faksimile: (---) Nicht aufgenommen.

Bibl.: *KRI II*, 372-3; MALININE, POSENER, VERCOUTTER, *Serapeum*, 9-10, Taf. 3:9

RII/ M-S/ 005

Ort: Paris, Musée National du Louvre IM 4964

Material: Kalkstein Maße: H: 0,61; B: 0,434 m

Zustand: kpl.

Nutznießer: *Ḫnsw*

1. Reg.: Apis-Stier in Schrein n.r., über ihm Name, Epi. N., seine Frau und eine weitere, unbezeichnete Frau stehend darreichend und adorierend n.l. Über der ganzen Szene Königsopferformel für Apis mit gewünschter Gottesleistung, Namen und Titel.

2. Reg.: Osiris thronend n.r., über ihm Name, Epi. Opferständer. Drei Männer und vier Frauen, Nachkommen des N., stehend adorierend n.l., über ihnen Namen. Die beiden rechten Figuren wahrscheinlich nicht vollendet.

Faksimile: (---) Nicht aufgenommen.

Bibl.: *KRI II*, 373; MALININE, POSENER, VERCOUTTER, *Serapeum*, 7-8, Taf. 3:7

RII/ M-S/ 006

Ort: Paris, Musée National du Louvre IM 6153

Material: Kalkstein Maße: H: 0,51; B: 0,295 m

Zustand: Zerbrochen, aber kpl.

Nutznießer: a) *Sḫm.t-nfr.t* b) *Ḥtp(w)-Ptḥ*

1. Reg.: Apis-Stier auf Podest n.r., über ihm geflügeltes Udjatauge sowie Name, Epi. Opferständer. N.a) stehend Pflanzen darreichend n.l., über ihr Tätigkeitsvermerk , Name und Titel.

2. Reg.: Osiris thronend n.r., über ihm Name, Epi. Opferständer. N.b) stehend räuchernd, zwei Frauen stehend darreichend n.l., über ihnen Stiftungsvermerk des N.b), Namen, Titel.

Faksimile: (---) Nicht aufgenommen.

Bibl.: *KRI II*, 373; MALININE, POSENER, VERCOUTTER, *Serapeum*, 8-9, Taf. 4:8

RII/ M-S/ 007

Ort: Paris, Musée National du Louvre IM 5268

Material: Kalkstein Maße: H: 0,58; B: 0,4 m

Zustand: kpl.

Nutznießer: *Jmn(.w)-ms(.w)*

1. Reg.: Osiris thronend, Isis stehend n.r., über ihnen Namen, Epi. Opfertisch. N. stehend darreichend n.l., über ihm Name, Titel.

2. Reg.:	Apis-Stier auf Podest n.r., über ihm Name, Epi. Opferständer. N. stehend adorierend n.l., über ihm Name, Epi.
Faksimile:	(---) Nicht aufgenommen.
Bibl.:	*KRI II*, 374; MALININE, POSENER, VERCOUTTER, *Serapeum*, 10-1, Taf. 4:10

RII/ M-S/ 008

Ort:	Paris, Musée National du Louvre R 400
Material:	Kalkstein — Maße: H: 0,34; B: 0,28 m (oder nur dies Bruchstück??
Zustand:	Unteres Register stark beschädigt
Nutznießer:	*Jm.j-r'-jḥ.w*
1. Reg.:	Osiris stehend n.r., über ihm Name, Epi. Opfertisch. N. kniend adorierend n.l., über ihm Stiftungsvermerk, Name, Titel.
2. Reg.:	Größtenteils verloren. Mehrere Personen stehend n.l. Über ihnen Namen.
Rand oben:	Antithetisch 2 Königsopferformeln für Apis und Osiris.
Hohlkehle:	Cheker-Fries. Kein Text.
Faksimile:	(---) Nicht aufgenommen.
Bibl.:	*KRI II*, 374; MALININE, POSENER, VERCOUTTER, *Serapeum*, 11-2, Taf. 4:11; MARIETTE, *Serapeum*, Taf. 17 mi.

RII/ M-S/ 009

Ort:	Paris, Musée National du Louvre IM 5270
Material:	Kalkstein — Maße: H: 0,63; B: 0,47 m
Zustand:	Zerbrochen, aber fast kpl.
Nutznießer:	*Nḥḥ-n-ḏj-sw*
1. Reg.:	Apis widderköpfig stehend n.r., über ihm Name. Opfertisch. N., seine Frau stehend adorierend n.l., über ihnen Stiftungsvermerk des N., Namen, Titel.
2. Reg.:	Osiris stehend adorierend n.l., über ihm Name. Opfertisch. N. und ein weiterer Mann stehend adorierend n.l., über ihnen Stiftungsvermerk des N., Namen, Titel.
Hohlkehle:	Palmblattmuster, kein Text.
Rand oben+ links:	Königsopferformel für Apis mit gewünschter Gottesleistung, Name und Titel des 2. Mannes im 2. Reg.
Rand oben+ rechts:	Königsopferformel für Osiris mit gewünschter Gottesleistung, Name und Titel des N.
Faksimile:	(---) Nicht aufgenommen.
Bibl.:	*KRI II*, 374-5; MALININE, POSENER, VERCOUTTER, *Serapeum*, 12-3, Taf. 5:12

RII/ M-S/ 010

Ort:	Paris, Musée National du Louvre IM 5271
Material:	Kalkstein — Maße: H: 0,521; B: 0,36 m
Zustand:	Kpl., oberes Reg. stark verwittert.
Nutznießer:	*Jpjy*
1. Reg.:	Apis-Stier auf Podest n.r., vor ihm 2 Opferständer. Kein Text.

2. Reg.: N. kniend adorierend n.l., vor ihm in 4 Kolumnen Lobpreisungsformel an Apis mit gewünschter Gottesleistung, Name und Titel des N.
Faksimile: (---) Nicht aufgenommen.
Bibl.: *KRI II*, 375; MALININE, POSENER, VERCOUTTER, *Serapeum*, 13, Taf. 4:13

RII/ M-S/ 011
Ort: Paris, Musée National du Louvre IM 3747
Material: Kalkstein Maße: H: 0,9; B: 0,6 m
Zustand: kpl., Hohlkehle stark bestoßen.
Nutznießer: *Tȝ*
Hohlkehle: [///]
1. Reg.: Apis-Stier auf Podest n.r., über ihm geflügelter Geier, Name, Epi. Opfertisch. Prinz Merenptah stehend adorierend n.l., über ihm Name, Titel.
2. Reg.: N. und der Stifter stehend adorierend n.l.. Vor und zwischen ihnen in 6 Kolumnen Anrufungsformel an Apis mit gewünschter Gottesleistung, Name und Titel des N. über der zweiten Person Stiftungsvermerk, Name, Titel.
Faksimile: (---) Nicht aufgenommen.
Bibl.: *KRI II*, 377; MALININE, POSENER, VERCOUTTER, *Serapeum*, 14, Taf. 5:14; SOUROUZIAN, *Merenptah*, 17-8, Abb. 3, Taf. 5b

RII/ Nub/ 001
Ort: Berlin 17332
Material: Sandstein Maße: H: 0,8; B: 0,65 m
Zustand: kpl.
Nutznießer: *H̱tj*
1. Reg.: Vizekönig Huy thronend n.r., über ihm Name und Titel. Opfertisch. N. als Priester stehend darreichend n.l., über ihm Ausführungsvermerk der Königsopferformel für Huy, Filiation des N.
2. Reg.: 5 Zeilen Text: Königsopferformel für Amun-Re, Thot, Horus mit gewünschter Gottesleistung, Name und Titel des Vizekönigs Huy.
Faksimile: Vom Original.
Anm.: Oberfläche stellenweise stark verwittert, daher konnte nur eine kleine Zahl von Hieroglyphen aufgenommen werden. Aus Abu Simbel?
Bibl.: HABACHI, *Four Objects*, 219-225, Abb. 5, Taf. 29; *KRI III*, 79-80

RII/ Nub/ 002
Ort: Avignon, Musée Calvet 11
Material: Kalkstein Maße: H: 0,46; B: 0,32 m
Zustand: kpl.
Nutznießer: *ʿtȝ-tn*
1. Reg.: Osiris thronend, Isis und Nephthys stehend n.r., über ihnen Namen, Titel. Opfertisch. Vizekönig Setau stehend adorierend n.l., über ihm Name, Titel.
2. Reg.: Horus von Kuban thronend n.r., über ihm Name. N., ein Mann sowie eine Frau stehend adorierend n.l., über den Männern jeweils Stiftungsvermerk mit Namen, Titel, über der Frau Name, Titel.

Faksimile: Von unpubliziertem Photo, erhalten von O. CAVALIER.
Bibl.: *KRI III*, 119-90, MORET, *Monuments égyptiens*, 184, -7, Taf. 6:3

RII/ Qan/ 001

Ort: Hildesheim, Pelizaeus-Museum 1102
Material: Kalkstein Maße: H: 0,41; B: 0,27 m
Zustand: kpl.
Nutznießer: *ꜥḫ-p.t*
1. Reg.: Ramses II-Standstatue n.r. Opfertisch. Hohepriester Meri-Atum stehend räuchernd n.l. Namen, Titel.
2. Reg.: N. stehend adorierend n.l. vor Opfertisch. Vor ihm in 3 Kolumnen Lobpreisungsformel an den Ka des Königs.
Faksimile: Unpubliziert, von B. SCHMITZ erhalten, am Photo kollationiert.
Anm.: Eine Publikation der Hildesheimer Qantir-Stelen wird von B. SCHMITZ vorbereitet.
Bibl.: HABACHI, *Qantir*, 541, Taf. 38; *KRI II*, 906

RII/ Qan/ 002

Ort: München, Glyptothek 287
Material: Kalkstein Maße: H: 0,95; B: 0,62 m
Zustand: kpl.
Nutznießer: *Pꜣ-Rꜥ(.w)-ḥtp(w)*
1. Reg.: Ramses II-Standstatue n.r., hinter ihm abgetrennt 4 Ohren. Opfertisch. König stehend darreichend n.l. Namen, Titel, Epi.
2. Reg.: N. kniend adorierend n.l., vor ihm in 5 Kolumnen Lobpreisungsformel an den Ka des Königs mit gewünschter Gottesleistung. Name und Titel des N.
Faksimile: Vom Original.
Bibl.: HABACHI, *Qantir Stela*, HABACHI, *Features*, 33-4, Abb. 21, Taf. 13b; *KRI III*, 52-3; ZIEGLER, *les Pharaons*, 118.

RII/ Qan/ 003

Ort: Hildesheim, Pelizaeus-Museum 400
Material: Kalkstein Maße: ?
Zustand: kpl.
Nutznießer: *Wsjr*
Reg.: Sobek-Re stehend n.r., N. stehend adorierend n.l., Stiftungs-/ Ausführungsvermerk, Namen, Titel, Epi.
Faksimile: Von publiziertem Photo.
Bibl.: DOLZANI, *Sobk*, Taf.. 5:1; HABACHI, *Qantir*, 537; *KRI III*, 148

RII/ Qan/ 004

Ort: Hildesheim, Pelizaeus-Museum 378
Material: Kalkstein Maße: H: 0,195; B: 0,14 m
Zustand: kpl.
Nutznießer: ***Pn-Jmn(.w)***
1. Reg.: Ramses II-Statue n.r. N. adorierend n.l. Namen, Titel.
Rand links: Frau n.r., Name.
Rand rechts: Mann n.l., Name.
Faksimile: Unpubliziert, von B. SCHMITZ erhalten, am Photo kollationiert.
Bibl.: HABACHI, *Qantir*, 529; *KRI III*, 149

RII/ Qan/ 005

Ort: Bruxelles, Musées Royaux d´Art et d´Histoire E 3048
Material: Kalkstein Maße: H: 0,265; B: 0,174 m
Zustand: Oben bestoßen, sonst kpl.
Nutznießer: ***Swtḫy-nḫt***
Reg.: Ramses II-Standstatue n.r., über ihr Name. Opferständer. N. stehend adorierend n.l., über ihm Stiftungsvermerk, Name und Titel.
Faksimile: Vom Original.
Bibl.: HABACHI, *Qantir*, 534; *KRI III*, 149

RII/ Qan/ 006

Ort: Hildesheim, Pelizaeus-Museum 1079
Material: Kalkstein Maße: ?
Zustand: Verlust der rechten unteren Ecke.
Nutznießer: ***Rᶜ(.w)-ms(w)-mn***
Reg.: Zwei verschiedene Ramses II-Standstatuen n.r. Opfertisch. N. stehend adorierend n.l. Namen, Titel, Epi.
Faksimile: Von publiziertem Photo.
Bibl.: HABACHI, *Qantir*, 539-40; *KRI III*, 205; ROEDER, *Ramses II*, 62, Taf.. 5:4

RII/ Qan/ 007

Ort: Hildesheim, Pelizaeus-Museum 1086
Material: Kalkstein Maße: ?
Zustand: Erhalt nur einer Hälfte.
Nutznießer: *J*[///]
Seite A
Reg.: Opfertisch, N. stehend darreichend n.l., größtenteils verloren. Name, Titel.
Seite B
Reg.: Zwei sich gegenüberstehende Ramses II-Standstatuen, linke verloren. Namen.
Faksimile: (---) Oberfläche stark verwittert.
Bibl.: HABACHI, *Qantir*, 540, Taf.. 37; *KRI III*, 225

RII/ Qan/ 008

Ort: Hildesheim, Pelizaeus-Museum 430
Material: Kalkstein Maße: H: 0,22; B: 0,16 m
Zustand:
Nutznießer: *Ḏḥwtj-ms(.w)*
Reg.: Ramses II-Standstatue n.r., N. adorierend n.l. Stiftungsvermerk. Namen, Titel, Epi.
Faksimile: Unpubliziert, von B. SCHMITZ erhalten, am Photo kollationiert.
Bibl.: HABACHI, *Qantir*, 531; K*RI III*, 225

RII/ Qan/ 009

Ort: Leipzig, Ägyptisches Museum der Universität 3618
Material: Kalkstein Maße: H: 0,32; B: 0,21 m
Zustand: kpl.
Nutznießer: *Mᶜḥwḥy*
Reg.: Ramses II-Standstatue n.r. Opferständer. N. stehend darreichend n.l. Über ihnen und hinter dem N. Namen, Titel, Epi.
Faksimile: Unpubliziert, von F. SEYFRIED erhalten.
Bibl.: CLÈRE, *Nouveaux documents*, 38-9, Taf.. 3B; HABACHI, *Qantir*, 535; K*RI III*, 225

RII/ Qan/ 010

Ort: Hildesheim, Pelizaeus-Museum 1085
Material: Kalkstein Maße: ?
Zustand: kpl.
Nutznießer: *Ty*
Reg.: N. adorierend n.r., Ramses II-Statue n.l. Stiftungsvermerk des N., Namen, Titel, Epi.
Faksimile: (---) Nicht lohnend.
Bibl.: HABACHI, *Qantir*, 540; K*RI III*, 225

RII/ Qan/ 011

Ort: Hildesheim, Pelizaeus-Museum 492
Material: Kalkstein Maße: ?
Zustand: Unteres Reg. beschädigt.
Nutznießer: *Nfr-rnp.t*
1. Reg.: Ptah thronend n.r., Opferständer. N. stehend adorierend n.l.. Namen, Titel, Epi.
2. Reg.: Hathor als Kuh in Marschlandschaft n.r. Name, Epi. Opfertisch$^{?}$. Paar stehend adorierend n.l. ohne Text.
Faksimile: (---) Oberfläche stark verwittert.
Bibl.: HABACHI, *Qantir*, 539, Taf. 36B; K*RI III*, 226

RII/ Qan/ 012

Ort:	Hildesheim, Pelizaeus-Museum 487		
Material:	Kalkstein	Maße:	?
Zustand:	kpl.		
Nutznießer:	*Mn-mꜣꜥ.t-Rꜥ(.w)-ꜥꜣ-nḫtj*		
1. Reg.:	N. adorierend. Ramses II-Statue. Namen, Titel, Stiftungsvermerk des N.		
Faksimile:	(---) Nicht lohnend.		
Bibl.:	HABACHI, *Qantir*, 531; K*RI III*, 226		

RII/ Qan/ 013

Ort:	Hildesheim, Pelizaeus-Museum 490		
Material:	Kalkstein	Maße:	H: 0,36; B: 0,23,5 m
Zustand:	kpl.		
Nutznießer:	*ꜥꜣ-mk*		
1. Reg.:	Sobek thronend n.r., N. stehend darreichend n.l. Namen, Titel, Epi.		
2. Reg.:	< >		
Faksimile:	Unpubliziert, von B. SCHMITZ erhalten, am Photo kollationiert.		
Bibl.:	DOLZANI, *Sobk*, Taf.. 2:2; HABACHI, *Qantir*, 539; K*RI III*, 227		

RII/ Qan/ 014

Ort:	Hildesheim, Pelizaeus-Museum 1088		
Material:	Kalkstein	Maße:	H: 0,17; B: 0,12 m
Zustand:			
Nutznießer:	*R'fj*		
Reg.:	Ramses II-Standstatue n.r. Opferständer. N. stehend adorierend n.l., über ihm Stiftungsvermerk, Name und Titel.		
Faksimile:	Unpubliziert, von B. SCHMITZ erhalten, am Photo kollationiert.		
Bibl.:	HABACHI, *Qantir*, 533; K*RI III*, 227		

RII/ Qan/ 015

Ort:	Hildesheim, Pelizaeus-Museum 494		
Material:	Kalkstein	Maße:	?
Zustand:	kpl.		
Nutznießer:	*Pꜣ-ḥr(j)-pḏ.t*		
1. Reg.:	Ramses II-Standstatue n.r. Opferständer. N. stehend adorierend n.l., über ihm Stiftungsvermerk, Name und Titel.		
Faksimile:	(---) Nicht lohnend.		
Bibl.:	HABACHI, *Qantir*, 531; K*RI III*, 227		

RII/ Qan/ 016

Ort:	Hildesheim, Pelizaeus-Museum 398		
Material:	Kalkstein	Maße:	H: 0,225; B: 0,175 m
Zustand:	kpl.		
Nutznießer:	*Pn-Tꜣ-wr.t*		

1. Reg.:	Sobek-Re als Krokodil auf Podest n.r., N. kniend adorierend n.l. Namen, Titel, Epi.
2. Reg.:	Sobek stehend n.r. Opfertisch. N. stehend adorierend n.l. Hinter ihm in 3 Kolumnen Name und Titel.
Faksimile:	Unpubliziert, von B. SCHMITZ erhalten, am Photo kollationiert.
Bibl.:	DOLZANI, *Sobk*, Taf.. 4:1; GERMER, *Mumien*, Nr. 48; HABACHI, *Qantir*, 536; *KRI III*, 227-8

RII/ Qan/ 017

Ort:	Hildesheim, Pelizaeus-Museum 427		
Material:	Kalkstein	Maße:	?
Zustand:	kpl.		
Nutznießer:	⟨ ⟩		
Reg.:	Ramses II-Standstatue n.r., Opfertisch. N. stehend adorierend n.l. Stiftungsvermerk des N. Namen, Titel, Epi.		
Faksimile:	Von publiziertem Photo.		
Bibl.:	HABACHI, *Qantir*, 538; ROEDER, *Ramses II*, 59, Taf. 5:1; *KRI III*, 228		

RII/ Qan/ 018

Ort:	Hildesheim, Pelizaeus-Museum 1892		
Material:	Kalkstein	Maße:	H: 0,29; B: 0,19 m
Zustand:	kpl.		
Nutznießer:	*Nfr-rnp.t*		
Reg.:	Ptah stehend n.r. vor Säule. N stehend adorierend n.l. Stiftungsvermerk des N. Namen, Titel, Epi.		
Faksimile:	Unpubliziert, von B. SCHMITZ erhalten, am Photo kollationiert.		
Bibl.:	HABACHI, *Qantir*, 542; ROEDER, *Ramses II*, Taf. 4:2; *KRI III*, 228		

RII/ Qan/ 019

Ort:	Hildesheim, Pelizaeus-Museum 493		
Material:	Kalkstein	Maße:	?
Zustand:	kpl.		
Nutznießer:	[///]		
Reg.:	N. adorierend. Ramses II-Statue n.r. N stehend adorierend n.l., über ihm Stiftungsvermerk, Name, Titel.		
Faksimile:	(---) Nicht lohnend.		
Bibl.:	HABACHI, *Qantir*, 531; *KRI III*, 228		

RII/ Qan/ 020

Ort:	Hildesheim, Pelizaeus-Museum 405		
Material:	Kalkstein	Maße:	?
Zustand:	Kpl.		
Nutznießer:	*Msjꜥjꜣ*		
Reg.:	N. adorierend. Ramses II-Statue n.r. N stehend adorierend n.l., über ihm Stiftungsvermerk, Name, Titel.		

Faksimile: (---) Nicht lohnend.
Bibl.: HABACHI, *Qantir*, 530; *KRI III*, 228

RII/ Qan/ 021
Ort: Hildesheim, Pelizaeus-Museum 429
Material: Kalkstein Maße: ?
Zustand: kpl.
Nutznießer: *S:mn-W3s.t*
Reg.: N. adorierend. Ramses II-Statue n.r. N stehend adorierend n.l., über ihm Stiftungsvermerk, Name, Titel.
Faksimile: (---) Nicht lohnend.
Bibl.: HABACHI, *Qantir*, 531; *KRI III*, 228

RII/ Qan/ 022
Ort: Hildesheim, Pelizaeus-Museum 488
Material: Kalkstein Maße: ?
Zustand: kpl.
Nutznießer: *Yf*
Reg.: N. und seine Frau stehend n.r., über ihnen Namen, Titel. Ramses II-Statue n.l. ohne Titel.
Faksimile: (---) Nicht lohnend.
Bibl.: HABACHI, *Qantir*, 538-9; *KRI III*, 229

RII/ Qan/ 023
Ort: Hildesheim, Pelizaeus-Museum 1077
Material: Kalkstein Maße: H: 0,395; B: 0,27 m
Zustand: kpl.
Nutznießer: *Mr(j)-Jmn(.w)-nḫt*
Reg.: Ramses II-Standstatue n.r., Opferständer. N stehend adorierend n.l. Über ihnen Namen, Titel, Stiftungsvermerk des N.
Faksimile: Unpubliziert, von B. SCHMITZ erhalten, am Photo kollationiert.
Bibl.: HABACHI, *Qantir*, 532; HASLAUER, *Ägypten*, 38; *KRI III*, 229

RII/ Qan/ 024
Ort: Hildesheim, Pelizaeus-Museum 1081
Material: Kalkstein Maße: ?
Zustand: kpl.
Nutznießer: *Sw-nn-sw*
Reg.: Ramses II-Statue n.r. N. adorierend n.l. Namen, Titel.
Faksimile: (---) Nicht lohnend.
Bibl.: HABACHI, *Qantir*, 532; *KRI III*, 229

RII/ Qan/ 025

Ort:	Hildesheim, Pelizaeus-Museum 404
Material:	Kalkstein — Maße: ?
Zustand:	kpl.
Nutznießer:	***Jw-mn***
Reg.:	Ramses II-Statue n.r. N. darreichend n.l. Namen, Titel, Stiftungsvermerk des N.
Faksimile:	(---) Nicht lohnend.
Bibl.:	HABACHI, *Qantir*, 530; K*RI III*, 220

RII/ Qan/ 026

Ort:	Hildesheim, Pelizaeus-Museum 1098
Material:	Kalkstein — Maße: ?
Zustand:	kpl.
Nutznießer:	*⟨N⟩ḫw-jb*
Reg.:	Ramses II-Statue n.r. N. darreichend n.l. Namen, Titel, Stiftungsvermerk des N.
Faksimile:	(---) Nicht lohnend.
Bibl.:	HABACHI, *Qantir*, 534; K*RI III*, 229

RII/ Qan/ 027

Ort:	Hildesheim, Pelizaeus-Museum 403
Material:	Kalkstein — Maße: ?
Zustand:	kpl.
Nutznießer:	***Jmn(.w)-m-ḥ3b***
Reg.:	Ramses II-Statue n.r. N. adorierend n.l. Namen, Titel, Stiftungsvermerk des N.
Faksimile:	(---) Nicht lohnend.
Bibl.:	HABACHI, *Qantir*, 530; K*RI III*, 249

RII/ Qan/ 028

Ort:	Kairo, Ägyptisches Museum JdE 87832
Material:	Kalkstein — Maße: H: 0,43; B: 0,28 m
Zustand:	kpl., leicht verwittert.
Nutznießer:	***Rᶜ(.w)-ms(w)***
Reg.:	Ramses II-Standstatue n.r., Opferständer. N. stehend darreichend n.l., bei ihm eine Standarte. Namen, Titel
Faksimile:	publiziert
Bibl.:	HABACHI, *Qantir*, 523-4, Taf. 33; K*RI III*, 257; HABACHI, ENGEL, *Tell el-Daba I*, 223-4 Kat. 130, Abb. 53

RII/ Qan/ 029

Ort:	Paris, Slg. Kelekian o.Nr.
Material:	Kalkstein — Maße: ?
Zustand:	kpl., Vs. angewittert.
Nutznießer:	***3ny3***

1. Reg.: Ramses II-Standstatue n.r., 2 Opferständer, König stehend darreichend n.l. Namen, Titel

2. Reg.: N. mit Standarte kniend adorierend n.l., vor ihm in 3 Kolumnen Lobpreisungsformel an den König mit gewünschter Gottesleistung. Name, Titel des N.

Faksimile: (---) Das publizierte Photo ist qualitativ nicht ausreichend, um davon ein Faksimile zu zeichnen.

Bibl.: CLÈRE, *Nouveaux documents*, 36-8, Taf. 3A; HABACHI, *Qantir*, 542; K*RI III*, 257

RII/ Qan/ 030

Ort: Paris, Musée Rodin Museum 156

Material: Kalkstein Maße: ?

Zustand: Fragment, nur oberer Teil erhalten.

Nutznießer: *Nfr-ḥr*

Reg.: Ramses II-Standstatue n.r., wohl Opfertisch?, N. stehend adorierend n.l., Namen, Titel, Stiftungsvermerk des N.

Faksimile: (---) Oberfläche stark verwittert.

Bibl.: CLÈRE, *Nouveaux Documents*, 39 ff., Taf. 4A; HABACHI, *Qantir*, 535; K*RI III*, 258

RII/ Qan/ 031

Ort: Hildesheim, Pelizaeus-Museum 377

Material: Kalkstein Maße: H: 0,34; B: 0,22 m

Zustand: Kpl., Beschädigungen am untersten Bereich.

Nutznießer: *Ḏḥwtj-ms(.w)*

1. Reg.: Ramses II-Standstatue n.r., Opferständer, König stehend räuchernd n.l., Namen, Titel.

2. Reg.: Opfertisch. N. kniend adorierend n.l., vor ihm in 2 Kolumnen Lobpreisungsformel an den Ka des Königs, Name und Titel.

Faksimile: Unpubliziert, von B. SCHMITZ erhalten, am Photo kollationiert.

Bibl.: HABACHI, *Qantir*, 536; ROEDER, *Ramses II*, 54, Taf. 4:3; K*RI III*, 258

RII/ Qan/ 032

Ort: Kairo, Ägyptisches Museum JdE 886XX ?

Material: Kalkstein Maße: H: 0,2 m

Zustand: Ausbruch am rechten Rand., Ofl. stark verwittert.

Nutznießer: *R'-ḏqbwtj*

Reg.: Ramses II-Standstatue n.r., N. stehend adorierend n.l. Namen, Titel.

Faksimile: (---) Nicht lohnend.

Bibl.: HABACHI, *Qantir*, 519-20, Taf.. 30A; K*RI III*, 259

RII/ Qan/ 033

Ort: Hildesheim, Pelizaeus-Museum 408
Material: Kalkstein Maße: H. 0,205; B: 0,16 m
Zustand: kpl.
Nutznießer: *Ḏḥwtj-m-ḥ3b*
Reg.: Ramses II-Statue n.r., Name. N. adorierend n.l., Lobpreisungsformel an sie, Name, Titel des N.
Faksimile: Unpubliziert, von B. SCHMITZ erhalten, am Photo kollationiert.
Bibl.: HABACHI, *Qantir*, 530; K*RI III*, 259-60

RII/ Qan/ 034

Ort: London, British Museum 290
Material: Kalkstein Maße: H: 0,6; B: 0,37 m
Zustand: kpl.
Nutznießer: *3kbr*
1. Reg.: Osiris thronend, Isis und Nephthys stehend n.r., über ihnen Namen, Epi. Opferständer. N. stehend adorierend n.l., über ihm Lobpreisungsformel an Osiris, Name, Spitzname und Titel des N.
2. Reg.: Zwei Männer und zwei Frauen stehend adorierend n.l., Namen, Titel, vierte Person unbezeichnet.
Faksimile: Von publiziertem Photo.
Bibl.: *BMHT 9*, 63, Taf. 48:1; K*RI III*, 260

RII/ Qan/ 035

Ort: Hildesheim, Pelizaeus-Museum 397
Material: Kalkstein Maße: H= 0,324; B= 0,225 m
Zustand: kpl.
Nutznießer: *Ḥzyw*
Reg.: Ramses II-Standstatue n.r., Opferständer, Gefäßständer, N. stehend adorierend n.l. Stiftungsvermerk, Namen, Titel.
Faksimile: Von publiziertem Photo.
Bibl.: HABACHI, *Qantir*, 529; ROEDER, *Ramses II*, Taf. 5:2; K*RI III*, 262; PETSCHEL, VON FALCK, *Krieg und Frieden*, Kat. 72

RII/ Qan/ 036

Ort: Hildesheim, Pelizaeus-Museum 428
Material: Kalkstein Maße: H: 0,14; B: 0,085 m
Zustand: kpl.
Nutznießer: *Ṯl-Jmn(.w)*
1. Reg.: Ramses II-Statue n.r. Opferständer. Maat n.l., über ihnen Namen, Epi.
2. Reg.: Mann adorierend n.l., vor ihm Opfertisch, Stiftungsvermerk, Name.
Faksimile: Unpubliziert, von B. SCHMITZ erhalten, am Photo kollationiert.
Bibl.: HABACHI, *Qantir*, 538; K*RI III*, 262-3

RII/ Qan/ 037

Ort: Hildesheim, Pelizaeus-Museum 374
Material: Kalkstein Maße: H: 0,675; B: 0,50 m
Zustand: An den Rändern bestoßen.
Nutznießer: *Ms(w)*
1. Reg.: Ptah stehend in Schrein n.r., König stehend n.l., Maatfigur darreichend. König stehend an Erscheinungsfenster n.r., Goldkragen werfend, vor ihm Tätigkeitsvermerk. N. stehend empfangend n.l., Namen, Titel, Epi.
2. Reg.: Ramses II-Sitzstatue n.r., über dessen Schoß König stehend n.r., Goldkragen werfend, vor ihm Lobpreisung des N. durch den König vor den Soldaten. Davor N. stehend empfangend n.l., hinter ihm mehrere Soldaten, die ebenfalls die Hände hochhalten und Gaben auffangen, über ihnen Anrufung an den König.
Faksimile: Unpubliziert, von B. SCHMITZ erhalten, am Photo kollationiert.
Bibl.: HABACHI, *Qantir*, 535; ROEDER, *Ramses II*, 65, Abb. 2; K*RI III*, 263-4; SCHULZ, SEIDEL, *Ägypten*, 207

RII/ Qan/ 038

Ort: Hildesheim, Pelizaeus-Museum 1078
Material: Kalkstein Maße: H: 0,m24; B: 0,16 m
Zustand: kpl.
Nutznießer: *Jmn(.w)-m-pr(.w)*
Reg.: Ramses II-Standstatue n.r., vor ihr Name. 2 Opferständer. N. stehend adorierend n.l., über ihm Name.
Faksimile: Unpubliziert, von B. SCHMITZ erhalten, am Photo kollationiert.
Bibl.: HABACHI, *Qantir*, 532; K*RI III*, 264

RII/ Qan/ 039

Ort: Paris, Musée National du Louvre C 95
Material: Kalkstein Maße: ?
Zustand: kpl.
Nutznießer: *H̱.t=f*
1. Reg.: N. und eine Frau, Namen, Titel.
2. Reg.: Basiszeilen: Königsopferformel für Götter, Selbstpräsentation.
Faksimile: (---) Kein Photo bekannt, Verbleib unbekannt.
Bibl.: KRI III, 265, PIERRET, *Recueil II*, 1-2

RII/ Qan/ 040

Ort: Kairo, Ägyptisches Museum JdE 86123
Material: Kalkstein Maße: H: 0,30; B: 0,195 m
Zustand: kpl.
Nutznießer: *Ṯl-ḥr*-[///]
1. Reg.: Opfertisch, Amun-Re und Reschef stehend n.l. Namen, Epi.
2. Reg.: Zweigeteilt: 2 Kolumnen Namen, Titel N. und seiner Frau. N. kniend adoorierend n.r., Hauron stehend n.l. Gottesname.

Faksimile: publiziert
Bibl.: ANDREU, *policier*, 1-20, Doc. 4; HABACHI, *Qantir*, 519; LEIBOVITCH, *Amon-Ra*, 163 ff., Taf. 14; *KRI III*, 266

RII/ Qan/ 041

Ort: Hildesheim, Pelizaeus-Museum 401
Material: Kalkstein Maße: ?
Zustand: Kpl., verwittert
Nutznießer: [///]
Reg.: Sobek stehend n.l., über ihm Name, Epi. N. stehend adorierend n.l., über ihm Stiftungsvermerk, Name, Titel.
Faksimile: (---) Oberfläche stark verwittert.
Bibl.: DOLZANI, *Sobk*, Taf. v:2; HABACHI, *Qantir*, 537; KRI III, 266

RII/ Qan/ 042

Ort: Hildesheim, Pelizaeus-Museum 1105
Material: Kalkstein Maße: ?
Zustand: Rechts und unten Ausbrüche.
Nutznießer: ***ꜥꜣ-nḫt***
Reg.: Ramses II-Standstatue n.r., über ihr Name. Opfertisch. N. stehend adorierend n.l., über ihm Name, Titel.
Faksimile: (---) Oberfläche stark verwittert.
Bibl.: BRUNNER, *Statue*, 101-6, Taf. 15; HABACHI, *Qantir*, 534; *KRI II*, 452; *KRI III*, 266

RII/ Qan/ 043

Ort: Philadelphia, University Museum 61-13-1
Material: Kalkstein Maße: H: 0,48; B: 0,364 m
Zustand: kpl., nur kleinere Ausbrüche an den Rändern.
Nutznießer: ***Pn-Tꜣ-wr.t***
1. Reg.: Osiris thronend, Isis stehend n.r., über ihnen Namen, Epi. Opferständer. N. und seine Frau stehend adorierend n.l., über ihnen Lobpreisungsformel an Osiris, Namen, Titel.
2. Reg.: Horus thronend n.r., über ihm Name, Epi. Opferständer. N. und seine Mutter stehend adorierend n.l., vor und über ihnen Lobpreisungsformel an Horus, Namen, Titel.
3. Reg.: 5 Schwestern und 1 unbenannte Frau stehend adorierend n.l., über ihnen Namen.
Faksimile: Von unpubliziertem Photo, erhalten von J. HOUSER WEGNER.
Bibl.: *KRI III*, 267; SCHULMAN, *Mhr and Mškb*, 123-4, Taf. 8

RII/ Qan/ 044

Ort: Budapest, Szépmûvészeti Múzeum 51.2145
Material: Kalkstein Maße: ?
Zustand: An den Seiten größere Ausbrüche, Ofl verwittert.
Nutznießer: *P3-ḫ3rw*
1. Reg.: Osiris thronend, Isis stehend n.r., über ihnen Namen, Epi. Lotosblüte mit den Horussöhnen. N. stehend adorierend n.l., über ihnen Stiftungsvermerk des N. mit Name, Titel.
2. Reg.: 2 Paare, 1 Frau und 1 weitere Person stehend adorierend n.l., über ihnen Namen, Titel. Texte teilweise zerstört.
Faksimile: (---) Oberfläche stark verwittert.
Bibl.: SCHULMAN, *Mhr and Mškb*, 126 ff., Abb. 3, Taf. 9b

RII/ Qan/ 045

Ort: Paris, Musée National du Louvre C 96
Material: Kalkstein Maße: ?
Zustand: kpl.
Nutznießer: *B3k*
1. Reg.: Osiris thronend n.r., über ihm Königsopferformel für ihn, Name, Epi. Opfertisch. N. stehend libierend n.l., über ihm Tätigkeitsvermerk, gewünschter Gottesleistung des Osiris, Name und Titel.
2. Reg.: 2 Zeilen: Königsopferformel für Osiris mit gewünschter Gottesleistung, Name und Titel des N.
Faksimile: Von publiziertem Photo.
Bibl.: *KRI III*, 441; MOURSI, *Hohenpriester*, 56-8, Taf. 4:2

RII/ Qan/ 046

Ort: Hildesheim, Pelizaeus-Museum 983
Material: Kalkstein Maße: ?
Zustand: kpl.
Nutznießer: *M3m3*
Reg.: Ramses II-Statue n.r., bei ihr Name. N. adorierend n.l., bei ihm Stiftungsvermerk, Name und Titel.
Faksimile: (---) Nicht lohnend.
Bibl.: HABACHI, *Qantir*, 532; *KRI III*, 445

RII/ Qan/ 047

Ort: Hildesheim, Pelizaeus-Museum 1083
Material: Kalkstein Maße: H: 0,19 +x; B: 23 m
Zustand: Verlust der unteren Hälfte.
Nutznießer: *Mᶜy*
x+1. Reg.: Ramses II-Standstatue n.r., über ihr Titulatur. Opferständer. N. stehend adorierend n.l., über ihm Name, Titel.
Faksimile: Unpubliziert, von B. SCHMITZ erhalten, am Photo kollationiert.
Bibl.: HABACHI, *Qantir*, 533, Taf. 34A; *KRI III*, 445

RII/ Qan/ 048

Ort:	Hildesheim, Pelizaeus-Museum 399
Material:	Kalkstein Maße: H: 0,235; B: 0,125 m
Zustand:	Kpl., verwittert.
Nutznießer:	***B3k-n-Jmn(.w)***
1. Reg.:	Sobek als Krokodil auf kleinem Podest n.r., bei ihm Name. Ofl. stark verwittert.
2. Reg.:	N. kniend adorierend n.l., vor ihm in 3 Kolumnen Name und Titel.
Faksimile:	Unpubliziert, von B. SCHMITZ erhalten, am Photo kollationiert.
Bibl.:	DOLZANI, *Sobk*, Taf. 4:2; HABACHI, *Qantir*, 537, Taf. 35A; *KRI III*, 445

RII/ Qan/ 049

Ort:	Bruxelles, Musées Royaux d'Art et d'Histoire E 3049
Material:	Kalkstein Maße: H: 0,156; B: 0,117 m
Zustand:	Ausbruch rechts unten, zerbrochen.
Nutznießer:	*Wsr-ḥ3.t*
Reg.:	Ramses II-Standstatue sowie Ptah in Schrein stehend n.r., über Statue unvollendeter Name. N. stehend darreichend und adorierend n.l., über ihm Stiftungsvermerk, Name und Titel.
Faksimile:	Vom Original.
Anm.:	Die Stele wurde nicht vollendet.
Bibl.:	CLÈRE, *Nouveaux documents*, 40-1, Taf. 4B; HABACHI, *Qantir*, 542-3; *KRI III*, 446

RII/ Qan/ 050

Ort:	Hildesheim, Pelizaeus-Museum 1103
Material:	Kalkstein Maße: H: 0,31; B: 0,20 m
Zustand:	kpl.
Nutznießer:	***Pn-ns.tj-t3.wj***
Reg.:	Ptah n.r., Name, Epi. N. adorierend n.l., Name, Titel.
Faksimile:	Unpubliziert, von B. SCHMITZ erhalten, am Photo kollationiert.
Bibl.:	HABACHI, *Qantir*, 541; *KRI III*, 446

RII/ Qan/ 051

Ort:	Stockholm, Medelhaavsmuseet, ?
Material:	Kalkstein Maße: H: 0,19 + x; B: 0,19 m
Zustand:	Erhalt nur der oberen Hälfte.
Nutznießer:	*Ḫnsw*
1. Reg.:	Ramses II-Standstatue stehend n.r., vor ihr Name. N. stehend adorierend n.l., über ihm Name, Titel.
Faksimile:	(---) Nicht lohnend.
Bibl.:	HABACHI, *Qantir*, 535; *KRI III*, 446; SÄVE-SÖDERBERGH, *Denkmäler*, 21ff., Abb. 3

RII/ Qan/ 052

Ort: Hildesheim, Pelizaeus-Museum 1893
Material: Kalkstein Maße: H. 0,44; B: 0,135 m
Zustand: kpl.
Nutznießer: *Nb(.w)-Jmn(.w)*
1. Reg.: Osiris thronend n.r., über ihm Name. Opferständer. N. stehend adorierend n.l., über ihm Name.
Pyramidion: Schakal mit Flagellum n.r.
Faksimile: Unpubliziert, von B. SCHMITZ erhalten, am Photo kollationiert.
Bibl.: GERMER, *Mumien*, Nr. 33; HABACHI, *Qantir*, 542; K*RI III*, 446; ROEDER, *Ramses II*, Taf. 4:1

RII/ Qan/ 053

Ort: Hildesheim, Pelizaeus-Museum 426
Material: Kalkstein Maße: ?
Zustand: kpl.
Nutznießer: ⟨ ⟩
1. Reg.: König n.r. Amun-Re stehend darreichend n.l., über ihm Name, Epi.
2. Reg.: Bes n.r. Mann stehend adorierend n.l., keine Texte.
Faksimile: (---) Nicht lohnend.
Bibl.: HABACHI, *Qantir*, 538; K*RI III*, 447

RII/ Qan/ 054

Ort: Hildesheim, Pelizaeus-Museum 1100
Material: Kalkstein Maße: ?
Zustand: kpl.
Nutznießer: ⟨ ⟩
1. Reg.: Reschef stehend n.r., Schild und Speer haltend. Über ihm Königsopferformel für ihn, Name, Epi.
Faksimile: publiziert
Bibl.: HABACHI, *Qantir*, 541; K*RI III*, 447; LEIBOVITCH, *fragment*, 489 ff., Abb. 59; ROEDER, *Ramses II*, 62, Abb. 1

RII/ Qan/ 055

Ort: Hildesheim, Pelizaeus-Museum 1080
Material: Kalkstein Maße: ?
Zustand: kpl.
Nutznießer: *K3-m-wj3*
1. Reg.: RII-Statue n.r., bei ihr Name. N. stehend adorierend n.l., über ihn Name, Titel.
Faksimile: (---) Nicht lohnend.
Bibl.: HABACHI, K, 529; K*RI III*, 451

RII/ Qan/ 056

Ort: Hildesheim, Pelizaeus-Museum 495
Material: Kalkstein Maße: ?
Zustand: kpl.
Nutznießer: [///]
1. Reg.: RII-Statue n.r., bei ihr Name. N. stehend adorierend n.l., über ihn Name, Titel.
Faksimile: (---) Nicht lohnend.
Bibl.: HABACHI, *Qantir*, 532; *KRI III*, 451

RII/ Qan/ 057

Ort: Hildesheim, Pelizaeus-Museum 410
Material: Kalkstein Maße: H: 0,135; B: 0,105 ,
Zustand: kpl.
Nutznießer: ⟨ ⟩
1. Reg.: Ramses II-Sitzstatue n.r.. Ramses II-Standstatue n.l., vor ihnen jeweils ihre Namen.
Faksimile: Unpubliziert, von B. SCHMITZ erhalten, am Photo kollationiert.
Bibl.: HABACHI, *Features*, 31, Abb. 19; HABACHI, *Qantir*, 537; *KRI II*, 453; ROEDER, *Ramses II*, Taf. 5:3

RII/ Qan/ 058

Ort: Hildesheim, Pelizaeus-Museum 376
Material: Kalkstein Maße: ?
Zustand: kpl.
Nutznießer: *Šꜥj*
1. Reg.: RII-Statue n.r., bei ihr Name. N. stehend adorierend n.l., über ihn Name, Titel.
Faksimile: (---) Nicht lohnend.
Bibl.: HABACHI, *Qantir*, 529; *KRI II*, 452

RII/ Qan/ 059

Ort: Hildesheim, Pelizaeus-Museum 375
Material: Kalkstein Maße: H: 0,345; B: 0,24 m
Zustand: Kleiner Ausbruch an oberer rechter Ecke.
Nutznießer: *Swtḫ-r-nḥḥ*
1. Reg.: Amun-Re stehend n.r. Opferständer. Ptah stehend in Schrein und Ramses II-Standstatue n.l., über ihnen jeweils ihre Namen, Epi.
2. Reg.: N., seine Frau, eine weitere Frau kniend sowie 2 Kinder stehend adorierend n.r., über ihnen Namen.
Faksimile: Unpubliziert, von B. SCHMITZ erhalten, am Photo kollationiert.
Bibl.: *KRI II*, 452; SCHULZ, SEIDEL, *Ägypten*, 424

RII/ Qan/ 060

Ort: Hildesheim, Pelizaeus-Museum 411
Material: Kalkstein Maße: ?

Zustand: Kleiner Ausbruch an oberer linker Ecke.
Nutznießer: *Nḫt-Jmn(.w)*
1. Reg.: Ramses II-Standstatue n.r., über ihr Name. N. und seine Frau stehend adorierend n.l., über ihnen Namen, Titel.
Faksimile: Unpubliziert, von B. SCHMITZ erhalten, am Photo kollationiert.
Bibl.: HABACHI, *Qantir*, 538; *KRI II*, 452; ROEDER, *Ramses II*, Taf. 4:4

RII/ Qan/ 061

Ort: Hildesheim, Pelizaeus-Museum 489
Material: Kalkstein Maße: ?
Zustand: kpl.
Nutznießer: ⟨ ⟩
1. Reg.: Ramses II-Statue n.r., über ihr Name. N. stehend adorierend n.l., keine Beischrift.
Faksimile: (---) Nicht lohnend.
Bibl.: HABACHI, *Qantir*, 539; *KRI II*, 452

RII/ Qan/ 062

Ort: Hildesheim, Pelizaeus-Museum 491
Material: Kalkstein Maße: H: 0,24; B: 0,175 m
Zustand: kpl.
Nutznießer: ⟨ ⟩
1. Reg.: Ramses II-Standstatue n.r.,, vor ihr Name. Davor Opferständer, florale Elemente. Keine Privatpersonen.
Faksimile: Von einer 1:1-Replik aus dem Besitz des Autors.
Bibl.: *KRI II*, 452

RII/ Qan/ 063

Ort: Kairo, Ägyptisches Museum JdE 88666
Material: Kalkstein Maße: H: x+?+x; B: x+?+x m
Zustand: Fragment
Nutznießer: [///]
1. Reg.: Mann stehend adorierend n.l., alles weitere verloren.
Faksimile: (---) Nicht lohnend.
Bibl.: HABACHI, *Qantir*, 510-1, Taf. 30B; *KRI II*, 452

RII/ Qan/ 064

Ort: Hildesheim, Pelizaeus-Museum 1094
Material: Kalkstein Maße: ?
Zustand: kpl.
Nutznießer: ⟨ ⟩
1. Reg.: Ramses II-Statue n.r., über ihr Name. Mann stehend adorierend n.l., keine Beischrift.
Faksimile: (---) Nicht lohnend.
Bibl.: HABACHI, *Qantir*, 534; *KRI II*, 452

RII/ Qan/ 065

Ort: Hildesheim, Pelizaeus-Museum 1095
Material: Kalkstein Maße: H: 0,165; B: 0,115 m
Zustand: kpl.
Nutznießer: *Jmn(.w)-m-jpꜣ.t*
1. Reg.: Ramses II-Standstatue n.r., über ihr Name. Opferständer. N. stehend adorierend n.l., über ihm Stiftungsvermerk, Name, Titel.
Faksimile: Unpubliziert, von B. SCHMITZ erhalten, am Photo kollationiert.
Bibl.: *KRI II*, 452-3

RII/ Qan/ 066

Ort: Hildesheim, Pelizaeus-Museum 1097
Material: Kalkstein Maße: H: 0,22; B: 0,16 m
Zustand: kpl.
Nutznießer: *Swr*
1. Reg.: N. stehend adorierend n.r., über ihm Stiftungsvermerk, Name. Opferständer. Ramses II-Standstatue n.l., vor ihr Name.
Faksimile: Unpubliziert, von B. SCHMITZ erhalten, am Photo kollationiert.
Bibl.: HABACHI, *Qantir*, 534; *KRI II*, 453

RII/ Qan/ 067

Ort: Hildesheim, Pelizaeus-Museum 1099
Material: Kalkstein Maße: ?
Zustand: kpl.
Nutznießer: ⟨ ⟩
1. Reg.: Ramses II-Statue n.r., vor ihr Name N. stehend adorierend n.l., keine Beischrift.
Faksimile: (---) Nicht lohnend.
Bibl.: HABACHI, *Qantir*, 534; *KRI II*, 453

RII/ Qan/ 068

Ort: Hildesheim, Pelizaeus-Museum 407
Material: Kalkstein Maße: ?
Zustand: kpl.
Nutznießer: ⟨ ⟩
1. Reg.: Ramses II-Statue n.r., vor ihr Name. N. stehend adorierend n.l., keine Beischrift.
Faksimile: (---) Nicht lohnend.
Bibl.: HABACHI, *Qantir*, 530; *KRI II*, 453

RII/ Qan/ 069

Ort: Hildesheim, Pelizaeus-Museum 409
Material: Kalkstein Maße: ?
Zustand: kpl.
Nutznießer: *Zꜣ-nḫtw*

1. Reg.: N. stehend adorierend n.r., vor ihm Stiftungsvermerk, Name. Ramses II-Statue n.l., vor ihr Name.
Faksimile: (---) Nicht lohnend.
Bibl.: HABACHI, *Qantir*, 531; *KRI II*, 453

RII/ Qan/ 070
Ort: Hildesheim, Pelizaeus-Museum 1082
Material: Kalkstein Maße: ?
Zustand: kpl.
Nutznießer: 〈 〉
1. Reg.: N. stehend adorierend n.r., ohne Beischrift. Ramses II-Statue n.l., vor ihr nur ein Teil des Namens.
Faksimile: (---) Nicht lohnend.
Anm.: Unfertig oder Ausschuß.
Bibl.: HABACHI, *Qantir*, 533; *KRI II*, 453

RII/ Qan/ 071
Ort: Hildesheim, Pelizaeus-Museum 1090
Material: Kalkstein Maße: ?
Zustand: kpl.
Nutznießer: 〈 〉
1. Reg.: N. stehend adorierend n.r., ohne Beischrift. Ramses II-Statue n.l., vor ihr Name.
Faksimile: (---) Nicht lohnend.
Bibl.: HABACHI, *Qantir*, 533; *KRI II*, 453

RII/ Qan/ 072
Ort: Hildesheim, Pelizaeus-Museum 1092
Material: Kalkstein Maße: ?
Zustand: kpl.
Nutznießer: *Swtḫy-nḫt*
1. Reg.: Ramses II-Statue n.r., vor ihr Name. N. stehend adorierend n.l., vor ihm Stiftungsvermerk, Name, Filiation.
Faksimile: (---) Nicht lohnend.
Bibl.: HABACHI, *Qantir*, 533; *KRI II*, 453

RII/ Qan/ 073
Ort: Hildesheim, Pelizaeus-Museum 1084
Material: Kalkstein Maße: ?
Zustand: kpl.
Nutznießer: *Mnṯw-nbw-n*[///]
1. Reg.: Ramses II-Statue n.r., vor ihr Name. N. stehend adorierend n.l., vor ihm Name.
Faksimile: (---) Nicht lohnend.
Bibl.: HABACHI, *Qantir*, 540; *KRI II*, 454

RII/ Qan/ 074

Ort: Torino, Museo Egizio 172
Material: Kalkstein Maße: ?
Zustand: kpl.
Nutznießer: *Swtḫy*
1. Reg.: Osiris n.r., bei ihm Name, Epi. N. stehend adorierend n.l., bei ihm Lobpreisungsformel an Osiris, Name, Titel des N.
N. stehend adorierend n.r., bei ihm Lobpreisungsformel an Upuaut, Name Titel des N. Upuaut n.l., bei ihm Name, Epi.
Faksimile: (---) Nicht lohnend.
Bibl.: *KRI III*, 258-9

RII/ Qan/ 075

Ort: Lund, Antikmuseet 32156
Material: Kalkstein Maße: H: 0,255; B: 0,185 ,
Zustand: kpl.
Nutznießer: ⟨ ⟩
1. Reg.: Ramses II-Statue n.r. Opferständer. N. stehend adorierend n.l., keine Texte.
Faksimile: (---) Nicht lohnend.
Bibl.: CLÈRE, *Nouveaux documents*, 41, Taf. 4:C

RII/ Qan/ 076

Ort: Kairo, Ägyptisches Museum JdE 86124
Material: Kalkstein Maße: H: 0,195; B: 0,105 m
Zustand: kpl.
Nutznießer: ⟨ ⟩
1. Reg.: Ramses II-Statue n.r. Opferständer. N. stehend adorierend n.l., keine Texte.
Faksimile: (---)
Bibl.: BIETAK, *Tell el-Daba II*, 44; HABACHI, *Qantir*, 521, Taf. 31

RII/ Qan/ 077 UNBESETZT

RII/ Qan/ 078

Ort: Hildesheim, Pelizaeus-Museum 380
Material: Kalkstein Maße: H: 0,148; B: 0,108 m
Zustand: kpl.
Nutznießer: *ꜣs.t*
1. Reg.: Standstatue Ramses II auf einem Podest n.r, über ihm Name. Opferständer. N. stehend adorierend n.l., über ihr Name, Titel.
Faksimile: Von publiziertem Photo.
Bibl.: HABACHI, *Features*, 41; HABACHI, *Qantir*, 529; HASLAUER, *Ägypten*, 38; *KRI II*, 451; WILDUNG, SCHOSKE, *Nofret*, Kat. 153.

RII/ Qan/ 079

Ort: Hildesheim, Pelizaeus-Museum 402
Material: Kalkstein Maße: H: 0,21; B: 0,165 m
Zustand: kpl.
Nutznießer: (---)
1. Reg.: Amun-Re stehend n.r. Ramses II-Standstatue n.l., über ihnen jeweils Namen, Epi.
Faksimile: Unpubliziert, von B. SCHMITZ erhalten, am Photo kollationiert.
Bibl.: (---)

RII/ Qan/ 080

Ort: Qantir, Magazin FZN 94/ 0909
Material: Calcit Maße: H: x+0,007+x; B: x+0,009+x m
Zustand: Fragment
Nutznießer: [///]
x.1. Reg.: Thot stehend n.r., hinter ihm eine weitere Person stehend n.r. Über ihm Reste der Epi. Vom N., kniend adorierend n.l., fast nichts mehr erhalten.
Faksimile: (---) Nicht lohnend.
Bibl.: HEROLD, *Fragment*, 165-6

RII/ Sai/ 001

Ort: Magazin S 103
Material: Sandstein Maße: ?
Zustand: Fragment, Ofl. stark verwittert.
Nutznießer: ?
1. Reg.: Überwiegend zerstört, erkennbar noch ein Tier auf Podest n.r.
2. Reg.: 9+x Kolumnen Text, Erhalt nur des oberen Teils, Nennung von mehreren Namen und Titeln.
Faksimile: (---) Oberfläche stark verwittert.
Bibl.: K*RI III*, 110; VERCOUTTER, *Sai*, 156-7, Taf. 45b

RII/ Saq/ 001

Ort: ?
Material: ? Maße: ?
Zustand: Fragment
Nutznießer: ***Jr'y***
x+1. Reg.: N. und Frau, Name und Titel des N., Rest verloren.
Faksimile: (---) Es sind weder Photo noch Faksimile publiziert.
Anm.: Beschreibung nach KRI, mir ist keine Abb. bekannt.
Bibl.: K*RI III*, 378; L*DT I*, 182; *PM III*, 175

RII/ Saq/ 002

Ort: Handel
Material: ? Maße: ?
Zustand: Fragment ?
Nutznießer: *S3k3*
x+1. Reg.: Nennung von Name und Titel des N. sowie eines weiteren Mannes. Weitere Einzelheiten in Text und Darstellung unbekannt.
Faksimile: (---) Es sind weder Photo noch Faksimile publiziert.
Anm.: Beschreibung nach *KRI III*, 468, mir ist keine Abb. bekannt.
Bibl.: *KRI III*, 468; *LDT I*, 17 mittig

RII/ Saq/ 003

Ort: *in situ*
Material: Kalkstein Maße: H: 1,15+x; B: 0,72+x m
Zustand: Rechte Hälfte überwiegend verloren.
Nutznießer: *P3-sr*
1. Reg.: Osiris thronend, Isis stehend n.r., N. und seine Frau stehend adorierend n.l., über ihnen Text überwiegend verloren, Namen, Titel, Epi.
2. Reg.: N. und seine Frau sitzend n.r., über ihnen Namen, Titel, gegenüber wohl ebenfalls Paar sitzend n.l., überwiegend verloren.
Rand links: Hinterer Teil einer Formel an einen Gott, erhalten ist noch die gewünschte Gottesleistung. Weitere Ränder verloren.
Faksimile: publiziert
Anm.: Zentralstele aus der Grabkapelle des N.
Bibl.: MARTIN, *Chapels*, 7, Taf. 7 o., 8 o.+.u.re., 13; *KRI VII*, 129-30

RII/ Saq/ 004

Ort: *in situ*
Material: Kalkstein Maße: H: 0,25; B: 0,22 m
Zustand: kpl.
Nutznießer: *P3-sr*
1. Reg.: Osiris thronend, Isis stehend n.r. Tisch mit Horussöhnen N. stehend adorierend n.l., über ihnen Königsopferformel für Osiris, Namen, Titel, Epi.
2. Reg.: Tisch mit Gaben, Tätigkeitsvermerk eines anderen Mannes, nicht des N. 3 Personen stehend darreichend n.l., Textkolumnen freigelassen.
Faksimile: publiziert
Anm.: Aus der Grabkapelle des N.
Bibl.: MARTIN, *Chapels*, 6-7, Taf. 12, 30 Kat. 8; *KRI VII*, 130

RII/ Saq/ 005

Ort: ?
Material: Kalkstein Maße: H: 0,43; B: 0,255 m
Zustand: kpl.
Nutznießer: *Wj3y*

1. Reg.: Anubis als Schakal auf Podest n.r. Mit Flagellum. Über ihm Schenring und 2 Wasserlinien.

2. Reg.: Osiris thronend n.r., vor ihm N. und Tochter darreichend n.l., über ihnen Namen, Titel, Epi.

Faksimile: publiziert

Anm.: Aus der Grabkapelle des N. von RII/ Saq/ 003-004.

Bibl.: MARTIN, *Chapels*, 6, Taf. 12, 30, Kat. 7; K*RI VII*, 130

RII/ Saq/ 006 UNBESETZT

RII/ Saq/ 007

Ort: Berlin, Ägyptisches Museum und Papyrussammlung 7270

Material: Kalkstein Maße: H: 1,1; B: 0,675 m

Zustand: Zerbrochen, geklebt, oben teilweise Textverlust, ansonsten kpl.

Nutznießer: *Rꜥjꜣ*

1. Reg.: Re-Harachte thronend n.r., hinter ihm Westgöttin stehend n.r., vor dem Gott Name und Epi. N. stehend adorierend n.l., über ihm Verehrungsformel an Re, Name und Titel.

2. Reg.: 7 Zeilen Text: Verehrungsformel an Re mit gewünschter Gottesleistung. Stiftungsvermerk des N. Unten rechts geringer Textverlust.

Faksimile: Vom Original.

Bibl.: K*RI VII*, 117-8; MEULENAERE, *dignitaire*, 88

RII/ Saq/ 008

Ort: Berlin, Ägyptisches Museum und Papyrussammlung 7271

Material: Kalkstein Maße: H: 1,17; B: 0,725 m

Zustand: Zerbrochen, geklebt, sonst kpl.

Nutznießer: *Rꜥjꜣ*

1. Reg.: Osiris thronend n.r., hinter ihm Isis stehend n.l. Über ihnen Namen, Epi. N. stehend adorierend n.l., über ihm Lobpreisungsformel an Osiris mit gewünschter Gottesleistung, Name und Titel des N.

2. Reg.: 8 Zeilen Text: Verehrungsformel an Osiris mit gewünschter Gottesleistung. Stiftungsvermerk des N.

Faksimile: Vom Original.

Bibl.: K*RI VII*, 118; MEULENAERE, *dignitaire*, 88

RII/ Saq/ 009

Ort: *in situ*

Material: Kalkstein Maße: ?

Zustand: Fragmente

Nutznießer: *Ṯjꜣ*

1. Reg.: [///]

2. Reg.: [///]

3. Reg.: Bis auf geringste Fragmente verloren.

Rand links: 2 Kolumnen mit je Resten einer Götterformel mit gewünschter Gottesleistung.
Rand rechts: Wohl wie Rand links. Nennung des N. mit Name und Titeln.
Faksimile: Publiziert
Anm.: Aufgrund der geringen Reste kann keine Übersicht über den genauen Aufbau der Stele gewonnen werden.
Bibl.: MARTIN, *Tia, Tia*, 33, Taf. 52-3

RII/ Saq/ 010
Ort: London, British Museum 183
Material: Kalkstein Maße: H: 0,76; B: 0,47 m
Zustand: kpl.
Nutznießer: *P3-ḥm-nṯr* (?)
1. Reg.: Anubis als Schakal auf Podest n.r.
2. Reg.: Osiris, Hathor stehend n.r. N. und 3 weitere Männer (ebenfalls N.?) stehend adorierend n.l. Über ihnen Namen, Epi., Titel.
3. Reg.: Ein Mann und fünf Frauen stehend adorierend n.l. Über ihnen Namen, Titel. Stiftungsvermerk "ihrer Schwester", i.e. letzte dargestellte Person.
Faksimile: Vom Original.
Bibl.: *BMHT 9*, S. 19-20, Taf.. 15/A; MEULENAERE, *Deux vizirs*, S. 227

RII/ Saq/ 011
Ort: Kairo, Ägyptisches Museum JdE 48845, TR 14/4/24/4
Material: Granit Maße: H: 1,57; B: 0,83 m
Zustand: kpl.
Nutznießer: *P3-Rᶜ(.w)-ḥtp(w) (B)*
Seite A
1. Reg.: N. stehend adorierend n.r. Osiris, Apis stehend n.l. Über ihnen Namen, Titel, Epi.
2. Reg.: 10 Zeilen Text: Selbstpräsentation des N. Name, Titel.
Seite B
1. Reg.: Ptah, Anubis stehend n.r. N. stehend adorierend n.l. Über ihnen Namen, Titel, Epi.
2. Reg.: 12 Zeilen Text: Selbstpräsentation des N., Anrufungsformel an Priester des Apis mit Leistungswunsch
Rand links: 3 Kolumnen: jeweils für den Ka des N. mit verschiedenen Titeln.
Rand rechts: 3 Kolumnen: jeweils für den Ka des N. mit verschiedenen Titeln.
Faksimile: (---) Nicht aufgenommen.
Anm.: Nach ALTENMÜLLER, *Vergöttlichung*, 155 aus dem Grabbereich des Parahotep in der Nekropole von Saqqara, er unterscheidet zwei Personen dieses Namens, *P3-Rᶜ(.w)-ḥtp(w)* A in Sedment/ Herakleopolis, *P3-Rᶜ(.w)-ḥtp(w)* B dieser Stele in Saqqara.
Bibl.: *KRI III*, 53-5; MOURSI, *Re-hotep*, 321-29, Taf. 52-3; *PM III*, 226

RII/ Saq/ 012

Ort: ?
Material: Kalkstein Maße: H: 0,223; B: 0,185; T: 0,03 m
Zustand: Fragmente
Nutznießer: [///]
1. Reg.: Osiris thronend, Isis stehend n.l. Darüber und davor geringe Textreste. Alles weitere verloren.
Faksimile: publiziert
Bibl.: MARTIN, *Chapels*, Taf. 12

RII/ Saq/ 013

Ort: ?
Material: Kalkstein Maße: H: 1,275; B: 0,75 m
Zustand: kpl.
Nutznießer: *Tjꜣ*
1. Reg.: Osiris thronend, Isis und Nephthys stehend n.r. Über ihnen Namen, Epi. Opferständer. N. und Frau stehend adorierend n.l. Über ihnen Lobpreisungsformel an Osiris. Namen, Titel des N. und Frau.
2. Reg.: N. und Frau sitzend n.r. Über ihnen Namen, Titel. Opfertisch. Mann stehend libierend und räuchernd n.l, über ihm sein Stiftungsvermerk.
Hohlkehle: Palmblattmuster, kein Text.
Rand oben: Sonnenbarke, auf jeder Seite von 3 Pavianen angebetet.
Rand links: Königsopferformel für Re-Harachte und Atum mit gewünschter Gottesleistung.
Rand rechts: Königsopferformel für Osiris mit gewünschter Gottesleistung.
Faksimile: publiziert
Anm.: Aufgestellt im oberen Teil der Grabanlage des N.
Bibl.: MARTIN, *Tia, Tia*, 36-7, Taf. 59, 164

RII/ Saq/ 014

Ort: *in situ*
Material: Kalkstein Maße: H: x+0,5; B: 1,0 m
Zustand: Erhalt nur des untersten Teils.
Nutznießer: *Tjꜣ*
x+1. Reg.: Oberer Teil verloren. N. kniend n.r. Vor ihm in 5+x Zeilen eine Formel an Osiris mit gewünschter Gottesleistung.
X+2. Reg.: 1 Zeile mit Name und Titel des N.
Rand links: Unterer Teil einer Götterformel, Name und Titel des N.
Rand rechts: Unterer Teil einer Götterformel, Name und Titel des N.
Faksimile: publiziert
Anm.: Gegenstück zu RII/ Saq/ 021.
Bibl.: MARTIN, *Tia, Tia*, 22, Taf. 26, 139

RII/ Saq/ 015

Ort:	*in situ*		
Material:	Kalkstein	Maße:	H: 1,75; B: ~1,80 m
Zustand:	Mehrere Fragmente		
Nutznießer:	*Rꜥjꜣ*		
1. Reg.:	Osiris thronend, Isis und Nephthys stehend n.l. Opfertisch. Rest verloren.		
2. Reg.:	N. und Frau sitzend n.l., über ihnen Name, Titel. Opfertisch. Mann stehend libierend und räuchernd n.l., über ihm Tätigkeitsvermerk.		
Faksimile:	publiziert		
Anm.:	Aus dem Grab des N.		
Bibl.:	MARTIN, *Chapels*, 11-12, Taf.. 15, 17-19		

RII/ Saq/ 016

Ort:	Warszawa, Narodow Museum o. Nr.		
Material:	Kalkstein	Maße:	H: 0,545; B: 0,33 m
Zustand:	kpl.		
Nutznießer:	*Pr(.w)-ꜥꜣ-pꜣ-nḥḥ*		
1. Reg.:	Osiris thronend n.r. Über ihm Name, Epi. Opfertisch. N. stehend libierend n.l., hinter ihm Junge. Über ihnen Namen, Titel.		
2. Reg.:	Frau (des N.?) sitzend n.r. Opfertisch. Mann, Frau und Tochter stehend darreichend n.l. Über ihnen Namen, Titel.		
Faksimile:	publiziert		
Bibl.:	RAVEN, *Stela*, 139-48, Abb. 1, Taf. 16:2		

RII/ Saq/ 017

Ort:	Den Haag, Gemeentemuseum, früher Scheurleer Museum 675		
Material:	Kalkstein	Maße:	H: 1,08; B: 0,715
Zustand:	kpl., oben beschädigt		
Nutznießer:	*Zꜣy-m-ptr=f*		
1. Reg.:	Götterbarke, in die mittig vermutlich ein heute verlorener Skarabäus aus anderem Material eingesetzt war.		
2. Reg.:	Osiris, thronend, Isis und Nephthys stehend n.r. Über ihnen Namen, Epi. Opfertisch. N. und Frau stehend adorierend n.l. Über ihnen Lobpreisungsformel an Osiris mit gewünschter Gottesleistung.		
3. Reg.:	N. und Frau sitzend n.r. Über ihnen Namen, Titel. Opfertisch. Zwei Söhne und zwei Töchter stehend libierend und darreichend n.l. Über ihnen Tätigkeitsvermerk und Namen.		
Rand links:	Königsopferformel für Osiris und Anubis mit gewünschter Gottesleistung.		
Rand rechts:	Königsopferformel für Re-Harachte-Atum und alle Gottheiten mit gewünschter Gottesleistung.		
Faksimile:	(---) Nicht auffindbar.		
Bibl.:	*KRI III*, 348-9; LUNSINGH SCHEURLEER, *Gemeentemuseum*, 551, Taf. 17		

RII/ Saq/ 018

Ort:	London, British Museum 165
Material:	Kalkstein Maße: H: 1,76; B: 0,87 m
Zustand:	kpl.
Nutznießer:	*Pꜣ-sr*
1. Reg.:	Osiris, Isis und Hathor stehend n.r. Über ihnen Namen, Epi. Opferständer. N. und Bruder stehend adorierend n.l. Über ihnen Kernwunschformel. Namen und Titel.
2. Reg.:	5 Zeilen Text: Königsopferformel für Osiris, Ptah-Sokar und Anubis und alle Unterweltsgötter mit gewünschter Gottesleistung.
3. Reg.:	N. und Frau sitzend n.r. Über ihnen Namen, Titel. Opfertisch. Die rechte Hälfte des Registers ist in zwei horizontale Streifen unterteilt. Auf dem oberen ein Mann und drei Frauen, auf dem unteren drei Männer und zwei Frauen hockend n.l. Über ihnen jeweils Namen. Vermutlich Angehörige des N. oder seiner Frau.
Faksimile:	publiziert
Bibl.:	*BMHT 9*, 28-9, Taf. 24/A; *KRI III*, 278-9; MARTIN, *Chapel*, 7-8, Taf. 8, 9

RII/ Saq/ 019

Ort:	London, British Museum 166
Material:	Kalkstein Maße: H: 1,1; B: 0,7 m
Zustand:	Kleinere Ausbrüche, sonst kpl.
Nutznießer:	*Ḥwy*
1. Reg.:	Ein Zeile mit Datierung ins 37. Jahr Ramses II. Darunter Schenring, 3 Wasserlinien und Topf, flankiert von je einem Udjatauge. Darunter eine die ganze Breite der Stele einnehmende Kartusche mit Titulatur Ramses II. Darunter N. und seines Frau sitzend, 2 Töchter stehend n.r., über ihnen Namen, Titel. 3 Opfertische. Bruder des N. stehend adorierend n.l., über ihm Name, Titel.
2. Reg.:	Eltern sowie beide Groß- und ein Urgroßelternpaar des N. sitzend n.r., über ihnen Namen, Titel. Opfertisch. N. stehend, räuchernd und libierend n.l., über ihm Name, Titel.
3. Reg.:	8 Brüder und eine Schwester des N. sitzend n.r., über ihnen Namen, Titel. Opfertisch. N. stehend, räuchernd und libierend n.l., über ihm Name, Titel.
4. Reg.:	Paar, 6 Männer und eine weitere Frau, teilweise als Verwandte des N. bezeichnet, sitzend n.r., über ihnen Namen, Titel. Opfertisch. N. stehend, räuchernd und libierend n.l., über ihm Name, Titel.
5. Reg.:	6 Zeilen: Königsopferformel für Osiris, Horus, Isis und eine Vielzahl weiterer Gottheiten und Manifestationen mit gewünschter Gottesleistung für den N. und alle auf der Stele aufgeführten Personen.
Faksimile:	Vom Original.
Anm.:	Siehe auch RII/ Saq/ 020.
Bibl.:	*BMHT 9*, 26-7, Taf. 22; *KRI II*, 388-390

RII/ Saq/ 020

Ort:	London, British Museum 164
Material:	Kalkstein Maße: H: 1,15; B: 0,7 m
Zustand:	kpl.
Nutznießer:	*B3k-ˁ3*
1. Reg.:	1 Zeile mit Datierung ins 37. Jahr Ramses II. Darunter Schenring, 3 Wasserlinien und Topf, flankiert von je einem liegenden Schakal. Darunter eine die ganze Breite der Stele einnehmende Kartusche mit Titulatur Ramses II. Darunter Osiris thronend, 10 weitere Gottheiten stehend n.r., nur über Osiris sein Name. Opfertisch. N. stehend adorierend n.l., über ihm Verehrungsformel an Osiris.
2. Reg.:	Eltern, vier Männer und fünf Frauen hockend n.r., über ihnen Namen, Titel. Opfertisch. N. stehend, räuchernd und libierend n.l., über ihm Name, Titel.
3. Reg.:	13 Zeilen Text: Lobpreisungsformel an Osiris. Danach eine Anrufungsformel an Privatpersonen mit Selbstpräsentation. Unten in der rechten Ecke N. kniend adorierend n.l. Name, Titel und Filiation des N.
Faksimile:	Vom Original.
Anm.:	Siehe auch RII/ Saq/ 19.
Bibl.:	*BMHT 9*, 25-6, Taf. 21; K*RI II*, 386-8

RII/ Saq/ 021

Ort:	Firenze, Museo Archeologico 2532
Material:	Kalkstein Maße: H: x+1,33; B: 1,07 m
Zustand:	Verlust des obersten Teils.
Nutznießer:	*Tj3*
1. Reg.:	mumienförmiger Gott stehend n.r. in Schrein auf Podest. 2 Opferständer. König stehend darreichend n.l., Kopfpartie sowie Texte verloren.
2. Reg.:	N. kniend adorierend n.l., vor und über ihm in 8 Kolumnen Anrufungsformel an Privatpersonen (Besucher seines Grabes) mit Selbstpräsentation, Leistungswunsch und versprochener Gegenleistung, Name und Titel des N.
3. Reg.:	1 Zeile: Name und Titel des N.
Rand links:	1 Kolumne: unterer Teil eine Götterformel u.a. für den Königs-Ka Ramses II mit gewünschter Gottesleistung, Name und Titel des N.
Rand rechts:	1 Kolumne: unterer Teil eine Götterformel u.a. für den Königs-Ka Ramses II mit gewünschter Gottesleistung, Name und Titel des N.
Seite links:	1 Kolumne: unterer Teil, erhalten Name und Titel der Frau des N.
Seite rechts:	1 Kolumne: unterer Teil, erhalten Name und Titel der Frau des N.
Faksimile:	Von unpubliziertem Photo, erhalten von M. C. GUIDOTTI.
Anm.:	Gegenstück zu RII/ Saq/ 014.
Bibl.:	BOSTICCO, *stele N.R.*, 61-2, Abb. 54; K*RI III*, 368-9; MARTIN, *Tia, Tia*, 10 ff, Taf. 27; 140; *PM III*, 200

RII/ Sas/ 001

Ort: Paris, Musée National du Louvre C 218
Material: Kalkstein Maße: H: 1,05; B: 0,66 m
Zustand kpl.
Nutznießer *Mnw-ms(w)*
1. Reg.: Schenring, 3 Wasserlinien, Topf, daneben antithetisch Udjatauge über Schakal. Unter dem ganzen Kartusche mit Name und Titel Ramses II.
2. Reg.: Osiris thronend, Horus, Isis, Nephthys, Ptah und Thot stehend n.r., über ihnen Namen, Epi. Opferständer. N.(?) und sein Sohn stehend adorierend n.l., über ihnen Namen, Titel.
3. Reg.: Vier Paare sitzend n.r., nur das erst Paar mit Namen. Opfergaben. Mann stehend libierend n.l., über ihm Name, Titel.
Faksimile: Von unpubliziertem Photo, erhalten von C. ZIEGLER, E. DAVID, P. COUTON.
Bibl.: EL-SAYED, *Documents*, 1-28, Taf. I-II; FORGEAU, *Prêtres*, 178 doc. 10

RII/ Sed/ 001

Ort: Kairo, Ägyptisches Museum JdE 47001
Material: Basalt Maße: H: 0,63; B: 0,41 m
Zustand: Fragment
Nutznießer: *P3-Rᶜ(.w)-ḥtp(w)*
1. Reg.: N. und weiterer Mann stehend adorierend n.r. Nefertem und Bastet stehend n.l. Rechte Hälfte des Registers antithetisch aufgebaut, jedoch bis auf Reste von zwei stehenden Gottheiten n.r. verloren. Über allen Namen, Epi., Titel.
2. Reg.: N. und weiterer Mann stehend adorierend n.r. Re-Harachte, Maat und Hathor stehend n.l. Rechte Hälfte des Registers antithetisch aufgebaut. Erhalten noch Horus stehend n.r., davor wohl Osiris. Rest verloren. Über allen Namen, Epi., Titel.
3. Reg.: N. und weiterer Mann stehend adorierend n.r. Herischef und Hathor stehend n.l. Rechter Teil des Registers antithetisch aufgebaut. Erhalten noch Mehyt und davor Onuris. Rest verloren. Über allen Namen, Epi., Titel.
Faksimile: Von publiziertem Photo.
Bibl.: K*RI III*, 59-60; MOKHTAR, *Ihnâsya*, Taf. 20; PETRIE, *Sedment II*, 30, Taf. 71:4, 73; ZIEGLER, *les Pharaons*, 108

RII/ Sed/ 002

Ort: ?
Material: ? Maße: ?
Zustand: Zwei Fragmente.
Nutznießer: *P3-Rᶜ(.w)-ḥtp(w)*
1. Reg.: Füße einer stehenden Person/ Gottheit. Rest verloren.
2. Reg.: 2+x Zeilen Text: Spruch einer Person mit Anrufungen und Lobpreisungen von Gottheiten. Größerer Zusammenhang nicht mehr erkennbar. Zweites Fragment möglicherweise zugehörig. 3+x Zeilen mit Spruch eines Königs u.a. an die Kas von Re-Harachte?
Faksimile: publiziert
Bibl.: K*RI III*, 61; PETRIE, *Sedment II*, 30, Taf. 72:5,6

RII/ Sed/ 003

Ort: Chicago, Oriental Institute 11731
Material: Kalkstein Maße: ?
Zustand: Mehrere Fragmente.
Nutznießer: *Pꜣ-ḥm-nṯr*
1. Reg.: *Linke Hälfte*: N. und seine Frau stehend adorierend n.r., über ihnen Namen, Titel. Ihnen gegenüber Osiris stehend in Schrein n.l., vor ihm Name.
Mittelkolumne: Schakal mit Flagellum unter Udjat-Auge, darunter 1 Kolumne mit Name und Titel des N.
Rechte Hälfte: Re-Harachte stehend in Schrein n.r. N. und seine Frau stehend adorierend n.l., über ihnen Namen, Titel.

2. Reg.: *Linke Hälfte*: Mann stehend adorierend n.r., vor ihm Titel, links von ihm alles verloren. Amun-Re stehend n.l., vor ihm Name, Titel.
Rechte Hälfte: Herischef stehend n.r., vor ihm Name, Titel. Priester, N. und seine Mutter stehend adorierend n.l., über ihnen Namen, Titel.

3. Reg.: Erhalt nur der Anfänge von 6+x Kolumnen mit Namen und Titeln.
Hohlkehle: Überwiegend verloren. Mittig Barke, links zwischen Palmblattmuster 2 Kolumnen mit Name und Titel des N.
Rand links: Mehrere Personen mit Namen, überwiegend verloren.
Rand rechts: 5 Männer n.l., Namen und Titel.
Faksimile: Von publiziertem Photo.
Bibl.: K*RI III*, 243-5; MOKHTAR, *Ihnâsya*, Taf. 19:A; PETRIE, *Sedment II*, Taf. 68

RII/ Sed/ 004

Ort: ?
Material: ? Maße: ?
Zustand: Verlust des obersten Teils, stellenweise abgerieben.
Nutznießer: *Nb.w-ḥtp(w)*
1. Reg.: Osiris thronend n.r. Lotosblüte mit vier Uschebtis/ Horussöhnen. Vezir Rahotep stehend adorierend n.l. Über ihnen, teilweise zerstört Namen, Epi., Titel.
2. Reg.: N. kniend adorierend n.l. Vor ihm in fünf Kolumnen Lobpreisungsformel an Osiris mit gewünschter Gottesleistung für den N. Danach Königsopferformel für Osiris zum Nutzen für den oben erwähnten Vezir und den N.

Faksimile: publiziert
Bibl.: PETRIE, *Sedment II*, 30, Taf. 76:4; K*RI III*, 66-7

RII/ SeK/ 001

Ort: ?
Material: Kalkstein Maße: H: x+0,55+x, B: 0,45 m
Zustand: Fragment
Nutznießer: *ꜥšꜣ-ḥꜣb-sd*
1. Reg.: Erhalt nur des unteren Teils. Zwei Könige (wohl Sethos I und Ramses II) einander zugewandt vor einem Opferständer. Kein Text erhalten.

2. Reg.: N. kniend adorierend n.l. Vor ihm 4 Kolumnen Text: Lobpreisungsformel an den Ka des Königs. Nennung von Name und Titeln des N. Text teilweise verloren.
Faksimile: publiziert
Anm.: Die östliche Seite der Stele wurde vom gleichen N. schon unter Sethos I beschriftet, cf. SI/ SeK/ 001.
Bibl.: GARDINER, PEET, *Sinai I*, 71, GARDINER, PEET, *Sinai II*, 176-7; *KRI I*, 63

RII/ SeK/ 002
Ort: *in situ*
Material: Kalkstein Maße: H: 0,73; B: 0,47 m
Zustand: kpl., abgewittert.
Nutznießer: *Jmn(.w)-m-jpꜣ.t* (?)
1. Reg.: Hathor stehend n.r. Opferständer. König und Königin(?) stehend adorierend n.l. Keine Texte mehr erhalten
2. Reg.: 3 Zeilen Text: Titulatur Ramses II.
3. Reg.: N. kniend adorierend n.l. vor 3 Kartuschen mit Namen Ramses II. Hinter ihm Name und Titel, allerdings nicht lesbar.
Faksimile: publiziert. Die fast unlesbaren Hieroglyphen der Bezeichnung des N. wurden nicht aufgenommen.
Bibl.: GARDINER, PEET, *Sinai*, 69:254, GARDINER, PEET, *Sinai II*, 178; *KRI II*, 339

RII/ SeK/ 003
Ort: *in situ*
Material: Kalkstein Maße: H: x+0,67+x; B: 0,54 m
Zustand: Fragment
Nutznießer: *Jmn(.w)-m-jpꜣ.t*
x+1. Reg.: Erhalt nur des unteren Teils. N. stehend adorierend n.l. vor einer horizontalen Kartusche [Ramses II]. Vor und hinter ihm in 8+x Kolumnen Name und Titel, sowie Beginn eines Expeditionsberichtes wohl nach SeK.
Faksimile: publiziert
Anm.: Aus der Nähe des Sopdu-Schreines.
Bibl.: GARDINER, PEET, *Sinai I*, 71:261, GARDINER, PEET, *Sinai II*, 181; *KRI II*, 340

RII/ SeK/ 004
Ort: *in situ*
Material: Kalkstein Maße: H: 2,18; B: 0,67 m
Zustand: Kpl., abgewittert.
Nutznießer: *ꜥšꜣ-ḥꜣb-sd*
1. Reg.: Horus stehend n.r. Ramses II stehend darreichend n.l. Rest der Kartuschen erhalten.
2. Reg.: 9 Zeilen Text: Datierung ins 2. Jahr Ramses II und seine Titulatur.
3. Reg.: N. und weiterer Mann links bzw. rechts von gefiederten Kartuschen Ramses II auf Goldzeichen. Über ihnen Namen und Titel. Teilweise abgerieben.
Faksimile: publiziert

Bibl.: GARDINER, PEET, *Sinai I*, 70:252, GARDINER, PEET, *Sinai II*, 177-8; *KRI II*, 339-340

RII/ Sin/ 001

Ort: ?

Material: ? Maße: ?

Zustand: ?

Nutznießer: *P3-ḫ3rw*

1. Reg.: Mittig eine Kartusche Ramses II. Links und rechts davon jeweils N. Nennung von Name und Titel.

Faksimile: (---) Da mir das publizierte Photo nicht zugänglich war, ist die publizierte Zeichnung nicht auf Zuverlässigkeit überprüfbar, kann deshalb hier nicht verwendet werden.

Anm.: Beschreibung nach KRI, die publizierte Abb. war mir nicht zugänglich.

Bibl.: *KRI VII*, 127; ROTHENBERG, in Bible et Terre Sante 150/ 1973, 14, Abb. 12 (mir nicht zugänglich).

RII/ The/ 001

Ort: Slg. Privat

Material: Kalkstein Maße: ?

Zustand: ?

Nutznießer: *P3-sr*

1. Reg.: Osiris n.r. Name, Epi. N. und seine Mutter adorierend n.l. Verehrungsformel an Osiris.

Faksimile: (---) Es sind weder Photo noch Faksimile publiziert.

Anm.: Beschreibung nach KRI, mir ist keine Abb. bekannt.

Bibl.: *KRI III*, 23

RII/ The/ 002

Ort: København, Glyptothek ÆIN 1553

Material: Kalkstein Maße: H: 0,2+x; B: x+0,2+x m

Zustand: Fragment des obersten Registers.

Nutznießer: *P3-sr*

1. Reg.: Hathor als Kuh in Papyrusdickicht n.r. Über ihr Name, Epi. Libationsständer. N. stehend adorierend n.l. Über ihm Lobpreisungsformel an Hathor. Dahinter möglicherweise weiterer Mann, aber verloren. Stiftungsvermerk oder Tätigkeitsvermerk dieses Mannes. Unterer Teil dieses sowie weitere Register verloren.

Faksimile: Vom Original.

Bibl.: JØRGENSEN, *Egypt II*, Kat.Nr. 81; *KRI III*, 23; MOGENSEN, *Collection Égyptienne*, Taf. 103

RII/ The/ 003

Ort: London, British Museum 556
Material: Kalkstein Maße: H: 0,76; B: 0,585 m
Zustand: kpl.
Nutznießer: *Stꜣw*
1. Reg.: Re-Harachte thronend, Hathor stehend n.r. Über Gott sein Name. Opferständer. N. stehend adorierend n.l. Über ihm Name, Titel.
2. Reg.: Osiris thronend n.r. Über ihm Name. Opferständer. N. stehend adorierend n.l. Über ihm Name, Titel.
Hohlkehle: Mittig Djed-Pfeiler. Links und rechts davon Name und verschiedene Titel des N.
Rand oben: Königsopferformel für Re-Harachte, Nennung des N.
Rand links: Königsopferformel für Upuaut und Thot, Nennung des N.
Rand rechts: Königsopferformel für Anubis, Nennung des N.
Faksimile: Vom Original.
Bibl.: *BMHT 10*, 19, Taf. 41; K*RI III*, 80

RII/ The/ 004

Ort: Kairo, Slg. Michaelides, später Slg. Sameda
Material: ? Maße: ?
Zustand: Erhalt nur des unteren Registers.
Nutznießer: *Nꜣḥrḥw*
x.1. Reg.: Sohn des N. (?) stehend darreichend n.l., vor ihm Opfertisch. Vor und hinter ihm in 10 Kolumnen Lobpreisungsformel an Amenhotep I mit Eigenleistung und gewünschter Gottesleistung. Anrufungsformel an den vergöttlichten König durch den Stifter der Stele, den Sohn des N.
Faksimile: (---) Nicht erreichbar.
Bibl.: K*RI III*, 187; WENTE, *Ramesside Stelas*, 30-2, Abb. 1

RII/ The/ 005

Ort: London, British Museum 156
Material: Kalkstein Maße: H: 1,05; B: 0,57 m
Zustand: kpl.
Nutznießer: *Pꜣy*
1. Reg.: Osiris, Horus und Isis thronend n.r., über ihnen Namen, Epi. Opfertisch. N. stehend adorierend n.l., über ihm Lobpreisungsformel an Osiris und Horus, Name und Titel des N.
2. Reg.: N. und seine Frau sitzend n.r., über ihnen Namen, Titel. Opfertisch. Ein Sohn stehend adorierend n.l., über ihm eine Kombination von Königsopferformel und Darreichungsformel. Unter ihm in 2 Unterregistern untereinander vier männliche bzw. drei weibliche Nachkommen des N., über allen Namen und Titel.
3. Reg.: Paar sitzend n.r., über ihnen Namen, Titel. Opfertisch. Ein Sohn stehend, 3 Männer und eine Frau sitzend n.l., über ihnen die gleiche Formelkombination wie im 2. Reg., Namen und Titel.

4. Reg.:	4 Zeilen: Königsopferformel für Osiris, Horus, Isis, Upuaut von Oberägypten, Anubis und Heqet mit gewünschter Gottesleistung, danach eine Anrufungsformel an Privatpersonen mit Leistungswunsch und versprochener Gegenleistung.
Faksimile:	Vom Original.
Bibl.:	*BMHT 9*, 32-3, Taf. 28/A; *KRI III*, 209-10

RII/ The/ 006 - 007 UNBESETZT

RII/ The/ 008

Ort:	London, British Museum 142		
Material:	Kalkstein	Maße:	H: x+0,582; B: 0,78 m
Zustand:	Erhalt nur des unteren Registers.		
Nutznießer:	***Jmn(.w)-ms(w)***		
x+1. Reg.:	11 Zeilen Text: Anrufung an Gottheiten, Name, Titel und Filiation des N.		
Faksimile:	publiziert		
Bibl.:	*BMHT 12*, 10, Taf. 22-3; *KRI III*, 218-9		

RII/ The/ 009

Ort:	Trièste, Museo Civico di Storia e Arte 9-10-1876		
Material:	Sandstein	Maße:	H: 0,5; B: 0,385 m
Zustand:	kpl.		
Nutznießer:	***Jmn(.w)-m-jn.t***		
1. Reg.:	Osiris thronend n.r. Über ihm Name, Epi. Opferständer. N. stehend adorierend n.l. Über ihm Kernwunschformel. Name, Titel.		
Faksimile:	(---) Nicht lohnend, Oberfläche stark verwittert.		
Bibl.:	DOLZANI, *monumenti*, 224f., Abb. 7; *KRI III*, 277		

RII/ The/ 010

Ort:	Manchester, University Museum 1759		
Material:	?	Maße:	?
Zustand:	kpl.		
Nutznießer:	***Rꜥ(.w)-ms(w)***		
1. Reg.:	Ptah und Maat thronend n.r., über ihnen Name, Epi. Opfertisch. Darüber Wunsch von Opfern an deren Kas.		
2. Reg.:	N. kniend adorierend n.r. Vor und über ihm in 9 Kolumnen Lobpreisungsformel an die beiden Gottheiten mit gewünschter Gottesleistung. Name, Titel.		
Faksimile:	(---) Nicht aufgenommen.		
Bibl.:	*KRI III*, 624-5; *PM I:2*, 682; QUIBELL, *Ramesseum*, Taf. 10:4		

RII/ The/ 011

Ort:	Cambridge, Fitzwilliam Museum E 9.1896
Material:	? Maße: H: x + 0,84 + x; B: 0,44+x m
Zustand:	Rechte Hälfte, oberste Teil und linke obere Hälfte verloren.
Nutznießer:	***Jr.j-nfr***
x+1. Reg.:	[///]
x+2. Reg.:	Min, Isis, 2 weitere Gottheiten stehend n.r. Über ihnen Reste von Namen, Epi. Alles weitere verloren. Ein weiteres Fragment mit Namen des N. gehört zu dieser Stele, ist aber nicht direkt anpassend.
x+3. Reg.:	5+x Söhne des N. stehend adorierend und darreichend n.l. Über ihnen Namen, Titel. Rechter Teil mit weiteren Personen verloren.
Faksimile:	Unpubliziert, von G.T. MARTIN, erhalten, der eine Publikation des Objektes vorbereitet.
Bibl.:	BRUYÈRE, KUENTZ, *tombes thébaines*, 31-3, Taf. 11:2; *KRI III*, 717-8; *PM I:2*, 682; MARTIN, *Stelae*, in Vorb.; QUIBELL, *Ramesseum*, Taf. 13:3,4

RII/ The/ 012

Ort:	London, British Museum 132
Material:	Kalkstein Maße: H: 0,90; B: 0,55 m
Zustand:	Verlust des oberen rechten Teils.
Nutznießer:	*Ḥr(j)*
1. Reg.:	Osiris thronend, Horus, Isis, Thot stehend n.r. Opfertisch. Adorant und Frau stehend n.l. nur noch teilweise erhalten.
2. Reg.:	Eltern des N. sitzend n.r. Opfertisch. Sohn des N. stehend adorierend n.l. Rechte Hälfte des Registers antithetisch aufgebaut: Bruder des N. stehend adorierend n.r. Opfertisch. N. und seine Frau sitzend n.l. Über allen Namen, Titel.
3. Reg.:	4 Männer, 2 Frauen stehend adorierend n.l. Über ihnen Namen, Titel.
Faksimile:	Vom Original.
Bibl.:	*BMHT 9*, 58, Taf. 45:1; *KRI III*, 375-6; *PM I:2*, 808

RII/ The/ 013

Ort:	Haskell, Oriental Museum 1567
Material:	? Maße: ?
Zustand:	kpl.
Nutznießer:	*Nb(.w)-wꜥj*
1. Reg.:	Aunet und Sobek thronend n.r., über ihnen Namen, Epi. N. und Sohn stehend adorierend n.l. Über ihnen Lobpreisungsformel an diese Gottheiten, Namen, Titel. Stiftungsvermerk des Sohnes.
2. Reg.:	7 weibliche Verwandte des N. stehend adorierend n.l. Über ihnen Namen.
3. Reg.:	8 Männer stehend darreichend n.l. Über ihnen Namen.
Faksimile:	(---) Nicht lohnend.
Bibl.:	*KRI III*, 389-90; QUIBELL, *Ramesseum*, 19-20, Taf. 27:2

RII/ The/ 014

Ort: London, University College 14576
Material: Sandstein Maße: H: 0,44; B: 0,38 m
Zustand: kpl.
Nutznießer: *Pꜣ-šd(w)*
1. Reg.: Amun-Re-Horus-Atum, Mut, Chons stehend n.r. Opfertisch. Name und Epi. des ersten Gottes, sonst kein Text.
2. Reg.: N. und Frau kniend adorierend n.l. Um sie herum in 6 Kolumnen Königsopferformel für an die Gottheiten des 1.Registers mit gewünschter Gottesleistung. Namen, Titel.
Faksimile: publiziert
Bibl.: K*RI VII*, 127; STEWARD, *Stelae I*, 38-9, Taf. 30:1

RII/ The/ 015 UNBESETZT

RII/ The/ 016

Ort: ?
Material: ? Maße: ?
Zustand: Fragment?
Nutznießer: *Ḫꜥ(j)-bḫn.t*
1. Reg.: Nennung des N. und seines Sohnes. Antithetischer Aufbau?
2. Reg.: Sohn des N. und Frau räuchernd n.l. Tätigkeitsvermerk, Namen, Titel.
Faksimile: (---)
Anm.: Beschreibung nach KRI, mir ist keine Abb. bekannt.
Bibl.: BRUNDAGE, *Notes*, 47, Nr. XV [mir war lediglich ein publizierter 8-seitiger Auszug gleichen Titels zugänglich, in dem diese Stele aber nicht erwähnt wird]; K*RI VII*, 213

RII/ The/ 017

Ort: ?
Material: Sandstein Maße: ?
Zustand: Zwei Fragmente.
Nutznießer: *Bꜣk-n-H̱nsw*
Reg.: ?
Faksimile: (---) Es sind weder Photo noch Faksimile publiziert.
Anm.: Mir liegen keine detaillierten Informationen vor. Wohl aus Dra Abu l'Naga?
Bibl.: BELL, *High Priests*, 54

RII/ The/ 018

Ort: Philadelphia, University Museum 29.87.449
Material: Kalkstein Maße: H: 0,14+x; B: x+0,31+x m
Zustand: Fragment des obersten Teils.
Nutznießer: *Jr.j-nfr*
1. Reg.: Vizekönig Setau und N. adorierend n.l. Über ihnen Name, Titel. Alles weitere verloren.

Faksimile: Unpubliziert, von J. HOUSER WEGNER erhalten.
Anm.: Aus dem Vorhof des Grabes von *R'-mꜥ-rꜣy*.
Bibl.: HABACHI, *Miscellanea*, 114, Taf. 33:3; *KRI III*, 81; *PM I:1*, 372

RII/ The/ 019
Ort: ?
Material: Kalkstein Maße: ?
Zustand: Fragment
Nutznießer: *Ḥꜣtjꜣy*
1. Reg.: [///]
2. Reg.: Namen und Titel des N. und seiner Frau.
Faksimile: (---) Es sind weder Photo noch Faksimile publiziert.
Anm.: Beschreibung nach KRI, mir ist keine Abb. bekannt. Wohl aus Gurna.
Bibl.: *KRI III*, 202; *PM I:2*, 813

RII/ The/ 020 - 021 UNBESETZT

RII/ The/ 022
Ort: Athina, Ethnikó Archaiologikó Mouseío 3356
Material: Kalkstein Maße: H: 0,6 m
Zustand: kpl.
Nutznießer: *Rꜥ(.w)-ms(j)-sw-m-sꜣ-nꜣ-pḥ-sw*
1. Reg.: Statue Amenhoteps I in einem Tragsessel auf Podest n.r. Opfertisch. Ramses II stehend räuchernd n.l. Über ihnen Name, Titulatur.
2. Reg.: N. stehend adorierend n.l.. Vor ihm in 8 Kolumnen Lobpreisungsformel an den vergöttlichten Amenhotep I, folgend eine Anrufungsformel an ihn.
Faksimile: publiziert
Anm.: Aus der Umgebung des Grabes Amenhoteps I in Dra Abu l'Naga.
Bibl.: BRUNNER-TRAUT, *Bildostraka*, Abb. 12 (ob. Teil); HOLLENDER, *Votivstele*, 85-91; *KRI III*, 247; TZACHOU, *World of Egypt*, 126

RII/ The/ 023
Ort: Edinburgh, National Museum of Scotland A.1956.153
Material: Quarzkeramik Maße: H: 0,285; B: 0,208; T: 0,09 m
Zustand: zerbrochen, aber kpl.
Nutznießer: *Rḫ-Jmn(.w)*
1. Reg.: Osiris thronend n.r. Opfertisch. N. stehend adorierend n.l. Über ihnen Namen, Epi. und Titel.
2. Reg.: 1 Zeile: Name und Titel des N.
Faksimile: Von publiziertem Photo.
Bibl.: FRIEDMAN, *Gifts*, S. 156, 250 (Kat. 166)

RII/ The/ 024

Ort:	Edinburgh, National Museum of Scotland A.1956.152
Material:	Quarzkeramik Maße: H: 0,286; B: 0,14; T: 0,013 m
Zustand:	zerbrochen, aber kpl.
Nutznießer:	*K3-r'*
1. Reg.:	Schakal mit Flagellum auf Podest n.r., über ihm Udjatauge. Kein Text.
2. Reg.:	Osiris thronend n.r., Opferständer. N. stehend libierend und darreichend n.l. Über ihnen Namen, Epi und Titel, mit Stiftungsvermerk des N.
Faksimile:	Von publiziertem Photo.
Bibl.:	FRIEDMAN, *Gifts*, S. 156, 250 (Kat. 167)

RII/ The/ 025

Ort:	Torino, Museo Egizio 1585
Material:	Kalkstein Maße: H: 0,64; B: 0,35 m
Zustand:	kpl.
Nutznießer:	*Nj3*
1. Reg.:	Osiris thronend, Isis, Nephthys und Anubis stehend n.r., nur über ersterem Name, Epi. N. stehend adorierend n.l. Zwischen ihnen Opferständer. Über ihm Tätigkeitsvermerk.
2. Reg.:	7 Zeilen Text: Königsopferformel für Osiris mit gewünschter Gottesleistung. Die erste Zeile befindet sich über, die restlichen unter dem Bildfeld. Dieses zeigt die Frau des N sitzend n.r., 3 Töchter und 1 Sohn kniend bzw. stehend adorierend n.l. Zwischen ihnen Opferständer. Über ihnen Namen, Titel.
Faksimile:	publiziert
Bibl.:	HABACHI, *Nia*, 70 - 73, Taf. 14; TIRADRITTI, *Cammino*, 106-107

RII/ WeS/ 001

Ort:	Kairo, Ägyptisches Museum JdE 41405
Material:	Sandstein Maße: ?
Zustand:	Kpl., aber stark verwittert.
Nutznießer:	*Ḥwy*
1. Reg.:	Amun, RII, Anat(?), Hathor in Schrein n.r., König stehend adorierend n.l. Name des Königs.
2. Reg.:	Ptah in Schrein und Re-Harachte stehend n.r., N. stehend adorierend n.l. Namen, Epi. und Titel, Stiftungsvermerk des N.
Hohlkehle:	Palmblattornament, kein Text.
Rand oben:	Flügelsonnen, jeweils flankiert von Namen des Behdeti.
Rand links:	Königsopferformel für Ptah mit gewünschter Gottesleistung für Vizekönig Setau, durch den N.
Rand rechts:	Königsopferformel für Amun-Re mit gewünschter Gottesleistung für Vizekönig Setau, durch den N.
Faksimile:	(---) Die Oberfläche ist zu stark verwittert.
Bibl.:	BARSANTI, GAUTHIER, *Stèles*, 65-8, Taf. 1; *KRI III*, 87-8; *PM VII*, 55

RII/ WeS/ 002

Ort:	Kairo, Ägyptisches Museum JdE 41400
Material:	Sandstein Maße: ?
Zustand:	Kpl., stark verwittert.
Nutznießer:	*Ym*
1. Reg.:	Drei Gottheiten im Schrein n.r. Ramses II stehend adorierend n.l. Über ihm Name.
2. Reg.:	Amun, Ptah stehend n.r. Namen. N. stehend adorierend(?) n.l., Rest einer Lobpreisungsformel erkennbar, Name, Titel des N.
Hohlkehle:	Palmblattmuster.
Rand oben+ links:	Königsopferformel für Seth mit gewünschter Gottesleistung für Vizekönig Setau.
Rand oben+ rechts:	Königsopferformel für den Ka des Königs mit gewünschter Leistung, Rest unleserlich.
Faksimile:	(---) Die Oberfläche ist zu stark verwittert.
Bibl.:	BARSANTI, GAUTHIER, *Stèles*, 68-70, Taf. 2; K*RI III*, 88

RII/ WeS/ 003

Ort:	Kairo, Ägyptisches Museum JdE 41406
Material:	Sandstein Maße: ?
Zustand:	Kpl., stark verwittert.
Nutznießer:	*P3-ḥr(j)-pḏ.t*
1. Reg.:	Amun-Re und 2 Statuen des vergöttlichten Ramses II n.r. Ramses II stehend adorierend n.l. Namen, Epi., Titulatur.
2. Reg.:	Standartenträger n.l. Datierung, Expeditionsbericht, vermutliche Nennung des N. verloren.
Hohlkehle:	Wohl Palmblattmuster.
Rand oben+ links:	Königsopferformel für Re-Harachte und den Ka des Königs mit gewünschter Gottesleistung für Vizekönig Setau.
Rand oben+ rechts:	Königsopferformel für Amun-Re und den Ka des Königs mit gewünschter Gottesleistung für Vizekönig Setau durch den N.
Rand unten:	Stiftungsvermerk des N.
Faksimile:	(---) Die Oberfläche ist zu stark verwittert.
Bibl.:	BARSANTI, GAUTHIER, *Stèles*, 70-2, s. Taf. 5; K*RI III*, 89

RII/ WeS/ 004

Ort:	Kairo, Ägyptisches Museum JdE 41404
Material:	Sandstein Maße: ?
Zustand:	Kpl., stark verwittert.
Nutznießer:	*Dw3-n-k*[///]
1. Reg.:	Amun-Re, Harachte, Atum(?) n.r. Ramses II stehend adorierend n.l. Namen, Epi.
2. Reg.:	Vizekönig Setau und N. adorierend n.l. Königsopferformel für die Götter Amun-Re-Harachte und Ramses-im Haus-des-Re mit gewünschter Gottesleistung für Vizekönig. Stiftungsvermerk des N.

Hohlkehle:	Wohl Palmblattmuster.
Ränder:	[///]
Faksimile:	(---) Die Oberfläche ist zu stark verwittert.
Bibl.:	BARSANTI, GAUTHIER, *Stèles*, 72-3, s. Taf. 5; KRI III, 89-90

RII/ WeS/ 005

Ort:	Kairo, Ägyptisches Museum JdE 41399
Material:	Sandstein Maße: ?
Zustand:	Kpl., stark verwittert.
Nutznießer:	[*J*]*wy* (?)
1. Reg.:	Die Götter Amun-Re, Ramses-im-Haus-des-Re, Atum n.r. Ramses II adorierend n.l. Namen, Epi., Titel.
2. Reg.:	Ptah, Amun-Re, Harachte n.r., Namen, Epi. N. adorierend n.l. Stiftungsvermerk des N.
Hohlkehle:	Wohl Palmblattmuster.
Ränder:	[///]
Faksimile:	(---) Die Oberfläche ist zu stark verwittert.
Bibl.:	BARSANTI, GAUTHIER, *Stèles*, 73-5, s. Taf. 5; KRI III, 90

RII/ WeS/ 006

Ort:	Kairo, Ägyptisches Museum JdE 41396
Material:	Sandstein Maße: ?
Zustand:	Oberes Reg. und alles darüber Befindliche verloren, verwittert.
Nutznießer:	*Stȝw*
1. Reg.:	Amun und 2 Gottheiten stehend n.r. König stehend darreichend n.l., bei ihm Tätigkeitsvermerk. Register größtenteils verloren.
2. Reg.:	N. kniend adorierend n.l. Vor und über ihm in 8 Kolumnen Lobpreisungsformel an Amun und Seth, mit Eigenleistung an Renenut und gewünschter Gottesleistung. Name, Titel des N.
Rand oben+ links:	Erhalt nur unterer Teil einer Götterformel, Name und Titel des N.
Rand oben+ rechts:	Erhalt nur unterer Teil einer Götterformel mit gewünschter Gottesleistung, Name und Titel des N.
Faksimile:	(---) Die Oberfläche ist zu stark verwittert.
Bibl.:	BARSANTI, GAUTHIER, *Stèles*, 75-7, Taf. 3; KRI III, 90-1

RII/ WeS/ 007

Ort:	Kairo, Ägyptisches Museum JdE; Stele: 41395; Sturz: 41397; Wangen: 41398
Material:	Sandstein Maße: ?
Zustand:	Mehrere große Fragmente, Sturz und Wangen separat angesetzt.
Nutznießer:	*Stȝw*
1. Reg.:	Ramses II kniend n.r., Name, Titulatur. Amun-Re, Ramses II, Mut und Maat thronend n.l., Namen, Epi.
2. Reg.:	24 Zeilen Text: Datierung; Titulatur Ramses II. Selbstpräsentation des N.

Rand oben:	Zentral Kartuschen Ramses II. Links N. n.r., Lobpreisungsformel an Ramses II mit gewünschter Gottesleistung, Name, Titel des N. Rechts N. n.l., gleiche Formel.
Rand links:	Unterer Teil einer Inschrift mit Titulatur des Königs sowie Name, Titel des N.
Rand rechts:	Unterer Teil einer Inschrift mit Titulatur des Königs sowie Name, Titel des N.
Faksimile:	(---) Die Oberfläche ist zu stark verwittert.
Bibl.:	BARSANTI, GAUTHIER, *Stèles*, 77-81; GAUTHIER, *temple*, 1912, Taf. 66A; K*RI III*, 91-94

RII/ WeS/ 008

Ort:	Kairo, Ägyptisches Museum JdE 41402
Material:	Sandstein Maße: ?
Zustand:	Zerbrochen, Verlust der untersten rechten Ecke, sonst kpl.
Nutznießer:	***Mr(j)-nḏm***
1. Reg.:	Amun-Re, Ramses II, Horus stehend n.r. Ramses II stehend adorierend n.l. Über allen Namen, Epi.
2. Reg.:	Ptah stehend in Schrein n.r., kein Text. Vizekönig Setau und N. stehend adorierend n.l. Vor und über ihnen Lobpreisungsformel an Amun-Re und Ptah mit gewünschter Gottesleistung für Setau. Stiftungsvermerk des N.
Faksimile:	(---) Die Oberfläche ist zu stark verwittert.
Bibl.:	BARSANTI, GAUTHIER, *Stèles*, 81-2; GAUTHIER, *temple*, Taf. 66B; K*RI III*, 94-5

RII/ WeS/ 009

Ort:	Kairo, Ägyptisches Museum JdE 41403
Material:	Sandstein Maße: ?
Zustand:	Zerbrochen, sonst weitestgehend kpl.
Nutznießer:	***Rᶜ(.w)-ms(w)***
1. Reg.:	Amun, Ramses II, Anat(?), Hathor in Schrein n.r., keine Texte. Ramses II stehend räuchernd n.l., vor ihm Opfergaben. Über ihm Kartuschen.
2. Reg.:	N. kniend adorierend n.l. Vor und über ihm in 8 Kolumnen Datierung, kurzer Expeditionsbericht des N.
Hohlkehle:	ohne Darstellungen/ Texte.
Rand oben+ links:	Königsopferformel für den Ka des Königs mit gewünschter Gottesleistung für Vizekönig Setau. Stiftungsvermerk des N.
Rand oben+ rechts:	Königsopferformel für Amun mit gewünschter Gottesleistung für Vizekönig Setau. Stiftungsvermerk des N.
Faksimile:	(---) Die Oberfläche ist zu stark verwittert.
Bibl.:	BARSANTI, GAUTHIER, *Stèles*, 83-5, Taf. 4; K*RI III*, 95; YOYOTTE, *document relatif*, 13-4, Taf. 1

RII/ WeS/ 010
Ort: Kairo, Ägyptisches Museum JdE 41407 (?)
Material: Sandstein Maße: ?
Zustand: Stark zerstört.
Nutznießer: [///]
1.+2. Reg.: [///]
Rand links: Unterer Teil einer Inschrift mit Nennung Ramses II und des Vizekönigs Setau.
Rand rechts: Unterer Teil einer Inschrift mit Nennung Ramses II und des Vizekönigs Setau.
Faksimile: (---) Die Oberfläche ist zu stark verwittert.
Bibl.: BARSANTI, GAUTHIER, *Stèles*, 85, Taf. 5; K*RI III*, 96

RII/ WeS/ 011
Ort: Kairo, Ägyptisches Museum JdE 41404
Material: Sandstein Maße: ?
Zustand: Ränder stark beschädigt, stark verwittert
Nutznießer: *Pn-T3-wr.t*
1. Reg.: Thot als Pavian n.l., Ramses II adorierend n.l. Texte verloren.
2. Reg.: N. adorierend n.l. Lobpreisungsformel an Thot mit gewünschter Gottesleistung.
Ränder: [///]
Faksimile: (---) Die Oberfläche ist zu stark verwittert.
Bibl.: BARSANTI, GAUTHIER, *Stèles*, 85-6; K*RI III*, 96

RII/ WeS/ 012
Ort: Kairo, Ägyptisches Museum 41394
Material: Sandstein Maße: ?
Zustand: Kpl., stark verwittert.
Nutznießer: *St3w*
1. Reg.: Renenutet als Uräus n.r., Ramses II adorierend n.l. Namen, Epi., Titulatur.
2. Reg.: Lobpreisungsformel an Amun-Re, Re-Harachte, Horus von Kuban, Horus von Aniba, Horus von Buhen, Ramses II. Stiftungsvermerk des N.
Faksimile: (---) Die Oberfläche ist zu stark verwittert.
Bibl.: GAUTHIER, *temple*, 37 Nr. 5; K*RI III*, 96

RII/ WeS/ 013
Ort: Aswan, Aswan Museum 15
Material: Sandstein Maße: H: 0,40; B: 0,30
Zustand: Unterste linke Ecke verloren, sonst kpl.
Nutznießer: *Nfr.t-Mw.t*
1. Reg.: Amun-Re thronend n.r., Opferständer. Re-Harachte thronend n.l. Über ihnen Namen, Epi.
2. Reg.: Ptah, Wadjet, Chnum thronend n.r., teilweise Namen, Epi. Opferständer. N. stehend adorierend n.l., Name.
Faksimile: Von publiziertem Photo.
Bibl.: HABACHI, *Five Stele*, 47-8, Taf. 16b Abb. 3; FIRTH, *Nubia 1910-11*, 239 u.l.

RII/ ZUR/ 001

Ort: ?
Material: ? Maße: H: 1,2 m
Zustand: kpl., stark verwittert.
Nutznießer: *P3-nḥsj*
1. Reg.: Sachmet stehend n.r., König stehend darreichend n.l. Namen und Titel, Epi.
2. Reg.: N. stehend adorierend n.l. Vor ihm in 5 Kolumnen Lobpreisungsformel an Sachmet und den Ka des Königs mit gewünschter Gottesleistung für diesen, Name und Titel des N.
Faksimile: (---) Oberfläche sehr stark verwittert.
Bibl.: HABACHI, *Military Posts*, 18:4, Taf. 6B; K*RI VII*, 124

RII/ ZUR/ 002

Ort: ?
Material: ? Maße: H: 1,25 m
Zustand: kpl., stark verwittert.
Nutznießer: *Jmn(.w)-ms(w)*
1. Reg.: Amun-Re stehend n.r. Ramses II mit einem Gefangenen n.l. Über ihnen Namen, Epi., Titulatur. Nennung einer Gottesleistung für den König.
2. Reg.: 2 Zeilen Text: Titulatur des Königs.
3. Reg.: N. kniend adorierend n.l. Vor und über ihm in 8 Kolumnen und Zeilen Handlungswunsch durch den König. Name und Titel des N.
Faksimile: Von publiziertem Photo.
Bibl.: HABACHI, *Military Posts*, 18:3, Taf. 6A; K*RI VII*, 126-7

RII/ ZUR/ 003

Ort: ?
Material: Kalkstein Maße: ?
Zustand: Ofl. auf rechter Seite zerstört.
Nutznießer: *Nb(.w)-Rᶜ(.w)*
1. Reg.: Sachmet stehend n.r., über ihr Name, Epi. Opferständer. [N. stehend adorierend n.l.], Darstellung und Texte vollständig ausgehackt.
2. Reg.: N. kniend adorierend n.l., vor ihm in 7 Kolumnen Text.
Faksimile: (---) Das publizierte Photo ist qualitativ nicht ausreichend, um davon ein Faksimile zu zeichnen.

Da mir keine bessere Abbildung zugänglich war, konnte der Text nicht vollständig gelesen werden und wurde deshalb nicht in die Indices aufgenommen.
Anm.: In SNAPE, *Excavations*, 151 sind ohne nähere Angaben zwei weitere Stelen aus dem Tempel erwähnt.
Bibl.: SNAPE, *Excavations*, 151; SNAPE, *Neb-Re*, 20 Fig. 4

RII/ ???/ 001 UNBESETZT

RII/ ???/ 002

Ort: Berlin 17276
Material: Quarzkeramik Maße: H: 0,11; B: 0,073 m
Zustand: kpl., kleine Bestoßungen unten rechts und auf der Rückseite.
Nutznießer: *P3-sr*
1. Reg.: Amun-Re stehend n.r. N. stehend adorierend n.l., über ihnen Namen, Epi., Titel.
Faksimile: (---)
Bibl.: *ÄIB II*, 308; *KRI III*, 34

RII/ ???/ 003 UNBESETZT

RII/ ???/ 004

Ort: Paris, Musée National du Louvre o.Nr.
Material: Kalkstein Maße: ?
Zustand: kpl.
Nutznießer: *Pn-ns.tj-t3.wj*
1. Reg.: Nephthys n.r., Name, Epi. Vizekönig Setau und N. adorierend n.l., Namen, Titel. *Darunter*: Stiftungsvermerk des N. mit Name, Titel und Filiation.
2. Reg.: Zwei Frauen und ein Mann adorierend n.l., Lobpreisungsformel an Nephthys, Namen und Titel.
Faksimile: (---)
Anm.: Aus Nubien?
Bibl.: *KRI III*, 120; PIERRET, *Recueil II*, 77

RII/ ???/ 005

Ort: Lyon, Musée des Beaux-Arts, Palais Saint-Pierre 84
Material: Kalkstein Maße: H: 0,5; B: 0,285 m
Zustand: kpl.
Nutznießer: *Jw-r'-ḫy*
1. Reg.: N. und seine Frau st adorierend n.r., über ihnen Namen, Titel. Re-Harachte thronend n.l., über ihm Name, Epi.
2. Reg.: Sohn des N. als Priester und Schwester des N. stehend darreichend n.r., vor ihnen in 5 Kolumnen Stiftungsvermerk des Sohnes, danach eine Anrufung an den N. mit einer Königsopferformel für ihn und gewünschter Leistung. Über der Frau ihr Name.
Faksimile: (---)
Bibl.: *KRI III*, 192; RUFFLE, *Urhiya and Yupa I*, 56, Taf.. 2

RII/ ???/ 006

Ort: Avignon, Musée Calvet A4
Material: Kalkstein Maße: H: 0,84; B: 0,49 m
Zustand: kleiner Ausbruch links oben
Nutznießer: *Jw-r'-ḫy*

1. Reg.: N. und seine Frau stehend darreichend und adorierend n.r., über ihnen Lobpreisungsformel an Osiris mit gewünschter Gottesleistung, Namen und Titel. Opferständer, Lotosblume mit den Horussöhnen. Osiris und Isis stehend n.l., über ihnen Namen, Epi.

2. Reg.: Antithetisch aufgeteilt. *Linke Hälfte*: Frau des N. sitzend n.r., Sohn des n. stehend räuchernd n.l. *Rechte Hälfte*: Sohn des N. stehend darreichend n.r., N. sitzend n.l. Über allen Namen, Titel.

3. Reg.: 1 Zeile: Stiftungsvermerk des Sohnes des N. mit Name, Titel.

Hohlkehle: -Hieroglyphe, jeweils flankiert von einem Udjatauge, adorierendem Pavian und Ba-Vogel. Kein Text.

Rand oben+ links: Königsopferformel für Re-Harachte mit gewünschter Gottesleistung, Name und Titel der Frau des N.

Rand oben+ rechts: Königsopferformel für Osiris mit gewünschter Gottesleistung, Name und Titel des N.

Faksimile: (---)

Anm.: Die Stele stammt aus der Sammlung Perrot, Nîmes und gelangte bereits 1851 ins Museum (freundlicher Hinweis O. CAVALIER, Avignon).

Bibl.: BARBOTIN, LEBLANC, *monuments d'éternité*, 34 Nr. 8; K*RI III*, 192-3; RUFFLE, *Urhiya and Yupa I*, 57, Taf. 5

RII/ ???/ 007

Ort: Birmingham, City Museum und Art Gallery 134/72

Material: Kalkstein Maße: H: 0,81; B: 0,46 m

Zustand: kpl.

Nutznießer: *Nb(w.)-nḫḫ-ȝb-sw*

1. Reg.: Osiris thronend, Isis und Nephthys stehend n.r., über ihnen Namen, Epi. Opfertisch. N. stehend räuchernd und libierend n.r., über ihm Name, Titel.

2. Reg.: Vater des N. sowie ein Mann und eine Frau sitzend n.r., über ihnen Namen. Opferständer. N. und seine Frau räuchernd und libierend bzw. adorierend n.l., über ihnen Namen, Titel.

3. Reg.: N. und seine Frau sitzend n.r., über ihnen Namen, Titel. Opferständer. Drei Söhne des N. stehend räuchernd und libierend bzw. adorierend n.l., über ihnen Namen, Titel.

Faksimile: (---)

Bibl.: K*RI III*, 193-4; RUFFLE, *Urhiya and Yupa I*, 55-6, Taf. 1

RII/ ???/ 008

Ort: Paris, Musée National du Louvre E 3143

Material: Maße: ?

Zustand: kpl., Unterteil stark beschädigt.

Nutznießer: a) *Jw-r'-ḫy* b) *Ywpȝ*

1. Reg.: Osiris thronend, Isis stehend n.r., kein Text. N.a) und seine Frau, N.b) und seine Frau stehend adorierend n.l., über ihnen Verehrungsformel an Osiris, Namen und Titel.

2. Reg.: Antithetisch aufgebaut. *Linke Hälfte*: N.a) und seine Frau sitzend n.r., über ihnen Namen, Titel. Verwandter des N. stehend räuchernd und libierend n.l., über ihm Tätigkeitsvermerk, Name und Titel. *Rechte Hälfte*: Derselbe Mann stehend räuchernd und libierend n.r., über ihm Tätigkeitsvermerk, Name und Titel. N. b) und seine Frau sitzend n.l., über ihnen Namen, Titel.

3. Reg.: Klageprozession, 2 Männer stehend adorierend, 1 Verwandter der N. stehend n.r. Mumie und 1 Priester(?) n.l. Texte fast vollständig verloren.

Hohlkehle: Sonnenscheibe, flankiert von je einem adorierenden Affen und einem Ba-Vogel.

Rand oben+ links: Königsopferformel für Osiris mit gewünschter Gottesleistung, Name, Titel und Filiation des N.b).

Rand oben+ rechts: -Hieroglyphe, flankiert jeweils von 2 Pavianen adorierend und 1 Schakal. Keine Texte.

Faksimile: (---)

Bibl.: K*RI III*, 194-5; RUFFLE, *Urhiya and Yupa I*, 57, Taf.. 4

RII/ ???/ 009

Ort: Kairo, Ägyptisches Museum CG 34508

Material: Kalkstein Maße: ?

Zustand: Kpl.

Nutznießer: *Nḏm*

1. Reg.: Amun-Re n.r., bei ihm Königsopferformel für ihn, Name, Epi. Ramses II adorierend n.l., bei ihm Name, Titulatur.

2. Reg.: Mann (Stifter?) kniend adorierend n.l., bei ihm Lobpreisungsformel an Amun-Re mit gewünschter Gottesleistung, Name und Titel des N. Stiftungsvermerk eines Mannes. Hinterer Teil des Textes unklar.

Faksimile: (---)

Bibl.: K*RI III*, 201

RII/ ???/ 010

Ort: London, British Museum 167

Material: Kalkstein Maße: H: 0,88; B: 0,42 m

Zustand: kpl., kleine Bestoßungen.

Nutznießer: *Ptḥ-m-wjꜣ*

1. Reg.: Osiris thronend, Isis und Horus stehend n.r., über ihnen Namen, Epi. Lotosblume mit den Horussöhnen. N. stehend adorierend n.l., vor und über ihm Verehrungsformel an Osiris, Name und Titel. Oberer Abschluß Flügelsonne mit Armen, die eine Kartusche Ramses II umfassen.

2. Reg.: 4 Männer sitzend n.r., über ihnen Namen, Titel. 2 Männer stehend darreichend n.l., über ihnen Namen, Titel.

3. Reg.: 3 Männer und 3 Frauen hockend n.r., über ihnen Name, Titel.

4. Reg.: 6 Frauen kniend n.r., über ihnen Namen, Titel.

Faksimile: (---)

Bibl.: ANDREU, *policier*, 1-20, Doc. 33; *BMHT 9*, 29-30, Taf.. 25/A; K*RI III*, 206-7

RII/ ???/ 011

Ort: London, British Museum 163

Material: Kalkstein Maße: H: 0,74; B: 0,54 m

Zustand: links oben Ausbruch, sonst kpl.

Nutznießer: *Nfr-ḥr*

1. Reg.: Oben Datierung ins 62. Jahr Ramses II, darunter waagerechte Kartusche dieses Königs mit Titulatur. Darunter Osiris thronend, Isis, Nephthys und Horus stehend n.r., über ihnen Namen. Lotosblüte mit den Horussöhnen. N. kniend adorierend n.l., über ihm Lobpreisungsformel an Osiris, Name und Titel.

2. Reg.: Eltern des N. und 5 Brüder hockend n.r., über ihnen Namen. Opfertisch. N. stehend libierend n.l., über ihm Name, Titel.

3. Reg.: Frau und 7 Schwestern des N. hockend n.r., über ihnen Namen. Opfertisch. N. stehend darreichend n.l., über ihm Name, Titel.

Faksimile: (---)

Bibl.: *BMHT 9*, 30-1, Taf.. 26/A; *KRI III*, 211-2

RII/ ???/ 012

Ort: ?

Material: ? Maße: ?

Zustand: kpl.

Nutznießer: *Nwj*

1. Reg.: Ramses II räuchernd und libierend n.r., über ihm Titulatur. Opfertisch. Kultbild des Amenhotep I, dahinter Ahmose-Nefertari stehend n.l., über ihnen Titulatur, Epi.

2. Reg.: N. stehend adorierend n.r., vor und über ihm in 12 Kolumnen Lobpreisungsformel an Amenhotep I und Ahmose-Nefertari, Anrufungsformel an den vergöttlichten König, Name und Titel des N.

Faksimile: (---)

Bibl.: *KRI III*, 293-4; WENTE, *Ramesside Stelas*, 33-4, Abb. 2.

RII/ ???/ 013

Ort: Toulouse, Musée George Labit 605 i

Material: Kalkstein Maße: H: 0,4; B: 0,3 m

Zustand: kpl.

Nutznießer: *Swtḫy*

1. Reg.: Osiris und Isis n.r., Namen, Epi. N. adorierend n.l., Lobpreisungsformel an Osiris, Name und Titel des N.

2. Reg.: Eltern sowie 2 Brüder des N. Namen, Titel.

3. Reg.: 16 Personen kniend, in 2 Unterregistern, Angehörige des N. Namen.

4. Reg.: Paar sowie 3 Frauen kniend, Angehörige des N. Namen

Faksimile: (---)

Bibl.: *KRI III*, 241-2; PALANQUE, *Toulouse*, 135-6

RII/ ???/ 014

Ort: Paris, Musée National du Louvre C 210
Material: Kalkstein Maße: H: 1,10; B: 0,85 m
Zustand: kpl.
Nutznießer: ***Ptḥ-mʿy***
1. Reg.: Osiris thronend n.r., über ihm Name, Epi. Opfertisch. N. und drei Verwandte stehend adorierend n.l., über ihnen Namen, Titel.
2. Reg.: 4 Söhne und 5 Töchter stehend adorierend n.l., über ihnen Namen, Ti-tel.
3. Reg.: 2 Zeilen Text: Nennung des Sohnes und Anrufung an Privatpersonen.
Hohlkehle: Undekoriert, darüber 1 Zeile Text: Stiftungsformel des Sohnes, sein Name, Titel und Filiation.
Rand oben: Götterbarke mit Sonnenscheibe n.r., darüber Namen von Re-Harachte, Chepri und Atum. Daneben auf zwei Ebenen je ein Affe, sowie die falkenköpfigen Seelen von Buto bzw. die schakalsköpfigen Seelen von Nechen adorierend n.l. 3 Zeilen Text: Verehrungsformel an Re-Harachte-Atum mit gewünschter Gottesleistung, Name und Titel des N. und seiner Frau. Dahinter N. und seine Frau kniend adorierend n.l.
Rand links: Königsopferformel für Osiris mit gewünschter Gottesleistung, Name und Titel des N. und seiner Frau
Rand rechts: Königsopferformel für Re-Harachte mit gewünschter Gottesleistung. Name und Titel eines weiteren Mannes.
Faksimile: (---)
Bibl.: *KRI III*, 306-7; PIERRET, *Recueil II*, 119 f.

RII/ ???/ 015 - 016 UNBESETZT

RII/ ???/ 017

Ort: Paris, Musée National du Louvre E 7717
Material: Schist Maße: H: 0,16; B: 0,1 m
Zustand: kpl.
Nutznießer: *Tjꜣ*
1. Reg.: Re-Harachte, Ptah in Schrein stehend n.r. Amun-Re stehend n.l., über allen Namen, Epi.
2. Reg.: N. kniend adorierend n.l., vor und über ihm in 5 Kolumnen Lobpreisungsformel an die Götter des 1. Reg., Name und Titel des N.
Faksimile: (---)
Bibl.: *KRI III*, 369; HABACHI, *Touy*, 45, Taf.. 3b; MARTIN, *Tia, Tia*, 47, Taf. 165

RII/ ???/ 018

Ort: København, Nationalmuseet A.A.d 22
Material: Kalkstein Maße: H: 0,345+x; B: 0,557 m
Zustand: Erhalt nur des obersten Registers.
Nutznießer: *Tjꜣ*

1. Reg.: Mann mit einem Ritualgerät zum Mundöffnungsritual stehend n.r., über ihm Ausspruch zur Durchführung des Rituals. Hinter ihm eine Frau und 3 Männer, wohl alles Verwandte des N., stehend adorierend n.r., über ihnen Namen, Titel. N. sitzend n.l., über ihm Name und Titel.

2. Reg.: Erkennbar nur oberste Reste von Kolumnen mit Namen und Titeln.

Faksimile: (---)

Anm.: Nach MARTIN, *Tia, Tia*, 36 f. ist die Herkunft entweder Saqqara oder Kafr el-Gabal.

Bibl.: *KRI III*, 369f.; MARTIN, *Tia, Tia*, 36f., Taf.. 165

RII/ ???/ 019

Ort: London, British Museum 796

Material: Kalkstein Maße: H: 0,635; B: 0,38 m

Zustand: Ofl. stark zerstört, ansonsten kpl.

Nutznießer: *R*ᶜ*(.w)-ms(j)-sw-m-pr(.w)-R*ᶜ*(.w)*

1. Reg.: Osiris thronend, Isis, Horus und Thot stehend n.r., über ihnen Namen, Epi. Lotosblüte mit den Horussöhnen. N. stehend adorierend n.l., über ihm Name und Titel.

2. Reg.: N. kniend, 5 Männer sitzend n.r., über ihnen Namen. Nut als Baumgöttin n.l., dem N. eine Libation spendend, über ihr Name.

3. Reg.: 6 Männer und eine Frau hockend n.r., über ihnen Namen.

4. Reg.: Überwiegend zerstört, erkennbar mehrere Frauen hockend n.r., über ihnen Namen.

Faksimile: (---)

Bibl.: *BMHT 12*, 22, Taf.. 72-3; *KRI III*, 388

RII/ ???/ 020

Ort: Torino, Museo Egizio, 1465

Material: Kalkstein Maße: H: 0,75; B: 0,5 m

Zustand: kpl.

Nutznießer: *M*ᶜ*ḥw*

1. Reg.: Zentral Osiris-Emblem. Links Horus stehend, N. kniend adorierend n.r. Rechts Isis stehend, ein Mann kniend adorierend n.l. Über allen Namen, Epi., Titel.

2. Reg.: Eltern des N. sitzend, 3 Brüder stehend n.r., über ihnen Namen, Titel. N. stehend libierend und räuchernd n.l., über ihm Tätigkeitsvermerk, Name und Titel.

3. Reg.: 4 Schwestern und Frau des N. stehend n.r. N. stehend räuchernd und libierend n.l. Über allen Namen.

Faksimile: (---)

Bibl.: *KRI III*, 444; PETSCHEL, VON FALCK, *Krieg und Frieden*, Kat. 73; RUFFLE, *Urhi-ya and Yupa I*, 56-7, Taf. 3

RII/ ???/ 021

Ort: Leiden, Rijksmuseum van Oudheden V 17
Material: Kalkstein Maße: H: 0,68; B: 0,42 m
Zustand: linke untere Ecke abgebrochen, Ränder bestoßen
Nutznießer: *Ḏḥwtj-m-ḥ3b*
1. Reg.: 2 Schakale antithetisch einander gegenüber, zwischen ihnen Schenring, 3 Wasserlinien und ein Topf. Darunter eine die ganze Breite der Stele einnehmende Kartusche mit dem Namen Ramses II.
2. Reg.: Osiris, Horus, Isis, beide Upuauts, Chnum und Thot stehend n.r., über ihnen Namen, Epi. Opfertisch. N. stehend adorierend n.l. Über ihm Lobpreisungsformel an Osiris, Name und Titel des N.
3. Reg.: 10 Personen stehend n.r., über ihnen Namen, Titel. Opfergaben. N. und seine Frau(?) stehend adorierend n.l. , über ihnen Namen, Titel.
4. Reg.: 13 Zeilen Text: Königsopferformel für Osiris mit gewünschter Gottesleistung. Anrufungsformel an ihn mit gewünschter Gottesleistung.
Faksimile: (---)
Bibl.: BOESER, *Beschreibung VI*, 9 Nr. 31, Taf. 19:31; *KRI III*, 490-2

RII/ ???/ 022

Ort: Freiburg i. Br., Archäologische Sammlung der Universität 104
Material: Kalkstein Maße: ?
Zustand: Fragment
Nutznießer: *P3-jrs* (?)
x+1. Reg.: Mann kniend adorierend n.l., Text überwiegend zerstört
Faksimile: (---)
Bibl.: *KRI III*, 846; WIEDEMANN, *Stela*, 31

RII/ ???/ 023

Ort: New York, Metropolitan Museum of Art 04.2.527
Material: Kalkstein Maße: ?
Zustand: Fragment
Nutznießer: *P3y*
1. Reg.: N. stehend adorierend n.r., über ihm Lobpreisungsformel an Re, Name und Titel. Re-Harachte stehend n.l., über ihm Name. Oberer Abschluß Flügelsonne. Ab der Fußpartie abwärts sowie die rechte Hälfte der Stele verloren.
Faksimile: (---)
Bibl.: *KRI VII*, 117; WINLOCK, *Statue*, 3, Taf. 2:2

RII/ ???/ 024

Ort: Moskau, Puschkin Museum I.1a.5636 (4145)
Material: Kalkstein Maße: H: 0,6; B: 0,36 m
Zustand: unten bestoßen, Ofl. teilweise abgerieben, sonst kpl.
Nutznießer: *Ḫnsw*

1. Reg.: Osiris auf Podest, Horus, Isis und schakalköpfiger Gott (wohl Upuaut) stehend n.r., über ihnen Namen, Epi., teilweise abgerieben. Opferständer. N. stehend adorierend n.l., über ihm Lobpreisungsformel an Osiris, Name, Titel und Filiation des N.

2. Reg.: N. und seine Frau sitzend, 2 Söhne hockend auf Podest n.r. Opfertisch. Sohn des N. stehend räuchernd und libierend n.l. Über allen Namen, Titel.

3. Reg.: 4 Frauen und ein Sohn hockend n.r., über ihnen Namen, Titel.

Faksimile: (---)

Anm.: Möglicherweise aus Assiut?

Bibl.: HODJASH, BERLEV, *Reliefs*, 145-8; K*RI VII*, 170-1

RII/ ???/ 025 - 026 UNBESETZT

RII/ ???/ 027

Ort: [Handel]

Material: ? Maße: ?

Zustand: ?

Nutznießer: ***Sn-nḏm***

1.(+x?) Reg.: Sonnenbarke, 2 Männer kniend einander gegenüber. Lobpreisungsformel an Re, Anrufungsformel an ihn, Namen und Titel des N., seines Sohnes als Stifter und der Frau des N.

Rand links: Name und Titel des Stifters, alles weitere verloren.

Rand rechts: Name des N., alles weitere verloren.

Faksimile: (---)

Anm.: Aus Deir el-Medineh?

Bibl.: K*RI VII*, 213; *Sotheby`s Catalogue 05.07.1982*, Nr. 101

RII/ ???/ 028

Ort: St. Louis, City Art Museum 1095:20

Material: Kalkstein Maße: H: 0,724; B: 0,476 m

Zustand: Kpl.

Nutznießer: ***Ḏḥwtj-ms(w)***

1. Reg.: Osiris und Anubis thronend n.r., über ihnen Namen, Epi. Opferständer. N. und seine Frau stehend adorierend n.l., über ihnen Lobpreisungsformel an Osiris, Namen, Titel.

2. Reg.: N. und seine Frau sitzend n.r., über ihnen Namen, Titel. Opfertisch. 2 Söhne des N. stehend räuchernd und libierend bzw. dar n.l., über ihnen Darreichungsformel, Namen, Titel.

3. Reg.: 2 Männer und 3 Frauen stehend darreichend n.l., Verwandte des N., über ihnen Namen.

Faksimile: (---). [Unpubliziertes Photo vom Museum erhalten.]

Bibl.: K*RI VII*, 214-5

RII/ ???/ 029

Ort: Durham, Oriental Museum 1961 (ex Slg. Ahnwich)
Material: Kalkstein Maße: H: 0,43; B: 0,35 m
Zustand: kpl.
Nutznießer: *Pꜣ-Rꜥ(.w)-pꜣy=j-nfw*
1. Reg.: Vezir Rahotep stehend n.r. Opfertisch. N. stehend räuchernd und libierend n.l. Über beiden Namen, Titel.
2. Reg.: 1 Zeile: Stiftungsvermerk des N. mit Name und Titel.
Faksimile: (---)
Anm.: Möglicherweise aus Sedment.
Bibl.: BIERBRIER, *Rahotep*, 407-11; K*RI VII*, 408-9

RII/ ???/ 030

Ort: London, British Museum 795
Material: Kalkstein Maße: H: 0,584; B: 0,352 m
Zustand: kpl.
Nutznießer: *Nꜣyꜣ*
1. Reg.: Osiris thronend, Isis, Horus und Chnum stehend n.r., über ihnen Namen, teilweise Epi. Opferständer. N. kniend adorierend n.l., über ihm Lobpreisungsformel an diese Götter, Name und Titel.
2. Reg.: Eltern sowie 3 weibliche und ein männlicher Nachkomme des N. hockend n.r. Opfergaben. N. stehend räuchernd und libierend n.l. Über allen Namen, Titel.
3. Reg.: Großvater sowie 4 weibliche und 2 männliche Nachkommen des N. hockend n.r. Opfergaben. N. stehend räuchernd und libierend n.l. Über allen Namen, Titel.
Faksimile: (---)
Bibl.: *BMHT 10*, 40-1, Taf. 94; K*RI VII*, 409-10

RII/ ???/ 031 UNBESETZT

RII/ ???/ 032

Ort: Torino, Museo Egizio 1563
Material: Kalkstein Maße: H: 0,46; B: 0,22,5 m
Zustand: Ofl. verwittert, sonst kpl.
Nutznießer: *Pn-Tꜣ-wr.t*
1. Reg.: Osiris thronend n.r. Lotosblüte mit den Horussöhnen N. stehend adorierend n.l. Über ihnen Namen, Epi., Titel.
2. Reg.: Frau des N. sowie ein Paar stehend adorierend n.l., über ihnen Namen, Titel.
Faksimile: (---)
Bibl.: DONADONI ROVERI, *Objets*, 14-16, Taf. IA

RII/ ???/ 033

Ort:	Kairo, Ägyptisches Museum TR 5/11/24/9
Material:	? Maße: ?
Zustand:	kleinere Ausbrüche, Ofl. stark verwittert.
Nutznießer:	*Ḥwy*
1. Reg.:	Antithetisch aufgeteilt. *Linke Hälfte*: Mann stehend adorierend n.r. Opfertisch. Osiris stehend n.l. *Rechte Hälfte*: Ptah stehend in Schrein n.r. Opfertisch. Mann stehend adorierend n.l. Keine Texte.
2. Reg.:	N. und seine Frau sitzend n.r. Opfertisch. Ein Sohn und 2 Töchter stehend adorierend n.l. Über allen Namen, Titel.
3. Reg.:	N. und seine Mutter sitzend n.r., über ihnen Namen, Titel. Opfertisch. Ein Bruder, ein Mann und 2 Frauen stehend adorierend n.l., Über der ersten Person Name und Titel, Kolumne über den drei anderen freigelassen.
Hohlkehle:	[///]
Rand oben:	Mann kniend (?) darreichend. Schakal auf Schrein, dahinter 2 Paviane vor einem Djedpfeiler. Ofl. sehr stark zerstört.
Rand links:	1 Kolumne: Königsopferformel für Ptah-Sokar-Osiris mit gewünschter Gottesleistung, Name und Titel des N.
Rand rechts:	1 Kolumne: Königsopferformel für u.a. Hathor mit gewünschter Gottesleistung, Name und Titel des N. Text teilweise zerstört.
Faksimile:	(---)
Anm.:	Aus Saqqara?
Bibl.:	K*RI III*, 256; LOWLE, *Funerary Stela*, 253-8, Taf. 5

RII/ ???/ 034

Ort:	Tübingen, Museum Schloß Hohentübingen 471
Material:	Kalkstein Maße: H: 0,73; B: 0,45 m
Zustand:	kpl.
Nutznießer:	*Ḫ*ᶜ*(j)-m-jp*ꜣ*.t*
1. Reg.:	Osiris, Isis und Horus stehend n.r., über ihnen Namen, Epi. 1 Kolumne mit dem Namen Ramses II sowie gewünschter Gottesleistung auf die Götter links bezogen. N. stehend adorierend n.l., um ihn herum Name, Titel und Filiation, Text schließt sich an die Kolumne an.
2. Reg.:	N. und seine Frau sitzend n.r., über ihnen Namen, Titel, unter den Stühlen die Namen der jeweiligen Mutter. Opfertisch. Sohn des N. stehend adorierrend n.l., vor und über ihm Text bezüglich des Opferumlaufs, Name und Titel.
3. Reg.:	2 Zeilen: Name und Titel des N., seines Vaters und seiner Frau.
Faksimile:	(---)
Anm.:	Aus Abydos oder Theben?
Bibl.:	BRUNNER-TRAUT, BRUNNER, *ÄSUT*, 102-3, Taf.. 89; K*RI III*, 305-6

RII/ ???/ 035

Ort: London, British Museum 64641
Material: Kalkstein Maße: H: 0,18; B; 0,143 m
Zustand: kpl.
Nutznießer: *Ḥr(j)-Mnw*
1. Reg.: Amun-Re thronend, Mut und Chons stehend n.r. Opferständer. Thot stehend n.l. Über allen Namen, Epi.
2. Reg.: Sitzstatue Ramses II n.r., über ihr Name Opferständer. N. kniend adorierend n.l., über ihm Lobpreisungsformel ohne Götternennung. Name und Titel des N.
Faksimile: (---)
Anm.: Aus Theben oder Qantir?
Bibl.: *BMHT 10*, 25-6, Taf.. 61; K*RI III*, 499

RII/ ???/ 036 UNBESETZT

RII/ ???/ 037

Ort: London, British Museum 304
Material: Kalkstein Maße: H: 0,63; B: 0,42 m
Zustand: 3. Reg. beschädigt, sonst kpl.
Nutznießer: *Mnṯw-Mnw*
1. Reg.: Osiris, Isis und Horus stehend n.r., über ihnen Namen, Epi. Opfertisch. N., seine Frau und 3 Söhne stehend adorierend n.l., über dem Paar ihr Stiftungsvermerk, Lobpreisungsformel an Isis, Namen und Titel der Söhne.
2. Reg.: Min stehend n.r., über ihm Name, Epi. Opfertisch. Paar sowie 6 Söhne, davon einer ohne Darstellung. Über allen Namen, Titel.
3. Reg.: 1 Zeile: Königsopferformel für die Götter des 1. Reg. mit gewünschter Gottesleistung, Name und Titel des N. Darunter Darstellungen: 5 Frauen hockend n.r. Opfertisch. 4 Männer sitzend n.l. Über allen Namen, Titel.
Faksimile: (---)
Anm.: Aus Abydos oder Koptos?
Bibl.: *BMHT 9*, 64, Taf. 49:1; K*RI III*, 222-3

RII/ ???/ 038

Ort: London, British Museum 149
Material: Kalkstein Maße: H: 1,21; B: 0,7 m
Zustand: kpl.
Nutznießer: *B3-n-ˁ3*
1. Reg.: Osiris thronend, Isis und Nephthys stehend n.r., über ihnen Namen, Epi. Opfertisch. N. und seine Frau stehend adorierend n.l., über ihnen Namen, Titel.
2. Reg.: Paar sitzend n.r. Opfertisch. Je ein Sohn und Tochter des N.(?) räuchernd und libierend n.l. Über allen Namen, Titel.
3. Reg.: 2 Zeilen: Königsopferformel für Osiris mit gewünschter Gottesleistung, Name und Titel des N.

Pyramidion:	Schakal auf Podest n.r., kein Text.
Hohlkehle:	𓈌-Hieroglyphe, jeweils flankiert von einem Affen und einem Ba-Vogel, außen Palmblattmuster. Kein Text. Ofl. stark zerstört.
Rand oben+ links:	Lobpreisungsformel an Osiris, Name und Titel des N. Anrufung an ihn mit Eigenleistung und gewünschter Gottesleistung.
Rand oben+ rechts:	Lobpreisungsformel an Osiris mit gewünschter Gottesleistung, Name und Titel des N.
Faksimile:	(---)
Bibl.:	*BMHT 9*, 27-8, Taf.. 23/A; K*RI III*, 205-6

7.4. Stelen aus der Zeit von Merenptah

Mer/ Aby/ 001

Ort: Kairo, Ägyptisches Museum TR 15/12/24/2
Material: ? Maße: ?
Zustand: ?
Nutznießer: *Jww-n-Jmn(.w)*
1. Reg.: Osiris und Isis n.r., N. wohl adorierend n.l. Lobpreisungsformel an Osiris, Namen, Titel, Epi.
Faksimile: (---) Mir nicht zugänglich.
Anm.: Beschreibung nach KRI, mir ist keine Abb. bekannt.
Bibl.: *KRI IV*, 98

Mer/ Aby/ 002

Ort: London, British Museum 794
Material: Kalkstein Maße: H: 0,48; B: 0,325 m
Zustand: kpl.
Nutznießer: a) *Jww-n-Jmn(.w)*, b) *ꜥḥꜣwtj-nfr*
1. Reg.: Osiris thronend n.r. Opferständer. N.a) kniend adorierend n.l. Über ihnen Namen, Epi., Titel. Lobpreisungsformel an Osiris.
2. Reg.: Herischef thronend n.r. N.b) in Proskynese n.l. Über ihnen Namen, Epi., Titel. Lobpreisungsformel an Herischef.
Faksimile: Teilweise publiziert, teilweise von publiziertem Photo.
Bibl.: *BMHT 10*, 24, Taf. 56; *KRI IV*, 98-9

Mer/ Aby/ 003

Ort: Paris, Musée National du Louvre E.3629
Material: Kalkstein Maße: H: 0,805; B: 0,49 m
Zustand: untere rechte Ecke verloren
Nutznießer: *Rꜥ(.w)-ms(j)-sw-hrw*
1. Reg.: Osiris n.r. N. adorierend n.l. Über ihnen Namen, Epi., Titel. Lobpreisungsformel an Osiris. Ganz oben zwei antithetisch einander gegenüberstehende Udjat-Augen, zwischen ihnen Schenring, drei Wasserlinien und ein Topf. Darunter 1 waagerechte Kartusche mit der Titulatur und Datierung in das 1. Jahr des Merenptah.
2. Reg.: 3 Zeilen: Titel und Name des N. (und eines weiteren Mannes?)
Faksimile: Von unpubliziertem Photo, erhalten von C. ZIEGLER, E. DAVID, P. COUTON.
Anm.: Beschreibung nach KRI, mir ist keine Abb. bekannt.
Bibl.: *KRI IV*, 102

Mer/ Aby/ 004

Ort: Kairo, Ägyptisches Museum TR 12/6/24/17
Material: Kalkstein Maße: ?
Zustand: kpl.
Nutznießer: *Pn-Tꜣ-wr.t*

1. Reg.: Osiris thronend, Göttin ohne Bezeichnung stehend n.r. Über Osiris dessen Name. Opferständer. N. stehend adorierend n.l., über ihm Lobpreisungsformel an Osiris, Name, Titel. Ganz oben zwei antithetisch einander gegenüber stehende Udjat-Augen, zwischen ihnen Schenring und ein Topf. Darunter 1 waagerechte Kartusche mit Titulatur Datierung ins 1. Jahr des Merenptah.

2. Reg.: Horus stehend n.r., über ihm Name, Epi. Opferständer. 3 weibliche und 1 männlicher Verwandter des N. stehend adorierend n.l., über ihnen Namen, Titel.

Faksimile: (---) Mir nicht zugänglich.

Bibl.: K*RI IV*, 103; MARIETTE, *Abydos II*, Taf.. 49 r.

Mer/ Aby/ 005

Ort: Kairo, Ägyptisches Museum TR 3/7/24/17

Material: Calcit Maße: ?

Zustand: kpl.

Nutznießer: *Rᶜ(.w)-ms(j)-sw-m-pr(.w)-Rᶜ(.w)*, gen. *Mr(j)-Jwnw, Bn-Jṯn*

1. Reg.: Osiris thronend, Isis stehend n.r., über Osiris Name, Epi. N. kniend adorierend n.l., über ihm Stiftungsvermerk, Name, Titel. Zwischen ihnen Titulatur des Merenptah.

2. Reg.: Eltern des N. kniend n.r., über ihnen Namen und Bezeichnung. Opfertisch. N. stehend darreichend n.l., vor und über ihm Name, Titel.

3. Reg.: 4 Zeilen: Königsopferformel für Osiris mit gewünschter Gottesleistung, Nennung des N. mit dessen ursprünglichem semitischen Namen.

Faksimile: Von publiziertem Photo.

Bibl.: K*RI IV*, 104; MARIETTE, *Abydos II*, Taf. 50 (seitenverkehrt!); ROWE, *Newly identified monuments*, 45-6, Taf. VIII

Mer/ Aby/ 006

Ort: ??

Material: Kalkstein Maße: ?

Zustand: kpl. ?

Nutznießer: *Ywyw*

1. Reg.: Osiris, Isis n.r., Namen, Epi. N. und Frau adorierend n.r., Namen, Titel.

2. Reg.: Paar, Eltern des N.(?), weitere Personen.

Faksimile: (---) Es sind weder Photo noch Faksimile publiziert.

Anm.: Beschreibung nach KRI, Mir ist keine Abb. bekannt.

Bibl.: K*RI IV*, 140

Mer/ DeB/ 001

Ort: Magazin Deir el-Bahari Nr. F. 7695

Material: Kalkstein Maße: H: 0,29+x; B: x+0,36 ,

Zustand: Erhalt nur des oberen Teils

Nutznießer: *Pꜣ-nḥsj*

1. Reg.: Amun-Re [thronend], Maat stehend n.r., über ihnen Namen, Epi. N. stehend adorierend n.l., über ihm Lobpreisungsformel an Amun-Re, Name und Titel des N.

2. Reg.: [///]
Faksimile: Von publiziertem Photo.
Anm.: Aus dem Tempel Thutmosis III.
Bibl.: *KRI IV*, 83-4; LIPINSKA, *List of Objects*, 165-6 Nr. 16, Taf. 10:16

Mer/ DeM/ 001
Ort: Torino, Museo Egizio 50145
Material: Kalkstein Maße: H: x+0,22+x; B: x+0,15+x; T: 0,04 m
Zustand: Fragment
Nutznießer: *Nfr-ḥtp(w)*
1. Reg.: Gott schreitend, Göttin stehend n.l., oberhalb Beinpartie sowie aller Text verloren.
2. Reg.: Erhalt der Anfänge von 5 Kolumnen: Titel eines Mannes n.r. Ihm gegenüber Titel des N. n.l.
Faksimile: Von publiziertem Photo. D 02 ist in TOSI, ROCCATI, *Stele*, 235 publiziert.
Bibl.: *KRI IV*, 178; TOSI, ROCCATI, *Stele*

Mer/ DeM/ 002
Ort: ?
Material: Kalkstein Maße: H: x+0,42; B: 0,39 m
Zustand: Erhalt nur der unteren Hälfte
Nutznießer: *Jnpw-m-ḥ3b*
1. Reg.: [///]
2. Reg.: N. und Frau stehend adorierend n.l. Nennung von Namen, Titel. Vor ihnen Lobpreisungsformel an Meretseger, Amenhotep I und Ahmose-Nefertari mit gewünschter Gottesleistung, Namen und Titel beider Personen. Oberer Teil dieses Registers ebenfalls zerstört.
Faksimile: (---) Das publizierte Photo ist qualitativ nicht ausreichend, um davon ein Faksimile zu zeichnen.
Anm.: Aus der Nördlichen Kapelle F.
Bibl.: BRUYÈRE, *Rapp. 45-47*, 58f., Taf. 9:1; *KRI IV*, 179-80

Mer/ DeM/ 003
Ort: ?
Material: Kalkstein Maße: ?
Zustand: Fragment
Nutznießer: *Qn-ḥr-ḫpš=f*
1. Reg.: [///]
2. Reg.: N. adorierend n.l. Geringe Textreste, enthalten gewünschte Gottesleistung?
Faksimile: (---) Es sind weder Photo noch Faksimile publiziert.
Bibl.: BRUYÈRE, *Rapp. 34-35 III*, 360 u.; *KRI IV*, 184

Mer/ Gur/ 001

Ort: Bruxelles, Musées Royaux d'Art et d'Histoire E.5014
Material: Kalkstein Maße: H: 0,34; B: 0,295 m
Zustand: kpl.
Nutznießer: *Rᶜ(.w)-ms(j)-sw-m-pr(.w)-Rᶜ(.w)*
Reg.: Thutmosis III thronend n.r., über ihm Titulatur. Opfertisch. N. stehend adorierend n.l., über ihm Lobpreisungsformel an den vergöttlichten König mit gewünschter Gottesleistung, Name und Titel des N.
Faksimile: Von Photo in den Musées Royaux d'Art et d'Histoire.
Anm.: Aus dem 19. Dyn.-Tempel für den Kult für Thutmosis III. Ein sehr ähnlicher Bildaufbau bei SII/ Gur/ 001.
Bibl.: BERLANDINI-GRENIER, *dignitaire*, 1-19; EGGEBRECHT, *Aufstieg*, Nr. 109 (seitenverkehrtes Bild!), LOAT, *Gurob*, Taf. 15:2; K*RI IV*, 105

Mer/ Saq/ 001

Ort: Cambridge, Fitzwilliam Museum E.195.1899
Material: Kalkstein Maße: H: 0,54; B: 0,185; T: 0,075 m
Zustand: kpl., leicht bestoßen
Nutznießer: *Pꜣ-nḥsj*
1. Reg.: Ptah thronend n.l. vor Opfertisch. Darüber Name, Epi. Vor ihm Datierung ins 4. Jahr Merenptahs.
2. Reg.: 6 Zeilen: Königsopferformel für Ptah, Osiris, Anubis, Horus und Thot mit gewünschter Gottesleistung, Name, Titel und Filiation des N.
Faksimile: publiziert.
Bibl.: BOURRIAU, *Monuments*, 56-9, Abb. 2, Taf. III, 2; K*RI IV*, 138

Mer/ Saq/ 002

Ort: Bruxelles, Musées Royaux d'Art et d'Histoire E.3076
Material: Kalkstein Maße: H: 0,403; B: 0,275 m
Zustand: kleinere Ausbrüche, sonst kpl.
Nutznießer: *Mr(j)-n-Ptḥ-m-pr(.w)-Ptḥ*
Reg.: Ptah mumienförmig, Atum als Schlange auf Podest mit Doppelfederkrone n.r., über ihnen Namen, Epi. N. stehend adorierend n.l., über ihm Name, Titel.
Faksimile: Vom Original.
Bibl.: K*RI IV*, 103

Mer/ The/ 001

Ort: Manchester, University Museum 1554
Material: Kalkstein Maße: ?
Zustand: kpl., oben bestoßen
Nutznießer: *Ḥz(j)-Ptḥ*
1. Reg.: Barke n.r. mit -Hieroglyphe, darüber zwei Udjat-Augen. Vor der Barke zwei Fische.
2. Reg.: Der als *ꜣḫ-jqr-n-Rᶜ(.w)* bezeichnete N. sitzend n.r., über ihm Name. Opferständer. Mann stehend adorierend n.l., über ihm sein Stiftungsvermerk mit Titel.

Faksimile: (---) Nicht aufgenommen.
Anm.: Aus dem Tempel des Merenptah.
Bibl.: DEMARÉE, *ꜣḫ-jqr-n-Rꜥ.w-Stelae*, 60 f.; *KRI IV*; 137; PETRIE, *Six temples*, 13, 21, Taf. VIII: 3

Mer/ The/ 002
Ort: Auktion Sotheby's Catalogue 29 May 1987
Material: Sandstein Maße: ?
Zustand: ?
Nutznießer: *Mnw-Ḫꜥw*
1. Reg.: Isis als Barke auf Podium n.r., Name, Epi. N. adorierend n.l. Tätigkeitsvermerk des N.
2. Reg.: Min, Horus und Standarten n.r., Mann libierend n.l. Kein Text.
3. Reg.: 1 Zeile: Name und Titel des N.
Faksimile: (---) Es sind weder Photo noch Faksimile publiziert.
Anm.: Beschreibung nach KRI, mir ist keine Abb. bekannt.
Bibl.: *KRI VII*, 225; *Sotheby's Catalogue 29.05.1987*, Lot 222

Mer/ The/ 003
Ort: Leiden, Rijksmuseum van Oudheden V 8
Material: Sandstein Maße: H: 0,88; B: 0,58 m
Zustand: kpl.
Nutznießer: *R'-mꜥ*
1. Reg.: Re-Harachte thronend, Maat stehend n.r. Opferständer. Osiris thronend, Isis stehend n.l. Über ihnen Namen, Epi.
2. Reg.: Amenhotep I, Ahmose-Nefertari und Achethotep thronend n.r. Horus und Anubis thronend n.l. Über ihnen Namen, Epi.
3. Reg.: N. kniend adorierend n.l., vor ihm in 4 Kolumnen Name und Titel. Hinter ihm ein Paar kniend adorierend n.l., über ihnen Namen, Titel, möglicherweise Angehörige des N.
Faksimile: Vom Original.
Bibl.: BOESER, *Beschreibung VI*, 12, Taf. 24: 43; *KRI IV*, 128

Mer/ ???/ 001
Ort: Leichester, City Museum 44.1859 oder 14.1920
Material: Kalkstein Maße: H: 0,62; B: 0,404 m
Zustand: kleine Ausbrüche, Ofl. bestoßen
Nutznießer: *Jww-n-Jmn(.w)*
1. Reg.: Osiris thronend, Herischef stehend n.r., über ihnen Namen, Epi. N. kniend adorierend n.l., Lobpreisungsformel an die beiden Götter.
2. Reg.: 7 Männer hockend n.r., über ihnen Namen und Titel.
3. Reg.: 6 Frauen hockend n.r., über ihnen Namen und Titel.
Faksimile: (---)
Anm.: Die Inv.Nr. ist heute aufgrund der Aufstellung nicht mehr sichtbar.
Bibl.: *KRI IV*, 99; KITCHEN, *Stelae*, 81 ff., Abb. 2, Taf. 20

Mer/ ???/ 002 UNBESETZT

Mer/ ???/ 003

Ort: Vienne (Isère) NE 1555
Material: Kalkstein Maße: H: 0,86; B: 0,86 m
Zustand: Fragment
Nutznießer: *Rᶜ(.w)-ms(j)-sw-m-pr(.w)-Rᶜ(.w)*
1. Reg.: Adorant n.r., Osiris n.l., Sokar n.r., Adorant n.l. Epi. erhalten, Rest der Texte verloren.
2. Reg.: N. und seine Frau sitzend n.r., über Frau Name und Titel. Opfertisch. Mann stehend räuchernd n.l., über ihm Tätigkeitsvermerk, Name und Titel des beräucherten N., nicht des Agierenden.
Faksimile: (---)
Bibl.: BERLANDINI-GRENIER, *dignitaire*, 1-20, Taf. II; K*RI IV*, 105; VARILLE, *Antiquités Égyptiennes*, 2f., Nr. 1, Taf. 1:1

Mer/ ???/ 004

Ort: Wien, Kunsthistorisches Museum 201
Material: Kalkstein Maße: H: 0,9; B: 0,6 m
Zustand: kpl.
Nutznießer: *ᶜḥ3wtj-nfr*
1. Reg.: Osiris, Isis, Horus n.r. N., seine Frau und Mutter adorierend n.l. Lobpreisungsformel an Osiris mit gewünschter Gottesleistung, Namen, Epi., Titel.
2. Reg.: N., seine Frau, Eltern und 2 Brüder sitzend n.r. Adorant n.l., Aufzählung von Opfergaben, Adorant ohne Namensnennung.
3. Reg.: N., seine Schwiegermutter, 2 Brüder und 2 Schwestern sitzend n.r. Adorant n.l., Tätigkeitsvermerk, nur Adorant ohne Namensnennung
Faksimile: (---)
Bibl.: K*RI IV*, 122

Mer/ ???/ 005

Ort: London, British Museum 154
Material: Kalkstein Maße: H: 1,01; B: 0,67 m
Zustand: kpl.
Nutznießer: *Wnn-nfr*
1. Reg.: Osiris thronend, Isis, Horus stehend n.r., über ihnen Namen, Epi. Opfertisch. N. stehend adorierend n.l., über ihm Lobpreisungsformel an Osiris
2. Reg.: 2 männliche, 4 weibliche Verwandte des N. sitzend n.r. Opfertisch. N. stehend adorierend n.l. Über ihnen Namen, Titel.
3. Reg.: 2 männliche, 3 weibliche Verwandte des N. sitzend n.r. Opfertisch. Sohn des N. stehend adorierend n.l. Über ihnen Namen, Titel.
Faksimile: (---)
Bibl.: *BMHT 9*, 31-2, Taf. 27; BRUNNER, *Teacher*, 3-5, Taf. I; K*RI IV*, 123-4

Mer/ ???/ 006

Ort: London, British Museum 139
Material: Kalkstein Maße: H: 0,78; B: 0,36 m
Zustand: kpl.
Nutznießer: *Ḫ*ᶜ*(j)-m-ṯr.t*
1. Reg.: Zentral Abydos-Fetisch. Links davon Horus, rechts Isis stehend. Links außen Vater des N. kniend adorierend n.r., rechts außen N. kniend adorierend n.l. Über beiden jeweils Namen, Titel. Über den Göttern die Kartuschen Merenptahs.
2. Reg.: 2 Frauen, ein Mann kniend n.r. Opfertisch. N. stehend libierend n.l. Über allen Namen, Titel.
3. Reg.: 2 Frauen, ein Mann kniend n.r. Opfertisch. N. stehend libierend n.l. Über allen Namen, Titel.
4. Reg.: 3 Frauen kniend n.r. Opfertisch. Mann stehend libierend n.l.. Über allen Namen, Titel.
Faksimile: (---)
Bibl.: *BMHT 9*, 24-5, Taf. 20; K*RI IV*, 124-5; *PM I:2*, 808

Mer/ ???/ 007

Ort: Richmond, Slg. Cook
Material: Kalkstein Maße: H: x+0,558; B: 0,432 m
Zustand: kpl.
Nutznießer: *Ḏḥwtj-ḥtp(w)*
Seite A
1. Reg.: Hathor als Baumgöttin n.r. N., seine Frau kniend darreichend n.l., Sohn stehend. Über ihnen Tätigkeitsvermerk, Namen, Epi., Titel.
2. Reg.: 4 Zeilen: Königsopferformel für Osiris, Isis, Horus mit gewünschter Gottesleistung. Nennung der Titel des N.
Rand links: Name des N.
Seite B
1.Reg.: Osiris thronend n.l, über ihm Name, Epi. Opfertisch. N. und seine Frau stehend adorierend n.l. Über ihnen Königsopferformel für Osiris mit gewünschter Gottesleistung, Namen, Titel.
2. Reg.: 3 Zeilen: Königsopferformel für Osiris mit gewünschter Gottesleistung.
Faksimile: (---)
Bibl.: K*RI IV*, 125-6; MURRAY, *Fresh Inscriptions*, 64 ff., Abb.

Mer/ ???/ 008 UNBESETZT

Mer/ ???/ 009

Ort: Kairo, Ägyptisches Museum JdE 28961, TR 17/3/25/14
Material: ? Maße: ?
Zustand: Erhalt nur der oberen Hälfte
Nutznießer: *R'-y*

x+1. Reg.: Osiris, Isis, Horus, Chnum, Thot n.r. N. adorierend n.l. Lobpreisungsformel an Osiris, teilweise zerstört. Über den Göttern Namen, Epi. Oberer Abschluß Kartuschen von Ramses II und Merenptah.

Faksimile: (---)

Anm.: Beschreibung nach KRI, mir ist keine Abb. bekannt.

Bibl.: *KRI IV*, 150

Mer/ ???/ 010

Ort: London, British Museum 141

Material: Kalkstein Maße: H: 0,76; B: 0,39 m

Zustand: kpl., linke untere Ecke angeklebt.

Nutznießer: a) *P3-Rˁ(.w)-m-ḥ3b* b) *P3-nḥsj*

1. Reg.: Zentral Abydos-Fetisch, links davon Re-Harachte und Hathor stehend n.r., rechts davon Isis stehend n.l., über ihnen Namen. Links außen N. a) kniend adorierend n.r., rechts außen N. b) kniend adorierend n.l., über ihnen jeweils Lobpreisungsformel an Osiris mit gewünschter Gottesleistung.

2. Reg.: 7 männliche Verwandte hockend n.r., über ihnen Namen.

3. Reg.: 8 weibliche Verwandte hockend n.r., über ihnen Namen.

4. Reg.: Sohn des N. a) stehend adorierend n.l. Vor und über ihm in 11 Kolumnen Königsopferformel für Osiris mit gewünschter Gottesleistung, danach Anrufung an diesen. Dieser Dargestellte ist möglicherweise der Stifter der Stele.

Faksimile: (---)

Anm.: Aus Saqqara? Mehrere Personen sind identisch mit denen auf Mer/ Saq/ 001.

Bibl.: *BMHT 9*, 23-4, Taf. 19; s.a. BOURRIAU, *Monuments*, 51-9, Taf. 3

7.5. Stelen aus der Zeit von Amenmesse

Am/ DeM/ 001

Ort: Kairo, Ägyptisches Museum TR 9/6/26/3
Material: Kalkstein Maße: H: x+0,14+x; B: x+0,18+x m
Zustand: Fragment des oberen Teils
Nutznießer: *Jmn(.w)-ms(w)*
x+1. Reg.: Oberer Abschluß Flügelsonne. Darunter Erhalt der Anfänge von 5 Kolumnen Text: Name und Titel des N., Rest verloren.
Faksimile: publiziert
Bibl.: GABALLA, *Monuments*, 49, Taf. III; HABACHI, *Amenmesse*, 58:c, Taf. 10:a; K*RI IV*, 205

Am/ DeM/ 002

Ort: London, British Museum 341
Material: Kalkstein Maße: H: 0,345; B: 0,235 ,
Zustand: kpl.
Nutznießer: *P3-šd(w)*
1. Reg.: N. stehend adorierend n.r., über ihm Tätigkeitsvermerk mit Name, Titel. Amun-Re thronend n.r., über ihm Name, Epi.
2. Reg.: 2 Zeilen: Stiftungsvermerk des Sohnes des N.
Faksimile: publiziert
Bibl.: *BMHT 7*, Taf. 25; *BMHT 12*, 12, Taf. 32-3; K*RI, IV*, 240

Am/ DeM/ 003

Ort: Cambridge, Fitzwilliam Museum EGA 3002.1943
Material: Kalkstein Maße: H: 0,16; B: 0,125
Zustand: kpl.
Nutznießer: *P3-šd(w)*
1. Reg.: Reschef thronend mit Speer und Schild n.r. vor Opfertisch. Name, Epi.
2. Reg.: N. und sein Sohn kniend adorierend n.l., bei ihnen in 5 Kolumnen Lobpreisungsformel an Reschef mit gewünschter Gottesleistung.
Faksimile: unpubliziert, von G.T. MARTIN erhalten, der eine Publikation des Objektes vorbereitet.
Bibl.: BROVARSKI, DOLL, FREED, *Golden Age*, Kat.Nr. 415; JANSSEN, *stèle*, 209-12, Abb. 18-9; K*RI IV*, 240-1; MARTIN, *Stelae*, in Vorb., PM *I:2*, 733

Am/ DeM/ 004

Ort: London, British Museum 264
Material: Kalkstein Maße: H: 0,294; B: 0,288 m
Zustand: Verlust des oberen Teils
Nutznießer: *P3-šd(w)*
1. Reg.: Überwiegend verloren, Reschef thronend n.r., Opfertisch.
2. Reg.: N. kniend adorierend n.l., vor ihm in 7 Kolumnen Lobpreisungsformel an Reschef mit gewünschter Gottesleistung.

Faksimile: publiziert
Bibl.: *BMHT 7*, Taf. 41; *BMHT 12*, 12, Taf. 32-3; K*RI IV*, 241

Am/ DeM/ 005
Ort: ??
Material: ? Maße: H: ?; B: 0,145m
Zustand: nur Basis erhalten
Nutznießer: *P3-ṯ3w-m-ḏj-Jmn(.w)*
x+1. Reg.: [///]
x+2. Reg.: 1 Zeile: Rest einer Formel mit Nennung von Name und Titel des N.
Faksimile: (---) Es sind weder Photo noch Faksimile publiziert.
Bibl.: BRUYÈRE, *Mert Seger*, 296, Taf. 12:1; K*RI IV*, 241

Am/ The/ 001
Ort: ?
Material: ? Maße: ?
Zustand: nur leicht bestoßen, sonst kpl.
Nutznießer: *Nfr-ḥtp(w)*
1. Reg.: Mut als Barke n.r., N. stehend in Barke n.r. Namen, Epi., Titel. Stiftungsvermerk des N.
2. Reg.: 2 Männer und 3 Frauen kniend adorierend n.l., über ihnen Namen, Titel.
3. Reg.: 2 Männer und 3 Frauen kniend adorierend n.l., über ihnen Namen, Titel.
Faksimile: (---) Da mir kein Photo bekannt ist, ist die publizierte Zeichnung nicht auf Zuverlässigkeit überprüfbar, kann deshalb hier nicht verwendet werden.
Bibl.: K*RI IV*, 238-9; QUIBELL, *Ramesseum*, Taf. 10:3

7.6. Stelen aus der Zeit von Sethos II

SII/ Aby/ 001

Ort:	Paris, Musée National du Louvre C 98
Material:	Kalkstein Maße: H: 0,85; B: 0,485 m
Zustand:	?
Nutznießer:	*Wnn-nfr*
1. Reg.:	Osiris, Horus, Isis n.r., N. adorierend n.l. Namen, Epi., Titel.
2. Reg.:	Nur Text: Anrufung des N. an Osiris. (?)
3. Reg.:	Upuaut n.r., N. adorierend n.l. Namen, Epi., Titel. Teil einer Lobpreisungsformel an Upuaut.
Faksimile:	Von unpubliziertem Photo, erhalten von C. ZIEGLER, E. DAVID, P. COUTON.
Anm.:	Die Abschrift bei *KRI IV*, 296 ist stellenweise nicht ganz korrekt.
Bibl.:	*KRI IV*, 296; *PM V*, 99

SII/ Aby/ 002

Ort:	Paris, Musée National du Louvre C 219
Material:	Kalkstein Maße: H: 1,00; B: 0,70 m
Zustand:	?
Nutznießer:	*Wnn-nfr*
1. Reg.:	Osiris und Horus n.r. N. adorierend n.l. Namen, Epi., Titel. Lobpreisungsformel an [Gottheit].
2. Reg.:	Lobpreisungsformel an Isis, Heqat, Nut und Schenpet n.r. N. adorierend n.l. Namen, Epi., Titel.
3. Reg.:	Anrufungsformel des N. an Privatpersonen, mit Wunsch der Lobpreisung des N. Angabe der gewünschten Präsentation.
Faksimile:	Von unpubliziertem Photo, erhalten von C. ZIEGLER, E. DAVID, P. COUTON.
Bibl.:	*KRI IV*, 296-7; *PM V*, 99

SII/ Aby/ 003

Ort:	Rio de Janeiro, Museu Nacional 652 [2440]
Material:	Kalkstein Maße: H: 0,4025; B: 0,273M T: 0,04 m
Zustand:	Ofl. stellenweise abgewittert
Nutznießer:	*Ḥ3w-nfr*
1. Reg.:	Osiris thronend, Isis stehend n.r. Vor ihnen Opfertisch. Über ihnen Namen, Epi. Hinter Opfertisch Nennung eines Sohnes und einer Tochter des N.
2. Reg.:	N., seine Frau, jeweils 1 Sohn, Frau und Mann stehend adorierend n.l. Stiftungsvermerk des N. mit Titel. Vor den anderen Namen.
Faksimile:	(---) Oberfläche sehr stark verwittert.
Bibl.:	BELTRÃO, KITCHEN, *Catálogo*, Nr. 35, Taf. 75-6; *KRI VII*, 247-8

SII/ Ani/ 001

Ort: Philadelphia, University Museum, E.11367
Material: Sandstein Maße: H: 1,52; B: 0,95 m
Zustand: kpl.
Nutznießer: ***Mry***
1. Reg.: Antithetischer Aufbau: *Linke Hälfte*: N. stehend adorierend n.r. Opferständer. Re-Harachte thronend, Maat stehend n.l. *Rechte Hälfte*: Osiris thronend, Isis stehend n.r. Opferständer. N. stehend adorierend n.l. Über allen Namen, Epi., Titel.
2. Reg.: Paar sowie unbenannter Mann stehend libierend und räuchernd n.r. Opferständer. N. und seine Frau sitzend n.l. Über allen Namen, Titel.
3. Reg.: 12 Zeilen Haupttext: Verehrungsformel an Re-Harachte. Unterer Teil des Textes aus einem anderen Kontext, mögl. abydenische Osirisverehrung.
Hohlkehle: Palmblattmuster, kein Text.
Rand oben + links: Königsopferformel für Re-Harachte mit gewünschter Gottesleistung.
Rand oben + rechts: Königsopferformel für Osiris mit gewünschter Gottesleistung.
Faksimile: Von publiziertem Photo.
Bibl.: *KRI IV*, 283-5; STEINDORFF, *Aniba II*, 62 ff., Abb. 9-11, Frontispiz, Taf. 38:a

SII/ Buh/ 001

Ort: ?? E.E.S. 1745
Material: Sandstein Maße: H: x+0,575; B: 0,45
Zustand: Verlust des obersten Teils.
Nutznießer: *Ḫʿ(j)-m-ṯr.t*
1. Reg.: König mit unterägyptischer Krone stehend darreichend n.r. Horus von Buhen thronend n.l. Vor ihnen Name, Epi. Name des Königs verloren.
2. Reg.: N. kniend adorierend n.r., vor ihm in 2 Kolumnen Stiftungsvermerk.
Faksimile: publiziert.
Anm.: Wiederverwendet im Vorhof des Südtempels.
Bibl.: *KRI IV*, 283; SMITH, *Buhen II*, 150-1, Taf. 41:3

SII/ DeM/ 001

Ort: ?
Material: Kalkstein Maße: H: x+0,185; B: 0,25
Zustand: oberer Teil überwiegend verloren
Nutznießer: *Z3-W3ḏy.t*
1. Reg.: Überwiegend verloren, Rest einer Göttin thronend n.r., Adorant stehend n.l.
2. Reg.: N. und 2 männliche Verwandte kniend adorierend n.l., über ihnen Namen, Titel.
Faksimile: Von publiziertem Photo.
Bibl.: CLÈRE, *Monumentes inédits*, 188-9 Nr. 8, Taf. 2:8; KRI IV, 338; PM I:2, 734

SII/ DeM/ 002

Ort: Torino, Museo Egizio 50050

Material: Kalkstein Maße: H: 0,13; B: 0,095 m

Zustand: geringer Textverlust

Nutznießer: a) *Ḥr(j)-jꜣ* b) *Jy(j)*

1. Reg.: Ahmose-Nefertari thronend n.r., über ihr Name. Opfertisch. N. a) stehend n.l., über und hinter ihr Stiftungsvermerk.

2. Reg.: N. b) kniend adorierend n.l., vor ihr in 5 Kolumnen Lobpreisungsformel an Ahmose-Nefertari mit gewünschter Gottesleistung.

Faksimile: Von publiziertem Photo.

Bibl.: *KRI IV*, 338; TOSI, ROCCATI, *Stele*

SII/ DeM/ 003

Ort: London, British Museum 35630

Material: Kalkstein Maße: H: 0,212; B: 0,14 m

Zustand: kpl.

Nutznießer: *ꜥꜣ-pḥ.tj*

Reg.: Seth stehend n.r. N. stehend adorierend n.l. Über ihnen Namen, Epi., Titel. Stiftungsvermerk des N.

Faksimile: publiziert.

Bibl.: *BMHT 10*, 30-1, Taf. 71; BIERBRIER, *Tomb-Builders*, 37, Abb. 21; QUIRKE, *Religion*, 79; *PM I:2*, 717

SII/ Gur/ 001

Ort: ??

Material: Kalkstein Maße: H: 0,35; B: 0,3 m

Zustand: kpl.

Nutznießer: *Wsr-Mꜣꜥ.t-Rꜥ(.w)-m-ḥꜣb*

Reg.: Thutmosis III thronend n.r. Opferständer, über ihm Titulatur. N. stehend adorierend n.l., über ihm Name, Titel. Lobpreisungsformel an den vergöttlichten König mit gewünschter Gottesleistung.

Faksimile: Von publiziertem Photo.

Anm.: Ein sehr ähnlicher Bildaufbau bei Mer/ Gur/ 001.

Bibl.: *KRI IV*, 286-7; LOAT, *Gurob*, Taf. 17:3

SII/ Gur/ 002

Ort: ?

Material: ? Maße: ?

Zustand: kpl.

Nutznießer: *Wsr-Mꜣꜥ.t-Rꜥ(.w)-m-ḥꜣb*

1. Reg.: Re-Harachte thronend, Ptah thronend in Schrein n.r., über ihnen jeweils Königsopferformel für diese, Namen und Epi. Opferständer. N. stehend adorierend n.l., über ihm Lobpreisungsformel an diese Götter mit gewünschter Gottesleistung.

2. Reg.: Onuris, Mehyt stehend n.r., über ihnen Namen. Opferständer. N. und seine Frau stehend adorierend n.r., über ihnen Namen, Titel.

Faksimile: (---) Es sind weder Photo noch Faksimile publiziert.
Bibl.: *KRI IV*, 339; PETRIE, *Kahun*, Taf. 22:5

SII/ Kar/ 001

Ort: ??
Material: Sandstein Maße: H: 1,82; B: 1,0; T: 0,34 m
Zustand: Verlust des untersten Teils
Nutznießer: *M^{c}ḥwḥy*
1\. Reg.: Amun-Re thronend, Mut und Chons stehend n.r., über ihnen Namen, Epi. Opferständer. Sethos II stehend adorierend n.l., über ihm Name, Titulatur.
2\. Reg.: 10 Zeilen: Titulatur Sethos II; Widmungsformel für die Neugestaltung eines Geflügelhofes im Tempel durch den König.
3\. Reg.: N. kniend adorierend n.l.. Vor ihm in 7 Kolumnen Lobpreisungsformel an die Götter des 1. Reg. mit gewünschter Gottesleistung. Untere Hälfte des Textes zerstört.
Faksimile: Von publiziertem Photo.
Anm.: Sekundär aus einem Architekturelement gefertigt. Aus dem im Text genannten Geflügelhof im Karnak-Tempel
Bibl.: CHEVRIER, *travaux de Karnak*, 140, Taf. II:2; *KRI IV*, 290-1; RICKE, *Geflügelhof*, 124-8, Abb. 1, 2

SII/ Mem/ 001

Ort: Kairo, Slg. Michaelides, o.Nr.
Material: Granit Maße: H: 0,6; B: 0,5 m
Zustand: oben und unten leicht bestoßen
Nutznießer: *Ḥr(j)*
1\. Reg.: N. und 4 männliche Verwandte stehend adorierend n.r. Ptah in Schrein, Sachmet stehend n.r. Über ihnen Namen, Epi., Titel.
2\. Reg.: 4 Frauen, 1 Mann stehend adorierend n.r., über ihnen Namen, Titel. Hathor stehend n.l., ohne Text.
3\. Reg.: 3 Zeilen: Königsopferformel für Ptah und Sachmet mit gewünschter Gottesleistung, Nennung N. mit Titeln, Filiation.
Faksimile: (---) Nicht zugänglich. Das publizierte Photo ist qualitativ nicht ausreichend, um davon ein Faksimile zu zeichnen.
Bibl.: *KRI IV*; 292-3; MAYSTRE, *stèle*, 449-55, Taf. I

7.7. Stelen aus der Zeit von Siptah

Sip/ Aby/ 001

Ort: Kairo, Ägyptisches Museum TR 26/2/25/5
Material: Kalkstein Maße: H: 0,45; B: 0,3 m
Zustand: links Bestoßungen
Nutznießer: *Ypwy*
1. Reg.: Amun-Re, Amenhotep I, Ahmose-Nefertari thronend n.r. Opferständer. Über Amun-Re Name und Epi.
2. Reg.: N. und 3 weibliche Verwandte kniend adorierend n.l., über ihnen Stiftungsvermerk des N., Namen, Titel.
Faksimile: Von publiziertem Photo.
Bibl.: ČERNÝ, *Culte d'Amenóphis*, 170-2, Taf. 3; *KRI IV*, 441; *PM I:2*, 721

Sip/ Aby/ 002

Ort: Slg. Bower
Material: ? Maße: ?
Zustand: ?
Nutznießer: *Ypwy*
1. Reg.: Sachmet n.r., N. adorierend n.l. Namen, Epi., Titel.
2. Reg.: Frau und Schwester des N. adorierend n.l. Namen, Titel. Stiftungsvermerk der Frau des N.
Faksimile: (---) Nicht erreichbar.
Anm.: Beschreibung nach KRI, mir ist keine Abb. bekannt
Bibl.: *KRI IV*, 441; *PM I:2*, 736; *Sotheby's Catalogue 13.12.1928*, Taf. VII

Sip/ Aby/ 003

Ort: Liverpool, Liverpool Museum M 13930
Material: Kalkstein Maße: H= 0,77; B: 0,55 m
Zustand: Ofl. leicht abgewittert, sonst kpl.
Nutznießer: *P3-jr-s3*
1. Reg.: Osiris thronend, Isis, Horus stehend n.r. N. und seine Frau kniend adorierend n.l. Namen, Epi., Titel, Lobpreisungsformel an Osiris.
2. Reg.: 2 Männer und 3 Frauen hockend n.l. Namen, Titel.
3. Reg.: 2 Männer und 3 Frauen hockend n.l. Namen, Titel.
4. Reg.: 2 Männer und 3 Frauen hockend n.l. Namen, Titel.
Faksimile: Vom Original.
Anm.: Inschriften flüchtig eingeritzt, nur im 1. Reg. besser. Insgesamt einfache Ausführung. Der gleiche nichtägyptische Name, ("Der Zypriot") kommt auf der nicht genau datierten Stele Aix-en-provence, Musée Grandet Nr. 832-1-6 vor: COUTAGNE ET ALL., Collection Égyptienne 60-3. Diese Person ist jedoch nicht mit dem N. von Sip/ Aby/ 003 identisch.

Bibl.: *KRI IV*, 445-6

Sip/ DeM/ 001

Ort: London, British Museum 317
Material: Kalkstein Maße: H: 0,44; B: 0,29 m
Zustand: rechte untere Ecke verloren
Nutznießer: *Ḥ3y-tp*
1. Reg.: Amenhotep I, Ahmose-Nefertari stehend n.r. Opfertisch. Vezir Hori n.l. Über ihnen Namen, Titel.
2. Reg.: Vater (?) des N., 1 weiterer Mann sowie N. stehend adorierend n.l., über ihnen Namen, Titel sowie Stiftungsvermerk des N.
Faksimile: Vom Original.
Bibl.: *BMHT 9*, 20-1, Taf. 16:1; *KRI IV*, 358; *PM I:2*, 719

Sip/ DeM/ 002

Ort: London, British Museum 272
Material: Kalkstein Maße: H: 0,193; B: 0,17 m
Zustand: kpl.
Nutznießer: *P3-nb(.w)*
1. Reg.: N. kniend adorierend n.r., vor ihm sein Stiftungsvermerk. Meretseger als eingerollte Schlange n.l., kein Text.
2. Reg.: 3 Söhne des N. kniend adorierend n.r., über ihnen Namen, Titel.
Faksimile: publiziert
Bibl.: *BMHT 5*, 42; *BMHT 10*, Taf. 70:2; BRUYÈRE, *Mert Seger*, 114, Abb. 54; *KRI IV*, 435; *PM I:2*, 730

Sip/ DeM/ 003

Ort: London, British Museum 273
Material: Kalkstein Maße: H: 0,195; B: 0,128 m
Zustand: kpl.
Nutznießer: *P3-nb(.w)*
1. Reg.: N. kniend adorierend n.r., über ihm sein Stiftungsvermerk. Meretseger thronend n.l., über ihr Namen, Titel.
2. Reg.: 2 Söhne des N. kniend adorierend n.r., über ihnen Namen, Titel.
Faksimile: publiziert
Bibl.: *BMHT 7*, Taf. 28; *BMHT 10*, 30, Taf. 71:1; *KRI IV*, 435; *PM I:2*, 730

Sip/ DeM/ 004

Ort: ?
Material: Kalkstein Maße: H: x+0,17+x; B: x+0,195+x m
Zustand: großes Fragment
Nutznießer: [*P3-nb(.w)*]
1. Reg.: Gott und 2 Göttinnen thronend n.r., Texte verloren.
2. Reg.: 3+x Männer adorierend n.l., über ihnen Namen, Titel.
Faksimile: Von publiziertem Photo.
Bibl.: CLÈRE, *Monumentes inédits*, 186-7, Taf. 1:6; *KRI IV*, 435; *PM I:2*, 730

Sip/ DeM/ 005

Ort: Torino, Museo Egizio 50163
Material: Kalkstein Maße: H: x+0,09+x; B: x+0,215+x m
Zustand: ein Fragment
Nutznießer: *P3-nb(.w)*
x+1. Reg.: Erhalten lediglich 6 Kolumnen Text: Formel mit gewünschter Gottesleistung, Name und Titel des N.
Faksimile: Von unpubliziertem Photo, erhalten von M. BORLA.
Bibl.: *KRI IV*, 435-6; TOSI, ROCCATI, *Stele*

Sip/ DeM/ 006

Ort: ?
Material: Kalkstein Maße: H: x+0,25; B: 1,0 m
Zustand: großes Fragment
Nutznießer: *P3-nb(.w)*
1. Reg.: Fast gänzlich verloren, erkennbar Barke n.r., Mann kniend adorierend n.l.
2. Reg.: x+12 Kolumnen Text: Anrufung an eine Gottheit mit gewünschter Gottesleistung. Nennung des N., seiner Frau und eines Sohnes mit Namen und Titel.
Faksimile: (---) Es sind weder Photo noch Faksimile publiziert.
Bibl.: BRUYÈRE, *Rapp. 23-24*, 52 Nr. 9; *KRI IV*, 436

Sip/ DeM/ 007

Ort: Torino, Museo Egizio 50071
Material: Sandstein Maße: H: 0,14; B: 0,285 m
Zustand: Sehr stark verwittert, rechts Verlust.
Nutznießer: ***Ḥ3y***
Reg.: N. stehend adorierend n.r., über ihm Reste von Titel, Name. Gott stehend n.l., überwiegend zerstört.
Faksimile: (---) Nicht lohnend.
Bibl.: *KRI IV*, 437; TOSI, ROCCATI, *Stele*

Sip/ DeM/ 008

Ort: Berlin 24029 (ex Slg. Hilton-Price 2006)
Material: Kalkstein Maße: H: 0,33; B: 0,197 m
Zustand: linke untere Ecke verloren, sonst kpl.
Nutznießer: ***Mr(j)-Sḫm.t***
1. Reg.: Meretseger thronend n.r. Opferständer. N. kniend adorierend n.l. Über ihnen Namen, Epi., Titel. Lobpreisungsformel an diese Göttin.
2. Reg.: 1 weibliche, 4 männliche Verwandte des N. kniend, einmal stehend adorierend n.l., über ihnen Namen, Titel.
Faksimile: Vom Original.
Bibl.: BRUYÈRE, *Mert Seger*, 99, Abb. 42; *KRI IV*, 439-40; *PM I:2*, 725

Sip/ DeM/ 009

Ort: Wien, Kunsthistorisches Museum 158
Material: Kalkstein Maße: ?
Zustand: kpl.
Nutznießer: *Pꜣ-jm.j-r'-jḥw*
1. Reg.: Ahmose-Nefertari thronend, Opfertisch. Name, Titel.
2. Reg.: Nur Text: Königsopferformel für die vergöttlichte Königin, Name und Titel des N.
Faksimile: (---) Mir nicht zugänglich.
Anm.: Beschreibung nach KRI, mir ist keine Abb. bekannt.
Bibl.: *KRI IV*, 440; *PM I:2*, 730

Sip/ DeM/ 010

Ort: Torino, Museo Egizio 50017
Material: Kalkstein Maße: H: 0,22; B: 0,15 m
Zustand: kpl.
Nutznießer: *Mr(j)-Sḫm.t*
1. Reg.: Zwei antithetisch einander gegenüberstehende Udjat-Augen, zwischen ihnen Schenring mit der einbeschriebenen Hieroglyphe 𓍲, zwei Wasserlinien und einem Topf.
2. Reg.: N. sitzend n.l., Opfertisch. Über ihm in 4 kurzen Kolumnen Darreichungsformel an den als *ꜣḫ-jqr-n-Rꜥ(.w)* bezeichneten N.
Faksimile: Von publiziertem Photo.
Bibl.: DEMARÉE, *ꜣḫ-jqr-n-Rꜥ.w*-Stelae, 65 f.; *KRI IV*, 440; *PM I:2*, 725; TOSI, ROCCATI, *Stele*

Sip/ DeM/ 011

Ort: Torino, Museo Egizio 50033
Material: Kalkstein Maße: H: 0,295; B: 0,205 m
Zustand: kpl.
Nutznießer: *Pꜣ-Rꜥ(.w)-ḥtp(w)*
1. Reg.: Amun-Re, Meretseger und Amenhotep I stehend n.r., vor ihnen Opfertisch. Über ihnen Namen, Epi.
2. Reg.: N., sein Vater und Bruder stehend adorierend n.l., vor und hinter ihnen Namen, Titel.
Faksimile: Von unpubliziertem Photo, erhalten von M. BORLA.
Bibl.: *KRI IV*, 442; *PM I:2*, 730; TOSI, ROCCATI, *Stele*

Sip/ DeM/ 012

Ort: Torino, Museo Egizio 50041
Material: Kalkstein Maße: H: 0,46; B: 0,28 m
Zustand: kpl.
Nutznießer: *Nḫt-sw*
1. Reg.: N. und sein Sohn kniend adorierend n.r., über ihnen Stiftungsvermerk des N. Amenhotep I und Ahmose-Nefertari thronend n.l., vor ihnen Namen, Titulatur.

2. Reg.: Frau, Sohn und 3 Töchter des N. kniend adorierend n.r., über ihnen Namen, Titel.
Faksimile: Von publiziertem Photo.
Bibl.: KRI *IV*, 442; *PM I:2*, 726; TOSI, ROCCATI, *Stele*

Sip/ DeM/ 013
Ort: Torino, Museo Egizio 1615
Material: ? Maße: ?
Zustand: ?
Nutznießer: *Ḫ3mwy* (*Pn-nb*(*.w*), *Wbḫ.t* ?)
1. Reg.: 2 Männer und eine Frau vor Opfern. Stiftungsvermerk bei jeder Person.
Faksimile: (---) Nicht lohnend.
Anm.: Beschreibung nach KRI, mir ist keine Abb. bekannt.
Bibl.: DEMARÉE, *3ḫ-jqr-n-Rᶜ.w-Stelae*, 104 f.; KRI *IV*, 444; *PM I:2*, 724

Sip/ DeM/ 014
Ort: Cannes, Musée de la Castre YIP 21
Material: Kalkstein Maße: H: 0,2; B: 0,135 m
Zustand: kpl.
Nutznießer: *Ḫ3mwy*
1. Reg.: Udjat-Augen um Schenring und Wasserlinien.
2. Reg.: N. sitzend n.r. vor Opfertisch. Über letzterem in 3 Kolumnen Stiftungsvermerk des als *3ḫ-jqr-n-Rᶜ*(*.w*) bezeichneten N.
Faksimile: Von publiziertem Photo.
Bibl.: ANDREU, *artistes*, Kat. 85; DEMARÉE, *3ḫ-jqr-n-Rᶜ.w-Stelae*, 93 f.; KRI *IV*, 444; MARGAINE, *Egypte*, Kat.Nr. 9; *PM I:2*, 724

Sip/ DeM/ 015
Ort: Torino, Museo Egizio 50024
Material: Kalkstein Maße: H: x+0,24; B: 0,15 m
Zustand: oben bestoßen, geringer Textverlust
Nutznießer: a) *Pn-nb*(*.w*) b) *Ḫ3mwy*
1. Reg.: 2 waagerechte Ruder/ Schlägel(?), darüber zwei kurze Kolumnen, überwiegend verloren.
2. Reg.: N. a) hockend n.r., N. b) hockend n.l., Pflanzenstengel haltend. Über ihnen Namen und Bezeichnung als *3ḫ-jqr-n-Rᶜ*(*.w*).
Faksimile: Von unpubliziertem Photo, erhalten von M. BORLA.
Bibl.: DEMARÉE, *3ḫ-jqr-n-Rᶜ.w-Stelae*, 100 f.; KRI *IV*, 444; TOSI, ROCCATI, *Stele*

Sip/ DeM/ 016
Ort: Paris, Musée National du Louvre E 16362
Material: Kalkstein Maße: H: 0,17; B: 0,35 m
Zustand: kpl.
Nutznießer: a) *Pn-nb*(*.w*) b) *Ḫ3mwy*

Reg.: N. a) sitzend n.r., N. b) sitzend n.l., zwischen ihnen Opfertisch. Über ihnen jeweils Bezeichnung als *ꜣḫ-jqr-n-Rꜥ(.w)* sowie die Namen.
Faksimile: Von publiziertem Photo.
Bibl.: BRUYÈRE, *Rapp. 34-35 III*, 152-3, 327 Abb. 62, 198; DEMARÉE, *ꜣḫ-jqr-n-Rꜥ.w-Stelae*, 102 f.; *KRI IV*, 444; *PM I:2*, 705

Sip/ DeM/ 017
Ort: ?
Material: Kalkstein — Maße: H: 0,19; B: ?+x m
Zustand: Fragment der linken Seite
Nutznießer: *Ḫꜣmwy*
Reg.: N. sitzend n.r., über ihm 1 Kolumne mit Bezeichnung als *ꜣḫ-jqr-n-Rꜥ(.w)* und Name. Rest verloren.
Faksimile: (---) Es sind weder Photo noch Faksimile publiziert.
Bibl.: BRUYÈRE, *Rapp. 34-35 II*, 17:4, 18, Abb. 7:1; DEMARÉE, *ꜣḫ-jqr-n-Rꜥ.w-Stelae*, 95 f.; *KRI IV*, 444

Sip/ DeM/ 018
Ort: London, British Museum 8497
Material: Kalkstein — Maße: H: 0,23; B: 0,169 m
Zustand: kpl.
Nutznießer: *Pn-nb(.w)*
Seite A
Reg.: Ptah thronend n.r., über ihm Name, Epi. Vor ihm Opferständer, darüber eine imperativische Kernwunschformel.
Hohlkehle Palmblattmuster, kein Text.
Rand oben: Flügelsonne, jeweils flankiert vom Namen des Behdeti.
Rand links: Königsopferformel für Re-Harachte mit gewünschter Gottesleistung.
Rand rechts: Königsopferformel für Ptah mit gewünschter Gottesleistung.
Seite B
Reg.: 5 Kolumnen Text: Lobpreisungsformel an Ptah mit gewünschter Gottesleistung. Dahinter Anrufungsformel an ihn. Name und Titel des N.
Faksimile: publiziert
Bibl.: *BMHT 10*, 32, Taf. 74-5; *KRI IV*, 445; *PM* I:2, 732

Sip/ DeM/ 019
Ort: Torino, Museo Egizio 1560
Material: ? — Maße: ?
Zustand: kpl.
Nutznießer: *Pn-nb(.w)*
1. Reg.: Ptah n.r. Name, Epi.
2. Reg.: N. und Bruder n.l. Stiftungsvermerk des N., Namen, Titel.
Faksimile: (---) Nicht erreichbar.
Anm.: Beschreibung nach KRI, mir ist keine Abb. bekannt.
Bibl.: *KRI IV*, 445; *PM I:2*, 732

Sip/ DeM/ 020

Ort: ?
Material: ? Maße: ?
Zustand: kpl.?
Nutznießer: *Ḥzy-sw-nb(.w)=f*
1. Reg.: Reschef n.r. Name, Epi.
2. Reg.: 1 Zeile: Name und Titel des N.
Faksimile: (---) Es sind weder Photo noch Faksimile publiziert.
Anm.: Beschreibung nach KRI, mir ist keine Abb. bekannt.
Bibl.: *KRI IV*, 443; *PM I:2*, 719; WILKINSON, *manners and customs*, Taf. 55:5

Sip/ DeM/ 021

Ort: London, British Museum 359
Material: Kalkstein Maße: H: 0,24; B: 0,16 m
Zustand: kpl.
Nutznießer: a) *Pn-nb(.w)*, b) *Ḫ3mwy*
Reg.: N.a) sitzend n.r., N.b) sitzend n.l., zwischen ihnen Opfertisch. Über ihnen jeweils 3 Kolumnen mit Bezeichnung der N. als *3ḫ-jqr-n-Rᶜ(.w)* und Namen.
Faksimile: Von publiziertem Photo.
Bibl.: *BMHT 9*, 50-1, Taf. 41:1; DEMARÉE, *3ḫ-jqr-n-Rᶜ.w-Stelae*, 96 f.; *KRI IV*, 443

Sip/ DeM/ 022

Ort: London, British Museum 372
Material: Kalkstein Maße: H: 0,26; B: 0,16 ,
Zustand: Spitze abgebrochen
Nutznießer: a) *Pn-nb(.w)*, b) *Ḫ3mwy*
1. Reg.: In der Mitte Zeichen für Westen, links Isis, rechts Nephthys kniend adorierend, der Mitte zugewandt. Keine Texte.
2. Reg.: N.a) sitzend n.r., N.b) sitzend n.l., zwischen ihnen Opfertisch. Über ihnen jeweils 3 Kolumnen mit Bezeichnung der N. als *3ḫ-jqr-n-Rᶜ(.w)* und Namen.
Faksimile: (---) Nicht lohnend.
Bibl.: *BMHT 9*, 51, Taf. 41:2; DEMARÉE, *3ḫ-jqr-n-Rᶜ.w-Stelae*, 98 f.; *KRI IV*, 443

Sip/ DeM/ 023

Ort: London, British Museum 344
Material: Kalkstein Maße: H: 0,19; B: 0,13 m
Zustand: kpl.
Nutznießer: *Ḫ3mwy*
1. Reg.: Zwei antithetisch einander gegenüberstehende Udjat-Augen, zwischen ihnen Schenring, drei Wasserlinien und ein Topf.
2. Reg.: N. sitzend n.r. vor Opfertisch. Über ihm in 5 Kolumnen Bezeichnung als *3ḫ-jqr-n-Rᶜ(.w)* und Name.
Faksimile: Von publiziertem Photo.
Bibl.: *BMHT 9*, 52, Taf. 41:3; DEMARÉE, *3ḫ-jqr-n-Rᶜ.w-Stelae*, 88 f.; *KRI IV*, 444; QUIRKE, *Religion*, 200

Sip/ Kar/ 001

Ort: ??

Material: ? Maße: ?

Zustand: kpl., unregelmäßiger Umriß.

Nutznießer: ***Jmn(.w)-m-wjꜣ***

Reg.: 4 Zeilen Text: Stiftungsvermerk des N. mit Name, Titel, Filiation.

Faksimile: Von publiziertem Photo.

Anm.: Gefunden zusammen mit der Stele des Siptah KRI IV, 345.

Bibl.: K*RI IV*, 378-9; LAUFFRAY, SA'AD, SAUNERON, *Report*, 28, Taf. XI:B

8. Hieroglyphische Paläographie – Analyse

8.1. Analyse nach Zeichen (Abteilungen A – Aa)

8.1.1. Die einzelnen Zeichen

Abteilung A – Männer und ihre Tätigkeiten[1]

A 01 [2]

Der sitzende Mann A 01 gehört mit zu den am häufigsten verwendeten Schriftzeichen in meinem Corpus. Auch wenn die Grundform der des Basiszeichens  sehr ähnlich ist, ergeben sich im Detail doch diverse Modifikationen. Der Kopf ist stets undifferenziert ausgearbeitet, er zeigt sich mehr oder minder als Kreis oder formloses Oval und geht meist direkt in den nur als senkrechten Strich dargestellten Oberkörper über. Nur bei RII/ Kop/ 002 ist der Kopf in einer Schreibung vom Rest des Körpers abgegrenzt und darüber hinaus mit einer langen Perücke versehen: [3].

Dieser ist in den unterägyptischen Belegen, besonders denen aus Saqqara, etwas dicker als derjenige in den oberägyptischen.

Das Knie des hinteren, aufgestützten Beines ist meist nur als schräger Strich oder schmales Dreieck gestaltet, das an der Verbindung von Oberkörper und Basisplatte ansetzt, so wie z. B [4]. Genauso formten die ramessidenzeitlichen Hersteller die angezogenen Knie von sitzenden Personen wie A 40 . In den von mir untersuchten Monumenten ist dieser Unterschied nicht vorhanden, offenbar wurde die einfacher zu schreibende Variante bevorzugt. Das vordere Bein, das im Basiszeichen ab dem Knie abwärts flach auf dem Boden liegt, ist in den Belegen niemals explizit angegeben und verschmilzt mit der Basisplatte. Diese ist besonders in den thebanischen Belegen (und einigen qantirer Stelen) sehr breit und ragt links und rechts über Knie und Fuß hinaus, z. B. [5], im Gegensatz zu unterägyptischen Schreibungen wie [6]. Ein ähnliches Bild ergibt sich auch bei anderen Personen-Hieroglyphen wie A 40 (cf. bei A 40).

Der vordere Arm ist in der Regel gewinkelt, er kann aber auch gerade ausgestreckt sein wie beispielsweise .[7] Jedoch ist diese Variante selten, sie taucht fast nur in Oberägypten

1 Überproportionalität von Zeichen der A-Gruppe bei Verwendung als Determinativ tritt im bearbeiteten Corpus nicht auf. Zu Beispielen aus dem Alten Reich FISCHER, *Aspects*, 35 – 36, Fig. 1, 3. Ein (ungewöhnlicher) Wechsel der Schriftgröße innerhalb eines Registers tritt bei RII/ DeM/ 176 auf: Die Hieroglyphen der Beischrift zur Darstellung Meretsegers sind erheblich größer als die der Lobpreisungsformel ihr gegenüber.

2 Für alle Hieroglyphen der Basiszeichenliste von A. H. GARDINER wird vermerkt, ob diese bei mir belegt sind, nicht belegte Zeichen der *Extended Library* finden keine Erwähnung.

3 N. B. Die in dieser Auswertung abgebildeten Faksimiles sind nicht maßstabsgetreu!

4 SI/ DeM/ 001.

5 RII/ DeM/ 041.

6 RII/ Saq/ 020.

7 SI/ DeM/ 040.

und Qantir auf[8]. Lediglich zwei Schreibungen auf RII/ DeM/ 127 () sowie RII/ DeM/ 175 zeigen die gewölbte Hand, diese ist ansonsten nirgends detailliert angegeben.

Der hintere Arm berührt den Körper resp. ragt sogar etwas in ihn hinein. Nur auf SI/ Saq/ 003, RII/ Ama/ 001, RII/ Aby/ 002. 007 und SII/ Ani/ 001 (zweimal) ist die Hand vor der Brust wieder sichtbar. RII/ Aby/ 007  ist dabei mein einziger Beleg, der den vorderen Arm wie im Basiszeichen auch graphisch als *vor* dem Körper befindlich darstellt.
Der gewinkelte Arm wird ab Ramses II öfters getrennt vom Oberkörper dargestellt, der Hersteller hat hier neu angesetzt. Eine Ausnahme bildet die Stele Sip/ DeM/ 023, bei der mit  offenbar auch der vordere Arm nicht ausgestreckt ist, sondern wie der andere abgewinkelt zum Körper hin führt, anatomisch eigentlich unmöglich[9]. Diese Form ist auch in den Schreibungen auf RII/ Hel/ 003 zu finden.

Innenzeichnungen sind nur auf den beiden Schreibungen von RII/ Saq/ 009 vorhanden. Dabei wurde die kurze Perücke bzw. das Haupthaar durch eine punktierte Linie vom Gesicht abgetrennt: .

In den Schriftfeldschreibungen wurde A 01 unterschiedlich gestaucht. Die horizontale Stauchung verkürzte die Breite der Basis und somit auch des Zeichens. Aufgrund des geringeren Platzes konnte der vordere Unterarm nun fast senkrecht gestellt werden, wie z. B.  oder  [10]). In diesem Fall unterscheidet nur noch der angewinkelte, nicht herunterhängende hintere Arm das Zeichen von der bei E. GRAEFE[11] aufgeführten Variante für A 02 mit nahezu senkrechtem vorderem Unterarm. Bei RII/ DeM/ 138  mußte sogar der hintere Arm gänzlich weggelassen werden.

Die seltener vorkommende vertikale Stauchung duckte das Zeichen stark. Dabei wird die Höhe des Oberkörpers stark verringert, der Kopf verkleinerte sich, wobei im extremsten Fall wie SII/ DeM/ 002  der Kopf fast völlig verschwunden ist.

A 02 

Auch diese Hieroglyphe findet sich sehr oft in den vorliegenden Belegen, jedoch seltener als A 01. Sowohl A 01 als auch A 02 waren in früheren Zeiten, so auch in der Herakleopolitenzeit, oft nicht unterschieden[12], in der 19. Dynastie wird jedoch auf eine differenziertere Ausformung dieser beiden Zeichen Wert gelegt. Der hintere, herunterhängende Arm wird sehr betont, oftmals überdeutlich vom Körper weggehalten.

Bei den Zeichen nubischer Provenienz ist der an den Mund geführte Arm stets mit dem Kopf verbunden, bei RII/ Ama/ 001 ist darüber hinaus der Kopf nicht mehr als solcher zu erkennen.

---

8 Ein unterägyptischer Beleg für diese Form ist eine Schreibung auf RII/ Saq/ 018.

9 So interpretiert es auch T. G. H. JAMES in der Transliteration in *BMHT 9*, Taf. 41:3, ohne jedoch das Zeichen zu kommentieren.

10 RII/ DeM/ 054 und RII/ KeG/ 004.

11 GRAEFE, *MÄG*, 210 (zweites Zeichen).

12 FISCHER, *Calligraphy*, 15.

Eine Eigenart des thebanischen Raumes, speziell in Deir el-Medineh, scheint zu sein, daß der nach oben geführte Arm in Kopfhöhe nochmals abknicken und steil nach oben zeigen kann, z.B.  [13] oder  [14]. Abgesehen von einem früheren Beispiel, SI/ DeM/ 043, taucht diese besondere Form ab der RII-Zeit nahezu durchgängig auf, jedoch deutlich erkennbar nur bei den Einzelzeichen. In einem Schriftfeld war wohl zu wenig Platz, um eine solche Strichführung einmeißeln zu können.

In der Zeit Sethos I ist der Arm meistens mit dem Kopf verbunden, während sich schon eine Tendenz abzeichnet, diese Verbundenheit aufzuheben und den Arm vor oder über dem Kopf enden zu lassen. Dieses wird in der Ramses II-Zeit Usus, im unterägyptischen Raum bleibt die Verbundenheit jedoch überwiegend noch bestehen[15]. Sie hält sich auch in Abydos – zumindest in meinen Beispielen – bis in die Zeit Siptahs.

Der seltsame Beleg bei RII/ DeM/122, , dürfte eine Form darstellen, die etwas entstellt aus dem Hieratischen herrührt, da A 02 dort ungefähr  aussieht[16]. Diese Schreibung könnte als erstes Indiz dafür gewertet werden, daß der Hersteller eine hieratische Vorlage benutzt hat.

Wenn A 02 sich in einem Schriftfeld befindet, kann es in der Horizontalen gestaucht werden, so daß der Unterkörper nur noch ca. die Hälfte der Breite eines Einzelzeichens hat. Dies ist die gängige Einfügung von A 02 in ein Schriftfeld, die Reduzierung des Zeichens auf einen noch kleineren Bereich ist die Ausnahme[17].

A 03 Im vorliegenden Corpus nicht belegt.

A 04 

Dieses Zeichen ist in meinem Corpus nicht südlich vom thebanischen Raum belegt. Fast alle Belege zeigen nicht einen sitzenden, sondern einen auf einem Bein knienden Mann, was in der *Extended Library* als A 04a verzeichnet ist[18].

Im thebanischen Bereich ist das Zeichen verhältnismäßig detailliert wiedergegeben, während weiter nördlich die Beinpartie eher rein strichförmig ausgearbeitet wurde. Allerdings erwecken manche Zeichen aus Deir el-Medineh z.B.  [19] oder 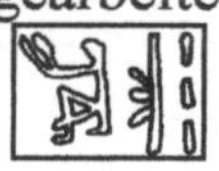 [20] den Eindruck, als ob die Hersteller nicht so genau wußten, wie dieses Zeichen eigentlich auszusehen hatte. Auf RII/ Aby/ 007  hat der Hersteller unter den Adoranten noch eine zusätzliche Standlinie/ Unterlage gesetzt, was ansonsten in meinem Corpus sehr ungewöhnlich ist.

Als Einzelzeichen, das ein ganzes Schriftfeld einnimmt, ist es sehr selten. Die Beispiele belegen A 04 in einem Schriftfeld nur in den Kombinationen von *j3w*, *rdj.t j3w* und *dw3*. Stets bekommt das Zeichen den Platz eines halben oder zwei Drittel eines solchen Feldes zugewiesen. Eine Ausnahme bildet nur eine Stele aus Deir el-Bahari, SI/ DeB/ 001, bei der das

13 RII/ DeM/ 042.
14 RII/ DeM/ 126.
15 Eine Ausnahme bildet hier RII/ KeG/ 004.
16 MÖLLER, *Hieratische Paläographie II*, 3 (35), so auch schon *KRI III*, 752 Anm. 12a.
17 Sip/ DeM/ 008, RII/ Saq/ 020.
18 HANNIG, *HWB*, 1117. Lediglich eine Schreibung auf SI/ DeB/ 001 sowie RII/ The/ 003 zeigen die Basisform A 04.
19 RII/ DeM/ 018.
20 RII/ DeM/ 051.

Männchen im Schriftfeld der Lemmata *jmn/ jmn.t*[21] unter *mn* und *n* in eine Ecke gequetscht worden ist. Hierbei kann man nahezu eine maßstäbliche Verkleinerung feststellen, lediglich die erhobenen Arme und Hände sind etwas überproportional geblieben. Bei den anderen Beispielen wurde das Zeichen lediglich horizontal gestaucht.

A 05, A 06 Im vorliegenden Corpus nicht belegt.

A 07

Nur zweimal kommt dieses Zeichen vor, jeweils auf einer Ramses II-zeitlichen Stele aus Theben und Saqqara. Das Einzelzeichen bei RII/ The/ 008 hat einen schmalen Körper, die herabhängenden Arme sind sehr stark überlängt. Die schematisch wiedergegebenen Beine sind in der Haltung des Knienden, das nach vorne ragende, hintere Bein ist nicht wiedergegeben.

Bei RII/ Saq/ 020 wurde A 07 in ein Schriftfeld gesetzt. Es weist dort noch die Breite des ganzen Feldes auf, jedoch wurde es durch die im oberen Bereich befindlichen Zeichen stark nach unten gestaucht, so daß der Oberkörper im Verhältnis zu den sehr langen Beinen zu kurz geraten ist. Die Arme hängen nicht herunter, sondern weisen schräg vom Körper weg. Die gerade Unterfläche ist eher wie bei A 40, allerdings wurde hier das angewinkelt nach vorne gestreckte Bein deutlich wiedergegeben.

A 08

Dieses Zeichen kommt im vorliegenden Corpus, neben einem Beleg bei SII/ Ani/ 001, nur im thebanischen Raum vor. Abgesehen von der charakteristischen Armstellung, die zur Wiedererkennung und Lesbarkeit des Zeichens entscheidend war, variieren alle Hieroglyphen stark voneinander, so daß keine paläographisch relevanten Tendenzen greifbar sind.

A 09

Die wenigen belegten Beispiele verteilen sich über ganz Ägypten.
Die Zeichen aus Luxor und Koptos verbinden das Gefäß mit dem Kopf, so daß keine klare Trennung mehr erkennbar ist. Bei allen erfaßten Schriftzeichen berührt die nach oben geführte Hand nicht das Gefäß.

Der Beleg bei RII/ Saq/ 004 ( ) ist singulär, da die Person kein ▽–ähnliches Gefäß auf dem Kopf trägt, sondern etwas, das eher an einen Opfertisch (oder ähnlich) erinnert, und darüber hinaus stehend, nicht sitzend dargestellt ist[22]. Auch im Corpus der Sargtexte ist sie nicht verzeichnet[23]. Eine weitere entfernte Variante, bei der das ebenfalls stehende Männchen das Zeichen A 17 ( ) hochhebt, findet sich in W. SCHENKELs Konkordanz[24]. Er verzeichnet dort[25] auch eine Variante, bei der ein sitzendes Männchen das Zeichen ⌒ auf dem Kopf trägt. Beide Formen können wie das Basiszeichen A 09 als Logogramm/ Determinativ für *f3* stehen.

Das Zeichen kann in den Belegen auf zwei Arten variiert werden. Ein Beleg bei RII/ Kop/ 002 stauchte das Zeichen lediglich horizontal, während ansonsten das Zeichen, da es sich unter der Zunge *jmj-r'* befindet, annähernd maßstabsgerecht verkleinert wurde.

---

21 „verborgen"/ „Geheimnis", cf. *WB I*, 83 f.
22 Diese stehende Variante ist in der *Extended Library* (allerdings mit dem regulären ▽ auf dem Kopf) mit der Nr. A 9b versehen.
23 Diesen Hinweis verdanke ich W. SCHENKEL, Email vom 27.05.2005.
24 SCHENKEL, *Konkordanz*, 47 (Nr. A$ 47)
25 *Schenkel*, KONKORDANZ, 81 (Nr. I9,A9)

A 10, A 11 Im vorliegenden Corpus nicht belegt.

A 12 

Alle erfaßten Belege stammen aus Unterägypten sowie dem Sinai. Der Beleg RII/ SeK/ 004 () zeigt ein sehr verstümmeltes Zeichen, das eher an eine Verwechslung mit der Grundform von A 01 erinnert. Der Bogen ist nur als unförmige Ausbuchtung am Ende des Armes zu erkennen, die Pfeile fehlen völlig. Das gleiche Phänomen ist auf allen Qantir-Stelen, mit der Ausnahme RII/ Qan/ 031, zu erkennen. Dort sind der Bogen meistens als Strich und die Beine nur schematisch wiedergegeben. RII/ Qan/ 037 zeigt eine RII/ SeK/ 004 sehr ähnliche unförmige Gestaltung dieses Bogens. Die Belege aus Saqqara sind dagegen äußerst detailliert wiedergegeben.

Nur in Saqqara kommt die Schreibung *jmj-r' mšʿ* vor, bei der A 12 im Schriftfeld unterhalb der Zunge meistens maßstäblich gegenüber einem einzelnen Zeichen verkleinert wird. Bei solchen Schriftfeldern wie  [26] mußte das Zeichen jedoch horizontal noch weiter gestaucht werden. Auf RII/ Saq/ 019 wurde A 12 so weit vertikal gestaucht, daß eine – relativ gesehene – „regelkonforme" Ausgestaltung nicht mehr möglich war, der Soldat ist sehr stark nach vorne gebeugt, Oberkörper und Pfeile sind undefinierbar geworden. Eine horizontale Stauchung auf zwei Drittel der Breite eines Schriftfeldes taucht bei RII/ Qan/ 037 auf.

A 13 Im vorliegenden Corpus nicht belegt.

A 14 , 

Dieses Zeichen ist in meiner Untersuchung nur in der Zeit von SI bis RII belegt. Fast alle im Corpus vorkommenden Zeichen aus Abydos, die den größten Anteil ausmachen, sind in der -Haltung , bei der der Mann kniet und im Begriff ist, nach vorne zu fallen. SI/ Aby/ 008 (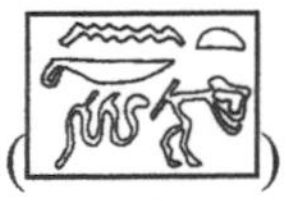) zeigt ein Zeichen in einem Schriftfeld, das ziemlich stark verderbt ist. Der Strich am Hinterteil des Mannes könnte das Rudiment von Stricken sein. Oder ist es gar eine Art magischer „Schirm" gegen die Apophisschlange, deren Hieroglyphe durch die Messer eigentlich bereits rituell unschädlich gemacht wurde? RII/ DeM/ 126 zeigt das Männchen eher in einer leicht nach vorne gekippten, A 17 ähnlichen Haltung.

Der als strömendes Blut oder Axt interpretierte Teil ist durch einen relativ großen Abstand vom Kopf getrennt. Bei allen Zeichen scheint der an den Kopf heranragende Teil als Axt o. ä. verstanden worden zu sein. Diese Variante bringt auch E. GRAEFE[27] in seiner Grammatik an erster Stelle. Schon A. H. GARDINER[28] hatte bereits eine solche Form unter A 14* angeführt, die er dem Tempel Ramses III in Medinet Habu entnommen hat. A. H. GARDINER meinte, daß diese Form wohl schon vorher in Gebrauch war. Die hier vorliegenden Hieroglyphen belegen eine solche Ausdeutung als Axt (spätestens) ab der Zeit SI/ RII, eine Interpretation als „strömendes Blut" ist jedoch nicht eindeutig zu verifizieren.

Das Zeichen kann sowohl vertikal gestaucht als auch maßstäblich verkleinert werden, je nach Platz im Schriftfeld. Bei der vertikalen Stauchung duckt sich der Mann stärker.

26 SI/ Saq/ 005.
27 GRAEFE, *MÄG*, 210.
28 GARDINER, *EG*, 443.

A 15 

Wie auch die vorherigen Zeichen ist A 15 nur von SI bis RII belegt, und zwar von Deir el-Medineh bis Saqqara. Die Zeichen zeigen keine erkennbaren topographischen Unterschiede. Nur bei SI/ Aby/ 008 existiert eine Schriftfeldschreibung mit A 15, bei der der fallende Mann unregelmäßig gestaucht wurde, nur gering horizontal, aber in stärkerem Maße vertikal. Hierbei ist eine menschliche Figur nicht mehr eindeutig erkennbar, es könnte sich auch, gäbe es eine entsprechende Hieroglyphe, um ein vorwärts hechtendes Säugetier handeln.

A 16 

Die beiden auf SI/ Aby/ 002 belegten Schreibungen  und  sind als Determinative für *ks(j)* „sich verneigen"[29] verwendet worden. Im ersten Beleg fehlt der zweite Arm, während der andere Beleg beide Arme anatomisch inkorrekt ansetzt. Es sind Schriftfeldschreibungen, die A 16 nur horizontal stauchen, wodurch der Mann höher aufgerichtet werden mußte als es beim Einzelzeichen der Fall ist.

Das Zeichen A 16 bei A. H. GARDINER[30] ist erheblich weniger gebeugt als das bei E. GRAEFE[31].

A 17 , 

Abgesehen von einem Beleg auf SII/ Ani/ 001 stammen alle erfaßten Zeichen aus der Zeit von Sethos I bis Ramses II, mit einem Schwerpunkt auf letzterem.
Die überwiegende Zahl der Belege zeigt den Jüngling mit der Hand am Mund, nur 3 Beispiele (SII/ Ani/ 001, RII/ ASi/ 002 und RII/ DeM/ 176) führen den vorderen Arm nahezu waagerecht vom Körper weg. Eine weitere Form, bei der beide Arme herabhängen[32], kommt bei mir nicht vor.

Der zum Mund geführte Arm berührt diesen nur in wenigen Fällen, aber das dürfte in der Herstelltechnik begründet sein, gerade bei den kleineren Exemplaren war ein Innehalten kurz vor dem Kopf vielleicht nicht immer möglich. Das gleiche gilt für die Exemplare, bei denen die Füße miteinander verbunden sind.
Nur die beiden unterägyptischen Belege RII/ Sed/ 002 sowie RII/ KeG/ 004 geben bei dem herunterhängenden Arm noch eine (grobe) Darstellung der Hand an.

In den Schriftfeldern kann A 17 überwiegend horizontal oder aber unregelmäßig gestaucht werden.

Bei einer horizontalen Stauchung können die waagerechten Oberschenkel stark verkürzt sein[33], so daß die andere Körperteile ihre ursprünglichen Proportionen behalten konnten. Des weiteren können die Füße stark verkürzt oder stark nach unten abgeknickt sein[34], um mit dem vorhandenen Platz auszukommen. Bei Schriftfeldern, in denen drei oder mehr Hieroglyphen zusammengesetzt sind, konnte es zu Detailveränderungen kommen. Dies betraf besonders die Stellung des vorderen Armes, der anderen Zeichen ausweichen mußte, wie z. B. bei

---

29 Cf. *WB V*, 139 f.
30 GARDINER, *EG*, 443.
31 GRAEFE, *MÄG*, 210.
32 Bei Graefe, MÄG, 210 zusammen mit den beiden anderen Varianten direkt unter A 17 eingeordnet.
33 z. B. RII/ DeM/ 151.
34 SI/ DeM/ 011, RII/ DeM/ 053 bzw. SI/ DeM/ 015.

 [35]. Dieses blieb aber die Ausnahme, in der Regel nahm A 17 den größten Anteil in einem Schriftfeld ein.

A 18 Im vorliegenden Corpus nicht belegt.

A 19–20 

Die von A. H. GARDINER[36] unterschiedenen Zeichen A 19 und A 20 sind von mir zu einer Gruppe zusammengefaßt worden, da sich in den vorliegenden Belegen keine Unterscheidung, weder in der Form noch in der grammatischen Verwendung, feststellen läßt. Nur bei RII/ DeM/ 042 () ist der für A 20 charakteristische gegabelte Stock explizit dargestellt. Im gleichen chronologischen und topographischen Kontext findet sich aber daneben auch der einfache Stock, beide in derselben Schreibung des Lemmas *j3w*[37].
So stellt sich mir die Frage, ob sich die Hersteller der Privatstelen in der Ramessidenzeit überhaupt noch der ursprünglichen differenten Existenz von „A 19“ und „A 20“ bewußt waren.

Der rückwärtige Arm ist gewöhnlich leicht abgewinkelt[38], nur bei beiden Belegen RII/ DeM führt der Unterarm wieder zum Körper hin. Auffälligerweise zeigen alle Belege aus Abydos, RII/ Aby/ 019 sowie Mer/ Aby/ 002, an der Hand des hinter dem Rücken gestreckten Armes ein Tuch, das sonst bei diesen Zeichen nicht auftritt. Es kommt dagegen bei A 21 vor. Nach A. H. GARDINER[39] wurden A 19 und A 21 nur im Hieratischen konsequent unterschieden, im Hieroglyphischen dagegen hauptsächlich bei *wr* „Großer“[40] verwechselt, in den von mir bearbeiteten Belegen jedoch bei *j3w*. Der späteste Beleg Am/ DeM/ 004 ist extrem stark gebeugt.

In Schriftfeldern kommt A 19–20 nur in *j3w* mit vorangehender Komplementierung durch das Schilfblatt M 17 vor. Hier fand eine Detailveränderung insoweit statt, daß die Beugung des Rückens etwas zurückgenommen werden mußte, um ein Drittel des Feldes freizumachen. Der Mann steht somit aufrechter, als das Basiszeichen dies suggeriert.

A 21 

Dieses Zeichen kann im vorliegenden Corpus klar von A 19–20 unterschieden werden. Charakteristisch ist der in allen Fällen nahezu senkrechte Rücken. Abgesehen von 3 Belegen bei SI/ Aby/ 002, SI/ DeB/ 001 und SII/ Ani/ 001 entstammen alle erfaßten Hieroglyphen der Zeit Ramses II.

Der Stab ist als Charakteristikum für eine grobe lokale Einordnung eines Zeichens gut geeignet. Er wird im nubischen und im oberägyptischen Raum bis nach Koptos senkrecht gehalten, während er ab Abydos bis nach Heliopolis schräg vom Körper weg führt. Als Ausnahme sind die zwei Belege RII/ DeM/ 050 und 084 zu betrachten, bei beiden wurde der Stab vergessen. Jedoch kann man daraus keine Schlußfolgerungen bzgl. einer möglichen Zusammen-

---

35 RII/ The/ 025.
36 GARDINER, *EG*, 437.
37 *WB I*, 28 f.
38 Vgl. auch FISCHER, *Calligraphy*, 15.
39 GARDINER, *EG*, 437
40 In *WB I*, 328 ff. tauchen diese Schreibvarianten nicht auf.

gehörigkeit der beiden Objekte ziehen[41]. Die gesamte Komposition der Stelen sowie ihr unterschiedlich ausfallendes Zeichenrepertoire lassen eher differierende Kontexte vermuten.

Alle Belege aus Theben, Abydos und Heliopolis weisen kein Tuch in der hinter dem Rücken befindlichen Hand auf, obwohl es sich bei diesem Zeichen definitiv um A 21 handelt. Möglicherweise haben die Hersteller die Form-Charakteristika von A 19 bis A 21 nicht mehr klar unterscheiden können, s. dazu schon oben bei A 19-20.

Die Person bei RII/ The/ 008 hält einen stark verkürzten Stab in den Händen, der nur ungefähr bis zu den Knien reicht. Der eckige Duktus dieser Stele weist auch bei anderen Hieroglyphen Abweichungen von der „Norm" auf.

Der mit Abstand späteste Beleg SII/ Ani/ 001 hat keine Füße, die Details von Anatomie und Kleidung sind nicht zu erkennen, jedoch weist diese Stele aus dem im tiefen Süden gelegenen Aniba generell eine tiefgreifende Unvertrautheit mit den ägyptischen Schriftzeichen auf[42].

In Schriftfeldschreibungen nahm A 21 mindestens eine halbe Feldbreite ein[43] und wurde nur horizontal gestaucht. Aufgrund dieser Stauchung reduziert sich das geographische Kriterium des geraden/ schrägen Stabes, da bei einer Stauchung der Stab nahezu gerade gestellt werden mußte. Jedoch ist in den unterägyptischen Belegen immer noch eine leichte Neigung erkennbar, die bei den oberägyptischen Schriftfeldschreibungen – wie auch bei den dortigen Einzelzeichen – nicht auftrat. Eine interessante, sonst nicht vorhandene Schriftfeldschreibung mit zwei einander den Rücken zukehrenden Männchen bietet SII/ Ani/ 001: . G. STEINDORFF[44] versteht dieses Feld als Schreibung für „Ein- und Ausgehen".

A 22 

Diese Hieroglyphe ist nur einmal bei SI/ Aby/ 002 als Einzelzeichen erfaßt. Der schräg nach vorne gehaltene Stab ist in gleicher Weise dargestellt wie bei A 21 aus derselben Region. Dieser Stab und das waagerecht gehaltene Szepter berühren sich nicht, der Kopf ist oben stark abgeflacht und weist keinerlei Einzelheiten auf.

A 23 

Dieses Zeichen ist hier nur in Unterägypten bei SI/ SeK/ 001 und RII/ Saq/ 020 belegt. Um eine Unterscheidung zu den – in unserer rezenten Reihenfolge – vorherigen Hieroglyphen gewährleisten zu können, wurde als eine Art „diakritisches Zeichen" der an der Stirn angebrachte Uräus deutlich, in Saqqara überdeutlich markiert. Der Stab ist nahezu senkrecht, im Gegensatz zu den ebenfalls aus Unterägypten stammenden Belegen von A 19-20.

A 24-25 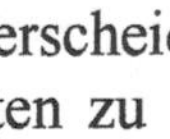

A 24-25 ist nur einmal, bei SI/ Aby/ 002 (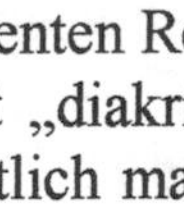) belegt. Es handelt sich um eine Schriftfeldschreibung, bei der das Zeichen horizontal auf die Hälfte der ursprünglichen Breite zusammengestaucht worden ist. Demzufolge ist das Männchen nahezu gerade, und nicht leicht

41 Solche Nachlässigkeiten, bei denen Teile von Hieroglyphen oder gar ganze Zeichen vergessen wurden, sind sehr häufig. Jedoch ist diese Nachlässigkeit auch bei höherwertigen Gegenständen zu beobachten, cf. beispielsweise das vergessene ⌓ in einer Kartusche auf dem Dach des dritten Schreins von Tutanchamun: PIANKOFF, *Chapelles*, Taf. 9 (unten rechts).

42 Vgl. dazu auch Kap. 8.2.2.

43 Eine Ausnahme nur bei SII/ Ani/ 001, das aber sowieso einen Sonderfall darstellt.

44 STEINDORFF, *Aniba II*, 66.

gebeugt, wie die Standardhieroglyphe dies anzeigt. Der eigentlich in der Hand gehaltene Stab[45] ist sehr stark zum Kopf hin gerichtet, so daß eine Verwechslung mit A 14 (Var) nicht ausgeschlossen werden kann. Aufgrund der grammatischen Bedeutung muß aber A 24-25 gemeint sein.

A 26

Das Zeichen ist selten und nicht südlich von Theben belegt. Das Einzelzeichen bei SI/ Aby/ 002 hält vermutlich nichts Intentionelles in der Hand, es handelt sich wahrscheinlich um einen Kratzer, auch wenn am Original keine Unterscheidung möglich ist. Das zweite belegte Einzelzeichen, bei RII/ DeM/ 053 ist stark nach vorne gebeugt.

In Schriftfeldschreibungen, die überwiegen, wurde das Zeichen horizontal auf eine halbe bis zwei Drittel der Feldbreite gestaucht. Der gestreckte Arm konnte in dem Fall nicht so ausladend gestaltet werden, wurde stärker angehoben. Der Körper ist immer aufrecht, nicht gebeugt.

In der Schriftfeldschreibung bei RII/ Saq/ 020 () legt das Männchen den Arm auf das davor stehende Schilfblatt, hier fand eine spielerische „Kombination“ der beiden Zeichen statt, ohne daß die Eigenständigkeit beider zu Lasten der Lesbarkeit aufgehoben würde.
Bei SI/ DeB/ 001 aus Hartgestein ist zu erkennen, daß das Zeichen feingliedriger gearbeitet wurde als bei den übrigen Belegen.

A 27 Im vorliegenden Corpus nicht belegt.

A 28

Abgesehen von einem späten Beleg bei Sethos II, ist A 28 nur von SI bis RII belegt.
In den meisten Fällen sind die Arme vollständig oder nahezu rechtwinklig abgeknickt, nur bei dem einzigen aufgenommenen Beleg aus Saqqara sind Ober- und Unterarme in einer Linie schräg nach oben erhoben. Dies scheint aber möglicherweise eine Ausnahme von den sonst üblichen Formen mit abgeknickten Armen zu sein[46].

In zwei RII/ DeM-Belegen sowie einmal bei SI/ Aby/ 008 wurde der Daumen extra dargestellt, ansonsten enden die Arme ohne anatomische Details.

In den Schriftfeldschreibungen wurde A 28 meist horizontal gestaucht, es teilt sich ein Feld mit der Buchrolle, zwei Schilfblättern oder einigen kleineren Zeichen. Die Länge der waagerechten Unterarme ist dann gegenüber den Belegen in Einzelzeichen verkürzt. Wenn A 28 hinter oder steht, blieb der über diesen Zeichen stehende Arm in den Längen unverändert, während der andere Unterarm, der sich am Feldrand befindet, verkürzt werden mußte.
Auffallend ist, daß nur in Abydos (Zeit Sethos I sowie Sethos II) A 28 in einem Feld sowohl horizontal als auch vertikal gestaucht werden konnte, so z. B.  [47]. Hier setzte man über den Kopf des Männchens jeweils noch ein weiteres, flaches Zeichen mit dem Ergebnis einer maßstäblichen Verkleinerung. Bei SII/ Aby/ 001 jedoch nimmt das selbst ca. ein Drittel der Feldhöhe ein, so daß der Kopf des Männchens zu einem winzigen Rudiment verkommen ist.

---

45 Der Stab ist im Alten Reich gewöhnlich gerade, im Mittleren Reich eher gebogen: FISCHER, *Calligraphy*, 16.
46 So bei MARTIN, *Corpus I*, Nr. 104.
47 SI/ Aby/ 008.

Der rechte Unterarm mußte dementsprechend gekürzt werden, folglich haben wir es hier mit einer Detailveränderung zu tun.

A 29 Im vorliegenden Corpus nicht belegt.

A 30 

Das Zeichen kommt, von einer einzigen Ausnahme aus Nubien[48] abgesehen, im vorliegenden Corpus nicht südlich vom thebanischen Raum vor, dabei handelt es sich bei manchen Belegen eigentlich nur um eine stehende Variante von A 04.
Als Einzelzeichen ist A 30 nur neunmal belegt, und zwar von Deir el-Medineh bis Kafr el-Gabal.

In Schriftfeldschreibungen kommt A 30 als Logogramm oder Determinativ fast ausschließlich in den Lemmata *jꜣw*, *dwꜣ* sowie in der Wortverbindung *rḏ(j).t jꜣw* vor.

In der überwiegenden Zahl der Belege ist zu beobachten, daß der zweite Unterarm aus dem einen Arm herauswächst, sein Oberarm also nicht explizit gezeichnet wird. Eine Eigenart im thebanischen Raum in der Zeit Ramses II sind Belege, bei denen nur ein Arm dargestellt wurde, sowohl in Einzelschreibungen als auch in Schriftfeldern[49]. Ausnahmen sind vereinzelte Belege: SI/ DeM/ 044 (neben einer „normalen" Schreibung) sowie Mer/ Aby/ 003. Der Hersteller letzterer könnte Verbindungen zu dem nicht weit entfernt gelegenen thebanischen Raum gehabt haben, jedoch sollte man sich stets vor möglichen Überinterpretationen hüten.

Ebenso kommt nur hier im thebanischen Raum der Ramses II-Zeit die regelmäßige Angabe des Schurzknotens vor, ansonsten wurde dieses Detail überwiegend weggelassen. Diese Beobachtung kann einen Hinweis auf eine mögliche Lokalisierung eines Objektes geben, ist alleine aber nicht aussagekräftig.

Auf eine detailgetreue Wiedergabe der Hände wurde in den Belegen meines Corpus nur in der Region Saqqara/ Kafr el-Gabal Wert gelegt. Hierzu gehören die Angabe der Daumen sowie eine genaue Darstellung der nach hinten abgeknickten Hände[50].

Die Verbindung bzw. Trennung der Füße ist relativ willkürlich, zeitliche oder regionale Besonderheiten sind nicht zu erkennen.

In den Schriftfeldschreibungen wurde A 30 fast durchweg nur horizontal gestaucht, dabei steht der Körper an den Rand gedrängt. Direkt hinter einer hohen Hieroglyphe mußte auch die Länge der adorierend erhobenen Arme zurückgenommen werden[51].

Handelt es sich davor jedoch um ein kleines Zeichen wie 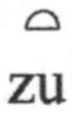 oder 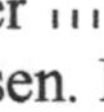, konnte sich der Unterarm überlängen, um keine zu große freie Lücke entstehen zu lassen. Ein solcher *horror vacui* läßt sich bei den meisten Stelen des von mir analysierten Corpus beobachten. In manchen Belegen wurde der Oberkörper nach vorne gebeugt, so daß keine Verlängerung der Arme nötig war. So sieht es aus, als ob sich das Männchen über die vor ihm befindlichen Zeichen hinweglehnt.

Besonders deutlich wird dies beispielsweise bei  [52]. In diesen Fällen wurde das Zeichen detailverändert, die eindeutige Identifizierung bleibt jedoch bestehen.

48 SII/ Ani/ 001 mit 2 Schriftfeldschreibungen des Lemmas *dwꜣ*.
49 Es handelt sich um RII/ DeM/ 050. 056. 068. 114. 127. 176 und RII/ The/ 005[. 022 sic?].
50 RII/ Saq/ 014 bzw. RII/ KeG/ 004.
51 Gut erkennbar ist dies bei RII/ KeG/ 004, wo A 30 sowohl als Einzelzeichen als auch in einer Schriftfeldschreibung belegt ist.
52 SI/ DeM/ 001.

A 31 – A 34 Im vorliegenden Corpus nicht belegt.

A 35 

Dieses Zeichen ist in meinem Corpus nur in der Zeit Ramses II und nur aus Saqqara belegt. Es handelt sich durchweg um die bei A. H. GARDINER mit der Nummer A 35 e versehene Variante, bei der das Männchen auf die Mauer hinaufzusteigen scheint. Das im GARDINER-Font auftretende „Basiszeichen“  wird niemals benutzt. Die grammatische Verwendung ist jedoch die gleiche wie die beim „Basiszeichen“. In allen Schriftfeldschreibungen wird A 35 als Logogramm in dem Titel *jm(j)-r' qd(.w)* „Vorsteher der Bauleute“[53] benutzt.

Es scheint sich hier um eine lokale Besonderheit zu handeln. Die durchgängige Verwendung dieser nicht unbedingt zwingend notwendigen Variante läßt mich vermuten, daß in der Zeit Ramses II eine Arbeitsstätte viele der bei mir vertretenen Stelen, zumindest alle hier bei A 35 belegten, gefertigt hat.
In den Schriftfeldschreibungen wurde das Zeichen unter der Zunge unregelmäßig gestaucht, in der vertikalen stärker als in der horizontalen, da es unter  F 20 steht. Gleichzeitig fand eine Detailveränderung statt, da jetzt nur noch 4 Mauervorsprünge auf jeder Seite vorkommen, bei dem Einzelzeichen sind es hingegen fünf.

A 36 – A 39 Im vorliegenden Corpus nicht belegt.

A 40 

Das Zeichen ist auf Stelen aus ganz Ägypten vertreten, Schriftfeldschreibungen überwiegen, obwohl A 40 allein den Platz eines ganzen Feldes beansprucht.

Im einzigen aus der Zeit Sethos I belegten Beispiel aus dem Sinai wurde der ansonsten als elementarer Bestandteil dazugehörende Bart nicht dargestellt. Zwei Belege auf der Stele RII/ SeK/ 004 weisen beide die von A. H. GARDINER[54] als A 40 d numerierte Variante auf, bei der die Figur Krummstab und Wedel auf den Knien trägt, sie werden beide im Lemma *ḥq3* „Herrscher“ () verwendet. Die Schriftfeldschreibung auf RII/ SeK/ 004 () wurde deshalb in meine Paläographie aufgenommen, da A 40 d am Ende der Zeile steht und nur noch sehr wenig Raum zur Verfügung hatte. Die von mir als Einzelzeichen aufgenommene zweite Hieroglyphe steht mit genügend Platz hinter S 38 und N 29. Der Bart wurde auch hier nicht – aus Platzgründen? – dargestellt. Von wenigen Ausnahmen an anderen Orten abgesehen, ist das Fehlen des Bartes für die aufgenommenen Sinai-Stelen charakteristisch[55].

Die Perücke wird im thebanischen Raum, aber auch bei den sorgfältiger gestalteten Saqqara-Stelen immer angegeben, ansonsten kann der Körper auch direkt zum Kopf übergehen, ohne eine Haartracht. Nur zweimal, bei RII/ Aby/ 007 und RII/ Qan/ 052 ist mit Hilfe einer Innenzeichnung die Haartracht vom Gesicht getrennt. Die betreffende Stele aus Qantir gehört, im Gegensatz zu den meisten anderen aus dieser Stadt, in funerären Kontext, sie ist erheblich sauberer und detaillierter gearbeitet. RII/ Aby/ 007 zeigt dagegen bei  eine sehr ungewöhnliche Gestaltung von A 40, der Bart fehlt.

Bei RII/ Buh/ 005 ist der Kopf von den Schultern durch eine Linie abgegrenzt, jedoch fehlen Bart und Perücke. Die nubischen Belege, speziell auf SII/ Ani/ 001, lassen aufgrund ihrer

53 Cf. *WB V*, 74
54 *Extended Library*, HANNIG, *HWB*, 1118.
55 Ansonsten wird auch in Serabit el-Khadim A 40 mit Bart verwendet.

teilweise sehr realitätsfernen und unterschiedlichen Gestaltung der Zeichen auf der gleichen Stele die Vermutung aufkommen, daß diese Zeichen gar nicht als *immer dieselbe* Hieroglyphe empfunden wurden. Ob das reale Vorbild dieses Zeichens dem Hersteller stets klar war, dürfte fraglich sein.
In Qantir kommen Formen von A 40 vor, die teilweise nur sehr schematische Strichzeichnungen sind. Der Übergang von Kopf und Bart ist oft fließend.

A 40 kann in Schriftfeldschreibungen auf mehrere Arten verändert werden. In vielen Fällen wurde es lediglich horizontal gestaucht und nimmt dann nur noch die Breite eines halben Feldes ein.

Gewöhnlich wurde das Zeichen nur in *Wsjr*  [56] sowohl horizontal als auch vertikal gestaucht, und zwar unregelmäßig auf die halbe Breite und ca. zwei Drittel der Höhe. Nur in wenigen Ausnahmefällen ist die Hieroglyphe A 40 mit anderen Zeichen kombiniert worden, die zusammen mehr als die halbe Breite des Feldes benötigen.

Bei den Belegen nach Ramses II wurde die Kopfform immer unförmiger, öfters gehen Bart und Kopf ineinander über, eine anatomische Wiedererkennung ist dabei nicht mehr möglich.

A 40 und C 03 () werden einander fast ähnlich, beim Thot ist allerdings meist der Oberkörper noch charakteristisch geformt.

Im thebanischen Gebiet ist von Sethos I bis hin zu Amenmesse[57] die Basisfläche sehr flach und sehr breit, sie ragt links und rechts weit über den Körper bzw. die Ausbuchtung der Knie hinaus. In einem Fall[58] ist sie sogar vom Körper abgegrenzt. In den anderen belegten Regionen ist die Kniepartie unten nur sanft geschwungen, gleiches gilt für den Rücken. Manchmal, besonders in Qantir, geht der Rücken sogar direkt rechtwinklig in die Basis über. Übereinstimmendes ist auch bei anderen Hieroglyphen mit sitzenden Menschen dieser Region und Zeit, so auch z. B. bei B 01 zu beobachten. Eine Unterscheidung zwischen A 40 und B 01 ist oft nur aufgrund des Bartes als diakritisches Zeichen bzw. durch den Kontext möglich.

Ab der 12. Dynastie kann dieses Zeichen auf den Knien das *ꜥnḫ*-Zeichen (S 34) halten[59]. Dies ist im untersuchten Material nie der Fall. Die einzigen Ausnahmen stammen aus der Zeit Ramses II: Krummstab und Wedel auf den Belegen aus SeK, ein Wedel (die Nr. A 40 b in der *Extended Library*) bei RII/ Hel/ 003 und RII/ Qan/ 040 sowie eventuell, aber nicht sicher, bei RII/ The/ 022[60].

A 41-42 

Das einzige Einzelzeichen, das die Form A 41 zeigt, befindet sich auf SI/ Aby/ 002 und ist sorgfältig graviert, der Uräus wurde in einem zweiten Schritt vorne an die Perücke angesetzt.

Die Variante A 42 (mit einem Flagellum) ist in wenigen Exemplaren in ganz Ägypten zu finden. Einzig der Beleg aus Koptos hat keinen Uräus. Bei SI/ Aby/ 002 hat der König einen Krummstab auf den Knien (es gibt auf dieser Stele aber auch noch die Schreibung ohne Utensil auf den Knien), RII/ DeM/ 185 zeigt Krummstab und ein verstümmeltes *ꜥnḫ*-Zeichen, RII/ Saq/ 020 nur ein 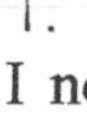.

Der bei Ramses I noch deutlich abgegrenzte Zopf der Haartracht verkürzt sich immer mehr, er wurde dann als integraler Bestandteil der Perücke, wie z. B. bei , verstanden.

56 RII/ DeM/ 069.
57 Die Belege aus der Zeit Siptahs sind kleiner als vorher und machen einen unsaubereren Eindruck.
58 RII/ DeM/ 144.
59 FISCHER, *Calligraphy*, 16.
60 Das vorhandene Faksimile konnte von mir nicht kollationiert werden.

Das Zeichen kommt in den Schriftfeldschreibungen nur als Determinativ zu den Lemmata *ḥqꜣ*, *nzw* und *ḥm* (S.M.) vor. Dabei wurde A 42 horizontal zusammengestaucht, es nahm jetzt nur die linke Hälfte des Feldes ein und wurde von dem davor stehenden oder in seiner Breite beeinflußt. Ein einziger Beleg, RII/ Saq/ 020, stauchte das Zeichen unregelmäßig, da unter A 42 noch der Henkelkorb mit ins Schriftfeld gesetzt wurde, so daß in der Vertikalen eine Stauchung auf zwei Drittel der ursprünglichen Höhe erfolgen mußte. Bei der Stele RII/ Qan/ 040 wurde das Flagellum stark in Richtung Oberkörper gedrängt, da die *sw*-Pflanze sehr viel Raum beansprucht. Nur hier fehlt auch der Bart.

A 43-44 /

Dieses Zeichen ist nur zweimal aus der Zeit Ramses II belegt, in Abydos und Memphis. Beide Belege zeigen keinen Wedel.

In Memphis wurde es in der Schriftfeldschreibung von ***Wsjr*** anstelle des normalerweise üblichen Determinativs A 40 verwendet, im Feld bei RII/ Aby/ 012 in gleicher Funktion im Namen des ***Wnn-nfr***. Die weiße Krone ist in beiden Fällen sehr undifferenziert geschrieben. RII/ Aby/ 012 stauchte A 43 nur horizontal, während bei dem memphitischen Beleg eine ungefähr maßstäbliche Verkleinerung vorliegt.

A 45, A 46 Im vorliegenden Corpus nicht belegt.

A 47-48 /

Ebenso wie H. G. FISCHER[61] bin ich der Meinung, daß A 47 und A 48 als Variante ein und desselben Zeichens verstanden werden müssen, daher fasse ich hier beide zusammen. Eine Trennung von A 47 und A 48 nach der von A. H. GARDINER[62] aufgelisteten Verwendungen ist auch bei den von mir untersuchten Privatstelen nicht feststellbar. Beide Zeichen konnten nebeneinander benutzt werden, wobei den Herstellern eine mögliche Unterscheidung in zwei Zeichen wohl nicht (mehr) bewußt war.

Die Hieroglyphe ist im Corpus nur in der Zeit Ramses II vertreten, die einzige Ausnahme bildet eine thebanische Stele aus der Regierungszeit Merenptahs[63].

Die Form des auf den Knien gehaltenen Stockes bzw. Messers variiert in nahezu allen Belegen, so daß eine regionale Einheitlichkeit nicht auszumachen ist. Es kann sich dabei um ein völlig unförmiges Gebilde, einen teilweise am oberen Ende gebogenen Strich, einen offenen Bogen, Ring oder ein -siegelähnliches Gebilde handeln. Nur bei RII/ DeM/ 183 entspricht es in etwa dem Vorbild im GARDINER-Font. Die Stele RII/ Qan/ 034 bietet einen Aufsatz, der dem oberen Teil der -Harpune nachempfunden sein könnte.

In Schriftfeldschreibungen wurde dieses Schriftzeichen gewöhnlich horizontal auf eine halbe Feldbreite zusammengestaucht. Nur bei RII/ DeM/ 185 wurde es zusätzlich vertikal auf ca. zwei Drittel der Feldhöhe verkleinert.

A 49, A 50 Im vorliegenden Corpus nicht belegt.

A 51

Dieses Zeichen ist hier in ganz Ägypten belegt, wurde aber jeweils nur sehr selten benutzt.

61 FISCHER, *Calligraphy*, 16.
62 GARDINER, *EG*, 447, cf. dazu auch FISCHER, *Calligraphy*, 16.
63 Mer/ The/ 003.

Der charakteristische Wedel ist in allen Fällen vorhanden.

Eine separate, komplette Darstellung des Stuhles findet sich nicht nördlich von Abydos. Dabei sind Sitzfläche und Unterkörper verbunden bzw. verschmolzen. Eine nur in Saqqara zur Zeit Ramses II auftretende Eigenheit ist, daß der Stuhl auf die hinteren Beine beschränkt wird, welche praktisch vom „in der Luft“ sitzenden Mann getrennt sind. Dessen Beinpartie fließt komplett mit den vorderen Stuhlbeinen zusammen[64]. Diese Besonderheit dürfte bei den entsprechenden Stelen auf einen internen Werkstatt-Kontext hindeuten.

Der Beleg bei RII/ ASi/ 002 ähnelt zwar RII/ KeG/ 001, jedoch ist ersterer nicht völlig sicher[65].

Zur Zeit Sethos I zeigen die wenigen Belege überwiegend noch eine stärkere Differenzierung des Stuhles, so die Angabe von seitlichen Querverstrebungen bei SI/ Aby/ 002. Danach kann man im Laufe der Zeit einen stetig abnehmenden Grad von Detailliertheit feststellen, wie dies insgesamt für einen Großteil des Zeicheninventars gilt.

Alle aus der Zeit Merenptahs belegten Formen (nur aus Abydos und Saqqara) weisen keine Arme auf, der Wedel setzt direkt an der Hüfte an. Ansonsten kommt diese Sonderform im vorliegenden Corpus niemals vor.

In Schriftfeldschreibungen wurde A 51 überwiegend nur horizontal auf zwei Drittel der Feldbreite zusammengestaucht. Lediglich in Saqqara weisen 2 Belege andere Veränderungsformen auf. SI/ Saq/ 004 stauchte A 51 auf ein Viertel des Feldes zusammen, RII/ Saq/ 020 dagegen vertikal auf zwei Drittel der Höhe. Da vor dem sitzenden Mann noch  eingesetzt wurde, mußte aus Platzgründen der Wedel wegfallen, er ist stilisiert nur noch als kleine zackige Ausbuchtung vor der Brust wiedergegeben.

H. G. FISCHER[66] weist gegen A. H. GARDINER darauf hin, daß normalerweise nicht A 51 das Logogramm *šps(s)* bildet, sondern eher A 50.

A 52 

Diese Hieroglyphe gehört mit zu den am häufigsten verwendeten Schriftzeichen, sie ist in ganz Ägypten belegt.

Der Kopf zeigt in den meisten Fällen eine Perücke, die auf den Rücken fällt, im Gegensatz zum Basiszeichen , sie ist vielfältigen kleinen Variationen in der Form unterworfen. Nur eine Schreibung auf RII/ DeM/ 164 gibt eine Perücke separat an: .

In vielen Schreibungen erkennt man noch einen dreieckigen Fortsatz am Rücken, wie z. B. 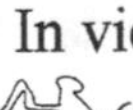[67]. Dabei handelt es sich wohl um den oberen Teil des Arms, der keinen Wedel trägt. Dieses Detail findet sich im Basiszeichen nicht, ist aber im untersuchten Material recht häufig. Einige detaillierte Belege, die nur aus Deir el-Medineh von Sethos I bis Siptah stammen, zeigen den hinteren Arm sogar explizit, wie [68]. Der dreieckige Fortsatz hinter dem Nacken könnte also aus Unkenntnis darüber herrühren, daß dieser eigentlich einen Ellenbogen

64 Letzteres ist nach FISCHER, *Calligraphy*, 17 beim Zeichen A 50 in überwiegendem Maße der Fall.

65 Das einzig mir zur Verfügung stehende Photo wies an dieser Stelle Unschärfen auf, die auch durch eine computergestützte Bearbeitung nicht restlos beseitigt werden konnten.

66 FISCHER, *Calligraphy*, 17.

67 RII/ DeM/ 058.

68 RII/ DeM/ 059. Ansonsten kommt diese Variante noch auf SI/ DeM/ 040, RII/ DeM/ 146. 151. 160, SII/ DeM/ 003, Sip/ DeM/ 008 und / 012 vor.

darstellen soll, so als wenn der „Arm“ schon viel zu hoch am Kopf ansetzt: [69]. Dieser Fortsatz kann m. M. n. nicht zu einer Perücke gehören, da diese dann dreieckig „ausgebeult“ wäre.
Die Armpartie mit dem Wedel kann in drei Hauptvarianten eingeteilt werden, und zwar:

A) mit zwei waagerechten, übereinander angeordneten Armen, die den Wedel halten ([70]),

B) mit nur einem, dem oberen Arm, der den Wedel wie in A hält ([71]),

C) ohne Arme, wobei der Wedel direkt am Schoß des Sitzenden angesetzt wird ([72]).

Die Form A) entspricht eher dem Basiszeichen und ist die häufigste. Der obere Arm geht direkt in den Wedel über, der untere Arm ist meist ebenfalls undifferenziert, nur selten wird die nach unten geöffnete Handfläche dargestellt, wie z. B. [73].

Form B) ist sehr selten, sie kommt neben dem oben erwähnten Beispiel nur noch auf RII/ Aby/ 015, RII/ Qan/ 009. 037. 045 und SII/ Aby/ 001 vor. Es könnte sich jedoch auch nur um reine Nachlässigkeit handeln, zumal auf mehreren dieser Stelen auch noch Schreibungen von A 52 in der Form A) auftauchen.

Form C) ohne Arme ist in analysierten Corpus erst ab Ramses II bis Sethos II belegt. In der Zeit Ramses II tritt sie nur in Unterägypten auf, abgesehen von RII/ The/ 002. 003 und / 012, ab Merenptah ist sie auch verstärkt in Oberägypten zu beobachten.

Der Wedel ist in beiden Varianten immer geknickt, die beweglichen Teile wurde meist, wie auch der Stock, als einfacher Strich, seltener leicht dreiecksförmig dargestellt. Letztere Form verstreut sich über ganz Ägypten. In manchen Fällen ist nicht leicht zu entscheiden, ob der Wedel vom Hersteller strich- oder dreiecksförmig gemeint war, daher sollte man dieser Variante nicht allzu große Bedeutung beimessen.

Der Körper ist stets undifferenziert als senkrechter, verschieden dicker Strich gestaltet. Die ab den Knien abwärts auf dem Boden liegenden Beine werden in den relevanten Belegen niemals dargestellt, hier findet sich durchgehend ein einer Basislinie ähnlicher Strich, der vorne lang bis unter den Wedel, hinten aber nur noch minimal ausgezogen ist, so [74]. Nur bei RII/ DeM/ 183 ist mit  in einer für meine Sammlung singulären Weise die Hockstellung der Person explizit dargestellt. Darüber hinaus fassen nur hier beide Hände den Wedel an.

In den Schriftfeldschreibungen ist A 52 überwiegend horizontal gestaucht worden. Dabei reduzierten sich die Breite der nach vorne ausgestreckten Arme sowie die Basislinie. Auch der Wedel mußte in diversen Schreibungen etwas näher an die Arme herangerückt werden.

---

69 RII/ The/ 008.
70 RII/ DeM/ 057.
71 RII/ The/ 025.
72 RII/ Saq/ 020.
73 RII/ ASi/ 002. Dieses Detail kommt außerdem noch vor bei SI/ The/ 001, SI/ Saq/ 008, RII/ DeM/ 140. 141, RII/ Aby/ 009. 019, RII/ Saq/ 007. 014. 018, RII/ KeG/ 004 und Am/ DeM/ 004. Auffallend ist die Beschränkung auf die beiden großen Zentren Theben und Saqqara (incl. der aus dem gleichen Arbeitsstättenkontext stammenden Stele RII/ KeG/ 004).
74 RII/ DeM/ 029.

Bei einigen der wenigen Vertikalstauchungen wie z. B. RII/ Qan/ 009  ist die Form B) zu erkennen, vielleicht resultiert dies aber nur aus dem verminderten Platz, der den unteren Arm nicht mehr zuließ. Eine der häufigsten Veränderungen ist die maßstäbliche Verkleinerung, die meist bei Schreibungen wie  [75] auftaucht.

A 53 

Die aufrecht stehende Mumie ist nur selten belegt. In Nubien findet sich mit SII/ Ani/ 001 lediglich ein Beleg, und zwar der späteste in meiner Zusammenstellung. Kopf und Bart sind zu einem diffusen Dreieck verschmolzen.

Einer der beiden Belege SI/ Saq/ 003 zeigt als einziger den Bart leicht geschwungen, schon der zweite auf dieser Stele sowie alle aus der Zeit Ramses II weisen einen geradlinigen, schräg nach vorne gerichteten Bart auf. Die bei Sethos I hinten noch deutlich erkennbare Abstufung der Perücke schrumpft ab Ramses II fast völlig.

Da das Zeichen generell nur die halbe Breite eines Schriftfeldes einnimmt, wird es in den von mir benutzten Belegen nie durch andere Zeichen verändert.

A 54

Die liegende Mumie ist nur einmal bei Mer/ Aby/ 002 () belegt. Auch dieses Schriftzeichen nimmt nur eine halbe Feldhöhe ein, jedoch eine ganze Feldbreite. Der Körper ist sehr schlank, fast merkmallos, der Bart ragt weit nach oben.

A 55 – A 77 Im vorliegenden Corpus nicht belegt.

A 78

Diese Hieroglyphe ist nur auf SI/ Saq/ 004  belegt[76] und das einzige Zeichen aus der *Extended Library*, Abteilung A in meiner Paläographie. Der Mann steht aufrecht, beide Arme hängen an den Seiten herunter. Unter dem langen Schutz sind noch die beiden Beine erkennbar, die nicht auf einer Standlinie stehen. Die Schriftfeldschreibung staucht das Zeichen horizontal, was die Breite des Körpers reduziert.

A 80, A 81 Im vorliegenden Corpus nicht belegt.

75 RII/ KeG/ 004.

76 Bei CAUVILLE, DEVAUCHELLE, GRENIER, *Catalogue* unter 3, 10 verzeichnet.

Abteilung B – Frauen und ihre Tätigkeiten

B 01 𓁐

Die sitzende Frau ist, abgesehen von einem späten Beleg aus Aniba (SII/ Ani/ 001), im vorliegenden Corpus nicht südlich des thebanischen Raumes belegt.

Im thebanischen Gebiet ist in der Zeit Ramses II die Basisfläche sehr flach und sehr breit, sie ragt links und rechts weit über den Körper bzw. die Ausbuchtung der Knie hinaus. In einem Fall[1] ist sie sogar vom Körper abgegrenzt. In den anderen belegten Regionen wird die Kniepartie unten nur sanft geschwungen, gleiches gilt für den Rücken. Manchmal, besonders in Qantir, geht der Rücken sogar direkt rechtwinklig in die Basis über[2]. Gleiches ist auch bei anderen Hieroglyphen mit sitzenden Menschen, so auch bei A 40 zu beobachten. Eine Unterscheidung zwischen A 40 und B 01 ist oft nur aufgrund des Bartes als diakritisches Zeichen bzw. durch den Kontext möglich. Die auf qualitätvollen Objekten zu beobachtenden Unterschiede in der Perückenform[3] sind in den hier belegten Formen nicht zu finden. Im qantirer Raum hingegen ist die Perücke nie angegeben.

In Schriftfeldschreibungen wurde B 01 überwiegend nur horizontal auf die Hälfte oder ein Drittel der Feldbreite gestaucht. Zu Beginn der 19. Dynastie verwendete man B 01 öfters mit A 01 und Z 02 im Schriftfeld des Lemmas ***rmṯ.w*** oder der entsprechenden Determinativgruppe. Hierbei wurde die sitzende Frau horizontal auf die Hälfte der Feldbreite und vertikal auf zwei Drittel der Feldhöhe gestaucht. Die Sitzfläche mußte stark verkleinert werden, die Ausbuchtung der Knie wurde geschmälert und etwas nach oben gekippt, um den benötigten Platz zu gewinnen. Der Körper geriet schmaler, manchmal fast schon strichförmig, die Rückenpartie der Perücke schrumpfte oder verschwand ganz. Bei RII/ Saq/ 020 wurde B 01 in ***rmṯ.w*** mit 𓂋, 𓍿 und 𓀀𓁐𓏥 in ein Feld gesetzt, so daß B 01 sehr stark, aber noch maßstäblich verkleinert werden mußte.

Eine realitätsnahe Ausprägung des Kopfes ist nie festzustellen. Nach H. G. FISCHER[4] soll die Rückenpartie der Perücke in der Regel vertikal dargestellt sein, in den mir vorliegenden Belegen ist dies jedoch eher nicht zu beobachten, sie erscheint statt dessen bei Vorhandensein leicht schräg.

B 02 Im vorliegenden Corpus nicht belegt.

B 03-04 𓁒/ 𓁓

Das Zeichen ist nur einmal bei RII/ DeM/ 176 als Einzelzeichen belegt. Beide stilisierten Arme sind schräg nach unten ausgestreckt, der unter der Person befindliche vordere Teil des hervorkriechenden Skarabäus ist vom Körper getrennt und ebenfalls sehr stilisiert.

B 05-06 𓁔/ 𓁖

Dieses Zeichen wurde in meinem Corpus nur ein einziges Mal bei SI/ DeM/ 044, in der Form B 05, verwendet. Hier ist das Einzelzeichen vom Umfeld in seiner Form beeinflußt worden.

---

1 RII/ DeM/ 144.

2 Die sehr langgestreckte Form der rückwärtigen Basis bei RII/ Qan/ 060 ist wohl dadurch zustande gekommen, daß der Stichel dem Hersteller abgerutscht ist.

3 Vgl. auch die Formen im GARDINER-Font: A 40: 𓀭, B 01: 𓁐

4 FISCHER, *Calligraphy*, 18.

Weil sich unter dem Zeichen das Ende der Kolumne befand, war kein Platz mehr für die Höhe vorhanden, die ansonsten bei Personenzeichen der Gruppen A und B auf dieser Stele benötigt wurde.
B 05 mußte dementsprechend vertikal so stark gestaucht werden, daß sich daraus eine Detailveränderung ergab. Beide Hände sind nun nach vorne gestreckt, das Kind ist auf ein eiförmiges Gebilde reduziert worden[5].

B 07 Im vorliegenden Corpus nicht belegt.

5 Interessant ist, daß das zweite n von rnn erst nach dem Determinativ am Anfang der nächsten Kolumne steht.

Abteilung C – Anthropomorphe Gottheiten

C 01 

Das Zeichen kommt nur einmal bei RII/ Saq/ 007 vor. Die Kniepartie ist rechtwinklig, das Gesicht undifferenziert, es geht von der Perücke nahezu senkrecht in den Oberkörper über. Die über dem Kopf angebrachte Sonnenscheibe ist vom Kopf getrennt, ein schräg nach oben weisender Zacken stellt den aufgerichteten Uräus dar. Ein darunter angesetzter, nach unten ragender Fortsatz ist wohl als zu hoch geratener Bart zu interpretieren, da der Hersteller offenbar in dem Moment die Scheibe für den Kopf gehalten hat. Vielleicht bestanden die Ursachen dafür in Müdigkeit, Unaufmerksamkeit oder auch in ungenügenden Lichtverhältnissen.

C 02 

Neben einem Beleg aus Amada aus der Zeit Ramses I tritt C 02 als Einzelzeichen nur noch in der memphitischen Nekropole Ramses II auf drei Stelen auf. Schriftfeldschreibungen konnten auf zwei Stelen aus der Zeit Sethos I aus Deir el-Medineh resp. Deir el-Bahari erfaßt werden.

Nur der früheste Beleg aus der Zeit Ramses I sowie eines der zwei Zeichen von RII/ Saq/ 020 haben auf den Knien ein *ʿnḫ*-Zeichen, wobei es sich um das Basiszeichen des GARDINER-Fonts handelt. Zwei Belege von zwei – wahrscheinlich kontextuell zusammengehörigen – Stelen[1] tragen ein *wꜣs*-Szepter, die anderen Belege halten nichts.

Kopf und Schwanz des Uräus an der Sonnenscheibe werden nur vereinzelt bei den qualitätvolleren Hieroglyphen wiedergegeben.

In den Schriftfeldern wurde C 02 einmal horizontal auf die Hälfte der Feldbreite gestaucht, das andere Mal vertikal. Bei letzterem wurde der Oberkörper stark verkürzt und geht eigentlich sofort in die Krümmung zum Schnabel über. Das Wesen wirkt somit geduckt und nach vorne gebeugt. Dieses aus Deir el-Medineh stammende Zeichen weist übrigens auch die für andere Menschenhieroglyphen dieser Region typische breite und flache Basis auf.

C 03 

Die Hieroglyphe des sitzenden Thot kommt im bearbeiteten Corpus nur in Deir el-Medineh vor. Das einzige Einzelzeichen bei RII/ DeM/ 177 zeigt einen fast überschlanken Unterkörper. Der Schnabel als charakteristisches Element des Wiedererkennens und Lesens in einem Text ist, wie auch bei den beiden anderen Beispielen, sehr ausgeprägt, aber nur schematisch, ohne nähere Einzelheiten ausgeführt.

Die beiden Sethos I-zeitlichen Schriftfeldschreibungen aus Deir el-Medineh haben C 03 in der Breite zusammengestaucht, das Zeichen behielt aber seine ursprüngliche Höhe bei. Durch die Stauchung wurde auch der voluminöse Oberkörper schlanker. SI/ Aby/ 004  hat C 03 äußerst stark stilisiert.

C 04 

Es existieren in meiner Sammlung nur 2 RII-zeitliche Belege aus dem memphitischen Raum. Während der Beleg aus Saqqara geschwungene Hörner zeigt, sind diese auf der memphitischen Stele gerader. Die Zeichen auf diesem Objekt sind generell sehr einfach ausgeführt, teilweise nur in „Strichmännchenmanier“.

1 RII/ Saq/ 019. 020.

Beide Beispiele sind Schriftfeldschreibungen, C 04 wurde sowohl vertikal als auch horizontal gestaucht.

C 05 Im vorliegenden Corpus nicht belegt.

C 06 

Die Hieroglyphe des hundeköpfigen Gottes, die als Logogramm/ determinativ für *Jnpw* oder *Wp(j)-wꜣj.wt* benutzt werden kann, kommt nur dreimal im thebanischen und zweimal in Saqqara vor. Die Belege datieren alle in die Zeit Sethos I oder Ramses II. Der leicht unklare Beleg bei RII/ DeM/ 069 hält ein *ʿnḫ* auf den Knien, alle anderen haben nichts. Zwei der drei Belege aus dem thebanischen Bereich zeigen jeweils nur ein Ohr.

In der einzigen Schriftfeldschreibung wurde das Anubisdeterminativ horizontal auf die Hälfte der Breite und vertikal auf zwei Drittel der Höhe zusammengestaucht.

C 07 

Das Logogramm für *Swtḫ* kommt selten in der Zeit Ramses II sowie einmal in der Sethos II vor.

Der als diakritisches Element zur Unterscheidung von C 06 nötige gebogene Schnabel des Seth-Tieres wird stets überdeutlich gezeichnet.

Nur der einzige Beleg aus der thebanischen Region weist einen Schwanz auf, alle anderen Zeichen (aus Unterägypten) geben ihn nicht an[2]. Dieser Beleg SII/ DeM/ 003 ist der einzige von den aufgenommenen Zeichen, der direkt den Gott Seth bezeichnet, die übrigen Schriftzeichen nennen nur theophore Privatnamen mit Bezug auf Seth. Bei keiner Hieroglyphe trägt der Gott einen der sonst üblichen Gegenstände auf den Knien, abgesehen von RII/ Saq/ 019, auf der C 07 mit einem *ʿnḫ* kombiniert ist. Dieses Zeichen steht hier in der Kartusche mit dem *nzw-bj.t*-Namen Ramses II als Logogramm *wsr*[3] und wurde von mir als C 07 bestimmt, da es mit der Basishieroglyphe C 07 die größte Ähnlichkeit aufweist.

Ich bin mir nicht ganz sicher, ob diese Identifizierung zutrifft und es sich wirklich um Seth handelt, jedoch nehme ich an, daß die in der 19. Dynastie auch im positiven Sinne mit Seth verbundenen Attribute „mächtig, stark etc." dazu führten, daß ein hieroglyphisches Abbild dieses Gottes als Logogramm *wsr* verwendet wurde[4].

Große Ähnlichkeit läge auch mit C 06 (Anubis) vor, jedoch kann ich keine augenfällige Verbindung zwischen diesem Gott und dem benötigten Wort *wsr* sehen. Generell sind jedoch Schreibungen von Seth (C 07) und Anubis (C 06) schlecht zu unterscheiden, wenn die Stele nicht von hoher Qualität ist[5].

In den Schriftfeldern wurde C 07 lediglich horizontal auf die Hälfte bis zwei Drittel der Breite gestaucht. Im Vergleich zum Einzelzeichen ist der Körper dadurch schlanker geworden.

C 08, C 09 Im vorliegenden Corpus nicht belegt.

---

2 Das Basiszeichen hat ebenfalls keinen, obwohl der lange Schwanz eigentlich charakteristisch für das Seth-Tier ist. Eine Variante mit Schwanz ist in keiner Hieroglyphenliste verzeichnet. A. H. GARDINERs *Extended Library* gibt lediglich für das in der Liste vorhergehende Zeichen C 06 eine Variante C 6 f mit Schwanz an: HANNIG, *HWB*, 1127. Alle anderen Listen führen dieses Zeichen aber seltsamerweise nicht auf. Analog dazu müßte das hier besprochene Zeichen bei SII/ DeM/ 003 die Nummer C 07 f bekommen.

3 Diese Schreibung der Titulatur findet sich nicht bei BECKERATH, *Königsnamen*.

4 Eine Untersuchung über das Auftreten des Gottes Seth auf privaten Monumenten der Ramessidenzeit wird von mir vorbereitet.

5 Cf. CAUVILLE, DEVAUCHELLE, GRENIER, *Catalogue*, 58, 10 ff. (Anubis) vs. 76, 9 ff. (Seth).

C 10

Die Hieroglyphe der sitzenden Göttin Maat ist nur vereinzelt belegt. Alle Zeichen tragen eine *M3ˁ.t*-Feder auf dem Kopf, die eine eindeutige Identifikation des Zeichens als C 10 erlaubt. Nur RII/ Qan/ 036 zeigt die Form des Basiszeichens mit freiem Schoß, alle anderen Belege weisen dort ein *ˁnḫ*-Zeichen auf[6]. In Nubien und Oberägypten ist dieses Attribut in den Einzelschreibungen schräg nach vorne geneigt, während es in Unterägypten und dem einen Beleg aus dem Sinai[7] fast senkrecht steht.

Die lange Perücke ist stets vorhanden, RII/ Saq/ 019. 020, RII/ Mem/ 001, Am/ DeM/ 001 (), Sip/ DeM/ 018 sowie vielleicht RII/ KeG/ 004 zeigen noch ein bzw. zwei Bänder eines – nicht eigens dargestellten – Stirnbandes. Hier hat der Hersteller offenbar etwas größeren Wert auf Detailliertheit gelegt, diese Stirnbänder sind eigentlich für C 10 unüblich.

Die Basis ist in den thebanischen Schreibungen relativ breit ([8]), in Unterägypten eher schmal.

In den Schriftfeldschreibungen wurde C 10 fast nur horizontal gestaucht. Dies reduzierte die Breite des Oberkörpers, in einigen oberägyptischen Belegen wurde das *ˁnḫ*-Zeichen senkrecht gestellt, wie dies in Unterägypten auch für das Einzelzeichen Usus war.

C 11

Das *ḥḥ*-Männchen ist nur fünfmal belegt, mit Schwerpunkt im unterägyptischen Raum, lediglich ein Beleg konnte aus Deir el-Medineh aufgenommen werden. Einzig die Stele RII/ Hel/ 003 zeigt keine Jahresrispe auf dem Kopf.

In den Schriftfeldschreibungen von RII/ Hel/ 003 wurde C 11 auf die Hälfte der Feldbreite zusammengestaucht. Die Zeichen sind strichförmig ohne nähere Details (beispielsweise ohne Daumen), im Gegensatz zu denen auf den anderen vier Stelen, die die ganze Breite eines Feldes einnehmen. Jedoch muß man hierbei bedenken, daß es sich um Hartgestein handelt, darin konnten zwar feinere Striche ausgeführt werden, allerdings gestaltete sich eine detailliertere Ausführung schwieriger. Die strichförmige Gestalt kann durch das Material (hier Hartgestein) oder durch die horizontale Stauchung verursacht worden sein.

C 12

Diese Hieroglyphe des sitzenden Gottes mit Federkrone, die nur als Name des *Jmn(.w)* gebraucht wird, konnte von mir lediglich zweimal aufgenommen werden, beide Belege stammen aus Saqqara der Zeit Ramses II. Sie halten auf dem Schoß jeweils ein *ˁnḫ*-Zeichen, was A. H. GARDINERS[9] Variante C 12c entsprechen würde. Nur bei RII/ Saq/ 020 ist die Rückenpartie entsprechend dem Basiszeichen gestaltet, dem anderen Beleg fehlt dieses Element.

C 13-16 Im vorliegenden Corpus nicht belegt.

C 17

Die Hieroglyphe des Month ist nur zweimal vorhanden. Das einzige Zeichen aus der Zeit Sethos I stammt aus Serabit el-Khadim und ist sehr unbeholfen gestaltet. Nur die hohen Fe-

6 Dies ist C 10a der *Extended Library*: HANNIG, *HWB*, 1128.

7 RII/ SeK/ 004.

8 SI/ DeM/ 002.

9 *Extended Library*: HANNIG, *HWB*, 1128.

dern sind klar erkennbar. Die Figur trägt nichts auf den Knien.

Der Beleg aus Qantir bietet ein Schriftfeld mit einer Variante des stehenden Month, der ein *w3s*-Szepter in der ausgestreckten Hand hält. Hier wird das Zeichen auf die Hälfte der eigentlichen Breite zusammengestaucht, dabei ist ein Vergleich mit Einzelzeichen aber wegen der unterschiedlichen Varianten nicht möglich. Vielleicht wurde die stehende Variante ausgewählt, weil diese wegen ihrer hohen schlanken Form besser in ein nur halbbreites Feld eingesetzt werden konnte. A. H. GARDINER[10] führt in seiner *Extended Library* nur ein ähnliches Zeichen als Variante von C 12 (Amun) unter der Nummer C 12 i an, jedoch kann dies nur im Namen des ***Jmn(.w)*** verwendet werden. Vermutlich war der Hersteller in Qantir nicht umfassend über die Verwendung bestimmter, eher seltener Hieroglyphen informiert. Allerdings fehlt in diesem Beleg die für Amun-Hieroglyphen charakteristische Gestaltung der Rükkenpartie, wohl um eine eindeutige Identifizierung als Month, nicht Amun zu gewährleisten.

C 18 

Dieses Zeichen erscheint lediglich in zwei Belegen auf der Stele RII/ The/ 008. Das (in der Tabelle) linke Beispiel ist sehr sorgfältig graviert, in dem eckigen Stil, der der ganzen Stele eigen ist. Das andere Exemplar zeigt Flüchtigkeit, der hintere Teil unten fehlt, die Krone ist vom Kopf getrennt und sehr gequetscht. Da dieses Zeichen fast ganz am Ende der letzten Zeile vorkommt, hat man den Eindruck, daß der Hersteller der Stele zum Schluß nicht mehr so konzentriert war und mit dem Ziel vor Augen schneller und flüchtiger arbeitete. Dieses Phänomen ist auch heute noch z. B. in längeren handschriftlichen Schulaufsätzen auffällig.

C 19 – C 22 Im vorliegenden Corpus nicht belegt.

C 98

Dieses Zeichen kommt im vorliegenden Corpus nur einmal in einer kryptographischen Inschrift aus Abydos als Semogramm für ***Wsjr*** vor: . Der sitzende Gott hat eine breite Basis platte, eine sehr schmale Kniepartie, auf dem sich ein senkrechtes, sehr hohes *w3s*-Szepter befindet, das bis zur Oberseite der Weißen Krone reicht. Ein auffälliger, stark gekrümmter Bart sitzt am Kinn. Hinter dem Nacken erkennt man das Ende eines Bandes o. ä., das den Rücken nicht berührt.

Eine nahezu identische Hieroglyphe befindet sich auf einem weiteren Objekt des Besitzers von RII/ Aby/ 022, ***Mnw-ms*(*w*)**. Es handelt sich um ein Uschebti[11], das eine ähnliche, ebenfalls kryptographische Inschrift trägt. Aufgrund der sehr starken Ähnlichkeit der beiden ***Wsjr***–Hieroglyphen steht hiermit zu vermuten, daß beide Objekte von demselben Hersteller gefertigt oder zumindest beschriftet wurden. Die Erstellung einer solchen kryptographischen Inschrift dürfte einen schriftkundigen Hersteller erfordert haben. So handelt es sich hier um einen Hinweis darauf, daß (Mit-)Hersteller von Stelen auch andere Objekte fertigten.

Das vorliegende Zeichen weicht von der Form des Basiszeichens in der *Extended Library*[12] insofern ab, indem die üblicherweise an der weißen Krone angebrachten Federn fehlen.

10 HANNIG, *HWB*, 1128

11 Bruxelles, Musées Royaux d'Art et d'Histoire E. 4181: CLÈRE, *Chauves*, 75 Abb. 27; EFFLAND, EFFLAND, *Minmose*, 8, 12; *KRI III*, 475; *PM V*, 75;

12 HANNIG, *HWB*, 1129.

C 102

Das Zeichen des sitzenden Ptah findet sich vereinzelt vom thebanischen Raum bis nach Heliopolis, jedoch nur in Schriftfeldschreibungen, wo es in der Zeit Ramses II stets als Logogramm, in der Zeit Merenptahs stets als Determinativ für *Ptḥ* steht.

In Deir el-Medineh und Heliopolis (beides Ramses II-zeitlich) wurde es als Determinativ verwendet und steht in einem Feld mit der alphabetischen Schreibung des Gottesnamens. So mußte das Zeichen horizontal auf ca. ein Drittel der Feldbreite gestaucht werden. Im abydenischen Beleg wurde C 102 zusätzlich etwas vertikal gestaucht, um darunter Platz für ein ~~~~ zu schaffen.

Beide oberägyptischen Belege haben einen Gegenstand auf den Knien, RII/ DeM/ 020 ein *ꜥnḫ*, Mer/ Aby/ 003 ein *wꜣs*-Szepter. Die beiden unterägyptischen Belege dagegen haben nichts auf den Knien, der Bart fehlt jedesmal oder ist doch zumindest nur minimal als kleiner Zacken am Kopf angedeutet.

C 118

Der einzige Beleg für die Hieroglyphe „Chons" befindet sich in einer Schriftfeldschreibung auf RII/ DeM/ 060 () und wurde horizontal auf die halbe Breite zusammengestaucht. Oben auf dem Kopf trägt die Hieroglyphe eine Mondscheibe, aber ohne Sichel. Ansonsten ist die Figur sehr undifferenziert gearbeitet, so daß nur aus dem Attribut sowie der Verwendung als Determinativ im Lemma *Ḫnsw* die Natur dieses Zeichens klar wird.

C 138

Das einzige Einzelzeichen dieser schlangenköpfigen Gottheit, bei RII/ DeM/ 166 als Determinativ zu *Mr(j).t-Sgr* verwendet, hat eine sehr schlanke, spitz zulaufende Kniepartie sowie auf dem Schlangenkopf einen Aufsatz, der als Tholos interpretiert werden könnte.

C „weibliche Gottheit"

Zwei Formen sind als Determinative zu *ꜣs.t* belegt, jedoch können sie aufgrund der sehr undifferenzierten Form keiner bestimmten Nummer zugeordnet werden.

Der Beleg aus Deir el-Medineh zeigt die regional typische breite Basis sowie eine sehr stark nach vorne geneigte Kniepartie. Der zweite Beleg, RII/ The/ 011, weist noch einen Wedel auf den Knien auf. Die lange Perücke ist jeweils deutlich erkennbar, auf dem Kopf könnte ein Tholos angedeutet sein.

Abteilung D – Körperteile von Menschen

D 01 

Der *tp*-Kopf wurde in den vorliegenden Belegen überwiegend relativ undifferenziert dargestellt. Nur zwei Beispiele weisen Innenzeichnungen auf, bei RII/ DeM/ 051 sind sowohl Augen und Brauen sowie das Ohr – oder der Perückenrand? – angedeutet: , bei SI/ Aby/ 007, dem deutlichsten Zeichen, der „Perückenrand“ sowie Halsfalte: .

Der einzige nubische Beleg aus der Zeit Ramses II ist nur ein winziger Punkt, bei dem lediglich der textinterne Zusammenhang eine Identifizierung als *tp* erlaubt.

Alle Belege aus der Zeit Sethos I zeigen von ihrem Außenumriß her die Perücke sowie den mit einem Bart versehenen Kopfteil, der unter der Haartracht herausschaut, so z. B. [1]. Erst ab der Zeit Ramses II setzt sich daneben eine Variante durch, bei der nur noch die Perükke gezeigt wird: [2]. Der Bart ist in dieser Zeit oft nur noch ein schräg herausragender Auswuchs, sofern er nicht ganz wegfällt. Ebenso reduziert sich der Halsansatz stark bis vollständig.

Ab der Regierungszeit Merenptahs verschwindet das Zeichen von den Objekten des von mir zusammengestellten Corpus fast völlig, es kommt dann nur noch auf je einer oberägyptischen Stele aus der Zeit Merenptahs, Sethos II und Siptahs vor[3].

In den wenigen Schriftfeldschreibungen wurde D 01, das regulär ein Viertel eines Feldes beanspruchte, meistens gleichmäßig gestaucht. Bei RII/ Mem/ 001 fand dagegen eine Detailveränderung statt, da die Hörnchen der Hornviper I 09 weit nach oben ragen und so entsprechend der untere Teil von D 01 angepaßt werden mußte.

D 02 

Das Gesicht *en face* ist eines der bei mir am häufigsten belegten Schriftzeichen. Es zeigt innerhalb der Grundform  unterschiedliche Ausprägungen, auch auf ein und derselben Stele, die die Identifizierung des Zeichens aber nicht erschweren. Eine Innenzeichnung mit Augen, Mund und Nase ist nur einmal bei RII/ Saq/ 013  belegt. Die charakteristischen Ohren wurden als Haupterkennungsmerkmal dieses Zeichens empfunden und dementsprechend auch sehr markant herausgestellt. Sie können vom Kopf getrennt, nur abgegrenzt oder direkt mit ihm verbunden sein (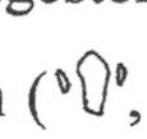, 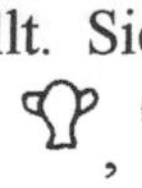, 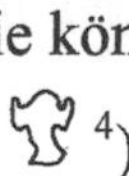[4]). Sie sind strichförmig, länglich/ oval, dreieckig, viereckig oder unförmig, oder sie zeigen selten eine dem realen Ohr nahestehende Form, wie [5]. Alle diese Varianten kommen verstreut vor, dabei scheint es keine chronologisch/ topographischen Unterschiede zu geben. RII/ DeM/ 060 hat als einzige Schreibung beide Ohren vergessen, RII/ DeM/ 104 immerhin nur eines. Als Ausnahme zu bewerten ist eine von vier Schreibungen auf RII/ Qan/ 037, die den Kopf als Hochrechteck wiedergibt: .
Auch der Hals kann auf vielfältige Weise dargestellt werden. Er kann ein länglicher Zapfen

1 SI/ Saq/ 006.
2 RII/ DeM/ 027.
3 Es handelt sich dabei um Mer/ Aby/ 005, SII/ Aby/ 001, Sip/ DeM/ 001.
4 SI/ Aby/ 006, RII/ Aby/ 013 und RII/ DeM/ 032.
5 RII/ KeG/ 004. Die anderen Belege für D 02 sind jedoch alle von unterschiedlicher Gestalt.

sein, leicht dreieckig oder wie ein umgedrehtes T gestaltet werden, so wie , und [6].

Die Grenzen zwischen den ersten beiden Formen sind fließend, die dritte Form (umgedrehtes T) ist in den vorliegenden Quellen nur in thebanischen Belegen vorhanden. Der Hals ist meist mit dem stets formlosen Kopf verbunden, nur selten ist er von ihm abgegrenzt und lediglich bei der schon oben erwähnten Schreibung auf RII/ Qan/ 037 als kleiner, vom Kopf getrennter Strich gestaltet.

Die Schriftfeldschreibungen stauchten das Zeichen seltener, meist handelt es sich dabei um ungefähr maßstäbliche Verkleinerungen. Die reine Horizontalstauchung verkürzte die Breite des Kopfes stark, bei [7] verschmolz D 02 (hier das Zeichen rechts außen) mit dem sich darunter befindlichen Semogrammstrich, so daß der Eindruck eines stark in die Länge gezogenen Halses entsteht. Bei RII/ Her/ 001 ist D 02 zu einem langen Strich zusammengepreßt worden: .

D 03

D 03 ist leider nur einmal bei Sip/ DeM/ 011 vertreten. Das Zeichen entspricht dabei am ehesten der Variante D 03 a der *Extended Library*[8]. Aufgrund der geringen Ausdehnung des Zeichens ist es stets als Einzelzeichen aufzufassen.

D 04

Dieses Zeichen ist sehr oft belegt. Dabei gibt es drei grundsätzliche Formvarianten in diesem Corpus:
A) Die Pupille wird teilweise vom oberen Lid verdeckt und erscheint nur als Halboval (z. B. [9]),
B) sie ist rund und dabei meistens separat herausgearbeitet ([10]),
C) sie fehlt in seltenen, verstreuten Fällen völlig, so daß das Zeichen nur im textinternen Kontext nicht mit D 21 verwechselt werden kann ([11]). Das untere Lid ist generell weniger geschwungen als das obere[12].

Die nubischen Belege zeigen überwiegend die Variante A), einige Zeichen aus Buhen haben die Form B). Als Ausnahme verwendet SII/ Ani/ 001 eine Form, bei der die Pupille vom unteren Lid teilweise verdeckt wird. Diese Variante von A) kommt sonst nur noch auf RII/ Qan/ 066 vor[13].

Im thebanischen Bereich, speziell im Arbeiterdorf Deir el-Medineh, wird während der ganzen 19. Dynastie die Form A) bevorzugt. Man kann jedoch erkennen, daß die erstmals sehr flache Pupille im Laufe der Zeit immer größer wird, sich also weiter unter dem Lid hervorschiebt. Nur bei den Schriftfeldschreibungen der Zeit Ramses II wird mit B) schon die (fast) separate, runde Pupille bevorzugt. Aus Deir el-Bahari, Karnak, Luxor und „Theben" stammen einige Stelen, die bereits eine solche abgetrennte Pupille haben.

6 RII/ Saq/ 008, SII/ Aby/ 001 und RII/ DeM/ 182.
7 SII/ Aby/ 002.
8 HANNIG, *HWB*, 1132.
9 RII/ DeM/ 037.
10 SI/ Saq/ 006.
11 Mer/ Aby/ 003.
12 Vgl. FISCHER, *Calligraphy*, 18.
13 Bei U 03 tritt eine vom unteren Lid teilweise verdeckte Pupille bei RII/ DeM/ 143 und RII/ Qan/ 001 auf.

Der abydenische Bereich zeigt ebenfalls die Variante B), einige Belege verwenden aber schon eine Übergangsform zu B), nämlich eine fast separate Pupille, die manchmal mit Ober- und Unterlid verbunden ist, aber ebenfalls eine runde Form aufweist, oder eine vollständig separate Pupille. Mer/ Aby/ 003 weist zwei Hieroglyphen auf, die in einer von oben herabhängenden Ausbuchtung eine separat eingesetzte, runde Pupille aufweisen ( ). In den Schriftfeldschreibungen dagegen kommt eher die Variante B) vor.

In Unterägypten ist die Bevorzugung einer mit dem Oberlid noch verbundenen, aber schon sehr weit herausragenden und fast runden Pupille ( )[14] festzustellen. Eine Sethos I-zeitliche Stele[15] hat auch bereits die oben angesprochene Form wie Mer/ Aby/ 003.

Die Qantir-Stelen, ausschließlich aus der Regierungszeit Ramses II, zeigen eine sehr große Vielfalt, die alle drei oben erwähnten Formvarianten umfaßt. Bemerkenswert sind zwei Belege, von denen der erste eine eckige Ausbuchtung nach oben zeigt, um die separate Pupille besser einfügen zu können ( )[16], und der zweite an einer Seite das Unterlid nicht an das obere anschließt ( )[17].

Das Einzelzeichen beansprucht eine horizontale Hälfte eines Schriftfeldes. Schriftfeldschrebungen mit D 04 kommen im Verhältnis zur Zahl der Einzelzeichen weniger häufig vor. Sie wurden meist vertikal gestaucht, wobei sich eine leicht flachere Form als das einzelne Zeichen ergibt. In manchen Belegen ist das Auge horizontal auf ca. zwei Drittel der Feldbreite gestaucht worden. Gleichzeitig damit erfolgte eine leichte vertikale Stauchung, so daß das Zeichen dabei insgesamt eine maßstäbliche Verkleinerung erfuhr, so z. B. [18] oder [19]. Vom Beleg RII/ DeM/ 143 abgesehen, wurde in gestauchten D 04 keine separate Pupille verwendet, da der Platz wohl als nicht ausreichend erachtet wurde, in manchen Fällen mußte die Angabe derselben auf eine winzige Ausbuchtung am Lid beschränkt werden[20].
In der Kompositionshieroglyphe U 03 wurde D 04 zwar auch wie eine Schriftfeldschreibung verändert, jedoch ist U 03 ein eigenständiges Einzelzeichen, das separat behandelt wird.

D 05-06 /

Das Zeichen ist relativ selten belegt. Bis auf RII/ DeM/ 166 [21], das zwei kleine Striche am oberen Lid aufweist, aber keine Pupille (D 05$_{\text{Var}}$), kommt ansonsten nur die Form D 06 mit sog. „durchgezogenem Schminkstrich" vor, der sich im Relief als vertiefte Fläche über dem oberen Lid darstellt ( )[22].

---

14 SI/ Saq/ 003.
15 SI/ Saq/ 006.
16 RII/ Qan/ 003.
17 RII/ Qan/ 066. Einen ebensolchen Befund hat eine der vier relevanten Hieroglyphen auf dem Beleg SI/ Saq/ 004.
18 RII/ DeM/ 040.
19 RII/ Saq/ 019.
20 So z. B. SI/ Saq/ 002, RII/ Saq/ 020 oder RII/ KeG/ 001.
21 Die Form dieses Zeichens (ohne Pupille!) ist bei SCHENKEL, *Konkordanz*, 52 unter der Nr. D$ 32 (*šw.t*) verzeichnet, ebenfalls ohne eine Pupille. RII/ DeM/ 166 verwendet dieses Zeichen im Lemma *ʿn.t* „Anmut". HANNIG, *HWB*, 143 schreibt dieses Wort wie auf diesem Beleg mit D 05, *WB I*, 190 mit D 06.
22 SI/ Saq/ 006. Bei GARDINER, *EG*, 450 ist die erste Form mit D 05, die zweite mit D 06 benannt, die letztere soll eine spätere Variante sein. Da beide die gleichen Funktionen und Bedeutungen haben, können sie hier zu einer Nummer zusammengefaßt werden. HANNIG, *HWB*, 1033 benennt die erste Form „Auge mit Schminke", die zweite „Auge mit durchgezogener Schminke".

Die nubischen Belege haben alle eine ovale Pupille, die Stelen aus Buhen zeigen den durchgezogenen Strich. Eine Ausnahme bildet, wie so oft, wiederum SII/ Ani/ 001, wo zwei Hieroglyphen die Fläche für den durchgezogenen Strich mit mehreren senkrechten Strichen wiedergeben.

Die Belege aus dem thebanischen Raum sind sehr differenziert. In Deir el-Medineh bietet jede Stele eine andere Form. So gibt es den durchgezogenen Strich als Fläche oder als vom Auge durch einen Strich getrennte Fläche. Die Pupille ist in der thebanischen Region völlig weggelassen oder schaut nur sehr wenig unter dem Oberlid heraus. Zwei weitere Belege, deren Herkunft nur als „Theben“ angegeben werden kann, zeigen eine nahezu runde Pupille, die mit Ober- und Unterlid verbunden ist. Das auf denselben Stelen vorkommende Auge D 04 zeigt jeweils die gleiche Form der Pupille. Man kann erkennen, daß auf jeweils einer Stele bei sämtlichen Hieroglyphen, die ein Auge darstellen, die Pupille stets in gleicher Weise gestaltet wurde.

In Unterägypten kommt nur der durchgezogene Schminkstrich vor. Die Pupille ist stets ellipsoid und schaut unter dem Oberlid hervor. Den Strich, der von einer Hieroglyphe auf SI/ Saq/ 006 nach oben führt, interpretiere ich als Abrutschen des Meißels. Die einzige Stele aus Kafr el-Gabal mit D 05-06 setzt die Fläche über dem Auge mit einer Linie vom Lid ab.

In den wenigen Schriftfeldschreibungen wurde D 05-06 nur horizontal auf ca. zwei Drittel oder die Hälfte einer Feldbreite gestaucht, dabei kommt nur GARDINERs Form D 06 vor. Der Beleg RII/ DeM/ 054 zeigt einen oberen Schminkstrich, der sich als Linie oberhalb des Auges befindet. Er erinnert an D 07, das genau einen solchen Strich, jedoch unterhalb des Auges (𓁼)[23] aufweist.

Die Stele RII/ DeM/ 134 zeigt eine merkwürdige Mischform aus D 06 – und D 07? – und erinnert auch etwas an U 03 (). K. A. KITCHEN[24] interpretiert dieses Zeichen im Personennamen *Stꜣw*[25] als D 06. In dem Zusammenhang könnte das Lemma *stꜣḫ* „betören o. ä.“, das ebenfalls D 06 als Determinativ verwendet[26], interessant sein. Aufgrund dieser Überlegungen habe ich das entsprechende Zeichen von RII/ DeM/ 134 hier eingeordnet.

D 07 𓁼

Das „Auge mit geschminktem Unterlid“ ist im vorliegenden Material nur im thebanischen Gebiet belegt. Der untere Schminkstrich ist stets sehr deutlich und getrennt vom Auge angegeben, allerdings zeigen nur RII/ DeM/ 138 und RII/ The/ 008 die Basisform D 07 𓁼. Die Schreibungen auf SI/ DeM/ 004, RII/ DeM/ 026. 176. 177 weisen zusätzlich noch einen oberen Schminkstrich auf, der nur bei dem frühen Beleg nicht getrennt, sondern mit dem Lid verbunden ist: . RII/ DeM/ 138 und eine zweite Schreibung auf RII/ DeM/ 176 (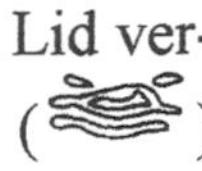) haben einen bzw. zwei rechtwinklig vom Oberrand des Auges abgehende kleine Striche. So scheint es sich hierbei eigentlich um Mischformen der Basiszeichens D 07 𓁼 mit D 05 𓁺 und D 06 𓁻 zu handeln. Ich habe sie bei D 07 eingeordnet, da ihre Verwendung der von D 07 entspricht. SI/ DeM/ 004 und RII/ DeM/ 026 schreiben diese Form als Determinativ in *ꜥn* „schön u. ä.“[27], RII/ DeM/ 176 und / 177 in *ptr* „sehen“[28].

23 SCHENKEL, *Konkordanz*, 52 gibt eine solche Schreibung mit zwei einander gegenüberstehenden Augen sogar als eigenständiges Zeichen mit der Nummer D$ 27 (*ptr.tj*) an.
24 *KRI III*, 788 Z. 11.
25 In dieser Form nicht in RANKE, *PN* belegt.
26 HANNIG, *HWB*, 779, nicht in *WB*.
27 *WB I*, 190, mit D 06 oder D 07 geschrieben.
28 *WB I*, 564 f, stets mit D 05-06 geschrieben.

Insgesamt ist zu erkennen, daß in mehreren Belegen eine Verschmelzung von D 05- 06 mit D 07 vorkommt, diese drei Zeichen sind also offenbar immer mehr als eine Einheit verstanden worden[29].

Die Pupille ist bei RII/ DeM/ 026 separat und bei RII/ The/ 008 (Einzelschreibung) gar nicht vorhanden, alle anderen Belege zeigen eine vom Oberlid teilweise verdeckte Pupille.

Die Schriftfeldschreibung auf RII/ The/ 008 stauchte das Zeichen, hier die Basisform D 07, vertikal, die auf RII/ DeM/ 177 verkleinerte das Zeichen ungefähr maßstäblich.

D 08 Im vorliegenden Corpus nicht belegt.

D 09 𓁿

Das tränende Auge ist nur einmal mit einer Einzelschreibung auf RII/ KeG/ 004 () belegt. Über dem Auge befindet sich die Fläche des durchgezogenen Schminkstriches, die beim Basiszeichen eigentlich nicht vorkommt. Diese Variante findet sich jedoch im Zeichenkatalog des IFAO unter der Nr. 98, 9[30].

D 10 𓂀

Das *wḏꜣ.t*-Auge ist in den von mir in die Paläographie aufgenommenen Inschriften nur einmal bei RII/ DeM/ 10 belegt[31]. Die Ausführung ist präzise, detailliert und entspricht der Form des Basiszeichens.

D 11 Im vorliegenden Corpus nicht belegt.

D 12 ○

Dic Pupillc konntc zwcimal aufgenommen werden, bei SI/ Aby/ 008 und RII/ KeG/ 004. Beides Mal befinden sich die Zeichen doppelt in einem Schriftfeld als Determinative zu ***mꜣ/mꜣꜣ*** „sehen". Es ist nicht zweifelsfrei entscheidbar, ob die Zeichen in einem Schriftfeld beeinflußt werden oder ob sie, aufgrund ihrer geringen Größe, als separate Einzelzeichen betrachtet werden sollen. Bei einer Beeinflussung durch die umliegenden Zeichen würden sie aber nur maßstabsgerecht verkleinert werden, da ihre Form keine andere Möglichkeit zuläßt.

D 13 – D 16 Im vorliegenden Corpus nicht belegt.

D 17 𓂇

Dieser Teil des ***wḏꜣ.t***-Auges konnte nur einmal aufgenommen werden, und zwar bei RII/ KeG/ 004[32]. Das Einzelzeichen zeigt dabei das senkrechte Element nur undifferenziert als senkrechten Strich.

---

29 Aufgrund der doch verschiedenen Verwendungen habe ich mich vorerst entschlossen, D 05-06 und D 07 noch getrennt als eigene Zeichen zu führen, jedoch könnten möglicherweise intensivere Untersuchungen über die Verwendung dieser Zeichen auf (auch zeitlich) breiterer Basis diese Einschätzung relativieren.

30 CAUVILLE, DEVAUCHELLE, GRENIER, *Catalogue*, 98, 9.

31 Die *wḏꜣ.t*-Augen, die öfters im obersten Register oder im Stelenpyramidion auftauchen, wurden nicht aufgenommen, da es sich m. M. n. hierbei um wirkmächtige Symbole, nicht um das Schriftzeichen „das *wḏꜣ.t*-Auge" handelt.

32 Da D 17 eine Kombination aus D 15 und D 16 ist, sollte diese Hieroglyphe als Kompositbieroglyphe angesehen werden.

D 18 Im vorliegenden Corpus nicht belegt.

D 19-20

Im vorliegenden Corpus kommt nur die Form D 19 vor. Nach H. G. FISCHER[33] ist D 20 eine vereinfachte Form von D 19, die in allen Zeiten verwendet wurde. Das Zeichen hat nie Augen bzw. Nasenlöcher, ohne textinternen Kontext ist daher eine Verwechslung mit N 29 () möglich. Der thebanische Raum zeigt diverse Belege, bei denen die hintere untere Ecke nahezu rechtwinklig abknickt, wie dies bei N 29 tatsächlich der Fall ist.
In Unterägypten ist die Form dagegen runder und oftmals viel geschwungener.

Ein einziger Beleg, RII/ Aby/ 012, hat irrtümlich ein mit dem Rinderohr F 21 vergleichbares Zeichen anstelle des ähnlich aussehenden D 19 verwendet, jedoch das bei F 21 zu erwartende kleine Haarbüschel mit angegeben. Im Sethos I-Tempel in Abydos wird dieses Zeichen als Tiernase, nicht als menschliche Nase geschrieben[34].

Die einzige aus der Zeit des Amenmesse belegte Schriftfeldschreibung[35] stauchte das Zeichen vertikal so stark zusammen, daß die Höhe abnahm, die Breite aber erhalten blieb.

D 21

Dieses Zeichen gehört mit zu den am meisten verwendeten Hieroglyphen. Die Basisform mit einer Doppellinie ist generell üblich, jedoch kommen manchmal Modifikationen vor, die die Mundwinkel betreffen. Diese werden etwas in die Länge gezogen ([36]), allerdings taucht diese Form im untersuchten Material nur in Oberägypten auf. Lediglich SII/ Ani/ 001 hat einmal mit eine eher D 05 ähnliche Form, die jedoch als Dittographie ***r*** steht.

In den Schriftfeldschreibungen wurde D 21 nur gestaucht oder maßstäblich verkleinert. Die vertikale Stauchung verringerte etwas die Höhe des Zeichens, wobei die Lippen nicht mehr so stark geschwungen sind, die horizontale Stauchung reduzierte nur die Breite. Aufgrund der einfachen geometrischen Form sind jedoch keine größeren Abweichungen vom Einzelzeichen erkennbar.

D 22 – D 27 Im vorliegenden Corpus nicht belegt.

D 28

Auch die *k3*-Arme gehören zu den am häufigsten verwendeten Hieroglyphen im Corpus. Dies liegt unter anderem daran, daß auf der überwiegenden Zahl der aufgenommenen Stelen die Phrase ***n k3 n/ n k3=***$_{\text{[Suffix]}}$ vorkommt.

Als Einzelzeichen ist es relativ selten belegt, ab dem thebanischen Raum bis Saqqara. Dabei zeigt nur ein Beleg aus Deir el-Medineh[37] die Daumen, einer aus Abydos[38] die kleine Erhebung in der Mitte der Arme, die ansonsten sehr häufig auftaucht[39]. Nur der einzige späte Beleg Mer/ Aby/ 002 zeigt die Hände in Form von kleinen Kreisen.

33 FISCHER, *Calligraphy*, 19.
34 CALVERLEY, *Temple II*, eine besonders schöne Schreibung auf Taf. 30 rechts unten.
35 Am/ DeM/ 004.
36 RII/ DeM/ 013.
37 RII/ DeM/ 053.
38 RII/ Aby/ 005, es handelt sich dabei um den einzigen Beleg des Einzelzeichens D 28 aus Abydos.
39 Dazu GUGLIELMI, *Persönliche Frömmigkeit*. Für eine generelle Deutung dieser Erhöhung als Mittelteil des Zeichens gibt es im untersuchten Material jedoch keinerlei Indizien über die von W. GUGLIELMI aufgeführten Belege hinaus.

Die meisten Belege für D 28 sind Schriftfeldschreibungen. Davon entfällt der Hauptanteil auf ein Feld mit der Phrase ***n k3*** [*NN*]. Nur wenige Felder beinhalten andere Wörter oder Wortverbindungen, so z. B. mit ***k3*** „Nahrung“[40], ***k3.t*** „Arbeit“[41] oder ***tk3*** „Flamme“[42]. Im Falle der Stelen des Generals *K3s3* wird D 28 in der Schreibung seines Namens verwendet[43].
Die Belege aus Nubien zeigen alle eine Mittelerhöhung, die teils spitz ist, teils aber auch eine mit den aufragenden Unterarmen identische Form aufweist. Nur die beiden Stelen aus Abu Simbel zeigen hier die Daumen.

Im thebanischen Bereich zeigt die überwiegende Zahl der Belege die Daumen auf der Innenseite der Hände. In der Zeit Sethos I ist in Deir el-Medineh ab und zu die einfache Form mit merkmallosen Arm-Enden belegt, einige Formen haben auch kreisförmige Hände. In der langen Regierungszeit Ramses II kommen alle Formen mit Daumen ()[44], mit formlosen Armen ()[45] und mit kreis- bzw. kugelförmigen Händen ()[46] vor. Die formlosen Hände sind hierbei jedoch in der Minderzahl. Auffallend ist, daß in der späteren Ramessidenzeit nur noch die Form mit – mehr oder weniger ausgeprägtem – Daumen auftaucht.

Weiter nördlich, ab Abydos bis nach Unterägypten, dominieren die Formen mit mehr oder weniger stark ausgeprägten kreisförmigen Händen, nur noch vereinzelt tauchen formlose Hände auf. In diesen Regionen wurde der Daumen so gut wie gar nicht mehr angegeben, nur bei Sip/ Aby/ 001, RII/ Qan/ 002 sowie durchgehend einer der Stelen aus dem Grab-Ensemble des *K3s3*[47].

Die Anbringung der kleinen Mittelerhöhung erfolgte unterschiedlich, eine regionale oder zeitliche Beeinflussung ist nicht festzustellen.

In den meisten Schriftfeldschreibungen wurde D 28 zum einen horizontal gestaucht, um Platz für einen Logogrammstrich zu schaffen, zum anderen vertikal, um oben bzw. oben und unten ein ﹏ oder unten ein Suffix einzufügen. Dadurch reduzierten sich Breite und Höhe von D 28 etwas, insgesamt erkennt man generell eine maßstäbliche Verkleinerung.
Nur in sehr wenigen Belegen wurde ⊔ unter ⌉ in der Wortverbindung ***jm.j-r' k3.wt***, „Vorsteher der Arbeiten“ gesetzt.

D 29 – D 32 Im vorliegenden Corpus nicht belegt.

D 33

Die rudernden Arme sind zweimal im Corpus vertreten, stets RII-zeitlich. Während bei RII/ Buh/ 005 D 33 sehr deutlich und „regelkonform“ wiedergegeben ist, was ansonsten bei den nubischen Privatstelen nicht die Regel ist[48], ist der Beleg bei RII/ The/ 005 sehr schematisch und ohne den Kontext nicht sicher als diese Hieroglyphe identifizierbar. Der kreissegmentförmige Körperteil ist zu einem nur leicht schrägen Strich geworden. Nach H. G. FISCHER[49] war vor der 18. Dynastie eine ähnliche Form häufig anzutreffen, in der bei diesem Körperteil ◁ durch ⬭ bzw. ein vergleichbares flaches Element ersetzt wurde.

40 *WB V*, 91.
41 *WB V*, 98 ff.
42 *WB V*, 331 f.
43 SI/ Saq/ 003 – 006.
44 RII/ DeM/ 144
45 RII/ DeM/ 043.
46 RII/ DeM/ 013.
47 SI/ Saq/ 006. Dazu auch Kap. 8.2.5.
48 Vgl. unten Kap. 8.2.2.
49 FISCHER, *Calligraphy*, 19.

D 34 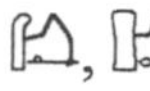

Das Zeichen ist nur viermal als Einzelzeichen belegt, davon auffälligerweise dreimal in Abydos, allerdings verteilt auf die Zeit SI, Mer und Sip.

Alle Zeichen in Abydos sind oben am Zusammentreffen der Arme abgerundet, während der Schild bei allen Belegen flach hochrechteckig ist, auch wenn alle Exemplare leicht variieren. SI/ Aby/ 002 und auch Sip/ Aby/ 003 deuten ihn nur durch einen flüchtigen Strich an, Mer/ Aby/ 002 dagegen zeigt einen deutlich hochrechteckigen Schild, der in einem zweiten Arbeitsschritt direkt an die Hand angesetzt wurde, nur bei letzterem Exemplar ist die Keule als solche zu erkennen. RII/ DeM/ 126 hat sehr eckige Arme, die Keule ist nur als waagerechter Strich wiedergegeben und der Schild wurde als nahezu rechteckige Umrißlinie gestaltet, die sich unten nicht wieder berührt.

D 35

Es kommen im untersuchten Quellenmaterial zwei Formen vor, diejenige mit nach oben ()[50] und die mit nach unten geöffneten Handflächen ()[51]. Dabei ist die Variante mit nach oben geöffneten Flächen häufiger. Wenige Stelen haben eine vereinfachte Form von D 35, bei denen die Arme einfache Striche sind und keine Hände zeigen[52]. Da dies regional gesehen nur vereinzelt auftritt, halte ich die Form für eine einfache, „kursive" Form, die aus der Flüchtigkeit des betreffenden Herstellers resultiert. Sie tritt nur in der Zeit Ramses II auf, aus der auch die Hauptmasse der Belege stammen. Nach seiner Zeit konnten nur noch zwei Belege, Mer/ Saq/ 001 und SII/ Ani/ 001, erfaßt werden. RII/ Aby/ 007 zeigt in der Mitte als einziger Beleg keine Erhöhung.

Die beiden nubischen Belege zeugen auch hier wieder von einer Unkenntnis der realen Natur des Vorbildes.

Die beiden Varianten verteilen sich relativ gleichmäßig auf die Regionen, so daß ich hier auf zwei eigenständige Versionen von D 35 mit gleicher Verwendung schließe, die je nach Duktus der entsprechenden Hersteller/ Arbeitsstätten benutzt wurden.

Nur wenige Belege bringen D 35 in einer Schriftfeldschreibung. Dabei sind die Hieroglyphen nur vertikal gestaucht worden, während eine horizontale Stauchung nicht erfaßt werden konnte. D 35 mußte dabei auf einem Drittel der Feldhöhe untergebracht werden, als Einzelzeichen nimmt es eine halbe Feldhöhe ein. Nur eine Schreibung bei RII/ Sas/ 001 schränkte die zur Verfügung stehende Höhe noch weiter ein. In allen Schriftfeldschreibungen reduzierte sich die Erhebung in der Mitte der Arme.

D 36

Der ᶜ-Arm gehört mit zu den am häufigsten verwendeten Hieroglyphen. Drei Formen herrschen im Corpus vor,

A) eine mit nur undifferenzierter Ausführung der Hand ()[53],

B) mit angesetztem Daumen ()[54] sowie

C) mit einem auf beiden Seiten mit der Handfläche verbundenen Daumen ()[55].

---

50 SI/ DeM/ 015.

51 RII/ Saq/ 009.

52 RII/ Nub/ 001, RII/ DeM/ 029, RII/ The/ 008, RII/ Mem/ 001 und RII/ Sas/ 001.

53 RII/ The/ 005.

54 RII/ DeM/ 112.

55 RII/ DeM/ 039.

Diese drei Formen kommen während der gesamten 19. Dynastie in ganz Ägypten vor. In manchen Fällen wurden sogar mehrere Formen des D 36 auf ein und derselben Stele verwendet. Jedoch ist es dabei nicht so, daß eine bestimmte Form beispielsweise nur in – später eingesetzten – Namensbeischriften vorkommt, die anderen nur im Haupttext. Diese Schwankungen dürften also entweder im Rahmen der geringen individuellen Freiheit zu sehen sein, die den damaligen Herstellern möglich war, oder in der Tatsache, daß mehrere Hersteller an einer Stele gearbeitet haben.

Im thebanischen und mittelägyptischen Raum ist D 36 am Anfang des untersuchten Zeitraumes von einer flacheren Gestalt, als dies später der Fall ist. Die wenigen unterägyptischen Belege aus der Zeit Sethos I lassen eine genauere Analyse der dortigen Gegebenheiten jedoch nicht zu. Zur Zeit Ramses II ist in den nördlichen Gebieten eine Form mit sehr hohem Oberarmansatz (z. B. )[56] üblich, besonders ausgeprägt in Saqqara, wo diese Tendenz schon zu Zeiten seines Vorgängers sichtbar wird. Der hohe Oberarmansatz wird meistens kombiniert mit einem in der Länge stark verkürzten Unterarm, so z. B. [57]. Diese besondere Formvariante scheint (zumindest in den Einzelzeichen) nur in Saqqara vorzukommen. In den anderen Regionen ist eine Entwicklung zu beobachten, bei der sich ab Ramses II die Länge des ausgestreckten Armes in Proportion zum Oberarmansatz und zur Handfläche vergrößert. Der Beleg Sip/ DeM/ 021 zeigt mit  eine etwas eigenwillige Gestaltung sowohl der Hand als auch des Oberarmansatzes.

In Schriftfeldschreibungen wurde D 36 entweder horizontal auf zwei Drittel der Feldbreite und/ oder auf ein Drittel der -höhe gestaucht. Das Einzelzeichen nimmt generell ca. die Hälfte der Feldhöhe ein.

Bei der horizontalen Stauchung wurde die Länge des Unterarmes stark verkürzt, während Hand und Oberarm nahezu unverändert blieben. Bei der vertikalen Stauchung wurde der Oberarmansatz manchmal, aber nicht immer, verkleinert, die Handfläche mußte reduziert werden. Der Unterarm erfuhr an sich keine Veränderung. Bei den seltenen Fällen einer unregelmäßigen Stauchung in beide Richtungen, so z. B. bei [58] können alle einzelnen Veränderungen zusammenfallen.

In Saqqara kommen hoher Oberarmansatz + kurzer Unterarm bei Einzelzeichen ebenso wie bei den gestauchten Schriftfeldschreibungen vor.

D 37-38 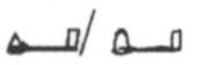

In Nubien findet sich überwiegend eine Form, bei der das Spitzbrot von der stark gewölbten Handfläche abgesetzt ist. Bei RII/ Ama/ 001 ist noch eine vage dreieckige Form erhalten, während in Buhen eine schlanke längliche Form erscheint (A. H. GARDINERs Form D 38). Dem Hersteller von SII/ Ani/ 001 war das Vorbild wohl nicht bekannt, der obere Teil hat eine dreieckige Form, läßt jedoch nicht mehr [Hand hält Spitzbrot] erkennen.

Der in der Hand gehaltene Gegenstand ist in meinen Belegen generell schon ab dem Anfang der 19. Dynastie vom realen „Spitzbrot" gelöst und wird zu einem meist dreieckigen, aus sich heraus nicht mehr identifizierbaren Objekt. Jedoch bleibt die Mitte so gut wie immer[59] unbearbeitet, da nur die Umrisse des Brotes graviert wurden.

56 RII/ Saq/ 014.
57 RII/ Saq/ 018.
58 RII/ DeM/ 089.
59 Ausnahmen sind SI/ DeM/ 040, SI/ Saq/ 008, RII/ DeM/ 027. 176, RII/ Sed/ 003 sowie Am/ DeM/ 003. Auffallend ist das Übergewicht oberägyptischer Belege, speziell aus Deir el-Medineh.

Eine spezielle Form zeigt sich in meinen Belegen nur in Oberägypten zur Zeit Ramses II[60]. Bei dieser ist die horizontale Unterseite des Brotes nicht in der gewölbten Handfläche verschwunden, sondern befindet sich darüber und ist nur knapp mit dem Handgelenk verbunden: [61].

Ähnlich wie bei D 36 zeigt sich auch das Erscheinungsbild für die Ramses II-zeitlichen Belege aus Saqqara. Hier tritt in manchen Belegen ebenfalls ein hoher Oberarmansatz zusammen mit einem kurzem Unterarm auf.

In Deir el-Medineh werden die Hieroglyphen in den wenigen Belegen der späten 19. Dynastie immer kleiner, nur noch Sip/ DeM/ 018 zeigt eine sauber ausgeführte, dem Basiszeichen vergleichbare Form.

Der Beleg SI/ Aby/ 007 hat ein längliches, rundes Brot, das sich direkt auf der Handfläche befindet, aber von dieser durch eine Linie abgetrennt ist. Hierbei könnte es sich um das runde Brot handeln, das bei A. H. GARDINER als D 38 klassifiziert ist. Dieselbe Form taucht danach zur Zeit Ramses II jeweils auf einer Stele in Deir el-Medineh[62], Saqqara[63] und (vielleicht) in Qantir[64] auf.

Die qantirer Belege RII/ Qan/ 002. 009. 037 ähneln stark den aus Saqqara bezeugten Schriftformen.

In den wenigen Schriftfeldschreibungen wurde D 37 überwiegend nur vertikal auf ca. ein Viertel der Feldhöhe gestaucht. Die Hand ist dabei meistens nicht mehr nach unten gewölbt, sondern schließt gerade ab, in einer Linie mit der Unterseite des Unterarmes.

Bei SI/ DeB/ 001 ist in dem Schriftfeld  D 37 als oberstes Zeichen ebenfalls beeinflußt, obwohl ansonsten das jeweils erste Zeichen in einem Feld in der Regel seine Einzelform behielt. In diesem Fall kann man aber an weiteren D 37-Einzelzeichen derselben Stele erkennen, daß der Hersteller hier bewußt schon das oberste Zeichen veränderte, um das ganze Schriftfeld innerhalb der vorgegebenen Zeilenhöhe unterbringen zu können.

Es hätte natürlich die Möglichkeit  gegeben, bei der alle 3 Hieroglyphen Einzelzeichen wären. Der altägyptische Hersteller hat diese Variante aber nicht gewählt, so wie auch im gesamten Text die Zeichen sehr dicht gesetzt sind. So drängt sich der Eindruck auf, die Sorge um Platzmangel wäre schon am Anfang der Beschriftung aufgetreten und nicht erst gegen Ende hin, wie dies sonst häufig zu beobachten ist.

D 39

Diese Hieroglyphe konnte nur viermal belegt werden, zweimal in Deir el-Medineh (RII), einmal in Abydos zur Zeit Merenptahs. Beide DeM-Belege zeigen den *nw*-Topf in resp. über der geöffneten Hand. Ersterer befindet sich einmal über der Hand, einmal direkt mit ihr verbunden. Die Schreibung 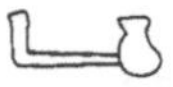 auf Mer/ Aby/ 005 ersetzt die ganze Hand ab dem Handgelenk durch einen großen *nw*-Topf, das Zeichen macht den Eindruck, als ob der Arm im oder hinter dem Gefäß verschwinden würde[65]. Bei RII/ The/ 008 ist die genaue Identifizierung der

---

60 Zwei frühere Belege nur bei SI/ DeM/ 030. 032.

61 RII/ DeM/ 127. Diese Form könnte CAUVILLE, DEVAUCHELLE, GRENIER, *Catalogue*, 110, 1 entsprechen.

62 RII/ DeM/ 144.

63 RII/ Saq/ 007.

64 RII/ Qan/ 045. Hier ist eigentlich eine Entscheidung, ob es sich um das runde Brot oder um ein etwas verkümmertes Spitzbrot handelt, nicht so recht möglich.

65 Diese besondere Form ist in keiner der vorliegenden Zeichenlisten aufgeführt.

Hieroglyphe aufgrund der indifferenten Form schwierig, als Determinativ für ***wdpw*** „Aufwärter“ o. ä.[66] sind jedoch D 37 bis D 39 denkbar. Es ist zu fragen, ob in einem späteren Schritt nicht auch D 39 mit D 37-38 als weitere Variante eines einzigen Zeichens angesehen werden muß.

D 40 

Als Einzelzeichen kommt der schlagende Arm erst ab der thebanischen Region vor[67].
Es gibt dabei zwei grundlegende Formen,
A), bei der der Schlagstock unterhalb der Faust weitergeführt ()[68] wird,
B), bei der dies nicht der Fall ist()[69].

Form A) kommt in den ausgewerteten Belegen nur selten vor, auch wenn dieses die Form des Basiszeichens bei A. H. GARDINER[70] ist. Eine Trennung des Stocks von der vertieften Fläche der Faust, also ein neues Ansetzen des Stichels – eigentlich anatomisch korrekter – kommt in dem vom mir untersuchten Materialcorpus nur sehr vereinzelt und verstreut vor, überwiegend in der Zeit Ramses II[71].

Die Höhe des Stockes ist überwiegend identisch mit der des Oberarmansatzes, ab und zu kann der Stock höher oder niedriger sein. Dies scheint jedoch durch den Duktus des Herstellers oder der Arbeitsstätte begründet zu sein, weniger durch lokale oder chronologische Eigenheiten. Die IFAO-Zeichenliste[72] verzeichnet an erster Stelle eine Form mit hohem Oberarmansatz und schrägem, etwas darüber hinausragenden Stock, sowie danach eine zweite Form, bei der Armansatz und Stock sehr kurz und gleich hoch sind.

Dieser Schlagstock ist normalerweise an seinem oberen Ende mehr oder weniger nach innen gekrümmt, nur in Deir el-Medineh wurde in seltenen Fällen – hauptsächlich zur Zeit Ramses II –auch eine senkrechte, gerade Stockvariante verwendet.

Der angesetzte Daumen ist in Deir el-Medineh bei den Belegen nicht die Regel, während in Nubien und auch in den nördlicheren Regionen Ägyptens auf dieses Detail stärker geachtet wurde.

Der Stock ist in allen Zeichenlisten schräg nach außen gekippt. Diese Stellung ist in meinem Corpus ebenfalls selten, sie kommt nur in der ersten Hälfte der Dynastie im thebanischen Bereich vor, sowie in der Schriftfeldschreibung der frühesten Stele aus der Zeit Ramses I aus Amada (Unternubien). Hierbei dürfte es sich allerdings um eine Beeinflussung durch den Stier im Schriftfeld handeln, da die Vorderbeine des Tieres nur diese Stellung des Stockes ermöglichten.

In den Schriftfeldschreibungen wurde D 40 meistens vertikal auf ein Drittel bis ein Viertel der Feldhöhe gestaucht, dabei mußte der Stock schräggestellt[73] oder stark verkleinert[74] werden. Ansonsten wurde der Stock so gestaltet, daß er freien Raum, beispielsweise vor den Vorderbeinen einer Stierhieroglyphe, füllte (bewußte oder unbewußte Beeinflussung durch *horror vacui*). Nur bei Sip/ DeM/ 003 erfolgte eine Detailveränderung, in der der Stock durch eine

66 *WB I*, 338, jedoch ist keine Schreibung mit einem Arm verzeichnet.
67 Einzige Ausnahme ist hier der Beleg SII/ Ani/ 001.
68 RII/ Aby/ 019.
69 RII/ DeM/ 075.
70 GARDINER, *EG*, 455.
71 So z. B. SI/ DeM/ 029, RII/ Saq/ 013, RII/ KeG/ 004, RII/ Qan/ 044.
72 CAUVILLE, DEVAUCHELLE, GRENIER, *Catalogue*, 110, 13 bzw. 110, 15.
73 So bei RI/ Amd/ 001.
74 So bei RII/ DeM/ 083, Sip/ DeM/ 003, Sip/ Aby/ 003.

winzige Kreisfläche auf der nur angedeuteten Faust ersetzt wurde: .

In ganz wenigen Fällen – auffälligerweise fast alle aus der Zeit Sethos I – wurde durch die Anordnung des Schriftfeldes eine horizontale Stauchung erforderlich. Bei SI/ DeM/ 040 und SI/ Saq/ 003 mußte D 40 auf zwei Drittel der Feldbreite verkleinert werden, wobei lediglich die Länge des Unterarmes verkürzt wurde, Oberarmansatz und Stock blieben gegenüber dem Einzelzeichen unverändert. Nur bei SI/ Aby/ 002 mußte neben der horizontalen auch eine vertikale Stauchung vorgenommen werden: , das gleiche gilt auch für RII/ DeM/ 083: .

Die Formen von D 40 haben sich bis zum Ende der Dynastie nicht wesentlich geändert, so weit die wenigen Belege dies zeigen können.

D 41

Das Zeichen ist relativ selten und in meinem Corpus erst ab der Zeit Ramses II belegt. Neben einem Beleg aus der Regierungszeit Sethos II erscheint es dann erst wieder auf 3 Stelen ganz am Ende der 19. Dynastie.

Der einzige nubische Beleg gibt Hand und Daumen undifferenziert als eine Fläche an. Im Raum um Deir el-Medineh/ Koptos ist die gewölbte, nach unten geöffnete Hand sehr groß dargestellt, der Daumen ist darunter stets angegeben.

Aus Abydos konnte ein Beleg aufgenommen werden, der isoliert aus der Zeit Sethos II stammt und markante Unterschiede zu den vorherigen Stelen (Zeit Ramses II und Siptahs) aufweist. Hier ist der Unterarm nicht horizontal, sondern leicht konkav gewölbt, ein Daumen fehlt völlig. Da es sich hier um einen einzelnen, isolierten Beleg handelt, ist nicht entscheidbar, ob diese Unterschiede vielleicht für die Region um Abydos oder für die Zeit dieses Herrschers charakteristisch sein könnten. Es muß aber auch die Möglichkeit in Betracht gezogen werden, daß diese besondere Form nur vom Hersteller dieser Stele angewandt wurde.

D 42 Im vorliegenden Corpus nicht belegt.

D 43 

Das Zeichen ist dreimal belegt, jedoch nur aus der thebanischen Region. Der einzige Beleg der Zeit Sethos I, SI/ DeM/ 002, stellt die Faust dar und setzt den Wedel darüber an. Die beiden anderen Hieroglyphen sind aus der Zeit Ramses II. Bei ihnen geht der Arm ohne Verengung des Striches direkt in den schräg nach oben abknickenden Wedel über.

D 44 Im vorliegenden Corpus nicht belegt.

D 45 

Diese Hieroglyphe ist nur selten, überwiegend in Oberägypten belegt. Die Form des in der Hand gehaltenen Gerätes variiert, ohne daß chronologisch/ topographische Tendenzen feststellbar wären. Bei dem Gerät kann es sich um einen einfacher Strich handeln, aber auch oval oder in einem Fall auch wie ein *ꜥnḫ* geformt sein ( [75]). Der Arm ist im Ellenbogen generell wie das GARDINERsche Basiszeichen  geknickt, nur der mit Abstand späteste Beleg

75 RII/ Aby/ 016.

SII/ Aby/ 001  weist einen sehr steilen Oberarm auf[76]. H. G. FISCHER[77] weist darauf hin, daß der in der Hand gehaltene Gegenstand in einigen NR-Belegen eine Feder darstellt, wobei er eine Reinterpretation des Neuen Reiches vermutet, die auf AR-Formen zurückgeht. Dies würde auch zu der Stellung des Oberarmes passen, die hier bei SII/ Aby/ 001 ebenfalls wie auf AR-Belegen aussieht.
Die Hand selber ist nirgends *en detail* dargestellt.

In den Schriftfeldschreibungen stauchte man D 45 nur vertikal. Dies veränderte die Stellung des Oberarmes, der jetzt nicht mehr ganz so weit nach oben abgeknickt ist.

D 46-47 /

Die Verwendung als Einzelzeichen steht hinter der in einem Schriftfeld zurück, Einzelzeichen aus nubischen Stelen konnten nicht belegt werden.

Grundsätzlich kann man zwei Hauptformen in meinem Material ausmachen, die sich in der Gestaltung und Anordnung des Daumens unterscheiden.
A) Zum einen die „Standardform", bei der der Daumen sich oberhalb der Handfläche erhebt ()[78],
B) zum anderen eine Variante, bei der der Daumen auch an der Fingerspitze mit der Handfläche verbunden ist ()[79].

Die seltene Form B) konnte von mir nur in Deir el-Medineh ab Ramses II bis Siptah belegt werden. Es scheint sich demnach hier um einen lokalen Duktus zu handeln, der jedoch selten verwendet wurde. Nur die folgenden Stelen weisen ihn auf: RII/ DeM/ 050. 053. 083. 111. 140. 143. 160, Am/ DeM/ 002. 004 und Sip/ DeM/ 018.

Normalerweise befindet sich der Ansatz des Daumens ca. im hinteren Drittel der Handfläche, am Übergang vom Gelenk zur eigentlichen Hand. Einige wenige Belege der Ramses II-Zeit setzen den Daumen dagegen in der Mitte der länglichen Fläche an, so z. B. [80]. Es ist jedoch zu konstatieren, daß auch auf einer Stele nebeneinander verschiedene, leicht abweichende Formen derselben Hieroglyphe vorkommen. Diese Tatsache könnte auf mehrere Hersteller hindeuten, die an dem entsprechenden Objekt Inschriften anbrachten.

Bei einer weiteren Variante wurde der Daumen ganz hinten angesetzt, das Handgelenk existiert hierbei praktisch nicht. Diese Formen haben zwangsläufig einen sehr langen und dünnen Daumen. Auch diese Abweichung hat ihre größte Verbreitung in der Zeit Ramses II, eine Stele stammt aus der Zeit Sethos I (SI/ DeM/ 001), eine aus der Merenptahs (Mer/ Aby/ 005) und zwei aus der Sethos II (SII/ Aby/ 001. 002). Der Verbreitungsschwerpunkt liegt in Oberägypten[81], nur zwei Belege stammen aus Unterägypten, nämlich aus Saqqara und Sais[82].

Demgegenüber stehen äußerst seltene Formen, die den Daumen sehr weit vorne ansetzen, so daß auf den ersten Blick eine Assoziation der Hieroglyphe mit „Hand" nicht immer sofort möglich ist. Die Belege verteilen sich auf die Zeit Ramses II, Amenmesse und Siptah, stam-

76 Eine solche steile Form zeigt GRAEFE, *MÄG*, 215, jedoch sind dort beide Arme dicht nebeneinander vorhanden, die ein palmwedelähnliches Element halten.
77 FISCHER, *Calligraphy*, 54.
78 RII/ DeM/ 050.
79 RII/ DeM/ 160.
80 RII/ DeM/ 114.
81 RII/ Buh/ 005, RII/ DeM/ 029. 140. 166
82 RII/ Saq/ 007 bzw. RII/ Sas/ 001.

men jedoch auffälligerweise alle aus Deir el-Medineh[83].

Die Ausprägung der Handfläche differiert leicht bei jedem Zeichen, qualitätvollere Exemplare haben einen vorne gerundeten Abschluß, um die Form der ausgestreckten Hände zu berücksichtigen, andere Hersteller begnügten sich mit einem nahezu rechteckigen, verschieden hohen Längs"rechteck".

In den Schriftfeldschreibungen wurde D 46, das als Einzelzeichen eine halbe Feldhöhe und eine Breite benötigt, in verschiedener Weise verändert. In sehr vielen Schreibungen wurde D 46 in *ḏd(=f)* verwendet, wobei die Hand und die Hornviper unter die Kobra gesetzt wurden. Dadurch ergab sich eine horizontale Stauchung auf ca. zwei Drittel der Feldbreite sowie eine vertikale auf etwas weniger als die Hälfte der Feldhöhe. Dies hatte zur Folge, daß die Fläche der Hand in ihrer Länge gekürzt werden mußte. In manchen Fällen ist dann eine maßstabsgerechte Verkleinerung festzustellen. Ein Beleg bei RII/ Sas/ 001 stauchte die Hand auf die Hälfte der Breite zusammen, in diesem Fall wurde die vordere Partie nahezu unverändert gelassen, während der hintere Teil mit dem Handgelenk nahezu vollständig verschwunden ist: .

Die einzige Schriftfeldschreibung, in der D 46 nur mit einem anderen länglich-schmalen Zeichen kombiniert wurde, ist das Lemma *šd*. Hier wurde verändert, weil die nach unten hängenden Teile des Wasserschlauchs die Hand in ihrem Platz einschränkten, aus dem Grund mußte dann eine rein horizontale Stauchung stattfinden. Bei Am/ DeM/ 003 wurden beide Zeichen stark gequetscht und so auch in ihrer Höhe beeinflußt.

D 48, D 49 Im vorliegenden Corpus nicht belegt.

D 50

Der senkrechte Finger ist im vorliegenden Corpus zweimal, immer aus der Zeit Sethos I, belegt. In der Schriftfeldschreibung 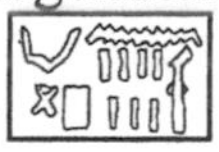 bei SI/ Saq/ 003 mußte D 50 nur minimal horizontal gestaucht werden, etwas mehr vertikal. Auffallend sind zwei intentional angebrachte, einander gegenüberliegende, halbkreisförmige Ansätze am Schaft, die normalerweise nicht vorkommen. Eine Erklärung habe ich dafür derzeit noch nicht.

D 51

Das Zeichen konnte lediglich einmal bei RII/ DeM/ 083 (, oben Mitte) in einer flüchtigen Schreibung belegt werden.

D 52

Der Phallus ist nur selten in meinem Corpus belegt, von SI/ DeB/ 001 abgesehen, datieren alle Belege in die Zeit Ramses II.

Der südlichste Beleg stammt aus Abydos, alle anderen RII-zeitlichen Hieroglyphen kommen aus Unterägypten. RII/ Saq/ 013 und die einzige Schriftfeldschreibung RII/ Qan/ 037 geben die Hoden nur andeutungsweise bzw. gar nicht voneinander abgesetzt wieder, wie dies RII/ Aby/ 005 und in stärkerem Maße RII/ KeG/ 004 tun.

---

83 Es handelt sich dabei um RII/ DeM/ 126 (von einem Photo, das an der entsprechenden Stelle eine Unschärfe aufweist, der Beleg ist demnach nicht ganz klar), Am/ DeM/ 003 und Sip/ DeM/ 003.

D 53

Der Phallus mit austretender Flüssigkeit ist etwas häufiger im Corpus belegt als das vorherige Zeichen. Im Gegensatz zu D 52, das hauptsächlich in Unterägypten verbreitet war, ist die vorliegende Hieroglyphe im untersuchten Quellenmaterial fast ausschließlich in Oberägypten verwendet worden, nur RII/ Saq/ 020 und RII/ Sed/ 001 stammen aus dem Norden Ägyptens. Der Hersteller von SII/ Ani/ 001 hat D 53 offensichtlich mit etwas anderem verwechselt, da die Hoden und der „Flüssigkeits-Strich" nahezu gleich gestaltet wurden.

Die austretende Flüssigkeit ist meist als kleiner abgetrennter Strich dargestellt, der in manchen Fällen mit der Eichel verbunden ist. Jedoch läßt sich dieses Merkmal leider nicht regional oder zeitlich eingrenzen.

Alle Hieroglyphen, bei denen die Trennung der beiden Hoden nicht durchgeführt wurde, stammen aus dem thebanischen Gebiet, während dort die Trennung nur in 2 Fällen[84] belegt werden konnte.

In Schriftfeldschreibungen wurde D 53 meist nur vertikal auf ein Drittel der Feldhöhe gestaucht. Der „Flüssigkeits-Strich" wurde etwas verkürzt, der Phallus vollständig waagerecht gehalten, er konnte nun nicht mehr leicht nach oben gerichtet werden.

D 54 

Nach H. G. FISCHER[85] stellte diese Hieroglyphe im Alten Reich und in der Zeit danach gewöhnlich ein Beinpaar mit einem Schurz dar.[86] In meinen Beispielen sind jedoch, in Übereinstimmung mit dem Basiszeichen bei A. H. GARDINER[87], stets nur die nackten Beine ohne Bekleidung sichtbar, die sich oben berühren, wo dann das untere Ende des Rumpfes anfangen würde.

Die laufenden Beine sind in meinen nubischen Stelen sehr selten belegt. Ansonsten verteilen sich die Belege über ganz Ägypten mit einem Schwerpunkt auf der ersten Hälfte der 19. Dynastie. Normalerweise treffen die Beine in steilem Winkel auf den Boden auf ()[88], im thebanischen Gebiet kommen in meinen Belegen zur Zeit Ramses II auch Formen vor, bei denen die Beine weit gespreizt sind und in flachem Winkel den Boden berühren ()[89]. Diese Variante ist aber relativ selten. In der ganzen Spannbreite des von mir abgesteckten Rahmens erscheinen neben den Zeichen mit geraden Beinen auch Varianten, bei denen das hintere Bein mehr oder weniger stark nach außen gebogen ist, so z. B. [90] oder 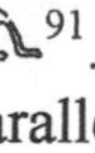[91].
Es gibt einige Belege, bei denen die Füße nicht am Knöchel abknicken und parallel zur Standlinie verlaufen, sondern etwas nach unten geneigt sind, z. B. [92]. Der sonst in Hieroglyphen eher unerfahrene Hersteller von SII/ Ani/ 001 gravierte eine Form von D 54, die eigentlich die in unsere Zeichenlisten und Grammatiken aufgenommene Beschreibung „Gehende Beine"[93] am besten wiedergibt: . Die anderen Belege aus meinem Corpus zeigen eher stehende Beine in der von Statuen her bekannten sog. „Standschreitstellung".

---

84 Diese Ausnahmen sind RII/ DeM/ 143 und Sip/ DeM/ 005.

85 FISCHER, *Calligraphy*, 19.

86 Dieses kann auch Formen mit einer waagerechten Linie, an deren Enden die Beine anfangen, erklären, da diese Linie dann den unteren Saum des Schurzes darstellt: FISCHER, *Calligraphy*, 54.

87 GARDINER, *EG*, 457.

88 SI/ Saq/ 005.

89 RII/ DeM/ 027.

90 SI/ DeM/ 015.

91 SII/ Aby/ 001.

92 RII/ Aby/ 007.

93 Die Benennung als „gehende Füße" in HANNIG, *HWB*, 1039 ist eigentlich nicht ganz korrekt, da es sich anatomisch gesehen um Beine (i. e. Oberschenkel, Unterschenkel und Fuß) handelt.

In Schriftfeldschreibungen wurde D 54 in verschiedener Weise gestaucht. Das Einzelzeichen benötigt eine halbe Feldhöhe und eine Feldbreite. In der Zeit Sethos I stauchte man die Beine entweder vertikal auf ca. ein Drittel oder weniger der Höhe (z. B.  [94]) bzw. horizontal auf die Hälfte der Feldbreite (z. B.  [95]). Ab Ramses II kommen kompliziertere Schriftfeldschreibungen auf, in denen mehrere Zeichen auf mitunter sehr wenig Platz zusammengequetscht wurden.
Eine hier nur in der Ramses II-Zeit in Unterägypten[96] auftretende Schreibung für *jw(j)* setzt hinter den Rücken und vor die Brust des Wachtelkückens je ein , diese beide D 54 mußten so in beide Richtungen gestaucht werden. Eine solche unregelmäßige Stauchung tritt auch bei vielen anderen Schriftfeldern auf, so z. B. bei  [97],  [98] oder  [99]. Hierbei wurden, wie bei RII/ Saq/ 020 besonders deutlich, die beiden Beine stark zueinander hin verschoben. Zusätzlich mußte ein Fuß kürzer als der andere ausfallen, da vor dem Zeichen kein ausreichender Platz mehr vorhanden war.

Auch die Höhe mußte bei vertikaler Stauchung reduziert werden, was durch eine Verkürzung der Beine erreicht wurde. Eine weitere Möglichkeit war, die Füße – bzw. meist den vorderen, herausragenden Fuß – extrem bis fast zur Unkenntlichkeit zu verkürzen, wie z. B. bei  [100] oder  [101]. Die wenigen belegten Schriftfelder ab Sethos II reduzieren größtenteils wieder die Zahl der in einem Feld zusammengerückten Hieroglyphen.

D 55 

Dieses Zeichen ist nur selten im Corpus vertreten, mit einem Schwerpunkt in Oberägypten in der Zeit Ramses II. Aus Saqqara sind lediglich drei Stelen der Zeit Ramses II und eine der Zeit Merenptahs belegt[102]. Schriftfeldschreibungen kommen keine vor. Die Beispiele aus Deir el-Medineh machen alle einen sehr geduckten Eindruck, das vordere Bein ist flach weit nach vorne gestreckt. Den gleichen Befund weist der einzige späte Beleg Mer/ Saq/ 001 auf. SI/ DeB/ 001 zeigt ein etwas zittrig gefertigtes vorderes Bein, bei dem der Fuß fehlt. Das abydenische Beispiel hat das vordere Bein unter die Standlinie gezogen. Die Ramses II-zeitlichen Stelen aus Saqqara sind sehr hoch, sie zeigen wenig Unterschiede zu D 54. Bei allen D55-Hieroglyphen fällt auf, daß sie – im Gegensatz zu den meisten D 54 – oben nicht spitz, sondern abgerundet zulaufen[103].

D 56 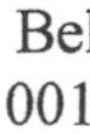

Alle Belege dieses Corpus für D 56 stammen aus der Zeit Ramses II, mit der Ausnahme Mer/ Saq/ 001, die auch schon bei den vorherigen Hieroglyphen zu den wenigen – wenn nicht dem einzigen – späten Belegen zählt. Das Vorkommen dieses Zeichens verteilt sich überwiegend auf die beiden Hauptzentren Theben resp. Memphis/ Saqqara.

94 SI/ DeM/ 042.
95 SI/ DeM/ 015.
96 Einzige Ausnahme ist ein Beleg auf einer thebanischen Stele: RII/ The/ 008.
97 RII/ DeM/ 075.
98 RII/ Saq/ 020.
99 Mer/ Saq/ 001.
100 RII/ DeM/ 068.
101 RII/ The/ 005.
102 Es handelt sich dabei um RII/ Saq/ 009. 014. 018 sowie Mer/ Saq/ 001.
103 Cf dazu auch FISCHER, *Calligraphy*, 19 und FISCHER, *Orientation I*, 112 ff, bes. 115 ff.

Die Einzelzeichen aus Saqqara weisen eine schmalere, langgestrecktere Form als die oberägyptischen Belege auf und halten den Unterschenkel senkrechter[104].
Alle drei erfaßten Schriftfeldschreibungen beinhalten dieselbe Zeichenfolge, die den hinteren Teil des Titels ***kṯn*** „Wagenlenker“[105] nach  bildet. Dabei wurde D 56 entweder maßstäblich verkleinert bzw. unterschiedlich vertikal und horizontal gestaucht, was man durch die Verkürzung von Unterschenkel bzw. der Fußpartie erreichte.

D 57 Im vorliegenden Corpus nicht belegt.

D 58 

Das Bein „*b*“ kommt in ganz Ägypten vor, Schriftfeldschreibungen sind häufiger als Einzelzeichen.
Das Bein ist – im Verhältnis zur Fußlänge – bei diversen oberägyptischen Belegen kürzer als in Unterägypten, jedoch tauchen auch im Süden lange Beine auf. Viele unterägyptische Belege weisen ein dickeres Bein auf als oberägyptische Stelen, so auch die wenigen Quellen der späten 19. Dynastie.

Die Wölbung der Fußsohle sowie die Ferse sind, mit wenigen Ausnahmen[106], in den Belegen nur in Unterägypten belegt, beispielsweise [107] oder [108]. Ansonsten ist die Unterseite der Fußpartie nahezu eben. Einen ebensolchen Unterschied zwischen Ober- und Unterägypten erkennt man in der Gestaltung des Spanns. Die oberägyptischen D 58 sind in der Regel mit einem sehr flachen Spann versehen ([109]), die unterägyptischen Hersteller bevorzugten in den meisten Fällen einen hohen Spann ([110]).

In Schriftfeldschreibungen wurde D 58, das als Einzelzeichen ein ganzes Feld beansprucht, nur in wenigen Fällen lediglich horizontal gestaucht. Das Beim mußte auf ca. die Hälfte der Feldbreite verkürzt werden, so in den Lemmata *bw* oder *Gb*, die Höhe blieb dabei unangetastet, lediglich die Länge der Fußpartie verkürzte sich. In vielen Schriftfeldschreibungen, so beispielsweise bei den Lemmata ***snb*** [111] oder anderen Zeichenkombinationen [112], wurde das Bein unregelmäßig auf ca. die Hälfte der Breite und drei Viertel der Höhe gestaucht. Wieder andere Schreibungen stauchten das Zeichen D 58 noch weiter, so [113], wo eine maßstäbliche Verkleinerung festzustellen ist. Manche Stelenhersteller haben die teilweise Verkleinerung auch dadurch umgangen, daß sie das Bein etwas verlängerten und so die Fußpartie unter den anderen Zeichen auf „normaler“ Länge lassen konnten[114]. Die Beein-

104 Zur Länge des Beines cf. FISCHER, *Calligraphy*, 20.
105 *WB V*, 148.
106 Dies sind SI/ Aby/ 008, RII/ ASi/ 001, RII/ The/ 005. 008, RII/ DeM/ 082, SII/ Buh/ 001.
107 RII/ Saq/ 018.
108 RII/ Sas/ 001.
109 RII/ DeM/ 102. Nur wenige, so RII/ DeM/ 122 (4. Zeichen), RII/ The/ 008. 022 oder RII/ Kop/ 001 haben einen hohen Spann.
110 SI/ Saq/ 006.
111 RII/ DeM/ 039.
112 SI/ DeM/ 042.
113 SI/ DeM/ 044.
114 So z. B SI/ DeM/ 001.

flussung des Beines in einem Schriftfeld führte in Unterägypten dazu, daß oft der sonst übliche hohe Spann (s. o.) stark abgeflacht werden mußte.

D 59 

Die Komposithieroglyphe D 59 ist, neben einem Beleg aus Qantir, nur auf zwei Stelen aus Deir el-Medineh belegt, sie stammen sämtlich aus der Zeit Ramses II. Auffällig bei allen aufgenommenen Hieroglyphen ist der Umstand, daß die Handgelenkpartie direkt hinter dem Bein beginnt, im Gegensatz zum Basiszeichen (), bei dem D 36 und D 58 sich in der Mitte treffen.

Bei der Schriftfeldschreibung RII/ DeM/ 127 erkennt man, daß der beim Einzelzeichen derselben Stele auftretende lange Fußbereich hier stark verkürzt werden mußte, ebenso wie der Oberarmansatz und die Hand. Der Hersteller von RII/ Qan/ 016 stauchte das Zeichen ebenfalls nur horizontal, jedoch wurde D 59, besonders die Komponente D 36, dabei fast bis zur Unkenntlichkeit entstellt, so daß schon von einer Detailveränderung gesprochen werden kann: .

D 60 

Diese Kompositheiroglyphe kommt öfters vor, überwiegend in der ersten Hälfte der 19. Dynastie. Sie besteht aus dem Bein D 58 und dem liegenden Gefäß W 54, aus dem Wasser fließt[115]. Beide Teile sind meistens miteinander verbunden, jedoch gibt es auch eine Reihe von Belegen, die beide getrennt zeigen.

Der Flüssigkeits-Strahl ist meist nur ein Strich, abgesehen lediglich von einigen Belegen aus der Zeit Sethos I. SI/ Saq/ 008 zeigt eine Zackenlinie (), SI/ DeM/ 005 und / 007 () einen nur auf der Außenseite gezackten Strahl.

Der Topf hat meist die Form ungefähr wie bei [116]. Ganz selten ist der Rand vom Gefäßkörper abgetrennt[117], RII/ Saq/ 016 zeigt mit  eine leicht modifizierte Form.

Bei der Darstellung des Beines gibt es gegenüber dem einzelnen Zeichen D 58  keine großen Veränderungen. Lediglich Sip/ DeM/ 001 scheint das Bein mit dem Brot X 08 verwechselt zu haben: . Diese Verwechslung könnte aus einer hieratischen Vorlage stammen, da ein des Lesens nicht oder nur unzureichend fähiger Hersteller die Zeichen D 58 [118] und X 08  /[119] bei etwas unsauberer Schreibung durchaus durcheinander gebracht haben könnte. In diesem Fall dürfte aber nicht die für D 60 übliche hieratische Schreibung verwendet worden sein[120].

115 Seit GARDINER, *EG*, 458 wird D 60 als Kombination aus D 58 und der Vase von A 06  bezeichnet.
116 RII/ DeM/ 060.
117 Bei SI/ DeM/ 005, SI/ Saq/ 008, RII/ DeM/ 114 und Sip/ Aby/ 003.
118 MÖLLER, *Hieratische Paläographie II*, 11 (124).
119 MÖLLER, *Hieratische Paläographie II*, 51 (569).
120 Cf. MÖLLER, *Hieratische Paläographie II*, 45 (500).

Die Schriftfeldschreibungen stauchten das Zeichen meist horizontal, die geringe vertikale Stauchung durch das darunter gesetzte  spielte keine große Rolle. Der Flüssigkeits-Strahl mußte jetzt meist stärker in die Senkrechte gebogen werden, z. B.  [121]. Auch der Fuß kann stark überlängt worden sein, wie bei RII/ DeM/ 146 .

D 61-63 

Die Hieroglyphe ist nur einmal auf RII/ DeM/ 146  belegt[122]. Dieser Beleg weist dabei nur zwei senkrechte Elemente auf und kann deshalb als etwas verderbte Form der Variante D 63 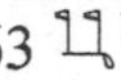[123] erkannt werden. Da die Stele ansonsten einen sehr qualitätvollen Eindruck macht, ist hier wohl eine schlampige Arbeit des Herstellers auszuschließen. Wahrscheinlich arbeitete er nach einer hieratischen Vorlage, bei der er das entsprechende, doch relativ selten verwendete Zeichen 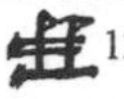[124] nicht in eine ihm bekannte Hieroglyphe umsetzen konnte und so mehr schlecht als recht das hieratische Zeichen abmalte. Im Hieratischen wird dieses Zeichen stets mit nur zwei -ähnlichen Elementen geschrieben, die unten mit zwei oder mehr Strichen mit einander verbunden werden.

D 176

Diese Komposithieroglyphe, die die Wortverbindung *kꜣ-nzw* „Ka des Königs“[125] bildet, ist nur auf zwei Ramses II-zeitlichen Stelen aus Deir el-Medineh belegt. Jedoch dürften sie nicht von demselben Hersteller gefertigt worden sein, da sie in ihrer Ausführung stark differieren. Die *kꜣ*-Arme sind bei RII/ DeM/ 084 nur sehr schematisch als einzelne Striche wiedergegeben, sie befinden sich getrennt von der Standarte[126].

D 219

Das Zeichen ist nur viermal belegt, dreimal im thebanischen Raum aus der Zeit Sethos I und einmal aus Saqqara zur Zeit seines Nachfolgers, belegt. Zwei thebanische Belege haben die Sonne mit ihren Strahlen von der Handfläche durch einen Strich abgegrenzt, während RII/ DeM/ 001 anstelle  nur ein Rechteck aufweist. Bei RII/ Saq/ 003 gehen die Strahlen direkt in die Hand über. Ob dieses eine geographische oder chronologische Veränderung darstellt, ist nicht zu entscheiden[127].

D 28+U 36_M

Diese Komposithieroglyphe ist nur zweimal, auf RII/ ASi/ 001 und / 002 (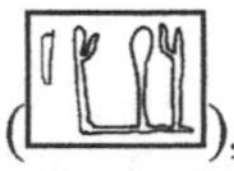), belegt, sie ist in keiner Zeichenliste verzeichnet und wird deshalb von mir mit der neuen Nr. D 28+U 36_M benannt[128], in Anlehnung an W. SCHENKELS[129] Numerierung der nicht bei A. H. GAR-

121 RII/ DeM/ 102.

122 Zur Lesung des u. a. mit diesem Zeichen geschriebenen Personennamens *KRI-T III*, 817. Das im Transliterationsband reproduzierte Zeichen entspricht jedoch nicht genau dem Original.

123 GARDINER, *EG*, 458. Die Varianten D 62 und D 63 fehlen bei GRAEFE, *MÄG*.

124 MÖLLER, *Hieratische Paläographie II*, 53, 595.

125 *WB V*, 88, 10. Diese Schreibung taucht demnach erst seit der Amarnazeit auf. Cf. auch CAUVILLE, DEVAUCHELLE, GRENIER, *Catalogue*, 104, 13.

126 Dieses Zeichen bei CAUVILLE, DEVAUCHELLE, GRENIER, *Catalogue*, 104, 13.

127 Dieses Zeichen bei CAUVILLE, DEVAUCHELLE, GRENIER, *Catalogue*, 112, 6. Bei dem folgenden Zeichen IFAO 112, 7 handelt es sich nach meiner Definition eigentlich um eine Schriftfeldschreibung, bei der D 219 aber nicht verändert wird.

128 Das tiefgestellte „M“ dient zur Unterscheidung meiner neu vergebenen Nummern von den SCHENKEL-

DINER verzeichneten Hieroglyphen der Sargtexte. Beide Schreibungen stehen als Logogramm *ḥm-kꜣ* „Totenpriester“, wobei die Komponenten jeweils miteinander verbunden sind. D 28 ist sehr eckig und dünn, die Daumen sind angegeben. In der Mitte, wo sich in manchen Schreibungen von D 28 eine kleine Erhöhung befinden kann, erhebt sich die Keule U 36 , die die gleiche Höhe wie die beiden Arme aufweist. Sie ist auf RII/ ASi/ 002 deutlicher ausgeprägt, mündet aber bei beiden Belegen ohne das unten ausgeschwungenen Ende direkt in D 28.

Durch den Logogrammstrich werden beide Zeichen etwas horizontal gestaucht, was sich aber nur auf die Breite des unteren Teils von D 28 auswirken kann. Als reines Einzelzeichen ist diese Hieroglyphe im von mir bearbeiteten Material nicht belegt.

D 36+F 35_M

Diese Komposithieroglyphe ist hier nur auf Sip/ DeM/ 018  belegt, jedoch in keiner der Zeichenlisten verzeichnet und wurde daher von mir mit der Nummer D 36+F 35_M bezeichnet. Der Beleg ist insofern eine Besonderheit, da die beiden Zeichen D 36 und F 35 gewöhnlich nicht als Komposithieroglyphe vorkommen können, sie verbinden sich nur in diesem speziellen Schriftfeld und bilden eigentlich eine Verschreibung aus . Normalerweise müßte sich D 36 über P 06 befinden, da diese beiden auch lautlich zum Lemma *ꜥḥꜥ.w* „Lebenszeit“[130] gehören. Die Reihenfolge, in der der Hersteller die Zeichen ins Schriftfeld einsetzte ist P 06, F 35, D 36 usw. Der Arm D 36 wurde aus unerfindlichen Gründen nicht über den Mastbaum gelegt, sondern daneben. So setzte man dann dieses Zeichen vor bzw. über F 35, auch wenn beide Zeichen zu verschiedenen Wörtern gehören. Beide Zeichen verschmelzen nicht miteinander, sondern stehen hintereinander, wobei F 35 von D 36 geschnitten wird. Da es sich jedoch in dieser Form um eine Komposithieroglyphe aus zwei miteinander kombinierten Einzelzeichen handelt, wurde sie von mir als solche klassifiziert.

F 35 weist einen sehr hoch ansetzenden Querstrich auf, da sich weiter unten, wo man sonst die Querstriche erwarten würde, der sehr einfach gestaltete Arm befindet, lediglich der Daumen wurde extra angegeben.

Diese Schriftfeldschreibung stauchte das Zeichen nur horizontal, wobei lediglich die Länge des Arms verkürzt, F 35 hingegen nicht beeinträchtigt wurde.

D# 01_M

Diese Hieroglyphe tritt ausschließlich in Deir el-Medineh auf, in den Zeiten Sethos I, Ramses II und (einmal) in der Sethos II. Das Auge ähnelt in Ansätzen einem *wḏꜣ.t*-Auge, so auch der kleine senkrechte Fortsatz direkt unterhalb der Pupille. Diese Hieroglyphe ist in dieser Form in keiner der Zeichenlisten aufgeführt, so daß ich eine eigene Nummer erstellt habe. Die Hieroglyphe erinnert an das Zeichen H 16 der *Extended Library*[131], jedoch handelt es sich bei D# 01_M eindeutig um ein menschliches Auge (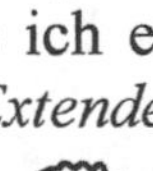 [132]), nur bei RII/ DeM/ 127 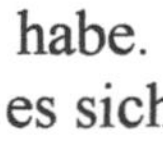 fehlt dieses. Für die Einordnung in die Gruppe D spricht m. E. auch die Verwendung dieses Zeichens, das ausschließlich als Logogramm im Lemma *mꜣꜣ* „sehen“ (→ Auge) gebraucht wird.

schen Nummern.

129 SCHENKEL, *Konkordanz*, 80 ff.

130 *WB I*, 222 f.

131 HANNIG, *HWB*, 1145.

132 RII/ DeM/ 126.

In der Zeichenliste des IFAO existiert unter *Parties d'Oiseaux*[133] eine Form mit einem zugefügten , was nicht zu einer Lesung ***mꜣꜣ*** paßt, so daß die in meiner Arbeit vorliegende Schreibung wohl nicht die unter H 16 eingeordnete Hieroglyphe sein dürfte[134]. H 16 kommt offenbar erst ab der ptolemäischen/ römischen Zeit vor und weist den Lautwert ***jmꜣḫ***[135] auf, dazu auch passend die oben erwähnte Kombination H 16+Aa 01. V. LORET[136] gibt zwar in seiner Grammatik für dieses Zeichen (bei ihm Nr. 362) neben ***jmꜣḫ*** auch  an, jedoch ohne weitere Angaben zu Art oder Zeitpunkt dieser Verwendung, ich vermute hier eher einen Irrtum oder eine Verwechslung mit einer meinen Belegen ähnlichen Hieroglyphe. In keinem Zeicheninventar oder Lexikon der späten Epochen Ägyptens[137] konnte ***mꜣꜣ*** in einer Schreibung mit H 16 belegt werden.

Diese Lesung ***mꜣꜣ*** für die Belege meines Corpus wird auch durch RII/ DeM/ 051 gestützt, bei der der gleiche Name wie auf SI/ DeM/ 044, *Mꜣꜣ.n=j-nḫt=f*, mit  statt mit D# 01_M geschrieben ist.

---

133 CAUVILLE, DEVAUCHELLE, GRENIER, *Catalogue*, 207, 2.

134 Auch *BMHT 9*, 37 faßt das Zentralelement dieses Zeichens auf RII/ DeM/ 126 als Auge auf. Als einziges ist es mit Hand eingezeichnet, da es offenbar im verwendeten Computerfont nicht vorhanden war. TOSI, ROCCATI, *Stele*, 85 fügen in ihrer handschriftlichen Hieroglyphennotation ein H 16 ähnliches Zeichen ein, obwohl im Original eindeutig ein Auge erkennbar ist.

135 CAUVILLE, *chapelles osiriennes*, 40 f.; CAUVILLE, *Dendara*, 124; WILSON, *Ptolemaic Lexikon*, 68. Auch MÖLLER, *Hieratische Paläographie III*, 21 konnte „H 16" nicht vor der ptolemäischen Zeit belegen.

136 LORET, *Manuel*, Nr. 362.

137 Cf. zwei Anm. weiter oben.

Abteilung E – Säugetiere

E 01-02 𓃒/ 𓃓

Der Stier ist nicht häufig belegt, abgesehen von zwei nubischen Stelen erscheint E 01 vom thebanischen Raum bis Heliopolis. Die bei A. H. GARDINER[1] getroffene Unterscheidung in E 01 (*bull*) und E 02 (*aggressive bull*) läßt sich in meinem Material nicht erkennen, beide Formen scheinen hier zu einer verschmolzen zu sein.

Das Gehörn hat in der Regel gerade Hörner, die sich winklig treffen, nur einige oberägyptische Belege (SI/ Aby/ 002, RII/ DeM/ 029, SII/ Kar/ 001) haben gebogene Hörner, daneben noch eine Stele aus dem Sinai (RII/ SeK/ 004). Eine bemerkenswerte Ausnahme bildet ein Beleg auf RII/ Aby/ 019, wo der Hersteller dem Stier das Gehörn ähnlich F 13 (𓄋$_{\text{Var}}$) aufsetzte. Nur Mer/ Aby/ 001 hat als einziges in meiner Sammlung ein flaches, gedrehtes Gehörn. Die Flachheit könnte jedoch auch durch die Positionierung in einem Schriftfeld bedingt sein, was die Hörner stark vertikal stauchte.

Der Phallus erscheint nur selten, eine längere, strichförmige Gestalt hat er nur in zwei Belegen aus Saqqara[2].

Der Schwanz hängt normalerweise fast immer bis zum Boden herunter, nur bei SII/ Ani/ 001 fehlt er völlig und bei RII/ Aby/ 019 ist er in einem Schriftfeld nach oben gerichtet[3], ohne daß ein ersichtlicher Grund vorhanden wäre. Fast immer reicht er bis zum Boden herunter. Die Angabe von Ohr und Hufen erfolgte nur manchmal, eine Regelhaftigkeit läßt sich dabei aber nicht feststellen.

Bemerkenswert ist der bei vielen oberägyptischen Belegen weit nach vorne gestreckte Hals, während dieses in Unterägypten nicht vorkommt.

Unklar ist mir dagegen die Stelle vor dem Kopf bei RII/ Hel/ 004, die mir für einen zufälligen Kratzer zu tief und gleichmäßig erscheint. Sollen die Auswüchse am Kopf die Ohren darstellen, der V-förmige Teil dagegen ein – etwas verrutschtes – getrenntes Gehörn, ähnlich wie bei RII/ Saq/ 009?

In Schriftfeldschreibungen konnte der Stier in mehreren Variante gestaucht werden, z. B in dem Titel ***k3 nḫt*** „Starker Stier" vertikal auf die Hälfte bis zwei Drittel der Feldhöhe, so daß sich die Höhe des Körpers und/ oder die Länge der Beine reduzierten, z. B. [4].
Bei anderen Belegen wurde der Stier zusätzlich auch noch horizontal gestaucht, wenn er unter ein 𓇯 gesetzt wurde, dabei erfolgte eine Verkürzung des Körpers und des Gehörns.

E 03 – E 05 Im vorliegenden Corpus nicht belegt.

E 06 𓃗

Das Pferd konnte auf privaten Stelen der 19. Dynastie nur zweimal in mein Corpus aufgenommen werden. Die Schreibungen von E 06 auf RII/ Saq/ 007 und / 008 habe ich aus technischen Gründen[5] leider nicht zeichnen können. Beide Belege stammen aus der Zeit Ramses II, einmal aus Nubien, einmal aus dem Sinai, also Randregionen, die abseits der „Beiden Län-

1 GARDINER, *EG*, 458.
2 RII/ Saq/ 018. 020
3 Ein anderes Schriftfeld derselben Stele zeigt den Schwanz jedoch in der „normalen" Stellung!
4 SI/ SeK/ 001.
5 Ein Zeichen war zu schlecht erhalten, das andere befand sich an einer mir unzugänglichen Stelle der im Magazin des Berliner Museums verwahrten Stele.

der" liegen. Der nubische Beleg setzte eine Schmuckfeder[?] in exponierter Stellung oben auf den Kopf, bei RII/ SeK/ 001 sind diese nur als keine Zacken angegeben. Auch die Beine und der Schwanz wurden bei RII/ Nub/ 001 abgegrenzt an den Körper angesetzt.

E 07 Im vorliegenden Corpus nicht belegt.

E 08 

Diese Hieroglyphe konnte bei mir viermal aufgenommen werden. Abgesehen von SI/ Aby/ 002  mit einem sich in Bewegung befindlichen Tier stehen alle auf einer imaginären Standlinie. Auffallend ist, daß im Gegensatz zu den Basiszeichen 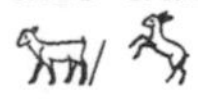 alle Schreibungen ungewöhnlich lange Hörner aufweisen (so auch [6]). Aufgrund der grammatischen Verwendungen, die vorliegenden Schreibungen sind als Phonogramm *jb* oder als Logogramm/ Determinativ *ꜥw.t* „Vieh"[7] zu lesen, ist jedoch eine Identifizierung als E 08 möglich.

Die einzige Schriftfeldschreibung RII/ KeG/ 004, die nur ein einziges Horn (Ohr?) zeigt, stauchte das Zeichen vertikal.

E 09 

In den aufgenommenen Belegen ist dieses Schriftzeichen nur in Nubien und Oberägypten vertreten.

Die nubischen Stelen lassen zwischen den eingeknickten Beinen viel Platz, der Schwanz ist relativ kurz. Bei dem nördlichsten Beleg, der Stele SI/ Aby/ 001, ist der Schwanz fast vollständig weggelassen worden. Nur die beiden Privatstelen aus Deir el-Medineh haben eine dem Basiszeichen sehr ähnliche Gestaltung von E 09 mit lang herunterhängendem Schwanz und nahe beieinander liegenden Beinen.

In den Schriftfeldschreibungen wurde die junge Kuhantilope nur vertikal gestaucht, dadurch verkürzte sich der Hals stark und die Beine mußten mehr eingezogen werden. Die Hörner sind, fast waagerecht nach hinten gebogen, immer vorhanden. H. G. FISCHER[8] wies jedoch darauf hin, daß sie im Alten Reich meist fehlen.

E 10 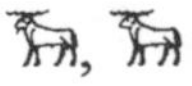

Der Widder ist lediglich zweimal belegt, auf SI/ Aby/ 002 und RII/ Saq/ 019. Der erste steht auf einer Standlinie, die mit allen vier Beinen verbunden ist. Bei dem unterägyptischen Beleg handelt es sich um eine Schriftfeldschreibung, bei der E 10 vertikal auf ca. zwei Drittel der Feldhöhe gestaucht werden mußte.

E 11, E 12 Im vorliegenden Corpus nicht belegt.

E 13 

Nur zweimal in Saqqara ist diese Hieroglyphe belegt, in der Zeit Ramses II und Merenptahs. Einziges Unterscheidungsmerkmal ist, daß die spätere Hieroglyphe eine stehende, nicht eine hockende Katze zeigt wie diejenige auf der Ramses II-zeitlichen Stele.

---

6 SI/ DeM/ 044.

7 Diese Lautwerte kommen auch nach GARDINER, *EG*, 459 nur mit E 08, nicht aber mit E 07 vor.

8 FISCHER, *Calligraphy*, 21.

E 14 Im vorliegenden Corpus nicht belegt.

E 15-16 

Der Canide ist auf vier Ramses II-zeitlichen Stelen belegt, die sich über ganz Ägypten verteilen. Nur auf RII/ KeG/ 004 liegt das Tier auf einem Schrein und weist kein Flagellum auf[9]. Die anderen drei Belege zeigen den Caniden allein und mit Flagellum. Bei RII/ Buh/ 005 bin ich mir nicht ganz sicher, ob unter dem Caniden ein Schrein angegeben ist oder nicht. Der Beleg RII/ Mem/ 001 hat als einziger keinen Schwanz, dafür ein Band? um den Hals geschlungen[10]. Der Schwanz ragt jedesmal weit unter die imaginäre Bodenlinie (oder besser Schreinoberseite) hinunter.

Alle Hieroglyphen treten als Einzelzeichen auf.

E 17 

Der stehende bzw. laufende Canide kommt ebenfalls nur als Einzelzeichen vor, er konnte bei mir vom thebanischen Raum bis nach Memphis aus den Regierungszeiten Sethos I bis Ramses II belegt werden. Die thebanischen Belege beachten keine Standlinie, ebenso wie RII/ Saq/ 019. Durch diese ungleichmäßige Stellung der Beine, die besonders auch bei SI/ Saq/ 004 auftaucht, erweckt das Schriftzeichen eher den Eindruck eines laufenden denn eines stehenden Tieres. Nur SI/ Aby/ 002 und die Ramses II-zeitlichen Stelen aus Saqqara zeigen zwei Ohren.

Die Hieroglyphen Sethos I haben einen geraden Hals, während diejenigen aus der Regierungszeit seines Nachfolgers eher einen schräg nach vorne gestreckten aufweisen.

E 18, E 19 Im vorliegenden Corpus nicht belegt.

E 20-21 

Das als sog. „Sethtier“ bezeichnete Mischwesen erscheint hier zweimal auf unterägyptischen Stelen. Dabei ist das auf SI/ Saq/ 008 belegt Tier eher in liegender Stellung wiedergegeben (E 21), bei RII/ Sed/ 002 scheint die hockende Stellung vorzuliegen (E 20). Von einem gefiederten Schwanzende, wie es in den Basiszeichen auftaucht, ist hier allerdings nichts zu sehen[11]. Beide Male ist das Zeichen als Logogramm *Swtḫ* zu lesen.

E 22 Im vorliegenden Corpus nicht belegt.

E 23 

Der liegende Löwe konnte in meinem Corpus fast nur in der Zeit Ramses II belegt werden, von zwei Ausnahmen (SI/ Aby/ 004 bzw. RII/ KeG/ 003) abgesehen lediglich im thebanischen Raum.

Der Körper ist oft nur strichförmig-stilisiert wiedergegeben, lediglich SI/ DeB/ 001, RII/ DeM/ 087 und /133 zeigen einen detaillierteren Aufbau. Einigen Schreibungen fehlt der

---

9 GRAEFE, *MÄG*, 216 führt unter E 16 eine Variante mit und eine ohne Flagellum auf.

10 A. H. GARDINERs *Extended Library* vergibt für ein solches Schriftzeichen (dort allerdings mit Schwanz!) die Nummer E 142: HANNIG, *HWB*, 1138. In diesem Beleg ist das Zeichen aber wie bei „normalen“ E 15-16 als Logogramm/ Determinativ *Jnpw* zu lesen.

11 Das Schwanzende wird in Inschriften des Alten Reiches gewöhnlich als das gefiederte Ende eines Pfeils dargestellt: FISCHER, *Calligraphy*, 21.

Schwanz[12], doch scheint dies wohl lediglich ein Versehen bzw. eine Vereinfachung darzustellen.

In den Schriftfeldschreibungen wurde E 23 zweimal auf ein Drittel der Höhe und ca. drei Viertel der Feldbreite zusammengestaucht, der Körper mußte daher verkürzt werden. RII/ KeG/ 003 zeigt eine Hieroglyphe, die hinten wie abgeschnitten aussieht. Dies wird durch das Schriftfeld verursacht, das E 23 sehr nahe an den äußeren Rand der Kolumne schob, so daß kein ausreichender Platz mehr vorhanden war.

E 24 – E 31 Im vorliegenden Corpus nicht belegt.

E 32 

Der Mantelpavian kommt nur einmal in einer relativ detaillierten Darstellung auf RII/ DeM/ 053 vor. Dabei ist die Hieroglyphe so nah an den Rand gesetzt, daß der Schwanz in die Umrandung übergeht.

E 33 Im vorliegenden Corpus nicht belegt.

E 34 

Der Hase ist relativ oft im untersuchten Material vertreten. Der Körper wurde stets langgestreckt und dünn dargestellt, nur selten ist die Unterseite leicht gewölbt, wie es das Basiszeichen  zeigt. Das auffälligste Unterscheidungsmerkmal ist die Gestaltung der großen Ohren. Sie können voneinander getrennt sein und nur am Kopf zusammenstoßen ([13]), oder sie können zusammenfließen und nur durch eine mehr oder weniger tiefe Einkerbung an der Spitze getrennt werden ([14]). Beide Formen kommen in ganz Ägypten vor, die zweite ist jedoch viel seltener.

Die Ohren gehen meist direkt in den Kopf über, nur bei wenigen Zeichen, SI/ Saq/ 005, RII/Aby/ 011 und RII/ Saq/ 018, sind sie vom Kopf abgegrenzt, Mer/ The/ 003  trennt sie sogar ganz ab. Bei RII/ The/ 022  scheinen Kopf und Ohren eine Einheit zu bilden, die vom Rumpf abgetrennt ist. Das nach oben stehende Schwänzchen ist bei fast keiner Schreibung vergessen worden.

Der einzige Beleg aus dem Sinai, RII/ SeK/ 002 , hat als einziger keine Ohren, so daß das Zeichen eher wie ein Hund aussieht[15]. Die beiden Schreibungen auf der auch sonst ungewöhnlichen Stele SII/ Ani/ 001 sehen so aus, als ob der Hersteller entweder keine Hasen kannte oder er nicht in der Lage war, ein solches Tier adäquat abzubilden.

Die Schriftfeldschreibung SI/ Aby/ 002 stauchte E 34, das alleine eine Feldbreite und eine halbe Feldhöhe einnimmt, vertikal, dieses bedeutet eine Verringerung der Körper- und Halshöhe. Die Ohren mußten jetzt waagerecht gestellt werden. RII/ The/ 011 und SI/ Aby/ 008 stauchten das Zeichen horizontal, bei letzterem mußte für das „*n*" und das „*f*" Platz geschaffen werden, die das Schriftfeld von rechts oben störten. Dieses bewirkte bei beiden eine Verkürzung des Körpers, außerdem konnte bei SI/ Aby/ 008 der Schwanz nicht mehr angesetzt werden, der sonst bei allen Belegen vorhanden ist. Auch hier wurden die Ohren fla-

12 Es handelt sich dabei um SI/ DeB/ 001, RII/ DeM/ 138. 141 und RII/ KeG/ 003.
13 SI/ DeM/ 026.
14 RII/ The/ 011.
15 Aus dem grammatischen Kontext ist jedoch eine eindeutige Identifizierung als E 34 möglich.

cher nach hinten an den Rücken gelegt.

E 35

Der hockende Pavian erscheint nur einmal bei RII/ DeM/ 177, jedoch ist die Ausführung nicht sehr detailliert.

E 51

Wie die hockende Variante E 35 ist der aufrecht stehende Pavian nur in Deir el-Medineh belegt.

In der einzigen Schriftfeldschreibung[16] geht der Affe etwas in die Knie und ist stärker nach vorne geneigt, so daß sich der Oberkörper mit den adorierend erhobenen Armen nach vorne über die Pluralstriche beugt.

16 SI/ DeM/ 044.

Abteilung F – Körperteile von Säugetieren

F 01 

Der Rinderkopf kommt in den Belegen nur in der Verbindung *jḥ.w ȝpd.w* vor, fast stets als Einzelzeichen. Die überwiegende Zahl stammt aus Oberägypten (Deir el-Medineh und Abydos), drei Stelen kommen aus Saqqara. Der abydenische Beleg datiert in die Zeit des Merenptah, alle anderen aus der Sethos I bis Ramses II.

Die Hieroglyphen weisen keine große Ähnlichkeit mit der Form des im GARDINER-Font vertretenen Basiszeichens auf, die Darstellung ist stets flüchtig mit einer Überbetonung von Hörnern und ggf. Ohren. Einen besonders hohen Grad an Stilisierung lassen die thebanischen Stelen erkennen. Das Ohr ist nur auf den Deir el-Medineh-Stelen immer vorhanden, es fehlt bei RII/ Saq/ 019 und Mer/ Aby/ 005.

Die Schriftfeldschreibung RII/ Saq/ 019 stauchte F 01 vertikal, daher ist der Kopf nur mit dünnen Strichen stilisiert dargestellt.

F 02 Im vorliegenden Corpus nicht belegt.

F 03 

Der Nilpferdkopf ist nur ein einziges Mal bei SI/ DeM/ 006 in einer Schriftfeldschreibung belegt.

Der Halsansatz wurde im Gegensatz zum Basiszeichen dreieckig-spitz geformt, um links und rechts zwei kleine Hieroglyphen unterbringen zu können. Neben dieser Detailveränderung wurde F 03 auch vertikal gestaucht, da unter dem Kopf noch ein in das Feld eingefügt werden mußte. Eine weitere Abweichung besteht im geöffneten Maul des Nilpferdes.

F 04 

Relativ selten belegt, aber über ganz Ägypten verstreut ist das Löwenvorderteil F 04. Die Zeit Sethos I ist nur in Saqqara sowie einem Beleg aus Deir el-Bahari vertreten, die Merenptahs nur durch Mer/ The/ 003. Alle anderen Belege datieren auf Ramses II.

Eine detaillierte Ausarbeitung des Kopfes mit einer Innenzeichnung findet nirgends statt, in den meisten Fällen begnügte sich der Hersteller mit einer schematischen, strichförmigen Variante. Nur die kleine Einbuchtung am hinteren unteren Ende der Hieroglyphe ist so gut wie immer vertreten, teils sehr ausgeprägt (z. B. )[1]. Die Umrisse des Kopfes entsprechen in Deir el-Medineh und Saqqara am ehesten dem realen Vorbild. Die Belege aus „Theben“ und Deir el-Bahari weisen zwar auch eine Angabe des Kopfes auf, dieser ist aber meistens nicht sehr realistisch und aus sich heraus nicht als „Löwenkopf“ erkennbar, so z. B. 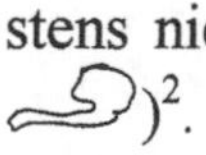)[2].

Es konnten nur zwei Schriftfeldschreibungen aus Oberägypten (datiert Ramses II) aufgenommen werden. In diesen wurde das Schriftzeichen auf ein Drittel der Feldhöhe gestaucht, mit starker Verkürzung des Halses. Die Breite ist nicht betroffen.

F 05-06 Im vorliegenden Corpus nicht belegt.

1 SI/ Saq/ 004.
2 RII/ The/ 022.

F 07-08 𓄆/ 𓄇

Das Zeichen mit dem einfachen Kuhantilopen-Kopf[3] konnte einmal erfaßt werden, und zwar auf einer Stele aus Sedment (Ramses II).

Die Variante, die zusätzlich das Vorderteil dieses Tieres[4] zeigt, konnte mehrfach auf einer Stele der Zeit Sethos I (Abydos) erfaßt werden. Hier sind die Hörner in einem Fall in sich gedreht, die drei anderen Zeichen von derselben Stele weisen sanft geschwungene, nicht gedrehte Hörner auf. Das Bein wird stets deutlich angegeben.

Die Hörner des Kopfes bei RII/ Sed/ 003 sind ebenfalls leicht geschwungen, nicht gedreht, wie es das Basiszeichen aufweist, die Hornenden zeigen nach oben[5]. Der Auswuchs auf der linken Seite dürfte ein Ohr darstellen.

F 09 𓄈

Die meisten Belege stammen aus dem Deir el-Medineh der Zeit Ramses II.

Bei den unterägyptischen Belegen ist die Schnauze geschwungen und verjüngt sich zum Ende hin ([6]), während ansonsten eher eine fast rechteckige Ausführung vorherrscht (𓄈)[7]. In Schriftfeldschreibungen stauchte man den Leopardenkopf auf verschiedene Weise, eine Detailveränderung fand nicht statt. Breite und Länge des Halses mußten verringert werden, ebenso die Breite des Kopfes. Bei SI/ DeM/ 040 führte diese extreme Stauchung zu einer sehr schematischen Ausführung von F 09, die ohne ihren textinternen Kontext nicht mehr verständlich wäre: . Aufgrund seiner Größe benötigt F 09 als Einzelzeichen eine Feldhöhe und nahezu eine Feldbreite. Würde sich vor F 09 beispielsweise nur ein Strich befinden, wäre keine Veränderung gegenüber dem Einzelzeichen zu erkennen, stehen aber zwei F 09 nebeneinander, müssen beide ein wenig horizontal gestaucht werden.

F 10-11 Im vorliegenden Corpus nicht belegt.

F 12 𓄋

Die Hieroglyphe F 12 ist in Belegen aus ganz Ägypten vom thebanischen Raum an nordwärts vertreten, überwiegend in Einzelschreibungen. Jedoch kommen nur wenige Belege aus dem Süden, die meisten sind unterägyptischer Provenienz. Es besteht ein auffallender, aber vermutlich lediglich in der Subjektivität der Auswahl begründeter Größenunterschied zwischen den kleinen oberägyptischen und den sehr viel größeren unterägyptischen Zeichen.

Von zwei Ausnahmen abgesehen[8], stammen alle Belege aus der Zeit Ramses II. Bemerkenswert ist das fast völlige Fehlen dieses Zeichens im Ramses II-zeitlichen Deir el-Medineh, woher die zahlenmäßig größte Menge an Objekten meiner Materialsammlung stammt.
Eine Eigenheit der Stelen aus Saqqara ist das geschwungene hintere Ohr. Dies ragt über den „Halsstrich" hinaus und setzt etwas tiefer an als das vordere Ohr, wie beispielsweise in dieser

---

3 Nr. F 07 bei GARDINER, *EG*, 462.

4 Nr. F 08 bei GARDINER, *EG*, 462. Das Vorbild des Basiszeichens ist die in der 18. Dynastie übliche Zeichenform.

5 Das scheint ein grundlegendes Charakteristikum dieser Hieroglyphe zu sein, nach unten weisende Hornenden kommen offenbar nicht vor: FISCHER, *Calligraphy*, 23.

6 RII/ SeK/ 004.

7 RII/ DeM/ 050.

8 SI/ DeM/ 029, SI/ SeK/ 001.

Schreibung aus Deir el-Medineh:  [9]. Die aus dem Hathortempel von Serabit el-Khadim auf dem Sinai stammenden Stelen zeigen ähnliche, aber nicht in dem Maße ausgeprägte Ohren. Diese Ohren sind im ganzen unterägyptischen Raum wesentlich größer als in Oberägypten. Generell werden sie hintereinander gesetzt, eine besondere Form bietet nur RII/ Qan/ 049, wo die Ohren beide unten spitz sind und in einem Punkt auf dem Kopf auftreffen.

In den wenigen Schriftfeldschreibungen wurde F 12 zumeist horizontal auf ein Drittel oder weniger einer Feldbreite gestaucht. Dabei mußte die Breite des Kopfes reduziert werden. Bei RII/ Saq/ 014 kommt dies aber nicht besonders zum Tragen, da in der Stele die Schriftfelder relativ breit sind.

F 13 

Das Kuhgehörn ist relativ selten, aber gleichmäßig über Ägypten hinweg in meiner Materialsammlung vertreten.

Die meisten Hieroglyphen weisen einen kleinen Zapfen an der Stelle auf, an der sich die beiden Hörner treffen. Nur bei RII/ Nub/ 001, RII/ DeM/ 159 und RII/ Aby/ 007 fehlt ein solcher Zapfen. Die Hörner haben normalerweise in ihrem Verlauf einen Knick, dieser taucht auf dem nubischen Beleg[10] sowie bei RII/ DeM/ 159 nicht auf, hier sind die Hörner sanft geschwungen.

Das Einzelzeichen benötigt ein ganzes Schriftfeld, in den Feldschreibungen stauchte man F 13 meistens vertikal. Dabei wurden die Hörner etwas kürzer und der Zapfen fiel manchmal weg ()[11]. Die Hörner können auch, wie bei  [12], nach unten gebogen sein, so daß sie nicht so hoch hinausragen. Bei der horizontalen Stauchung dagegen stauchte man das Gehörn auf etwas mehr als die Hälfte einer Feldbreite zusammen, dabei wurden die Hörner etwas steiler und stehen so näher aneinander. Eine chronologische oder topographische Differenzierung bei der Behandlung von F 13 in einem Schriftfeld läßt sich nicht erkennen.

F 14-15 Im vorliegenden Corpus nicht belegt.

F 16 

Das Horn F 16 taucht in meinen Belegen nur sehr selten und nur in Oberägypten auf. Zwei Stelen datieren in die Zeit Sethos I, eine in die Sethos II, wobei der späte Beleg die Hörner im oberen Drittel knickt, während die frühen Belege alle eine sanft geschwungene Linie aufweisen. Lediglich auf der Stele SI/ Aby/ 008 kommt F 16 alleine vor, sonst tritt es paarweise auf.

F 17 Im vorliegenden Corpus nicht belegt.

F 18

Der Zahn wurde meistens in Einzelschreibungen verwendet, die sich über ganz Ägypten verteilen. Signifikante Unterschiede sind nicht festzustellen. Da es sich hierbei um ein sehr

9 RII/ Saq/ 009.
10 RII/ Nub/ 001.
11 RII/ Aby/ 019.
12 RII/ DeM/ 069.

simpel strukturiertes Zeichen handelt, sind die Möglichkeiten der Variation sowieso sehr eingeschränkt.

In den wenigen Schriftfeldschreibungen wurde F 18 entweder vertikal oder unregelmäßig gestaucht. Bei der vertikalen Stauchung ist die nach oben weisende Krümmung stark in der Höhe reduziert worden. Wenn die Hieroglyphe auch in der Horizontalen gestaucht wurde, verkürzte man lediglich den langen, geraden Teil.

Bei Sip/ Aby/ 003 ist bei einem der drei Belege von F 18 das Design offensichtlich nicht gelungen. Das Zeichen hat die Form , meint aber eindeutig die Hieroglyphe *ḥw* im Personennamen *Ḥwy*. Auch das darunter befindliche  hat eine ungewöhnliche Form, so ist hier davon auszugehen, daß mehrere Personen die (Namens)inschriften gefertigt haben, da der Name *Ḥwy* noch zweimal richtig geschrieben auf dieser Stele vorkommt.

F 19 Im vorliegenden Corpus nicht belegt.

F 20 

Die Hieroglyphe der Zunge ist über ganz Ägypten verteilt und kommt sehr häufig vor.
Die unterägyptischen Belege weisen in der Mehrzahl den kleinen Zacken an der Rückseite auf ([13]), in Oberägypten ist dieses Detail bis zur Regierung Ramses II im Corpus die Ausnahme[14]. Die späten Belege ab der Zeit Merenptahs zeigen jedoch im thebanischen Raum (nicht in Nubien!) stets diesen Zacken. Anscheinend hat sich diese Variante, zumindest in den bearbeiteten Quellen, erst spät in der 19. Dynastie von Unterägypten aus nach Süden aus-gebreitet.

Dieser Zacken kann in verschiedener Form vom Hauptstrang abgehen oder in seltenen Fällen abgegrenzt als kleiner Strich ([15]) angesetzt werden. Die genaue Gestaltung dieses Details war dabei offenbar nur dem Duktus des jeweiligen Herstellers resp. der Arbeitsstätte unterworfen.

Der oberste Teil dieser Hieroglyphe ist in der überwiegenden Zahl der Belege wieder nach hinten abgeknickt. Die Ausnahmen, gerade oder nach vorne abgehend, verteilen sich unregelmäßig.

Nur zwei thebanische Zeichen aus der späten 19. Dynastie (SII/ Kar/ 001[16] und Am/ DeM/ 001) weisen als Besonderheit ein unten in zwei Teile gegabeltes Ende auf. Außerdem gehören sie zu den sehr wenigen aus dieser Periode belegbaren F 20 – Hieroglyphen.
Eine – denkbare – Verwechslung mit  hat in keinem der Fälle stattgefunden.

Nur wenige Belege sind Schriftfeldschreibungen. Diese kommen u. a. dann vor, wenn die sich unter F 20 befindlichen Hieroglyphen in *„jm.j-r'* [...]"so weit ausbreiten, daß die Zunge nicht ihren normalen Schwung führen kann. So mußte z. B. der obere Teil länger ausgezogen und die erste Krümmung winkliger gemacht werden: [17]. In anderen Fällen wurde F 20 vertikal gestaucht, weil entweder ein oben in das Feld gesetzt oder unten die Pluralstriche verwendet wurden. Dabei ist der untere Teil in seiner Länge beschnitten worden, so daß das

13 RII/ KeG/ 004.
14 Es kommt nur bei RII/ Buh/ 005, RII/ DeM/ 004. 027, RII/ The/ 003. 005. 012. 022 vor.
15 SI/ Saq/ 006.
16 Der obere Teil der Hieroglyphe ist nicht hundertprozentig auf dem Photo erkennbar gewesen. Ein zweiter Beleg auf dieser Stele weist das gewöhnliche einsträngige Ende auf.
17 RII/ The/ 008.

Zeichen „geduckter“ wirkt. Eine horizontale Stauchung konnte nicht belegt werden und ist mir auch von anderen Inschriften nicht bekannt.

F 21

Das Rinderohr kommt in den Belegen nicht südlich des thebanischen Raumes vor, nur sehr wenige stammen aus Unterägypten.

Die Grundform ist meistens leicht abgerundet dreieckig. Zwei davon abgehende, parallele Striche symbolisieren Haarbüschelchen ([18]), einige Stelen aus Deir el-Medineh bzw. Abydos weisen jedoch nur einen solchen Strich auf ([19]). Das Basiszeichen gibt dabei keinen Hinweis auf die Existenz von zwei Strichen[20]. Aufgrund der großen Ähnlichkeit mit entsprechenden hieratischen Schreibungen von F 21, z. B. oder [21], dürfte die Form mit den zwei Strichen vom Hieratischen oder noch vom Kursivhieroglyphischen[22] beeinflußt worden sein.

Je eine Stele aus Abydos, Sedment und Qantir setzte die Striche nicht ganz nach unten, sondern mehr zur Mitte der Schrägseite hin versetzt ([23]).

In der Zeit Sethos I sind die Striche noch sehr klein, sie werden erst ab Ramses II erheblich größer. Nur vereinzelt führen einige Belege die Striche nicht schräg nach oben, sondern lassen sie nahezu parallel mit der Basislinie verlaufen.

In den Schriftfeldschreibungen wurde F 21 überwiegend vertikal gestaucht, hierbei verminderte man die Höhe des dreieckförmigen Ohres und verkürzte die beiden Striche stark, wie z.B.[24]. In diesem Fall ist die Stauchung so stark, daß die ursprüngliche Form nicht mehr hundertprozentig nachzuvollziehen ist. Ein Beleg, RII/ DeM/ 102, staucht das Rinderohr horizontal, was eine Verkleinerung der Ohrbreite mit einer jetzt nahezu hochrechteckigen Gestalt bewirkte.

F 22

Relativ selten, und dabei fast ausschließlich in Oberägypten, erscheint das Löwenhinterteil[25]. In der Zeit Sethos I zeigen einige sorgfältiger bearbeitete Stelen eine Gestaltung des Schwanzes, die noch das reale Vorbild erkennen läßt (oder [26]). Auch ähnelt das Hinterteil in seinem Umriß noch dem Basiszeichen, so daß man die sich unter dem Fell abzeichnenden Schenkelknochen des Vorbildes erahnen kann. In späterer Zeit jedoch wird das Zeichen stark schematisiert, der Schwanz gerät zu einem bloßen gebogenen Auswuchs, der Körper zu einem unförmigen Etwas.

Schriftfeldschreibungen liegen nur in zwei Stelen aus Deir el-Medineh vor. F 22 wurde sowohl horizontal als auch vertikal gestaucht, dabei ist der sonst ausladende Schwanz stark an

18 RII/ DeM/ 051.
19 RII/ DeM/ 134. Dies dürfte lediglich eine – lokal begrenzte? – Vereinfachung darstellen.
20 GARDINER, *EG*, 463. Nur GRAEFE, *MÄG*, 218, notiert neben dieser Form ohne Striche eine Variante mit zwei Strichen.
21 MÖLLER, *Hieratische Paläographie II*, 13 (158 und 159). Diese Formen kommen auch schon vor der 19. Dynastie vor: MUNRO, *Jah-mes*, 3 (18. Dyn.), WIMMER, *Paläographie II*, 106 f., zu späteren Schreibungen cf. VERHOEVEN, *Untersuchungen*.
22 Zu den Kursivhieroglyphen ALI, *Kursivhieroglyphen*.
23 RII/ Qan/ 002.
24 Sip/ DeM/ 003.
25 Die einzigen unterägyptischen Belege, die erfaßt werden konnten, sind RII/ Saq/ 020 und RII/ Qan/ 009.
26 SI/ DeM/ 015 bzw. SI/ The/ 001.

den Körper herangeschoben worden. Allerdings gehen diese Stauchungen so weit, daß das eigentliche Zeichen [Löwenhinterteil] nicht mehr als solches erkennbar ist.

F 23-24

Die Form F 23 des Rinderschenkels ist in meinem Corpus fast nur aus Serabit el-Khadim auf dem Sinai belegt, bei SI/ SeK/ 001 und RII/ SeK/ 004. Aus der Zeit Ramses II stammt der einzige Beleg für die seitenverkehrte Variante[27], diesmal aus Deir el-Medineh. Die Form RII/ SeK/ 004 ist die einzige Form, die – gemessen am Basiszeichen – sehr realistisch ausgeprägt ist.

Die Schriftfeldschreibung SI/ SeK/ 001 stauchte den Rinderschenkel so stark vertikal, daß er flach zusammengedrückt fast zu einem waagerechten Strich mit einigen Dellen wurde und die charakteristischen Eigenheiten verlorengegangen sind.
Bei RII/ DeM/ 102 ist das Bein sehr schematisch als Strich gezeichnet.

F 25

Das Rinderbein ist nur sehr vereinzelt belegt, mit einem Schwerpunkt in der Ramses II-Zeit, bei allen handelt es sich im Einzelzeichen. Die charakteristische Gestalt der Hufpartie ist bei den meisten Belegen vorhanden, lediglich SI/ SeK/ 001 gibt eine sehr schematische Hieroglyphe wieder, während auf RII/ The/ 008 dieser Teil des Beines etwas mißgestaltet worden ist.

F 26

Die Hieroglyphe „Ziegenfell" ist in meinem Corpus vereinzelt über ganz Ägypten verstreut belegt.

Mitunter wird ein Fortsatz zwischen den Beinen gezeichnet, der wohl als Phallus zu deuten ist. Im GARDINERschen Basiszeichen kommt dieses Detail nicht vor, jedoch in der IFAO-Liste[28]. Eine chronologisch/ topographische Eigenheit ist dieses Detail aber nicht.
In den meisten Fällen enden die Beine ohne Merkmale, nur in einigen Belegen sind die Hufe explizit angegeben, so bei RII/ The/ 12, RII/ Saq/ 020, RII/ Mem/ 001, RII/ Sed/ 003 und SII/ Aby/ 001. Der Hals ist generell sehr lang.

Der Hersteller von SII/ Ani/ 001 hat auch bei diesem Zeichen nicht im Sinne altägyptischer Hieroglyphen gearbeitet, bei seinem F 26 sehen Hals und Schwanz nahezu gleich aus.

In den Schriftfeldschreibungen wurde F 26 meistens nur vertikal gestaucht. Dabei haben der Körper an Durchmesser und die Beine an Höhe eingebüßt. Bei der horizontalen Stauchung mußte die Länge des Körpers reduziert werden.

F 27

Die Hieroglyphe, die eine Rinderhaut mit schräg herabhängendem Schwanz darstellt, kommt bei mir nur in Oberägypten vor, abgesehen von RII/ Sed/ 003. Bis auf eine sind alle Schriftfeldschreibungen. Dabei wurde F 27 überwiegend vertikal gestaucht, was zur Folge hatte, daß sich der Schwanz auf einen kurzen Stummel reduzierte. Auch die Höhe der Rinderhaut verringerte sich, jedoch sind die charakteristischen Formstrukturen erhalten geblieben.

---

27 F 24 in GARDINER, *EG*, 464.
28 CAUVILLE, DEVAUCHELLE, GRENIER, *Catalogue*, 161, 1.

F 28

Bei diesem Zeichen handelt es sich zwar um eine alternative Form zu der vorherigen Hieroglyphe F 27, da aber die grammatischen Verwendungen keine Gemeinsamkeiten aufweisen[29], müssen beide Zeichen separat behandelt werden. Es kommt hier nur einmal, als Einzelzeichen bei RII/ Aby/ 007 vor. Der obere Teil ist verhältnismäßig kurz gehalten, der senkrecht nach unten ragende Schwanz ist sehr lang und endet rechteckig.

F 29

Diese Hieroglyphe stellt eine Rinderhaut mit geradem Schwanz (F 28) dar, die von einem Pfeil durchschossen ist. In meinen Belegen ergibt sich ein differentes Bild.

Die nubischen Belege RII/ Ama/ 001 und RII/ Ele/ 001 zeigen nur in Ansätzen die Form, die man vom GARDINERschen Basiszeichen her erwarten würde. Allein RII/ Aby/ 016 zeigt genau diese Form , dagegen fällt auf, daß alle Belege aus Deir el-Medineh der Zeit Ramses II eine abweichende Form aufweisen. Die Rinderhaut ist hier hochrechteckig, ohne Zipfel an den unteren Enden. Durch den davon abgehenden Schwanz wurde stets ein kurzer waagerechter Strich gezogen: [30]. Dieser stellt offenbar den Pfeil dar, auch wenn er sinnentstellt weit nach unten verrutscht ist und keinerlei Charakteristika eines Pfeils (Spitze, gefiedertes Ende) mehr besitzt. Nur bei RII/ DeM/ 050 () ist immerhin noch die Rinderhaut in ihrer eigentlichen Gestalt vorhanden.

Lediglich der einzige frühe Beleg, SI/ DeM/ 029, zeigt detailliert den Pfeil, wie er durch ein Loch in der Haut eindringt und auf der anderen Seite von hinten wieder hervorkommt: .

Nach H. G. FISCHER[31] wird im Alten Reich der Pfeil nur auf einer Seite dargestellt, die Spitze dringt nicht wieder hervor. In einem einzigen Beispiel aus dem Mittleren Reich[32] ist dieses Zeichen ein Schild, der von zwei Pfeilen getroffen wird, auch hier sind die Spitzen nicht zu sehen.

F 30

Der mit Schnüren zugebundene Wassersack[33] ist in meinem Corpus, abgesehen von RII/ Saq/ 005 und 015, nur in Deir el-Medineh belegt. Dabei läßt sich ein Trend zur Vereinfachung erkennen. Nur zwei Belege haben noch die vom Basiszeichen erwarteten zwei Enden auf der hinteren Seite, nämlich SI/ DeM/ 005, RII/ DeM/ 040 und 041. Eine zweite Hieroglyphe F 30 auf RII/ DeM/ 040 besitzt schon, wie alle weiteren Belege, nur noch einen dickeren, bogig heruntergezogenen Strich an dieser Stelle. RII/ DeM/ 041 hat am vorderen Ende keine Schnüre, sondern endet merkmallos, RII/ DeM/ 039 weist einen singulären Ring am hinteren Ende auf.

---

29 Dazu GARDINER, *EG*, 464.
30 RII/ DeM/ 160.
31 FISCHER, *Calligraphy*, 24.
32 BLACKMAN, *Meir I*, Taf. 2 (3. Reg. links) nach FISCHER, *Calligraphy*, 24.
33 GRIFFITH, *Beni Hasan III*, 18, Abb. 46 beschreibt dieses Zeichen als „*the skin of the legs forming straps and the skin of the neck hanging down*“, FISCHER, *Calligraphy*, 24 kann jedoch anhand eines älteren Beispiels nachweisen, daß der Wassersack ursprünglich als mit Schnüren zugebunden gedacht war.

In den wenigen Schriftfeldschreibungen stauchte man F 30 meist nur vertikal, dabei verringerte sich die Dicke des Schlauches sowie die Länge der herabhängenden Enden[34].

Bei unsauberer Ausführung ist eine Verwechslung mit V 22-23 nicht ausgeschlossen.

F 31 

Die zusammengebundenen Felle sind relativ häufig über ganz Ägypten hinweg belegt, aus Nubien kommt dagegen nur ein einziger Nachweis, SII/ Ani/ 001. Es handelt sich in allen Fällen um eine reine Strichvariante, nähere Details wie die Untergliederung der einzelnen Felle fehlen.

Einige Belege aus Qantir (RII/ Qan/ 008. 028. 037) zeigen eine leicht abweichende Form, bei ihnen sind die Teile oberhalb des Knotens teilweise vom Rest des Zeichens abgetrennt; RII/ Qan/ 037 läßt den mittleren oberen Teil sogar ganz weg. Nur in Saqqara weisen zwei Belege für diese Partien eine dreieckige Form auf[35], die in die Regierungszeiten Ramses II und Merenptahs datieren.

Die meisten Belege für F 31 sind Schriftfeldschreibungen. Dabei wurde die Hieroglyphe am häufigsten mit dem Komplement vergesellschaftet, nur wenige setzten F 31 zusammen mit einer Gotteshieroglyphe der Gruppe C („*Gott NN-**ms**(w)*") oder einem anderen Zeichen (so z. B. [36]) in ein Schriftfeld. Dabei wurde die Hieroglyphe horizontal gestaucht, die drei Felle rückten näher zusammen. Bei einer vertikalen Stauchung paßte man die drei senkrechten Striche des Zeichens der vorhandenen Länge an, besonders deutlich erkennbar bei [37]. In manchen Fällen konnten auch zwei der kurzen, oberen Enden wegfallen, so daß nur das mittlere übrig blieb (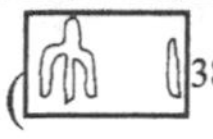[38]).

F 32

Diese Hieroglyphe ist nur sehr vereinzelt belegt, sie weist jedoch eine hohe Variationsbreite auf, besonders in bezug auf die Gestaltung des Bauches (so , ,  [39]). Die Anzahl der Zitzen kann dabei von null bis vier variieren.

In den Schriftfeldschreibungen wurde F 32 meist nur horizontal gestaucht. Deswegen verlor der Teil, der den Bauch darstellt, am meisten an Dicke. Darüber scheinen die Zitzen durch den verringerten Platz beeinflußt zu werden: SI/ SeK/ 001 hat gar keine, SII/ Aby/ 001 nur noch zwei sehr verkümmerte. Bei RII/ Sas/ 001 sind die unteren Zitzen länger, nur im oberen Bereich war durch Aa 13 zu wenig Platz, so daß die dortigen Zitzen sehr verkleinert werden mußten. Jedoch ist daran zu denken, daß alle Zeichen F 32 sehr variabel sind. Da zu den entsprechenden Schriftfeldschreibungen keine Einzelzeichen vorkommen, ist eine Entscheidung, inwieweit tatsächlich eine Schriftfeldvariation vorliegt, nicht klar zu treffen.

34 Bei der Schreibung auf RII/ DeM/ 051 kann man sehr schön erkennen, daß die Randlinie dieser Stele (und wohl generell) erst am Schluß eingraviert wurde, da sie an der Stelle, wo F 30 nach außen übersteht, unterbrochen ist.

35 Es sind RII/ Saq/ 019 (neben einem weiteren Zeichen mit geraden Enden) und Mer/ Saq/ 001.

36 RII/ Aby/ 011.

37 RII/ DeM/ 168.

38 RII/ DeM/ 113.

39 SI/ Aby/ 002, RII/ Saq/ 020 und RII/ Mem/ 001.

Die einzige unregelmäßige Stauchung reduzierte die Länge des Schwanzes sehr stark und gab diesem ca. die gleiche Länge wie dem Bauch. Bei den andern Zeichen ist zu erkennen, daß die normale Länge ungefähr zwei Drittel der Gesamtlänge ausmacht.

F 33 Im vorliegenden Corpus nicht belegt.

F 34

Das Herz *jb* kommt im von mir zusammengestellten Corpus wider Erwarten relativ selten vor.

Viele oberägyptische Belege haben einen sehr dünnen „Hals", auf dem dann der obere, breitere Teil aufsitzt ([40]). Ebenfalls nur in dieser Region erscheinen Formen mit losgelöstem oberen Teil: [41].
Oftmals ist F 34 ohne den Kontext nicht klar von einem Gefäß, wie z. B. W 07, W 22 oder W 23, zu unterscheiden.

Nur wenige Schriftfeldschreibungen konnten erfaßt werden. Die meisten verkleinerten das Herz ungefähr maßstäblich.

Bei Mer/ Aby/ 002 wurde F 34 durch das danebenstehende Schriftzeichen etwas horizontal gestaucht. Wäre dieses Zeichen in seiner normalen Größe, würde F 34 als Einzelzeichen gewertet werden. So hat das Herz ungefähr die Form eines ȯ–Topfes, ohne die ansonsten so charakteristischen seitlichen Auswüchse[42]. Der zweite Beleg aus dieser Zeit – also mit der späteste Nachweis in meiner Sammlung – hat ebenfalls eine ungewöhnliche Form des Herzkörpers, nämlich eine dreieckige[43].

Generell kann man feststellen, daß die Sethos I-zeitlichen sowie diverse Belege aus Saqqara die dem „Kanon" am nächsten kommende Form aufweisen. Speziell im thebanischen Bereich der Zeit Ramses II kommen dagegen in meinem Corpus Variationen vor, die sich stärker von dieser Form entfernt haben.

F 35

Das Dreikonsonantenzeichen *„nfr"* ist im Corpus sehr häufig aus ganz Ägypten belegt. Generell sitzt die Querverstrebung sehr weit oben an der Luftröhre und ist relativ schmal. Der Beleg RII/ Buh/ 005 hat diese jedoch weit unten, darüber erstreckt sich eine überproportional hohe Luftröhre.
Einige oberägyptische Stelen setzen die Verstrebung extrem weit nach oben, wie dies in unterägyptischen Belegen in meinem Corpus nie der Fall ist, so beispielsweise oder [44]. Sehr breite Verstrebungen weisen neben thebanischen Stelen einige qantirer Belege auf, die wohl von aus dem Süden stammenden Handwerkern gefertigt sein dürften. Ein Beleg von hier, RII/ Qan/ 066, hat die Querverstrebung vergessen.

40 RII/ DeM/ 004.

41 RII/ DeM/ 168.

42 Eine solche Form ist ungewöhnlich, nur selten kommen (schon ab dem Alten Reich) eiförmige Formen ohne seitliche Auswüchse vor: FISCHER, *Calligraphy*, 25.

43 Auch RII/ DeM/ 043 hat eine solche Form. Sie kam meines Erachtens dadurch zustande, daß der Hersteller aufgrund des geringen Raumes, den das Zeichen nur einnehmen sollte, keinen richtigen Schwung fand, um den Körper unten rund zu gestalten.

44 SI/ The/ 001 und RII/ DeM/ 097.

Eine – wohl versehentliche – Ausnahme bildet RII/ DeM/ 052, das zwei nach links verschobene Verstrebungen aufweist.

Der untere Teil, das „Herz“, hat ein relativ uneinheitliches Aussehen. Es weist eine abgerundete Form auf, die rund, herzförmig, sehr schlank, dreieckig[45], birnenförmig oder auch unregelmäßig sein kann. Zeitliche oder räumliche Tendenzen konnte ich dabei jedoch nicht feststellen.

Die Belege weisen so gut wie nie Innenzeichnungen auf, nur zwei Zeichen auf RII/ DeM/ 164 () sowie der Beleg RII/ Lux/ 001 lassen den mittleren Bereich des Herzens frei, gestalten ihn also eher als Ring.

In den Schriftfeldschreibungen wurde F 35, das alleine eine Feldhöhe und eine halbe Feldbreite benötigt, auf unterschiedliche Weise gestaucht.

Mit der rein vertikalen verkürzte man die Luftröhre, auch das Herz-Teil kann kleiner werden.

Bei den Belegen, die drei F 35 nebeneinander setzen, werden diese horizontal gestaucht, die einzelnen Querverstrebungen verschmelzen zu einem einzigen Strich und die Partie für jedes einzelne ***nfr*** wird kürzer. Auch die Breite der Luftröhre muß im Falle einer solchen Stauchung reduziert werden.

Bei 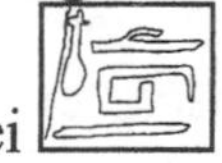 [46] mußte F 35 etwas gekippt werden, da von links eine Darstellung schräg ins Schriftfeld hineinragt.

F 36 

Das Schriftzeichen F 36 soll eine Luftröhre mit Lungen darstellen. Es ist bei mir nur in der Zeit Sethos I bis Ramses II und fast ausschließlich in Oberägypten belegt. Einzige Ausnahme ist der Beleg SI/ Saq/ 004.

RII/ DeM/ 039 ist unten eben und hat am oberen Rand des Herz-Teils schräg nach oben verlaufende Auswüchse (), wie auch RII/ DeM/ 042 (). Ähnliche Formen zeigt auch SI/ DeB/ 001. RII/ Aby/ 012 hat unterhalb der oberen Querverstrebung noch eine weitere, die etwas tiefer sitzt. Diese Form erinnert an ein Gefäß wie z. B. W 09 oder W 22, vielleicht hat der Hersteller hier einige Zeichen verwechselt.

Alle Zeichen weisen wie auch F 35 einen hohen Variationsgrad auf. Einheitlich ist bei ihnen lediglich, daß die Querverstrebung an der Luftröhre ganz am oberen Ende sitzt. Dieses Detail scheint als „diakritisches Zeichen“ zur Unterscheidung von F 35 durchgehend beachtet worden zu sein.

In der einzigen Schriftfeldschreibung RII/ DeM/ 046 hat der Hersteller F 36 unregelmäßig gestaucht. Die Höhe der Luftröhre wurde verringert, die Form der Lungen entsprechend dem noch zur Verfügung stehenden Raum modifiziert: .

F 37-38 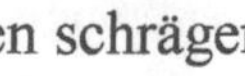

Diese Hieroglyphe konnte von mir nur in der Zeit Sethos I belegt werden. Es handelt sich hier um einen schrägen Strich mit in Deir el-Medineh vier in Saqqara drei Querstrichen. Die Form ist jedoch ungleich der des Basiszeichens bei A. H. GARDINER, sie entspricht eher der Form

45 Zur dreieckigen Form bei cf. oben bei F 34 RII/ DeM/ 043.

46 RII/ DeM/ 176.

F 37 a der *Extended Library*[47], auch wenn die von mir erfaßten Belege weniger langgestreckt, sondern eher kompakter sind.

F 39 

Dieses Zeichen ist nach den Basiszeichen zu urteilen eigentlich eine ausführlichere Version der „kursiveren" Form F 37-38, wird jedoch different verwendet und hat andere Lautwerte. Es gibt in den Belegen zwei Hauptformen, die sich in der Gestaltung der Rippenpartie unterscheiden. Bei der einen sind die Rippen einzeln angegeben ( [48]), bei der anderen ist die ganze Stelle ein einziger Block( [49]). Die Anzahl der dargestellten Rippen variiert von zwei bis vier. Dabei ist zu erkennen, daß der Block sowie die vier Rippen nur in Oberägypten (Ausnahme: RII/ Saq/ 018) vorkommen, zwei und drei Rippen nur in Unterägypten (Ausnahme: SI/ Aby/ 008[50]).

Die beiden Belege aus Qantir sind diesmal in der Ausführung sehr weit von den anderen entfernt. RII/ Qan/ 016 hat nur zwei Rippen und einen äußerst weit herunterhängenden „Schwanz", RII/ Qan/ 048 ist an beiden Enden extrem nach unten gebogen.

In den wenigen Schriftfeldschreibungen wurde F 39 nur vertikal gestaucht. Dabei reduzierte man die Höhe der Rippen/ des „Rippenblocks", und auch das hinten herunterhängende Teil wurde kürzer und flacher[51].

F 40 

Als Einzelzeichen ist dieses Zeichen nur in Ober-, als Schriftfeldschreibung nur in Unterägypten belegt. Die Rippen werden lediglich als geschlossener Block wiedergegeben, eine Einzelangabe erfolgt nicht.

Die Zeichen der Zeit Sethos I haben unterhalb des Rippenblocks noch zwei kurze Auswüchse ([52]), dies kommt dann in meinem Corpus bei Ramses II nur noch einmal, nämlich bei RII/ Saq/ 020, vor.

In den Schriftfeldschreibungen wurde F 40 nur vertikal gestaucht. Dabei verringerte sich die Höhe des Rippenblocks, die beiden Enden flachten entweder ab, oder sie wurden stark nach unten gezogen und umschließen so ein kleines Zeichen unter F 40.

F 41

Der senkrechte „Rückenwirbel" ist bei mir nur einmal bei SI/ Aby/ 002 als Einzelzeichen belegt.

F 42

Die Rippe taucht bei mir lediglich einmal bei RII/ Sas/ 001 in einer Schriftfeldschreibung auf, sie wurde vertikal gestaucht und ist ungefähr symmetrisch. Das kleine Anhängsel unten in der

---

47 GARDINERS *Extended Library* bietet unter F 37 a bzw. b eine ähnliche, aber erheblich größere Form: HANNIG, *HWB*, 1139. Die genaueste Parallele zu den bei mir belegten Formen hat GRAEFE, *MÄG*, 219 neben dem Basiszeichen aufgeführt. Er setzt übrigens auch schon keine eigene Nr. 38 mehr an. Cf. auch die diversen, jedoch alle von den bearbeiteten Belegen abweichende Formen bei CAUVILLE, DEVAUCHELLE, GRENIER, *Catalogue*, 166, 3 ff.

48 RII/ DeM/ 030.

49 RII/ The/ 022.

50 Dies ist auch der einzige Beleg, der nicht auf Ramses II datiert ist.

51 Bei RII/ DeM/ 146 kann man erkennen, daß die Stelenumrandung von der Hieroglyphe geschnitten wird und demnach zuletzt graviert worden sein muß.

52 SI/ DeM/ 010.

Mitte ist fast völlig verschwunden.

Bei diesem Zeichen kann Verwechslungsgefahr mit der Mondsichel N 11-12 (Var. N12) bestehen.

F 43 Im vorliegenden Corpus nicht belegt.

F 44 

Nur einmal konnte in vorliegendem Corpus diese Hieroglyphe bei SI/ Aby/ 002 in einer Schriftfeldschreibung belegt werden. Dabei wurde F44 so stark unregelmäßig gestaucht, daß es fast formlos und aus sich heraus nicht mehr eindeutig identifizierbar ist.

F 45 Im vorliegenden Corpus nicht belegt.

F 46-49 

Diese Hieroglyphe, die als „Eingeweide" identifiziert wird, ist hier nur dreimal mit Schwerpunkt auf Unterägypten belegt[53].
In der einzigen Schriftfeldschreibung RII/ Saq/ 020 wurde F 46-49 relativ maßstäblich verkleinert.

F 50 – F 52 Im vorliegenden Corpus nicht belegt.

---

53 Da alle Formen, die mit dem Nummern F 46 bis F 49 bezeichnet werden, die gleiche Verwendung und Bedeutung haben, fasse ich sie hier zu einer Hieroglyphe zusammen.

Abteilung G – Vögel

G 01-02 

Der Schmutzgeier, das Elementargrammem für *ȝ*, ist hier eines der am häufigsten vertretenen Hieroglyphen. Dieser Vogel zeigt, wie fast alle Hieroglyphen der Gruppe G, sehr viele Variationen, eine einheitliche „Grundform" existiert nicht. Als Abgrenzung zum Falken G 05 dient die immer sehr deutliche Zeichnung des charakteristischen Geierschnabels.

Die Angabe eines nach hinten abstehenden Schopfes erfolgt in diversen nubischen[1] sowie auf einigen oberägyptischen Belegen[2]. In Unterägypten ist dieses Detail sehr selten, es kommt nur auf wenigen Stelen aus Saqqara[3] bzw. der dem gleichen Kontext entstammenden Stele RII/ KeG/ 004 () vor. Ab der Zeit des Merenptah ist dieses Detail bei mir lediglich noch schwach erkennbar auf Mer/ Aby/ 005 vorhanden, ansonsten taucht es nicht mehr auf.

Eine Innenzeichnung, die den angelegten Flügel nachzeichnet, ist nur auf RII/ Saq/ 014 und RII/ KeG/ 004 () erhalten. Auf den nubischen Belegen RII/ ASi/ 001. 002 und SII/ Ani/ 001 fehlt in einigen Schreibungen die Standlinie.
Sehr unterschiedlich ist die Ausgestaltung des Schwanzes. Dieser kann entweder

A) in Verlängerung des Körpers ohne nähere Gliederung nach unten weiterführen ( [4]),

B) in zwei gleich lange Teile gegabelt sein ([5]), oder

C) nur ein kleiner, nahezu waagerechter Flügelteil ragt über den Körper hinaus, z. B.  [6]).

Der Schwanz A) ist die häufigste Form und überall vorkommend. Weniger oft kommt die Form B) vor, sie ist aber in ihrer Verbreitung nicht beschränkt. Speziell in Saqqara zur Zeit Ramses II wurde jedoch bei dieser Form der dem Körper nähere Teil erheblich breiter als der andere gestaltet, so z. B.  [7].

Schwanzform C) ist relativ selten und in vorliegenden Material nur in Oberägypten vertreten. Ausnahmen sind SII/ Ani/ 001 sowie RII/ Sas/ 001, der oben als Beispiel angeführte Beleg, dabei ist diese Form überwiegend in Einzelzeichen vorhanden. Bei Mer/ Aby/ 005  scheint das Szepter auf diesem Teil des Flügels zu stehen. RII/ DeM/ 013  weist einen auffälligen, in drei Teile gespaltenen Schwanz auf.

Eine abweichende, aber für einen nubischen Beleg nicht ungewöhnliche Form zeigt RII/ Buh/ 005 mit . RII/ DeM/ 182  zeigt eine leicht verderbte Variante mit kleiner, vorstehender Brustfeder[8].

---

1 RII/ Buh/ 005, RII/ ASi/ 001. 002 und SII/ Ani/ 001.

2 SI/ DeM/ 011. 015, SI/ The/ 001, SI/ Aby/ 002, RII/ DeM/ 050. 127. 140. 176, RII/ The/ 018.

3 SI/ Saq/ 003. 004, RII/ Saq/ 007. 009. 014 und RII/ KeG/ 004, sowie auf RII/ Sed/ 001.

4 RII/ DeM/ 114.

5 SI/ Saq/ 004.

6 RII/ Sas/ 001.

7 RII/ Saq/ 009. Dieses Variante kommt auch auf RII/ KeG/ 004 vor, die dem gleichen Arbeitsstättenkontext entstammt wie die Stelen aus Saqqara.

8 Dazu auch BLUMENTHAL, *Kuhgöttin*, 16 f.

In den Schriftfeldschreibungen wurde G 01 in den meisten Fällen horizontal gestaucht. Dabei richtete man den Vogel steiler auf als in der Einzelschreibung, dieser scheint manchmal sogar fast nach hinten zu kippen. Der Körper wird schmaler, bis hin zu den schon strichförmigen Schreibungen auf Sip/ Aby/ 003 (). Wurde diese Hieroglyphe vertikal gestaucht, bietet der Körper ein geducktes Erscheinungsbild, seine Linie nähert sich etwas der Waagerechten an.

Eine Besonderheit der Schriftfeldschreibung ist die Verdoppelung von G 01, seit A. H. GARDINER[9] als eigenständige Hieroglyphe G 02 bezeichnet. Diese Hieroglyphe ist lediglich eine Doppelung von G 01 als Phonogramm *33*, daher betrachte ich das Zeichen als eine Schriftfeldschreibung von 𓄿. Alle Belege hierfür stammen nur aus Deir el-Medineh, meistens sind dabei die Körper beider Vögel vorhanden, dabei wurde die Brust des einen mit dem Schwanz des anderen verbunden ([10]), oder die Füße des hinteren laufen in den Schwanz des vorderen hinein ([11]). Dabei sind die beiden Geier hintereinander angeordnet. In einigen Belegen stehen die beiden Vögel so hintereinander, daß die Beine beider Tiere scheinbar alle am vorderen Körper angesetzt sind. Der hintere Körper ist dann wesentlich kleiner als der vordere und meist nicht mit diesem verbunden, z. B. [12]. So wurde darauf geachtet, daß von beiden Hieroglyphen alle elementaren Teile vorhanden bleiben, auch wenn sie nicht anatomisch korrekt aneinander gesetzt wurden, was ja aber auch nicht nötig war. Auch von anderen Hieroglyphen gibt es Verdoppelungen[13].

G 03 𓅁

Diese Komposithieroglyphe aus G 01 und U 01-02 ist nur selten belegt. Bis auf SI/ Saq/ 003 zeigen alle Belege den einfachen Schwanz, RII/ DeM/ 176 und SI/ Saq/ 003 weisen den Schopf am Hinterkopf auf.

Die Sichel ist hier stets nahezu waagerecht und weist die Form U 02 auf[14], der Griff ist senkrecht.

Nur bei SI/ DeM/ 043, der einzigen Schriftfeldschreibung, die das Zeichen etwas vertikal staucht, ist die Sichel retrograd geschrieben. Sofern das ***n*** zuerst geschrieben wurde, war nicht mehr Platz für die „normale" Ausrichtung der Sichel, so daß aus diesem Grund vielleicht eine Umkehrung stattfand[15].

G 04 𓅂

Diese Hieroglyphe, die ohne Kontext nicht von G 01 unterschieden werden kann, ist selten und nur in Oberägypten belegt, abgesehen von SI/ Saq/ 006. Die Formen und Stauchungsmöglichkeiten entsprechen denen von G 01-02. Nur die Belege aus Deir el-Medineh, RII/ DeM/ 011. 053, zeigen eine Form mit stark hervortretender Brustfeder, so daß das Zei-

9 GARDINER, *EG*, 467.
10 SI/ DeM/ 040.
11 SI/ DeM/ 004.
12 RII/ DeM/ 052. Nur bei SI/ DeM/ 044 sind beide Körper lediglich durch eine Linie voneinander abgegrenzt.
13 Cf. dazu die anderen Verdoppelungen: „G 18" bei G 17-18, „G 30" bei G 29-30, „G 44" bei G 43-44, „I 11" bei I 10-11.
14 In allen Zeichenlisten ist diese Komposithieroglyphe stets als Kombination aus G 01 + U 01 bezeichnet und auch so konstruiert, die Möglichkeit der Verbindung des Vogels mit der U 02-Sichel wird nicht erwähnt.
15 Diese Variante ist in der *Extended Library* mit der Nr. G 03A verzeichnet: HANNIG, *HWB*, 1141. Zu retrograden Hieroglyphen cf. FISCHER, *Orientation I*, jedoch wird auf eine meinem Beleg ähnliche Situation nicht speziell eingegangen.

chen dem „*b3*-Vogel“ G 29 sehr ähnlich sieht. Dieses könnte dadurch erklärt werden, daß auch für G 04 eine Variante mit vorstehender Brustfeder existiert[16].

G 05 

Der Falke ist ein häufiges Zeichen, das meist als Einzelschreibung belegt ist. Die Abgrenzung von G 01 erfolgt durch den charakteristischen, gebogenen Falkenschnabel und die Gestaltung der Beinpartie, die beim Falken fast immer noch einen kleinen, zusätzlichen Zacken neben dem Beinansatz zeigt, so wie bei  [17]. Für die Form des Schwanzes gilt das gleiche wie für G 01, mit dem Unterschied, daß die beim Geier häufigste Form A), ungeteilter Schwanz, beim Falken fast gar nicht auftaucht, nur in einigen Schreibungen aus dem Sinai. Die Form B) ist die häufigste, C) dagegen selten und auch hier nur in Oberägypten belegt (z. B.  [18]).

Innenzeichnungen sind etwas häufiger als bei G 01. SI/ Aby/ 002, RII/ KeG/ 004 und Mer/ Saq/ 001 zeigen den angelegten Flügel durch eine geschwungene Linie. Auf der Stele aus Kafr el-Gabal durchbricht dabei einmal diese Linie an der Brust den Umriß des Vogelkörpers und ragt etwas über ihn hinaus. SI/ Aby/ 004 und RII/ Saq/ 019 () zeigen hingegen eine andere Art der Innenzeichnung, die aber eigentlich keine anatomischen Details des Flügels wiedergibt.

In den wenigen Schriftfeldschreibungen wurde der Falke unterschiedlich gestaucht. Die horizontale Stauchung läßt den Körper höher aufgerichtet erscheinen als in den Einzelzeichen, so z. B.  [19]. Die andere Schreibung auf dieser Stele stauchte G 05 vertikal, was sich auf die Höhe des Zeichens auswirkte. RII/ KeG/ 004 zeigt eine ungefähr maßstäbliche Verkleinerung.

Mehrere Komposithieroglyphen, G 06 bis G 09, haben als Zentralelement den Falken G 05, dessen Gestaltung sich nicht stark von der des einzelnen Falken G 05 unterscheidet, cf. dort und auch bei „O 10“.

G 06 

Der Falke G 05 mit einem Flagellum ist im vorliegenden Quellenmaterial nur zweimal in Unterägypten belegt, beide Stelen datieren in die Zeit Ramses II, wobei das Flagellum am Rükken angesetzt ist. RII/ Hel/ 001  zeigt keine Standlinie sowie einen sehr aufgerichteten Körper, RII/ KeG/ 004 weist eine Innenzeichnung auf, die den angelegten Flügel nachzeichnet. Dieses ist auch die einzige Schriftfeldschreibung, die G 06 vertikal gestaucht hat. Die Formen und Veränderungen entsprechen denen des Basiszeichens G 05.

G 07 

Der Falke auf der Standarte R 12 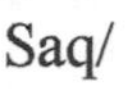 kommt nur zweimal in der Zeit Ramses II vor.

Die Schriftfeldschreibung RII/ Saq/ 002 stauchte das Zeichen vertikal, so daß der Stab der Standarte stark verkürzt werden mußte, er ist mit dem sich darunter befindlichen Zeichen I 09 verbunden. RII/ DeM/ 122 stauchte das zweimal nebeneinander vorkommende G 07

---

16 Nr. G 04 a der *Extended Library*: HANNIG, *HWB*, 1141. Nach FISCHER, *Calligraphy*, 26 wurde diese Form (bei ihm mit der alten Nummer G 5 von F. THEINHARDT bezeichnet) nur in der Spätzeit benutzt.

17 SI/ DeM/ 009.

18 RII/ The/ 012.

19 SI/ Aby/ 008.

horizontal. Dabei verwandelten sich die beiden Standarten in unförmige, an einen *nb*-Korb erinnernde Gebilde. Diese Abweichung entspricht aber dem generell etwas eigenwilligen Duktus dieser Stele.

G 08

Diese aus zwei oder drei Teilen bestehende Komposithieroglyphe, aus G 05, S 12 und einem optionalen Flagellum, ist hier nur in Serabit el-Khadim auf dem Sinai belegt. SI/ SeK/ 001 trennt den Vogel vollständig vom Halskragen, RII/ SeK/ 004 grenzt beide voneinander ab, während der dritte Beleg RII/ SeK/ 002 beide ineinander übergehen läßt. Hier fehlt auch das Flagellum. Zur Form des Falken cf. oben bei G 05.

Nur RII/ SeK/ 002 grenzt den unteren Mittelteil des Halskragens, der wohl Perlen darstellen soll, von dem halbkreisförmigen Zentralelement ab.

G 09

Dieses Zeichen, eine Komposithieroglyphe aus G 05 und der Sonnenscheibe N 05 ⊙ bzw. N 06 kommt öfters vor, stets als Einzelzeichen. Nur in Ramses II-zeitlichen Belegen aus Deir el-Medineh ist die Scheibe N 06 belegt[20], ansonsten wird über den Kopf des Falken nur ein einfacher Kreis ohne Innenzeichnung gesetzt, der fast immer vom Vogel getrennt ist.

Für die Form des Falken gelten die gleichen Fakten wie oben bei G 05 ausgeführt. Eine besondere Innenzeichnung zeigen RII/ Saq/ 013 und RII/ KeG/ 004 ( ), die beide den angelegten Flügel durch eine geschwungene Linie darstellen, die aber an der Brust über den Umriß des Vogelkörpers herausragt. Dieses ungewöhnliche Detail ist auf RII/ KeG/ 004 auch einmal bei G 05 vorhanden.

G 10

Das Zeichen ist bei mir nur zweimal auf SI/ The/ 001 belegt, die Form der Basishieroglyphe ist dabei nur bedingt wiedergegeben. Der Wasserstrich ist einmal einzeln angegeben, bei der anderen Schreibung ist er durch senkrechte Striche mit dem Rumpf verbunden. Über der großen rechteckigen Aussparung am Bug (eine Treibtafel?) befindet sich als Heckaufsatz der mit langen Hörnern versehene Kopf eines Huftieres, der zur Schiffsmitte zurückblickt und einmal drei solcher Hörner zeigt. Am Heck erkennt man lange Stäbe, die vielleicht Ruder darstellen sollen. Die zweite Schreibung zeigt den Falken im Boot auf einem Podest. Bei der anderen Schreibung dagegen erheben sich über dem dreieckigen Podest drei strichförmige Elemente, von denen zwei als bzw. zu erkennen sind. Das dritte Element ist leider nicht identifizierbar.

Ein ähnliches Zeichen nahm erst W. SCHENKEL[21] unter der Nummer P$ 5 in sein Zeicheninventar der Sargtexte auf, der Lautwert ist *ḥnw*. Allerdings handelt es sich dabei nur um das Boot, der Falke fehlt. Das hiesige Beispiel zeigt darüber hinaus eine modifizierte, weitaus detailliertere Form, die als Logogramm des Gottesnamens ***Skr*** gebraucht wurde. Ähnliche Zeichen wie G 10 finden sich auch in der *Extended Library* unter P 59-69[22].

---

20 Das ist die Form G 09 A der *Extended Library*: HANNIG, *HWB*, 1141. Die einfache Form mit der Scheibe N 05 ist die des Basiszeichens.

21 SCHENKEL, *Konkordanz*, 67.

22 HANNIG, *HWB*, 1156. Es wäre zu überlegen, ob G 10 und P59-69 nicht dasselbe Zeichen darstellen und daher zu einem einzigen Zeichen (mit Varianten) zusammengelegt werden sollten.

G 11-12 – G 13 Im vorliegenden Corpus nicht belegt.

G 14

Der Gänsegeier ist im vorliegenden Material nicht häufig belegt, die Schreibungen verstreuen sich über Ägypten vom thebanischen Raum bis nach Unterägypten. Alle Zeichen weisen eine große Variationsbreite auf, charakteristisch ist jedoch der hervorstehende, gekrümmte Hals.

Die leicht dreieckige Form des Körpers ähnelt der des Basiszeichens , nur RII/ Saq/ 010 ( ) und einige der Schriftfeldschreibungen haben einen länglichen, fast strichförmigen Leib. Die meisten Einzelzeichen zeigen noch den kleinen unteren Fortsatz, der das unter dem Gefieder zusammengelegte Ende des Flügels darstellen soll. Nur bei RII/ Saq/ 008 ist dieses wie im Basiszeichen vom restlichen Gefieder abgegrenzt. Der Schwanz kann bis auf die Höhe der Standlinie heruntergezogen sein, es kommen aber auch kürzere Formen vor[23]. Auf manchen Stelen ist G 14 sogar in beiden Varianten geschrieben, so daß dieses m. M. n. nur der individuellen Freiheit des Herstellers zuzuschreiben ist und wohl keinerlei Bedeutung für chronologisch/ topographische Unterscheidungen hat.

In den Schriftfeldschreibungen wurde dieser Geier überwiegend horizontal gestaucht, was dann eine Verschlankung des Körpers zur Folge hatte, er wirkt nun höher aufgerichtet, und die charakteristische Halskrümmung kann sich stark reduzieren. Der extremste Fall ist RII/ The/ 005 , wo die Hieroglyphe ohne den Kontext nicht als G 14 identifizierbar wäre.

Die vertikalen Stauchungen bewirkten, daß der Körper, speziell die Kopfpartie, stark geduckt wirkt. In fast allen Schriftfeldschreibungen fehlt der unterste Teil des angelegten Flügels, der bei den Einzelzeichen meistens vorhanden ist.

G 15

Der Gänsegeier mit dem Flagellum am Rücken, nur verwendet als Logogramm des Namens der Göttin *Mw.t*, ist seltener als der „einfache" Geier G 14. Zur Form des Körpers gilt das gleiche wie für G 14, cf. dort. Das Flagellum besteht in allen Belegen nur aus einem Winkel von rechteckigen Strichen, die normalerweise übliche, leicht dreieckige Form des Wedels ist nirgends zu erkennen.

Die beiden aufgenommenen Schriftfeldschreibungen haben G 15 horizontal gestaucht.

G 16

Diese Hieroglyphe ist sehr selten und lediglich verstreut belegt, kein Beleg stammt aus Unterägypten. Da die Kombination aus Falke, Schlange und zwei Körben nur in dieser Form als Logogramm für ***nb.tj*** „die Beiden Herrinnen" auftaucht, muß sie als eigenständige Hieroglyphe angesehen werden. Betrachtet man nur den Geier G 14, handelt es sich um eine Schriftfeldschreibung dieser Hieroglyphe. Der Geierkörper ist wie in einer horizontalen Stauchung stärker aufgerichtet als ein einzelnes G 14, der gekrümmte Hals fehlt meistens. Die ebenfalls aufgerichtete Kobra zeigt vielfältige Variationen, so kann der hintere, auf dem Boden befindliche Körperteil gerade auslaufen ([24]) oder mehrfach gewunden sein ( [25]).

23 Dazu FISCHER, *Calligraphy*, 26 mit weiterer Literatur.
24 RI/ Amd/ 001.
25 SII/ Kar/ 001.

Die beiden Körbe sind in der Regel von den Tieren getrennt, RII/ SeK/ 002 grenzt sie nur durch eine Linie ab, bei SI/ DeM/ 044, der einzigen Schriftfeldschreibung, laufen zumindest die Beine des Geiers in den Korb hinein.

In der Schriftfeldschreibung SI/ DeM/ 044 wurde das Zeichen nur vertikal gestaucht.

G 17-18 𓅓/ 𓅔

Die Eule ist öfters belegt, jedoch erheblich seltener als z. B. der Schmutzgeier G 01. Dieser Befund könnte dadurch erklärt werden, daß sich in vielen Fällen der Hersteller dazu entschied, für das Phonogramm ***m*** statt der großen, schwieriger zu schreibenden Eule das kleine, einfache 𓐝 zu setzen.

Charakteristisch und oft das einzige Unterscheidungsmerkmal zu anderen Vögeln ist der hochrechteckige Kopf, der in den Belegen niemals eine Innenzeichnung aufweist. Der Schwanz zeigt die gleichen Variationen wie G 01: Dieser kann entweder

A) in Verlängerung des Körpers ohne nähere Unterteilungen nach unten weiterführen ( [26]),

B) in zwei gleich lange Teile gegabelt sein ( [27]), oder

C) ein kleiner, nahezu waagerechter Teil eines Flügels wächst aus der nach unten führenden, einteiligen Schwanzpartie heraus, z. B. bei ( [28]).

Die Form A) ist selten und kommt verstreut vor. Form B) ist die am meisten verwendete Variation für die Gestaltung der Schwanzpartie. Form C) ist sehr selten, sie taucht nur in Nubien und späten oberägyptischen Belegen ab Sethos II auf.

Ausschließlich bei RII/ KeG/ 004, einer memphitischen Arbeitsstätte nahestehenden Stele, ist eine Innenzeichnung belegt. Dabei wird die Kante des angelegten Flügels durch eine geschwungene Linie wiedergegeben, die unten manchmal noch Ausläufer in Richtung Beinpartie aufweist: .

In den Schriftfeldschreibungen wurde die Eule fast ausschließlich horizontal gestaucht. Der Körper mußte verkürzt werden, er wirkt jetzt höher aufgerichtet als in den Einzelzeichen, der Kopf ist senkrechter, so z. B.  [29]. Die Form G 18 𓅔 ist m. E. nur eine Schriftfeldschreibung zu G 17 (ähnliches auch bei G 02, G 30 und G 44, cf. dort). Diese spezielle Schriftfeldschreibung ist in meiner Sammlung nur einmal auf RII/ DeM/ 176 belegt. Dabei wurde der Körper des hinteren Vogels über den des vorderen gesetzt, beide sind voneinander durch eine Linie abgegrenzt, alle vier Beine wurden an die vordere Eule angesetzt.

G 19-20 𓅕/ 𓅖

Diese Kompositхieroglyphe, bei der G 17 entweder mit D 37 𓂞 oder D 36 𓂝 kombiniert wurde, konnte nur sehr selten belegt werden, dabei kommt lediglich die Form G 20 𓅖 vor. Bei RII/ KeG/ 004 ist der Arm hinter die Eule gesetzt, während in den anderen Belegen beide Zeichen ineinanderlaufen.

Die Formen der Eulen entsprechen den oben bei G 17-18 beschriebenen. Nur RII/ DeM/ 151 gibt den Daumen von D 36 nicht an.

---

26 SI/ DeM/ 001.
27 RII/ DeM/ 050.
28 Am/ DeM/ 002.
29 RII/ Buh/ 005.

G 21 

Das nur einmal belegte Zeichen G 21 zeigt nicht den kleinen Fortsatz am Hals, der im Basiszeichen vorhanden ist[30]. Diese Hieroglyphe ist anscheinend vom Hersteller mit der Form von G 01 verwechselt worden.

G 22, G 23-24 Im vorliegenden Corpus nicht belegt.

G 25 

Der Schopfibis, Logogramm für *3ḫ*, kommt in meinen Tabellen öfters vor, bis Ramses II verstärkt in Unterägypten, in den späten Belegen nur in Oberägypten, von wo auch die allermeisten dieser Stelen ab der Zeit des Merenptah stammen.

Charakteristische Elemente wie der Schopf und die langen, teilweise geknickten Beine sind in den meisten Schreibungen vorhanden. Der Schopf führt in der überwiegenden Zahl der Fälle schräg vom Hinterkopf weg, wie z. B. [31]. Er ist meist, wie auch hier, dreieckig, nur in einigen späten thebanischen Belegen zeigt er sich als einfacher Strich ([32]), ganz vereinzelt ist der Schopf eng an den Körper angelehnt, so  [33]. RII/ DeM/ 076 hat dieses Element schlicht vergessen, RII/ Saq/ 014 trennt es dagegen vom Kopf ab. Die Beine sind sehr oft, im Gegensatz zu den übrigen Vögeln, ohne Standlinie, sie sind leicht geschwungen oder geknickt ( [34]). Nur einige Einzelzeichen der frühen 19. Dynastie bis Ramses II weisen einen gegabelten Schwanz auf, ansonsten ist er merkmallos und endet weit über dem Boden, ebenfalls im Unterschied zu den meisten anderen Vogel-Hieroglyphen.

In den wenigen Schriftfeldschreibungen wurde G 25 lediglich vertikal gestaucht, dieses verkürzte den Umfang des Körpers bzw. die Länge der Beine.

G 26 

Der Ibis auf der Standarte ist relativ selten, die Belege stammen weitgehend aus Oberägypten. Charakteristisch ist der Hals und der lange, gebogene Schnabel, der in allen Belegen vorhanden ist. In manchen Fällen aus der Zeit Ramses II geht der Schnabel direkt in den Hals über, ohne explizit den Kopf anzudeuten, so wie bei [35].

Der Körper ist meist fast waagerecht und relativ dünn. Sein Schwanz ist in allen Fällen, außer RII/ DeM/ 177 und RII/ Qan/ 008 (cf. oben), ungegabelt und läuft spitz aus. Die Beine weisen fast immer den charakteristischen Knick auf, sie sind relativ lang.

Die Standarte ist in den meisten Fällen direkt mit den Beinen verbunden, nur bei SI/ DeM/ 015 und SI/ DeB/ 001 sind sie voneinander abgegrenzt. Lediglich aus Deir el-Medineh der Zeit Ramses II stammen Belege, die zwei schräg vom Stiel abgehende Bänder[(?)] zeigen, an-

30 Der Variante G 21 a fehlt dieser Fortsatz ebenfalls: HANNIG, *HWB*, 1141.
31 RII/ Saq/ 018.
32 Sip/ DeM/ 010.
33 SI/ DeM/ 139, ansonsten ist diese Variante nur noch bei SI/ Aby/ 002 (neben einer anderen Schreibung), RII/ Hel/ 003 und Sip/ DeM/ 014 (auf Stein aufgemalt) vertreten.
34 RII/ Hel/ 002.
35 RII/ Qan/ 008. Ansonsten ist diese Variante nur noch auf RII/ Aby/ 015, RII/ Saq/ 019 und RII/ Qan/ 033 vertreten.

sonsten ist nur die Tragstange und die schräg verlaufende Verstrebung vorhanden. Bei den meisten Belegen ist die Standarte vorne leicht nach oben gebogen. Nur RII/ DeM/ 176 zeigt die Variante ohne Standarte[36]. In keinem der Belege (außer vielleicht auf Mer/ Saq/ 001) steht der Vogel auf einer separaten Basis, die sich direkt oberhalb der Standarte befindet[37].

In den wenigen Schriftfeldschreibungen stauchte man das Zeichen vertikal, was die Höhe der Beine reduzierte und den Körper noch stärker in die Waagerechte drückte. Bei RII/ Saq/ 019 ist die Tragstange unterhalb der Querverstrebung zu Ende, sie läuft direkt in die untere Begrenzungslinie der Zeile hinein.

G 27 Im vorliegenden Corpus nicht belegt.

G 28

Der „Schwarze Ibis" als Phonogramm ***gm*** ist nur dreimal belegt. Bei RII/ The/ 022 und der Einzelschreibung RII/ Hel/ 003 ist der Hals wie im Basiszeichen fast waagerecht nach vorne ausgestreckt.

H. G. FISCHER[38] stellte fest, daß ab dem Ende der 18. Dynastie eine Formenvariante auftritt, bei der der Kopf mehr zum Boden gewandt ist, im Gestus des Aufspürens von Nahrung. Allerdings ersetze diese Form nicht die alte, sondern komme lediglich vereinzelt vor. Eine solche Variante liegt wohl bei dem Beleg auf RII/ Hel/ 003 in der Schriftfeldschreibung vor, allerdings könnte es sich hierbei auch um eine durch Schriftfeldkomposition bedingte Nei-gung des Kopfes handeln, um die Hieroglyphe X 01 noch mit einbringen zu können. Die Schriftfeldschreibung aus Theben setzt alle drei Hieroglyphen direkt aneinander, nur durch ei-ne Linie voneinander abgegrenzt.

G 29-30 /

Diese Hieroglyphe kommt öfters vor, überwiegend in Oberägypten. Der Kopf ist undifferenziert und geht in einen langen Schnabel über, der in thebanischen Belegen auch kürzer sein kann.
Der Kehlsack befindet sich stets am Übergang vom Hals zum Kopf und besteht aus einem mehr oder minder langen Strich, nur RII/ Qan/ 048 zeigt ihn als Schlaufe. Vereinzelt fehlt er[39], so auch auf dem einzigen nubischen Beleg RII/ Nub/ 002 ( ), jedoch ist dieses wohl als Versehen zu bewerten. Der Körper ist nahezu waagerecht, in den unterägyptischen Belegen etwas schräger. Er läuft in einen Schwanz aus, der in der Regel spitz und ohne weitere Merkmale ist. Lediglich die oberägyptischen Schreibungen RII/ The/ 012 und RII/ Kop/ 002 ( ) weisen einen gegabelten Schwanz auf, bei RII/ KeG/ 004 ist unter das spitze Ende noch ein kleiner, abgetrennter Strich gesetzt. Die Beine sind meist gerade, nur in Oberägypten existieren Belege mit einem oder beiden in den Knien geknickten Beinen, so RII/ DeM/ 140: .

---

36 GARDINER, *EG*, 470 *s. v.* G 26*, GRAEFE, *MÄG*, 220 setzt diese Form ohne eine eigene Nummer zu dem Ibis auf der Standarte.
37 Dazu FISCHER, *Varia Nova*, 201 f.
38 FISCHER, *Calligraphy*, 27-28.
39 In SI/ DeM/ 002, RII/ Nub/ 002, RII/ Saq/ 019 und RII/ KeG/ 001.

In den Schriftfeldschreibungen stauchte man die Hieroglyphe unterschiedlich. Die vertikale Stauchung verkürzte den Körper und ließ ihn aufgerichteter erscheinen. Die Schriftfelder für *b3k* „Diener“[40], bei denen ein über den Rücken gesetzt wurde, so wie  [41], verursachten eine unregelmäßige Stauchung des Vogels. Der Körper wird geduckter, der Hals streckt sich weiter nach vorne aus, um so genügend Platz für den Henkelkorb zu finden. Bei der besonderen Schreibung RII/ DeM/ 145  wurde das Schriftfeld noch zusätzlich durch eine von unten hereinragende Darstellung, hier ein Kopf, beeinflußt. Dieser Kopf bewirkte, daß der Vogel sein hinteres Bein verlor – bzw. gar nicht erst bekam. Solche schriftfeldursächlichen Zeichenverstümmelungen sind aber eine Ausnahme[42].

Das seit A. H. GARDINER[43] als G 30 numerierte Zeichen ist meines Erachtens kein eigenständiges Zeichen, sondern nur eine spezielle Form der Schriftfeldschreibung, die manchmal von dem Hersteller als eigenständiges Zeichen interpretiert worden ist, so vielleicht bei der Schreibung  auf RII/ Saq/ 020. Die Vogelkörper wurden dabei stets hintereinander gegesetzt und vollständig miteinander verbunden, so daß der Eindruck eines einzigen großen Körpers mit drei Köpfen entsteht. Die Beine überkreuzen sich oft, es sind auch nicht immer die erforderlichen sechs Stück.

Diese Hieroglyphe kann bei unsorgfältiger Schreibung mit G 04, G 21 und G 26 verwechselt werden.

G 31

Der Reiher ist nur ein einziges Mal als Einzelschreibung belegt, auf SI/ Aby/ 002. Das Zeichen entspricht dem des GARDINER-Fonts, abgesehen von der fehlenden Brustfeder.

G 32

Auch diese Hieroglyphe, der Reiher G 31 auf einem „Zaun“, ist nur einmal auf RII/ Saq/ 008 () vorhanden. Die Schreibung entspricht dabei ungefähr der des Basiszeichens, abgesehen von der fehlender Brustfeder, der „Zaun“ hat hier eher die Form von N 30. Der Körper ist sehr schmal und langgestreckt.

G 33, G 34 Im vorliegenden Corpus nicht belegt.

G 35

Nur selten belegt ist der Kormoran als Phonogramm *ʿq*. Außer RII/ Saq/ 003 stammen alle Belege aus Oberägypten, überwiegend aus der Zeit Ramses II. Charakteristisch ist der zweifach gewundene Hals, der dicht am Körper anliegt. Fast alle Belege zeigen einen in zwei Teile gegabelten Schwanz.

In den wenigen Schriftfeldschreibungen wurde der Kormoran vertikal gestaucht, dabei verkürzten sich die Beine und die Höhe des Körpers. Bei RII/ DeM/ 058 kommt noch eine horizontale Stauchung hinzu, die aber lediglich geringfügig die Breite beeinflußt.

40 Cf. *WB I*, 429 f.
41 RII/ DeM/ 087.
42 Cf. dazu Kap. 8.3.
43 GARDINER, *EG*, 470.

G 36 

Ein sehr häufig verwendetes Schriftzeichen ist die Schwalbe, der sog. „*wr*-Vogel", wobei die überwiegende Zahl der Belege Schriftfeldschreibungen sind. Charakteristisch sind der schmale, nach vorne gestreckte Körper, der spitze gerade Schnabel sowie der in zwei Teile gegabelte Schwanz. Alle diese Elemente kommen auf den von mir belegten Schreibungen für G 36 vor.

Die Zeichen mit beinahe waagerechtem Körper (z. B. [44]) stammen fast alle aus Oberägypten bzw. finden sich auf einigen Stelen aus Qantir.

Der Schwanz ist so gut wie immer zweiteilig. Dabei stellt der obere, kürzere Teil die Spitze des angelegten Flügels dar, der etwas über den Körper hinausragt. In Oberägypten können beide Teile auch parallel und gleichgroß sein, wie 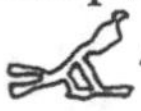[45]. Ungewöhnliche Schreibungen, bei denen der Schwanz aus drei Teilen besteht, sind SI/ Aby/ 002. 008 (zwei von drei Schreibungen), RII/ Aby/ 019 (eine von zwei ) und RII/ Saq/ 010 (dreimal ). Auffällig ist dabei, daß fast alle diese Varianten aus Abydos kommen. Zumindest für diese Objekte ist an arbeitstättentechnische Verbindungen zu denken. Innenzeichnungen weisen nur RII/ Saq/ 014 und RII/ KeG/ 004 (eine von drei Schreibungen) auf, diese zeichnen den Rand der angelegten Schwinge nach.

Die Schriftfeldschreibungen bestehen zum Großteil aus dem Lemma *wr*, G 36 über D 21. Sie stauchten die Schwalbe nur vertikal. Dabei und bei den anderen Vertikalstauchungen reduzierte sich die Höhe des Körpers, er wurde gedrückter und noch mehr zur Waagerechten hin geneigt, besonders deutlich bei [46]. Rein horizontale Stauchungen sind, zumindest in vorliegendem Corpus, nicht belegt. Die Stauchung  bei SII/ Ani/ 001 im Lemma ***hnw*** „Jubel"[47] könnte entweder ein G 36 betreffen, jedoch ist eine eindeutige Identifizierung nicht möglich.

Einige Beispiele aus dem Alten Reich sind größer als die umgebenden Zeichen[48]. Solche Vergrößerungen gibt es auch bei A 01[49].

G 37 

Der Sperling ist sehr selten belegt, ausschließlich in Oberägypten. Er unterscheidet sich nur durch das Fehlen des kurzen, spitzen Schnabels von G 36 und wäre ohne den Kontext nicht eindeutig als G 37 zu identifizieren.

In den Schriftfeldschreibungen wurde G 37 vertikal gestaucht, cf. oben bei G 36. Nur RII/ DeM/ 053 weist eine ungefähr maßstäbliche Verkleinerung auf.

G 38 

Aufgrund der fehlenden Innenzeichnungen und der nahezu identischen Form ist eine Unterscheidung von G 39 (*z3*) nur über den Kontext möglich.

---

44 SI/ Aby/ 002.
45 RII/ Aby/ 019.
46 RII/ DeM/ 176.
47 *WB II*, 493.
48 FISCHER, *Calligraphy*, 29.
49 Cf. dort die erste Anm.

Die Schriftfeldschreibung SI/ Aby/ 002 zeigt eine Horizontal-, SII/ Kar/ 001 eine Vertikalstauchung. Diese verkürzte den Körper bzw. drängte ihn nahezu in die Waagerechte.

G 39 

Das Zeichen G 39 gehört mit zu den häufig verwendeten Schriftzeichen im von mir ausgewerteten Material, die Belege stammen überwiegend aus Oberägypten. Die charakteristische Form des Basiszeichens  ist hauptsächlich auf qualitätvolleren Objekten zu beobachten.

Ansonsten ist ein Trend zur Modifikation festzustellen.

In Oberägypten zeigen viele Schreibungen einen nahezu waagerechten Körper. Die Beine stehen stets weit auseinander und befinden sich in der Regel nicht auf einer Standlinie, was in meinem Corpus für die Vogelhieroglyphen eher untypisch ist. Deutlich erkennbar ist der aufgerichtete, leicht geschwungene Hals, der nur stellenweise, so bei [50] etwas übertrieben wurde. Der Entenschnabel ist in den meisten Belegen lang ausgezogen ([51]), es kommen wiederholt aber auch stark verkürzte Formen vor ([52]). Der Schwanz läuft meist spitz zu, öfters bietet er eine in zwei Teile gegabelte Form, wobei der obere Teil die etwas über den Körper hinausragende Spitze des angelegten Flügels darstellt. Nur eine Form auf RII/ The/ 001  sowie diejenigen auf RII/ DeM/ 164  weichen mit einem dreigeteilten Schwanz davon ab. Das letzte Beispiel setzt die drei Enden abgegrenzt an den Körper an. Dieses ist darüber hinaus auch der einzige Beleg für eine Innenzeichnung in Form eines Auges, ansonsten sind Innenzeichnungen nicht vorhanden. SII/ Buh/ 001 und eine Schreibung auf RII/ DeM/ 069 () gestalten den Körper als ovale Doppellinie mit unbearbeitet gelassener Mitte, dieser Befund ist jedoch nicht als Innenzeichnung zu deuten.

Die relativ wenigen Schriftfeldschreibungen haben G 39 unterschiedlich gestaucht. Die Vertikalstauchung duckte den Körper, die Höhe des Leibes wurde reduziert und der Hals konnte nicht mehr so hoch aufgerichtet dargestellt werden wie in den Einzelzeichen. Die horizontale Stauchung verkürzte die Breite des Körpers stark, die Krümmung des Halses wurde verringert, der Vogel erweckt manchmal auch den Eindruck, etwas nach hinten gekippt zu werden, so wie [53].

G 40 

Dieser Vogel ist häufig vertreten, überwiegend in Einzelschreibungen.

Der Körper ist dabei meist steil gesetzt, die ausgebreiteten Flügel als ein Hauptkennzeichen dieses Schriftzeichens sind sehr lang. Sie zeigen an der Unterseite meistens eine leichte Rundung, ansonsten sind sie ebenso wie der langgestreckte Hals und der Kopf strichförmig wiedergegeben.

Der Schnabel ist lang, aber meist undifferenziert, nur selten wird der Übergang zum Kopf dargestellt (z. B. [54]), meist fließen beide ineinander über.

50 RII/ DeM/ 069.
51 SI/ DeM/ 004.
52 RII/ DeM/ 132.
53 SI/ Buh/ 001.
54 RII/ DeM/ 004.

Der Schwanz ist ebenfalls in den meisten Belegen relativ undifferenziert, sein im Basiszeichen 𓅪 charakteristischer rautenförmiger Umriß ist in den unterägyptischen Schreibungen meist vorhanden, in Oberägypten dagegen selten, bei mir fast nur in thebanischen Schreibungen der Zeit Sethos I belegt. Die Beine bestehen bei allen Beispielen aus zwei kleinen, oft leicht gebogenen Strichen ohne nähere anatomische Details. Sie sind überwiegend mit dem Körper verbunden, können jedoch manchmal aber auch von diesem getrennt sein, eine Variante, die zeitlich und räumlich weit gestreut ist. Eine Standlinie ist nicht vorhanden, da der Vogel nicht auf dem Boden steht, sondern fliegt. Die wenigen Ausnahmen scheinen wohl reine Gedankenlosigkeit des Herstellers zu sein, der einfach die ansonsten stereotype Linie unter den meisten stehenden Schriftzeichen auch hier schrieb.

In den Schriftfeldschreibungen wurde G 40 in beide Richtungen gestaucht. Bei der vertikalen Stauchung wurde der ganze Vogel etwas verkleinert, deutlich bei RII/ Qan/ 018  erkennbar ist der etwas mehr zur Waagerechten geneigte Körper. Die horizontale Stauchung verkürzte die Breite des Körpers, dieser wurde stärker vertikal aufgerichtet, im extremsten Fall bei Sip/ DeM/ 011  gänzlich in die Senkrechte gesetzt.

G 41 𓅫

Die Hieroglyphe G 41 ist nur sehr selten belegt. Der Körper unterscheidet sich von G 40 nicht, abgesehen von den ausgestreckten Flügeln, die hier beide auf dem Rücken ansetzen.

Die einzige Schriftfeldschreibung stauchte das Zeichen horizontal, dabei mußte die Breite des Körpers etwas reduziert werden. Da es sich hierbei jedoch um ein außergewöhnlich breites Schriftfeld handelt, sind keine wesentlichen Unterschiede zu einem Einzelzeichen erkennbar.

Drei Belege, RII/ DeM/ 122, RII/ Saq/ 019 und SII/ Ani/ 001, zeigen vor dem Vogel noch einen Fremdlandstab. Dieses Zeichen unterscheidet sich von G 81 durch das Fehlen jeglicher Stricke zwischen Stab und Hals, nur E. GRAEFE[55] hat bei G 41 neben der einfachen Form auch diese Variante mit einem Fremdlandstab aufgeführt. Ich halte diese Form allerdings für eine Schriftfeldschreibung von G 41 𓅫. Nur bei dem Beleg aus Saqqara (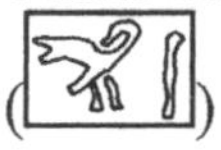) ist der Kopf des Vogels rückwärts gewandt. RII/ DeM/ 122 zeigt mit  eine Form des Stabes, die an die hieratische Form des  erinnert, vielleicht ein weiteres Indiz für eine hieratische Vorlage, nach der der Hersteller RII/ DeM/ 122 anfertigte.

G 42 Im vorliegenden Corpus nicht belegt.

G 43-44 𓅱/ 𓅲

Das Wachtelküken gehört zu den am meisten verwendeten Hieroglyphen. Die charakteristische Form des Zeichens wie im Basiszeichen 𓅱 ist stets benutzt worden, allerdings wurde die Ausführung vielfältigen kleineren Variationen unterworfen. Geachtet wurde immer auf die schräge Form des Körpers, der etwas rundlich ist, jedoch besonders in unterägyptischen Schriftfeldschreibungen zu einem dünnen Strich werden kann. In einigen thebanischen, Ramses II-zeitlichen Belegen kommen Schreibungen mit einem sehr geduckten, eher langgestreck-

55 GRAEFE, *MÄG*, 221.

ten Körper vor ( [56]). Der Kopf ist stets undifferenziert und endet überwiegend in einer kleinen Spitze, die den Schnabel symbolisieren soll. Die Beine wurden meist lang ausgezogen.

Innenzeichnungen finden sich nicht, abgesehen von der Angabe des Auges in einer Schreibung auf SI/ Aby/ 002 .

In den Schriftfeldschreibungen wurde das Wachtelküken unterschiedlich gestaucht. Bei der rein horizontalen Stauchung verringerte sich die Breite des Körpers, der Vogel wirkt noch stärker nach oben aufgerichtet, scheint manchmal sogar fast nach hinten überzukippen. In einigen Belegen ist der Hals langgestreckt und gewunden, so wie bei [57] oder besonders ausgeprägt bei  [58]. Dieser langgestreckte, für ein Wachtelküken untypische Hals kann überwiegend in Oberägypten belegt werden.

In Unterägypten konnte die Stauchung, aber auch die ungefähr maßstäbliche Verkleinerung, eine Reduzierung des Körpers auf einen dünnen Strich verursachen, wie z. B. SI/ Saq/ 008 mit . Die Vertikalstauchung ließ den Körper geduckt erscheinen. Solche Varianten sind auch in einigen thebanischen, Ramses II-zeitlichen Einzelschreibungen zu beobachten.

G 44 ist m. E. eine Schriftfeldschreibung zu G 43, eine einfache Verdoppelung, die aber in den von mir ausgewerteten Quellen nicht auftaucht[59].

G 45 

Diese Komposithieroglyphe aus G 43 und einem Arm ist hier relativ selten belegt. Die Formen des Wachtelkükens sowie des Armes unterscheiden sich nicht von den relevanten Beispielen der einzelnen Zeichen. Abgesehen von RII/ DeM/ 127 befindet sich bei allen Belegen der Arm hinter dem Körper des Vogels.

Die einzige Schriftfeldschreibung auf SI/ Saq/ 005 stauchte das Zeichen vertikal, dabei wurde lediglich die Höhe des aufgerichteten Körpers etwas reduziert.

G 46 Im vorliegenden Corpus nicht belegt.

G 47 

Diese Hieroglyphe kommt im vorliegenden Corpus überwiegend in Oberägypten vor, aber nur relativ selten.

Der Körper ist wie im Basiszeichen  schräg nach oben geneigt, der Hals erscheint lang und nahezu waagerecht[60]. Der Kopf ist stets undifferenziert und läuft oft direkt in den dann merk-

56 RII/ DeM/ 176, cf. auch RII/ DeM/ 175.
57 RII/ Aby/ 015.
58 RII/ KeG/ 001.
59 Cf dazu die entsprechende Anm. bei G 01.
60 Nach FISCHER, *Calligraphy*, 29 ist der Körper dieser Hieroglyphe vom Alten Reich bis zur frühen 18. Dynastie meistens erheblich waagerechter, als es das Basiszeichen suggeriert. Auch der Hals ist weniger lang und etwas mehr nach vorne geneigt

mallosen Schnabel über, so wie z. B. [61], jedoch eher in Schriftfeldschreibungen. Meist ist der Schnabel durch zwei Zacken dargestellt ([62]), in den thebanischen Belegen aus den Regierungszeiten Ramses II und Merenptahs sind jedoch überwiegend dreizackige Schnäbel vorhanden, wie [63], dieses entspricht am ehesten der Form im Basiszeichen.

Der Körper ist nur in unterägyptischen Belegen etwas fülliger, ansonsten wird er strichförmig geschrieben. Die Flügel sind generell sehr schmal und weisen an der Unterseite eine leichte Rundung auf. Nur in Oberägypten ist der Schwanz oft durch einen nach oben ragenden Teil herausgehoben ([64]), im Norden Ägyptens ist ein solcher gar nicht vorhanden.

Die Krallen am ausgestreckten Fuß sind durch zwei kleine Auswüchse gekennzeichnet, die aber in oberägyptischen Belegen auch wegfallen können, so z. B. [65]. Mer/ Aby/ 005 reduziert die ganze Beinpartie auf einen kleinen Winkel: .

Die Schriftfeldschreibungen stauchten das Zeichen fast immer nur horizontal. Dabei mußte die Breite des Körpers reduziert werden, der sich nun stärker aufrichtete. Bei RII/ DeM/ 083  ist an der Schwanzpartie eine Aussparung zu erkennen, in die der vordere Teil des Fußes des nachfolgenden Vogels hineinragt. Dies ist insofern bemerkenswert, da der an zweiter Stelle zu lesende, hintere Vogel also zuerst geschrieben worden sein muß.

G 48 – G 50 Im vorliegenden Corpus nicht belegt.

G 51 

Diese Form ist in einer Variation im vorliegenden Corpus nur einmal auf der kryptographischen Stele RII/ Aby/ 022  belegt. Die Form im GARDINER-Font, bei der der Vogel auf dem Fisch steht (), kommt im Neuen Reich oft vor, im Alten Reich jedoch wurde der Vogel überwiegend freistehend mit dem Fisch im Schnabel dargestellt[66]. Der in meiner Untersuchung aufgeführte Beleg zeigt ebenfalls einen Vogel, der nicht auf dem Fisch, sondern daneben, hier auf einer *M3ᶜ.t*-Feder, steht. Der Fisch befindet sich am vorderen Fuß des Vogels und wird noch nicht vom Schnabel berührt. Der Körper des Vogels wurde als Oval mit einer Doppellinie geschrieben, die Mitte ist unbearbeitet geblieben. Das ganze Objekt sieht wie eine frühzeitliche, an den Rändern unbehandelte Stele aus, allerdings sind die Formen der einzelnen Hieroglyphen in archaisierenden Objekten stets im jeweils aktuellen, zeitgenössischen Duktus geschrieben. Jedoch sind bei kryptographischen Schreibungen auch absichtliche Modifikationen der Zeichenformen denkbar, deren Bedeutung sich uns heute nicht immer erschließen dürfte.

61 RII/ Qan/ 002.
62 RII/ Saq/ 007.
63 RII/ DeM/ 004.
64 RII/ DeM/ 039.
65 RII/ DeM/ 059.
66 FISCHER, *Calligraphy*, 30, dazu auch CAUVILLE, DEVAUCHELLE, GRENIER, *Catalogue*, 181, 1345.

G 52 Im vorliegenden Corpus nicht belegt.

G 53 ( )

Dieses Zeichen ist im von mir bearbeiteten Quellenmaterial nur sechsmal belegt. Lediglich die drei Schreibungen auf RII/ Saq/ 008 und Mer/ Aby/ 005 lassen einen menschlichen Kopf erkennen. Dabei handelt es sich stets um Schriftfeldschreibungen, da der Vogel sichtbar durch die Anwesenheit von R 07 beeinflußt worden ist. Daher betrachte ich das Basiszeichen nicht als Einzelzeichen, sondern als Schriftfeldschreibung, das entsprechende Einzelzeichen zeigt allein den Vogel. Diese Einzelform führen lediglich die Zeichenlisten von E. GRAEFE[67] und vom IFAO[68].

Ansonsten könnte es sich auch um den Vogel G 29 handeln, der ebenfalls als Logogramm für *bꜣ* „Ba-Seele", auch zusammen mit R 07, verwendet kann. Er unterscheidet sich aber von G 53 durch den Kehlsack, der in dem hier behandelten Zeichen nicht vorhanden ist. Deshalb interpretiere ich die in der paläographischen Tabelle zusammengestellten Schreibungen auch dann als G 53, wenn der menschliche Kopf nicht mehr als solcher zu erkennen ist, was wohl durch die mindere Qualität der Belege bedingt sein dürfte. Der menschliche Kopf ist nur durch die Umrisse zu erahnen, eine Innenzeichnung gibt es nicht. Der Bart ähnelt bei der verunglückten Schreibung auf RII/ DeM/ 141  eher einem Schnabel.

R 07 führte in den Schriftfeldschreibungen zu einer horizontalen Stauchung von G 53, die den Körper steiler aufrichtete.

G 54

Diese Hieroglyphe ist hier nur in drei Einzelschreibungen auf SI/ Aby/ 002 belegt. Alle ähneln sehr stark der Form des Basiszeichens.

G 162

Diese Hieroglyphe ist nur einmal auf SI/ DeM/ 004  belegt, allerdings handelt es sich sich um eine Variante von G 162 a der *Extended Library*[69], dort befindet sich der Vogel nicht auf einer Standarte. Die Basis des Vogelbildes ist sehr lang und ragt an beiden Seiten darüber hinaus, sie ist genauso breit wie die Standarte. Der Falke ist in hockender Position dargestellt, so daß man die Füße nicht sieht. Auf dem Kopf zeigt sich eine kegelförmige Erhöhung, die man wohl als Weiße Krone identifizieren kann, am Rücken setzt ein Flagellum an. Die Standarte weist zwei Querversteifungen sowie zwei bänderartige Gegenstände am Übergang zur Plattform auf.

Ich identifiziere diese Hieroglyphe als Namen des Gottes Sopdu, ebenso wie kürzlich E. E. MORGAN[70].

G 248

Diese Kompositihieroglyphe aus G 43 und dem schlagenden Arm D 40 ist relativ selten belegt, überwiegend in der Zeit Sethos I. Die Formen der beiden Komponenten sind ähnlich den

67 GRAEFE, *MÄG*, 221.
68 CAUVILLE, DEVAUCHELLE, GRENIER, *Catalogue*, 197, 3. 5. 6.
69 HANNIG, *HWB*, 1143.
70 MORGAN, *Ohrenstelen*, 122. Für diese Lesung sprechen auch die Schreibungen des Namens in *WB IV*, 111 und HANNIG, *HWB*, 1236. Ein Flagellum findet sich allerdings nur bei R. HANNIG.

jeweiligen Einzelzeichen, cf. dort. Das Aussehen von D 40 entspricht jedoch nicht genau der Form der *Extended Library*[71].

In allen Belegen erfüllen die beiden Komponenten unterschiedliche Funktionen. Während G 43 immer ein Teil des Lemmas bildet, ist G 40 stets als Determinativ gebraucht. So wird diese Komposithieroglyphe bei SI/ Aby/ 004 im Lemma ***qwr*** „Transportarbeiter“ [72] verwendet, bei SI/ Saq/ 005. 006 in ***ꜣm.w*** „gemischt“ [73] und bei RII/ The/ 022 in ***nḫw*** „Schützer“[74]. Nur auf dem Ramses II-zeitlichen Beleg befindet sich der Arm hinter dem Körper des Vogels.

71 HANNIG, *HWB*, 1144.

72 *WB I*, 10, jedoch ist in keiner der Schreibungen des *WB* diese Kompositheroglyphe belegt.

73 *WB V*, 21.

74 *WB II*, 304.

Abteilung H – Körperteile von Vögeln

H 01 

Der Entenkopf ist in den vorliegenden Belegen in Deir el-Medineh, Saqqara und einmal spät in Abydos belegt (Mer/ Aby/ 005). Fast alle Schreibungen sind Einzelzeichen, die im Schriftfeld nur in der Wortverbindung *jḥ.w ꜣpd.w* „... Rinder und Vögel...“ verwendet wurden. Die Hieroglyphe zeigt lediglich geringe Details, einige Zeichen der Ramses II-Zeit weisen eine Verdickung oberhalb des Schnabels an der Stelle auf, wo der Kopf beginnt.

H 02, H 03 Im vorliegenden Corpus nicht belegt.

H 04 

Der Kopf des Gänsegeiers ist ein einziges Mal in der Schriftfeldschreibung auf SI/ Aby/ 002 belegt. Details fehlen, und das Zeichen ist nur dadurch von H 01 zu unterscheiden, daß es dicker als jenes ist.

H 05 Im vorliegenden Corpus nicht belegt.

H 06 

Die Maatfeder ist öfters belegt, gleichmäßig verteilt über Ägypten. H 06 unterscheidet sich dabei vom Schilfblatt M 17 nur durch die Ausbuchtung am oberen Ende der Feder, die in allen Fällen vorhanden ist. Die Formen mit langem Federkiel ( [1]) kommen hauptsächlich in Oberägypten vor. Sip/ Aby/ 003 zeigt neben einer „gewöhnlichen“ Form auch die Schreibung , bei der es sich eindeutig um eine Feder handelt. Diese könnte aufgrund ihrer Ähnlichkeit mit entsprechenden hieratischen Formen (z. B.  oder 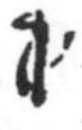)[2] aus einer hieratischen oder kursivhieroglyphischen Vorlage verschrieben sein. Entweder war der Hersteller an dieser Stelle unaufmerksam, oder diese Schreibung wurde von einer anderen, weniger lesekundigen Person ausgeführt.

In der kryptographischen Schreibung auf RII/ Aby/ 022 befindet sich oberhalb der Feder ein einen Fisch fangender Vogel. Dessen vorderer Fuß ist durch zwei kleine senkrechte Striche mit der Feder verbunden, so daß der Vogel auf der Feder zu stehen scheint, ohne das dies nö-tig gewesen wäre. Wir haben hier also eine Art “Pseudo-Komposithieroglyphe“ vor uns, die zwei Hieroglyphen verbindet, obwohl zwischen ihnen kein Zusammenhang hinsichtlich des Lautwertes des vorliegenden Lemmas besteht (). Ein ähnliches Beispiel liegt bei der Hirroglyphe D 36+F 35_M vor, cf. dort.

In den Schriftfeldschreibungen wurde H 06, das alleine eine halbe Feldbreite und eine ganze Feldhöhe benötigt, meistens horizontal gestaucht, was die Breite verminderte. Nur wenn sich unten noch ein waagerechtes P 08 „*ḫrw*“ befand, mußte auch die Höhe kleiner werden, so daß hier eine nahezu maßstäbliche Verkleinerung stattgefunden hat.

1 RII/ DeM/ 082.
2 MÖLLER, *Hieratische Paläographie II*, 21 (236, 237).

H 07 Im vorliegenden Corpus nicht belegt.

H 08 𓆇

Das Ei kommt oft in den vorliegenden Belegen vor. Aufgrund seiner geringen Größe wird es nicht von anderen Zeichen in einem Schriftfeld beeinflußt, die Form bleibt stets mehr oder minder eiförmig, bei RII/ Aby/ 011 ist H 08 sehr stark geneigt. Nur die kryptographische Stele RII/ Aby/ 022 gibt vom Ei lediglich die Umrißlinie wieder, alle anderen Belege zeigen eine vertiefte Fläche. Sonstige signifikante Unterschiede sind nicht festzustellen.

Abteilung I – Reptilien

I 01 

Diese Hieroglyphe ist nur sehr selten belegt, alle Nachweise bis auf RII/ Qan/ 040 stammen aus Oberägypten oder dem Sinai. Der früheste Beleg, SI/ Aby/ 002 () knickt den Schwanz stärker nach unten ab als die anderen, der Kopf ist mehr nach oben gebogen. Bei den anderen Beispielen bleibt der Kopf eher in Körperachse. Sowohl RII/ SeK/ 004 als auch RII/ Qan/ 040 zeigen nur eine sehr schematische Darstellung der Eidechse, die Beine sind fast kaum als solche zu erkennen. Hier könnte ohne den Kontext eine Verwechslung mit F 30  oder V 22/ 23  stattfinden.

Die einzige Schriftfeldschreibung bei SII/ Gur/ 001 stauchte das Zeichen horizontal, leider ist die Stelle heute stark zerstört.

I 02 Im vorliegenden Corpus nicht belegt.

I 03

Insgesamt ist das Krokodil hier nur in drei Belegen vorhanden, zwei davon datieren in die Zeit Sethos I[1], einer in die seines Nachfolgers[2]. Beide frühen Belege sind stark schematisiert, sie weisen jedoch noch erkennbare Ähnlichkeit mit dem Basiszeichen auf. RII/ Qan/ 016 dagegen wäre ohne den bildlichen Kontext nicht identifizierbar.

I 04-05 

Das Zeichen ist nur dreimal im Corpus der Horbêt-Stelen belegt. Dabei ist der Beleg mit Schrein bei RII/ Qan/ 016 äußerst schematisch und ohne den Kontext nicht erkennbar, jedoch wiesen auch sonst viele Zeichen dieser Stele auf einen nicht sehr talentierten oder noch unerfahrenen Hersteller hin.

Ein Beleg, RII/ Qan/ 003, zeigt das Krokodil ohne Schrein in der Form I 05a , auch hier ist es als Logogramm des Gottesnamens Sobek zu verstehen.

I 06 

Die sog. Krokodilshaut wird im vorliegenden Corpus sehr selten als Hieroglyphe verwendet. Zwei der drei unterägyptischen Belege zeigen vier Zacken statt drei, einzige Ausnahme ist RII/ ZUR/ 002, bei der die starke Schematisierung nur zwei Zacken erkennen läßt.

In den Schriftfeldschreibungen wurde I 06 nur vertikal gestaucht, was Auswirkungen auf die Höhe hatte. Auch die Breite veränderte sich, besonders augenfällig bei RII/ The/ 008, wo I 06 sehr stark in die Breite gezogen wurde: 

I 07

Der Frosch I 07 kommt im bearbeiteten Material nur zweimal in der Zeit Ramses II vor. Bei RII/ Saq/ 019 ist das vorderste Bein nicht mit der Standfläche verbunden, RII/ The/ 008 gibt

1 SI/ DeM/ 043, SI/ Saq/ 006.
2 RII/ Qan/ 016.

nur zwei Beine an, unter denen sich eine abgetrennte Fläche findet. Diese Standlinie ist im Basiszeichen nicht vorhanden.

In der thebanischen Schriftfeldschreibung wurde I 07, das allein ein ganzes Feld beansprucht, maßstäblich verkleinert, jedoch weist dieser Beleg einen hohen Abstraktionsgrad auf, der eine Identifizierung der Hieroglyphe aus sich heraus nicht klar macht.

I 08 Im vorliegenden Corpus nicht belegt.

I 09

Die Hornviper als Elementargrammem *f* ist eines der hier am häufigsten belegten Zeichen. Man kann drei hauptsächliche Formen unterscheiden:
A) mit geradem Leib ( [3]),
B) mit nur auf der Oberseite gewölbtem Leib ([4]) sowie
C) mit komplett gewölbtem Leib ( [5]).

Alle drei Formen kommen in ganz Ägypten vor, jedoch ist A) äußerst selten[6].
Generell ist das Zeichen sehr flach, es benötigt nur ein Drittel einer Feldhöhe. Lediglich aus Deir el-Medineh stammen zwei Ramses II-zeitliche Belege[7] mit hoch aufgerichtetem Oberkörper.
Der Kopf ist meistens undifferenziert, nur selten ist er herausgehoben, wie bei  oder  [8].
In den Schriftfeldschreibungen wurde I 09 unterschiedlich gestaucht. Meistens handelt es sich um eine horizontale Stauchung wie bei  [9], wo der Körper verkürzt wurde, der Kopf und die Ohren aber die ursprünglichen Proportionen beibehielten.
Bei RII/ ASi/ 002 mußte der vordere Teils des Schlangenleibes hoch aufgerichtet werden, da er vom davorstehenden  beeinflußt wurde: . Ein Beispiel für eine unregelmäßige Stauchung ist RII/ DeM/ 146: . Wurde die Viper lediglich vertikal auf ca. ein Viertel oder weniger der Feldhöhe zusammengestaucht, geriet das Zeichen zu einem nahezu geraden Strich, wie bei  oder  [10].

I 10-11 

Die Kobra ist sehr häufig vertreten, dabei wurde in den meisten Belegen die Form des Basiszeichens  verwendet. Nur gelegentlich ist im Schwanzbereich noch ein eigentlich unnötiger Knick eingefügt worden, so z. B.  [11]. Diese Variante ist bei mir fast ausschließlich in Einzelschreibungen des thebanischen Raumes von Sethos I bis Siptah belegt, nur einmal in der Schriftfeldschreibung RII/ DeM/ 143.

---

3 SI/ DeM/ 003.
4 RII/ DeM/ 037.
5 RII/ DeM/ 012.
6 Beleg dafür sind bei den Einzelschreibungen SI/ DeM/ 003. 043, RII/ DeM/ 061. 132, RII/ SeK/ 002, RII/ Qan/ 037. 059 und Sip/ Aby/ 003.
7 RII/ DeM/ 060 und / 104.
8 SI/ DeM/ 028 bzw. RII/ Qan/ 037.
9 RII/ DeM/ 069.
10 SI/ DeM/ 018 bzw. SI/ SeK/ 001.
11 SI/ DeM/ 012.

SII/ DeM/ 002 zeigt an der Krümmung, wo der waagerechte in den senkrechten Teil übergeht, einen kleinen Fortsatz, der eigentlich nur bei der Zunge F 20 auftritt. Hier scheint der Hersteller also diese beiden Zeichen verwechselt zu haben, die in der Tat einander sehr ähnlich sehen. Allerdings verhindern der ausgeprägte Kopf bei I 10 und der kleine Fortsatz bei F 20 in der Regel eine Verwechslung dieser Zeichen, die ansonsten in meinem Corpus nicht zu beobachten ist.

Die Schriftfeldschreibungen stauchten das Zeichen unterschiedlich. Meistens verursachten sie eine horizontale Stauchung, die die Breite des waagerechten Teils der Schlange stark reduzierte, so wie bei [12] oder [13]. Bei Mer/ Gur/ 001 wurde die Stauchung durch den direkt links neben dem Zeichen verlaufenden, gebogenen Stelenrand verursacht.

Die Vertikalstauchungen SI/ Aby/ 008, RII/ Lux/ 001 und SII/ Aby/ 001 reduzierten die Höhe des herunterhängenden Schwanzteils, bei dem spätesten Beleg davon mußte auch der Kopf stark geduckt werden und konnte nicht mehr so hoch aufragen wie in den Einzelschreibungen.

Die von A. H. GARDINER mit I 11 numerierte, von ihm also als eigenständige Hieroglyphe angesehene Schreibung ist eigentlich nur eine Schriftfeldschreibung von I 10, es handelt sich um eine reine Verdoppelung des Einzelzeichens, wobei von der hinteren Kobra nur der Kopf sichtbar ist. Diese spezielle Schriftfeldschreibung ist bei mir jedoch nicht belegt.

I 12

Von dieser Hieroglyphe, die eine aufgerichtete Kobra darstellt, datieren die meisten Belege bis auf fünf[14] in die Zeit Ramses II, die unterschiedlichste Gestaltungen zeigen. Nur SI/ DeM/ 029, RII/ The/ 005 und RII/ Saq/ 019 ( ) zeigen den ineinander geschlungenen Schlangenleib klar erkennbar. Die anderen Schreibungen, darunter alle Schriftfeldschreibungen, weisen dagegen einen mehr oder weniger stark zweifach gekrümmten Körper auf, so z. B, , oder [15]. Die gleiche Variabilität weisen die hieratischen Schreibungen für I 12 auf , so oder bzw. [16], so daß vermutet werden kann, daß die entsprechenden Hersteller sich an hieratisch geschriebenen Vorlagen orientiert haben.

Nur der nördlichste Beleg RII/ ZUR/ 002 trennt den Kopf vom breiten Brustschild ab.

In den Schriftfeldschreibungen wurde I 12 meistens nur horizontal gestaucht. Dabei nahm man in der Mehrzahl der Fälle den auf dem Boden liegenden Teil des Körpers bis auf eine minimale Breite zurück, z. B. [17]. Bei RII/ Buh/ 005 ist der aufgerichtete Oberkörper weit nach hinten zurückgelehnt, da vor ihm mehrere Hieroglyphen Platz benötigten, der Schwanz wurde dabei bis zum untersten Ende des Schriftfeldes heruntergezogen. Nur bei zwei Schreibungen, RII/ DeM/ 058 und RII/ Sed/ 003, ist der durch die Stauchung zusammengeschobene Körper stark gewunden und reicht bis fast an die Höhe des Kopfes heran. Auf

12 RII/ Sed/ 004.
13 RII/ Saq/ 016.
14 Das sind SI/ DeM/ 029. 033. 044, Mer/ The/ 003 und Sip/ DeM/ 003.
15 RII/ DeM/ 140. 166 bzw. RII/ Kop/ 002.
16 Alle Schreibungen aus MÖLLER, *Hieratische Paläographie II*, 22.
17 RII/ Kop/ 002.

SI/ DeM/ 044  windet sich der Schlangenleib geschickt zwischen den anderen Hieroglyphen und der Hand hindurch, die in das Schriftfeld hineinragt. Sip/ DeM/ 003 hat die Schlange zusätzlich noch vertikal gestaucht, so daß der Körper zu einem nur noch oben etwas verdickten Strich wurde.

I 13

Die Kobra I 12 auf dem Korb kommt bei mir nur einmal auf einer Stele aus dem Sinai vor, RII/ SeK/ 004. Es handelt sich um ein Einzelschreibung, die dem Basiszeichen stark ähnlich ist, die hinterste Schwanzpartie ist leider zerstört.

I 14-15

Die dreifach gewundene Schlange kommt nur einmal auf SI/ Aby/ 008 in der Schriftfeldschreibung ***njk*** „Götterfeind"[18] vor, wobei dieses Wort Apophis oder auch Seth bezeichnet[19]. Um das Wort bzw. das Zeichen und somit den Feind nicht lebendig zu machen, stecken im Schlangenleib zwei Messer[20], die diesen rituell töten und somit auch die potentiell gefährliche Hieroglyphe unschädlich machen.

---

18 *WB II*, 205. Zu umschreibenden Namen des Seth cf. KAHL, *Sprachsensibilität*.

19 Apophis als Götterfeind in den Unterweltsbüchern: HORNUNG, *Nachtfahrt*, passim. Zur Vermeidung des Namens des Seth KAHL, *Sprachsensibilität*.

20 Diese Variante von I 14 (bei A. H. GARDINER, *EG*, 476 ohne Messer) ist nur bei GRAEFE, *MÄG*, 223 angegeben. Cf. aber auch die Formen unter I 86 in der *Extended Library*: HANNIG, *HWB*, 1146 f.

Abteilung K – Fische und Körperteile von Fischen

K 01

Dieser Fisch kommt im vorliegenden Corpus in Saqqara nur auf den Stelen aus dem Grab des *K3s3* (Zeit Sethos I) sowie auf zwei Stelen der Zeit Ramses II aus Deir el-Medineh vor. Alle Schreibungen sind Schriftfeldschreibungen.

Die Gruppe aus Saqqara zeigt den Fisch stets in einer ähnlichen, dem Basiszeichen sehr nahestehenden Form, Abweichungen in der Gestaltung der Schwanzflosse gibt es hier nur bei SI/ Saq/ 006. Diese Stele hat jedoch, wie ich in Kap. 8.2.5. zu zeigen vermag, einen anderen Hersteller als die übrigen Stelen des *K3s3*.

RII/ DeM/ 053 verwechselt K 01 mit K 02, wobei dieser Fisch hier im Lemma ***jn*** vorkommt. Diesen Lautwert hat eigentlich K 01, jedoch setzt der Hersteller irrtümlicherweise den Fisch K 02 (***bw***) ein.

Die Schreibung auf RII/ DeM/ 088 bietet ein äußerst verderbtes Zeichen, das K. A. KITCHEN[1] als den Bestandteil ***jn*** des Personennamens ***Jmn(.w)-m-jn.t***[2] interpretiert. Ich vermute allerdings, daß nicht nur den Fisch K 01, sondern darunter auch noch X 01 wiedergibt[3], somit würde nur noch ein Determinativ o. ä. fehlen[4]. Da der untere Teil der Stele stark verderbt ist, so ist beim Namen ***Jmn(.w)-m-wj3*** das ***m*** ausgelassen, beim dritten Mann vermißt man ***z3=f***, wäre das Fehlen eines Determinativs nicht ungewöhnlich.

K 02

Diese Hieroglyphe kommt ebenfalls nur in Schriftfeldschreibungen vor. Dabei wird K 02 sowohl vertikal als auch horizontal gestaucht. Bei SI/ Aby/ 008, dem frühesten Beleg, wurde in einer Detailveränderung die vorderste Flosse weggelassen, da der darunter befindliche Kopf des Vogels G 01 sehr nahe an den Fisch heranragen mußte. Alle anderen Belege stammen aus der Zeit Ramses II. Die erste Schreibung auf der einzigen unterägyptischen Stele mit K 02 gibt den Fisch mit zwei statt einer Rückenflosse wieder, der gleiche Befund bietet sich auch auf SI/ Aby/ 008. RII/ DeM/ 053 verwendete irrtümlich K 02 für K 01, cf. dort.

K 03 Im vorliegenden Corpus nicht belegt.

K 04

Dieser Fisch ist nur zweimal auf einer ober- und einer unterägyptischen Stele belegt. RII/ DeM/ 141 hat keine durchgehende Rückenflosse wie das Basiszeichen, sondern zwei abgegrenzte, kleine Rückenflossen, nicht klar dargestellt ist die charakteristische Maulpartie. Der Beleg hat große Ähnlichkeiten mit K 02 sowie K 05.

K 05

Der bis heute nicht sicher identifizierte Fisch K 05 ist nur zweimal in Nubien und Oberägypten belegt, nicht jedoch in Unterägypten. Beide Schreibungen zeigen je zwei Rücken-

---

1 *KRI III*, 708. Das dort wiedergegebene Zeichen entspricht jedoch nicht genau dem Originalbefund. Mein Faksimile ist vom Original im Berliner Museum abgezeichnet.

2 Cf. RANKE, *PN I*, 27:22.

3 Daher meine Einordnung als Schriftfeldschreibung.

4 Das Gesamtdeterminativ ist wiederum vorhanden.

und zwei Bauchflossen und haben starke Ähnlichkeiten mit einigen Belegen bei K 02 und K04.

Generell ist zu erkennen, daß die allgemein nur schwer unterscheidbaren Formen von K 02 – K 05 sich in meinem Corpus sehr stark einander angenähert haben, so daß sie praktisch zu einer einzigen Hieroglyphe „Fisch“ wurden, die mehrere Lautwerte in sich vereinte. Nur aus dem Umfeld, dem textuellen Kontext war und ist dann die Lesung dieser Hieroglyphe noch möglich.

K 06, K 07 Im vorliegenden Corpus nicht belegt.

Abteilung L – Wirbellose Tiere

L 01 𓆣

Der Skarabäus kommt im von mir bearbeiteten Material selten vor, aber gleichmäßig verteilt auf ganz Ägypten.

Die charakteristische Dreiteilung des Rückens hat nur ein Zeichen auf RII/ Kop/ 002 (), eine Absetzung des Kopfes geben immerhin mehrere Stelen an, die fast sämtlich aus Oberägypten stammen[1]. Ebenfalls überwiegend in der südlichen Landeshälfte ist zu beobachten, daß die vorderen Beine rechtwinklig abgeknickt werden, ansonsten weisen sie eher eine sanfte Rundung auf. Ein drittes Detail, das ausschließlich in oberägyptischen Belegen auftaucht, ist die Trennung der mittleren Beine vom Körper ( [2]).

Nur auf RII/ Ama/ 001 und RII/ Saq/ 007 fehlt das mittlere Beinpaar, was ich jedoch lediglich auf Nachlässigkeit zurückführen möchte.

In den Schriftfeldschreibungen wurde L 01 auf unterschiedliche Weise gestaucht, dabei kommt oft die maßstäbliche Verkleinerung vor. Bei den anderen Stauchungen wurden Breite bzw. Höhe reduziert, stärkere Veränderungen gegenüber dem Einzelzeichen ergaben sich dabei jedoch nicht. Nur bei RII/ Sas/ 001 kann man beobachten, daß die Hinterbeine stark gespreizt werden mußten, um darunter Platz für ein 𓂋 zu schaffen: .

L 02 𓆤

Die Biene kommt bei mir relativ selten vor, nur in Schriftfeldschreibungen in der königlichen Titulatur ***nzw bj.t***, die das Schriftzeichen maßstäblich verkleinerten.

Im thebanischen Bereich erscheint die Biene auf den Privatstelen überhaupt nicht. In Oberägypten und auf dem Sinai kann der Kopf mit dem Rest des Körpers verbunden sein, ansonsten ist er davon getrennt. Gleiches gilt auch für den Hinterleib, so z.B.  [3]. In Oberägypten sind die beiden Flügel stets voneinander getrennt angegeben, während die beiden Stelen aus Saqqara dieses Merkmal nicht aufweisen. Nur eine Stele aus Serabit el-Khadim und eine aus Qantir zeigen getrennte Flügel.

Der Hersteller von RII/ Qan/ 057 hat L 02 sehr stark verderbt, wie auch die ganze anonyme Stele von sehr minderer handwerklicher Qualität ist.

L 03 – L 06 Im vorliegenden Corpus nicht belegt.

L 07 𓆫

Der Skorpion ist nur ein einziges Mal bei SI/ DeM/ 002 belegt. Im Gegensatz zum Basiszeichen 𓆫 weist dieser Beleg noch zwei Hinterbeine auf, der gerade Schwanz ist ungegabelt.

1 Der einzige unterägyptische Beleg hierfür ist eine Schreibung auf RII/ Sas/ 001.
2 SI/ Aby/ 002.
3 RI/ Amd/ 001.

Abteilung M – Pflanzen und Florale Elemente

M 01 𓆭

Die Baumhieroglyphe konnte im vorliegenden Corpus nur in Saqqara erfaßt werden.

Neben der Basisform 𓆭 kommt in der Zeit Sethos I auf zwei Stelen noch eine Variante vor, bei der der Baumstamm von der Asthieroglyphe M 03 gekreuzt wird[1], es sind die einzigen Einzelzeichen in meinem Corpus. Diese Komposithieroglyphe verwendete der Hersteller von Stele SI/ Saq/ 003 neben der Basisform, beide werden aber im Lemma *jmꜣ* „Ima-Holz“[2] gebraucht. Bei SI/ Saq/ 005 steht die Komposithieroglyphe im Lemma *ꜥš* „Zeder“[3]. In beiden Fällen dient 𓆱 nur als weiteres Determinativ „Holz“ und wird nicht separat gelesen.

Die Schriftfeldschreibungen stauchten M 01 horizontal, so daß die Breite des Laubwerkes verkleinert werden mußte.

M 02 𓆰

Diese Hieroglyphe ist hauptsächlich in Oberägypten belegt, im Norden nur auf einigen Stelen aus Saqqara/ Kafr el-Gabal[4].

In der Zeit Sethos I zweigen die drei Blütenstiele überwiegend nicht von einer gemeinsamen Stelle ab, sondern stets mit Abstand entlang des Hauptstengels, z. B. [5]. Eine gleiche Form zeigt auch Sip/ Aby/ 003, die eine weitere M 02-Hieroglyphe in einer ungewöhnlichen Variante verwendet, bei der die Stiele symmetrisch an beiden Seiten des Hauptstengels ansetzen: . In der Zeit Ramses II wird eine dem GARDINERschen Basiszeichen ähnliche Form bevorzugt, allerdings wird auf die Weiterführung des Stengels unterhalb der Ansatzstelle der Blütenstiele fast völlig verzichtet: [6]. Mit zeigt RII/ Saq/ 019 eine etwas ungewöhnliche Form. Das Zeichen wird hier – wie auch sonst manchmal üblich – als Determinativ für ***rnp.t***[7] verwendet.

In den Schriftfeldschreibungen wurde M 02 meistens unregelmäßig gestaucht, so daß die Blütenstengel stärker nach oben gerichtet und kürzer sind, wenn das Zeichen nicht wie bei SI/ The/ 001 maßstäblich verkleinert wurde[8].

H. G. FISCHER weist speziell für das Alte Reich auf Belege von M 02 hin, die eine sehr große Variationsbandbreite gegenüber dem Basiszeichen aufweisen[9].

M 03 𓆱

Der Ast ist in Belegen aus ganz Ägypten vertreten, mit einem Schwerpunkt auf der ersten Hälfte der 19. Dynastie. Die überwiegende Zahl der Belege zeigt eine vom Basiszeichen ab-

---

1 M 01 a der *Extended Library*: HANNIG, *HWB*, 1147, auch wenn die Form des Baumes dort etwas anders ist.

2 *WB I*, 79, aber ohne diese spezielle Komposithieroglyphe.

3 *WB I*, 228, aber ohne diese spezielle Komposithieroglyphe.

4 SI/ Saq/ 003. 004, RII/ Saq/ 020, RII/ KeG/ 004.

5 SI/ The/ 001.

6 RII/ DeM/ 141.

7 *KRI II*, 389, 16. In *WB II*, 430 ist diese Hieroglyphe als Determinativ des Lemmas ***rnp.t*** nicht belegt.

8 *KRI I*, 327 Z. 13 notiert fälschlich drei Pluralstriche hinter dem Rücken des Wachtelkükens, jedoch handelt es sich eindeutig um M 02.

9 FISCHER, *Calligraphy*, 32.

weichende Gestaltung. Das Ende ist meist schaufelförmig, ähnlich einer nach oben geöffneten Handfläche. Daß dieser Teil eigentlich aus zwei voneinander abgehenden Aststückchen besteht, ist nur an wenigen Beispielen ersichtlich. Viele Belege, nach Ramses II alle, haben oberhalb des Hauptastes keine Abzweigungen mehr, diese befinden sich stets unterhalb des durchgehenden, langen Hauptstückes. Vielfach werden auch Ästchen weggelassen.

Jedoch lassen sich keine ortsspezifischen Eigenheiten in der Gestaltung des Astes ausmachen. Lediglich die Saqqara-Stelen der Zeit Sethos I zeigen überwiegend ein ähnliches Bild, so z. B. [10], wo am Anfang ein kleines Ästchen nach unten führt und danach ein etwas größeres direkt vor dem Ansatz des schaufelförmigen Teils nach oben gerichtet ist.

In den aufgenommenen Schriftfeldschreibungen ist M 03 stets vertikal auf ca. ein Viertel der Feldhöhe zusammengestaucht worden. Dieses hatte zur Folge, daß die Ästchen nicht mehr so weit vom großen Aststück abgehen können. In vielen Fällen wurde statt einer reinen Stauchung eine Detailveränderung vorgenommen, kleine Ästchen ließ der Hersteller weg oder brachte sie an anderen passenden Stellen an, die aber mit dem Basiszeichen nicht konform waren, so z. B. bei 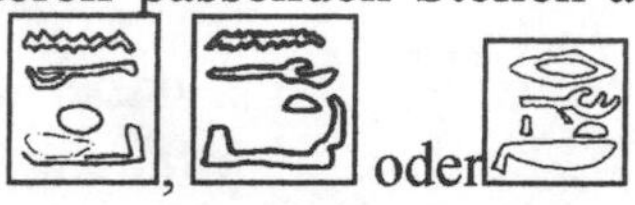 , oder [11].

Die Angabe von wenigen abzweigenden Ästchen reichte offenbar generell aus, um im Zusammenhang mit dem Schriftfeld bzw. dem Textumfeld das Zeichen interpretieren und verstehen, damit lesen zu können.

In manchen Fällen könnte eine Verwechslungsmöglichkeit bestanden haben zwischen M 03 und M 85, so bei der etwas ungewöhnlichen M 03-Form [12].

M 04

Die Palmrispe kommt überwiegend als Einzelzeichen vor. Es wurde überall in ähnlicher Form verwendet, lediglich der Grad der Krümmung des oberen Teils konnte variieren, in Oberägypten war dieser Teil generell stärker gebogen, von wenigen Ausnahmen abgesehen[13]. Die kleine Ausbuchtung an der äußeren Seite wurde stets angegeben, meist als spitzer Zacken. RII/ DeM/ 130 schreibt M 04 mit , einer etwas verderbten Form.

In den Schriftfeldschreibungen wurde bei der vertikalen Stauchung lediglich die Höhe verringert. Die Horizontalstauchung hatte keine elementaren Auswirkungen auf die Hieroglyphe, ihre Spitze kann etwas weiter nach oben gezogen sein, um über die benachbarten Zeichen hinwegzuragen.

M 05

Diese Kompositihieroglyphe ist in den Belegen nur in der Zeit Ramses II vertreten. Da das Brot manchmal sehr unsauber gearbeitet wurde, ist eine Trennung von M 06 (D 21 statt X 01 unter der Rispe) nicht immer einwandfrei möglich. Dieses war jedoch auch nicht nötig, da beide die gleichen grammatischen Funktionen aufweisen[14]. Bei RII/ DeM/ 127 ist die Ausbuchtung an der äußeren Seite abweichend als Ring gestaltet.

---

10 SI/ Saq/ 003.
11 V. l. n. r.: SII/ Kar/ 001, RII/ Saq/ 019, RII/ The/ 008.
12 SI/ DeM/ 012.
13 So RII/ DeM/ 084 oder RII/ The/ 012.
14 GARDINER, *EG*, 479.
15 FISCHER, *Calligraphy*, 33.

In der einzigen Schriftfeldschreibung wurde M 05 maßstäblich verkleinert.

M 06

Dieses Zeichen konnte nur einmal, bei RII/ Nub/ 001, als Einzelzeichen belegt werden. Der Mund ist deutlich mit zwei Strichen gezeichnet. S. a. oben bei M 05.

M 07

Diese Komposithieroglyphe ist wie die beiden vorherigen nur in der Zeit Ramses II in meinem Corpus vertreten. Durch die abweichende grammatische Funktion und die Form des unteren Zeichens (Q 03 □) ist eine eindeutige Trennung von M 05 und M 06 zu erkennen.

Dieses untere Kombinationszeichen konnte eine quadratische oder (einmal) eine hochrecht-eckige Form haben. Lediglich bei RII/ Sed/ 003 hat der Hersteller offenbar nicht gewußt, daß das untere Zeichen der Hocker „*p*" sein muß, sondern es so gestaltet, daß es Ähnlichkeit mit dem Unterteil von M 15 resp. M 16 hat: , die er dabei wohl im Sinn hatte.

In der einzigen Schriftfeldschreibung wurde M 07 horizontal gestaucht, was eine Minimierung von Q 03 und der Breite der Rispe zur Folge hatte.

M 08

Der Teich mit den Lotosblumen ist nur auf drei oberägyptischen Stelen belegt, je aus der Regierungszeit von Sethos I, Ramses II und Sethos II (Deir el-Medineh und Abydos). Die Struktur, 3 Papyrusstengel mit zwei kürzere Lotosblüten dazwischen, ist stets gleich. Die kürzeren Pflanzen sind immer nur als kleine Striche dargestellt, ohne nähere Details. Die dreieckförmigen Enden des Papyrus sind in allen Fällen vorhanden.

In den Schriftfeldschreibungen wurde M 08 vertikal auf eine halbe Feldhöhe gestaucht, so daß der Teich besonders bei RII/ Aby/ 015 zu einem dünnen Strich geriet.

M 09, M 10 Im vorliegenden Corpus nicht belegt.

M 11

Die Blüte auf langem, gebogenem Stengel ist als Hieroglyphe nur in Deir el-Medineh belegt und weist stets eine dreieckige Form auf, die bei Sip/ DeM/ 010 etwas unförmig wurde. Sie ragt meistens über die zweite Biegung des Stengels hinaus.

Alle Zeichen sind sehr ähnlich der Form des Basiszeichens. Im Alten und auch noch im Mittleren Reich kommen jedoch vielfältige Variationen vor, die teilweise wenig Ähnlichkeit mit der GARDINER-Form[15] aufweisen.

M 12

Dieses Zeichen ist in Belegen aus ganz Ägypten vertreten. Dabei zeigt die Lotospflanze eine sehr große Variationsbreite, wie dieses während der ganzen Geschichte des Alten Ägypten der Fall war[16]. Das Blatt ist jedoch in den Belegen stets zur Seite gerichtet, Formen wie aus dem Alten Reich mit nach oben gestrecktem Blatt kommen hier nicht vor[17].

Nur im thebanischen Raum kann der Stengel oberhalb der Blätter noch von einer kurzen,

---

16 FISCHER, *Calligraphy*, 33.

17 So z. B. bei FISCHER, *Calligraphy*, 33 Abb. c. Die bei DEMARÉE, *ꜣḫ-jqr-n-Rᶜ.w-Stelae*, 185 aufgelisteten Abweichungen sind also nicht spezifisch für diese Stelengruppe, sondern in der 19. Dynastie eher die Regel.

horizontalen Linie gekreuzt werden, die offenbar keinem ersichtlichem Zweck dient ()[18].
Auch nur aus dieser Region kommen Belege, deren Basis nicht halbkreisförmig, sondern flach ist. Die selbe flache Basis hat übrigens ein Beleg aus Qantir: RII/ Qan/ 018.
Regionale Unterschiede kann man ebenfalls an der Form der Blüte feststellen. In Unterägypten ist diese mehr ein Dreiviertelkreis, in dessen Lücke der Stengel hereinragt ( [19]). Der Süden Ägyptens dagegen bevorzugt eine Blüte in Form einer mehr oder weniger kreisförmigen Linie, die z. T. direkt am Stengel ansetzen kann: , [20]. Auf zwei Stelen aus Oberägypten ist in meinem Corpus eine Variante ohne Basis belegt (z. B. [21]), dieses kommt ansonsten in Unterägypten nur einmal bei SI/ Aby/ 002 vor, dort allerdings in einem Schriftfeld.

In Schriftfeldschreibungen wurde diese Hieroglyphe lediglich horizontal gestaucht. Dabei konnten die kleinen Blätter am unteren Ansatz nicht mehr so weit ausladen, auch der optionale obere Querstrich ist in seiner Länge gekürzt worden, der Stengel kann dabei von dem anderen Zeichen im Schriftfeld weggebogen sein ([22]).

M 13 

Nur der allerfrüheste Beleg aus der Zeit Ramses I aus Amada zeigt unter dem Papyrusstengel eine Basisplatte. Möglicherweise war dem Hersteller nicht klar, daß die Hieroglyphe einen Papyrusstengel darstellt, er hat sein Zeichen als eine Art Papyrusbündelsäule mit geöffnetem Kapitell[23] gestaltet und folgerichtig eine Säulenbasis angesetzt, es könnte sich dabei um die Hieroglyphe O 206 der *Extended Library*[24] oder ein ähnliches Zeichen handeln.

Die Schreibung auf SI/ SeK/ 004  ist in diesem Zusammenhang als *tꜣ.wj* zu lesen. Bei der rechten Hieroglyphe befindet sich in der Mitte des waagerechten Abschlusses eine kleine rechteckige Bosse, die man eigentlich eher bei einer Säule als bei einem Papyrusstengel erwarten würde, vielleicht ist dieses das Zeichen O 210 der *Extended Library*[25]. Dabei könnte es sich – analog zur Papyrussäule links – um eine Lotossäule handeln[26].

Die Gestaltung des oberen Teils ist großen Variationen unterworfen. RII/ SeK/ 003 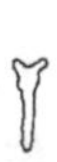 und RII/ Qan/ 060 zeigen zwei zu den Seiten hin abgehende kleine Fortsätze. SI/ Saq/ 003  hat eine Form, die aussieht, als würden Blätter aus dem senkrechten Stamm herauswachsen.

---

18 RII/ DeM/ 185. In GARDINERs *Extended Library* ist diese Variante unter M 99 katalogisiert.
19 SI/ Saq/ 005.
20 RII/ DeM/ 138 und RII/ DeM/ 140.
21 RII/ The/ 025.
22 RII/ DeM/ 084.
23 Dazu ARNOLD, *Lexikon*, 223.
24 HANNIG, *HWB*, 1154.
25 HANNIG, *HWB*, 1154.
26 Auch bei RII/ Qan/ 060 ist diese Schreibung von *tꜣ.wj* vorhanden, jedoch konnte hier aber nur eine der beiden Formen in die Paläographie übernommen werden, da aufgrund der Verwitterung die Umrisse des linken Zeichens nicht mehr eindeutig bestimmbar waren.

Man kann bei mehreren Belegen erkennen, daß hier eigentlich eine Säule und nicht ein florales Element geschrieben wurde.

In den Schriftfeldschreibungen wurde der Papyrusstengel nur horizontal gestaucht, was die Breite des Körpers reduzierte.

M 14 

Diese Kompositihieroglyphe ist überwiegend in Oberägypten belegt, Ausnahmen sind die zwei Stelen SI/ Saq/ 004 und 005. Die Gestaltung der Papyrusstengel-Komponente ist überwiegend eine völlig andere als die des einzelnen Zeichens M 13 in vergleichbaren Regionen.

Einige Belege der Zeit Sethos I haben ein verdicktes Ende der Papyruspflanze. Sie gestalten diesen Teil als Verdickung ( 27) oder mit Blättern, die vom Stengel abgehen ( 28).
Ein solches verdicktes Ende ist in der Zeit des nachfolgenden Pharaos, Ramses II, im vorliegenden Corpus nur in einem Teil Ägyptens, nämlich Oberägypten, belegt. Hier zeigen sich Blätter, die schräg vom Stiel abgehen (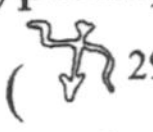 29). Das untere Teil erinnert dabei an die entsprechende Partie einiger Belege von M 12 auch aus Oberägypten.

Die Kobra als zweite Komponente dieser Kompositihieroglyphe zeigt keine auffälligen Unterschiede, die Länge des herunterhängenden Teiles des Körpers paßt sich der jeweiligen Höhe des Papyrusstengels an.

Lediglich bei SI/ DeB/ 001 führt vom Rücken der Kobra ein kleiner Fortsatz ab, der dem Augenschein nach intentionell gesetzt wurde, also kein Kratzer ist. Vielleicht dachte der Hersteller während der Schreibung an .

In Schriftfeldschreibungen wurde M 14 teilweise maßstäblich verkleinert, teils gestaucht. Bei der horizontalen Stauchung mußte die Breite der Kobra verringert werden, bei der vertikalen Stauchung wurde die Höhe des Papyrus verkleinert bzw. die Höhe des vertikalen Teils des Schlangenkörpers reduziert.

M 15-16 

Die „Papyrusstaude mit zwei herabhängenden Blättern“ ist überwiegend in oberägyptischen Belegen vertreten. Dabei kommen die drei aufragenden Papyrusbüschel in allen Belegen vor, während sich die Variationen eher auf den unteren Teil beschränken.

Dieser ist in Unterägypten[30] wie im Basiszeichen  sehr hoch und eckig ( 31), halbkreisförmig (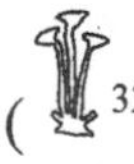 32), was in beiden Landesteilen auftaucht, oder sehr flach ( 33). Letzteres ist nur in Deir el-Medineh vertreten. Bei vielen Belegen sind links und rechts neben den drei Büscheln noch zwei kürzere Striche zu erkennen, die als Blätter zu identifizieren sind, z. B.

27 SI/ Aby/ 008.
28 SI/ Saq/ 004. Eine weitere Hieroglyphe derselben Stele zeigt den Papyrusstengel mit einfachem Ende.
29 RII/ DeM/ 101.
30 Abgesehen von RII/ The/ 011 und / 018.
31 SI/ Saq/ 005.
32 SI/ Aby/ 006.
33 RII/ DeM/ 065.

bei [34]. Lediglich SII/ Aby/ 002 zeigt mit  die Basisform M 15, bei der die Blätter abgeknickt sind, RII/ Saq/ 018  grenzt dagegen als einziger Beleg den mittleren Büschel von den beiden anderen ab. Eine Innenzeichnung zeigt nur RII/ Saq/ 003 .

Die Schriftfeldschreibungen haben M 15-16 auf unterschiedliche Weise gestaucht. Bei der horizontalen Stauchung wurde die Breite des unteren Teils verringert, so daß die drei Büschel nun senkrechter stehen. Die horizontale Stauchung, nur bei SII/ Aby/ 002 auftretend, reduzierte lediglich die Höhe der Büschel. Bei RII/ DeM/ 042  führte die Beeinflussung durch eine Darstellung links unten dazu, daß das linke Blatt nicht, wie auf der anderen Seite geschehen, abgeknickt werden konnte.

Verwechslungen könnten mit M 85 ([35]) vorkommen, jedoch ist dieses Zeichen nur waagerecht verwendet worden.

M 17

Das Elementargrammem „*j*“, das Schilfblatt, ist eines der am häufigsten vorkommenden Hieroglyphen in meiner Materialsammlung[36]. Es zeigt eine große Variationsbreite, die jedoch im Rahmen der durch das Basiszeichen vorgegebenen Parameter bleibt. Bei sorgfältig gearbeiteten Stelen verbreitert sich das Blatt etwas nach unten, die Unterseite ist leicht geschwungen.
Bei vielen Belegen aus Oberägypten, besonders Deir el-Medineh, ist der Stiel sehr kurz gehalten, das Blatt reicht sehr weit nach unten (,  oder [37]). In Unterägypten kommt diese Variante seltener vor, abgesehen von Qantir, wo die entsprechenden Stelen wohl von aus Oberägypten stammenden Herstellern gefertigt worden sein dürften, die in die neue Hauptstadt umgezogen waren[38].

Zwei Belege zeigen eine Variante, bei der das Zeichen nur in den Umrissen gefertigt wurde und in der Blattmitte der Stein unbearbeitet blieb, so  und [39]. Das erste stammt aus Deir el-Medineh, das zweite aus Qantir. Ebenfalls nur zwei Belege haben eine Innenzeichnung. Dabei wird der Stiel deutlich vom Blatt getrennt, dieses erhält eine durch horizontale Strichelung dargestellte Struktur, die allerdings eher einer Feder denn einem Blatt entspricht. Beispiele sind , [40] und [41].

In Schriftfeldschreibungen wurde M 17, das alleine eine Feldhöhe und eine halbe -breite beansprucht, sowohl horizontal als auch vertikal gestaucht. Bei einer horizontalen Stauchung

34 RII/ DeM/ 134.
35 SI/ Aby/ 002.
36 Dazu auch KAMMERZELL in HANNIG, *HWB*, XXXV.
37 SI/ DeM/ 001, RII/ DeM/ 104 und Sip/ DeM/ 011.
38 Cf. dazu Kap. 8.2.7.
39 RII/ DeM/ 051 und RII/ Qan/ 035.
40 Beide RII/ KeG/ 004.
41 SI/ Aby/ 007.

mußte lediglich die Breite des Blattes verringert werden. Wenn die Hieroglyphe vertikal gestaucht wurde, hat der Hersteller die Höhe des Blattes und/ oder des unteren Stielteils reduziert. Dies ist sehr deutlich an [42] zu sehen, wo zwei  als Einzelzeichen bzw. als Schriftfeldschreibung vertikal gestaucht zusammen in einem Schriftfeld stehen.

Die rein horizontale Stauchung kommt in den aufgenommenen Belegen ab der Regierungszeit Merenptahs nur noch sehr selten vor.

M 18 

Das Schilfblatt mit Füßchen ist im bearbeiteten Corpus relativ selten, hauptsächlich aus Oberägypten belegt. Mehrere Stelen setzten den vorderen Fuß direkt an der äußeren Kante des Blattes an ([43]), während ansonsten die vom Basiszeichen repräsentierte Form  vorherrscht, bei der dieser Fuß ungefähr zur Mitte des schräg zum Stiel hin verlaufenden Randes gerückt ist.

Nur in wenigen Belegen aus beiden Landeshälften sind die Füße mit einer Standlinie verbunden, ansonsten stehen beide frei.

In den von mir nur aus Oberägypten erfaßten Schriftfeldschreibungen wurde M 18 überwiegend lediglich horizontal gestaucht. Dieses hatte zur Folge, daß der vordere Fuß nicht so weit nach außen ragt und die Blattbreite reduziert ist (wie auch bei M 17).

M 19 

Die Komposithieroglyphe „Opferstapel" ist lediglich auf Ramses II-zeitlichen Stelen aus Deir el-Medineh belegt.

In den beiden Schriftfeldschreibungen wurde M 19 nur horizontal gestaucht. Dabei reduzierte sich bei RII/ DeM/ 176 die Breite des gestrichelten Bereiches[44] zwischen M 17 und U 36_{Var}. Die Form bei RII/ DeM/ 052 ist hingegen so entstellt, daß ausschließlich der Kontext die Identifizierung dieser Hieroglyphe erlaubt.

M 20 

Das Zeichen „Schilf im Sumpf" ist hier nur ein einziges Mal bei RII/ Ama/ 001 belegt. Es handelt sich um eine Variante, die vom Basiszeichen stark abweicht. Alle Elemente sind voneinander getrennt, zwischen den drei Schilfblättern finden sich keine kleinen Striche.

M 21 Im vorliegenden Corpus nicht belegt.

M 22 

Die Binse mit Schößlingen kommt nur viermal in Schriftfeldschreibungen mit jeweils zwei Zeichen M 22 vor, die in die Zeit Ramses II datieren und sich gleichmäßig auf Ober- und Unterägypten verteilen[45]. Lediglich der Beleg RII/ DeM/ 185 zeigt die Pflanze mit gezackten

---

42 RII/ Saq/ 018.

43 RII/ DeM/ 060.

44 Dieser Bereich wird in der Forschung als Kuchenstapel bezeichnet, so GRAEFE, *MÄG*, 224: „M17 plus U36 mit Kuchen" oder schon GARDINER, *EG*, 481: „heaped conical cakes between reed M 17 and sign like U36". HANNIG, *HWB*, 1060 dagegen „Opferstapel (Kombination von M 17 und anderen Zeichen)".

45 In den Zeichenlisten wird „M22 doppelt" stets ein eigener Eintrag gewährt: GARDINER, *EG*, 482 und SCHENKEL, *Konkordanz*, 62 numerieren ihn „(22)", GRAEFE, *MÄG*, 224 „M 22a". HANNIG, *HWB* nennt keine Nummer.

Blättern. RII/ The/ 008 hat eine Pflanze mit zwei und eine mit jeweils einem Blatt pro Seite, Diese zwei Blätter, die eigentlich zur Pflanze M 23  gehören, hat auch RII/ KeG/ 004. Nur RII/ Saq/ 020 zeigt die Form des Basiszeichens.

Nach H. G. FISCHER[46] ist die gebogene Spitze in frühen Beispielen aus dem Alten und Mittleren Reich deutlich kürzer als in den zeitgleichen Formen von M 23, dieses kann auch noch im frühen Neuen Reich vorkommen. In der 19. Dynastie ist diese Unterscheidung aber aufgehoben, das Beispiel RII/ KeG/ 004 zeigt deutlich, daß hier kein Unterschied zwischen M 22 und M 23 gemacht wurde.

M 23 

Die Binse „*sw*" ist im vorliegenden Corpus sehr oft belegt, als Einzelzeichen seltener als in Schriftfeldschreibungen.

In Unterägypten sind die Blätter nicht strichförmig, sondern leicht dreieckig. Speziell in der memphitischen Region verjüngt sich der Stiel zwischen den Ansatzstellen der vier Blätter, ähnlich einem Schachtelhalm, so wie z. B.  oder [47]. Generell ist die Spitze hier in Unterägypten weniger stark gebogen als in oberägyptischen Regionen, so z. B. unterägyptisch  *vs.* oberägyptisch 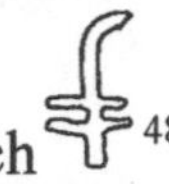[48]. Der Stengel hat in Oberägypten an allen Stellen dieselbe Dicke. Die Blätter sind überwiegend parallel, verlaufen meistens geradlinig vom Stengel weg und sind nicht gebogen. Ausnahmen findet man in meinen Tabellen, aber ihre Zahl hält sich stark in Grenzen.

Aus Qantir stammen auch hier Stelen mit einer eher in einem mehr „oberägyptischen Stil" geformten Binse, so z. B. RII/ Qan/ 034. 037. 066.

Der obere Abschluß des Zeichens ist meist merkmallos, nur in ganz wenigen Ausnahmen (RII/ DeM/ 055. 127, RII/ KeG/ 001 und Mer/ Aby/ 005) ist es detailliert als *fleur de lis*[49] gestaltet, wie man es eigentlich nur von M 26-28 erwarten würde.

In den Schriftfeldschreibungen wurde M 23 in den meisten Fällen nur horizontal gestaucht. Dabei wurden die Blätter verkleinert, um dem geringeren Raum zu entsprechen, RII/ Qan/ 043 (fast so auch bei SII/ Ani/ 001) hat sogar die beiden Blätter an der nach innen gerichteten Seite völlig weggelassen. Auch die Krümmung der Spitze konnte sich ändern, sie wurde dann zurückgenommen und führt so mehr schräg nach oben (so  oder [50]).

Wurde M 23 zusätzlich auch noch vertikal gestaucht, verringerte sich die Höhe des Stengels, entweder im oberen Bereich oder unterhalb der Blätter, so daß diese fast am Boden ansetzen, z. B. [51].

46 FISCHER, *Calligraphy*, 34.
47 SI/ Saq/ 006 und RII/ Saq/ 015.
48 RII/ Hel/ 002 vs. RII/ The/ 008.
49 Dazu FISCHER, *Calligraphy*, 34. Diese Gestaltung der Spitze tritt auch bei M 24(-M 25), (M 25-)26 und M 27 auf.
50 RII/ DeM/ 176 und RII/ Saq/ 019.
51 RII/ Ele/ 001.

M 24(-„M 25“) 𓇔(/𓇕)

Dieses Zeichen wird nur als Logogramm *rs* in Lemmata mit der Bedeutung „Süden/ südlich“ etc. verwendet, die Grundform ist dabei eine Kombination aus M 23 𓇓 und D 21 𓂋. Es kommt in meinem Corpus lediglich auf Stelen vor, die in die Regierungszeiten von Sethos I und Ramses II datieren.

Auch bei diesem Zeichen fällt auf, daß die Blätter wie bei M 23 in Unterägypten geschwungener sind und der Stiel „schachtelhalmförmiger“ ist als im Süden des Landes.

Nur fünf Stelen, RI/ Amd/ 001, RII/ ASi/ 001. 002, RII/ DeM/ 185 und SI/ Saq/ 004, haben eine detaillierte Ausformung der normalerweise merkmallosen Spitze als *fleur de lis*. Hierbei handelt es sich um eine Variante, die auch für M 26 verwendet werden kann und in den bisherigen Zeichenlisten als „M 25“ bezeichnet wird (s. u.). Bei den beiden Stelen aus Deir el-Medineh und Saqqara fällt auf, daß sie nur zwei bzw. drei anstatt der üblichen vier Blätter zeigen.

In den Schriftfeldschreibungen wurde M 24(-“M 25“) überwiegend nur horizontal auf eine halbe Feldbreite zusammengestaucht, dabei mußten der untere Teil D 21 bzw. die Blätter verkürzt werden. In einigen Belegen ging die Stauchung des D 21-Teils so weit, daß statt dessen ein X 01 𓏏 gesetzt wurde, welches viel schmaler ist als der Mund, so SI/ Aby/ 002 oder RII/ ASi/ 001. 002[52]. In der vertikalen Stauchung, die nur u. a. bei SI/ Saq/ 003 auftaucht, wurde der obere Teil des Stengels gekürzt.

„M 25“ „𓇕“

Dieses Zeichen ist in allen Zeichenlisten seit A. H. GARDINER als separates Zeichen eingetragen. Jedoch handelt es sich stets entweder um eine Variante zu M 24 (***rs***) oder M 26 (***šmꜥ***), so daß ich es in meinem Corpus überhaupt nicht als eigenständige Hieroglyphe auffasse[53].

(„M 25“-)M 26 (𓇕/)𓇖

Nur einmal ist diese Hieroglyphe in der vorliegenden Materialsammlung belegt. RII/ DeM/ 159 hat am Fuß der Pflanze kein halbkreis- oder 𓂋-förmiges Element, die blühende Spitze ist jedoch gut zu sehen.

Im Neuen Reich kann man beobachten, daß die Spitze zu einer *fleur de lis* stilisiert wurde. Einige Beispiele, bei denen der senkrechte Stengel fast komplett fehlt, werden öfters als Lilie oder Lotuspflanze mißverstanden[54].

M 26 Im vorliegenden Corpus nicht belegt.

M 27 𓇗

Diese Hieroglyphe kommt in der vorliegenden Zusammenstellung vereinzelt über ganz Ägypten verstreut vor. Eigentlich ist diese Form ebenfalls nur eine Variante zu M 26 (***šmꜥ***). Da es sich hierbei jedoch nicht nur um eine einfache Formenvariante, sondern um eine Komposithieroglyphe aus M 23 oder M 26 + D 36 mit von M 26 differenter Verwendung handelt, führe ich sie noch als eigenständiges Zeichen. Auffallend ist, daß diese Form in meinem Corpus

52 In der *Extended Library* existiert dafür sogar eine eigene Nummer M 165: HANNIG, *HWB*, 1150.

53 Die in den späteren Zeichenlisten vermerkten Beschreibungen treffen m. E. alle nicht zu: GRAEFE, *MÄG*, 224 „M25 (sic!) plus D 21“, HANNIG, *HWB*, 1061 „Kombination der Zeichen M 24 und M 26“. Die Erklärung GARDINER, *EG*, 482 „confusion of M 24 and M 26“ trifft schon eher zu. Eine exakte Beschreibung von „M 25“ wäre meiner Ansicht aber „M 26 + D 21“.

54 FISCHER, *Calligraphy*, 34.

ausschließlich im Lemma *šmꜥy.t* „Sängerin"[55] in Gebrauch ist. Nur wenige Beispiele zeigen die Blüte (*fleur de lis*) an der Spitze der Pflanze, so bei SII/ Ani/ 001, SI/ DeM/ 015, RII/ DeM/ 027, RII/ Saq/ 019, Mer/ Saq/ 001 und RII/ Mem/ 001.

Die größte Variationsbreite zeigt sich bei der Ausprägung der Blätter. In den meisten Belegen handelt es sich um insgesamt zwei Blätter. Nur wenige Hieroglyphen haben vier Blätter, wie es das Zeichen bei A. H. Gardiner und R. Hannig[56] aufweist, die entsprechenden Belege verteilen sich dabei unregelmäßig auf die Regionen Ägyptens. Es gab also keine regionalen Unterschiede, vielmehr scheint es sich um eine für die grammatische Funktion bedeutungslose Variante zu handeln, die dem individuellen Duktus des Herstellers resp. der Arbeitsstätte vorbehalten blieb. Diese vier Blätter sind in der Regel gerade, nur bei wenigen, so bei [57], sind einige geschwungen.

Bei der Form mit zwei Blättern sind diese sehr unterschiedlich geformt. Sie können gerade sein ([58]), nach oben ([59]) oder nach unten ragend ([60]). Eine nur in Nubien – und einmal bei RII/ DeM/ 027 – auftretende Form hat geknickte Blätter ([61]), wie dieses auch einmal bei M 22[62] vorkam. SII/ Ani/ 001 hat die geknickten Blätter unkonventionell unter die Pflanze gesetzt.

Die Belege RII/ Aby/ 006 und SI/ The/ 001 weisen am unteren Ende eine kleine rundliche Verdickung auf, die der Form des Basiszeichens eigentlich am nächsten ist.

In den wenigen Schriftfeldschreibungen wurde M 27 unterschiedlich gestaucht. Die horizontale Stauchung verringerte die Länge des Armes und der Blätter, dabei hat der Hersteller manchmal auf eine detaillierte Gestaltung der Hand verzichtet[63]. Bei vertikaler Stauchung mußte die Höhe des oberen Teils reduziert werden.

M 28 Im vorliegenden Corpus nicht belegt.

M 29

Die Schote *nḏm* ist fast nur in Oberägypten belegt. Der mehrfach gewellte Körper wird stets angegeben, wohl auch, um eine Verwechslung mit M 30 zu vermeiden. Eine nur in Deir el-Medineh (und einmal in Saqqara) vorkommende Variante hat am unteren Ende zwei Ausläufer, z. B. [64], so daß eine Verwechslung mit V 28 auftreten könnte. Ansonsten hat M 29 ein schräg zur Seite ablaufendes Ende.

Die Schriftfeldschreibungen verkleinerten M 29 lediglich maßstäblich. Nur auf RII/ Ani/ 002, bei der die Zeichen mit Paste auf dem Quarzkeramikkörper aufgemalt wurden, ist das Zeichen flach auf die Seite gelegt, um es so mit und in ein Feld einpassen zu können.

55 Cf. *WB IV*, 479 f.
56 Gardiner, *EG*, 483, Hannig, *HWB*, 1061.
57 RII/ The/ 014.
58 RII/ Aby/ 019.
59 RII/ Hel/ 001.
60 Mer/ Saq/ 001.
61 RII/ Ama/ 001.
62 Bei RII/ DeM/ 185.
63 Dies ist der Fall bei RII/ Aby/ 12 und RII/ Sed/ 003.
64 RII/ DeM/ 141.

M 30

M 30 kommt ganz selten in Oberägypten und einmal in Qantir vor. Der obere Abschluß der Hieroglyphe ist nicht schmal, sondern breit. Dieses ist das einzige Merkmal, das im vorliegenden Corpus M 30 von M 29 unterscheidet. Ansonsten kann man nur aus den jeweiligen Zeichen im Schrift- und Umfeld eine genaue Identifizierung und Lesung vornehmen.

M 31-32 Im vorliegenden Corpus nicht belegt.

M 33

Die drei Körner sind nur einmal bei SI/ Aby/ 002 belegt.

M 34, M 35 Im vorliegenden Corpus nicht belegt.

M 36-38

Das Flachsbündel *ḏr* ist in der Materialsammlung nur fünfmal verstreut belegt, stets als Einzelschreibung und in der Form M 36. Die Schnur, die das Bündel zusammenhält, ist bei SII/ Ani/ 001, SI/ DeM/ 043 und RII/ DeM/ 143 angegeben, den beiden anderen Schreibungen fehlt dieses Detail. Die Zahl der oben durch kleine „Zinnen“ erkennbaren einzelnen Flachsstränge variiert bei jedem Zeichen. Bei SII/ Ani/ 001 ist das Zeichen nur durch Umrisse wiedergegeben, die Mitte blieb unbearbeitet.

M 39 Im vorliegenden Corpus nicht belegt.

M 40

Die Hieroglyphe „Schilfbündel“ konnte fast ausschließlich nur im thebanischen Raum erfaßt werden, fast alles sind Schriftfeldschreibungen. Der herunterragende Teil der Bindeschnur ist als größerer Zacken ( [65]) oder als schräg nach unten weisender Strich ([66]) dargestellt. Darüber befindet sich i. d. R. ein schräg nach oben ragender Strich, der eigentlich den Knoten der um das Schilf gebundenen Schnur symbolisieren soll. So wird augenfällig, daß die hier vorliegenden Belege bereits einen stärkeren Grad der Abstraktion erkennen lassen.

In den Schriftfeldschreibungen wurde M 40 auf unterschiedliche Weise gestaucht. Die vertikale Stauchung verringerte die Höhe, was sich besonders an den oberen und unteren Teilen des Schilfrohrs bemerkbar macht. Die Mittelpartie mit der charakteristischen Gestaltung der Bindung blieb davon unbetroffen.

Bei unsauberer Gestaltung können Verwechslungen mit Y 01, aber auch mit Aa 28-29 auftreten[67].

65 RII/ DeM/ 164.

66 SI/ DeM/ 001.

67 Dazu, allerdings speziell auf das Alte Reich bezogen FISCHER, *Calligraphy*, 35.

M 41

Diese Hieroglyphe ist nur einmal auf SI/ Saq/ 005 belegt.  Das Zeichen zieht an den Enden ein, um sich dann wieder zu verbreitern, im Gegensatz zum Basiszeichen . Außerdem wurde es etwas stärker gekippt, da das bereits vorhandene D 21 in das Schriftfeld hineinragte.

M 42 

Diese Hieroglyphe, die möglicherweise eine Blume darstellt, ist in meiner Materialsammlung nur ein einziges Mal auf SI/ DeM/ 044 in einer Schriftfeldschreibung belegt.

M 43 Im vorliegenden Corpus nicht belegt.

M 44 

Das Zeichen „Dorne“ kommt relativ selten vor.
In den Schriftfeldschreibungen wurde M 44 fast stets nur horizontal auf ca. ein Drittel der Feldbreite gestaucht, dabei verringerte sich die Basis. Im extremsten Fall bei RII/ Ele/ 001 blieb dabei vom Zeichen nur ein schmaler Strich übrig, der ohne das Umfeld nicht les- und verstehbar wäre.

M 85

Die Blume mit dem Lautwert „*m3ʿ ḫrw*“ ist nur viermal, meistens als Einzelzeichen belegt.
SI/ DeM/ 010 zeigt eine stark verderbte Form, bei der die drei Blüten am Ende eines langen Stiels ansetzen (), während RII/ DeM/ 159 und SI/ Aby/ 002 eher die Form des Basiszeichens aufweisen ().

In der einzigen Schriftfeldschreibung setzte der Hersteller auf RII/ DeM/ 159 die Hieroglyphe senkrecht, um sie neben die sitzende Frau B 01 plazieren zu können. Eine Stauchung erfolgt dabei nicht, da M 85 generell nur ein halbes Schriftfeld für sich beansprucht.

Abteilung N – Himmel, Erde, Wasser

N 01

Die Himmelshieroglyphe ist relativ häufig belegt, nur selten in einer Schriftfeldschreibung. Die Grundform, ein waagerechter Balken mit dreieckig heruntergezogenen Enden, ist dabei generell zu erkennen. Einige wenige Beispiele haben auf einer Seite den Zacken vergessen, was als Nachlässigkeit des Herstellers zu werten sein dürfte[1]. Gleiches gilt für drei Stelen aus Qantir, die als einzige nur einen waagerechten Strich zeigen[2]. Hier wäre ohne den Kontext eine Verwechslung mit N 35 () möglich. Dieses war wohl bei [3] der Fall gewesen, solche Formen sind nämlich für die Wasserlinie aus Deir el-Medineh belegt[4]. Das „*n*“ ist auf derselben Stele in einer Form vorhanden, die eigentlich von N 01 nicht unterscheidbar ist. In Ober- und auch in Unterägypten kommen sehr selten Formen vor, die die Enden senkrecht als kleine Striche darstellen (z. B. oder [5]).

Die Stärke des waagerechten Elementes variiert in hohem Maße, jedoch stammen die ausgeprägtesten Himmelszeichen aus Saqqara. Die gleichfalls dort in einer Arbeitsstätte gefertigte Stele RII/ KeG/ 004 weist ebensolche Zeichen auf, daneben auch das mit den kürzesten Enden bei größter dargestellter Höhe in meiner Zusammenstellung ( ). Die oberägyptischen Zeichen sind in der Regel erheblich dünner als diejenigen aus dem Norden.

In den wenigen Schriftfeldern wurde N 01 fast nur vertikal gestaucht, dabei verringerte sich die Höhe des waagerechten Teils oder der Zacken. Bei RII/ Qan/ 036 sind letztere völlig verschwunden, jedoch muß dieses nicht durch die Schriftfeldschreibung verursacht worden sein, da auch mehrere Einzelzeichen aus Qantir eine solche Form zeigen.

Lediglich der Beleg RII/ Saq/ 020 stauchte N 01 außerdem noch horizontal, so daß die Breite des waagerechten Teils verringert werden mußte. Die Enden sind hier kaum zu sehen, aber in Ansätzen noch vorhanden.

N 02-03 /

Die Hieroglyphe „Nachthimmel“ ist überwiegend in Deir el-Medineh, nur einmal auf SI/ Saq/ 004 belegt. Alle Formen variieren etwas, zeigen jedoch ohne Ausnahme nicht die Form des Basiszeichens N 02 oder N 03, sondern die Nr. N 3b der *Extended Library*[6], obwohl N 03 in allen kommentierten Zeichenlisten noch als „Alte Reichs-Form von N 02“ bezeichnet wird[7]. Bei dem langen, herunterhängenden Teil handelt es sich hier nicht um ein gebrochenes und modifiziertes Unterteil eines *w3s*-Szepters, was für das Basiszeichen angenommen wurde[8]. Das Teil ist gerade, wie bei der sog. „AR-Form“ N 03 (dazu cf. oben)

Der kleine, herunterhängende Zipfel ist teilweise lediglich strichförmig, sonst endet er in einem Kügelchen. Das längere Anhängsel besteht aus einem geraden Strich, an dessen Ende eine Kugel hängt, durch die eine kurze horizontale Linie führt. Bei SII/ DeM/ 002 und SI/

1 RII/ DeM/ 130, RII/ Qan/ 003, RII/ Sas/ 001 und Sip/ Aby/ 003.
2 RII/ Qan/ 018. 036. 048.
3 RII/ DeM/ 095. Auf dieser Stele findet sich auch noch eine „reguläre“ Form von N 01.
4 So bei RII/ DeM/ 036.
5 RII/ DeM/ 122, RII/ Sed/ 001.
6 HANNIG, *HWB*, 1150.
7 Diese Form taucht auch in Sargtexten auf, cf. SCHENKEL, *Konkordanz*, 63.
8 So schon GARDINER, *EG*, 485, cf. auch GRAEFE, *MÄG*, 225. Jedoch wird dadurch nicht der Querstrich durch das gabelförmige Ende erklärt. Auch die in vorliegendem Corpus vertretenen Formen können zur Realienklärung leider nichts wesentliches beitragen.

Saq/ 004 wird dieses Ende als Kreis verstanden. RII/ DeM/ 010 hat an dieser Stelle ein  topfähnliches Gebilde, bei RII/ DeM/ 127 führen zwei waagerechte Linien durch die etwas unförmige Kugel (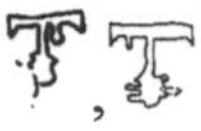).

In den Schriftfeldschreibungen wurde N 02-03 horizontal, einmal maßstäblich gestaucht. Dabei reduzierte sich die Breite des *p.t*-Zeichens stark, so daß die beiden Anhängsel und die Enden von N 01 eng zusammenrückten. Auch der kleine Querstrich durch die Kugel verkürzte sich.

N 04 𓇔

Der „Himmel mit Regen“ kommt im bearbeiteten Material nur einmal in einer Schriftfeldschreibung vom Sinai, auf RII/ SeK/ 004 vor. Der Regen wird hier durch vier Striche symbolisiert, die unten tropfenförmig enden und meiner Ansicht nach Regentropfen darstellen. Diese Variante ist in keiner der vorliegenden Zeichenlisten enthalten.

N 05 ⊙

Die Sonnenscheibe kommt relativ häufig vor. Es gibt in meinem Corpus zwei grundsätzliche Formen, und zwar zum einen eine Scheibe ohne weitere Details (z. B. ○ [9]) und zum anderen ein Ring (z. B. ◎ [10]). Die letzte Form ist die dem Basiszeichen am nächsten stehende, nur durch diese Form ist das Zeichen für sich genommen als „Sonnenscheibe“ identifizierbar. Jedoch sind die Belege, die N 05 als mehr oder weniger runde Scheibe abbilden, in der absoluten Überzahl.

Die ringförmige Variante ist mit breitem oder schmalem Rand in Belegen aus ganz Ägypten vertreten. Auffallend ist jedoch, daß im bearbeiteten Material nur in Abydos diese Form bis zum Ende der 19. Dynastie fast ausschließlich in Gebrauch war.

Ohne Innenzeichnung ist N 05 aus sich heraus nicht von Aa 01 zu unterscheiden, das bei mir fast stets in ebensolcher Gestalt auftritt. Auch einige Formen von N 09-10 (⊖, ⊖) zeigen ähnliche Formen als reine Scheibe oder auch – unkonventionell – als Ring.

In den Schriftfeldschreibungen wurde N 05 stets maßstäblich verkleinert, eine andere Möglichkeit gab es bei der Form des Zeichens nicht.

N 06 𓇴

Die Sonnenscheibe mit einem Uräus ist nur in der Zeit Ramses II von Deir el-Medineh bis Qantir vertreten, dabei sind alle Belege Einzelzeichen. Der Schwanz ist jedesmal angegeben, er setzt in Unterägypten meistens ebenso wie der Kopf des Uräus weit unten an (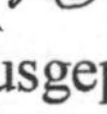 [11]), nur RII/ SeK/ 004 zeigt den Schwanz nach oben gereckt. In Oberägypten, besonders ausgeprägt in meinem thebanischen Beleg RII/ The/ 008 , streckt sich der Kopf mehr nach oben.

Nur bei dem Beleg RII/ SeK/ 004 ist der Umriß von Kopf und Brust der Kobra realistisch wiedergegeben.

N 07 Im vorliegenden Corpus nicht belegt.

9 RII/ DeM/ 039.
10 SI/ Aby/ 007.
11 RII/ Saq/ 019.

N 08

Diese Hieroglyphe, die eine Sonne mit Strahlen[12] darstellt, ist in den Belegen nur sehr selten, alle Zeichen außer RII/ Saq/ 007 stammen aus Oberägypten.

Die Anzahl der Strahlen schwankt von drei bis fünf. In der Zeit Sethos I sind fast alle Belege mit drei Strahlen versehen, nur SI/ DeM/ 012 hat zwei Zeichen mit vier resp. fünf Strahlen. Diese Hieroglyphen gehören zu den ganz wenigen, bei denen die Strahlen von der Sonnenscheibe abgesetzt und sehr kurz sind (,). In der Regierungszeit Ramses II kommt die vierstrahlige Form schon häufiger vor, die vorliegenden Belege, die in die Zeit Sethos II datieren, haben dann in überwiegendem Maße fünfstrahlige Zeichen. Lediglich eine Hieroglyphe auf SII/ Ani/ 001 zeigt ausnahmsweise zwei Strahlen.

Nur ein Beleg der Ramses II-Zeit ([13]), aber die überwiegende Zahl der Schreibungen auf SII/ Ani/ 001 gestalten die Sonnenscheibe als Ring mit relativ schmalem Rand. RII/ DeM/ 102 verbindet als einziger Beleg die Sonnenstrahlen unten miteinander, so daß die Schreibung eher wie eine Variante von N 07 aussieht.

In den nur auf SII/ Ani/ 001 vorkommenden Schriftfeldschreibungen wurde N 08 verschieden gestaucht. In einem Schriftfeld verkleinerte sich das Zeichen, die Strahlen wurden etwas zur Seite gedrückt. Die andere Schreibung stauchte N 08 nur horizontal, dabei berührt der äußere Strahl das Bein davor.

N 09-10

Diese Hieroglyphe ist sehr selten, über ganz Ägypten verstreut belegt. Dabei ist festzuhalten, daß die wenigsten die eigentlich vom Basiszeichen her erwartete Form (bzw.) aufweisen. Nur zwei Zeichen haben die Variante N 09 (SI/ The/ 001, RII/ Saq/ 018), eine einzige die N 10 (RII/ DeM/ 039).

In Oberägypten kommt eine kreisförmige Form ([14]) vor, ebenso eine Variante, bei der nur die obere Hälfte unbearbeitet stehen gelassen wurde ([15]). Hier kann, wie auch in Unterägypten, der Mond nur als Scheibe in Erscheinung treten, so daß eine Verwechslung mit N 05 und/ oder Aa 01 denkbar wäre.

In den Schriftfeldschreibungen wurde N 09-10 stets maßstäblich verkleinert, eine andere Möglichkeit gab es bei der Form des Zeichens nicht.

N 11-12

Die nach unten geöffnete Mondsichel ohne kleine Mittelellipse kommt hier nur einmal aus der Zeit Ramses I[16] vor. Alle anderen Belege mit der Form N 12 () stammen aus dem thebanischen Gebiet, eine Ausnahme bildet nur RII/ Saq/ 020. Dabei zeigen alle Formen eine große Variationsbreite. Die eingesetzte Ellipse kann breiter oder schmaler, flacher oder fast kreisförmig sein.

---

12 Seit GARDINER, *EG*, 486 wird diese Hieroglyphe eigentlich nicht völlig zutreffend als *sunshine*, Sonnenschein beschrieben.
13 RII/ DeM/ 185.
14 RII/ The/ 005.
15 RII/ DeM/ 127.
16 RI/ Amd/ 001.

R. HANNIG[17] beurteilt die nach oben geöffnete Mondsichel, N 12b, das im vorliegenden Material dreimal in Deir el-Medineh vorkommt (SI/ DeM/ 040, RII/ DeM/ 051) als typisch für die 17. Dynastie. Auch der einzige Beleg, der die Ellipse von der Sichel abtrennt, hat diese Form: [18].

RII/ DeM/ 175 zeigt mit  eine sehr ungewöhnliche, jedoch intentional gestaltete Form, die ich mir nicht erklären kann[19].

In den Schriftfeldschreibungen wurde diese Hieroglyphe in der Regel maßstäblich verkleinert, als Einzelzeichen nimmt es gewöhnlich eine halbe Feldhöhe und eine ganze -breite ein. Nur RI/ Amd/ 0001 und RII/ The/ 008 stauchten die Mondsichel lediglich vertikal auf ein Drittel der Feldhöhe, wodurch sich deren Rundung abflachte.

N 13 Im vorliegenden Corpus nicht belegt.

N 14 ✶

Der Stern kommt relativ häufig vor, er verteilt sich über ganz Ägypten. Die Form des Basiszeichens ✶ wird in allen Belegen beachtet, der einzige Unterschied besteht dabei in der Anordnung der beiden nach links und rechts abgehenden Zacken. Die nubischen Belege und auch noch einige aus Oberägypten führen diese Zacken schräg nach oben ([20]), während hier wie auch generell in Unterägypten diese Zacken horizontal verlaufen (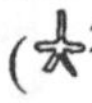[21]).

In den Schriftfeldschreibungen wurde N 14 verschieden gestaucht. Bei der rein vertikalen Stauchung wurde der Stern stark zusammengequetscht, die Zacken mußten daher so gesetzt werden, daß sie keine anderen Zeichen berührten, so z. B.  oder [22]. Die horizontale Stauchung bewirkte eine starke Verkürzung der seitlichen Zacken, z. B. bei  oder [23].

N 15 ⊛

Der Stern im Kreis, der als Ideogramm oder Determinativ im Lemma *dw3.t* „Unterwelt" gebraucht wird, erscheint in den Belegen nur drei mal als Einzelschreibung, einmal bei SI/ Aby/ 002 und zweimal auf der Stele RII/ Saq/ 018. Der frühe Beleg () und ein Zeichen der Saqqara-Stele zeigen den relativ dicken Stern N 14 einzeln in einem Kreis. Die andere Hieroglyphe auf der späteren Stele verbindet die sehr dünnen Sternzacken allesamt mit dem Kreis (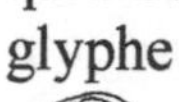).

17 HANNIG, *HWB*, 1064.
18 RII/ DeM/ 051.
19 Es könnte sich von der Form her um eine Verwechslung mit N 30 oder V 35 handeln, jedoch halte ich dies eher für unwahrscheinlich. Auch die darüber befindliche Hieroglyphe, nach LEPROHON, *Stelae II (CAA Boston 3)*, 89 ein ⌓, ist mir nicht verständlich. Warum sollte hier ein X 01 stehen?
20 RII/ DeM/ 141.
21 RII/ Saq/ 020. Die einzigen Ausnahmen sind hier zwei Zeichen auf RII/ Saq/ 007 und / 008.
22 SI/ DeM/ 043 und RII/ Mem/ 001.
23 RII/ DeM/ 050 oder SII/ Ani/ 001.

N 16-17 

Diese Hieroglyphe kommt seltener in der Variante mit den drei Sandkörnern (N 16), erheblich häufiger ohne diese (N 17) vor. Bezüglich des Gebrauchs ist in dem von mir zusammengestellten Corpus kein Unterschied zwischen den beiden Formen festzustellen.

Die Variante N 16 ist überwiegend in Deir el-Medineh vertreten. Die meisten Belege datieren in die Zeit Ramses II. Lediglich drei Stelen stammen aus der Zeit Sethos I, zwei aus der des Merenptah und jeweils eine aus der Regierungszeit der folgenden Herrscher der 19. Dynastie.

Fast alle Belege zeigen drei Kügelchen, nur SI/ DeM/ 001 sowie RII/ Qan/ 079 weisen lediglich zwei Kügelchen auf. Fast ausschließlich in Oberägypten ist eine Form vertreten[24], bei der die Kügelchen nicht getrennt, sondern als Zacken am unteren Rand des Landstückes angegeben sind, z. B.  [25]. Eine Ausnahme bildet, wie bei vielen Zeichen, SII/ Ani/ 001, wo neben der Variante mit abgetrennten Kügelchen diese ganz oder teilweise auch als vom Landstück abgehende kleine Striche dargestellt sein können (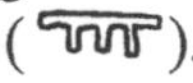).

In erheblich größerer Zahl ist die Variante ohne Kügelchen (N 17) vertreten. Das Zeichen ist schmal, die Ecken abgerundet oder rechteckig. Oft ist diese Hieroglyphe nicht horizontal, sondern in unsauberer Manier leicht schräg eingetieft worden. Bei dieser Variante ergeben sich keine chronologischen oder topographischen Unterschiede.

In den Schriftfeldschreibungen wurde N 16-17 unterschiedlich gestaucht. Einige Beispiele stauchten das Zeichen lediglich vertikal, so daß sich die Höhe verringerte. Es kann aber auch veränderungslos bleiben, dann wurde es einfach näher an die umliegenden Hieroglyphen angesetzt (z. B.  [26]). In der überwiegenden Zahl der Fälle aber, besonders im Lemma *ḏ.t*, stauchte man das Landzeichen horizontal und vertikal. Dabei verkürzte sich die Länge teilweise sehr stark, auch die Höhe nahm ab, z. B.  oder  [27].

N 18-19 

Die Hieroglyphe, die eine Sandbank als Logogramm *jw* darstellt, kommt im vorliegenden Corpus als Einzelzeichen nur dreimal in der Zeit Ramses II vor, davon nie in Oberägypten. Der einzige nubische Beleg RII/ Nub/ 002 zeigt eine sehr flache Hieroglyphe, die von der Form her keine Unterschiede zu N 17 erkennen läßt. Die beiden anderen Belege stammen aus Unterägypten, RII/ Sed/ 003 und RII/ Saq/ 009. Sie zeigen eine dem Basiszeichen sehr ähnliche Form.

Als Schriftfeldschreibung wird N 18 hier nur in der Form N 19 verwendet, bei der die Sandbank, ausschließlich als Logogramm im Gottesnamen *[Rꜥ(.w)-]Ḥr(.w)-ꜣḫ.tj*, verdoppelt hinter den Kopf des Falken (mit oder ohne Sonnenscheibe) gesetzt wurde, so z. B.  [28]. Dabei verkürzten sich durch die Stauchung Länge und Breite des Einzelzeichens. Diese Schriftfeldschreibung kommt in den Belegen relativ gleichmäßig über Ägypten verteilt während der ganzen 19. Dynastie vor, mit einem Schwergewicht auf der Zeit Ramses II, was allerdings auch durch den prozentual höchsten Anteil am Gesamtcorpus bewirkt wird. Die Enden sind meistens abgerundet, manchmal wurde das Zeichen aber auch etwas unsauber und leicht schräg versetzt gearbeitet.

---

24 Ausnahmen sind lediglich RII/ Saq/ 018 und RII/ Qan/ 045. Beide sind Schriftfeldschreibungen.
25 RII/ DeM/ 146.
26 SI/ SeK/ 001.
27 Mer/ Gur/ 001 und RII/ Saq/ 016.
28 RII/ DeM/ 032.

N 20 Im vorliegenden Corpus nicht belegt.

N 21

Die kurze Landzunge (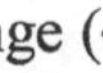)[29] kommt relativ häufig über ganz Ägypten verteilt vor. Sie zeigt eine große Variationsbreite in ihrer äußeren Form. Der Winkel, in dem sie in Relation zur Grundfläche steht, ist sehr verschieden. Die Varianten reichen dabei von der völlig planen Form, die eher an die Hieroglyphe N 22 des Alten Reiches erinnert (z. B. [30]), über die „normale“ Form bis hin zu einem sehr steil aufragenden Zeichen (z. B. [31]). Als Einzelzeichen kommt diese äußerst steile Form nur in Nubien und Oberägypten (Deir el-Medineh) vor, die sehr flache Variante überwiegend in Oberägypten. Beide Varianten datieren stets in die Zeit Ramses II.

In den Schriftfeldschreibungen wurde N 21 meistens nur gekippt, der steile Winkel mußte durch den flachen ersetzt werden, da für ersteren nicht genügend Platz vorhanden war.

N 22 Im vorliegenden Corpus nicht belegt.

N 23 

Der „Bewässerungskanal“ ist bei auf zwei Stelen belegt, dabei zeigen die Einzelschreibungen SI/ Aby/ 008 und RII/ DeM/ 182 eine ähnliche Gestaltung. Abweichend von der Form des Basiszeichens  sind bei allen senkrechte statt schräge Vertikalstriche (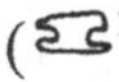[32]) vorhanden.

N 24 

Dieses Schriftzeichen ist nur in fünf Schriftfeldschreibungen in der Zeit Ramses II belegt, davon mit RII/ Sas/ 001 ein einziges Mal in Unterägypten. Dieses unterägyptische Zeichen und RII/ DeM/ 151 haben, bedingt durch die Schriftfeldschreibung, als einzige nur zwei waagerechte Striche (), alle übrigen aus dem Süden weisen die „üblichen“ drei auf. Die DeM-Belege haben drei bzw. vier senkrechte, RII/ The/ 014 sogar fünf senkrechte Striche.

Im Schriftfeld wurde N 24 unregelmäßig gestaucht. Bei RII/ DeM/ 151 und RII/ Sas/ 001 fand eine Detailveränderung statt, was zu einer Reduzierung auf zwei statt drei waagerechte Striche führte.

N 25 

Das hügelige Land kommt sehr häufig vor, Schriftfeldschreibungen überwiegen dabei.
In Unterägypten sind die beiden äußeren Bergspitzen eher gerundet ([33]), während sie in Oberägypten in verstärktem Maße spitz oder rechteckig zulaufen (/ 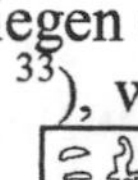[34]). Die Abstände zwischen den drei Hügeln schwanken überall, sie können gerundet oder flach sein

29 Die längere Landzunge N 20 () hat eine andere Verwendung als N 21. Dagegen ist N 22 ()eine Alte Reichs-Form, der „Prototyp“ für N 21 und N 22: GARDNER, *EG*, 488. Aus diesen Gründen lasse ich vorerst diese drei Formen als einzelne Nummern bestehen.

30 RII/ The/ 002.

31 RII/ DeM/ 164.

32 SI/ Aby/ 008.

33 SI/ Saq/ 006.

34 SI/ DeM/ 044 bzw. RII/ DeM/ 176.

(, [35]). Die äußeren Seiten sind überwiegend senkrecht, nur bei etwas unsauberer Ausführung können sie etwas nach innen einziehen oder schräg nach außen verlaufen[36].

In den Schriftfeldschreibungen wurde N 25, das allein eine halbe Feldhöhe und eine -breite beansprucht, in den meisten Fällen unregelmäßig gestaucht, zumeist im Lemma ***jmnt.t***. Dabei wurden die Abstände zwischen den Hügeln verkürzt, oder die Hügel selbst veränderten sich zu kleineren, schmalen, fast schon strichartigen Gebilden, so z. B. bei [37]. Die Stauchung beruhte hier auf der Breite des . War dieses Zeichen sehr schmal, erfolgte lediglich eine maßstäbliche Verkleinerung. In anderen Schriftfeldern wurde N 25 nur vertikal auf ca. ein Drittel der Feldhöhe gestaucht, dabei nahm die Höhe der Bergspitzen ab, im extremsten Fall wurde das ganze Zeichen fast zu einem Strich ([38]). Allerdings lassen sich die verschiedenen Arten der Zeichenveränderung im Schriftfeld leider nicht chronologisch oder topographisch unterscheiden.

Bei einer Form von RII/ DeM/ 130, , wird der Hersteller im Geiste wohl an N 27  gedacht haben, jedoch in hieroglyphischem Denken, da die jeweiligen hieratischen Schreibungen sich stark von einander unterscheiden[39].

N 26 

Die Berghieroglyphe kommt in den bearbeiteten Belegen eher selten vor, der Schwerpunkt liegt auf Unterägypten. Die meisten Schreibungen sind, wie auch bei N 25, Schriftfeldschreibungen, in nur vier Fällen ist das Zeichen als Einzelschreibung vertreten. Die Ausführungen von N 25 und N 26 weisen aufgrund der Ähnlichkeit beider Zeichen recht viele Gemeinsamkeiten auf. Auch hier sind die beiden Bergspitzen angerundet, spitz oder rechteckig, eine chronologisch/ topographische Differenzierung ist ebenfalls nicht erkennbar.

Als Einzelzeichen beanspruchte N 26 eine Feldbreite und eine halbe -höhe. Bei der rein vertikalen Stauchung wurden dann die Bergspitzen stark reduziert, bei der horizontalen schrumpfte der Abstand zwischen den beiden Spitzen. Die unregelmäßige Stauchung kombinierte beides in verschiedener Intensität.

N 27 

Die Hieroglyphe, die die Sonne über Bergen zeigt, taucht selten auf, Schriftfeldschreibungen konnten hier nur aus Oberägypten nachgewiesen werden. Die Sonne ist vom Berg stets getrennt oder schwebt sogar darüber (, [40]). Nur ein Beleg, SI/ DeM/ 044, verbindet beides direkt miteinander. Diese Hieroglyphe sticht auch deshalb hervor, weil sie als einzige die Sonne mit der für N 05 laut Basiszeichen üblichen Innenzeichnung versieht: 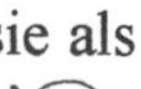.

Die Sonne ist generell sehr groß, nur in Deir el-Medineh tauchen vier Zeichen mit sehr kleiner Sonnenscheibe auf.

35 RII/ DeM/ 040 bzw. SI/ DeM/ 027.

36 Nach FISCHER, *Calligraphy*, 36 haben die archaischen Zeichen generell nach innen eingezogene Seiten.

37 RII/ Sed/ 003.

38 RII/ Saq/ 019. Diese extreme Stauchung, die das Zeichen fast unkenntlich macht, kommt jedoch nur hier vor, obwohl sich die gleiche Zeichenanordnung auch auf anderen Belegen findet.

39 Cf. MÖLLER, , *Hieratische Paläographie II*, 29.

40 RII/ DeM/ 122 und RII/ Saq/ 007.

Die Schriftfeldschreibungen stauchten N 27 unregelmäßig oder nur vertikal. Dieses wirkte sich auf die Größe der Sonnenscheibe, die Höhe der Bergspitzen und die Gesamtbreite aus. Bei SII/ Ani/ 001 wurde N 27 so weit gestaucht, daß die Sonne nicht mehr als solche zu erkennen ist und sich nicht von den Bergspitzen unterscheidet, hier dachte der ungeübte Hersteller wohl an 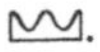.

N 28 

Diese Hieroglyphe kommt als Einzelzeichen nur auf fünf Stelen (thebanischer Bereich und einmal Sinai) vor, ansonsten fast ausschließlich in Schriftfeldschreibungen.
Die Formen dieses Zeichens variieren sehr stark, hauptsächlich unterschieden durch die Gestaltung des äußeren Strahlenkranzes. Er kann direkt mit dem darunter befindlichen Hügel verbunden ([41]), durch eine Linie angesetzt ( [42]) oder vollständig von ihm getrennt sein( [43]).

Die ersten beiden Formen werden unterschiedslos zu allen Zeiten und an allen in dieser Untersuchung belegten Orten verwendet.

Die Form mit vollständig abgetrenntem Strahlenkranz findet sich dagegen nur auf zwei nubischen Belegen der Zeit Sethos II, auf zwei Ramses II-zeitlichen qantirer Stelen[44] sowie auf RII/ DeM/ 025.

Das Zeichen auf Sip/ DeM/ 012 () könnte verunglückt und nicht in dieser Form geplant gewesen sein, ich denke allerdings eher, daß der Schreiber hier ein hieratisches Zeichen wie  [45] o. ä. vor Augen hatte, als er von einer entsprechenden Vorlage abschrieb. Der eine Beleg auf RII/ ASi/ 002 besitzt nur eine sehr schmale Verbindung zwischen den beiden Komponenten dieses Zeichens, hier hat sich der Strahlenkranz schon fast vom Hügel gelöst.

Auch die Größe von Hügel und Strahlenkranz ist überall variabel. Der Hügel kann klein, der Kranz groß sein ([46]), genau umgekehrt ( [47]), oder beide können in etwa gleichwertig sein ( [48]).

Ebenso verschieden ist die Form des Hügels. Es gibt flache, halbkreisförmige und sogar rechteckige (, ,  [49]), vier Belege weisen einen unten konkaven Untergrund auf[50]. Eine hier singuläre ungewöhnliche Form auf RII/ The/ 022 zeigt einen runden Hügel mit darum gewölbtem Strahlenkranz: .

Alle Zeichen weisen keinerlei Innenzeichnung auf, eine Angabe der einzelnen Strahlen erfolgte nicht, wie auch das Basiszeichen darlegt[51]. Nur einmal, bei RII/ DeM/ 164, wurde die Mitte des halbkreisförmigen Hügels unbearbeitet gelassen, jedoch dürfte es sich dabei lediglich um eine Nachlässigkeit des Herstellers handeln.

41 SI/ SeK/ 001.
42 RII/ The/ 022.
43 SII/ Buh/ 001.
44 Dabei handelt es sich um RII/ Qan/ 006 und / 057.
45 MÖLLER, *Hieratische Paläographie II*, 28.
46 SI/ SeK/ 001.
47 RII/ DeM/ 004.
48 RII/ DeM/ 146.
49 SI/ DeM/ 016, RII/ Saq/ 007 und RII/ ASi/ 001.
50 Es handelt sich dabei um SI/ DeM/ 016, RII/ DeM/ 037, RII/ Aby/ 021 und RII/ Her/ 001.
51 Detaillierte Schriftzeichen geben die Strahlen auf dem äußeren Ringsegment an, so z. B. einige Zeichen einer Inschrift Ramses II im Karnak-Tempel: LE SAOUT, *paléographie*, 179 ff, Abb. 1071 ff. Auch schon im Alten Reich existiert diese Variante: FISCHER, *Calligraphy*, 36 (Snofru, Dahschur).

In Schriftfeldschreibungen wurde N 28 verschiedentlich gestaucht, jedoch sind bei den rein vertikalen Stauchungen die Größenunterschiede zum Einzelzeichen sehr gering.

Bei Schriftfeldern wie  [52], die im vorliegenden Quellenmaterial nur in die Regierungszeiten Ramses II und Merenptahs datieren und dort die Hauptmasse der Belege bilden, wurde N 28 lediglich maßstäblich verkleinert.

N 29 

Der Abhang N 29 ist in den Belegen ziemlich oft vertreten, wobei die Form sehr variantenreich ist. In ganz Ägypten, jedoch verstärkt in Oberägypten und nicht in Nubien, kommt die rein dreieckige Form mit mehr oder weniger steilem Winkel vor (z. B. , [53]). Die Variante mit scharf abknickendem Ende (z. B. [54]) taucht ebenfalls überall sowie ausschließlich in Nubien auf, sie wird bei mir ab der Zeit Sethos II überwiegend verwendet.

Als Einzelzeichen nimmt N 29 je eine halbe Feldbreite und -höhe ein. In den Schriftfeldschreibungen wurde N 29 vertikal und horizontal gestaucht. Dabei verringerte man Breite und/ oder Höhe in verschiedenem Maße, in einigen Fällen mußte dabei die Linie der Schräge anderen Hieroglyphen ausweichen, so z. B. ,  oder  [55].

N 30 

Der Hügel mit Büschen kommt hier lediglich sechsmal als Einzelschreibung vor, davon ist nur RII/ Sed/ 003 ein unterägyptischer Nachweis.

Der einzige frühe Beleg, SI/ Aby/ 002, zeigt nur links und rechts der gebogenen Erhöhung einen senkrechten Strich, oben keinen, so daß eine Verwechslung mit Q 06_{Var} bestehen könnte. Bei allen anderen Zeichen sind die beiden seitlichen Büsche ebenfalls nicht wie beim Basiszeichen  angeordnet, sondern als senkrechte Striche dargestellt. Auch der oben auf dem Hügel wachsende Busch wird nur auf RII/ DeM/ 042 konform gestaltet (), ansonsten ist er ein kleiner Zacken.

N 31

Das Zeichen N31, das einen von drei Büschen gesäumten Weg darstellt, konnte nur vereinzelt erfaßt werden. Die Belege verteilen sich relativ gleichmäßig auf die Region vom thebanischen Gebiet bis nach Kafr el-Gabal.

Die drei Büsche können mit dem Weg verbunden sein oder von ihm abgegrenzt ( [56]). Letztere Form taucht in den Belegen nur in Oberägypten auf.

Einzig RII/ The/ 005 läßt bei allen drei Zeichen N 31, die dort belegt sind, die Mitte unbearbeitet ()[57]. Ein weiteres Objekt gleicher Provenienz und Datierung, RII/ DeM/ 054, setzt die beiden waagerechten Striche von dem mittleren Teil ab: . Eine andere ungewöhnliche Form bietet eine andere Stele vom selben Ort, RII/ DeM/ 159, bei der alle Weghieroglyphen auf jeder Seite drei jeweils paarig einander gegenübergesetzte Büsche aufweisen. Auffallend ist dabei, daß sämtliche dieser eher unüblichen Modifikationen aus dem thebanischen Gebiet stammen, so auch eine bei den Schriftfeldern.

---

52 RII/ DeM/ 164.

53 SI/ Saq/ 008, RII/ DeM/ 032.

54 RII/ Buh/ 005.

55 RII/ DeM/ 082, SI/ Aby/ 002 und RII/ DeM/ 032.

56 RII/ Aby/ 016.

57 Diese Form ist bei LE SAOUT, *paléographie*, 237 jedoch für verschiedenste Zeichen und Orte belegt.

In allen Fällen ist der Weg gerade, die geschwungene Form, die im Neuen Reich noch vereinzelt vorkommen kann, taucht in den Belegen nie auf[58].

Die Schriftfeldschreibungen stauchten N 31 stets nur vertikal, wobei die Höhe des Weges kleiner wurde und man die Busch-Zacken stellenweise stark zusammendrückte. Eine Ausnahme bilden RII/ DeM/ 138 () und RII/ KeG/ 004, wo N 31 unregelmäßig gestaucht ist.

Jedoch haben die Hersteller dieser Stelen alle Büsche weggelassen und die Seiten ganz an den Rand gesetzt, so daß mit der Teich-Hieroglyphe N 37 ▭ fast identische Zeichen entstanden sind.

N 32 Im vorliegenden Corpus nicht belegt.

N 33 ○

Diese Hieroglyphe ist im ausgewerteten Material sehr selten und nur in Schriftfeldschreibungen nachgewiesen.

Die Belege bieten allerdings keinerlei Informationen, da bei der Form von N 33, einem simplen Kreis, keine chronologisch/ topographischen Unterschiede möglich sind.

N 34 Im vorliegenden Corpus nicht belegt.

N 35 ﹏

Das Elementargrammem „*n*“ ist das am häufigsten vorkommende Zeichen in meinen Tabellen[59]. Es ist in seiner Form vielfältigsten Variationen unterworfen.
Die hauptsächlichen Formen sind
A) eine Zickzacklinie [60],
Bα) ein gerader Strich mit lediglich gezackten Enden [61],
Bβ) ein gerader Strich mit nur nach unten führenden Enden [62], oder
C) ein einfacher Strich [63].

Dabei handelt es sich um jeweils eine nach unserem Sprachgebrauch höhere „Abstraktionsstufe“, bzw. für den altägyptischen Hersteller eine reine Vereinfachung. Es ist auffallend, daß auf einigen Stelen mehrere dieser Hauptformen nebeneinander auftreten, manchmal sogar im gleichen Schriftfeld, wie  [64], ohne daß man eindeutige Hinweise auf die Gründe der Bevorzugung dieser oder jener Form finden könnte.

Die Anzahl der Zacken variiert auf den Einzelzeichen ebenfalls (zu den Detailveränderungen bzgl. der Zacken cf. *infra*). Jedoch weisen abgesehen von C) grundsätzlich die Enden nach unten, daran haben sich allerorts und in allen Zeiten sämtliche Hersteller gehalten.

Im unterägyptischen Gebiet wird in den Belegen fast ausschließlich die Hauptform A) verwendet, nur sehr selten die Form C), lediglich auf RII/ Saq/ 016 taucht hier Bα), auf RII/ Saq/ 008 Bβ) auf.

---

58 GARDINERs N $100_{(Var)}$ in seiner *Extended* Library. Cf. Fischer, *Calligraphy*, 36.
59 Dazu auch KAMMERZELL in HANNIG, *HWB*, XXXV.
60 SI/ DeM/ 033.
61 SI/ DeM/ 016.
62 RII/ DeM/ 004.
63 SII/ DeM/ 001.
64 RII/ DeM/ 102.

Im „Sondergebiet“ Qantir kommt im ausgewerteten Material die Hauptform Bβ) nur dreimal vor, Bα) gar nicht, dafür tauchen einige besondere Variationen auf, die ansonsten nicht zu finden sind. Varianten zeigen eine unregelmäßige Linie, die auf beiden Seiten mit Zacken besetzt ist, wie  oder [65], daneben existiert auch noch eine Form mit Zacken nur auf der Oberseite ([66]). RII/ Qan/ 034 hat mitten in der Arbeit aufgehört, die Zacken einzugravieren: . Am häufigsten sind jedoch die Formen A) und C).

In Oberägypten ist das Formenspektrum größer, hier kommen alle Hauptformen in ähnlichen Quantitäten vor. Schon W. F. v. BISSING[67] hatte festgestellt, daß die Form des *n* als einfacher Strich charakteristisch für die Ramessidenzeit sei, jedoch keine topographischen Unterschiede in der Verwendung untersucht. RII/ DeM/ 114 weist neben anderen eine ansonsten singuläre Form auf, bei der die Enden wie bei A) gestaltet sind, die Mitte jedoch nur einen geradenStrich bildet: .

Die aufgenommenen nubischen Belege verwenden nur die Formen A) und C).

So kann man festhalten, daß von wenigen Ausnahmen abgesehen Bα) und Bβ) nahezu rein oberägyptische Formen sind. Die Verwendung von C) war in Unterägypten unüblich, dort kam sie nur in der Hauptstadt Pi-Ramesse häufiger vor.

	A	Bα	Bβ	C	
Nubien	X	-	-	X	X häufig belegt
Oberäg.	X	X	X	X	(-) selten belegt
Unteräg.	X	(-)	(-)	(-)	- nicht belegt
Qantir	X	-	(-)	X	

N 35 ist eine der wenigen Hieroglyphen, bei denen man öfters signifikante Unterschiede in den aufgemalten Zeichen u. a. auf Quarzkeramikstelen feststellen kann. Hier wurden dann die einzelnen Zacken von A) mit kleinen Punkten angedeutet ( oder [68]), wohl weil eine durchgezogene Zackenlinie ineinander verlaufen wäre und nur einen dicken, unsauberen Strich hinterlassen hätte. Ansonsten verwendete man die einfachste Form C).

In den Schriftfeldschreibungen wurde N 35, das alleine eine Feldbreite und eine halbe -höhe beansprucht, gestaucht oder detailverändert. Eine Detailveränderung konnte dabei auf verschiedene Art und Weise vorgenommen werden.

In Nubien wurde A) zu C), oder die Anzahl der Zacken von A) reduzierte sich gegenüber dem Einzelzeichen. So konnte sich beispielsweise die Zackenzahl von sechs auf vier[69] oder von vier bis fünf auf drei[70] verringern. Der Sonderfall SII/ Ani/ 001 hat auch bei diesem Zeichen mit überraschenden Formvarianten aufzuwarten, so ist einmal das Zeichen zu einem kleinen Winkel mutiert, eine andere Schriftfeldschreibung hat ein zweizackiges ***n***, das rechts in ein *ʿnḫ*-Zeichen hineinläuft.

In Oberägypten sind die oben genannten Formen der Detailveränderung neben der reinen Stauchung und maßstäblichen Verkleinerung vorhanden. In manchen Fällen wurden die Zakken so weit verkleinert, daß sie nur gerade noch erkennbar sind ([71]). Festzuhalten ist,

65 RII/ Qan/ 043 und RII/ Qan/ 038.
66 RII/ Qan/ 017.
67 BISSING, *Opfertafel*, 58.
68 RII/ The/ 023, Sip/ DeM/ 014.
69 RII/ Buh/ 001, cf. auch oben Kap 1.1.
70 RII/ Buh/ 005.
71 RII/ DeM/ 027.

daß die Detailveränderung bei A) immer mindestens drei Zacken stehenläßt, weniger werden es nie.

Besonders deutlich ist bei SI/ Aby/ 004 das ***n*** als Einzelzeichen in der „normalen“, mit allen Zacken versehenen Form zu erkennen, während es in den Schriftfeldern stets nur ein einfacher Strich ist. RII/ Aby/ 021 zeigt, daß die Zeichen im 1., obersten Register sorgfältiger, sprich mit den Zacken, ausgeführt sein können (und auch größer), während sie in unteren Registern als einfacher Strich vorkommen. Ein ebensolches Bild bietet sich auch bei RII/ DeM/ 083.

Die unterägyptischen Belege weisen nur die Stauchung oder Detailveränderung der Form A) auf, einzige Ausnahme ist RII/ Saq/ 016, wo der Hersteller im Schriftfeld die Form Bα) verwendete[72]. Seltener kommt die rein vertikale Stauchung vor, wobei die Höhe des ***n*** auf weniger als ein Drittel der Feldhöhe reduziert werden mußte.

N 36

Die Hieroglyphe N 36, die einen Kanal darstellen soll, ist im Quellenmaterial von der Zeit Sethos I bis Merenptah belegt. Sie unterscheidet sich von der Weghieroglyphe N 31 nur durch das Fehlen der Büsche. Die konkav eingezogenen Seiten, wie sie das Basiszeichen aufweist, sind nirgends wirklich zu erkennen, nur bei [73] ist rechts eine geschwungene Seite angedeutet. Die ausgezogenen Ränder können länger oder kürzer sein, auch ihre Höhe in Relation zur „Kanalbreite“ wechselt ohne System, cf. beispielsweise gegenüber [74].

Als Einzelzeichen nimmt N 36 eine halbe Feldhöhe ein. In den Schriftfeldschreibungen wurde N 36 meistens nur vertikal gestaucht, was eine Verringerung der „Kanalbreite“ zur Folge hatte. Nur in zwei Fällen[75] erfolgte zusätzlich noch eine horizontale Stauchung, die die Gesamtbreite reduzierte.

N 37-39

Der Teich hat eine sehr einheitliche Form, lediglich die Relation Breite/ Höhe kann schwanken. Bei den meisten Hieroglyphen haben sich die Hersteller um eine relativ rechteckige Form bemüht, nur selten ist sie eher unförmig geraten wie [76]. Lediglich RII/ DeM/ 252 hat in der Mitte ein winziges Stück unbearbeitet gelassen, und der Hersteller von Sip/ Aby/ 003 verwechselte wohl einmal N 37 mit . Ansonsten ist hier nur die einfache Form N 37 belegt, während die in den Zeichenlisten als eigene Nummern angeführten rein graphischen Varianten N 38-39 (,) im von mir zusammengestellten Corpus nicht benutzt wurden.

RII/ Gur/ 001 verwendet bei einmal N 37-39 anstatt des an dieser Stelle eher zu erwartenden N 36.

Der Name des Nutznießers von RII/ Buh/ 005 wird in der Literatur unterschiedlich gelesen. K. A. KITCHEN[77] und M. L. BIERBRIER[78] bevorzugen *Mr(j)-nḏm* ( ), während H. S. SMITH[79] *Tꜣ-nḏm* ( ) liest. Die Form ist nicht eindeutig, jedoch kann M. L. BIERBRIER *Tꜣ-*

72 Die Einzelschreibung hat die Form A).
73 RII/ DeM/ 069.
74 RII/ DeM/ 151 und RII/ Qan/ 018.
75 RII/ Sed/ 002 sowie eine Schreibung auf RII/ DeM/ 141.
76 RII/ The/ 022.
77 *KRI III*, 132 f.
78 *BMHT 10*, 23.
79 Nach *BMHT 10*, 23.

nḏm sicher ausschließen. Ich würde mich für die in *BMHT 10* an letzter Stelle genannte Variante *Š-nḏm* entscheiden, da für mich die oben gezeigte Form mit N 37-39 die größte Ähnlichkeit hat[80]. Es ist auch zu beachten, daß der bei RII/ Buh/ 005 verwendete Sandstein keine absolute Präzision erlaubt, unabhängig vom natürlichen Verfall über die Jahrtausende. Theoretisch käme auch noch *Jw-nḏm* in Frage (N 18), jedoch ist mir ein solcher Name nicht bekannt.

In den Schriftfeldschreibungen wurde N 37 meistens vertikal auf ein Drittel bis ein Viertel der Feldhöhe zusammengestaucht, was das Zeichen teilweise extrem verdünnte, die Breite jedoch blieb dann unverändert, z.B.  [81]. Wurde das Zeichen zusätzlich noch horizontal gestaucht, erfolgte entweder eine maßstäbliche Verkleinerung oder eine unregelmäßige Stauchung, so z. B.  oder  [82].

Chronologisch/ topographische Unterschiede lassen sich bei diesem Zeichen aufgrund der undifferenzierten Form leider nicht feststellen.

N 40 Im vorliegenden Corpus nicht belegt.

N 41-42 / 

Der mit Wasser gefüllte Brunnen ist als Hieroglyphe im vorliegendem Corpus relativ selten belegt, davon sind nur drei Schreibungen Schriftfeldschreibungen. Der Schwerpunkt der Verbreitung liegt in Oberägypten.

Die meisten Hieroglyphen haben am oberen Rand drei mehr oder weniger rechteckige Erhebungen, die die im Basiszeichen angegebene Zackenlinie darstellen sollen ([83]). Da diese Zackenlinie aber bei kleinformatigeren, nicht immer in höchster Qualität gefertigten Privatstelen nur schwer auszuführen war, benutzte man für solche Objekte wohl eine einfachere Version, die jedoch eindeutig identifizierbar war[84]. Lediglich RII/ Kop/ 002 hat nur zwei, dafür überbreite Erhebungen (), ein Beleg auf RII/ Saq/ 019 zeigt zwei schmale, leicht ausgezogene Enden ([85]). Der Brunnenteil ist diversen Variationen unterworfen, er kann sehr hoch sein, sehr flach oder als Bogen auftreten (,  oder  [86]).
In allen Landesteilen koexistieren hohe und flache Formen nebeneinander, unabhängig, ob es sich um Einzel- oder Schriftfeldschreibungen handelt, besondere Regelhaftigkeiten sind dabei aber nicht erkennbar.

In den wenigen Schriftfeldschreibungen wurde N 41-42 vertikal und horizontal gestaucht. Bei RII/ DeM/ 164 ist eine rein vertikale Stauchung erkennbar, RII/ Saq/ 020 führte eine maßstäbliche Verkleinerung durch.

80 Dafür hatte sich auch schon RANKE, *PN I*, 324:10 entschieden.
81 Am/ DeM/ 003.
82 RII/ DeM/ 087 und RII/ Kop/ 002.
83 RII/ DeM/ 059.
84 Diese „einfache" Version ist bei GRAEFE, *MÄG*, 227 mit anderen Formen unter der Nr. N 42 zusammengestellt.
85 Es könnte sich hierbei um die dritte der bei GRAEFE, *MÄG*, 227 unter N 42 zusammengestellten Varianten handeln. Vielleicht war es aber auch nur Nachlässigkeit des Herstellers, da ein weiteres Zeichen auf dieser Stele die in diesem Corpus sonst übliche Form aufweist.
86 RII/ DeM/ 013, SI/ Aby/ 006, RII/ The/ 008.

Abteilung O – Gebäude und Teile von Gebäuden

O 01 

Das Zweikonsonantenzeichen O 01 ist sehr oft in ganz Ägypten vertreten, dabei handelt es sich in der Mehrzahl der Fälle um Schriftfeldschreibungen. Es gibt zwei Hauptformen:
A) mit eingezogenen Mauern an der Frontseite ([1]) bzw.
B) ohne diese Mauern ([2]).

In den Einzelschreibungen kommt B) nur kleinformatig auf drei abydenischen Stelen (SI/ Aby/ 004, RII/ Aby/ 005. 021) vor. In Schriftfeldschreibungen wird B) hingegen erheblicher häufiger verwendet, dabei verändert sich das Einzelzeichen A) zu der vom Umfeld beeinflußten Form B) (s. u.).

Das Zeichen ist meist breitrechteckig, RII/ Nub/ 001, RII/ The/ 008 sowie RII/ SeK/ 003 haben ein eher quadratisches O 01. Das Einzelzeichen bei SII/ Ani/ 001 wurde mit dem dort ähnlich dargestellten Zeichen F 26  durcheinandergebracht. Die Schriftfeldschreibung SII/ DeM/ 001 kombiniert O 01 und O 04 zu einer in keiner Liste verzeichneten Hieroglyphe , da jedoch zweifelsohne O 01 gemeint ist, kann dafür keine eigene Nummer angesetzt werden.

In den Schriftfeldschreibungen wurde O 01 in unterschiedlichster Weise gestaucht.
So kann die Hieroglyphe, wenn sie auf ein Viertel eines quadratischen Feldes gestaucht wurde, eine quadratisch bis hochrechteckige Form annehmen, z. B. ,  oder  [3]. Der letzte hier aufgeführte Beleg stammt aus Abydos, wo auch in den Einzelschreibungen quadratische O 01 auftauchen. Ist das Schriftfeld dagegen eher breitrechteckig, so fand eine unregelmäßige Stauchung statt (z. B.  [4]). Bei der rein horizontalen veränderte sich O 01 mehr zu einem Hochrechteck, bei einer rein vertikalen Stauchung wurde das Zeichen nur flacher. Eine Vertikalstauchung tritt auch auf, wenn O 01 mit einem anderen Zeichen kombiniert wurde, so wie  [5] oder  [6]. Ist das einbeschriebene Zeichen sehr breit, können die Enden von O 01 nicht wieder nach innen einziehen.
Auch Detailveränderungen gegenüber der jeweiligen Hauptform können durch die Beeinflussung durch andere Zeichen in einem Schriftfeld auftreten, so bei RII/ SeK/ 003, wo sich  in einem Schriftfeld nach 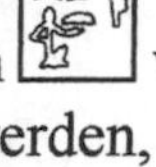 veränderte. Aufgrund des äußerst reduzierten Platzes mußte O 01 so stark verkleinert werden, daß für die nach innen einziehenden Mauern kein Raum mehr blieb. Dieses ist die hauptsächlichste Detailveränderung, der O 01 unterworfen war, sie kommt in den aufgenommenen Belegen in ganz Ägypten vor. Zufälligerweise ist die neue Form auch identisch mit der Hauptform B) des Einzelzeichens. In einigen Fällen wurde nur eine einziehende Mauer angegeben, so z. B. bei 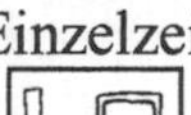 [7], allerdings kommt diese Form so

1 RII/ The/ 008.
2 SI/ Aby/ 004.
3 RII/ ASi/ 002, Sip/ DeM/ 012 und Mer/ Aby/ 005.
4 RII/ Saq/ 004.
5 RII/ Saq/ 018.
6 Mer/ Saq/ 002.
7 RII/ Saq/ 003. Alle anderen Schriftfeldschreibungen dieser Stele haben die Form B).

selten vor (nur bei RII/ DeM/ 160, RII/ The/ 025, RII/ Qan/ 037. 043[8]), daß ich dabei von keiner bewußten Modifikation ausgehe, sondern schlichte Nachlässigkeit vermute.

O 02

Bei O 01 habe ich auch diejenigen Schriftfeldschreibungen aufgeführt, in denen sich unterhalb eines befindet, die Lesung dafür ist *pr(.w)-dwꜣ*. Da sich beide Zeichen nicht berühren, ist hier keine Komposithieroglyphe vorhanden, deshalb werden diese Schreibungen bei O 01 und N 14 aufgeführt[9].

Eigentlich gilt dieses auch für O 02. Da jedoch in den von mir untersuchten Belegen eine zunehmende feste Verbindung beider Komponenten O 01 und T 03 auch in der Gravur deutlich wird, muß O 02 als Komposithieroglyphe klassifiziert werden und erhält resp. behält demnach (vorerst) seine eigene Nummer[10].

Das Zeichen O 02 kommt in meinen Belegen jedoch nur selten und überwiegend in Unterägypten vor.

Alle oberägyptischen Belege setzen T 03 unterhalb des Hausgrundrisses O 01, so daß es unter O 01 hervorragt und von diesem getrennt ist. Die unterägyptischen Belege weichen in ihrem Aussehen stark davon ab, so daß bei diesem Zeichen eine der deutlichsten Trennungen zwischen Ober- und Unterägypten erkennbar ist. Weitergehende Differenzierungen innerhalb der Landeshälften sind jedoch leider derzeit nicht möglich. Die unterägyptischen Belege verbinden stets beide Komponenten fest miteinander, sie haben ihr unteres Ende jeweils auf gleicher Höhe. T 03 ragt über O 01 hinaus, die Verdickung befindet sich stets am oberen Ende, so z. B. [11]. Da ein Beleg aus Qantir (RII/ Qan/ 004) die oberägyptische, der zweite (RII/ Qan/ 037) die unterägyptische Variante aufweist, könnten diese beiden Objekte von zwei Herstellern gefertigt worden sein, die aus jeweils einer Landeshälfte nach Pi-Ramesse gekommen waren.

In den vorliegenden Schriftfeldschreibungen wurde O 02 fast ausschließlich unter die Hieroglyphe F 20 in der Wortverbindung *jm.j-rꜥ pr(.w)-ḥḏ* „Vorsteher des Schatzhauses" gesetzt, wobei eine maßstäbliche Verkleinerung stattfand. Nur RII/ Qan/ 037 weist eine rein vertikale Stauchung des Zeichens durch darunter gesetzte auf. Die Verwendung von eingezogenen oder nicht eingezogenen Mauern, die Formen A) und B) der Komponente O 01, wechselt ohne erkennbare Regelmäßigkeiten, auf RII/ KeG/ 004 kommen sogar beide Formen dieser Komponente vor. Jedoch weist bei der Form mit O 01= A) die Komponente T 03 eine kleine Erhebung oberhalb des verdickten Endes auf, die sonst nirgends auftritt. Daher liegt der Schluß nahe, daß dieser Teil des Textes von einer zweiten Person gefertigt wurde, die im ganzen gesehen aber im Duktus dieser Arbeitstätte blieb.

O 03

Das Zeichen ist lediglich auf sechs Stelen belegt, abgesehen von RII/ Saq/ 008. 018 nur in Oberägypten.

---

8 Man beachte die – vermutlich – oberägyptische Beeinflussung aller dieser qantirer Belege!

9 Gleiches gilt für O 01a, cf. GRAEFE, *MÄG*, 227, das allerdings nicht bei mir belegt ist.

10 Das Basiszeichen O 02 ist in den vorliegenden Zeichenlisten getrennt dargestellt und dürfte eigentlich keine eigenständige Hieroglyphe sein. Um eine endgültige Entscheidung zu treffen, wäre eine Untersuchung dieses Zeichens über die ganze Periode der ägyptischen Geschichte notwendig, was aber im Rahmen dieser Arbeit nicht geleistet werden kann.

11 RII/ KeG/ 001. Auch in Gräbern in Saqqara wurde diese spezielle Form verwendet, so z. B. im Grab von *Ṯjꜣ* und *Ṯjꜣ*: MARTIN, *Tia, Tia*, Taf. passim.

Die Belege aus Deir el-Medineh zeigen in einem Schriftfeld nur [O 01+P 08] als Einzelzeichen O 03. Bei RII/ Saq/ 018 befinden sich X 03 und W 22 direkt neben [O 01+P 08], aber noch innerhalb des Schriftfeldes, so daß O 01 eigentlich horizontal gestaucht wurde. Da die beiden kleinen Zeichen jedoch zu dieser Hieroglyphengruppe gehören und sich die Lesung aus der Kombination aller Zeichen ergibt, ist der Beleg in meiner Tabelle bei den Einzelzeichen eingeordnet, obwohl er auch zu den Schriftfeldschreibungen gesetzt werden könnte.
Nur bei RII/ Saq/ 008 und Mer/ Aby/ 005 stehen X 03 und W 22 links und rechts neben dem Ruder, wie es das Basiszeichen anzeigt.

O 04

Die Hieroglyphe O 04 ist in den Belegen verstärkt in Oberägypten nachgewiesen. Die meisten Formen entsprechen der des Basiszeichens, nur auf zwei Stelen aus Deir el-Medineh kommt eine Variation vor, bei der die linke, „untere" Mauer wieder etwas nach innen einzieht:  [12].

In den Schriftfeldschreibungen haben die Hersteller O 04 unterschiedlich gestaucht. Bei der rein vertikalen wird O 04 lediglich flacher, wird es horizontal auf ca. eine halbe Feldbreite gestaucht, so ändern sich die Proportionen des Zeichens hin zu einem Quadrat oder Hochrechteck (z. B.  [13]), die Gestalt an sich wird nicht verändert. Auf der in vielfacher Hinsicht ungewöhnlichen Stele SII/ Ani/ 001 wird die linke Linie nicht ganz nach unten durchgezogen, weil daneben schon das nächste Zeichen steht(z. B.  [14]), dieses Phänomen findet sich ansonsten in abgeschwächter Form nur noch auf SI/ Saq/ 005.

Am Beispiel dieser Hieroglyphe hatte schon H. G. FISCHER[15] darauf hingewiesen, daß sie besonders gut für Veränderungen seiner Proportionen geeignet sei, abhängig vom verfügbaren Platz. Er führt dazu als Beispiel die Gruppen  bzw.  an, in denen O 04 seine Ausmaße in verschiedenster Form ändern kann[16]. Dabei handelt es sich um die von mir so bezeichnete horizontale bzw. unregelmäßige Stauchung. Meine Untersuchungen zeigen jedoch, daß nahezu alle Hieroglyphen in Schriftfeldschreibungen Veränderungen erfahren, nicht nur ausgewählte, wie dieses H. G. FISCHERs Äußerungen implizieren könnten.

O 05

Dieses Zeichen ist neben einem Beleg aus Deir el-Medineh nur noch auf zwei Stelen aus Heliopolis belegt. Als Einzelzeichen benötigt O 05 ein ganzes Feld, in den vorliegenden Schriftfeldschreibungen wurde es nur vertikal auf eine halbe bzw. zwei Drittel der Feldhöhe gestaucht. Dabei verminderte sich lediglich die Höhe, die Breite blieb unverändert. Bei RII/ Hel/ 004 wurde in der Schriftfeldschreibung nur ein Teil des Zeichens wiedergegeben, den letzten wieder nach oben führenden Strich hat der Hersteller wohl schlicht vergessen.

O 06-07

In meinen Tabellen kommt diese Hieroglyphe relativ selten vor. Die Anordnung des kleinen einbeschriebenen Vierecks variiert, es kann sich in jeder Ecke befinden. Nur bei RII/ DeM/

12 RII/ DeM/ 126. Diese Schreibung kommt ansonsten nur noch zweimal auf RII/ DeM/ 128 vor.
13 SI/ Buh/ 001.
14 SII/ Ani/ 001.
15 FISCHER, *Calligraphy*, 11.
16 Die hier wiedergegebenen Schriftfeldschreibungen mit Hilfe von WinGlyph® können die realen Ausmaße und Anordnungen der einzelnen Zeichen leider korrekt nicht darstellen.

039 existieren jeweils zwei kleine Vierecke, die sich zweimal diagonal einander gegenüber, einmal nebeneinander befinden: . RII/ Hel/ 002 hat keinerlei Innenzeichnung dieser Art.

Lediglich bei RII/ Buh/ 005 wurde ein X 01 in den Hausgrundriß eingesetzt, was die bei A. H. GARDINER als O 07 numerierte Variante darstellt. Alle übrigen Belege haben die Form des Basiszeichens O 06.

Nur Schriftfeldschreibungen konnten von mir für O06-07 belegt werden. In ihnen wurde das Schriftzeichen, das allein ca. zwei Drittel einer Feldbreite einnimmt, auf unterschiedliche Weise verändert. So konnte es auf eine halbe Feldbreite gestaucht werden, z. B. bei [17]. In anderen Fällen wurden in den Grundriß eine oder mehrere Hieroglyphen einbeschrieben, beispielsweise oder [18]. Hier dient die Kombination zur Wiedergabe von Wortverbindungen wie *ḥw.t-nṯr.w* „Tempel"[19] bzw. *Ḥw.t-kꜣ-Ptḥ* „Memphis/ Tempel des Ptah [in Memphis]"[20]. O 06-07 erweiterte man dabei auf die Größe des jeweils benötigten, ganzen Schriftfeldes, das kleine Viereck fand dort Platz, wo es die anderen Zeichen am wenigsten störte.

Die speziellen Schriftfeldschreibungen, bei denen dem O 06 ein Falke eingeschrieben wurde, werden unten unter „O 10" behandelt.

Einzig bei SI/ Aby/ 008 wurden drei Hausgrundrisse in einer Schriftfeldschreibung direkt miteinander verbunden, so daß die beiden mittleren Wände jeweils für zwei Häuser gelten, also eine vollständige Verschmelzung der drei Zeichen zu einem einzigen eingehen. Sie werden jeweils auf ein Drittel der Feldbreite zusammengestaucht. RII/ DeM/ 039 hat ebenfalls drei O 06 nebeneinander, jedoch berühren sich diese nicht.

O 08 Im vorliegenden Corpus nicht belegt.

O 09

Diese Hieroglyphe, die als Komposithieroglyphe aus den fest miteinander verbundenen Komponenten V 30 und O 06 besteht, ist im vorliegenden Corpus nur zweimal, auf RII/ Aby/ 012 und RII/ Saq/ 013 belegt. Das unterägyptische Zeichen weist dabei im Gegensatz zum anderen keinerlei Innenzeichnung auf.

„O 10"

Die unter dieser Nummer bekannte Hieroglyphenverbindung ist eigentlich kein eigenständiges Zeichen. Da sich O 06 und G 05 nicht berühren, handelt es sich bei „O 10" genau genommen nicht um eine Komposithieroglyphe, die eine eigene Nummer benötigt.

„O 10" ist deshalb nur eine *Kombinations*schreibung, eigentlich eine Schriftfeldschreibung, bei der sich G 05 innerhalb von O 06 befindet. O 06 hat als Einzelzeichen eine eher hochschmale Gestalt () und wird nur durch den Falken in eine ein ganzes Schriftfeld ausfüllende Form gebracht.

Da jedoch diese Verbindung ausschließlich als ritualisierte und kanonisierte Schreibung des Namens der Göttin *Ḥw.t-Ḥr(.w)* vorkommt, kann sie hier ausnahmsweise als eigenes,

17 RII/ DRi/ 001.
18 RII/ DeM/ 046 und RII/ Saq/ 007.
19 *WB III*, 4.
20 *WB III*, 5.

einzelnes Schriftzeichen behandelt werden. Wie man an der Schriftfeldschreibung  auf RII/ SeK/ 002 sieht, wurde „O 10“ zumindest von diesem Hersteller in Serabit el-Khadim auch als eigenständige Hieroglyphe empfunden.

Das kleine einbeschriebene Viereck befindet sich bei dieser Schreibung stets oben und hinter dem Kopf des Falken. Das ist die einzige Stelle, an der es die Vogelhieroglyphe nicht beeinträchtigt.

O 11-12

Das Zeichen ist im von mir ausgewerteten Material nur auf SI/ Aby/ 002 in der Form O 11 belegt. Es weist keine Innenzeichnung auf, oben befinden sich drei extra angesetzte „Zinnen“.

O 13-14 Im vorliegenden Corpus nicht belegt.

O 15

Diese kombinierte Hieroglyphe ist das Logogramm für ***wsḫ.t*** „Halle“ und kommt hier nur zweimal auf Sethos I-zeitlichen Stelen vor. Obwohl es sich dabei nicht um eine Komposithieroglyphe handelt (cf. die Diskussion bei „O 10“), wird das Zeichen in dieser Form hier aufgenommen, da die spezielle Gestaltung der Umfassungsmauer alleine nicht als Hieroglyphe auftritt, darin sind stets W 10 und X 01 einbeschrieben.

Der oberägyptische Beleg weist an den Seiten und oben jeweils drei Vorsprünge auf, die Stele aus Saqqara hat dagegen oben vier. Dabei sind die nach innen verlaufenden Teile nur hier mit Vorsprüngen versehen.

SI/ Aby/ 002 plaziert außerdem die beiden weiteren Hieroglyphen, die zu der Gruppe gehören, neben den einzelnen, nach unten ragenden Strich, während SI/ Saq/ 004 diese in die einziehende Umfriedung setzt.

O 16-17

Das Gebäude(teil) mit Uräenfries ist nur einmal bei RII/ The/ 002 belegt. Der untere Teil ist offen, so daß es sich hier um die bei A. H. GARDINER[21] als O 17 bezeichnete Form handelt. Diese wurde von ihm noch als Alte Reichs-Form von O 16 bezeichnet, jedoch zeigt der aufgenommene Beleg, daß diese Variante auch im Neuen Reich auftrat[22].

O 18 Im vorliegenden Corpus nicht belegt.

O 19

Dieses Zeichen kommt nur bei RII/ Mem/ 001 vor.  steht als Determinativ für ***k3r***, obwohl bei diesem Lemma in der Regel O 18 () als Determinativ verwendet wird[23]. Die Umrisse des Schreins sind um ein hochrechteckiges Gebilde gezeichnet, das keinerlei Details aufweist. Davor befindet sich eine abgegrenzte, in den Boden gerammte Fahnenstange. Das Gan-

21 GARDINER, *EG*, 494.

22 GRAEFE, *MÄG*, 228 läßt die GARDINERsche Datierung bei O 17 weg, vereint aber unter dieser Nummer mehrere voneinander abweichende Formen, die pauschal als „Varr. zu O 16“ bezeichnet werden.

23 *WB V*, 107 f.

ze steht auf einem Schlitten, der beim Basiszeichen nicht auftritt und auch eigentlich beim realen Vorbild keinen Sinn macht.

O 20 Im vorliegenden Corpus nicht belegt.

O 21

Diese Hieroglyphe ist dreimal belegt, stets in Schriftfeldschreibungen. Alle Zeichen weisen sehr unterschiedliche Formen auf, die sich weder untereinander noch dem Basiszeichen ähneln. Bei RII/ The/ 005 ist die innere Gestaltung etwas unklar, da das Original an dieser Stelle leider stark verwittert ist.

O 22

Nur ein Beleg liegt mit RII/ Buh/ 005 vor, einer Schriftfeldschreibung. Die unter dem hier spitz zulaufenden Zelt stehende (florale?) Säule ist nur als senkrechter Strich gezeichnet, der sich oben minimal verbreitert.

O 23

Der „Kiosk mit dem Doppelthron", die Sedfesthalle, ist lediglich auf fünf Stelen belegt. Nur die Schriftfeldschreibung RII/ Saq/ 020 setzt darunter ein Podest, alle anderen haben an dieser Stelle W 03[24]. Einige Schreibungen, so RII/ Saq/ 008 (einmal) bzw. die beiden sehr einfach strukturierten Belege aus dem Sinai (SI/ SeK/ 001, RII/ SeK/ 001) zeigen keine Throne im Inneren des Gebäudes, so daß eine Verwechslung mit W 04 ***ḥꜣb*** „Fest" vorliegen könnte[25]. In allen Belegen ist aber die Lesung ***ḥꜣb-sd*** „Sedfest" gesichert, so daß es sich stets tatsächlich um O 23 handelt.

Die einzige Schriftfeldschreibung RII/ Saq/ 020 zeigt eine Detailveränderung, da die Komponente W 03 aus Platzmangel ausfallen mußte. Man könnte darüber diskutieren, ob nicht unter dem Thron noch ein schmales Podest vorhanden sei, jedoch ist eine definitive Entscheidung nicht möglich und eigentlich auch nicht nötig.

O 24

Die Pyramide ist als Schriftzeichen im vorliegenden Material nur in Theben, Abydos und Saqqara belegt.

Die einzige Einzelschreibung SI/ Saq/ 004 zeigt eine Variante der Basisform. Unter der Pyramide und der etwas überstehenden Basis befindet sich noch ein Breitrechteck, dessen Mitte unbearbeitet gelassen wurde ( ). Diese Hieroglyphe dient als Determinativ zu ***mꜥḥꜥ.t*** „(Privat)grab"[26]. Die Form dieses Beleges ist meiner Meinung nach aber auch folgendermaßen interpretierbar: So könnte es sich um eine kleine Pyramide mit Basis und vorgelagertem, ummauertem Vorhof handeln, der aspektivisch gezeichnet wäre[27].

---

24 Cf. beide Varianten bei GRAEFE, *MÄG*, 228. Die Form mit Podest ist die des Basiszeichens bei *Gardiner*, *EG*, 495. Für die Form mit W 03 unter dem Kiosk verweist letzterer lediglich auf W 04, da er offenbar noch nicht die Existenz eines Zeichens [Kiosk mit Doppelthron + W 03] als rein graphische Variante zu erkannt hatte.

25 Dazu cf. die Ausführungen FISCHER, *Varia Nova*, 208 f. Weitere Belege für diese Variante bei LE SAOUT, *paléographie*, 238 f.

26 *WB III*, 49.

27 Diese Variante führt GRAEFE, *MÄG*, 228 unter der Nr. O 24 b auf.

In den Schriftfeldschreibungen, die alle Ramses II-zeitlich sind, wurde O 24 unterschiedlich verändert, am extremsten als Detailveränderung bei einer der Schreibungen auf RII/ Saq/ 008, wo die breite Basis von einem kleinen, abgestumpften Gebilde bekrönt wird, da die Spitze der Pyramide keinen Platz mehr gefunden hatte: . Die andere Schreibung auf dieser Stele und diejenige auf RII/ The/ 005, wo das Zeichen jeweils maßstäblich verkleinert wurde, weisen keine Basis auf. RII/ Aby/ 009 stauchte O 24 nur horizontal, dabei wurde die Basis stark erhöht und die Unterseite der Pyramide verkürzt.

O 25 Im vorliegenden Corpus nicht belegt.

O 26

Die Hieroglyphe „Stele" ist nur auf vier der von mir zusammengestellten Stelen belegt. Beide Einzelschreibungen, RII/ DeM/ 053 und RII/ Saq/ 019 , zeigen stark abweichende Formen. Bei der ersten fehlt eine Basis unter dem hier kegelförmigen Körper, bei der zweiten ist diese (in beiden auf dieser Stele vorhandenen Schreibungen) viel zu hoch.

Die Schriftfeldschreibungen stauchten O 26 nur horizontal, was eine Verringerung der Breite bewirkte. Trotzdem sind nur diese Belege mit der Form des Basiszeichens konform, wie die Schreibung [28] zeigt.

O 27

Diese Hieroglyphe ist nur einmal auf SI/ Aby/ 002 belegt. Das Zeichen hat eine sehr einfache Struktur, dadurch ist kein Unterschied zwischen den beiden inneren Säulen und der Außenwand[7] erkennbar, wie dieses das Basiszeichen bietet.

O 28 Im vorliegenden Corpus nicht belegt.

O 29

Die Säule kommt in den Belegen oft vor, der Schwerpunkt liegt dabei im oberägyptischen Raum. Die meisten Hieroglyphen zeigen die durch das Basiszeichen angegebene Form, jedoch ging in einigen unterägyptischen resp. qantirer , die aus Unterägypten bzw. Qantir stammen, ging die Vereinfachung so weit, daß nur noch ein nahezu undifferenzierter Strich übrigblieb. Einige verstreute Belege weisen anstelle des oberen, rautenförmigen Abschlusses lediglich einen waagerechten Balken

auf[29]. Drei Ramses II-zeitliche Belege aus Deir el- Medineh, , und [30] zeigen eine so weit abstrahierte Form, daß ohne den Kontext eine Identifizierung mit O 29 nicht mehr möglich wäre. Der geschwungene untere Teil ist zu einem einfachen Strich geworden, das Kapitell nicht als solches zu erkennen.

---

28 SI/ DeM/ 010.

29 Bei den Einzelzeichen SI/ Saq/ 004. 006, RII/ ASi/ 001. 002, RII/ DeM/ 122. 127. 176, RII/ The/ 005, R I I / Saq/ 015. 020, RII/ Hel/ 001, RII/ Qan/ 023. 033, Am/ DeM/ 003. In Schriftfeldschreibungen kommt dieses Phänomen als Veränderung öfters vor.

30 RII/ DeM/ 122. 127. 134.

Es bleibt festzuhalten, daß in Deir el-Medineh in der Zeit Ramses II nur sehr wenige Hieroglyphen die „kanonische“ Form von O 29 aufweisen, vielmehr bevorzugten die Hersteller vereinfachte bzw. abgewandelte Varianten.

Aus dem unterägyptischen Raum gibt es einen erheblich größeren Prozentsatz von Basiszeichen-Formen. Bei RII/ Saq/ 015 ist die O 29-Form  dem *nfr*-Zeichen zum Verwechseln ähnlich.

In den Schriftfeldschreibungen wurde O 29, das liegend allein ca. eine halbe Feldhöhe, stehend eine halbe Feldbreite einnimmt, entweder maßstäblich verkleinert oder gestaucht. Die Stauchungen sorgten für eine Verdünnung des Schaftes sowie des oberen querstehenden Teils. Oft ersetzte man dabei das Kapitell durch einen einfachen Strich, wie dieses auch bei einigen Einzelzeichen der Fall war. Besonders in Unterägypten sind gravierende Abweichungen der verkleinerten bzw. gestauchten Zeichen vom Kanon zu beobachten: ,  und  [31].

O 30 Im vorliegenden Corpus nicht belegt.

O 31

Der Türflügel kommt nur auf neun Ramses II- und einer Sethos II-zeitlichen Stele vor, fast alle aus Oberägypten. Sämtliche Belege entsprechen dem Basiszeichen , nur bei RII/ Qan/ 017 geht unten noch ein weiterer Strich ab, der offenbar intentionell gesetzt wurde, jedoch keinen mir erkennbaren Sinn ergibt.

In den Schriftfeldschreibungen wurde O 31, das alleine eine halbe Feldhöhe einnimmt, fast nur vertikal gestaucht. Lediglich RII/ The/ 011 verkleinerte die Hieroglyphe nahezu maßstäblich ().

O 32 

Die Hieroglyphe ist bis auf zwei Belege aus Saqqara[32] in den Belegen nur in Oberägypten nachgewiesen, dabei sind alle Belege Schriftfeldschreibungen und zeitlich sehr gestreut.
Der Hersteller von SI/ DeM/ 018 hat das Zeichen mißverstanden und es eher wie ein Breitrechteck auf einem Ständer ausgeführt (), bei Mer/ Saq/ 018 dagegen wurden lediglich die beiden nach unten führenden Striche dort miteinander verbunden ().
Der auch sonst ungewöhnliche Schriftduktus von SII/ Ani/ 001 verbindet O 32 mit O 01 zu einem ohne Kontext nicht erkennbaren Gebilde .
Bei der horizontalen Stauchung verringerte sich nur die Breite des ganzen Zeichens, die unregelmäßigen Stauchung auf RII/ Saq/ 018 verkürzte auch die nach unten führenden Teile viel stärker. Eine solche Gestaltung weist auch RII/ Hel/ 003 mit 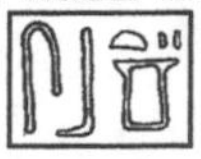 auf, ebenfalls eine recht ungewöhnliche Form, deren Identifizierung durch den Kontext aber gesichert ist.

31 RII/ Qan/ 037, RII/ Sas/ 001, RII/ ZUR/ 002.
32 RII/ Saq/ 018 und Mer/ Saq/ 001.

O 33 Im vorliegenden Corpus nicht belegt.

O 34

Der Türriegel ist in meinem Corpus häufig vertreten.
In den nubischen Belegen besteht das Mittelteil lediglich aus zwei senkrechten Strichen ( [33]), die oberägyptischen Belege zeigen hingegen eine deutlich größere Variationsbreite. Stilisiertere Formen ab der Zeit Ramses II haben nur eine beidseitig verdickte Mitte ([34]), daneben gibt es auch die Varianten mit – kleinen oder größeren – einfachen Strichen.

Eine weitere Form, die im vorliegenden Corpus schon ab der Zeit Sethos I, aber südlich von Koptos nur vereinzelt und dann verstärkt in Unterägypten anzutreffen ist, zeigt auf jeder Seite des Mittelstrichs zwei Dreiecke, die einander mit den rechtwinkligen Seiten gegenüberstehen, so z. B. [35].

Sehr selten ist die Trennung des Zeichens in zwei spiegelbildlich einander gegenübergesetzte Teile, wie bei  [36]. Dieses kommt in Oberägypten noch auf RII/ DeM/ 029 und Sip/ DeM/ 012 vor, in Unterägypten nur auf RII/ Saq/ 016 und in einer Form auf RII/ KeG/ 001.
Die Form mit zwei einfachen Senkrechtstrichen ist auch in Unterägypten vertreten.

In den Schriftfeldschreibungen wurde O 34 zum einen auf ein Drittel bis ein Viertel der Feldhöhe zusammengestaucht, wobei die mittleren Striche kleiner werden, stellenweise so sehr, daß sie fast gänzlich verschwinden, z. B.  oder  [37]. In anderen Fällen wie  [38] wurde eine nahezu maßstäbliche Verkleinerung vorgenommen. Jedoch konnten auch bei einer solchen Schriftfeldschreibung noch einige Veränderungen an O 34 erfolgen, wie auf RII/ Saq/ 010 (*ḏ.t=s*), wo bei O 34 nach oben keine Erhebungen vorhanden sind. An dieser Stelle befindet sich noch ein .

O 35 

Diese Kompositthieroglyphe ist nur sehr selten belegt, alle Zeichen mit Ausnahme von zwei Schreibungen auf RII/ Saq/ 020 stammen aus Oberägypten.

Die Zeichen aus Deir el-Medineh sind geduckt ( [39]) und setzen beide Beine getrennt voneinander direkt an O 34 an, während bei allen anderen Schreibungen der Hersteller die Kompositthieroglyphe wieder in die Einzelbestandteile aufgelöst hat. Auch der früheste Beleg, SI/ DeB/ 001, ist relativ niedrig, hier ist der Teil D 54 knapp unterhalb des Riegels angesetzt: 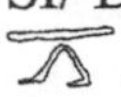. Der abydenische Beleg SII/ Aby/ 001 sowie beide Schreibungen auf RII/ Saq/ 020 haben dagegen statt D 54 zwei D 58 getrennt unter O 34 gesetzt ( [40]).

Die einzige Schriftfeldschreibung bei RII/ Saq/ 020 verkleinerte das Zeichen ungefähr maßstäblich.

33 RII/ Nub/ 001.
34 RII/ DeM/ 140.
35 RII/ Saq/ 009.
36 RII/ DeM/ 126.
37 SI/ Aby/ 008 und Am/ DeM/ 004.
38 RII/ Lux/ 001.
39 RII/ DeM/ 054.
40 RII/ Saq/ 020.

O 36

Diese Hieroglyphe, die eine Umfassungsmauer mit Nischen zeigt, kommt in den Belegen nur auf dem Stelenensemble des *K3s3* (SI/ Saq/ 003 – 006) vor. Die ersten drei zeigen an den Längsseiten jeweils vier Nischen, während SI/ Saq/ 006 fünf Nischen aufweist[41].

O 37, O 38 Im vorliegenden Corpus nicht belegt.

O 39

Die Hieroglyphe O 39 ist im von mir ausgewerteten Material vereinzelt auf Stelen aus Deir el-Medineh und Saqqara belegt, nur die Stelen des *K3s3* aus Saqqara datieren in die Zeit Sethos I. Die Einzelzeichen auf SI/ Saq/ 003 – 006 sind dabei kürzer als das auf RII/ DeM/ 176. Die Schriftfeldschreibungen verkleinerten O 39 lediglich ungefähr maßstäblich.

O 40, O 41 Im vorliegenden Corpus nicht belegt.

O 42-43 /

Dieses Zeichen ist abgesehen von RII/ Saq/ 015 in meiner Sammlung nur in Oberägypten belegt. Alle Formen zeigen eine große Variationsbreite, lediglich die beiden Ramses II-zeitlichen Belege weisen die Form des Basiszeichens O 42 auf, jedoch gehen bei RII/ Saq/ 015 die senkrechten Zaun"pfähle" noch weit über den Querstrich hinaus. Auch die Belege auf SI/ Aby/ 008 zeigen eine ähnliche, aber doch etwas abgewandelte Gestaltung. Die in meiner Tabelle als erste aufgeführte Form ist folgendermaßen geschrieben worden: Zuerst wurde ein -ähnliches Gebilde graviert, danach fügte man in den Zwischenraum zwei senkrechte Striche ein, dann oben vier(!) weitere mit verdickten Enden.

SI/ Aby/ 006 verstand O 42-43 als einfachen Lattenzaun ohne die im Basiszeichen vorhandenen Details. Vielleicht war dem Hersteller dieser Stele das ursprüngliche Konstruktionsmuster nicht mehr vertraut, oder er wollte schlicht das etwas kompliziert zu erstellende Zeichen vereinfachen.

In diesem Corpus zeigt lediglich der thebanische Beleg SI/ The/ 001 mit die Formvariante O 43, allerdings nur mit vier senkrechten Pfählen und ohne Querbalken, der durch die Schlaufen an den oberen Enden führt.

Die einzige Schriftfeldschreibung Sip/ DeM/ 005, zugleich mit Abstand der späteste Beleg, stauchte das Zeichen vertikal, die nach oben ragenden Elemente wurden dafür verkürzt.

Nach H. G. FISCHER[42] ist dieses Zeichen in Inschriften des Neuen Reiches öfters ganz oder teilweise retrograd geschrieben. Dieses Phänomen taucht auch auf SI/ Aby/ 008, SI/ The/ 001, RII/ Aby/ 006 (nicht in die Paläographie aufgenommen) und RII/ DeM/ 141 auf[43], also hier stets nur in oberägyptischen Belegen. Demnach könnten diese Schreibungen regional bedingt sein[44].

41 Nur eins der beiden O 36 auf SI/ Saq/ 004 hat auch fünf Nischen. Cf. dazu auch Kap. 8.2.5.

42 FISCHER, *Calligraphy*, 37.

43 Zu retrograden Hieroglyphen cf. FISCHER, *Orientation I*, bes. 112 ff.

44 Die Frage, ob und inwieweit retrograde Einzelzeichen generell topographisch/ regionale Tendenzen widerspiegeln, sei einer eigenen Studie vorbehalten.

O 44

Diese Hieroglyphe ist bei mir nur einmal auf SI/ DeB/ 001 belegt und zeigt die standardisierte Form des Basiszeichens[45].

O 45-46

Die meisten Belege dieses Zeichens, das fast nur in Oberägypten vorkommt[46], weisen die Form O 45 auf, jedoch ist es eher breitrechteckig als quadratisch.

Der einzige - und zugleich auch mit der früheste - nubische Beleg SI/ Buh/ 001 zeigt die in meinem Corpus singuläre Form , die ungefähr die Verdoppelung durch Spiegelung eines einzelnen kanonischen O 45-46 darstellt. RII/ The/ 005 gibt dieses Zeichen dagegen so kleinformatig an, daß kein Platz mehr für den einbeschriebenen Winkel vorhanden war, der ansonsten auf allen erfaßten Schreibungen auftaucht. Der Beleg RII/ Qan/ 065 hat eine sehr recht eckige Form , man könnte hier fast eine Verwechslung mit einem etwas zu niedrig geratenen O 06 vermuten.

O 47-48

Diese Hieroglyphe kommt nur in einer einzigen Schriftfeldschreibung in *r' Nḫn* „Mund von Nechen/ Hierakonpolis" vor, und zwar in der Form von O 47. Dabei wurde das Zeichen horizontal gestaucht, was allein Auswirkungen auf die Breite von O 47 hatte. Die beiden inneren Striche, die in den Zeichenlisten die Ränder nicht erreichen, berühren diese hier jedoch.

O 49

Bis zum Mittleren Reich kommt gewöhnlich die Variante mit horizontal und vertikal verlaufenden Straßen vor, erst später dreht sich das Zeichen[47], so daß die durchgezogenen Striche jetzt diagonal angeordnet sind.

Die im Corpus am häufigsten auftretende Form ist diejenige, bei der in der Mitte ein Kreuz stehengelassen wurde, so z. B. [48]. Dabei gibt es jedoch vielfältige Variationsmöglichkeiten, was die Ausgestaltung dieses Mittelkreuzes betrifft. Sie treten hier fast nur in Oberägypten auf, lediglich die Stele aus Sais hat ebenfalls größere Veränderungen in der Formgebung von O 49 aufzuweisen. So kommen im Süden des Landes folgende Varianten vor:

A) mit zwei bis vier kleinen Punkten neben dem Kreuz ([49]),

B) mit vier einzelnen Winkeln ([50]) oder

C) mit einem Kreuz, dessen Enden den Rand berühren ([51]). Einige wenige oberägyptische Stelen haben dabei um das Kreuz einen getrennten, vertieften Rand: [52].

In den Schriftfeldschreibungen kann O 49 nur maßstäblich verkleinert werden. Jedoch führte in manchen Fällen der Platzmangel im Inneren dazu, daß dort kein vierarmiges Kreuz einge-

45 Noch im Alten Reich war dieses Zeichen vielfältigen Variationen unterworfen, im Neuen Reich dagegen kommt fast ausschließlich die standardisierte Form vor: Beispiele bei FISCHER, *Calligraphy*, 37.

46 Ausnahme ist RII/ KeG/ 002, sowie RII/ Qan/ 065(?).

47 FISCHER, *Calligraphy*, 37.

48 RII/ Buh/ 001.

49 SI/ DeM/ 015. Weitere Belege sind SI/ DeM/ 010, SI/ DeB/ 001, SI/ Aby/ 008, RII/ DeM/ 137. 160.

50 RII/ DeM/ 004. Nur SI/ Aby/ 007 und die unterägyptische Stele RII/ Saq/ 010 haben noch ähnliche Formen.

51 RII/ DeM/ 039. Nur SII/ Buh/ 001, RII/ DeM/ 032 und die unterägyptische Stele RII/ Sed/ 004 haben noch ähnliche Formen.

52 RII/ DeM/ 032, sowie SI/ Aby/ 007 und SII/ Buh/ 001.

bracht werden konnte, es handelt sich dann um nur drei Arme, in einigen Fällen sind gar keine mehr vorhanden. Bemerkenswert ist eine Schreibung auf RII/ Sas/ 001, wo O 49 zu einem G-förmigen Kringel wurde.

O 50

Dieses Zeichen ist in seiner kanonischen Form mit vielen Pünktchen im Inneren nie im vorliegenden Material belegt. Sämtliche oberägyptischen Belege zeigen nur eine einfache Scheibe, so daß ohne Kontext eine Verwechslung mit N 05 bzw. Aa 01 möglich wäre. Alle Hieroglyphen, die hier Innenzeichnungen aufweisen, stammen aus dem Norden des Landes und datieren in die Zeit Ramses II. RII/ Saq/ 002 zeigt zweimal für O 50 einen Kreis, in dem sich zwei kleine senkechte Striche befinden (), eigentlich die Form O 48 (*Log. Nḫn*)[53]. RII/ Qan/ 002 hat eine ähnliche Form, jedoch mit nur einem Strich in der Mitte.

Lediglich die Schreibung auf RII/ SeK/ 004 aus dem Sinai zeigt die vereinfachte, aber dem Kanon eher angenäherte Form , bei der sich drei Punkte im Inneren befinden.

In den Schriftfeldschreibungen wurde O 50 nur maßstäblich verkleinert, eine andere Veränderung ist bei dieser Form auch nicht möglich. Darüber hinaus weisen diese alle keinerlei Innenzeichnung auf.

O 51 

Diese Hieroglyphe ist im untersuchten Quellenmaterial nur auf zwei Ramses II-zeitlichen Stelen aus Nubien bzw. Theben belegt, und zwar ausschließlich in Schriftfeldschreibungen.

RII/ The/ 012 hat in der Schreibung  als Basis einen waagerechten Strich, von dem vier schmale Erhöhungen abgehen, die beiden mittleren sind höher als diejenigen, die direkt an den Enden ansetzen. Eine der drei Schreibungen auf RII/ Ama/ 001 zeigt eine sehr ähnliche Form, bei der zweiten sind die mittleren Erhöhungen viel breiter und vom Untergrund abgetrennt (). Die dritte dieser Stele hat eine singuläre, stark abweichende Form , bei der die mittleren Erhebungen zu einer einzigen verschmolzen sind, die sich nach oben hin verdickt.

Der Hersteller von RII/ The/ 012 stauchte O 51 vertikal, so daß die Höhe reduziert werden mußte. RII/ Ama/ 001 zeigt zweimal eine ungefähr maßstäbliche Verkleinerung. Die dritte, singuläre Form könnte dadurch zustande gekommen sein, daß durch die starke horizontale Stauchung eine Detailveränderung vorgenommen wurde, die besonders die Mitte traf. Ob die auffällige keulenförmige Erhöhung nur aufgrund eines *horror vacui* zustande kam oder ob lediglich verschiedene Zeichen verwechselt wurden, vermag ich nicht zu klären.

„O 54"

Diese Form der *Extended Library*, bei der ein *ʿnḫ*-Zeichen sich unterhalb eines O 01 befindet, ist im von mir zusammengestellten Corpus nur auf RII/ Saq/ 018 belegt. Da es sich aber meiner Meinung nach hierbei um keine eigenständige Komposithieroglyphe handelt, wurde dieser Beleg unter O 01 – Schriftfeldschreibungen einsortiert.

„O 64"

53 Eine dritte Schreibung dieser Hieroglyphe zeigt hier allerdings eine innenzeichnungslose Form.

Für diese Kompositform der *Extended Library*, M 23 unter O 01, gilt das gleiche wie für „O 54".

O 175

Diese Hieroglyphe der *Extended Library* ist hier nur auf RII/ The/ 003 belegt. Auch wenn das Zelt, die erste und Haupt-Komponente ***zḫ*** dieser Wortverbindung ***zḫ-nṯr***, nicht separat auftritt und beide Komponenten sich nicht berühren, ist das vorliegende Schriftzeichen als Komposithieroglyphe zu werten. In diesem Beleg ist das Zelt breiter und erheblich weniger spitz als die A. H. GARDINERsche Form[54], das ***nṯr***-Zeichen wird dabei in dieser Komposition nicht in seiner Einzelzeichen-Form beeinflußt.

O# 01$_M$

Diese Hieroglyphe ist nur einmal auf RII/ Saq/ 018 im Schriftfeld  (oben rechts) vorhanden. Sie steht hier als Logogramm für ***št3y.t*** im Epitheton des ***Ptḥ-Skr***, während alle anderen Belege das Lemma ***št3y.t*** im Corpus stets mit [55] determinieren.

O# 01$_M$ kommt in den vorliegenden Zeichenlisten in dieser Form nie vor, daher habe ich hier eine eigene Nummer vergeben.

54 HANNIG, *HWB*, 1154. GRAEFE, *MÄG*, 231 hat dieses Zeichen als „R8a" direkt nach R 08 in seine Zeichenliste gesetzt.

55 Cf. dazu die Auswertung bei diesem Zeichen, V 19-20 sowie *WB IV*, 559 f. zu diesem Lemma (in der Form *štj.t*).

Abteilung P – Schiffe und Teile von Schiffen

P 01 

Die Hieroglyphe „Schiff auf Wasser“ ist nicht häufig belegt, abgesehen von SI/ Aby/ 008 nur in der Zeit Ramses II. Bei allen Belegen ist der abgetrennte Wasserstrich unter dem Boot vorhanden, RII/ DeM/ 126 und RII/ Saq/ 015 verbinden ihn mit dem Schiffsrumpf.

Das Steuerruder ist in ca. der Mehrzahl der Belege vorhanden (z. B. [1]), die anderen weisen keines auf (z. B. [2]). Dieses Detail scheint jedoch ohne Bedeutung für die Verwendung des Zeichens zu sein, sondern lediglich dem Duktus des Herstellers zu unterliegen. Die Belege ohne Ruder verteilen sich auf die Regionen Theben und Sais. Die Tatsche, daß einige dieser ruderlosen Schiffe in Schriftfeldschreibungen vorkommen, legt den Gedanken nahe, daß es sich in diesen Fällen um eine Beeinflussung durch das Schriftfeld resp. das Umfeld und somit eigentlich auf den ersten Blick um eine Detailveränderung zu handeln scheint. Jedoch ist die Variante ohne Ruder eine typologisch ältere Form, da nach H. G. FISCHER[3] im Alten Reich das Ruder bei P 01 noch eher die Ausnahme war und sich also erst später verstärkt durchsetzte, obwohl die Formen ohne Ruder aber auch noch in Gebrauch blieben[4]. Daher kann man für die von mir ausgewerteten Belege festhalten, daß die ruderlose Variante für Schriftfeldschreibungen verwendet wurde, wo ohnehin weniger Platz für das einzelne Zeichen ist, jedoch dieses Detail keine Bedeutung für die grammatische und lautliche Verwendung des Zeichens hat[5].

Alle von mir gesammelten Belege zeigen Heck und Bug sehr flach, wie dieses auch im Basiszeichen die Regel ist[6]. In den meisten Fällen ist ebenfalls noch der senkrechte Stab, in den das Ruder eingehängt war, eingezeichnet, lediglich RII/ DeM/ 026, RII/ Aby/ 019, RII/ Saq/ 008 und RII/ Saq/ 015 verzichten darauf. Der Sitz in der -ähnlichen Form ist nur in den wenigsten Fällen deutlich erkennbar, meist ist dieser mehr oder weniger unförmig. RII/ Aby/ 019 und RII/ Saq/ 008 (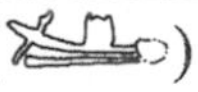) weisen eine eher rechteckige Form auf, wie sie eigentlich nur bei P 03 auftaucht, jedoch identifizieren die flachen Enden des Schiffes dieses als P 01. Der sehr schematische Beleg RII/ The/ 008 zeigt an dieser Stelle nur einen Haken. Stark verderbt ist der Beleg RII/ DeM/ 088, der aber zweifelsfrei diese Hieroglyphe meint.

In den Schriftfeldschreibungen wurde P 01 meist vertikal gestaucht, in anderen Fällen erfolgte eine unregelmäßige Stauchung (RII/ Saq/ 020, RII/ Sas/ 001) bzw. eine ungefähr maßstäbliche Verkleinerung (RII/ Mem/ 001).

Bei Schiffshieroglyphen hat man den Eindruck, daß nicht immer ein ganz genaues Abbild des bestimmten Schiffes „P 01“ etc. dargestellt werden mußte, sondern daß der Kreativität der Hersteller ein gewisser Freiraum gelassen werden konnte, da der Rezipient ja wußte, wie er im konkreten Zusammenhang eine Schiffshieroglyphe zu verstehen hatte. Vielleicht war es für das Verständnis der hier vorliegenden, kleineren Texte mit überwiegend standardisierten

---

1 RII/ Aby/ 019.
2 RII/ The/ 008.
3 FISCHER, *Calligraphy*, 37.
4 Dieses gilt für die Schrift, reale Ruder gab es natürlich schon früher, cf. DECKER, *Rudern*, DÜRRING, *Materialien*, 159 ff..
5 Nur GRAEFE, *MÄG*, 229 zeigt unter P 01 beide Varianten mit und ohne Steuerruder, in anderen Listen wird nur das Gardiner-Basiszeichen mit Ruder aufgeführt.
6 Jedoch im Gegensatz zu GRAEFE, der in *MÄG*, 229 beide Varianten mit erhöhtem Heck zeigt.

Formeln und Phrasen nicht vonnöten, exakt das „reguläre“ Schiff abzubilden, die Schiffshieroglyphen konnten durchaus variabel ausgetauscht werden.

P 02 Im vorliegenden Corpus nicht belegt.

P 03

Herausragende Merkmale, die diese Hieroglyphe von P 01 absetzen, sind der hohe Schrein[7] in der Mitte sowie die stark nach oben schwingenden Bug- und Heckpartien.

Auch bei P 03 wird das Ruder optional verwendet, allerdings sind hier alle ruderlosen Barken Einzelzeichen[8]. Für die Gestaltung des Steuerruders gilt das gleiche wie für P 01 (cf. dort). Lediglich zwei Beispiele, RII/ DeM/ 122 sowie die ungewöhnliche Stele SII/ Ani/ 001, weisen zwei Ruder auf, die bei dem thebanischen Beleg () beide hinter dem Schiff auf einer Seite angebracht sind. Die Gestaltung von Bug und Heck ist sehr variantenreich und blieb offenbar dem individuellen Duktus des Herstellers überlassen. Es gibt Belege mit zwei identischen Enden ([9]), mit einer gewinkelten und einer gerundeten Seite ([10]), oder Formen, bei denen Bug und Heck in verschiedene florale Motive münden ([11]). Letzteres taucht hier nur auf SI/ Aby/ 008 sowie Mer/ Saq/ 001 auf, während die beiden ersten Formen nahezu gleich häufig vorkommen.

Der sich in der Mitte der Barke befindliche Schrein ist in seiner Gestaltung ebenfalls vielfältigen Variationen unterworfen. Wenige Beispiele, RII/ SeK/ 004, RII/ Saq/ 018. 019 sowie SI/ Aby/ 008, geben die Umrisse detailliert an, während ansonsten der Schrein nur ein vertieftes Hochrechteck darstellt. Lediglich die Schreibung auf RII/ Saq/ 019 zeigt auch das gewölbte Dach des Schreins, der demnach eine Form ähnlich O 18 aufweist. Zwei der drei Belege auf der spätesten Stele mit P 03, Sip/ Aby/ 003, haben den Schrein durch eine Art Stangenkonstruktion ersetzt, deren reales Vorbild nicht klar ersichtlich ist: .

In den beiden Schriftfeldschreibungen auf SI/ Aby/ 008 wurde P 03 vertikal gestaucht. Dieses hatte neben einer generellen Höhenreduzierung zur Folge, daß besonders bei der ersten Form in meiner Tabelle der Schrein sehr niedrig ausfällt.

P 04 Im vorliegenden Corpus nicht belegt.

P 05

Dieses Zeichen soll eigentlich ein auf einem vorwärts fahrenden Schiff benutztes Segel darstellen, im Gegensatz zu der im GARDINER-Zeichensatz vorhandenen Hieroglyphe mit rückwärts gewandtem Segel. Nach H. G. FISCHER[12] ist im Alten Reich noch keine Orientierung des Segels vorhanden, diese entwickelte sich erst ab dem Mittleren Reich. In den mir vorliegenden Belegen ist jedoch von einer wie auch immer gearteten Orientierung nichts zu bemerken, abgesehen von RII/ Saq/ 014. Ansonsten führen die Seiten fast senkrecht nach unten, so daß das Zeichen nahezu symmetrisch aufgebaut ist.

Alle Belege zeigen eine große Variationsbreite. Zwei thebanische, Ramses II-zeitliche

7 Bei GRAEFE, *MÄG*, 230 als „Naos“ identifiziert.
8 Nur eine Stele, SI/ Aby/ 008, hat P 03 in zwei Schriftfeldschreibungen.
9 RII/ SeK/ 004.
10 RII/ Aby/ 006.
11 Mer/ Saq/ 001.
12 FISCHER, *Calligraphy*, 38.

Schreibungen,  und  [13], zeigen auf der Segeltuchfläche unbearbeitete Flächen, so daß das Zeichen eher wie ein Gerüst als ein volles Segel aussieht. Sehr viele Hieroglyphen zeigen ober- und/ unterhalb des Segels drei Verstrebungen statt allein den Mast, so bei  [14]. Die Schreibung  auf RII/ DeM/ 076 gibt sogar nur die Verstrebungen und den Mast an, die Segelfläche ist gar nicht bearbeitet worden, so daß das Zeichen jetzt aus zwei fast spiegelbildlichen Teilen besteht. Alle übrigen Schriftzeichen weisen die beiden an allen Kanten des Segels überstehenden Rahen auf, an denen das Segeltuch befestigt ist. Eine sehr realitätsferne Darstellung bietet der einzige nubische Beleg RII/ Buh/ 005 .

In den Schriftfeldschreibungen wurde P 05 teilweise ungefähr maßstäblich verkleinert[15], ansonsten gestaucht. Diese rein vertikale Stauchung verringerte die Höhe des Segels nur wenig, hauptsächlich reduzierte man den Mast fast bis auf einem kleinen Stummel. Die einzige horizontale Stauchung findet sich bei RII/ Buh/ 005, die die Breite des seltsamen Segels verkleinerte.

P 06 

Die frühen Belege aus der Zeit Sethos I haben einen kürzeren Schaft als diejenigen ab Ramses II[16]. Generell kommen in der Gabelung vier Querverbindungen vor, nur RII/ DeM/ 032 bzw. RII/ Aby/ 016 und RII/ Kop/ 002 haben drei bzw. zwei. Alle Ramses II-zeitlichen Belege aus Unterägypten (RII/ Saq/ 020 und RII/ Qan/ 009) verbinden diese Querverbindungen nicht mit der Gabelung, bei dem ersten sind sie abgetrennt (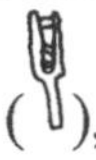), bei dem zweiten fehlen sie ganz ().

Die Einzelschreibung Am/ DeM/ 004 () weist an der Gabelmündung einige waagerechte Fortsätze auf, die sonst nirgends auftauchen. Möglicherweise wurde hier zuerst das Zeichen  angefangen, so daß vom Segel nur diese winzigen Fortsätze übrigblieben, als der Hersteller seinen Irrtum bemerkte.

Die beiden zeitlich sehr weit auseinander liegenden Schriftfeldschreibungen SI/ Aby/ 002 und Sip/ DeM/ 018 haben P 06 horizontal gestaucht.

P 07 

Diese Hieroglyphe ist eine Schreibvariante zu P 06 mit den gleichen Verwendungen. Da hier jedoch die beiden Zeichen D 36 und P 06 eine feste Verbindung als Kompositionhieroglyphe eingegangen sind, behandle ich dieses Zeichen gesondert. Es ist nur in Schriftfeldschreibungen belegt, die bis auf SII/ Aby/ 001 alle auf Ramses II datieren. Die Belege setzen D 36 stets neben den oberen Teil, wo sich beide berühren, die Hand von D 36 verschwindet im Mast ( [17]), im Gegensatz zur Basiszeichenform . Da jedoch stets eine Sonnenscheibe N 05 und ein Strich mit in das Feld eingesetzt werden mußten, wurde offenbar der Arm vom Gabelungsansatz entfernt und nach oben verschoben, so daß die beiden zusätzlichen, zusammengehörigen Zeichen nebeneinander stehen können und nicht durch D 36 getrennt werden.
Cf. auch die Hieroglyphe „D36,F 35“ hinter D 36.

---

13 RII/ DeM/ 176 und RII/ The/ 005.
14 SI/ DeM/ 043.
15 So bei SI/ The/ 001 (2.) oder RII/ Saq/ 014.
16 Auch im Alten Reich ist der Schaft noch kürzer: FISCHER, *Calligraphy*, 39.
17 RII/ The/ 008.

P 08

Das Ruder kommt in den Belegen sehr häufig vor, sowohl liegend als auch stehend, je nachdem, wie es das Umfeld erforderte. Bei den qualitativ besseren Stelen wurde die kanonische Form eingehalten, ansonsten ist eine eher unsaubere Gestaltung dieser Hieroglyphe zu verzeichnen. Das Ruderblatt wird zu einem unförmigen Gebilde an einem Ende, auch der Stiel ist oft nicht gerade. In vielen Fällen kann man nicht einmal mehr entscheiden, an welcher Seite sich das Blatt befindet, z. B. bei [18]. Leider können keine gravierenden chronologischen oder topographischen Veränderungen festgestellt werden.

In den Schriftfeldschreibungen stauchten die Ägypter P 08 meist in jeweils eine Richtung. Die Verwendung dieser Hieroglyphe in Schriftfeldern erfolgte fast ausschließlich in der Phrase ***mꜣꜥ-ḫrw*** + Personennamendeterminativ, dabei wandelte sich P 08 meist zu einem einfachen Strich ohne Angabe des Ruderblattes. Es wurde zur Gewohnheit, für das oft hinter Personennamen anzutreffende ***mꜣꜥ-ḫrw*** einfach zwei merkmallose Striche zu schreiben. Ähnliches war ja auch im Hieratischen bei der hinter Königsnamen u. ä. auftauchenden Phrase *ꜥnḫ(.w) wḏꜣ(.w) snb(.w)* – LHG – der Fall, wo der Schreiber nur mehrere einfache Striche setzte[19].

P 09, P 10 Im vorliegenden Corpus nicht belegt.

P 11

Diese Hieroglyphe ist in meinen Tabellen lediglich einmal auf RII/ Saq/ 020 belegt. Dabei weicht die Form von der des Basiszeichens stark ab, die Identifikation ist allerdings durch den Kontext gesichert[20]. Der Hersteller könnte die Hieroglyphe Aa 26 im Sinn gehabt haben, die als Ersatz für T 14 stehen kann. Dieses T 14 ist jedoch auch als Determinativ für ***mn(j)*** verwendbar, so daß daher die hier vorliegende, auf den ersten Blick überraschende Form für P 11 erklärt werden kann. Rein theoretisch wäre es auch möglich gewesen, die hier besprochene Hieroglyphe bei Aa 26 (als Ersatz für T 14 in ***mn(j)***) unterzubringen, da aber eine hundertprozentig eindeutige Zuweisung nicht möglich ist, bleibt meine Einordnung rein subjektiv.

---

18 RII/ DeM/ 151.

19 So z. B. pBM 10055 rto. 2, 5 – 9: ČERNÝ, *Papyrus Salt 124*, 243 ff. oder pCairo 58092 rto. 11, 14, 15: JANSSEN, PESTMAN, *Burial*, 144, dazu auch *KRI V*, 449 f.

20 Das Zeichen steht hier als Determinativ im Lemma ***mn(j)*** „anpflocken, sterben etc.“, cf. *WB II*, 73 f.

Abteilung Q – Möbel

Q 01 

Diese Hieroglyphe ist im vorliegenden Corpus sehr häufig vertreten. Die Belege stammen überwiegend aus Schreibungen des Götternamens ***Wsjr*** oder der Toponyme ***S.t-mꜣ*ᶜ*.t*** bzw. ***S.t-nḥḥ*** „Deir el-Medineh", dabei überwiegen Schriftfeldschreibungen.

Die klare geometrische Form dieses Schriftzeichens macht es nahezu unmöglich, spezifische Veränderungen seiner „Grundform" vorzunehmen. Man kann lediglich feststellen, daß die Basisplatte Schwankungen in der Länge unterworfen ist. Diese ist generell relativ kurz (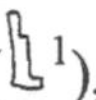[1]), im nördlicheren Oberägypten (Koptos, Abydos) erheblich länger, aber nur sehr wenige thebanische Belege zeigen eine ähnliche Form[2]. Diese untere Platte ist als Fußbrett zu verstehen, auf die der Sitzende seine Füße stellen konnte[3].
Eine Innenzeichnung hat nur der Beleg RII/ DeM/ 176 vorzuweisen, bei dem durch die unbearbeitete Fläche in der Mitte die Stuhlbeine explizit angegeben werden konnten: .

In den Schriftfeldschreibungen wurde Q 01, das alleine ca. zwei Drittel einer Feldbreite und eine ganze -höhe beansprucht, überwiegend horizontal gestaucht, dadurch verkürzte sich allerdings lediglich die Basisplatte, so z. B. bei [4]. Die Schreibungen des Namens des Osiris zeigen eine ungefähr maßstäbliche Verkleinerung. Wurde das Zeichen vertikal gestaucht, verringerte sich noch die Rückenlehne, was aber nur sehr selten vorkommt, so bei RII/ Aby/ 012: 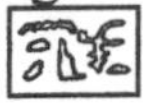.

Q 02 

Der Tragesessel ist im aufgenommenen Quellenmaterial vielfältigen Variationen unterworfen. Dabei gehört die Hieroglyphe Q 02 zu den wenigen Zeichen, die vermehrt und vielfältig Innenzeichnungen aufweisen. Einige Belege zeigen den Sessel nur in Umrissen, dabei handelt es sich um SI/ The/ 001, RII/ The/ 003 (), RII/ Aby/ 016, RII/ KeG/ 001, Mer/ Aby/ 005 sowie Sip/ Aby/ 003. Auffallend ist, daß bis auf eine Ausnahme alle diese Schreibungen aus Oberägypten stammen, mit Schwerpunkt in Abydos. Eine weitere Stele ebenfalls aus Abydos, SI/ Aby/ 007, überzieht den ganzen Sessel mit Ausnahme der umgebogenen Rückenlehne mit einem Karomuster, das vielleicht Korbflechtwerk symbolisieren soll: [5]. Die Tragestangen sind nur hier vom Sessel abgesetzt gezeichnet.

Interessant ist auf RII/ KeG/ 001, dem einzigen unterägyptischen Beleg für eine Umrißzeichnung, die Schreibung  auch deswegen, weil hier einer der seltenen Fälle vorliegt, in denen man genau die Stichelführung des Herstellers erkennen kann, nämlich von rechts oben im Bogen nach rechts unten, obwohl der Text von links nach rechts verläuft.

Alle anderen Innenzeichnungen beschränken sich auf Ramses II-zeitliche Stelen aus Saqqara und Kafr el-Gabal, die ich allesamt einer Arbeitsstätte zuordnen möchte[6]. Hier handelt es

1 RII/ DeM/ 164.
2 Dabei handelt es sich um RII/ DeM/ 040. 141 und Mer/ DeB/ 001.
3 Auf einem Sarg aus der Ptolemäerzeit ist das Zeichen jedoch als Sitz (ohne Fußbrett) auf einem abgegrenzten, flachen Podest dargestellt: København, Ny Carlsberg Glyptothek ÆIN 1524.
4 SI/ DeM/ 042.
5 Zwei der drei Schreibungen auf dieser Stele zeigen dieses Erscheinungsbild, eine dritte weist keinerlei Innenzeichnung auf.
6 Cf. dazu Kap. 8.2.5.-6.

sich um eine Art Decke/ Matte, so , und [7]. Eine weitere Schreibung auf RII/ Saq/ 018, , zeigt eine mir noch unverständliche winklige Innenzeichnung, die eventuell aber nur eine andere Art von Deckenmuster darstellt.

Die Angabe der Füße ist optional und kann nicht chronologisch oder topographisch eingegrenzt werden. Eine -förmige Rückenlehne weisen nur abydenische Belege auf, abgesehen von dem mit Innenzeichnung versehenen Zeichen auf RII/ KeG/ 004, ansonsten ist sie [8] gestaltet.

In den wenigen Schriftfeldschreibungen, die nur aus den Regierungszeiten Sethos I und Ramses II belegt sind, wurde Q 02 meistens vertikal gestaucht, dabei ließen die Hersteller die Füße stets weg, auch die Höhe speziell der Rückenlehne nahm ab. Lediglich RII/ Saq/ 002 verkleinerte diese Hieroglyphe ungefähr maßstäblich.

Q 03 □

Dieses Elementargrammem für „*p*" gehört mit zu den am häufigsten verwendeten Zeichen im vorliegenden Corpus. Die einfache Form von Q 03 läßt keinerlei chronologische oder topographische Differenzen erkennen, sie kann entweder quadratisch oder leicht hochrechteckig sein. Die einzige interessante Ausnahme bildet RII/ DeM/ 179, wo das Zeichen durch zwei kleine senkrechte Striche geschrieben wurde(), was eine eher kursive Schnellschreibung darstellt. Man denke dabei an kursivhieroglyphische oder hieratische Schreibungen wie [9].

In den Schriftfeldschreibungen verkleinerte man Q 03 meist nur maßstäblich, manchmal wurde es schmaler, so z. B. bei [10].

Q 04, Q 05 Im vorliegenden Corpus nicht belegt.

Q 06

Der Sarg kommt als Hieroglyphe nur einmal bei RII/ DeM/ 140 vor. Die Gestaltung läßt vermuten, daß dem Hersteller die eigentliche bildliche Bedeutung des Zeichens nicht klar war, das eher wie eine verderbte Variante von N 30 aussieht, obwohl es eindeutig als Determinativ zu ***qrs*** „begraben"[11] verwendet wird.

Q 07

Der Räuchertopf mit Flamme erscheint hier nur auf SI/ Saq/ 004 in fünf Einzelschreibungen dieser Hieroglyphe, die alle dem GARDINERschen Basiszeichen sehr ähnlich sehen. Lediglich bei zweien reicht die – in dieser Form nur als stilisiert zu denkende – Flamme nicht wieder bis ganz zum Boden. In der ebenfalls hier vorkommenden einzigen Schriftfeldschreibung wurde Q 07 vertikal gestaucht, was eine Verkürzung der Flamme oberhalb des Topfes und unterhalb der Krümmung zur Folge hatte.

Q 08

7 RII/ Saq/ 014. 018 sowie RII/ KeG/ 004.
8 SI/ Saq/ 005.
9 MÖLLER, *Hieratische Paläographie II*, 34 (388).
10 Sip/ DeM/ 018.
11 *WB V*, 63 f.

Die Löwenbahre kommt in den aufgenommenen Stelen nur einmal auf RII/ DeM/ 051 vor als Determinativ zu ***sḏr*** „schlafen o. ä.“[12], dabei zeigt die Schreibung  eine gegenüber dem Basiszeichen stark modifizierte Form. Die Bahre steht nicht, sondern macht den Eindruck, als ob das in ihr verkörperte Tier kniet. Der Kopf ist sehr undifferenziert ausgeführt, der Schwanz sieht eher wie ein nach hinten umgewendeter Säugetierkopf aus[13].

12 *WB IV*, 390 f.

13 *KRI III*, 654, Z. 10 gibt an dieser Stelle eine liegende Mumie auf einer Bahre wieder, jedoch konnte ich am Original feststellen, daß es sich bei der entsprechenden Hieroglyphe eindeutig um Q 08 handelt.

Abteilung R – Tempelmobiliar und Heilige Embleme

R 01-02 /

Da das Zeichen R 02 nur eine Variante von R 01 darstellt, die statt mit Brot und Krügen allein mit Brothälften bestückt ist, aber ebenso verwendet wird wie R 01, können beide zu einer Nummer zusammengefaßt werden.

Alle in dieser Untersuchung vorliegenden Belege für R 01-02 sind Einzelschreibungen aus dem thebanischen Bereich mit der einfacher und schneller darzustellenden Form R 02. Sie zeigen stets nur drei „Brothälften“, die als einfache Striche angegeben sind. Lediglich RII/ DeM/ 176 bildet eine Ausnahme, da dort vier Striche sowie eine übergroße Basis vorhanden sind: . Sämtliche Ramses II-zeitlichen Belege haben eine mehr oder weniger schmale Basis, nur der früheste Beleg SI/ DeM/ 027 zeigt den wohl als ringförmig zu denkenden Ständer ohne eigene Basis ( ).

R 03

Der Tisch mit Opfergaben kommt im vorliegenden Material relativ selten vor, dabei zeigen alle Belege eine große Variationsbreite. Meistens sind drei Gegenstände auf dem Tisch abgebildet, nur RII/ The/ 008, das auch die einzige Schriftfeldschreibung bietet, zeigt lediglich zwei Gegenstände, einen Kreis (Brot X 01 von oben?) sowie einen Krug (Bierkrug W 22).

Die anderen oberägyptischen Belege, alle aus Abydos, weisen drei Gegenstände auf. RII/ Aby/ 007 hat jeweils drei Krüge, von denen die äußeren m. M. n. als ***nw***-Töpfe klassifiziert werden könnten ( ), wobei alle mit der Tischplatte verbunden sind. RII/ Aby/ 006 zeigt drei einzelne Scheiben, also wohl drei in aspektivischer Weise von oben gesehene -Brote.

Der insgesamt früheste Beleg SI/ Aby/ 009 und der späteste Mer/ Aby/ 002 ( ) haben jeweils den mittleren Krug, der generell etwas höher ist, mit der Tischplatte verbunden, während die beiden äußeren Teile abgetrennt sind. Letztere weisen ein nur unförmiges Aussehen auf, dürften aber dennoch als X 01-Brote anzusehen sein, der Mittelkrug ist dagegen nicht genau identifizierbar.

Bei allen unterägyptischen Belegen sind die beiden äußeren Elemente unverändert (abgetrennte Kreise [1]), nur der mittlere Krug ist ein anderer. Hierbei handelt es sich um die ***ḥz***-Vase W 14 ( ), jedoch ist stets nur der obere Teil angegeben. Lediglich RII/ Saq/ 013 zeigt mit die vollständige *ḥz*-Vase, die hier bis zum Boden reicht und vor den Opfertisch gestellt wurde, um so geschickt die mittlere Querverstrebung mit dem Vasenunterteil zu verknüpfen. RII/ Mem/ 001 hat diese Vase sehr stark verkleinert, so daß sie eher wie ein gestauchtes erscheint, RII/ KeG/ 001 stilisiert sie auf die wesentlichen Elemente.

Auch die Gestaltung der Tischbeine ist unterschiedlich. Während in Oberägypten nur Platte und zwei Beine angegeben sind (Ausnahme: SI/ Aby/ 009 und Mer/ Aby/ 002), sind in den unterägyptischen Belegen stets mehrere Quer- und Längsverstrebungen eingezeichnet (Ausnahme: RII/ Mem/ 001). Der qantirer Beleg RII/ Qan/ 008 ist ungewöhnlich, da er nur eine untere Längsverstrebung hat ( ).

Alle Belege weichen vom Basiszeichen darin ab, daß als Opfergaben ein rundes Brot, ein Bierkrug und das Opferbrot, das auch in R 04 vorkommt[2], auf dem Tisch ausgebreitet

1 Nur bei RII/ Saq/ 018 sind in einem unterägyptischen Beleg alle drei Opfergaben mit dem Tisch verbunden.

sind. Die vorliegenden Schreibungen zeigen fast alle eine symmetrische Anordnung der Gaben, ein R 04 ähnliches Opferbrot konnte nirgends erkannt werden.

In der einzigen Schriftfeldschreibung RII/ The/ 008 wurde R 03 lediglich vertikal gestaucht, was die Höhe sowohl der Tischbeine als auch der beiden Opfergaben verringerte.

Da jede der verschiedenen Ausprägungen von R 03 keine wirklich grammatische Variante darstellt, ist die Numerierung mit R 3a, b etc., die A. H. GARDINER[3] vorgenommen hat, am sinnvollsten, sofern man überhaupt eine Auflistung aller Varianten anstrebt. Eine eigene „ganze" Nummer ist überflüssig. Es ist vielmehr so, daß die Grundidee die gleiche blieb und nur die einzelnen Ausführungen dem individuellen Duktus des Herstellers resp. der Arbeitsstätte unterlagen.

R 04 

Diese Hieroglyphe, ein Opferbrot auf einer Binsenmatte, unterscheidet sich besonders in der Gestaltung des „Brotes". Dabei weicht in den meisten der untersuchten Belege dieser Aufsatz stark von dem des Basiszeichens ab und kann eigentlich kein Brot darstellen.

Alle Belege zeigen an dieser Stelle eine hohe Form, von deren Seiten meistens zwei Fortsätze abgehen. Sie haben folgende Erscheinungsbilder:
A) hochschmal mit überwiegend dreieckigem Abschluß und strichartigen Fortsätzen ([4]),
B) mit dreieckigen Fortsätzen ([5]),
C) mit dreieckigem Abschluß ohne Fortsätze ([6]),
D) flach halbkreisförmig ([7]), oder
E) oval ohne Fortsätze ([8]).
Nur D) und E) haben die einem Brot angemessene Form, die seitlichen Fortsätze von A) bis C) lassen vermuten, daß die Hersteller dieses Element statt als Brot eher als Gefäß o. ä. interpretiert haben[9].

Die Form A) zeigt ferner Variationen in der Breite des senkrechten Aufsatzes. Der obere Abschluß muß nicht immer dreieckig, er kann auch gerundet oder kegelförmig sein, wie z. B.  oder 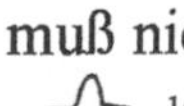[10]. Diese Variationen von A) sind aus ganz Ägypten belegt. Eine Sonderform davon existiert im Corpus nur auf einer Stele aus Saqqara, bei der die Fortsätze schräg nach oben weisen ()[11], eine weitere Form auf derselben Stele ist offenbar durch Verwechslung mit der Buchrolle Y 01 entstanden. RII/ KeG/ 004 zeigt eine auch unter den hier kurzen Fortsätzen gerundete Form: . Diese Variante kommt in etwas modifizierter Weise auch noch auf zwei Saqqara-Stelen vor, aber nicht außerhalb Unterägyptens.

Dreieckige Fortsätze in der Form B) tauchen nur in Deir el-Medineh und über einen langen Zeitraum verteilt auf.

---

2 Dabei scheint es sich um eine gestauchte Version von X 02 zu handeln.
3 In der *Extended Library*: HANNIG, *HWB*, 1157 f., cf. auch GRAEFE, *MÄG*, 230.
4 SI/ DeM/ 010.
5 SI/ DeM/ 004.
6 RII/ DeM/ 175.
7 RII/ Saq/ 004.
8 SI/ DeM/ 040.
9 Dazu GUGLIELMI, *Persönliche Frömmigkeit*, 121 ff., die den Gegenstand auf der Matte, hier allerdings in einer Komposithieroglyphe aus R 04 und D 28, entweder als Brot bzw. ähnlich einem Rinderherzen oder Lotosrhizom interpretiert.
10 SI/ DeM/ 005 und RII/ DeM/ 122.
11 RII/ Saq/ 013.

Die Form C) gibt es nur in Nubien, Oberägypten und auf einigen Qantir-Stelen. Sie teilt sich in zwei Varianten auf, zum einen in eine, die bei schmalem unteren Teil ein etwas pilzförmiges Aussehen hat (s. o.), und zum anderen in eine, bei der das „Brot" ein auf der Spitze stehendes Quadrat darstellt ([12]).
Die Form D) kommt nur in Saqqara auf RII/ Saq/ 004 und Mer/ Saq/ 002 vor.
Die Form E) ist nicht häufig, sie erscheint nur auf SI/ DeM/ 040, SI/ SeK/ 001, SI/ Saq/ 002, RII/ DeM/ 113. 127. 139. 141, RII/ The/ 005, RII/ Saq/ 010 sowie RII/ Qan/ 045. Die Form E) kommt ab der Zeit Merenptahs nicht mehr vor.

In den Schriftfeldschreibungen wurde R 04 überwiegend horizontal gestaucht, was eine Verkürzung der Mattenunterlage zur Folge hatte. Das „Brot" geriet etwas kleiner, aber eher maßstäblich, es erfuhr keine Stauchung.

Die wenigen Beispiele, die eine unregelmäßige Stauchung aufweisen, z.B. RII/ Saq/ 018 mit , erniedrigten die Mattenhöhe, darüber hinaus wurde der Aufsatz schmaler, seitliche Fortsätze konnten nicht mehr angebracht werden, da sie die anderen im Schriftfeld stehenden Hieroglyphen berühren würden.

R 05-06 Im vorliegenden Corpus nicht belegt.

R 07 

Diese Hieroglyphe ist selten belegt, Einzelschreibungen kommen nur vereinzelt vor. Die Flamme führt meistens senkrecht nach oben und schwingt dort zur Seite, z. B. bei [13]. Die Seiten des Untersatzes sind schräg, nur zwei Belege, RII/ The/ 005 und RII/ Buh/ 002, haben einen quadratischen Untersatz, dieser kommt in Unterägypten nicht vor. Eine weitere Modifikation zeigt RII/ The/ 011, bei der die Flamme aus einem Oval besteht.

In den Schriftfeldschreibungen wurde das Zeichen meistens horizontal gestaucht. Zwei Fälle zeigen eine variierte Veränderung, die ansonsten in Schriftfeldschreibungen eigentlich nicht auftritt. R 07, das normalerweise nur eine halbe Feldhöhe einnimmt, wurde hier in Anlehnung an die umstehenden Zeichen auf eine ganze Feldhöhe gedehnt, was die Flamme stark erhöhte, der Untersatz veränderte sich dabei jedoch nicht, wie z. B. [14]. Die Schriftfeldschreibung  ist selten, cf. dazu auch die Hinweise bei G 53. Hierbei ist zu erkennen, daß die Flamme nicht mehr zur Seite geneigt werden konnte, sondern gerade nach oben geführt wurde oder daß ihr Verlauf sich an dem daneben stehenden Vogel orientieren mußte.

R 08 

Die Hieroglyphe *nṯr* „Gott" ist eine der hier am häufigsten vorkommenden Schriftzeichen. Sie hat hier drei grundsätzliche Formen:

A) oben und unten abgeschrägter Wimpel ([15]),

B) nur unten abgeschrägter Wimpel (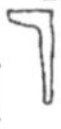[16]), oder

12 RII/ Qan/ 054.
13 RII/ The/ 005.
14 RII/ Buh/ 005.
15 SI/ Buh/ 001.
16 SI/ DeM/ 011.

C) oben und unten waagerechter Wimpel (⌐ [17]).

Eine Version mit nur an der Unterkante waagerechtem Wimpel kommt im untersuchten Material nicht vor[18]. Alle Formen sind in ganz Ägypten üblich, auch chronologische Tendenzen lassen sich nicht erkennen. In seltenen Fällen ist der Winkel an der Stelle, wo der untere Teil des Wimpels auf den Stab trifft, nicht scharf, sondern gerundet (⌐ [19]).

Als Einzelzeichen nimmt die Hieroglyphe eine Feldhöhe und eine halbe Feldbreite ein. In den Schriftfeldschreibungen wurde der Wimpel R 08 meistens horizontal gestaucht, was die Breite von Wimpel und Stab beeinflußte.

Einen Sonderfall bildet die Schriftfeldschreibung *nṯr.w* ☐ [20]. Dabei wurden die drei R 08 meistens direkt miteinander verbunden, wobei der untere Winkel überwiegend sehr schräg ausgeführt ist (z. B. ☐ [21]). Dieses schien deshalb zu geschehen, um die einzelnen Wimpel visuell als drei einzelne zu kennzeichnen und sie nicht undifferenziert zusammenfließen zu lassen. Nur die beiden Stelen aus Abu Simbel, RII/ ASi/ 001. 002, führen die Stäbe noch über den Wimpel hinaus nach oben fort, so wurden auch hier deutlich die drei Zeichen einzeln gekennzeichnet. Ansonsten wären sie von einem ungeübten Betrachter vielleicht nicht als dreimal ⌐ erkannt worden, sondern eher als unsaubere Hieroglyphe beispielsweise der Art ☐, ☐ oder ☐ interpretiert worden.

R 09 Im vorliegenden Corpus nicht belegt.

R 10 ☐

Diese Komposithieroglyphe, die nur als Logogramm für *ḥr.t-nṯr* „Nekropole" in Verwendung war, kommt in den Belegen selten vor, sie zeigt jedoch eine sehr große Variationsbreite. Selbst innerhalb einer Zeit und/oder eines Ortes gleichen sich die Zeichen nicht immer im Detail.

Fast alle Nachweise haben die *M3ꜥ.t*-Feder auf der Komponente ☐ sitzen, nur die beiden Belege auf der einzigen oberägyptischen Stele RII/ The/ 005 haben keine Feder (☐). RII/ Saq/ 020 hat als einzige Stele des vorliegenden Corpus die Feder schräg am unteren Ende des *nṯr* angesetzt: ☐ .

Auffällig ist, daß lediglich die beiden unterägyptischen Stelen RII/ Saq/ 015 und RII/ KeG/ 004, die aus dem gleichen Arbeitsstättenkontext stammen dürften[22], die Komponente ◿ aufweisen, die laut Basiszeichen hinter dem *nṯr* stehen müßte. Allen anderen Belegen fehlt dieses völlig, bei ihnen endet diese Hieroglyphe hinter dem Gotteszeichen. Die Schreibung RII/ Saq/ 015 ☐ , die einen gedrängten Eindruck erweckt, obwohl es sich um ein Einzelzeichen handelt, verbindet als einziger Beleg R 08 und T 28 direkt miteinander.

Der Schlachtblock hat lediglich in unterägyptischen Belegen sowie in einer Schreibung auf RII/ The/ 005 die Form, die dem Basiszeichen ☐ ähnelt. Ansonsten ist das Innere ohne Innen-

---

17 SI/ DeM/ 026.
18 Diese Form ist nach FISCHER, *Calligraphy*, 39 nur für das Alten Reich charakteristisch, jedoch kommt sie auch auf dem Tempeltor Mentuhoteps II aus Tod vor: Paris, Louvre E 15106+15108, ed. BARBOTIN, *voix*, Nr. 44.
19 RII/ DeM/ 059.
20 RII/ DeM/ 084.
21 RII/ DeM/ 126.
22 Cf. dazu Kap. 8.2.5.

zeichnung, halbkreisförmig ([23]) oder rechteckig[24].

Nur die in vielerlei Hinsicht ungewöhnliche Stele SII/ Ani/ 001 zeigt alle Komponenten getrennt, dazu noch ein , das aber keinerlei Auswirkungen hat. Da diese Zeichen in einem Schriftfeld als einzelne Hieroglyphen keinen Sinn machen, wurde dieser Beleg mit zu R 10 – Einzelzeichen gestellt, da es sich hier nur um dieses Zeichen handeln kann.

Bei RII/ Aby/ 007 erscheint die Schreibung  wie [A 47-49 + T 28], eine Identifikation als R 10 ist nur über den Kontext möglich. Da A 47-49 auf RII/ Aby/ 007 genauso aussieht, dürfte der Hersteller dieser Stele von mittlerer Qualität beide Zeichen verwechselt haben, auch wenn er beide Teile, wie nur bei R 10 üblich, miteinander verbunden hat.

In den Schriftfeldschreibungen wurde R 10 unterschiedlich gestaucht. RII/ The/ 005 stauchte die Hieroglyphe vertikal, was die Höhe des R 08 stark beeinflußte. Als eine Art Kompensation wurde dafür der Wimpel extrem überlängt und fast strichförmig schmal.

Alle anderen Schriftfeldschreibungen stammen aus Saqqara und haben R 10 in der Hauptsache horizontal gestaucht. Dabei verkürzte sich die Linie zwischen R 08 und T 28 sehr stark.

RII/ Saq/ 009  erhöhte im Gegenzug T 28, damit diese Komponente zusammen mit der Feder den Platz unter R 08 optimal ausfüllen konnte (*horror vacui*!). Bei RII/ Saq/ 020 hingegen mußte in der Mitte Platz für das  geschaffen werden[25].

R 11 

Der *ḏd*-Pfeiler ist in den Belegen selten, oberägyptische überwiegen. Die meisten Hieroglyphen zeigen die Form des Basiszeichens , jedoch fehlt so gut wie immer der obere kleine Abschluß, er ist im Corpus nur in Unterägypten nachgewiesen[26]. Im oberen Teil sind fast immer vier waagerechte Querstriche vorhanden, nur SII/ Ani/ 001 () und RII/ DeM/ 138 (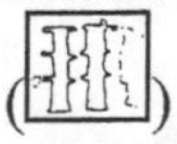) haben lediglich drei. Beide zeigen aber eine Form, die sich weit vom realen Vorbild entfernt hat, bei diesen verbreitert sich der untere Teil zum Boden hin nicht, er ist senkrecht.

Eine Ausnahme bildet RII/ DeM/ 137, wo das Zeichen  erhaben ausgeführt ist. Die Querverstrebungen sind in ihrer ganzen Breite von einem etwas weniger erhabenen Feld unterlegt, das an der gleichen Stelle wie die waagerechten Striche endet. Der ganz nach oben führende senkrechte Teil ist dabei auch zwischen den Querverstrebungen sichtbar gemacht.

Auffallend ist aber, daß in den oberägyptischen Belegen der untere Teil generell etwas breiter ist als bei den nördlichen Schreibungen.

In den Schriftfeldschreibungen wurde R 11 bei RII/ ASi/ 001 und RII/ DeM/ 138 horizontal gestaucht, was die Breite der Querstriche sowie auch des unteren Teils beeinflußte.
Die anderen Belege zeigen hier eine ungefähr maßstäbliche Verkleinerung. Dabei fällt bei RII/ Sas/ 001 auf, daß die drei unteren Querstriche nur durch winzige Striche links und rechts neben dem Zentralelement angedeutet sind.

---

23 Mer/ Saq/ 001, der späteste qualitätvolle Beleg in vorliegender Sammlung.

24 Der oben bereits gezeigte Beleg RII/ Saq/ 015.

25 Diese Hieroglyphe ist ebenfalls einer Veränderung durch die Schriftfeldschreibung unterworfen. Cf. bei Z 11.

26 Alle diese oberen Abschlüsse sind äußerst klein. Die Computerhieroglyphe bei GRAEFE, *MÄG*, 231 besitzt diesen Abschluß nicht.

R 12

Die Standarte ist als Einzelzeichen nur im thebanischen Gebiet auf drei Stelen belegt. RII/ The/ 011 zeigt mit wie auch nahezu alle Schriftfeldschreibungen zwei schräg vom Stiel abgehende Bänder(?), die im Basiszeichen nicht auftauchen. Abgesehen von RII/ DeM/ 140 weisen nur die unterägyptischen Schreibungen eine Erhöhung an der Vorderseite auf.

Die Schriftfeldschreibungen, die meist das Min-Zeichen oder über der Standarte zeigen, haben durch vertikale Stauchungen die Höhe des Stiels ein wenig reduziert. Der Beleg RII/ Saq/ 018, dessen Schriftfeldschreibung der Name des 1. unterägyptischen Gaues, ***jnb.w-ḥḏ***[27] ist, weist um den Fuß des Stieles herum ein Zeichen auf, das vermutlich eine vereinfachte Form von N 24 (*sp3.t* „Gau") darstellt, jedoch ist der Stiel von R 12 davorgesetzt, um ihn nicht zu unterbrechen. Auch die Kompositihieroglyphe R 18 kombiniert R 17 mit einem darunter gesetzten N 24[28].
Cf. auch G 26.

R 13-14

Nur ein Beleg, RII/ Mem/ 001 zeigt die Form R 13 der Standardnumerierung. Im Gegensatz zum Basiszeichen handelt es sich bei dem Falken hier um G 06 statt G 05 (ohne Flagellum). Dieser Vogel ist relativ undifferenziert mit sehr kurzen unteren Striche des dargestellt. Alle andern Belege weisen die verkürzte[29] Form R 14 auf, die den Falken wegläßt.
In den oberägyptischen Belegen ist die Zahl der Hieroglyphen mit sehr kurzen senkrechten Strichen erheblich höher als in den unterägyptischen. Die Zeichen mit kurzen Strichen haben diese in der Länge nicht oder nur sehr wenig unterschieden, z. B. bei oder [30].

Die Stelen RII/ Nub/ 002 ( ) und RII/ Hel/ 003 weisen als einzige eine Variante auf, bei der die *M3ᶜ.t*-Feder über einem -ähnlichen Zeichen sitzt.

Diese Feder kann entweder schräg oder senkrecht über dem halbkreisförmigen Element stehen, ihre Rückseite befindet sich aber stets auf der Seite mit dem längeren Senkrechtstrich[31].

Die Form der Feder ist zwar vielfältigen Variationen unterworfen, jedoch verändert sich die Grundform nicht. Sehr unförmig gestaltet ist sie nur bei RII/ The/ 008 (s. o.), Am/ DeM/ 004 oder RII/ KeG/ 001.

In den wenigen Schriftfeldschreibungen wurde R 13-14, das alleine eine halbe Feldbreite benötigt, unterschiedlich gestaucht. Eine rein horizontale Stauchung bewirkte lediglich eine Verkleinerung des halbkreisförmigen Elementes, eine vertikale reduzierte die Länge der beiden senkrechten Striche (z. B. [32]). Bei RII/ The/ 025 wurde eine unregelmäßige Stauchung vorgenommen, bei der die Feder den anderen Zeichen ausweichen und ihre Rückseite ausnahmsweise auf die Seite mit dem kurzen Senkrechtstrich gesetzt mußte.

---

27 Vgl. SCHULZ, SEIDEL, *Ägypten*, 568, *WB I*, 95.
28 Cf. unten bei R 17-18
29 Cf. GARDINER, *EG*, 502.
30 RII/ DeM/ 071 und RII/ The/ 008.
31 Eine Ausnahme nur bei RII/ ASi/ 002.
32 SI/ Aby/ 004.

R 15

Diese Hieroglyphe, seit A. H. GARDINER[33] als „Speer als Standarte geschmückt“ interpretiert, ist im bearbeiteten Material selten belegt, neben zwei nubischen Schreibungen lediglich aus Deir el-Medineh und Saqqara.

Nur die Belege SI/ DeM/ 012 () und RII/ DeM/ 185 () zeigen die komplexe Form, wie sie vom Basiszeichen her zu erwarten wäre. Die beiden anderen thebanischen Stelen sowie alle unterägyptischen Belege haben dagegen eine stark stilisierte Form. SI/ DeM/ 042 und RII/ DeM/ 233 zeigen neben einem senkrechten Strich in der Mitte zwei schräg davon abzweigende Striche. Dabei läuft der Mittelstab oberhalb des Querstriches weiter, links und rechts neben ihm befindet sich auf jeder Seite ein Kreis. SI/ DeM/ 044 weist eine stark stilisierte Form auf, bei der die beiden seitlichen, kürzeren Fortsätze schräg von der Mitte abgehen, wie sie in dieser Gestalt eigentlich nur bei vereinfachten Varianten der Standarte R 12 auftauchen. Der obere mittlere Fortsatz ist, wie auch die beiden Kreise, vom Rest der Hieroglyphe abgetrennt.

Die Stelen aus Saqqara zeigen eine etwas abweichende Form, die auffälligerweise bei allen Saqqara-Belegen aus den Zeiten Sethos I und Ramses II nahezu identisch ist und woanders nicht auftaucht. Hier sind unterhalb des waagerechten Balkens in regelmäßigen Abständen drei Striche angebracht, die alle senkrecht verlaufen. Der mittlere (der Speer) ist etwas länger als die beiden äußeren, z. B. bei [34]. Der oben weiterlaufende Teil des Speeres verbreitert sich dann leicht ovalförmig, auch neben ihm befindet sich hier je ein Kreis.

Die nubischen Belege zeigen beide eine stark abweichende Form, die vom Vorbild weit entfernt ist. SII/ Ani/ 001 hat mit eine Form kreiert, die wie ein Konglomerat aus bzw. und aussieht. RII/ ASi/ 001 dagegen nimmt als Zentralelement N 27, unter dem ein langer senkrechter und zwei kurze schräge Striche angebracht sind.

In den Schriftfeldschreibungen wurde R 15 gestaucht. SI/ DeM/ 012 vollzog dabei nur eine vertikale Stauchung, was die Höhe des unteren Teils verringerte, eine horizontale Stauchung hat dagegen RII/ DeM/ 122, hier wurde die gesamte Breite reduziert. Die anderen Belege zeigen eine ungefähr maßstäbliche Verkleinerung.

R 16 Im vorliegenden Corpus nicht belegt.

R 17- 18

Im untersuchten Material kommt nur die Variante R 18 (mit N 24) vor, die Variante R 17(ohne N 24) taucht nicht auf. Alle Belege sind Einzelschreibungen, die bis auf RII/ Saq/ 019 nur aus Oberägypten (Theben und Abydos) stammen. Jedoch ist die Form des Basiszeichens / nie vorhanden, alle Belege weichen davon ab.

SI/ Aby/ 008 () zeigt bei allen vier Schreibungen im Zentrum ein hochrechteckig bis hochovales Element, über dem zwei Federn auf einem Gehörn sitzen. Ganz unten, mit dem Zentralelement durch einen langen, senkrechten Strich verbunden, befinden sich drei kurze Querstriche, die ein stilisiertes N 24 darstellen. Der späteste Beleg, ebenfalls aus Abydos (SII/

33 GARDINER, *EG*, 502.

34 SI/ Saq/ 005.

Aby/ 002) zeigt ein ähnliches Bild, auch hier ist eine solche Hörnerkrone vorhanden[35]. Jedoch befindet sich zwischen den beiden Federn noch ein mittleres, etwas erhöhtes Element. Der zentrale Teil ist hier dreieckig, die Basis ist von der Form her dem Basiszeichen N 24 ähnlicher: .

Beide Ramses II-zeitlichen Belege weichen insofern ab, als sie unmittelbar unter dem Zentralelement noch zusätzlich die Standarte R 12 aufweisen. RII/ The/ 005 setzt außerdem unter R 12 direkt das nur aus zwei Querstrichen bestehende stilisierte N 24 an. RII/ Saq/ 019 fehlt das Gehörn unter den Federn, dafür ist nur hier N 24 in der regulären Form vorhanden.

In SI/ Aby/ 008 steht diese Hieroglyphe als Phonogramm *ꜣb* oder als Logogramm (mit Komplementierung durch) in *ꜣbḏw* „Abydos"[36], während in den Zeichenlisten nur die Verwendung als Logogramm/ Determinativ für *Tꜣ-wr* „Gau bzw. Fetisch von Abydos"[37] angegeben ist.

R 18 bleibt in den aufgenommenen Schriftfeldschreibungen stets unverändert, da es generell nur die Breite eines halben Schriftfeldes einnimmt.

R 19

Es handelt sich bei R 19 um das Zeichen S 40 (*wꜣs*-Szepter) mit einer zusätzlichen Feder (cf. H 06) und einem Band, also eigentlich um eine Komposithieroglyphe.

Diese Hieroglyphe kommt fast nur als Einzelzeichen vor, es benötigt eine Feldhöhe und eine halbe Feldbreite. Alle Belege außer zweien aus dem Sinai sind oberägyptisch mit Schwerpunkt auf dem thebanischen Raum, in nubischen Schreibungen taucht diese Hieroglyphe im vorliegenden Quellenmaterial nicht auf.

Die Feder ist fast nirgends detailliert angegeben, außer bei SI/ Aby/ 004 ( ), andere wie RII/ DeM/ 084 ( ) stilisieren diese so weit, daß nur noch ein einfacher Strich übrigbleibt. Die meisten Belege aus Deir el-Medineh zeigen das Band mit zwei Enden z. B. [38], ansonsten ist nur ein einfacher Strich als Andeutung des Bandes angegeben.

In den Schriftfeldschreibungen aus Deir el-Medineh wurde R 19 horizontal bzw. vertikal gestaucht. Die vertikale Stauchung bei RII/ DeM/ 147 verhinderte, auch aufgrund der geringen Größe des Schriftfeldes, eine detailliertere Ausformung.
Cf. auch *infra* unter S 40-41.

R 20-21 Im vorliegenden Corpus nicht belegt.

R 22-23 /

Das Min-Emblem[39] ist sehr selten belegt, abgesehen von RII/ Sas/ 001 nur im thebanischen

35 Vergleichbare Formen hat FISCHER, *Provincial Administrators*, 34 zusammengestellt, es handelt sich dabei allerdings um Formen des Alten Reiches. Cf. auch FISCHER, *Mo'alla*, 72 ff.

36 *WB I*, 8 zeigt eine Schreibung mit R 15 , das ab und zu mit U 23 (*ꜣb*) verwechselt werden konnte.

37 *WB V*, 222.

38 RII/ DeM/ 182.

39 Die genaue Natur des Zeichens ist noch nicht geklärt, GARDINER, *EG*, 503 schlägt eine Interpretation als „*two fossil belemnites?*" vor, GRAEFE, *MÄG*, 231 denkt an „zwei fossile Molluskeln(?)"(sic).

Raum. Meistens hat es die Form des Basiszeichens R 22 ; RII/ The/ 012 (), RII/ DeM/ 011 und SII/ DeM/ 011 lassen dagegen alle drei Teile zusammenfließen, so daß sich eine Verwechslung mit dem Türriegel O 34 ergeben könnte. Eine der beiden Schreibungen auf RII/ Sas/ 001 zeigt die Form , die jedoch als Abrutschen des Stichels bei etwas unvorsichtigem Arbeiten interpretiert werden könnte.

Die Schriftfeldschreibungen stauchten R 22-23 nur vertikal, was eine – allerdings nur minimale – Reduzierung der Höhe bedeutete.

R 24

Diese Hieroglyphe, die als Logogramm/ Determinativ im Namen der Göttin *Nj.t* verwendet wird, ist hier nur auf RII/ Aby/ 016 und RII/ Sas/ 001 nachgewiesen. Während der oberägyptische Beleg eine dem Basiszeichen sehr ähnliche Form bietet, wurde das Zeichen auf dem anderen () etwas ungelenk angebracht, die nach außen umschwingenden Enden der Bogen sind hier als kleine, mehr oder weniger senkrechte Striche gezeichnet. Allerdings könnte der Hersteller R 24 auch mit S 22 durcheinandergebracht haben.

Abteilung S – Kronen, Kleider, Stäbe

S 01-02 Im vorliegenden Corpus nicht belegt.

S 03-04 /

Die Rote Krone von Unterägypten ist im bearbeiteten Material recht häufig belegt, verstärkt in Schriftfeldschreibungen. Dabei kommt nur die Variante S 03 vor, die Kompositihieroglyphe mit identischer Verwendung S 04 dagegen nie.

Die nubischen und oberägyptischen Einzelbelege weisen an der Rückseite der Krone einen oft sehr scharfen Knick in Höhe der Ohren auf, z. B. oder [1]. Die unterägyptischen Schreibungen von S 03 haben diesen nicht, dort ist die ganze Rückseite steil oder nur ganz schwachgeschwungen, wie oder [2].

Die Spirale setzt meistens am Übergang der Kopfpartie zum hoch aufragenden Teil an, nur ganz selten befindet sie sich mitten auf der Kopfpartie, wie bei [3]. Die Schriftfeldschrei-schreibungen RII/ DeM/ 128. 143, RII/ Lux/ 001, Sip/ DeM/ 008 setzen die Spirale dagegen oben an dem aufragenden Teil an. Sie ist gewöhnlich am äußeren Ende nur schwach eingerollt, lediglich RII/ Mem/ 001 bei und RII/ DeM/ 042 bei bieten eine Version mit doppelt eingerolltem Ende. In wenigen oberägyptischen Schriftfeldschreibungen ist sie von der Krone getrennt[4].

Die Ohrenpartie ist meist markant ausgeprägt ([5]), nur in den Schriftfeldschreibungen kann sie verkleinert oder gänzlich verschwunden sein (oder [6]).

Der Teil, der von den Ohren abwärts den Nacken bedeckt, ist in den oberägyptischen Schreibungen in der Mehrzahl der Fälle sehr lang, während er in Unterägypten eher kurz ist. In manchen oberägyptischen Schriftfeldschreibungen ist jedoch ebenfalls eine durch die umliegenden Zeichen beeinflußte Verkürzung dieser Nackenpartie erkennbar.

In den Schriftfeldschreibungen wurde S 03 meistens horizontal gestaucht, sehr oft in der Schreibung *jn*. Dieses hatte eine Verringerung der Breite der Kopfpartie zur Folge, darüber hinaus konnte bei vielen oberägyptischen Belegen der Knick im rückwärtigen Teil nicht gesetzt werden, diese Partie mußte deshalb linear und erheblich senkrechter gestellt werden.

S 05-06 /

Die Doppelkrone als Determinativ für ***sḫm.tj*** „Doppelkrone“ kommt nur einmal auf SI/ Aby/ 002 in der Variante S 05 vor. Die Form trennt beide Kronen durch einen Strich, die Rückseite ist fast linear, die Ohrenpartie ist gar nicht, der Nackenschutz nur minimal vorhanden.

---

1 SII/ Kar/ 001, SI/ Aby/ 008.

2 RII/ Saq/ 018. 014.

3 RII/ DeM/ 127. Weitere Belege sind SI/ DeM/ 044, SI/ The/ 002, RII/ DeM/ 037. 122. 139, RII/ Saq/ 014, RII/ Qan/ 031. 033, Mer/ Saq/ 001 und SII/ Kar/ 001, ebenso wie die quarzkeramische Stele RII/ Ani/ 001.

4 Es handelt sich dabei um RII/ DeM/ 082. 133. 166, Mer/ Aby/ 005 und RII/ Qan/ 005

5 RII/ The/ 008.

6 RII/ DeM/ 091 und RII/ Saq/ 020.

S 07 Im vorliegenden Corpus nicht belegt.

S 08

Die Atef-Krone ist nur einmal auf derselben Stele belegt, die auch den einzigen Nachweis für S 05-06 lieferte, SI/ Aby/ 002. Eine interne Trennung der einzelnen Elemente bei erfolgte nicht, das Zeichen ist nur mit den äußeren Umrissen dargestellt.

S 09

Die Doppelfeder ist zweimal auf RII/ DeM/ 020 und RII/ KeG/ 004 belegt, beide Schreibungen verzichten dabei auf eine Innenzeichnung. Bei RII/ KeG/ 004 befinden sich beide Federn auf einem trapezförmigen Untersatz, der so im Basiszeichen nicht vorkommt und vielleicht eine verkümmerte rote Krone darstellt[7]. Bei RII/ DeM/ 020 dagegen sitzen die Federn direkt aneinander, sie erheben sich über einem kleinen Element, das nicht genau identifizierbar ist, jedoch möglicherweise eine Sonnenscheibe darstellen könnte[8].

S 10 Im vorliegenden Corpus nicht belegt.

S 11

Der *wsḫ*-Halskragen ist nur einmal auf RII/ Aby/ 021 belegt. Er ist im Gegensatz zum Basiszeichen weit geöffnet, an der Unterseite befinden sich viele kleine Ausbuchtungen, die ein Perlengehänge o. ä. darstellen dürften[9], Schnurenden sind nicht vorhanden. Diese spezielle Form ist nirgendwo, auch nicht im Zeichenfont des IFAO[10] zu finden.

Die Schriftfeldschreibung stauchte das Zeichen auf zwei Drittel der Feldbreite.

S 12

Der Halskragen kommt hier lediglich vereinzelt vor, in der ersten Hälfte der 19. Dynastie nur in Unterägypten (und zweimal in Abydos), ab der Zeit Sethos II nur in Oberägypten.
Alle frühen Schreibungen bis zur Zeit Ramses II außer RII/ KeG/ 004 trennen den detaillosen mittleren Teil, der das Gehänge darstellt, nicht von der Umhängevorrichtung, wie z. B. [11]. In der späten Phase der 19. Dynastie ist dieses dagegen die Regel.

Ebenfalls nur in der 2. Hälfte der hier untersuchten Epoche tauchen Details am Mittelteil auf, wie , , oder [12], die wohl Perlen darstellen sollen[13].

Der Beleg auf Am/ DeM/ 002 dürfte vermutlich unfertig geblieben sein, da die Mitte noch unbearbeitet ist, eine spätere Zerstörung scheint ausgeschlossen[14]. Der obere Teil ähnelt der Wasserlinie, so daß meiner Meinung nach der Hersteller das exakte Aussehen von nicht kannte und versucht hat, durch die vorliegende Darstellung über seine Unwissenheit hinwegzutäuschen oder sie zu ignorieren. Somit hat er vielleicht einfach frei dem Gedächtnis

7 Cf. dazu das ähnliche Zeichen CAUVILLE, DEVAUCHELLE, GRENIER, *Catalogue*, 370, 11 und 14.
8 Cf. CAUVILLE, DEVAUCHELLE, GRENIER, *Catalogue*, 370, 3 oder 10
9 Cf. beispielsweise EGGEBRECHT, *Aufstieg*, Kat. 160, 161 oder 166.
10 CAUVILLE, DEVAUCHELLE, GRENIER, *Catalogue*.
11 RII/ Mem/ 001. Dieses entspricht ungefähr CAUVILLE, DEVAUCHELLE, GRENIER, *Catalogue*, 375, 1.
12 Am/ DeM/ 003, Sip/ DeM/ 012. 018 und Sip/ Aby/ 003. Diese Formen entsprechen CAUVILLE, DEVAUCHELLE, GRENIER, *Catalogue*, 374, 15-16.
13 Cf. dazu auch oben bei S 11.
14 *BMHT 12*, 12.

nach etwas „Ähnliches“ geschrieben, was in seiner Vorstellung noch am ehesten dem Gewünschten entsprach.

Sehr einfache Formen dieser Hieroglyphe sind aus Serabit el-Khadim innerhalb der Kompositihieroglyphe G 08 belegt, cf. dort.

In den Schriftfeldschreibungen wurde S 12 entweder vertikal gestaucht oder maßstäblich verkleinert.

S 13

Diese Kompositihieroglyphe, bestehend aus S 12 und D 58, ist im vorliegendem Material zweimal auf Mer/ Saq/ 001 belegt. Wie auch bei den späten Belegen von S 12 zu beobachten[15], sind an dem geschwungenen Mittelteil, der an beiden Seiten bis zu den Schnurenden reicht, kleine Ausbuchtungen zu sehen. Beide Komponenten verschmelzen ineinander, es ist nicht mehr zu erkennen, daß sich das Bein eigentlich hinter dem Kragen befindet.

Beide Belege sind Schriftfeldschreibungen, die S 13 vertikal gestaucht haben und somit die Höhe des Beines und der Schnurenden beeinträchtigten.

S 14 Im vorliegenden Corpus nicht belegt.

S 15-17

Das Perlenpektoral kommt im Corpus nur in Schriftfeldschreibungen auf SI/ Saq/ 005 und RII/ DeM/ 089 vor, beide Male in der Form, die am ehesten S 15 entspricht.

SI / Saq/ 005 hat mit eine stark stilisierte Form, bei der das -ähnliche Zentralelement fast nicht als solches zu erkennen ist, die vier herunterhängenden Perlenketten sind nur senkrechte Striche[16]. RII/ DeM/ 089 bietet die stark verderbte Schreibung, bei der nur aus dem Kontext eine Identifizierung mit S 15-17 möglich ist.
Beide Formen sind Schriftfeldschreibungen, die das Zeichen einmal vertikal und einmal unregelmäßig stauchten.

S 18 Im vorliegenden Corpus nicht belegt.

S 19-20

Das Zylindersiegel an einer Kette ist hier lediglich einmal auf RII/ DeM/ 027 in der Form von S 19 belegt. Einzelheiten sind nicht zu erkennen, die Seite, an der die Kette sich umwendet, ist hier mit zwei Auswüchsen gezeichnet, die keinerlei Bezug zur realen Vorlage haben. Möglicherweise lag hier eine flüchtige Reminiszenz an o. ä. vor.

S 21, S 22 Im vorliegenden Corpus nicht belegt.

S 23

Die Hieroglyphe S 23 ist nur einmal auf SI/ Aby/ 002 belegt. Sie zeigt die Form des GARDINERschen Basiszeichens, jedoch sind die wedelförmigen Enden innerhalb des Krei-

15 Diese sind bei S 12 jedoch alle aus Oberägypten!

16 Alle Zeichenlisten haben drei Ketten, GRAEFE, *MÄG*, 232 fünf. Das hier vorliegende Zeichen entspricht am ehesten der Variante CAUVILLE, DEVAUCHELLE, GRENIER, *Catalogue*, 376, 4.

ses noch sichtbar. Diese spezielle Variante ist lediglich bei E. GRAEFE[17] in seiner Zeichenliste vertreten.

S 24 – S 26 Im vorliegenden Corpus nicht belegt.

S 27

Diese Hieroglyphe erscheint zweimal auf SI/ DeM/ 018 und RII/ Saq/ 020. Beide Zeichen haben die Form des Basiszeichens.

S 28

Nur zweimal ist diese Hieroglyphe in Saqqara belegt, auf SI/ Saq/ 005 und RII/ Saq/ 008. Der frühere Beleg zeigt sechs „Fransen“, der spätere vier. Beide Zeichen haben unter dem -ähnlichen Teil einen kürzeren und einen längeren Strich, die aber oben nicht weitergeführt werden. Daß diese Striche eigentlich zu einem gehören, ist hieraus jedoch nicht ersichtlich[18]. Die Schriftfeldschreibung SI/ Saq/ 005 stauchte S 28 vertikal, so daß die beiden unteren Striche stark verkürzt werden mußten, der obere Teil blieb unbeeinträchtigt.

S 29

Dieses Elementargrammem *s* ist eines der am häufigsten vorkommenden Hieroglyphen in der von mir zusammengestellten Sammlung.

Bei einigen Belegen aus Oberägypten ist zu beobachten, daß beide Seiten des herunterhängenden Tuches in der Länge nicht sehr unterschieden sind, z. B. ,  oder auch  [19]. Auch in Serabit el-Khadim (Sinai) kommt dieses vor, jedoch nicht in den unterägyptischen Schreibungen. Andererseits zeigen auch nur wenige Belege ein besonders kurzes Ende, wie etwa SI/ Aby/ 008 (),RII/ Sas/ 001 () oder SII/ Ani/ 002 (), wahrscheinlich verursacht durch die jeweilige Schriftfeldschreibung.

Nur eine Schreibung auf RII/ Aby/ 007, , schwingt das kürzere Ende etwas nach außen, jedoch dürfte es sich dabei um ein unbeabsichtigtes Abrutschen des Stichels handeln. Ansonsten sind keine auffälligeren Formvarianten erkennbar.

In den Schriftfeldschreibungen wurde S 29, das allein eine Feldhöhe und eine halbe Feldbreite benötigt, meistens horizontal gestaucht, was eine Verringerung des Abstandes zwischen beiden Tuchhälften bedeutete.

S 30 – S 33 Im vorliegenden Corpus nicht belegt.

S 34

Das *ʿnḫ*-Zeichen ist in der ganzen 19. Dynastie überall sehr oft vertreten, dabei weist kein Beleg eine Innenzeichnung auf.
An manchen, qualitätvoller ausgearbeiteten Zeichen kann man die Vorgehensweise des Her-

---

17 GRAEFE, *MÄG*, 233.
18 Eine identische Form wie hier hat auch GARDINER, *EG*, 507, cf. CAUVILLE, DEVAUCHELLE, GRENIER, *Catalogue*, 380,2
19 SI/ DeM/ 005, RII/ DeM/ 151 und RII/ DeM/ 027.

stellers beim Schreiben dieser Hieroglyphe erkennen, so u. a. bei oder [20]: Zuerst zog er den waagerechten Strich, danach wurden die obere Schleife und der einzelne, senkrechte Strich an der Unterseite angesetzt. Diese Variante kommt ansonsten nur noch auf SI/ DeB/ 001, SI/ Aby/ 002. 007, RII/ Kop/ 002, RII/ KeG/ 002, Mer/ DeB/ 001, Mer/ Gur/ 001 und Mer/ The/ 001 vor.

Nur RII/ The/ 008 zeigt mit statt des waagerechten Balkens zwei an den senkrechten Strich angesetzte Dreiecke, ansonsten ist dieser Teil des Zeichens eher rein linear. Der Hersteller von RII/ The/ 012 hat bei einer Schriftfeldschreibung diesen Teil sogar vergessen (), so daß das Zeichen eher wie die Keule T 03 aussieht. Bei der zweiten Schreibung dieser Stele wurde der Teil des Zeichens nur schwach angedeutet.

Die reguläre Basishieroglyphe stellt den unteren Teil des *ˁnḫ*-Zeichens nur unwesentlich länger als den oberen dar. Das ist auch in meiner Materialsammlung so, ausnahmsweise kann aber von dieser Regel abgewichen werden, wie bei [21]. Eine Überlängung der Schlaufe zeigt hier nur RII/ Ele/ 001: .

Die Schlaufe ist meist spitzoval, mit der Spitze an der unteren Seite. Dieses ist bei vorliegenden Belegen die Regel, die seltenen Ausnahmen sind weit gestreut, so z. B. , , oder [22]. Vielleicht ist manchmal aber auch lediglich dem Hersteller eine saubere spitzovale Form im Gestein nicht richtig gelungen.

In den Schriftfeldschreibungen wurde S 34 überwiegend horizontal gestaucht, dabei kommen als am häufigsten verwendete Schreibungen , und vor. Dieses konnte die Verkürzung des waagerechten Teils (u. a. auch oder [23]) zur Folge haben. Eine rein vertikale Stauchung hingegen ist im Corpus nicht vorhanden.

In RII/ Saq/ 019 hat der Hersteller S 34 mit dem – im Hieroglyphischen allerdings nicht so sehr ähnlichen – U 23 verwechselt. Diese Verwechslung dürfte aus dem Hieratischen kommen, da dort die Formen S 34 / [24] und U 23 [25] nahezu identisch sein können.

S 35-36

In meinem Corpus kommt diese Hieroglyphe nur einmal auf RII/ Qan/ 050 im Lemma ***sry.t*** vor. Die Form ist sehr ungewöhnlich und in keiner Zeichenliste zu finden, jedoch muß es sich aufgrund der Verwendung um die Hieroglyphe S 35-36 handeln. Es liegt entweder eine Verwechslung mit der hieroglyphischen Schreibung F 27 oder mit dem Hieratischen vor. Hier sieht F 27 ungefähr oder [26] aus, S 35-36 zeigt eine Schreibung wie [27]. Bei

20 RI/ Amd/ 001 und SII/ Kar/ 001.
21 RII/ Saq/ 002
22 RII/ ASi/ 001, RII/ Saq/ 020, Mer/ DeB/ 001 und SII/ Ani/ 001.
23 RII/ DeM/ 094 und RII/ Sas/ 001.
24 MÖLLER, *Hieratische Paläographie II*, 48 (534).
25 MÖLLER, *Hieratische Paläographie II*, 43 (485).
26 MÖLLER, *Hieratische Paläographie II*, 14 (166).
27 MÖLLER, *Hieratische Paläographie II*, 36 (406), allerdings datiert dieses Beispiel etwas später als die Belege für F 27.

unsauberer Schreibung der Vorlage könnten demnach auf diesem Weg die beiden Zeichen durcheinandergebracht worden sein. In diesem Fall ähneln sich also sowohl die hieroglyphische als auch – mehr oder weniger – die hieratische Schreibung beider Zeichen.

S 37

Die Hieroglyphe des Wedels ist selten, abgesehen von RII/ Saq/ 007 und RII/ Qan/ 002 nur in oberägyptischen Belegen vorhanden, wobei alle Zeichen eine große Variationsbreite zeigen. Den meisten ist gemeinsam, daß sie einen relativ breiten Stielabschluß haben, der die Federn vom Griff trennt und an den Enden nach unten gebogen ist, nur die Schriftfeldschreibungen SI/ DeM/ 015 und RII/ DeM/ 069 zeigen dieses Element nicht. Die detailreichsten Zeichen weisen RII/ Nub/ 001 mit  und Am/ DeM/ 001 mit  auf.

In den Schriftfeldschreibungen wurde S 37 meist horizontal gestaucht, lediglich in der umfangreichen Schriftfeldschreibung RII/ The/ 011 kam auch eine vertikale Stauchung hinzu.

S 38

Aus Oberägypten stammt der größere Teil der Belege für den *ḥq3*-Stab. Der Knick, der den oberen Teil vom Stab trennt, ist meist besonders ausgeprägt, so beispielsweise bei SI/ DeM/ 026 (), nur einige unterägyptische Schreibungen zeigen an dieser Stelle eine sanfte Rundung wie z. B.  [28]. In einigen verstreuten Belegen ist das obere Ende des Zeichens noch ein weiteres Mal gebogen, und zwar wieder etwas nach außen.

In den Schriftfeldschreibungen wurde S 38 nur horizontal gestaucht, was den oberen Teil weniger geschwungen ausfallen ließ, besonders markant bei  [29]. Nur Mer/ Aby/ 005 stauchte S 38 in der ungewöhnlichen, partiell retrograden Schreibung  unregelmäßig, was das Aussehen des Zeichens stark modifiziert hat[30].

S 39 Im vorliegenden Corpus nicht belegt.

S 40-41

Alle Belege haben die Form S 40, die Variante S 41 taucht nicht auf. Eine Schreibung bei RII/ DeM/ 042, , zeigt einen kurzen Fortsatz am oberen Knick, der eventuell ein Band darstellen könnte, wie dieses in leicht modifizierter Form auch auf R 19 vorkommt, cf. dort. Bei allen anderen Belegen sind keine unterscheidungsrelevanten Veränderungen festzustellen.

Sämtliche Schriftfeldschreibungen stauchten S 40-41 nur horizontal, so daß der obere Teil steiler gestellt werden mußte.

---

28 RII/ Saq/ 014.

29 RII/ Sed/ 004.

30 Zu retrograden Hieroglyphen cf. FISCHER, *Orientation I*, eine meinem Befund vergleichbare Schreibung ist dort aber nicht verzeichnet.

S 42 

Dieses Szepter ist als Schriftzeichen selten, neben Saqqara nur in Oberägypten belegt.

Auffällige Variationen bestehen nicht, abgesehen von RII/ Saq/ 019, das mit  eine sehr vereinfachte Form bietet, und von RII/ The/ 014, bei dem in  der obere Teil abgegrenzt ist und eine ovale Form angenommen hat.

Alle Schriftfeldschreibungen haben S 42 nur horizontal gestaucht.

S 43

Der sog. „Spazierstock" ist nicht oft belegt, fast alle Schreibungen sind Schriftfeldschreibungen. Sie stauchten S 43 unregelmäßig, was zur Folge hatte, daß bis auf die Ausnahme SI/ Saq/ 006 alle entsprechenden Belege den Stock nur als senkrechten Strich dargestellt haben, die Ausbuchtung am unteren Ende fehlt stets. Diese Ausbuchtung ist nur bei den unterägyptischen Belegen aus Saqqara SI/ Saq/ 006 () und RII/ Saq/ 020 in charakteristischer Weise vorhanden.

Abteilung T – Kriegshandwerk, Jagd und Schlachtung

T 01, T 02 Im vorliegenden Corpus nicht belegt.

T 03-04 

Das Zeichen „Birnenkeule“ in senkrechter Form kommt im ausgewerteten Material selten vor, nur ein einziges Beispiel zeigt die Variante T 04, mit einem Band.
Alle Einzelschreibungen mit Ausnahme von SII/ Ani/ 001 haben oberhalb des Keulenkopfes noch einen kleinen Fortsatz.

In den Schriftfeldschreibungen, die T 03-04 vertikal stauchten, ist meist der kleinere obere Fortsatz nicht vorhanden. RII/ The/ 004, der einzige Beleg für T 04, stauchte das Zeichen nur vertikal, was die Höhe verringerte. Die Schleife, die lediglich aus einem leicht gebogenen Strich mit gegabeltem Ende besteht, befindet sich ungefähr in der Mitte des Keulenstabes[1].

T 05 

Diese Kompositihieroglyphe kommt relativ selten in Ober- und Unterägypten vor. Die Schreibung auf RII/ Sas/ 001 zeigt sehr schmale Schriftfelder, so daß eine Einzelschreibung im Vergleich mit den vorkommenden Schriftfeldschreibungen sehr gedrängt wirkt.

Alle Schriftfeldschreibungen stauchten T 05 horizontal. Dabei mußte die Breite des waagerechten Teils der Kobra reduziert werden, die Keule dagegen wurde in ihren Proportionen nicht beeinflußt, lediglich der kleinere obere Fortsatz fehlt stets.

T 06, T 07 Im vorliegenden Corpus nicht belegt.

T 08 

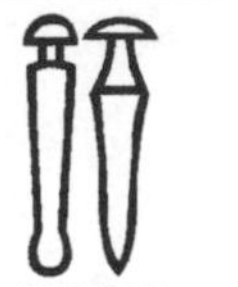

T08 T08 a

Abb. 4

Der Dolch ist nur selten und überwiegend in Abydos belegt, abgesehen von vier anderen Belegen[2]. Alle Formen weisen – mit Variationen – stets den sog. „alten Typ“ T 08 auf, der bei A. H. Gardiner[3] als „archaic type“ bezeichnet wird. Die „jüngere Form“, als „M. K. and later type“ T 08a bezeichnet[4], taucht dagegen nicht auf (cf. Abb. 4).

Einige wenige Belege zeigen einen spitz zulaufenden Schneidenabschluß, z. B. RII/ Qan/ 045 mit , ebenso RII/ Buh/ 005, RII/ Aby/ 007 und SII/ Aby/ 002. Diese Spitze weist eigentlich auf die „jüngere“ Form T 08 a hin, Griff und Knauf jedoch sind bei diesen Belegen stets in der „älteren“ Form von T 08 ausgeführt.

Ungewöhnlich ist auf allen Schreibungen aus Abydos, daß nur dort die Schneide am Übergang zum Griff in zwei Zacken ausläuft, die sich rechts und links des Griffes befinden. Sie sind in manchen Belegen nur schwach angedeutet ( [5]), während andere diese so stark überlängen, daß kein Bezug zur Realität von T 08 mehr erkennbar ist, beispielsweise bei

1 Die Schleife befindet sich in den frühen Beispielen an der oberen Verdickung, erst später „wandert“ sie am Stab nach unten: Fischer, *Calligraphy*, 41.
2 SI/ SeK/ 001, RII/ Buh/ 005, RII/ Qan/ 045 und Mer/ The/ 003.
3 Gardiner, *EG*, 511.
4 Bei Gardiner, *EG*, 511 mit der Nr. T 8* versehen, später dann T 8a, so z. B. Graefe, *MÄG*, 234.
5 RII/ Aby/ 011.

, oder [6]. Vielleicht handelt es sich um eine Darstellung des Dolches in einer Scheide.

In einer anderen Schreibung auf SII/ Aby/ 001, , ist das Zeichen so sehr verändert, daß ohne den Kontext eine eindeutige Identifizierung nicht möglich wäre. Man könnte hier sogar an eine Verwechslung mit der Hieroglyphe F 36 denken, wie der Beleg SI/ DeB/ 001 für F 36 zeigt. Aber auch eine Verwechslung mit den im vorliegenden Corpus auftretenden Formen für die Hieroglyphe T 22-23 wäre möglich. Auch hier sehen sich die entsprechenden hieroglyphischen und hieratischen Formen ziemlich ähnlich.

Der Knauf oberhalb des Griffes ist meistens halbkreisförmig, nur die beiden Belege aus Nubien und dem Sinai zeigen einen nicht gewölbten Griff.

Die Schriftfeldschreibungen stauchten T 08, das aufrecht stehend alleine eine halbe Feldbreite benötigt, meistens horizontal, nur SII/ Aby/ 001 verkleinerte in drei Schreibungen das Zeichen jeweils maßstäblich, da unter- bzw. oberhalb der drei Hieroglyphen noch ein niedriges, langes Zeichen eingesetzt wurde.

T 09

Der „einfache" Bogen T 09 ist hier nur einmal auf SI/ DeM/ 042 belegt. Die Schriftfeldschreibung stauchte es vertikal, die Enden des Bogens wurden dabei im Gegensatz zum Basiszeichen nach unten gerichtet.

T 10

Die beiden Schriftzeichen T 10 und T 10a werden hier getrennt, da unterschiedliche Verwendungen und Lautwerte vorliegen. Ebenso muß T 09 unabhängig von T 10 gesehen werden, da auch hier verschiedene Bedeutungen vorhanden sind, obwohl T 10 in einigen Fällen T 09 ersetzen kann.

Der Kompositbogen T 10 ist in nur wenigen Regionen anzutreffen. Die Sinai-Belege SI/ SeK/ 001 und RII/ SeK/ 004 sowie die unterägyptischen Belege RII/ Sed/ 003 und RII/ Saq/ 010 verbinden die einziehende Bogenmitte nicht mit der Sehne, während dieses ansonsten stets geschieht.

In den beiden Schriftfeldschreibungen wurde T 10 nur vertikal gestaucht.

T 10a

Nur nubische Belege weisen als Einzelschreibungen die senkrechte Form mit freien Enden auf ([7]), die A. H. GARDINER[8] einst als Aa 32 numeriert, später dann aber schon selbst als Variante von T 10 erkannt und dementsprechend dort plaziert hatte. Eine eigene Nummer vergab er jedoch nicht. RII/ Buh/ 005 zeigt eine ungefähr „reguläre" Form, SII/ Ani/ 001 drei stark variierende Formen.

---

6 SI/ Aby/ 002, Mer/ Aby/ 005 und SII/ Aby/ 001.

7 RII/ Buh/ 001.

8 GARDINER, *EG*, 512. GRAEFE, *MÄG*, 234 vergab für dieses Zeichen – senkrecht oder waagerecht – die Nummer T 10a.

T 11

Der Pfeil kommt einzig auf SI/ Aby/ 006 in einer Schriftfeldschreibung vor, bei der drei Pfeile übereinander gesetzt und durch die vertikale Stauchung nur mehr zu einfachen, merkmallosen Strichen wurden.

T 12

Die zusammengerollte Bogensehne T 12 ist nur in Ramses II-zeitlichen Belegen aus Deir el-Medineh und Kafr el-Gabal sowie auf zwei abydenischen Stelen der Zeit Sethos I resp. Sethos II belegt. Letztere sind die einzigen Schriftfeldschreibungen, die T 12 maßstäblich verkleinerten. Auffällige Unterschiede in der Form sind jedoch nicht erkennbar.

T 13 Im vorliegenden Corpus nicht belegt.

T 14-15

Dieses Zeichen ist öfters belegt, mit Schwerpunkt in Oberägypten. Alle Formen zeigen im oberen Drittel einen scharfen Knick, wie dieses auch bei der zur 19. Dynastie üblichen Form T 14 der Fall war. In Oberägypten ist der obere, abgeknickte Teil länger als in den unterägyptischen Belegen. Weitere Unterschiede existieren wegen der einfachen, detaillosen Form nicht.

Die Schriftfeldschreibungen stauchten T 14 zumeist nur horizontal, was auch in Oberägypten eine Verkürzung des oberen Teilstückes zur Folge hatte.

T 16, T 17 Im vorliegenden Corpus nicht belegt.

T 18

Diese Hieroglyphe kommt schwerpunktmäßig im thebanischen Gebiet vor, weitere Belege stammen aus Aniba sowie Saqqara und Kafr el-Gabal.

Die Unterschiede betreffen fast immer das auf den S 39 -Stab aufgeschnallte Bündel mit den Messern. Nur Mer/ Saq/ 001 und SII/ Ani/ 001 fehlen die obere Krümmung des Stabes.

Das Bündel zeigt dabei nirgends eine Innenzeichnung, die die Anschnallriemen andeuten würde, und das nach oben herausragende Messer ist meistens länger als das untere. Dieses untere Messer bekam in den Belegen SII/ Ani/ 001 und RII/ The/ 005 ( ) ebenso wie der Stabunterteil zusätzlich noch einen Fuß, so daß der Eindruck erweckt wird, das Zeichen laufe, ähnlich wie die Komposithieroglyphen M 18 , N 40 , T 32 , V 15 oder W 25 . Eine vergleichbare Komposithieroglyphe existiert tatsächlich, jedoch wurde dort T 18 auf ein eigenständiges D 54 aufgesetzt[9]. Zusätzlich sitzt dabei stets an der Stelle des oberen schrägen Striches ein ganzes Messer bw. eine *M3ᶜ.t*-Feder. Eine Form wie die in den vorliegenden Belegen vorhandene ist in den publizierten Zeichenlisten somit nicht existent. Allerdings ist bei der hier aufgenommenen Zeichenform nicht zu erkennen, ob tatsächlich eine solche Komposithieroglyphe angestrebt wurde, da bei der grammatischen Verwendung kein Unterschied zu der der „normalen" Form festgestellt werden kann.

RII/ DeM/ 068. 182, RII/ The/ 005. 022 und RII/ KeG/ 003 haben den unteren schrägen Strich sogar völlig ausgelassen. Hier gehe ich aber von einem Versehen aus, zumal auf RII/ DeM/ 068 eine weitere Schreibung mit diesem Element vorkommt.

---

9 Dieses ist die Nr. T 75/ T 75a der *Extended Library*: HANNIG, *HWB*, 1162.

In den Schriftfeldschreibungen wurde T 14 meist nur horizontal gestaucht. Bei allen vorhandenen Belegen veränderte sich die Basisform dadurch stark, am meisten bei RII/ Saq/ 020, wo in die beiden „Messerstriche“ stark überlängt wurden, um sich an die hochschmalen Formen der anzupassen. Bei RII/ KeG/ 003 ist eine vertikale Stauchung zu erkennen, die die Höhe verringerte. Auch hier ist der unterste Strich ausgefallen und das Bündel wesentlich kleiner als auf Einzelschreibungen.

T 19-20

Nur SI/ Saq/ 003 und SI/ Saq/ 004 ( ) belegen diese Hieroglyphe. Beide zeigen eine dem Basiszeichen sehr ähnliche Form, abgesehen davon, daß der unterste Teil einen hochrechteckigen Block bildet.

T 21

Die Harpune ist selten, überwiegend in der Zeit Ramses II und lediglich als Einzelschreibung belegt. Die Wurfleine endet nur bei SI/ DeB/ 001 in einer Schlaufe, und ist ansonsten merkmallos. Sie setzt stets hinter dem kastenförmigen Zentralelement an, nicht oben auf ihm, wie es das Basiszeichen bei A. H. GARDINER angibt.

In dessen Liste ist, wie auch in allen anderen Zeichenlisten, nur ein nach unten gerichteter Widerhaken angegeben. Im bearbeiteten Corpus zeigt jedoch nur RII/ The/ 008 bei einen solchen einzelnen, aber nach oben gerichteten Widerhaken. Hierbei handelt es sich jedoch um das Relikt einer älteren Form, da ab der Zeit Thutmosis III die Harpune zwei Widerhaken erhielt, vorher war üblicherweise nur ein, allerdings abwärts gerichteter Haken vorhanden[10]. Diese bis zu Thutmosis III gängige Form hat Eingang in die Zeichenlisten gefunden, so daß sie in den Beschreibungen explizit als „einzackige Harpune“ definiert[11] und als die übliche Form suggeriert wird, obwohl schon ab der Mitte der 18. Dynastie eine andere Variante mit zwei Widerhaken üblich wurde, die auch sämtliche Schreibungen meiner Sammlung bis auf RII/ The/ 008 aufweisen.

RII/ Saq/ 020 weist links und rechts des kastenförmigen Elements noch zwei Striche auf, so daß man sich an das untere Teil von T 18 erinnert fühlt.

RII/ DeM/ 127 zeigt als einiger Beleg das Zeichen vertikal, was schon von A. H. GARDINER[12] als sehr selten bemerkt wurde. SI/ DeB/ 001 schreibt dagegen die Harpune mit der Spitze nach oben, eine Variante, die mir ansonsten nirgendwo bekanntgeworden ist.

T 22-23

Die Pfeilspitze ist in den aufgenommenen Quellen überwiegend in Oberägypten vertreten, ein Beleg stammt aus Nubien (RII/ Buh/ 002), wenige aus dem Norden des Landes.
Dabei ist meistens die jüngere Form T 23 benutzt worden, nur SI/ Aby/ 004, SI/ Saq/ 008 sowie RII/ Qan/ 045 verwenden die ältere Form T 22. Lediglich SI/ Aby/ 004 mit zeigt die dem Basiszeichen am nächsten stehende Gestalt.

Die Form T 23 der untersuchten Schreibungen ist starken Variationen unterworfen. Es gibt

10 FISCHER, *Calligraphy*, 42. Cf. dazu auch SÄVE-SÖDERBERGH, *Harpune* sowie PETSCHEL, VON FALCK, *Krieg und Frieden*, 256 f.

11 So GARDINER, *EG*, 514; HANNIG, *HWB*, 1084. GRAEFE, *MÄG*, 235 schreibt dagegen nur „Harpune mit Wurfleine“.

12 GARDINER, *EG*, 514.

folgende Formen: , , [13]. Die ersten beiden zeigen demnach unter dem oberen senkrechten Strich ein Dreieck, das unten in einen Strich oder einen Halbkreis ausläuft. Die dritte Form hat am ehesten die des Basiszeichens T 23 , jedoch ist hier der hochovale Teil unten eher kreisförmig. Alle diese Formen tauchen in beiden Landeshälften auf[14].

Außergewöhnlich und mir ansonsten unbekannt ist die Schreibung [15].
In der Zeit Siptahs tauchen in Oberägypten Variationen auf, bei denen das obere Ende in eine Verdickung ausläuft, so Sip/ DeM/ 008 () und Sip/ Aby/ 001 (). Die Form des Ausbruchs an der Spitze bei Sip/ DeM/ 012 könnte auf ebensolche Gestalt hinweisen, jedoch ist dieses nicht sicher verifizierbar.

In den Schriftfeldschreibungen wurde T 22-23 meist horizontal gestaucht. Bei RII/ Kop/ 002 sind – vielleicht aus Platzmangel? – die beiden schrägen Striche weggefallen. RII/ DeM/ 146 zeigt eine ungefähr maßstäbliche Verkleinerung, das gleiche ist wohl auch bei SI/ The/ 001 zu beobachten.

T 24

Das Fischernetz ist nur einmal auf SI/ Saq/ 004 in einer Schriftfeldschreibung belegt. Der äußere Teil des Netzes ist eckig, glatt und ohne Innenzeichnung bzw. Auswüchse, wie dieses dagegen das Basiszeichen aufweist.

T 25

Diese Hieroglyphe, die einen Schwimmer am Fischernetz darstellt, kommt im untersuchten Material nur auf drei Stelen der Zeit Sethos I aus Saqqara vor, die alle zum Ensemble aus dem Grab des *K3s3* gehören. Die beiden auftretenden Formen ähneln sich zwar, weisen jedoch einen markanten Unterschied auf: SI/ Saq/ 003 und / 004 () verbinden unten beide Schenkel mit einer Querverbindung, während SI/ Saq/ 006 diese nie aufweist (). Das ist m. E. ein Hinweis auf die Existenz von zwei verschiedenen Herstellern, die an diesem Ensemble gearbeitet haben[16].

Eine Schriftfeldschreibung auf SI/ Saq/ 006 stauchte T 25 horizontal, während alle anderen entsprechenden Belege eine maßstäbliche Verkleinerung erfuhren.

T 26-27 Im vorliegenden Corpus nicht belegt.

T 28

Der Schlachtblock ist lediglich vereinzelt belegt, abgesehen von SII/ Ani/ 001 nur aus der Zeit Ramses II.

Bei RII/ DeM/ 026. 040, RII/ Lux/ 001 () und RII/ Qan/ 009 () steht die Oberseite links und rechts weiter über, bei RII/ KeG/ 004 () und SII/ Ani/ 001 sind diese Vorkra-

13 RII/ Saq/ 018, RII/ Aby/ 012, RII/ DeM/ 069.
14 Der Beleg RII/ Buh/ 002 ist in der unteren Hälfte leider vollständig zerstört, so daß keine Entscheidung über die ursprüngliche Form mehr getroffen werden kann.
15 RII/ DeM/ 059.
16 Cf. dazu Kap. 8.2.5.

gungen nur angedeutet.

Eine Innenzeichnung wie das Basiszeichen weist kein Beleg auf. Generell ist an der Stelle dieser Innenzeichnung ein senkrechter Strich vorhanden, der von oben bis unten durchgezogen wurde. RII/ DeM/ 084 und eine Schreibung auf RII/ The/ 008 haben keinen solchen Strich, bei einer anderen Schreibung auf RII/ The/ 008 () wird er bis knapp unter die Oberseite herangeführt, und RII/ KeG/ 004 (cf. oben) deutet ihn nur durch ein kleines Dreieck an. Zu den Formen und Verwechslungen für T 28 und W 11 cf. auch unten bei W 15-16 .

Alle belegten Beispiele haben einen waagerechten Boden. In diesem Zusammenhang notierte H. G. FISCHER[17], daß in der 2. Hälfte der 18. Dynastie der Boden runder wurde und sich W 11 annäherte.

Die Schriftfeldschreibung RII/ Saq/ 020 stauchte den Block vertikal, was die Höhe des Schriftzeichens stark reduziert hat.

T 28 wurde auch als Komponente in der Kompositihieroglyphe R 10 verwendet, cf. dort.

T 29 Im vorliegenden Corpus nicht belegt.

T 30

Einige wenige Belege zeigen das Messer T 30. RII/ DeM/ 050 weist hier die stark stilisierte Form auf, die nur aus dem Kontext heraus identifizierbar ist.
Eine Verwechslung mit T 31 ist wegen der äußerst ähnlichen Formen leicht möglich.

Die Schriftfeldschreibungen stauchten T 30, das allein eine halbe Feldhöhe benötigt, nur vertikal auf ca. ein Drittel der Feldhöhe. Dabei wurde lediglich die Schräge des Zeichens reduziert, so daß die Form an sich keiner bedeutenden Veränderung unterworfen war[18].

T 31 Im vorliegenden Corpus nicht belegt.

T 32-33

Als Kompositihieroglyphe ist T 31 nur mit D 54 im aufgenommenen Material belegt.
Lediglich RII/ KeG/ 004 zeigt den abgebogenen unteren Teil des Messers als Schlaufe. Alle Belege verbinden die Beine direkt mit der Schneide, nur RII/ The/ 003 nicht. Die eine Schreibung auf dieser Stele grenzt beide durch eine Linie ab, die andere setzt die Beine vollständig abgetrennt darunter.

Die untersuchten Schriftfeldschreibungen verkleinerten diese Hieroglyphe nur maßstäblich.

T 34-35

In den Belegen kommt nur die Form T 35 vor, bei der der untere Teil nicht von der Schneide abgegrenzt ist.

Beide Belege aus Saqqara, SI/ Saq/ 004 () und RII/ Saq/ 020 () weisen eine völlig untypische Form auf, bei der rechts oben ein kleiner waagerechter, links unten ein kleiner drei-

17 FISCHER, *Calligraphy*, 43.
18 Die Schreibungen *sšm* mit der Sichel auf SI/ Aby/ 002 sind mir sonst nicht bekannt, cf. *WB IV*, 285 ff.

eckiger Auswuchs vorhanden ist[19]. Da beide Formen sehr stark identisch sind, ist davon auszugehen, daß der entsprechende Hersteller entweder sehr lange seinen Beruf ausübte und in den Regierungszeiten Sethos I und Ramses II in Saqqara arbeitete oder daß in einer bestimmten Arbeitsstätte in Saqqara diese Form – warum auch immer – für das Schlachtmesser ***nm*** bevorzugt wurde. Ich vertrete letztere These, da z. B. auch auf einem heute in Linköping[20] aufbewahrten memphitischen Grabrelief eine Variante dieser speziellen Form vertreten ist, der Duktus des Stückes insgesamt jedoch auf einen anderen Hersteller/ eine andere Arbeitsstätte verweist.

Die Schriftfeldschreibungen aus Deir el-Medineh stauchen T 34-35 horizontal, während RII/ Saq/ 002 eine maßstäbliche Verkleinerung vornimmt. Bei SI/ DeM/ 011 wird die Schneide sehr stark geschwungen, offenbar beeinflußt von der gerundeten Form des dahinter stehenden Vogelkörpers der Eule, die allerdings eher wie ein G 01 𓄿 aussieht.

19 Cf. dazu auch FISCHER, *Aspects*, 34.
20 Linköping, Stifts- och Landsbibliothek o Nr., ed. MARTIN, *Corpus I*, Kat. 38. Das Stück datiert G. T. MARTIN in die späte 18. bis frühe 19. Dynastie.

Abteilung U – Landwirtschaft, Handwerk, Berufe

U 01-02 

Die Form U 01 zeigen lediglich RII/ DeM/ 069 sowie die Schriftfeldschreibungen SI/ Saq/ 003 und RII/ Saq/ 018, alle anderen Belege benutzen die U 02-Form. Nur bei einigen Belegen, hauptsächlich in die Zeit Sethos I datiert, ist der Sichelgriff senkrecht, normalerweise ist er schräg nach hinten abgeknickt. Ein ähnliches Bild ergibt sich auch unten bei U 03.

Bei der vertikalen Stauchung verringerte sich die Krümmung des Sichelblattes, so daß es wie bei  [1] fast waagerecht ausgestreckt wurde. Die Länge dieses Teils wurde bei der horizontalen Stauchung bei SI/ Aby/ 002 und SI/ Saq/ 003 verkürzt, der obere Bereich blieb hingegen unverändert. Die anderen belegten Schriftfeldschreibungen zeigen eine ungefähr maßstäbliche Verkleinerung. Bei RII/ Saq/ 018, der einzigen Ramses II-zeitlichen Schriftfeldschreibung, bot sich die Verwendung der steiler nach unten ausgezogenen Klinge in der Form U 01 an, um dazwischen noch in harmonischer Weise N 29 unterbringen zu können.

U 03 

Für das Logogramm ***m3*** ist im vorliegenden Corpus häufiger U 03 verwendet worden als die einfache Form U 01-02, die Sichel, die das Auge  umschließt, ist dabei immer flach[2].

Generell paßt sich die Krümmung der Sichelklinge wie bei 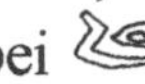 [3]an die des Auges an, nur in den abydenischen Belegen zieht die Sichel eher nach unten, während das Auge waagerecht bleibt.

Der Griff der Sichel ist in den frühen, Sethos I-zeitlichen Belegen gerader ( [4]), während dieser später mehr nach hinten gekippt wurde ( [5]), wie dieses auch bei U 01-02 der Fall war.

Die Pupille ist meistens halboval und wird vom oberen Lid verdeckt, eine freistehende Pupille kommt hier nicht vor, wohl auch wegen des Platzmangels im stark verkleinerten Zeichen. Allein RII/ DeM/ 143 zeigt sie stellenweise verdeckt vom unteren Lid, bei RII/ Qan/ 037 fehlt sie völlig, und SI/ DeM/ 010 stellt sie als Strich dar, der Ober- und Unterlid miteinander verbindet.

Die Schriftfeldschreibung SII/ Aby/ 001 hat als einzige Ausnahme die steile Form der Sichel, jedoch ist dieses durch das Schriftfeld bedingt, da auf der rechten Seite noch  und  untereinander eingefügt werden mußten. Die beiden anderen, Sethos I-zeitlichen Schriftfeldschreibungen stauchten U 03 vertikal, was sowohl die Höhe der Griffpartie als auch die Krümmung der Klinge veränderte[6].

Das Auge wurde in der Kombination durch die Sichel beeinflußt, es verhält sich also in bezug zu den einzeln auftretenden Augen, die oben unter D 04 analysiert werden, wie eine Schriftfeldschreibung, in der D 04 maßstäblich verkleinert wurde. Die hier behandelte spezi-

---

1 SI/ Aby/ 008.

2 So wie bei GARDINER, *EG*, 516 und HANNIG, *HWB*, 1085, dieses entspricht der Form U 02. GRAEFE, *MÄG*, 235 und SCHENKEL, *Konkordanz*, 73 dagegen haben für die Sichel eine wesentlich steilere Form, die U 01 entspricht.

3 SI/ DeM/ 011.

4 SI/ DeM/ 004.

5 RII/ DeM/ 177.

6 Ähnliches konnte auch für U 04-05 festgestellt werden, cf. dort.

elle Form ist aber als Kompositihieroglyphe ein Einzelzeichen und kann daher nicht als Schriftfeldschreibung unter D 04 eingeordnet werden.

U 04-05 /

Als Einzelzeichen wird bei dieser Kompositihieroglyphe eher die flache Form der Sichel, also U 05, verwendet. Auch hier ist der Griff in den Sethos I-zeitlichen Belegen gerade, in der Zeit seines Nachfolgers taucht dann verstärkt die abgeknickte Grifform auf.

Die Komponente Aa 11 dieser Komposition ist fast immer waagerecht, nur die abydenischen Belege sowie RII/ Saq/ 008 () stellen sie schräg. Die Grundform mit der einen abgeschrägten Schmalseite wurde nur selten, aber auch bei allen abydenischen Stelen, durch eine eher keilförmige Struktur ersetzt.

In den Schriftfeldschreibungen ist die Form U 04 dort verwendet worden, wobei das Schriftzeichen horizontal gestaucht wurde. Nur in der vertikalen Stauchung auf RII/ Saq/ 020 erscheint die Form U 05. Die vertikalen Stauchungen beeinflußten dabei die Höhe des Griffes sowie die Neigung der Klinge. Ähnliches konnte auch bei U 03 festgestellt werden.

U 06-07 /

Beide Formen, U 06 und U 07 , tauchen in allen Perioden der 19. Dynastie auf. In den Schriftfeldschreibungen ist eine verstärkte Verwendung von U 06 zu erkennen, während in den Einzelschreibungen eher U 07 überwiegt. Nur bei SII/ Ani/ 001 und Sip/ DeM/ 008 kommt eine Form ohne Querversteifung vor, eigentlich U 08, jedoch ist auch hier die Verwendung als Phonogramm ***mr*** festzustellen. So kann das Fehlen dieses Striches als reine Nachlässigkeit gewertet werden, zumal auf beiden Stelen auch die Form mit Versteifung auftritt.

Diese Querversteifung besteht aus einem gedrehten Seil, das einfach oder auch doppelt vorhanden sein kann[7], in den mir vorliegenden Belegen jedoch nur einfach gedreht ist.

An der Spitze, wo sich Klinge und Griff überlappen, können eines der Elemente oder auch beide überstehen, so bei bzw. [8], beides ist aber selten. Die erste Form kommt nur im thebanischen Raum in der ersten Hälfte der 19. Dynastie vor, während die zweite in ganz Ägypten auftaucht, bei mir aber lediglich in Ramses II- und Siptah-zeitlichen Belegen.

Die gekrümmte Klinge ist in der Regel länger als der gerade Griff, jedoch gibt es auch immer wieder verstreut Varianten, bei denen beides gleich lang ist. Eine Regel läßt sich bei der Verbreitung leider nicht beobachten

In den Schriftfeldschreibungen wurde die Hacke, die allein entweder eine halbe Feldbreite (U 06) oder eine halbe Feldhöhe (U 07) einnimmt, unterschiedlich gestaucht. Bei der horizontalen Stauchung wurde im Schriftfeld die Form U 06 verwendet ([9]), wenn eine Feldhöhe, aber nur ca. ein Drittel der Feldbreite zur Verfügung stand. Durch die Stauchung rückten Griff und Klinge eng aneinander heran, die mittlere Versteifung geriet dadurch sehr kurz. Wenn eine ganze Feldbreite zur Verfügung stand, wurde bei der vertikalen Stauchung U 07 geschrieben ([10]). Dabei sind die gleichen Veränderungen zu beobachten wie bei der

7 FISCHER, *Calligraphy*, 43.
8 SI/ DeM/ 015 und RII/ The/ 012.
9 RII/ DeM/ 008.
10 SI/ DeM/ 018.

horizontalen Stauchung von U 06. Lediglich zwei Belege, RII/ Aby/ 016 sowie RII/ SeK/ 003, zeigen eine maßstäbliche Verkleinerung der Hacke, hier in der Form .

U 08 Im vorliegenden Corpus nicht belegt.

U 09-10 / 

In vorliegendem Material ist nur bei RII/ Saq/ 018 diese Hieroglyphe zweimal in der Form U 09 belegt. Unterhalb dieser befinden sich jeweils drei Kreise, die als Determinativ gedeutet werden können. U 10 ist eine Kombination aus U 09 und M 33, wobei M 33 aber drei spitzovale Körner darstellt. Ob das Zeichen mit den drei Kreisen hier ebenfalls als eine solche, aber anders zusammengesetzte Kombination gedacht war, ist nicht feststellbar. Für die Lesung ergibt sich jedenfalls kein Unterschied.

Das Kornmaß zeigt keine Innenzeichnung, und nur bei einem der beiden Belege ist das ausfließende Getreide durch viele einzelne, aneinandergereihte Körnchen angedeutet.

U 11-12 – U 14 Im vorliegenden Corpus nicht belegt.

U 15 

Der Schlitten ***tm*** kommt in den Belegen relativ selten vor.
Die Sitz-/ Tragfläche und die Kufen sind dabei einander parallel und vorne nach oben gebogen. Die senkrechten Verstrebungen sind meistens vorhanden, ihre Zahl schwankt von drei bis fünf. Lediglich zwei Sethos- I-zeitliche thebanische Stelen (SI/ DeM/ 042 [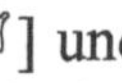] und eine Schreibung auf SI/ DeB/ 001) weisen bei U 15 keine Verstrebungen auf, Kufen und Oberseite sind voneinander getrennt. Nur RII/ DeM/ 032 zeigt eine Schreibung 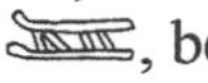, bei der die beiden vordersten Verstrebungen nicht parallel, sondern dreieckig aufeinander zulaufen.

Die Angabe der Schlaufe, die nach dem Basiszeichen an der vordersten Verstrebung angebracht und nach unten geführt wird, ist in Oberägypten optional, ca. die Hälfte der entsprechenden Belege hat keine. RII/ DeM/ 122 weist eine Schreibung auf, bei der diese Schlaufe nur als Haken angedeutet ist, hier hatte der Hersteller wohl nicht wieder die richtige Krümmung geschafft und den Stichel auf halbem Wege enden lassen. In Unterägypten dagegen ist die Schlaufe stets vorhanden. Eine Ausnahme bilden die beiden Belege aus Qantir RII/ Qan/ 037. 057, die ebenfalls keine Schlaufe haben, aber vielleicht wurden diese von in „oberägyptischem Duktus" ausgebildeten bzw. arbeitenden Herstellern gefertigt[11]. In Oberägypten ist diese Schlaufe stets unterhalb der Kufen angebracht, eine Verbindung zu einer der Verstrebungen gibt es jedoch nicht, so z. B. [12]. Die unterägyptische Stele RII/ KeG/ 004 () hingegen scheint zweimal die Schlaufe bis zur Oberfläche weiterzuführen, dieses wird durch einen zusätzlichen Strich an der Kufenkrümmung angedeutet, den man auch für eine weitere Verstrebung halten könnte.

Auf dem Schlitten bei RII/ Qan/ 057 , einer Kurzschreibung von *Jtm(.w)*, befindet sich ein kleiner, ungefähr kegelförmiger Aufsatz, der m. M. n. eine Art Ladung o. ä. darstellen könnte. Eine Fehlstelle ist jedenfalls auszuschließen.

In den Schriftfeldschreibungen wurde U 15 stets nur vertikal gestaucht, was eine Reduzierung der gesamten Höhe bedeutete. Auch die Schlaufe kann nicht so weit nach unten ragen, wie dieses in vielen Einzelschreibungen der Fall ist.

11 Cf. dazu unten Kap. 8.2.7.
12 RII/ DeM/ 128.

U 16 Im vorliegenden Corpus nicht belegt.

U 17-18 

Im bearbeiteten Quellenmaterial kommt nur U 17 vor, aber sehr selten. Abgesehen von RII/ Saq/ 002 sind alle Belege oberägyptisch, dabei weisen sämtliche Zeichen keinerlei Innenzeichnung auf. Die Hacke ist bei RII/ Aby/ 016  extrem dünn, alle anderen Schreibungen zeigen darüber hinaus ein erheblich kürzeres Werkzeug.

Die beiden Schriftfeldschreibungen stauchten die Hieroglyphe nur vertikal, hierdurch wurde der „Kanal" sehr flach, die Hacke macht einen stark geduckten Eindruck.

U 19-20 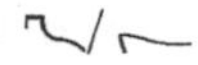

Die Dechsel ***nw*** ist nur sehr selten und stets in Oberägypten belegt. Beide Einzelzeichen zeigen vorne einen extra abgewinkelten Teil,  [13], der bei den Basiszeichen U 19/ U 20 nicht auftaucht, sondern nur bei U 21  .

Die beiden Schriftfeldschreibungen RII/ The/ 008 und RII/ The/ 025 stauchten die Dechsel einmal vertikal, einmal unregelmäßig, wodurch sich die Höhe reduzierte. Darüber hinaus fehlt beiden der bei den Einzelzeichen vorkommende abgewinkelte vorderste Teil, der das an den Stiel angebundene Schneidblatt darstellt, so daß sich hier die eigentliche Form des Basiszeichens  bietet. Die Schreibung auf RII/ The/ 008 ist darüber hinaus außerdem leicht nach vorne abgekippt [14].

U 21

Die Dechsel über dem Holzblock in der Verwendung als Logogramm ***stp*** ist selten belegt, abgesehen von SI/ Aby/ 002 nur in Schriftfeldschreibungen, häufiger aber in Namen Ramses II in Kartuschen bzw. in 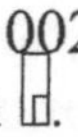. Dabei wurde kein Zeichen mit einer Innenzeichnung versehen. Die meisten Belege weisen das an den Stiel angebundene Schneidblatt auf, nur der generell sehr einfach ausgeführten Schreibung RII/ DeM/ 126 () fehlt dieses Element, so daß es wie U 19 aussieht. Lediglich dort und bei RII/ SeK/ 004 sind Dechsel und Block miteinander verbunden, ansonsten sind beide Teile voneinander getrennt. SI/ Aby/ 002 hat bei  den Block auf der linken Seite nicht vervollständigt.

Die Schriftfeldschreibungen veränderten U 21 auf unterschiedliche Weise, dabei wurde die Gestalt des geschwungenen Griffes durch Zeichen ober- und unterhalb von U 21 und auch durch die umgebenden Hieroglyphen stark beeinflußt. In manchen Fällen fand sogar eine Dehnung statt wie bei RII/ Saq/ 020 , wo die obere Partie sehr hoch gezogen wurde und der hintere Teil des Griffes sich nun in tiefem Schwung um das ⊙ herumwindet. SI/ Saq/ 004  muß aufgrund des Schriftfeldes diesen Griff sehr stark abflachen und waagerecht aus

13 RII/ DeM/ 146.

14 FISCHER, *Calligraphy*, 44 führt ein U 20 ähnliches Zeichen an, auf das schon GARDINER, *EG*, 518 bei U 20 hinwies und das als Determinativ zu ***ʿn.t*** „Nagel" verwendet wurde. Diese Form ist in den von mir untersuchten Belegen nicht vertreten, eine Verwechslung dieses Zeichens (ohne Nummer) mit U 20 ist aber ausgeschlossen.

laufen lassen. Durch den *horror vacui* dazu gezwungen, führt RII/ DeM/ 126  das Griffende sogar wieder extrem nach unten, um den freien Platz hinter dem Rücken des Wachtelkükens füllen zu können.

Auch in Kartuschen mit Königsnamen Ramses II taucht diese Hieroglyphe auf. Hier zeigt sie Veränderungen, verursacht durch die sie umgebenden Zeichen N 05 und N 35. Der geschwungene Griff wurde im Bogen um die Sonnenscheibe herumgeführt, damit beide in ein gedachtes Rechteck passen, zu dem auch noch das unter diese beiden Zeichen gesetzte N 35 gehört.

Die Formen von U 21 unterscheiden sich nicht besonders von denen im normalen Stelentext, abgesehen von der Tatsache, daß der Griff stärker gebogen ist und die separat an der vordersten Griffpartie befestigte Schneide hier häufiger nicht extra angegeben wurde, also die einfache Form der Dechsel, wie sie in U 19 (dort ohne den Unterteil) vorkommt. Die Form des eigentlichen Basiszeichens U 21, ist dagegen seltener. Diese einfachere Form ist in Kartuschen in Unterägypten und im Sinai fast ausschließlich in Gebrauch, abgesehen von RII/ Qan/ 002. 008. 023 und / 065. Ein ähnliches Bild ergibt sich auch bei den in ein einbeschriebenen Namen.

U 22

Das Werkzeug U 22 kommt nur zweimal auf RII/ Kop/ 002 und RII/ KeG/ 004 in Schriftfeldschreibungen vor. Der obere Teil ist immer rechteckig, nicht kegelförmig wie das Basiszeichen. Im unterägyptischen Beleg wurde das Zeichen auf die Seite gekippt, da es nur so optimal in das Schriftfeld hineinpaßte, dies ist im untersuchten Material singulär.

U 23

Dieses Werkzeug ist etwas häufiger als U 22 belegt, aber abgesehen von zwei Stelen aus Saqqara[15] nur in Oberägypten. Alle Formen zeigen dabei symmetrische Umrisse[16] und eine große Variationsbreite. SII/ Aby/ 001 weist mit eine völlig irreguläre Form auf, die nur durch den Kontext identifizierbar ist. Fast alle anderen Schreibungen bis auf RII/ DeM/ 053 und RII/ The/ 005 haben ein abgesetztes oberes Ende, das erst ab der Zeit Thutmosis III auftritt[17]. RII/ DeM/ 176 trennt sogar alle drei Teile voneinander ab: . Eine ungewöhnliche Form zeigt auch RII/ Saq/ 013 mit , wo der Metalleinsatz sich nach unten dreiecksförmig verbreitert, der Griff ist sehr breit.

In den Schriftfeldschreibungen wurde U 23 überwiegend horizontal gestaucht. Dieses führte zu einem Verlust an Details, so ist bei RII/ The/ 005 eine Vereinfachung auf die Grundformen zu beobachten, wie 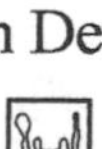 oder . SI/ Aby/ 002 weist hier eine Form auf, die der *ḥz*-Vase W 14 zum Verwechseln ähnlich sieht.

Für eine Schreibung von *3bḏw* „Abydos“ setzt Mer/ Aby/ 002 die Berghieroglyphe unter U 23, ebenso eine Schreibung auf RII/ Saq/ 019, die allerdings beide Zeichen verbindet, wohl aus Platzmangel, der eine klare Trennung beider Zeichen sehr erschwerte.

15 RII/ Saq/ 013. 019.

16 Beispiele des Alten Reiches zeigen am Übergang vom Griff zum Metalleinsatz noch einen Vorsprung, der das Abrutschen des Daumens verhindern sollte. Später verschwindet dieser Abgleitschutz, das Zeichen wird völlig symmetrisch: FISCHER, *Calligraphy*, 45.

17 Dazu FISCHER, *Calligraphy*, 45.

U 24- 25

Der Steinbohrer ist selten belegt, hauptsächlich in der Zeit Ramses II. Alle Zeichen zeigen Variationen gegenüber den Basiszeichen und sind erheblich weniger detailliert, als man dieses in früheren Perioden beobachten kann. Die bei A. H. GARDINER angeführte Form U 24 kommt nach den Untersuchungen von H. G. FISCHER[18] so erst ab der 18. Dynastie vor. Er bemerkt zudem, daß der kleine Aufsatz bei A. H. GARDINERs Zeichen oben inkorrekterweise rückwärts statt vorwärts gerichtet ist. Dieser Aufsatz ist eigentlich nur strichförmig, in den aufgenommenen Belegen wird er jedoch meistens als *M3ʿ.t*-Feder mißverstanden. Ausnahmen bilden dabei nur RII/ DeM/ 111 () und Sip/ DeM/ 001 (, der mit Abstand späteste Beleg), bei denen der oberste Teil als Haken gestaltet ist, bei letzterem sogar noch mit einem kleinen waagerechten Strich.

Zwei thebanische Belege, RII/ DeM/ 046 () und RII/ The/ 012, zeigen ein hochrechteckiges statt ein halbkreisförmiges Zentralelement, von dem nur ein Strich abgeht. Lediglich einen waagerechten Strich in der Mitte hat ein weiterer Beleg dieser Region, SI/ DeM/ 040 .
Der unterste Teil ist hier ebenfalls ein einfacher gerader Strich, während alle anderen Schreibungen aus Deir el-Medineh an dieser Stelle eine Kugel mit durchgehendem Strich aufweisen (Faksimile siehe oben). RII/ The/ 011 und die unterägyptischen Stelen haben dagegen keine Kugel, sondern ein gegabeltes Ende, z. B. RII/ Hel/ 002: . Allein diese Stele verzichtet auf den kleinen waagerechten Strich durch die Gabelung. SI/ DeM/ 002 weist dagegen unterhalb des Zentralelementes nur einen kleinen Haken auf (), der sehr stark vereinfacht Strich und die Kugel darstellen soll.

In den Schriftfeldschreibungen wurde U 24 maßstäblich gegenüber den Proportionen des Einzelzeichens verkleinert. Beide aufgenommene Belege zeigen aber auch eine gegenüber dem Basiszeichen stark veränderte Form.

U 26-27 Im vorliegenden Corpus nicht belegt.

U 28-29

U 28 ist die Form, die im Neuen Reich U 29 ablöst, der Bohrer ist dabei in der Regel nicht mehr mit dem nun konkaven bis -förmigen Unterteil verbunden[19]. Hierzu sind in den untersuchten Quellen mehr Schriftfeld- als Einzelschreibungen vorhanden.

Der Bohrer selbst ist dabei meist oben spitz oder abgerundet, in sehr vielen Belegen aus Deir el-Medineh sowie Qantir endet er dort aber eckig, z. B. [20]. Diejenigen Schreibungen, bei denen der Untergrund nicht mit dem Bohrer verbunden ist, zeigen diesen unten eckig oder abgerundet, nur selten, wie bei RII/ KeG/ 004 , paßt sich die Rundung an die des Unterteiles an.
Der Untergrund, über dem sich der Bohrer befindet, erhält meist eine mehr oder weniger rund geformte -Gestalt. In manchen Schriftfeldschreibungen wurde er jedoch zu einem schlich-

18 FISCHER, *Calligraphy*, 45.
19 FISCHER, *Calligraphy*, 46.
20 RII/ DeM/ 127.

ten waagerechten Strich vereinfacht, so bei RII/ DeM/ 027, RII/ Aby/ 021, RII/ Saq/ 009, RII/ Qan/ 018 und Am/ DeM/ 003. Abgesehen von dem Beleg aus Saqqara (und Qantir) stammen alle aus Oberägypten.

Eine ungewöhnliche Form bietet die auch sonst aus dem Rahmen fallende Stele SII/ Ani/ 001 mit , diese Gestaltung kommt dort in einer Schriftfeldschreibung noch ein zweites Mal vor. Auch RII/ DeM/ 027 zeigt eine leicht verderbte Form, möglicherweise aber nur eine Fehlstelle.

In den Schriftfeldschreibungen stauchte man diese Hieroglyphe meist horizontal, überwiegend in der Wortverbindung *ˁnḫ(.w) wḏꜣ(.w) snb(.w)*. Dabei wurde die Breite des Unterteils reduziert, der Bohrer selbst erfuhr keine Beeinflussung. Das Unterteil konnte auch zu einem einfachen Strich werden, wie schon oben ausgeführt.

U 30

Diese Hieroglyphe ist nur selten belegt, überwiegend in Oberägypten zur Zeit Ramses II. Die Form erinnert in ihrer undetaillierten Gestalt nicht mehr an das reale Vorbild, den Töpferofen[21]. Alle oberägyptisch/ nubischen Formen sind einander relativ ähnlich wie z. B. [22].

Der obere Teil ist flachbogig gewölbt. Der einzige unterägyptische Beleg SI/ Saq/ 004 hat dagegen ein schräg nach hinten abfallendes, planes Oberteil.
Die Schriftfeldschreibungen führten alle eine ungefähr maßstäbliche Verkleinerung durch.

Nur bei SI/ DeB/ 001 ist das Zeichen fast vollständig zu einem Quadrat geworden, die Identifikation ist hier allein durch den Kontext im Schriftfeld möglich.

U 31

Diese Hieroglyphe ist nur einmal bei RII/ KeG/ 003 in einer Einzelschreibung nachgewiesen, die dem Basiszeichen sehr ähnlich ist.

U 32

Der Stößel mit Mörser ist sehr selten und verstreut belegt. Nur die Form auf der Stele SI/ Saq/ 006 Form zeigt die vom Basiszeichen her bekannte Gestalt. Die beiden anderen aus diesem Ensemble stammenden Belege, SI/ Saq/ 003 und / 004 () haben an der Seite außerdem noch einen kleinen, strichartigen Fortsatz, der intentionell angebracht wurde und sich höchst wahrscheinlich durch die Umsetzung der hieratischen Schreibung u. ä.[23] für U 32 erklären dürfte[24]. Dieses weist darauf hin, daß die beiden letzteren Stelen von einem anderen Hersteller gefertigt wurden als die Stele SI/ Saq/ 006[25].

Die oberägyptischen Belege RII/ DeM/ 111 () und Mer/ The/ 003 () zeigen beide verderbte Formen, aber es scheint ebenfalls ein solcher seitlicher Fortsatz vorhanden gewesen zu

21 Formen des Alten Reichs zeigen häufig die Ziegelstruktur der Ofenwände sowie eine davon detailliert abgesetzte Darstellung des halbkreisförmigen Oberteils, das nach FISCHER, *Calligraphy*, 46 glühende Kohlen darstellt. Im Neuen Reich fallen diese Details oft weg, so auch in allen untersuchten Belegen.

22 RII/ Buh/ 003.

23 MÖLLER, *Hieratische Paläographie II*, 36.

24 Cf. auch SEYFRIED, *Beiträge*, 147-150.

25 Cf. dazu Kap. 8.2.5.

sein. Dieser dürfte demnach in der 19. Dynastie bei U 32 üblich geworden sein, die *Extended Library*[26] führt ein ähnliches Zeichen als U 32 b.

U 33

Der Stößel U 33 (ohne Mörser) ist nicht häufig in vorliegender Sammlung vorhanden. Die meisten Belege zeigen eine der Basishieroglyphe ähnliche Form, der oberste Teil kann manchmal weniger stark gekrümmt sein. Lediglich zwei Belege aus Kafr el-Gabal, RII/ KeG/ 004, und Theben, SI/ The/ 001, besitzen neben einer „konformen" auch eine Variante, bei der links und rechts der unteren Verdickung zwei kleine gerade Fortsätze vorhanden sind, die den Eindruck eines quer verlaufenden Striches erwecken. Ich interpretiere sie als rudimentären Mörser.

Der mit Abstand späteste Beleg, Sip/ Aby/ 003, zeigt mit eine Form, die die Identifizierung mit U 33 nur durch den Kontext ermöglicht.

RII/ DeM/ 089 weist als einziger Beleg einen kleinen Strich unter dem Zeichen auf. Vielleicht diente er als diakritisches Zeichen, da U 33 hier als eher seltenes Phonogramm *ṯ* in *ṯḥn.t* „Fayence"[27] gebraucht wird.

In den Schriftfeldschreibungen wurde U 33 meist horizontal gestaucht, was die Dicke des Stößels sowie die Krümmung des oberen Abschlusses beeinträchtigte. In den anderen Fällen ist eine ungefähr maßstäbliche Verkleinerung festzustellen.

U 34-35 /

Diese Hieroglyphe kommt in den Quellen nur auf vier Stelen vor. Drei davon gehören dem funerären Ensemble des *K3s3* aus Saqqara an und sind Schriftfeldschreibungen der gleichen Gestalt: [28]. Sie zeigen zwar alle eine etwas unterschiedliche Form, jedoch ist bei SI/ Saq/ 006 eine größere Abweichung von den übrigen beiden festzustellen, die wohl in der Fertigung durch einen anderen Hersteller ihre Ursache hatte[29].

Die Schriftfeldschreibungen stauchten das Zeichen nur vertikal, was die Verkürzung des unteren Teils der Spindel zur Folge hatte. Die Viper wurde nicht beeinträchtigt.

Ähnlichkeiten bestehen in der Gestaltung der Spindel U 34 mit der Keule T 03. So zeigt die einzige Einzelschreibung RII/ Kop/ 002 eine vereinfachte Form, die eher an T 03 erinnert und daher mit der Kompositihieroglyphe T 42 (= T 03 + I 09)[30] verwechselt werden könnte.

U 36

Auch diese Hieroglyphe, die sog. „Wäschekeule", zeigt wegen ihrer einfachen Form ein relativ einheitliches Bild ohne größere Abweichungen, so daß keine chronologisch/ topographische Tendenzen erkennbar sind. Lediglich die kryptographische Stele RII/ Aby/ 022 bietet mit eine etwas andere Form, bei der der obere Teil als ovale Schlaufe und nicht als kompakter Keulenkopf gestaltet wurde.

26 HANNIG, *HWB*, 1163.
27 GARDINER, *EG*, 520 notiert für diese Verwendung noch den Lautwert *t* statt *ṯ*.
28 SI/ Saq/ 004.
29 Cf. dazu Kap. 8.2.5.
30 HANNIG, *HWB*, 1161.

RII/ Saq/ 019  hat den untersten Teil als waagerechten Strich dargestellt, obwohl eine solche breite Basis im Neuen Reich eigentlich unüblich war[31]. Nur eine Schreibung auf RII/ Buh/ 005 () trennt die Basis durch einen Strich ab.

In den Schriftfeldschreibungen wurde U 36 meist horizontal gestaucht, was eine – aber nur sehr mäßige – Verringerung der Breite bedeutet. Die anderen Schriftfelder zeigen eine ungefähr maßstäbliche Verkleinerung.

U 37 Im vorliegenden Corpus nicht belegt.

U 38 

Die Waage U 38 ist nur dreimal in der Zeit Ramses II belegt, je einmal aus Theben, Saqqara und Qantir. RII/ The/ 008  läßt den unteren Teil der senkrechten Halterung in zwei Füße, ähnlich , auslaufen, bei RII/ Saq/ 020  sieht dieser eher wie ein  aus. Der Beleg aus Qantir, [32], hat oben auf dem Ständer noch eine Art Fahne(?). Außerdem wurden hier die Seile, die die Waagschalen halten, nicht wieder mit dem Balken verbunden.

U 39-40 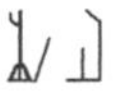

Der Waagebalken konnte lediglich auf drei Stelen belegt werden. Beide Sethos I-zeitlichen Belege, SI/ Saq/ 006 und SI/ Buh/ 005[33], weisen die „halbhieratische"[34] bzw. kursivhieroglyphische Form U 40 auf, das nubische Schriftzeichen ist dabei oben nicht winklig abgeknickt, sondern gerundet.

Die einzige Schreibung aus der Zeit Ramses II [35] zeigt ein stark verderbtes Zeichen, das aber höchstwahrscheinlich die Form U 39 darstellt, die abgewinkelte Aufhängung ist hierbei fast waagerecht.

Die Schriftfeldschreibung aus Buhen stauchte das Zeichen horizontal, während die Ramses II-zeitliche eine ungefähr maßstäbliche Verkleinerung vornahm, wobei aber die Aufhängung ihre ursprüngliche Gestalt verlor und wegen der sich darüber befindlichen Schriftzeichen eine ausgestreckte Form annehmen mußte.

31 Die Formen aus dem Alten und Mittleren Reich haben meist eine breitere Basis als die Formen im Neuen Reich: FISCHER, *Calligraphy*, 47.

32 RII/ Qan/ 005.

33 *KRI I*, 304 Z. 9 liest hier eher . Auch wenn der Titel hier wohl *šms* „Gefolgsmann" lautet, ist doch das vorliegende Zeichen nicht als T 18 zu interpretieren.

34 Cf. GARDINER, *EG*, 521

35 RII/ Saq/ 020.

Abteilung V – Seile, Fasern, Körbe etc.

V 01 Im vorliegenden Corpus nicht belegt.

V 02-03 /

Das Seilende mit dem Türriegel O 34 ist überwiegend in Unterägypten belegt, je ein Beleg kommt aus Aniba bzw. Deir el-Medineh, drei Stelen stammen aus Abydos.

V 03 ist im Grunde genommen nur eine Verdreifachung von V 02, bei der alle drei Türriegel verbunden sind, es wird fast ausschließlich im Toponym *R'-sṯ3.w* „Rosetau" verwendet. Jedoch zeigt RII/ Saq/ 009 auch drei einzeln stehende V 02 in einer anderen Schreibung des gleichen Toponyms. Daher betrachte ich es als unnötig, V 03 als eigenständiges Schriftzeichen zu behandeln und interpretiere es als Schriftfeldschreibung von V 02, in der die drei Einzelzeichen V 02 verbunden werden, genauso wie bei der Verdreifachung von in [1].
Lediglich zwei Schreibungen auf RII/ KeG/ 001 ( ) sowie die Schriftfeldschreibung RII/ Aby/ 019 unterbrechen den Riegel unterhalb der Krümmung des Seiles

Bei fast allen Belegen endet das Seil erst unterhalb des Riegels, dagegen bei zwei unterägyptischen Stelen, den Schriftfeldschreibungen RII/ Saq/ 009 und RII/ Hel/ 003 ( ) in einer Dreiviertelrundung bereits oberhalb des Riegels.
Nur RII/ Aby/ 016 zeigt mit ein im oberen Bereich dem Basiszeichen am ehesten entsprechendes Zeichen.

Nirgendwo ist aber der waagerechte Strich, seit A. H. GARDINER[2] als Türriegel interpretiert, in den untersuchten Belegen als solcher zu erkennen.

In den Schriftfeldschreibungen wurde diese Hieroglyphe unterschiedlich behandelt.
Bei allen Beispielen, in denen eine unregelmäßige oder horizontale Stauchung vorliegt, verringerte man die Breite des Türriegels stark und reduzierte die Höhe der Schlaufe über ihm. Die rein horizontale Stauchung RII/ KeG/ 004 verbindet alle drei Einzelzeichen, wobei die Riegel unmittelbar ineinander übergehen, dazu oben mehr. Lediglich RII/ Saq/ 013 stauchte V 02-03 nur vertikal, dabei verringerte sich die Höhe der Schlaufe, der Riegel blieb unverändert.

V 04

Das Lasso ist abgesehen von RII/ KeG/ 004 nur in Deir el-Medineh belegt. Bei mehreren Belegen fällt auf, daß das Zeichen sehr flach ist, wie bei [3]. Alle Belege aus Deir el-Medineh zeigen ungewöhnlicherweise ein in zwei Teile gegabeltes langes Ende (z. B. [4]), das normalerweise bei diesem Zeichen nicht auftritt.

Die Schreibung auf RII/ DeM/ 013 bietet ein sehr verderbtes Zeichen, bei dem an der un-

1 SI/ DeM/ 044.
2 GARDINER, *EG*, 521 f.
3 SI/ DeM/ 001. Die anderen Belege sind RII/ DeM/ 050. 053. 138.
4 RII/ DeM/ 050.

teren Schlaufe ein *nw*-Topf-ähnliches Gebilde sitzt. Bis auf RII/ DeM/ 050 zeigt kein Beleg aus Deir el-Medineh ein dem Basiszeichen entsprechendes Bild der Schlaufe.
Die Schriftfeldschreibungen verkleinerten meist das Zeichen maßstäblich. Drei Schreibungen auf RII/ KeG/ 004, dem einzigen unterägyptischen Beleg, weisen eine rein vertikale Stauchung auf, was eine Verflachung der Krümmung des einzelnen Endes () bedeutete.

V 05 Im vorliegenden Corpus nicht belegt.

V 06

Das nach unten gerichtete Tauende kommt nur fünfmal in den Belegen vor. Die Schlaufe ist stets rundlich. Chronologisch/ topographische Unterschiede sind – auch aufgrund der einfachen, rein geometrischen Form nicht auszumachen.

V 07-08 

Im von mir untersuchten Material kommt nur die Form V 07 vor, die Variante V 08, die so aussieht, als ob in die Schlaufe noch ein 𓏏 eingefügt ist[5], taucht nie auf. Alle beiden thebanischen Belege datieren in die Zeit Sethos I. Abgesehen von RII/ Saq/ 019 sind bei allen die Schlaufen spitzoval, nicht rund[6].

Beide Schriftfeldschreibungen stauchten das Zeichen vertikal, was die gesamte Höhe verringerte, darüber hinaus wurde die Schlaufe zu einer eher runden Form zusammengedrückt.

V 09 

Die „runde Kartusche", der *šn*-Ring, ist hier nur einmal auf RII/ Saq/ 005 belegt, die Hieroglyphe orientiert sich am Basiszeichen, auf eine Angabe der Schnurumwicklung am unteren Ende wurde verzichtet.

V 10, V 11 Im vorliegenden Corpus nicht belegt.

V 12 

Das „Schnurende" ist nicht häufig belegt, überwiegend in Schriftfeldschreibungen. Die beiden Belege aus Abu Simbel ( [7]) sind als Längsoval gestaltet, von dem auf der linken Seite jeweils zwei leicht gebogene Striche abgehen. Die beiden anderen Einzelschreibungen, RII/ DeM/ 040 () und RII/ Saq/ 020, führen von dem Spitzoval erst einen Strich ab, an dessen Abschluß sich dann zwei Enden abspalten, wobei die unterägyptische Schreibung noch am ehesten dem Basiszeichen entspricht.

Die Schriftfeldschreibung RII/ DeM/ 069 führte eine ungefähr maßstäbliche Verkleinerung durch. Alle anderen Schriftfeldschreibungen stammen aus der Zeit des Merenptah[8] und

---

5 In keiner Zeichenliste wird dieses einbeschriebene Element allerdings als 𓏏 beschrieben. Vielleicht handelt es sich dabei nicht um das Schriftzeichen X 01, sondern lediglich um eine unbearbeitet gelassene Fläche im Inneren der dann als Strich gestalteten Schlaufe.

6 So auch das Basiszeichen GARDINER, *EG*, 522. GRAEFE, *MÄG*, 237 zeigt in seiner Zeichenliste eine Form mit runder Schlaufe und eine etwas größere Form mit spitzovaler Schlaufe.

7 RII/ ASi/ 991.

8 Der einzige Beleg aus der Zeit Ramses II, RII/ Qan/ 005, konnte nicht aufgenommen werden.

beinhalten den Titel *wb3-nzw* „königlicher Mundschenk“ ( [9]).
Dabei stauchte man die Hieroglyphe so stark unregelmäßig, daß die ursprüngliche Gestalt intensiven Veränderungen unterworfen war. Die Schlaufe der Hieroglyphe wurde vertikal sehr stark, fast bis zu einem Strich plattgedrückt, und die beiden Enden an dem Gefäß entlang hinuntergeführt. Die beiden extremsten Beispiele sind dabei Mer/ Gur/ 001 () und Mer/ Saq/ 001 (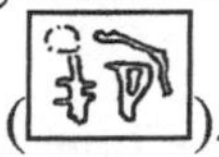). Mer/ Aby/ 005 dagegen zeigt die Schlaufe noch, allerdings ist zweimal nur noch je ein Schlaufenende vorhanden. Die Schreibung  verband V 12 mit dem Gefäß, das eine Schlaufenende führt bis zum Boden herunter. Dabei denkt man unwillkürlich an Zeichen wie , vielleicht seinerzeit auch der ägyptische Hersteller.

V 13-14

In den Belegen kommt die Schlaufe recht häufig, allerdings verstärkt in Unterägypten vor. Die Variante V 14, bei der ein kleiner diakritischer Strich an die äußere Rundung angefügt wurde, ist jedoch nur in zwei, ausschließlich oberägyptischen Stelen vorhanden, nämlich auf SI/ The/ 001[10] und SII/ Aby/ 002 (). Nach A. H. GARDINER[11] kommt diese besondere Form überwiegend in Wörtern vor, in denen kein Lautwandel von *ṯ* zu *t* stattgefunden hat. Das starke Übergewicht von unterägyptischen Belegen für V 13 könnte darauf hinweisen, daß im Norden des Landes dieser Lautwandel noch nicht in diesem Ausmaße erfolgt war oder aber vielleicht eher in den privaten Monumenten lediglich noch keinen so umfassenden Niederschlag in der Notation gefunden hatte. In Oberägypten wäre in diesem Fall die lautliche Veränderung (oder Notation?) schon weiter fortgeschritten gewesen. Darauf deutet auch hin, daß alle aufgenommenen – zugegebenermaßen sehr mageren – Belege für V 14, mit denen explizit auf den Lautwert *ṯ* hingewiesen wurde, aus diesem Landesteil stammen[12].

Bei vielen oberägyptischen Belegen ist das Zeichen sehr lang (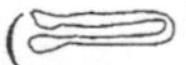 [13]), während Unterägypten, speziell Kafr el-Gabal[14] und auch einige Beispiele aus Qantir, ein relativ kurzes V 13 aufweisen (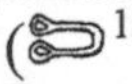 [15]). Die detaillierte Angabe der Schlaufenringe ist vermehrt in Unterägypten anzutreffen, dagegen wurde in den oberägyptischen Belegen eher die einfache Variante 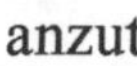 [16] bevorzugt. Letzteres gilt aber auch für alle aufgenommenen Nachweise aus dem eigentlich unterägyptischen Qantir, mit Ausnahme von RII/ Qan/ 045.

In den Schriftfeldschreibungen wurde V 13-14 entweder vertikal gestaucht oder aber maßstäblich verkleinert. Die Stauchungen verringerten – nur ein wenig – die Höhe des Zeichens, meistens gab man die Schlaufenringe dabei nicht an.

9 Mer/ Aby/ 005, cf. *WB I*, 292.
10 Nicht sämtliche Belege von V 14 auf dieser Stele, die sich alle gleichen, wurden in die Paläographie aufgenommen.
11 GARDINER, *EG*, 523.
12 Eine detailliertere Untersuchung zu diesem sehr interessanten Thema kann im Rahmen der vorliegenden paläographischen Arbeit leider noch nicht geleistet werden.
13 RII/ DeM/ 018.
14 Die Stele RII/ KeG/ 004, die dem gleichen Arbeitsstättenkontext wie diverse memphitische Stelen entstammt, zeigt dagegen ein langes V 13, ähnlich den entsprechenden Belegen in Saqqara.
15 RII/ KeG/ 003.
16 RII/ DeM/ 059.

V 15

Diese Komposithieroglyphe aus V 13 und D 54 ist nur einmal, auf RII/ Saq/ 020 in einer Schriftfeldschreibung belegt, die das Zeichen vertikal gestaucht hat. Die beiden Beine sind voneinander getrennt, unterscheiden sich also von dem Einzelzeichen D 54. Das Basiszeichen zeigt beide Komponenten als unverändert gegenüber den jeweiligen Einzelzeichen[17].

V 16

Diese Hieroglyphe konnte zweimal in der Zeit Sethos I belegt werden. Der oberägyptische Beleg SI/ Aby/ 002 ist sehr detailliert, während der unterägyptische, SI/ Saq/ 004, die Schlaufenenden einfacher wiedergibt. Bei beiden Zeichen sind auf jeder Seite vier Schlaufen vorhanden.

V 17-18

In den Belegen kommt nur die neuere Form V 17 vor. Ich kann eine relative Einheitlichkeit feststellen, gravierende Unterschiede sind fast nicht vorhanden. Lediglich drei Zeichen, RII/ The/ 025 und die beiden spätesten Belege SII/ Gur/ 001 sowie Am/ DeM/ 003 ( ), verbinden die beiden nach unten ragenden Enden nicht mehr miteinander. Eine Ausnahme bildet auch RII/ DeM/ 137, auf der das entsprechende, sehr detaillierte Zeichen in erhabenem Relief dargestellt ist. Der obere Teil ist hier kreisrund. Die beiden seitlichen Fortsätze und beide langen, nach unten ragenden Enden sind jeweils durch einen Strich vom Kreis getrennt, die letzteren noch zusätzlich durch ein kleines, waagerechtes Zwischenelement. Diese Abtrennung, allerdings nur der oberen Fortsätze, zeigt auch SI/ Saq/ 005. Die Schreibung auf RII/ DeM/ 102 ist meines Erachtens nicht fertiggestellt und wahrscheinlich vergessen worden. Alle aufgenommenen Belege sind Einzelschreibungen.

V 19

Diese Hieroglyphe ist nur aus Deir el-Medineh sowie auf RII/ KeG/ 004 und RII/ Hel/ 003 belegt. Die oberägyptischen Belege weisen die Form des Basiszeichens auf, sind allerdings etwas niedriger.

Alle Schreibungen dieses Zeichens auf unterägyptischen Stelen haben dagegen links und rechts jeweils nur einen kleinen rechteckigen Fortsatz anstelle des waagerechten, durchgehenden Balkens, so [18]. Diese Schreibungen stehen stets als Determinativ im Lemma ***št3y.t***. Aufgrund der im *WB* aufgenommenen Determinierung dieses Wortes mit V 19 [19] muß es sich bei den Formen also um eine rein graphische Variante zu handeln, die offenbar eher (oder nur?) in Unterägypten in Gebrauch war. Vielleicht ist die Form O# 01_M als detailliertere Variante eines falsch als Gebäude verstandenen V $19_{(Var.)}$ anzusehen.

Die einzige Schriftfeldschreibung auf RII/ KeG/ 004 stauchte das Zeichen nur vertikal.

---

17 Nur GRAEFE, *MÄG*, 237 zeigt eine diesem Beleg entsprechende Zeichenform.

18 RII/ KeG/ 004.

19 Cf. dazu die Auswertung bei O# 01_M sowie *WB IV*, 559 f. zu diesem Lemma (in der Form ***štj.t***).

V 20-21 Im vorliegenden Corpus nicht belegt.

V 22-23

Die Peitsche als Phonogramm ***mḥ*** ist im Corpus selten, überwiegend in Oberägypten belegt. Lediglich RII/ KeG/ 001 zeigt detailliert die verschlungene Form[20], sämtliche anderen Belege besitzen nur die Umrisse, wie alle Zeichenlisten außer E. GRAEFE dieses aufweisen. Alle von mir erfaßten Hieroglyphen V 22-23 haben eher die schon von A. H. GARDINER[21] als Form des Alten Reiches bestimmte Gestalt von V 23, der vordere Teil besitzt fast nie die abgeschnürten Partien, nur RII/ DeM/ 046 deutet diese Form an.

Alle Belege, bei denen der hintere, nach oben auslaufende Strich sehr lang ausfällt, stammen aus Oberägypten[22]. So gut wie alle Schreibungen aus Deir el-Medineh sind sehr flach und wölben den Mittelteil fast gar nicht, beispielsweise oder [23].

In den Schriftfeldschreibungen veränderte sich diese Hieroglyphe unterschiedlich. Bei der rein vertikalen Stauchung wurde die Wölbung des Mittelteils stark reduziert und der lang nach unten ausgezogene Strich am Ende sehr kurz gestaltet, z. B. [24].

Nur RII/ Saq/ 009 weist eine maßstäbliche Verkleinerung auf, daneben zeigen diverse Schriftfeldschreibungen in meiner Zusammenstellung neben der vertikalen Stauchung auch noch eine Dehnung des nach unten ausgezogenen Striches, der bis zur Unterkante des Schriftfeldes hinuntergezogen wird. Bei RII/ Aby/ 015 hat man das Gefühl, daß unter V 22-23 noch weitere Hieroglyphen geplant gewesen waren, die aber nicht ausgeführt wurden.

Bei einfacher Ausführung ist dieses Zeichen ohne den Kontext nicht von F 30 (, *šd*) zu un-erscheiden.

V 24-25

Der schnurumwickelte Stab kommt in meiner Sammlung nur dreimal in der schon von A. H. GARDINER[25] als neuägyptische Form klassifizierten Variante V 25 vor, das ältere taucht nicht auf. RII/ KeG/ 004 zeigt die Form des Basiszeichens, RII/ SeK/ 003 setzt beide kleinen Striche parallel nebeneinander oben auf die Verdickung. Der einzige oberägyptische Beleg SI/ DeM/ 010 schreibt diese Hieroglyphe im Lemma *wḏ* „Stele" mit der sehr verderbten Form . Der obere Teil ist zwar korrekt, der untere Teil ähnelt dagegen einigen Formen von T 22-23, die in der Quellensammlung vorkommen.

Das Schnurknäuel befindet sich ab dem Neuen Reich gewöhnlich nicht mehr in der Mitte des Stabes, sondern rutscht höher. In diesem Fall wäre eine Verwechslung mit T 03 möglich, was höchstwahrscheinlich zur Ausprägung der Form V 25 mit den 2 diakritischen Zeichen am oberen Ende führte[26].

20 Nur GRAEFE, *MÄG*, 238 zeigt eine solche Form für V 22, die reine Umrißform ist bei ihm unter der „Alten Reichs-Form" V 23 verzeichnet.
21 GARDINER, EG, 524.
22 Das Ausfallen dieses Teils der Hieroglyphe bei den Einzelschreibungen SII/ Kar/ 001 und auch RII/ Saq/ 004 scheint reine Nachlässigkeit zu sein.
23 RII/ DeM/ 027 und Am/ DeM/ 004.
24 Sip/ DeM/ 002, ebenso SI/ Saq/ 004, SI/ The/ 001 und RII/ DeM/ 046 (cf. oben). Der Ausfall des kurzen, nach oben führenden Striches auf der frühen thebanischen Stele dürfte ebenfalls Konsequenz dieser Platzverminderung sein.
25 GARDINER, *EG*, 524, ab der 18. Dynastie.
26 So auch FISCHER, *Calligraphy*, 49.

V 26-27

Diese Hieroglyphe kommt nur viermal vor, abgesehen von SI/ Saq/ 004 nur in Oberägypten. Sämtliche Belege weisen die Variante V 26 auf, RII/ Kop/ 002 dazu ein extrem hohes, nahezu kugelförmiges Zeichen.

Lediglich die einzige Schriftfeldschreibung RII/ DeM/ 122 zeigt ein sehr dünnes Zeichen, wie V 27, jedoch dürfte dieses durch die vertikale Stauchung der Hieroglyphe in diesem Schriftfeld verursacht sein.

V 28

Diese Hieroglyphe, das Elementargrammem *ḥ*, gehört zu den am häufigsten verwendeten Hieroglyphen des Corpus. Es gibt drei Hauptformen:

A) mit drei Schlaufen ([27]),

B) mit zwei Schlaufen ([28]), und

C) mit einer Schlaufe und darunter einem senkrechten Strich, der unten in das bei allen Formen vorkommende, in zwei Teile gegabelte Ende ausläuft ([29]).

Die Form A) ist selten, neben dem oben angegebenen Beispiel nur noch auf gut einem Dutzend anderer Stelen belegt, die spätestens in die Zeit Ramses II datieren[30]. Eine zweischlaufige Hieroglyphe B) ist in Unterägypten weit verbreitet, in Nubien nur selten. In Oberägypten ist diese Form abgesehen von zwei Belegen [31] gar nicht in meiner Materialsammlung vertreten. In den meisten Fällen ist die zweite Schlaufe, also der mittlere Teil des Zeichens, stark in die Länge gedehnt, wie z. B. [32], dabei wird diese Partie dann meist wie hier nur in den Umrissen wiedergegeben.

Die Form C) ist im Corpus am häufigsten, eine halbhieratische Variante, die etwa mit [33] statt vergleichbar ist. Sie kommt in allen Landesteilen während der ganzen 19. Dynastie vor, auch in den Schriftfeldschreibungen wird C) verstärkt genutzt.

Einige wenige Schreibungen aus Oberägypten bieten besondere Varianten. RII/ DeM/ 013 hat als einziger Beleg vier Schlaufen, RII/ DeM/ 126 fünf, davon die oberste sehr groß, die anderen darunter sehr klein und nur in Umrissen. SI/ Aby/ 007 zeigt mit eine sehr ungewöhnliche Interpretation der Schlaufen, die mir ansonsten nicht bekannt ist[34]. Hier ist der mittlere Teil des Zeichens nicht in Schlaufen geformt, sondern die beiden Strippen sind wie bei einem Seil gegeneinander verdreht.

Sehr selten ist die Form [35], bei der der senkrechte Mittelteil ganz ausgefallen ist, so daß

---

27 SI/ DeM/ 025.

28 RII/ KeG/ 004.

29 RII/ DeM/ 050.

30 Es handelt sich dabei um SI/ DeM/ 025, SI/ Saq/ 004. 005, SI/ The/ 001, RII/ ASi/ 001, RII/ DeM/ 039. 175, RII/ The/ 025, RII/ SeK/ 002. 003, RII/ Sed/ 002, RII/ Saq/ 013. 016. 018 und RII/ Qan/ 037.

31 SI/ DeB/ 001 und RII/ DeM/ 075.

32 RII/ Saq/ 015.

33 RII/ DeM/ 059.

34 Diese Form kommt in keiner Zeichenliste vor, aber auch nicht bei LE SAOUT, *paléographie*, 244 f..

35 RII/ DeM/ 134. Diese Form zeigen ansonsten im untersuchten Quellenmaterial nur noch zwei Schriftfeldschreibungen auf SI/ DeM/ 040.

das Zeichen ohne Kontext mit V 07 (cf. oben) verwechselt werden könnte.

In den Schriftfeldschreibungen wurde V 28, das allein eine halbe Feldbreite einnimmt, oft horizontal auf ca. ein Drittel oder weniger der Feldbreite gestaucht. In diesen Fällen wurde meistens die Form C) verwendet, auch da z. B. bei den Schreibungen [36]durch das ⊙ in der Mitte weniger Platz zur Verfügung stand. Bei den seltener auftretenden horizontalen Stauchungen sind die charakteristischen Teile des Zeichens, das kugelige obere Ende und der gegabelte untere Teil, angegeben, die mittlere Partie verkürzte sich stark und wurde auch hier meistens nur als – kurzer – Strich dargestellt. Allerdings wurde Wert darauf gelegt, daß das Zeichen noch erkennbar blieb, wie weit es auch zusammengestaucht sein mochte.

V 29

Im Quellenmaterial kommt diese Form nur sechsmal vor, überwiegend aus der Zeit Ramses II. Der untere Teil, der V 28 ähnelt, hat dessen Form C) , der obere „Fächer" ist nur bei RII/ KeG/ 004 sehr ausladend ( ), ansonsten eher schmal, bei SI/ The/ 001 noch dazu sehr flach. RII/ Qan/ 060 zeigt außerdem einen schräg verlaufenden Querstrich, der intentionell gesetzt wurde, sich aber einer Interpretation meinerseits entzieht.

V 30

Diese Hieroglyphe, der *nb*-Korb, gehört mit zu den am meisten verwendeten Schriftzeichen meiner Sammlung.

Fast alle Zeichen zeigen nur die äußeren Umrisse, lediglich der einzige Beleg der Zeit Ramses I, RI/ Amd/ 001 ( ) sowie RII/ Aby/ 007. 016 und RII/ KeG/ 002 schreiben diese Hieroglyphe mit einer Doppellinie. Ansonsten wurde V 30 wie das Basiszeichen gestaltet, nur die Wölbung ist teils ausgeprägter, teils flacher. Dabei ist zu bemerken, daß die oberägyptischen Belege in der Regel flacher sind als die im Norden des Landes. Weitere Unterscheidungsmerkmale sind aufgrund der einfachen, geometrischen Form leider nicht vorhanden.

In den Schriftfeldschreibungen bewirkte die rein vertikale Stauchung eine starke Verflachung des Korbes, der allein eine halbe Feldhöhe benötigt, wobei nur diese Veränderungsart hier vorkommt. Bei den beiden Belegen, die eine Beeinflussung des entsprechenden Schriftfeldes durch Darstellungen zeigen und einem weiteren[37], ist von einer ungefähr maßstäblichen Verkleinerung auszugehen.

V 31

Auch dieses Zeichen, das Elementargrammem *k*, ist eines der am häufigsten benutzten Schriftzeichen der Sammlung. Der Henkel ist auf allen Belegen am oberen Rand angebracht[38].

Die Gestaltung dieses Henkels ist das hauptsächlichste Element, das Veränderungen unter-

36 RII/ Saq/ 003.

37 SI/ DeM/ 010. 044. Beim dritten Beleg, RII/ Nub/ 002, ist der Korb hinter den Rücken des Horusfalken G 05 gesetzt worden.

38 Auf Inschriften des Alten Reiches ist der Henkel nicht ganz oben am Rand, sondern etwas weiter unten am Bauch angebracht, z. B. auf einigen Scheintüren København, Ny Carlsberg Glyptothek, Inv. Nr. ÆIN 943, ÆIN 1042, N 942; auf einem Pfeiler New York, Metropolitan Museum: SCOTT, *Reliefs*, 195.

worfen ist. Dieser kann als kleiner rundlicher bis eckiger Fortsatz (, 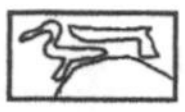[39]) oder als Schlaufe mit Angabe des Loches ( [40]) gestaltet sein. Er wird direkt mit dem Körper verbunden, ist von ihm durch eine Linie abgegrenzt oder vollständig getrennt.

Die Abgrenzung oder Trennung ist zumindest in den mir vorliegenden Quellen nur in Oberägypten belegt, die übrigen Henkelvariationen kommen in ganz Ägypten vor. Der Henkel ist stets sehr großformatig, wohl auch um den Korb gegen V 30 sichtbar abgrenzen zu können, nur bei RII/ SeK/ 004  ist er äußerst klein geraten. So gut wie alle oberägyptischen Belege der Zeit Sethos II[41] geben das Henkelloch an. Im aufgenommenen Material ist die Verwendung von V 31a mit retrograd angebrachtem Henkel, eine Verschreibung aus dem Hieratischen[42], nicht belegt.

Wie auch bei V 30 ist hier zu beobachten, daß die oberägyptischen V 31 generell flacher sind als die unterägyptischen.

In den Schriftfeldschreibungen wurde bei der vertikalen Stauchung lediglich die Rundung des Korbes stark verflacht, z. B. 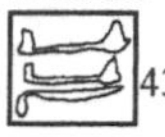[43]. Die recht häufig auftretende Schreibung  [44] stauchte V 31 entweder unregelmäßig oder verkleinert es maßstäblich. Auch bei der unregelmäßigen Stauchung erfolgte eine Verkleinerung des Korbteils, der Henkel ist jedoch stets gut sichtbar. Die Breite des Korbes paßte sich dabei der Länge des Vogelrückens an.

Eine rein horizontale Stauchung ist relativ selten, auch hier verkürzt sich der Korb stärker als der Henkel.

V 32 Im vorliegenden Corpus nicht belegt.

V 33-35 

Der Leinenbeutel ist nur einmal, in einer Schriftfeldschreibung auf RII/ Aby/ 007 belegt. Dort  zeigt sich eine V 33 ähnliche Form, bei der der Hersteller aber den kleinen Fortsatz rechts oben als Ring gestaltet hat. Das Schriftfeld bewirkte eine vertikale Stauchung, die das Zeichen nicht länglich, sondern eher kugelförmig aussehen läßt.

V 36 – V 41 Im vorliegenden Corpus nicht belegt.

V 42

Diese Kompositioglyphe aus der *Extended Library* ist nur einmal auf RII/ The/ 018 belegt: . Beide Komponenten sind miteinander verbunden, der Stock in der Hand ist gerade, oben fast nicht mehr erkennbar gekrümmt.

V 71

Auch dieses Zeichen entstammt der *Extended Library*, es ist dreimal nachgewiesen, beide Komponenten sind miteinander verbunden. Alle Belege sind Schriftfeldschreibungen mit dem Lemma des Gottesnamens *Jʿḥ*[45]. Sie stauchten das Zeichen nur horizontal, dabei ver-

39 RII/ Aby/ 006 und RII/ DeM/ 145.
40 SI/ DeM/ 010.
41 Ausnahmen sind nur drei Schriftfeldschreibungen auf SII/ Aby/ 001.
42 Cf. GRAEFE, *MÄG*, 238.
43 RII/ DeM/ 027.
44 RII/ Saq/ 019, übrigens der einzige Beleg für eine Innenzeichnung bei V 31.

kürzte sich die Länge des Unterarmes, die Komponente V 28 blieb unbeeinträchtigt. Der oberägyptische Beleg RII/ DeM/ 051 stauchte auch den Oberarmansatz der Komponente D 36, der zu einem schmalen Strich wurde (). Der Daumen ist bei allen vorhanden, auch wenn der nubische Beleg den Arm eher in ein zweigegabeltes Ende auslaufen läßt.

SII/ Ani/ 001 und RII/ KeG/ 004 zeigen die Komponente V 28 in der Form B), mit zwei Schlaufen, die hier beide als wirkliche Schlaufen gezeichnet sind. RII/ DeM/ 051 dagegen schreibt V 28 in der Form C). Dieser Befund entspricht auch dem oben bei V 28 Festgestellten bzgl. der Verteilung der einzelnen Formvarianten.

45 *WB I*, 42, eine Schreibung mit V 71 ist ebenfalls verzeichnet.

Abteilung W – Gefäße

W 01 

Nur drei Belege aus der Zeit Ramses II und einer von Sethos I sind für W 01 im vorliegenden Corpus vorhanden. Keine Hieroglyphe zeigt eine Innenzeichnung, RII/ The/ 005 hat sogar die Verschnürung und das Siegel auf der Oberseite ausgelassen. Wegen der Verwendung in ***mrḥ.t*** handelt es sich aber eindeutig um W 01.

Die Schriftfeldschreibungen stauchten das Zeichen unregelmäßig, in der Horizontalen schrumpft der Gefäßkörper auf die Hälfte einer Feldbreite und in der Vertikalen auf ca. zwei Drittel der Feldhöhe zusammen. Das Siegel ist bei RII/ Saq/ 020 erkennbar, jedoch nicht die Schnüre. Eigentlich wäre dieses die Form W 02 , aber von der Verwendung als Determinativ in ***mrḥ.t*** „Öl"[1] her ist eine Zuweisung zu W 01 gesichert. Auch SI/ Saq/ 005 zeigt in der gleichen Verwendung eine ungewöhnliche Form, die Siegel und Schnüre stark verfremdet. Die Zuweisung zu W 01 erfolgte aufgrund des Kontextes, eine Identifizierung des Zeichens aus sich heraus ist nicht möglich.
Es stellt sich die Frage, ob den altägyptischen Herstellern, die mit der Schreibung von W 01 oder W 02 konfrontiert waren, immer eine eindeutige Unterscheidung der Zeichen möglich gewesen ist.

W 02 Im vorliegenden Corpus nicht belegt.

W 03 

Diese Hieroglyphe ist von V 30 durch die kleine, einbeschriebene Raute unterschieden. Die drei belegten Einzelschreibungen auf RII/ The/ 003 und RII/ Qan/ 034 zeigen diese, wenn die Form auch eher unförmig, jedenfalls nicht rautenförmig ist.

In den aufgenommenen Schriftfeldschreibungen, bei denen W 03 ausnahmslos ungefähr maßstäblich verkleinert im Lemma  *ḥ3b* „Fest" verwendet wurde, ist dieses diakritische Element dagegen so gut wie immer weggefallen. W 03 wurde so klein, daß kein Platz mehr für die Raute vorhanden war, da in diesen Fällen unterhalb der Schale außerdem noch ein kleiner Kreis geschrieben wurde. Bei der einzigen Schriftfeldschreibung, in der das Zeichen in seiner eigentlichen Form auftaucht, ist diese zusätzliche Hieroglyphe nicht vorhanden, so daß W 03 etwas mehr Platz zur Verfügung hat:  [2].

W 04 Im vorliegenden Corpus nicht belegt.

W 05 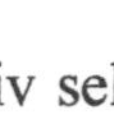

Relativ selten ist diese Komposithieroglyphe, bestehend aus den Komponenten W 03 und T 28, belegt. Die Schreibungen stammen überwiegend aus der Zeit Ramses II, einmal aus der Sethos I, und zeigen alle ein stark voneinander abweichendes Aussehen. Nur RII/ Saq/ 018  hat die Raute, die hier mit dem Mittelstrich des Schlachtblocks verbunden ist. Bei RII/ Aby/ 016  ist eine Innenzeichnung der Schale vorhanden, der Block hingegen besitzt in der Mitte ein kleines von unten hervorragendes Dreieck, wie es in den einzelnen Schreibungen von T 28 in den untersuchten Quellen so nur in Kafr el-Gabal – und mit Abweichungen in

1 *WB II*, 111.
2 RII/ Aby/ 008.

Theben – vorkommt. Lediglich bei den beiden unterägyptischen Schreibungen RII/ Saq/ 015 und RII/ Sed/ 004 sind beide Komponenten ungefähr gleich breit, ansonsten ist die Schale erheblich breiter als T 28, wie dieses die einzelnen Zeichen eigentlich auch sein sollten. Haben beide Teile jedoch die gleiche Breite, ist ohne Kontext eine Verwechslung mit W 04 möglich.

Die Schriftfeldschreibung RII/ Sed/ 004 verkleinerte W 05 ungefähr maßstäblich. Der Beleg SI/ Aby/ 007 , mit einer Beeinflussung des Schriftfeldes durch Darstellungen, stauchte es horizontal. Dabei wurde T 28 stärker verkleinert als W 05 und rutschte von der Mitte weit nach links. Beide Komponenten sind nur hier voneinander abgegrenzt.

W 06, W 07-08 Im vorliegenden Corpus nicht belegt.

W 09

Der Henkelkrug ist öfters belegt, bis auf zwei Schreibungen stets in Schriftfeldschreibungen. Der Henkel ist bei Sip/ DeM/ 012 nur als kleiner getrennter Strich angedeutet, bei den Schriftfeldschreibungen RII/ Mem/ 001 sowie Mer/ Aby/ 003 und /005 fehlt er ganz. Die Formen von Henkel und Gefäßkörper sind starken Variationen unterworfen, die sich aber nicht als chronologisch oder topographisch charakteristisch zuordnen lassen.

Die Schriftfeldschreibungen stauchten das Zeichen oft horizontal, die anderen aus den Regierungszeiten Sethos I bis Ramses II verkleinerten es maßstäblich. Alle entsprechenden Belege aus der Zeit Merenptahs stauchten W 09 unregelmäßig, da sich über dem Krug noch ein stark plattgedrücktes V 12 befindet, so z. B.  [3]. Dieses bewirkte zusätzlich eine geringe vertikale Stauchung. Bei RII/ Mem/ 001 ist das so nahe an W 09 herangerückt, daß für den Henkel kein Platz mehr übrig blieb.

W 10

Diese Hieroglyphe kommt öfters vor, überwiegend in Oberägypten. Die Form ist dem Basiszeichen ähnlich, einige oberägyptische Belege zeigen aber keinen Boden, sondern ein spitzbodiges, dreieckiges Gefäß, wie [4]. Nur eine Schreibung auf RII/ DeM/ 176 bietet eine Innenzeichnung, die aber in dieser Form sonst nicht vorkommt.

In den wenigen Schriftfeldschreibungen, die sämtlich in die Regierungszeit Ramses II datieren, wurde W 10 stets maßstäblich verkleinert. Alle diese Belege zeigen dabei einen Standboden.

W 11-12 /

Betrachtet man W 16 näher, wo dieser Gefäßständer W 11-12 in einer Kombination vorhanden ist, erkennt man die Herkunft der Innenzeichnung bei W 11-12 / , sie stellt den untersten Bereich des hineingestellten Gefäßkörpers dar, der bei W 11-12 eigentlich gar nicht vorhanden ist. Jedoch ist die Form, wie sie in W 16 auftaucht, bei A. H. GARDINER nicht für W 11 (dort), sondern für den Schlachtblock T 28 verwendet worden. Diese Verwechslung in den Hieroglyphen scheint schon altägyptischen Ursprungs zu sein(?)[5]. In den untersuchten

3 Mer/ Gur/ 001.

4 RII/ DeM/ 182. Die anderen Belege sind RII/ DeM/ 042. 141. 166. 176. 184, RII/ Aby/ 021, RII/ DRi/ 002 und RII/ Saq/ 008.

5 Im Hieratischen sind T 28 und W 11-12 völlig verschieden. Eine Übersichtstabelle mit diversen Schreibungen bei LE SAOUT, *paléographie*, 242.

Quellen ist jedenfalls die Basiszeichenform für T 28 dort nie in dieser Form vorhanden. Auffallend ist die große Ähnlichkeit der Belege von W 11-12 mit T 28, ohne den Kontext wäre eine eindeutige Zuweisung sonst nicht möglich. Auch hier kann eine Innenzeichnung aus einem durchgehenden senkrechten Strich ( [6]) oder aus einem kleinen dreieckigen Zacken ( [7]) bestehen, wobei der Strich abgesehen von RII/ Saq/ 020 nur in Oberägypten auftaucht. Der Zacken ist genauso wie die Zeichen ohne Innenzeichnung in beiden Landeshälften verbreitet, ebenso wie die Varianten mit überstehendem oberstem Strich ( [8]).

RII/ Saq/ 007. 008 haben W 11-12 anstelle von O 45 im Lemma *jpꜣ.t* gesetzt, eine Vertauschung, die im Neuen Reich[9] öfters vorkommt, ohne daß der genaue Anlaß erkennbar wäre.

W 13 Im vorliegenden Corpus nicht belegt.

W 14 

Die *ḥz*-Vase ist öfters belegt, die Formen sind dabei meistens die des Basiszeichens .

Lediglich RII/ Saq/ 014  weist eine Innenzeichnung auf, zwei waagerechte Punktlinien auf dem Gefäßkörper. Die Schreibung auf RII/ Kop/ 002  sieht so aus, als wäre hier der Lehmklumpen des Siegelverschlusses gezeichnet[10], der Körper des Gefäßes ist dabei wie U 36  geformt. Nach H. G. FISCHER[11] ist diese Form häufiger von der 8. Dynastie bis zum Mittleren Reich belegt, danach jedoch nur noch äußerst selten. Drei Belege, RII/ DeM/ 185, RII/ Qan/ 002 und /013 (), zeigen eine andere Variation des Deckels, er ist dort kreuzförmig und bei den beiden qantirer Exemplaren vom Hals abgegrenzt. Dieses könnte möglicherweise ein weiterer Hinweis auf die oberägyptische Herkunft einiger Hersteller in Qantir sein. Die Schreibung auf SI/ DeM/ 027 hat einen strichförmigen unteren Teil, so daß die ganze Hieroglyphe spiegelsymmetrisch ist: .

Die Schriftfeldschreibungen stauchten W 14 fast ausnahmslos nur horizontal auf ca. ein Drittel der Feldbreite. Lediglich Am/ DeM/ 004 verkleinert das Zeichen ungefähr maßstäblich, unter einem überbreiten . Bei RII/ Ele/ 001 hat die extreme horizontale Stauchung dazu geführt, daß W 14 nur mehr ein schmaler Strich wurde, bei dem Fuß- und Randbereich mit zwei Querstrichen angegeben sind. Ähnlich verderbt zeigt sich RII/ Lux/ 001 .

W 15-16 

Für die Form der Vase gilt das gleiche wie oben bei W 14. Das Element, das hier den stärksten Variationen unterworfen ist, ist der Wasserstrahl. Nach dem Basiszeichen W 15  beginnt dieser Strahl direkt am obersten Rand des Gefäßes, jedoch ist diese Form in den Belegen nur fünfmal belegt.

Bei einigen Belegen, die alle oberägyptisch sind[12], befindet sich auf der dem Wasserstrahl

6 SI/ DeM/ 001.
7 RII/ The/ 008.
8 RII/ DeM/ 122.
9 GARDINER, *EG*, 529, dort jedoch nur für die 18. Dynastie verzeichnet.
10 Cf. KAPLONY, *Krugverschlüsse* mit weiterer Literatur.
11 FISCHER, *Varia Nova*, 222.
12 Es handelt sich um: RII/ Aby/ 005, SII/ Saq/ 008. 015.

gegenüberliegenden Seite ein Ausguß an der äußeren Wölbung des Körpers, z. B. [13]. Bei SI/ The/ 001 zeigt sich der Ausguß auf der gleichen Seite wie der Wasserstrahl, berührt diesen aber nicht. Dieser Ausguß hat hier eigentlich keinen „realen“ Nutzen, da das Wasser ja schon oben herausfließt. Ein solcher Ausguß gegenüber dem Strahl kommt bei der Basisform W 16  vor, allerdings fehlt in allen aufgenommenen Belegen der dort vorhandene Gefäßständer[14], so daß die entsprechenden Schreibungen eigentlich Mischformen sind, die in dieser Art in keiner Zeichenliste auftauchen[15].

Bei vielen anderen ober- und unterägyptischen Belegen[16] ist ebenfalls ein Ausguß vorhanden, jedoch fließt das Wasser hier durch diesen aus dem Gefäß und rinnt nicht oben über den Rand. diese Form ist bei W. SCHENKEL[17] als W$ 12 verzeichnet.

Der Flüssigkeitsstrahl ist mannigfachen Variationen unterworfen. Er kann linear sein, auf einer oder auf beiden Seiten gezackt, nahezu senkrecht oder leicht gewölbt, oder er beschreibt einen weiten Bogen.

Die wenigen Schriftfeldschreibungen stauchten die Hieroglyphe entweder horizontal, wobei der Wasserstrahl nahe an das Gefäß herangedrückt wurde, oder sie verkleinerten sie ungefähr maßstäblich.

W 17-18 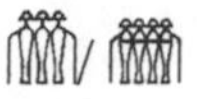

Die Form W 18 mit 4 Krügen ist meistens in Inschriften des frühen Alten Reiches in Gebrauch, jedoch tauchen auch solche mit 3 Krügen (W 17) bereits in den ersten Dynastien auf. Im Neuen Reich wurde eine einfache, sich aus dem Kursivhieroglyphischen herleitende Strichzeichnung üblich[18], bei der aber alle Striche miteinander verbunden waren, so auch in vorliegendem Corpus. Viele höherwertige private Stelen des neuen Reiches zeigen detaillierte Formen, die Strich-Variante kommt überwiegend bei den flüchtig verarbeiteten bzw. kleineren Objekten vor. Die überwiegende Zahl der von mir erfaßten Belege zeigt eben diese Strich-Variante, die nur E. GRAEFE[19] in seiner Liste unter W 18a verzeichnet, allerdings ohne den hier meistens auftretenden mittleren Querstrich. In der *Extended Library* kommt diese Form nicht vor.
Es sind folgende Formen der „halbhieratischen“ Varianten belegt, die sich durch die Anzahl der waagerechten Querstriche unterscheiden:

A) ohne Querstriche [20],

B) mit einem Querstrich 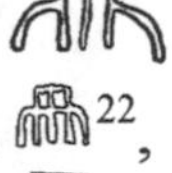[21],

C) mit zwei Querstrichen [22],

D) mit drei Querstrichen 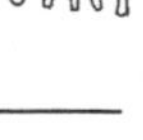[23].

---

13 RII/ Saq/ 008.
14 Zu diesem cf. bei T 28 und W 11-12.
15 Verwirrend ist in diesem Zusammenhang auch, daß in den Zeichenlisten die entsprechenden Formen in bezug auf die Existenz eines solchen Ausgusses und dessen Anbringungsort variieren.
16 Es handelt sich um: SI/ DeM/ 005, RII/ DeM/ 069. 102. 141 sowie SI/ Saq/ 002. 008, RII/ Saq/ 013. 015. 019 und RII/ KeG/ 001.
17 SCHENKEL, *Konkordanz*, 77.
18 FISCHER, *Calligraphy*, 50, ALI, *Kursivhieroglyphen*, 19 (Tabelle unten).
19 GRAEFE, *MÄG*, 239. Eigentlich müßte es hier aber nicht W 18a, sondern W 17a heißen, da die Strichvariante nur drei Flaschen zeigt.
20 RII/ Buh/ 005.
21 RII/ Aby/ 012.
22 SI/ Aby/ 002.

Die Variante A) ist nur dreimal, auf SI/ Aby/ 006. 007 und RII/ Buh/ 005 belegt, in den unterägyptischen Stelen ist dieses niemals der Fall.

Die Variante B) mit einem Querstrich ist häufiger vertreten, auf SI/ DeM/ 018, SI/ Aby/ 004, SI/ Saq/ 008, SII/ Ani/ 001, RII/ Aby/ 005. 012, RII/ The/ 008 sowie sämtlichen Ramses II-zeitlichen Stelen aus Unterägypten[24]. In der Zeit Sethos I ist diese Form also eher in Oberägypten, in der seines Nachfolgers hauptsächlich in Unterägypten vertreten. Dabei kann dieser eine Querstrich oben direkt mit den äußeren „Flaschenstrichen“ abschließen oder etwas über sie hinausragen. In anderen Fällen sind oberhalb dieses Striches noch die drei Flaschenverschlüsse erkennbar ([25]). Einige Schreibungen verbinden mit diesem Strich aber auch die beiden seitlichen Auswüchse der Halterung (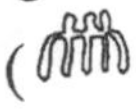[26]). Die Höhe der stilisierten Flaschen ist bei SI/ Aby/ 004 extrem hoch.

Bei der Variante C) mit zwei Querstrichen ist der eine ganz oben, und der andere in Verbindung mit dem Gestell eingezeichnet, so z. B. [27]. Dabei können ganz oben auch noch die Flaschenverschlüsse zu sehen sein. Diese Form erscheint in vergleichbarer Häufigkeit wie B) auf SI/ DeM/ 018, SI/ Aby/ 002. 009, RII/ Nub/ 001, RII/ DeM/ 065, 174, RII/ The/ 003, RII/ Saq/ 019 und Mer/ The/ 003, also fast ausschließlich in Oberägypten. Variante D) ist selten und nur in Oberägypten vertreten, auf SI/ The/ 001, RII/ DeM/ 050. 053. 069. 104 und SII/ Kar/ 001.

Es gibt einige Abweichungen, so RII/ DeM/ 094 mit vier Querstrichen und RII/ Sed/ 004 mit nur zwei Flaschen. SII/ Ani/ 001 verbindet die mittlere Flasche nicht mit dem oberen Querstrich. Eine Schreibung auf RII/ The/ 005, die ansonsten die hier etwas unsauber gravierte detailliertere Variante aufweist, stilisiert mit  die Hieroglyphe sehr stark, so daß ohne den Kontext die Identifizierung nicht ohne weiteres klar wäre.

Nur wenige Belege, nämlich SI/ DeB/ 001, SI/ The/ 001, RII/ DeM/ 061 und RII/ The/ 005, also alles Belege aus dem thebanischen Raum, weisen die detaillierte Variante auf, bei der die drei Flaschen auch als solche gestaltet sind. RII/ DeM/ 061 ist dabei insofern singulär, als nur dort ein Boden unter den Flaschen angegeben ist.

In Oberägypten ist die Variationsbreite also erheblich größer, während im Norden Ägyptens eher nur die einfache Form B) vorkommt. Dieses kann eine Tendenz andeuten, jedoch ist dabei zu bedenken, daß die Beleglage in Unterägypten erheblich schlechter ist als im Norden.

In den Schriftfeldschreibungen RII/ The/ 008 und SII/ Ani/ 001 wurde das Zeichen vertikal gestaucht, was die Höhe der Flaschen reduzierte. Bei SI/ Aby/ 007 (und SI/ The/ 001) bewirkte die horizontale Stauchung, daß die Flaschen teilweise sehr nahe aneinanderrückten. RII/ Saq/ 020 verkleinerte W 17 maßstäblich.

W 19 

Diese Hieroglyphe kommt in meinen Tabellen öfters vor. Die Schlaufe ist stets ähnlich, die Unterscheidungsmerkmale konzentrieren sich überwiegend auf die Darstellungen des Gefäßkörpers mit dem umgebenden Netz. Das Gefäß ist dabei entweder rundlich mit einer

---

23 RII/ DeM/ 069.

24 Einzige Ausnahme ist hier RII/ Saq/ 019 mit Form C).

25 SI/ Saq/ 008.

26 SI/ DeM/ 018.

27 RII/ DeM/ 174.

unterschiedlichen Anzahl an Querstrichen und stellenweise einem verbreiterten Rand, oder es ist wie ein *nw*-Topf geformt. Letzteres kommt seltener vor und erscheint nur auf SI/ Aby/ 008, SI/ SeK/ 001, RII/ DeM/ 127, Mer/ Aby/ 005 und SII/ Aby/ 002, also überwiegend in Oberägypten.

Zwei Querstriche, die in den aufgenommenen Belegen aber niemals durch den Gefäßkörper führen, sondern als kleine Fortsätze links und rechts der Windung erscheinen (z. B. [28]), sind am häufigsten und in Belegen aus ganz Ägypten zu finden.

Varianten mit nur einem Querstrich sind selten, sie erscheinen auf RII/ DeM/ 130, RII/ The/ 008. 014, RII/ Sas/ 001 und Mer/ Saq/ 001. Etwas häufiger treten die Formen auf, die gar keine Querstriche aufweisen, so bei SI/ SeK/ 001, RII/ The/ 008. 022, RII/ Aby/ 006. 021, RII/ Hel/ 001 und SII/ Kar/ 001. Auch diese Formen sind in ganz Ägypten belegt.

Eine Ausnahme bildet RII/ DeM/ 144, wo mit  das Gefäß stark verderbt ist.

Die Schriftfeldschreibungen stauchten W 19 fast immer horizontal, lediglich SII/ Aby/ 001 vertikal. Die zweite Schreibung auf dieser Stele zeigt eine durch die unregelmäßige Stauchung leicht verderbte Hieroglyphe.

W 20 

Das Zeichen, das einen Milchkrug darstellt und nur als Determinativ in *jrṯ.t* „Milch“ verwendet wird, ist selten belegt. Dabei handelt es sich in allen Fällen um Schriftfeldschreibungen dieses Lemmas, wobei W 20 unregelmäßig gestaucht wurde. Jedoch zeigen nur die unterägyptischen Belege außer RII/ Saq/ 019 ein dem Basiszeichen  gleichendes Schriftzeichen. Ansonsten wurde stets eine Variante verwendet, die dem Bierkrug W 22-23  ähnlich sieht.

Auch bei Mer/ Aby/ 005 ist eine Verwechslung von W 20 und W 22-23 erkennbar, hier wurde W 20 anstelle des eigentlich richtigen W 22-23 geschrieben. Nur RII/ DeM/ 102 zeigt mit  eine für beide Hieroglyphen ungewöhnliche Form.

W 21 

Diese Hieroglyphe, ein Weingefäß, kommt nur als Determinativ für *jrp* „Wein“ vor, hier ausschließlich in entsprechenden Schriftfeldschreibungen, die eine unregelmäßige Stauchung durchführen. In den meisten Fällen wurde dieses Doppelgefäß auch gezeichnet, manchmal vereinfachte der Hersteller das Zeichen aber zu zwei schlichten, kurzen Strichen, so z. B. [29]. Zwei Belege, RII/ Saq/ 019 und RII/ Mem/ 001 zeigen eine Form, die eher an den Bierkrug W 22-23 erinnert, ähnliche Verwechslungen gab es auch mit W 20 (cf. oben).

W 22-23 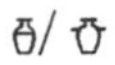

Die Belege für dieses Zeichen sind einander relativ ähnlich, der Gefäßkörper kann spitzer ([30]) oder rundlicher ([31]) sein. Letzteres ist aber seltener. Nur auf RII/ DeM/ 166

28 SI/ Saq/ 006.
29 RII/ KeG/ 001.
30 SI/ DeM/ 005.
31 RII/ Saq/ 018.

ist die Variante W 23, zusammen mit W 22, in einer einzigen Schriftfeldschreibung enthalten, W 22 steht dabei als Determinativ für *ḥnq.t*[32], W 23 für ***ds*** „Krug für Bier o. ä.“[33]. Vermutlich entschied sich der Hersteller für zwei verschiedene Varianten derselben Hieroglyphe, um diese doch unübersichtliche Schriftfeldschreibung optisch etwas besser zu gliedern.

Auf RII/ The/ 008 kommt ein sehr eckiges Zeichen ohne ausladenden Rand vor. RII/ Ama/ 001 zeigt ungewöhnlicherweise zwei Querstriche anstelle von einem. Die Schreibungen auf SI/ Aby/ 007  und RII/ Aby/ 007  sind stark verderbt, ebenso wie der Beleg auf RII/ SeK/ 001, der nur aus einer unregelmäßigen Vertiefung besteht.

In den Schriftfeldschreibungen stauchte man diese Hieroglyphe unregelmäßig.

Dieses Zeichen wurde öfters anstelle von W 20 bzw. W 21 verwendet, cf. dazu oben. Verwechslungsmöglichkeiten können darüber hinaus auch mit F 34 𓄣 bestehen.

W 24 𓏌

Der *nw*-Topf kommt relativ häufig vor. Meistens ist die Form des Basiszeichens 𓏌 verwendet worden, allerdings so gut wie immer mit etwas weiter auskragendem Randbereich, direkt die Form 𓏌 zeigt nur RII/ Saq/ 009.

In anderen Fällen wurde über einen rundlichen Gefäßkörper ein waagerechter Strich gesetzt, der entweder vom Körper getrennt oder – selten – mit ihm verbunden ist, so  bzw. [34]. Beide Varianten sind aber überwiegend nur in Oberägypten vorhanden. Einige wenige oberägyptische Belege haben eine Innenzeichnung in Form einer rundlichen Erhöhung in der Mit-e des Gefäßkörpers.

In den Schriftfeldschreibungen konnte W 24 in alle Richtungen gestaucht werden. Die augenfälligste Veränderung entstand bei der horizontalen Stauchung, wo sich der Gefäßkörper zu einem schmalen Oval veränderte.

W 25 𓏍

Diese Komposithieroglyphe, die W 24 mit den, allerdings immer stark verlängerten, Beinen D 54 zeigt, ist in vorliegendem Corpus relativ selten belegt, fast alles sind Schriftfeldschreibungen. Alle Belege weisen eine nahezu einheitliche Form wie [35] auf, abgesehen von der Innenzeichnung, die nur hier, auf der einzigen Einzelschreibung, vorkommt. Die Beine können mit dem Topf verbunden sein, von ihm abgegrenzt oder – nur einmal – vollständig getrennt sein.

Die Schriftfeldschreibungen stauchten W 25 meist vertikal, was Auswirkungen auf die Länge der Beine hatte, weniger auf die Form des *nw*-Topfes. Die horizontale Stauchung bewirkte, daß die Beine nicht in Schreitstellung, sondern nahezu senkrecht eng nebeneinander stehen.

W 54

Diese Hieroglyphe aus der *Extended Library* ist selten belegt, überwiegend als Einzelzeichen. Das Gefäß hat meistens einen Rand, bei RII/ Buh/ 005 RII/ Aby/ 016. 021, RII/ Sed/ 003, RII/

---

32 *WB III*, 169, dort noch *ḥq.t* gelesen.

33 *WB V*, 485.

34 SI/ Aby/ 002 bzw. RII/ DeM/ 160.

35 RII/ DeM/ 050.

Qan/ 001 und /045 () fehlt er. Nur eine Schreibung auf RII/ Aby/ 021 trennt den Hals mit Wasserstrahl vollständig vom Gefäßkörper ab.

Der Strahl kann schwach ([36]) bis sehr stark (cf. das Beispiel oben) gebogen sein. Er ist meistens glatt, lediglich bei RII/ DeM/ 055, RII/ Sed/ 003 und RII/ Qan/ 045 gezackt.

In den Schriftfeldschreibungen wurde bei der horizontalen und auch der vertikalen Stauchung vor allem die Form des Strahls beeinträchtigt, der sich den anderen Hieroglyphen im Schriftfeld anpassen mußte.

36 RII/ DeM/ 055.

Abteilung X – Brote

X 01

Das am meisten im Corpus verwendete Zeichen ist X 01. Die Form des Basiszeichens gehört zu den geometrisch einfachsten Formen, und so zeigen alle Belege mehr oder weniger diese Gestalt, chronologisch/ topographische Unterscheidungsmerkmale existieren nicht. Daher wurde auch auf eine Tabelle X 01 verzichtet. Wegen der geringen Größe des Zeichens ist in Schriftfeldschreibungen nur eine maßstäbliche Verkleinerung festzustellen.

X 02-03

Diese Hieroglyphe ist selten und fast ausschließlich auf in die Zeit Ramses II datierten Stelen belegt, wobei keine der aufgenommenen Formen mit der des Basiszeichens übereinstimmt.

Am ehesten ist noch SI/ Aby/ 007 [1], der früheste Beleg, an das Basiszeichen angenähert, sieht man von der kreisförmigen Innenzeichnung ab. Die häufigste Form im vorliegenden Material ist 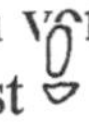 [2]. Bei RII/ Aby/ 007 sind diese beiden Teile nur voneinander abgegrenzt, nicht vollständig getrennt. RII/ The/ 008 () und RII/ Sed/ 003 zeigen beide eine einander ähnliche, etwas davon abweichende Gestalt. Stark in die Breite gezogen ist RII/ Saq/ 013 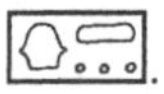. Aufgrund dieser unterschiedlichen Formen und der mageren Beleglage sind keine chronologisch/ topographischen Unterscheidungsmerkmale erkennbar.
Die Schriftfeldschreibungen scheinen das Zeichen maßstäblich zu verkleinert zu haben.

X 04-05

In den Belegen kommt nur die Form X 04 vor, die halbhieratische Variante X 05 mit den beiden diakritischen Strichen taucht nicht auf. Alle aufgenommenen Formen zeigen das Zeichen ohne eine Innenzeichnung, so daß es nur als schmaler Strich erscheint, teilweise mit abgerundeten Enden, wie 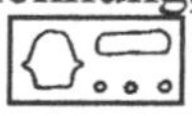 [3], daher sind leider auch keine chronologisch/ topographischen Merkmale erkennbar.

Die Schriftfeldschreibungen verkleinerten maßstäblich, bei rein vertikaler Stauchung verringerte sich nur die Höhe des Zeichens.

X 06

Nur zweimal ist diese Hieroglyphe auf SI/ DeB/ 001 belegt. Die Zeichen sind wie ein Ring geformt (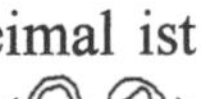), im Gegensatz zur Form des Basiszeichens.

X 07 Im vorliegenden Corpus nicht belegt.

X 08

Das Spitzbrot ist sehr häufig im untersuchten Quellenmaterial belegt, überwiegend als Einzelzeichen.

1 Die Hieroglyphe unten in der Mitte ist X 02-03.
2 RII/ DeM/ 102.
3 RII/ Saq/ 013, hier ist die Form rechts oben gemeint.

Die Form des Basiszeichens  wird generell auch bei den aufgenommenen Belegen verwendet, jedoch ist stets ein doppelter Außenumriß vorhanden, mit dem der kleine Zacken im Inneren verbunden wurde. Dieser Zacken stellt sich meist als spitzes Dreieck dar, manchmal aber auch nur als kleiner Strich. Er fehlt lediglich bei RII/ Saq/ 004 und RII/ Qan/ 001 ganz, SI/ Aby/ 007 trennt ihn von der unteren Umrißlinie. Ansonsten sind keine Unterschiede, die chronologisch bzw. topographisch auswertbar wären, vorhanden, die „Standardform“ war in ganz Ägypten während der 19. Dynastie vorherrschend.

In den Schriftfeldschreibungen wurde X 08, das allein generell eine halbe Feldbreite benötigt, nur horizontal auf ein Drittel oder weniger der Breite eines Schriftfeldes gestaucht. Bei Am/ DeM/ 003 und RII/ Qan/ 031 ist zwar eigentlich ungefähr eine halbe Feldbreite vorhanden, das Zeichen zeigt sich jedoch sehr stark gequetscht, so daß auch hier von einer horizontalen Stauchung ausgegangen werden kann. Die entsprechenden Hersteller scheinen hier davon ausgegangen zu sein, daß das Einzelzeichen X 08 eine ganze Feldbreite ausfülle.

Abteilung Y – Schrift, Spiel und Musik

Y 01-02 𓏛/ 𓏜

Die Buchrolle ist eines der am häufigsten verwendeten Schriftzeichen. So gut wie alle zeigen die „neue“ Form Y 01 𓏛 mit zwei Schnurenden, nur RII/ Aby/ 016 schreibt mit 𓏜 insgesamt zweimal die Form ohne Schnurenden, die seit A. H. GARDINER[1] sog. „Alte Reichs-Form“.

Das Siegel und die Verschnürung sind vielfältigen Modifikationen unterworfen, die aber stets noch die drei Teile, Siegel und zwei Schnurenden, aufweisen. Auf diese Weise wurde eine Verwechslung mit R 04 𓊵 vermieden. Die Schnurenden sind meist leicht nach außen gebogen, während das Siegel bei der oben genannten Y 02-Form und auf wenigen, sorgfältiger gravierten Stelen halbrund ist, ansonsten erscheint es fast immer strichförmig oder ungefähr spitzdreieckig. Folgende Variationen kommen vor:
A) alle drei Elemente der Verschnürung stehen einzeln nebeneinander ([2]),
B) alle Elemente der Verschnürung treffen an einem Punkt auf die Rolle (/ [3]),
C) die drei Elemente der Verschnürung sind von der Rolle abgegrenzt oder vollständig separiert (bzw. / [4]), oder
D) die Schnurenden führen wieder zur Rolle zurück (nur ein Beleg [5]).
Alle diese Formen bis auf D) treten während der ganzen 19. Dynastie in allen Landesteilen auf.

Als Ausnahme, wohl aus reiner Nachlässigkeit, fehlt bei einigen Belegen, so SI/ Saq/ 003 oder RII/ DeM/ 183 das Siegel in der Mitte.
Wenige, verstreute Belege weisen die senkrechte Variante der Buchrolle auf, diese wurde verwendet, wenn der zur Verfügung stehende Platz die waagerechte Form nicht gestattete.

In den Schriftfeldschreibungen wurde die Buchrolle auf verschiedenste Weise verändert, deren Variationen jedoch alle während der ganzen 19. Dynastie vorkamen. Bei der vertikalen Stauchung verringerte sich – aber nur unwesentlich – die Höhe der Rolle, die Versiegelung wurde stärker gedrückt, ist aber immer noch mit drei kleinen Auswüchsen erkennbar. In der horizontalen Stauchung verkürzte man nur die Breite der Rolle, die Versiegelung scheint keine Veränderung erfahren zu haben. Bei der unregelmäßigen Stauchung wurde die Rolle kleiner, zusätzlich stand auch für die Siegelung weniger Platz zur Verfügung. Diese geriet stellenweise äußerst klein, in anderen Fällen wurden nur zwei Striche angegeben, die dann aber nicht immer in der Mitte sitzen.

Y 03-04 𓏞/ 𓏟

Bei fast allen Belegen meiner Sammlung zu diesem Zeichen ist die Form Y 04 𓏟 verwendet worden, wobei der Binsenhalter zum Textanfang blickt. Nur die Schriftfeldschreibung RII/ Aby/ 009 zeigt das retrograde Zeichen, für das A. H. GARDINER[6] die eigene Nummer Y 03

1 GARDINER, *EG*, 533.
2 SI/ DeM/ 005.
3 RII/ DeM/ 032. 069.
4 SII/ DeM/ 003 bzw. RII/ DeM/ 166 und SI/ Aby/ 008.
5 RII/ DeM/ 112.
6 GARDINER, *EG*, 534.

eingerichtet hat. Nach seiner Liste war Y 04 jedoch die „rarer alternative form of [Y 03]“[7]. Die Schreiberpalette ist in Unterägypten stets in der hochrechteckigen Form vorhanden, wie bei [8], dieser Beleg ist übrigens neben SI/ The/ 001 der einzige mit einer Innenzeichnung, nämlich den Vertiefungen in der Palette. Ausnahmen sind nur zwei Schreibungen auf RII/ Sas/ 001 sowie die Schriftfeldschreibung RII/ Qan/ 049. In Oberägypten ist diese Palette oft gar nicht vorhanden, z. B. bei [9], oder sie ist in vergleichbarer Weise geschrieben wie der *nw*-Topf-ähnliche Sack für die Farbpigmente, z. B. [10].

Der Farbpulverbeutel in der Mitte der Hieroglyphe ist meist ungefähr wie ein ȯ gestaltet, cf. dazu auch oben bei W 24. Nur selten fehlt er, so bei RII/ DeM/ 043. 056. 057, RII/ Aby/ 007, RII/ Saq/ 013, RII/ Qan/ 003. 008. 009. Er befindet sich entweder auf gleicher Höhe wie die Palette ([11]) oder endet weiter oben ([12]).

Der Behälter mit den Schreibbins… t am wenigsten von Variationen betroffen, er sieht fast immer wie hier bei RII/ Saq/ 007 aus. Nur in Saqqara bzw. auf der aus dem gleichen Arbeitsstättenkontext stammenden Stele RII/ KeG/ 004 ( ), die, wurde dieser Behälter wie in der Basishieroglyphe geschrieben.

Alle oben aufgeführten Abweichungen datieren stets in die Zeit Ramses II.

Nur in wenigen Belegen fand eine Verwechslung von Palette und Säckchen statt, sie wurden dann an die falschen Enden des Seils gesetzt. Dieses ist zu beobachten bei SI/ DeM/ 044, RII/ DeM/ 032 und RII/ Saq/ 008. Der Beleg RII/ Qan/ 049 ist auch aufgrund der mangelnden Qualität des Objektes stark verderbt.

Lediglich in Deir el-Medineh, und zwar in der Zeit von Sethos I bis Siptah, ist in manchen Belegen zu beobachten, daß die Schnur, die den Binsenbehälter an das … es Säckchens bindet, an der Außenseite über den Behälter hinaus weiterführt, so wie bei [13]. Ansonsten wird diese Schnur in Form von zwei Strichen zwischen Binsenbehälter und dem Seil oberhalb des Säckchens dargestellt, wie bei [14].

In den Schriftfeldschreibungen wurde diese Hieroglyphe meistens horizontal gestaucht, und zwar in den Titeln *zẖ3w-nzw* oder *zẖ3w-qdw.t*. Alle anderen Schriftfeldschreibungen verkleinerten dieses Zeichen maßstäblich.

Y 05

Diese Hieroglyphe mit dem Lautwert *mn* ist hier sehr oft belegt, überwiegend in Schriftfeldschreibungen.

Das Spielbrett ist in der Regel relativ flach, nur selten, so z. B. SI/ DeM/ 001 ( ), RII/ Lux/ 001, RII/ Saq/ 014, RII/ Qan/ 005 oder RII/ SeK/ 004, ist es viel höher als die Steine.

7 Zu retrograden Hieroglyphen cf. FISCHER, *Orientation I*, zu Zeichendrehungen im Mittleren Reich SCHENKEL, *Frühmittelägyptische Studien*, 29-31 (zu D 21, N 35 und O 29).
8 RII/ Saq/ 014.
9 RII/ Aby/ 006.
10 Eine Schreibung auf RII/ The/ 008.
11 RII/ DeM/ 043.
12 RII/ Saq/ 003.
13 RII/ DeM/ 040.
14 SI/ Saq/ 004.

Die Anzahl der Spielsteine variiert von zwei bis neun. Sie können
A) mit dem Brett verbunden sein ([15]),
B) vom Brett abgegrenzt sein ([16]), oder
C) vollständig getrennt sein ([17]).

Die Formen A) und B) waren in ganz Ägypten während der 19 Dynastie in Gebrauch, C) findet sich ausschließlich in drei Schreibungen auf Sip/ Aby/ 003. Auf dieser Stele ist auch der einzige Beleg für B) als Einzelzeichen vorhanden, ansonsten kommt B) nur in Schriftfeldschreibungen vor.

Bei nur wenigen Belegen schließen die Steine bündig mit dem Spielbrett ab, ansonsten wer den sie eher wie 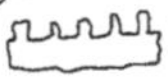[18] gestellt. Sie stehen in der Regel eng zusammen, auch in den Schriftfeldschreibungen. Nur Belege aus Qantir zeigen weit auseinanderstehende Steine, so 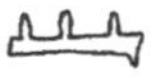 oder [19]. Ebenfalls aus dieser Stadt stammt der einzige Beleg [20], bei dem nur die äußeren Umrisse des Spielfeldes eingeritzt wurden und die Mitte unvertieft blieb. Weiteres zu den Steinen cf. unten.

In den meisten Schriftfeldschreibungen wurde Y 05 im Gottesnamen *Jmn(.w)* verwendet, dabei ist die häufigste Veränderung der Hieroglyphe eine im Detail. Diese äußert sich in der gegenüber dem Einzelzeichen verminderten Anzahl der Spielsteine, wie z. B. bei SI/ DeM/ 001: 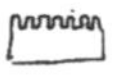 → . Das Spielbrett erfuhr daneben eine unregelmäßige Stauchung, besonders stark bei RII/ DeM/ 185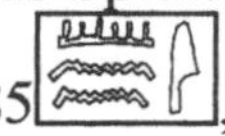, wo das Brett nur noch aus einem Strich besteht. In einem extremen Fall wurde die Anzahl der Spielsteine auf zwei reduziert, so bei RII/ Qan/ 034 (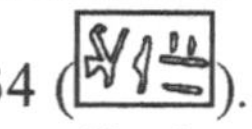). Einige Schreibungen aus Serabit el-Khadim haben die Steine ganz weggelassen, da offenbar kein Platz mehr vorhanden war, wie bei [21]. Viele Stelen zeigen in den entsprechenden Schreibungen lediglich noch drei Steine.
Nur relativ wenige Schreibungen stauchten Y 05 vertikal, dabei wurden sowohl Brett als auch Steine niedriger, deren Anzahl sich dabei aber nicht verringerte, so z. B. [22]. Eine rein horizontale Stauchung ist in den Belegen nicht vertreten.

Y 06, Y 07 Im vorliegenden Corpus nicht belegt.

Y 08 

Das Sistrum ist nur auf zwei Stelen belegt, RII/ Sas/ 001 und Sip/ DeM/ 010. 
Der Hathorkopf mit den Kuhohren ist bei dem oberägyptischen späten Beleg als nach un-

15 SI/ Aby/ 004.
16 SI/ DeM/ 028.
17 SI/ Aby/ 003.
18 RII/ Saq/ 008.
19 RII/ Qan/ 066. 079.
20 RII/ Qan/ 005.
21 RII/ SeK/ 003.
22 SI/ DeM/ 001. Die weiteren Belege für eine rein vertikale Stauchung sind SI/ DeM/ 018, SI/ SeK/ 001, RII/ DeM/ 140, RII/ Saq/ 020, RII/ Sas/ 001, SII/ Kar/ 001, SII/ Aby/ 001. 002.

ten gewölbter Halbkreis mit Fortsätzen gestaltet. Nach oben ragt ein Hochrechteck, flankiert von zwei geschwungenen Linien, die sich aber nicht berühren. Der unterägyptische Beleg ist eine Schriftfeldschreibung  [23], die Y 08 horizontal gestaucht hat. Dadurch ist der Hathorkopf fast gänzlich verschwunden und der obere Mittelteil wurde stark verschmälert.

23 RII/ Sas/ 001.

Abteilung Z – Striche, geometrische Figuren, Zeichen aus dem Hieratischen

Z 01, Z 02-03 I, III / ⁞

Diese Hieroglyphen kommen sehr häufig vor. Da es sich nur um einfache Striche handelt, sind keine für meine Arbeit relevanten Merkmale vorhanden, so daß diese Zeichen nicht in die Tabellen aufgenommen werden mußten. Die einzige Variation ist die Tatsache, daß III mitunter als ooo dargestellt werden kann, jedoch sind auch hier keine Gesetzmäßigkeiten erkennbar.

Z 04 \\

Die kleinen Doppelstriche sind sehr häufig, so daß in den Tabellen nicht alle vorkommenden Schreibungen aufgeführt wurden. Es gibt sowohl senkrechte als auch leicht schräge Formen, die beide überall auftauchen.

In Schriftfeldschreibungen wurden die Striche einfach verkleinert bzw. enger aneinandergerückt. Aufgrund der einfachen Form dieser Hieroglyphe sind keine chronologisch/ topographischen Unterscheidungsmerkmale vorhanden.

Z 05/ Z 06 Im vorliegenden Corpus nicht belegt.

Z 07 ℮

Das Zeichen ist oft annähernd quadratisch ([1]), in anderen Fällen wird die Schlaufe stark nach unten ausgezogen ([2]). Letztere Form taucht häufiger in Unterägypten auf, in meinen Belegen, die post Ramses II datieren und alle aus Oberägypten stammen, ist sie jedoch öfters vertreten. Eine in die Waagerechte ausgezogene Schlaufe ([3]) ist als Einzelzeichen in Oberägypten und auf einigen Qantir-Stelen belegt, in Schriftfeldschreibungen erscheint diese Form bei der vertikalen Stauchung.

Am häufigsten ist eine einzelne Windung ([4]), die doppelte Windung ([5]) kommt nur in oberägyptischen Einzelzeichen vor. Der Beleg RII/ Qan/ 005  ist als einziger stark verderbt.

In den untersuchten Schriftfeldschreibungen ist zu beobachten, daß die Schlaufe sich an die anderen Zeichen im Schriftfeld angepaßt hat, auch wenn eigentlich genug Platz zur Verfügung stand. So kann hinter einem Vogelrücken das Ende der Schlaufe in Richtung Schwanz heruntergeführt werden ( [6]). Bei der vertikalen Stauchung wird das Schlaufenende meist lang in die Waagerechte ausgezogen, z. B.  [7] (dazu schon oben). Doppelte Windungen erscheinen in den aufgenommenen Schriftfeldschreibungen nicht.

1 RII/ DeM/ 177.
2 RII/ DeM/ 185.
3 RII/ Kop/ 002.
4 RII/ DeM/ 082.
5 RII/ DeM/ 137.
6 RII/ The/ 003.
7 RII/ Saq/ 018.

Z 08 Im vorliegenden Corpus nicht belegt.

Z 09-10 

Die kleinen, schräg gekreuzten Stäbe sind relativ selten, alle in der Form Z 09. Abgesehen von der schwankenden Breite der einzelnen Belege sind keine Unterscheidungsmerkmale feststellbar.

In den Schriftfeldschreibungen wurde Z 09 nur ungefähr maßstäblich verkleinert.

Z 11 

Das senkrechte Kreuz  ist etwas häufiger belegt, auch hier sind aufgrund der einfachen geometrischen Form keine Unterscheidungsmerkmale feststellbar.

In den Schriftfeldschreibungen wurde Z 11 meist horizontal gestaucht, was zu einer Verkürzung des waagerechten Stabes führte. Die anderen Belege sind maßstäbliche Verkleinerungen. Lediglich bei SI/ DeB/ 001  wurde die Hieroglyphe in die Breite gedehnt, so daß jetzt beide Stäbe gleich lang sind. Dieses geschah, um in allen vier Quadranten des Schriftfeldes noch jeweils zwei kleine, senkrechte Striche unterbringen zu können, die zusammen als Zahl 8 gelesen werden.

Abteilung Aa – Unklassifiziertes/ Unidentifizierbares

Aa 01 ⊜

Diese Hieroglyphe ist relativ häufig mit zwei verschiedenen Formvarianten vertreten. In keinem Fall ist eine Querstreifung wie im Basiszeichen ⊜ vorhanden, meist stellt sich Aa 01 nur als einfache Scheibe dar. Lediglich wenige, verstreut auftauchende Belege zeigen einen Ring, so SI/ Saq/ 006 (◎), RII/ Ama/ 001, RII/ DeM/ 043. 053, RII/ Aby/ 016, Mer/ Aby/ 002 und SII/ Ani/ 001. Alle diese Belege sind Einzelschreibungen aus Oberägypten und Nubien. Im untersuchten Corpus ist dagegen keine unterägyptische Schreibung mit einem Ring für Aa 01 bekannt. Ohne den Kontext wäre eine Verwechslung mit identischen Schreibungen von N 05 (⊙) oder N 09-10 (⊖,⊖) möglich, cf. dort.

In den Schriftfeldschreibungen wurde Aa 01, das alleine ein Viertel eines Schriftfeldes einnimmt, nur maßstäblich verkleinert.

Aa 02-03

Das „schlechte Paket" kommt nur selten und hauptsächlich in der Zeit Ramses II vor. Die Form ist dem Basiszeichen sehr ähnlich, nur einige thebanische Belege zeigen etwas verderbte Formen, wie z. B.  oder [1]. Lediglich RII/ Saq/ 019 grenzte die beiden seitlichen Auswüchse vom Zentralelement ab. Die graphische Variante Aa 03 mit Ausfluß ist nicht vorhanden.

Die Schriftfeldschreibungen haben offenbar alle eine maßstäbliche Verkleinerung durchgeführt.

(Aa 04) Nummer nicht existent, das Zeichen wurde schon von A H. GARDINER hinter W 10 eingeordnet.

Aa 05

Diese Hieroglyphe ist nur einmal, in der Schriftfeldschreibung SI/ The/ 001 belegt, dabei sind im Gegensatz zum Basiszeichen beide Winkel voneinander getrennt. Hier handelt es sich offenbar um eine einfache maßstäbliche Verkleinerung[2].

Aa 06, Aa 07 Im vorliegenden Corpus nicht belegt.

Aa 08

Die sog. „Bewässerungskanäle" sind in Deir el-Medineh und auf SI/ Saq/ 004 sowie auf einer Schriftfeldschreibung in Heliopolis vertreten. Das Zeichen zeigt stets die Form des Basiszeichens, nur bei RII/ DeM/ 141 sind die kleinen senkrechten Striche sehr kurz geraten. Trotzdem ist eine Verwechslung mit dem Türriegel O 34 ausgeschlossen, da auch an den äußeren Enden noch kleine Verdickungen erhalten sind.

1 RII/ The/ 005 bzw. Mer/ The/ 003.

2 Im Alten Reich ist diese Hieroglyphe zur Seite geneigt: FISCHER, *Calligraphy*, 51, cf. dazu die zweite Hieroglyphe bei GRAEFE, *MÄG*, 241.

Die einzige Schriftfeldschreibung RII/ Hel/ 002 stauchte das Zeichen horizontal, dabei wurde Aa 08 hochkant gestellt, was ansonsten für diese Hieroglyphe eher unüblich war.

Aa 09, Aa 10 Im vorliegenden Corpus nicht belegt.

Aa 11-12

Das „Podium“ gehört mit zu den am häufigsten verwendeten Schriftzeichen in vorliegendem Material. Die Form ist generell der des Basiszeichens Aa 11 sehr ähnlich, die abgeschrägte Seite dabei mehr oder weniger stark ausgeprägt. In vielen Fällen handelt es sich hier um ein reines Rechteck, das wohl schlicht eine vereinfachte Form darstellt und nicht intentional die frühere Form Aa 12 meinte.

Besonders in den Schriftfeldschreibungen, die diese Hieroglyphe mit einem Personendeterminativ und P 08 als *mꜣꜥ ḫrw* „gerechtfertigt“ in ein Feld setzten, ist verstärkt zu beobachten, daß P 08 und Aa 11 so gut wie gar nicht mehr unterschieden oder sogar miteinander verwechselt wurden[3], zwei einander ähnliche langrechteckige Zeichen reichten aus, um die Lesung *mꜣꜥ ḫrw* zu ermöglichen. In diesem Zusammenhang denke man an die im Hieratischen beliebte Abkürzung für , die nur noch aus mehreren Strichen besteht[4]. Dabei war die Verstehbarkeit gewährleistet, auch wenn diese Zeichen wohl gar nicht immer mitgelesen werden mußten. Ähnliches dürfte auch für Aa 11-12 mit P 08 gelten.

Das Zeichen konnte waagerecht oder senkrecht gestellt werden, je nach den Erfordernissen im Schriftfeld.

Die Schriftfeldschreibungen haben Aa 11-12 auf verschiedene Weise gestaucht, dabei veränderten sich aber nur die Proportionen, darüber hinaus konnte die abgeschrägte Seite wegfallen.

Aa 13-15

Diese Hieroglyphe ist ebenfalls eine der am häufigsten verwendeten in der Materialsammlung. Dabei ist eine Unterscheidung zwischen Aa 13 und Aa 15 in den meisten Fällen nicht möglich, ich betrachte beide GARDINERschen Formen als reine graphische Schreibvarianten[5]. Die Form Aa 14 ist eine Alte Reichs-Variante, die in den untersuchten Quellen nie vorkommt. Alle Schreibungen zeigen einander sehr ähnliche Formen, so daß daraus keine chronologisch/ topographischen Unterscheidungsmerkmale abgeleitet werden können. Nur RII/ Qan/ 006 hat mit eine verderbte Form, bei der die beiden waagerechten Striche nicht von gleicher Länge sind, jedoch dürfte es sich hier lediglich um ein Zeichen mit mangelhafter Qualität der Ausführung handeln. Ein ähnliches Bild bietet sich nur noch auf SI/ DeM/ 015 () und RII/ Qan/ 038, bei denen die unterschiedlichen Strichlängen von einer Beeinflussung durch umliegende Darstellungen verursacht wurden.

In den Schriftfeldschreibungen wurde diese Hieroglyphe unterschiedlichst gestaucht bzw. maßstäblich verkleinert. Die vertikale Stauchung verringerte lediglich den Abstand zwischen den waagerechten Strichen, die horizontale die Breite des Zeichens.

---

3 So RII/ Kop/ 002.

4 So z. B. pBM 10055 rto. 2, 5 – 9: ČERNÝ, *Papyrus Salt 124*, 243 ff. oder pCairo 58092 rto. 11, 14, 15: JANSSEN, PESTMAN, *Burial*, 144, dazu auch *KRI V*, 449 f.

5 Bei GARDINER, *EG*, 542 ist der hintere Teil von Aa 13 leicht nach unten eingezogen, während alle neueren Zeichenlisten diese Hieroglyphen nur durch die unterschiedliche Abschrägung des vorderen Teils differenzieren.

Aa 16

Dieses Zeichen ist sehr selten, nur auf vier Stelen aus Deir el-Medineh, Koptos und Kafr el-Gabal, vertreten. Dabei ähnelt es stark dem Basiszeichen, lediglich bei RII/ Kop/ 002 ist eine Verwechslung mit Aa 13-15 denkbar.

Die Schriftfeldschreibung RII/ KeG/ 004  stauchte das Zeichen nur vertikal, was die bei den waagerechten Striche näher aneinander heranrücken ließ als dieses im Einzelzeichen der Fall ist.

Aa 17-18

In den Belegen ist allein die jüngere Variante Aa 18 vertreten, bei allen Schreibungen variiert aber die Form des Basiszeichens stark. Nur in Oberägypten sind Korb und Deckel voneinander getrennt, lediglich RII/ Saq/ 019 bietet als einziger unterägyptischer Beleg mit eine ebensolche Schreibung. Die Schriftfeldschreibung auf dieser Stele ließ sogar den Korb ganz weg, ebenso wie RII/ Aby/ 016 , wo die Hieroglyphe wie eine Komposition aus oberer *ꜥnḫ*-Schlaufe und aussieht.

Meistens ist dieser Korb sehr schmal, z. B. bei [6], im Gegensatz zu den unterägyptischen Schreibungen, dabei umfaßt der Deckel den Korb-Teil. Der Griff ist oval oder explizit als Schlaufe geformt, bei RII/ DeM/ 176 und RII/ The/ 021 fehlt er ganz.

Sip/ DeM/ 004 bietet ein stark verderbtes Zeichen, das wie ein aussieht, jedoch aufgrund der Stellung im Personennamen *K3s3* eindeutig Aa 17-18 sein muß[7].

Die Formen [8] könnten bei unsorgfältiger Gestaltung mit einem *tj.t*-Amulett verwechselt werden, was jedoch in den aufgenommenen Quellen nie der Fall gewesen ist.

In Unterägypten ist diese Hieroglyphe, abgesehen von der schon erwähnten, abweichenden Stele RII/ Saq/ 019, nur in Saqqara zur Zeit Sethos I belegt. Alle diese Formen stammen von Stelen des Generals *K3s3*, zum einen das vierteilige Ensemble SI/ Saq/ 003 – 006 sowie SI/ Saq/ 002. Alle zeigen eine einander sehr ähnliche Form [9]. Dabei ist der untere Teil, der Korb, dreiecksförmig bis rechteckig, der obere, breitrechteckige Deckel befindet sich darüber. Die Schlaufe ist hier stets nur als ein kleiner, schräger Strich geschrieben, lediglich bei einer Hieroglyphe auf SI/ Saq/ 002 sind zwei Striche vorhanden.

In den Schriftfeldschreibungen wurde diese Hieroglyphe unterschiedlich gestaucht. Darüber hinaus besteht eine Detailveränderung bei RII/ Saq/ 019 und RII/ Aby/ 016, wo aus Platzmangel der untere Teil, der Korb, ganz weggelassen wurde (cf. auch schon oben).

Aa 19 Im vorliegenden Corpus nicht belegt.

Aa 20

Diese Hieroglyphe kommt im Corpus nur zweimal vor. Dabei sind beide Belege von der Gestalt des Basiszeichens stark abweichend. Der obere Teil schwingt jeweils zu einer Seite hin,

6 RII/ DeM/ 176.
7 Das Zeichen bei *KRI IV*, 435 Z. 14 bietet leider ebenfalls kein deutlicheres Bild.
8 RII/ Ama/ 001.
9 SI/ Saq/ 004.

der Körper ist senkrecht ([10]) bis kegelförmig. Letztere Form zeigt die einzige Schriftfeldschreibung RII/ The/ 008 , die Aa 20 maßstäblich verkleinert hat.

Aa 21-22

Dieses Zeichen ist im Gardinerfont mit einem sehr langen oberen „Stiel“ angegeben: . Bei allen Zeichen in den Beispielen ist dieser dagegen sehr kurz und in zweien der drei Belege oben mit einem Querbalken versehen ([11]). Man könnte annehmen, daß die Kürze des Schaftes von der Beeinflussung durch andere Zeichen in der Gruppe herrührt, allerdings sind einige Zeichen Einzelzeichen. Ich vermute eher, daß es sich hierbei um eine wirkliche zeitgenössische Variante mit kurzem Stiel handelt. Die Schreibungen unterscheiden sich auch von *Extended Library* Aa 21a[12]. Dort endet der horizontale Strich am oberen Ende des vertikalen Striches, während die aufgenommenen Beispiele sich oben kreuzen, ähnlich dem oberen Teil eines . Die Komposithieroglyphe Aa 22, die lediglich eine graphische Variante zu Aa 21 darstellt, ist Im vorliegenden Corpus nicht belegt.

Die einzige Schriftfeldschreibung RII/ The/ 008 stauchte das Zeichen nur vertikal. Dabei endet der senkrechte Strich direkt am Querbalken und führt nicht noch weiter nach oben.

Aa 23-24 Im vorliegenden Corpus nicht belegt.

Aa 25

Diese Hieroglyphe ist im bearbeiteten Material vermutlich einmal auf Mer/ The/ 003 belegt. Dabei weicht die Form stark von der des Basiszeichens ab. K. A. KITCHEN[13] jedoch identifiziert diese Hieroglyphe als Aa 25 und übersetzt das Zeichen, das einen Titel eines *Kꜣ-mw.t=f*-Priesters bezeichnet, als *stolist*[14]. Die Stelle ist auch am Original schwierig zu interpretieren, einwandfreie Hinweise für Ausbrüche um ein Zeichen herum bietet sie leider nicht. So teile ich bis zu einer abweichenden Identifizierung K. A. KITCHENs Lesung.

Aa 26 Im vorliegenden Corpus nicht belegt.

Aa 27

Die frühen Zeichen in Deir el-Medineh entsprechen am ehesten dem Basiszeichen, lediglich bei SI/ Aby/ 002 ist mit  eine stärkere Abstraktion festzustellen. In der Zeit Ramses II, aus der die meisten der Belege stammen, war in Oberägypten eine stark vereinfachte Form üblich, die wie ein Kreuz mit einer Verdickung am Treffpunkt der beiden Stäbe aussieht, so [15]. In Unterägypten hingegen ist noch eine größere Nähe zum Basiszeichen erkennbar.
Zwei einander nahestehende Stelen, RII/ Saq/ 008 und RII/ KeG/ 004, haben die breiteste Verdickung, der Beleg aus Kafr el-Gabal hingegen zeigt keine dreieckigen, sondern strichförmige Fortsätze an den Seiten und oben.

---

10 RII/ Saq/ 020.
11 RII/ Saq/ 020.
12 HANNIG, *HBW*, 1167.
13 *KRI IV*, 128.
14 Dazu GARDINER, *EG*, 543 und entsprechend GRAEFE, *MÄG*, 242 und HANNIG, *HWB*, 1103. Das entsprechende ägyptische Wort wird als *smꜣ(.tj?)* wiedergegeben, cf. aber *WB IV*, 131 *s:mꜥr* „bekleiden“!
15 RII/ DeM/ 069.

In den Schriftfeldschreibungen wurde Aa 27 nur horizontal gestaucht, was die Breite der seitlichen Fortsätze stark reduzierte. RII/ Qan/ 043 zeigt als einzige Schriftfeldschreibung eine ungefähr maßstäbliche Verkleinerung.

In manchen Fällen kann das untere Ende verdickt sein, so daß eine Verwechslung mit F 35 (*nfr*) möglich ist[16], so wie bei mir RII/ The/ 022 .

Aa 28-29 

Die meisten Belege in der Sammlung weichen von der Form des Basiszeichens  stark ab, wobei nur die Form [17] vertreten ist, die anscheinend zumindest für die 19. Dynastie regulär gewesen ist. Eine Verwechslung mit M 40 ist demnach bei unsauberer Ausführung und ohne den verständlichen Kontext nicht auszuschließen. Die Form Aa 29, bei der es sich um die Alte Reichs-Form von Aa 28 handelt, ist im vorliegenden Corpus nicht belegt.

Der Hersteller von RII/ DeM/ 126 hat bei  wohl aus Versehen die Hieroglyphe umgedreht und so ein -ähnliches Zeichen geschrieben.

In den Schriftfeldschreibungen wurde diese Hieroglyphe fast immer nur horizontal gestaucht, die übrigen Belege zeigen eine maßstäbliche Verkleinerung. Bei SI/ The/ 001  ist eine eher dem Basiszeichen entsprechende Form vorhanden, wahrscheinlich beeinflußt durch die Palette der daneben stehenden Hieroglyphe Y 03-04.

Aa 30-31 Im vorliegenden Corpus nicht belegt.

16 FISCHER, *Calligraphy*, 52.
17 RII/ DeM/ 140.

8.1.2. Die Zahlzeichen

Im vorliegenden Corpus sind die Zahlen 1, 2, 4, 6 bis 9, 30 und 37 belegt. Da alle Zahlwörter nur sehr selten vorkommen, können aus ihnen keine chronologisch/ topographischen Unterscheidungsmerkmale gewonnen werden. Sie setzen sich aus einfachen Strichen und Bögen zusammen.

8.1.3. Die Königsnamen

In Kartuschen konnten die Namen diverser Könige der 18. und 19. Dynastie aufgenommen werden. Die Namensschreibung Snofrus auf SI/ ???/ 004 wurde wegen der nicht eindeutig feststellbaren Provenienz nicht in die Paläographie übernommen.

Darüber hinaus sind in meiner Sammlung nur wenige Belege, bei Sethos I und Ramses II, für einen Königsnamen in einem Hausgrundriß in der Bezeichnung einer (Tempel-)Domäne[18] vorhanden, bei einem Beleg handelt es sich nicht um O 06, sondern um den Festungsgrundriß O 36[19]. Ein Beleg für den Horusnamen im Serech findet sich in relativ qualitätvoller Arbeit auf der ansonsten weniger guten Stele RII/ Qan/ 031. Die Namen verteilen sich wie folgt[20]:

Königsname:	in:	auf:	aus den Zeiten von:
Snofru	Kartusche	1 Stele	(SI)
Ahmose	Kartusche	2 Stelen	(SI, RII)
Amenhotep I	Kartusche	28 Stelen	(SI, RII, Mer, Sip)
Thutmosis III	Kartusche	3 Stelen	(SI, Mer, SII)
Thutmosis IV	Kartusche	2 Stelen	(SI, RII)
Haremhab	Kartusche	1 Stele	(RII)
Ramses I	Kartusche	5 Stelen	(RI bis RII)
Sethos I	Kartusche	13 Stelen	(SI, RII)
	Hausgrundriß	2 Stelen	(SI, RII)
Ramses II	Kartusche	77 Stelen	(RII, Mer)
	Hausgrundriß	9 Stelen	(nur zeitgenössisch)
	Festungsmauer	1 Stele	(nur zeitgenössisch)
	Serech	1 Stele	(nur zeitgenössisch)
Merenptah	Kartusche	7 Stelen	(nur zeitgenössisch)
Amenmesse	(---)	(---)	
Sethos II	Kartusche	1 Stele	(nur zeitgenössisch)
Siptah	(---)	(---)	

Die qantirer Stelen RII/ DeM/ 001. 004. 028. 038. 066 nennen in der Kartusche nicht den Königsnamen, sondern den Namen einer Statue des Königs als Gott, die sich in der Ramsesstadt befunden hat, nämlich stets den der Statue *Wsr-Mꜣꜥ.t-Rꜥ(.w)-stp-n-Rꜥ(.w) Mnṯw-m-tꜣ.wj*.[21] Auffällig ist, daß nur bei dieser Statue der volle Statuenname in der Kartusche stehen kann, bei allen anderen Statuen ist nur der eigentliche Name Ramses II in ⊂⊃ eingefügt, die jeweiligen Zusätze ***pꜣ nṯr*, *ḥqꜣ ḥqꜣ.w*** etc. finden sich immer außerhalb.

---

18 Cf. dazu HELCK, *Domänen*.

19 RII/ Sed/ 001.

20 Die Zahlen nennen alle erfaßten Belege, wie sie im Index aufgeführt werden. Nicht alle Schreibungen konnten jedoch in die paläographischen Tabellen aufgenommen werden.

21 Zu den Statuen Ramses als Gott cf. u. a. HABACHI, *Deification* oder ROEDER, *Ramses II*.

Kartuschen von vergöttlichten Königinnen sind von Ahhotep und Ahmose-Nefertari belegt.

Kgn.-Name:	in:	auf:	aus den Zeiten von:
Ahhotep	Kartusche	1 Stele	(Mer)
A.-Nefertari	Kartusche	9 Stelen	(SI – Sip, ohne Am).

Namen zeitgenössischer Königinnen, beispielsweise den der Gemahlin Ramses II, Nefertari, sind dagegen in meinem Material nicht vorhanden.

Die Hieroglyphen in diesen Namensschreibungen verhalten sich wie normale Schriftzeichen. Der Ring bzw. der Gebäudegrundriß befindet sich jeweils direkt außerhalb der Schriftfeldgrenzen, so daß die einzelnen Zeichen im Normalfall lediglich in einer Schriftfeldschreibung verändert werden, nicht jedoch zusätzlich durch die Namenseinfassung. Nur selten ist in den Schreibungen zu beobachten, daß die Krümmung des Kartuschenrings Hieroglyphen beeinflußt hat. Die Zeichen der Namen wurden kalligraphisch so gestaltet, daß sie sich harmonisch in das Oval der Kartusche einfügen und so wenig wie möglich von den gebogenen Enden gestört werden. Die Wasserlinie wurde daher des öfteren erheblich verkürzt, weil sie so besser in den Kartuschenabschluß hineinpaßte, so z. B [22]. Auffallend ist bei vielen Stelen aus Qantir, daß sie – im Gegensatz zu Corpora aus anderen Regionen – stark verderbte oder sogar unfertige Kartuschen aufweisen.

22 RII/ Qan/ 035.

8.2. Analyse nach Regionen

8.2.1. Allgemeines

Alle Regionen außerhalb der großen Zentren Theben/ Deir el-Medineh, Abydos, Memphis/ Saqqara und Qantir sind im vorliegenden Corpus nur mit äußerst dürftigem Material vertreten, so daß sie am Ende dieses Kapitels zusammenfassend behandelt werden können. Lediglich die beiden abseits des ägyptischen Kerngebietes liegenden Regionen Nubien und Sinai werden aufgrund ihrer Sonderstellung noch separat behandelt. Die Reihenfolge richtet sich nach der jeweiligen topographischen Lage von Süd nach Nord.

8.2.2. Nubien

Die spezielle Situation in Nubien bewog mich, in diesem Kapitel alle aufgenommenen Orte aus Nubien als einheitlichen Bereich zusammenzufassen. Es sind darin von Süd nach Nord enthalten die Insel Saï, Amara, Buhen, Aksha, Abu Simbel, Aniba, Amada, Wadi es-Sebua sowie „Nubien" (i. e. für Stelen, die nicht an einem speziellen Ort in Nubien lokalisierbar sind).

Die Expansion der Ägypter nach Nubien ab dem Mittleren Reich und wieder ab Kamose weist, abgesehen von Handel und Diplomatie, einen überwiegend eher gewaltsamen Aspekt durch Einschüchterungstaktiken und auch bewaffnete Aktivitäten auf[1]. Die dauerhafte Präsenz der ägyptischen Staatsmacht sowie die ab dem Neuen Reich erfolgte Etablierung einer ägyptischen Verwaltung und von ägyptischen Tempeleinrichtungen in den okkupierten Gebieten war das Ergebnis einer zentral gesteuerten Expansionspolitik.

In deren Gefolge entstanden u. a. auch Arbeitsstätten, in denen Ägypter oder auch von Ägyptern angelernte Nubier tätig waren. Meiner Meinung nach kann man demzufolge nicht von einem an einzelnen Orten in Nubien genuin gewachsenen, ägyptischen Individual-Duktus bzw. Vorlagen-Duktus sprechen. J. KAHL[2] vermutet, von Ägypten aus seien nicht die besten Fachkräfte nach Nubien in die Ferne geschickt worden, sondern eher jüngere, noch weniger erfahrene, da sonst ein übermäßiger, nicht zu verantwortender Qualitätsabfluß aus Ägypten stattgefunden hätte. Es gab aber auch den umgekehrten Weg, wenn Nubier einige Zeit in Ägypten verbrachten und dort arbeiteten[3]. Zurückgekehrt, konnten sie Erlerntes im Rahmen ihrer Möglichkeiten anwenden.

Ein solcher Duktus bildet sich infolge einer lang andauernden Beeinflussung durch Region, soziales Umfeld und Gesellschaft, denen jeder Hersteller ausgesetzt ist. Diese Faktoren treffen jedoch auf die in Nubien ansässigen Hersteller in der 19. Dynastie nicht zu. In früheren Zeiten zogen die dort tätigen Ägypter später wieder nach Hause und wurden so in „heimischer Erde" begraben. Erst ab dem Neuen Reich begannen in Nubien (i. e. in den ägyptisch besetzten Teilen, also den fruchtbaren Regionen entlang des Nils) arbeitende Ägypter, dauerhaft dort zu

---

1 Zu diesem Thema zusammenfassend WENIG, *Nubien*, 529 ff., ZIBELIUS-CHEN, *Expansion*, bes. 136 – 197.
2 Mündlicher Hinweis 08/ 2004.
3 Cf. ZIBELIUS-CHEN, *Expansion*, 63.

bleiben und Nubien, nicht mehr Ägypten selbst, als ihre Heimat zu betrachten[4]. So konnte sich ab jetzt langsam eine ägyptischstämmige, aber nubisch beheimatete Schicht herausbilden, die jedoch ihre ägyptische Identität und ihre Gebräuche über Generationen hinweg behielt, umfangreiche „Nubisierungen" lassen sich nicht feststellen. Die kulturelle Identität und das Wissen der Vorfahren waren über die Generationen hinweg im Altertum sehr viel weniger dem Vergessen ausgesetzt als dieses heutzutage der Fall ist. Darüber hinaus wurden die einheimischen Gruppen zunehmend ägyptisiert[5].

Die Zeit seit der Wiederbesetzung Nubiens in der 18. Dynastie war m. E. aber zu kurz, um in der hier behandelten Epoche schon in jedem Ort lokal eigenständig ausgebildete „Schulen" formen zu können, es ist demnach mit Verzögerungen in der Eigenentwicklung eines lokalen „ägyptischen" Duktus zu rechnen. In den paläographischen Tabellen sind dementsprechend auch keine relevanten Unterschiede zwischen den einzelnen Orten zu beobachten, so daß lokale Arbeitsstättenkontexte aus vorliegendem Material heraus nicht erkannt werden können.

Die Formen der Hieroglyphen auf den vorliegenden nubischen Denkmälern differieren jedoch insgesamt gegenüber denen aus ägyptischem Kerngebiet. Einige erwecken stärker als andere den Eindruck, etwas ungelenk zu sein, als ob der entsprechende, vielleicht einheimische? Hersteller mit etwas ihm noch Fremdem umging. Auch das Zeicheninventar ist, im Vergleich mit ägyptischen Stelen, stark eingeschränkt.

Eine besondere Aussagekraft hat die in die Zeit Sethos II datierte Stele des ***Mry*** aus Aniba (SII/ Ani/ 001)[6]. Viele ihrer Hieroglyphen weichen z. T. stark von den „üblichen" Formen ab, so z. B.  (O 01) oder  (M 17, N 35, Y 05). Neben der Tatsache, daß der Hersteller – wie G. STEINDORFF[7] wohl richtig vermutet hat – eine stellenweise verderbte (kursiv)hieroglyphische Vorlage benutzte, scheint er sich auch nicht über die tatsächliche Natur vieler Zeichen im klaren gewesen zu sein. Daneben ist auch der Umstand interessant, daß die Beischriften zu den Personen in beiden Registern zum großen Teil kleiner und unsauberer ausgeführt sind als die Inschriften auf den Rändern oder im 3. Register, das den 12 Zeilen langen Haupttext enthält. Daraus läßt sich schließen, daß dieser Teil der Stele später und/ oder von einem anderen Hersteller geschrieben wurde.

Diese Ergebnisse stützen auch D. FRANKES[8] Einschätzung, daß in

> *„Gebieten ..., wo ... in der Tradition geschulte ‚Künstler-Gelehrte' nicht zur Verfügung standen, ... nicht nur Widersprüche zwischen Stil und Beherrschung hieroglyphischer Schriftkunst, sondern auch leichtere Innovationen auftreten (können).*"

Darüber hinaus läßt sich auch an den Klassifizierungsergebnissen der nubischen Stelen die spezielle Situation Nubiens erkennen. Von 35 der hier erfaßten Stelen aus dieser Region sind nur drei einem Privatgrabkomplex zuzuordnen (Aniba und Buhen), während 30 Stelen in ei-

4 Nekropolen und Bestattungen von Ägyptern in Nubien ab der 18. Dynastie z. B: MÜLLER, *Verwaltung*, 14 ff., Dok. 24.7 (Amada), 29.10-29, 29.30-90 (Aniba), 36.4 (Serra-Ost), 37.1-5 (Dibeira), 38.3, 40 (Buhen und Umgebung), 54.1-14 (Soleb), 57.9 (Gebel Barkal); EMERY, KIRWAN, *Excavations*, 102 f. (Wadi es-Sebua). Auch der Vizekönig Messui unter Merenptah ließ sich wahrscheinlich in der Verwaltungshauptstadt Aniba begraben: HEIN, *Bautätigkeit*, 98. Die Rekonstruktion eines Grabes der 18. Dynastie in Soleb bei QUIRKE, *Cult*, 134.

5 HEIN, *Bautätigkeit*, 75.

6 STEINDORFF, *Aniba II*, 62 ff., Abb. 9-11, Frontispiz, Taf. 38:a. Cf. auch den Eintrag in meiner Quellensammlung.

7 STEINDORFF, *Aniba II*, 64.

8 FRANKE, *Heqaib*, 105.

nem Tempelkomplex aufgestellt waren (Te-g, Te-gk oder Te-vk, davon fünf aus Tempeln innerhalb der Festungsanlagen von Buhen und Saï)[9].
RII/ Nub/ 001 verwendet die hier in dieser Zeit sonst nur in Deir el-Medineh belegte Kombination  zwischen *wḏ3.t*-Augen als einzige nubische Stele – allerdings mit vertauschter Reihenfolge – bei der der *ḥnw*-Topf über den Wasserlinien steht. Wahrscheinlich war dem Hersteller zwar die generelle Idee bekannt, nicht jedoch die genaue Ausführung.

8.2.3. Die thebanische Region

Unter diesem Oberbegriff fasse ich die in den Tabellen getrennt aufgeführten Stelen aus Deir el-Bahari, Deir el-Medineh, Luxor, Karnak und diejenigen mit nur allgemeiner Herkunftsangabe „Theben“ zusammen. Die Stelen aus Deir el-Medineh werden in diesem Kapitel separat betrachtet, da sie aufgrund der exponierten und isolierten Lage des Dorfes der Nekropolenarbeiter einen Sonderfall bilden.

Diese Stelen sind generell von höherer Qualität als solche von vergleichbaren Personen außerhalb des Arbeiterdorfes. Dieses dürfte daran liegen, daß nur hier in Deir el-Medineh die ansässigen Arbeiter aufgrund ihres privilegierten Berufes in der Lage waren, für sich selbst Objekte herzustellen, die in der Qualität an die im offiziellen Auftrag gefertigten Arbeiten heranreichten. Aufgrund dieser Situation stellt sich die Frage, wie es in Deir el-Medineh überhaupt um Arbeitstätten für „Privatkunden“ bestellt war, die Wünschen nach der Anfertigung privater Stelen von Personen nachkamen, welche aufgrund ihrer Ausbildung nicht in der Lage waren, selbst eine Stele herzustellen und die wahrscheinlich auch nicht alle schreibkundig waren[10]. Zeitgleich werden aber nur wenige solcher Arbeitsstätten existiert haben[11], so daß bei den von mir postulierten Arbeitsstättenkontexten manchmal vielleicht von nur jeweils einer Einzelperson auszugehen sein dürfte. Dieses Modell ist in Kap. 3. als A) bezeichnet. Die Arbeitsstättenkontexte DeM/ A ff. müssen also nicht unbedingt auf verschiedene Arbeitstätten hinweisen, sondern können auch auf einen Kontext jeweils einer Person bezogen sein, die die dort subsummierten Objekte mit großer Wahrscheinlichkeit angefertigt hat.

Neben diesen erkennbaren (individuellen) Arbeitsstättenkontexten ist darüber hinaus auch ein allgemeiner, generell für Deir el-Medineh typischer Duktus feststellbar, der sich neben einigen Darstellungen auch in paläographischen Formen ausdrückt, so sind beispielsweise bei den Personenhieroglyphen (Abteilungen A und B) nur in dieser Region flache und sehr breite, nach beiden Seiten überstehende „Basisplatten“ unter den sitzenden Figuren vorhanden. Auch die sehr abstrahierte Form, in der hier der Unterleibsbereich dargestellt ist (z. B. 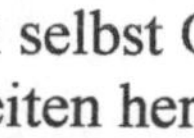[12]), konnte im untersuchten Material nur hier in dieser Siedlung belegt werden. Weitere für dieses Gebiet charakteristische Eigenheiten sind in der Auswertung nach Zeichen (Kap. 8.1.1.) analysiert. Auch einige ungewöhnliche Zeichen wie die von mir neu numerierten Hieroglyphen D# 01_M oder D 36+F 35_M sind allein in Deir el-Medineh zu finden.

9 Lediglich bei zwei Objekten konnte von mir keine Zuordnung getroffen werden.
10 Zum Thema Schrift und Schreibergewohnheiten im ramessidenzeitlichen Deir el-Medineh cf. DONKER VAN HEEL, HARING, *Writing*.
11 In diesem Zusammenhang danke ich E. BLUMENTHAL für wertvolle Anregungen zu den Deir el-Medineh-Stelen.
12 RII/ DeM/ 051.

In Deir el-Medineh sind vom kanonischen „Standard“ abweichende Formen in differierenden Quantitäten durchweg üblich. Jedoch ist gerade dieses Dorf kein Beispiel für eine „typische“ ägyptische Siedlung des Neuen Reiches, falls es so etwas überhaupt je gegeben hat. Die herausragende Stellung der dort beheimateten Arbeiter (cf. auch oben) sowie die abgeschiedene und abgegrenzte Lage[13] Deir el-Medinehs geben der Siedlung eine herausragende Rolle, die einen so tiefen Einblick in diese nahezu geschlossene Gesellschaft bietet, wie dies sonst nirgends in Ägypten möglich ist. Dazu kommt, daß nur hier diverse Personen jeweils eine größere Anzahl Stelen haben erstellen lassen, herausragend ist dabei *Rꜥ(.w)-ms(w)* mit 26 erhaltenen Stelen[14]. Offensichtlich konnten sich nur in Deir el-Medineh Personen aus nicht höchsten Ständen mehrere solcher Objekte leisten. Natürlich muß man auch hier die Zufälle der Erhaltung berücksichtigen, jedoch ist eine derartige Häufung an einem Ort schon bemerkenswert.

Diverse Gestaltungselemente sind anscheinend für diese Region typisch, sie tauchen zumindest in vorliegendem Material nicht woanders auf. So ist beispielsweise das Element der Flügelsonne mit nur einem Flügel im Stelenabschluß ausschließlich in Deir el-Medineh belegt, es kommt auf RII/ DeM/ 014. 096. 149 vor. Diese drei Stelen sind einander allerdings sehr unähnlich, RII/ DeM/ 014. 149 zeigen eine vergleichbare Gestaltung dieser Sonne, doch scheinen alle diese Objekte nicht einem gemeinsamen Kontext zu entstammen. Flügelsonnen mit zwei Flügeln ohne Uräen sind nur hier belegt, solche mit Uräen zusätzlich noch aus Abydos.

Ebenfalls charakteristisch für das Ramses II-zeitliche Deir el-Medineh ist die Komposition von *šn*-Ring, drei Wasserlinien und *ḥnw*-Topf, flankiert von zwei *wḏꜣ.t*-Augen. Alle Belege aus den Zeiten Ramses II und Siptahs stammen aus Deir el-Medineh[15], einzige Ausnahme ist RII/ Nub/ 001, bei der jedoch die Reihenfolge vertauscht wurde. Auffallend ist, daß in der Zeit Sethos I diese Komposition nur in Saqqara, nicht aber in Deir el-Medineh belegt ist.

Die Komposition mit Qadesch *en face* auf einem Löwen, flankiert links von Min und rechts von Reschef kommt im Corpus nur auf drei Stelen vor, die alle in Deir el-Medineh gefunden wurden. Die Motive ähneln sich zwar, die Form der Stele sowie der Duktus der Ausführung und der Hieroglyphen legen aber nahe, daß diese Objekte nicht von einer Hand geschaffen sein können, jedoch scheint diese Götterkonstellation speziell in Deir el-Medineh aufzutauchen[16].

Paläographisch sind in den Belegen kulturelle Verbindungen von Theben nach Qantir nachweisbar, jedoch nicht in umgekehrter Richtung. Dieses liegt an der von mir vermuteten Entsendung von thebanischen Arbeitern in die auch unter Ramses II massiv ausgebaute neue Residenz Pi-Ramesse. Näheres wird unten bei der Analyse der von diesem Transfer profitierenden Region Qantir (Kap. 8.2.7.) ausgeführt.

Ein kultureller Austausch hat natürlich auch zwischen der thebanischen Region und den anderen Gebieten Ägyptens stattgefunden, wie z. B. mit Gebelein/ Assiut, wo Särge oberägyptischen Typs nachzuweisen sind[17]. Da in vorliegendem Corpus entsprechendes Beleg-

---

13 Mit den Grenzen um Deir el-Medineh beschäftigt sich G. BURKARD, der einige Ergebnisse 2004 bei der Tagung *Räume und Grenzen* des Centrums für Geschichte und Kultur des östlichen Mittelmeerraumes der WWU Münster vorgestellt hat.

14 RII/ DeM/ 026 – 050.

15 RII/ DeM/ 105. 139, Sip/ DeM/ 010. 014. 023. *Wḏꜣ.t*-Augen kommen im aufgenommenen Quellenmaterial niemals alleine vor.

16 Eine weitere Stele aus dieser Siedlung, RII/ DeM/ 172, zeigt nur die Göttin Qadesch, weicht dabei aber im Duktus stark von den drei anderen ab.

17 Cf. dazu KAHL, *Siut – Theben*, passim.

material aus diesen Regionen nicht vorhanden ist, können leider keine Informationen über einen auch paläographisch faßbaren Austausch in diese Region gewonnen werden.

Es scheint in den Belegen so, als ob das Gebiet von Theben, das geographisch schon fast an der Südgrenze Ägyptens liegt, eine Art „paläographischer Grenze“ bildet. Viele Zeichen sind nicht mehr südlich dieser Region belegt, in zahlreichen anderen Fällen finden sich spezielle paläographische Eigenheiten in Ägypten nur hier.

Jedoch hat der thebanische Bereich offenbar auch die innovativsten Hersteller beheimatet, zumindest bezüglich der von mir untersuchten Privatdenkmäler. Diese Region weist die größte Zeichenvielfalt innerhalb des Stelencorpus auf, daneben war ein Großteil der im untersuchten Material selten verwendeten Schriftzeichen nur hier belegbar.

Aus Deir el-Bahari, Karnak und Luxor konnten lediglich vereinzelt Privatstelen aufgenommen werden, die sich auf die Regierungszeiten verschiedener Herrscher verteilen: SI/ DeB/ $001_{\text{(Te-k!)}}$, Mer/ DeB/ $001_{\text{(Te-vk!)}}$, SII/ Kar/ $001_{\text{(Te-g!)}}$, Sip/ Kar/ $001_{\text{(Te-g!)}}$ und RII/ Lux/ $001_{\text{(Te-g!)}}$. So ist es auch nicht möglich, von diesen Quellen kontextuelle Bezüge zu einer Arbeitsstätte herzustellen, jedoch dürften sie sicher nicht in Deir el-Medineh gefertigt worden sein. Da diese ausnahmslos Tempelkomplexen zuzuordnen sind, ist es gut möglich, daß sie in Arbeitsstätten in der Nähe dieser Anlagen hergestellt worden sind. Ob aber beispielsweise Stelen aus Luxor und aus Karnak einen gleichen Arbeitsstättenkontext gehabt haben könnten, läßt sich allein anhand des hier untersuchten Materials nicht nachweisen.

Generell ist es nicht so, daß Stelen desselben Nutznießers auch aus einem Arbeitstättenkontext stammen müssen. Meine Zusammenstellung ausgewählter Schriftzeichen verschiedener Stelen jeweils desselben Nutznießers in Kap. 12.4.1. – 4. zeigt diverse Unterschiede, also sind diese Stelen differenten Arbeitsstättenkontexten zuzuordnen und wohl auch nicht innerhalb einer kurzen Zeitspanne entstanden. Dieses Ergebnis widerlegt zumindest für dort zusammengestellten Stelen auch die Vermutung, die Nutznießer haben ihre Stelen selber hergestellt. Dieses mag vielleicht bei einigen Stücken tatsächlich der Fall gewesen sein, beweisen läßt es sich jedoch nicht, sofern nicht eine Stele auftaucht, auf dem explizit eine „Signatur“ vorhanden ist.

Arbeitsstättenkontext DeM/ A
RII/ DeM/ 126
RII/ DeM/ 128

Auf RII/ DeM/ 126 und / 128 kommt insgesamt dreimal eine im Quellenmaterial ansonsten nie auftretende Variation von O 04 vor, bei der das eigentlich nur senkrecht verlaufende Mauersegment etwas nach innen einzieht: 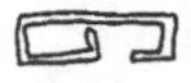[18]. Auch ist bei allen der nach vorne ragende Arm von A 02 am Handgelenk nochmals abgeknickt.

Obwohl die Stelen ansonsten voneinander differierende Darstellungen aufweisen, waren RII/ DeM/ 126 und RII/ DeM/ 128 beide im Grabkomplex des Nutznießers aufgestellt. Stärkere Abweichungen in den Zeichenformen weist dagegen RII/ DeM/ 127 desselben Nutznießers auf. Jene Stele könnte in einem privaten Lararium der Ptahverehrung aufgestellt worden sein, stammt aber nicht aus diesem Arbeitsstättenkontext.

Zwar gibt es auf diesen beiden Stelen RII/ DeM/ 126. 128 auch diverse Zeichen, die einander nicht genau ähnlich sehen, dieses dürfte aber erklärbar sein, da es im Alten Ägypten in keinem Bereich exakte 1:1-Kopien gab. Jedes Stück ist ein Unikat, auch wenn sich die Unterschiede manchmal stark in Grenzen halten.

18 RII/ DeM/ 126

Arbeitstättenkontext DeM/ B
Sip/ DeM/ 013 – 017. 021 – 023
Sip/ DeM/ 018
[Sip/ DeM/ 019 (?)]

Sip/ DeM/ 013 – 017, 021 – 023 gehören alle zur Gruppe der *3ḫ-jqr-n-Rʿ(.w)*-Stelen und nennen ihre Nutznießer *Ḫ3mwy* und *Pn-nbw*, dabei ähneln sie sich trotz des unterschiedlichen Äußeren in Bedeutung, Darstellungen und Texten sehr, so daß ich hier einen gemeinsamen Kontext vermute. Die kleinformatigen Objekte Sip/ DeM/ 018. 019 sind dagegen zum Lobpreis des Ptah errichtet worden, stammen aber wohl auch aus einem privaten Lararium im Zusammenhang mit der Verehrung diese Gottes. *Ḫ3mwy* erscheint hier nicht, nur *Pn-nbw* und einmal ein Bruder, so daß diese Objekte vielleicht aus dem Hause des *Pn-nbw* stammen könnten. Ein gemeinsamer arbeitsstättentechnischer Kontext dieser beiden Stelen untereinander ist leider nicht feststellbar, da mir Sip/ DeM/ 019 nicht zugänglich war.

Bei allen sind große Übereinstimmungen in den Formen bestimmter Hieroglyphen festzustellen, so z. B. M 12 oder S 12, natürlich unter Berücksichtigung der bei jedem einzelnen Objekt zu beobachtenden Individualität, die auch bei demselben Hersteller kleine Variationen zuläßt.

Arbeitstättenkontext DeM/ C
RII/ DeM/ 141
RII/ The/ 008
(Mer/ Saq/ 001)

Der Beleg Mer/ Saq/ 001 erinnert in der Gestaltung vieler Hieroglyphen noch stark an die Zeit Ramses II. Der entsprechende, wohl schon länger tätige Hersteller hat die vorliegende Stele relativ am Anfang der Regierung Merenptahs gefertigt, dessen viertes Regierungsjahr ausdrücklich auf dem Objekt erwähnt ist. Für diverse Zeichen, so z. B. bei D 54-56, ist diese Stele der einzige Beleg nach Ramses II. Der Duktus weist neben einigen Unterschieden aber auch große Ähnlichkeiten mit dem der Stelen RII/ DeM/ 141 und RII/ The/ 008[19] auf. Dieses ist bemerkenswert, jedoch sollte allein aufgrund dieser drei Belege noch kein Umzug des Herstellers von Deir el-Medineh nach Saqqara postuliert werden, auch wenn es verlockend sein mag. Eher unwahrscheinlich erscheint mir aber, daß der Nutznießer die doch nicht gerade handliche Stele auf einer Reise von Theben nach Saqqara mitnahm, obwohl eine solche Möglichkeit natürlich nicht hundertprozentig ausgeschlossen werden kann.

Die Stele Mer/ ???/ 001 ist definitiv einem anderen Arbeitsstättenkontext zuzuordnen als Mer/ Saq/ 001, nennt aber dieselben Namen wie letztere, sie könnte also ebenfalls aus Saqqara stammen. Andernfalls wäre dieses Objekt ein Hinweis darauf, daß der Nutznießer auch noch an einem anderen Ort eine Stele stiftete, die dann dort hergestellt worden wäre, nachweisbar ist dies alles jedoch nicht.

Arbeitsstättenkontext DeM/ D
Am/ DeM/ 002
Am/ DeM/ 004

Beide Objekte desselben Nutznießers *P3-šd(w)* zeigen Übereinstimmungen in diversen Formen der gemeinsam vorkommenden Hieroglyphen[20], aber auch einige Abweichungen. Die demselben Nutznießer gehörende Stele Am/ DeM/ 003 weist dagegen eine erheblich primiti-

19 Die Herkunft von RII/ The/ 008 ist nicht sicher geklärt, ich vermute nach dem oben festgestellten Arbeitsstättenkontext eine ursprüngliche Aufstellung in Deir el-Medineh. Solange dieses jedoch nicht einwandfrei feststeht, verzichte ich auf eine Umbenennung der Stele in RII/ DeM/[xxx].

20 In *BMHT 12*, Taf. 32-33 sind beide Exponate übersichtlich direkt nebeneinandergestellt.

vere Ausführung sowohl der Darstellungen als auch der Inschriften auf und stammt sicher von einer anderen Hand. Auf Am/ DeM/ 003 wendet sich *Pꜣ-šd(w)* an Reschef, ebenso wie auf Am/ DeM/ 004. Hierbei zeigt sich, daß auch Objekte, die offenbar dem gleichen religiösen Hintergrund angehören (vielleicht waren sie sogar im selben Kontext eines privaten Lorariums aufgestellt), nicht zwangsläufig den gleichen Qualitätsstandard aufweisen müssen.

Arbeitsstättenkontext DeM/ E α

SI/ DeM/ 011	RII/ DeM/ 082
SI/ DeM/ 031	RII/ DeM/ 143
SI/ DeM/ 042	

Die zweiregistrigen Stelen, bei denen oben eine Sonnenbarke, unten der Adorant neben einem Kolumnentext mit Lobpreisungs- oder Verehrungsformeln an den Sonnengott dargestellt ist, oft als *stèle lucarne* bezeichnet, kommen im Quellenmaterial ebenfalls nur in Deir el-Medineh vor, alle entsprechenden Stelen datieren auf Sethos I oder Ramses II, das Fehlen späterer Belege mag aber lediglich im Zufall der Überlieferung begründet sein, auch wenn der zeitliche Schwerpunkt klar definiert sein dürfte.

Die fünf hier aufgelisteten Belege dieser Stelengruppe in einfacher Ausführung zeigen in der Gestaltung des oberen Registers große Übereinstimmungen. Es ist lediglich eine Barke mit einer Sonnenscheibe dargestellt, über der sich dann meist eine Inschriftenzeile befindet, die entweder *Jꜥḥ-Ḏḥwtj* oder *Pꜣ-Šw*, „die Sonne", nennt. Die ganze Fläche des Registers unterhalb der Zeile ist abgesenkt, so daß die Barke in erhabenem Relief erscheint.

Im unteren Register sind größere Variationsmöglichkeiten wahrgenommen worden, der Nutznießer kann stehend oder kniend vorkommen, nach links oder nach rechts blickend. Der Text ist ausnahmslos in Kolumnen angebracht, deren Zahl sich zwischen neun und elf bewegt. Der Inhalt dieser Texte, Lobpreisungs- oder Verehrungsformeln an die Gottheit des oberen Registers, ist in seinen Grundformen standardisiert, die einzelnen Phrasen aber individuell.

Wegen der relativen Einheitlichkeit des oberen Registers vermute ich, daß diese hier erwähnten Stücke einem gemeinsamen Kontext zuzurechnen sind. Der untere Teil dürfte dabei aber individuell für den jeweiligen Kunden angepaßt worden sein, da die Formen der Hieroglyphen nur eine generelle Zusammengehörigkeit aufweisen, einander jedoch nicht in hohem Maßen ähneln, ebensowenig wie die entsprechenden Darstellungen.

Interessant ist dabei SI/ DeM/ 042. Die einfache Stele zeigt oben keinerlei Texte, der stehende Nutznießer im unteren Register ist vom Text nicht durch rechtwinklige Linien abgegrenzt, sondern von einer ungefähr den Körperumrissen angepaßten, geschwungenen Linie. Dadurch entsteht ein unruhiger Eindruck, der die Harmonie der Gesamtkomposition nachhaltig stört. Da auch die Hieroglyphen einen etwas ungelenken, unsicheren Duktus zeigen, könnte das Objekt vielleicht eines der frühen Stücke eines Lehrlings darstellen, das aber doch schon gut genug war, um an den Kunden abgegeben zu werden.

Arbeitsstättenkontext DeM/ E β

RII/ DeM/ 066
RII/ DeM/ 122

Arbeitsstättenkontext DeM/ E γ

SI/ DeM/ 012	SI/ DeM/ 174
SI/ DeM/ 032	

Arbeitsstättenkontext DeM/ E δ
RII/ DeM/ 100 RII/ DeM/ 177
RII/ DeM/ 160

Arbeitsstättenkontext DeM/ E ε
RII/ DeM/ 085
RII/ DeM/ 104

Die etwas komplexer aufgebauten Stelen dieser Gruppe zeigen im oberen Register neben der Scheibe in der Barke noch weitere Elemente. Dabei gibt es bei

β) Barken mit Scheibe und *šms*-Hieroglyphe[21].
γ) Barken mit einer humanoiden, falkenköpfigen Gottheit mit *šms*[22]
δ) Barken mit einer humanoiden, falkenköpfigen Gottheit mit einem adorierenden Pavian, der einmal[23] explizit als Thot bezeichnet wird.
ε) Barken mit einer Scheibe, einer darin einbeschriebenen humanoiden Gottheit sowie *šms*.

Auch bei diesen Beispielen sind sich die oberen Register sehr ähnlich, die Formen der Schriftzeichen im unteren Teil lassen ebenfalls eine Zusammengehörigkeit erkennen.
Bei allen Stelen schwankt die Zahl der Kolumnen im unteren Register zwischen neun und zehn.

Diese detailreicheren Varianten der *stèle lucarne* β – ε dürften aus einem anderen Kontext stammen als die einfachen Formen, sei es, daß sie an einem anderen Ort hergestellt wurden oder sie einfach nur luxuriösere, teurere Varianten der einfachen, billigen Formen waren, die gemeinsam in einer Arbeitsstätte angefertigt wurden.

Eine lediglich ein einziges Mal auftauchende Variante ist die Stele RII/ DeM/ 027, die eine stärker abweichende Gestaltung aufweist. Die Scheibe in der Barke war ursprünglich aus einem anderen Material eingesetzt, daneben befinden sich ein *Ḫpr*-Käfer, ein stehender Thot sowie ein hockendes Kind.

Arbeitsstättenkontext DeM/ F
RII/ DeM/ 082
RII/ DeM/ 122
RII/ DeM/ 179

Mehrere Zeichen, wie A 02, A 52 weisen auf diesen Stelen Übereinstimmungen auf, die ansonsten im Quellenmaterial in dieser Form direkt nicht vorhanden sind. Der Duktus der Darstellungen ist jedoch unähnlich, daher sind diese Stelen vielleicht von verschiedenen Personen vorgefertigt, die Inschriften später aber jeweils von demselben Hersteller eingesetzt worden. Dies könnte einen Hinweis auf Arbeitsteilung innerhalb einer Arbeitstätte darstellen.

8.2.4. Abydos

In Abydos sind die Privatstelen entweder aus einem Grabkontext bekannt, oder sie wurden in Tempeln oder Kenotaphen aufgestellt, die in Verbindung mit dem Osiriskult stehen. Lediglich

21 Sonderfälle sind zum einen RII/ DeM/ 175, das als einziger Beleg im unteren Register nicht nur den Nutznießer, sondern auch eine weitere Gottheit, hier Re-Harachte, darstellt, zum anderen RII/ DeM/ 128, das ebenfalls eine Gottheit im zweiten Register abbildet, aber darunter noch ein weiteres, drittes Register besitzt

22 Die Stele SI/ DeM/ 044 zeigt als einziges Exemplar in der Barke den vor Re-Harachte adorierenden Nutznießer, der unten nochmals dargestellt ist.

23 RII/ DeM/ 177.

eine Stele (RII/ Aby/ 015) stammt aus einem Tempel für einen vergöttlichten König, auf der eine Orakelentscheidung dieses Herrschers veröffentlicht ist.

Im Falle dieser Stele ist klar, daß sie vor Ort gefertigt worden sein muß, aber auch ansonsten denke ich nicht, daß die hier aufgestellten Stelen am Heimatort des Nutznießers produziert und dann über weite Strecken nach Abydos transportiert wurden. Aus paläographischer Sicht gib es dafür keine eindeutigen Hinweise, allerdings sind die abydenischen Formen den thebanischen nicht unähnlich und zeigen einen vergleichbaren, „oberägyptischen" Typ, der sich oftmals stärker gegenüber Formen aus Unterägypten absetzte. Generell kann man einen Stelentransport aber für kleinere Objekte nicht ausschließen, da H. G. FISCHER[24] nach eigenen Untersuchungen zu dem Schluß kam, einige Stelen aus Abydos aus dem Mittleren Reich seien an einem anderen Ort gefertigt worden. Meines Erachtens ist jedoch eher die Möglichkeit gegeben, daß der abydenische Hersteller woanders ausgebildet wurde und den dort erlernten Duktus mitbrachte.

Arbeitsstättenkontext Aby/ A

RII/ Aby/ 006

RII/ Aby/ 007

Beide Stelen weisen eine einander sehr ähnliche Komposition auf. Als oberster Abschluß wurde eine Flügelsonne ohne Innenzeichnung angebracht, die in Kombination mit zwei *wḏ3.t*-Augen im Material nur auf diesen beiden Stelen vorkommt. Beide Male ist die Sonne mit zwei herabhängenden, gekrönten Uräen verziert, bei RII/ Aby/ 006 halten diese je einen *šn*-Ring mit *w3s*-Szepter, auf der anderen Stele sind an dieser Stelle zwei *ʿnḫ* zu sehen. Auch der mit Uräen geschmückte Schrein, auf dem jeweils der Abydos-Fetisch steht, ist fast identisch und in dieser Form hier nur auf diesen beiden Stelen belegt[25]. Alle diese Hinweise, die auch sonst korrespondierende Gestaltung sowie derselbe Nutznießer ***Pr(j)-nfr*** deuten auf einen gemeinsamen Arbeitsstättenkontext hin. Auch die Hieroglyphen weisen auf einen gemeinsamen Duktus hin, da viele Formen einander sehr ähnlich sind.

Eine im bogigen Stelenabschluß angebrachte Flügelsonne mit Uräen, aber ohne *wḏ3.t*-Augen wie oben, ist im ausgewerteten Corpus nur in Oberägypten vertreten, fast ausschließlich hier in Abydos sowie in Deir el-Medineh[26]. Flügelsonnen ohne Uräen finden sich in dieser Form dagegen nur in Deir el-Medineh[27].

8.2.5. Die memphitische Region (Memphis, Saqqara)

So gut wie alle aufgenommenen Stelen aus dieser Region stammen aus den Nekropolengebieten. Davon zu trennen sind die Stelen aus dem Serapeum[28], die m. M. n. nicht rein privaten, sondern eher einen halboffiziellen Charakter haben und demzufolge vielleicht nicht unbedingt von vor Ort ansässigen (Privat-)Handwerkern gefertigt wurden. Aus diesem Grund wurde diese gesamte Stelengruppe nicht in meine Paläographie aufgenommen.

Die Hieroglyphen der Belege aus dieser Region machen einen qualitätvollen Eindruck, im Gegensatz zu vielen Zeichen aus den anderen Teilen Ägyptens, abgesehen vielleicht von ver-

---

24 FISCHER, *Aspects*, 30; FISCHER, *Eleventh Dynasty Couple*, 20 mit Anm. 8.

25 Ein ähnlicher Schrein, aber ohne Uräen, findet sich auf der Stele Mer/ ???/ 006, die stark vereinfachte Darstellungen aufweist.

26 Flügelsonnen mit geschmückten Uräen: SI/ Aby/ 002. 005, SI/ DeM/ 001, RII/ DeM/ 133.

27 Flügelsonnen ohne Uräen im bogigen Stelenabschluß: RII/ DeM/ 004. 027. 157 (teilw. zerstört).

28 RII/ M-S/ 001 – 011.

schiedenen thebanischen Stelen. Ähnlich wie dort sind hier diverse seltener verwendete Schriftzeichen verstärkt belegt.

Die meisten Innenzeichnungen, also Hinweise auf detailliertere und damit qualitativ höherwertige Arbeiten, finden sich auf Stelen der memphitischen Nekropole Saqqara sowie auf der Quelle RII/ KeG/ 004, die aber im Arbeitsstättenkontext Saq/ A zu sehen ist.

Auffallend ist, daß M 23 in den Belegen ausschließlich im Bereich Saqqara schachtelhalmförmig geschrieben ist. Auch die spezielle Form von O 02 [29] ist im Gegensatz zur Form des Basiszeichens eine Variante, die hier nur in Saqqara sowie auf sämtlichen Stelen aus Kafr el-Gabal auftaucht und somit als regionsspezifisch für den Großraum Saqqara anzusehen sein dürfte.

Nur in Saqqara der Zeit Sethos I ist die Kombination *šn*-Ring, drei Wasserlinien, *ḥnw*-Topf zwischen *wḏ3.t*-Augen belegt. In der Zeit seines Nachfolgers kommt dieses nur in Deir el-Medineh vor[30].

Arbeitsstättenkontext Saq/ A[31]

RII/ Saq/ 009	RII/ Saq/ 018
RII/ Saq/ 014	RII/ KeG/ 004

Anhand der paläographischen Vergleiche meine ich feststellen zu können, daß diese Stelen, die unterschiedlichen Besitzern gehören und aus Saqqara bzw. Kafr el-Gabal stammen, dem gleichen internen Kontext einer Arbeitsstätte zuzuordnen sind. Folgende paläographische Gemeinsamkeiten lassen sich erkennen:

- A 01: Das Männchen hat einen aufrechten Oberkörper und einen relativ weit unten auf den Körper auftreffenden Arm (angewinkelt). Der freie Arm ist scharf gewinkelt.
- A 51: Nur hier ist vom Stuhl lediglich die hintere Partie, separat, dargestellt.
- D 02: Die Ohren von D 02 sind meistens separat angesetzt. Lediglich bei / 013 findet sich eine ähnliche Gestaltung. Die Darstellung von Augen und Mund kommt bei den von mir paläographisch analysierten Stelen nur hier vor.
- D 35: Allein bei den hier vorgestellten Stelen existiert ein erhöhtes Mittelteil sowie nach unten geöffnete Handflächen.
- D 36: Der Arm ist relativ kurz, der Oberarm breiter als sonst.
- D 40: Der Stock in der Hand von D 40 ist separat angesetzt.
- D 46: Die Hand ist breiter und rundlicher, das Handgelenk ist deutlich zu erkennen.
- G 01: Der Schmutzgeier zeigt eine charakteristische Form mit gegabeltem Schwanz. Bei zwei Stelen ist auch eine sehr feine Innenzeichnung ausgeführt, die RII/ KeG/ 004 als eine der sehr wenigen im Quellenmaterial häufiger aufweist.
- G 40: Der Vogel besitzt ein ausgeprägtes Schwanzende. Sonst ist die Darstellung dieses Vogels eher weniger detailgetreu.
- M 23: Die Pflanze ist im Bereich der Blätter „schachtelhalmförmig" geformt, ansonsten ist der Stengel gerade.
- Q 02: Die vier hier vorgestellten Stelen zeigen beim Sitz Q 02 eine verstärkte Innenzeichnung, die Darstellung der Füße ist eher die Regel, bis auf wenige Ausnahmen.

---

29 RII/ Saq/ 013.

30 Einzige Ausnahme ist RII/ Nub/ 001, cf. Kap. 8.2.2.

31 Cf. Vergleichstabellen in Kap. 12.4.5.

V 28: Der Docht wird mit Angabe der Windungen (2-3) dargestellt, in den anderen Objekten aus Saqqara dominiert eher die vereinfachte Strich-Variante.

W 14: Der Körper der *ḥz*-Vase ist symmetrischer und verbreitert sich nach unten sanft geschwungen.

Ich vermute, daß an RII/ KeG/ 004 mehrere Hersteller tätig waren, da einige öfter vorkommende Hieroglyphen leicht differierende Formen aufweisen, so bei G 17, V 28 oder M 17. Weiteres zu Kafr el-Gabal unten bei 8.2.6.

Arbeitsstättenkontext Saq/ Bα[32]

SI/ Saq/ 003	SI/ Saq/ 005
SI/ Saq/ 004	SI/ Saq/ 006
RII/ Saq/ 020	

Das Ensemble der vier apotrophäischen Stelen stammt aus dem Sethos I-zeitlichen Grab des Generals *K3-s3* in Saqqara, in dem sich diese Objekte jeweils an einer der vier nach den Himmelsrichtungen ausgerichteten Wände befanden [33]. Dabei ist auf jeder Stele vermerkt, in welche Himmelsrichtung sie zu setzen ist. Aus der Betrachtung aller Hinweise ergibt sich, daß jede der vier Stelen die gleichen Vorlagen bzgl. Komposition und Gestaltung gehabt hat, also einem Arbeitsstättenkontext entstammen. SI/ Saq/ 003 und SI/ Saq/ 006 zeigen beide eine übereinstimmende Gestaltung des obersten Teils, in der Mitte einen *šn*-Ring über drei Wasserlinien und einem *ḥnw*-Topf, links und rechts davon jeweils ein Schakal auf einem Podest.

Diese Komposition ist im von mir bearbeiteten Material ausnahmslos in Saqqara belegt, neben den erwähnten Stelen noch auf RII/ Saq/ 005[34] und RII/ Saq/ 020. Sie dürfte demnach – zumindest im untersuchten Corpus – typisch für diese Region sein.

Auch wenn alle vier Stelen des *K3s3* einem gemeinsamen Arbeitsstättenkontext entstammen, muß SI/ Saq/ 006 jedoch von einer anderen Person angefertigt worden sein als von derjenigen, die für SI/ Saq/ 003 – 005 verantwortlich war. Abgesehen von der Paläographie sind auch in der Gestaltung einige Unterschiede zu bemerken: So hat beispielsweise der *šn*-Ring eine andere Form. Die Fläche in der Versenkung für den im Text beschriebenen, aus einem anderen Material bestehenden Gegenstand ist geglättet, während sie bei allen drei anderen Stücken rauh blieb. Darüber hinaus mußten die in SI/ Saq/ 006 vorhandene Darstellung eines Schakals sowie der zugehörige Untersatz separat gefertigt und eingesetzt werden, bei den anderen drei Stelen konnte das jeweils beschriebene Objekt aus einem Stück gefertigt werden. Auch der sich zwischen Vertiefung und dem Adoranten befindliche Opferständer ist ein lediglich bei Nr. 006 vorkommendes Element.

Die paläographischen Vergleiche machen deutlich, daß diverse Zeichen auf SI/ Saq/ 006 eine von den drei anderen Stelen dieses Ensembles abweichende Gestaltung aufweisen:

Nr.: von den anderen Stelen abweichende Formen auf SI/ Saq/ 006:

D 01: mit Bart.

D 04: mit deutlich separater Pupille.

D 28: Angabe des Daumens.

D 40: konkave statt wie sonst konvexe Handfläche.

D 46: schmaler und langgestreckter.

F 04: nur ein dünner Strich ohne nähere anatomische Details, wie Mähnenansatz oder Übergang zum Körper

---

32 Cf. Vergleichstabellen in Kap. 12.4.6.

33 Zur Literatur cf. die Quellensammlung. Für die Bereitstellung von Photos aus dem Archiv des Musée d'Archéologie Méditerranéenne Marseille danke ich herzlich G. PIERINI.

34 Auf RII/ Saq/ 005 ist diese Komposition im Stelenpyramidion untergebracht und mußte aus Platzmangel modifiziert werden. Die dritte Wasserlinie und der Topf fehlen, der einzige Schakal befindet sich darunter.

G 01: mit markant ausgeprägtem Schnabel.
M 23: im Bereich der Blätter „schachtelhalmförmig“ geformt.
N 37: sehr breit.
O 29: mit einem unten verbreiterten Schaft.
O 34: hier am naturalistischsten gestaltet.
O 36: mit fünf statt wie sonst vier Vorsprüngen (einmal ebenfalls bei Nr. 004).
P 08: undifferenzierte Gestaltung.
Q 02: einmal mit Füßen.
S 03: schlanker und im hinteren Teil stärker gebogen.
S 43: am unteren, verdickten Ende mehrere Ausbuchtungen.
T 25: unten keine Querverbindung.
U 32: reguläre Form und keine seitliche Ausbuchtung wie bei der sonstvorkommenden Form U 32 B. Der Mörser ist immer in der Form wie bei U 32 A.
U 35: undifferenzierter oberer Teil.
V 31: mit Innenzeichnung versehener Henkel, allerdings auch bei 005.
Aa 01: einmal mit einer, wenn auch inkorrekten, Innenzeichnung.
Aa 02: erheblich schlankere Gestalt.

Auch die Stele SI/ Saq/ 002 stammt aus dem Grabkomplex des *K3s3*, jedoch weisen so gut wie alle Hieroglyphen verstärkt Unterschiede zu dem Ensemble der vier apotrophäischen Objekte auf, so z. B. bei Aa 17-18 oder auch Aa 01, ebenso die Darstellungen. SI/ Saq/ 003 – 006 waren im unzugänglichen Teil des Grabes verbaut, wurden also zeitgleich mit der Anlage fertiggestellt, SI/ Saq/ 002 hingegen dürfte – wohl vom Adoranten *Jmn(.w)-hrw* – im oberirdischen Teil des Grabkomplexes aufgestellt worden sein.

Die Stele RII/ Saq/ 020 weist für T 34-35 eine spezielle Form auf, die vom Basiszeichen stark abweicht[35] und in vorliegendem Material nur auf diesem Objekt sowie auf SI/ Saq/ 004 vorkommt. Da beide Formen fast identisch sind, ist entweder davon auszugehen, daß der entsprechende Hersteller sehr lange in Saqqara seinen Beruf ausübte oder daß in einer bestimmten Arbeitsstätte in Saqqara diese Form – warum auch immer – für das Schlachtmesser ***nm*** bevorzugt wurde. Ich vermute letzteres, da auch auf einem memphitischen Grabrelief in Linköping[36] eine Variante dieser speziellen Form vertreten ist, die unterschiedlichen Duktus aller drei Objekte insgesamt jedoch auf jeweils andere Hersteller verweisen. RII/ Saq/ 020 entstammt also wohl ebenfalls diesem Arbeitstättenkontext Saq/ B, in dessen Umfeld die spezielle Gestaltung von T 34-35 sowie die bereits weiter oben erwähnte Komposition des Stelenabschlusses zu sehen sind. Für RII/ Saq/ 005, das ebenfalls diese Komposition aufweist, konnten jedoch ansonsten keinerlei Hinweise auf eine Zugehörigkeit zu diesem Arbeitsstättenkontext erkannt werden.

Arbeitsstättenkontext Saq/ Bβ
RII/ Saq/ 019
RII/ Saq/ 020

Aufgrund vielen übereinstimmender Hieroglyphenformen, besonders z. B. die Form von C 02, vermute ich einen gleichen internen Arbeitstättenkontext für die beiden Stelen RII/ Saq/ 019 und 020. Auch wenn die graphische Gestaltung etwas abweicht, weisen die übereinstimmenden Datierungen ins 37. Jahr Ramses II, 3. Sedfest[37] auf einen gemeinsamen Kontext hin,

35 Cf. Kap. 8.1. s. v. T 34-35.
36 Linköping, Stifts- och Landsbibliothek o Nr., ed. MARTIN, *Corpus I*, Kat. 38. Das Stück datiert G. T. MARTIN in die späte 18. bis frühe 19. Dynastie.
37 Das Datum ist auf RII/ Saq/ 020 zu „5. Sedfest“ verschrieben, was von *KRI II*, 386 erkannt wurde, nicht jedoch von *BMHT 9*, 25.

zumal die auf den beiden Stelen vorkommenden Personen zur selben Familie gehören. Daher sind diese beiden Stelen ebenfalls im weiteren Kontext der Arbeitsstätte B zu sehen.

8.2.6. Kafr el-Gabal

Diverse Zeichenformen, so für O 02, sind nur für Kafr el-Gabal sowie für Saqqara belegt. Aufgrund der geringen Entfernung zur memphitischen Nekropole kann man engere arbeitsstättentechnische Verbindungen zwischen beiden Bereichen vermuten, jedoch postuliere ich für Kafr el-Gabal auch eine eigene Arbeitsstätte, da einige Stelen von dort (RII/ KeG/ 001 – 003) eine gegenüber den memphitischen Belegen stark abweichende Gestaltung aufweisen. Aufgrund der relativ geringen Größe des Ortes dürfte aber nicht mehr als eine Arbeitsstätte zur gleichen Zeit existiert haben.

Diese Region konnte jedoch auch von einer Arbeitsstätte aus Saqqara beliefert werden, welche einen starken kulturell prägenden Einfluß auf die Kollegen des kleineren Ortes entfaltete. Vielleicht wurden die Hersteller in Saqqara angelernt, oder es fand ebenso ein personeller Austausch statt. Für die Kapelle von *Ṯjꜣ* und *Ṯjꜣ* in Kafr el-Gabal (mit der Stele RII/ KeG/ 004[38]) war zweifellos dieselbe Arbeitsstätte tätig, die auch die Reliefs ihres memphitischen Grabes[39] errichtete, also wohl von dieser Familie einen Großauftrag erhalten hatte, in dessen Zusammenhang nicht nur das Grab, sondern auch die Kapelle zu sehen ist. Daher ist RII/ KeG/ 004 von mir dem Arbeitsstättenkontext Saq/ A zugeordnet worden.

<u>Arbeitsstättenkontext KeG/ A</u>
RII/ KeG/ 001 RII/ KeG/ 003
RII/ KeG/ 002

RII/ KeG/ 003 war wie RII/ KeG/ 004 in der Kapelle für *Ṯjꜣ* und *Ṯjꜣ* aufgestellt, wurde aber für eine andere Person gefertigt, die offenbar vom Kult für die beiden *Ṯjꜣ*'s profitieren wollte. Diese Stele ist definitiv einem anderen Duktus verpflichtet als RII/ KeG/ 004, daher kann sie nicht mit letzterer im gleichen Kontext gesehen werden und dürfte demnach wahrscheinlich in der Arbeitsstätte von Kafr el-Gabal entstanden sein, obwohl sie größere Unterschiede zu RII/ KeG/ 001 und 002 aufweist und daher vermutlich von einem anderen Hersteller angefertigt wurde.

RII/ KeG/ 001 und / 002 unterscheiden sich in der Gestaltung einiger Schreibungen, so bei V 30 (nur bei RII/ KeG/ 002 mit Innenzeichnung) und bei *R'-sṯꜣw* (Form + Schreibung), auch sie wurden also von zwei unterschiedlichen Herstellern gefertigt, die aber z. B. bei ***pr-ḥḏ*** wiederum dem regionalen Duktus verpflichtet blieben und somit höchstwahrscheinlich in der selben Arbeitstätte tätig waren.

Hier haben wir mit den drei Stelen demnach wahrscheinlich einen Hinweis auf mindestens drei verschiedene Hersteller aus der Arbeitsstätte von Kafr el-Gabal.

8.2.7. Qantir/ Pi-Ramesse

Das Material derjenigen sog. Horbêt-Stelen[40], die Adoranten vor Statuen Ramses II zeigen, ist oft minderwertiger als das von Stelen beispielsweise aus dem Bereich Saqqara. Die Oberfläche ist rauher, und die Umrisse wurden oft unsauber abgearbeitet. Vielleicht stammte das

---

38 MARTIN, *Tia, Tia*, 36 (RII/ KeG/ 003), 46 (RII/ KeG/ 004).

39 Das Grab wurde publiziert von MARTIN, *Tia, Tia*.

40 In diesem Zusammenhang danke ich sehr herzlich B. SCHMITZ für das Überlassen von Photos und Faksimiles aus ihrer noch unveröffentlichten Untersuchung über diese Objekte.

Material dieser Stelen aus dem Abfall der großen Bauprojekte von Tempeln und Palästen, dort dürfte eine Menge an Kalksteinbruch angefallen sein, der kostengünstig weiterverwendet werden konnte. Aufgrund der meist minderen Qualität vermute ich, daß diese Stelen nicht zu den preislich höheren Klassen gehört haben dürften[41].

Die Einheitlichkeit der Stelen, zumindest was die Stücke mit den Ramses II-Statuen betrifft, läßt mich außerdem vermuten, daß das gesamte Corpus in einem relativ geringen Zeitraum hergestellt wurde. Der Meinung W. SEIPELS[42], ein Teil der Stelen sei vom Nutznießer selbst angefertigt worden, möchte ich mich nicht anschließen, jedoch ist eindeutig, daß diese Objektgruppe kein Zeugnis „offizieller Kunstproduktion" ist. Bei Personen mit handwerklichen Titeln könnte ich eine Eigenproduktion noch nachvollziehen, nicht jedoch bei solchen mit Titeln z. B. militärischer Natur, auch wenn die entsprechenden Objekte teilweise von schlechter Qualität sind. Auch Personen niederen Standes, wie einfache Soldaten, Bäcker oder Wäscher, besaßen in Qantir Stelen. Es ist nicht erklärbar, wieso diese Personen, die beruflich nichts mit Steinmetzarbeiten zu tun hatten und wohl auch nicht schreiben konnten, zumindest Grundformen des hier verwendeten Kanons sowie der Proportionen richtig beherrscht haben sollen.

Die relativ einheitlich komponierten, humanoiden Darstellungen zeichnen sich in Pi-Ramesse fast durchgehend durch extrem schlanke, überlange Körper aus, wie es im sonstigen Material eigentlich nicht der Fall ist. Auch sind nur wenige Korrekturen an den Texten vorgenommen worden, obwohl die Inschriften oft sehr unsauber sind, und die meisten Darstellungen wurden ohne gröbere Fehler eingemeißelt, was auf zumindest einigermaßen mit der Materie vertraute Hersteller schließen läßt.

Aus paläographischer Sicht bildet die Region von Qantir/ Pi-Ramesse, der neugegründeten und ausgebauten Hauptstadt der Herrscher der 19. Dynastie, einen Sonderfall in Unterägypten. Viele Zeichenformen, die auf Stelen aus Qantir auftreten, besitzen Parallelen auf oberägyptischen Objekten. Andere Zeichen dagegen haben das Aussehen, das eher in unterägyptischen Kontexten vorherrschend ist, besonders in der Region Memphis/ Saqqara. So zeigen beispielsweise diverse Formen aus Qantir bei den Hieroglyphen mit sitzenden Humanoiden (Abteilungen A, B, C) eine breite Basis (oberägyptisch), andere dagegen eine schmale Basis (unterägyptisch). Bei D 37-38 ähneln die qantirer Formen stark denjenigen aus Saqqara. RII/ Qan/ 002 zeigt als einzige qantirer Stele bei ⊔ die Daumen, was in vorliegenden Belegen ansonsten fast ausschließlich in Oberägypten üblich ist. Auch in Qantir ist das in allen Regionen Ägyptens an Grabstelen belegbare Stelenpyramidion bekannt, das im untersuchten Corpus meinem Corpus jedoch nur auf der Stele RII/ Qan/ 052 zu finden ist.

Es stellt sich also die Frage, woher die Stelenhersteller in Qantir kamen. Sie müssen von irgendwoher nach der neuen Hauptstadt umgesiedelt resp. angeworben worden sein, oder vielleicht gehörten sie zur Gruppe der in pAnastasi II und IV genannten Ägypter, die freiwillig die neue Hauptstadt besiedelten[43]. Als Herkunftsort dieser Personen kämen am ehesten Theben oder auch Memphis/ Saqqara in Frage.

In der relativ gesehen nur kurzen Dauer der Existenz der Großstadt Pi-Ramesse konnte sich keine eigene lokal gewachsene Arbeitsstättentradition entwickeln, sondern es existierte in der Zeit Ramses II, aus dessen Regierung alle untersuchten qantirer Belege stammen, ein

---

41 Bei JANSSEN, *Commodity Prices* sind leider keine Einträge für Stelen verzeichnet.

42 SEIPEL, *Bilder*, 154, auch zu dem Folgenden.

43 pAnastasi II, 1.3 – 4 und IV 6.3 – 4, publ. GARDINER, *LEM*, 12, 40 – 41. Es sei dahingestellt, inwieweit diese Angaben einer freiwilligen Umsiedlung die Realität widerspiegeln oder ob sie doch eher propagandistische Verzerrung sind.

Konglomerat zugewanderter Personen aus ganz Ägypten, die zwangsläufig „oberägyptische“ und „unterägyptische“ Formgewohnheiten mitbrachten.

Es stellt sich hierbei natürlich die Frage, warum so viele Stelen Qantirs nicht von ebenso hoher Qualität sind wie die Objekte aus Saqqara oder Theben. Für den Ausbau der neuen Residenz dürften wohl nicht unbedingt Arbeiter minderer Qualifikation beschäftigt worden sein, jedoch könnte es sein, daß nur die für das „einfache Volk“ zuständigen Hersteller nicht die besten ihres Faches waren. B. SCHMITZ[44] hat die Frage aufgeworfen, ob möglicherweise Pi-Ramesse nicht attraktiv genug war und die „guten“ handwerklich tätigen Personen vielleicht besser in den seit langem bestehenden kulturellen Zentren arbeiten konnten.

Eine weitere Besonderheit der qantirer Stelen ist, daß ihre Stifter höchstwahrscheinlich nur temporär in der Ramsesstadt lebten, denn diese Personen sind auffälligerweise sonst nicht in Qantir belegt, weder durch Inschriften noch Grabinventar, natürlich abgesehen von den wenigen qantirer Grabstelen in vorliegendem Material. Auch in den Stelen selbst treten die Nutznießer fast immer nur einmal auf, lediglich der ***mškb*** und ***mhr Pn-Tȝ-wr.t*** ist auf zwei Stelen[45] erwähnt, auf der einen als Nutznießer, auf der anderen Stele jedoch lediglich als Adorant.

Daß wir nur verhältnismäßig wenig Grabstelen und -inventar aus Pi-Ramesse haben, mag wohl in der Zufälligkeit der Überlieferung begründet sein, auch wenn diese Tatsache in Anbetracht der Menge sonstiger Funde und der einstigen Größe der Stadt schon etwas verwunderlich ist[46].

Die erhaltenen Teile von Grabausstattungen stammen von Verstorbenen mittlerer bis unterer Personenkreise. Die meisten wurden wohl in ihren Heimatdörfern bestattet, wo lokale und familiäre Traditionen noch stark waren. Bekanntestes Beispiel ist der Vezir i *(Pȝ)-Rʿ(.w)-ḥtp(w)*, der in der Ramsesstadt arbeitete, aber in seinem Heimatort Sedment begraben wurde, von dort stammt auch seine Grabstele (RII/ Sed/ 001)[47].

Vielleicht konnten sich im „künstlichen“ Pi-Ramesse[48] keine ausgeprägten funerären Traditionen etablieren, vielleicht blieben nur vereinzelt Personen auch nach ihrem Tod dort, obwohl die Hauptstadt bis zum Ende des Neuen Reiches Bestand hatte und das Gebiet auch vorher und nachher dauerhaft, wenn auch wohl dünner, besiedelt war.

Um sicher Arbeitstättenkontexte fassen zu können, sind auf den qantirer Stelen oftmals zu wenige und zu schlechte Hieroglyphen erhalten, als Indiz könnte man lediglich die Qualität sowie die Darstellungen auf den Stelen werten. Die Gruppe der sog. Horbêt-Stelen ist nicht homogen. Zu einem hohen Prozentsatz zeigen die Stelen Verehrungsszenen vor einer Statue des vergöttlichten Ramses II, jedoch sind einige der Verehrung einzelner Götter gewidmet und dürften wohl in einem Tempel oder einem Lararium aufgestellt gewesen sein[49], andere stammen aus Grabkomplexen.

Dabei fällt auf, daß diejenigen (25) Stelen, die sich an Gottheiten wenden, in der Ausführung der Darstellungen und der Zeichen qualitativ höherstehend und meist auch komplexer aufgebaut sind als die Masse der Objekte mit deifikatorischen Bezügen zu Ramses II-Statuen. Hinzuweisen ist darüber hinaus noch bei RII/ Qan/ 080 (Hinwendung an Thot) auf die Ver-

---

44 Email vom 24.02.2005. Weitere Hinweise verdanke ich daraus auch für den folgenden Absatz.

45 RII/ Qan/ 034 und RII/ Qan/ 043. Zu den Titeln cf. SCHULMAN, *Mhr and Mškb*. Ein weiterer Mann dieses Namens ist Nutznießer von RII/ Qan/ 016 (Adoration an Sobek-Re), kann jedoch durch seinen Titel *ḥr.j nby.w* von dem Erstgenannten unterschieden werden.

46 In meiner Magisterarbeit *Die Friedhöfe der Ramsesstadt. Ihre Lage und Datierung*, Münster 1999, habe ich versucht, die Nekropolen im Gelände zu lokalisieren, dabei wurde auch das Fundmaterial bearbeitet. Eine Publikation der Objekte und Ergebnisse wird folgen.

47 Dazu MOKHTAR, *Ihnâsya*, 108 ff.

48 So B. SCHMITZ, Email vom 24.02.2005.

49 MARTIN, *Horbeitstelen*

wendung von Calcit anstelle des sonst benutzten, billigen Kalksteins sowie die sehr sorgfältige Herstellung.

Eine Ausnahme bildet die großformatige Stele RII/ Qan/ 002, die sich zwar an eine Statue Ramses II wendet, aber vom Vezir *P3-Rʿ(.w)-ḥtp(w)*[50] in Auftrag gegeben wurde. Dieses Stück besitzt eine hohe Qualität in Ausführung und Komposition und dürfte zweifellos in einem Tempel in exponierter Lage aufgestellt worden sein. Viele Zeichen zeigen eine sehr detaillierte Gestaltung, so sind beispielsweise nur auf dieser Stele der Qantir-Belege die Daumen von D 28 angegeben (cf. auch oben), ebenso sind auch mehrere Ohren abgebildet, die in Qantir lediglich hier sowie auf RII/ Qan/ 059 vorkommen. Ansonsten sind Ohrenstelen zumeist nur aus Deir el-Medineh belegt[51].

Auch die Stelen, die sicher oder wahrscheinlich aus Grabkomplexen stammen, sind sauberer gearbeitet als die Stelen mit Ramses II-Statuen und zeigen aus paläographischer Sicht Unterschiede zu deren Zeichenformen. Besonders deutlich wird dieses bei der sicher in einer Nekropole aufgestellten Stele RII/ Qan/ 052[52]:

A 40: Nur hier Innenzeichnung bei der Perücke.
A 52: Sauber angegebene Perücke, Knie und Unterschenkel als horizontaler Strich, gewölbte und nach unten geöffnete Fläche der leeren Hand.
D 04: Nur hier rund und fast separate Pupille.
M 17: Gerader und oben sauber geschwungener Stengel, gerades und unten schräg nach vorne geneigtes Blatt.
N 35: Angabe aller sechs Zacken, wie es so in einer Gruppe nur hier vorkommt. Ansonsten wird meistens ein einfacher Strich bevorzugt.
Y 05: Fünf Spielsteine, an den Seiten glatt abschließend und in dieser Form nur hier, fünf Steine sonst nur noch bei RII/ Qan/ 038.

Innenzeichnungen bei der Perücke von A 40 kommen im vorliegenden Material in Qantir nur auf dieser Stele vor[53]. Alle anderen Stelen aus Qantir zeigen keinerlei Innenzeichnung, lassen oft sogar jegliche anatomische Details vermissen.

Es kann der Einwurf kommen, daß es sich doch hierbei nur um sehr wenige Schriftzeichen handle, aber man muß bedenken, daß auch das Gestalten von Hieroglyphenzeilen die Charakteristika einer individuellen „Handschrift" trägt.

Ähnliches läßt sich bei RII/ Qan/ 045 (vermutlich ebenfalls aus einer Nekropole) feststellen, auch wenn hier manche Zeichen, z. B. A 52, etwas unsicherer geschrieben wurden[54].

D 37: Nur hier in dieser fast stiftförmigen Gestalt das auf der Hand gehaltene „Brot".
G 40: Nur hier ein detaillierter, ausgeprägter Schwanz.
R 04: Nur hier eine detaillierte Angabe des „Brotes" auf der Matte.
V 13: Nur hier sind die Schlaufen explizit angegeben.

Möglicherweise stammen neben RII/ Qan/ 045. 052 auch die Objekte RII/ Qan/ 034. 043. 044 aus Privatgräbern. Sie zeigen alle einen ähnlichen Aufbau, im oberen Register adoriert der Besitzer zum Nutzen seines Ka vor den Gottheiten Osiris und Isis, dahinter befindet sich in zwei Fällen das Zeichen für Westen. Im untersten Register stehen mehrere Personen, wohl Verwandte des Nutznießers, adorierend in Richtung der Gottheiten. RII/ Qan/ 043 hat als einzige dieser Stelen drei Register, im mittleren adorieren der Nutznießer und seine Mutter vor Horus.

---

50 „*(P3)-Rʿ(.)w-ḥtp(w)* B" cf. *KRI III*, 52.
51 Dazu MORGAN, *Ohrenstelen*.
52 Cf. Vergleichstabellen in Kap. 12.4.7.
53 Dieses Detail ist ansonsten in vorliegendem Corpus nur noch auf RII/ Aby/ 007 belegt.
54 Cf dazu auch einige Zeichen in Kap. 12.4.7.

Es ist möglich, daß diese funerären Objekte aus einem vergleichbaren Arbeitsstättenkontext stammen.

Auch bei den Stelen, die die gottgleiche Verehrung Pharaos zum Thema haben, sind in der Gestaltung der Hieroglyphenformen untereinander Ähnlichkeiten erkennbar, z. B. bei M 23, V 13 oder Y 04.

Es scheint, als ob Objekte mit funerärem Bezug generell einem anderen Arbeitsstättenkontext entstammen als diejenigen mit Deifikation Ramses II. Die qualitätvoller gearbeiteten Götterstelen könnten ebenfalls aus dem Umfeld der funerären Objekte stammen, aber das ist sehr unsicher. Diese Aussagen sind zwar nicht allein durch die Paläographie begründbar, wohl aber unterstützend durch Betrachtung des gesamten Objektes, der Komposition, Ausführung und der Darstellungsdetails. Die im folgenden vorgeschlagenen möglichen Arbeitsstättenkontexte können daher, auch aus den oben angegebenen Gründen, nur summarisch sein.

Arbeitsstättenkontext Qan/ A α
Stelen mit auf Gottheiten bezogenen deifikatorischen Bezügen (außer auf Osiris): RII/ Qan/ 003. 011. 013. 016. 018. 036. 037. 040. 041. 048. 050. 053. 054. 059. 079. 080

Arbeitsstättenkontext Qan/ A β
Stelen aus Grabkontexten (mit auf Osiris bezogenen deifikatorischen Bezügen): RII/ Qan/ 034(?). 043(?). 044(?). 045. 052

Arbeitsstättenkontext Qan/ B
Stelen mit Deifikation Ramses II durch Adoration seiner Statuen: RII/ Qan/ 001. 002. 004 – 010. 012. 014. 015. 017. 019 – 033. 035. 038. 039. 042. 046. 047. 049. 051. 055 – 058. 060 – 078

8.2.8. Der Sinai

Aus dem Sinai sind nur Stelen aus dem Tempel von Serabit el-Khadim, einer seit frühester Zeit genutzten Bergbauregion[55], vertreten sowie ein Objekt, dessen Herkunft „Sinai" sicher, dessen genaue Lokalisierung aber unklar ist[56].

Es ist auffallend, daß auf den Stelen die handwerkliche Qualität der einzelnen Zeichen jeweils recht unterschiedlich ist, so wurde das Pferd E 06 sehr sauber dargestellt, während in dem darunterliegenden Schriftfeld ein einfaches D 21 völlig verderbt ist.

Für diesen Bereich gilt wie auch für Nubien die von D. FRANKE getroffene Einschätzung, die oben bei der Analyse der nubischen Belege zitiert wurde.

Alle diese Stelen dürften aufgrund der isolierten Lage von Serabit el-Khadim in einer Arbeitsstätte direkt am Tempel gefertigt worden sein, sofern man nicht annehmen möchte, daß die beiden Nutznießer, die alle diese Stelen in Auftrag gaben, einen Steinmetz von außerhalb zu diesem Ort bestellt haben. Eine Fertigung der SeK-Stelen an einem anderen Ort und ein Transport zum Tempel schließe ich aufgrund der Ähnlichkeit von Hieroglyphen und Darstellungen der doch großformatigen Stelen und dem reichlichen Vorkommen bearbeitbaren Materials vor Ort aus. Da nur zwei Personen die Nutznießer aller hier belegten Stelen sind, *ʿšꜣ*-

55 Zu den Expeditionen nach Serabit el-Khadim HIKADE, *Expeditionswesen*.

56 Dieses Objekt war mir nicht zugänglich und konnte daher leider nicht in die Paläographie aufgenommen werden.

ḥ3b-sd für SI/ SeK/ 001, RII/ SeK/ 001 und / 004 sowie *Jmn(.w)-m-jp3.t* für RII/ SeK/ 002 – 003, möchte ich sämtliche Stelen einem Arbeitsstättenkontext zuordnen.
Bei allen Hieroglyphen mit Männern der Abteilungen A und C fehlt der Bart, darüber hinaus machen die Inschriften generell einen etwas „ungelenken“ Eindruck.

Arbeitsstättenkontext SeK/ A	
SI/ SeK/ 001	
RII/ SeK/ 001	RII/ SeK/ 003
RII/ SeK/ 002	RII/ SeK/ 004

Manche Zeichen der Stelen vom Sinai sind nicht richtig leserlich, cf. dazu Kap. 8.3. „Pseudohieroglyphen“.

8.2.9. Die Regionen zwischen den großen Zentren

Aufgrund der dürftigen Beleglage können für die hier aufgeführten Regionen größtenteils weder paläographische Besonderheiten noch, abgesehen vom Fayum und von Heliopolis, Arbeitsstättenkontexte erkannt werden.

8.2.9.1. Die Region zwischen Assuan und Theben (Elephantine, Edfu)

Die einzige aus Edfu stammende Stele der Sammlung, SI/ Edf/ 001, war mir leider nicht zugänglich. RII/ Ele/ 001 kann wegen der geringen Reste von erhaltenen Hieroglyphen keine näheren Informationen zu den behandelten Fragestellungen liefern. Die Zeichen machen einen etwas flüchtigen Eindruck, obwohl es sich um eine Stele aus höherwertigem Calcit handelt, dabei hat der Hersteller die Hieroglyphen in einem sehr sparsamen und detailarmen, fast schon strichförmigen Duktus graviert. Manche Zeichen, wie z. B. A 09 oder G 43, zeigen durchaus Ähnlichkeiten mit Formen des thebanischen Raumes, für eine umfassende Analyse fehlt jedoch eine breite Materialbasis.

8.2.9.2. Die Region zwischen Theben und Abydos (Koptos, Gadra)

Die Stele, die aus Gadra aufgenommen werden konnte, RII/ Gad/ 001, stammt aus einem Privatgrab, war jedoch leider nicht zugänglich. Aus Koptos sind RII/ Kop/ 001 – 002 vorhanden, die erste ist wahrscheinlich, die zweite gesichert einem Tempelkomplex Te-g zuzuordnen. Die großformatige Stele RII/ Kop/ 002 ist in sehr hoher Qualität ausgeführt worden, sowohl was die Darstellungen als auch die Komposition der Hieroglyphen betrifft, der zuständige Hersteller dürfte möglicherweise Erfahrungen mit offiziellen Bauten, vielleicht neben Koptos auch im thebanischen Bereich?, gehabt haben. Viele Hieroglyphen zeigen mit thebanischen Stelen vergleichbare Formen.

8.2.9.3. Die Region von Abydos bis nach Memphis (Deir Rifeh)

Für diese Region, darunter ganz Mittelägypten, ist die Beleglage für eindeutig datierbare und lokalisierbare Stelen der hier behandelten Epoche äußerst dürftig. Deshalb konnten leider nur zwei Objekte aus Deir Rifeh, RII/ DRi/ 001. 002 erfaßt werden, von denen lediglich die zweite zugänglich war.

8.2.9.4. Unterägypten bis zur memphitischen Region (Herakleopolis/ Sedment)

Aus Herakleopolis, der Hauptstadt des 20. oberägyptischen Gaues, konnte nur eine Stele aufgenommen werden[57], die zugehörige Nekropole bei Sedment ist mit vier Stelen aus Privatgrä-

57 RII/ Her/ 001.

bern vertreten[58]. Diese können wegen stark abweichender Ausführung von Darstellungen und Hieroglyphen leider keinem gemeinsamen Arbeitsstättenkontext zugeordnet werden.

8.2.9.5. Das Fayum (Gurob)

Aus dem Fayum konnten nur einige Stelen aus Gurob erfaßt werden, und zwar RII/ Gur/ 001, Mer/ Gur/ 001, SII/ Gur/ 001. 002. Der frühe Beleg wurde im Privatgrabbereich des Nutznießers gefunden, SII/ Gur/ 002 ist wohl einem Göttertempel zuzurechnen. Mer/ Gur/ 001 und SII/ Gur/ 001 waren dagegen einst in dem Verehrungstempel der 19. Dynastie für den vergöttlichten Thutmosis III[59] aufgestellt worden. Sie zeigen einen fast identischen Bildaufbau, so daß eine Herkunft aus derselben Arbeitsstätte als sicher gelten kann. Die Namen beider Nutznießer beinhalten den Eigen- resp. den Thronnamen Ramses II, nämlich ***Rʿ(.w)-ms(j)-sw-m-pr(.w)-Rʿ(.w)*** bei Mer/ Gur/ 001 und ***Wsr-Mꜣʿ.t-Rʿ(.w)-m-ḥꜣb*** auf SII/ Gur/ 001. Sofern die Eigennamen tatsächlich einen Bezug auf die Tätigkeit ihrer Träger widerspiegeln[60], könnten beide aus dem gleichen Arbeitsumfeld stammen.

Dieser Befund ist auch ein Hinweis auf Personen, die während der Regierungszeit mehrerer Herrscher ihren Beruf ausübten, in diesem Fall zumindest von der Zeit Merenptahs bis in diejenige Sethos II, dazwischen die möglicherweise selbständige Regierung Amenmesses.

Arbeitsstättenkontext Gur/ A
Mer/ Gur/ 001
SII/ Gur/ 001

8.2.9.6. Das südliche Delta bis Qantir (Giza, Heliopolis)

Auch diese Region hat eine nur magere Beleglage vorzuweisen. Aus Giza stammen lediglich SI/ Giz/ 001 und RII/ Giz/ 001, beide Stelen sind in Verbindung mit dem Tempel beim großen Sphinx zu sehen, der im Neuen Reich als Hor-em-achet und Hauron verehrt wurde[61]. Aus Heliopolis konnten die vier Objekte RII/ Hel/ 001 – 004 aufgenommen werden, die gesichert oder vermutet einem Tempelkomplex Te-g zuzuordnen sind.

RII/ Hel/ 002 und / 003 wurden von ***Mʿy*** in Auftrag gegeben und beide aus dem im untersuchten Corpus selten verwendeten, sehr harten Material Diorit hergestellt. Die unterschiedlichen Darstellungen weichen im Duktus zwar etwas voneinander ab, bei den Hieroglyphen zeigen sich jedoch in vielen Fällen Übereinstimmungen, auch mein Klassifizierungscode ist fast identisch. Daher vermute ich, daß diese beiden Stelen einem gleichen Arbeitstättenkontext entstammen. Die beiden anderen Stelen zeigen abweichende Darstellungen und Zeichenformen.

Arbeitstättenkontext Hel/ A
RII/ Hel/ 002
RII/ Hel/ 003

8.2.9.7. Das Delta nördlich von Qantir (Sais, Zawijet Umm el-Rakham)

Von den drei Stelen aus Zawijet Umm el-Rakham war mir leider nur eine zugänglich. Aufgrund der geringen Menge an belegbaren Hieroglyphen kann daher keine Aussage über dieses Gebiet getroffen werden, zumal auch die Stele aus Sais wegen des sehr schlechten Erhaltungszustandes paläographisch nicht zu verwenden war.

---

58 RII/ Sed/ 001 – 004.
59 EGGEBRECHT, *Aufstieg*, Nr. 109. Cf. auch LOAT, *Gurob*, 1 f.
60 Zu Namen cf. VERNUS, *Name*, VERNUS, *Namengebung*.
61 Cf. STADELMANN, *Syrisch-palästinische Gottheiten*, 81 ff.

8.3. Pseudohieroglyphen und Zeichenverstümmelungen

Generell ist zu beobachten, daß keinem Schriftzeichen im von mir zusammengestellten Material das Etikett einer „Pseudohieroglyphe[62]" verpaßt werden kann. Die meisten stärker abweichenden Formen oder Verwechslungen von Schriftzeichen dürften lediglich aus der mangelnden Lesekundigkeit der Hersteller, insbesondere auch des Hieratischen, herrühren.

Lediglich die Stelen aus Serabit el-Khadim weisen alle eine stellenweise recht unorthodoxe Gestaltung der Schriftzeichen auf. Besonders ausgeprägt ist dieses auf der Stele RII/ SeK/ 002. Hier befindet sich im unteren Register eine Kolumne (Abb. 6), die offenbar Namen und Titel des dargestellten Adoranten beinhaltet. Diese Hieroglyphen sind so stark verfremdet, daß sie fast nicht mehr lesbar sind[63]. Der unterste Teil dürfte den Namen des Nutznießers *Jmn(.w)-m-jpꜣ.t* enthalten, der ebenfalls von anderen Denkmälern aus dieser Region bekannt ist[64]. So sind auch diese hier abgebildeten Hieroglyphen in einer – zumindest theoretisch – richtigen Reihenfolge angeordnet und können daher noch nicht als Pseudohieroglyphen bezeichnet werden.

Abb. 6 Fast unleserliche Hieroglyphen auf RII/ SeK/ 002

Aus Nubien, der anderen Region abseits des ägyptischen Kerngebietes, aus der Stelen für mein Corpus erfaßt werden konnten, fällt dabei auffälligerweise nur SII/ Ani/ 001 ins Auge. Der Hersteller dieser Stele schrieb in einem sehr eigenwilligen Duktus, der auf verderbte Vorlagen bzw. mangelnde Kenntnis des Ägyptischen hinweist. Cf. dazu auch Kap. 8.2.2.

Auch in Qantir tauchen mitunter nichtkonforme Schriftzeichen auf, die nicht zu entziffern sind. Jedoch handelt es sich dabei stets nur um einige wenige Zeichen, das Umfeld ist durchaus lesbar. So dürften die Hersteller hier entweder nur ihre Schwierigkeiten mit einem schwer zu schreibenden Schriftzeichen gehabt haben, und/ oder die ungewöhnliche Form ergab sich durch die mindere Qualität der Arbeit.

Zeichenverstümmelungen[65] sind in vorliegendem Quellenmaterial nur sehr selten in verschiedenen Zeichenveränderungen zu beobachten, jedoch niemals aus intentional religiösen resp. apotrophäischen Motiven. Ein Beispiel ist eine Schreibung wie 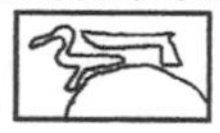[66], in der ein Teil des Vogels einfach weggelassen wurde, da der benötigte Platz schon von der anderen Hieroglyphe im Schriftfeld sowie einer in dieses Feld hineinragenden Darstellung (menschlicher Kopf) besetzt war. So wurde nur der wichtigste Teil geschrieben, nämlich das Vorderteil mit dem Vogelkopf, der Lesbarkeit des Zeichens und der ganzen Passage schadete dieses je-

62 Zu Phantasie- und Pseudohieroglyphen BOTTI, *Casse*, passim (Särge aus el-Hibe-Särge, dort falsch in die Ptolemäerzeit statt in die Dritte Zwischenzeit datiert, Hinweis J. KAHL); MARTIN, *Hidden Tombs*, 144; RAVEN, *Iurudef*, 3,23, 27, 29; POSENER, *Inscriptions*. Zum Schriftverfall: STERNBERG-EL HOTABI, *Untergang*, bes. 231 ff.

63 GARDINER, PEET, *Sinai I*, 178, *II*, Taf. 69:254. *KRI II*, 339.

64 Nach *KRI-T II*, 177; *KRI-NC II*, 200, allerdings äußert K. A. KITCHEN dort den Vorbehalt, daß bei diesen Faksimiles nur auf die Herausgeber vertraut werden könne, da keine Photos vorlägen.

65 Zu diesem Thema cf. KAMMERZELL, *Zeichenverstümmelung*.

66 G 29-30 auf RII/ DeM/ 145.

doch nicht, weder bei einem zeitgenössischen noch einem modernen Leser. Das Fehlen dieser Teile ist lediglich durch die Gegebenheiten der Schriftfeldschreibung bedingt, unten in Kap. 8.4. als „d) Veränderungen durch das Umfeld" klassifiziert.

Ähnliches liegt auch bei Formen wie  [67] vor, auch hier ist die Lesbarkeit nicht eingeschränkt. Die Verstümmelung ergibt sich in diesem Fall dadurch, daß A 01 horizontal auf ein Drittel der Feldbreite zusammengestaucht werden mußte und gleichzeitig einer Detailveränderung unterworfen wurde (cf. unten Kap. 8.4. unter e).

Fehlt also bei Einzelzeichen ohne erkennbare Ursache ein Teil, ist dieses als reine Nachlässigkeit des Herstellers zu bewerten, es liegt dabei weder eine Zeichenverstümmelung noch eine Zeichenveränderung vor.

In einer Schriftfeldschreibung können Zeichenverstümmelungen als Zeichenveränderung bei Stauchungen und bei Veränderungen durch das Umfeld, i.e. durch ins Schriftfeld hineinragende Darstellungen, vorkommen.

67 A 01 auf RII/ DeM/ 138.

8.4. Ursachen und Ausprägungen der Zeichenvariationen innerhalb eines Schriftfeldes

Die Untersuchung der Schriftfelder hat gezeigt, daß es mehrere Möglichkeiten gibt, wie Hieroglyphen in ihrer Gestalt beeinflußt werden und wie diese Schriftzeichen wiederum andere in ihrem Schriftfeld oder Umfeld beeinträchtigen können. Folgende Ursachen der Variationen sind im untersuchten Material zu beobachten:

a) Stauchung:

Die häufigste Variation von Zeichen in einer Schriftfeldschreibung wird durch die Stauchung bewirkt. Dabei gibt es verschiedene Möglichkeiten dieser Stauchung:
- *horizontal*: Das Zeichen wird nur in der Breite gestaucht, die Höhe bleibt unverändert.
- *vertikal*: Das Zeichen wird nur in der Höhe gestaucht, die Breite bleibt unverändert.
- *unregelmäßig*: Die Stauchung in eine Richtung ist stärker als in die andere.

Vorgänge, die ein Zeichen nicht nur stauchen, sondern es auch verstümmeln, werden nicht als Stauchungen, sondern als Veränderungen durch das Umfeld oder als Detailveränderungen klassifiziert.

b) Dehnung:

Auch die Dehnung einer Hieroglyphe als Folge einer Schriftfeldschreibung ist bei mir sehr selten. Lediglich in zwei Belegen wird R 07, das normalerweise eine halbe Feldhöhe einnimmt, auf die ganze Höhe gedehnt, um optisch und kalligraphisch an die daneben stehenden hochschmalen Zeichen angeglichen werden zu können. Des weiteren kommt diese Form der schriftfeldursächlichen Zeichenveränderung nur noch bei U 21  vor, wo das Zeichen mitunter nach oben gedehnt wurde, damit es um das daneben stehende N 05 ⊙ herumgeführt werden konnte.

c) maßstäbliche Verkleinerung:

Bei der oft vorkommenden maßstäblichen Verkleinerung wird das Zeichen nur in bezug auf die Größe verändert, die Proportionen bleiben im Vergleich mit dem entsprechenden Einzelzeichen erhalten. Die maßstäbliche Verkleinerung wird auch bei den computergenerierten Schriftfeldschreibungen von Hieroglyphen verwendet.

d) Veränderungen durch das Umfeld:

Eine weitere Ursache für die Veränderung eines einzelnen Schriftzeichens ist die Beeinflussung durch das Umfeld, i. e. die das entsprechende Schriftfeld umgebenden Felder oder Darstellungen. Speziell die bildlichen Darstellungen können Veränderungen von Schriftzeichen bewirken. Diese Beeinflussung durch die – zuerst vorhandenen – Darstellungen halte ich für ausschlaggebender als die Ansicht M. VERNERs[68], der eher auf die Zwänge eines dekorativen Aspektes der Schrift hinwies, der „*could negatively influence the scribe, e. g. his choice of colours, the proportion of signs, etc.*".

Ein extremes Beispiel, gleichzeitig eine Zeichenverstümmelung, ist die Schreibung 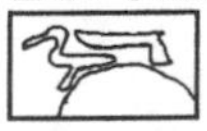 von G 29-30 auf RII/ DeM/ 145. Ansonsten ist diese Form der schriftfeldursächlichen Zeichenverstümmelung durch Darstellungen bei mir nicht belegt.

e) Detailveränderung:

Eine Detailveränderung liegt vor, wenn das Zeichen gegenüber dem Basiszeichen bzw. dem Einzelzeichen ein anderes Aussehen hat oder wenn ein Teil fehlt. Dabei muß die Veränderung allerdings durch die Kombination von mehreren Hieroglyphen in einem Schriftfeld verursacht werden, nicht jedoch durch ins Feld hineinragende Darstellungen. Dann handelt es sich um eine Veränderung durch das Umfeld (oben unter d).

Ein herunterhängender Arm bei A 01 ähnlich A 02 ist eine solche Detailveränderung,

---

68 VERNER, *Preparation*, 51.

aber auch eine verstümmelnde Stauchung wie [69]. Die häufigsten Detailveränderungen sind bei N 35 und Y 05 zu beobachten, wo in Schriftfeldern eine oder mehrere Zacken bzw. Spielsteine weggelassen werden können.

f) Drehung:

Die Drehung eines ansonsten festgelegten Zeichens in einem Schriftfeld kommt nur einmal vor, und zwar auf RII/ KeG/ 004 bei U 22 : .

Nicht in der Richtung festgelegt sind dagegen Zeichen wie N 11, N 12, O 29, P 08, T 10, U 31, V 26, V 27, Y 01, Aa 11 oder Aa 30, die alle stehend oder liegend verwendet werden konnten, wie es gerade am besten paßte[70].

Generell ist zu erkennen, daß bei drei hochschmalen Zeichen in einem Schriftfeld bzw. einem hochschmalen und zwei breiten, eine halbe Feldhöhe einnehmenden Zeichen das erste Zeichen unverändert bleibt, so ist beispielsweise das bei [*j*+*mn*+*m*] gegenüber einem einzelnen nicht verändert worden, während die beiden „hinteren" Hieroglyphen eine der oben aufgelisteten Veränderungen erfuhren, es sei denn, sie würden als Einzelzeichen auch nicht mehr Raum benötigen. Ähnliches gilt bei drei flachbreiten Zeichen in einer Schriftfeldschreibung, dabei wurde das oberste Zeichen nicht verändert, die beiden anderen nur dann, wenn sie allein mehr als ein Drittel einer Feldhöhe benötigten. Ebenso verhält es sich bei den Schriftfeld schreibungen mit einem obersten flachbreiten und zwei darunter gesetzten Zeichen, wie .

69 A 01 auf RII/ DeM/ 138.

70 Zu Drehungen der Hieroglyphen D 21, N 35 und O 29 im Mittleren Reich cf. SCHENKEL, *Frühmittelägyptische Studien*, 229-31.

8.5. Verwechslungen von Schriftzeichen

Die meisten Zeichenverwechslungen in vorliegenden Belegen können nur über hieratische geschriebene Vorlagen erfolgt sein, nicht jedoch über hieroglyphische Vorlagen. Die Hieroglyphen unterscheiden sich in diesen Fällen nämlich stark voneinander, sowohl im Aussehen als auch im Lautwert, wie dieses z. B. auf RII/ Saq/ 019 bei der Verwendung von statt im Toponym *ȝbḏw*[71] der Fall ist. Auch bei D 60, G 41 oder H 06 sind solche Verwechslungen zu beobachten.

In anderen Fällen ist festzustellen, daß Hieroglyphen-Schriftzeichen aufgrund ihrer Ähnlichkeit in Aussehen bzw. Umriß miteinander verwechselt worden sind, was als ein anderer Vorgang von Verwechslungen anzusehen ist als die Verlesung aus dem Hieratischen. Der Hersteller hatte dabei ein hieroglyphisches Zeichen vor Augen, entweder auf einer hieroglyphischen Vorlage oder aber im Geiste, aus seinen Erfahrungen schöpfend.

Viele Zeichen, wie z. B. N 05, O 49 oder Aa 01 sind von der Form her leicht zu verwechseln, da sie oft nur als runde Fläche ohne Innenzeichnung geschrieben wurden[72], im Kontext der Stele resp. des Stelentextes jedoch ist eine solche Verwechslung nicht möglich. Dieses zeigt, daß die praktische Ausführung des hieroglyphischen Schriftsystems vom Kontextbezug lebte. Der (kundige) Leser wußte durch sein „hieroglyphisches Denken"[73] ohne Zweifel, ob es sich in einem bestimmtem Wort um die Sonnenscheibe, den Dorfgrundriß oder um „[Aa 01]"[74] handelte, auch wenn er wohl das entsprechende Wort als Gruppe zusammen mit der Bedeutung erfaßte und weniger Zeichen für Zeichen einzeln durchging. Daher ist bei Verwechslungen zu vermuten, das die entsprechenden Personen entweder nicht richtig lesen konnten oder daß sie unordentlich gearbeitet haben.
Im von mir ausgewerteten Material haben die Hersteller mitunter folgende Zeichen mehr oder weniger häufig miteinander verwechselt:

A 14 – A 24[75], M 29 – V 28,
A 40 – B 01, M 40 – Y 01 (stehend),
D 19 / – N 29, N 01 – N 17 – N 35 – N 37,
F 34 – W 22, N 05 – O 49 – Aa 1,
F 35 – O 29 (stehend), V 22-23 / – F 30,
F 42 – N 12, X 08 – M 44.

71 Cf. Kap. 8.1.1. unter S 34. Für weitere Verschreibungen/ Verlesungen aus dem Hieratischen cf. jeweils die einzelnen Abschnitte in diesem Kapitel.
72 So z. B. N 05 auf RI/ Amd/ 001 oder Aa 01 auf RII/ Ama/ 001. Die Verwechslungen erfolgten aber nicht nur auf nubischen Denkmälern, sondern in ganz Ägypten!
73 Dazu MYRSICH, *Hieroglyphisches Denken*, bes. 111 f., 115.
74 Die Realienklärung für Aa 01 soll hier nicht erfolgen.
75 Besonders die Partie mit Axt bzw. Ausfluß.

9. Statistiken

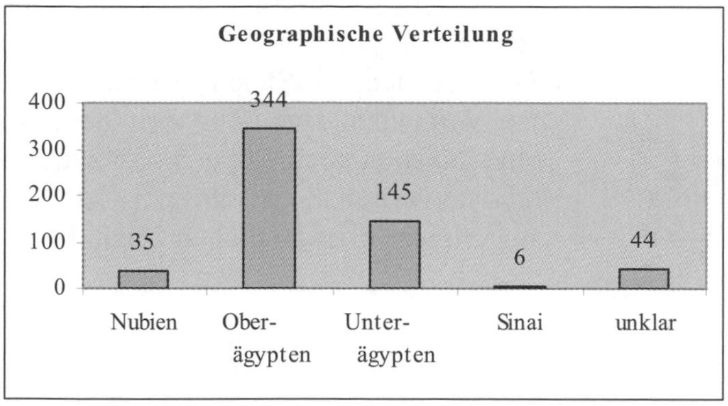

Die meisten Stelen im vorliegenden Corpus kommen aus Oberägypten, fast 80 % davon aus Deir el-Medineh. Weniger als halb so viele konnten aus unterägyptischen Fundorten aufgenommen werden, von denen wiederum mehr als die Hälfte in einer einzigen Stadt, Pi-Ramesse, aufgestellt waren. Geringer vertreten ist Nubien mit 35 erfaßten Objekten, und nur sechs Stelen stammen aus dem Sinai, fast ausschließlich aus Serabit el-Khadim. Durch die sehr lange Regierung Ramses II sind naturgemäß überproportional viele Stelen dieser Epoche erhalten, eine Situation, die in beiden Landeshälften sowie in den auswärtigen Gebieten Nubien und Sinai identisch ist.

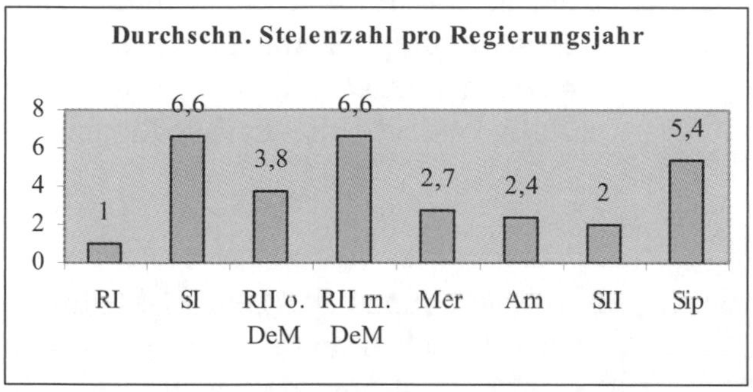

Bei einer einfachen Zählung aller Stelen pro König ergäbe sich jedoch ein verfälschtes Bild, da dann die Regierungszeit Ramses II übermäßig starken Einfluß ausüben würde. Die Analyse der durchschnittlichen Stelenzahl pro Regierungsjahr eines jedes Königs[1] bietet indes ein ausgewogenes Ergebnis, das auch mit der politischen Situation korrespondiert. So weisen die kurzen, aber auch politisch schwächeren Regierungen von Ramses I, Merenptah, Amenmesse und Sethos II bei mir eine durchschnittliche Stelenzahl von 1-3 Ex-emplaren pro Regierungsjahr auf. Die „Blütezeit“ der 19. Dynastie unter Sethos I und Ramses II bildet auch im privaten Stelenaufkommen einen Höhepunkt, fast das drei- bis sechsfache. Mit 5,4 nur wenig darunter ist die Zahl für die Zeit des Siptah.

Selbst wenn man annimmt, daß vielleicht nur 1 % der real erstellten Stelen von meiner Sammlung erfaßt werden konnten, wäre eine Gesamt-„Produktion“ von dann ca. 600 Stelen (bei Sethos I oder Ramses II) pro Jahr äußerst niedrig, gerade mal 50 Stück pro Monat in ganz Ägypten. Das bedeutet also, daß Herstellung resp. Bestellung von privaten Stelen nicht gerade zum ägyptischen Alltag gehörten, da diese Objekte wohl auch größtenteils einer preislich höheren Kategorie zuzurechnen sind, die nicht für jeden erschwinglich war[2].

Der Wert für Ramses II ohne Deir el-Medineh ist mit 3,8 fast um die Hälfte niedriger als inklusive der DeM-Stelen, würde also einen massiven Rückgang der Stelen gegenüber der erheblich kürzeren Regierung Sethos I implizieren, was realiter jedoch nicht der Fall ist. Deir el-Medineh war also ein unverzichtbarer Bestandteil der (nicht nur) materiellen Kultur der 19. Dynastie. In den Zeiten Sethos I und Ramses II machen die Stelen Deir el-Medinehs fast die Hälfte des untersuchten Gesamtbestandes aus, ein Anzeichen für die große Bedeutung und

1 Dabei habe ich die Zahl der in meinem Corpus belegten Stelen aus der Zeit eines jeden Herrschers durch die der entsprechenden Regierungsjahre geteilt. Alle Daten richten sich nach BECKERATH, *Chronologie*.

2 Reale Preise für Stelen sind bei JANSSEN, *Commodity Prices* leider nicht verzeichnet.

den „Wohlstand“, den diese exklusive Siedlung in der Gesellschaft der 19. Dynastie genoß. In der Zeit Siptahs ist der Anteil sogar noch höher, hier kommen ca. 85 % aller erfaßten Stelen aus Deir el-Medineh. Diese hohen Werte können auch dadurch begründet sein, daß es in der Arbeitersiedlung eine weitaus höhere Anzahl von in Steinmetzarbeiten qualifizierten Personen gegeben hat, als dieses im übrigen Ägypten der Fall gewesen ist.

Auch bei einer Betrachtung der geographisch/ chronologischen Verteilung in der Zeit eines jeden Königs ergibt sich, daß fast immer Deir el-Medineh-Stelen überproportional vorhanden sind. Zur Zeit Sethos I sind daneben noch Abydos und Saqqara stärker vertreten, die übrigen Orte alle in geringen, aber ähnlichen Quantitäten.

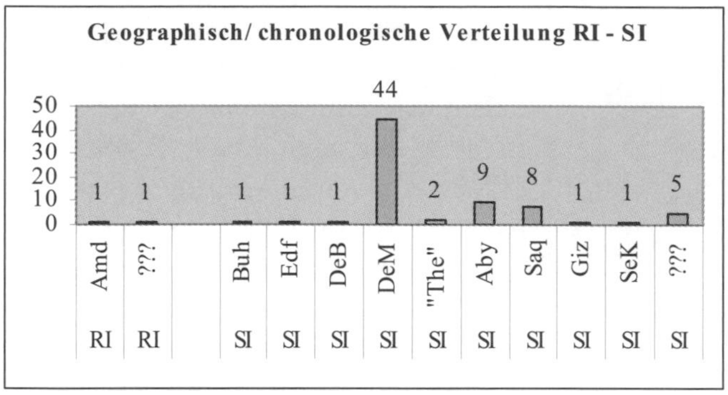

Nubien zur Zeit Ramses II weist bei mir eine relativ ausgewogene Verteilung der Stelen auf, durchschnittlich zwei bis drei pro Ort, nur aus Wadi es-Sebua sind bei dem dortigen Tempel mehr Privatstelen vorhanden, alle mit ähnlichem Inhalt. Entweder war dieser Tempel ein besonderer Anziehungspunkt, oder es gab hier rein zufällig bessere Erhaltungsbedingungen.

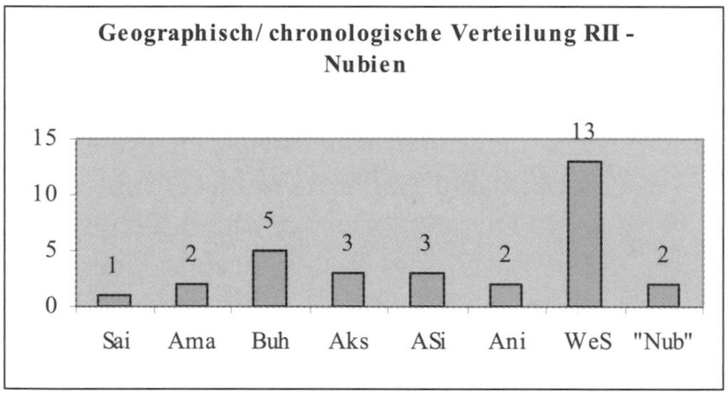

Im Ramses II-zeitlichen Oberägypten überwiegt massiv die Gruppe der Deir el-Medineh-Stelen. Daneben ragt dann noch das alte religiöse Zentrum Abydos hervor, alle übrigen, „kleineren“ Orte sind jeweils nur schwach vertreten, jedoch immer mit fast einheitlichen Anzahlen. Einige der mit „The“ bezeichneten Stelen könnten ebenfalls noch aus Deir el-Medineh stammen.

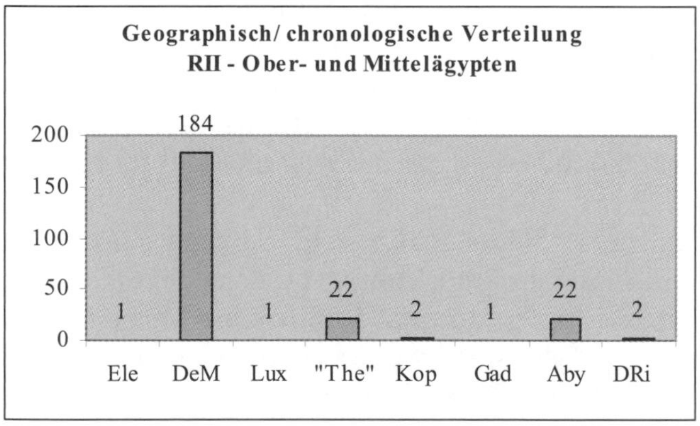

Auch in Unterägypten ergibt sich in dieser Zeit ein ähnliches Bild mit stärker herausragenden Zentren, in diesem Fall Memphis/ Saqqara sowie in besonderem Maße Qantir. Aus den anderen Orten konnten nur wenige Stelen, aber stets in vergleichbaren Quantitäten aufgenommen werden.

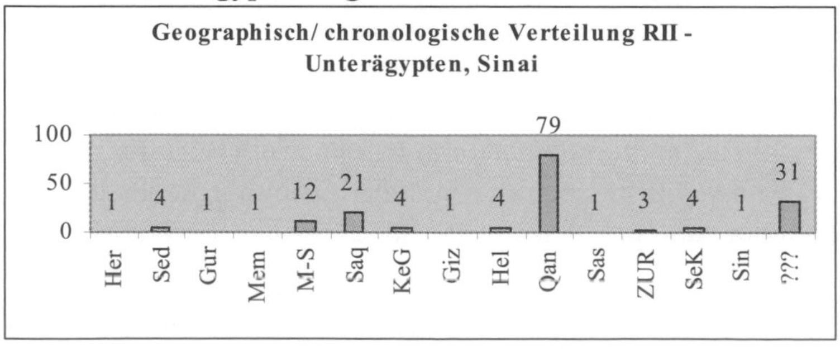

In der Regierungszeit des Merenptah ist nur Abydos stärker vertreten, Deir el-Medineh jedoch auffälligerweise weniger, in ähnlichen Zahlen wie die übrigen Orte.

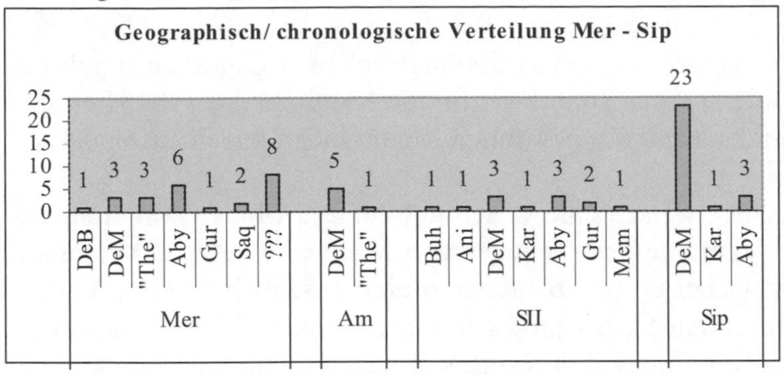

Die wenigen auf Amenmesse datierten Stelen stammen fast alle aus Deir el-Medineh, eine ist nur ungenau in „Theben“ lokalisierbar.

Auch bei Sethos II kommen Stelen aus Deir el-Medineh und Abydos – relativ gesehen – neben Gurob am häufigsten vor. In der Zeit Siptahs wiederum ist lediglich die Siedlung Deir el-Medineh stark überproportional vertreten.

Alle diese Statistiken sind nur relativ zu sehen, sie basieren ausschließlich auf dem Material des von mir zusammengetragenen Corpus. Einfluß auf die unterschiedliche Anzahl der Stelen haben dabei sowohl Länge der Regierungszeit, Zufall der Erhaltung sowie unterschiedlichste prosopographische Forschungserkenntnisse. Trotz dieser Einschränkungen sind jedoch Tendenzen erkennbar, die zukünftig durch weiteres, exakt datiertes Material genauer herausgearbeitet werden könnten.

10. Synthesis

Die vorliegende paläographische Untersuchung eines umfangreichen, wenn auch durch den Zufall der Erhaltung begrenzten Objektcorpus konnte vielfältige Möglichkeiten der Hieroglyphischen Paläographie aufzeigen und anhand des gewählten Materials praktisch anwenden.

Schriftzeichen, die sehr oft auftauchen, weisen eine wesentlich höhere Übereinstimmung der Formen auf. Solche dagegen, die – zumindest in vorliegendem Material – seltener verwendet wurden, sind viel variantenreicher. Dabei ist in Oberägypten eine erheblich größere Variationsbreite der einzelnen Zeichen zu erkennen, als dieses in Unterägypten festgestellt werden konnte. Die meisten Varianten tauchen ab der Zeit Ramses II auf, eine herausragende Rolle spielt dabei die Arbeitersiedlung Deir el-Medineh, hier kommen besonders vielfältige Variationen vor. Generell ist die thebanische Region überproportional stark mit innovativen Formen und Varianten vertreten. Dort scheint am intensivsten der Ehrgeiz/ Wille oder die Möglichkeit bestanden zu haben, Neues auszuprobieren.

Jedoch ist für die Hieroglyphenschrift in meinem Corpus privater Monumente ein mit Beginn der 19. Dynastie gegenüber der Vor- und direkten Nachamarnazeit einschneidender Traditionsbruch keinesfalls festzustellen, wie dies beispielsweise kürzlich U. VERHOEVEN[1] für die späthieratische Buchschrift nach 306 v. Chr. herausarbeiten konnte. Von einer Zwiespältigkeit des „Neubeginns" nach M. RÖMER[2] ist in den untersuchten privaten Monumenten nichts zu spüren.

Ein wichtiger Punkt der Untersuchung war die Analyse der Zeichenveränderungen in Schriftfeldern, bei der sich herausstellte, daß es mehrere Formen der schriftfeldursächlichen Veränderung von Hieroglyphen gibt. Die häufigste ist die Stauchung, daneben maßstäbliche Verkleinerung, Detailveränderungen sowie Veränderungen durch das Umfeld (Darstellungen), eher vereinzelt treten Dehnungen bzw. Drehungen eines Zeichens auf. Meistens bewirken die Stauchungen nur geringere Veränderungen, selten werden Hieroglyphen dabei so stark modifiziert, daß bei der Betrachtung des Zeichens alleine keine eindeutige Identifikation mehr möglich ist.

In den Belegen zeigt sich ein erkennbarer Unterschied zwischen den großen Zentren und den abgelegeneren Gebieten. Von dort konnten nur sehr wenige Stelen aufgenommen werden, diese sind in der Mehrzahl von weitaus geringerer Qualität. In den Zentren Theben und in Saqqara sind dagegen zahlreiche Stelen hoher Qualität gefertigt worden, die „Innovationsfreudigkeit" der Hersteller zeigt sich in der Verwendung eines sehr umfangreichen Zeicheninventars, das auch seltener verwendete Hieroglyphen beinhaltete. Der von D. FRANKE[3] herausgehobene starke Gegensatz zwischen Residenz- und Provinzialkunst ist auch hier erkennbar, jedoch mit dem Unterschied, daß aus der neuen Residenz der Ramessiden Pi-Ramesse keine hochwertigen Objekte aufgenommen werden konnten. Die sog. Horbêt-Stelen sind Zeugnisse von dort nur temporär lebenden Personen niederer resp. mittlerer Schichten. Allerdings könnten qualitätvolle Stücke auch aufgrund der intensiven Landwirtschaft in diesen gesteinsarmen Gebieten schon vor langer Zeit entdeckt und verkauft oder dem Steinrecycling zum Opfer gefallen sein.

---

1 VERHOEVEN, *Untersuchungen*, 253, 343.
2 RÖMER, *Königssöhne*, bes. 79.
3 FRANKE, *Heqaib*, 116.

Auf diversen Stelen wie z. B. RII/ Aby/ 021 oder auch RII/ DeM/ 083 kann man erkennen, daß die Zeichen im ersten Register sorgfältiger und teilweise auch größer ausgeführt wurden als die in den unteren Registern, die Privatpersonen aus dem Umfeld des Nutznießers auflisten. Dieses könnte ein Hinweis darauf sein, daß die Stelen von mehreren Personen bearbeitet wurden. Es war auch möglich, Stelen im voraus herzustellen, die später entsprechend den Käuferwünschen mit Namen beschriftet werden konnten. In diesem Fall ist es sehr gut möglich, daß dieses eine andere Person ausführte als diejenige, die den „Hauptteil" der Arbeit erledigte.

Die Produktion einer typischen Privatstele von nicht zu großem Format und Anspruch dürfte nicht sehr lange gedauert haben, jedoch lassen sich aus dem Material keine Rückschlüsse auf die Zeitdauer ziehen, die ein Hersteller an einer Stele verbrachte[4].

Auffällig ist dabei, daß nicht unbedingt sozial höhergestellte, demnach auch reichere Personen bessere Stelen besaßen als einfachere Leute. Viele Zeichenformen sehen sich auf allen Stelen sehr ähnlich, Unterschiede sind dann eher erkennbar in Größe, Registerzahl und komplexeren Darstellungen.

Das Auftreten fast identischer Zeichenformen von C 98 auf RII/ Aby/ 022 und einem Uschebti desselben Besitzers kann man als Hinweis darauf interpretieren, daß Hersteller von Stelen auch andere Objekte fertigten, in diesem Fall war diese Person möglicherweise durch einen größeren Auftrag mit der Herstellung von verschiedenen Objekten für einen Kunden betraut.

Ich konnte zeigen, daß die meisten stärker abweichenden Formen oder Verwechslungen von Schriftzeichen aus der mangelnden Lesekundigkeit der Hersteller bezüglich des Hieratischen herrühren. Diese werden wohl in der Mehrzahl der Fälle hieratische Vorlagen gehabt haben, von denen sie, mehr oder weniger sorgfältig, die Schriftzeichen ins Hieroglyphische auf die Objekte übertrugen.

Einige Zeichenverwechslungen in den Belegen können nur über das Hieratische erfolgt sein, nicht jedoch über hieroglyphische Vorlagen, da die Hieroglyphen sich in diesen Fällen stark voneinander unterscheiden. So möchte ich diesen Befund als starkes Indiz für das Vorhandensein hieratischer Vorlagen bewerten, es schließt jedoch die Existenz rein hieroglyphischer „Musterbücher" und Vorlagen nicht aus.

In den großen Zentren wie Theben oder Memphis dürfte es eigentlich nicht schwer gewesen sein, Zugang zu adäquaten Vorlagen von Hieroglyphen zu erhalten, allerdings ist eine Benutzung solchen Materials nicht nachweisbar. Auch wenn manche Zeichen ungewöhnliche Formen aufweisen, sind sie doch in lesbarer Reihenfolge geschrieben, nicht in einer Phantasiereihenfolge, so daß zumindest ein Basiswissen der Hersteller vorausgesetzt werden kann. Pseudohieroglyphen im eigentlichen Sinne kommen demnach in untersuchtem Material nicht vor. Ebensowenig sind fehlerhafte Textpassagen vorhanden, die auf eine nicht erkannte retrograde Schreibweise der Vorlage hinweisen[5].

Nur in den drei großen weltlichen bzw. religiösen Zentren Theben, Memphis/ Saqqara und Qantir sind jeweils eine große Zahl an exakt datierbaren Stelen erhalten, so daß in diesen Regionen Arbeitsstättengruppen erfaßt werden konnten. Dazu kommen noch Abydos sowie Gurob, wo zwei nahezu identische Stelen einen lokal ansässigen Hersteller in den Regierungszeiten Merenptahs bis Sethos II belegen.

Es ist nicht klar, ob es im Alten Ägypten sog. „Wanderhandwerker" gegeben hat, auch im vorliegenden Material sind keine Indizien dafür aufgetaucht.

4 Dieses hat P. GRANDET für den Papyrus Harris herausarbeiten können: GRANDET, *pHarris*.
5 Dazu cf. GRAEFE, *Papyrus Leiden T 3*.

R. BECK-HARTMANN[6] kommt in ihren Untersuchungen zu dem Ergebnis, daß es in der Ramessidenzeit auf einem Teil der privaten Monumente einen von ihr als manieristisch bezeichneten Stil gab. Dieser eigene Stil zeichnet sich dadurch aus, daß *„die dargestellte Person, oft mit vielen Titel und Ämtern geschmückt, (...) nichts unterlassen [hat], um aufzufallen und sich ins rechte Licht zu rücken.“* (S. 38), z. B. läßt sich der Nutznießer kniend proportional größer darstellen als die angebetete Gottheit. Einen sog. „Manierismus“ habe ich auf den Stelen, die im aufgenommenen Material enthalten sind, nicht erkennen können, darüber hinaus liefern auch die Hieroglyphen keinen Anhaltspunkt für diesen Stil. Natürlich ist der Nutznießer auf der Stele gekennzeichnet, aber nie übermäßig herausgehoben, lediglich auf RII/ DeM/ 012 ist er im 2. Register etwas größer dargestellt. Auch die Schriftzeichen bei dieser Person unterscheiden sich nicht von denen der anderen aufgeführten Privatpersonen.

Die frühen Stelen sind i. d. R. komplexer und sorgfältiger konzipiert und ausgeführt als diejenigen aus der späten 19. Dynastie. Die Objekte aus der Zeit Sethos I und viele der Zeit seines Nachfolgers haben in der Regel einen größeren Zeichen- und damit auch einen umfangreicheren Wortschatz als spätere, vergleichbare Stücke. Auch wenn eine Untersuchung über den Wortschatz hier nicht erfolgte, läßt sich aus den Quantitäten und der Verteilung der Hieroglyphen erkennen, daß nach Ramses II ein Abfall der Qualität in Inhalt und Form zu verzeichnen ist. Generell kann man jedoch konstatieren, daß die untersuchten Privatmonumente der 19. Dynastie in der Entwicklung neuer Zeichen weniger innovativ waren als dies beispielsweise in den Sargtexten der Fall war[7].

So konnte diese Arbeit die Möglichkeiten, aber auch die Grenzen der Hieroglyphischen Paläographie als Teilgebiet der Ägyptologie aufzeigen. Es war möglich, private Stelen der 19. Dynastie anhand von Zeichenformen einzuordnen und zu lokalisieren sowie Arbeitsstättenkontexte zwischen verschiedenen Stelen, auch über Ortsgrenzen hinweg, festzustellen.

Darüber hinaus soll meine Arbeit auch eine Materialgrundlage bieten, anhand der weitergehende paläographische Recherchen privater Monumente erfolgen können.

Die Untersuchungen zur Klassifizierung resultierten in einem übersichtlichen Code für eine Beschreibung von Privatstelen. Dieser Code ist durch seine Standardisierung und das offene System geeignet, in erweiterter Form auch auf Stelen anderer Zeiten übertragen zu werden. Bei der Analyse stellte sich heraus, daß es nicht nur wenige, standardisierte Formen für Privatstelen in der 19. Dynastie gab, vielmehr zeugen die in großer Vielfalt vorkommenden Kombinationen der einzelnen Codeabschnitte von einer relativen Freizügigkeit bei den Gestaltungsmöglichkeiten dieser religiösen, aber doch privat initiierten Monumente.

---

6 BECK-HARTMANN, *Manierismus*.

7 Zu in den Sargtexten belegten, nicht bei A. H. GARDINER verzeichneten Hieroglyphen cf. SCHENKEL, *Konkordanz*. W. SCHENKEL verdanke ich weitere wertvolle Hinweise.

11. Indices

11.1. Index Gottheiten - Namen

Gottheit	Epitheton	Beleg
ꜣs.t	*ꜥꜣ.t nr*	RII/ Kop/ 002
	ꜥš [///] *wꜣjw* [///]	RII/ Kop/ 002
	ꜥšꜣ.t ḫpr.w	RII/ DeM/ 091
	wr.t	SI/ Aby/ 002 - 005. 007. 009, SI/ DeM/ 025, SI/ The/ 001, SI/ ???/ 001. 003. 005, RII/ Aby/ 004. 012. 019. 021, RII/ Buh/ 005, RII/ DeM/ 091. 103. 121, RII/ KeG/ 003, RII/ Kop/ 002, RII/ M-S/ 007. RII/ Qan/ 043, RII/ Saq/ 008. 010. 018, RII/ The/ 005. 011, Mer/ The/ 002. 003, Mer/ ???/ 004, SII/ Ani/ 001
	mw.t nṯr	SI/ Aby/ 002. 003, SI/ Aby/ 007 - 009, SI/ DeM/ 025, SI/ The/ 001, SI/ ???/ 001. 003. 005, RII/ Aby/ 004. 011, RII/ DeM/ 040. 091. 103. 121. 173, RII/ DRi/ 002, RII/ Hel/ 003, RII/ Kop/ 002, RII/ M-S/ 007, RII/ Saq/ 008. 010, RII/ The/ 005, Mer/ The/ 002. 003, Mer/ ???/ 005
	mw.t Ḥr(.w)	RII/ Saq/ 017
	mw.t tꜣ.wj	RII/ Saq/ 018
	ms(j) nṯr.w	RII/ DeM/ 040
	Nb.t Bhn	RII/ Buh/ 005
	nb.t p.t	SI/ Aby/ 004. 005, SI/ Aby/ 007. 009, SI/ DeM/ 025, SI/ The/ 001, RII/ Aby/ 011, RII/ DeM/ 040. 091. 103, RII/ DRi/ 002, RII/ KeG/ 003, RII/ Saq/ 008, RII/ The/ 005, Mer/ Aby/ 001, SII/ Aby/ 003
	nb.t ms.wt	RII/ DeM/ 091
	nb.t ḥw.t nṯr.w nb.w ⟨*m*⟩ *S.t-nḥḥ*	RII/ Buh/ 005
	nfr.t ḥr m mꜥnḏ.t	RII/ Kop/ 002
	nḥm.t ẖsw m-ꜥ pr(j) [///]	RII/ Kop/ 002
	ḥnw.t jmnt.t	RII/ Saq/ 008
	ḥnw.t pr(.w)-mḏꜣ.t	RII/ DeM/ 040
	ḥnw.t nṯr.w	SI/ Aby/ 009, RII/ The/ 005
	ḥnw.t nṯr.w nb.w	RII/ DeM/ 091
	ḥnw.t tꜣ.wj	SI/ Aby/ 004, SI/ DeM/ 025, RII/ DeM/ 040. 121, RII/ Saq/ 008
	s:mḥw.t Wsjr	RII/ Saq/ 017
	s:mḥw.t nṯr	RII/ Aby/ 012
	s:ḥrj.t [///]	RII/ Kop/ 002
	sqꜣy	RII/ DeM/ 040

Gottheit	Epitheton	Beleg
	dr.t nšnj	RII/ Kop/ 002
	[///]	RII/ DeM/ 041, RII/ The/ 012
	(---)	SI/ Aby/ 006, SI/ DeB/ 001, SI/ DeM/ 007, RII/ Aby/ 010. 017, RII/ DeM/ 070, RII/ Gad/ 001, RII/ Mem/ 001, RII/ Nub/ 002, RII/ Qan/ 034. 044, RII/ Saq/ 004, RII/ The/ 025, Mer/ Aby/ 005. 006, Mer/ ???/ 006. 007. 009. 010, SII/ Aby/ 001, Sip/ Aby/ 003
ꜣs.t nj pr(w) ms(j)	(---)	SII/ Aby/ 002
Jꜥḥ	*pꜣ ḥtpy*	RII/ DeM/ 143
	nb(.w) p.t	RII/ DeM/ 175
	nṯr ꜥꜣ	RII/ DeM/ 175. 181
	rḫ ꜥn nw	RII/ DeM/ 143
	(---)	RII/ DeM/ 138. 143, SII/ Ani/ 001
Jꜥḥ-Ḏḥwtj	*jy(j) ḥr ẖrww nj dm rn=f*	RII/ DeM/ 108
	ꜥꜣ bꜣ.w	RII/ DeM/ 108
	ꜥꜣ pḥ.tj nj psḏ.t	RII/ DeM/ 108
	ꜥn ḥtp m sḏm s:nmḥ.w nj ꜥš n=f	RII/ DeM/ 108. 109
	wr nj nṯr.w	RII/ DeM/ 108
	pꜣ ḥtpy	RII/ DeM/ 177
	nb(.w) p.t	RII/ DeM/ 082
	nb(.w) nḥḥ	RII/ DeM/ 108
	nzw nṯr.w nb.w	RII/ DeM/ 082
	nṯr ꜥꜣ	SI/ DeM/ 032. 040, RII/ DeM/ 082. 108. 143
	ḥtpy	RII/ DeM/ 143
	sḏm nḥ.wt nj ḏd sw m jb=f	RII/ DeM/ 108
	sḏm nḥj.w	SI/ DeM/ 032
	(---)	SI/ DeM/ 030, RII/ DeM/ 051
Jmn(.w)	*jy(j) ḥr ẖrww nmḥw*	RII/ DeM/ 053
	jwny	SI/ DeB/ 001
	wbn m ḥrj.t	RII/ DeM/ 122
	pꜣ nb(.w) nj gr	RII/ DeM/ 053
	pꜣ nb(.w) nj mṯn.w	RII/ WeS/ 009
	pꜣ rhnj nfr	SI/ DeM/ 001
	pꜣw.tj	SI/ DeB/ 001
	pr(j)-m-ḥꜥw=f	RII/ DeM/ 141
	mn.tj zp 2 ḥr s.t=k	SI/ DeM/ 001
	n Ṯḥn-nfr	RII/ DeM/ 018
	nb(.w) Jp.t-sw.t	SI/ DeB/ 001
	nb(.w) nj nb.w	SI/ DeB/ 001

Gottheit	Epitheton	Beleg
	nb(.w) nzy.t tꜣ.wj	SI/ DeB/ 001
	nb(.w) ns.wt tꜣ.wj	RII/ Aks/ 002, RII/ ASi/ 001. 002
	nzw nṯr.w	SI/ DeB/ 001, RII/ DeM/ 015, RII/ Lux/ 001, RII/ Saq/ 013
	s:mn nfr	SI/ The/ 002
	[///]	SI/ DeM/ 023, RII/ DeM/ 001. 087, RII/ WeS/ 002
	(---)	RI/ Amd/ 001, SI/ The/ 001, RII/ Aby/ 001 - 003. 009, RII/ Ani/ 001. 002, RII/ Buh/ 003, RII/ DeM/ 013. 015. 034. 036. 052. 070. 085. 100. 113. 117. 127. 151. 165. 167. 171, RII/ Gad/ 001, RII/ Hel/ 001, RII/ KeG/ 002, RII/ Lux/ 001, RII/ Mem/ 001, RII/ Qan/ 043, RII/ Saq/ 001. 014. 015, RII/ The/ 001. 002. 004, RII/ The/ 008. 010. 012. 022, RII/ WeS/ 001. 006. 007. 010, RII/ ZUR/ 002, SII/ Kar/ 001, Am/ DeM/ 002, Sip/ Kar/ 001
Jmn(.w) nj jp.t	(---)	RII/ DeM/ 085, Sip/ DeM/ 011
Jmn(.w) nj n'.t	*pꜣ nb(.w) nj pꜣy wbꜣ ꜥꜣ ꜥn*	RII/ DeM/ 053
	nṯr ꜥꜣ	RII/ DeM/ 053
Jmn(.w) nj Rꜥ(.w)-ms(j)-sw-mr(j)-Jmn(.w)	*pꜣ nb(.w) mṯn.w*	RII/ WeS/ 007
	(---)	RII/ Aks/ 001
Jmn(.w)-Rꜥ(.w)	*jy(j) ḥr ḫrw nmḥw jnḏ.w*	RII/ DeM/ 053
	bꜣ m ḫrj-jb=sn	SI/ DeM/ 014
	pꜣ rhnj nfr	SI/ DeM/ 001
	pꜣw.tj	SII/ Ani/ 001
	pḏ nmt.t	RII/ DeM/ 027
	m rn=f nfr wsr-ḥꜣ.wt	RII/ DeM/ 089
	n jp.t	SI/ DeB/ 001
	n n'.t nḫ.tj	SI/ DeM/ 020
	nb(.w) Jp.t-rsj.t	RII/ DeM/ 085
	nb(.w) Wꜣs.t	RII/ DeM/ 053
	nb(.w) p.t	SI/ DeM/ 020, RII/ DeM/ 008. 083. 107. 120, RII/ Qan/ 053. 059, RII/ SeK/ 004, RII/ WeS/ 008, Sip/ Aby/ 001
	nb(.w) mḏꜣy	RII/ DeM/ 027
	nb(.w) nḥḥ	SI/ DeM/ 001
	nb(.w) nzy.t tꜣ.wj	SI/ DeB/ 001, SI/ DeM/ 017, RII/ WeS/ 001
	nb(.w) ns.wt tꜣ.wj	RII/ ASi/ 002, RII/ DeM/ 021. 027. 043. 053. 089. 120. 170, RII/ Nub/ 001, RII/ Sed/ 003, RII/ The/ 014, RII/ WeS/ 003 - 005. 007. 013, Mer/ DeB/ 001, SII/ Ani/ 001, SII/ Kar/ 001, Am/ DeM/ 002
	nb(.w) nṯr.w	RII/ DeM/ 170

Gottheit	Epitheton	Beleg
	nb(.w) tꜣ-Jtm(.w)	SI/ DeM/ 042
	nb(.w) ḏbḥ.t ꜥq.w	RI/ ???/ 001
	nzw nṯr.w	RII/ DeM/ 008. 083. 107. 161 (nb.w). 170, RII/ Qan/ 040. 043. 059. 079, RII/ Saq/ 021, RII/ SeK/ 004, RII/ WeS/ 007, SII/ Kar/ 001, Sip/ Aby/ 001
	ntj mn m jḫ.wt nb.wt	RII/ DeM/ 027
	nṯr ꜥꜣ	SI/ DeM/ 017. 020, RII/ DeM/ 053. 107. 120
	nṯr nfr	RII/ DeM/ 027
	nṯr šps	RII/ DeM/ 050. 053
	rḏj.w ꜥnḫ nj srf nj mnmn.t nb.t nfr.t	RII/ DeM/ 027
	ḥr(j)-jb wnnw	SI/ ???/ 004
	ḥrj-tp nṯr.w nb.w	RII/ DeM/ 027
	ḥqꜣ Wꜣs.t	RII/ DeM/ 083. 107. 120, Sip/ Aby/ 001
	ḥqꜣ Pwn.t	RII/ DeM/ 027
	ḥqꜣ ḏ.t	RII/ DeM/ 120
	ḥtpy ḥr Mꜣꜥ.t	RII/ DeM/ 050
	ḫnt.j jpꜣ.t=f	SI/ DeB/ 001, RII/ Sed/ 003
	ḫnt.j jmnt.t	SI/ DeM/ 017
	ḫnt.j Jpꜣ.t-s.wt	RII/ DeM/ 053. 120. 170, Mer/ DeB/ 001, SII/ Kar/ 001
	ḫnt.j m Jpꜣ.t-s.wt	RII/ DeM/ 027
	ḫnt.j sḫtj=f	RII/ DeM/ 027
	ḫnt.j tꜣ šmꜥy	RII/ DeM/ 027
	sr nj p.t, smsw nj tꜣ	RII/ DeM/ 027
	sḏm nḥ.t	RII/ DeM/ 053
	šd wnn m dꜣ.t	RII/ DeM/ 053
	kꜣ mw.t=f	RII/ DeM/ 027
	kꜣ ḥr(j)-jb Jwnw	RII/ DeM/ 027
	kꜣ ḥr(j)-jb Wꜣs.t	RII/ DeM/ 050
	ḏḏ ṯꜣw nj ntj gbj	RII/ DeM/ 053
	(---)	RII/ DeM/ 086, RII/ KeG/ 002, RII/ Qan/ 049, RII/ WeS/ 012, RII/ ZUR/ 002
Jmn(.w)-Rꜥ(.w)-Ḥr(.w)-ꜣḫ.tj	(---)	RII/ WeS/ 004
Jmn(.w)-Rꜥ(.w)-Ḥr(.w)-Jtm(.w)	*nb(.w) p.t*	RII/ The/ 014
	nzw nṯr.w	RII/ The/ 014
	nṯr ꜥꜣ	RII/ The/ 014
Jmn(.w)-Rꜥ(.w) nj Bnrj.t	(---)	RII/ Qan/ 048
Jms.t	(---)	SI/ The/ 001

Gottheit	Epitheton	Beleg
Jn(j)-ḥrj	[///]	RII/ Sed/ 001
	(---)	RII/ Aby/ 003. 010, SII/ Gur/ 002
Jnpw	*jm.j wt*	SI/ DeB/ 001, SI/ DeM/ 018. 022, SI/ Saq/ 001, RII/ Aby/ 007. 012, RII/ DeM/ 019. 142. 151, RII/ M-S/ 001 - 003, RII/ The/ 005, Mer/ The/ 003
	nb(.w) p.t	RII/ DeM/ 151
	nb(.w) Rˁ-sṯ3w	SI/ DeM/ 027. 039, RII/ KeG/ 001. 003
	nb(.w) T3-ḥḏ	SI/ ???/ 004, RII/ Buh/ 005
	nb(.w) T3-ḏsr.t	SI/ DeM/ 018. 022. 026, SI/ Saq/ 001, SI/ The/ 001, SI/ ???/ 005, RII/ Aby/ 005. 012, RII/ DeM/ 019. 178, RII/ DRi/ 001, RII/ Mem/ 001, RII/ Saq/ 017, RII/ The/ 005
	nṯr ˁ3	SI/ DeM/ 018. 027, RII/ DeM/ 019. 151. 178
	ḥq3 ḏ.t	SI/ DeM/ 027
	ḫnt.j zḥ-nṯr	SI/ DeB/ 001, SI/ DeM/ 018. 026, SI/ ???/ 003, RII/ Buh/ 005, RII/ DeM/ 069. 094. 098. 103. 151. 171. 178, RII/ The/ 003
	ḫnt.j zḥ-nṯr nṯr.w	RII/ The/ 005
	ḫnt.j T3-ḏsr.t	SI/ Aby/ 009, RII/ DeM/ 121
	ḫnt.j t3.wj	SI/ DeM/ 018
	tpj ḏw=f	SI/ DeM/ 026, SI/ Saq/ 001. 006, RII/ Aby/ 005, RII/ DeM/ 019, RII/ Saq/ 011. 017. 018
	(---)	SI/ Saq/ 003, RII/ Buh/ 005, RII/ Qan/ 052, RII/ The/ 025, Mer/ Saq/ 001
	[///]	RII/ DeM/ 154
Jr.t-nfr	*nb.t p.t*	RII/ DeM/ 075
	ḥnw.t t3.wj	RII/ DeM/ 075
Jtm(.w)	*jwny*	RII/ DeM/ 032. 098, RII/ KeG/ 004, RII/ Saq/ 013
	ˁ3 pḥ.tj	Mer/ Saq/ 002
	p3w.tj	SI/ DeB/ 001
	nb(.w) ḫpr.w m bw *nb(.w) mr(j)=f*	SI/ DeB/ 001
	nb(.w) t3.wj	RII/ DeM/ 032. 098. 115, RII/ KeG/ 004, RII/ Saq/ 013
	nṯr ˁ3	SI/ DeB/ 001, RII/ DeM/ 122, Mer/ Saq/ 002
	ḥr(j)-jb pr-nzw	Mer/ Saq/ 002
	ḥrj-tp jgr.t	RII/ DeM/ 122
	ḥtp m m3nw	RII/ DeM/ 122
	ḫnt.j Jwnw	SI/ DeB/ 001
	smsw	SI/ DeB/ 001
	sq3	RII/ DeM/ 032
	(---)	SI/ Aby/ 002. 005, SI/ The/ 001, SI/ ???/ 004, RII/ DeM/ 048. 085. 086. 140, RII/ Hel/ 001, RII/ M-S/ 011, RII/ WeS/ 004. 005

Gottheit	Epitheton	Beleg
Jtn	(---)	RII/ The/ 025
ꜥ-wn.t	*nb.t p.t*	RII/ The/ 013
	ḥnw.t tꜣ.w	RII/ The/ 013
	ḥnw.t tꜣ.wj	RII/ The/ 013
ꜥn.t	*nb.t p.t*	RII/ DeM/ 020
	ḥnw.t nṯr.w	RII/ DeM/ 020
	(---)	RII/ DeM/ 020, RII/ WeS/ 001. 009??
ꜥnq.t	*ꜥꜣ*	SI/ DeM/ 038
	nj Jmn(.w) hrj	RII/ ASi/ 003
	nb.t Sṯt	RII/ DeM/ 012
	ḥnw.t tꜣ nb(.w)	SI/ DeM/ 038
	(---)	RII/ Ele/ 001
Wꜣḏy.t	(---)	RII/ WeS/ 013
Wp(j)-wꜣj.wt	*nb(.w) Tꜣ-rsj*	RII/ M-S/ 002
	nb(.w) Tꜣ-ḏsr.t	SI/ ???/ 003, SII/ Aby/ 001
	(---)	RII/ Aby/ 016, RII/ The/ 003
Wp(j)-wꜣj.wt nj mḥw	*nb(.w) ꜣbḏw*	SI/ Aby/ 003, SI/ ???/ 004
Wp(j)-wꜣj.wt nj šmꜥw	*nb(.w) p.t*	RII/ DeM/ 159
	nb(.w) Tꜣ-ḏsr.t	SI/ Aby/ 003, RII/ Qan/ 074
	nṯr ꜥꜣ	RII/ DeM/ 159
	nṯr nfr	RII/ Qan/ 074
	ḥr(j)-jb ꜣbḏw	RII/ Qan/ 074
	ḥqꜣ psḏ.t	RII/ DeM/ 159
	sḫm (m) tꜣ.wj	RII/ DeM/ 159, RII/ The/ 005
	ḫrp tꜣ.wj	SI/ ???/ 001. 005, RII/ Qan/ 074
	(---)	RII/ Mem/ 001
Wnnw.t	(---)	SI/ ???/ 004
Wsjr	*jty dꜥꜣ.t*	RII/ M-S/ 003
	ꜥꜣ šfy.t	RII/ Aby/ 010
	wnn-nfr	SI/ Aby/ 005. 007. 008, SI/ DeB/ 001, SI/ DeM/ 022. 026, SI/ Saq/ 003, SI/ The/ 001, SI/ ???/ 001, RII/ Aby/ 006. 007. 011. 012, RII/ DeM/ 019. 069. 070. 098. 141. 151, RII/ Keg/ 004, RII/ Qan/ 034, RII/ Saq/ 008. 015. 017. 018, RII/ The/ 005. 023. 024, Mer/ Aby/ 002, Mer/ The/ 003, Mer/ ???/ 009. 010, SII/ Ani/ 001
	wsr ꜣw=f	RII/ Aby/ 010
	pr(j) m ḥꜣ.t[///]	SI/ DeM/ 013
	pr(j) m ẖ.t mw.t=f	RII/ Aby/ 012
	pr(j) m ẖ.t ḥḏ.t m tp=f	RII/ Mem/ 001

Gottheit	Epitheton	Beleg
	nb(.w) ꜣbḏw	SI/ Aby/ 007. 009, SI/ The/ 001, SI/ ???/ 004, RII/ Mem/ 001, RII/ Qan/ 074, RII/ Saq/ 010, Mer/ ???/ 004. 007, SII/ Ani/ 001
	nb(.w) jmnt.t	RII/ KeG/ 001, RII/ Nub/ 002, RII/ Saq/ 004, RII/ Sed/ 003. 004, RII/ The/ 001. 025
	nb(.w) p.t	SI/ Aby/ 005, SI/ DeM/ 018. 021. 142, RII/ Sed/ 004, Mer/ ???/ 004
	nb(.w) Mꜣꜥ.t	RII/ Qan/ 074
	nb(.w) Nnj-nzw	RII/ Aby/ 003
	nb(.w) nḥḥ	SI/ Aby/ 002. 007. 008, SI/ ???/ 005, RII/ Aby/ 007. 019, RII/ Gad/ 001, RII/ Mem/ 001, RII/ Qan/ 034. 043. 044, RII/ Saq/ 005. 008. 011. 015. 018, RII/ The/ 005. 009. 023, Mer/ Aby/ 002. 003. 006, Mer/ ???/ 001. 005. 009, SII/ Aby/ 001. 002, Sip/ Aby/ 003
	nb(.w) nḥḥ r ḏ.t	RII/ The/ 024
	nb(.w) R'-sṯꜣw	RII/ Aby/ 019, RII/ Hel/ 003, RII/ KeG/ 002 - 004, RII/ Saq/ 010. 015, Mer/ Aby/ 001, Mer/ ???/ 003
	nb(.w) rmṯ.w	RII/ Aby/ 006. 010
	nb(.w) tꜣ-ꜥnḫ	RII/ Saq/ 017
	nb(.w) Tꜣ-ḏsr.t	SI/ Aby/ 003. 004. 007, SI/ ???/ 005, RII/ Aby/ 001. 004. 020, RII/ Buh/ 005, RII/ DeM/ 019. 069. 121. 141. 151, RII/ DRi/ 002, RII/ KeG/ 004, RII/ Qan/ 045, RII/ Saq/ 017, Mer/ Aby/ 005
	nb(.w) Ḏdw[///]	SI/ ???/ 003
	nzw ꜥꜣ	SII/ Ani/ 001
	nzw ꜥnḫ.w	SI/ Aby/ 005, SI/ DeM/ 026
	nzw nḥḥ	RII/ Saq/ 008
	nzw nṯr.w	SI/ ???/ 005, RII/ Aby/ 019, RII/ Mem/ 001, RII/ Qan/ 034. 043, RII/ The/ 005, Mer/ Aby/ 002, Mer/ ???/ 001. 005
	nzw tꜣ.wj	RII/ Aby/ 003
	nṯr ꜥꜣ	SI/ Aby/ 003. 005, SI/ DeM/ 018. 021. 026, SI/ Saq/ 007, SI/ ???/ 003. 005, RII/ Aby/ 004. 005, RII/ DeM/ 065. 094. 142, RII/ DRi/ 002, RII/ KeG/ 002, RII/ Nub/ 002, RII/ Qan/ 045. 074, RII/ Saq/ 010. 013. 015, RII/ Sed/ 004, RII/ The/ 005. 024, Mer/ ???/ 001
	nṯr nfr	RII/ Mem/ 001, RII/ Sed/ 004
	ḥr(j)-jb ꜣbḏw	RII/ Saq/ 013, RII/ The/ 005
	ḥr(j)-jb jgr.t	RII/ DeM/ 065
	ḥr(j)-jb psḏ.t	SI/ Aby/ 005
	ḥr(j)-jb ḏdw	RII/ Mem/ 001

Gottheit	Epitheton	Beleg
	ḥrj-š=f	RII/ Aby/ 003
	ḥrj-tp psḏ.t ˁ3.t	SI/ Aby/ 003
	ḥq3 jmnt.t	RII/ Saq/ 008, RII/ The/ 024
	ḥq3 jgr.t	RII/ Aby/ 012, Mer/ ???/ 010
	ḥq3 ˁnḫ.w	SI/ The/ 001, RII/ KeG/ 002, Mer/ The/ 003, SII/ Ani/ 001
	ḥq3 mr.wj	RII/ Aby/ 003, Mer/ ???/ 007
	ḥq3 ḏ.t	SI/ Aby/ 002. 003. 008. 009, SI/ DeM/ 026, SI/ Saq/ 007, RII/ Aby/ 005. 020, RII/ DeM/ 103, RII/ DRi/ 002, RII/ Nub/ 002, RII/ Qan/ 045. 074, RII/ Saq/ 008. 015. 018. RII/ Sed/ 004, RII/ The/ 005. 023
	ḫnt.j jmnt.t	SI/ DeM/ 018. 021. 026. 039, SI/ Saq/ 007, SI/ The/ 001, SI/ ???/ 004. 005, RII/ Aby/ 005. 007. 010. 021, RII/ Buh/ 005, RII/ DeM/ 061. 065. 069. 094. 121. 141. 142. 151. 171, RII/ DRi/ 002, RII/ KeG/ 003, RII/ Mem/ 001, RII/ M-S/ 005. 007. 008, RII/ Qan/ 045, RII/ Saq/ 008. 013. 015. 017. 018, RII/ Sed/ 004, Mer/ Aby/ 005, Mer/ Saq/ 001, Mer/ The/ 003, Mer/ ???/ 004. 009, SII/ Aby/ 003, SII/ Ani/ 001
	ḫnt.j jmn.tjw	SI/ Aby/ 004 - 007, SI/ DeB/ 001, SI/ DeM/ 013. 022, SI/ ???/ 003, RII/ Aby/ 001. 004. 008. 012, RII/ Buh/ 005, RII/ DeM/ 019, RII/ Qan/ 074, RII/ The/ 005
	ḫnt.j nb.w T3-ḏsr.t	SI/ ???/ 004
	ḫnt.j R'-st3.w	RII/ M-S/ 008
	ḫrp nfr nj psḏ.t	RII/ Mem/ 001
	z3 nj Gb	SI/ DeM/ 013
	z3 Nw.t	SI/ Aby/ 005
	sˁr M3ˁ.t nj Jtm(.w)	SI/ Aby/ 005
	k3 št3	RII/ Mem/ 001
	ḏd šps ḫnt.j pr(.w)-Ptḥ-ḥnw	SI/ Aby/ 005
	ḏḏ t3w qbḥ snṯr	SII/ Aby/ 003
	[///]	SI/ Saq/ 001, RII/ DeM/ 154, RII/ Saq/ 010, RII/ The/ 012
	(---)	SI/ Aby/ 001, RII/ Aby/ 013. 014. 017. 018, RII/ DeM/ 126, RII/ Hel/ 001, RII/ M-S/ 009, RII/ Qan/ 052, RII/ Saq/ 002, RII/ Sed/ 001, RII/ The/ 003. 019, Mer/ Aby/ 004
B3st.t	*nb.t ˁnḫ t3.wj*	RII/ Sed/ 001
	nb.t p.t t3	RII/ Sed/ 001
Bˁr	(---)	SI/ The/ 001, SII/ Mem/ 001

Gottheit	Epitheton	Beleg
Bḥdtj	*pr(j) m ꜣḫ.t*	RII/ Aby/ 007
	nb(.w) p.t	RII/ Aby/ 007, RII/ DeM/ 102
	nṯr ꜥꜣ	SI/ Aby/ 002, SI/ DeM/ 001, SI/ ???/ 003, RII/ DeM/ 102
	sꜣb šw.t	RII/ Aby/ 007
Pḫ.t	*nb.t sr.t*	SI/ ???/ 004
Ptḥ	*jy(j) ḥr ḫrww nj ꜥš n=f*	Sip/ DeM/ 018
	jtj nṯr.w	RII/ Qan/ 059
	wꜥj ḥtp(w)	Sip/ DeM/ 018
	bnr mrw.t	Sip/ DeM/ 018
	mr(j) Mꜣꜥ.t	RII/ DeM/ 101
	mr(j).tj	Sip/ DeM/ 018
	mry.tj m nzw tꜣ.wj	RII/ DeM/ 127
	ms(j) nṯr.w	RII/ The/ 010
	ms(j) ḥmww	RII/ DeM/ 046. 111
	n s.t=f ḏsr.t	RII/ DeM/ 127
	n s.t=f wr.t	RII/ DeM/ 127
	nb(.w) Jnbw-ḥḏ	SI/ ???/ 004
	nb(.w) ꜥnḫ tꜣ.wj	SII/ Mem/ 001
	nb(.w) p.t	RII/ DeM/ 052. 097, RII/ WeS/ 013
	nb(.w) Mꜣꜥ.t	SI/ DeM/ 002. 028. 030, SI/ ???/ 004, RII/ DeM/ 012. 032. 046. 093. 097. 101. 111. 112. 127. 145. 146. 152. 162, RII/ M-S/ 004, RII/ Qan/ 011. 037, RII/ Saq/ 015, RII/ The/ 010, RII/ WeS/ 001. 005. 008. 013, Mer/ Saq/ 002, Mer/ Saq/ 002, SII/ Gur/ 002, SII/ Mem/ 001, Sip/ DeM/ 018. 019
	nb(.w) r nḥḥ	RII/ The/ 010
	nb(.w) šꜣw	RII/ The/ 010
	nb(.w) šꜣrp	RII/ Qan/ 050
	nfr ḥr	SI/ DeM/ 002. 028, RII/ DeM/ 012. 032. 046. 097. 111. 112. 127. 145. 146. 152. 162, RII/ M-S/ 004, RII/ Qan/ 059, RII/ The/ 010, RII/ WeS/ 001, Mer/ Saq/ 001, SII/ Gur/ 002, Sip/ DeM/ 018
	nzw nṯr.w	RII/ DeM/ 097
	nzw tꜣ.wj	SI/ DeM/ 002. 028. 030, RII/ DeM/ 012. 032. 046. 093. 111. 112. 127. 145. 146. 152. 162, RII/ M-S/ 004, RII/ Qan/ 037, RII/ The/ 010, RII/ WeS/ 001, SII/ Gur/ 002, Sip/ DeM/ 018. 019
	nṯr ꜥꜣ	SI/ DeM/ 028, RII/ DeM/ 101, RII/ The/ 010, SII/ Gur/ 002, Sip/ DeM/ 018
	nṯr wꜥ.tj m-ḫnw psḏ.t	RII/ DeM/ 127
	rsj jnb(.w)w=f	SII/ Mem/ 001
	ḥr=f r-gs mn-nfr	RII/ Saq/ 011
	ḥrj pꜣ wḫꜣ	RII/ Qan/ 018

Gottheit	Epitheton	Beleg
	ḥrj s.t=f wr.t	SI/ DeM/ 002. 028, RII/ DeM/ 012. 032. 097. 111. 112. 145. 146. 152, RII/ M-S/ 004, RII/ The/ 010, SII/ Gur/ 002, Sip/ DeM/ 018
	ḥtp ꜥn sw r ḥtp	Sip/ DeM/ 018
	s:ꜥnḫ tꜣ.wj m jmnt.t	RII/ The/ 010
	s:ḥtp nṯr.w	Sip/ DeM/ 018
	s:ḫpr rnnw.t	RII/ The/ 010
	stj Rꜥ(.w)	Mer/ Saq/ 001
	sḏm nḥj.w	RII/ Qan/ 037, Mer/ Saq/ 001
	šps	Mer/ Saq/ 001
	[///]	RII/ DeM/ 052, RII/ WeS/ 002
	(---)	SI/ Aby/ 002, SI/ Saq/ 007, RII/ DeM/ 050. 072, RII/ M-S/ 001. 009. 010, RII/ Qan/ 051, RII/ Saq/ 004. 021, RII/ The/ 005
Ptḥ-Skr	*ꜣḫ m ḫr.t-nṯr*	SI/ Saq/ 007
	nb(.w) štꜣj.t	RII/ DeM/ 141. 151
	nb(.w) štꜣy.t jꜣbt.t	SI/ Saq/ 007
	ḥr(j)-jb štꜣy.t	SI/ The/ 001, RII/ Saq/ 018
	(---)	SI/ Aby/ 005
Ptḥ-Skr-Wsjr	*ḥr(j)-jb štꜣy.t*	SI/ DeM/ 025, RII/ KeG/ 001
Ptḥ-tꜣ-tnn	(---)	RII/ WeS/ 007
Mꜣꜥ.t	*jm.jt ḥꜣ.t=f*	RII/ The/ 010
	jr.t Rꜥ(.w)	RII/ The/ 010
	nb.t p.t	RII/ Qan/ 036, RII/ The/ 010, Mer/ DeB/ 001, SII/ Ani/ 001
	nfr.t ḥr m wjꜣ nj ḥḥ	RII/ The/ 010
	ḥnw.t pr Jmn(.w)	RII/ The/ 010
	ḥnw.t nṯr.w nb.w	RII/ The/ 010
	ḥnw.t tꜣ.wj	Mer/ DeB/ 001
	zꜣ.t Rꜥ(.w)	SI/ DeB/ 001, RII/ Mem/ 001, RII/ Qan/ 036, RII/ Sed/ 001, RII/ The/ 010, RII/ WeS/ 007, Mer/ DeB/ 001, Mer/ The/ 003, SII/ Ani/ 001
	[///]	RII/ DeM/ 052
	(---)	SI/ The/ 001, RII/ Qan/ 047, RII/ Saq/ 011, RII/ WeS/ 007, Am/ DeM/ 001
Mw.t	*jmn.t štꜣ jwtj rḫ=f*	SI/ DeB/ 001
	wr.t	RII/ DeM/ 015. 026.35. 083. 087. 089. 133, Am/ The/ 001
	m rn=s nfr ꜥꜣ-mr(j).t	RII/ DeM/ 089
	mj.t nj nb.t p.t	SI/ The/ 002
	nb.t jšr.w	SI/ DeB/ 001, RII/ DeM/ 015. 026. 083. 087. 133, SII/ Kar/ 001, Am/ The/ 001

Gottheit	Epitheton	Beleg
	nb.t p.t	SI/ DeB/ 001, SI/ DeM/ 017. 020, SI/ The/ 002RII/ DeM/ 026. 035. 087. 089. 120, RII/ The/ 014, RII/ WeS/ 007, SII/ Kar/ 001
	nb.t tꜣ.wj	SI/ DeB/ 001, RII/ DeM/ 035. 087
	nfr.t ḥr m ḥw.t-sḫm	RII/ DeM/ 026
	nḏm ḫrw	RII/ DeM/ 026
	ḥnw.t Jwnw[///]	SI/ DeM/ 020
	ḥnw.t pr jmn	RII/ DeM/ 026. 035
	ḥnw.t nṯr.w	SII/ Kar/ 001
	ḥnw.t nṯr.w nb.w	SI/ DeB/ 001, RII/ DeM/ 087. 120
	ḥnw.t tꜣ.wj	SI/ DeB/ 001, SI/ DeM/ 017
	tꜣ ꜥn ꜥ.wj ḫr sḫm	RII/ DeM/ 026
	[///]	RII/ DeM/ 001
	(---)	SI/ The/ 001, RII/ DeM/ 029
Mnw	*ꜥb m nfr.w=f*	SI/ ???/ 004
	wr	RII/ DeM/ 020
	fꜣj-ꜥ.w	RII/ DeM/ 020
	nb(.w) p.t	SI/ DeB/ 001
	nb(.w) ns.wt tꜣ.wj	RII/ DeM/ 173
	ḥtp ḥr ḫt	RII/ DeM/ 020
	qꜣj šw.tj=f	RII/ DeM/ 020
	gbtjwj	SI/ DeB/ 001, RII/ DeM/ 173
	[///]	RII/ The/ 011
	(---)	RII/ The/ 012, Mer/ The/ 002, SII/ Aby/ 002
Mnw-jmn	*nb(.w) r nḥḥ*	RII/ DeM/ 140
	[///]	RII/ DeM/ 011
Mnw-jmn-Rꜥ(.w)	*ꜥꜣ pḥ.tj*	RII/ DeM/ 140
	nb(.w) p.t	RII/ DeM/ 029
	nṯr ꜥꜣ	RII/ DeM/ 140
	ḥrj s.t=f wr.t	RII/ DeM/ 140
	kꜣ mw.t=f	RII/ DeM/ 029
Mnṯw	*nb(.w) Jwnw*	RII/ DeM/ 123
	nb(.w) nḥḥ	RII/ DeM/ 123
	nṯr ꜥꜣ	RII/ DeM/ 123
	ḥr(j)-jb ḏr.tj	SI/ ???/ 004
	ḥqꜣ ḏ.t	RII/ DeM/ 123
	(---)	SII/ Kar/ 001
Mr.t	*nb.t kꜣ.w*	RII/ DeM/ 056
	ḥnw.t p.t	RII/ DeM/ 056
Mr-wr	*wḥm nj Rꜥ(.w)*	RII/ Hel/ 001. 004
	sꜥr Mꜣꜥ.t nj Jtm(.w)	RII/ Hel/ 001
	(---)	RII/ M-S/ 001

Gottheit	Epitheton	Beleg
Mr(j).t-sgr	*ꜥnn ⟨r⟩ ḥtp(w)*	RII/ DeM/ 166
	nb.t ꜥmḥwt	RII/ DeM/ 166
	nb.t p.t	RII/ DeM/ 106. 166. 176, Sip/ DeM/ 008
	nb.t ḥw nb(.w), ḏfꜣ.w [///]	RII/ DeM/ 150
	rn=s nfr dhn.t jmnt.t	RII/ DeM/ 176
	ḥnw.t jmnt.t	RII/ DeM/ 083. 106, Sip/ DeM/ 003. 008
	ḥnw.t nṯr.w	RII/ DeM/ 106. 166
	ḥnw.t nṯr.w nb.w	RII/ DeM/ 067, Sip/ DeM/ 008
	ḥnw.t tꜣ.wj	RII/ DeM/ 176
	ḥtpy.t	RII/ DeM/ 166
	(---)	SI/ DeM/ 021, RII/ DeM/ 128. 129. 167, Mer/ DeM/ 002, Sip/ DeM/ 002. 011
Mr(j).t-sgr-Rnnw.t	*nb.t kꜣ.w*	RII/ DeM/ 058
	ḥnw.t ḏfꜣ.w	RII/ DeM/ 058
Mḥy.t	*ḥnw.t tꜣ.wj*	RII/ Sed/ 001
	(---)	SII/ Gur/ 002
Nj.t	*nb.t ꜣbḏw*	RII/ DeM/ 012
	(---)	RII/ Saq/ 011
Nw.t	*ꜣḫ.t*	SII/ Aby/ 002
	ms(j) nṯr.w	SII/ Aby/ 002
	[///]	SI/ DeB/ 001
	(---)	SI/ Aby/ 002. 005, RII/ DeM/ 171, RII/ M-S/ 001. 002
Nwn	(---)	SI/ Aby/ 002, SI/ DeM/ 042
Nb.t-ḥw.t	*nb.t jmnt.t*	RII/ Saq/ 017
	nb.t p.t	SI/ Aby/ 008
	[*ḥnw.t*] *psḏ.t*[///]	SI/ DeM/ 025
	zꜣ.t [///]	RII/ Saq/ 013
	smḥwt Wsjr	RII/ Saq/ 017
	[///]	SI/ Saq/ 001
	(---)	SI/ DeB/ 001, SI/ The/ 001, RII/ Aby/ 012, RII/ Buh/ 005, RII/ DeM/ 070, RII/ Mem/ 001, RII/ Nub/ 002, RII/ Qan/ 034, RII/ The/ 025
Nb.t-ḥtp(.w)	*njt mr-nj-ṯr.t*	RII/ DeM/ 156
	nb.t p.t	SI/ DeM/ 029, RII/ DeM/ 156
	nb.t tꜣ.wj	RII/ DeM/ 156
	sḏm nḥ.t	SI/ DeM/ 029
Nfr.t-jy(j).tj	*nb.t p.t*	RII/ DeM/ 075
	ḥnw.t nṯr.w nb.w	RII/ DeM/ 075
Nfrtm	*nṯr ꜥꜣ*	RII/ Sed/ 001
Nmt-wꜣy	*zꜣ.t Rꜥ(.w)*	SI/ ???/ 004

Gottheit	Epitheton	Beleg
Nmtj	*m W-Nmtj*	SI/ ???/ 004
Nḫb.t	*nb.t p.t*	SI/ DeM/ 041
	ḥnw.t tꜣ.wj nb.w	SI/ DeM/ 041
	ḏj[///] *ḥḏ.t*	SI/ DeM/ 041
Ntj	*jr(j) Mꜣꜥ.t*	RII/ DeM/ 101
	wr	RII/ DeM/ 101
	nṯr ꜥꜣ	RII/ DeM/ 101
	s:mn tꜣ.wj	RII/ DeM/ 101
Rꜥ(.w)	*jy(j) ḥr ḫrww nj dm rn=f*	SI/ DeM/ 011
	jwny	SI/ DeM/ 014
	ꜥšꜣ ḫpr.w m p.t m tꜣ	SI/ DeM/ 014
	wbn m nwn	SI/ DeM/ 031
	bs	SI/ DeM/ 014
	pꜣ nṯr šps mr(j)	SI/ DeM/ 011
	m Jp.t-sw.t	RII/ DeM/ 122
	mw.t jtj nj jr.t nb.t	SI/ DeB/ 001
	ms(j) Jtm(.w)	SI/ DeB/ 001
	nb(.w) jp.t-s.wt	RII/ DeM/ 100
	nb(.w) ntj.w wnn n=f [///]	SI/ DeM/ 014
	nzw Jwnw	SI/ DeM/ 014
	ḥr(j)-tp	SI/ DeM/ 014
	ḥqꜣ Wꜣs.t	SI/ DeM/ 014
	ḥtpy	SI/ DeM/ 011
	ḫnt.j jtr.tj	SI/ DeM/ 014
	ḫnt.j psḏ.t	SI/ DeM/ 014
	sr nj p.t	SI/ DeM/ 014
	smsw nj tꜣ nb(.w) r ḏr	SI/ DeM/ 014
	s:ḥḏ tꜣ.wj m st.wt=f	SI/ DeM/ 031
	sḏm nḥj.w	SI/ DeM /011
	sḏm s:nmḥ.w njw ꜥš n=f	SI/ DeM/ 011
	kꜣ nb(.w) Wꜣs.t	SI/ DeM/ 014
	ḏsr jm.j ḥw.t-bnb(.w)n	SI/ DeM/ 014
	(---)	RI/ Amd/ 001, SI/ Aby/ 002, SI/ DeM/ 001. 012. 044, SI/ The/ 001, SI/ ???/ 004. 005, RII/ Aby/ 007, RII/ DeM/ 029. 037. 047. 050. 060. 080. 085. 086. 100. 128. 138. 140. 155. 160. 174, RII/ DRi/ 002, RII/ Giz/ 001, RII/ Hel/ 001, RII/ KeG/ 004, RII/ Qan/ 037, RII/ Saq/ 003. 007. 018, RII/ SeK/ 001. 004, RII/ The/ 008. 025, SII/ Kar/ 001, Am/ DeM/ 004, Sip/ DeM/ 010. 016. 017, Sip/ Kar/ 001 - 003
Rꜥ(.w)-Jtm(.w)	(---)	RII/ Saq/ 011

Gottheit	Epitheton	Beleg
Rʿ(.w)-Ḥr(.w)-3ḫ.tj	*jr(j) ḥdd.wt*	SI/ The/ 001
	ʿnḫ m M3ʿ.t	SII/ Ani/ 001
	ʿnḫ nj psḏ.t	Mer/ The/ 003
	pr(j) m 〈 〉	SII/ Ani/ 001
	m t3 qʿḥ.t	RI/ Amd/ 001
	m33 ʿš3.wt	RII/ DeM/ 085
	nb(.w) p.t	SI/ SeK/ 001, RII/ DeM/ 080. 100. 130. 146. 167, RII/ Giz/ 001, RII/ Hel/ 002, RII/ KeG/ 004, RII/ Saq/ 007. 013
	nb(.w) nḥḥ r ḏ.t	SI/ SeK/ 001
	nb(.w) sb3.w, rmw.w jḥ.w	SII/ Ani/ 001
	nb(.w) st.wt	SI/ The/ 001
	nṯr ʿ3	SI/ SeK/ 001, RII/ DeM/ 065. 070. 080. 085. 102. 104. 130. 146. 167, RII/ Giz/ 001, RII/ Hel/ 002, RII/ Saq/ 007. 013, RII/ WeS/ 013, Mer/ The/ 003, SII/ Ani/ 001, SII/ Gur/ 002
	nṯr nfr	RII/ KeG/ 004
	ḥr(j)-jb m3nw	RII/ DeM/ 065
	ḥq3 Jwnw	SII/ Gur/ 002
	ḫpr(j) pw ḫpr ḏs=f	RII/ Saq/ 007
	špsj	SII/ Ani/ 001
	[///]	RII/ DeM/ 160
	(---)	SI/ DeM/ 003. 012. 022. 042. 044, RII/ Aby/ 003, RII/ DeM/ 032. 073. 175, RII/ Hel/ 001, RII/ KeG/ 003, RII/ Sed/ 001. 002, RII/ The/ 003, RII/ WeS/ 003. 012, Mer/ ???/ 010, Sip/ DeM/ 018
Rʿ(.w)-Ḥr(.w)-3ḫ.tj-Jtm(.w)	*jwny*	[SI/ DeM/ 025], RII/ KeG/ 001. 003
	nb(.w) p.t	RII/ Saq/ 017
	nb(.w) t3.wj	[SI/ DeM/ 025], RII/ KeG/ 001. 003
	nṯr ʿ3	RII/ WeS/ 001
	ḥtp m3nw	RII/ DeM/ 128
	(---)	RII/ Sed/ 003
Rʿ.t-t3.wj	*nb.t p.t*	RII/ DeM/ 123
Rnnw.t	*nb.t p.t*	SI/ DeM/ 033
	nb.t k3.w	RII/ DeM/ 166, RII/ WeS/ 006
	nb.t k3.w ʿš3.w	RII/ WeS/ 012
	nfr.t	SI/ DeM/ 033. 150. 166
	ḥtpy.t	RII/ DeM/ 166
	(---)	RII/ DeM/ 128. 181
	[///]	RII/ DeM/ 056
Ršf	*nb(.w) p.t*	RII/ DeM/ 014. 020. 029, Sip/ DeM/ 020

Gottheit	Epitheton	Beleg
	nb(.w) pḥ.tj m-ḫnw psḏ.t	RII/ DeM/ 140
	nb(.w) nḥḥ	RII/ DeM/ 029
	nb(.w) r nḥḥ	RII/ DeM/ 140
	nṯr ꜥꜣ	RII/ DeM/ 014. 029. 134. 140, RII/ Qan/ 054, Am/ DeM/ 003. 004, Sip/ DeM/ 020
	ḥqꜣ ꜥꜣ	RII/ DeM/ 020
	ḥqꜣ psḏ.t	RII/ DeM/ 020. 029
	ḥqꜣ ḏ.t	RII/ DeM/ 140
	sḏm nḥj.w	RII/ Qan/ 054
	(---)	RII/ Qan/ 040
Hꜣrꜣy	(---)	SI/ ???/ 004
Ḥꜣ	(---)	SI/ Saq/ 005
Ḥw.t-Ḥr(.w)	*jr.t-Rꜥ(.w)*	RII/ DeM/ 182
	m rn=s nfr Mr(j).t-sgr	RII/ DeM/ 106
	m ḥw.t-(S:nfr-w(j))	SI/ ???/ 004
	m Qjs	SI/ ???/ 004
	nb.t ꜣbw	SII/ Ani/ 001
	nb.t jmnt.t	RII/ DeM/ 132. 133. 151. 157, RII/ The/ 002. 003, Mer/ ???/ 007
	nb.t jmḥwt	RII/ DeM/ 121
	nb.t p.t	SI/ DeM/ 018. 025. 041, RII/ DeM/ 001. 008. 021. 041. 084. 096. 131 - 132. 137. 042. 146. 157. 159. 182. 184, RII/ DRi/ 002, RII/ Hel/ 002, RII/ KeG/ 003, RII/ SeK/ 004, RII/ The/ 002
	nb.t Mꜣꜥ.t	RII/ DeM/ 034
	nb.t mfkꜣ.t	SI/ SeK/ 001, RII/ SeK/ 001. 002. 004
	nb.t mḏdnj	RII/ DeM/ 159
	nb(.w) .t nh.t	RII/ The/ 019
	nb.t nh.t rsj.t	RII/ DeM/ 042, RII/ KeG/ 003, RII/ Saq/ 010. 018. 021, RII/ Sed/ 001
	nb.t nh.t šmꜥy.t	RII/ Qan/ 011
	nb.t spꜣ.t-ḫꜣs.t	SI/ ???/ 005
	nb.t tꜣ.wj	RII/ DeM/ 042. 184
	nb.t dšr.t	RII/ Hel/ 002
	nfr.t ḥr	RII/ DeM/ 121
	nn snnw.t st	RII/ DeM/ 182
	ḥnw.t jmnt.t	SI/ DeM/ 025, RII/ Aby/ 011, RII/ DeM/ 002. 008. 034. 042. 106. 133. 146. 184, RII/ KeG/ 003, RII/ Saq/ 010
	ḥnw.t jdb.wj Ḥr(.w)	RII/ DeM/ 182
	ḥnw.t nṯr.w	RII/ DeM/ 022. 084. 132, RII/ KeG/ 003, RII/ The/ 002
	ḥnw.t nṯr.w nb.w	SI/ DeM/ 025, SI/ ???/ 005. 034, RII/ DeM/ 096. 099. 131. 137. 157. 182. 184

Gottheit	Epitheton	Beleg
	ḥnw.t sp3.t jmnt.t	RII/ DeM/ 141
	ḥnw.t t3.wj	SI/ DeM/ 025, RII/ DeM/ 008, RII/ DeM/ 159, RII/ DRi/ 002, RII/ Hel/ 002, RII/ SeK/ 004
	ḥnw.t t3.wj nb.w	RII/ DeM/ 146
	ḥrj.t-jb nnj-nzw	RII/ Sed/ 001
	ḥrj.t-tp W3s.t	SI/ DeM/ 018. 041, RII/ DeM/ 015. 021. 022. 069. 070. 084. 096. 103. 131. 137. 141. 162. 165. 182
	ḥrj.t-tp sp3.t	SI/ DeM/ 002. 039, RII/ DeM/ 142
	ḥrj.t-tp sp3.t jmnt.t	SI/ The/ 001
	ḥrj.t-tp sp3.t jmnt.t W3s.t	RII/ DeM/ 065
	ḥrj.t-tp sp3.t nḥḥ	RII/ DeM/ 151
	ḥrj.t-jb T3-ḏsr.t jmnt.t	SI/ DeB/ 001
	z3.t Rᶜ(.w) ḫwj=f jqr	SI/ ???/ 004
	t3 ḥ3.t nṯr.w	RII/ DeM/ 096
	[///]	RII/ DeM/ 171
	(---)	RII/ Aby/ 014, RII/ DeM/ 005, RII/ WeS/ 001. 009, Mer/ ???/ 010, SII/ Mem/ 001
Ḥw.t-Ḥr(.w)-3s.t	*wr.t*	RII/ DeM/ 114
	mw.t nṯr	RII/ DeM/ 114
	nb.t p.t	RII/ DeM/ 114
Ḥwrw	*nb(.w) p.t*	SI/ Giz/ 001
	nṯr nfr	SI/ Giz/ 001
	ḥr m 3ḫ.t	SI/ Giz/ 001
	ḥq3 ḏ.t	SI/ Giz/ 001
	(---)	RII/ Qan/ 040
Ḥpj	*ᶜnḫ*	RII/ M-S/ 001. 003
	wnn-nfr	RII/ M-S/ 010
	wḥm ᶜnḫ	RII/ M-S/ 003
	wḥm ᶜnḫ nj Ptḥ	RII/ M-S/ 004
	wḥm nj Ptḥ	RII/ M-S/ 001. 005 - 009. 011
	b3 ḏsr jm.j jmnt.t	RII/ M-S/ 003
	ḫnt.j zḥ-nṯr	SI/ The/ 001
	z3 ᶜnḫ	RII/ M-S/ 005. 006. 008. 009. 011, RII/ Saq/ 011
	tpj nj wnn-nfr	RII/ M-S/ 003
	tm ḫpr.w	RII/ M-S/ 003
	(---)	RII/ DeM/ 050. 069, RII/ M-S/ 002, RII/ Saq/ 011
Ḥpj-Jtm(.w)	*ᶜb.wj tp=f*	RII/ M-S/ 005
Ḥmn	*nb(.w) ḥf3.w*	SI/ ???/ 004
Ḥr(.w)	*bnr mrw.t*	RII/ Aby/ 021, RII/ The/ 005
	ms(j) nj 3s.t	SI/ The/ 001
	nb(.w) 3w.t-jb	SI/ DeM/ 010

Gottheit	Epitheton	Beleg
	nb(.w) ꜥnḫ	RII/ The/ 005
	nb(.w) p.t	SI/ Aby/ 009, SI/ Buh/ 001, SI/ The/ 001, RII/ SeK/ 004
	nfr ḥr	SI/ ???/ 001
	nb(.w) ḫ3s.t	RII/ DeM/ 040
	nzw nṯr.w	RII/ DeM/ 040
	nṯr ꜥ3	SI/ Buh/ 001, SI/ ???/ 005, RII/ DeM/ 040. 041
	nḏ-jtj=f	SI/ Aby/ 002 - 004, SI/ ???/ 001. 005, RII/ Aby/ 011. 019. 021, RII/ Mem/ 001, RII/ Qan/ 043, RII/ The/ 005, Mer/ Aby/ 004, Mer/ ???/ 004. 005
	nḏ-ḥr jtj=f	RII/ Aby/ 004, RII/ Hel/ 003
	nḏm mrw.t	SI/ ???/ 001
	ḥr(j)-jb 3bḏw	SI/ Aby/ 003
	ḥr(j)-jb bhn	RII/ Buh/ 005
	ḥr(j)-jb ḥsr.t	SI/ ???/ 004
	ḥrj mꜥm3y.t	SI/ DeM/ 010
	ḫnt.j w3w3.t nṯr.w nb.w t3-stj	RII/ Nub/ 001
	ḫnt.j ḥbnw	SI/ ???/ 004
	z3 3s.t	SI/ The/ 001, RII/ Aby/ 008. 019, RII/ DeM/ 041. 080. 141. 151, RII/ Gad/ 001, RII/ Qan/ 043, RII/ Sed/ 001, RII/ The/ 005, RII/ WeS/ 010, Mer/ The/ 003, SII/ Aby/ 002
	z3 Wsjr	SI/ Aby/ 008. 009, RII/ Aby/ 010. 021, RII/ Qan/ 043, RII/ The/ 005, Mer/ ???/ 009
	ḏ3j p.t m rn=f pw nj nb(.w) nṯr.w	RII/ DeM/ 085
	[///]	SI/ DeM/ 015, RII/ The/ 012
	(---)	SI/ DeB/ 001, RII/ Aby/ 017, RII/ DeM/ 014, RII/ M-S/ 001. 002. 011, RII/ Saq/ 011, RII/ ZUR/ 001, Mer/ Saq/ 001, Mer/ The/ 002, Mer/ ???/ 006. 007, SII/ Aby/ 001, Sip/ Aby/ 003
Ḥr(.w)-w3ḏ	(---)	SI/ Aby/ 008
Ḥr(.w) nb(.w) b3kj	(---)	RII/ Nub/ 002, RII/ WeS/ 012
Ḥr(.w) nb(.w) bhn	(---)	SI/ Buh/ 001, RII/ Buh/ 003, RII/ WeS/ 007. 012, SII/ Buh/ 001
Ḥr(.w) nb(.w) mjꜥm	(---)	RII/ Ani/ 001, RII/ WeS/ 012
Ḥr(.w)-3ḫ.tj	(---)	SI/ DeB/ 001, SI/ DeM/ 011, RII/ WeS/ 004. 005
Ḥr(.w)-3ḫ.tj-Jtm(.w)	*jwny*	RII/ DeM/ 050
	jn(j) hꜥpj nj jm.j=sn	RII/ DeM/ 050
	jr(j) sw ḏs=f	RII/ DeM/ 050

Gottheit	Epitheton	Beleg
	jr(j) ḫr.t rmṯ.w nṯr.w	RII/ DeM/ 050
	wr pḥ.tj	RII/ DeM/ 050
	pꜥ nṯr ꜥꜣ	RII/ DeM/ 050
	nb(.w) tꜣ.wj	RII/ DeM/ 050
	nn rḫ=tw ḏ.t=f	RII/ Saq/ 007
	ḥqꜣ psḏ.t	RII/ DeM/ 050
	s:ꜥnḫ pꜣ.wt rḫy.t ḥnmm.t nb(.w)	RII/ DeM/ 050
	sḏm=f nmḥ.w njs n=f	RII/ DeM/ 050
	ḏd qrs.t nj jr(j) ḥr-mw=f	RII/ DeM/ 050
Ḥr(.w)-ꜣḫ.tj-Ḫpr(j)	*ḥr(j)-jb wjꜣ=f*	RII/ DeM/ 100
Ḥr(.w)-wr	*ꜥnn sw r ḥtp(w)*	SI/ DeM/ 037
	m ḥw.t-(s:nfr-w(j))	SI/ ???/ 004
	mr(j).tj	SI/ DeM/ 037
	nb(.w) p.t	RII/ DeM/ 054
	nb(.w) nb(.w)y.t	SI/ DeM/ 037
	nb(.w) r nḥḥ	SI/ DeM/ 037
	nṯr ꜥꜣ	SI/ DeM/ 009. 037
	ḥtpy	SI/ DeM/ 037
	ḥqꜣ psḏ.t	SI/ DeM/ 037, RII/ DeM/ 054
	ḥqꜣ ḏ.t	SI/ DeM/ 037
	sḏm nḥj.w	SI/ DeM/ 009
	tꜣ nj sḏm nḥ.t	RII/ DeM/ 054
Ḥr.j-š=f	*nb(.w) nnj-nzw*	RII/ Sed/ 001
	nzw tꜣ.wj	RII/ Her/ 001, RII/ Sed/ 003
	ḥr(j)-jb ꜣbḏw	Mer/ Aby/ 002
	(---)	RII/ Gur/ 001, Mer/ ???/ 001
Ḥḥ	(---)	RII/ The/ 010
Ḥq.t	*nb.t p.t*	SII/ Aby/ 002
	ḥr(j)-jb ꜣbḏw	RII/ The/ 005
Ḥqꜣy.t-Ḥw.t-ḥr	(---)	SI/ ???/ 004
Ḥkꜣ	*nb.t* [///]	RII/ Sed/ 002
Ḫpr(j)	*ms(j) sw ḏs=f Rꜥ(.w)-nb(.w)*	SII/ Ani/ 001
	[///]	RII/ Saq/ 009
	(---)	RII/ KeG/ 004
Ḫft-ḥr-nb(.w)=s	(---)	SI/ DeB/ 001
Ḫnsw	*m-Wꜣs.t*	SI/ DeB/ 001, SI/ DeM/ 010. 015, RII/ DeM/ 055. 089, RII/ The/ 014
	m rn=f nfr ṯḥn-ḥꜣ.t	RII/ DeM/ 089
	nb(.w) nṯr.w	SI/ DeM/ 010

Gottheit	Epitheton	Beleg
	nfr-ḥtp(w)	SI/ DeB/ 001, SI/ DeM/ 010. 015, RII/ DeM/ 055. 089, RII/ The/ 014, SII/ Kar/ 001
	ḫpr m-ḥꜣ.t sr	SI/ DeB/ 001
	ḫnt.j ḥw.t bnw	SI/ DeB/ 001
	qꜣj ḥr tꜣjꜣ=f	SI/ DeB/ 001
	(---)	SI/ The/ 001
H̱nmw	*m pr* [///]	Mer/ ???/ 009
	nb(.w) p.t	RII/ DeM/ 012
	nb(.w) ḥr-wr.t	SI/ ???/ 004, RII/ Mem/ 001
	(---)	RII/ Ele/ 001, RII/ WeS/ 013
Zꜣ.t-Rꜥ(.w)	*{pꜣ}⟨tꜣ⟩ jꜥr.t*	SI/ DeM/ 017
Swtḫ	*ꜥꜣ pḥ.tj*	RII/ DeM/ 110, RII/ Sed/ 002, RII/ WeS/ 006, SII/ DeM/ 003
	m wjꜣ nj ḥḥ	RII/ DeM/ 110
	m ḥꜣ.t wjꜣ nj nb(.w) ḥḥ	RII/ WeS/ 002
	mr(j) Rꜥ(.w)	RII/ DeM/ 110
	nb(.w) p.t	SII/ DeM/ 003
	nḫt m pḥ.t	RII/ WeS/ 002
	zꜣ Nw.t	RII/ DeM/ 110, RII/ Sed/ 002, SII/ Kar/ 001
Sbk	*pꜣ ꜥḏ⟨r⟩*	RII/ Qan/ 041
	nṯr nfr	RII/ Qan/ 013
	(---)	RII/ Mem/ 001, RII/ Qan/ 048, RII/ The/ 013
Sbk-Rꜥ(.w)	*nb(.w) p.t*	RII/ Qan/ 003
	nb(.w) ḥw.t [///]	RII/ The/ 013
	nb(.w) sꜥb.tj	RII/ Qan/ 016
Spꜣ	(---)	RII/ M-S/ 002
Spdw	[///]	SI/ DeM/ 004
Sḫm.t	*ꜥꜣ.t*	SII/ Mem/ 001, Sip/ Aby/ 002
	mr(j).t Ptḥ	SI/ ???/ 004, SII/ Mem/ 001
	nb.t jmnt.t	RII/ ZUR/ 001
	nb.t wr.t	RII/ ZUR/ 001
	nb.t p.t	Sip/ Aby/ 002
	[///]	RII/ DeM/ 011
Skr	*nb(.w) jmnt.t*	Mer/ ???/ 003
	nb(.w) R'-sṯꜣw	RII/ KeG/ 004
	nb(.w) štꜣy.t	RII/ Hel/ 003, RII/ KeG/ 004
	ntj m p.t	SII/ Ani/ 001
	[///]	RII/ Saq/ 009
	(---)	RII/ KeG/ 003
Skr-Wsjr	*nb(.w) R'-sṯꜣw*	RII/ KeG/ 002
	ḥr(j)-jb štꜣy.t	RII/ KeG/ 002
Sṯ.t	(---)	RII/ Ama/ 002, RII/ Ele/ 001
Šw	*jm.j Wꜣs.t*	SI/ DeB/ 001, SII/ Kar/ 001

Gottheit	Epitheton	Beleg
	(---)	SI/ Aby/ 002
Šw (Die Sonne)	*ʿnḫ*	SI/ DeM/ 011
	nb(.w) p.t	SI/ DeM/ 032, RII/ DeM/ 066
	nṯr ʿ3	SI/ DeM/ 011. 032, RII/ DeM/ 066
	ḥtpy	SI/ DeM/ 032
	(---)	RII/ DeM/ 070. 082
Šnp.t	*nb.t p.t*	SII/ Aby/ 002
Šd	*jy(j) ḥr ḫ3s.wt ḫr wḏ3.t snb(.w) r jr(j).t z3w ḥr pr pn wr.w zp 2*	RII/ DeM/ 039
	ʿš3 jr.w	RII/ DeM/ 040
	n h3nb	RII/ DeM/ 039
	n t3 wḥ.t Rʿ(.w)-ḥtp(.w)	RII/ DeM/ 040. 041
	nṯr ʿ3	RII/ DeM/ 039 - 041
	ḥq3 psḏ.t	RII/ DeM/ 039
Qbḥ-sn.w=f	*jm.j wt*	SI/ The/ 001
Qdš	*jr.t Rʿ(.w)*	RII/ DeM/ 029
	mr(j).t nj Rʿ(.w)	RII/ DeM/ 140
	nb.t p.t	RII/ DeM/ 020. 029. 140
	nn snnw.t st	RII/ DeM/ 029
	ḥnw.t nṯr.w nb.w	RII/ DeM/ 029. 140
	ḥnw.t t3.wj	RII/ DeM/ 140
	šrj.t Rʿ(.w)	RII/ DeM/ 140
	t3 nb.t t3.wj	RII/ DeM/ 140
	[///]	RII/ DeM/ 172
K3-mw.t=f	(---)	Mer/ The/ 003
Gb	*jmn sw ḏs=f*	SI/ DeB/ 001
	jtj nṯr.w	SI/ DeB/ 001
	ms(j) ntj nb(.w)	SI/ DeB/ 001
	nṯrj wʿj	SI/ DeB/ 001
	ḏj msw=f ḥr-tp jr(j).t.n=f	SI/ DeB/ 001
	(---)	SI/ Aby/ 002, RII/ M-S/ 001. 002, RII/ Saq/ 009. 018
T3-wr.t	*p3 mw wʿb*	RII/ DeM/ 114
	m rn=s nfr Jy(j).t-nfr.tj	RII/ DeM/ 168
	njt m3m3	RII/ DeM/ 033
	nb.t p.t	SI/ DeM/ 041, RII/ DeM/ 095. 114. 168
	nb.t t3.wj	RII/ DeM/ 033
	ḥnw.t nṯr.w	SI/ DeM/ 041
	ḥnw.t nṯr.w nb.w	RII/ DeM/ 095. 168
	šps.t	RII/ DeM/ 161. 168
T3-mn.t-nfr	*mntj zp 2 nj ḏ.t*	RII/ DeM/ 057
T3-mj.t-nfr	*mntj zp 2*	RII/ DeM/ 057

Gottheit	Epitheton	Beleg
	ḥtpy.t	RII/ DeM/ 144
Tꜣ-nn.t	*njt Jwnw*	RII/ DeM/ 123
	nfr.t	RII/ DeM/ 123
	nb.t p.t	RII/ DeM/ 123
	ḥnw.t tꜣ.wj	RII/ DeM/ 123
	sḏm nḥj.w nj bw-nb(.w)	RII/ DeM/ 123
Tꜣ-tnn	(---)	RII/ The/ 008, RII/ WeS/ 010
Tꜣ-dhn.t	*ḥnw.t jmnt.t*	RII/ DeM/ 142
	ḏḏ ḏr.t=s nj mrr=s	RII/ DeM/ 091
	ḏḏ mkwt nj ḏḏ sw m jb=f	RII/ DeM/ 091
Tꜣ-dhn.t-jmnt.t	*nb.t p.t*	RII/ DeM/ 128
	rn=s nfr mr.tsgr	RII/ DeM/ 129
	ḥnw.t tꜣ.wj	RII/ DeM/ 128
Tfnw.t	*ms(j) nj Rꜥ(.w)*	SI/ DeB/ 001
	(---)	SI/ Aby/ 002
Dwꜣ-mw.t=f	(---)	SI/ The/ 001
Ḏḥwtj	*jm.j Ḫmnw*	SI/ DeB/ 001
	jr(j) ḏ.t	RII/ DeM/ 177
	ꜥꜣ m ḏḏw	SI/ ???/ 004
	ꜥꜣ nmt.t m mskt.t	SI/ ???/ 004
	ꜥḥꜥw m-ḫnw=f	SI/ DeM/ 015
	bjꜣj.t m kꜣr štꜣ	SI/ ???/ 004
	mr(j) Mꜣꜥ.t	RII/ The/ 025
	mr(j).tj	RII/ WeS/ 011
	mtj	SI/ ???/ 004
	nb(.w) Jwnč šmꜥw	SI/ DeM/ 010. 015
	nb(.w) fꜣw.t m-ḫnw psḏ.t	SI/ ???/ 004
	nb(.w) mdw-nṯr	SI/ ???/ 003. 005, RII/ ASi/ 003, RII/ DeM/ 028, RII/ Mem/ 001, RII/ The/ 012, RII/ WeS/ 011
	nb(.w) r nḥḥ	RII/ DeM/ 177
	nb(.w) Ḫmnw	SI/ DeB/ 001, SI/ DeM/ 030, SI/ ???/ 004, RII/ DeM/ 028. 042. 160, RII/ Qan/ 080
	nb(.w) Tꜣ-ḏsr.t	RII/ The/ 003
	ntj ḫrj ṯḥnw	SI/ ???/ 004
	nṯr ꜥꜣ	SI/ ???/ 004, RII/ DeM/ 028
	nṯr šps	RII/ WeS/ 011
	rḏj.t wḏꜣ.t nj nb(.w)=s	SI/ ???/ 004
	ḥr(j)-jb Ḥw.t-jbṯ.t	SI/ ???/ 004
	ḥtp ḥr Mꜣꜥ.t	RII/ Nub/ 001
	ḫꜥj ḥꜥw m mꜥnḏ.t	SI/ ???/ 004
	ḫnt.j ḥsr.t	SI/ ???/ 004
	zḫꜣw mꜣꜥ psḏ.t	SI/ DeM/ 015
	s:ḥtp nb.wj sn.wj	SI/ ???/ 004

Gottheit	Epitheton	Beleg
	sḫm nṯrj	SI/ ???/ 004
	š3y rnmḥwt ḫr=f	SI/ DeM/ 015
	k3 m r'-jmḥwt	SI/ ???/ 004
	ṯ3w m ḫfᶜ=f	SI/ DeM/ 015
	ḏj j3w nj mr(j).w.n=f	SI/ DeM/ 015
	(---)	SI/ The/ 001, RII/ DeM/ 048. 051. 070. 126. 171, RII/ M-S/ 002, RII/ Saq/ 011, Mer/ Saq/ 001, Mer/ ???/ 009
[///]	*ḥq3 M3ᶜ.t*	RII/ The/ 011

11.2. Index Gottheiten - Epitheta

Epitheton	Gottheit	Beleg
ꜣḫ m ẖr.t-nṯr	*Ptḥ-Skr*	SI/ Saq/ 007
ꜣḫ.t	*Nw.t*	SII/ Aby/ 002
jy(j) ḥr ḫꜣs.wt ẖr wḏꜣ.t snb r jr(j).t zꜣw ḥr pr(.w) pnwr.w zp 2	*Šd*	RII/ DeM/ 039
jy(j) ḥr ḫrww nj ꜥš n=f	*Ptḥ*	Sip/ DeM/ 018
jy(j) ḥr ḫrww nj dm rn=f	*Jꜥḥ-Ḏḥwtj*	RII/ DeM/ 108
	Rꜥ(.w)	SI/ DeM/ 011
jy(j) ḥr ḫrww nmḥw	*Jmn(.w)*	RII/ DeM/ 053
jy(j) ḥr ḫrw nmḥw jnḏ.w	*Jmn(.w)-Rꜥ(.w)*	RII/ DeM/ 053
jwny	*Jmn(.w)*	SI/ DeB/ 001
	Jtm(.w)	RII/ DeM/ 032. 098, RII/ KeG/ 004, RII/ Saq/ 013
	Rꜥ(.w)	SI/ DeM/ 014
	Rꜥ(.w)-Ḥr(.w)-ꜣḫ.tj-Jtm(.w)	[SI/ DeM/ 025], RII/ KeG/ 001. 003
	Ḥr(.w)-ꜣḫ.tj-Jtm(.w)	RII/ DeM/ 050
jm.j Wꜣs.t	*Šw*	SI/ DeB/ 001, SII/ Kar/ 001
jm.j wt	*Jnpw*	SI/ DeB/ 001, SI/ DeM/ 018. 022, SI/ Saq/ 001, RII/ Aby/ 007. 012, RII/ DeM/ 019. 142. 151, RII/ M-S/ 001 - 003, RII/ The/ 005, Mer/ The/ 003
	Qbḥ-sn.w=f	SI/ The/ 001
jm.j.t ḥꜣ.t=f	*Mꜣꜥ.t*	RII/ The/ 010
jm.j Ḫmnw	*Ḏḥwtj*	SI/ DeB/ 001
Jmn sw ḏs=f	*Gb*	SI/ DeB/ 001
Jmn.t štꜣ jwtj rḫ=f	*Mw.t*	SI/ DeB/ 001
jn(j) Ḥꜥpj nj jm.j=sn	*Ḥr(.w)-ꜣḫ.tj-Jtm(.w)*	RII/ DeM/ 050
jr.t Rꜥ(.w)	*Mꜣꜥ.t*	RII/ The/ 010
	Ḥw.t-Ḥr(.w)	RII/ DeM/ 182
	Qdš	RII/ DeM/ 029
jr(j) Mꜣꜥ.t	*Ntj*	RII/ DeM/ 101
jr(j) ḥdḏ.wt	*Rꜥ(.w)-Ḥr(.w)-ꜣḫ.tj*	SI/ The/ 001
jr(j) ẖr.t rmṯ.w nṯr.w	*Ḥr(.w)-ꜣḫ.tj-Jtm(.w)*	RII/ DeM/ 050
jr(j) sw ḏs=f	*Ḥr(.w)-ꜣḫ.tj-Jtm(.w)*	RII/ DeM/ 050
jr(j) ḏ.t	*Ḏḥwtj*	RII/ DeM/ 177

Epitheton	Gottheit	Beleg
jqr zḫ3w nb(.w) ntj rḫ mdw.t-nṯr ///	*Mr(j).t-sgr*	RII/ DeM/ 120
jtj nṯr.w	*Ptḥ*	RII/ Qan/ 059
	Gb	SI/ DeB/ 001
jty dw3.t	*Wsjr*	RII/ M-S/ 003
ꜥ3	*ꜥnq.t*	SI/ DeM/ 038
ꜥ3.t	*sḫm.t*	SII/ Mem/ 001, Sip/ Aby/ 002
ꜥ3.t nr	*3s.t*	RII/ Kop/ 002
ꜥ3 ꜥn	*Jmn(.w)-nj-n'.t*	RII/ DeM/ 053
ꜥ3 b3.w	*Jꜥḥ-Ḏḥwtj*	RII/ DeM/ 108
ꜥ3 pḥ.tj	*Jtm(.w)*	Mer/ Saq/ 002
	Mnw-Jmn(.w)-Rꜥ(.w)	RII/ DeM/ 140
	Swtḫ	RII/ DeM/ 110, RII/ Sed/ 002, RII/ WeS/ 006, SII/ DeM/ 003
ꜥ3 pḥ.tj nj psḏ.t	*Jꜥḥ-Ḏḥwtj*	RII/ DeM/ 108
ꜥ3 m ḏḏw	*Ḏḥwtj*	SI/ ???/ 004
ꜥ3 nmt.t m mskt.t	*Ḏḥwtj*	SI/ ???/ 004
ꜥ3 šfy.t	*Wsjr*	RII/ Aby/ 010
ꜥb m nfr.w=f	*Mnw*	SI/ ???/ 004
ꜥb.wj tp=f	*Ḥpj-Jtm(.w)*	RII/ M-S/ 005
ꜥnn ⟨r⟩ ḥtp	*Mr(j).t-sgr*	RII/ DeM/ 166
ꜥnn sw r ḥtp	*Ḥr(.w)-wr*	SI/ DeM/ 037
ꜥn ḥtp m sḏm snmḥ.w nj ꜥš n=f	*Jꜥḥ-Ḏḥwtj*	RII/ DeM/ 108. 109
ꜥnḫ	*Ḥpj*	RII/ M-S/ 001. 003
	Šw (Die Sonne)	SI/ DeM/ 011
ꜥnḫ m M3ꜥ.t	*Rꜥ(.w)-Ḥr(.w)-3ḫ.tj*	SII/ Ani/ 001
ꜥnḫ nj psḏ.t	*Rꜥ(.w)-Ḥr(.w)-3ḫ.tj*	Mer/ The/ 003
ꜥḥꜥw m-ḫnw=f	*Ḏḥwtj*	SI/ DeM/ 015
ꜥš [///] *w3jw* [///]	*3s.t*	RII/ Kop/ 002
ꜥš3 ḫpr.w m p.t m t3	*Rꜥ(.w)*	SI/ DeM/ 014
ꜥš3 jr.w	*Šd*	RII/ DeM/ 040
ꜥš3.t ḫpr.w	*3s.t*	RII/ DeM/ 091
wꜥj ḥtp	*Ptḥ*	Sip/ DeM/ 018
wbn m nwn	*Rꜥ(.w)*	SI/ DeM/ 031
wbn m ḥrj.t	*Jmn(.w)*	RII/ DeM/ 122

Epitheton	Gottheit	Beleg
wnn-nfr	*Wsjr*	SI/ Aby/ 005. 007. 008, SI/ DeB/ 001, SI/ DeM/ 022. 026, SI/ Saq/ 003, SI/ The/ 001, SI/ ???/ 001, RII/ Aby/ 006. 007. 011. 012, RII/ DeM/ 019. 069. 070. 098. 141. 151, RII/ KeG/ 004, RII/ Qan/ 034, RII/ Saq/ 008. 015. 017. 018, RII/ The/ 005. 023. 024, Mer/ Aby/ 002, Mer/ The/ 003, Mer/ ???/ 009. 010, SII/ Ani/ 001
	Ḥpj	RII/ M-S/ 010
wr	*Mnw*	RII/ DeM/ 020
	Ntj	RII/ DeM/ 101
wr pḥ.tj	*Ḥr(.w)-ꜣḫ.tj-Jtm(.w)*	RII/ DeM/ 050
wr nj nṯr.w	*Jꜥḥ-Ḏḥwtj*	RII/ DeM/ 108
wr.t	*ꜣs.t*	SI/ Aby/ 002 - 005. 007. 009, SI/ DeM/ 025, SI/ The/ 001, SI/ ???/ 001. 003. 005, RII/ Aby/ 004. 012. 019. 021, RII/ Buh/ 005, RII/ DeM/ 091. 103. 121, RII/ KeG/ 003, RII/ Kop/ 002, RII/ M-S/ 007. RII/ Qan/ 043, RII/ Saq/ 008. 010. 018, RII/ The/ 005. 011, Mer/ The/ 002. 003, Mer/ ???/ 004, SII/ Ani/ 001
	Mw.t	RII/ DeM/ 015. 026.35. 083. 087. 089. 133, Am/ The/ 001
	Ḥw.t-Ḥr(.w)-ꜣs.t	RII/ DeM/ 114
wḥm ꜥnḫ	*Ḥpj*	RII/ M-S/ 003
wḥm ꜥnḫ nj Ptḥ	*Ḥpj*	RII/ M-S/ 004
wḥm nj Ptḥ	*Ḥpj*	RII/ M-S/ 001. 005 - 009. 011
wḥm nj Rꜥ(.w)	*Mr-wr*	RII/ Hel/ 001. 004
wsr ꜣw=f	*Wsjr*	RII/ Aby/ 010
bꜣ ḏsr jm.j jmnt.t	*Ḥpj*	RII/ M-S/ 003
bꜣ m ḫrj-jb=sn	*Jmn(.w)-Rꜥ(.w)*	SI/ DeM/ 014
bjꜣj.t m kꜣr štꜣ	*Ḏḥwtj*	SI/ ???/ 004
bnr mrw.t	*Ptḥ*	Sip/ DeM/ 018
	Ḥr(.w)	RII/ Aby/ 021, RII/ The/ 005
bs	*Rꜥ(.w)*	SI/ DeM/ 014
pꜣ ꜥḏ⟨r⟩	*Sbk*	RII/ Qan/ 041
pꜣ mw wꜥb	*Tꜣ-wr.t*	RII/ DeM/ 114
pꜣ nb(.w) nj pꜣy wbꜣ	*Jmn(.w) nj n'.t*	RII/ DeM/ 053
pꜣ nb(.w) nj mṯn.w	*Jmn(.w) nj (Rꜥ(.w)-ms(j)-sw-mr(j)-Jmn(.w))*	RII/ WeS/ 007
pꜣ nb(.w) nj mṯn.w	*Jmn(.w)*	RII/ WeS/ 009
pꜣ nb(.w) nj gr	*Jmn(.w)*	RII/ DeM/ 053
pḏ nmt.t	*Jmn(.w)-Rꜥ(.w)*	RII/ DeM/ 027

Epitheton	Gottheit	Beleg
pꜥ nṯr ꜥ3	*Ḥr(.w)-3ḫ.tj-Jtm(.w)*	RII/ DeM/ 050
p3 nṯr šps mr(j)	*Rꜥ(.w)*	SI/ DeM/ 011
p3 rhnj nfr	*Jmn(.w)*	SI/ DeM/ 001
	Jmn(.w)-Rꜥ(.w)	SI/ DeM/ 001
p3 ḥtpy	*Jꜥḥ*	RII/ DeM/ 143
	Jꜥḥ-Ḏḥwtj	RII/ DeM/ 177
p3w.tj	*Jmn(.w)*	SI/ DeB/ 001
	Jmn(.w)-Rꜥ(.w)	SII/ Ani/ 001
	Jtm(.w)	SI/ DeB/ 001
pr(j) m 〈 〉	*Rꜥ(.w)-Ḥr(.w)-3ḫ.tj*	SII/ Ani/ 001
pr(j) m 3ḫ.t	*Bḥdtj*	RII/ Aby/ 007
pr(j) m ḥ3.t[///]	*Wsjr*	SI/ DeM/ 013
pr(j) m ẖ.t Mw.t=f	*Wsjr*	RII/ Aby/ 012
pr(j) m ẖ.t ḥḏ.t m tp=f	*Wsjr*	RII/ Mem/ 001
f3(j)-ꜥ.w	*Mnw*	RII/ DeM/ 020
m Jp.t-sw.t	*Rꜥ(.w)*	RII/ DeM/ 122
m-W3s.t	*Ḫnsw*	SI/ DeB/ 001, SI/ DeM/ 010. 015, RII/ DeM/ 055. 089, RII/ The/ 014
m wj3 nj ḥḥ	*Swtḫ*	RII/ DeM/ 110
m W-Nmtj	*Nmtj*	SI/ ???/ 004
m pr(.w) [///]	*ẖnmw*	Mer/ ???/ 009
m rn=f nfr ṯḥn-ḥ3.t	*Ḫnsw*	RII/ DeM/ 089
m rn=f nfr wsr-ḥ3.wt	*Jmn(.w)-Rꜥ(.w)*	RII/ DeM/ 089
m rn=s nfr Jy(j).t-nfr.tj	*T3-wr.t*	RII/ DeM/ 168
m rn=s nfr ꜥ3-mr(j).t	*Mw.t*	RII/ DeM/ 089
m rn=s nfr Mr(j).t-sgr	*Ḥw.t-Ḥr(.w)*	RII/ DeM/ 106
m ḥ3.t wj3 nj nb(.w) ḥḥ	*Swtḫ*	RII/ WeS/ 002
m ḥw.t-(S:nfr-w(j))	*Ḥr(.w)-wr*	SI/ ???/ 004
m t3 qꜥḥ.t	*Rꜥ(.w)-Ḥr(.w)-3ḫ.tj*	RI/ Amd/ 001
m33 ꜥš3.wt	*Rꜥ(.w)-Ḥr(.w)-3ḫ.tj*	RII/ DeM/ 085
mj.t nj nb.t p.t	*Mw.t*	SI/ The/ 002
mw.t jtj nj jr.t nb.t	*Rꜥ(.w)*	SI/ DeB/ 001
mw.t nṯr	*3s.t*	SI/ Aby/ 002. 003, SI/ Aby/ 007 - 009, SI/ DeM/ 025, SI/ The/ 001, SI/ ???/ 001. 003. 005, RII/ Aby/ 004. 011, RII/ DeM/ 040. 091. 103. 121. 173, RII/ DRi/ 002, RII/ Hel/ 003, RII/ Kop/ 002, RII/ M-S/ 007, RII/ Saq/ 008. 010, RII/ The/ 005, Mer/ The/ 002. 003, Mer/ ???/ 005
	Ḥw.t-Ḥr(.w)-3s.t	RII/ DeM/ 114

Epitheton	Gottheit	Beleg
mw.t Ḥr(.w)	*ꜣs.t*	RII/ Saq/ 017
mw.t tꜣ.wj	*ꜣs.t*	RII/ Saq/ 018
mn.tj zp 2	*Tꜣ-mj.t*	RII/ DeM/ 057
mn.tj zp 2 nj ḏ.t	*Tꜣ-mn.t*	RII/ DeM/ 057
mn.tj zp 2 ḥr s.t=k	*Jmn(.w)*	SI/ DeM/ 001
mr(ỉ) Mꜣꜥ.t	*Ptḥ*	RII/ DeM/ 101
	Ḏḥwtj	RII/ The/ 025
mr(j) Rꜥ(.w)	*Swtḫ*	RII/ DeM/ 110
mr(j).t Ptḥ	*Sḫm.t*	SI/ ???/ 004, SII/ Mem/ 001
mr(j).t nj Rꜥ(.w)	*Qdš*	RII/ DeM/ 140
mr(j).tj	*Ptḥ*	Sip/ DeM/ 018
	Ḥr(.w)-wr	SI/ DeM/ 037
	Ḏḥwtj	RII/ WeS/ 011
mr(j).tj m nzw tꜣ.wj	*Ptḥ*	RII/ DeM/ 127
ms(j) nj ꜣs.t	*Ḥr(.w)-wr*	SI/ The/ 001
ms(j) nj Rꜥ(.w)	*Tfnw.t*	SI/ DeB/ 001
ms(j) ntj nb	*Gb*	SI/ DeB/ 001
ms(j) nṯr.w	*ꜣs.t*	RII/ DeM/ 040
	Ptḥ	RII/ The/ 010
	Nw.t	SII/ Aby/ 002
ms(j) ḥmww	*Ptḥ*	RII/ DeM/ 046. 111
ms(j) sw ḏs=f Rꜥ(.w)-nb	*Ḫprj*	SII/ Ani/ 001
ms(j) Jtm(.w)	*Rꜥ(.w)*	SI/ DeB/ 001
mtj	*Ḏḥwtj*	SI/ ???/ 004
n s.t=f wr.t	*Ptḥ*	RII/ DeM/ 127
n s.t=f ḏsr.t	*Ptḥ*	RII/ DeM/ 127
n jp.t	*Jmn(.w)-Rꜥ(.w)*	SI/ DeB/ 001
nj Jmn(.w) hrj	*ꜥnq.t*	RII/ ASi/ 003
n n'.t nḫ.tj	*Jmn(.w)-Rꜥ(.w)*	SI/ DeM/ 020
n hꜣnb	*Šd*	RII/ DeM/ 039
n tꜣ wḥ.t Rꜥ(.w)-ḥtp(w)	*Šd*	RII/ DeM/ 040. 041
n ṯḥn-nfr	*Jmn(.w)*	RII/ DeM/ 018
njt Jwnw	*Tꜣ-nn.t*	RII/ DeM/ 123
njt mꜣmꜣ	*Tꜣ-wr.t*	RII/ DeM/ 033
njt mr-nj-ṯr.t	*Nb.t-ḥtp(w)*	RII/ DeM/ 156
nb(.w) ꜣw.t-jb	*Ḥr(.w)*	SI/ DeM/ 010
nb(.w) ꜣbḏw	*Wsjr*	SI/ Aby/ 007. 009, SI/ The/ 001, SI/ ???/ 004, RII/ Mem/ 001, RII/ Qan/ 074, RII/ Saq/ 010, Mer/ ???/ 004. 007, SII/ Ani/ 001
	Wp(j)-wꜣj.wt nj mḥw	SI/ Aby/ 003, SI/ ???/ 004

Epitheton	Gottheit	Beleg
nb(.w) Jwnw	*Mnṯw*	RII/ DeM/ 123
nb(.w) Jwnw šmʿw	*Ḏḥwtj*	SI/ DeM/ 010. 015
nb(.w) Jrsj.t	*Jmn(.w)-Rʿ(.w)*	RII/ DeM/ 085
nb(.w) Jpꜣ.t-sw.t	*Jmn(.w)*	SI/ DeB/ 001
	Rʿ(.w)	RII/ DeM/ 100
nb(.w) jmnt.t	*Wsjr*	RII/ KeG/ 001, RII/ Nub/ 002, RII/ Saq/ 004, RII/ Sed/ 003. 004, RII/ The/ 001. 025
	Skr	Mer/ ???/ 003
nb(.w) Jnbw-ḥḏ	*Ptḥ*	SI/ ???/ 004
nb(.w) ʿnḫ	*Ḥr(.w)*	RII/ The/ 005
nb(.w) ʿnḫ tꜣ.wj	*Ptḥ*	SII/ Mem/ 001
nb(.w) Wꜣs.t	*Jmn(.w)-Rʿ(.w)*	RII/ DeM/ 053
nb(.w) p.t	*Jʿḥ*	RII/ DeM/ 175
	Jʿḥ-Ḏḥwtj	RII/ DeM/ 082
	Jmn(.w)-Rʿ(.w)	SI/ DeM/ 020, RII/ DeM/ 008. 083. 107. 120, RII/ Qan/ 053. 059, RII/ SeK/ 004, RII/ WeS/ 008, Sip/ Aby/ 001
	Jmn(.w)-Rʿ(.w)-ḥr-Jtm(.w)	RII/ The/ 014
	Jnpw	RII/ DeM/ 151
	Wp(j)-wꜣj.wt nj šmʿw	RII/ DeM/ 159
	Wsjr	SI/ Aby/ 005, SI/ DeM/ 018. 021. 142, RII/ Sed/ 004, Mer/ ???/ 004
	Bḥdtj	RII/ Aby/ 007, RII/ DeM/ 102
	Ptḥ	RII/ DeM/ 052. 097, RII/ WeS/ 013
	Mnw	SI/ DeB/ 001
	Mnw-Jmn(.w)-Rʿ(.w)	RII/ DeM/ 029
	Rʿ(.w)-Ḥr(.w)-ꜣḫ.tj	SI/ SeK/ 001, RII/ DeM/ 080. 100. 130. 146. 167, RII/ Giz/ 001, RII/ Hel/ 002, RII/ KeG/ 004, RII/ Saq/ 007. 013
	Rʿ(.w)-Ḥr(.w)-ꜣḫ.tj-Jtm(.w)	RII/ Saq/ 017
	Ršf	RII/ DeM/ 014. 020. 029, Sip/ DeM/ 020
	Ḥwrw	SI/ Giz/ 001
	Ḥr(.w)	SI/ Aby/ 009, SI/ Buh/ 001, SI/ The/ 001, RII/ SeK/ 004
	Ḥr(.w)-wr	RII/ DeM/ 054
	H̱nmw	RII/ DeM/ 012
	Swtḫ	SII/ DeM/ 003
	Šw (Die Sonne)	SI/ DeM/ 032, RII/ DeM/ 066
	Sbk-Rʿ(.w)	RII/ Qan/ 003

Epitheton	Gottheit	Beleg
nb(.w) pḥ.tj m-ẖnw psḏ.t	*Ršf*	RII/ DeM/ 140
nb(.w) f3w.t m-ẖnw psḏ.t	*Ḏḥwtj*	SI/ ???/ 004
nb(.w) M3ᶜ.t	*Wsjr*	RII/ Qan/ 074
	Ptḥ	SI/ DeM/ 002. 028. 030, SI/ ???/ 004, RII/ DeM/ 012. 032. 046. 093. 097. 101. 111. 112. 127. 145. 146. 152. 162, RII/ M-S/ 004, RII/ Qan/ 011. 037, RII/ Saq/ 015, RII/ The/ 010, RII/ WeS/ 001. 005. 008. 013, Mer/ Saq/ 002, SII/ Gur/ 002, SII/ Mem/ 001, Sip/ DeM/ 018. 019
nb(.w) mdw-nṯr	*Ḏḥwtj*	SI/ ???/ 003. 005, RII/ ASi/ 003, RII/ DeM/ 028, RII/ Mem/ 001, RII/ The/ 012, RII/ WeS/ 011
nb(.w) mḏ3y	*Jmn(.w)-Rᶜ(.w)*	RII/ DeM/ 027
nb(.w) nby.t	*Ḥr(.w)-wr*	SI/ DeM/ 037
nb(.w) nj nb.w	*Jmn(.w)*	SI/ DeB/ 001
nb(.w) Nnj-nzw	*Wsjr*	RII/ Aby/ 003
	Ḥr.j-š=f	RII/ Sed/ 001
nb(.w) nḥḥ	*Jᶜḥ-Ḏḥwtj*	RII/ DeM/ 108
	Jmn(.w)-Rᶜ(.w)	SI/ DeM/ 001
	Wsjr	SI/ Aby/ 002. 007. 008, SI/ ???/ 005, RII/ Aby/ 007. 019, RII/ Gad/ 001, RII/ Mem/ 001, RII/ Qan/ 034. 043. 044, RII/ Saq/ 005. 008. 011. 015. 018, RII/ The/ 005. 009. 023, Mer/ Aby/ 002. 003. 006, Mer/ ???/ 001. 005. 009, SII/ Aby/ 001. 002, Sip/ Aby/ 003
	Mnṯw	RII/ DeM/ 123
	Ršf	RII/ DeM/ 029
nb(.w) nḥḥ r ḏ.t	*Wsjr*	RII/ The/ 024
	Rᶜ(.w)-Ḥr(.w)-3ḫ.tj	SI/ SeK/ 001
nb(.w) nzy.t t3.wj	*Jmn(.w)*	SI/ DeB/ 001
	Jmn(.w)-Rᶜ(.w)	SI/ DeB/ 001, SI/ DeM/ 017, RII/ WeS/ 001
nb(.w) ns.wt t3.wj	*Jmn(.w)*	RII/ Aks/ 002; RII/ ASi/ 001. 002
	Jmn(.w)-Rᶜ(.w)	RII/ ASi/ 002, RII/ DeM/ 021. 027. 043. 053. 089. 120. 170, RII/ Nub/ 001, RII/ Sed/ 003, RII/ The/ 014, RII/ WeS/ 003 - 005. 007. 013, Mer/ DeB/ 001, SII/ Ani/ 001, SII/ Kar/ 001, Am/ DeM/ 002
	Mnw	RII/ DeM/ 173
nb(.w) sᶜb.tj	*Sbk-Rᶜ(.w)*	RII/ Qan/ 016
nb(.w) š3w	*Ptḥ*	RII/ The/ 010
nb(.w) št3y.t	*Ptḥ-Skr*	RII/ DeM/ 141. 151
nb(.w) št3y.t j3bt.t	*Ptḥ-Skr*	SI/ Saq/ 007

Epitheton	Gottheit	Beleg
nb(.w) ntj.w wnn n=f [///]	*Rˁ(.w)*	SI/ DeM/ 014
nb(.w) nṯr.w	*Jmn(.w)-Rˁ(.w)*	RII/ DeM/ 170
	Ḫnsw	SI/ DeM/ 010
nb(.w) r nḥḥ	*Ptḥ*	RII/ The/ 010
	Mnw-Jmn(.w)	RII/ DeM/ 140
	Ršf	RII/ DeM/ 140
	Ḥr(.w)-wr	SI/ DeM/ 037
	Ḏḥwtj	RII/ DeM/ 177
nb(.w) R'-sṯ3w	*Jnpw*	SI/ DeM/ 027. 039, RII/ KeG/ 001. 003
	Wsjr	RII/ Aby/ 019, RII/ Hel/ 003, RII/ KeG/ 002 - 004, RII/ Saq/ 010. 015, Mer/ Aby/ 001, Mer/ ???/ 003
	Skr	RII/ KeG/ 004
	Skr-Wsjr	RII/ KeG/ 002
nb(.w) rmṯ.w	*Wsjr*	RII/ Aby/ 006. 010
nb(.w) ḥw.t [///]	*Sbk-Rˁ(.w)*	RII/ The/ 013
nb(.w) ḥf3.w	*Ḥmn*	SI/ ???/ 004
nb(.w) Ḥr(.w)-wr.t	*Ḥnmw*	SI/ ???/ 004, RII/ Mem/ 001
nb(.w) ḫ3s.t	*Ḥr(.w)*	RII/ DeM/ 040
nb(.w) ḫpr.w m bw nb mr(j)=f	*Jtm(.w)*	SI/ DeB/ 001
nb(.w) Ḫmnw	*Ḏḥwtj*	SI/ DeB/ 001, SI/ DeM/ 030, SI/ ???/ 004, RII/ DeM/ 028. 042. 160, RII/ Qan/ 080
nb(.w) sb3.w, rmw.w jḫ.w	*Rˁ(.w)-Ḥr(.w)-3ḫ.tj*	SII/ Ani/ 001
nb(.w) st.wt	*Rˁ(.w)-Ḥr(.w)-3ḫ.tj*	SI/ The/ 001
nb(.w) š3rp	*Ptḥ*	RII/ Qan/ 050
nb(.w) št3y.t	*Skr*	RII/ Hel/ 003, RII/ KeG/ 004
nb(.w) t3.wj	*Jtm(.w)*	RII/ DeM/ 032. 098. 115, RII/ KeG/ 004, RII/ Saq/ 013
	Rˁ(.w)-Ḥr(.w)-3ḫ.tj-Jtm(.w)	[SI/ DeM/ 025], RII/ KeG/ 001. 003
	Ḥr(.w)-3ḫ.tj-Jtm(.w)	RII/ DeM/ 050
nb(.w) t3-ˁnḫ	*Wsjr*	RII/ Saq/ 017
nb(.w) T3-rsj	*Wp(j)-w3j.wt*	RII/ M-S/ 002
nb(.w) T3-ḥḏ	*Jnpw*	SI/ ???/ 004, RII/ Buh/ 005
nb(.w) t3-Jtm(.w)	*Jmn(.w)-Rˁ(.w)*	SI/ DeM/ 042

Epitheton	Gottheit	Beleg
nb(.w) Tꜣ-ḏsr.t	*Jnpw*	SI/ DeM/ 018. 022. 026, SI/ Saq/ 001, SI/ The/ 001, SI/ ???/ 005, RII/ Aby/ 005. 012, RII/ DeM/ 019. 178, RII/ DRi/ 001, RII/ Mem/ 001, RII/ Saq/ 017, RII/ The/ 005
	Wp(j)-wꜣj.wt	SI/ ??/ 003, SII/ Aby/ 001
	Wp(j)-wꜣj.wt nj šmꜥw	SI/ Aby/ 003, RII/ Qan/ 074
	Wsjr	SI/ Aby/ 003. 004. 007, SI/ ???/ 005, RII/ Aby/ 001. 004. 020, RII/ Buh/ 005, RII/ DeM/ 019. 069. 121. 141. 151, RII/ DRi/ 002, RII/ KeG/ 004, RII/ Qan/ 045, RII/ Saq/ 017, Mer/ Aby/ 005
	Ḏḥwtj	RII/ The/ 003
nb(.w) ḏbḥ.t qꜥ.w	*Jmn(.w)-Rꜥ(.w)*	RI/ ???/ 001
nb(.w) Ḏdw[///]	*Wsjr*	SI/ ???/ 003
nb.t ꜣbḏw	*Njt*	RII/ DeM/ 012
	Ḥw.t-Ḥr(.w)	SII/ Ani/ 001
nb.t jmnt.t	*Nb.t-ḥw.t*	RII/ Saq/ 017
	Ḥw.t-Ḥr(.w)	RII/ DeM/ 132. 133. 151. 157, RII/ The/ 002. 003, Mer/ ???/ 007
	sḫm.t	RII/ ZUR/ 001
nb.t jn.t	*Ḥw.t-Ḥr(.w)*	RII/ DeM/ 121
nb.t jšr.w	*Mw.t*	SI/ DeB/ 001, RII/ DeM/ 015. 026. 083. 087. 133, SII/ Kar/ 001, Am/ The/ 001
nb.t ꜥn.t	*Mr(j).t-sgr*	RII/ DeM/ 166
nb.t ꜥnḫ tꜣ.wj	*Bꜣst.t*	RII/ Sed/ 001
nb.t wr.t	*Sḫm.t*	RII/ ZUR/ 001
nb.t Bhn	*ꜣs.t*	RII/ Buh/ 005
nb.t p.t	*ꜥnt*	RII/ DeM/ 020
	ꜥwn.t	RII/ The/ 013
	Ḥw.t-Ḥr(.w)	SI/ DeM/ 018. 025. 041, RII/ DeM/ 001. 008. 021. 041. 084. 096. 131 - 132. 137. 042. 146. 157. 159. 182. 184, RII/ DRi/ 002, RII/ Hel/ 002, RII/ KeG/ 003, RII/ SeK/ 004, RII/ The/ 002
	Ḥw.t-Ḥr(.w)-ꜣs.t	RII/ DeM/ 114
	Ḥk.t?	SII/ Aby/ 002
	Jr.t-nfr	RII/ DeM/ 075
	ꜣs.t	SI/ Aby/ 004. 005, SI/ Aby/ 007. 009, SI/ DeM/ 025, SI/ The/ 001, RII/ Aby/ 011, RII/ DeM/ 040. 091. 103, RII/ DRi/ 002, RII/ KeG/ 003, RII/ Saq/ 008, RII/ The/ 005, Mer/ Aby/ 001, SII/ Aby/ 003
	Mꜣꜥ.t	RII/ Qan/ 036, RII/ The/ 010, Mer/ DeB/ 001, SII/ Ani/ 001

Epitheton	Gottheit	Beleg
	Mr(j).t-sgr	RII/ DeM/ 106. 166. 176, Sip/ DeM/ 008
	Mw.t	SI/ DeB/ 001, SI/ DeM/ 017. 020, SI/ The/ 002RII/ DeM/ 026. 035. 087. 089. 120, RII/ The/ 014, RII/ WeS/ 007, SII/ Kar/ 001
	Nb.t-ḥtp(w)	SI/ DeM/ 029, RII/ DeM/ 156
	Nḫb.t	SI/ DeM/ 041
	Nfr.t-jy(j).tj	RII/ DeM/ 075
	Nb.t-ḥw.t	SI/ Aby/ 008
	Qdš	RII/ DeM/ 020. 029. 140
	Rˁ.t-tꜣ.wj	RII/ DeM/ 123
	Rnnw.t	SI/ DeM/ 033
	Sḫm.t	Sip/ Aby/ 002
	Snp.t	SII/ Aby/ 002
	Tꜣ-dhn.t-jmnt.t	RII/ DeM/ 128
	Tꜣnn.t	RII/ DeM/ 123
	Tꜣ-wr.t	SI/ DeM/ 041, RII/ DeM/ 095. 114. 168
nb.t p.t tꜣ	*Bꜣst.t*	RII/ Sed/ 001
nb.t Mꜣˁ.t	*Ḥw.t-Ḥr(.w)*	RII/ DeM/ 034
nb.t mfkꜣ.t	*Ḥw.t-Ḥr(.w)*	SI/ SeK/ 001, RII/ SeK/ 001. 002. 004
nb.t ms.wt	*ꜣs.t*	RII/ DeM/ 091
nb.t mḏdnj	*Ḥw.t-Ḥr(.w)*	RII/ DeM/ 159
nb.t nh.t	*Ḥw.t-Ḥr(.w)*	RII/ The/ 019
nb.t nh.t rsj.t	*Ḥw.t-Ḥr(.w)*	RII/ DeM/ 042, RII/ KeG/ 003, RII/ Saq/ 010. 018. 021, RII/ Sed/ 001
nb.t nh.t šmˁy.t	*Ḥw.t-Ḥr(.w)*	RII/ Qan/ 011
nb.t ḥw nb, ḏfꜣ.w [///]	*Mr(j).t-sgr*	RII/ DeM/ 150
nb.t ḥw.t nṯr.w nb.w ⟨*m*⟩ *S.t-nḥḥ*	*ꜣs.t*	RII/ Buh/ 005
nb.t spꜣ.t-ḥꜣs.t	*Ḥw.t-Ḥr(.w)*	SI/ ???/ 005
nb.t sr.t	*Pḫ.t*	SI/ ???/ 004
nb.t sṯt	*ˁnq.t*	RII/ DeM/ 012
nb.t kꜣ.w	*Mr.t*	RII/ DeM/ 056
	Mr(j).t-sgr-Rnnw.t	RII/ DeM/ 058
	Rnnw.t	RII/ DeM/ 166, RII/ WeS/ 006
nb.t kꜣ.w ˁšꜣ.w	*Rnnwt*	RII/ WeS/ 012
nb.t tꜣ.wj	*Mw.t*	SI/ DeB/ 001, RII/ DeM/ 035. 087
	Nb.t-ḥtp(w)	RII/ DeM/ 156
	Ḥw.t-Ḥr(.w)	RII/ DeM/ 042
	Tꜣ-wr.t	RII/ DeM/ 033
nb.t dšr.t	*Hw.t-Ḥr(.w)*	RII/ Hel/ 002
nb.t [///]	*Ḥkꜣ*	RII/ Sed/ 002

Epitheton	Gottheit	Beleg
nfr ḥr	*Ptḥ*	SI/ DeM/ 002. 028, RII/ DeM/ 012. 032. 046. 097. 111. 112. 127. 145. 146. 152. 162, RII/ M-S/ 004, RII/ Qan/ 059, RII/ The/ 010, RII/ WeS/ 001, Mer/ Saq/ 001, SII/ Gur/ 002, Sip/ DeM/ 018
	Ḥr(.w)	SI/ ???/ 001
nfr-ḥtp(w)	*Ḫnsw*	SI/ DeB/ 001, SI/ DeM/ 010. 015, RII/ DeM/ 055. 089, RII/ The/ 014, SII/ Kar/ 001
nfr.t	*Rnnw.t*	SI/ DeM/ 033. 150. 166
	Tꜣnn.t	RII/ DeM/ 123
nfr.t ḥr	*Ḥw.t-Ḥr(.w)*	RII/ DeM/ 121
nfr.t ḥr m wjꜣ nj ḥḥ	*Mꜣꜥ.t*	RII/ The/ 010
nfr.t ḥr m mꜥnḏ.t	*ꜣs.t*	RII/ Kop/ 002
nfr.t ḥr m ḥw.t-sḫm	*Mw.t*	RII/ DeM/ 026
nn rḫ=tw ḏ.t=f	*Ḥr(.w)-ꜣḫ.tj-Jtm(.w)*	RII/ Saq/ 007
nn snnw.t st	*Ḥw.t-Ḥr(.w)*	RII/ DeM/ 182
	Qdš	RII/ DeM/ 029
nḥm.t ẖsw m-ꜥ prj [///]	*ꜣs.t*	RII/ Kop/ 002
nḫt m pḥ.t	*Swtḫ*	RII/ WeS/ 002
nzw Jwnw	*Rꜥ(.w)*	SI/ DeM/ 014
nzw ꜥꜣ	*Wsjr*	SII/ Ani/ 001
nzw ꜥnḫ.w	*Wsjr*	SI/ Aby/ 005, SI/ DeM/ 026
nzw nḥḥ	*Wsjr*	RII/ Saq/ 008
nzw nṯr.w	*Jmn(.w)*	SI/ DeB/ 001, RII/ DeM/ 015, RII/ Lux/ 001, RII/ Saq/ 013
	Jmn(.w)-Rꜥ(.w)	RII/ DeM/ 008. 083. 107. 161 (nb.w). 170, RII/ Qan/ 040. 043. 059. 079, RII/ Saq/ 021, RII/ SeK/ 004, RII/ WeS/ 007, SII/ Kar/ 001, Sip/ Aby/ 001
	Jmn(.w)-Rꜥ(.w)-ḥr-Jtm(.w)	RII/ The/ 014
	Wsjr	SI/ ???/ 005, RII/ Aby/ 019, RII/ Mem/ 001, RII/ Qan/ 034. 043, RII/ The/ 005, Mer/ Aby/ 002, Mer/ ???/ 001. 005
	Ptḥ	RII/ DeM/ 097
	Ḥr(.w)	RII/ DeM/ 040
nzw nṯr.w nb.w	*Jꜥḥ-Ḏḥwtj*	RII/ DeM/ 082
nzw tꜣ.wj	*Wsjr*	RII/ Aby/ 003
	Ptḥ	SI/ DeM/ 002. 028. 030, RII/ DeM/ 012. 032. 046. 093. 111. 112. 127. 145. 146. 152. 162, RII/ M-S/ 004, RII/ Qan/ 037, RII/ The/ 010, RII/ WeS/ 001, SII/ Gur/ 002, Sip/ DeM/ 018. 019
	Ḥr.j-š=f	RII/ Her/ 001, RII/ Sed/ 003
ntj m p.t	*Skr*	SII/ Ani/ 001

Epitheton	Gottheit	Beleg
nṯj mn m jḫ.wt nb.wt	*Jmn(.w)-Rᶜ(.w)*	RII/ DeM/ 027
nṯj ḫrj ṯḥnw	*Ḏḥwtj*	SI/ ???/ 004
nṯr ꜥꜣ	*Jᶜḥ*	RII/ DeM/ 175. 181
	Jᶜḥ-Ḏḥwtj	SI/ DeM/ 032. 040, RII/ DeM/ 082. 108. 143
	Jmn(.w) nj n'.t	RII/ DeM/ 053
	Jmn(.w)-Rᶜ(.w)	SI/ DeM/ 017. 020, RII/ DeM/ 053. 107. 120
	Jmn(.w)-Rᶜ(.w)-ḥr-Jtm(.w)	RII/ The/ 014
	Jnpw	SI/ DeM/ 018. 027, RII/ DeM/ 019. 151. 178
	Jtm(.w)	SI/ DeB/ 001, RII/ DeM/ 122, Mer/ Saq/ 002
	Wp(j)-wꜣj.wt nj šmᶜw	RII/ DeM/ 159
	Wsjr	SI/ Aby/ 003. 005, SI/ DeM/ 018. 021. 026, SI/ Saq/ 007, SI/ ???/ 003. 005, RII/ Aby/ 004. 005, RII/ DeM/ 065. 094. 142, RII/ DRi/ 002, RII/ KeG/ 002, RII/ Nub/ 002, RII/ Qan/ 045. 074, RII/ Saq/ 010. 013. 015, RII/ Sed/ 004, RII/ The/ 005. 024, Mer/ ???/ 004
	Bḥdtj	SI/ Aby/ 002, SI/ DeM/ 001, SI/ ???/ 003, RII/ DeM/ 102
	Ptḥ	SI/ DeM/ 028, RII/ DeM/ 101, RII/ The/ 010, SII/ Gur/ 002, Sip/ DeM/ 018
	Mnw-Jmn(.w)-Rᶜ(.w)	RII/ DeM/ 140
	Mnṯw	RII/ DeM/ 123
	Nfr-tm	RII/ Sed/ 001
	Ntj	RII/ DeM/ 101
	Rᶜ(.w)-Ḥr(.w)-ꜣḫ.tj	SI/ SeK/ 001, RII/ DeM/ 065. 070. 080. 085. 102. 104. 130. 146. 167, RII/ Giz/ 001, RII/ Hel/ 002, RII/ Saq/ 007. 013, RII/ WeS/ 013, Mer/ The/ 003, SII/ Ani/ 001, SII/ Gur/ 002
	Rᶜ(.w)-Ḥr(.w)-ꜣḫ.tj-Jtm(.w)	RII/ WeS/ 001
	Ršf	RII/ DeM/ 014. 029. 134. 140, RII/ Qan/ 054, Am/ DeM/ 003. 004, Sip/ DeM/ 020
	Ḥr(.w)	SI/ Buh/ 001, SI/ ???/ 005, RII/ DeM/ 040. 041
	Ḥr(.w)-wr	SI/ DeM/ 009. 037
	Šw (Die Sonne)	SI/ DeM/ 011. 032, RII/ DeM/ 066
	Šd	RII/ DeM/ 039 - 041
	Ḏḥwtj	SI/ ???/ 004, RII/ DeM/ 028
nṯr wᶜ.tj m-ḫnw psḏ.t	*Ptḥ*	RII/ DeM/ 127
nṯr nfr	*Jmn(.w)-Rᶜ(.w)*	RII/ DeM/ 027
	Wp(j)-wꜣj.wt nj šmᶜw	RII/ Qan/ 074

Epitheton	Gottheit	Beleg
	Wsjr	RII/ Mem/ 001, RII/ Sed/ 004
	Rᶜ(.w)-Ḥr(.w)-3ḫ.tj	RII/ KeG/ 004
	Ḥwrw	SI/ Giz/ 001
	Sbk	RII/ Qan/ 013
nṯr šps	*Jmn(.w)-Rᶜ(.w)*	RII/ DeM/ 050. 053
	Ḏḥwtj	RII/ WeS/ 011
nṯrj wᶜj	*Gb*	SI/ DeB/ 001
nḏ-jtj=f	*Ḥr(.w)*	SI/ Aby/ 002 - 004, SI/ ???/ 001. 005, RII/ Aby/ 011. 019. 021, RII/ Mem/ 001, RII/ Qan/ 043, RII/ The/ 005, Mer/ Aby/ 004, Mer/ ???/ 004. 005
nḏ-ḥr jtj=f	*Ḥr(.w)*	RII/ Aby/ 004, RII/ Hel/ 003
nḏm ḫrw	*Mw.t*	RII/ DeM/ 026
nḏm mrw.t	*Ḥr(.w)*	SI/ ???/ 001
rn=s nfr Mr(j).t-sgr	*T3-dhn.t-jmnt.t*	RII/ DeM/ 129
rn=s nfr dhn.t-jmnt.t	*Mr(j).t-sgr*	RII/ DeM/ 176
rḫ ᶜn nw	*Jᶜḥ*	RII/ DeM/ 143
rsj jnbw=f	*Ptḥ*	SII/ Mem/ 001
rdj.w ᶜnḫ nj srf nj mnmn.t nb.t nfr.t	*Jmn(.w)-Rᶜ(.w)*	RII/ DeM/ 027
rdj.t wḏ3.t nj nb=s	*Ḏḥwtj*	SI/ ???/ 004
ḥnw.t Jwnw[///]	*Mw.t*	SI/ DeM/ 020
ḥnw.t jmnt.t	*3s.t*	RII/ Saq/ 008
	Mr(j).t-sgr	RII/ DeM/ 983 ????., 106
	Mr(j).t-sgr	Sip/ DeM/ 003. 008
	Ḥw.t-Ḥr(.w)	SI/ DeM/ 025, RII/ Aby/ 011, RII/ DeM/ 002. 008. 034. 042. 106. 133. 146. 184, RII/ KeG/ 003, RII/ Saq/ 010
	t3-dnh3	RII/ DeM/ 142
ḥnw.t p.t	*mr.t*	RII/ DeM/ 056
ḥnw.t pr Jmn	*M3ᶜ.t*	RII/ The/ 010
	Mw.t	RII/ DeM/ 026. 035
ḥnw.t pr-md3.t	*3s.t*	RII/ DeM/ 040
[*ḥnw.t*] *psḏ.t*[///]	*Nb.t-ḥw.t*	SI/ DeM/ 025
ḥnw.t nṯr.w	*3s.t*	SI/ Aby/ 009, RII/ The/ 005
	ᶜnt	RII/ DeM/ 020
	Mw.t	SII/ Kar/ 001
	Mr(j).t-sgr	RII/ DeM/ 106. 166
	Ḥw.t-Ḥr(.w)	RII/ DeM/ 022. 084. 132, RII/ KeG/ 003, RII/ The/ 002
	Qdš	RII/ DeM/ 140
	T3-wr.t	SI/ DeM/ 041
ḥnw.t nṯr.w nb.w	*3s.t*	RII/ DeM/ 091

Epitheton	Gottheit	Beleg
	M3ʿ.t	RII/ The/ 010
	Mw.t	SI/ DeB/ 001, RII/ DeM/ 087. 120
	Mr(j).t-sgr	RII/ DeM/ 067, Sip/ DeM/ 008
	Nfr.t-jy(j).tj	RII/ DeM/ 075
	Ḥw.t-Ḥr(.w)	SI/ DeM/ 025, SI/ ???/ 005. 034, RII/ DeM/ 096. 099. 131. 137. 157. 182. 184
	Qdš	RII/ DeM/ 029. 140
	T3-wr.t	RII/ DeM/ 095. 168
ḥnw.t sp3.t jmnt.t	*Ḥw.t-Ḥr(.w)*	RII/ DeM/ 141
ḥnw.t t3 nb	*ʿnq.t*	SI/ DeM/ 038
ḥnw.t t3.w	*ʿwn.t*	RII/ The/ 013
ḥnw.t t3.wj	*3s.t*	SI/ Aby/ 004, SI/ DeM/ 025, RII/ DeM/ 040. 121, RII/ Saq/ 008
	Jr.t-nfr	RII/ DeM/ 075
	ʿwn.t	RII/ The/ 013
	M3ʿ.t	Mer/ DeB/ 001
	Mw.t	SI/ DeB/ 001, SI/ DeM/ 017
	Mr(j).t-sgr	RII/ DeM/ 176
	Mḥy.t	RII/ Sed/ 001
	Ḥw.t-Ḥr(.w)	SI/ DeM/ 025, RII/ DeM/ 008, RII/ DeM/ 159. 182. 184, RII/ DRi/ 002, RII/ Hel/ 002, RII/ SeK/ 004
	Qdš	RII/ DeM/ 140
	T3nn.t	RII/ DeM/ 123
	T3-dhn.t-jmnt.t	RII/ DeM/ 128
ḥnw.t t3.wj nb.w	*Nḫb.t*	SI/ DeM/ 041
	Ḥw.t-Ḥr(.w)	RII/ DeM/ 146
ḥnw.t ḏf3.w	*Mr(j).t-sgr-Rnnw.t*	RII/ DeM/ 058
ḥr m 3ḫ.t	*Ḥwrw*	SI/ Giz/ 001
ḥr=f r-gs mn-nfr	*Ptḥ*	RII/ Saq/ 011
ḥrj p3 wḫ3	*Ptḥ*	RII/ Qan/ 018
ḥrj mʿm3y.t	*Ḥr(.w)*	SI/ DeM/ 010
ḥrj s.t=f wr.t	*Mnw-Jmn(.w)-Rʿ(.w)*	RII/ DeM/ 140
	Ptḥ	SI/ DeM/ 002. 028, RII/ DeM/ 012. 032. 097. 111. 112. 145. 146. 152, RII/ M-S/ 004, RII/ The/ 010, SII/ Gur/ 002, Sip/ DeM/ 018
ḥr(j)-jb 3bḏw	*Wp(j)-w3j.wt nj šmʿw*	RII/ Qan/ 074
	Wsjr	RII/ Saq/ 013, RII/ The/ 005
	Ḥr(.w)	SI/ Aby/ 003
	Ḥr.j-š=f	Mer/ Aby/ 002

Epitheton	Gottheit	Beleg
	Ḥk.t?	RII/ The/ 005
ḥr(j)-jb jgr.t	*Wsjr*	RII/ DeM/ 065
ḥr(j)-jb wjꜣ=f	*Ḥr(.w)-ꜣḫ.tj-Ḫprj*	RII/ DeM/ 100
ḥr(j)-jb wnnw	*Jmn(.w)-Rꜥ(.w)*	SI/ ???/ 004
ḥr(j)-jb bhn	*Ḥr(.w)*	RII/ Buh/ 005
ḥr(j)-jb pr nzw	*Jtm(.w)*	Mer/ Saq/ 002
ḥr(j)-jb psḏ.t	*Wsjr*	SI/ Aby/ 005
ḥr(j)-jb mꜣnw	*Rꜥ(.w)-Ḥr(.w)-ꜣḫ.tj*	RII/ DeM/ 065
ḥr(j)-jb Ḥw.t-jbṯ.t	*Ḏḥwtj*	SI/ ???/ 004
ḥr(j)-jb ḥsr.t	*Ḥr(.w)*	SI/ ???/ 004
ḥr(j)-jb štꜣy.t	*Ptḥ-Skr-Wsjr*	SI/ DeM/ 025, RII/ KeG/ 001
	Ptḥ-Skr	SI/ The/ 001, RII/ Saq/ 018
	Skr-Wsjr	RII/ KeG/ 002
ḥr(j)-jb ḏr.tj	*Mnṯw*	SI/ ???/ 004
ḥr(j)-jb ḏḏw	*Wsjr*	RII/ Mem/ 001
ḥrj.t-jb nnj-nzw	*Ḥw.t-Ḥr(.w)*	RII/ Sed/ 001
ḥrj.t-jb Tꜣ-ḏsr.t jmnt.t	*Ḥw.t-Ḥr(.w)*	SI/ DeB/ 001
ḥrj-tp	*Rꜥ(.w)*	SI/ DeM/ 014
ḥrj-tp jgr.t	*Jtm(.w)*	RII/ DeM/ 122
ḥrj-tp psḏ.t ꜥꜣ.t	*Wsjr*	SI/ Aby/ 003
ḥrj-tp nṯr.w nb.w	*Jmn(.w)-Rꜥ(.w)*	RII/ DeM/ 027
ḥrj.t-tp Wꜣs.t	*Ḥw.t-Ḥr(.w)*	SI/ DeM/ 018. 041, RII/ DeM/ 015. 021. 022. 069. 070. 084. 096. 103. 131. 137. 141. 162. 165. 182
ḥrj.t-tp spꜣ.t	*Ḥw.t-Ḥr(.w)*	SI/ DeM/ 002. 039, RII/ DeM/ 142
ḥrj.t-tp spꜣ.t jmnt.t	*Ḥw.t-Ḥr(.w)*	SI/ The/ 001
ḥrj.t-tp spꜣ.t jmnt.t Wꜣs.t	*Ḥw.t-Ḥr(.w)*	RII/ DeM/ 065
ḥrj.t-tp spꜣ.t nḥḥ	*Ḥw.t-Ḥr(.w)*	RII/ DeM/ 151
Ḥr.j-š=f	*Wsjr*	RII/ Aby/ 003
ḥrp nfr nj psḏ.t	*Wsjr*	RII/ Mem/ 001
ḥqꜣ Jwnw	*Rꜥ(.w)-Ḥr(.w)-ꜣḫ.tj*	SII/ Gur/ 002
ḥqꜣ jmnt.t	*Wsjr*	RII/ Saq/ 008, RII/ The/ 024
ḥqꜣ jgr.t	*Wsjr*	RII/ Aby/ 012
ḥqꜣ ꜥꜣ	*Ršf*	RII/ DeM/ 020
ḥqꜣ ꜥnḫ.w	*Wsjr*	SI/ The/ 001, RII/ KeG/ 002, Mer/ The/ 003, SII/ Ani/ 001
ḥqꜣ Wꜣs.t	*Jmn(.w)-Rꜥ(.w)*	RII/ DeM/ 083. 107. 120, Sip/ Aby/ 001
	Rꜥ(.w)	SI/ DeM/ 014
ḥqꜣ Pwn.t	*Jmn(.w)-Rꜥ(.w)*	RII/ DeM/ 027
ḥqꜣ psḏ.t	*Wp(j)-wꜣj.wt nj šmꜥw*	RII/ DeM/ 159

Epitheton	Gottheit	Beleg
	Ršf	RII/ DeM/ 020. 029
	Ḥr(.w)-3ḫ.tj-Jtm(.w)	RII/ DeM/ 050
	Ḥr(.w)-wr	SI/ DeM/ 037, RII/ DeM/ 054
	Šd	RII/ DeM/ 039
ḥq3 M3ᶜ.t	[///]	RII/ The/ 011
ḥq3 mr.wj	*Wsjr*	RII/ Aby/ 003, Mer/ ???/ 007
ḥq3 ḏ.t	*Jmn(.w)-Rᶜ(.w)*	RII/ DeM/ 120
	Jnpw	SI/ DeM/ 027
	Wsjr	SI/ Aby/ 002. 003. 008. 009, SI/ DeM/ 026, SI/ Saq/ 007, RII/ Aby/ 005. 020, RII/ DeM/ 103, RII/ DRi/ 002, RII/ Nub/ 002, RII/ Qan/ 045. 074, RII/ Saq/ 008. 015. 018. RII/ Sed/ 004, RII/ The/ 005. 023
	Mnṯw	RII/ DeM/ 123
	Ḥwrw	SI/ Giz/ 001
	Ḥr(.w)-wr	SI/ DeM/ 037
	Ršf	RII/ DeM/ 140
ḥtpy	*Jᶜḥ-Ḏḥwtj*	RII/ DeM/ 143
	Rᶜ(.w)	SI/ DeM/ 011
	Ḥr(.w)-wr	SI/ DeM/ 037
	Šw (Die Sonne)	SI/ DeM/ 032
ḥtpy.t	*Mr(j).t-sgr*	RII/ DeM/ 166
	Rnnw.t	RII/ DeM/ 166
	T3-mj.t	RII/ DeM/ 144
ḥtp ᶜn sw r ḥtp(w)	*Ptḥ*	Sip/ DeM/ 018
ḥtp m3nw	*Rᶜ(.w)-Ḥr(.w)-3ḫ.tj-Jtm(.w)*	RII/ DeM/ 128
ḥtp m m3nw	*Jtm(.w)*	RII/ DeM/ 122
ḥtp ḥr ḫt	*Mnw*	RII/ DeM/ 020
ḥtpy ḥr M3ᶜ.t	*Jmn(.w)-Rᶜ(.w)*	RII/ DeM/ 050
	Ḏḥwtj	RII/ Nub/ 001
ḫᶜ(j) ḥᶜw m mᶜnḏ.t	*Ḏḥwtj*	SI/ ???/ 004
ḫpr m-ḥ3.t sr	*Ḫnsw*	SI/ DeB/ 001
Ḫprj pw ḫpr ḏs=f	*Rᶜ(.w)-Ḥr(.w)-3ḫ.tj*	RII/ Saq/ 007
ḫnt.j Jwnw	*Jtm(.w)*	SI/ DeB/ 001
ḫnt.j jp3.t=f	*Jmn(.w)-Rᶜ(.w)*	SI/ DeB/ 001, RII/ Sed/ 003
ḫnt.j m Jp3.t-s.wt	*Jmn(.w)-Rᶜ(.w)*	RII/ DeM/ 027
ḫnt.j Jp3.t-s.wt	*Jmn(.w)-Rᶜ(.w)*	RII/ DeM/ 053. 120. 170, Mer/ DeB/ 001, SII/ Kar/ 001
ḫnt.j jmnt.t	*Jmn(.w)-Rᶜ(.w)*	SI/ DeM/ 017

Epitheton	Gottheit	Beleg
	Wsjr	SI/ DeM/ 018. 021. 026. 039, SI/ Saq/ 007, SI/ The/ 001, SI/ ???/ 004. 005, RII/ Aby/ 005. 007. 010. 021, RII/ Buh/ 005, RII/ DeM/ 061. 065. 069. 094. 121. 141. 142. 151. 171, RII/ DRi/ 002, RII/ KeG/ 003, RII/ Mem/ 001, RII/ M-S/ 005. 007. 008, RII/ Qan/ 045, RII/ Saq/ 008. 013. 015. 017. 018, RII/ Sed/ 004, Mer/ Aby/ 005, Mer/ Saq/ 001, Mer/ The/ 003, Mer/ ???/ 004. 009, SII/ Aby/ 003, SII/ Ani/ 001
ḫnt.j Jmn.tjw	*Wsjr*	SI/ Aby/ 004 - 007, SI/ DeB/ 001, SI/ DeM/ 013. 022, SI/ ???/ 003, RII/ Aby/ 001. 004. 008. 012, RII/ Buh/ 005, RII/ DeM/ 019, RII/ Qan/ 074, RII/ The/ 005
ḫnt.j jtr.tj	*Rʿ(.w)*	SI/ DeM/ 014
ḫnt.j w3w3.t nṯr.w nb.w t3-stj	*Ḥr(.w)*	RII/ Nub/ 001
ḫnt.j psḏ.t	*Rʿ(.w)*	SI/ DeM/ 014
ḫnt.j nb.w T3-ḏsr.t	*Wsjr*	SI/ ???/ 004
ḫnt.j R'-sṯ3.w	*Wsjr*	RII/ M-S/ 008
ḫnt.j ḥw.t bnw	*Ḫnsw*	SI/ DeB/ 001
ḫnt.j ḥbnw	*Ḥr(.w)*	SI/ ???/ 004
ḫnt.j ḥsr.t	*Ḏḥwtj*	SI/ ???/ 004
ḫnt.j zḥ-nṯr	*Jnpw*	SI/ DeB/ 001, SI/ DeM/ 018. 026, SI/ ???/ 003, RII/ Buh/ 005, RII/ DeM/ 069. 094. 098. 103. 151. 171. 178, RII/ The/ 003
	Ḥpj	SI/ The/ 001
ḫnt.j zḥ-nṯr nṯr.w	*Jnpw*	RII/ The/ 005
ḫnt.j sḫtj=f	*Jmn(.w)-Rʿ(.w)*	RII/ DeM/ 027
ḫnt.j t3.wj	*Jnpw*	SI/ DeM/ 018
ḫnt.j t3 šmʿy	*Jmn(.w)-Rʿ(.w)*	RII/ DeM/ 027
ḫnt.j T3-ḏsr.t	*Jnpw*	SI/ Aby/ 009, RII/ DeM/ 121
ḫrp t3.wj	*Wp(j)-w3j.wt nj šmʿw*	SI/ ???/ 001. 005, RII/ Qan/ 074
z3 3s.t	*Ḥr(.w)*	SI/ The/ 001, RII/ Aby/ 008. 019, RII/ DeM/ 041. 080. 141. 151, RII/ Gad/ 001, RII/ Qan/ 043, RII/ Sed/ 001, RII/ The/ 005, RII/ WeS/ 010, Mer/ The/ 003, SII/ Aby/ 002
z3 ʿnḫ	*Ḥpj*	RII/ M-S/ 005. 006. 008. 009. 011, RII/ Saq/ 011
z3 Wsjr	*Ḥr(.w)*	SI/ Aby/ 008. 009, RII/ Aby/ 010. 021, RII/ Qan/ 043, RII/ The/ 005, Mer/ ???/ 009
prj-m-ḥʿw=f	*Jmn(.w)*	RII/ DeM/ 141
z3 nj Gb	*Wsjr*	SI/ DeM/ 013
z3 Nw.t	*Wsjr*	SI/ Aby/ 005
	Swtḫ	RII/ DeM/ 110, RII/ Sed/ 002, SII/ Kar/ 001

Epitheton	Gottheit	Beleg
z3.t Rᶜ(.w)	*M3ᶜ.t*	SI/ DeB/ 001, RII/ Mem/ 001, RII/ Qan/ 036, RII/ Sed/ 001, RII/ The/ 010, RII/ WeS/ 007, Mer/ DeB/ 001, Mer/ The/ 003, SII/ Ani/ 001
	Nmt-w3y	SI/ ???/ 004
z3.t Rᶜ(.w) ḫwj=f jqr	*Ḥw.t-Ḥr(.w)*	SI/ ???/ 004
zḫ3w m3ᶜ psḏ.t	*Ḏḥwtj*	SI/ DeM/ 015
z3.t [///]	*Nb.t-ḥw.t*	RII/ Saq/ 013
s3b Šw.t	*Bḥdtj*	RII/ Aby/ 007
s:ᶜnḫ p3.wt rḫy.t ḥnmm.t nb	*Ḥr(.w)-3ḫ.tj-Jtm(.w)*	RII/ DeM/ 050
s:ᶜnḫ t3.wj m jmnt.t	*Ptḥ*	RII/ The/ 010
sᶜr M3ᶜ.t nj Jtm(.w)	*Wsjr*	SI/ Aby/ 005
sᶜr M3ᶜ.t nj Jtm(.w)	*Mr-wr*	RII/ Hel/ 001
s:mn nfr	*Jmn(.w)*	SI/ The/ 002
s:mn t3.wj	*Ntj*	RII/ DeM/ 101
smsw	*Jtm(.w)*	SI/ DeB/ 001
smsw nj t3 nb(.w) r ḏr	*Rᶜ(.w)*	SI/ DeM/ 014
sn.t Wsjr	*3s.t*	RII/ Saq/ 017
	Nb.t-ḥw.t	RII/ Saq/ 017
sn.t nṯr	*3s.t*	RII/ Aby/ 012
sr nj p.t	*Rᶜ(.w)*	SI/ DeM/ 014
sr nj p.t, smsw nj t3	*Jmn(.w)-Rᶜ(.w)*	RII/ DeM/ 027
s:ḥrj.t [///]	*3s.t*	RII/ Kop/ 002
s:ḥtp nb.wj sn.wj	*Ḏḥwtj*	SI/ ???/ 004
s:ḥtp nṯr.w	*Ptḥ*	Sip/ DeM/ 018
s:ḥḏ t3.wj m st.wt=f	*Rᶜ(.w)*	SI/ DeM/ 031
s:ḫpr Rnnw.t	*Ptḥ*	RII/ The/ 010
sḫm (m) t3.wj	*Wp(j)-w3j.wt nj Šm3w*	RII/ DeM/ 159, RII/ The/ 005
sḫm nṯrj	*Ḏḥwtj*	SI/ ???/ 004
sq3	*Jtm(.w)*	RII/ DeM/ 032
sq3y	*3s.t*	RII/ DeM/ 040
stj Rᶜ(.w)	*Ptḥ*	Mer/ Saq/ 001
sḏm nmḥ.w njs n=f	*Ḥr(.w)-3ḫ.tj-Jtm(.w)*	RII/ DeM/ 050
sḏm nḥ.t	*Jmn(.w)-Rᶜ(.w)*	RII/ DeM/ 053
	Nb.t-ḥtp(w)	SI/ DeM/ 029
sḏm nḥ.wt nj ḏd sw m jb=f	*Jᶜḥ-Ḏḥwtj*	RII/ DeM/ 108
sḏm nḥj.w	*Jᶜḥ-Ḏḥwtj*	SI/ DeM/ 032
	Ptḥ	RII/ Qan/ 037, Mer/ Saq/ 001
	Rᶜ(.w)	SI/ DeM /011
	Ršf	RII/ Qan/ 054

Epitheton	Gottheit	Beleg
sḏm nḥj.w nj bw-nb	*Tꜣnn.t*	RII/ DeM/ 123
sḏm nḥj.w	*Ḥr(.w)-wr*	SI/ DeM/ 009
sḏm s:nmḥ.w njw ꜥš n=f	*Rꜥ(.w)*	SI/ DeM/ 011
šꜣy rnn.t ḫr=f	*Ḏḥwtj*	SI/ DeM/ 015
šps	*Ptḥ*	Mer/ Saq/ 001
špsj	*Rꜥ(.w)-Ḥr(.w)-ꜣḫ.tj*	SII/ Ani/ 001
šps.t	*Tꜣ-wr.t*	RII/ DeM/ 161. 168
šrj.t Rꜥ(.w)	*Qdš*	RII/ DeM/ 140
Šd wnn m dꜣ.t		RII/ DeM/ 053
qꜣj ḥr tꜣjꜣ=f	*Ḫnsw*	SI/ DeB/ 001
qꜣj Šw.tj=f	*Mnw*	RII/ DeM/ 020
kꜣ m r'-jn.t	*Ḏḥwtj*	SI/ ???/ 004
kꜣ Mw.t=f	*Jmn(.w)-Rꜥ(.w)*	RII/ DeM/ 027
	Mnw-Jmn(.w)-Rꜥ(.w)	RII/ DeM/ 029
kꜣ nb(.w) Wꜣs.t	*Rꜥ(.w)*	SI/ DeM/ 014
kꜣ ḥr(j)-jb Jwnw	*Jmn(.w)-Rꜥ(.w)*	RII/ DeM/ 027
kꜣ ḥr(j)-jb Wꜣs.t	*Jmn(.w)-Rꜥ(.w)*	RII/ DeM/ 050
kꜣ štꜣ	*Wsjr*	RII/ Mem/ 001
gbtjwj	*Mnw*	SI/ DeB/ 001, RII/ DeM/ 173
{pꜣ}⟨tꜣ⟩ jꜥr.t	*Zꜣ.t-Rꜥ(.w)*	SI/ DeM/ 017
tꜣ ꜥn ꜥ.wj ḫr sḫm	*Mw.t*	RII/ DeM/ 026
tꜣ nb.t tꜣ.wj	*Qdš*	RII/ DeM/ 140
tꜣ nj sḏm nḥ.t	*Ḥr(.w)-wr*	RII/ DeM/ 054
tꜣ ḥꜣ.t nṯr.w	*Ḥw.t-Ḥr(.w)*	RII/ DeM/ 096
tpj nj wnn-nfr	*Ḥpj*	RII/ M-S/ 003
tpj ḏw=f	*Jnpw*	SI/ DeM/ 026, SI/ Saq/ 001. 006. 011, RII/ Aby/ 005, RII/ DeM/ 019, RII/ Saq/ 017. 018
tm ḫpr.w	*Ḥpj*	RII/ M-S/ 003
ṯꜣw m ḫfꜥ=f	*Ḏḥwtj*	SI/ DeM/ 015
dr.t nšnj	*ꜣs.t*	RII/ Kop/ 002
ḏꜣj p.t m rn=f pw nj nb(.w) nṯr.w	*Ḥr(.w)*	RII/ DeM/ 085
ḏj jꜣw nj mr(j).w.n=f	*Ḏḥwtj*	SI/ DeM/ 015
ḏj msw=f ḥr-tp jr(j).t.n=f	*Gb*	SI/ DeB/ 001
ḏj[///] ḥḏ.t	*Nḫb.t*	SI/ DeM/ 041
ḏsr jm.j ḥw.t-bnbn	*Rꜥ(.w)*	SI/ DeM/ 014
ḏḏ mkwt nj ḏḏ sw m jb=f	*Tꜣ-dhn.t*	RII/ DeM/ 091

Epitheton	Gottheit	Beleg
ḏd šps ḫnt.j pr-Ptḥ-ḥnw	*Wsjr*	SI/ Aby/ 005
ḏd qrs.t nj jr(j) ḥr-mw=f	*Ḥr(.w)-3ḫ.tj-Jtm(.w)*	RII/ DeM/ 050
ḏḏ ṯ3w nj ntj Gbj	*Jmn(.w)-Rˁ(.w)*	RII/ DeM/ 053
ḏḏ ṯ3w qbḥ snṯr	*Wsjr*	SII/ Aby/ 003
ḏḏ ḏr.t=s nj mrr=s	*T3-dhn.t*	RII/ DeM/ 091

11.3. Index Könige - Namen

Königsname dt./ äg.	**Beleg**

4. Dynastie

Snofru	*S:nfr-wj*	SI/ ???/ 004

18. Dynastie

Ahmose	*Nb(.w)-pḥ.tj-Rꜥ(.w)*	SI/ The/ 001, RII/ Aby/ 015
	Jꜥḥ-ms(w)	RII/ Aby/ 015
Amenhotep I	*Ḏsr-kꜣ-Rꜥ(.w)*	SI/ DeM/ 005. 043, SI/ The/ 001, RII/ DeM/ 011. 013. 065. 068. 071. 088. 094. 135. 142. 164. 173. 180, RII/ Lux/ 001, RII/ The/ 004. 022, Mer/ DeM/ 002, Sip/ DeM/ 001. 011. 012
	Ḏsr-kꜣ-Rꜥ(.w) *tj.t-Rꜥ(.w)*	Mer/ The/ 003
	Jmn(.w)-ḥtp(w)	SI/ DeM/ 005. 043, RII/ DeM/ 013. 021. 045. 071. 074. 135. 141. 164. 173, RII/ Lux/ 001, RII/ The/ 004. 022, Mer/ The/ 003
	Jmn(.w)-ḥtp(w) *tj.t Rꜥ(.w)*	Sip/ DeM/ 001
	ohne Namen	Sip/ Aby/ 001
Thutmosis III	*Mn-ḫpr-Rꜥ(.w)*	SI/ The/ 001, Mer/ Gur/ 001, SII/ Gur/ 001
	Ḏḥwtj-ms(w)	Mer/ Gur/ 001
Thutmosis IV	*Mn-ḫpr(w)-Rꜥ(.w)*	SI/ DeM/ 043, RII/ DeM/ 027
Haremhab	*Ḏsr-ḫpr(w)-Rꜥ(.w)* *stp-n-Rꜥ(.w)*	RII/ DeM/ 036

19. Dynastie

Ramses I	*Mn-pḥ.tj-Rꜥ(.w)*	RI/ Amd/ 001, RI/ ???/ 001, RII/ DeM/ 036
	Rꜥ(.w)-ms(j)-sw	RI/ Amd/ 001, RI/ ???/ 001, SI/ Aby/ 005, SI/ ???/ 002
Sethos I	*Mn-mꜣꜥ.t-Rꜥ(.w)*	SI/ Aby/ 001 - 005, SI/ DeM/ 001. 013, SI/ Giz/ 001, SI/ SeK/ 001, SI/ ???/ 001. 003, RII/ DeM/ 036
	Stḫy-mr(j)-n-Ptḥ	SI/ Aby/ 002, SI/ DeM/ 013, SI/ Giz/ 001, SI/ SeK/ 001, RII/ SeK/ 001

Ramses II	*Wsr-mꜣꜥ.t-Rꜥ(.w) stp-n-Rꜥ(.w)*	RII/ Aby/ 006. 008 - 012. 014 - 016, RII/ Aks/ 001. 002, RII/ Ama/ 002, RII/ ASi/ 001, RII/ Buh/ 003, RII/ DeM/ 001. 002. 004 - 006. 008. 009. 036. 037. 046. 048. 084. 133. 137. 152. 181, RII/ Ele/ 001, RII/ Hel/ 001 - 003, RII/ Kop / 001. 002, RII/ Lux/ 001, RII/ Mem/ 001, RII/ M-S/ 001 - 003, RII/ Qan/ 002. 029. 031. 037, RII/ Saq/ 001, RII/ Sed/ 003, [RII/ SeK/ 001]. 002. 004, RII/ The/ 022, RII/ WeS/ 001. 003 - 005. 007. 008. 010. 012, RII/ ZUR/ 001. 002, Mer/ ???/ 009
	Rꜥ(.w)-ms(j)-sw mr(j)-Jmn(.w)	RII/ Aby/ 003. 006. 010. 011. 015, RII/ Aks/ 001, RII/ Ama/ 002, RII/ ASi/ 001, RII/ Buh/ 003, RII/ DeM/ 002. 004. 008. 009. 017. 036. 037. 046. 084. 133. 137. 152. 181, RII/ DRi/ 002, RII/ Hel/ 001 - 003, RII/ KeG/ 002. 004, RII/ Kop/ 001. 002, RII/ Lux/ 001, RII/ Mem/ 001, RII/ M-S/ 001 - 003, RII/ Qan/ 002. 029. 031. 037. 039. 045, RII/ Saq/ 002, RII/ Sed/ 001, RII/ SeK/ 001 - 004, RII/ Sin/ 001, RII/ The/ 008. 019. 022, RII/ WeS/ 001. 005. 007. 009. 010. 012, RII/ ZUR/ 001. 002, Mer/ Aby/ 005, Mer/ ???/ 006. 009
	Kꜣ-nḫt: Mr(j)-Mꜣꜥ.t	RII/ Qan/ 031
Merenptah	*Bꜣ-nj-Rꜥ(.w) mr(j)-Jmn(.w)*	Mer/ Saq/ 001, Mer/ The/ 002, Mer/ ???/ 006. 009
	Bꜣ-nj-Rꜥ(.w) mr(j)-nṯr.w	Mer/ Aby/ 003 - 005
	Mr(j)-n-Ptḥ ḥtp-ḥr-mꜣꜥ.t	Mer/ Aby/ 003. 005, Mer/ ???/ 006. 009
Sethos II	*Wsr-ḫpr.w-Rꜥ(.w) mr(j)-Jmn(.w)*	SII/ Kar/ 001
	Stḫy-mr(j)-n-Ptḥ	SII/ Kar/ 001

11.4. Index Statuen des vergöttlichten Ramses II

Statuenname	**Beleg**

stehende Statuen

Wsr-mꜣꜥ.t-Rꜥ(.w) stp-n-Rꜥ(.w) ***Mnṯw-m-tꜣ.wj***	RII/ Qan/ 001. 004 - 009. 023. 014. 015. 017. 019 - 021. 023 - 033. 035. 036. 038. 046. 047. 051. 055. 056. 058 - 072. 078. 079, RII/ WeS/ 003
Rꜥ(.w)-ms(j)-sw mr(j)-Jmn(.w) ***Mnṯw-m-tꜣ.wj***	RII/ Qan/ 004

Rꜥ(.w)-ms(j)-sw mr(j)-Jmn(.w) ***pꜣ-nṯr***	RII/ Qan/ 006. 007. 057
Wsr-mꜣꜥ.t-Rꜥ(.w) stp-n-Rꜥ(.w) ***pꜣ-nṯr-nfr***	RII/ Qan/ 042

Rꜥ(.w)-ms(j)-sw mr(j)-Jmn(.w) ***ḥqꜣ-ḥqꜣ.w***	RII/ Qan/ 002

Rꜥ(.w)-ms(j)-sw mr(j)-Jmn(.w) ⟨ ⟩	RII/ Qan/ 073

sitzende Statuen

Wsr-mꜣꜥ.t-Rꜥ(.w) stp-n-Rꜥ(.w) ***mr(j)-Jtm(.w)***	RII/ Qan/ 057

Rꜥ(.w)-ms(j)-sw-mr(j)-Jmn(.w) ***Rꜥ(.w)-ḥqꜣ.w***	RII/ Qan/ 010. 037, RII/ ???/ 035

11.5. Index Direkte Angehörige des Königshauses

Königinnen

Name		Beleg

17. Dynastie

Ahhotep	*Jꜥḥ-ḥtp(w)*	Mer/ The/ 003

18. Dynastie

Ahmose-Nofretari	*Nfr.t-jr(j).t*	RII/ Aby/ 005
	Jꜥḥ-ms(w)-Nfr.t-jr(j).t	SI/ The/ 001, RII/ Aby/ 015, RII/ DeM/ 013. 021. 059. 071. 088. 094. 113. 135. 141. 142. 164, Mer/ DeM/ 002, Mer/ The/ 003, SII/ DeM/ 002, Sip/ DeM/ 001. 009. 012
	ohne Namen	Sip/ Aby/ 001

Prinzen

Name	Titel	Beleg

19. Dynastie

Wꜣḏ-ms(w)	*zꜣ nzw*	SI/ The/ 002
Pꜣ-rḫ-nw	(---)	RII/ DeM/ 146
Mr(j)-Jtm(.w)	*zꜣ nzw*	RII/ Qan/ 001
	wr-mꜣw	RII/ Qan/ 001
	wꜥb ꜥ.wj m pr(.w) Rꜥ(.w)	RII/ Qan/ 001
Mr(j)-n-Ptḥ	*zẖꜣw nzw*	RII/ M-S/ 011
	jr.j-pꜥ.t	RII/ M-S/ 011
	jm.j-rꜣ mšꜥ wr	RII/ M-S/ 011
	zꜣ nzw	RII/ M-S/ 011
	smsw nj ẖ.t=f	RII/ M-S/ 011
Rꜥ(.w)-ms(w)	*zꜣ nzw tpj nj ẖ.t=f*	SI/ Aby/ 002

11.6. Index Privatpersonen - Namen

Name	m/f	Titel	Beleg
ꜣ///j	f	*nb.t pr(.w)*	RII/ DeM/ 019
ꜣn[///]	m	*sḏm-ꜥš m S.t-mꜣꜥ.t*	RII/ DeM/ 012
ꜣny	m	(---)	RII/ DeM/ 019
ꜣny	m	(---)	RII/ DeM/ 157
ꜣny	m	(---)	RII/ DeM/ 187
ꜣnyꜣ	m	*ṯꜣy-sry.t nj nb(.w) tꜣ.wj*	RII/ Qan/ 029
ꜣḫ-sw	f	*nb.t pr(.w)*	RII/ KeG/ 001. 002
		šmꜥy.t	RII/ KeG/ 002
ꜣs.t	f	(---)	SI/ Aby/ 007
ꜣs.t	f	(---)	SI/ DeM/ 027
ꜣs.t	f	(---)	SI/ DeM/ 041
ꜣs.t	f	*nb.t pr(.w)*	SI/ Saq/ 003 - 006
ꜣs.t	f	(---)	RII/ Aby/ 005
ꜣs.t	f	*šmꜥy.t nj.t Jmn(.w)*	RII/ Aby/ 019
ꜣs.t	f	(---)	RII/ DeM/ 156
ꜣs.t	f	*šmꜥy.t nj.t Mnṯw-m-tꜣ.wj*	RII/ Qan/ 078
ꜣs.t	f	*šmꜥy.t nj.t ꜣs.t*	RII/ The/ 012
ꜣs.t	f	*nb.t pr(.w)*	Am/ The/ 001
ꜣs.t-m-ḥꜣb	f	*nb.t pr(.w)*	RII/ Qan/ 034
		šmꜥy.t nj.t Jmn(.w)	RII/ Qan/ 034
ꜣs.t-nfr.t	f	(---)	SI/ ???/ 004
ꜣs.t-nfr.t	f	(---)	RII/ DRi/ 002
ꜣs.t-nfr.t	f	*šmꜥy.t nj.t Jmn(.w)*	Mer/ Aby/ 004
ꜣs.t-nfr.t	f	*šmꜥy.t nj.t Jmn(.w)*	Mer/ ???/ 001
ꜣs.t-nfr.t	f	*nb.t pr(.w)=f*	Mer/ ???/ 004
ꜣs.t-nfr.t	f	(---)	Sip/ Aby/ 003
ꜣs.t-ḫꜥ(j).y	f	(---)	Mer/ ???/ 004
J	m	(---)	RII/ DeM/ 126
J-rꜥ-ḥr	f	(---)	RII/ M-S/ 004
Jꜣ	m	?	RII/ Aby/ 006
Jꜣjꜣ	m	(---)	SI/ ???/ 005
Jꜣy	f	*nb.t pr(.w)*	SI/ The/ 001
		šmꜥy.t nj.t Jmn(.w)	SI/ The/ 001
Jꜣy	m	[///]	RII/ DeM/ 169
Jꜣw-nj-Jmn(.w)	m	*zḫꜣw-ḫꜣw.t nj n tꜣ.wj*	Mer/ ???/ 001
Jꜣw-nj-Jmn(.w)	m	*zḫꜣw*	Mer/ ???/ 001
Jjꜣ	m	*ḥr.j pḏ.t*	RI/ ???/ 001
		jm.j-rꜥ ḫtm	RI/ ???/ 001
Jjꜣ	m	(---)	SI/ DeM/ 018

Name	m/f	Titel	Beleg
Jy	f	*nb.t pr(.w)*	SI/ DeM/ 038
Jy	f	*šmʿy.t nj.t Jmn(.w)*	RII/ Aby/ 006
Jy(j)	f	*nb.t pr(.w)*	RII/ DeM/ 113
Jy(j)	f	(---)	RII/ DeM/ 129
Jy(j)	f	*wšb.t*	RII/ DeM/ 144
Jy(j)	f	*nb.t pr(.w)*	SII/ DeM/ 002
Jy(j)-nfr.tj	f	*nb.t pr(.w)*	SI/ Aby/ 008
Jy(j)-nfr.tj	f	*nb.t pr(.w)*	SI/ DeM/ 032
Jy(j)-nfr.tj	f	*nb.t pr(.w)*	SI/ DeM/ 033. 034. 036
Jy(j)-nfr.tj	f	*šmʿy.t nj.t Jmn(.w)*	RII/ Aby/ 019
Jy(j)-nfr.tj	f	(---)	RII/ DeM/ 169
Jy(j)-nfr.tj	f	(---)	RII/ Saq/ 018
Jy(j)-nfr.tj	f	(---)	RII/ DeM/ 142
Jy(j)-r-n'.t=f	m	*wʿb*	RII/ DeM/ 059
		ṯꜣy-mḏꜣ.t m S.t-mꜣʿ.t	RII/ DeM/ 059
		(---)	RII/ DeM/ 060
Jʿ(j)-ḥꜣtj.t	f	*nb.t pr(.w)*	SI/ DeM/ 036
Jʿ(j)-ḥꜣtj.t	f	*nb.t pr(.w)*	RII/ DeM/ 114
Jʿ(j)-ḥꜣtj.t	f	*nb.t pr(.w)*	RII/ DeM/ 159
Jʿ(j)-ḥꜣtj.t	f	*nb.t pr(.w)*	RII/ DeM/ 168
Jʿḥ(?)-mʿy	m	*ꜣḫ-jqr*	SI/ The/ 001
Jw=f-n-Jmn(.w)	m	*ẖrtj-nṯr nj pr(.w) Jmn(.w)*	RII/ DeM/ 173
Jwy	m	*pꜣ wr nj ṯḥ-ḫ.t*	RII/ Aks/ 003
Jwy	m	*wʿb nj* [///]	RII/ WeS/ 005
Jwy	m	(---)	Sip/ DeM/ 008
Jwy	f	(---)	SI/ ???/ 004
Jwy	f	*šmʿy.t nj.t Jmn(.w)*	Mer/ ???/ 005
Jwyꜣ	f	*šmʿy.t nj.t Jmn(.w)*	Mer/ ???/ 006
Jww-n-Jmn(.w)	m	*zẖꜣw pr(.w)-ḥḏ nj ḥnw.t tꜣ.wj*	RII/ Aby/ 005
Jww-n-Jmn(.w)	m	*jm.j-r' n'.wt nj Kš*	Mer/ Aby/ 001
		zẖꜣw	Mer/ Aby/ 002
		zẖꜣw nzw ḫꜣw.t nj nb(.w) tꜣ.wj	Mer/ Aby/ 001
Jww-rwḏ=f	m	*jm.j-r' kꜣ.wt m rꜣ-sṯꜣw*	RII/ KeG/ 002
		jm.j-r' kꜣ.wt m ḥw.t-nṯr (*Rʿ(.w)-ms(j)-sw mr(j)-Jmn(.w)*)*-m-wjꜣ*	RII/ KeG/ 002
		zẖꜣw	RII/ KeG/ 001. 003
		zẖꜣw pr(.w)-ḥḏ	RII/ KeG/ 001. 002
		zẖꜣw pr(.w)-ḥḏ nj Jmn(.w) nzw nṯr.w	RII/ KeG/ 002
		zẖꜣw pr(.w)-ḥḏ m pr(.w) Jmn(.w)-Rʿ(.w)	RII/ KeG/ 002
		zẖꜣw pr(.w)-ḥḏ nj ḥw.t-nṯr nj Jmn(.w)	RII/ KeG/ 002

Name	m/f	Titel	Beleg
Jw-mn	m	*sḏm-ʿš*	RII/ Qan/ 025
Jwny	m	*jm.j-r' pr(.w)*	SI/ DeM/ 007
		ḥr.j tp	SI/ Aby/ 006
		ḫr.j ḥ3b ḥr.j tp	SI/ DeM/ 007
		zḫ3w nzw	SI/ Aby/ 006. 007
Jwny	m	*jm.j-r' ḫ3s.wt m ḫ3s.t rsj.t*	RII/ Aby/ 004
		jm.j-r' k3.wt m pr(.w) Jmn(.w)	RII/ Aby/ 004
		wr nj mḏ3w	RII/ Aby/ 004
		z3-nzw m t3-stj	RII/ Aby/ 004
Jwnw-nwn3	f	*šmʿy.t nj.t Jmn(.w)*	Mer/ ???/ 001
Jwnw-ly	f	*šmʿy.t nj.t p3-Rʿ(.w)*	Mer/ ???/ 006
Y3	m	*ḥr.j ṯ3y-sry.t*	SI/ ???/ 004
Y3	f	(---)	RII/ DeM/ 156
Y3-wr	m	(---)	SI/ ???/ 004
Y3-wr	m	(---)	SI/ ???/ 004
Yj3	m	(---)	SI/ ???/ 004
Yjy	m	*wt m pr(.w)-nfr*	RII/ M-S/ 003
		ḫr.j ḥ3b	RII/ M-S/ 003
Yy	f	(---)	SI/ ???/ 004
Yy-wr	f	(---)	SI/ ???/ 004
Yw	m	*bjtj nj Jmn(.w)*	RII/ The/ 013
Ywy	m	*jm.j-r' pr(.w) wr nj t3 ḥw.t ḥm.t-nzw wr.t (Nfr-jrj.t mr(j)-Mw.t)*	RII/ Aby/ 005
Ywyw	m	(---)	SI/ Aby/ 003
Ywyw	m	*ḥm-nṯr tp.j nj wsjr*	Mer/ Aby/ 006, SII/ Aby/ 002
Ywp3	m	*[///] nj ḥw.t-Wsr-M3ʿ.t-Rʿ(.w)-stp-n-Rʿ(.w) m pr(.w) Rʿ(.w)*	RII/ Sed/ 003
Ywp3	m	*jm.j-r' pr(.w)*	RII/ Sed/ 003
Ywp3-ʿ3	m	(---)	Mer/ Aby/ 005
Ywhb.t	f	*nb.t pr(.w)*	RII/ M-S/ 004
Ypwy	m	*z3w.tj nj nb(.w) t3.wj m S.t-m3ʿ.t*	Sip/ Aby/ 001. 002
Yf	m	*šms*	RII/ Qan/ 022
Ym(?)	m	*ṯ3y-sry.t*	RII/ WeS/ 002
Ym	f	*nb.t pr(.w)*	RII/ Aby/ 001
Jbr-k3r	f	*nb.t pr(.w)*	SI/ The/ 001
Jpjy	m	*zḫ3w ḥw.t-nṯr nj Ptḥ*	RII/ M-S/ 010
Jpy	m	*sḏm-ʿš m S.t-m3ʿ.t*	RII/ DeM/ 121. 122
Jpy	m	*ḥm-nṯr*	RII/ DeM/ 170
Jpy	m	*sḏm-ʿš m S.t-m3ʿ.t*	RII/ DeM/ 179
Jpyy	m	*sḏm-ʿš m S.t-m3ʿ.t*	RII/ DeM/ 162
Jpy-t3	m	*wʿb ḥw.t Rʿ(.w)-ms(j)-sw-mr(j)-Jmn(.w)*	RII/ Gad/ 001

Name	m/f	Titel	Beleg
Jpw	m	*zẖ3w-qdw.t nj Jmn(.w) m n'.t rsj.t*	SI/ DeM/ 012
Jpw	m	*zẖ3w*	RII/ DeM/ 129
		zẖ3w-qdw.t	RII/ DeM/ 129
Jpw	f	(---)	RII/ DeM/ 156
Jpw	m	*wʿb*	RII/ M-S/ 001
		ẖr.j ḥ3b m pr(.w)-ẖnr nj pr(.w)-nzw	RII/ M-S/ 001
Jpwj3	m	*ḥr.j pḏ.t nj nb(.w) t3.wj*	RII/ Sed/ 001
Jpwy	m	*sḏm-ʿš m S.t-m3ʿ.t*	RII/ DeM/ 061
Jpwy	m	*sḏm-ʿš m S.t-m3ʿ.t ḥr ⟨jmnt.t⟩ W3s.t*	RII/ DeM/ 065
		ṯ3y-mḏ3.t	RII/ DeM/ 062
Jpwy	m	*sḏm-ʿš m S.t-m3ʿ.t*	RII/ DeM/ 165
Jpwy	m	(---)	RII/ Aks/ 003
Jp3.t-nfr.t	f	*šmʿy.t nj.t Jmn(.w)*	RII/ Aby/ 019
Jm.j	f	*nb.t pr(.w)*	SI/ The/ 001
Jm.j-r'-jḥw	m	*šms nj ḥm=f*	RII/ M-S/ 008
Jm.j-r'-šnw.tj	m	(---)	RII/ M-S/ 005
Jmn(.w)-w3ḥ-sw	m	(---)	RII/ DeM/ 121
Jmn(.w)-w3ḥ-sw	m	(---)	RII/ Saq/ 018
Jmn(.w)-m-jp3.t	m	*z3 nzw nj Kš*	SI/ Buh/ 001
Jmn(.w)-m-jp3.t	m	[///]	SI/ DeM/ 008
Jmn(.w)-m-jp3.t	m	*sḏm-ʿš m S.t-m3ʿ.t*	SI/ DeM/ 042
Jmn(.w)-m-jp3.t	m	*mškb*	RII/ DeM/ 010
Jmn(.w)-m-jp3.t	m	(---)	RII/ DeM/ 055
Jmn(.w)-m-jp3.t	m	(---)	RII/ DeM/ 121
Jmn(.w)-m-jp3.t	m	(---)	RII/ DeM/ 159
Jmn(.w)-m-jp3.t	m	(---)	RII/ KeG/ 001
Jmn(.w)-m-jp3.t	m	*jm.j-r' pr(.w)-ḥḏ nj nb(.w) t3.wj*	RII/ KeG/ 002
Jmn(.w)-m-jp3.t	m	*zẖ3w*	RII/ KeG/ 002
Jmn(.w)-m-jp3.t	m	*ẖr.j ḥ3b*	RII/ M-S/ 005
Jmn(.w)-m-jp3.t	m	(---)	RII/ Qan/ 065
Jmn(.w)-m-jp3.t	m	*wpw.tj-nzw*	RII/ SeK/ 003
		ḥr.j pḏ.t nj t3 ẖnm.t nj.t ⸢Rʿ(.w)-ms(j)-sw mr(j)-Jmn(.w)⸣	RII/ SeK/ 003. 004
Jmn(.w)-m-jp3.t	m	*sḏm-ʿš m S.t-m3ʿ.t*	Am/ The/ 001
Jmn(.w)-m-jp3.t	m	*wʿb*	RII/ Aby/ 021
Jmn(.w)-m-jp3.t	m	*wʿw*	RII/ Aby/ 021
Jmn(.w)-m-jp3.t	m	*mnjw ʿ.wt nj wsjr*	RII/ Aby/ 021
Jmn(.w)-m-jp3.t	m	*kṯn tp.j nj ḥm=f*	Mer/ ???/ 005
Jmn(.w)-m-jn.t	m	*sḏm-ʿš m S.t-m3ʿ.t (ḥr jmnt.t W3s.t)*	RII/ DeM/ 082

Name	m/f	Titel	Beleg
Jmn(.w)-m-jn.t	m	(---)	RII/ DeM/ 088
Jmn(.w)-m-jn.t	m	(---)	RII/ DeM/ 137. 142
Jmn(.w)-m-jn.t	m	*wr nj mḏꜣy*	RII/ The/ 009
Jmn(.w)-m-wjꜣ	m	*zẖꜣw ḫꜣw.t nj nb(.w) tꜣ.wj*	RII/ Aby/ 006
Jmn(.w)-m-wjꜣ	m	(---)	RII/ DeM/ 088
Jmn(.w)-m-wjꜣ	m	*sḏm-ʿš m S.t-mꜣʿ.t*	RII/ DeM/ 099
Jmn(.w)-m-wjꜣ	m	*zẖꜣw sḥnw m pꜣ sbtj wr nj pr(.w) Jmn(.w)*	Sip/ Kar/ 001
Jmn(.w)-m-pr(.w)	m	*wʿw*	RII/ Qan/ 038
Jmn(.w)-m-ḥꜣ.t	m	*ꜣḫ-jqr*	SI/ The/ 001
Jmn(.w)-m-ḥꜣb	m	*sḏm-ʿš m S.t-mꜣʿ.t*	RII/ DeM/ 089
Jmn(.w)-m-ḥꜣb	m	(---)	RII/ DeM/ 181
Jmn(.w)-m-ḥꜣb	m	*zẖꜣw nj nt-ḥtrj*	RII/ Qan/ 027
Jmn(.w)-m-ḥꜣb	m	*ḥr.j šmsw.w*	RII/ KeG/ 003
Jmn(.w)-m-ḥꜣb	m	*šms nj ḥm=f*	RII/ The/ 005
Jmn(.w)-m-[///]	m	(---)	SII/ Aby/ 003
Jmn(.w)-mn	m	*zꜣw.tj pr(.w)-ḥḏ nj pr(.w) Jmn(.w)*	Mer/ The/ 003
Jmn(.w)-ms(w)	m	*ḫrp-srq nj nb(.w) tꜣ.wj*	SI/ DeM/ 002
Jmn(.w)-ms(w)	m	(---)	SI/ DeM/ 005
Jmn(.w)-ms(w)	m	*zẖꜣw-qdw.t*	SI/ DeM/ 014
Jmn(.w)-ms(w)	m	*sḏm-ʿš m S.t-mꜣʿ.t*	SI/ DeM/ 027
Jmn(.w)-ms(w)	m	*sḏm-ʿš m S.t-mꜣʿ.t*	SI/ DeM/ 041
		(---)	SI/ DeM/ 028
Jmn(.w)-ms(w)	m	*jtj-nṯr nj ḥr.j š=f*	RII/ Aby/ 003
Jmn(.w)-ms(w)	m	*jm.j-r' pr(.w) wr*	RII/ Aby/ 019
		zẖꜣw nzw	RII/ Aby/ 019
Jmn(.w)-ms(w)	m	*jm.j-r' kꜣ.wt nj pr(.w) Jmn(.w)*	RII/ Aby/ 019
		jdnw	RII/ Aby/ 019
Jmn(.w)-ms(w)	m	(---)	RII/ DeM/ 094
Jmn(.w)-ms(w)	m	*sḏm-ʿš m S.t-mꜣʿ.t*	RII/ DeM/ 098
Jmn(.w)-ms(w)	m	(---)	RII/ DeM/ 121
Jmn(.w)-ms(w)	m	(---)	RII/ DeM/ 168
Jmn(.w)-ms(w)	m	[///]	RII/ DeM/ 169
Jmn(.w)-ms(w)	m	*jm.j-r' jpꜣ.t nzw nj pr(.w)-ḫnr m Mn-nfr*	RII/ M-S/ 007
Jmn(.w)-ms(w)	m	*jm.j-r' pr(.w) nj ḥw.t-nṯr (Rʿ(.w)-ms(j)-sw mr(j)-Jmn(.w))*	RII/ The/ 008
Jmn(.w)-ms(w)	m	(---)	RII/ The/ 011
Jmn(.w)-ms(w)	m	*ṯꜣy-sry.t nj zꜣ nj Jmn(.w) nj pꜣ mk.t*	RII/ ZUR/ 002
Jmn(.w)-ms(w)	m	*jm.j-r' n'.t*	Am/ DeM/ 001

Name	m/f	Titel	Beleg
		jr.j-pꜥ.t	Am/ DeM/ 001
		ḥꜣ.tj-ꜥ(.w)	Am/ DeM/ 001
		ḥm-nṯr mꜣꜥ.t	Am/ DeM/ 001
		ṯꜣy-ḫw ḥr wnmy nzw	Am/ DeM/ 001
		ṯꜣ.tj	Am/ DeM/ 001
		[///] *r'-nḫn*	Am/ DeM/ 001
Jmn(.w)-nḫt	m	*ḥmw.w wr m S.t-mꜣꜥ.t*	SI/ DeM/ 002
Jmn(.w)-nḫt	m	(---)	SI/ DeM/ 021
Jmn(.w)-nḫt	m	(---)	SI/ DeM/ 038
Jmn(.w)-nḫt	m	*sḏm-ꜥš m S.t-mꜣꜥ.t*	RII/ DeM/ 064
Jmn(.w)-nḫt	m	*ḥmw.w wr m S.t-mꜣꜥ.t*	RII/ DeM/ 080
Jmn(.w)-nḫt	m	*sḏm-ꜥš m S.t-mꜣꜥ.t (ḥr jnmt.t Wꜣs.t)*	RII/ DeM/ 090 - 093
Jmn(.w)-nḫt	m	*ḥmw.w wr*	Sip/ DeM/ 001
Jmn(.w)-nḫt	m	*sḏm-ꜥš m S.t-mꜣꜥ.t*	Sip/ DeM/ 019
Jmn(.w)-Rꜥ(.w)-ḫꜥw	m	*nby*	Mer/ ???/ 010
Jmn(.w)-hrw	m	*zḫꜣw*	SI/ Saq/ 002
Jmn(.w)-ḥtp(w)	m	(---)	SI/ DeM/ 021
Jmn(.w)-ḥtp(w)	m	*ḥr.j ḥꜣb nj Wsjr*	SI/ Saq/ 007
		zḫꜣw-wdḥw	SI/ Saq/ 007
		zḫꜣw-ḫꜣw.t nj nb(.w) tꜣ.wj	SI/ Saq/ 007
Jmn(.w)-ḥtp(w), gen. *Ḥwy*	m	*zḫꜣw wdḥ.w nj nb(.w) tꜣ.wj*	SI/ Aby/ 009, SI/ ???/ 005
Jmn(.w)-ḥtp(w)	m	(---)	RII/ DeM/ 061
Jmn(.w)-šd(w)	m	(---)	RII/ DeM/ 110
Jmn(.w) [///]	m	*sḏm-ꜥš m S.t-mꜣꜥ.t*	RII/ DeM/ 149
Jmnt.t-wsr.t	f	(---)	RII/ DeM/ 156. 157
Jmnt.t-wsr.t	f	*nb.t pr(.w)*	RII/ DeM/ 168
Jnꜣy	m	(---)	RII/ DeM/ 121
Jny	m	[///] *m S.t-mꜣꜥ.t*	RII/ DeM/ 179
Jny	m	*nby nj ḥw.t-nbw ms(j) nṯr.w*	Mer/ ???/ 010
Jny	f	(---)	RII/ The/ 012
Jnjw-n-hꜣy	f	(---)	SI/ ???/ 001
Jnjwhꜣy	f	(---)	RII/ Saq/ 018
Jnjwhꜣy	f	(---)	Mer/ ???/ 010
Jn(j)-nḫt	m	*wꜥw s:ḥtp-jꜥḥ tꜣ ḫny.t ꜥꜣ.t*	RII/ Her/ 001
Jn(j)-ḥr.t	m	*zḫꜣw*	Mer/ ???/ 001
Jn(j)-ḥr(j)-šw-ms(w)	m	(---)	SI/ Aby/ 008
Jn(j)-ḥr(j)-nḫt /Nḫ.t-Mnw	m	*ḥr.j pḏ.t nj Kš*	RII/ Ani/ 001
Jn(j)-ḥr.j-ḫꜥw	m	(---)	RII/ DeM/ 019. 025

Name	m/f	Titel	Beleg
Jnpw-m-ḥ3b	m	*zẖ3w m S.t-m3ᶜ.t ḥr jmnt.t W3s.t*	Mer/ DeM/ 002
Jnrw	m	*zẖ3w*	RII/ Aby/ 006
Jnh.t-m-wj3	f	(---)	RII/ M-S/ 006
Jry	m	*zẖ3w m t3 Ḫw.t-Wsr-M3ᶜ.t-Rᶜ(.w)-stp-n-Rᶜ(.w) m pr(.w) Jmn(.w)*	RII/ Saq/ 001
Jr.j	m	*sḏm-ᶜš m S.t-m3ᶜ.t*	RII/ DeM/ 115
Jr.j-nfr	m	*sḏm-ᶜš m S.t-m3ᶜ.t*	RII/ DeM/ 094 - 098
Jr.j-nfr	m	[///]	RII/ The/ 011
Jr.j-nfr	m	(---)	RII/ The/ 011
Jr.j-nfr	m	*ḥr.j z3w*	RII/ The/ 018
Jrj.(t)-nfr	f	*nb.t pr(.w)*	SI/ DeM/ 036
Jr.jt-nfr .t ?	f	*Šmᶜy.t* [///]	SII/ Aby/ 003
Jr.tj-nmḥ	f	(---)	RII/ DeM/ 151
Jrṯw	m	*zẖ3w ḥw.t-nṯr*	SI/ Aby/ 008
Jt(j)	m	*ḥr.j mnš nj pr(.w) Wsjr*	Sip/ Aby/ 003
Jt(j)	m	(---)	Sip/ Aby/ 003
Jt(j)-nj-jt(j)	m	*ṯ3y-sry.t*	RII/ DeM/ 083
Jtm(.w)-nḫt	m	*wᶜb nj (Jmn(.w)-ḥtp(w))*	SI/ DeM/ 043
Jṯw	m	*jm.j-r' zẖ3w-qdw.t nj Jmn(.w)*	SI/ The/ 001
J[/]3	f	*šmᶜy.t nj.t Jmn(.w)*	RII/ Aby/ 002
J[///]	m	*zẖ3w wdḥw.w nj nb(.w) t3.wj*	RII/ Qan/ 007
ᶜ3-pḥ.tj	m	(---)	RII/ DeM/ 132
ᶜ3-pḥ.tj	m	*jdnw nj t3 jz.t*	SII/ DeM/ 003
ᶜ3-pḥ.tj	m	*sḏm-ᶜš nj nb(.w) t3.wj m S.t-m3ᶜ.t*	Sip/ DeM/ 002. 003
		(---)	Sip/ DeM/ 004. 006
ᶜ3-mk	m	*ᶜ3 nj ᶜw m S.t-nḥḥ*	RII/ DeM/ 100
		sḏm-ᶜš m S.t-m3ᶜ.t	RII/ DeM/ 099. 100
ᶜ3-mk	m	*zẖ3w nj nb(.w) t3.wj*	RII/ Qan/ 013
ᶜ3-n3y	f	(---)	Sip/ Aby/ 003
ᶜ3-nḫt	m	*ḥr.j mškb*	RII/ Qan/ 042
ᶜ3-ḥtp=f	m	(---)	RII/ DeM/ 123
ᶜwj	f	*nb.t pr(.w)*	SI/ DeM/ 036
ᶜwrtj	f	*šmᶜy.t nj.t Jmn(.w)*	Mer/ Aby/ 004
ᶜbw-[?]	m	*zẖ3w mšᶜ nj nb(.w) t3.wj*	RII/ The/ 013
ᶜn-mw.t	f	(---)	RII/ Aby/ 005
ᶜn-mw.t	f	*šmᶜy.t nj.t Jmn(.w)*	RII/ Qan/ 043
ᶜn-mw.t	f	*šmᶜy.t nj.t Jmn(.w)*	Mer/ ???/ 001
ᶜn-mw.t	f	(---)	Sip/ Aby/ 003
ᶜn-ḥtp(w)	m	(---)	SI/ DeM/ 032
ᶜn-ḥtp(w)	m	(---)	RII/ DeM/ 126
ᶜnḫ	f	(---)	RII/ Saq/ 016

Name	**m/f**	**Titel**	**Beleg**
ꜥḥꜣwtj-nfr	m	*zẖꜣw wdḥw nj nb(.w) tꜣ.wj*	Mer/ Aby/ 002
ꜥḥꜣwtj-nfr	m	*zẖꜣw ḫꜣw.t*	Mer/ ???/ 004
		zẖꜣw ḥꜣw.t nj nb(.w) tꜣ.wj	Mer/ ???/ 004
ꜥḫ(j)-p.t	m	*wꜥb ꜥ.wj m pr(.w) Rꜥ(.w)*	RII/ Qan/ 001
ꜥḫ(j)-p.t	m	*wꜥb*	SI/ Aby/ 003
ꜥšꜣ-ḥꜣb-sd	m	*wpw.tj-nzw*	RII/ SeK/ 001
		wpw.tj-nzw nj ḥm=f	RII/ SeK/ 004
		wpw.tj-nzw n ḫꜣs.wt nb.wt	SI/ Sek/ 001
		ḥr.j pḏ.t qnj	SI/ Sek/ 001, RII/ SeK/ 001. 004
ꜣkbr[1]	m	*jr.j-ꜥꜣ nj zꜣw (Rꜥ(.w)-ms(j)-sw mr(j)-Jmn(.w))*	RII/ Qan/ 034
ꜥtꜣ-tn	m	*ḥm-nṯr tp.j nj (Rꜥ(.w)-ms/j)-sw-mr(j)-Jmn(.w))*	RII/ Nub/ 002
		ḥrj-tp Jw-rwd	RII/ Nub/ 002
Wꜣḏ-ms(w)	m	*sḏm-ꜥš m S.t-mꜣꜥ.t*	RII/ DeM/ 012
Wꜣḏ-ms(w)	m	*sḏm-ꜥš m S.t-mꜣꜥ.t*	RII/ DeM/ 101
Wꜣḏ-ms(w)	m	*sḏm-ꜥš m S.t-mꜣꜥ.t*	RII/ DeM/ 137
Wꜣḏ-ms(w)	m	(---)	RII/ DeM/ 138. 140
Wꜣḏ.t-rnp.t	f	*wr.t ḫnr.t*	SI/ Aby/ 001
		šmꜥy.t nj.t Jmn(.w)	SI/ Aby/ 001
Wꜣḏ.t-rnp.t	f	*nb.t pr(.w)*	SI/ DeM/ 010
Wꜣḏ.t-m-ḥꜣb	f	(---)	RII/ DeM/ 094
Wjꜣ	f	*bꜣk.t nj tꜣ-wr.t*	RII/ DeM/ 033
		nb.t pr(.w)	RII/ DeM/ 029. 033
Wjꜣ	f	(---)	RII/ Aby/ 021
Wjꜣy	f	(---)	RII/ Aby/ 010
Wjꜣy	f	*nb.t pr(.w)*	RII/ Saq/ 005
Wꜥb.t	f	*nb.t pr(.w)*	Sip/ DeM/ 006
		šmꜥy.t nj.t Jmn(.w)	Sip/ DeM/ 006
Wb	m	(---)	RII/ DeM/ 116
Wbḫ.t	f	*nb.t pr(.w)*	RII/ DeM/ 133
Wbḫ.t	f	*nb.t pr(.w)*	RII/ The/ 016
Wbḫ.t	f	(---)	Am/ The/ 001
Wbḫ.t	f	*šmꜥy.t nj.t Jmn(.w)*	Am/ The/ 001
Wbḫ.t	f	*ꜣḫ-jqr-n-Rꜥ(.w)*	Sip/ DeM/ 013
Wp(j)-wꜣj.wt-ms(w)	m	*ḥr.j jḥw nj jḥw ꜥꜣ nj (Rꜥ(.w)-ms(j)-sw)*	RII/ Aby/ 019
Wp(j)-wꜣj.wt-ms(w)	m	*pꜣ zẖꜣw nj pr(.w) Jmn(.w)*	RII/ Aby/ 019

1 Sein ägyptischer Name lautet *Rꜥ(.w)-ms(w)-nḫt*, cf. dort.

Name	m/f	Titel	Beleg
Wp(j)-wꜣj.wt-ms(w)	m	ḥꜣbs-bḥ.t nj zꜣ (Wsr-Mꜥꜣ.t-Rꜥ(.w) stp-n-Rꜥ(.w)) pḥ.tj r ḫf.tjw	RII/ Aks/ 001
		ṯꜣy-⟨sry.t⟩	RII/ Aks/ 001
Wnn-nfr	m	sḏm-ꜥš m S.t-mꜣꜥ.t	SI/ DeM/ 002. 004
Wnn-nfr	m	ḥm-nṯr tpỉ nj Wsjr	RII/ Aby/ 010 - 013
Wnn-nfr	m	wpw.tj-nzw r tꜣ nb	Mer/ ???/ 005
		kṯn tp.j nj ḥm=f	Mer/ ???/ 005
Wnn-nfr	m	ḥm-nṯr tp.j nj ꜣs.t	SII/ Aby/ 001. 002
Wn-nḫt	m	sḏm-ꜥš m S.t-mꜣꜥ.t	RII/ DeM/ 103
Wn-nḫt	m	sḏm-ꜥš m S.t-mꜣꜥ.t	RII/ DeM/ 129
Wn-nḫt	m	sḏm-ꜥš m S.t-mꜣꜥ.t	RII/ DeM/ 174
Wn[-nḫt]	m	(---)	SI/ DeM/ 016
Wnn-ḫwj	m	sḏm-ꜥš m S.t-mꜣꜥ.t	RII/ DeM/ 105
		sḏm-ꜥš m S.t-mꜣꜥ.t ḥr jmnt.t Wꜣs.t	RII/ DeM/ 104
Wrl	f	nb.t pr(.w)	SI/ Aby/ 002
Wrl	f	(---)	SI/ Aby/ 004
Wrl	f	(---)	RII/ DeM/ 061. 065
Wrl	f	(---)	RII/ DeM/ 135
Wrl	f	(---)	RII/ DeM/ 177
Wrly	f	(---)	RII/ M-S/ 005
Wr.t-nfr.t	f	(---)	RII/ The/ 013
Wsjy	f	(---)	SI/ ???/ 004
Wsjr	m	zẖꜣw pr(.w).wj-ḥḏ	RII/ Qan/ 003
Wsr-mꜣꜥ.t-Rꜥ(.w)-m-ḥꜣb	m	jdnw nj pr(.w)-ḫnr.t m Mr-wr	SII/ Gur/ 001
		ḥr.j sꜥšꜣw	SII/ Gur/ 001. 002
Wsr-ḥꜣ.t	m	zẖꜣw nj zꜣ (Mn-Mꜣꜥ.t-Rꜥ(.w)) Jmn(.w)-m-mkj-mšꜥ=f	SI/ Aby/ 001
Wsr-ḥꜣ.t	m	zẖꜣw	SI/ Aby/ 001
Wsr-ḥꜣ.t (?)	m	ḥr.j ṯꜣy-sry.t	SI/ ???/ 004
Wsr-ḥꜣ.t	m	(---)	RII/ DeM/ 151
Wsr-ḥꜣ.t	m	zẖꜣw-qdw.t nj Jmn(.w)-Rꜥ(.w)	RII/ Qan/ 049
Wsr-ḥꜣ.t	m	qd nj ꜣs.t	Mer/ Aby/ 006
Wsr-Sṯ.t	m	zẖꜣw	SI/ DeM/ 027
		(---)	SI/ DeM/ 029
Wsḫ.t-nmt.t	m	ḥm-nṯr nj Jmn(.w)	RII/ Aby/ 003
		ḥm-nṯr nj Jn(j)-ḥr(j)	RII/ Aby/ 003
Bꜣwy	m	mnjw nj Jmn(.w)	RII/ The/ 005
Bꜣy	m	(---)	RII/ Saq/ 018
Bꜣyꜣ	f	šmꜥy.t nj.t ḥr.j š=f	RII/ Sed/ 003

Name	**m/f**	**Titel**	**Beleg**
Bꜣk	m	*kṯn tp.j nj ḥm=f nj pꜣ jḥw ꜥꜣ nj ⸢Rꜥ(.w)-ms(j)-sw mr(j)-Jmn(.w)⸣ nj ḫnw*	RII/ Qan/ 045
Bꜣkj	m	*ꜥꜣ nj jz.t m S.t-mꜣꜥ.t*	SI/ DeM/ 002
		ḥr.j nj jz.t m S.t-mꜣꜥ.t	SI/ DeM/ 002
Bꜣkj	m	(---)	SI/ DeM/ 003
Bꜣkj	m	*ṯꜣy-mḏꜣ.t*	RII/ DeM/ 129
Bꜣkj	m	(---)	RII/ DeM/ 145
Bꜣkj	m	(---)	RII/ DeM/ 166
Bꜣk-ꜣs.t	f	*šmꜥy.t nj.t Jmn(.w)*	RII/ Gad/ 001
Bꜣk-wr	m	*tp.j zꜣw šnw.tj*	RII/ Kop/ 001
Bꜣk-wr	m	*ḥm-nṯr Ḥw.t-Ḥr(.w) nb.t ꜣbw*	SII/ Ani/ 001
Bꜣk-wrl	f	(---)	SI/ DeM/ 018
Bꜣk-wrl	f	*nb.t pr(.w)*	Mer/ ???/ 004
Bꜣk-wrl	f	*šmꜥy.t nj.t Bꜣst.t*	Mer/ ???/ 005
Bꜣk.t-Jmn(.w)	f	*šmꜥy.t nj.t Pꜣ-Rꜥ(.w)*	Mer/ ???/ 006
Bꜣk.t-mw.t	f	*šmꜥy.t nj.t Jmn(.w)*	RII/ KeG/ 001. 002
Bꜣk.t-mr.t	f	*nb.t pr(.w)*	RII/ The/ 005
Bꜣk-nj-Jmn(.w)	m	*Wꜥb*	RII/ DeM/ 170
Bꜣk-nj-Jmn(.w)	m	*jm.j-r' kꜣ.wt*	RII/ Hel/ 003
Bꜣk-nj-Jmn(.w)	m	*ḥr.j ṯꜣy-mḏꜣ.t Jmn(.w)-Rꜥ(.w) nj Bnrj.t*	RII/ Qan/ 048
Bꜣk-nj-Jmn(.w)	m	*jm.j-r' kꜣ.wt nj ḥw.t Wsr-Mꜣꜥ.t-Rꜥ(.w)-stp-n-Rꜥ(.w)*	RII/ The/ 012
Bꜣk-n-wrl	m	(---)	RII/ DeM/ 168
Bꜣkꜣjꜣ	m	(---)	SI/ ???/ 001
Bꜣkn-ꜣ⟨n⟩y	m	(---)	SI/ DeM/ 039
Bꜣk-n-wrl	m	(---)	RII/ DeM/ 169
Bꜣk.t	f	*nb.t pr(.w)*	SI/ The/ 001
Bꜣk.t	f	*nb.t pr(.w)*	RII/ DeM/ 121
Bꜣk-Jmn(.w)	f	*šmꜥy.t nj.t Jmn(.w)*	RII/ Aby/ 006
Bꜣk.t-pjpw	f	(---)	RII/ Qan/ 059
Bꜣk.t-mnw	f	(---)	RII/ DeM/ 142
Bw-nḫt=f	m	*wꜥb*	RII/ DeM/ 170
Bw-nḫt=f	m	(---)	RII/ Kop/ 002
Bw-rḫ.tw-jwn=f	m	(---)	Sip/ DeM/ 011
Bw-ḫꜣꜥ.n=f-Ptḥ	f	*nb.t pr(.w)*	RII/ DeM/ 156. 157
Bw-qn=f	m	*sḏm-ꜥš m S.t-mꜣꜥ.t*	RII/ DeM/ 081
Bbtw	f	(---)	SI/ The/ 001
Bn-jṯn	m	weiterer Name von *Rꜥ(.w)-ms(j)-sw-m-pr(.w)-Rꜥ(.w)*	Mer/ Aby/ 005
Bn-nḫt	m	*bꜣk nj mw.t*	RII/ DeM/ 087
Bn-dp.t=n	f	(---)	RII/ DeM/ 156

Name	m/f	Titel	Beleg
Bs	m	*ḥr.j pḏ.t*	SI/ Aby/ 002
		zꜣb	SI/ Aby/ 002
Bsj	f	(---)	2. Name von *nḏm-bḥd.t*, s.d.
Bs[///]*j*	f	(---)	RII/ Gad/ 001
Bdtj	f	*šmꜥy.t nj.t Jmn(.w)-Rꜥ(.w)*	Mer/ DeM/ 002
P.t	f	(---)	RII/ M-S/ 005
Pꜣy	m	*zẖꜣw-qdw.t*	SI/ DeM/ 009. 011
		zẖꜣw-qdw.t nj Jmn(.w)	SI/ DeM/ 010
		zẖꜣw-qdw.t nj Jmn(.w) m S.t-mꜣꜥ.t	SI/ DeM/ 012. 037
Pꜣy	m	(---)	RII/ Aby/ 015
Pꜣy	m	*zẖꜣw qdw.t*	RII/ DeM/ 054
		zẖꜣw qdw.t m S.t-mꜣꜥ.t	RII/ DeM/ 053
Pꜣy	m	(---)	RII/ DeM/ 129
Pꜣy	m	*zẖꜣw-qdw.t*	RII/ DeM/ 129
Pꜣy	m	*wꜥb*	RII/ DeM/ 170
Pꜣy	m	*jm.j-r' jpꜣ.t nzw nj tꜣ ḥm.t-nzw*	RII/ Saq/ 008
		zꜣb	RII/ Saq/ 008
Pꜣy	m	*ḥr.j pḏ.t*	RII/ Saq/ 010
Pꜣy	m	*jm.j-r' jpꜣ.t nzw nj Mn-nfr*	RII/ The/ 005
		jm.j-r' jpꜣ.t nzw nj ḥm.t-nzw wr.t	RII/ The/ 005
Pꜣ-jw-ḫrd	m	*sḏm nj pꜣ zꜣ-nzw*	RII/ Nub/ 002
Pꜣ-jm.j-r'-jḥw	m	(---)	RII/ DeM/ 059
Pꜣ-jm.j-r'-jḥw	m	*ṯꜣy-mḏꜣ.t m S.t-mꜣꜥ.t*	Sip/ DeM/ 009
Pꜣ-jm.j-r'-jḥw	m	*šms*	RII/ Sed/ 003
Pꜣ-Rꜥ(.w)-ḥtp(w)	m	*jm.j-r' n'.t*	RII/ Aby/ 002. 010
		ṯꜣ.tj	RII/ Aby/ 002. 010
Pꜣ-jr.j	m	*ḥm-nṯr*	RII/ Aby/ 015
Pꜣ-jr.j	m	*wꜥb nj Jmn(.w)*	Sip/ Aby/ 003
Pꜣ-jr-sꜣ	m	*ḥr.j mnš*	Sip/ Aby/ 003
Pꜣ-ꜥḥꜣ	m	*wꜥb nj Jmn(.w)*	Sip/ Aby/ 003
Pꜣ-bꜣkj	m	*zẖꜣw-qdw.t*	RII/ DeM/ 129
Pꜣḥw	m	(---)	SI/ Aby/ 009
Pꜣḥw	m	(---)	SI/ ???/ 005
Pꜣ-nb(.w)	m	*sḏm-ꜥš m S.t-mꜣꜥ.t*	RII/ DeM/ 132
Pꜣ-nb(.w)	m	(---)	RII/ DeM/ 132
Pꜣ-nb(.w)	m	(---)	RII/ DeM/ 187
Pꜣ-nb(.w)	m	(---)	RII/ DeM/ 187
Pꜣ-nb(.w)	m	*ꜥꜣ nj jz.t*	Sip/ DeM/ 005
		ḥr.j jz.t nj nb(.w) tꜣ.wj m S.t-mꜣꜥ.t	Sip/ DeM/ 006

Name	m/f	Titel	Beleg
		ḥr.j jz.t m S.t-mꜣꜥ.t	Sip/ DeM/ 002 - 004
Pꜣ-nb(.w)	m	(---)	Sip/ DeM/ 002
Pꜣ-nfr	m	*ḥr.j jḥw*	RII/ The/ 013
Pꜣ-nḥsj	m	*jm.j-r' mšꜥ wr*	RII/ ZUR/ 001
		zẖꜣw nzw	RII/ ZUR/ 001
Pꜣ-nḥsj	m	*jm.j-r' n'.t*	Mer/ DeB/ 001
		ṯꜣ.tj	Mer/ DeB/ 001
Pꜣ-nḥsj	m	*ḥr.j nby.w nj ḥw.t-nbw "ms(j)-nṯr.w"*	Mer/ Saq/ 001
		ḥr.j nby.w m ḥw.t-nbw	Mer/ ???/ 010
Pꜣ-nẖt	m	(---)	Sip/ DeM/ 012
Pꜣ-nẖw-m-tꜣ.wj	m	*sꜣq.tj*	RII/ Aby/ 016
Pꜣ-nẖw-nj-n'.t	m	*sḏm-ꜥš*	RII/ Saq/ 013
Pꜣ-nẖty	m	*jm.j-r' šnw.tj nj šmꜥw mḥw*	RII/ Aby/ 010
		zꜣb	RII/ Aby/ 010
Pꜣ-Rꜥ(.w)-m-ḥꜣb	m	*ḥr.j nby.w*	Mer/ Saq/ 001
Pꜣ-Rꜥ(.w)-m-ḥꜣb	m	*ḥr.j nby.w nj ḥw.t-nbw ms(j) nṯr.w*	Mer/ ???/ 010
Pꜣ-Rꜥ(.w)-ḥtp(w)	m	*jm.j-r' n'.t*	RII/ Sed/ 001
		jr.j-pꜥ.t	RII/ Sed/ 001
		ḥꜣ.tj-ꜥ(.w)	RII/ Sed/ 001
		ṯꜣ.tj nj pr(.w)-Rꜥ(.w)-ms(j)-sw-mr(j)-Jmn(.w)	RII/ Sed/ 001
Pꜣ-Rꜥ(.w)-ḥtp(w)	m	(---)	RII/ The/ 025
Pꜣ-Rꜥ(.w)-ḥtp(w)	m	*sḏm m S.t-mꜣꜥ.t*	Sip/ DeM/ 011
Pꜣ-Rꜥ(.w)-ẖꜥj	m	*zẖꜣw*	RII/ Hel/ 001
Pꜣ-ḥm-nṯr	m	*wr ḥmw.w nj ptḥ*	RII/ Saq/ 010
Pꜣ-ḥm-nṯr	m	*jdnw jn ḥtr.w*	RII/ Sed/ 003
		ḥr.j pḏ.t	RII/ Sed/ 003
Pꜣ-ḥm-nṯr	m	*wꜥb*	RII/ Sed/ 003
Pꜣ-ḥm-nṯr	m	*ḥr.j jḥw*	Mer/ ???/ 006
Pꜣ-ḥr.j-pḏ.t	m	(---)	SI/ DeM/ 017. 018
Pꜣ-ḥr.j-pḏ.t	m	(---)	RII/ DeM/ 019
Pꜣ-ḥr.j-pḏ.t	m	(---)	RII/ Qan/ 015
Pꜣ-ḥr.j-pḏ.t	m	[///]	RII/ WeS/ 003
Pꜣ-ḫꜣrw	m	(---)	SI/ ???/ 005
Pꜣ-ḫꜣrw	m	[///] *bꜣs.t*	RII/ DeM/ 100
Pꜣ-ḫꜣrw	m	*mškb*	RII/ Qan/ 044
Pꜣ-ḫꜣrw	m	*ḥr.j šmsw.w*	RII/ KeG/ 003

Name	m/f	Titel	Beleg
P3-ḫ3rw	m	*ḥr.j pḏ.t ṯkw*	RII/ Sin/ 001
P3-ḫ3rw	m	*rwḏw nj ḥw.t Wsr-M3ᶜ.t-Rᶜ(.w)-stp-n-Rᶜ(.w)*	RII/ The/ 013
P3-Ḫnmw	m	(---)	Sip/ DeM/ 012
P3-s3ḥ-t3	m	*zẖ3w ḥw.t-nṯr nj.t Ptḥ-Jn(j)-ḥr(j)*	RII/ Aby/ 017. 018
P3-sr	m	*ḥr.j jḥw*	SI/ Aby/ 004
P3-sr	m	*wᶜb nj wsjr*	RII/ Aby/ 015
P3-sr	m	*z3 nzw nj Kš*	RII/ ASi/ 001. 002, RII/ Sai/ 001
P3-sr	m	*jm.j-r' jm.j-r'.w njw t3.wj*	RII/ DeM/ 001
		jm.j-r' pr(.w)-ḥḏ nj nb(.w) t3.wj	RII/ DeM/ 007
		jm.j-r' n'.t	RII/ DeM/ 002 - 005. 008. 024. 084. 152, RII/ The/ 001. 002
		jrj pᶜ.t	RII/ DeM/ 001, RII/ The/ 002
		ḥ3.tj-ᶜ(.w)	RII/ DeM/ 001, RII/ The/ 002
		ḫtmw bjtj	RII/ DeM/ 001
		zẖ3w nzw	RII/ DeM/ 003
		ṯ3y-ḫw ḥr wnmj nzw	RII/ DeM/ 003. 008
		ṯ3.tj	RII/ DeM/ 002 - 005. 007. 008. 024. 084. 152, RII/ The/ 001. 002
P3-sr	m	(---)	RII/ DeM/ 064
P3-sr	m	*sḏm-ᶜš m S.t-m3ᶜ.t*	RII/ DeM/ 106
P3-sr	m	(---)	RII/ Nub/ 001
P3-sr	m	*jm.j-r' qdw.w*	RII/ Saq/ 003
		jm.j-r' qdw.w nj nb(.w) t3.wj	RII/ Saq/ 004. 018
		zẖ3w nzw	RII/ Saq/ 003
P3-šd(w)	m	*ᶜ3 nj jz.t m S.t-m3ᶜ.t*	SI/ The/ 002
P3-šd(w)	m	*sḏm-ᶜš m S.t-m3ᶜ.t*	SI/ DeM/ 002
P3-šd(w)	m	*ᶜ3 nj jz.t*	SI/ DeM/ 005
P3-šd(w)	m	*zẖ3w-qdw.t*	SI/ DeM/ 044
P3-šd(w)	m	*zẖ3w-qdw.t*	RII/ DeM/ 051
P3-šd(w)	m	*zẖ3w-qdw.t*	RII/ DeM/ 129
P3-šd(w)	m	*ḥr.j zẖ3w-qdw.t*	SI/ DeM/ 014
		zẖ3w-qdw.t nj Jmn(.w) m S.t-m3ᶜ.t	SI/ DeM/ 013. 014
P3-šd(w)	m	[///] *zẖ3w-qdw.t*	SI/ DeM/ 024
P3-šd(w)	m	*sḏm-ᶜš m S.t-m3ᶜ.t*	SI/ DeM/ 025 - 028
P3-šd(w)	m	(---)	RII/ DeM/ 126
P3-šd(w)	m	*ḥr.j mḏ3w nj W3s.t*	RII/ The/ 014
P3-šd(w)	m	*sḏm-ᶜš m S.t-m3ᶜ.t (ḥr jmnt.t W3s.t)*	Am/ DeM/ 002 - 004
P3-šd(w)	m	*zẖ3w qdw.t*	Sip/ DeM/ 008

Name	m/f	Titel	Beleg
Pꜣ-šd(w)	f	*nb.t pr(.w)*	RII/ DeM/ 053
Pꜣ-šd(w)	f	*nb.t pr(.w)*	RII/ DeM/ 151. 153
Pꜣ-šd(w)	f	(---)	RII/ DeM/ 151
Pꜣ-tjr	m	*ẖr.j ḥꜣb*	SI/ Saq/ 007
Pꜣ-ṯꜣw-m-ḏj-Jmn(.w)	m	*sḏm-ꜥš m S.t-mꜣꜥ.t*	Am/ DeM/ 005
Pjꜣ-nfr	m	*wꜥb nj Jmn(.w)*	RII/ Saq/ 016
Pjꜣy	m	*ṯꜣy-mḏꜣ.t m S.t-mꜣꜥ.t*	SI/ DeM/ 015. 016
Pjꜣy	m	*ṯꜣy-mḏꜣ.t nj Jmn(.w)*	SI/ DeM/ 015
Pjꜣy	m	*Wꜥb*	RII/ DeM/ 068
Pjꜣy	m	*wꜥb ꜥꜣ nj wꜥb.t nj (Wsr-Mꜣꜥt-Rꜥ(.w) stp-n-Rꜥ(.w)) pꜣ nb dmj*	RII/ Hel/ 001
Pjꜣy	m	*jm.j-r' wꜥb.t*	RII/ M-S/ 001. 003
		jm.j-r' wt	RII/ M-S/ 001. 002
		jm.j-r' wt m pr(.w)-nfr	RII/ M-S/ 003
		jm.j-r' ḫtmw nṯr	RII/ M-S/ 001
		ḥr.j tp	RII/ M-S/ 001 - 003
		ẖr.j ḥꜣb	RII/ M-S/ 001. 002
		zhꜣw nzw	RII/ M-S/ 002
		zẖꜣw nzw	RII/ M-S/ 003
Pjꜣy	m	(---)	RII/ Qan/ 059
Pjꜣy	m	*zẖꜣw mḏꜣ.t nṯr*	Mer/ ???/ 004
Pjꜣy	m	*wꜥb nj Ptḥ*	Mer/ ???/ 010
Pjpwy	f	*nb.t pr(.w)*	RII/ Saq/ 018
Pjpwy	f	(---)	Mer/ ???/ 004
Pjpwy	f	*šmꜥy.t nj.t Jmn(.w)*	Mer/ ???/ 006
Pyꜣy	m	(---)	RII/ DeM/ 156
Pypyjꜣ	f	(---)	RII/ DeM/ 156
Pypyjꜣ	f	*nb.t pr(.w)*	RII/ Saq/ 003
Pwjꜣ	f	*šmꜥy.t nj.t Jmn(.w)-Rꜥ(.w) nzw nṯr.w*	RII/ Qan/ 043
Pw-r'y	f	*šmꜥy.t nj.t Jmn(.w)*	Mer/ ???/ 006
		šmꜥy.t nj.t Pꜣ-Rꜥ(.w)	Mer/ ???/ 006
Pn-bwy	m	*sḏm-ꜥš m S.t-mꜣꜥ.t*	RII/ DeM/ 112. 113
Pn-bwy	m	[///]	RII/ DeM/ 116
Pn-bwy	m	*zꜣw.tj m S.t-mꜣꜥ.t*	RII/ DeM/ 111. 114. 168. 169. 183
		zꜣw.tj m s.t nj.t ḥr jmnt.t Wꜣs.t	RII/ DeM/ 182
Pn-Jmn(.w)	m	*sḏm-ꜥš m S.t-mꜣꜥ.t*	RII/ DeM/ 107 - 110
Pn-Jmn(.w)	m	*gb.tj nj pr(.w)-ḥḏ*	RII/ Qan/ 004
Pn-pꜣ-ḫnt.j	m	(---)	RII/ DeM/ 104. 174
Pn-pꜣ-ḫnt.j	m	(---)	RII/ DeM/ 174
Pn-pꜣ-tꜣ	m	*zẖꜣw nj nb(.w) tꜣ.wj*	RII/ Aby/ 006

Name	m/f	Titel	Beleg
Pn-nbw	m	*sḏm-ʿš m S.t-m3ʿ.t*	Am/ DeM/ 002. 003
Pn-nbw	m	*3ḫ-jqr-n-Rʿ(.w)*	Sip/ DeM/ 013. 015. 016. 21. 22
		sḏm-ʿš m S.t-m3ʿ.t	Sip/ DeM/ 019
		sḏm-ʿš m S.t-m3ʿ.t ḥr jmnt.t W3s.t	Sip/ DeM/ 018
Pn-ns.tj-t3.wj	m	*ḥr.j ḥ3m p3 šw.t-Rʿ(.w)*	RII/ Qan/ 050
Pn-Rʿ(.w)	m	*jm.j-r' k3.wt m ḥw.t Wsr-M3ʿ.t-Rʿ(.w) stp-n-Rʿ(.w)*	RII/ Lux/ 001
		ḥr.j pḏ.t	RII/ Lux/ 001
		sr nj mḏ3j	RII/ Lux/ 001
		kṯn tp.j nj ḥm=f	RII/ Lux/ 001
Pn-Rnnw.t	m	*z3w nj ḥw.t nj.t ḥḥ rnp.wt*	Mer/ The/ 001
Pn-ḥw-ḏ3r [///]	m	(---)	Mer/ Aby/ 003
Pn-H̱nmw	m	[///] *nj Jmn(.w)*	RII/ DeM/ 117
Pn-š-n-ʿbw	m	*sḏm-ʿš m S.t-m3ʿ.t*	RII/ DeM/ 118. 119
Pn-šʿy.t	m	*jr.j-ʿ3*	RII/ Qan/ 034
Pn-t3-wr	m	*w3ḥ-ḫ3w* (?)	RII/ Hel/ 001
Pn-T3-wr.t	m	*ṯ3.tj*	RII/ Aby/ 003
Pn-T3-wr.t	m	*ḥr.j nby.w*	RII/ Qan/ 016
Pn-T3-wr.t	m	*mhr*	RII/ Qan/ 043
		mškb	RII/ Qan/ 034. 043
Pn-T3-wr.t	m	*s:ʿnḫw*	RII/ WeS/ 011
Pn-T3-wr.t	m	*wb3 nzw*	Mer/ Aby/ 004
Pn-dw3	m	*šms*	RII/ DeM/ 068
Pn-dw3	m	*sḏm-ʿš m S.t-m3ʿ.t*	RII/ DeM/ 075. 093
Pn-dw3	m	*b3k nj Jmn(.w)*	RII/ DeM/ 140
		(---)	RII/ DeM/ 142
Pn-dw3	m	(---)	RII/ DeM/ 166
Pn-dw3	m	(---)	Mer/ ???/ 010
Pr(.w)-ʿ3-p3-nḥḥ	m	*ḫr.j ḥ3b nj jm.j-r' pr(.w)-ḥḏ*	RII/ Saq/ 016
Pr(.w)-kt	m	*zḫ3w*	Mer/ ???/ 001
Pr(j)-nfr	m	*wḥm nzw tp.j nj ḥm=f*	RII/ Aby/ 007
		wdpw nj t3	RII/ Aby/ 007
		z3w wsḫ.t	RII/ Aby/ 007
		zḫ3w nzw ḫ3w.t nj nb(.w) t3.wj	RII/ Aby/ 006. 007
Ptḥ-jy	m	*jm.j-jz m s.t Mr-wr*	RII/ M-S/ 001
		jm.j-ḫnr.t m s.t Ḥʿpj	RII/ M-S/ 001
		wʿb	RII/ M-S/ 001
		ḫr.j ḥ3b m pr(.w)-nfr	RII/ M-S/ 001
Ptḥ-jn(j)-sw	f	(---)	RII/ Saq/ 017
Ptḥ-m-wj3	m	(---)	RII/ Saq/ 018

Name	m/f	Titel	Beleg
Ptḥ-⟨m-⟩wjꜣ	m	*zẖꜣw*	RII/ Sed/ 003
Ptḥ-m-wjꜣ	m	*zẖꜣw*	Mer/ ???/ 001
Ptḥ-mꜥy	m	[///] *ḥr.j š=f*	RII/ Sed/ 003
Ptḥ-ms(w)	m	⟨*ḥr.j*⟩ *jḥw*	RII/ Aby/ 005
Ptḥ-ms(w)	m	*zꜣb*	RII/ Aby/ 006
Ptḥ-ms(w)	m	*sḏm-ꜥš m S.t-mꜣꜥ.t*	RII/ DeM/ 134
Ptḥ-ms(w)	m	*jm.j-r' pr(.w)*	RII/ M-S/ 004
		zẖꜣw nzw	RII/ M-S/ 004
Ptḥ-ms(w)	m	*sḏm-ꜥš m S.t-mꜣꜥ.t*	RII/ DeM/ 187
Ptḥ-ms(w)	m	*wꜥb nbw*	Mer/ ???/ 010
Ptḥ-ḥtp(w)	m	*jm.j-r' zẖꜣw-qdw.t nj Jmn(.w)*	SI/ The/ 001
Ptḥ-ḥtp(w)	f	(---)	RII/ Qan/ 004
Ptḥ-ḏj-jꜣw	m	(---)	RII/ Saq/ 017
Pṯ-Bꜥl	m	*jm.j-r' zẖꜣw-qdw.t nj Jmn(.w)*	SI/ The/ 001
		zꜣb	SI/ The/ 001
Mꜣꜣ.n=j-nḫt=f	m	*zẖꜣw-qdw.t*	SI/ DeM/ 044
Mꜣꜣ.n=j-nḫt=f	m	*zẖꜣw-qdw.t m S.t-mꜣꜥ.t*	RII/ DeM/ 051
Mꜣꜣ-nḫt	m	*zẖꜣw qdw.t*	Sip/ DeM/ 008
Mꜣꜣ-nḫt=f	m	*zẖꜣw nj Jmn(.w)*	RII/ DeM/ 052
		zẖꜣw qdw.t	RII/ DeM/ 012
		sḏm-ꜥš m S.t-mꜣꜥ.t	RII/ DeM/ 052
Mꜣꜣ-nḫt=f	m	*zẖꜣw qdw.t*	RII/ DeM/ 170
Mꜣmꜣ	m	*zẖꜣw nj nb(.w) tꜣ.wj m pr(.w) Rꜥ(.w)*	RII/ Qan/ 046
Mꜣḥw	m	[///]	RII/ DeM/ 121
Mꜣḥw	f	(---)	SI/ ???/ 005
Mꜣḥy	f	*nb.t pr(.w)*	RII/ DeM/ 126. 129. 130
Mjꜣ	f	(---)	RII/ DRi/ 002
Mꜥy	m	*zẖꜣw ḥtp.w-nṯr nj Wsjr Ḥr(.w) ꜣs.t nj nṯr.w nb.w ḥw.t Mn-Mꜣꜥ.t-Rꜥ(.w), mꜣꜥ-ḫrw*	SI/ Aby/ 002
Mꜥy	m	(---)	RII/ Aby/ 002
Mꜥy	m	*jm.j-r' kꜣ.t m pr(.w) Rꜥ(.w)*	RII/ Giz/ 001
		ḥmw.w wr m ꜣḫ-(Rꜥ(.w)-ms(j)-sw mr(j)-Jmn(.w))-m-ḥw.t-wr	RII/ Giz/ 001
		[///] *ḥw.t* [///] *rnp.wt (wsr-mꜣꜥ.t-Rꜥ(.w)-stp-n-Rꜥ(.w))m pr(.w) Rꜥ(.w)-Ḥr(.w)-ꜣḫ.tj*	RII/ Giz/ 001
Mꜥy	m	*jm.j-r' kꜣ.wt*	RII/ Hel/ 003
		jm.j-r' kꜣ.wt m pꜣ sbtj ꜥꜣ nj (Rꜥ(.w)-ms(j)-sw-mr(j)-Jmn(.w))-m-pr(.w)-Rꜥ(.w)	RII/ Hel/ 003

Name	m/f	Titel	Beleg
		jm.j-r' k3.wt m Mnw nb m pr(.w) (Rᶜ(.w)-ms(j)-sw-mr(j)-Jmn(.w))]-ᶜ3-nḫtw	RII/ Hel/ 003
		jm.j-r' k3.wt m Mnw nb n nzw m pr(.w) Ptḥ	RII/ Hel/ 003
		Jm.j-r' k3.wt m ḥw.t-nṯr Ḥw.t-Ḥr(.w) n (Rᶜ(.w)-ms(j)-sw-mr(j)-Jmn(.w))]-nb-št3	RII/ Hel/ 003
		Jm.j-r' k3.wt m t3 ḥw.t nj.t ḥḥ n rnp.wt n (Rᶜ(.w)-ms(j)-sw-mr(j)-Jmn(.w))]-m-pr(.w)-Rᶜ(.w)	RII/ Hel/ 003
		ḥmw.w wr m 3ḫ-(Rᶜ(.w)-ms(j)-sw mr(j)-Jmn(.w))]-m-pr(.w)-Ḥw.t-Ḥr(.w)	RII/ Hel/ 002
		ḥmw.w wr m p3 sbtj ᶜ3 n (Rᶜ(.w)-ms(j)-sw-mr(j)-Jmn(.w))]-m-pr(.w)-Rᶜ(.w)	RII/ Hel/ 002
		ḥr.j pḏ.t m 3ḫ-(Rᶜ(.w)-ms(j)-sw-mr(j)-Jmn(.w))]-m-ḥw.t-wr	RII/ Hel/ 003
		ḥr.j pḏ.t m mnw nb n ḥm=f m pr(.w) Rᶜ(.w)	RII/ Hel/ 003
		ḥr.j pḏ.t m gm-(Rᶜ(.w)-ms(j)-sw-mr(j)-Jmn(.w))]-m-st-pr(.w)-Rᶜ(.w)	RII/ Hel/ 003
Mᶜy	m	*zḫ3w n pr(.w) m3ᶜ.t*	RII/ Qan/ 047
Mᶜy3	m	(---)	SI/ ???/ 004
Mᶜj3	m	*wᶜw*	RII/ DeM/ 156
Mᶜj3	m	*jm.j-r' pr(.w)-ḥḏ*	RII/ Saq/ 016
Mᶜj3	f	*nb.t pr(.w)*	RII/ Aby/ 020
Mᶜj3y	f	(---)	SI/ The/ 001
Mᶜj3ny	f	*nb.t pr(.w)*	RII/ Aby/ 011. 012
		šmᶜy.t nj.t 3s.t	RII/ Aby/ 012
		šmᶜy.t nj.t wsjr	RII/ Aby/ 010
Mᶜḥw	m	*sḏm-ᶜš m S.t-m3ᶜ.t*	RII/ DeM/ 120
Mᶜḥw	m	*ḥr.j mnj.w nj Jmn(.w)*	RII/ DeM/ 151
Mᶜḥw	m	*zḫ3w pr(.w)-ḥḏ nj pr(.w) Ptḥ*	RII/ The/ 005
Mᶜḥwḥj	m	*zḫ3w wdḥw.w nj nb(.w) t3.wj*	RII/ Qan/ 009
Mᶜḥwḥy	m	*ḥm-nṯr tp.j nj Jmn(.w)[///]*	SII/ Kar/ 001
Mᶜḫ3y-jb	f	*nb.t pr(.w)*	SI/ DeM/ 025 - 028. 041
Mᶜḫ3y-jb	f	(---)	SI/ DeM/ 027
Mw.t-3s.t	f	(---)	RII/ The/ 012
Mw.t-ᶜ3.t	m	(---)	RII/ DeM/ 094
Mw.t-m-jn.t	f	*nb.t pr(.w)*	Sip/ Aby/ 002
Mw.t-m-wj3	f	(---)	SI/ ???/ 004

Name	m/f	Titel	Beleg
Mw.t-m-wjꜣ	f	*šmꜥy.t nj.t Jmn(.w)*	RII/ Aby/ 019
Mw.t-m-wjꜣ	f	*nb.t pr(.w)*	RII/ DeM/ 089
Mw.t-m-wjꜣ	f	(---)	RII/ DeM/ 126. 129
Mw.t-m-wjꜣ	f	*šmꜥy.t nj.t Jmn(.w)*	RII/ Qan/ 043
Mw.t-m-wjꜣ	f	*šmꜥy.t nj.t Jmn(.w)*	RII/ Saq/ 015
Mw.t-m-wjꜣ	f	(---)	RII/ The/ 005
Mw.t-m-wjꜣ	f	(---)	Mer/ Aby/ 006
Mw.t-m-wjꜣ	f	*nb.t pr(.w)*	Sip/ Aby/ 003
Mw.t-m-ḥꜣb	f	(---)	RII/ DeM/ 126
Mw.t-nfr.t	f	*nb.t pr(.w)*	SI/ Aby/ 004
Mw.t-nfr.t	f	(---)	SI/ DeM/ 033
Mw.t-nfr.t	f	(---)	RII/ DeM/ 114
Mw.t-nfr.t	f	(---)	RII/ DeM/ 126
Mw.t-nfr.t	f	*šmꜥy.t nj.t Jmn(.w)*	RII/ Saq/ 010
Mw.t-nfr.t	f	(---)	RII/ The/ 025
Mw.t-nfr.t	f	*nb.t pr(.w)*	Mer/ Aby/ 006
Mw.t-nṯr.w	f	*nb.t pr(.w)*	SI/ DeM/ 036
Mw.t-kꜣtꜣ	f	(---)	RII/ ???/ 013
Mw.t-twy	f	*šmꜥy.t nj.t Ḥw.t-Ḥr(.w)*	RII/ Aby/ 006
Mw.t-twjꜣ	f	(---)	Sip/ Aby/ 003
Mwtwy	f	*nb.t pr(.w)*	SI/ DeM/ 039
Mn	m	(---)	Sip/ DeM/ 011
Mn-mꜣꜥ.t-Rꜥ(.w)-ꜥꜣ-nḫtj	m	*zḫꜣw nj nb(.w) tꜣ.wj*	RII/ Qan/ 012
Mny	m	(---)	RII/ Gad/ 001
Mnj-wjꜣ	f	(---)	RII/ DeM/ 169
Mnn	m	*ḥr.j šnꜥ*	SI/ Aby/ 004
Mnnꜣ	m	(---)	RII/ The/ 005
Mn-ḫpr(w)	m	*ḥꜣ.tj-ꜥ(.w)*	RII/ Gur/ 001
Mnw-m-ḥꜣb	m	*ḥr.j jḥw*	RII/ The/ 013
Mnw-m-ḥꜣb	m	[///]	RII/ The/ 013
Mnw-ms(w)	m	*sḏm-ꜥš m S.t-mꜣꜥ.t*	SI/ DeM/ 027
Mnw-ms(w)	m	*ḥm-nṯr tp.j nj Wsjr*	RII/ Aby/ 010
Mnw-ms(w)	m	*ḥm-nṯr šw*	RII/ Aby/ 022
Mnw-ḥtp(w)	m	(---)	RII/ The/ 011
Mnw-ḫꜥw	m	*wꜥb nj tꜣ ḥw.t bꜣ-nj-Rꜥ(.w)-mr(j)-Jmn(.w) m pr(.w) Jmn(.w)*	Mer/ The/ 002
Mnṯw-Jmn(.w)	m	*zꜣw*	RII/ Qan/ 044
Mnṯw-nbw-n[///]	m	(---)	RII/ Qan/ 073
Mnṯw-nḫt	m	*Wꜥb*	RII/ Kop/ 001
		ḥr.j ḥꜣb	RII/ Kop/ 001
Mry	m	*ḥm-nṯr tp.j nj Wsjr*	RII/ Aby/ 010. 011

Name	m/f	Titel	Beleg
		ḥr.j sšt3	RII/ Aby/ 012
		z3b	RII/ Aby/ 010. 011
Mry	m	(---)	RII/ DeM/ 069
Mry	m	*jm.j-r' pr(.w)-ḥḏ nj nb(.w) t3.wj m T3-stj*	SII/ Ani/ 001
Mry-ty	m	*jm.j-r' jḥw wr nj Jmn(.w)*	RII/ Saq/ 010
Mr(j)-Jwnw	m	(---)	RII/ DeM/ 129
Mr(j)-Jwnw	m	2. Name von *Rᶜ(.w)-ms(j)-sw-m-pr(.w)-Rᶜ(.w)*	Mer/ Aby/ 005
Mr(j)-Jmn(.w)-nḫt	m	*sḏm pr(.w)-ᶜ3 ᶜws*	RII/ Qan/ 023
Mr(j)-W3s.t	m	(---)	SI/ DeM/ 018
Mr(j)-W3s.t	m	*sḏm-ᶜš m S.t-m3ᶜ.t*	RII/ DeM/ 019. 021
Mr(j)-W3s.t	m	*sḏm-ᶜš m S.t-m3ᶜ.t*	RII/ DeM/ 170
Mr(j)-W3s.t	m	(---)	RII/ DeM/ 170
Mr(j)-M3ᶜ.t	m	(---)	RII/ DeM/ 126
Mr(j)-M3ᶜ.t	m	*ṯ3y-mḏ3.t*	RII/ The/ 012
Mr(j)-nḏm	m	*jm.j-r' ḥmw.w*	RII/ Buh/ 005
		jm.j-r' ḥm.w-nṯr	RII/ Buh/ 005
		jm.j-r' ḥm.w-nṯr nj nb.w t3 šmᶜj	RII/ Buh/ 005
		jm.j-r' ḥm.w-nṯr nj nṯr.w nb.w	RII/ Buh/ 005, RII/ WeS/ 008
Mr(j)-Ptḥ	m	*zḫ3w*	Mer/ ???/ 006
Mr(j)-n-Ptḥ-m-pr(.w)-Ptḥ	m	*jm.j-r' pr(.w)-ḥḏ nj nb(.w) t3.wj*	Mer/ ???/ 005
		wᶜb ⟨ᶜ.wj⟩	Mer/ Saq/ 002
		wb3-nzw	Mer/ Saq/ 002
		zḫ3w-nzw	Mer/ ???/ 005
Mr(j)-mry	m	(---)	RII/ DeM/ 070. 071. 074
Mr(j)-Rᶜ(.w)	m	(---)	RII/ The/ 012
Mr(j)-Rᶜ(.w)	m	*sḏm-ᶜš m S.t-m3ᶜ.t*	Am/ The/ 001
Mr(j)-Sḫm.t	m	(---)	SI/ Aby/ 003
Mr(j)-Sḫm.t	m	(---)	RII/ DeM/ 129
Mr(j)-Sḫm.t	m	*zḫ3w-qdw.t*	Sip/ DeM/ 008
Mr(j)-Sḫm.t	m	*3ḫ-jqr-n-Rᶜ(.w)*	Sip/ DeM/ 010
Mr(j).t-sgr	f	*nb.t pr(.w)*	RII/ DeM/ 082
Mr(j).t-sgr	f	(---)	RII/ DeM/ 151. 153. 154
Mr(j).t-sgr	f	(---)	Sip/ Aby/ 001
Mr(j).t	f	*nb.t pr(.w)*	SI/ Aby/ 006
Mr(j).t-Jmn(.w)	f	*nb.t pr(.w)*	SI/ DeM/ 004
Mr(j).t-Jmn(.w)	f	*b3k.t nj Jᶜḥ*	RII/ DeM/ 108
Mr(j).t-Ptḥ	f	(---)	SI/ The/ 001
Mr(j).t-Ptḥ	f	(---)	SI/ ???/ 001
Mr(j).t-Ptḥ	f	(---)	SII/ Aby/ 003

Name	m/f	Titel	Beleg
Mr(j).t-Ptḥ	f	(---)	SII/ Mem/ 001
Mr(j).t-nbw	f	*šmꜥy.t*	RII/ Buh/ 005
Mr(j).t-Rꜥ(.w)	f	(---)	SI/ Aby/ 008
Mr(j).t-Rꜥ(.w)	f	*wr.t ḫnr.t nj Jmn(.w)*	RII/ The/ 001
		nb.t pr(.w)	RII/ The/ 025
Mr(j).t[///]	f	(---)	RII/ Aby/ 008
Mḥy-Rꜥ(.w)	m	(---)	RII/ Gad/ 001
Mḥy.t-ḫꜥj.tj	f	*nb.t pr(.w)*	RII/ DeM/ 094. 095
Msjꜥjꜣ	m	*Jꜥj*	RII/ Qan/ 020
Ms(w)	m	(---)	RII/ Aby/ 015
Ms(w)	m	*wꜥb nj Wsjr*	RII/ Aby/ 015
Ms(w)	m	*sḏm-ꜥš m S.t-mꜣꜥ.t*	RII/ DeM/ 121
Ms(w)	m	*wꜥw nj pꜣ mšꜥ pr(j)=tw ḥr pr(j) nj r'=f*	RII/ Qan/ 037
		wꜥw nj zꜣw ꜥꜣ nj (*Rꜥ(.w)-ms(j)-sw mr(j)-Jmn(.w)*) *mr(j) Jtm(.w)* [///]	RII/ Qan/ 037
Mḏrj	m	*sḏm-ꜥš*	RII/ Saq/ 016
Nꜣj	m	*sḏm-ꜥš m S.t-mꜣꜥ.t*	RII/ DeM/ 187
Nꜣy	m	(---)	RII/ DeM/ 020
Nꜣy	f	*nb.t pr(.w)*	RII/ Aby/ 021
Nꜣjꜥ	f	(---)	SI/ DeM/ 017
Nꜣ-jb-ꜥꜣ	f	(---)	RII/ Buh/ 005
Nꜣnꜣnꜣ	f	(---)	RII/ The/ 005
Nꜣ-ḥr-ḥw	m	(---)	RII/ M-S/ 008
Nꜣ-ḥr-ḥw	m	*jm.j-r' pr(.w) wr m ḥw.t-Wsr-Mꜣꜥ.t-Rꜥ(.w)-stp-n-Rꜥ(.w) m pr(.w) Jmn(.w)*	RII/ The/ 004
		zḫꜣw nzw	RII/ The/ 004
Nꜣ-ḥr-ḥw	m	*zḫꜣw ḫꜣw.t*	Mer/ ???/ 006
N-šꜥ.t	f	*nb.t pr(.w)*	RII/ Saq/ 017
Nꜣ-šꜥy.t	f	(---)	RII/ Saq/ 018
Nꜣ-šꜥy.t	f	*nb.t pr(.w)*	RII/ Saq/ 018
Nꜣḫj	m	(---)	SI/ DeM/ 039
Nꜣḫj	m	*ḥmw.w wr m S.t-mꜣꜥ.t*	RII/ DeM/ 081
Nꜣḫj	m	(---)	RII/ DeM/ 081
Nꜣšꜣ-ꜥꜣ-jt	f	*šmꜥy.t nj.t Jmn(.w)*	RII/ Aby/ 019
Nꜣtj	f	*šmꜥy.t nj.t Jmn(.w)*	RII/ Aby/ 006
Nꜣṯy	f	*šmꜥy.t nj.t Jmn(.w)*	RII/ Aby/ 006
Njꜣ	m	*wꜥb*	RII/ The/ 025
		jr.j-ꜥꜣ Jmn(.w)-n-msḏr-sḏm	RII/ The/ 025
Njꜣnwy	m	*ꜥꜣ nj qr.w nj tꜣ ḥw.t* (*Mn-mꜣꜥ.t-Rꜥ(.w)*)	SI/ Aby/ 004

Name	m/f	Titel	Beleg
Nb(.w)-Jmn(.w)	m	*s3q.tj*	RII/ Aby/ 016
Nb(.w)-Jmn(.w)	m	(---)	RII/ DeM/ 123
Nb(.w)-Jmn(.w)	m	(---)	RII/ Qan/ 052
Nb(.w)-jmnt.t	m	*sḏm-ʿš m S.t-m3ʿ.t*	RII/ DeM/ 012
Nb(.w)-jmnt.t	m	*sḏm-ʿš m S.t-m3ʿ.t*	RII/ DeM/ 123. 124
Nb(.w)-jmnt.t	m	(---)	RII/ DeM/ 156 - 158
Nb(.w)-jmnt.t	m	*zẖ3w pr(.w)-ḥḏ nj nb(.w) t3.wj*	RII/ The/ 005
Nb(.w)-jmnt.t	m	*sḏm-ʿš m S.t-m3ʿ.t*	RII/ DeM/ 187
Nb(.w)-ʿn-sw	m	(---)	SI/ DeM/ 004
Nb(.w)-wʿj	m	*zẖ3w mšʿ nj nb(.w) t3.wj*	RII/ The/ 013
Nb(.w)-wn=f	m	*zẖ3w mšʿ*	Mer/ ???/ 001
Nb(.w)-mḥy.t	m	(---)	Sip/ DeM/ 002
Nb(.w)-msw	m	*jm.j-r' k3.wt*	RII/ Aby/ 019
Nb(.w)-msw	m	*jm.j-r' k3.wt*	RII/ Aby/ 019
		jdnw	RII/ Aby/ 019
Nb(.w)-nj-m3ʿ	m	*b3k nj Jmn(.w)*	RII/ DeM/ 149
Nb(.w)-nfr	m	*ʿ3 nj jz.t m S.t-m3ʿ.t ḥr jmnt.t W3s.t*	RII/ DeM/ 014
		ʿ3 nj qdw.t m S.t-m3ʿ.t	RII/ DeM/ 012. 013
		ḥr.j jz.t	RII/ DeM/ 164
		ḥr.j jz.t nj nb(.w) t3.wj	RII/ DeM/ 014
		ḥr.j jz.t m S.t-m3ʿ.t	RII/ DeM/ 013
		ḥr.j jz.t m S.t-m3ʿ.t ḥr jmnt.t W3s.t	RII/ DeM/ 016
		sḏm-ʿš m S.t-m3ʿ.t	RII/ DeM/ 015
		sḏm-ʿš m S.t-m3ʿ.t m s.t jgr.t	RII/ DeM/ 013
Nb(.w)-nfr	m	(---)	RII/ DeM/ 094
Nb(.w)-nfr	m	(---)	RII/ DeM/ 145
Nb(.w)-nfr	m	(---)	RII/ DeM/ 172
Nb(.w)-nfr	m	*sḏm-ʿš m S.t-m3ʿ.t*	RII/ DeM/ 187
Nb(.w)-nfr	m	(---)	SII/ Aby/ 003
Nb(.w)-nḫ.t	m	(---)	RII/ DeM/ 061. 065
Nb(.w)-nḫ.t	m	*3ḫ-jqr n Rʿ(.w)*	RII/ DeM/ 105
Nb(.w)-nṯr.w	m	(---)	RII/ DeM/ 129
Nb(.w)-nṯr.w	m	*ḥm-nṯr tp.j nj Jmn(.w) m Jwnw šmʿw*	RII/ The/ 002
		z3b	RII/ The/ 002
Nb(.w)-Rʿ(.w)	m	*zẖ3w qdw.t*	RII/ DeM/ 057. 175
		zẖ3w qdw.t nj Jmn(.w)	RII/ DeM/ 053
		zẖ3w qdw.t nj Jmn(.w) m S.t-m3ʿ.t	RII/ DeM/ 053 - 056
		zẖ3w qdw.t m S.t-m3ʿ.t	RII/ DeM/ 054. 058
Nb.w-ḥtp(w)	m	*wʿb*	RII/ Sed/ 004

Name	m/f	Titel	Beleg
		ẖr.j ḥꜣb	RII/ Sed/ 004
		sḏm	RII/ Sed/ 004
Nb(.w)-sr///	m	(---)	RII/ DeM/ 070
Nb(.w)-ḏfꜣ	m	sḏm-ꜥš m S.t-mꜣꜥ.t	SI/ DeM/ 030
Nb(.w)-ḏfꜣ	m	ꜥꜣ nj ꜥ.w m S.t-mꜣꜥ.t	SI/ DeM/ 031
Nb(.w)-ḏfꜣ	m	ꜥꜣ nj ꜥ.w m S.t-mꜣꜥ.t	RII/ DeM/ 162
Nb.t-fꜣ(j)-kꜣ-pr	f	(---)	Mer/ Aby/ 006
Nb.t-nhw	f	nb.t pr(.w)	SI/ DeM/ 004
Nb.t-nht	f	(---)	RII/ DeM/ 121
Nb.t-hnnw	f	(---)	SI/ Aby/ 004
Nb.t-snw	f	nb.t pr(.w)	Mer/ Aby/ 006
Nb(.w)-[///]	m	sḏm-ꜥš m S.t-mꜣꜥ.t	SI/ DeM/ 036
Nbw-m-jrj.t	f	(---)	RII/ DeM/ 082
Nbw-m-jrj.t	f	(---)	Am/ The/ 001
Nbw-m-jrj.t	f	(---)	RII/ DeM/ 123
Nbw-m-wjꜣ	f	nb.t pr(.w)	RII/ Qan/ 060
Nbw-m-wsḫ.t	f	šmꜥy.t nj.t Sbk	RII/ Mem/ 001
Nbw-m-[nfr.t]	f	(---)	Sip/ Aby/ 001
Nbw-m-š-st	f	(---)	SI/ DeM/ 027
Nbw-m-tḫ	f	nb.t pr(.w)	RII/ Aby/ 001
		šmꜥy.t nj.t Jmn(.w)	RII/ Aby/ 001
Nbw-nfr	f	(---)	Sip/ DeM/ 012
Nbw-ḥr-tn	f	(---)	SI/ DeM/ 027
Nbw-ḥr-mꜣꜥ.w	f	nb.t pr(.w)	RII/ The/ 014
		šmꜥy.t nj.t Jmn(.w)	RII/ The/ 014
Nbw-ḥr-mr	f	(---)	SI/ ???/ 001
Nbw-ḥr-ḫꜣḫꜣ	f	nb.t pr(.w)	RII/ Aby/ 017. 018
Nbw-ḥr-ḫsbḏ	f	(---)	RII/ DeM/ 157
Nbw-ḫꜥ(j).tj	f	nb.t pr(.w)	RII/ DeM/ 151
Npjpwy	m	(---)	RII/ Saq/ 018
Nfrw	f	nb.t pr(.w)	Sip/ DeM/ 008
Nfr [///???]	f	(---)	RII/ DeM/ 123
Nfr[///[	m	ḥrtj-nṯr nj pr(.w) Jmn(.w)	RII/ DeM/ 173
Nfr-ꜥꜣb.t	m	sḏm-ꜥš m S.t-mꜣꜥ.t	RII/ DeM/ 127-129. 176
		sḏm-ꜥš m S.t-mꜣꜥ.t ḥr jmnt.t Wꜣs.t	RII/ DeM/ 052. 127. 129
Nfr-ꜥꜣb.t	m	(---)	RII/ DeM/ 064. 126. 130
Nfr-rnp.t	m	(---)	SI/ DeM/ 016
Nfr-rnp.t	m	(---)	SI/ ???/ 004
Nfr-rnp.t	m	jm.j-r' kꜣ.wt	RII/ Aby/ 019
		jdnw	RII/ Aby/ 019
Nfr-rnp.t	m	ṯꜣy-mḏꜣ.t m S.t-mꜣꜥ.t	RII/ DeM/ 066

Name	m/f	Titel	Beleg
Nfr-rnp.t	m	(---)	RII/ DeM/ 126
Nfr-rnp.t	m	*sḏm-ꜥš m S.t-mꜣꜥ.t*	RII/ DeM/ 126. 129 - 131
Nfr-rnp.t	m	(---)	RII/ DeM/ 129
Nfr-rnp.t	m	*sḏm nj Ptḥ*	RII/ M-S/ 009
Nfr-rnp.t	m	*zẖꜣw nzw*	RII/ Qan/ 011
Nfr-rnp.t	m	*jr.j-ꜥꜣ nj pr(.w)-ꜥꜣ ꜥws*	RII/ Qan/ 018
Nfr-rnp.t	m	*zẖꜣw*	RII/ The/ 004
Nfr-rnp.t	m	*zẖꜣw nj tꜣ šnw.t*	RII/ The/ 012
Nfr-rnp.t	m	*ṯꜣy-mḏꜣ.t m S.t-mꜣꜥ.t*	RII/ DeM/ 177
Nfr-ḥr	m	*ꜥꜣ nj ꜥ.w m S.t-mꜣꜥ.t*	RII/ DeM/ 162
Nfr-ḥr	m	*zẖꜣw mšꜥ nj nb(.w) tꜣ.wj*	RII/ Qan/ 030
Nfr-ḥtp(w)	m	*ḥꜣ.tj-ꜥ(.w)*	SI/ Saq/ 001
Nfr-ḥtp(w)	m	*wꜥw*	RII/ Aby/ 006
Nfr-ḥtp(w)	m	*ꜥꜣ nj jz.t*	RII/ DeM/ [011]. 014
		ḥr.j jz.t m S.t-mꜣꜥ.t	RII/ DeM/ 012. 018. 163. 164
		ḥr.j jz.t m S.t-mꜣꜥ.t ḥr jmnt.t Wꜣs.t	RII/ DeM/ 016
Nfr-ḥtp(w)	m	*zẖꜣw nzw mꜣꜥ*	RII/ Mem/ 001
		zẖꜣw nzw r-ꜥ.w nj ḥnw m ꜥ.t-jrp nj ẖnw	RII/ Mem/ 001
		zẖꜣw ḫꜣw.t nj nb(.w) tꜣ.wj	RII/ Mem/ 001
Nfr-ḥtp(w)	m	(---)	RII/ Mem/ 001
Nfr-ḥtp(w)	m	*rwḏw nj ḥw.t Wsr-Mꜣꜥ.t-Rꜥ(.w)-stp-n-Rꜥ(.w)*	RII/ The/ 013
Nfr-ḥtp(w)	m	(---)	RII/ DeM/ 187
Nfr-ḥtp(w)	m	*ꜥꜣ nj jz.t* [///]	Mer/ DeM/ 001
Nfr-ḥtp(w)	m	*ꜥꜣ nj jz.t m S.t-mꜣꜥ.t*	Am/ The/ 001
Nfr-ḥtp(w)	m	(---)	Am/ The/ 001
Nfr-ḥtp(w)	m	*zẖꜣw qdw.t*	Sip/ DeM/ 008
Nfr-snt	m	*sḏm-ꜥš m S.t-mꜣꜥ.t*	RII/ DeM/ 012
Nfr-snt	m	*sḏm-ꜥš m S.t-mꜣꜥ.t*	RII/ DeM/ 132
Nfr-snt	m	[///] *ḥr jmnt.t Wꜣs.t*	RII/ DeM/ 187
Nfr-snt	m	*sḏm-ꜥš m S.t-mꜣꜥ.t*	RII/ DeM/ 187
Nfr-snt	m	*sḏm-ꜥš m S.t-mꜣꜥ.t*	RII/ DeM/ 187
Nfr-sḫr.w	m	(---)	RII/ DeM/ 065
Nfr-tjr	f	(---)	RII/ The/ 005
Nfr.w-snt	m	(---)	RII/ DeM/ 157
Nfr.t	f	*nb.t pr(.w)*	RII/ DeM/ 083
Nfr.t-jyj	f	*šmꜥy.t nj.t ꜣs.t*	RII/ The/ 013
Nfr.t-jy(j).tj	f	*nb.t pr(.w)*	RII/ DeM/ 140 - 142
Nfr.t-jy(j).tj	f	*šmꜥy.t nj.t Bꜣst.t*	Mer/ ???/ 005
Nfr.t-jr.j	f	*nb.t pr(.w)*	SI/ DeM/ 014
Nfr.t-jr.j	f	(---)	SI/ DeM/ 039

Name	m/f	Titel	Beleg
Nfr.t-jr.j	f	*šmˁy.t nj.t Jmn(.w)*	RII/ Qan/ 043
Nfr.t-jr.j	f	(---)	Mer/ ???/ 010
Nfr.t-jr.j	f	(---)	Mer/ ???/ 010
Nfr.t-jr.j	f	*nb.t pr(.w)*	RII/ DeM/ 069 - 072. 074. 077. 167. 178
Nfr.t-jr.j	f	(---)	RII/ DeM/ 153
Nfr.t-jr.j	f	*šmˁy.t nj.t Jmn(.w)*	RII/ The/ 008
Nfr.t-jrw	f	*nb.t pr(.w)*	RII/ Aby/ 005
Nfr.t-wsḫ	f	*nb.t pr(.w)*	RII/ Aby/ 021
Nfr.t-Mw.t	f	(---)	RII/ WeS/ 013
Nfr.t-Mw.t	f	*šmˁy.t nj.t Jmn(.w)*	SII/ Gur/ 002
Nfr.t-ḫˁj	f	*nb.t pr(.w)*	SI/ DeM/ 016
Nfr.t-St.t	f	(---)	SI/ DeM/ 027. 041
Nmḥ.t-n-Mw.t	f	(---)	RII/ The/ 025
Nh.t-m-wjꜣ	f	*šmˁyt nj Ḥw.t-Ḥr(.w)*	RII/ Aby/ 006
Nḥḥ-n-ḏj-sw	m	*ḥr.j ˁrr.t nj.t Ptḥ*	RII/ M-S/ 009
Nḫw-jb	m	*sḏm*	RII/ Qan/ 026
Nḫw-Mw.t	m	*sḏm-ˁš m S.t-mꜣˁ.t*	RII/ DeM/ 133
Nḫt	m	*wˁb nj pḥw*	RII/ Aby/ 015
Nḫt	m	*zẖꜣw*	RII/ Aby/ 017. 018
Nḫt	m	*wˁb*	RII/ Aks/ 002
Nḫt	m	*zẖꜣw nj Jmn(.w)*	RII/ DeM/ 129
Nḫt	m	*zẖꜣw nṯr.w nb.w*	Mer/ ???/ 004
Nḫ.t-Jmn(.w)	m	(---)	SI/ DeM/ 016. 027
Nḫ.t-Jmn(.w)	m	*zẖꜣw qdw.t*	RII/ DeM/ 057
		zẖꜣw qdw.t nj Jmn(.w)	RII/ DeM/ 053
		zẖꜣw qdw.t m S.t-mꜣˁ.t	RII/ DeM/ 058
Nḫ.t-Jmn(.w)	m	*sky*	RII/ Qan/ 060
Nḫ.t-bꜣk	m	*zḫꜣw*	Mer/ ???/ 001
Nḫ.t-Mw.t	m	*sḏm-ˁš m S.t-mꜣˁ.t*	RII/ The/ 016
Nḫ.t-Mw.t	m	(---)	RII/ The/ 016
Nḫ.t-Mw.t	f	*nb.t pr(.w)*	Sip/ Aby/ 002
Nḫ.t-Mw.t	m	(---)	SI/ DeM/ 021. 038
Nḫ.t-Mnw / Jn(j)-ḥr.j-nḫ.t	m	*ḥr.j pḏ.t nj Kš*	RII/ Ani/ 001
Nḫ.t-Mnw	m	*sḏm-ˁš m S.t-mꜣˁ.t*	RII/ The/ 011
		(---)	RII/ DeM/ 094
Nḫt-sw	m	*sḏm-ˁš nj nb(.w) tꜣ.wj m S.t-mꜣˁ.t*	Sip/ DeM/ 012
Nḫt-st	m	(---)	SI/ DeM/ 027
Nḫt-Ḏḥwtj	m	*sḏm-ˁš m S.t-mꜣˁ.t ḥr jmnt.t Wꜣs.t*	RII/ DeM/ 162
Nḫt///	m	*sḏm-ˁš m S.t-mꜣˁ.t*	RII/ DeM/ 064

Name	**m/f**	**Titel**	**Beleg**
Nḫt///	m	*šms*	RII/ DeM/ 068
Ns-Jmn(.w)	m	*zẖꜣw*	RII/ Aby/ 019
Ns-Mw.t	f	*šmꜥy.t nj.t Jmn(.w)*	SII/ Ani/ 001
Ntj-b-pꜣ-r'-tj	f	*šmꜥy.t nj.t Jmn(.w)*	RII/ Aby/ 008
Ntw-jr.j	m	(---)	RII/ ???/ 013
N-ḏꜣbw	m	*wꜥb nj ḥꜣtj*	RII/ Aby/ 015
Nḏ.t	f	*nb.t pr(.w)*	RII/ M-S/ 005
Nḏm	m	(---)	RII/ DeM/ 129
Nḏm.t-Bḥd.t	f	*nb.t pr(.w)*	SI/ DeM/ 007, 2. Name: bsj
Nḏm-gr	m	(---)	RII/ DeM/ 129
Nḏm.t-ṯꜣw	f	(---)	SI/ DeM/ 027
R'-y	m	(---)	SI/ ???/ 004
R'-y	m	*zẖꜣw pr(.w)-ꜥnḫ*	RII/ Saq/ 018
R'-y	f	(---)	RII/ Saq/ 018
R'-y	m	*ṯꜣj-mḏꜣ.t*	Mer/ ???/ 005
R'-y	m	[///] *nj nb(.w) tꜣ.wj*	Mer/ ???/ 009
R'-fj	m	*zẖꜣw*	RII/ Qan/ 014
R'-mꜥ	m	*zẖꜣw mšꜥ.w nj tꜣ ḥw.t Mn-Mꜣꜥ.t-Rꜥ(.w)*	SI/ Aby/ 003
R'-mꜥ	m	*zẖꜣw*	RII/ Aby/ 017. 018
R'-mꜥ	m	*jm.j-r' ḥm.w-nṯr nj nṯr.w nb.w*	Mer/ The/ 003
		jr.j-pꜥ.t	Mer/ The/ 003
		wꜥb ꜥ.wj	Mer/ The/ 003
		[??] *nj Kꜣ-mw.t=f*	Mer/ The/ 003
		ḥꜣ.tj-ꜥ(.w)	Mer/ The/ 003
		ḥm-nṯr snnw nj Jmn(.w)	Mer/ The/ 003
		ḥm-nṯr tp.j nj Jmn(.w)	Mer/ The/ 003
R'-ḏqbwtj	m	*zꜣw m ḫpš ?*	RII/ Qan/ 032
Rjꜣy	m	*wꜥb*	RII/ M-S/ 002
		wt	RII/ M-S/ 002
		wt m pr(.w)-nfr	RII/ M-S/ 002
		ẖr.j ḥꜣb	RII/ M-S/ 002
		ẖr.j ḥꜣb m pr(.w)-nfr	RII/ M-S/ 002
Ry	m	*ḥr.j jḥw*	RII/ Aby/ 005
Rꜥjꜣ	m	*qḏn*	RII/ Aby/ 020
Rꜥjꜣ	m	*jm.j-r' jpꜣ.t nzw nj pr(.w)-ḫnr m Mn-nfr*	RII/ Saq/ 007. 008
		jm.j-r' jpꜣ.t nzw nj pr(.w)-ḫnr m Ḥw.t-kꜣ-Ptḥ	RII/ Saq/ 007
		jm.j-r' jpꜣ.t nzw m Ḥw.t-kꜣ-Ptḥ	RII/ Saq/ 007
		jm.j-r' ssm.wt	RII/ Saq/ 007. 008
		jm.j-r' ssm.wt nzw	RII/ Saq/ 007
		jr.j-pḏ.t	RII/ Saq/ 007

Name	m/f	Titel	Beleg
		jr.j-pḏ.t nj nb(.w) tꜣ.wj	RII/ Saq/ 008
		zẖꜣw nzw	RII/ Saq/ 007. 008
		ṯꜣy-ḫw ḥr wnmj nj nzw	RII/ Saq/ 007. 008
Rꜥjꜣ	m	*ḥr.j ḥzw.w nj Ptḥ*	RII/ Saq/ 015
Rꜥjꜣ	m	*wꜥb*	RII/ Aby/ 021
		wꜥb m ḥw.t-Rꜥ(.w)-ms(j)-sw-mr(j)-Jmn(.w)	RII/ Aby/ 021
Rꜥ(.w)	m	*zwnw nj pr(.w) ḥm.t-nzw*	SI/ Aby/ 006
Rꜥ(.w)-jꜣy	m	*zꜣb*	RII/ Mem/ 001
		kṯn nj ḥm=f	RII/ Mem/ 001
Rꜥ(.w)-wbn.w	m	*sḏm-ꜥš m S.t-mꜣꜥ.t*	RII/ DeM/ 102
Rꜥ(.w)-ms(w)	m	*zẖꜣw*	SI/ Aby/ 003. 006, SI/ DeM/ 035, SI/ ???/ 004
Rꜥ(.w)-ms(w)	m	*jm.j-r' jz.t*	RII/ DeM/ 049
		jm.j-r' jz.t m S.t-mꜣꜥ.t	RII/ DeM/ 046
		jm.j-r' jz.t m S.t-mꜣꜥ.t ḥt jmnt.t Wꜣs.t	RII/ DeM/ 028
		jm.j-r' pr(.w)-ḥḏ nj pr(.w) (Mn-ḫpr(.w).w-Rꜥ(.w))	RII/ DeM/ 027
		jm.j-r' pr(.w)-ḥḏ m S.t-mꜣꜥ.t	RII/ DeM/ 027
		jm.j-r' gs-pr(.w) m pr(.w) jm.j-r' ḫtmw	RII/ DeM/ 027
		jm.j-r' kꜣ.wt ḥr jmnt.t Wꜣs.t	RII/ DeM/ 027
		jm.j-r' kꜣ.wt nj nb(.w) tꜣ.wj m ḥw.wt-nṯr	RII/ DeM/ 046
		bꜣk nj Ptḥ rḫ sbꜣ.t=f	RII/ DeM/ 050
		mḥ-jb m S.t-mꜣꜥ.t	RII/ DeM/ 049
		ẖr.j ꜥ.w zẖꜣw šꜥ.t nj jr.j-pꜥ.t	RII/ DeM/ 027. 038
		zẖꜣw	RII/ DeM/ 046
		zẖꜣw nj pr(.w) nj ḏ.t nj pr(.w) Jmn(.w)-Rꜥ(.w)	RII/ DeM/ 043
		zẖꜣw m S.t-mꜣꜥ.t	RII/ DeM/ 006. 007.026. 030. 033. 034. 036. 039. 040. 043. 044. 047. 048. 184, RII/ The/ 010
		zẖꜣw m S.t-nḥḥ	RII/ DeM/ 037
		zẖꜣw mꜣꜥ	RII/ DeM/ 031
		zẖꜣw mꜣꜥ m S.t-mꜣꜥ.t	RII/ DeM/ 043, RII/ The/ 010
		zẖꜣw nzw	RII/ DeM/ 028. 035
		zẖꜣw nzw m S.t-mꜣꜥ.t	RII/ DeM/ 029. 032. 049. 050. 181
		zẖꜣw nzw m S.t-mꜣꜥ.t ḥr jmnt.t Wꜣs.t	RII/ DeM/ 042
		zẖꜣw ḥsb jḥw nj Jmn(.w)-Rꜥ(.w)	RII/ DeM/ 027

Name	m/f	Titel	Beleg
Rᶜ(.w)-ms(w)	m	(---)	RII/ DeM/ 102
Rᶜ(.w)-ms(w)	m	(---)	RII/ DeM/ 129
Rᶜ(.w)-ms(w)	m	[///]	RII/ DeM/ 148
Rᶜ(.w)-ms(w)	m	*Wᶜw*	RII/ DeM/ 156
Rᶜ(.w)-ms(w)	m	*Wᶜb*	RII/ DeM/ 170
Rᶜ(.w)-ms(w)	m	*ṯȝy-sry.t*	RII/ Qan/ 028
Rᶜ(.w)-ms(w)	m	2. Name von *Ḏḥwtj-ms(w)*, cf. dort	RII/ M-S/ 001
Rᶜ(.w)-ms(w)	m	*ḥr.j tp m pr(.w)-nfr*	RII/ M-S/ 001
Rᶜ(.w)-ms(w)	m	*jr.j-pḏ.t nj nb(.w) tȝ.wj*	RII/ The/ 005
Rᶜ(.w)-ms(w)	m	[///] *nj nb(.w) tȝ.wj*	RII/ The/ 008
Rᶜ(.w)-ms(w)	m	*sky*	RII/ WeS/ 009
Rᶜ(.w)-ms(w)	m	*ḥm-nṯr nj (Rᶜ(.w)-ms(j)-sw-mr(j)-Jmn(.w)) ẖnj=f-Jmn(.w)*	Mer/ ???/ 006
Rᶜ(.w)-ms(w)	m	*ḥr.j jḥw*	Sip/ Aby/ 003
Rᶜ(.w)-ms(w)-mn	m	*wbȝ-nzw*	RII/ Qan/ 006
Rᶜ(.w)-ms(w)-nḫtw	m	äg. Name von *ᶜkbr*, cf. dort	RII/ Qan/ 034
Rᶜ(.w)-ms(j)-sw-m-pr(.w)-Rᶜ(.w)	m	*wᶜb-ᶜ.wj nj nb(.w) tȝ.wj*	Mer/ Aby/ 005
		wbȝ-nzw	Mer/ Aby/ 005, Mer/ ???/ 003
		wbȝ-nzw ᶜȝ nj ᶜ.t-ḥnq.t	Mer/ Aby/ 005
		wbȝ-nzw ᶜȝ nj ᶜ.t-ḥnq.t pr(.w)-ᶜȝ ᶜws	Mer/ Aby/ 005
		wbȝ-nzw nj nb(.w) tȝ.wj	Mer/ Gur/ 001
		wḥm-nzw tp.j nj ḥm=f	Mer/ Aby/ 005
		tp.j nj ḥm=f	Mer/ ???/ 001
		ṯȝy-ḫw ḥr wnmj nj nzw	Mer/ Aby/ 005
		Sein 2. Name ist *Mr(j)-Jwnw*, cf. dort	Mer/ Aby/ 005
Rᶜ(.w)-ms(j)-sw-m-sȝ-nȝ-pḥ-sw	m	*kṯn tp.j nj ḥm=f*	RII/ The/ 022
Rᶜ(.w)-ms(j)-sw-hrw	m	*ᶜȝ nj ᶜ.t-ḥnq.t šps*	Mer/ Aby/ 003
		wᶜb-ᶜ.wj nj nb(.w) tȝ.wj	Mer/ Aby/ 003
		wbȝ nzw	Mer/ Aby/ 003
Rᶜ(.w)-ḥtp(w)	m	*jm.j-r' jm.jw-ḫn.t ᶜȝ nj nb(.w) tȝ.wj m ḥw.t ḥȝb.w-sd*	RII/ Saq/ 011
		jm.j-r' n'.t	RII/ Aby/ 003, RII/ Qan/ 002, RII/ Saq/ 010. 011, RII/ Sed/ 004
		jm.j-r' hpw.w nj nṯr nfr m zḥ nj wḏᶜ mȝᶜ.t	RII/ Saq/ 011
		jm.j-r' ḥm.w-nṯr	RII/ Saq/ 011

Name	m/f	Titel	Beleg
		jm.j-r' k3.wt	RII/ Saq/ 011
		jr.j-pꜥ.t	RII/ Qan/ 002, RII/ Saq/ 011
		jtj-nṯr m pr(.w) ḥr.j š=f	RII/ Aby/ 003
		jtj-nṯr	RII/ Saq/ 011
		wr-m3w Rꜥ(.w)	RII/ Saq/ 011
		wr mdww nj mꜥb3y.t	RII/ Saq/ 011
		wr Ḫrp-ḥmw.w (=Ptḥ)	RII/ Saq/ 011
		wr ḫrp sp3.wt n'.wt	RII/ Saq/ 011
		wḥm nj bjtj	RII/ Saq/ 011
		wṯs nj mḫ3.t t3.wj	RII/ Saq/ 011
		r' nj nzw m m t3 r-ḏr=f	RII/ Saq/ 011
		r' nḫn	RII/ Saq/ 011
		r' nj nzw	RII/ Saq/ 011
		r' nzw ḥr ḫ3s.t nb.t	RII/ Saq/ 011
		ḥ3.tj-ꜥ(.w)	RII/ Qan/ 002
		ḥm-nṯr nj w3ḏ.tj ḥr	RII/ Saq/ 011
		ḥm-nṯr tp.j nj m3ꜥ.t	RII/ Saq/ 011
		ḥr.j sšt3 m ḥw.t bjtj	RII/ Saq/ 011
		ḥr.j sšt3 m ḥw.t Nj.t	RII/ Saq/ 011
		ḥr.j sšt3 m ḥw.t ḫrp.w	RII/ Saq/ 011
		ḥr.j sšt3 nj.t pr(.w)-nzw	RII/ Saq/ 011
		ḥr.j tp m t3 r-ḏr=f	RII/ Saq/ 011
		ḥr.j tp t3.wj	RII/ Saq/ 011
		ḫrp wr.w	RII/ Saq/ 011
		ḫrp ḥmw.w	RII/ Saq/ 011
		ḫrp šnḏw.t nb.t	RII/ Saq/ 011
		z3b	RII/ Saq/ 011
		z3b nj rḫy.t	RII/ Saq/ 011
		z3b t3	RII/ Saq/ 011
		sm nj Ptḥ	RII/ Saq/ 011
		sšm-ḥ3b nj Rs(j)-jnbw=f (=Ptḥ)	RII/ Saq/ 011
		sm nj Ptḥ	RII/ Saq/ 011
		t3ytj wpj t3.wj	RII/ Saq/ 011
		t3ytj t3	RII/ Saq/ 011
		t3ytj t3.wj	RII/ Saq/ 011
		t3ytj sbḫ.t nzw	RII/ Saq/ 011
		t3ytj nj ḥnmm.t	RII/ Saq/ 011
		ṯ3y-ḫw ḥr wnmj nzw	RII/ Qan/ 002
		ṯ3.tj	RII/ Saq/ 010. 011, RII/ Sed/ 004
		ṯ3.tj nj pr(.w)-(Rꜥ(.w)-ms(j)-sw mr(j)-Jmn(.w))| p3 k3 nj P3-Rꜥ(.w)-Ḥr(.w)-3ḫ.tj	RII/ Aby/ 003, RII/ Qan/ 002

Name	m/f	Titel	Beleg
		ṯ3y-ḫw ḥr wnmj nzw	RII/ Saq/ 011
		ṯ3.tj wpj t3.wj	RII/ Saq/ 011
		ṯ3.tj nj rḫy.t	RII/ Saq/ 011
		[///]	RII/ DeM/ 045
Rwrw	m	*jm.j-r' pr(.w) wr (nj nzw)*	SI/ ???/ 001
		jm.j-r' ssm.wt nj nb(.w) t3.wj	SI/ ???/ 001
		jr.j-pᶜ.t ḥ3.tj-ᶜ(.w)	SI/ ???/ 001
		mḥ-jb nj nb(.w) t3.wj	SI/ ???/ 001
		ḫtmw bjtj	SI/ ???/ 001
		zḫ3w nzw	SI/ ???/ 001
		sm m t3 ḥw.t Mn-m3ᶜ.t-Rᶜ(.w)	SI/ ???/ 001
Rwq3š3	f	*šmᶜy.t nj.t Jmn(.w)*	Mer/ Aby/ 004
Rp.t	f	*nb.t pr(.w)*	RII/ The/ 005
Rnnwt.t	f	(---)	SI/ Aby/ 003
Rnnwt.t	f	(---)	SI/ Aby/ 003
Rnnwt.t	f	*nb.t pr(.w)*	SI/ Aby/ 006
Rnnwt.t	f	*šmᶜy.t nj.t Jmn(.w)*	SI/ ???/ 001
Rnnwt.t	f	(---)	RII/ ???/ 013
Rḫ-Jmn(.w)	m	*jrw ḥsbḏ nj Jmn(.w)*	RII/ The/ 023
Rḫ(.t)-ᶜnw	f	(---)	RII/ The/ 025
Ršw-jrj.n=f	m	(---)	RII/ DeM/ 094
Ršpw	m	*jm.j-r' pr(.w) wr*	RII/ Aby/ 019
		zḫ3w nzw	RII/ Aby/ 019
H3j	m	*pḏ.t nj nṯr nfr*	RII/ Aby/ 001
		z3b	RII/ Aby/ 001
H3w-nfr	m	*ḥr.j jrj-ḫrw nj ᶜ.t-ḥnq.t pr(.w)-ᶜ3 ᶜws*	SII/ Aby/ 003
H-nfr	m	*ḥ3.tj-ᶜ(.w)*	RII/ Buh/ 005
		ḥm-nṯr tp.j	RII/ Buh/ 005
		ḥm-nṯr tp.j nj Ḥr(.w) nb Bhn	RII/ Buh/ 005
		zḫ3w nṯr	RII/ Buh/ 005
Hd-nḫt	m	(---)	Sip/ DeM/ 003
Ḥ3y	m	*sḏm-ᶜš m S.t-m3ᶜ.t*	SI/ DeM/ 018
Ḥ3y	m	(---)	SI/ DeM/ 018
Ḥ3y	m	(---)	SI/ DeM/ 021
Ḥ3y	m	(---)	SI/ DeM/ 036
Ḥ3y	m	*sḏm-ᶜš m S.t-m3ᶜ.t*	RII/ DeM/ 134. 135
Ḥ3y	m	(---)	RII/ DeM/ 136
Ḥ3y	m	*ḥr.j jz.t m S.t-m3ᶜ.t*	Sip/ DeM/ 007
Ḥ3y-tp	m	(---)	SI/ DeM/ 038
Ḥ3y-tp	m	*ḥr.j jz.t*	Sip/ DeM/ 001
Ḥ3y-tp	m	*b3k nj nb(.w) t3.wj*	SI/ DeM/ 001
Ḥ3.t	m	*Wᶜb*	RII/ Aby/ 021

Name	m/f	Titel	Beleg
Ḥꜣtjꜣy	m	(---)	RI/ ???/ 001
Ḥꜣtjꜣy	m	*jm.j-rꜣ zẖꜣw-qdw.t nj Jmn(.w)*	SI/ The/ 001
		ḥr.j zẖꜣw-qdw.t	SI/ DeB/ 001
		ḥr.j ṯꜣy-sry.t	SI/ Giz/ 001
		ḥr.j ṯꜣy-sry.t nj nb(.w) tꜣ.wj	SI/ ???/ 004
		zꜣb	SI/ Saq/ 003 - 006
		zẖꜣw nzw	SI/ ???/ 004
		ṯꜣy-sry.t	SI/ Edf/ 001
Ḥꜣtjꜣy	m	*wpw.tj-nzw*	RII/ Sed/ 001
Ḥꜣtjꜣy	m	*ḥr.j jḥw*	RII/ The/ 005
Ḥꜣtjꜣy	m	*jm.j-rꜣ mšꜥ wr*	RII/ The/ 019
		jm.j-rꜣ kꜣ.wt m S.t-mꜣꜥ.t	RII/ The/ 019
		ṯzw pḏ.t nj mšꜥ qnj	RII/ The/ 019
Ḥꜥ-sj	m	(---)	RII/ M-S/ 004
Ḥꜥpj-ꜥꜣ	m	*wꜥb*	RII/ Gad/ 001
Ḥꜥn-bꜣnꜣ	f	(---)	Sip/ Aby/ 003
Ḥwy	m	*ṯꜣy-ḫꜥ.w*	SI/ Aby/ 001
Ḥwy	m	*zẖꜣw pr(.w)-ḥḏ nj nb(.w) tꜣ.wj*	SI/ Aby/ 003
Ḥwy	m	*wr zwnw*	SI/ Aby/ 006. 007
		ḥr.j zwnw nj nb.t tꜣ.wj	SI/ Aby/ 007
Ḥwy	m	*zẖꜣw wdḥ.w nj nb(.w) tꜣ.wj*	SI/ Aby/ 009, SI/ ???/ 005
		sšm-ḥꜣb nj Wsjr	SI/ Aby/ 009
Ḥwy	m	*Šms*	SI/ Buh/ 001
Ḥwy	m	*sḏm-ꜥš m S.t-mꜣꜥ.t*	SI/ DeM/ 017. 018
Ḥwy	m	*ḥmw.w wr m S.t-mꜣꜥ.t*	SI/ DeM/ 019. 020
Ḥwy	m	*ḥmw.w wr m S.t-mꜣꜥ.t*	RII/ DeM/ 021
Ḥwy	m	[///]	SI/ DeM/ 025
Ḥwy	m	*sḏm-ꜥš m S.t-mꜣꜥ.t*	SI/ DeM/ 038
Ḥwy	m	*zẖꜣw ḫꜣw.t nj nb(.w) tꜣ.wj*	SI/ Saq/ 007
Ḥwy	m	*zẖꜣw mšꜥ nzw*	RII/ Aby/ 005
Ḥwy	m	*wpw.tj-nzw n ḫꜣs.wt nb.wt*	RII/ Aby/ 005
Ḥwy	m	*wꜥb*	RII/ ASi/ 003
Ḥwy	m	*ḥmw.w*	RII/ DeM/ 019
Ḥwy	m	(---)	RII/ DeM/ 065
Ḥwy	m	(---)	RII/ DeM/ 069
Ḥwy	m	(---)	RII/ DeM/ 075
Ḥwy	m	*sḏm-ꜥš m S.t-mꜣꜥ.t ḥr jmnt.t Wꜣs.t*	RII/ DeM/ 071
Ḥwy	m	(---)	RII/ DeM/ 126. 129
Ḥwy	m	*sḏm-ꜥš m S.t-mꜣꜥ.t (ḥr jnmt.t Wꜣs.t)*	RII/ DeM/ 137 - 142
Ḥwy	m	(---)	RII/ DeM/ 137
Ḥwy	m	*bꜣk nj Jꜥḥ*	RII/ DeM/ 143

Name	m/f	Titel	Beleg
Ḥwy	m	*ẖrtj-nṯr*	RII/ DeM/ 151
Ḥwy	m	(---)	RII/ DeM/ 151
Ḥwy	m	*zẖꜣw*	RII/ DeM/ 162
Ḥwy	m	*ṯꜣy-mḏꜣ.t*	RII/ DeM/ 166
Ḥwy	m	*wꜥb*	RII/ DeM/ 170
Ḥwy	m	*sḏm-ꜥš m S.t-mꜣꜥ.t ḥr jmnt.t Wꜣs.t*	RII/ DeM/ 171
Ḥwy	m	*ꜥꜣ nj mw n tꜣ ḥw.t Wsr-Mꜣꜥ.t-Rꜥ(.w)-stp-n-Rꜥ(.w)*	RII/ DRi/ 001
Ḥwy	m	(---)	RII/ DeM/ 172
Ḥwy	f	(---)	SI/ DeM/ 007
Ḥwy	f	(---)	SI/ ???/ 004
Ḥwy	m	*jm.j-r' ḫꜣs.wt rsj.wt*	RII/ Nub/ 001
		jm.j-r' ḫꜣs.wt nb.wt nj Jmn(.w)	RII/ Nub/ 001
		jm.j-r' ssm.wt	RII/ Nub/ 001
		jr.j-pꜥ.t	RII/ Nub/ 001
		jdnw nj ḥm=f m Tꜣ-nt-ḥtj	RII/ Nub/ 001
		ḥꜣ.tj-ꜥ(.w)	RII/ Nub/ 001
		ḥr.j pḏ.t	RII/ Nub/ 001
		ḥr.j pḏ.t m ṯꜣrw	RII/ Nub/ 001
		zꜣ nzw r p.t m Tꜣ-stj	RII/ Nub/ 001
		zꜣ nzw nj Kš	RII/ Nub/ 001, RII/ Sai/ 001
		zẖꜣw nzw	RII/ Nub/ 001
		ṯꜣj-ḫw ḥr wnmj nzw	RII/ Nub/ 001
Ḥwy	m	*ṯꜣy-sry.t nj zꜣ (Rꜥ(.w)-ms(j)-sw-mr(j)-Jmn(.w))*	RII/ WeS/ 001
Ḥwy	m	*ṯꜣj-ḫw*	Mer/ ???/ 004
Ḥwy-jꜣ	f	*nb.t pr(.w)*	Sip/ Aby/ 003
Ḥwy-n-mꜣ	m	*zẖꜣw qdw.t*	RII/ Sed/ 003
Ḥwy-nfr	m	*sḏm-ꜥš m S.t-mꜣꜥ.t*	RII/ DeM/ 151 - 153
Ḥwy-wr	m	(---)	SI/ ???/ 004
Ḥwy-nfr	m	(---)	SI/ Aby/ 003
Ḥwy-nfr	m	(---)	SI/ DeM/ 018
Ḥwy-nfr	m	(---)	RII/ DeM/ 019
Ḥwy-nfr	m	*ṯꜣy-mḏꜣ.t*	RII/ DeM/ 129
Ḥwy-nfr	m	(---)	RII/ M-S/ 005
Ḥwy-nfr	m	(---)	SII/ DeM/ 001
Ḥwy-nfr.t	f	*nb.t pr(.w)*	RII/ DeM/ 177
Ḥwj-šrj	m	*zẖꜣw pr(.w)-ḥḏ nj nb(.w) tꜣ.wj*	SI/ ???/ 003
		zẖꜣw ḥsb ḥḏ nbw n nb(.w) tꜣ.wj m šmꜣw mḥw	SI/ ???/ 003
		zẖꜣw pr(.w)-ḥḏ nj nzw nḫt m ḥw.t=f nj ḥḥ m [rnp.wt][///]	SI/ ???/ 003

Name	m/f	Titel	Beleg
Ḥwj-šrj.t	f	*nb.t pr(.w)*	SI/ The/ 001
Ḥw-m-ṯbtj=f	m	(---)	RII/ DeM/ 166
Ḥwl	f	*nb.t pr(.w)*	SI/ DeM/ 036
Ḥwl	f	(---)	RII/ Aby/ 005
Ḥwl	f	*nb.t pr(.w)*	RII/ DeM/ 123
Ḥwl	f	*nb.t pr(.w)*	RII/ DeM/ 134. 136
Ḥwl	f	(---)	RII/ M-S/ 006
Ḥwl	f	*nb.t pr(.w)*	Am/ The/ 001
Ḥwly	f	*šmꜥy.t nj.t Ḥw.t-Ḥr(.w)*	RII/ Saq/ 010
Ḥwl-ṯb.tj=fj	m	*ṯꜣy-mḏꜣ.t*	RII/ DeM/ 129
Ḥw.t-Ḥr(.w)	f	*nb.t pr(.w)*	SI/ DeM/ 031
Ḥw.t-Ḥr(.w)-///	f	*nb.t pr(.w)*	SI/ DeM/ 008
Ḥw.t-Ḥr(.w)	f	(---)	RII/ DeM/ 094
Ḥw.t-Ḥr(.w)	f	*šmꜥy.t [///]f*	Mer/ ???/ 004
Ḥw.t-Ḥr(.w)	f	(---)	Sip/ DeM/ 012
Ḥw.t-ḥr.t	f	*šmꜥy.t nj.t Jmn(.w)*	RII/ Qan/ 043
Ḥwtj	m	*jm.j-r' jḥw nj tꜣ ḥw.t Rꜥ(.w)-ms(j)-sw-mr(j)-Jmn(.w) m pr(.w) Rꜥ(.w)*	RII/ DRi/ 002
Ḥm.t-nṯr	f	*wšb.t*	RII/ DeM/ 129
Ḥm.t-nṯr	f	(---)	RII/ DeM/ 140. 142
Ḥm.t-nṯr	f	*wšb.t*	RII/ DeM/ 144
Ḥnw.t	f	*nb.t pr(.w)*	RII/ M-S/ 005
Ḥnw.t-Jwn.t	f	*šmꜥy.t nj.t Jmn(.w)*	SI/ ???/ 001
Ḥnw.t-Jwn.t	f	*šmꜥy.t nj.t Bꜣst.t*	Mer/ ???/ 005
Ḥnw.t-jr.t	f	(---)	RII/ Aby/ 005
Ḥnw.t-ꜥn-sw	f	(---)	SI/ Aby/ 008
Ḥnw.t-Wꜣḏbw	f	(---)	SI/ DeM/ 027
Ḥnw.t-Wꜣḏbw	f	*nb.t pr(.w)*	SI/ DeM/ 041
Ḥnw.t-wꜥ.tj	f	(---)	RII/ DeM/ 123
Ḥnw.t-mr(j).t	f	(---)	RII/ DeM/ 153
Ḥnw.t-mḥy.t	f	(---)	SI/ DeM/ 016
Ḥnw.t-mḥy.t	f	(---)	SI/ DeM/ 027
Ḥnw.t-mḥy.t	f	*nb.t pr(.w)*	RII/ DeM/ 070
Ḥnw.t-mḥy.t	f	(---)	RII/ DeM/ 121
Ḥnw.t-mḥy.t	f	*nb.t pr(.w)*	RII/ DeM/ 166
Ḥnw.t-mḥy.t	f	*nb.t pr(.w)*	RII/ KeG/ 001. 002
Ḥnw.t-nfr.t	f	(---)	RII/ DeM/ 019
Ḥnw.t-nfr.t	f	(---)	RII/ DeM/ 121
Ḥnw.t-ṯꜣw	f	*nb.t pr(.w)*	RII/ DeM/ 077
Ḥnw.t-dwꜣ.t	f	*šmꜥy.t nj.t Jmn(.w)*	RII/ Aby/ 019
Ḥnw.t-ḏww	f	(---)	RII/ DeM/ 153
Ḥl	f	(---)	RII/ DeM/ 126

Name	m/f	Titel	Beleg
Ḥl	f	(---)	RII/ M-S/ 004
Ḥr(.w)-m-wjꜣ	m	*sḏm-ʿš m S.t-mꜣʿ.t ḥr jmnt.t Wꜣs.t*	SI/ DeM/ 002
Ḥr(.w)-m-wjꜣ	m	*jtj-nṯr ḥr-wꜣḏ*	SI/ Aby/ 008
Ḥr(.w)-m-wjꜣ	m	*sḏm-ʿš m S.t-mꜣʿ.t*	RII/ DeM/ 129
Ḥr(.w)-m-wjꜣ	m	*sḏm-ʿš m S.t-mꜣʿ.t*	RII/ DeM/ 145
Ḥr(.w)-m-ḥꜣb	m	*zẖꜣw*	SI/ ???/ 004
Ḥr(.w)-m-ḥꜣb	m	[///]	RII/ Buh/ 004
Ḥr(.w)-m-ḥꜣb	m	*ḥm-nṯr snnw*	RII/ Buh/ 005
Ḥr(.w)-m-ḥꜣb	m	*jm.j-r' jḥw nj Jmn(.w) m* [///]	RII/ Sai/ 001
		ṯꜣy-sry.t	RII/ Sai/ 001
Ḥr(.w)-Mnw	m	*zẖꜣw ssm.wt nj nb(.w) tꜣ.wj nj pꜣ jḥw nj (Rʿ(.w)-ms(j)-sw-mr(j)-Jmn(.w)) nj ẖnw*	RII/ Hel/ 001
⸢*Ḥr(.w)*⸣*-nfr*	m	(---)	SI/ DeM/ 030
Ḥr(w)-nḫt	m	(---)	RII/ Her/ 001
Ḥr.j	m	(---)	SI/ Aby/ 003
Ḥr.j	m	*jm.j-r' ʿb nj tꜣ ḥw.t (Mn-Mꜣʿ.t-Rʿ(.w)) hrw-jm m ꜣbḏw*	SI/ Aby/ 005
		ḥꜣ.tj-ʿ(.w) nj pꜣ pr(.w) nj (Rʿ(.w)-ms(j)-sw)	SI/ Aby/ 005
Ḥr.j	m	*ṯꜣ.tj*	RII/ Aby/ 003
Ḥr.j	m	*jm.j-ḫn.t nj nb(.w) tꜣ.wj*	RII/ Aby/ 013
		ḥm-nṯr tp.j njWwsjr	RII/ Aby/ 013. 014
Ḥr.j	m	*ḥꜣ.tj-ʿ(.w) nj Mjʿm*	RII/ Ani/ 002
Ḥr.j	m	*jm.j-r' ꜣḥ.wt nj nb(.w) tꜣ.wj*	RII/ The/ 012
Ḥr.j	m	*jdnw nj tꜣ šnw.t pr(.w)-ʿꜣ*	RII/ The/ 012
Ḥr.j	m	*ḥr.j jḥw ẖnw*	RII/ The/ 012
Ḥr.j	m	*ḥr.j jḥw nj ẖnw*	Mer/ ???/ 005
Ḥr.j	m	*jr.j-pʿ.t*	SII/ Mem/ 001
		ḥꜣ.tj-ʿ(.w)	SII/ Mem/ 001
		ḫrp ḥmw.w	SII/ Mem/ 001
		zꜣb m ḥw.t-Ptḥ	SII/ Mem/ 001
		sm wr	SII/ Mem/ 001
Ḥr.j	m	*wr ḫrp ḥmw.w*	SII/ Mem/ 001
Ḥr.j	m	*jm.j-r' n'.t*	SII/ Mem/ 001
		ṯꜣ.tj	SII/ Mem/ 001
Ḥr.j	m	*jm.j-r' n'.t*	Sip/ DeM/ 001
		ṯꜣ.tj	Sip/ DeM/ 001
Ḥr.j.t-jꜣ	f	*nb.t pr(.w)*	SII/ DeM/ 002
Ḥr.j-nḫt	m	*ḥm-nṯr nj pr(.w) Mnw*	RII/ The/ 012
Ḥr.j.t-jb-mn-nfr	f	*nb.t pr(.w)*	RII/ Aby/ 009

Name	m/f	Titel	Beleg
Ḥḥ	m	*wpw.tj-nzw r tꜣ nb*	RII/ Aby/ 008
		kṯn tp.j nj ḥm=f	RII/ Aby/ 008
Ḥḥ-nḫw	m	*sḏm-ꜥš m S.t-mꜣꜥ.t*	SI/ DeM/ 027
Ḥḥ-nḫw	m	(---)	SI/ DeM/ 027
Ḥḥ-nḫw	m	(---)	SI/ DeM/ 027
Ḥḥ-nḫw	m	(---)	SI/ DeM/ 028
Ḥzyw	m	*wꜥw ?*	RII/ Qan/ 035
Ḥz(j)-Ptḥ	m	*ꜣḫ-jqr-n-Rꜥ(.w)*	Mer/ The/ 001
Ḥz(j)-sw	m	(---)	Mer/ ???/ 007
Ḥz(j)-sw-nb=f	m	*sḏm-ꜥš nj nb(.w) tꜣ.wj m S.t-mꜣꜥ.t*	Am/ The/ 001
Ḥz(j)-sw-nb=f	m	*sḏm-ꜥš m S.t-mꜣꜥ.t*	Sip/ DeM/ 020
Ḥqꜣ-nḫ.t	m	*zꜣ-nzw nj Kš*	RII/ Aks/ 003
Ḥtp.t	f	(---)	RII/ The/ 005
Ḥtp(w)-Ptḥ	m	*ḫrj-ḥꜣb nj Ḥꜥpj*	RII/ M-S/ 006
Ḫꜣwj	m	*bꜣk nj Jmn(.w)-n-jpꜣ.t*	RII/ DeM/ 085
		zꜣw.tj m S.t-mꜣꜥ.t	RII/ DeM/ 084 - 086
Ḫꜣ-n-Mw.t	f	(---)	RII/ The/ 025
Ḫꜣmwy	m	*ꜣḫ-jqr-n-Rꜥ(.w)*	Sip/ DeM/ 013 - 017. 21 -23
Ḫꜣrw	m	(---)	SI/ DeM/ 017
Ḫꜣrw	m	*zẖꜣw nj ꜥrw.t*	Sip/ Kar/ 001
Ḫꜥy	m	*wr zwnw nj pr(.w) ḥm.t-nzw*	SI/ Aby/ 006
Ḫꜥy	m	*zẖꜣw šꜥ.t*	RII/ ASi/ 001. 002
Ḫꜥy	m	*wꜥb nj Jmn(.w)*	Sip/ Aby/ 003
Ḫꜥy	m	*wꜥw*	SI/ Aby/ 001
Ḫꜥy	m	*wḥm nzw tp.j nj bn tꜣ.wj*	RII/ Aby/ 001
		sm(j) mdwt. tꜣ.wj	RII/ Aby/ 001
Ḫꜥy	m	*zẖꜣw ḥtp.w-nṯr nj nṯr.w nb.w*	RII/ Aby/ 006
Ḫꜥy	m	*jm.j-r' pr(.w).wj-ḥḏ m ḥw.t Wsr-Mꜣꜥ.t-Rꜥ(.w) stp-n-Rꜥ(.w) m pr(.w) Jmn(.w)*	RII/ Aby/ 009
		zẖꜣw nzw	RII/ Aby/ 009
Ḫꜥy	m	*zẖꜣw*	RII/ DeM/ 053
		zẖꜣw qdw.t	RII/ DeM/ 057
Ḫꜥy	m	*Jm.j-r' n'.t*	RII/ DeM/ 009
		ṯꜣ.tj	RII/ DeM/ 009
Ḫꜥy	m	*ẖrtj-nṯr nj Jmn(.w)*	RII/ DeM/ 151
Ḫꜥ(j)-bḫn.t	m	(---)	SI/ DeM/ 035
Ḫꜥ(j)-bḫn.t	m	*sḏm-ꜥš m S.t-mꜣꜥ.t*	RII/ DeM/ 146
		sḏm-ꜥš m S.t-mꜣꜥ.t ḥr jmnt.t Wꜣs.t	RII/ DeM/ 147
		(---)	RII/ DeM/ 148
Ḫꜥ(j)-bḫn.t	m	[///]	RII/ The/ 016

Name	m/f	Titel	Beleg
*Ḫ*ᶜ(*j*)*-m-jpꜣ.t*	m	*sḏm m S.t-mꜣᶜ.t*	RII/ DeM/ 186
*Ḫ*ᶜ(*j*)*-m-Wꜣs.t*	m	*ᶜꜣ nj pr(.w) nj pr(.w) Ḏḥwtj*	SI/ Aby/ 004
*Ḫ*ᶜ(*j*)*-m-Wꜣs.t*	m	*sḏm-ᶜš m S.t-mꜣᶜ.t*	RII/ DeM/ 107
*Ḫ*ᶜ(*j*)*-m-Wꜣs.t*	m	(---)	RII/ DeM/ 166
*Ḫ*ᶜ(*j*)*-m-Wꜣs.t*	m	*wr ḫrp ḥmw.w*	SII/ Mem/ 001
*Ḫ*ᶜ(*j*)*-m-wjꜣ*	m	(---)	RII/ The/ 025
*Ḫ*ᶜ(*j*)*-m-ṯr.t*	m	(---)	SI/ DeM/ 027
*Ḫ*ᶜ(*j*)*-m-ṯr.t*	m	*sḏm-ᶜš m S.t-mꜣᶜ.t*	RII/ DeM/ 149
*Ḫ*ᶜ(*j*)*-m-ṯr.t*	m	*zḫꜣw mšᶜ*	Mer/ ???/ 006
		zḫꜣw mšᶜ nj nb(.w) tꜣ.wj	Mer/ ???/ 006
*Ḫ*ᶜ(*j*)*-m-ṯr.t*	m	*zꜣ nzw nj Kš*	SII/ Buh/ 001
*Ḫ*ᶜ(*j*)*.t-nbw*	f	*nb.t pr(.w)*	Sip/ Aby/ 003
*Ḫ*ᶜ(*j*)*.t-ᶜnq.t*	f	(---)	Sip/ DeM/ 012
*Ḫ*ᶜ(*j*)*.t-m-p.t*	f	*nb.t pr(.w)*	RII/ Aby/ 021
Ḫnsw	m	*zḫꜣw-qdw.t*	SI/ The/ 001
Ḫnsw	m	*jtj-nṯr nj ḥr.j š=f*	RII/ Aby/ 003
Ḫnsw	m	(---)	RII/ Aby/ 019
Ḫnsw	m	*wᶜb*	RII/ DeM/ 060. 068
Ḫnsw	m	*ṯꜣy-mḏꜣ.t*	RII/ DeM/ 067
Ḫnsw	m	(---)	RII/ DeM/ 133
Ḫnsw	m	*sḏm-ᶜš m S.t-mꜣᶜ.t*	RII/ DeM/ 150
Ḫnsw	m	*ḥr.j šꜣy.t*	RII/ M-S/ 005
Ḫnsw	m	*ṯbw m ḥw.t-nbw nj Ptḥ*	RII/ Qan/ 051
Ḫnsw	m	*ḥr.j jḥw*	Mer/ ???/ 004
Ḫnsw	m	*ḥr.j nby.w*	Mer/ ???/ 010
Ḫnt.j	m	(---)	RII/ DeM/ 088
H̱t-m-Mw.t	m	(---)	Mer/ Aby/ 006
H̱.t=f	m	*ṯꜣy-sry.t ḫny.t "(Rᶜ(.w)-ms(j)-sw mr(j)-Jmn(.w))-s:ḥtp-jtn"*	RII/ Qan/ 039
H̱nmw-ms(w)	m	(---)	SI/ DeM/ 027
H̱nmw-ms(w)	m	*nby*	RII/ Buh/ 005
H̱nmw-ms(w)	m	*ḥr.j nby.w*	RII/ Buh/ 005
H̱tj	m	*zḫꜣw-qdw.t*	RII/ Nub/ 001
Zj	m	*ḥr.j ṯꜣy-sry.t*	SI/ ???/ 004
Zꜣ-Wꜣḏy.t	m	*bꜣk nj Jmn(.w)*	RII/ DeM/ 094
Zꜣ-Wꜣḏy.t	m	*sḏm-ᶜš nj nb(.w) tꜣ.wj m S.t-mꜣᶜ.t*	SII/ DeM/ 001
Zꜣ-Bꜣst.t	m	*ḥr.j jḥw nj ḫnw*	Mer/ ???/ 005
Zꜣ-m-kꜣw=st	f	*nb.t pr(.w)*	Sip/ Aby/ 001
Zꜣ-Mw.t	m	*jm.j-r' zḫꜣw-qdw.t nj Jmn(.w)*	SI/ The/ 001
Zꜣ-Mw.t	m	*zḫꜣw-qdw.t nj Jmn(.w)*	SI/ The/ 001
Zꜣ-Mw.t	m	*ḫrtj-nṯr nj Jmn(.w) m tꜣ kꜣt*	RII/ DeM/ 151
Zꜣ-Mw.t	m	*bꜣk nj Jmn(.w)*	RII/ DeM/ 151

Name	m/f	Titel	Beleg
Zꜣ-Mw.t	m	[///]	RII/ DeM/ 154. 155
Zꜣ.t-ꜣs.t	f	*nb.t pr(.w)*	SI/ Aby/ 004
Zꜣ.t-mḥy	f	(---)	RII/ DeM/ 019
Sꜣy-m-ptr=f	m	*ḥr.j nby.w*	RII/ Saq/ 017
Sꜣj-nḫtw	m	(---)	RII/ Qan/ 069
Sꜣḫ.t	f	(---)	SI/ DeM/ 016
Sꜣḥtj	f	*nb.t pr(.w)*	RII/ Buh/ 005
Sꜣḥtj	f	*nb.t pr(.w)*	RII/ DeM/ 146
Sꜣtj	f	(---)	SI/ ???/ 004
Sꜣtjꜣ	f	(---)	SI/ ???/ 005
S:ꜥnḫ-Ptḥ	m	*bꜣk nj Jmn(.w)*	RII/ DeM/ 034. 184
Sw-nn-sw	m	*sḏm-ꜥš*	RII/ Qan/ 024
Swr	m	(---)	RII/ Qan/ 066
Swtj-ꜥꜣ	m	*nby m ḥw.t-nbw*	Mer/ ???/ 010
Swtj-m-ḥꜣb	m	*kṯn tp.j nj ḥm=f*	RII/ Aby/ 008
Swtḫy	m	(---)	RII/ Qan/ 072
Swtḫy	m	*jm.j-r' zḫꜣw.w mšꜥ nj nb(.w) tꜣ.wj*	RII/ Qan/ 074
		jr.j-pꜥ.t	RII/ Qan/ 074
		wr m ḥꜣ.t rḫy.t	RII/ Qan/ 074
		ḥꜣ.tj-ꜥ(.w)	RII/ Qan/ 074
		ḫtmw bjtj	RII/ Qan/ 074
		zḫꜣw nzw mꜣꜥ	RII/ Qan/ 074
Swtḫy	m	*zḫꜣw pr(.w).wj-ḥḏ*	RII/ Saq/ 002
Swtḫ-nḫt	m	*jrj-mḫꜣ.t*	RII/ Qan/ 005
Swtḫ-nḫt	m	(---)	RII/ Qan/ 072
Swtḫ-r-nḥḥ	m	(---)	RII/ Qan/ 059
Sbtjꜣ	f	*nb.t pr(.w)*	RII/ Qan/ 022
S:mn-Wꜣs.t	m	*šms*	RII/ Qan/ 021
S:mn-tꜣ.wj	m	*šms nj pꜣ jr.j-pꜥ.t*	RII/ M-S/ 011
S:mn-tꜣ.wj	m	*zꜣw.tj nj S.t-mꜣꜥ.t*	RII/ DeM/ 083
Sn-nḏm	m	*sḏm-ꜥš m S.t-mꜣꜥ.t*	SI/ DeM/ 035. 036
Sn-nḏm	m	(---)	RII/ DeM/ 148
Sḫm.t	f	*nb.t pr(.w)*	SI/ ???/ 001
		šmꜥy.t nj.t Jmn(.w)	SI/ ???/ 001
Sḫm.t	f	[///]	RII/ Kop/ 002
Sḫm.t	f	(---)	RII/ M-S/ 005
Sḫm.t	f	(---)	RII/ The/ 013
Sḫm.t-nfr.t	f	*ṯs.t nj Ḥꜥpj*	RII/ M-S/ 006
Sḫm.t-nfr.t	f	(---)	Mer/ ???/ 010
Skrj	m	(---)	RII/ M-S/ 004
St-Mnṯw	f	*šmꜥy.t nj.t Jmn(.w)*	RII/ Saq/ 010
Stꜣ	m	(---)	RII/ DeM/ 134

Name	m/f	Titel	Beleg
Stȝw	m	*jm.j-r' pr(.w) Jmn(.w)*	RII/ Buh/ 003
		jm.j-r' pr(.w) nj n'.t	RII/ The/ 003
		jm.j-r' pr(.w)-ḥḏ nj Jmn(.w)	RII/ The/ 003
		jm.j-r' ḫȝs.wt nbw.wt	RII/ WeS/ 007
		jm.j-r' ḫȝs.wt nbw.wt nj Jmn(.w)	RII/ WeS/ 002. 007
		jm.j-r' ḫȝs.wt rsj.wt	RII/ Nub/ 002, RII/ WeS/ 006
		zȝ nzw (nj Kš)	RII/ Buh/ 001. 002. [004], RII/ Nub/ 002, RII/ The/ 018, RII/ WeS/ 001 - 004. 006 - 010. 012
		zẖȝw nzw	RII/ Nub/ 002, RII/ WeS/ 004. 006. 007
		sšm-ḥȝb nj Jmn(.w)	RII/ The/ 003
		ṯȝy-ḫw ḥr wnmj nzw	RII/ Nub/ 002, RII/ WeS/ 007
Stḫy-r-nḥḥ	m	(---)	RII/ Qan/ 059
Sḏm.n=f	m	(---)	RII/ Aby/ 015
Šˁj	f	*nb.t pr(.w)*	RII/ Qan/ 058
Šrj.t-Rˁ(.w)	f	(---)	RII/ DeM/ 156. 157
Šrj.t-Rˁ(.w)	f	*šmˁy.t nj.t Jmn(.w)*	RII/ Saq/ 010
Šd-Jmn(.w)	m	*ḥr.j ḥȝb*	RII/ Saq/ 015
Šd-sw	f	(---)	SI/ Aby/ 008
Šdr/ Šd.t (?)	f	*nb.t pr(.w)*	RII/ Qan/ 040
Qȝj-Nḥȝb.t	f	*šmˁy.t nj.t Jmn(.w)*	Mer/ ???/ 005
Qȝḥȝ	m	*sḏm-ˁš m S.t-mȝˁ.t*	SI/ DeM/ 017. 018
Qȝḥȝ	m	*ˁȝ nj jz.t*	RII/ DeM/ 020
		ˁȝ nj jz.t m S.t-mȝˁ.t	RII/ DeM/ 019. 021 - 024
		sḏm-ˁš m S.t-mȝˁ.t	RII/ DeM/ 180
Qwny	f	*nb.t pr(.w)*	SI/ ???/ 004
Qn	m	*ȝḫ-jqr-n-Rˁ(.w)*	RII/ DeM/ 073
		sḏm-ˁš m S.t-mȝˁ.t	RII/ DeM/ 071
		ṯȝy-mḏȝ.t	RII/ DeM/ 069. 166. 167. 178
		ṯȝy-mḏȝ.t nj Jmn(.w) ḥr jmnt.t Wȝs.t	RII/ DeM/ 070
		ṯȝy-mḏȝ.t nj Jmn(.w) m S.t-mȝˁ.t ḥr jmnt.t Wȝs.t	RII/ DeM/ 079
		ṯȝy-mḏȝ.t m S.t-mȝˁ.t	RII/ DeM/ 069. 070. 072. 074. 078. 178
		[///]	RII/ DeM/ 077
		(---)	RII/ DeM/ 075
Qn	m	(---)	RII/ DeM/ 081
Qn-m-ḫpš=f	m	(---)	RII/ DeM/ 102
Qn-ḥr-ḫpš=f	m	*sḏm-ˁš m S.t-mȝˁ.t*	RII/ DeM/ 019
Qn-ḥr-ḫpš=f	m	(---)	Mer/ DeM/ 003
Qnj	m	(---)	RII/ Gad/ 001

Name	m/f	Titel	Beleg
Qnjw-Mnw-nḫt	m	(---)	SII/ DeM/ 001
Qd-Ptḥ	f	(---)	RII/ Saq/ 017
Qdn	m	(---)	RII/ Saq/ 017
Qdnw	f	(---)	SI/ Aby/ 003
K3j3	f	*nb.t pr(.w)*	SI/ ???/ 005
K3j3	f	(---)	RII/ Qan/ 059
K3j3y	f	*šmᶜy.t nj.t Jmn(.w)*	Mer/ ???/ 001
K3j3y	f	*nb.t pr(.w)*	Mer/ ???/ 007
K3-m-wj3	f	*ḫnwt*	RII/ Qan/ 055
K3mᶜ	m	*ḥm-nṯr nj Bᶜr*	SII/ Mem/ 001
K3m	f	*nb.t pr(.w)*	SI/ Aby/ 004
K3-r'	m	*sḏm-ᶜš m S.t-m3ᶜ.t*	RII/ DeM/ 019
		(---)	RII/ DeM/ 019
K3-r'	m	*sḏm-ᶜš m S.t-m3ᶜ.t*	RII/ DeM/ 151. 152. 155
		sḏm-ᶜš m S.t-m3ᶜ.t ḥr jmnt.t W3s.t	RII/ DeM/ 151
		ẖrtj-nṯr nj Jmn(.w) n n'.t rsj	RII/ DeM/ 151
K3-r'	m	*b3k nj mnw*	RII/ The/ 024
K3-ḫnt.j-n'.t	m	*z3b*	RII/ Aby/ 005
K3s3	m	*jm.j-r' mšᶜ*	SI/ Saq/ 002 - 006
		jm.j-r' mšᶜ wr	SI/ Saq/ 002 - 006
		zẖ3w nzw	SI/ Saq/ 002 - 006
		zẖ3w nzw wr nj nb(.w) t3.wj	SI/ Saq/ 006
K3s3	m	*sḏm-ᶜš m S.t-m3ᶜ.t*	RII/ DeM/ 012
K3s3	m	*sḏm-ᶜš m S.t-m3ᶜ.t*	RII/ DeM/ 156. 158
		sḏm-ᶜš m S.t-m3ᶜ.t ḥr jmnt.t W3s.t	RII/ DeM/ 158
K3s3	m	(---)	RII/ DeM/ 113
K3s3	m	(---)	RII/ DeM/ 187
K3s3	m	*sḏm-ᶜš m S.t-m3ᶜ.t*	RII/ DeM/ 187
K3s3	m	*sḏm-ᶜš m S.t-m3ᶜ.t*	Sip/ DeM/ 004
K3k3j3	f	(---)	SI/ ???/ 004
K3k3j3	f	*nb.t pr(.w)*	RII/ DeM/ 181
K3[///]	f	*šmᶜy.t nj.t nb.t nht rsj*	SII/ Mem/ 001
Kj3	f	*nb.t pr(.w)*	SI/ Saq/ 007
Kyrj	m	*ḥr.j jḥw*	RII/ The/ 013
Kwr	m	*Wᶜw*	SI/ Aby/ 004
Kfnj3	f	(---)	SI/ The/ 001
Kr	f	(---)	RII/ DeM/ 142
T3	m	*zẖ3w*	RII/ M-S/ 011
T3-3s.t	f	*nb.t pr(.w)*	RII/ DeM/ 126
T3-3s.t	f	*nb.t pr(.w)*	RII/ DeM/ 126. 129
T3-jm.t	f	(---)	SII/ Mem/ 001

Name	m/f	Titel	Beleg
T3-jmnt.t	f	(---)	RII/ Hel/ 003
T3-ʿq3y.t	f	*šmʿy.t nj.t Jmn(.w)*	RII/ Aby/ 019
T3y-sn-nfr.t	f	*nb.t pr(.w)*	SI/ Aby/ 003
T3-wr.t	f	*nb.t pr(.w)*	SI/ DeM/ 022
T3-wr.t	f	*šmʿy.t nj.t Jmn(.w)*	RII/ Aby/ 019
T3-wr.t	f	(---)	RII/ DeM/ 126. 129
T3-wr.t	f	*nb.t pr(.w)*	RII/ DeM/ 085
T3-wr.t	f	*nb.t pr(.w)*	RII/ DeM/ 131
T3-wr.t	f	(---)	RII/ DeM/ 142
T3-wr.t	f	(---)	RII/ DeM/ 151
T3-wr.t	f	*nb.t pr(.w)*	RII/ Qan/ 039
T3-wr.t	f	(---)	RII/ Qan/ 059
T3-wr.t-m-ḥ3b	f	*nb.t pr(.w)*	RII/ Qan/ 043
T3-wr.t-m-ḥ3b	f	*šmʿy.t nj.t p3-Rʿ(.w)*	Mer/ ???/ 006
T3-wr.t-m-ḥ3b	f	(---)	Mer/ ???/ 010
T3-wr.t-m-ḥ3b	f	*nb.t pr(.w)*	Sip/ DeM/ 012
T3-wr.t-hr.tj	f	*šmʿy.t nj.t Jmn(.w)-Rʿ(.w) nb ns.wt t3.wj*	SII/ Ani/ 001
T3-wr.t-ḥtp(w)	f	(---)	RII/ Kop/ 001
T3-wr.t-šd-sw	f	(---)	RII/ Saq/ 005
T3-wsr.t	f	(---)	SI/ Aby/ 008
T3-wsr.t	f	(---)	SI/ ???/ 001
T3-wsr.t	f	*nb.t pr(.w)=f*	RII/ Aby/ 008
		šmʿy.t nj.t Jmn(.w)	RII/ Aby/ 008
T3-wsr.t	f	*nb.t pr(.w)*	RII/ DeM/ 094
T3-wsr.t	f	(---)	RII/ DeM/ 156. 158
T3-b3k.t	f	*nb.t pr(.w)*	RII/ DeM/ 059
T3-b3-s3	f	(---)	SII/ Mem/ 001
T3-bs.t	f	*nb.t pr(.w)*	RII/ ASi/ 003
		šmʿy.t	RII/ ASi/ 003
T3-bs.t	f	*nb.t pr(.w)*	Mer/ The/ 003
T3-mj.t	f	*nb.t pr(.w)*	RII/ Mem/ 001
		šmʿy.t nj.t Jmn(.w)	RII/ Mem/ 001
T3-mj.t	f	*nb.t pr(.w)*	RII/ Saq/ 016
T3-mj.t	f	*nb.t pr(.w)*	Mer/ Saq/ 001
		šmʿy.t nj.t Jmn(.w)	Mer/ Saq/ 001
T3-mj.t	f	*šmʿy.t nj.t Jmn(.w)*	Mer/ ???/ 001
T3-mj.t	f	(---)	Mer/ ???/ 004
T3-mj.t	f	(---)	Mer/ ???/ 010
T3-mk.t	f	(---)	RII/ DeM/ 133
T3-mk.t	f	*nb.t pr(.w)*	RII/ DeM/ 150
T3-mr(j).t	f	(---)	RII/ DeM/ 123
T3-n-[///]	f	*šmʿy.t*	RII/ Buh/ 005

Name	m/f	Titel	Beleg
T3-nj-shr.t	f	*šmʿy.t nj.t Jmn(.w)*	RII/ Aby/ 019
T3-n3fj(.t)	f	*nb.t pr(.w)*	SI/ The/ 001
T3-nfr.t	f	(---)	SI/ DeM/ 025
T3-nfr.t	f	(---)	SI/ ???/ 004
T3-nfr.t	f	*nb.t pr(.w)*	RII/ DeM/ 112
T3-nfr.t	f	(---)	RII/ DeM/ 121
T3-nfr.t	f	*nb.t pr(.w)*	RII/ DeM/ 131
T3-nḥsj.t	f	*nb.t pr(.w)*	SI/ DeM/ 017. 018
T3-nḥsj.t	f	*nb.t pr(.w)*	RII/ DeM/ 019
T3-nḥsj.t	f	(---)	RII/ DeM/ 019
T3-nḏm.t	f	*šmʿy.t nj.t Jmn(.w)*	RII/ Aby/ 006
T3-nḏm.t	f	(---)	RII/ The/ 013
T3-nḏm.t	f	*nb.t pr(.w)*	RII/ Ani/ 002
T3-rwj3	f	*šmʿy.t nj.t B3st.t*	Mer/ ???/ 005
T3-rnw	m	*jm.j-r' mšʿ*	RII/ Qan/ 044
T3-rnp.t-mn.(t)j	m	(---)	RII/ Kop/ 001
T3-rḫ-ʿnw	f	*nb.t pr(.w)*	Am/ The/ 001
T3-h3[///]	f	(---)	SI/ DeM/ 041
T3-ḥnw.t-mj-sb3.w	f	(---)	RII/ Aby/ 021
T3-ḥr-ḥr.j	f	(---)	RII/ Buh/ 005
T3-ḥzy.t	f	(---)	RII/ The/ 013
T3-ḫ3rw	f	*nb.t pr(.w)*	RII/ DeM/ 138. 140 - 142
T3-ḫ3rw	f	*nb.t pr(.w)*	SII/ Aby/ 003
T3-ḫʿ(j).t	f	(---)	SI/ DeM/ 017
T3-ḫʿ(j).t	f	(---)	SI/ DeM/ 018
T3-ḫʿ(j).t	f	(---)	SI/ DeM/ 018
T3-ḫʿ(j).t	f	*nb.t pr(.w)*	SI/ DeM/ 019
T3-ḫʿ(j).t	f	*šmʿy.t nj.t B3st.t*	Mer/ ???/ 005
T3-ḫʿ(j).t	f	*nb.t pr(.w)*	RII/ DeM/ 151. 153
T3-ḫʿ(j).t	f	(---)	RII/ DeM/ 019
T3-ḫʿ(j).t	f	(---)	RII/ Mem/ 001
T3-ḫʿ(j).t	f	*nb.t pr(.w)*	RII/ Qan/ 043
T3-ḫnt.j	f	(---)	SI/ DeM/ 038
T3-ẖ3rw	f	(---)	RII/ DeM/ 172
T3-z3=k-3b	f	(---)	RII/ DeM/ 133
T3-s3ḥ.tj-nfr	f	*nb.t pr(.w)*	RII/ M-S/ 009
T3-sn-nfr	f	(---)	RII/ DeM/ 126
T3-sn-nfr	f	*nb.t pr(.w)*	RII/ DeM/ 126. 129. 130
T3-sgr.t	f	(---)	RII/ DeM/ 094
T3-q3.t	f	*nb.t pr(.w)*	RII/ DeM/ 121
T3-q3j	f	*šmʿy.t nj.t Jmn(.w)*	Mer/ ???/ 001
T3-q3j-ʿntj	f	*nb.t pr(.w)*	RII/ Hel/ 003

Name	m/f	Titel	Beleg
		šmˁy.t nj.t pꜣ-Rˁ(.w)	RII/ Hel/ 003
Tꜣ-qrj	f	(---)	RII/ DeM/ 070. 079
Tꜣ-qdnw	f	*nb.t pr(.w)*	RII/ Aby/ 017. 018
Tꜣ-kꜣj	f	(---)	Mer/ ???/ 010
Tꜣ-ṯmḥ.t	f	(---)	RII/ DeM/ 019
Tꜣ-ṯmḥ.t	f	*nb.t pr(.w)*	RII/ DeM/ 134 - 136
Tꜣ-dnj.t-šw	f	*nb.t pr(.w)*	RII/ M-S/ 004
Tꜣy-ṯwjꜣ	f	*šmˁy.t nj.t Jmn(.w)*	RII/ Ani/ 002
		(---)	SI/ The/ 001
Tꜣ.wj-wꜣ.t-nṯr	f	(---)	RII/ Kop/ 001
Tꜣkmy	f	*šmˁy.t nj.t Jmn(.w)*	RII/ Aby/ 006
TꜣTꜣ	f	(---)	SI/ The/ 001
TꜣTꜣjꜣ	f	*šmˁy.t nj.t Jmn(.w)*	RII/ Hel/ 001
Tꜣ-ḏj=s	f	*nb.t pr(.w)*	RII/ Buh/ 005
Tꜣ[///]	f	(---)	RII/ DeM/ 154
Tjꜣ	f	*šmˁy.t nj.t Jmn(.w)*	RII/ Aby/ 006
Ty	m	(---)	RII/ Qan/ 004
Ty	m	*zẖꜣw wdḥw.w nj nb(.w) tꜣ.wj*	RII/ Qan/ 010
Ty	f	*wr.t ẖnr.t nj.t Wsjr*	RII/ Aby/ 010
		nb.t pr(.w)	RII/ Aby/ 010. 011
		šmˁy.t nj.t ꜣs.t	RII/ Aby/ 011
		šmˁy.t nj.t Wsjr	SII/ Aby/ 013
Ty	f	*šmˁy.t nj.t Jmn(.w)*	RII/ Saq/ 010
Tjw	f	(---)	SI/ Aby/ 009
Tjpy	f	*nb.t pr(.w)*	SI/ Aby/ 006
Tjn.t-Jwnw	f	(---)	RII/ The/ 013
Tjn.t-jpꜣ.t	f	(---)	RII/ Aby/ 006
Tjn.t-jpꜣ.t	f	*nb.t pr(.w)*	RII/ DeM/ 067
Tjn.t-jpꜣ.t	f	(---)	RII/ DeM/ 153
Tjn.t-Jmn(.w)	f	*nb.t pr(.w)*	RII/ DeM/ 019
Tjn.t-jmnt.t	f	(---)	RII/ DeM/ 126. 129 - 131
Tjn.t-pꜣ-tꜣ	f	*nb.t pr(.w)=f*	RII/ The/ 012
Tjn.t-Mn-nfr	f	(---)	SI/ Aby/ 009
Tjn.t-Mn-nfr	f	(---)	SI/ ???/ 005
Tjn.t-nbw	f	(---)	RII/ DeM/ 075
Tjn.t-nbw	f	*nb.t pr(.w)*	RII/ DeM/ 159
Tjr	f	*nb.t pr(.w)*	RII/ DeM/ 075
Tjr	f	(---)	RII/ DeM/ 140
Tjry	f	(---)	SI/ DeM/ 016
Tjl	f	(---)	SI/ ???/ 004
Tjtj	f	*šmˁy.t nj.t Jmn(.w)*	RII/ Aby/ 006
Twy	f	*nb.t pr(.w)*	SI/ DeM/ 017

Name	m/f	Titel	Beleg
Twy	f	*nb.t pr(.w)*	RII/ DeM/ 020. 024
Twy	f	*nb.t pr(.w)*	RII/ The/ 019
		šmꜥy.t nj.t Ḥw.t-Ḥr(.w)	RII/ The/ 019
Twjꜣ	f	(---)	SI/ Aby/ 003
Twjꜣ	f	*šmꜥy.t nj.t Jmn(.w)*	RII/ Aby/ 006
Twjꜣ.t	f	*nb.t pr*	RII/ Nub/ 002
Twn	m	*zẖꜣw*	Mer/ ???/ 010
Twnwy	f	(---)	SI/ ???/ 005
Twsꜣ	m	*sḏm-ꜥš m S.t-mꜣꜥ.t*	RII/ DeM/ 159
Twtwj	m	*zwnw*	SI/ ???/ 005
Tpwtj-pꜣy	f	(---)	SI/ ???/ 005
Tnt-jmnt.t	f	(---)	SI/ DeM/ 018
Tnt-pꜣ-ḫnt.j	f	(---)	SI/ DeM/ 018
Trj	m	*ṯꜣy-ḫw*	Mer/ Aby/ 004
Ṯꜣy	m	*wꜥb*	RII/ Aby/ 015
Ṯꜣy	m	*ḥm-nṯr nj Wsjr*	RII/ Sed/ 001
Ṯꜣy-nfr	m	*wꜥb nj ḥꜣtj*	RII/ Aby/ 015
Ṯꜣy-nfr	m	(---)	RII/ DeM/ 070. 074
Ṯꜣw-n=f	m	*wꜥb nj Mr-wr*	RII/ Hel/ 004
Ṯꜣw-n-ꜣnwy	m	*ꜣḫ-jqr-n-Rꜥ(.w)*	RII/ DeM/ 076
Ṯꜣw-n-ḥwy	m	(---)	RII/ DeM/ 070. 166
Ṯjꜣ	m	*jm.j-r' jḥw wr nj Jmn(.w)-Rꜥ(.w)*	RII/ Saq/ 021
		jm.j-r' pr(.w) wr	RII/ Saq/ 009
		jm.j-r' pr(.w)-ḥḏ	RII/ KeG/ 001. 003. 004, RII/ Saq/ 013. 014. 021
		jm.j-r' pr(.w)-ḥḏ nj nb(.w) tꜣ.wj	RII/ KeG/ 004, RII/ Saq/ 013. 021
		jm.j-r' pr(.w)-ḥḏ m ḥw.t-Wsr-Mꜣꜥ.t-Rꜥ(.w)-stp-n-Rꜥ(.w) m pr(.w) Jmn(.w)	RII/ KeG/ 004, RII/ Saq/ 021
		jm.j-r' pr(.w).wj nj ḥḏ	RII/ KeG/ 004
		jm.j-r' kꜣ.wt nj Jmn(.w)	RII/ KeG/ 004
		jm.j-r' kꜣ.wt wr	RII/ Saq/ 009. 014
		jm.j-r' kꜣ.wt wr nj Jmn(.w)	RII/ KeG/ 004, RII/ Saq/ 013. 014
		ḥny tp nj ḥm=f	RII/ KeG/ 004
		zẖꜣw pr(.w)-ḥḏ	RII/ KeG/ 002
		zẖꜣw nzw	RII/ KeG/ 004, RII/ Saq/ 013. 014. 021
		zẖꜣw nzw mꜣꜥ	RII/ KeG/ 004
Ṯjꜣ	m	*ṯꜣj-ḫw ḥr wnmj nzw*	RII/ Saq/ 021
Ṯjꜣ	m	(---)	RII/ KeG/ 001
Ṯjꜣ	f	*wr.t ḫnr.t Pꜣ-Rꜥ(.w)*	RII/ KeG/ 003

Name	m/f	Titel	Beleg
		nb.t pr(.w)	RII/ KeG/ 001. 003, RII/ Saq/ 013
		šmʿy.t nj.t Jmn(.w) nj ʿꜣ-nḫt.w	RII/ Saq/ 021
Ṯjꜣ	f	*nb.t pr(.w)*	RII/ Saq/ 016
Ṯy	f	*nb.t pr(.w)*	RII/ Sed/ 003
Ṯjr	f	*nb.t pr(.w)*	SI/ The/ 001
Ṯjr	f	*nb.t pr(.w)*	SI/ The/ 001
Ṯwjꜣ	f	(---)	Mer/ ???/ 010
Ṯwl	m	*ḥr.j tp*	RII/ Saq/ 018
		ḫr.j ḥꜣb	RII/ Saq/ 018
		zẖꜣw nzw	RII/ Saq/ 018
Ṯwrj	m	*jm.j-rꜣ zẖꜣw-qdw.t nj Jmn(.w)*	SI/ The/ 001
Ṯwṯw	m	(---)	RII/ DeM/ 156
Ṯl-ḥr[///]	m	*sʿšꜣ*	RII/ Qan/ 040
Ṯl	f	(---)	RII/ DeM/ 142
Ṯl-Jmn(.w)	m	(---)	RII/ Qan/ 036
Ṯl-Pꜣ-Rʿ(.w)	m	*fꜣj-wdn.t nj Ptḥ*	RII/ Saq/ 004
Djdj	m	*jm.j-rꜣ zẖꜣw-qdw.t nj Jmn(.w)*	SI/ DeB/ 001
		ḥmw.w wr	SI/ DeM/ 039
		ḥmw.w wr nj nb(.w) tꜣ.wj m S.t-mꜣʿ.t	SI/ DeM/ 040
		ḥmw.w wr m S.t-mꜣʿ.t	SI/ DeM/ 022
Djdj	m	*sḏm-ʿš m S.t-mꜣʿ.t*	SI/ DeM/ 023
Djdj	m	(---)	SI/ DeM/ 024
Djdj	m	(---)	RII/ DeM/ 091
Djdj	m	*sḏm-ʿš m S.t-mꜣʿ.t*	RII/ DeM/ 092
Dwꜣ	m	(---)	RII/ ASi/ 001. 002
Dwꜣ	m	*sḏm-ʿš nj nb(.w) tꜣ.wj*	RII/ DeM/ 137
		sḏm-ʿš m S.t-mꜣʿ.t	RII/ DeM/ 140
		(---)	RII/ DeM/ 141. 142
Dwꜣy	m	(---)	RII/ DeM/ 139
Dwꜣ-m-mr.t=s	f	(---)	RII/ DeM/ 061. 063
Dwꜣ-m-mr.t=s	f	*nb.t pr(.w)*	RII/ DeM/ 140
Dwꜣ-m-mr.t=s	f	(---)	RII/ DeM/ 141. 142
Dwꜣ-m-mr.t=s	f	*nb.t pr(.w)*	RII/ DeM/ 065
Dwꜣ-n-k[//7]	m	(---)	RII/ WeS/ 004
Dwꜣ.t-nfr	f	*šmʿy.t nj.t Jmn(.w)*	RII/ Aby/ 006
Ḏḥwtj-m-ḥꜣb	m	*wʿw nj nb(.w) tꜣ.wj*	RII/ Qan/ 033
Ḏḥwtj-ms(w)	m	(---)	SI/ Aby/ 004
Ḏḥwtj-ms(w)	m	(---)	SI/ Aby/ 001
Ḏḥwtj-ms(w)	m	*wʿb nj pḥw*	RII/ Aby/ 015
Ḏḥwtj-ms(w)	m	(---)	RII/ DeM/ 121
Ḏḥwtj-ms(w)	m	*zẖꜣw wdḥw.w nj nb(.w) tꜣ.wj*	RII/ Qan/ 008

Name	**m/f**	**Titel**	**Beleg**
Ḏḥwtj-ms(*w*)	m	*zẖꜣw mšꜥ nj nb*(*.w*) *tꜣ.wj*	RII/ Qan/ 031
Ḏḥwtj-ms(*w*)	m	*rḏj.t mw n-ḥr sḏr.tj*	RII/ M-S/ 001
		ḥr.j tp m pr(*.w*)*-nfr*	RII/ M-S/ 001
		ẖr.j ḥꜣb	RII/ M-S/ 001
		ḏd n=f Rꜥ(*.w*)*-msw*	RII/ M-S/ 001
Ḏḥwtj-ms(*w*)	m	(---)	RII/ Aby/ 021
Ḏḥwtj-ḥr-mkwt=f	m	*ẖrtj-nṯr nj Ḏḥwtj nb H̱mnw* [///] *m n'.t rsj*	RII/ DeM/ 160
		Sḏm-ꜥš m S.t-mꜣꜥ.t	RII/ DeM/ 162
		Sḏm-ꜥš m S.t-mꜣꜥ.t ḥr jmnt.t wr.t nj.t Wꜣs.t	RII/ DeM/ 161
		Sḏm-ꜥš m S.t-mꜣꜥ.t ḥr jmnt.t n'.t	RII/ DeM/ 160. 162
Ḏḥwtj-ḥtp(*w*)	m	*ḥr.j mškb*	Mer/ ???/ 007
		ḥr.j mškb nj ẖny.t "-Rꜥ(*.w*)*-ms*(*j*)*-sw-mr*(*j*)*-sẖm.t"*	Mer/ ???/ 007
		wpw.tj-nzw r ẖꜣs.t nb.t	Mer/ ???/ 007
Ḏsr-kꜣ	m	*ꜣẖ-jqr-n-Rꜥ*(*.w*)	RII/ DeM/ 139
Ḏsr-kꜣ	m	(---)	SII/ Aby/ 003
Ḏḏjꜣ	m	*jm.j-r' zẖꜣw-qdw.t nj Jmn*(*.w*)	SI/ The/ 001
Ḏḏjꜣ	m	*wr ḥmw.w nj Ptḥ*	RII/ Saq/ 010
[anonym]	0	(---)	RII/ Ama/ 002
[anonym]	0	(---)	RII/ Qan/ 062
[anonym]	0	(---)	RII/ Qan/ 079

11.7. Index Privatpersonen - Titel

Titel	Name	Beleg
ꜣḫ jqr	*Jꜥḥ(?)-Mꜥy*	SI/ The/ 001
	Jmn(.w)-m-ḥꜣ.t	SI/ The/ 001
ꜣḫ-jqr-n-Rꜥ(.w)	*Wbḫ.t*	Sip/ DeM/ 013
	Pn-nbw	Sip/ DeM/ 013. 015. 016. 21. 22
	Mr(j)-Sḫm.t	Sip/ DeM/ 010
	Nb(.w)-nḫ.t	RII/ DeM/ 105
	Ḥz(j)-Ptḥ	Mer/ The/ 001
	Ḫꜣmwy	Sip/ DeM/ 013 - 017. 21 - 23
	Qn	RII/ DeM/ 073
	Ṯꜣw-n-ꜣnwy	RII/ DeM/ 076
	Ḏsr-kꜣ	RII/ DeM/ 139
jꜥj	*Msjꜥjꜣ*	RII/ Qan/ 020
jꜥj nj nb(.w) tꜣ.wj	⟨ ⟩	RII/ Qan/ 019
jm.j-jz m s.t Mr-wr	*Ptḥ-jy*	RII/ M-S/ 001
jm.j-r' ꜣḥ.wt nj nb(.w) tꜣ.wj	*Ḥr.j*	RII/ The/ 012
jm.j-r' jpꜣ.t nzw m Ḥw.t-kꜣ-Ptḥ	*Rꜥjꜣ*	RII/ Saq/ 007
jm.j-r' jpꜣ.t nzw nj pr(.w)-ḫnr m Mn-nfr	*Jmn(.w)-ms(w)*	RII/ M-S/ 007
jm.j-r' jpꜣ.t nzw nj pr(.w)-ḫnr m Mn-nfr	*Rꜥjꜣ*	RII/ Saq/ 007. 008
jm.j-r' jpꜣ.t nzw nj pr(.w)-ḫnr m Ḥw.t-kꜣ-Ptḥ	*Rꜥjꜣ*	RII/ Saq/ 007
jm.j-r' jpꜣ.t nzw nj Mn-nfr	*Pꜣy*	RII/ The/ 005
jm.j-r' jpꜣ.t nzw nj ḥm.t-nzw wr.t	*Pꜣy*	RII/ The/ 005
jm.j-r' jpꜣ.t nzw nj tꜣ ḥm.t nzw	*Pꜣy*	RII/ Saq/ 008
jm.j-r' jm.j-r'.w njw tꜣ.wj	*Pꜣ-sr*	RII/ DeM/ 001
jm.j-r' jm.jw-ḫn.t ꜥꜣ nj nb(.w) tꜣ.wj m ḥw.t ḥꜣb.w-sd	*Rꜥ(.w)-ḥtp(w)*	RII/ Saq/ 011
jm.j-r' jḥw nj Jmn(.w) m [///]	*[Ḥr-m-ḥꜣb]*	RII/ Sai/ 001
jm.j-r' jḥw wr nj Jmn(.w)	*Mry-ty*	RII/ Saq/ 010
jm.j-r' jḥw wr nj Jmn(.w)-Rꜥ(.w)	*Ṯjꜣ*	RII/ Saq/ 021
jm.j-r' jḥw nj tꜣ ḥw.t Rꜥ(.w)-ms(j)-sw-mr(j)-Jmn(.w) m pr(.w) Rꜥ(.w)	*Ḥwtj*	RII/ DRi/ 002
jm.j-r' jz.t	*Rꜥ(.w)-ms(w)*	RII/ DeM/ 049
jm.j-r' jz.t m S.t-mꜣꜥ.t	*Rꜥ(.w)-ms(w)*	RII/ DeM/ 046
jm.j-r' jz.t m S.t-mꜣꜥ.t ḥt jmnt.t Wꜣs.t	*Rꜥ(.w)-ms(w)*	RII/ DeM/ 028
jm.j-r' ꜥb nj tꜣ ḥw.t (Mn-Mꜣꜥ.t-Rꜥ(.w))] hrw-jm m ꜣbḏw	*Ḥr.j*	SI/ Aby/ 005

Titel	Name	Beleg
jm.j-r' wꜥb.t	*Pjꜣy*	RII/ M-S/ 001. 003
jm.j-r' wt	*Pjꜣy*	RII/ M-S/ 001. 002
jm.j-r' wt m pr(.w)-nfr	*Pjꜣy*	RII/ M-S/ 003
jm.j-r' hpw.w nj nṯr nfr m zḥ nj wḏꜥ mꜣꜥ.t	*Rꜥ(.w)-ḥtp(w)*	RII/ Saq/ 011
jm.j-r' pr(.w)	*Ywpꜣ*	RII/ Sed/ 003
	Jwny	SI/ DeM/ 007
	Ptḥ-ms(w)	RII/ M-S/ 004
jm.j-r' pr(.w) Jmn(.w)	*Stꜣw*	RII/ Buh/ 003
jm.j-r' pr(.w) nj n'.t	*Stꜣw*	RII/ The/ 003
jm.j-r' pr(.w) nj ḥw.t-nṯr (Rꜥ(.w)-ms(j)-sw mr(j)-Jmn(.w))	*Jmn(.w)-ms(w)*	RII/ The/ 008
jm.j-r' pr(.w) wr	*Jmn(.w)-ms(w)*	RII/ Aby/ 019
	Ršpw	RII/ Aby/ 019
	Ṯjꜣ	RII/ Saq/ 009
jm.j-r' pr(.w) wr m ḥw.t-Wsr-Mꜣꜥ.t-Rꜥ(.w)-stp-n-Rꜥ(.w) m pr(.w) Jmn(.w)	*Nꜣ-ḥr-ḥw*	RII/ The/ 004
jm.j-r' pr(.w) wr (nj nzw)	*Rwrw*	SI/ ???/ 001
jm.j-r' pr(.w) wr nj tꜣ ḥw.t ḥm.t-nzw wr.t (Nfr-jrj.t mr(j)-Mw.t)	*Ywy*	RII/ Aby/ 005
jm.j-r' pr(.w)-ḥḏ	*Mꜥjꜣ*	RII/ Saq/ 016
	Ṯjꜣ	RII/ KeG/ 001. 003. 004, RII/ Saq/ 013. 014. 021
jm.j-r' pr(.w)-ḥḏ m S.t-mꜣꜥ.t	*Rꜥ(.w)-ms(w)*	RII/ DeM/ 027
jm.j-r' pr(.w)-ḥḏ nj pr(.w) (ꜥꜣ-ḫpr(.w).w-Rꜥ(.w))	*Rꜥ(.w)-ms(w)*	RII/ DeM/ 027
jm.j-r' pr(.w)-ḥḏ nj Jmn(.w)	*Stꜣw*	RII/ The/ 003
jm.j-r' pr(.w)-ḥḏ nj nb tꜣ.wj	*Jmn(.w)-m-jpꜣ.t*	RII/ KeG/ 002
	Pꜣ-sr	RII/ DeM/ 007
	Mr(j)-n-Ptḥ	Mer/ ???/ 005
	Ṯjꜣ	RII/ KeG/ 004, RII/ Saq/ 013. 021
jm.j-r' pr(.w)-ḥḏ nj nb(.w) tꜣ.wj m Tꜣ-stj	*Mry*	SII/ Ani/ 001
jm.j-r' pr(.w).wj nj ḥḏ	*Ṯjꜣ*	RII/ KeG/ 004
jm.j-r' pr(.w)-ḥḏ m ḥw.t Wsr-Mꜣꜥ.t-Rꜥ(.w) stp-n-Rꜥ(.w) m pr(.w) Jmn(.w)	*Ṯjꜣ*	RII/ KeG/ 004, RII/ Saq/ 021
jm.j-r' pr(.w).wj-ḥḏ m ḥw.t Wsr-Mꜣꜥ.t-Rꜥ(.w) stp-n-Rꜥ(.w) m pr(.w) Jmn(.w)	*Ḫꜥy*	RII/ Aby/ 009
jm.j-r' mšꜥ	*Kꜣsꜣ*	SI/ Saq/ 002 - 006
	Tꜣ-rnw	RII/ Qan/ 044

Titel	Name	Beleg
jm.j-r' mšꜥ wr	*Pꜣ-nḥsj*	RII/ ZUR/ 001
	Ḥꜣtjꜣy	RII/ The/ 019
	Kꜣsꜣ	SI/ Saq/ 002 - 006
jm.j-r' n'.t	*Jmn(.w)-ms(w)*	Am/ DeM/ 001
	Pꜣ-Rꜥ(.w)-ḥtp(w)	RII/ Aby/ 002. 010
	Pꜣ-nḥsj	Mer/ DeB/ 001
	Pꜣ-Rꜥ(.w)-ḥtp(w)	RII/ Sed/ 001
	Pꜣ-sr	RII/ DeM/ 002 - 005. 008. 024. 084. 152, RII/ The/ 001. 002
	Rꜥ(.w)-ḥtp(w)	RII/ Aby/ 003, RII/ Qan/ 002, RII/ Saq/ 010. 011, RII/ Sed/ 004
	Ḥr.j	SII/ Mem/ 001
	Ḥr.j	Sip/ DeM/ 001
	Ḫꜥy	RII/ DeM/ 009
jm.j-r' n'.wt nj Kš	*Jww-n-Jmn(.w)*	Mer/ Aby/ 001
jm.j-r' hpw.w nj nṯr nfr m zḥ nj wḏꜥ mꜣꜥ.t	*Rꜥ(.w)-ḥtp(w)*	RII/ Saq/ 011
jm.j-r' ḥm.w-nṯr	*Mr-nḏm*	RII/ Buh/ 005
	Rꜥ(.w)-ḥtp(w)	RII/ Saq/ 011
jm.j-r' ḥm.w-nṯr nj nb.w tꜣ šmꜥj	*Mr-nḏm*	RII/ Buh/ 005
jm.j-r' ḥm.w-nṯr nj nṯr.w nb.w	*Mr-nḏm*	RII/ Buh/ 005, RII/ WeS/ 008
	R'-mꜥ	Mer/ The/ 003
jm.j-r' ḥmw.w	*Mr-nḏm*	RII/ Buh/ 005
jm.j-r' ḫꜣs.wt m ḫꜣs.t rsj.t	*Jwny*	RII/ Aby/ 004
jm.j-r' ḫꜣs.wt nb.wt	*Sṯꜣw*	RII/ WeS/ 007
jm.j-r' ḫꜣs.wt	*Ḥwy*	RII/ Nub/ 001
nbw.wt nj Jmn(.w)	*Sṯꜣw*	RII/ WeS/ 002. 007
jm.j-r' ḫꜣs.wt nbw nj Kš [///]	[///]	RII/ Sai/ 001
jm.j-r' ḫꜣs.wt rsj.wt	*Ḥwy*	RII/ Nub/ 001
	Sṯꜣw	RII/ Nub/ 002, RII/ WeS/ 006
	[///]	RI/ Amd/ 001
jm.j-r' ḫtm	*Jjꜣ*	RI/ ???/ 001
jm.j-r' ḫtmw nṯr	*Pjꜣy*	RII/ M-S/ 001
jm.j-r' zẖꜣw.w mšꜥ nj nb(.w) tꜣ.wj	*Swtḫy*	RII/ Qan/ 074
jm.j-r' zẖꜣw-qdw.t nj Jmn(.w)	*Jṯw*	SI/ The/ 001
	Ptḥ-ḥtp(w)	SI/ The/ 001
	Pṯ-bꜥl	SI/ The/ 001
	Ḥꜣtjꜣy	SI/ The/ 001
	Zꜣ-Mw.t	SI/ The/ 001
	Ṯwrj	SI/ The/ 001

Titel	**Name**	**Beleg**
	Djdj	SI/ DeB/ 001
	Ḏdjꜣ	SI/ The/ 001
jm.j-r' ssm.wt	*Ḥwy*	RII/ Nub/ 001
	Rꜥjꜣ	RII/ Saq/ 007. 008
jm.j-r' ssm.wt nzw	*Rꜥjꜣ*	RII/ Saq/ 007
jm.j-r' ssm.wt nj nb(.w) tꜣ.wj	*Rwrw*	SI/ ???/ 001
jm.j-r' šnw.tj nj šmꜥw mḥw	*Pꜣ-nḫty*	RII/ Aby/ 010
jm.j-r' qdw.w	*Pꜣ-sr*	RII/ Saq/ 003
jm.j-r' qdw.w nj nb(.w) tꜣ.wj	*Pꜣ-sr*	RII/ Saq/ 004. 018
jm.j-r' kꜣ.t m pr(.w) Rꜥ(.w)	*Mꜥy*	RII/ Giz/ 001
jm.j-r' kꜣ.wt	*Pjꜣy*	RII/ M-S/ 001
	Bꜣk-nj-Jmn(.w)	RII/ Hel/ 003
	Mꜥy	RII/ Hel/ 003
	Nb(.w)-ms(w)	RII/ Aby/ 019
	Nb(.w)-ms(w)	RII/ Aby/ 019
	Nfr-rnp.t	RII/ Aby/ 019
	Rꜥ(.w)-ḥtp(w)	RII/ Saq/ 011
jm.j-r' kꜣ.wt nj Jmn(.w)	*Ṯjꜣ*	RII/ KeG/ 004
jm.j-r' kꜣ.wt wr	*Ṯjꜣ*	RII/ Saq/ 009. 014
jm.j-r' kꜣ.wt wr nj Jmn(.w)	*Ṯjꜣ*	RII/ KeG/ 004, RII/ Saq/ 013. 014
jm.j-r' kꜣ.wt m/nj pr(.w) Jmn(.w)	*Jwny*	RII/ Aby/ 004
	Jmn(.w)-ms(w)	RII/ Aby/ 019
jm.j-r' kꜣ.wt m pꜣ sbtj ꜥꜣ nj (Rꜥ(.w)-ms(j)-sw-mr(j)-Jmn(.w))-m-pr(.w)-Rꜥ(.w)	*Mꜥy*	RII/ Hel/ 003
jm.j-r' kꜣ.wt m mnw nb m pr(.w) (Rꜥ(.w)-ms(j)-sw-mr(j)-Jmn(.w))-ꜥꜣ-nḫtw	*Mꜥy*	RII/ Hel/ 003
jm.j-r' kꜣ.wt m mnw nb nj nzw m pr(.w) Ptḥ	*Mꜥy*	RII/ Hel/ 003
jm.j-r' kꜣ.wt nj nb(.w) tꜣ.wj m ḥw.wt-nṯr	*Rꜥ(.w)-ms(w)*	RII/ DeM/ 046
jm.j-r' kꜣ.wt m R'-sṯꜣw	*Jww-rwḏ=f*	RII/ KeG/ 002
jm.j-r' kꜣ.wt m/nj ḥw.t Wsr-Mꜣꜥ.t-Rꜥ(.w) stp-n-Rꜥ(.w)	*Pn-Rꜥ(.w)*	RII/ Lux/ 001
	Bꜣk-nj-Jmn(.w)	RII/ The/ 012
jm.j-r' kꜣ.wt m tꜣ ḥw.t nj.t ḥḥ nj rnp.wt nj (Rꜥ(.w)-ms(j)-sw-mr(j)-Jmn(.w))-m-pr(.w)-Rꜥ(.w)	*Mꜥy*	RII/ Hel/ 003
jm.j-r' kꜣ.wt m ḥw.t-nṯr (Rꜥ(.w)-ms(j)-sw mr(j)-Jmn(.w))- m-wjꜣ	*Jww-rwḏ=f*	RII/ KeG/ 002

Titel	Name	Beleg
jm.j-r' m ḥw.t-nṯr Ḥw.t-Ḥr(.w) nj (*Rꜥ(.w)-ms(j)-sw-mr(j)-Jmn(.w)*)*-nb-štꜣ*	*Mꜥy*	RII/ Hel/ 003
jm.j-r' kꜣ.wt m S.t-mꜣꜥ.t	*Ḥꜣtjꜣy*	RII/ The/ 019
jm.j-r' kꜣ.wt ḥr jmnt.t Wꜣs.t	*Rꜥ(.w)-ms(w)*	RII/ DeM/ 027
jm.j-r' gs-pr(.w) m pr(.w) jm.j-r' ḫtmw	*Rꜥ(.w)-ms(w)*	RII/ DeM/ 027
jm.j-ḫn.t nj nb(.w) tꜣ.wj	*Ḥr.j*	RII/ Aby/ 013
jm.j-ḫnr.t m s.t Ḥꜣpj	*Ptḥ-jy*	RII/ M-S/ 001
jrw ḫsbḏ nj Jmn(.w)	*Rḫ-Jmn(.w)*	RII/ The/ 023
jr.j-ꜥꜣ	*Pn-šꜥy.t*	RII/ Qan/ 034
jr.j-ꜥꜣ Jmn(.w)-n-msḏr-sḏm	*Njꜣ*	RII/ The/ 025
jr.j-ꜥꜣ nj pr(.w)-ꜥꜣ	*Nfr-rnp.t*	RII/ Qan/ 018
jr.j-ꜥꜣ nj nb(.w) tꜣ.wj	⟨ ⟩	RII/ Qan/ 017
jr.j-ꜥꜣ nj zꜣw (*Rꜥ(.w)-ms(j)-sw mr(j)-Jmn(.w)*)	*ꜥkbr* (Sein äg. Name: *Rꜥ(.w)-ms(w)-nḫt*)	RII/ Qan/ 034
jr.j-pꜥ.t	*Jmn(.w)-ms(w)*	Am/ DeM/ 001
	Pꜣ-Rꜥ(.w)-ḥtp(w)	RII/ Sed/ 001
	Pꜣ-sr	RII/ DeM/ 001, RII/ The/ 002
	R'-mꜥ	Mer/ The/ 003
	Rꜥ(.w)-ḥtp(w)	RII/ Qan/ 002, RII/ Saq/ 011
	Rwrw	SI/ ???/ 001
	Ḥwy	RII/ Nub/ 001
	Ḥr.j	SII/ Mem/ 001
	Swtḫy	RII/ Qan/ 074
jr.j-pḏ.t	*Rꜥjꜣ*	RII/ Saq/ 007
jr.j-pḏ.t nj nb	*Rꜥjꜣ*	RII/ Saq/ 008
tꜣ.wj	*Rꜥ(.w)-ms(w)*	RII/ The/ 005
jrj-mḫꜣ.t	*Swtḫ-nḫt*	RII/ Qan/ 005
jt(j)-nṯr	*Rꜥ(.w)-ḥtp(w)*	RII/ Saq/ 011
jt(j)-nṯr m pr(.w) ḥr.j š=f	*Rꜥ(.w)-ḥtp(w)*	RII/ Aby/ 003
jt(j)-nṯr nj ḥr.j š=f	*Jmn(.w)-ms(w)*	RII/ Aby/ 003
	Ḫnsw	RII/ Aby/ 003
jt(j)-nṯr ḥr-wꜣḏ	*Ḥr(.w)-m-wjꜣ*	SI/ Aby/ 008
jdnw	*Jmn(.w)-ms(w)*	RII/ Aby/ 019
	Nb(.w)-ms(w)	RII/ Aby/ 019
	Nrnp.t	RII/ Aby/ 019
jdnw nj pr(.w)-ḫnr.t m Mr-wr	*Wsr-mꜣꜥ.t-Rꜥ(.w)-m-ḥꜣb*	SII/ Gur/ 001
jdnw nj ḥm=f m Tꜣ-nt-ḥtj	*Ḥwy*	RII/ Nub/ 001
jdnw nj ḥtr.w	*Pꜣ-ḥm-nṯr*	RII/ Sed/ 003

Titel	Name	Beleg
jdnw nj tꜣ jz.t	*ꜥꜣ-pḥ.tj*	SII/ DeM/ 003
jdnw nj tꜣ šnw.t pr(.w)-ꜥꜣ	*Ḥr.j*	RII/ The/ 012
ꜥꜣ nj ꜥ.t-ḥnq.t šps	*Rꜥ(.w)-ms(j)-sw-hrw*	Mer/ Aby/ 003
ꜥꜣ nj ꜥ.w m S.t-mꜣꜥ.t	*Nb(.w)-ḏfꜣ*	SI/ DeM/ 031
	Nb(.w)-ḏfꜣ	RII/ DeM/ 162
	Nfr-ḥr	RII/ DeM/ 162
ꜥꜣ nj ꜥw m S.t-nḥḥ	*ꜥꜣ-mk*	RII/ DeM/ 100
ꜥꜣ nj jz.t	*Pꜣ-nb(.w)*	Sip/ DeM/ 005
	Pꜣ-šd(w)	SI/ DeM/ 005
	Nfr-ḥtp(w)	RII/ DeM/ [011]. 014
	Qꜣḥꜣ	RII/ DeM/ 020
ꜥꜣ nj jz.t m S.t-mꜣꜥ.t	*Qꜣḥꜣ*	RII/ DeM/ 019. 021 - 024
ꜥꜣ nj jz.t [///]	*Nfr-ḥtp(w)*	Mer/ DeM/ 001
ꜥꜣ nj jz.t m s.t	*Pꜣ-šd(w)*	SI/ The/ 002
mꜣꜥ.t	*Nfr-ḥtp(w)*	Am/ The/ 001
ꜥꜣ nj jz.t m S.t-mꜣꜥ.t ḥr jmnt.t Wꜣs.t	*Nb(.w)-nfr*	RII/ DeM/ 014
ꜥꜣ nj mw nj tꜣ ḥw.t Wsr-Mꜣꜥ.t-Rꜥ(.w)-stp-n-Rꜥ(.w)	*Ḥwy*	RII/ DRi/ 001
ꜥꜣ nj pr(.w) nj pr(.w) Ḏḥwtj	*Ḫꜥ(j)-m-Wꜣs.t*	SI/ Aby/ 004
ꜥꜣ nj qdw.t m [*S.t-mꜣꜥ.t*]	[///]	RII/ DeM/ 008
	Nb(.w)-nfr	RII/ DeM/ 012. 013
ꜥꜣ nj qr.w nj tꜣ ḥw.t (*Mn-mꜣꜥ.t-Rꜥ(.w)*)	*Njꜣnwy*	SI/ Aby/ 004
ꜥꜣ nj jz.t m S.t-mꜣꜥ.t	*B*	SI/ DeM/ 002
wꜣḥ-ḫꜣw (?)	*Pn-tꜣ-wr.t*	RII/ Hel/ 001
wꜥw	*Jmn(.w)-m-jpꜣ.t*	RII/ Aby/ 021
	Jmn(.w)-m-pr(.w)	RII/ Qan/ 038
	Mꜥjꜣ	RII/ DeM/ 156
	Nfr-ḥtp(w)	RII/ Aby/ 006
	Rꜥ(.w)-ms(w)	RII/ DeM/ 156
	Ḫꜥy	SI/ Aby/ 001
	Kwr	SI/ Aby/ 004
wꜥw nj pꜣ mšꜥ pr(j)=tw ḥr pr(j) nj r'=f	*Ms(w)*	RII/ Qan/ 037
wꜥw nj nb(.w) tꜣ.wj	*Ḏḥwtj-m-ḥꜣb*	RII/ Qan/ 033
wꜥw nj ẖny.t	[///]	RII/ The/ 005
wꜥw s:ḥtp-Jꜥḥ tꜣ ẖny.t ꜥꜣ.t	*Jn(j)-nḫt*	RII/ Her/ 001
wꜥw nj zꜣw ꜥꜣ nj (*Rꜥ(.w)-ms(j)-sw mr(j)-Jmn(.w)*) *mr(j) Jtm(.w)* [///]	*Ms(w)*	RII/ Qan/ 037

Titel	Name	Beleg
wꜥb	*Jy(j)-r-n'.t=f*	RII/ DeM/ 059
	Jpw	RII/ M-S/ 001
	Jmn(.w)-m-jpꜣ.t	RII/ Aby/ 021
	ꜥḫ(j)-p.t	SI/ Aby/ 003
	Bꜣk-nj-Jmn(.w)	RII/ DeM/ 170
	Bw-nḫt=f	RII/ DeM/ 170
	Pꜣy	RII/ DeM/ 170
	Pꜣ-ḥm-nṯr	RII/ Sed/ 003
	Pjꜣy	RII/ DeM/ 068
	Ptḥ-jy	RII/ M-S/ 001
	Mnṯw-nḫt	RII/ Kop/ 001
	Njꜣ	RII/ The/ 025
	Nb(.w)-ḥtp(w)	RII/ Sed/ 004
	Nḫt	RII/ Aks/ 002
	Rjꜣy	RII/ M-S/ 002
	Rꜥjꜣ	RII/ Aby/ 021
	Rꜥ(.w)-ms(w)	RII/ DeM/ 170
	Ḥꜣ.t	RII/ Aby/ 021
	Ḥꜥpj-ꜥꜣ	RII/ Gad/ 001
	Ḥwy	RII/ ASi/ 003
	Ḥwy	RII/ DeM/ 170
	Ḫnsw	RII/ DeM/ 060. 068
	Ṯꜣy	RII/ Aby/ 015
wꜥb ꜥꜣ nj wꜥb.t nj (Wsr-Mꜣꜥt-Rꜥ(.w) stp-n-Rꜥ(.w)) pꜣ nb dmj	*Pjꜣy*	RII/ Hel/ 001
wꜥb ⟨ꜥ.wj⟩	*Mr(j)-n-Ptḥ-m-pr(.w)-Ptḥ*	Mer/ Saq/ 002
wꜥb ꜥ.wj	*R'-mꜥ*	Mer/ The/ 003
wꜥb ꜥ.wj m pr(.w) Rꜥ(.w)	*ꜥḫ(j)-p.t*	RII/ Qan/ 001
	Mr(j)-Jtm(.w)	RII/ Qan/ 001
wꜥb-ꜥ.wj nj nb(.w) tꜣ.wj	*Rꜥ(.w)-ms(j)-sw-m-pr(.w)-Rꜥ(.w)*	Mer/ Aby/ 005
	Rꜥ(.w)-ms(j)-sw-hrw	Mer/ Aby/ 003
wꜥb nj [///]	*Jwy*	RII/ WeS/ 005
wꜥb nj Jmn(.w)	*Pꜣ-jr.j*	Sip/ Aby/ 003
	Pꜣ-ꜥḥꜣ	Sip/ Aby/ 003
	Pjꜣ-nfr	RII/ Saq/ 016
	Ḫꜥy	Sip/ Aby/ 003
wꜥb nj (Jmn(.w)-ḥtp(w))	*Jtm(.w)-nḫt*	SI/ DeM/ 043

Titel	**Name**	**Beleg**
wꜥb nj Wsjr	*Pꜣ-sr*	RII/ Aby/ 015
	Msw	RII/ Aby/ 015
wꜥb nj Pḥw	*Nḫt*	RII/ Aby/ 015
	Ḏḥwtj-ms(w)	RII/ Aby/ 015
wꜥb nj Ptḥ	*Pjꜣy*	Mer/ ???/ 010
wꜥb nj Mr-wr	*Ṯꜣw-n=f*	RII/ Hel/ 004
wꜥb nbw	*Ptḥ-ms(w)*	Mer/ ???/ 010
wꜥb nj ḥꜣtj	*N-ḏꜣbw*	RII/ Aby/ 015
	Ṯꜣy-nfr	RII/ Aby/ 015
wꜥb nj tꜣ ḥw.t bꜣ-nj-Rꜥ(.w)-mr(j)-Jmn(.w) m pr(.w) Jmn(.w)	*Mnw-ḫꜥ(w)*	Mer/ The/ 002
wꜥb ḥw.t Rꜥ(.w)-ms(j)-sw-mr(j)-Jmn(.w)	*Jpy-tꜣ*	RII/ Gad/ 001
	Rꜥjꜣ	RII/ Aby/ 021
wbꜣ-nzw	*Pn-tꜣ-wr.t*	Mer/ Aby/ 004
	Rꜥ(.w)-ms(w)-mn	RII/ Qan/ 006
	Mr(j)-n-Ptḥ-m-pr(.w)-Ptḥ	Mer/ Saq/ 002
	Rꜥ(.w)-ms(j)-sw-hrw	Mer/ Aby/ 003
	Rꜥ(.w)-ms(j)-sw-m-pr(.w)-Rꜥ(.w)	Mer/ Aby/ 005
wbꜣ-nzw nj nb(.w) tꜣ.wj	*Rꜥ(.w)-ms(j)-sw-m-pr(.w)-Rꜥ(.w)*	Mer/ Gur/ 001
wbꜣ-nzw ꜥꜣ nj ꜥ.t-ḥnq.t	*Rꜥ(.w)-ms(j)-sw-m-pr(.w)-Rꜥ(.w)*	Mer/ Aby/ 005
wbꜣ-nzw ꜥꜣ nj ꜥ.t-ḥnq.t pr(.w)-ꜥꜣ	*Rꜥ(.w)-ms(j)-sw-m-pr(.w)-Rꜥ(.w)*	Mer/ Aby/ 005
wbꜣ-nzw tp.j nj ḥm=f	*Rꜥ(.w)-ms(j)-sw-m-pr(.w)-Rꜥ(.w)*	Mer/ ???/ 003
wpw.tj-nzw	*Jmn(.w)-m-jpꜣ.t*	RII/ SeK/ 003
	ꜥšꜣ-ḥꜣb-sd	RII/ SeK/ 001
	Ḥꜣtjꜣy	RII/ Sed/ 001
wpw.tj-nzw nj ḫꜣs.wt nb.wt	*ꜥšꜣ-ḥꜣb-sd*	SI/ Sek/ 001
	Ḥwy	RII/ Aby/ 005
wpw.tj-nzw r ḫꜣs.t nb.t	*Ḏḥwtj-ḥtp(w)*	Mer/ ???/ 007
	ꜥšꜣ-ḥꜣb-sd	RII/ SeK/ 004
wpw.tj-nzw r tꜣ nb	*Ḥḥ*	RII/ Aby/ 008

Titel	Name	Beleg
	Wnn-nfr	Mer/ ???/ 005
wr mdww nj mꜥbꜣy.t	*Rꜥ(.w)-ḥtp(w)*	RII/ Saq/ 011
wr ḫrp ḥmw.w	*Ḥr.j*	SII/ Mem/ 001
	Ḫꜥ(j)-m-Wꜣs.t	SII/ Mem/ 001
wr m ḥꜣ.t rḫy.t	*Swtḫy*	RII/ Qan/ 074
wr ḥmw.w nj Ptḥ	*Pꜣ-ḥm-nṯr*	RII/ Saq/ 010
	Ḏdjꜣ	RII/ Saq/ 010
wr nj mḏꜣw	*Jwny*	RII/ Aby/ 004
	Jmn(.w)-m-jn.t	RII/ The/ 009
wr Ḫrp-ḥmw.w (= Ptḥ)	*Rꜥ(.w)-ḥtp(w)*	RII/ Saq/ 011
wr zwnw	*Ḥwy*	SI/ Aby/ 006. 007
wr zwnw nj pr(.w) ḥm.t-nzw	*Ḫꜥy*	SI/ Aby/ 006
wr nj ṯḥ-ḫ.t	*Jwy*	RII/ Aks/ 003
wr.t ḫnr.t	*Wꜣḏ.t-rnp.t*	SI/ Aby/ 001
wr.t ḫnr.t Pꜣ-Rꜥ(.w)	*Tjꜣ*	RII/ KeG/ 003
wr.t ḫnr.t nj Jmn(.w)	*Mr(j).t-Rꜥ(.w)*	RII/ The/ 001
wr.t ḫnr.t nj.t Wsjr	*Ty*	RII/ Aby/ 010
wr ḫrpw spꜣ.wt n'.wt	*Rꜥ(.w)-ḥtp(w)*	RII/ Saq/ 011
wr-mꜣw	*Mr(j)-Jtm(.w)*	RII/ Qan/ 001
wr- mꜣw Rꜥ(.w)	*Rꜥ(.w)-ḥtp(w)*	RII/ Saq/ 011
wḥm nj bjtj	*Rꜥ(.w)-ḥtp(w)*	RII/ Saq/ 011
wḥm nzw tp.j nj nb(.w) tꜣ.wj	*Ḫꜥy*	RII/ Aby/ 001
wḥm nzw tp.j nj ḥm=f	*Pr(j)-nfr*	RII/ Aby/ 007
	Rꜥ(.w)-ms(j)-sw-m-pr(.w)-Rꜥ(.w)	Mer/ Aby/ 005
wšb.t	*Jy(j)*	RII/ DeM/ 144
	Ḥm.t-nṯr	RII/ DeM/ 129
	Ḥm.t-nṯr	RII/ DeM/ 144
wt	*Rjꜣy*	RII/ M-S/ 002
wt m pr(.w)-nfr	*Yjy*	RII/ M-S/ 003
	Rjꜣy	RII/ M-S/ 002
wṯs nj mḫꜣ.t tꜣ.wj	*Rꜥ(.w)-ḥtp(w)*	RII/ Saq/ 011
wdpw nj tꜣ	*Pr(j)-nfr*	RII/ Aby/ 007
bꜣk nj Jꜥḥ	*Ḥwy*	RII/ DeM/ 143
bꜣk nj Jmn(.w)	*Pn-dwꜣ*	RII/ DeM/ 140
	Nb(.w)-nj-mꜣꜥ	RII/ DeM/ 149
	Zꜣ-Wꜣḏy.t	RII/ DeM/ 094
	Zꜣ-Mw.t	RII/ DeM/ 151
	S:ꜥnḫ-Ptḥ	RII/ DeM/ 034. 184
	Kꜣ-r'	RII/ The/ 024
bꜣk nj Jmn(.w)-n-jpꜣ.t	*Ḫꜣwj*	RII/ DeM/ 085

Titel	Name	Beleg
b3k nj Ptḥ rḫ sb3.t=f	*Rꜥ(.w)-ms(w)*	RII/ DeM/ 050
b3k nj Mw.t	*Bn-nḫt*	RII/ DeM/ 087
b3k nj nb(.w) t3.wj	*Ḥ3y-tp*	SI/ DeM/ 001
b3k.t nj Jꜥḥ	*Mr(j).t-Jmn(.w)*	RII/ DeM/ 108
b3k.t nj T3-wr.t	*Wj3*	RII/ DeM/ 033
bjtj nj Jmn(.w)	*Yw*	RII/ The/ 013
p3 zẖ3w nj pr(.w) Jmn(.w)	*Wp(j)-w3j.wt-ms(w)*	RII/ Aby/ 019
pḏ.t nj nṯr nfr	*H3j*	RII/ Aby/ 001
f3j-wdn.t nj Ptḥ	*Ṯl-P3-Rꜥ(.w)*	RII/ Saq/ 004
f3j-swn.t nj (Wsr-M3ꜥ.t-Rꜥ(.w))	[///]	RII/ Ele/ 001
mnjw nj Jmn(.w)	*B3wy*	RII/ The/ 005
mnjw ꜥ.wt nj Wsjr	*Jmn(.w)-m-jp3.t*	RII/ Aby/ 021
Mhr	*Pn-t3-wr.t*	RII/ Qan/ 043
mḥ-jb m S.t-m3ꜥ.t	*Rꜥ(.w)-ms(w)*	RII/ DeM/ 049
mḥ-jb nj nb(.w) t3.wj	*Rwrw*	SI/ ???/ 001
Mškb	*Jmn(.w)-m-jp3.t*	RII/ DeM/ 010
	P3-ḫ3rw	RII/ Qan/ 044
	Pn-t3-wr.t	RII/ Qan/ 034. 043
nb.t pr(.w)	*3///j*	RII/ DeM/ 019
	3ḫ-sw	RII/ KeG/ 001. 002
	3s.t	SI/ Saq/ 003 - 006
	3s.t	Am/ The/ 001
	3s.t-m-ḥ3b	RII/ Qan/ 034
	J3y	SI/ The/ 001
	Jy	SI/ DeM/ 038
	Jy(j)	RII/ DeM/ 113
	Jy(j)	SII/ DeM/ 002
	Jy(j)-nfr.tj	SI/ Aby/ 008
	Jy(j)-nfr.tj	SI/ DeM/ 032
	Jy(j)-nfr.tj	SI/ DeM/ 033. 034. 036
	Jꜥ(j)-ḥ3tj.t	SI/ DeM/ 036
	Jꜥ(j)-ḥ3tj.t	RII/ DeM/ 114
	Jꜥ(j)-ḥ3tj.t	RII/ DeM/ 159
	Jꜥ(j)-ḥ3tj.t	RII/ DeM/ 168
	Ywhb.t	RII/ M-S/ 004
	Ym	RII/ Aby/ 001
	Jbr-k3r	SI/ The/ 001
	Jm.j	SI/ The/ 001
	jmnt.t-wsr.t	RII/ DeM/ 168

Titel	Name	Beleg
	Jr(j).t-nfr	SI/ DeM/ 036
	ꜥwj	SI/ DeM/ 036
	Wꜣḏ.t-rnp.t	SI/ DeM/ 010
	Wjꜣ	RII/ DeM/ 029. 033
	Wjꜣy	RII/ Saq/ 005
	Wꜥb.t	Sip/ DeM/ 006
	Wbḫ.t	RII/ DeM/ 133
	Wrl	SI/ Aby/ 002
	Wbḫ.t	RII/ The/ 016
	Bꜣk.t-mr.t	RII/ The/ 005
	Bꜣk.t	SI/ The/ 001
	Bꜣk.t	RII/ DeM/ 121
	Bw-ḫꜣꜥ.n=f-Ptḥ	RII/ DeM/ 156. 157
	Pꜣ-šd(w)	RII/ DeM/ 053
	Pꜣ-šd(w)	RII/ DeM/ 151. 153
	Pjpwy	RII/ Saq/ 018
	Pypyjꜣ	RII/ Saq/ 003
	Mꜣḥy	RII/ DeM/ 126. 129. 130
	Mꜥjꜣ	RII/ Aby/ 020
	Mꜥjꜣny	RII/ Aby/ 011. 012
	Mꜥḫꜣy-jb	SI/ DeM/ 025 - 028. 041
	Mw.t-m-jn.t	Sip/ Aby/ 002
	Mw.t-m-wjꜣ	RII/ DeM/ 089
	Mw.t-m-wjꜣ	Sip/ Aby/ 003
	Mw.t-nfr.t	SI/ Aby/ 004
	Mw.t-nfr.t	Mer/ Aby/ 006
	Mw.t-nṯr.w	SI/ DeM/ 036
	Mwtwy	SI/ DeM/ 039
	Mr(j).t-sgr	RII/ DeM/ 082
	Mr(j).t	SI/ Aby/ 006
	Mr(j).t-Jmn(.w)	SI/ DeM/ 004
	Mr(j).t-Rꜥ(.w)	RII/ The/ 025
	Mḥy.t-Ḫꜥ(j).tj	RII/ DeM/ 094. 095
	N-šꜥ.t	RII/ Saq/ 017
	Nꜣ-šꜥy.t	RII/ Saq/ 018
	Nꜣy	RII/ Aby/ 021
	Nb.t-nhw	SI/ DeM/ 004
	Nb.t-snw	Mer/ Aby/ 006
	Nbw-m-wjꜣ	RII/ Qan/ 060
	Nbw-m-tḫ	RII/ Aby/ 001
	Nbw-ḥr-mꜣꜥ.w	RII/ The/ 014

Titel	Name	Beleg
	Nbw-ḥr-ḫꜣḫꜣ	RII/ Aby/ 017. 018
	Nbw-ḫꜥ(j).tj	RII/ DeM/ 151
	Nfrw	Sip/ DeM/ 008
	Nfr.t	RII/ DeM/ 083
	Nfr.t-jy(j).tj	RII/ DeM/ 140 - 142
	Nfr.t-jr.j	SI/ DeM/ 014
	Nfr.t-jrw	RII/ Aby/ 005
	Nfr.t-jr.j	RII/ DeM/ 069 - 072. 074. 077. 167. 178
	Nfr.t-wsḫ	RII/ Aby/ 021
	Nfr.t-ḫꜥ(j)	SI/ DeM/ 016
	Nḫ.t-Mw.t	Sip/ Aby/ 002
	Nḏ.t	RII/ M-S/ 005
	ꜣs.t	Mer/ ???/ 003
	Bꜣk-wrl	Mer/ ???/ 004
	Kꜣjꜣ	RII/ Qan/ 059
	Kꜣjꜣy	Mer/ ???/ 007
	Nḏm.t-Bḥd.t	SI/ DeM/ 007
	Tꜣ-bs.t	Mer/ The/ 003
	Rp.t	RII/ The/ 005
	Rnnwt.t	SI/ Aby/ 006
	Ḥwy-jꜣ	Sip/ Aby/ 003
	Ḥwj-šrj.t	SI/ The/ 001
	Ḥwy-nfr.t	RII/ DeM/ 177
	Ḥwl	SI/ DeM/ 036
	Ḥwl	RII/ DeM/ 123
	Ḥwl	RII/ DeM/ 134. 136
	Ḥwl	Am/ The/ 001
	Ḥw.t-Ḥr(.w)	SI/ DeM/ 031
	Ḥw.t-Ḥr(.w)- [///]	SI/ DeM/ 008
	ḥnw.t	RII/ M-S/ 005
	Ḥnw.t-Wꜣḏbw	SI/ DeM/ 041
	Ḥnw.t-mḥy.t	RII/ DeM/ 070
	Ḥnw.t-mḥy.t	RII/ DeM/ 166
	Ḥnw.t-mḥy.t	RII/ KeG/ 001. 002
	Ḥnw.t-ṯꜣw	RII/ DeM/ 077
	Ḥr.j.t-jꜣ	SII/ DeM/ 002
	Ḥr.j.t-jb-Mn-nfr	RII/ Aby/ 009
	Ḫꜥ(j).t-nbw	Sip/ Aby/ 003
	Ḫꜥ(j).t-m-p.t	RII/ Aby/ 021
	Zꜣ-m-kꜣw=st	Sip/ Aby/ 001
	Zꜣ.t-ꜣs.t	SI/ Aby/ 004

Titel	Name	Beleg
	S3ḥtj	RII/ Buh/ 005
	S3ḥtj	RII/ DeM/ 146
	Sbtj3	RII/ Qan/ 022
	Sḫm.t	SI/ ???/ 001
	Šᶜj	RII/ Qan/ 058
	Šdr/ Šd.t (?)	RII/ Qan/ 040
	Qwny	SI/ ???/ 004
	K3j3	SI/ ???/ 005
	K3k3j3	RII/ DeM/ 181
	K3m	SI/ Aby/ 004
	Kj3	SI/ Saq/ 007
	T3-3s.t	RII/ DeM/ 126
	T3-3s.t	RII/ DeM/ 126. 129
	T3y-sn-nfr.t	SI/ Aby/ 003
	T3-wr.t	SI/ DeM/ 022
	T3-wr.t	RII/ DeM/ 085
	T3-wr.t	RII/ DeM/ 131
	T3-wr.t	RII/ Qan/ 039
	T3-wr.t-m-ḥ3b	RII/ Qan/ 043
	T3-wr.t-m-ḥ3b	Sip/ DeM/ 012
	T3-wsr.t	RII/ DeM/ 094
	T3-b3k	RII/ DeM/ 059
	T3-bs.t	RII/ ASi/ 003
	T3-mj.t	RII/ Mem/ 001
	T3-mj.t	RII/ Saq/ 016
	T3-mj.t	Mer/ Saq/ 001
	T3-mk.t	RII/ DeM/ 150
	T3-n3fj(.t)	SI/ The/ 001
	T3-nfr.t	RII/ DeM/ 112
	T3-nfr.t	RII/ DeM/ 131
	T3-nḥsj.t	SI/ DeM/ 017. 018
	T3-nḥsj.t	RII/ DeM/ 019
	T3-nḏm.t	RII/ Ani/ 002
	T3-rḫ-ᶜnw	Am/ The/ 001
	T3-ḫ3rw	RII/ DeM/ 138. 140 - 142
	T3-ḫ3rw	SII/ Aby/ 003
	T3-ḫᶜ(j).t	SI/ DeM/ 019
	T3-ḫᶜ(j).t	RII/ DeM/ 151. 153
	T3-ḫᶜ(j).t	RII/ Qan/ 043
	T3-s3ḥ.tj-nfr	RII/ M-S/ 009
	T3-sn-nfr	RII/ DeM/ 126. 129. 130
	T3-q3.t	RII/ DeM/ 121

Titel	Name	Beleg
	T3-q3(j)-ʿntj	RII/ Hel/ 003
	T3-qdnw	RII/ Aby/ 017. 018
	T3-ṯmḥ.t	RII/ DeM/ 134 - 136
	T3-dnj.t-Šw	RII/ M-S/ 004
	T3-ḏj=s	RII/ Buh/ 005
	Ty	RII/ Aby/ 010. 011
	Tjpy	SI/ Aby/ 006
	Tjn.t-jp3.t	RII/ DeM/ 067
	Tjn.t-Jmn(.w)	RII/ DeM/ 019
	Tjn.t-nbw	RII/ DeM/ 159
	Tjr	RII/ DeM/ 075
	Twj3.t	RII/ Nub/ 002
	Twy	SI/ DeM/ 017
	Twy	RII/ DeM/ 020. 024
	Twy	RII/ The/ 019
	Ṯj3	RII/ KeG/ 001. 003, RII/ Saq/ 013. 016
	Ṯy	RII/ Sed/ 003
	Ṯjr	SI/ The/ 001
	Ṯjr	SI/ The/ 001
	Dw3-m-mr.t=s	RII/ DeM/ 140
	Dw3-m-mr.t=s	RII/ DeM/ 065
nb.t pr(.w)=f	*T3-wsr.t*	RII/ Aby/ 008
	3s.t-nfr.t	Mer/ ???/ 004
	Tjn.t-p3-t3	RII/ The/ 012
nby	*Ḫnmw-ms(w)*	RII/ Buh/ 005
	Jmn(.w)-Rʿ(.w)-ḫʿ(w)	Mer/ ???/ 010
nby nj ḥw.t-nbw	*Swtj-ʿ3*	Mer/ ???/ 010
nby nj ḥw.t-nbw ms(j)-nṯr.w	*Jny*	Mer/ ???/ 010
nfw nj pr(.w)-ʿ3	[///]	RII/ Qan/ 041
r' nḫn	*Rʿ(.w)-ḥtp(w)*	RII/ Saq/ 011
r' nj nzw	*Rʿ(.w)-ḥtp(w)*	RII/ Saq/ 011
r' nj nzw m t3 r-ḏr=f	*Rʿ(.w)-ḥtp(w)*	RII/ Saq/ 011
r' zw ḥr ḫ3s.t nb.t	*Rʿ(.w)-ḥtp(w)*	RII/ Saq/ 011
rwḏw nj ḥw.t Wsr-M3ʿ.t-Rʿ(.w)-stp-n-Rʿ(.w)	*P3-ḫ3rw*	RII/ The/ 013
	Nfr-ḥtp(w)	RII/ The/ 013
rḏj.t mw n-ḥr sḏr.tj	*Ḏḥwtj-ms(w)*	RII/ M-S/ 001
ḥ3.tj-ʿ(.w)	*Jmn(.w)-ms(w)*	Am/ DeM/ 001
	P3-Rʿ(.w)-ḥtp(w)	RII/ Sed/ 001
	P3-sr	RII/ DeM/ 001, RII/ The/ 002
	Mn-ḫpr(.w)	RII/ Gur/ 001

Titel	Name	Beleg
	Nfr-ḥtp(w)	SI/ Saq/ 001
	R'-mᶜ	Mer/ The/ 003
	Rᶜ(.w)-ḥtp(w)	RII/ Qan/ 002, RII/ Saq/ 011
	Rwrw	SI/ ???/ 001
	H-nfr	RII/ Buh/ 005
	Ḥwy	RII/ Nub/ 001
	Ḥr.j	SII/ Mem/ 001
	Swtḫy	RII/ Qan/ 074
ḥ3.tj-ᶜ(.w) nj p3 pr(.w) nj (Rᶜ(.w)-ms(j)-sw)	*Ḥr.j*	SI/ Aby/ 005
ḥ3.tj-ᶜ(.w) nj Mjᶜm	*Ḥr.j*	RII/ Ani/ 002
ḥ3bs-bḥ.t nj z3 (Wsr-Mᶜ3.t-Rᶜ(.w) stp-n-Rᶜ(.w)) pḥ.tj r ḫf.tjw	*Wp(j)-w3j.wt-ms(w)*	RII/ Aks/ 001
ḥm-nṯr	*Jpy*	RII/ DeM/ 170
	P3-jr.j	RII/ Aby/ 015
ḥm-nṯr nj Jmn(.w)	*Wsḫ.t-nmt.t*	RII/ Aby/ 003
ḥm-nṯr nj Jn(j)-ḥr(j)	*Wsḫ.t-nmt.t*	RII/ Aby/ 003
ḥm-nṯr nj w3ḏ.tj ḥr	*Rᶜ(.w)-ḥtp(w)*	RII/ Saq/ 011
ḥm-nṯr nj Bsjr	*Ṯ3y*	RII/ Sed/ 001
ḥm-nṯr nj Bᶜr	*K3mᶜ*	SII/ Mem/ 001
ḥm-nṯr nj pr(.w) Mnw	*Ḥr.j-nḫt*	RII/ The/ 012
ḥm-nṯr M3ᶜ.t	*Jmn(.w)-ms(w)*	Am/ DeM/ 001
ḥm-nṯr nj (Rᶜ(.w)-ms(j)-sw-mr(j)-Jmn(.w)) ḥnj=f-Jmn(.w)	*Rᶜ(.w)-ms(w)*	Mer/ ???/ 006
ḥm-nṯr Ḥw.t-Ḥr(.w) nb.t 3bw	*B3k-wr*	SII/ Ani/ 001
ḥm-nṯr snnw	*Ḥr(.w)-m-ḥ3b*	RII/ Buh/ 005
ḥm-nṯr snnw nj Jmn(.w)	*R'-mᶜ*	Mer/ The/ 003
ḥm-nṯr šw	*Mnw-ms(w)*	RII/ Aby/ 022
ḥm-nṯr tp.j nj Wsjr	*Wnn-nfr*	RII/ Aby/ 010 - 013
ḥm-nṯr tp.j	*H-nfr*	RII/ Buh/ 005
ḥm-nṯr tp.j nj 3s.t	*Wnn-nfr*	SII/ Aby/ 001. 002
ḥm-nṯr tp.j nj Jmn(.w)	*R'-mᶜ*	Mer/ The/ 003
Ḥm-nṯr tp.j nj Jmn(.w)[///]	*Mᶜḥwḥy*	SII/ Kar/ 001
Ḥm-nṯr tp.j nj Jmn(.w) m Jwnw šmᶜw	*Nb(.w)-nṯr.w*	RII/ The/ 002
Ḥm-nṯr tp.j nj Wsjr	*Ywyw*	Mer/ Aby/ 006, SII/ Aby/ 002
	Mnw-ms(w)	RII/ Aby/ 010
	Mry	RII/ Aby/ 010. 011
	Ḥr.j	RII/ Aby/ 013. 014
ḥm-nṯr tp.j nj M3ᶜ.t	*Rᶜ(.w)-ḥtp(w)*	RII/ Saq/ 011
ḥm-nṯr tp.j nj (Rᶜ(.w)-ms(j)-sw mr(j)-Jmn(.w))	*ᶜt3-tn*	RII/ Nub/ 002
ḥm-nṯr tp.j nj Ḥr(.w) nb Bhn	*H-nfr*	RII/ Buh/ 005

Titel	Name	Beleg
ḥm-nṯr tp.j ḥr.j [///]	*Mry*	RII/ Aby/ 012
ḥmw.w	*Ḥwy*	RII/ DeM/ 019
ḥmw.w wr	*Jmn(.w)-nḫt*	Sip/ DeM/ 001
	Djdj	SI/ DeM/ 039
ḥmw.w wr m 3ḫ-(Rᶜ(.w)-ms(j)-sw mr(j)-Jmn(.w)) *m ḥw.t wr*	*Mᶜy*	RII/ Giz/ 001
ḥmw.w wr m 3ḫ-(Rᶜ(.w)-ms(j)-sw mr(j)-Jmn(.w)) *m pr(.w) Ḥw.t-Ḥr(.w)*	*Mᶜy*	RII/ Hel/ 002
ḥmw.w wr m p3 sbtj ᶜ3 nj (Rᶜ(.w)-ms(j)-sw-mr(j)-Jmn(.w))-m-pr(.w)-Rᶜ(.w)	*Mᶜy*	RII/ Hel/ 002
ḥmw.w wr m s.t m3ᶜ.t	*Jmn(.w)-nḫt*	SI/ DeM/ 002
	Jmn(.w)-nḫt	RII/ DeM/ 080
	N3ḫj	RII/ DeM/ 081
	Ḥwy	SI/ DeM/ 019. 020
	Ḥwy	RII/ DeM/ 021
	Djdj	SI/ DeM/ 022
ḥmw.w wr nj nb(.w) t3.wj m S.t-m3ᶜ.t	*Djdj*	SI/ DeM/ 040
ḥny tp nj ḥm=f	*Ṯ3y*	RII/ KeG/ 004
ḥr.j ᶜrr.t nj.t Ptḥ	*Nḥḥ-n-ḏj-sw*	RII/ M-S/ 009
ḥr.j jr(j)-ḫrw nj ᶜ.t-ḫnq.t pr(.w)-ᶜ3	*H3w-nfr*	SII/ Aby/ 003
ḥr.j jḥw	*P3-nfr*	RII/ The/ 013
	P3-sr	SI/ Aby/ 004
	Ptḥ-ms(w)	RII/ Aby/ 005
	Mnw-m-ḥ3b	RII/ The/ 013
	Ḫnsw	Mer/ ???/ 004
	P3-ḥm-nṯr	Mer/ ???/ 006
	Rᶜ(.w)-ms(w)	Sip/ Aby/ 003
	Ry	RII/ Aby/ 005
	Ḥ3tj3y	RII/ The/ 005
	Kyrj	RII/ The/ 013
ḥr.j jḥw nj jḥw ᶜ3 nj (Rᶜ(.w)-ms(j)-sw)	*Wp(j)-w3j.wt-ms(w)*	RII/ Aby/ 019
ḥr.j jḥw ḫnw	*Ḥr.j*	RII/ The/ 012
ḥr.j jḥw nj ḫnw	*Z3-B3st.t*	Mer/ ???/ 005
	Ḥr.j	Mer/ ???/ 005
ḥr.j jz.t	*Nb(.w)-nfr*	RII/ DeM/ 164
	Ḥ3y-tp	Sip/ DeM/ 001
ḥr.j nj jz.t m S.t-m3ᶜ.t	*B3kj*	SI/ DeM/ 002
	P3-nb(.w)	Sip/ DeM/ 002 - 004
	Nb(.w)-nfr	RII/ DeM/ 013

Titel	Name	Beleg
	Nfr-ḥtp(w)	RII/ DeM/ 012. 018. 163. 164
	Ḫ3y	Sip/ DeM/ 007
ḥr.j jz.t nj nb(.w) t3.wj m S.t-m3ᶜ.t	*P3-nb(.w)*	Sip/ DeM/ 006
ḥr.j jz.t m S.t-m3ᶜ.t ḥr jmnt.t W3s.t	*Nb(.w)-nfr*	RII/ DeM/ 016
	Nfr-ḥtp(w)	RII/ DeM/ 016
ḥr.j jz.t nj nb(.w) t3.wj	*Nb(.w)-nfr*	RII/ DeM/ 014
ḥr.j pḏ.t	*Jj3*	RI/ ???/ 001
	Bs	SI/ Aby/ 002
	P3y	RII/ Saq/ 010
	P3-ḥm-nṯr	RII/ Sed/ 003
	Pn-Rᶜ(.w)	RII/ Lux/ 001
	Ḥwy	RII/ Nub/ 001
ḥr.j pḏ.t m 3ḫ-(Rᶜ(.w)-ms(j)-sw-mr(j)-Jmn(.w))-m-ḥw.t-wr	*Mᶜy*	RII/ Hel/ 003
ḥr.j pḏ.t m mnw nb nj ḥm=f m pr(.w) Rᶜ(.w)	*Mᶜy*	RII/ Hel/ 003
ḥr.j pḏ.t m gm-(Rᶜ(.w)-ms(j)-sw-mr(j)-Jmn(.w))-m-s.t-pr(.w)-Rᶜ(.w)	*Mᶜy*	RII/ Hel/ 003
ḥr.j pḏ.t m ṯ3rw	*Ḥwy*	RII/ Nub/ 001
ḥr.j pḏ.t nj nb(.w) t3.wj	*Jpwj3*	RII/ Sed/ 001
ḥr.j pḏ.t Qnj	*ᶜš3-ḥ3b-sd*	SI/ Sek/ 001, RII/ SeK/ 001. 004
ḥr.j pḏ.t nj Kš	*Jn(j)-ḥr.j-nḫt/ Nḫ.t-mnw*	RII/ Ani/ 001
ḥr.j pḏ.t nj t3 ẖnm.t nj.t (Rᶜ(.w)-ms(j)-sw mr(j)-Jmn(.w))	*Jmn(.w)-m-jp3.t*	RII/ SeK/ 003. 004
ḥr.j pḏ.t ṯkw	*P3-ḫ3rw*	RII/ Sin/ 001
ḥr.j mnj.w nj Jmn(.w)	*Mᶜḥw*	RII/ DeM/ 151
ḥr.j mnš	*P3-jr-s3*	Sip/ Aby/ 003
ḥr.j mnš nj pr(.w) Wsjr	*Jt(j)*	Sip/ Aby/ 003
ḥr.j mškb	*ᶜ3-nḫt*	RII/ Qan/ 042
	Ḏḥwtj-ḥtp(w)	Mer/ ???/ 007
ḥr.j mškb nj ẖny.t "-Rᶜ(.w)-ms(j)-sw-Mr(j)-Sḫm.t"	*Ḏḥwtj-ḥtp(w)*	Mer/ ???/ 007
ḥr.j mḏ3w nj W3s.t	*P3-šd(w)*	RII/ The/ 014
ḥr.j nby.w	*P3-Rᶜ(.w)-m-ḥ3b*	Mer/ Saq/ 001
	Pn-t3-wr.t	RII/ Qan/ 016
	Ḫnsw	Mer/ ???/ 010
	S3y-m-ptr=f	RII/ Saq/ 017
	Ḫnmw-ms(w)	RII/ Buh/ 005
ḥr.j nby.w nj ḥw.t-nbw ms(j)-nṯr.w	*P3-nḥsj*	Mer/ Saq/ 001

Titel	Name	Beleg
	P3-Rʿ(.w)-m-ḥ3b	Mer/ ???/ 010
ḥr.j nby.w m ḥw.t-nbw	*P3-nḥsj*	Mer/ ???/ 010
	P3-Rʿ(.w)-m-ḥ3b	Mer/ ???/ 010
ḥr.j ḥ3m p3 šw.t-Rʿ(.w)	*Pn-ns.tj-t3.wj*	RII/ Qan/ 050
ḥr.j ḥzw.w nj Ptḥ	*Rʿj3*	RII/ Saq/ 015
ḥr.j z3w	*Jr.j-nfr*	RII/ The/ 018
ḥr.j zwnw nj nb.t t3.wj	*Ḥwy*	SI/ Aby/ 007
ḥr.j zẖ3w-qdw.t	*P3-šd(w)*	SI/ DeM/ 014
	Ḥ3tj3y	SI/ DeB/ 001
ḥr.j sšt3	*Mry*	RII/ Aby/ 012
ḥr.j sšt3 m ḥw.t bjtj	*Rʿ(.w)-ḥtp(w)*	RII/ Saq/ 011
ḥr.j sšt3 m ḥw.t Nj.t	*Rʿ(.w)-ḥtp(w)*	RII/ Saq/ 011
ḥr.j sšt3 m ḥw.t ḫrp.w	*Rʿ(.w)-ḥtp(w)*	RII/ Saq/ 011
ḥr.j sšt3 nj pr(.w)-nzw	*Rʿ(.w)-ḥtp(w)*	RII/ Saq/ 011
ḥr.j š3y.t	*Ḫnsw*	RII/ M-S/ 005
ḥr.j sʿš3w	*Wsr-m3ʿ.t-Rʿ(.w)-m-ḥ3b*	SII/ Gur/ 001. 002
ḥr.j šmsw.w	*Jmn(.w)-m-ḥ3b*	RII/ KeG/ 003
	P3-ḫ3rw	RII/ KeG/ 003
ḥr.j šnʿ	*Mnn*	SI/ Aby/ 004
ḥr.j tp	*Jwny*	SI/ Aby/ 006
	Jwny	SI/ DeM/ 007
	Pj3y	RII/ M-S/ 001 - 003
	Ṯwl	RII/ Saq/ 018
ḥr.j tp Jw-rwd	*ʿt3-tn*	RII/ Nub/ 002
ḥr.j tp m pr(.w)-nfr	*Rʿ(.w)-ms(w)*	RII/ M-S/ 001
	Ḏḥwtj-ms(w)	RII/ M-S/ 001
ḥr.j tp m t3 r-ḏr=f	*Rʿ(.w)-ḥtp(w)*	RII/ Saq/ 011
ḥr.j tp t3.wj	*Rʿ(.w)-ḥtp(w)*	RII/ Saq/ 011
ḥr.j ṯ3y-mḏ3.t Jmn(.w)-Rʿ(.w) nj Bnrj.t	*B3k-nj-Jmn(.w)*	RII/ Qan/ 048
ḥr.j ṯ3y-sry.t	*Y3*	SI/ ???/ 004
	Wsr-ḥ3.t (?)	SI/ ???/ 004
	Ḥ3tj3y	SI/ Giz/ 001
	Zj	SI/ ???/ 004
ḥr.j ṯ3y-sry.t nj nb(.w) t3.wj	*Ḥ3tj3y*	SI/ ???/ 004
ḫnwt	*K3-m-wj3*	RII/ Qan/ 055
ḫrj-ḥ3b nj ḥpj	*Ḥtp(w)-Ptḥ*	RII/ M-S/ 006
ḫrp wr.w	*Rʿ(.w)-ḥtp(w)*	RII/ Saq/ 011
ḫrp ḥmw.w	*Rʿ(.w)-ḥtp(w)*	RII/ Saq/ 011
	Ḥr.j	SII/ Mem/ 001

Titel	**Name**	**Beleg**
ḫrp-srq nj nb(.w) tꜣ.wj	*Jmn(.w)-ms(w)*	SI/ DeM/ 002
ḫrp šnḏ.wt nb.wt	*Rꜥ(.w)-ḥtp(w)*	RII/ Saq/ 011
ḫtmw bjtj	*Pꜣ-sr*	RII/ DeM/ 001
	Rwrw	SI/ ???/ 001
	Swtḫy	RII/ Qan/ 074
ẖr.j ꜥ.w zẖꜣw šꜥ.t nj jr.j-pꜥ.t	*Rꜥ(.w)-ms(w)*	RII/ DeM/ 027. 038
ẖr.j ḥꜣb	*Yjy*	RII/ M-S/ 003
	Jmn(.w)-m-jpꜣ.t	RII/ M-S/ 005
	Pjꜣy	RII/ M-S/ 001. 002
	Mnṯw-nḫ.t	RII/ Kop/ 001
	Nb.w-ḥtp(w)	RII/ Sed/ 004
	Rjꜣy	RII/ M-S/ 002
	Šd-Jmn(.w)	RII/ Saq/ 015
	Ṯwl	RII/ Saq/ 018
	Ḏḥwtj-ms(w)	RII/ M-S/ 001
ẖr.j ḥꜣb nj jm.j-r' pr(.w)-ḥḏ	*pr(.w)-ꜥꜣ-p-nḥḥ*	RII/ Saq/ 016
ẖr.j ḥꜣb nj Wsjr	*Jmn(.w)-ḥtp(w)*	SI/ Saq/ 007
ẖr.j ḥꜣb m pr(.w)-ḫnr nj pr(.w)-nzw	*Jpw*	RII/ M-S/ 001
ẖr.j ḥꜣb m pr(.w)-nfr	*Ptḥ-jy*	RII/ M-S/ 001
	Rjꜣy	RII/ M-S/ 002
ẖr.j ḥꜣb Ptḥ	*Pꜣ-tjr*	SI/ Saq/ 007
ẖr.j ḥꜣb	*Jwny*	SI/ DeM/ 007
ẖrtj-nṯr	*Ḥwy*	RII/ DeM/ 151
ẖrtj-nṯr nj Jmn(.w)	*Ḫꜥy*	RII/ DeM/ 151
ẖrtj-nṯr nj Jmn(.w) m tꜣ kꜣt	*Zꜣ-Mw.t*	RII/ DeM/ 151
ẖrtj-nṯr nj Jmn(.w) nj n'.t rsj	*Kꜣ-r'*	RII/ DeM/ 151
ẖrtj-nṯr nj pr(.w)	*Jw=f-n-Jmn(.w)*	RII/ DeM/ 173
Jmn(.w)	*Nfr[///[*	RII/ DeM/ 173
ẖrtj-nṯr nj ḏḥwtj nb Ḫmnw [///] m n'.t rsj	*Ḏḥwtj-ḥr-mkwt=f*	RII/ DeM/ 160
zꜣ nzw	*Stꜣw*	RII/ Buh/ 001., RII/ WeS/ 010
zꜣ nzw nj Kš	*Jmn(.w)-m-jpꜣ.t*	SI/ Buh/ 001
	Pꜣ-sr	RII/ ASi/ 001. 002, RII/ Sai/ 001
	Ḥwy	RII/ Nub/ 001, RII/ Sai/ 001
	Ḥqꜣ-nḫ.t	RII/ Aks/ 003
	Ḫꜥy-m-ṯr.t	SII/ Buh/ 001

Titel	Name	Beleg
	Stȝw	RII/ Buh/ 002, RII/ Nub/ 002, RII/ The/ 018, RII/ WeS/ 001 - 009. 012
	[///]	RI/ Amd/ 001
zȝ nzw r p.t m Tȝ-stj	*Ḥwy*	RII/ Nub/ 001
zȝ nzw m Tȝ-stj	*Jwny*	RII/ Aby/ 004
Zȝw	*Mntw-Jmn(.w)*	RII/ Qan/ 044
zȝw wsḫ.t	*Pr(j)-nfr*	RII/ Aby/ 007
zȝw nj ḥw.t nj.t ḥḥ rnp.wt	*Pn-Rnnw.t*	Mer/ The/ 001
zȝw m ḫpš ?	*r'-ḏqbwtj*	RII/ Qan/ 032
zȝw.tj m S.t-mȝᶜ.t	*Pn-bwy*	RII/ DeM/ 111. 114. 168. 169. 183
zȝw.tj m S.t-mȝᶜ.t	*Ḫȝwj*	RII/ DeM/ 084 - 086
	S:mn-tȝ.wj	RII/ DeM/ 083
zȝw.tj m s.t nj.t ḥr jmnt.t Wȝs.t	*Pn-bwy*	RII/ DeM/ 182
zȝwtj pr(.w)-ḥḏ nj pr(.w) Jmn(.w)	*Jmn(.w)-mn*	Mer/ The/ 003
zȝwtj nj nb(.w) tȝ.wj m S.t-mȝᶜ.t	*Ypwy*	Sip/ Aby/ 001. 002
zȝb	*Bs*	SI/ Aby/ 002
	Pȝy	RII/ Saq/ 008
	Pȝ-nḫty	RII/ Aby/ 010
	Ptḥ-ms(w)	RII/ Aby/ 006
	Pṯ-bᶜl	SI/ The/ 001
	Mry	RII/ Aby/ 010. 011
	Nb(.w)-nṯr.w	RII/ The/ 002
	Rᶜ(.w)-jȝy	RII/ Mem/ 001
	Rᶜ(.w)-ḥtp(w)	RII/ Saq/ 011
	Hȝj	RII/ Aby/ 001
	Ḥȝtjȝy	SI/ Saq/ 003 - 006
	Kȝ-ḫnt.j-n'.t	RII/ Aby/ 005
zȝb m ḥw.t-Ptḥ	*Ḥr.j*	SII/ Mem/ 001
zȝb nj rḫy.t	*Rᶜ(.w)-ḥtp(w)*	RII/ Saq/ 011
zȝb tȝ	*Rᶜ(.w)-ḥtp(w)*	RII/ Saq/ 011
zwnw	*Twtwj*	SI/ ???/ 005
zwnw nj pr(.w) ḥm.t-nzw	*Rᶜ(.w)*	SI/ Aby/ 006
zḫȝw	*Jȝ-n-Jmn(.w)*	Mer/ ???/ 001
	Jww-n-Jmn(.w)	Mer/ Aby/ 002
	Jww-rwḏ=f	RII/ KeG/ 001. 003
	Jpw	RII/ DeM/ 129
	Jmn(.w)-m-jpȝ.t	RII/ KeG/ 002
	Jmn(.w)-hrw	SI/ Saq/ 002
	Jn(j)-ḥr.t	Mer/ ???/ 001
	Jnrw	RII/ Aby/ 006

Titel	Name	Beleg
	Wsr-ḥ3.t	SI/ Aby/ 001
	Wsr-Sˁt.t	SI/ DeM/ 027
	P3-Rˁ(.w)-Ḥˁ(j)	RII/ Hel/ 001
	Pr(.w)-kt	Mer/ ???/ 001
	Ptḥ-⟨m-⟩wj3	RII/ Sed/ 003
	Ptḥ-m-wj3	Mer/ ???/ 001
	Mr(j)-Ptḥ	Mer/ ???/ 006
	Nfr-rnp.t	RII/ The/ 004
	Nḫt	RII/ Aby/ 017. 018
	Nḫt-b3k	Mer/ ???/ 001
	Ns-Jmn(.w)	RII/ Aby/ 019
	R'-fj	RII/ Qan/ 014
	R'-mˁ	RII/ Aby/ 017. 018
	Rˁ(.w)-ms(w)	SI/ Aby/ 003. 006, SI/ DeM/ 035, SI/ ???/ 004
	Rˁ(.w)-ms(w)	RII/ DeM/ 046
	Ḥwy	RII/ DeM/ 162
	Ḥr(.w)-m-ḥ3b	SI/ ???/ 004
	Ḥˁy	RII/ DeM/ 053
	T3	RII/ M-S/ 011
	Twn	Mer/ ???/ 010
	[///]y	Mer/ ???/ 001
zẖ3w nj ˁrw.t	*Ḫ3rw*	Sip/ Kar/ 001
zẖ3w wdḥw.w	*Jmn(.w)-ḥtp(w)*	SI/ Saq/ 007
zẖ3w wdḥw.w nj nb(.w) t3.wj	*J[///]*	RII/ Qan/ 007
	Jmn(.w)-ḥtp(w), gen. *Ḥwy*	SI/ ???/ 005
	ˁḥ3w.tj-nfr	Mer/ Aby/ 002
	Mˁḥwḥj	RII/ Qan/ 009
	Ḥwy	SI/ Aby/ 009, SI/ ???/ 005
	Ty	RII/ Qan/ 010
	Ḏḥwtj-ms(w)	RII/ Qan/ 008
zẖ3w pr(.w)-ˁnḫ	*R'-y*	RII/ Saq/ 018
zẖ3w pr(.w)-ḥḏ	*Jww-rwḏ=f*	RII/ KeG/ 001. 002
	Ṯj3	RII/ KeG/ 002
zẖ3w pr(.w)-ḥḏ m pr(.w) Jmn(.w)-Rˁ(.w)	*Jww-rwḏ=f*	RII/ KeG/ 002
zẖ3w pr(.w)-ḥḏ nj pr(.w) Ptḥ	*Mˁḥw*	RII/ The/ 005
zẖ3w pr(.w)-ḥḏ nj Jmn(.w) nzw nṯr.w	*Jww-rwḏ=f*	RII/ KeG/ 002
zẖ3w pr(.w)-ḥḏ nj nb	*Nb(.w)-jmnt.t*	RII/ The/ 005

Titel	Name	Beleg
tꜣ.wj	*Ḥwy*	SI/ Aby/ 003
	Ḥwy-šrj	SI/ ???/ 003
zẖꜣw pr(.w)-ḥḏ nj nzw nḫt m ḥw.t=f nj ḥḥ m [rnp.wt][///]	*Ḥwy-šrj*	SI/ ???/ 003
zẖꜣw pr(.w)-ḥḏ nj ḥw.t-nṯr nj Jmn(.w)	*Jww-rwḏ=f*	RII/ KeG/ 002
zẖꜣw pr(.w)-ḥḏ nj ḥnw.t tꜣ.wj	*Jww-n-Jmn(.w)*	RII/ Aby/ 005
zẖꜣw pr(.w).wj-ḥḏ	*Wsjr*	RII/ Qan/ 003
	Swtḫy	RII/ Saq/ 002
zẖꜣw m S.t-mꜣꜥ.t ḥr jmnt.t Wꜣs.t	*Jnpw-m-ḥꜣb*	Mer/ DeM/ 002
zẖꜣw m S.t-nḥḥ	*Rꜥ(.w)-ms(w)*	RII/ DeM/ 037
zẖꜣw m tꜣ ḥw.t-Wsr-Mꜣꜥ.t-Rꜥ(.w)-stp-n-Rꜥ(.w) m pr(.w) Jmn(.w)	*Jry*	RII/ Saq/ 001
zẖꜣw mꜣꜥ	*Rꜥ(.w)-ms(w)*	RII/ DeM/ 031
zẖꜣw (mꜣꜥ) m S.t-mꜣꜥ.t	*Rꜥ(.w)-ms(w)*	RII/ DeM/ 006. 007.026. 030. 033. 034. 036. 039. 040. 043. 044. 047. 048. 184, RII/ The/ 010
zẖꜣw mšꜥ	*Nb(.w)-wn=f*	Mer/ ???/ 001
	Ḫꜥ(j)-m-ṯr.t	Mer/ ???/ 006
zẖꜣw mšꜥ nj nb tꜣ.wj	*ꜥbw-[?]*	RII/ The/ 013
	Nb(.w)-wꜥj	RII/ The/ 013
	Nfr-ḥr	RII/ Qan/ 030
	Ḏḥwtj-ms(w)	RII/ Qan/ 031
	Ḫꜥ(j)-m-ṯr.t	Mer/ ???/ 006
zẖꜣw mšꜥ.w nj tꜣ ḥw.t Mn-Mꜣꜥ.t-Rꜥ(.w)	*R'-mꜥ*	SI/ Aby/ 003
zẖꜣw mšꜥ nzw	*Ḥwy*	RII/ Aby/ 005
zẖꜣw mḏꜣ.t-nṯr	*Pjꜣy*	Mer/ ???/ 004
zẖꜣw nj Jmn(.w)	*Mꜣꜣ-nḫt=f*	RII/ DeM/ 052
	Nḫt	RII/ DeM/ 129
zẖꜣw nj pr(.w) mꜣꜥ.t	*Mꜥy*	RII/ Qan/ 047
zẖꜣw nj pr(.w) nj ḏ.t nj pr(.w) Jmn(.w)-Rꜥ(.w)	*Rꜥ(.w)-ms(w)*	RII/ DeM/ 043
zẖꜣw nj nb(.w) tꜣ.wj	*ꜥꜣ-mk*	RII/ Qan/ 013
	Pn-pꜣ-tꜣ	RII/ Aby/ 006
	Mn-mꜣꜥ.t-Rꜥ(.w)-ꜥꜣ-nḫtj	RII/ Qan/ 012
zẖꜣw nj nb(.w) tꜣ.wj m pr(.w) Rꜥ(.w)	*Mꜣmꜣ*	RII/ Qan/ 046
zẖꜣw nj nt-ḥtrj	*Jmn(.w)-m-ḥꜣb*	RII/ Qan/ 027
zẖꜣw nj zꜣ (Mn-Mꜣꜥ.t-Rꜥ(.w)) Jmn(.w)-m-mkj-mšꜥ=f	*Wsr-ḥꜣ.t*	SI/ Aby/ 001
zẖꜣw nj tꜣ šnw.t	*Nfr-rnp.t*	RII/ The/ 012

Titel	Name	Beleg
zẖ3w nzw	*Jwny*	SI/ Aby/ 006. 007
	Jmn(.w)-ms(w)	RII/ Aby/ 019
	P3-nḥsj	RII/ ZUR/ 001
	P3-sr	RII/ DeM/ 003
	P3-sr	RII/ Saq/ 003
	Pj3y	RII/ M-S/ 002. 003
	Ptḥ-ms(w)	RII/ M-S/ 004
	N3-ḥr-ḥw	RII/ The/ 004
	Nfr-rnp.t	RII/ Qan/ 011
	R'-y	Mer/ ???/ 005
	Rʿj3	RII/ Saq/ 007. 008
	Rwrw	SI/ ???/ 001
	Ršpw	RII/ Aby/ 019
	Ḥ3tj3y	SI/ ???/ 004
	Ḥwy	RII/ Nub/ 001
	Ḫʿy	RII/ Aby/ 009
	St3w	RII/ Nub/ 002, RII/ WeS/ 004. 006. 007
	K3s3	SI/ Saq/ 002 - 006
	Ṯj3	RII/ KeG/ 004, RII/ Saq/ 013. 014. 021
	Ṯwl	RII/ Saq/ 018
zẖ3w nzw m S.t-m3ʿ.t	*Rʿ(.w)-ms(w)*	RII/ DeM/ 181
zẖ3w nzw m S.t-m3ʿ.t (ḥr jmnt.t W3s.t)	*Rʿ(.w)-ms(w)*	RII/ DeM/ 028. 029. 032. 035. 042. 049. 050
zẖ3w nzw wr nj nb(.w) t3.wj	*K3s3*	SI/ Saq/ 006
zẖ3w nzw ḫ3w.t nj nb(.w) t3.wj	*Jww-n-Jmn(.w)*	Mer/ Aby/ 001
zẖ3w nzw ḫ3w.t nj nb(.w) t3.wj	*Pr(j)-nfr*	RII/ Aby/ 006. 007
zẖ3w nzw m3ʿ	*Nfr-ḥtpw*	RII/ Mem/ 001
	Swtḫy	RII/ Qan/ 074
	Ṯj3	RII/ KeG/ 004
zẖ3w nzw r-ʿ.w nj ḥnw m ʿ.t-jrp nj ḥnw	*Nfr-ḥtp(w)*	RII/ Mem/ 001
zẖ3w nṯr	*h-Hfr*	RII/ Buh/ 005
zẖ3w nṯr.w nb.w	*Nḫt*	Mer/ ???/ 004
zẖ3w ḥw.t-nṯr	*Jrṯw*	SI/ Aby/ 008
zẖ3w ḥw.t-nṯr nj Ptḥ	*Jpjy*	RII/ M-S/ 010
zẖ3w ḥw.t-nṯr nj.t Ptḥ-Jn(j)-ḥr(j)	*P3-s3ḥ-t3*	RII/ Aby/ 017. 018
zẖ3w ḥsb jḥw nj Jmn(.w)-Rʿ(.w)	*Rʿ(.w)-ms(w)*	RII/ DeM/ 027
zẖ3w ḥsb.w-nbw	[///]	RII/ Sai/ 001
zẖ3w ḥsb ḥḏ nbw nj nb(.w) t3.wj m šm3w mḥw	*Ḥwy-šrj*	SI/ ???/ 003

Titel	Name	Beleg
zẖꜣw ḥtp.w-nṯr nj Wsjr Ḥr(.w) ꜣs.t nj nṯr.w nb.w ḥw.t Mn-Mꜣꜥ.t-Rꜥ(.w)	*Mꜥy*	SI/ Aby/ 002
zẖꜣw ḥtp.w-nṯr nj nṯr.w nb.w	*Ḫꜥy*	RII/ Aby/ 006
zẖꜣw ḫꜣw.t	*Nꜣ-ḥr-ḥw*	Mer/ ???/ 006
	ꜥḫꜣwtj-nfr	Mer/ ???/ 004
zẖꜣw ḫꜣw.t nj nb tꜣ.wj	*Jmn(.w)-m-wjꜣ*	RII/ Aby/ 006
	Jmn(.w)-ḥtp(w)	SI/ Saq/ 007
	Jꜣw-n-Jmn(.w)	Mer/ ???/ 001
	ꜥḥꜣwtj-nfr	Mer/ ???/ 004
	Nfr-ḥtp(w)	RII/ Mem/ 001
	Ḥwj	SI/ Saq/ 007
zẖꜣw sḥnw m pꜣ sbtj wr nj pr(.w) Jmn(.w)	*Jmn(.w)-m-wjꜣ*	Sip/ Kar/ 001
zẖꜣw ssm.wt nj nb(.w) tꜣ.wj nj pꜣ jḥw nj (Rꜥ(.w)-ms(j)-sw-mr(j)-Jmn(.w)) nj ẖnw	*Ḥr(.w)-Mnw*	RII/ Hel/ 001
zẖꜣw šꜥ.t	*Ḫꜥ(j)*	RII/ ASi/ 001. 002
zẖꜣw-qdw.t	*Jpw*	RII/ DeM/ 129
	Jmn(.w)-ms(w)	SI/ DeM/ 014
	Pꜣy	SI/ DeM/ 009. 011
	Pꜣy	RII/ DeM/ 054
	Pꜣy	RII/ DeM/ 129
	Pꜣ-bꜣkj	RII/ DeM/ 129
	Pꜣ-šd(w)	SI/ DeM/ 044
	Pꜣ-šd(w)	RII/ DeM/ 051
	Pꜣ-šd(w)	RII/ DeM/ 129
	Pꜣ-šd(w)	Sip/ DeM/ 008
	Mꜣꜣ.n=j-nḫt=f	SI/ DeM/ 044
	Mꜣꜣ-nḫt	Sip/ DeM/ 008
	Mꜣꜣ-nḫt=f	RII/ DeM/ 012
	Mꜣꜣ-nḫt=f	RII/ DeM/ 170
	Mr(j)-Sḫm.t	Sip/ DeM/ 008
	Nb(.w)-Rꜥ(.w)	RII/ DeM/ 057. 175
	Nfr-ḥtp(w)	Sip/ DeM/ 008
	Nḫ.t-Jmn(.w)	RII/ DeM/ 057
	Ḥwy-n-mꜣ	RII/ Sed/ 003
	Ḫꜥy	RII/ DeM/ 057
	Ḫnsw	SI/ The/ 001
	H̱tj	RII/ Nub/ 001
zẖꜣw-qdw.t m s.t mꜣꜥ.t	*Pꜣy*	RII/ DeM/ 053
	Mꜣꜣ.n=j-nḫt=f	RII/ DeM/ 051

Titel	Name	Beleg
	Nb(.w)-Rᶜ(.w)	RII/ DeM/ 054. 058
	Nḫ.t-Jmn(.w)	RII/ DeM/ 058
zẖ3w-qdw.t nj Jmn(.w)	*P3y*	SI/ DeM/ 010
	Nb(.w)-Rᶜ(.w)	RII/ DeM/ 053
	Nḫ.t-Jmn(.w)	RII/ DeM/ 053
	Z3-Mw.t	SI/ The/ 001
zẖ3w-qdw.t nj Jmn(.w)-Rᶜ(.w)	*Wsr-ḥ3.t*	RII/ Qan/ 049
zẖ3w-qdw.t nj Jmn(.w) m n'.t rsj.t	*Jpw*	SI/ DeM/ 012
zẖ3w-qdw.t nj Jmn(.w) m S.t-m3ᶜ.t	*P3y*	SI/ DeM/ 012. 037
	P3-šd(w)	SI/ DeM/ 013. 014
	Nb(.w)-Rᶜ(.w)	RII/ DeM/ 053 - 056
s3q.tj	*P3-nḫw-m-t3.wj*	RII/ Aby/ 016
	Nb(.w)-Jmn(.w)	RII/ Aby/ 016
s:ᶜnḫw	*Pn-t3-wr.t*	RII/ WeS/ 011
sᶜš3	*Ṯl-ḥr[///]*	RII/ Qan/ 040
sky	*Rᶜ(.w)-ms(w)*	RII/ WeS/ 009
	Nḫ.t-Jmn(.w)	RII/ Qan/ 060
sm m t3 ḥw.t Mn-m3ᶜ.t-Rᶜ(.w)	*Rwrw*	SI/ ???/ 001
sm wr	*Ḥr.j*	SII/ Mem/ 001
sm nj Ptḥ	*Rᶜ(.w)-ḥtp(w)*	RII/ Saq/ 011
sm(j) mdwt. t3.wj	*Ḫᶜy*	RII/ Aby/ 001
sr nj md3j	*Pn-Rᶜ(.w)*	RII/ Lux/ 001
sšm-ḥ3b nj Jmn(.w)	*St3w*	RII/ The/ 003
sšm-ḥ3b nj Wsjr	*Ḥwy*	SI/ Aby/ 009
sšm-ḥ3b nj Rs(j)-jnbw=f	*Rᶜ(.w)-ḥtp(w)*	RII/ Saq/ 011
Sḏm	*Nb.w-ḥtp(w)*	RII/ Sed/ 004
	Nḫw-jb	RII/ Qan/ 026
sḏm-ᶜš	*Jw-mn*	RII/ Qan/ 025
	Mḏrj	RII/ Saq/ 016
	Sw-nn-sw	RII/ Qan/ 024
	P3-nḫw-nj-n'.t	RII/ Saq/ 013
sḏm-ᶜš m s.t m3ᶜ.t	[///]	RII/ The/ 002
	3n[///]	RII/ DeM/ 012
	Jpy	RII/ DeM/ 121. 122
	Jpy	RII/ DeM/ 179
	Jpyy	RII/ DeM/ 162
	Jpwy	RII/ DeM/ 061
	Jpwy	RII/ DeM/ 165
	Jmn(.w)-m-jp3.t	SI/ DeM/ 042

Titel	Name	Beleg
	Jmn(.w)-m-jpꜣ.t	Am/ The/ 001
	Jmn(.w)-m-jn.t	RII/ DeM/ 082
	Jmn(.w)-m-wjꜣ	RII/ DeM/ 099
	Jmn(.w)-m-ḥꜣb	RII/ DeM/ 089
	Jmn(.w)-msw	SI/ DeM/ 027
	Jmn(.w)-msw	SI/ deM/ 041
	Jmn(.w)-msw	RII/ DeM/ 098
	Jmn(.w)-nḫt	RII/ DeM/ 064
	Jmn(.w)-nḫt	Sip/ DeM/ 019
	Jmn(.w) [///]	RII/ DeM/ 149
	Jny	RII/ DeM/ 179
	Jr.j	RII/ DeM/ 115
	Jr.j-nfr	RII/ DeM/ 094 - 098
	ꜥꜣ-mk	RII/ DeM/ 099. 100
	Wꜣḏ-ms(w)	RII/ DeM/ 012
	Wꜣḏ-ms(w)	RII/ DeM/ 101
	Wꜣḏ-ms(w)	RII/ DeM/ 137
	Wnn-nfr	SI/ DeM/ 002. 004
	Wn-nḫt	RII/ DeM/ 129
	Wn-nḫt	RII/ DeM/ 103
	Wn-nḫt	RII/ DeM/ 174
	Bw-qn=f	RII/ DeM/ 081
	Pꜣ-nb(.w)	RII/ DeM/ 132
	Pꜣ-sr	RII/ DeM/ 106
	Pꜣ-šd(w)	SI/ DeM/ 002
	Pꜣ-šd(w)	SI/ DeM/ 025 - 028
	Pꜣ-ṯꜣw-m-dj-Jmn(.w)	Am/ DeM/ 005
	Pn-bwy	RII/ DeM/ 112. 113
	Pn-Jmn(.w)	RII/ DeM/ 107 - 110
	Pn-nbw	Am/ DeM/ 002. 003
	Pn-š-n-ꜥbw	RII/ DeM/ 118. 119
	Pn-dwꜣ	RII/ DeM/ 075. 093
	Ptḥ-ms(w)	RII/ DeM/ 134
	Ptḥ-ms(w)	RII/ DeM/ 187
	Mꜣꜣ-nḫt=f	RII/ DeM/ 052
	Mnw-ms(w)	SI/ DeM/ 027
	Mꜥḥw	RII/ DeM/ 120
	Mr(j)-Wꜣs.t	RII/ DeM/ 019. 021
	Mr(j)-Wꜣs.t	RII/ DeM/ 170
	Mr(j)-Rꜥ(.w)	Am/ The/ 001

Titel	Name	Beleg
	Ms(w)	RII/ DeM/ 121
	N3j	RII/ DeM/ 187
	Nb(.w)-jmnt.t	RII/ DeM/ 012
	Nb(.w)-jmnt.t	RII/ DeM/ 123. 124
	Nb(.w)-jmnt.t	RII/ DeM/ 187
	Nb(.w)-nfr	RII/ DeM/ 015
	Nb(.w)-ḏf3	SI/ DeM/ 030
	Nb(.w)-[///]	SI/ DeM/ 036
	Nfr-ʿ3b.t	RII/ DeM/ 176
	Nfr-rnp.t	RII/ DeM/ 126. 129 - 131
	Nfr-snt	RII/ DeM/ 012
	Nfr-snt	RII/ DeM/ 132
	Nfr-snt	RII/ DeM/ 187
	Nḫw-Mw.t	RII/ DeM/ 133
	Nḫw-Mw.t	RII/ The/ 016
	Nḫ.t-Mnw	RII/ The/ 011
	Nḫt///	RII/ DeM/ 064
	Rʿ(.w)-Wbn.w	RII/ DeM/ 102
	Ḥ3y	SI/ DeM/ 018
	Ḥ3y	RII/ DeM/ 134. 135
	Ḥwy	SI/ DeM/ 017. 018
	Ḥwy	SI/ DeM/ 038
	Ḥwy-nfr	RII/ DeM/ 151 - 153
	Ḥr(.w)-m-wj3	RII/ DeM/ 129
	Ḥr(.w)-m-wj3	RII/ DeM/ 145
	Ḥḥ-nḫw	SI/ DeM/ 027
	Ḥzy-sw-nb=f	Sip/ DeM/ 020
	Ḫʿ(j)-m-W3s.t	RII/ DeM/ 107
	Ḫʿy-m-ṯr.t	RII/ DeM/ 149
	Sn-nḏm	SI/ DeM/ 035. 036
	Q3ḥ3	SI/ DeM/ 017. 018
	Q3ḥ3	RII/ DeM/ 180
	Qn	RII/ DeM/ 071
	Qn-ḥr-ḫpš=f	RII/ DeM/ 019
	K3s3	RII/ DeM/ 012
	K3s3	RII/ DeM/ 187
	K3s3	Sip/ DeM/ 004
	Tws3	RII/ DeM/ 159
	Djdj	SI/ DeM/ 023
	Djdj	RII/ DeM/ 092
	Dw3	RII/ DeM/ 140
	Nb(.w)-nfr	RII/ DeM/ 187

Titel	Name	Beleg
	Ḫnsw	RII/ DeM/ 150
sḏm-ꜥš m S.t-mꜣꜥ.t m s.t jgr.t	*Nb(.w)-nfr*	RII/ DeM/ 013
sḏm-ꜥš m S.t-mꜣꜥ.t (ḥr jmnt.t nꜥ.t)	*Ḏḥwtj-ḥr-mkwt=f*	RII/ DeM/ 160. 162
sḏm-ꜥš m S.t-mꜣꜥ.t (ḥr jmnt.t Wꜣs.t	*Pꜣ-šd(w)*	Am/ DeM/ 002 - 004
	Wnn-ḫwj	RII/ DeM/ 104. 105
	Pn-nbw	Sip/ DeM/ 018. 019
	Nfr-ꜥꜣb.t	RII/ DeM/ 052. 127 - 129
	Ḫꜥ(j)-bḫn.t	RII/ DeM/ 146. 147
	Kꜣ-rꜥ	RII/ DeM/ 151. 152. 155
	Kꜣsꜣ	RII/ DeM/ 156. 158
	Jmn(.w)-nḫt	RII/ DeM/ 090 - 093
	Ḥwy	RII/ DeM/ 137 - 142
sḏm-ꜥš m S.t-mꜣꜥ.t ḥr jmnt.t Wꜣs.t	*Jmn(.w)-m-jn.t*	RII/ DeM/ 082
	Nḫt-Ḏḥwtj	RII/ DeM/ 162
	Ḥwy	RII/ DeM/ 071
	Jpwy	RII/ DeM/ 065
	Ḥwy	RII/ DeM/ 171
	Ḥr(.w)-m-wjꜣ	SI/ DeM/ 002
sḏm-ꜥš m S.t-mꜣꜥ.t ḥr jmnt.t wr.t nj.t Wꜣs.t	*Ḏḥwtj-ḥr-mkwt=f*	RII/ DeM/ 161
sḏm-ꜥš nj nb(.w) tꜣ.wj	*Dwꜣ*	RII/ DeM/ 137
sḏm-ꜥš nj nb tꜣ.wj m S.t-mꜣꜥ.t	*Nḫt-sw*	Sip/ DeM/ 012
	Ḥzy-sw-nb=f	Am/ The/ 001
	Zꜣ-Wꜣḏy.t	SII/ DeM/ 001
	ꜥꜣ-pḥ.tj	Sip/ DeM/ 002. 003
sḏm pr(.w)-ꜥꜣ	*Mr(j)-Jmn(.w)-nḫt*	RII/ Qan/ 023
sḏm m S.t-mꜣꜥ.t	*Pꜣ-Rꜥ(.w)-ḥtp(w)*	Sip/ DeM/ 011
	Ḫꜥ(j)-m-jpꜣ.t	RII/ DeM/ 186
sḏm nj pꜣ zꜣ-nzw	*Pꜣ-jw-ḫrd*	RII/ Nub/ 002
sḏm nj Ptḥ	*Nfr-rnp.t*	RII/ M-S/ 009
šmꜥy.t	*ꜣḫ-sw*	RII/ KeG/ 002
	Mr(j).t-nbw	RII/ Buh/ 005
	Tꜣ-bs	RII/ ASi/ 003
	Tꜣ-n-[///]	RII/ Buh/ 005
šmꜥy.t [///]	*Jr(j).t-nfr*	SII/ Aby/ 003
šmꜥy.t nj.t ꜣs.t	*ꜣs.t*	RII/ The/ 012
	Mꜥjꜣny	RII/ Aby/ 012
	Nfr.t-jy(j)	RII/ The/ 013
	Ty	RII/ Aby/ 011

Titel	Name	Beleg
šmꜥy.t nj.t Jmn(.w)	*ꜣs.t*	RII/ Aby/ 019
	ꜣs.t	Mer/ ???/ 003
	ꜣs.t-m-ḫꜣb	RII/ Qan/ 034
	ꜣs.t-nfr.t	Mer/ Aby/ 004
	ꜣs.t-nfr.t	Mer/ ???/ 001
	Jꜣy	SI/ The/ 001
	Jy	RII/ Aby/ 006
	Jy(j)-nfr.tj	RII/ Aby/ 019
	Jwy	Mer/ ???/ 006
	Jwjꜣ	Mer/ ???/ 006
	Jwnw-nwnꜣ	Mer/ ???/ 001
	Jpꜣ.t-nfr.t	RII/ Aby/ 019
	J[/]ꜣ	RII/ Aby/ 002
	ꜥwrtj	Mer/ Aby/ 004
	ꜥn-mw.t	RII/ Qan/ 043
	ꜥn-mw.t	Mer/ ???/ 001
	Wꜣḏ.t-rnp.t	SI/ Aby/ 001
	Wꜥb.t	Sip/ DeM/ 006
	Wbḫ.t	Am/ The/ 001
	Bꜣk.t-ꜣs.t	RII/ Gad/ 001
	Bꜣk.t-Mw.t	RII/ KeG/ 001. 002
	Bꜥk.t-Jmn(.w)	RII/ Aby/ 006
	Pjpwy	Mer/ ???/ 006
	Pw-r'-y	Mer/ ???/ 006
	Mw.t-m-wjꜣ	RII/ Aby/ 019
	Mw.t-m-wjꜣ	RII/ Qan/ 043
	Mw.t-m-wjꜣ	RII/ Saq/ 015
	Mw.t-nfr.t	RII/ Saq/ 010
	Nꜣšꜣ-ꜥꜣ-jt	RII/ Aby/ 019
	Nꜣtj	RII/ Aby/ 006
	Nꜣty	RII/ Aby/ 006
	Nbw-m-tḫ	RII/ Aby/ 001
	Nbw-ḥr-mꜣꜥ.w	RII/ The/ 014
	Nfr.t-jr.j	RII/ Qan/ 043
	Nfr.t-jr.j	RII/ The/ 008
	Nfr.t-mw.t	SII/ Gur/ 002
	Ns-mw.t	SII/ Ani/ 001
	Ntj-b-pꜣ-r'-tj	RII/ Aby/ 008
	Rwqꜣšꜣ	Mer/ Aby/ 004
	Rnnwtt	SI/ ???/ 001
	Ḥw.t-Ḥr.t	RII/ Qan/ 043
	Ḥnw.t-Jwn.t	SI/ ???/ 001

Titel	Name	Beleg
	Ḥnw.t-dwꜣ.t	RII/ Aby/ 019
	Sḫm.t	SI/ ???/ 001
	St-Mnṯw	RII/ Saq/ 010
	Šry.t-Rꜥ(.w)	RII/ Saq/ 010
	Qꜣj-nḥꜣb.t	Mer/ ???/ 006
	Kꜣjꜣy	Mer/ ???/ 001
	Tꜣ-ꜥqꜣy.t	RII/ Aby/ 019
	Tꜣ-wr	RII/ Aby/ 019
	Tꜣ-wsr.t	RII/ Aby/ 008
	Tꜣ-mj.t	RII/ Mem/ 001
	Tꜣ-mj.t	Mer/ Saq/ 001
	Tꜣ-mj.t	Mer/ ???/ 001
	Tꜣ-nj-shr.t	RII/ Aby/ 019
	Tꜣ-nḏm	RII/ Aby/ 006
	Tꜣ-qꜣj	Mer/ ???/ 001
	Tꜣy-ṯwjꜣ	RII/ Ani/ 002
	Tꜣ-kmy	RII/ Aby/ 006
	Tꜣtꜣjꜣ	RII/ Hel/ 001
	Tjꜣ	RII/ Aby/ 006
	Ty	RII/ Saq/ 010
	Tjtj	RII/ aby/ 006
	Twjꜣ	RII/ Aby/ 006
	Dwꜣ.t-nfr	RII/ Aby/ 006
	[///]	RII/ Aby/ 019
šmꜥy.t nj.t Jmn(.w)-Rꜥ(.w)	*Bdtj*	Mer/ DeM/ 002
šmꜥy.t nj.t Jmn(.w)-Rꜥ(.w) nb ns.wt tꜣ.wj	*Tꜣ-wr.t-hr.tj*	SII/ Ani/ 001
šmꜥy.t nj.t Jmn(.w)-Rꜥ(.w) nzw nṯr.w	*Pwjꜣ*	RII/ Qan/ 043
šmꜥy.t nj.t Wsjr	*Mꜥjꜣny*	RII/ Aby/ 010
	Ty	SII/ Aby/ 013
šmꜥy.t nj.t Bꜣst.t	*Bꜣk-wrl*	Mer/ ???/ 005
	Ḥnw.t-Jwn.t	Mer/ ???/ 005
	Tꜣ-ḫꜥ(j).t	Mer/ ???/ 005
	Nfr.t-jy(j).tj	Mer/ ???/ 005
	Tꜣ-rwjꜣ	Mer/ ???/ 005
šmꜥy.t nj.t Pꜣ-Rꜥ(.w)	*Jwnw-ly*	Mer/ ???/ 006
	Pw-r'-y	Mer/ ???/ 006
	Tꜣ-qꜣj-ꜥntj	RII/ Hel/ 003
	Tꜣ-wr.t-m-ḥꜣb	Mer/ ???/ 006
	Bꜣk.t-Jmn(.w)	Mer/ ???/ 006
šmꜥy.t nj.t Mnṯw-m-tꜣ.wj	*ꜣs.t*	RII/ Qan/ 078
šmꜥy.t nj.t nb.t nht rsj	*Kꜣ*[///]	SII/ Mem/ 001

Titel	Name	Beleg
šmˁy.t nj.t Ḥw.t-Ḥr(.w)	*Mw.t-twy*	RII/ Aby/ 006
	Ḥwly	RII/ Saq/ 010
	Nh.t-m-wj3	RII/ Aby/ 006
	Twy	RII/ The/ 019
šmˁy.t nj.t ḥr.j š=f	*B3y3*	RII/ Sed/ 003
šmˁy.t nj.t Sbk	*Nbw-m-wsḫ.t*	RII/ Mem/ 001
šms	*Yf*	RII/ Qan/ 022
	P3-jm.j-r'-jḥw	RII/ Sed/ 003
	Pn-dw3	RII/ DeM/ 068
	Nḫt[///]	RII/ DeM/ 068
	Ḥwy	SI/ Buh/ 001
	S:mn-W3s.t	RII/ Qan/ 021
šms nj p3 jr.j-pˁ.t	*S:mn-t3.wj*	RII/ M-S/ 011
šms nj ḥm=f	*Jm.j-r'-jḥw*	RII/ M-S/ 008
	Jmn(.w)-m-ḥ3b	RII/ The/ 005
qd nj 3s.t	*Wsr-ḥ3.t*	Mer/ Aby/ 006
qḏn	*Rˁj3*	RII/ Aby/ 020
kṯn	[///]*nfr*	RII/ Sed/ 003
kṯn nj ḥm=f	*Rˁ(.w)-j3y*	RII/ Mem/ 001
kṯn tp.j nj ḥm=f	*Pn-Rˁ(.w)*	RII/ Lux/ 001
	Rˁ(.w)-ms(j)-sw-m-s3-n3-pḥ-sw	RII/ The/ 022
	Wnn-nfr	Mer/ ???/ 005
	Jmn(.w)-m-jp3.t	Mer/ ???/ 005
	Ḥr.j	Mer/ ???/ 005
	Ḥḥ	RII/ Aby/ 008
	Swtj-m-ḥ3b	RII/ Aby/ 008
kṯn tp.j nj ḥm=f nj p3 jḥw ˁ3 nj ⟦*Rˁ(.w)-ms(j)-sw mr(j)-Jmn(.w)*⟧ *nj ḫnw*	*B3k*	RII/ Qan/ 045
gb.tj nj pr(.w)-ḥḏ	*Pn-Jmn(.w)*	RII/ Qan/ 004
t3ytj wpj t3.wj	*Rˁ(.w)-ḥtp(w)*	RII/ Saq/ 011
t3ytj nj ḫnmm.t	*Rˁ(.w)-ḥtp(w)*	RII/ Saq/ 011
t3ytj sbḫ.t nzw	*Rˁ(.w)-ḥtp(w)*	RII/ Saq/ 011
t3ytj t3	*Rˁ(.w)-ḥtp(w)*	RII/ Saq/ 011
t3ytj t3.wj	*Rˁ(.w)-ḥtp(w)*	RII/ Saq/ 011
tp.j z3w šnw.tj	*B3k-wr*	RII/ Kop/ 001
ṯ3y-mḏ3.t	*Jpwy*	RII/ DeM/ 062
	B3kj	RII/ DeM/ 129
	Mr(j)-M3ˁ.t	RII/ The/ 012
	Ḥwy	RII/ DeM/ 166

Titel	Name	Beleg
	Ḥwy-nfr	RII/ DeM/ 129
	Ḥwl-ṯb.tj=fj	RII/ DeM/ 129
	Ḫnsw	RII/ DeM/ 067
	Qn	RII/ DeM/ 166. 167. 178
ṯ3y-mḏ3.t m s.t *m3ᶜ.t*	*Jy(j)-r-n'.t=f*	RII/ DeM/ 059
	P3-jm.j-r'-jḥw	Sip/ DeM/ 009
	Pj3y	SI/ DeM/ 015
	Pj3y	SI/ DeM/ 016
	Nfr-rnp.t	RII/ DeM/ 066. 177
	Qn	RII/ DeM/ 178
ṯ3y-mḏ3.t m S.t-m3ᶜ.t (ḥr jmnt.t W3s.t)	*Qn*	RII/ DeM/ 069. 070. 072. 074. 078
ṯ3y-mḏ3.t nj Jmn(.w)	*Pj3y*	SI/ DeM/ 015
ṯ3y-mḏ3.t nj Jmn(.w) (m S.t-m3ᶜ.t ḥr jmnt.t W3s.t)	*Qn*	RII/ DeM/ 070. 079
ṯ3y-ḫᶜ.w	*Ḥwy*	SI/ Aby/ 001
ṯ3y-ḫw	*Ḥwy*	Mer/ ???/ 004
	Trj	Mer/ Aby/ 004
ṯ3y-ḫw ḥr wnmy *nzw*	*Jmn(.w)-ms(w)*	Am/ DeM/ 001
	P3-sr	RII/ DeM/ 003. 008
	Rᶜj3	RII/ Saq/ 007. 008
	Rᶜ(.w)-ms(j)-sw-m-pr(.w)-Rᶜ(.w)	Mer/ Aby/ 005
	Rᶜ(.w)-ḥtp(w)	RII/ Qan/ 002, RII/ Saq/ 011
	Ḥwy	RII/ Nub/ 001
	St3w	RII/ Nub/ 002, RII/ WeS/ 007
	Ṯj3	RII/ Saq/ 021
	[///]	RI/ Amd/ 001
	[///]	Mer/ DeM/ 001
ṯ3y-sry.t	*Ym(?)*	RII/ WeS/ 002
	Jt(j)-nj-jt(j)	RII/ DeM/ 083
	Rᶜ(.w)-ms(w)	RII/ Qan/ 028
	Ḥ3tj3y	SI/ Edf/ 001
	Ḥr(.w)-m-ḥ3b	RII/ Sai/ 001
ṯ3y-sry.t nj nb(.w) t3.wj	*3ny3*	RII/ Qan/ 029
ṯ3y-sry.t nj z3 (Rᶜ(.w)-ms(j)-sw-mr(j)-Jmn(.w))	*Ḥwy*	RII/ WeS/ 001
ṯ3y-sry.t nj z3 nj Jmn(.w) nj p3 mk.t	*Jmn(.w)-ms(w)*	RII/ ZUR/ 002
ṯ3y-sry.t nzw ḥr jmnt.t [///]	[///]	RII/ Qan/ 056
ṯ3y-sry.t ḫny.t "(Rᶜ(.w)-ms(j)-sw mr(j)-Jmn(.w))-s:ḥtp-jtn"	*Ḫ.t=f*	RII/ Qan/ 039

Titel	Name	Beleg
ṯꜣy-⟨sry.t⟩	*Wp(j)-wꜣj.wt-msw*	RII/ Aks/ 001
ṯꜣ.tj	*Jmn(.w)-msw*	Am/ DeM/ 001
	Pꜣ-Rꜥ(.w)-ḥtp(w)	RII/ Aby/ 002. 010
	Pꜣ-nḥsj	Mer/ DeB/ 001
	Pꜣ-sr	RII/ DeM/ 002 - 005. 007. 008. 024. 084. 152, RII/ The/ 001. 002
	Pn-tꜣ-wr.t	RII/ Aby/ 003
	Rꜥ(.w)-ḥtp(w)	RII/ Saq/ 010. 011, RII/ Sed/ 004
	Ḥr.j	RII/ Aby/ 003
	Ḥr.j	SII/ Mem/ 001
	Ḥr.j	Sip/ DeM/ 001
	Ḫꜥy	RII/ DeM/ 009
ṯꜣ.tj wpj tꜣ.wj	*Rꜥ(.w)-ḥtp(w)*	RII/ Saq/ 011
ṯꜣ.tj nj pr(.w)-Rꜥ(.w)-ms(j)-sw-mr(j)-Jmn(.w)	*Pꜣ-Rꜥ(.w)-ḥtp(w)*	RII/ Sed/ 001
ṯꜣ.tj nj pr(.w)-(Rꜥ(.w)-ms(j)-sw mr(j)-Jmn(.w)) pꜣ kꜣ nj Pꜣ-Rꜥ(.w)-Ḥr(.w)-ꜣḫ.tj	*Rꜥ(.w)-ḥtp(w)*	RII/ Aby/ 003, RII/ Qan/ 002
ṯꜣ.tj nj rḫy.t	*Rꜥ(.w)-ḥtp(w)*	RII/ Saq/ 011
ṯbw m ḥw.t-nbw nj Ptḥ	*Ḫnsw*	RII/ Qan/ 051
ṯzw pḏ.t nj mšꜥ Qnj	*Ḥꜣtjꜣy*	RII/ The/ 019
ṯs.t nj Ḥꜥpj	*Sḫm.t-nfr.t*	RII/ M-S/ 006
ḏd n=f Mr(j)-Jwnw	*Rꜥ(.w)-ms(j)-sw-m-pr(.w)-Rꜥ(.w)*	Mer/ Aby/ 005
ḏd n=f Rꜥ(.w)-ms(w)	*Ḏḥwtj-ms(w)*	RII/ M-S/ 001
[??] *nj Kꜣ-mw.t=f*	*R'-mꜥ*	Mer/ The/ 003
[///] *Bꜣst.t*	*Pꜣ-ḫꜣrw*	RII/ DeM/ 100
[///] *nj Jmn(.w)*	*Pn-Ḫnmw*	RII/ DeM/ 117
[///] *nj ḥw.t-Wsr-Mꜣꜥ.t-Rꜥ(.w)-stp-n-Rꜥ(.w) m pr(.w) Rꜥ(.w)*	*Ywpꜣ*	RII/ Sed/ 003
[///] *r'-nḫn*	*Jmn(.w)-ms(w)*	Am/ DeM/ 001
[///] *ḥw.t* [///] *rnp.wt (wsr-mꜣꜥ.t-Rꜥ(.w)-stp-n-Rꜥ(.w))m pr(.w) Rꜥ(.w)-Ḥr(.w)-ꜣḫ.tj*	*Mꜥy*	RII/ Giz/ 001
[///] *ḥr jmnt.t Wꜣs.t*	*Nfr-snt*	RII/ DeM/ 187
[///] *ḥr.j š=f*	*Ptḥ-mꜥy*	RII/ Sed/ 003
[///] *zḫꜣw-qdw.t*	*Pꜣ-šd(w)*	SI/ DeM/ 024

11.8. Index Toponyme

Toponym	Beleg
ꜣbw	SII/ Ani/ 001
ꜣbḏw	SI/ Aby/ 002. 003. 005. 008. 009, SI/ The/ 001, SI/ ???/ 001. 004, RII/ Aby/ 010. 013, RII/ DeM/ 012, RII/ Mem/ 001, RII/ Qan/ 074, RII/ Saq/ 010. 013, RII/ The/ 005, Mer/ Aby/ 002, Mer/ ???/ 004, SII/ Aby/ 001, SII/ Ani/ 001
Jꜣ.tj	SI/ Aby/ 002
Jwnw	SI/ Aby/ 002, SI/ DeB/ 001, SI/ DeM/ 014. 020, SI/ ???/ 001, RII/ DeM/ 009. 027. 123, RII/ Kop/ 001, RII/ Saq/ 007. 013, RII/ The/ 002, SII/ Gur/ 002
Jwnw šmꜥw	SI/ DeM/ 010. 015
Jw-rwd	RII/ Nub/ 002
Jp.t-rsj.t	RII/ DeM/ 085
Jp.t-s.wt	SI/ DeB/ 001, SI/ DeM/ 013, RII/ DeM/ 027. 053. 100. 120. 122. 170, Mer/ DeB/ 001, SII/ Kar/ 001
Jmn(.w)-hr(j)-jb	RII/ ASi/ 003
Jnbw-ḥḏ	SI/ ???/ 004
Jšrw	SI/ DeB/ 001, RII/ DeM/ 015. 026. 083. 087. 133, SII/ Kar/ 001, Am/ The/ 001
Jdḥw	SII/ Aby/ 002
ꜥgnw	SI/ ???/ 004
W-Nmtj	SI/ ???/ 004
Wꜣs.t	SI/ Aby/ 004, SI/ DeB/ 001, SI/ DeM/ 002. 010. 014. 015. 018. 034. 041, SI/ SeK/ 001, RII/ DeM/ 001. 014 - 016. 019. 021. 022. 027 - 29. 042. 050. 052. 053. 055. 065. 069 - 071. 074. 079. 082 - 084. 089. 091. 096. 103. 104. 107. 108. 120. 129. 131. 137. 138. 140 - 142. 147. 151. 158. 161. 162. 165. 171. 182. 187, RII/ The/ 010. 014, RII/ WeS/ 006, Mer/ DeM/ 002, Mer/ The/ 001, SII/ Kar/ 001, Am/ DeM/ 004, Sip/ Aby/ 001, Sip/ DeM/ 018
Wnnw	SI/ ???/ 004
Bꜣs.t	RII/ DeM/ 100
Bꜣkj	RII/ Nub/ 002, RII/ WeS/ 007. 012
Bnrj.t	RII/ Qan/ 048
Bhn	SI/ Buh/ 001, RII/ Buh/ 001. 003. 005, RII/ WeS/ 012, SII/ Buh/ 001
Pwn.t	RII/ DeM/ 027
Pr(.w)-Ptḥ-ḥnw	SI/ Aby/ 005
Pr(.w)-Rꜥ(.w)-ms(j)-sw mr(j)-Jmn(.w)	RII/ Aby/ 003, RII/ Qan/ 002, RII/ Sed/ 001
Pr(.w)-ḥr.w	SI/ Aby/ 002
Pqr	SI/ Aby/ 008
Mꜣnw	RII/ DeM/ 065
Mjꜥm	RII/ Ani/ 001. 002, RII/ WeS/ 012

Toponym	**Beleg**
Mn-nfr	RII/ Aby/ 009, RII/ M-S/ 007, RII/ Saq/ 007. 008. 011, RII/ The/ 005
Mr-wr	RII/ Gur/ 001
Mḥnt	RII/ M-S/ 003
Mḏdnj	RII/ DeM/ 159
N'.t nḫ.tj	SI/ DeM/ 020
N'.t rsj	SI/ DeM/ 012, RII/ DeM/ 151. 160
Nby.t	SI/ DeM/ 037
Nnj-nzw	SI/ Aby/ 002, RII/ Aby/ 003, RII/ Sed/ 001
Nḫn	RII/ Saq/ 011, Am/ DeM/ 001
Nsr-m-kꜣ.w	RII/ DeM/ 027
R'-jn.t	SI/ ???/ 004
R'-sṯꜣw	SI/ Aby/ 002, SI/ DeM/ 027. 039, RII/ Aby/ 016. 019. 138 RII/ Aby/ 022, RII/ KeG/ 001 - 004, RII/ M-S/ 008, RII/ Saq/ 009. 013. 015, Mer/ Aby/ 001, SII/ Ani/ 001
Rsnt	RII/ M-S/ 003
Hꜣnb[2]	RII/ DeM/ 039
Ḥꜣy	RII/ Aby/ 015
Ḥw.t-(S:nfr-wj)	SI/ ???/ 004
Ḥw.t-jbṯ.t	SI/ ???/ 004
Ḥw.t-sḫm	RII/ DeM/ 026
Ḥw.t-kꜣ-Ptḥ	RII/ Saq/ 007
Ḥbnw	SI/ ???/ 004
Ḥfꜣw	SI/ ???/ 004
Ḥr-wr.t	SI/ Aby/ 002, SI/ ???/ 004
Ḥsr.t	SI/ ???/ 004
Ḫft-ḥr-nb=s	SI/ The/ 001
Ḫm	SI/ Aby/ 002
Ḫmnw	SI/ DeB/ 001, SI/ DeM/ 030, SI/ ???/ 004, RII/ DeM/ 027. 038. 042, RII/ Qan/ 080
Ḫtꜣ	RII/ Nub/ 001
Tꜣ ẖnm.t nj (Rᶜ(.w)-ms(j)-sw mr(j)-Jmn(.w))	RII/ SeK/ 003. 004
H̱r-ᶜḥᶜ	SI/ Aby/ 002
Zꜣw	RII/ M-S/ 001. 002
S.t-mꜣᶜ.t	SI/ Aby/ 002???, SI/ DeM/ 001. 002. 006. 012 - 020. 022. 023. 025 - 028. 030. 031. 036 - 038. 040 - 042, RII/ DeM/ 012 - 016. 018. 019. 021 - 029. 032 - 034. 036. 037. 039, 040. 042 - 044. 046 - 056. 058. 059. 061. 064 - 066. 069 - 072. 074. 075. 078 - 086. 089 - 115. 118 - 135. 137 - 142. 145 - 147. 149 - 152. 155. 156. 158 - 165. 168. 169 - 171. 174. 176 - 181. 183. 184. 186. 187, RII/ The/ 002. 010. 011. 016. 019

2 Zu diesem *Hapax legomenon* STERNBERG-EL HOTABI, *Horusstelen*, 29.

Toponym	Beleg
S.t-nḥḥ	SI/ DeM/ 015, RII/ DeM/ 037
S.t nj.t ḥr jmnt.t W3s.t	RII/ DeM/ 182
S3k3	SI/ ???/ 004
Sᶜb.tj	RII/ Qan/ 016
Srtt	SI/ ???/ 004
S:ḥtp-nṯr.w	RII/ ASi/ 001. 002
Sṯtt	RII/ DeM/ 012
Qjs	SI/ ???/ 004
Km.t	RII/ Kop/ 002, RII/ SeK/ 002. 004, RII/ WeS/ 007, RII/ ZUR/ 002, SII/ Kar/ 001
Kš	RI/ Amd/ 001, SI/ Buh/ 001, RII/ Ani/ 001, RII/ ASi/ 001. 002, RII/ Buh/ 002. 003, RII/ DeM/ 043, RII/ Nub/ 001. 002, RII/ Sai/ 001, RII/ Ser/ 001, RII/ The/ 018, RII/ WeS/ 001 - 004. 006 - 009. 012, Mer/ Aby/ 001, SII/ Buh/ 001
Gbtw	RII/ DeM/ 173
T3-wr	SI/ The/ 001, SI/ ???/ 003, RII/ Aby/ 010
T3 wḥ.t nj Rᶜ(.w)-ḥtp(w)	RII/ DeM/ 040. 041
T3-mrj	RII/ Aby/ 020
T3-ḥḏ	SI/ ???/ 004, RII/ Buh/ 005
T3-stj	RII/ Aby/ 004, RII/ Nub/ 001, SII/ Ani/ 001
Ṯ3w-wr	SII/ Aby/ 001. 002
Ṯ3rw	RII/ Nub/ 001
Ṯnn.t	SI/ Aby/ 002
Ṯḥnw	SI/ ???/ 004, RII/ ZUR/ 002
Ṯḥ-ḫ.t	RII/ Aks/ 003
Ṯkw	RII/ Sin/ 001
Ḏr-bsn	Mer/ Aby/ 005
Ḏr.tj	SI/ ???/ 004
Ḏdw	SI/ Aby/ 002, SI/ ???/ 003. 004, RII/ Mem/ 001, RII/ Saq/ 008, SII/ Ani/ 001
Ḏd.t	⸢SI/ Aby/ 002⸣

11.9. Index Museen und Sammlungen

11.9.1. Museen

Accra (Ghana), National Museum
(---) SI/ DeM/ 037
Aswan, Aswan Museum
15 RII/ WeS/ 013
Athina, Ethnikó Archaiologikó Mouseío
3356 RII/ The/ 022
Avignon, Musée Calvet
A 04 RII/ ???/ 006
A 11 RII/ Nub/ 002
A 16 RII/ DeM/ 134
Berlin, Ägyptisches Museum und Papyrussammlung, SMPK
2080 RII/ Aby/ 005
7270 RII/ Saq/ 007
7271 RII/ Saq/ 008
17276 RII/ ???/ 002
17332 RII/ Nub/ 001
20143 SI/ DeM/ 020
20377 RII/ DeM/ 053
21538 RII/ DeM/ 088
24029 Sip/ DeM/ 008
Birmingham, City Museum and Art Gallery
134/72 RII/ ???/ 007
Bologna, Museo Civico Archeologico
1915 RII/ Aby/ 007
Bordeaux, Musée d´Aquitaine
8635 RII/ DeM/ 166
Boston, Museum of Fine Arts
09.287 RII/ DeM/ 008
09.290 RII/ DeM/ 175
Bristol, Museum
?? RII/ DRi/ 002
Brooklyn, Museum of Fine Arts
38.544 RII/ Ama/ 001
Bruxelles, Musées Royaux d´Art et d´Histoire
E 3048 RII/ Qan/ 005
E 3049 RII/ Qan/ 049
E 3076 Mer/ Saq/ 002
E 5014 Mer/ Gur/ 001
E 5184 RII/ Aby/ 009
E 5300 SI/ Aby/ 002
Budapest, Szépmûvészeti Múzeum
512.145 RII/ Qan/ 044
Cambridge, Fitzwilliam Museum
E 9.1896 RII/ The/ 011
E 195.1899 Mer/ Saq/ 001
E 191.1932 SI/ DeM/ 040
E 55.52 RII/ DeM/ 089
EGA 3002.1943 Am/ DeM/ 003
Cannes, Musée de la Castre
YIP 21 Sip/ DeM/ 014
Chicago, Oriental Institute
10494 RII/ Lux/ 001
Den Haag, Gemeentemuseum
o. Nr. RII/ Saq/ 017
Durham, Oriental Museum
N 1961 RII/ ???/ 029
N 1964/ 177 + 185 RII/ Buh/ 002
N 1965 RII/ KeG/ 003
Edinburgh, National Museum of Scotland
A.1956.152 RII/ The/ 024
A.1956.153 RII/ The/ 023
Firenze, Museo Archeologico
2524 RII/ DeM/ 162
2532 RII/ Saq/ 021
7624 SI/ DeM/ 005
Freiburg i. Br., Archäologische Sammlung der Universität
104 RII/ ???/ 022
Genf, Musée Archéologique
D 55 SI/ DeM/ 007
Glasgow, Art Gallery and Museum
o. Nr. RII/ DeM/ 168
Hannover, Kestner-Museum
2937 RII/ DeM/ 051
1935.200.196 SI/ Saq/ 002
Haskell, Oriental Museum
1567 RII/ The/ 013
Hildesheim, Pelizaeus-Museum
374 RII/ Qan/ 037
375 RII/ Qan/ 059
376 RII/ Qan/ 058
377 RII/ Qan/ 031
378 RII/ Qan/ 004
380 RII/ Qan/ 078
387 RII/ Qan/ 004
396 RII/ Qan/ 009
397 RII/ Qan/ 035
398 RII/ Qan/ 016
399 RII/ Qan/ 048
400 RII/ Qan/ 003
401 RII/ Qan/ 041
402 RII/ Qan/ 079
403 RII/ Qan/ 027
404 RII/ Qan/ 025
405 RII/ Qan/ 020
407 RII/ Qan/ 068

5/12/35/1	RII/ ASi/ 001
14/10/69/1	RII/ Hel/ 003
– *Nummer unbekannt:*	
?	RII/ Aby/ 014
?	RII/ Aby/ 017
?	RII/ Aby/ 018
? (" J. 886[///] ")	RII/ Qan/ 032
København, Ny Carlsberg Glyptotek	
ÆIN 724	RII/ DeM/ 179
ÆIN 1553	RII/ The/ 002
København, Nationalmuseet	
B.3 (A.A.d.11)	RII/ DeM/ 069
B.4 (A.A.d 9)	RII/ DeM/ 013
B.5 (A.A.d 22)	RII/ ???/ 018
B.6 (A.A.d 8)	RII/ DeM/ 130
København, Thorvaldsensmuseum	
348	RII/ DeM/ 105
La Plata, Museo de Ciencias naturales	
A12+A506	RII/ Aks/ 002
A 505	RII/ Aks/ 001
Leichester, City Museum	
?	Mer/ ???/ 001
Leiden, Rijksmuseum van Oudheden	
V 01	SI/ ???/ 004
V 08	Mer/ The/ 003
V 17	RII/ ???/ 021
Leipzig, Ägyptisches Museum der Universität	
3618	RII/ Qan/ 009
5141	RII/ DeM/ 182
Liverpool, Liverpool Museum	
M 13930 (No. 152)	Sip/ Aby/ 003
London, British Museum	
132	RII/ The/ 012
139	Mer/ ???/ 006
141	Mer/ ???/ 010
142	RII/ The/ 008
144	RII/ DeM/ 019
146	SI/ Aby/ 003
149	RII/ ???/ 038
150	RII/ DeM/ 129
154	Mer/ ???/ 005
156	RII/ The/ 005
161	RII/ Aby/ 019
163	RII/ ???/ 011
164	RII/ Saq/ 020
165	RII/ Saq/ 018
166	RII/ Saq/ 019
167	RII/ ???/ 010
183	RII/ Saq/ 010
191	RII/ DeM/ 020

262	SI/ DeM/ 028
264	Am/ DeM/ 004
265	SI/ DeM/ 002
266	RII/ DeM/ 160
267	RII/ DeM/ 012
268	SI/ DeM/ 031
269	RII/ DeM/ 052
272	Sip/ DeM/ 002
273	Sip/ DeM/ 003
274	RII/ DeM/ 180
276	RII/ DeM/ 054
279	RII/ DeM/ 083
284	RII/ DeM/ 095
290	RII/ Qan/ 034
291	RII/ DeM/ 021
304	RII/ ???/ 037
305	RII/ DeM/ 126
316	RII/ DeM/ 132
317	Sip/ DeM/ 001
320	RII/ DeM/ 102
328	RII/ DeM/ 152
332	RII/ DeM/ 122
341	Am/ DeM/ 002
344	Sip/ DeM/ 023
359	Sip/ DeM/ 021
369	RII/ DeM/ 157
372	Sip/ DeM/ 022
373	SI/ DeM/ 009
444	RII/ DeM/ 170
446	RII/ DeM/ 141
555	RII/ DeM/ 146
556	RII/ The/ 003
589	RII/ DeM/ 127
706	SI/ DeB/ 001
794	Mer/ Aby/ 002
795	RII/ ???/ 030
796	RII/ ???/ 019
807	SI/ DeM/ 030
813	RII/ DeM/ 045
814	RII/ DeM/ 096
815	RII/ DeM/ 074
818	RII/ DeM/ 153
1188	RII/ Buh/ 005
1248	RII/ DeM/ 174
1388	SI/ DeM/ 041
1466	RII/ DeM/ 111
1516	RII/ DeM/ 164
1629	SI/ DeM/ 039
1754	RII/ DeM/ 129
8493	RII/ DeM/ 167
8497	Sip/ DeM/ 018

Rio de Janeiro, Museu Nacional
652 (2440) SII/ Aby/ 003
653 (2441) SI/ Aby/ 009
654 (2442) RII/ Aby/ 020
St. Louis, City Art Museum
1095:20 RII/ ???/ 028
St. Petersburg, Ermitage
8726 SI/ DeM/ 014
Stockholm, Medelhavsmuseet
MM 18565 RII/ DeM/ 181
MM 18566 RII/ DeM/ 050
MM 32000 RII/ DeM/ 081
? RII/ Qan/ 051
Stockholm, Nationalmuseet
NME 25 SI/ ???/ 003
Straßbourg, Collection de l´Institut d´Égyptologie de l'Université
206 RII/ DeM/ 149
974 RII/ DeM/ 015
1378 RI/ ???/ 001
Stuttgart, Landesmuseum
32 RII/ ???/ 034 (jetzt Tübingen 471)
Toulouse, Musée George Labit
605 i RII/ ???/ 013
Trièste, Museo Civico di Storia e Arte
9-10-1876 RII/ The/ 009
Tübingen, Museum Schloß Hohentübingen
471 RII/ ???/ 034
1716 RII/ DeM/ 184
Torino, Museo Egizio
149 RII/ DeM/ 093
172 RII/ Qan/ 074
1465 RII/ ???/ 020
1560 Sip/ DeM/ 019
1563 RII/ ???/ 032
1585 RII/ The/ 025
1615 Sip/ DeM/ 013
1634 RII/ DeM/ 073
50012 RII/ DeM/ 151
50017 Sip/ DeM/ 010
50022 RII/ DeM/ 139
50024 Sip/ DeM/ 015
50026 SI/ DeM/ 029
50028 RII/ DeM/ 120
50030 RII/ DeM/ 137
50031 RII/ DeM/ 065
50033 Sip/ DeM/ 011
50035 SI/ DeM/ 033
50036 RII/ DeM/ 055
50037 RII/ DeM/ 113
50038 RII/ DeM/ 101
50039 RII/ DeM/ 159
50040 RII/ DeM/ 075
50041 Sip/ DeM/ 012
50042 SI/ DeM/ 011
50043 SI/ DeM/ 042
50044 RII/ DeM/ 143
50045 RII/ DeM/ 082
50046 RII/ DeM/ 177
50047 RII/ DeM/ 028
50048 SI/ DeM/ 012
50049 SI/ DeM/ 043
50050 SII/ DeM/ 002
50051 SI/ DeM/ 004
50052 SI/ DeM/ 010
50053 RII/ DeM/ 144
50055 SI/ DeM/ 001
50056 RII/ DeM/ 057
50058 RII/ DeM/ 176
50059 RII/ DeM/ 091
50063 RII/ DeM/ 056
50066 RII/ DeM/ 029
50069 SI/ DeM /018
50071 Sip/ DeM/ 007
50074 RII/ DeM/ 070
50075 SI/ DeM/ 036
50076 SI/ DeM/ 027
50077 RII/ DeM/ 138
50078 RII/ DeM/ 171
50082 SI/ DeM/ 025
50083 SI/ DeM/ 026
50084 RII/ DeM/ 158
50093 RII/ DeM/ 011
50095 RII/ DeM/ 004
50098 RII/ DeM/ 009
50134 RII/ DeM/ 031
50135 RII/ DeM/ 087
50141 RII/ DeM/ 016
50144 RII/ DeM/ 025
50145 Mer/ DeM/ 001
50155 RII/ DeM/ 018
50163 Sip/ DeM/ 005
50171 RII/ DeM/ 124
Vienne, Musée de Vienne (Isère)
NE 1555 Mer/ ???/ 003
Voronezh, Voronezh Museum
156 RII/ DeM/ 033
157 RII/ DeM/ 123
Warszawa, Narodowe Museum
o. Nr. RII/ Saq/ 016

Wheaton/ Illinois, Wheaton College
17300 RII/ DeM/ 163
Wien, Kunsthistorisches Museum
49 SI/ ???/ 005
158, alt 94 Sip/ DeM/ 009
178 SI/ Saq/ 007
201 Mer/ ???/ 004
8390 RII/ DeM/ 165
8953 RI/ Amd/ 001
Zagreb, Arheoloski Muzej u Zagrebu
15 (alt 575) RII/ DeM/ 061
Magazin Abydos (Grabung DAI Kairo)
Ab K 2280 RII/ Aby/ 022
Magazin Kafr el-Gabal (SCA)
43 RII/ KeG/ 001
44 RII/ KeG/ 002

11.9.2. Privatsammlungen

Slg. AUBERT
(---) RII/ Her/ 001
Slg. BANKES, Kingston Lacy
2 SI/ DeM/ 017
3 RII/ DeM/ 026
4 RII/ DeM/ 027
5 RII/ DeM/ 100
6 SI/ DeM/ 032
7 RII/ DeM/ 156
8 SI/ DeM/ 015
9 RII/ DeM/ 133
Slg. BELMORE
(---) RII/ DeM/ 034
Slg. BIRCHER, Kairo
(---) RII/ DeM/ 062
Slg. BOWER
? Sip/ Aby/ 002
Slg. CLÈRE
(---) RII/ DeM/ 161
Slg. COOK, Richmond
? Mer/ ???/ 007
Slg. GRAYER ANDERSON
(---) Am/ DeM/ 003 (jetzt Cambridge Fitzwilliam Museum)
Slg. privat, Hamburg
(---) RII/ DeM/ 173
Slg. HILTON PRICE
2006 Sip/ DeM/ 008 (jetzt Berlin Äg. Mus. 24029)
Slg. KELEKIAN, Paris
(---) RII/ Qan/ 029
(---) RII/ DeM/ 104
Slg. MICHAELIDES, Kairo
(---) RII/ The/ 004
(---) SII/ Mem/ 001
Slg. SAMEDA, Kairo
(---) RII/ The/ 004
Slg. VARILLE, Lyon
(---) RII/ DeM/ 044
Slg. WHITEHEAD
(---) SI/ DeM/ 038
"Privatbesitz"
(---) RII/ The/ 001

11.9.3. Auktionskataloge

Christie´s
14. 04. 1970, Lot 28 RII/ DeM/ 183
Sotheby`s
29. 05. 1987 Lot 222 Mer/ The/ 002
13. 12. 1928, Taf. 7 Sip/ Aby/ 002
5. 07. 1982, Lot 101 RII/ ???/ 027

12. Literaturverzeichnis

ABDEL-AAL, *Memphite Family*

ABDEL-AAL, S., *Memphite Family from the Ramesside Period*, in MDAIK 56/ 2000, 1 - 4

ÄIB II

ROEDER, G., *Aegyptische Inschriften aus den Staatlichen Museen zu Berlin, Zweiter Band*, Leipzig 1924

ALI, M. S., *Kursivhieroglyphen*

ALI, M. S., *Die Kursivhieroglyphen. Eine paläographische Betrachtung*, in GM 180/ 2001, 9 - 21

ALTENMÜLLER, *Amenophis I*

ALTENMÜLLER, H., *Amenophis I. als Mittler*, in MDAIK 37/ 1981, 1 - 7, Taf. 1

ALTENMÜLLER, *Vergöttlichung*

ALTENMÜLLER, H., *Zur Frage der Vergöttlichung des Vezirs (Pa-)rahotep*, in JEA 61/ 1975, 154 - 160

ANDRÉ-LEICKNAM, ZIEGLER, *naissance*

ANDRÉ-LEICKNAM, B., ZIEGLER, C., *La naissance de l'écriture cunéiforms et hiéroglyphes*, Paris 1982

ANDREU, *artistes*

ANDREU, G. (Hrsg.), *Les artistes de Pharaon. Deir el-Médineh et la Vallée des Rois*, Paris, Brepols 2002

ANDREU, *policier*

ANDREU, G., *Le policier sꜥšꜣ. À propos de quelques talâtât du IXe pylône de Karnak*, in BIFAO 87/ 1987, 1 - 20, Taf. 1 - 6

ANONYMUS, *Report*

ANONYMUS, *Illustrations*, in MMAB N.S. 19/ 1960, 34 - 49

ANTHES, *Grabungen*

ANTHES, R., *Die deutschen Grabungen auf der Westseite von Theben in den Jahren 1911 und 1913*, in MDAIK 12/ 1943, S. 1 - 68, Taf. 1 - 18

ANTHES, *Werkverfahren*

ANTHES, R., *Werkverfahren ägyptischer Bildhauer*, in MDAIK 10/ 1941, S. 79 - 121

ARNOLD, *Lexikon*

ARNOLD, D., *Lexikon der ägyptischen Baukunst*, München, Zürich 1994

ARNOLD, *Mentuhotep (II)*

ARNOLD, D., *Der Tempel des Königs Mentuhotep von Deir el-Bahari Band II: Die Wandreliefs des Sanktuars*, Mainz 1974 (AV 11)

ASSMANN, *Gottesbeherzigung*

ASSMANN, J., *Gottesbeherzigung. 'Persönliche Frömmigkeit' als religiöse Strömung der Ramessidenzeit, in L' Impero Ramesside. Convegno internazionale in onore di Sergio Donadoni*, Roma 1997, 17 - 43

ASSMANN, *Theologie und Frömmigkeit*

ASSMANN, J., *Ägypten. Theologie und Frömmigkeit einer frühen Hochkultur*, Stuttgart, Berlin, Köln, Mainz 1984

ASSMANN, *Totenglauben*

ASSMANN, J., *Totenglauben und Menschenbild im Alten Ägypten*, Leipzig 2001 (12. Siegfried-Morenz-Gedächtnis-Vorlesung Leipzig)

ASTON, HARRELL, SHAW, *Stone*

ASTON, B., HARRELL, J.A., SHAW, I., *Stone*, in NICHOLSON, P.T., SHAW, I. (Hrsg.), *Ancient Egyptian Materials and Technology*, Cambridge 2000, S. 6 - 77

Ausf. Verz. (Berlin)
GENERALVERWALTUNG DER KÖNIGLICHEN MUSEEN ZU BERLIN (Hrsg.), *Ausführliches Verzeichnis der Aegyptischen Altertümer und Gipsabgüsse*, Berlin[2] 1899

AUTUN, *Collections*
AUTUN, VILLE D´ (Hrsg.) *Les collections egyptiennes dans les Musées de Saône et Loire*, Autun 1988

BADAWY, *Collection*
BADAWY, A., *A Collection of Foundation-Deposits of Tuthmosis III*, in ASAE 47/ 1947, S. 145 - 156, Taf. 19-20

BAINES, MÁLEK, *Weltatlas*
BAINES, J., MÁLEK, J., *Weltatlas der Alten Kulturen: Ägypten*, München 1980

BARBOTIN, *voix*
BARBORTIN, C., *la voix des hiéroglyphes*, Paris 2005

BARBOTIN, LEBLANC, *monuments d´éternité*
BARBOTIN, C., LEBLANC, C., *Les monuments d´éternité de Ramsès II. Nouvelles fouilles thébaines*, Paris 1999

BARSANTI, GAUTHIER, *Stèles*
BARSANTI, A., GAUTHIER, H., *Stèles trouvées á Ouadi es-Sabouâ (Nubie)*, in ASAE 11/ 1911, S. 64 - 86, 5 Taf.

BARTA, *Opferformel*
BARTA, W., *Aufbau und Bedeutung der altägyptischen Opferformel*, Glückstadt 1968 (ÄF 24)

BAUD, DRIOTON, *Roy*
BAUD, M., DRIOTON, É., *Tombes thébaines. Nécropole de Dirâ Abû'n-Nága. Le tombeau de Roy (Tombeau No 255)*, Kairo 1932 (MIFAO 57)

BECKERATH, *Chronologie*
BECKERATH, J. v., *Chronologie des Pharaonischen Ägypten. Die Zeitbestimmung der ägyptischen Geschichte von der Vorzeit bis 332 v. Chr.*, Mainz 1997 (MÄS 46)

BECKERATH, *Königsnamen*
BECKERATH, J. v., *Handbuch der ägyptischen Königsnamen*, Mainz 19992 (MÄS 49)

BECK-HARTMANN, *Manierismus*
BECK-HARTMANN, R., *Der ramessidische Manierismus in der privaten Flachbildkunst*, in C. OBSOMER, A.-L. OOSTHOEK (Hrsg.), *Amosiadès. Mélanges offerts au Professeur Claude Vandersleyen par ses ancien étudiants*, Louvain-la-Neuve 1992, 37 – 41

BELL, *High Priests*
BELL, L., *Dira Abu el-Naga: the Monuments of the Ramesside High Priests of Amun and Some Related Officials*, in MDAIK 37/ 1981, S. 52 - 62

BELTRÃO, KITCHEN, *Catálogo*
BELTRÃO, M. DA C., KITCHEN, K. A., *Catálogo da Colecão do Egito Antigo existente no Museu Nacional, Rio de Janeiro - Catalogue of the Egyptian Collection in the National Museum, Rio de Janeiro*, 2 Bände, Warminster 1990

BERGMANN, *Inschriftliche Denkmäler*
BERGMANN, E. v.., *Inschriftliche Denkmäler der Sammlung ägyptischer Altertümer des österreichischen Kaiserhauses*, in RT 9/ 1887, 32 - 63

BERLANDINI, *Varia*
BERLANDINI, J., *Varia Memphitica II (II-III)*, in BIFAO 77/ 1977, 29 - 44, Taf. 4 - 14

BERLANDINI-GRENIER, *dignitaire*
BERLANDINI-GRENIER, J., *Le dignitaire ramesside Ramsès-em-per-Rê*, in BIFAO 74/ 1974, 1 - 19, Taf. 1 - 4

BERLEV, HODJASH, *Catalogue*
BERLEV, O., HODJASH, S., *Catalogue of the Monumentes of Ancient Egypt. From the Museums of the Russian Federation, Ukraine, Bielorussia, Caucasus, Middle Asia and the*

Baltic States, Fribourg, Göttingen 1998 (OBOSA 17)

BIERBRIER, MEULENAERE, HYMNE

BIERBRIER, M. L., DE MEULENAERE, H., *Hymne a Taouêret sur une stele de Deir el Médineh*, in HOLTHOER, G., LINDERS, T. (Hrsg.), *Sundries in Honour of Torgny Säve-Söderbergh*, Uppsala 1984 (Bor 13), S. 23 - 32

BIERBRIER, *Rahotep*

BIERBRIER, M. L., *Rahotep in Durham*, in BERGER, C., CLERC, G., GRIMAL, N. (Hrsg.), *Hommages à Jean Leclant Volume I: Études pharaoniques*, Kairo 1994 (BdÉ 106, 1), 407 - 411

BIERBRIER, *Tomb-Builders*

Bierbrier, M. L., *The Tomb-Builders of the Pharaohs*, London 1982

BIETAK, *Tell el-Daba II*

BIETAK, M., *Tell el-Dab'a II. Der Fundort im Rahmen einer archäologisch-geographischen Untersuchung über das ägyptische Ostdelta*, Wien 1975 (UKÖAI 1)

BISCHOFF, *Paläographie*

BISCHOFF, B., *Paläographie des römischen Altertums und des abendländischen Mittelalters*, Berlin^2 1986 (GdG 24)

BISSING, *Denkmäler I*

BISSING, F. W. v., *Denkmäler Ägyptischer Skulptur I*, München 1914

BISSING, *Opfertafel*

BISSING, F. W. v., *Opfertafel aus dem Grabe des Cha-wey-heb im Museum Scheurleer*, in ZÄS 68/ 1932, 58 - 59

BLACKMAN, *Meir I*

BLACKMAN, A. M., *The Rock Tombs of Meir Part I. The Tomb-Chapel of Ukh-Hotp's Son Senbi*, London 1914 (MASE 22)

BLACKMAN, *Meir II*

BLACKMAN, A. M., *The Rock Tombs of Meir Part II. The Tomb-Chapel of Senbi's Son Ukh-Hotp (B, No.2) with two Appendixes on Hieroglyphs and other Details in B, Nos. 1, 2, 4*, London 1915 (MASE 23)

BLUMENTHAL, *Datierung*

BLUMENTHAL, E., *Die Datierung der Nḥrỉ-Graffiti von Hat-nub. Zur Stellung der ägyptischen Gaufürsten im frühen Mittleren Reich*, in AoF 4/ 1976, 35 - 62

BLUMENTHAL, *Kuhgöttin*

BLUMENTHAL, E., *Kuhgöttin und Gottkönig. Frömmigkeit und Staatstreue auf der Stele Leipzig Ägyptisches Museum 5141*, Leipzig 2001 (11. Siegfried-Morenz-Gedächtnis-Vorlesung Leipzig 2000)

BMHT 5

BUDGE, E. A. W. (Hrsg.), *Hieroglyphic Texts from Egyptian Stelae, &c., in the British Museum. Part V*, London 1914

BMHT 6

BUDGE, E. A. W. (Hrsg.), *Hieroglyphic Texts from Egyptian Stelae, &c., in the British Museum. Part VI*, London 1922

BMHT 7

HALL, H. R. (Hrsg.), *Hieroglyphic Texts from Egyptian Stelae, etc. in the British Museum. Part VII*, London 1925

BMHT 9

JAMES, T. G. H. (Hrsg.), *The British Museum. Hieroglyphic Texts from Egyptian Stelae etc. Part 9*, London 1970

BMHT 10

BIERBRIER, M. L. (Hrsg.), *The British Museum. Hieroglyphic Texts from Egyptian Stelae etc. Part 10*, London 1982

BMHT 12

BIERBRIER, M. L. (Hrsg.), *The British Museum. Hieroglyphic Texts from Egyptian Stelae etc. Part 12*, London 1993

BOESER, *Beschreibung VI*

BOESER, P. A. A., *Beschreibung der Aegyptischen Sammlung des Niederländischen Reichsmuseums der Altertümer in Leiden VI. Die Denkmäler des Neuen Reiches Dritte Abteilung: Stelen*, Den Haag 1913

BOGOSLOWSKI, *Monuments*

BOGOSLOVSKY, E., *Monuments and Documents from Dêr el-Medîna in Museums of the USSR* (russ.), in VDI 119, 74 - 80, 2 Taf.

BOMANN, *Private Chapel*

BOMANN, A. H., *The Private Chapel in Ancient Egypt. A study of the chapels in the workmen's Village at El Amarna with special reference to Deir el Medina and other sites*, London, New York 1991

BOSTICCO, *stele N.R.*

BOSTICCO, S., *Museo Archeologico di Firenze: Le stele egiziane del Nuovo Regno*, Roma 1965

BOTTI, *Casse*

BOTTI, G., *Le Casse di Mummie e i Sarcofagi da el Hibeh nel Museo Egizio di Firenze*, Firenze 1958

BOURIANT, *Petits monuments*

BOURIANT, U., *Petits monuments et petits textes recueillis en Égypte*, in RT 9/ 1887, 81 - 100

BOURRIAU, *Monuments*

BOURRIAU, J., *Three Monuments from Memphis in the Fitzwilliam Museum*, in JEA 68/ 1982, 51 - 59, Taf. 3

BRAND, *Seti I*

BRAND, P. J., *The Monuments of Seti I. Epigraphic, Historical and Art historival Analysis*, Leiden, Boston, Köln 2000 (PdÄ 16)

BRESCIANI, *Stele*

BRESCIANI, E., *Le stele egiziane del Museo Covico Archeologico di Bologna*, Bologna 1985

BROVARSKI, DOLL, FREED, *Golden Age*

BROVARSKI, E., DOLL., S. K., FREED, R. (Hrsg.), *Egypts Golden Age. The Art of Living in the New Kingdom, 1558 - 1085, B.C.*, Boston 1982

BRUNDAGE, *Notes*

BRUNDAGE, B. C., *Notes on some Blocks from the Excavation of Medinet Habu*, Chicago 1939, mir nicht zugänglich

BRUNNER, *Epigraphik*

BRUNNER, H., *Hieroglyphische Epigraphik*, in *Textes et lan-gages de l'Égypte pharaonique. Cent cinquante années de recherches. 1822-1972. Hommage à Jean-François Champollion. Tome I*, Kairo 1973 (BdÉ 64, 1), S. 15-19

BRUNNER, *Persönliche Frömmigkeit*

BRUNNER, H., *Persönliche Frömmigkeit*, LÄ IV, 951 - 963

BRUNNER, *Schrift*

BRUNNER, H., *Die altägyptische Schrift*, in SG 18/ 1965, 756 - 769

BRUNNER, *Statue*

BRUNNER, H., *Die Statue 'Ramses-meri-Amun-der-Gott'*, in MDAIK 37/ 1981, 101 - 106, Taf. 15

BRUNNER, *Teacher*

BRUNNER, H., *A Honoured Teacher of the Ramesside Period*, in JEA 45/ 1959, 3 - 5, Taf. 1

BRUNNER-TRAUT, *Bildostraka*

BRUNNER-TRAUT, E., *Die altägyptischen Scherbenbilder (Bildostraka) der deutschen Museen und Sammlungen*, Wiesbaden 1956

BRUNNER-TRAUT, BRUNNER, *ÄSUT*

BRUNNER-TRAUT, E, BRUNNER, H., *Die Ägyptische Sammlung der Universität Tübingen*, 2 Bände, Mainz 1981

BRUNON, BOURLARD-COLLIN, *Nil*

BRUNON, J.+R., BOURLARD-COLLIN, S. (Hrsg.), *Le Nil et le société égyptienne. Hommage à Champollion. Musée Borély – Marseille, 6 décembre 1973 – 1er mars 1073*, Marseille 1972

BRUNSCH, *Notizen*

BRUNSCH, W., *Notizen zur Literatur*, in GM 50/ 1981, S. 69

BRUNTON, ENGELBACH, *Gurob*

BRUNTON, G., ENGELBACH, R., *Gurob*, London 1927 (BSAE 41)

BRUYÈRE, KUENTZ, *tombes thébaines*

BRUYÈRE, B., KUENTZ, C., *Tombes thébaines*, Kairo 1926 (MIFAO 54 I, 1)

BRUYÈRE, *Mert Seger*

Bruyère, B., Mert Seger à Deir el Médineh, Kairo 1930 (MIFAO 58)

BRUYÈRE, *quelques stèles*

BRUYÈRE, B., *Quelques stèles trouvées par M. É. Baraize à Deir el Médineh*, in ASAE 25/ 1925, 76 - 96, 4 Taf.

BRUYÈRE, *Rapp. 22 - 23*

BRUYÈRE, B., *Rapport sur les fouilles de Deir el Médineh (1922 - 1923)*, Kairo 1924 (FIFAO 1, II)

BRUYÈRE, *Rapp. 23 - 24*

BRUYÈRE, B., *Rapport sur les fouilles de Deir el Médineh (1923 - 1924)*, Kairo 1925 (FIFAO 2, II)

BRUYÈRE, *Rapp. 24 - 25*

BRUYÈRE, B., *Rapport sur les fouilles de Deir el Médineh (1924 - 1925)*, Kairo 1926 (FIFAO 3, III)

BRUYÈRE, *Rapp. 26*

BRUYÈRE, B., *Rapport sur les fouilles de Deir el Médineh (1926)*, Kairo 1927 (FIFAO 4, III)

BRUYÈRE, *Rapp. 27*

BRUYÈRE, B., *Rapport sur les fouilles de Deir el Médineh (1927)*, Kairo 1928 (FIFAO 5, II)

BRUYÈRE, *Rapp. 29*

BRUYÈRE, B., *Rapport sur les fouilles de Deir el Médineh (1929)*, Kairo 1930 (FIFAO 7, II)

BRUYÈRE, *Rapp. 30*

BRUYÈRE, B., *Rapport sur les fouilles de Deir el Médineh (1930)*, Kairo 1933 (FIFAO 8, III)

BRUYÈRE, *Rapp. 31 - 32*

BRUYÈRE, B., *Rapport sur les fouilles de Deir el Médineh (1931 - 1932)*, Kairo 1934 (FIFAO 10, I)

BRUYÈRE, *Rapp. 33 - 34*

BRUYÈRE, B., *Rapport sur les fouilles de Deir el Médineh (1933 - 1934). Première Partie: La nécropole de l´ouest*, Kairo 1937 (FIFAO 14)

BRUYÈRE, *Rapp. 34 - 35 II*

BRUYÈRE, B., *Rapport sur les fouilles de Deir el Médineh (1934 - 1935). Deuxième Partie: La nécropole de l´est*, Kairo 1937 (FIFAO 15)

BRUYÈRE, *Rapp. 34 - 35 III*

BRUYÈRE, B., *Rapport sur les fouilles de Deir el Médineh (1934 - 1935). Troisième Partie: Le village, les décharges publiques, la station de repos du col de la Vallée des Rois*, Kairo 1939 (FIFAO 16)

BRUYÈRE, *Rapp. 35 - 40 II*

BRUYÈRE, B., *Rapport sur les fouilles de Deir el Médineh (1935 - 1940).* Quatrième Partie, Kairo 1952 (FIFAO 20, II)

BRUYÈRE, *Rapp. 35 - 40 III*
BRUYÈRE, B., *Rapport sur les fouilles de Deir el Médineh (1935 - 1940)*. Quatrième Partie, Kairo 1952 (FIFAO 20, III)
BRUYÈRE, *Rapp. 45 - 47*
BRUYÈRE, B., *Rapport sur les fouilles de Deir el Médineh (1945 - 1946 et 1946 - 1947)*, Kairo 1952 (FIFAO 21)
BRUYÈRE, *Rapp. 48 - 51*
BRUYÈRE, B., *Rapport sur les fouilles de Deir el Médineh (1948 - 1951)*, Kairo 1952 (FIFAO 26)
BRUYÈRE, *Sen-nedjem*
BRUYÈRE, B., *La tombe No 1 de Sen-Nedjem à Deir el Médineh*, Kairo 1959 (MIFAO 88)
BRUYÈRE, *Stèles*
BRUYÈRE, B., *Stèles trouvées pa M. É. Baraize à Deir el Médineh*, in ASAE 25/ 1925, 76 - 96, 4 Taf.
BUCHBERGER, *Transformation*
BUCHBERGER, H., *Transformation und Transformat. Sargtextstudien I*, Wiesbaden 1993 (ÄA 52)
BUCHER, *textes*
BUCHER, P., *Les textes des tombes de Thoutmosis III et d'Aménophis II*, Kairo 1932 (MIFAO 60)
CALVERLEY, *Temple II*
CALVERLEY, A. M., *The Temple of King Sethos I at Abydos II. The Chapels of Amen-Re, Re-Harakhti, Ptah, and King Sethos*, Chicago 1935
CASTEL, SOUKIASSIAN, *dépôt*
CASTEL, G., SOUKIASSIAN, G., *Dépôt de stèles dans le sanctuaire du Nouvel Empire au Gebel Zeit*, in BIFAO 85/ 1985, S. 285 - 293, Taf. 60 - 64
CAUVILLE, *chapelles osiriennes*
CAUVILLE, S., *Le temple de Dendara. Les chapelles osiriennes*, 3 Bände Kairo 1997 (BdÉ 117 - 119)
CAUVILLE, *Dendara*
CAUVILLE, S., *Dendara. Le font hiéroglyphique au temps de Cléopâtre*, Paris 2001
CAUVILLE, DEVAUCHELLE, GRENIER, *Catalogue*
CAUVILLE, S., DEVAUCHELLE, D., GRENIER, J.-C. (Hrsg.), *Catalogue de la fonte hiéroglyphique de l'imprimerie de l'I.F.A.O. (nouvelle édition)*, Kairo 1983
ČERNÝ, *Bankes*
ČERNÝ, J., *Egyptian Stelae in the Bankes Collection*, Oxford 1958
ČERNÝ, *Community*
ČERNÝ, J., *A Community of Workmen at Thebes in the Ramesside Period*, Kairo 1973 (BdÉ 50)
ČERNÝ, CULTE D'AMENOPHIS
ČERNÝ, J., *Le Culte d'Amenophis Ier chez les ouvriers de la nécropole thébaine*, in BIFAO 27/ 1927, 159 - 197, 9 Tafeln
ČERNÝ, *OHNL IV*
ČERNÝ, J., *Catalogue des ostraca hiératiques non littéraires de Deir el Médineh. Tome IV (nos. 242 à 339)*, Kairo 1939 (DFIFAO 6)
ČERNÝ, *Papyrus Salt 124*
ČERNÝ, J., *Papyrus Salt 124 (Brit. Mus. 10055)*, in JEA 15/ 1929, 243 258, 5 Taf.
CHEVRIER, *travaux de Karnak*
CHEVRIER, H., *Rapport sur les travaux de Karnak (1935 - 1936)*, in ASAE 36/ 1936, 131 - 157, 8 Tafeln

Christie's Catalogue, 14.04.1970
Christie's, Sale Catalogue 14. April 1970, London
CLÈRE, *Les Chauves d'Hathor*
CLÈRE, J. J., *Les Chauves d'Hathor*, Leuven 1995 (OLA 63)
CLÈRE, *hymne à Abydos*
CLÈRE, J. J., *Un hymne à Abydos sur une stèle inédite d'Époque Ramesside*, in ZÄS 84/ 1959, 86 - 104, Taf. 4 - 5
CLÈRE, MONUMENT
CLÈRE, J. J., *Un momument de la religion populaire de l'époque ramesside*, in RdÉ 27/ 1975, 70 - 77, Taf. 4
CLÈRE, *Monuments inédits*
CLÈRE, J. J., *Monuments inédits des serviteurs dans la Place de Vérité*, in BIFAO 28/ 1929, 173 - 201, 4 Taf.
CLÈRE, *Nouveaux documents*
CLÈRE, J. J., *Nouveaux documents relatives au culte des colosses de Ramsès II dans le Delta*, in Kêmi 11/ 1950, 24 - 46, Taf. 3 - 4
CORTEGGIANI, *Centenaire*
CORTEGGIANI, J.-P., *Centenaire de l'Institut Francais d'Archéologie orientale*, Kairo 1981
COTTEVIEILLE-GIRAUDET, *Fouilles de Médamoud*
COTTEVIEILLLE-GIRAUDET, R., *Rapport sur les Fouilles de Médamoud 1931. Les Monuments du Moyen Empire*, Kairo 1933 (FIFAO 9, 1)
CRAMER, *Ägyptische Denkmäler*
CRAMER, M., *Ägyptische Denkmäler im Kestner-Museum zu Hannover*, in ZÄS 72/ 1936, 81 - 108, Taf. 4 - 9
DARESSY, *Fils Royal*
DARESSY, G., *Un 'Fils Royal en Nubie'*, in ASAE 20/ 1920, 129 - 142
DAUMAS, *Valeus Phonétiques*
DAUMAS, F., *Valeurs Phonétiques des Signes Hiéroglyphiques d'Époque Gréco-Romaine*, 4 Bände Montpellier 1988 - 1995
DAVIES, *High Place*
DAVIES, N. d. G., *A High Place at Thebes*, in *Mélanges Maspero I: Orient Ancien*, Kairo 1935 - 8 (MIFAO 66), S. 241 - 250, 5 Taf.
DAVIES, *Picture Writing*
DAVIES, N. M., *Picture Writing in Ancient Egypt*, Oxford 1958
DAVIES, *Ptahhetep I*
DAVIES, N. d. G., *The Mastaba of Ptahhetep and Akhethetep at Saqqara I: The Chapel of Ptahhetep and the Hieroglyphs*, London 1900 (MASE 8)
DAVIES, *Rekh-mi-Re*
DAVES, N. d. G., *The Tomb of Rekh-mi-Re at Thebes*, 2 Bände, New York 1943 (MMAEE 11)
DAVIES, *Two Sculptors*
DAVIES, N. d. G., *The Tomb of the Two Sculptors at Thebes*, New York 1925 (MMAEE - RPTMS IV)
DECKER, *Rudern*
DECKER, W., *Rudern*, in LÄ V, 31 - 315
DE ROUGÉ, *Inscriptions hiéroglyphiques*
DE ROUGÉ, J. (Hrsg.), *Inscriptions hiéroglyphiques copiées en Égypte pendant la mission scientifique de M. le Vicomte Emmanuel de Rougé*, Paris 1877 - 1879 (ÉtÉg 9 - 12)
DEMARÉE, *ꜣḫ-jqr-n-Rꜥ.w-Stelae*
DEMARÉE, R. J., *The ꜣḫ-jqr-n-Rꜥ.w-Stelae on Ancestor Worship in Ancient Egypt*, Leiden 1983 (EgU 3)

DERCHAIN-URTEL, *Untersuchungen*

DERCHAIN-URTEL, M. T., *Epigraphische Untersuchungen zur griechisch-römischen Zeit in Ägypten*, Wiesbaden 1999 (ÄAT 43)

DESROCHES-NOBLECOURT, VERCOUTTER, *Siecle*

DESROCHES-NOBLECOURT, C., VERCOUTTER, J., *Un siècle de fouilles françaises en Égypte. 1880-1980. A l'occasion du Centenaire de l'École du Caire (IFAO), Paris, École du Caire-Musée du Louvre*, Paris 1981

DEVAUX, *Définition*

DEVAUX, J., *Définition de quelques caractéristiques techniques de la statuaire de pierre tendre de Égypte ancienne*, in RdÉ 49/ 1998, S. 59 - 74, Taf. 4-11

DILS, *grote tempel*

DILS, P., *De grote tempel van Aboe Simbel. Aspecten van zijn architectuur, decoratie en theologisch systeem*, in DeScriba 1/ 1992, 165 - 202

DOLZANI, *Monumenti*

DOLZANI, C., *Monumenti egiziani in pietra del Civico Museo di Storia ed Arte di Trieste*, in Aegyptus 30/ 1950, 209 - 233

DOLZANI, *Sobk*

DOLZANI, C., *Il dio Sobk*, in AANL-M VIII, Bd. X/ 1961, 163 - 269, Taf. 1 - 12

DONADONI ROVERI, *Objets*

DONADONI ROVERI, A.-M., *Objets peu connus du Musée de Turin*, in BSFE 104/ 1985, 12 - 30

DONDERER, *Papyrus*

DONDERER, M., *Und es gab sie doch! Ein neuer Papyrus und das Zeugnis der Mosaiken belegen die Verwendung antiker 'Musterbücher'*, in AW 2/ 2005, 59 - 68

DONKER VAN HEEL, HARING, *Writing*

DONKER VAN HEEL, K., HARING, B. J. J., *Writing in a Workmen's Village. Scribal Practice in Ramesside Deir el-Medina*, Leiden 2003 (EgU 16)

DRENKHAHN, *Handwerker*

DRENKHAHN, R., *Die Handwerker und ihre Tätigkeiten im Alten Ägypten*, Wiesbaden 1976 (ÄA 31)

DRENKHAHN, *Werkstatt*

DRENKHAHN, R., *Werkstatt*, in LÄ VI, 1224 - 1225

DÜRRING, *Materialien*

DÜRRING, N., *Materialien zum Schiffbau im Alten Ägypten*, Berlin 1995 (ADAIK 11)

DUNHAM, *Four New Kingdom Monuments*

DUNHAM, D., *Four New Kingdom Monuments in the Museum of Fine Arts, Boston*, in JEA 21/ 1935, 146 - 151, Taf. 17 - 19

EFFLAND, EFFLAND, *Minmose*

EFFLAND, U., EFFLAND, A., *Minmose in Abydos*, in GM 198/ 2004, 5 - 17

EGGEBRECHT, *Ägypten*

EGGEBRECHT, A. (Hrsg.), *Das Alte Ägypten*, München 1997

EGGEBRECHT, *Aufstieg*

EGGEBRECHT, A. (Hrsg.), *Ägyptens Aufstieg zur Weltmacht*, Mainz 1987 (Ausstellung Hildesheim RPM 1987)

EL-AGUIZY, *Palaeographical Study*

EL-AGUIZY, O., *A Palaeographical Study of Demotic Papyri in the Cairo Museum from the Reign of King Taharka to the End of the Ptolemaic Period (684 - 30 B.C.)*, Kairo 1998 (MIFAO 113)

EL-SAYED, *Documents*

EL-SAYED, R., *Documents relatifs à Sais et ses divinités*, Kairo 1975 (BdÉ 69)

EMERY, *Hor-Aha*
EMERY, W. B., *Hor-Aha*, Kairo 1939 (ExcSaq)
EMERY, KIRWAN, *Excavations*
EMERY, W. B., KIRWAN, L. P., *The excavations and Survey Between Wadi es-Sebua and Adindan 1929-1931*, 2 Bände Kairo 1935
ENGELBACH, *Report*
ENGELBACH, R., *Report on the Inspectorate of Upper Egypt from April 1920 to March 1921*, in ASAE 21/ 1921, 61 - 76
ERMAN, *Religion*
ERMAN, A., *Die Religion der Ägypter. Ihr Werden und Vergehen in vier Jahrtausenden*, Berlin, Leipzig 1934
FAIRMAN, *Preliminary Report*
FAIRMAN, H. W., *Preliminary Report on the Excavations at Sesebi (Sudla) and Amarah West, Anglo-Egyptian Sudan, 1937 - 8*, in JEA 24/ 1938, 151 - 156, Taf. 10 - 11
FIRTH, *Nubia 1910-11*
FIRTH, C. M., *The Archaeological Survey of Nubia. Report for 1910-1911*, Kairo 1927
FISCHER, *Aspects*
FISCHER, H. G., *Archaeological Aspects of Epigraphy and Palaeography*, in CAMINOS, R., FISCHER, H. G., *Ancient Egyptian Epigraphy and Palaeography*, New York 1976, S. 27 - 50
FISCHER, *Calligraphy*
FISCHER, H. G., *Ancient Egyptian Calligraphy*, New York 1999
FISCHER, *Composite Hieroglyphs*
FISCHER, H. G., *The Evolution of Composite Hieroglyphs in Ancient Egypt*, in Ancient Egypt in the Metropolitan Museum Journal, Suppl. Vol. 12 - 13/ 1977 - 78, New York 1980, 5 - 19
FISCHER, *Eleventh Dynasty Couple*
FISCHER, H. G., *An Eleventy Dynasty Couple Holding the Sign of Life*, in ZÄS 100/ 1973, 15 - 28, Taf. 1
FISCHER, *Mo'alla*
FISCHER, H. G., *Notes on the Mo'alla Inscriptions and some Contemporaneous Texts*, in WZKM 57/ 1961, 59 - 77
FISCHER, *Orientation I*
FISCHER, H. G., *Egyptian Studies II: The Orientation of Hieroglyphs Part I. Reversals*, New York 1977
FISCHER, *Provincial Administrators*
FISCHER, H. G., *Four Provincial Administrators at the Memphite Cemeteries*, in JAOS 74/ 1954, 26 - 34
FISCHER, *SḪꜣ.SN*
FISCHER, H. G., *SḪꜣ.SN (Florence 1774)*, in RdÉ 24/ 1972, 64 - 71, Taf. 7
FISCHER, *Varia Nova*
FISCHER, H. G., *Egyptian Studies III: Varia Nova*, New York 1996
FORGEAU, *Prêtres*
FORGEAU, A., *Prêtres isiaques: Essai d'anthropologie religieuse*, in BIFAO 84/ 1984, 155 - 187
FRANKE, *Heqaib*
FRANKE, D., *Das Heiligtum des Heqaib auf Elephantine. Geschichte eines Provinzheiligtums im Mittleren Reich*, Kairo, Heidelberg 1994 (SAGA 9)
FREED, *Divine Tour*
FREED, R. E., *A Divine Tour of Ancient Egypt*, Memphis (Tenn.) 1983
FRIEDMAN, *Gifts*
FRIEDMAN, F. D. (Hrsg.), *Gifts of the Nile. Ancient Egyptian Faience*, London 1998

BIFAO 71/ 1972, 67 - 85, Taf. 13 - 18

HABACHI, *Qantir*

HABACHI, L., *Khatâna - Qantîr: Importance*, in ASAE 52/ 1952, 443 - 562, 38 Taf.

HABACHI, *Qantir Stela*

HABACHI, L., *The Qantir Stela of the Vizier Rahotep and the Statue 'Ruler of Rulers'*, in LAUFFER, S. (Hrsg.), *Festgabe für Dr. Walter Will, Ehrensenator der Universität München zum 70. Geburtstag am 12. November 1966*, Köln, Berlin, Bonn, München 1966, 67 - 77

HABACHI, *Touy*

HABACHI, L., *La reine Touy, femme de Séthi I, et ses proches parents inconnus*, in RdÉ 21/ 1969, 28 - 47, Taf. 1 - 3

HABACHI, ENGEL, *Tell el-Daba I*

HABACHI, L., ENGEL, E.-M., *Tell el-Daba I. Tell el-Daba and Qantir. The Site and ist Connection with Avaris and Piramesse*, Wien 2001 (UKÖAI II)

HANNIG, *HWB*

HANNIG, R., *Großes Handwörterbuch Ägyptisch-Deutsch (2800-950 v. Chr.)*, Mainz 1995

HASLAUER, *Ägypten*

HASLAUER, E., *Ägypten - Im Reich der Pharaonen*, Leoben 2001 (Ausst. Kunsthalle Leoben 2001)

HASLAUER, *Werkverfahren*

HASLAUER, E., *Werkverfahren bei Statuen aus Stein, Holz, Bronze, Fayence und Ton*, in SEIPEL, W. (Hrsg.), *Gott-Mensch-Pharao. Viertausend Jahre Menschenbild in der Skulptur des alten Ägypten*, Wien 1992 (Ausstellung KHM Wien 1992), S. 49 - 55

HASSAN, *Giza VIII*

HASSAN, S., *Giza VIII: The Great Sphinx and its Secrets. Historical Studies in the Light of Recent Excavations*, Kairo 1953

HASSAN, *Sphinx*

HASSAN, S., *Le Sphinx. Son histoire a la lumière des fouilles récentes*, Kairo 1951

HEIN, *Bautätigkeit*

HEIN, I., *Die ramessidische Bautätigkeit in Nubien*, Wiesbaden 1991 (GOF IV, 22)

HEIN, *Stelenfragment*

HEIN, I., *Ein Stelenfragment Ramses' I.*, in ZÄS 116/ 1989, S. 36 - 40, Taf. 1

HEISEL, *Bauzeichnungen*

HEISEL, J. P., *Antike Bauzeichnungen*, Darmstadt 1993

HELCK, *Domänen*

HELCK, W., *Domänen*, in LÄ I, 1117 - 1120

HEROLD, *Fragment*

HEROLD, A., *Was ein Fragment enträtselt*, in GEO-Epoche 3/ 2000, S. 165 - 166

HIKADE, *Expeditionswesen*

HIKADE, T., *Das Expeditionswesen im ägyptischen Neuen Reich. Ein Beitrag zu Rohstoffversorgung und Außenhandel*, Heidelberg 2001 (SAGA 21)

HODJASH, BERLEV, *Reliefs*

HODJASH, S., BERLEV, O., *The Egyptian Reliefs and Stelae in the Pushkin Museum of Fine Arts, Moscow*, Leningrad 1982

HOFFMANN, *Kultur und Lebenswelt*

HOFFMANN, F., *Ägypten - Kultur und Lebenswelt in griechisch-römischer Zeit. Eine Darstellung nach den demotischen Quellen*, Berlin 2000

HOLLENDER, *Votivstele*

HOLLENDER, G., *Eine Votivstele für Amenophis I. im Nationalmuseum Athen*, in BRODBECK, A. (Hrsg.), *Ein ägyptisches Glasperlenspiel. Ägyptologische Beiträge für Erik Hornung aus seinem Schülerkreis*, Berlin 1998, 85 - 91

HÖLZL, *Giebelfelddekorationen*
HÖLZL, R., *Die Giebelfelddekorationen von Stelen des Mittleren Reiches*, Wien 1990 (BzÄ 10)
HORNUNG, *Kuhbuch*
HORNUNG, E., *Kuhbuch*, in LÄ III, 837 - 838
HORNUNG, *Nachtfahrt*
HORNUNG, E., *Die Nachtfahrt der Sonne. Eine altägyptische Beschreibung des Jenseits*, Zürich, München 1991
JAMES, *Painting Techniques*
JAMES, H., *Painting Techiques on Stone and Wood*, in WATKINS, S. C., BROWN, C. E. (Hrsg.), *Conservation of Ancient Egyptian Materials*, London 1988, S. 55 - 59
JANSEN-WINKELN, *Inschriften*
JANSEN-WINKELN, K., *Biographische und religiöse Inschriften der Spätzeit aus dem Ägyptischen Museum Kairo*, 2 Bände Wiesbaden 2001 (ÄAT 45)
JANSEN-WINKELN, *Vermerke*
JANSEN-WINKELN, K., *Vermerke: Zum Verständnis kurzer und formelhafter Inschriften auf ägyptischen Denkmälern*, in MDAIK 46/ 1990, 127 - 156
JANSSEN, *Commodity Prices*
JANSSEN, J. J., *Commodity Prices from the Ramessid Period*, Leiden 1975
JANSSEN, *stèle*
JANSSEN, J. J., *Une stèle du dieu Reshef à Cambridge*, in CdÉ 25/ 1050, 209 - 212
JANSSEN, PESTMAN, *Burial*
JANSSEN, J. J., PESTMAN, P. W., *Burial and Inheritance in the Community of the Necropolis Workmen at Thebes*, in JESHO 11/ 1968, 137 - 145
JEQUIER, *Aba*
JEQUIER, G., *La pyramide d'Aba*, Kairo 1935 (Fouilles à Saqqara)
JØRGENSEN, *Egypt II*
JØRGENSEN, *M., Egypt II (1550 - 1080 B.C.)*, København 1998
JUNKER, *Pylon*
JUNKER, H., *Der grosse Pylon des Tempels der Isis in Philae*, Wien 1958 (DÖAW-S)
KAHL, *Farbgebung*
KAHL, J., *Die Farbgebung in der frühen Hieroglyphenschrift*, in ZÄS 124/ 1997, S. 44 - 56
KAHL, *Siut - Theben*
KAHL, J., *Siut - Theben. Zur Wertschätzung von Traditionen im Alten Ägypten*, Leiden, Boston, Köln 1999 (PdÄ 13)
KAHL, *Sprachsensibilität*
KAHL, J., *Religiöse Sprachsensibilität in den Pyramidentexten und Sargtexten am Beispiel des Namens des Gottes Seth*, SD aus BICKEL, S., MATHIEU, B. (Hrsg.), *D'un monde à l'autre. Textes des Pyramides & Textes des Sarcophages. Actes de la table ronde internationale 'Textes des Pyramides versus Textes des Sarcophages' IFAO 24 - 26 septembre 2001*, Kairo 2004 (BdÉ 139), 219 - 246
KAHL, *Steh auf*
KAHL, J., *Steh auf, gib Horus deine Hand. Die Überlieferungsgeschichte von Altenmüllers Pyramidentext-Spruchfolge D*, Wiesbaden 1996 (GOF VI, 32)
KAMAL, *Fouilles*
KAMAL, A. B., *Fouilles à Dara et à Qoçêîr el-Amarna*, in ASAE 12/ 1912, 128 - 142
KAMPP, *Nekropole*
KAMPP, F., *Die thebanische Nekropole. Zum Wandel des Grabgedankens von der XVIII. bis zur XX. Dynastie*, Mainz 1996 (Theben 13)
KAMMERZELL, *Zeichenverstümmelung*
KAMMERZELL, F., *Zeichenverstümmelung*, in LÄ VI, 1359 - 1361

KAPLONY, *Inschriften*
KAPLONY, P., *Die Inschriften der ägyptischen Frühzeit*, 4 Bände Wiesbaden 1963 (ÄA 8 - 9)
KAPLONY, *Krugverschlüsse*
KAPLONY, P., *Krugverschlüsse*, in LÄ III, 818 - 819
KAUFMANN, *Epigraphik*
KAUFMANN, C. M., *Handbuch der altchristlichen Epigraphik*, Freiburg i.Br. 1917
KILLEN, *Woodworking*
KILLEN, G., *Egyptian Woodworking and Furniture*, Princes Risborough 1994 (SE 21)
KITCHEN, *Stelae*
KITCHEN, K. A., *Four Stelae in Leichester City Museum*, in Orientalia NS 29/ 1960, 75 - 97, Taf. 19 - 22
KITCHEN, *West Semitic title*
KITCHEN, K. A., *A West Semitic title on an Egyptian Stela in Rio de Janeiro*, in JEA 73/ 1987, 218 - 220
KLEMM, *Steinbearbeitung*
KLEMM, R, *Steinbearbeitung*, in LÄ V, 1274 - 1275
KLEMM, *Steine*
KLEMM, R. u. D., *Die Steine der Pharaonen*, München 1981 (Ausstellung SSÄK 1982)
KOCKELMANN, *Demotic Manual*
KOCKELMANN, H., *A Roman Period Demotic Manual of Hymns to Rattawy and other Deities (P. Ashm. 1984.76)*, in JEA 89/ 2003, 217 - 229, Taf. 17
KOEFOED-PETERSEN, *stèles égyptiennes*
KOEFOED-PETERSEN, O., *Les stèles égyptiennes du Musée Thorvaldsen à Copenhague*, in ArOr 20/ 1952, 428 - 434, Taf. 41 - 44
KRAUSPE, *Ägyptisches Museum*
KRAUSPE, R., *Ägyptisches Museum der Karl-Marx-Universität Leipzig. Führer durch die Ausstellung*, Leipzig[3] 1987
KRI I
KITCHEN, K. A., *Ramesside Inscriptions. Historical and Biographical I*, Oxford 1975
KRI II
KITCHEN, K. A., *Ramesside Inscriptions. Historical and Biographical II*, Oxford 1979
KRI III
KITCHEN, K. A., *Ramesside Inscriptions. Historical and Biographical III*, Oxford 1980
KRI IV
KITCHEN, K. A., *Ramesside Inscriptions. Historical and Biographical IV*, Oxford 1982
KRI VII
KITCHEN, K. A., *Ramesside Inscriptions. Historical and Biographical VII*, Oxford 1989
KRI-NC II
KITCHEN, K. A., *Ramesside Inscriptions. Historical and Biographical II. Notes and Comments*, Oxford 1999
KRI-T II
KITCHEN, K. A., *Ramesside Inscriptions. Historical and Biographical II. Translations*, Oxford 1996
KRUCHTEN, *Maître*
KRUCHTEN, J. - M., *Le 'Maître des dieux' de Karnak*, in VERHOEVEN, U., GRAEFE, E. (Hrsg.), *Religion und Philosophie im Alten Ägypten. Festgabe für Philippe Derchain zu seinem 65. Geburtstag am 24. Juli 1991*, Leuven 1991 (OLA 39), 179 - 187
LACAU, CHEVRIER, *Chapelle Sésostris I*
LACAU, P., CHEVRIER, H., *Une Chapelle de Sésostris Ier á Karnak*, 2 Bände Kairo 195, 1969
LAURENT, *pharaons*
LAURENT, V., *Des pharaons aux premiers chrétiens*, Dijon 1985

LDT I

LEPSIUS, R., *Denkmäler aus Ägypten und Äthiopien: Text, Band I*, Leipzig 1897

LE SAOUT, *paléographie*

LE SAOUT, F., *Étude de paléographie hiéroglyphique*, in TRAUNECKER, C., LE SAOUT, F., MASSON, O., *La chapelle d'Achôris a Karnak*, 2 Bände, Paris 1981, S. 149 - 249

LECLANT, *Astarté*

LECLANT, J., *Astarté à cheval d' après les représentations égyptiennes*, in Syria 37/ 1960, 1 - 67, Taf. 1 - 4

LEE, QUIRKE, *Painting Materials*

LEE, L., QUIRKE, S., *Painting materials*, in NICHOLSON, P. T., SHAW, I., *Ancient Egyptian materials and Technology*, Cambridge 2000, S. 104 - 120

LEGRAIN, *miracle d'Ahmès*

LEGRAIN, G., *Un miracle d'Ahmès Ier à Abydos sous le régne de Ramsès II*, in ASAE 16/ 1916, 161 - 170, 1 Taf.

LEIBOVITCH, *Amon-Ra*

LEIBOVITCH, J., *Amon-Ra, Rechef et Houroun sur une stèle*, in ASAE 44/ 1944, 163 - 172, Taf. 14

LEIBOVITCH, *fragment*

LEIBOVITCH, J., *Un fragment de stèle dédidée à Rechef*, in ASAE 40/ 1940, 489 - 493, Taf. 45

LEITZ, *QÄR I*

LEITZ, C., *Quellentexte zur Ägyptischen Religion I. Die Tempelinschriften der griechisch-römischen Zeit*, Münster 2004 (EQÄ 2)

LEPROHON, *Stelae II (CAA Boston 3)*

LEPROHON, R. J., *Stelae II. The New Kingdom to the Coptic Period (CAA Boston, Museum of Fine Arts 3)*, Mainz 1991

LEPSIUS, *Liste*

LEPSIUS, R.(Hrsg.), *Liste der hieroglyphischen Typen aus der Schriftgiesserei des Herrn F. Theinhardt in Berlin*, Berlin 1875

LETELLIER, *stèle de Qadesh*

LETELLIER, B., *Autour de la stèle de Qadesh; Une famille de Deir el Médineh*, in RdÈ 27/ 1975, 150 - 163, Taf. 11 - 12

LETELLIER, *vie quotidienne*

LETELLIER, B. (Hrsg.), *La vie quotidienne chez les artisans de Pharaon*, Metz 1978 (Ausstellung Musée de Metz 1978)

LIPINSKA, *List of Objects*

LIPINSKA, J., *A List of Objects Found at Deir el-Bahari in the Area of the Temple of Thutmosis III. IVth Season of Excavations 1964/ 1965*, in ASAE 60/ 1968, 154 - 204, 69 Taf.

LOAT, *Gurob*

LOAT, L., *Gurob*, London 1904 (BSAE 10)

LOPEZ, *stèle ramesside*

LOPEZ, J., *Une stèle ramesside de la collection Aubert*, in RdÈ 26/ 1974, 115 - 117

LORET, *Manuel*

LORET, V., *Manuel de la langue égyptienne. Grammaire, Tableau des Hiéroglyphes, Textes & Glossaire*, Paris 1889

LOWLE, *Funerary Stela*

LOWLE, D. A., *A Funerary Stela of the Troop-Commander of the Army and Standardbearer Huy*, in SAK 9/ 1981, 253 - 258, Taf. 5

LOWLE, *Remarkable Family*

LOWLE, D. A., *A Remarkable Family of Draughtsmen-Painters from Early Nineteenth Dynasty Thebes*, in OrAnt 15/ 1976, 91 - 106, Taf. 1 - 2

LOWLE, *Stela*

LOWLE, D. A., *A Nineteenth Dynasty Stela in the Louvre*, in: RUFFLE, J., GABALLA, G. A., KITCHEN, K. A. (Hrsg.), *Glimpses of Ancient Egypt. Studies in Honour of H.W. Fairman*, Warminster 1979, S. 50-54

LOWLE, *Two Monuments*

LOWLE, D. A., *Two Monuments of Perynefer, a Senior Official in the Court of Ramesses II*, in ZÄS 107/ 1980, 57 - 62, Taf. 1 - 2

LUNSINGH SCHEURLEER, *Gemeentemuseum*

LUNSINGH SCHEURLEER, C. W., *Gemeentemuseum te 's-Gravenhage. Egyptische Oudheden*, in JEOL 7/ 1940, 549 - 556, Taf. 15 - 19

MAHMOUD, *Ii-neferti*

MAHMOUD, A., *Ii-neferti, a Poor Woman*, in MDAIK 55/ 1999, 315 - 323, Taf. 50 - 53

MALEK, *Stela*

MALEK, J., *Stela of the draughtsman Pashed I of Deir el-Medina*, in JEA 77/ 1991, 176 - 180

MALEK, *Two Monuments*

MALEK, J., *Two Monuments of the Tias*, in JEA 60/ 1974, 161 - 167, Taf. 34 - 35

MALININE, POSENER, VERCOUTTER, *Serapeum*

MALININE, M., POSENER, G., VERCOUTTER, J., *Catalogue des stèles du Sérapéum de Memphis*, 2 Bände Paris 1968

MANUELIAN, *Living*

MANUELIAN, P. der, *Living in the Past*, London, New York 1994

MANUELIAN, *Prolegomena*

MANUELIAN, P. der, *Prolegomena zur Untersuchung saitischer Kopien*, in SAK 10/ 1983, 221 - 245

MANUELIAN, *Slab Stelae*

MANUELIAN, P. der, *Slab Stelae of the Giza Necropolis*, New Haven, Philadelphia 2003 (PPYEE 7)

MARÉE, *Remarkable Group*

MARÉE, M., *A Remarkable Group of Egyptian Stelae from the Second Intermediate Period*, in OMRO 73/ 1993, 7 - 22

MARGAINE, *Egypte*

MARGAINE, A.-M., *L'Egypte Ancienne. Catalogue Cannes, Musée de la Castre*, Cannes 1984 (Petits guides des Musées de Cannes)

MARIETTE, *Abydos*

MARIETTE, A., *Catalogue Général des monuments d' Abydos*, Paris 1880

MARIETTE, *Abydos II*

MARIETTE, A., *Abydos. Description des fouilles exécutées sur l'emplacment de cette ville. Tome Deuxième*, Paris 1880

MARIETTE, *Serapeum*

MARIETTE, A., *Le Sérapéum de Memphis*, Paris 1857

MARTIN, *Chapels*

MARTIN, G. T., *The Tomb-Chapels of Paser and Ra'ia at Saqqâra*, London 1985 (MEES 52)

MARTIN, *Corpus I*

MARTIN, G. T., *Corpus of Reliefs of the New Kingdom from Memphite Necropolis and Lower Egypt*, London 1987 (Studies in Egyptology 3)

MARTIN, *Hidden Tombs*

MARTIN, G. T., *The Hidden Tombs of Memphis. New Discoveries from the Time of Tutankhamun and Ramesses the Great*, London 1991

MARTIN, *Horbeitstelen*

MARTIN, K., *Waren die sog. 'Horbeitstelen' Türschilder oder waren sie Votivtafeln?*, in BSAK 9/ 2003, 255 - 262 (FS Altenmüller)

MARTIN, *Stelae*, in Vorb.
MARTIN, G. T., *Stelae from Egypt and Nubia in the Fitzwilliam Museum, Cambridge, c. 3000 BC - AD 1150*, in Vorb.
MARTIN, *Tia, Tia*
MARTIN, G. T., *The Tomb of Tia and Tia. A Royal Monument of the Ramesside Period in the Memphite Necropolis*, London 1997 (MEES 58)
MASPERO, *Rapport*
MASPERO, G., *Rapport sur une mission en Italie*, in RecTrav 2/ 1880, S. 159 - 199
MAYSTRE, *livre*
MAYSTRE, C., *Le livre de la vache du ciel dans les tombes de la Vallée des Rois*, in BIFAO 40/ 1941, 55 115
MAYSTRE, *stèle*
MAYSTRE, C., *Une stèle d'un grand prêtre memphite*, in ASAE 48/ 1948, 449 - 455, Taf. I
MCDOWELL, *Village Life*
MCDOWELL, A. G., *Village Life in Ancient Egypt. Laundry Lists and Love Songs*, Oxford 1999
MEGALLY, *Considérations*
MEGALLY, M., *Considérations sur les variations et la transformation des formes hiératiques du Papyrus E. 3226 du Louvre*, Kairo 1971 (BdÉ 49)
MENZ, CHAPPAZ, RITSCHARD, *Voyages*
MENZ, C., CHAPPAZ, J.-L., RITSCHARD, C. (Hrsg.), *Voyages en Égypte de l'Antiquité au début di XXe siècle*, Genf 2003
METZGER, *Königsthron*
METZGER, M., *Königsthron und Gottesthron. Thronformen und Throndarstellungen in Ägypten und im Vorderen Orient im dritten und zweiten Jahrtausend vor Christus und deren Bedeutung für das Verständnis von Aussagen über den Thron im alten Testament*, 2 Bände Neukirchen-Vluyn 1985 (AOAT 15)
MEULENAERE, *Deux vizirs*
MEULENAERE, H. d., *Deux vizirs de Ramsès II*, in CdÉ 41/ 1966, 223 - 232
MEULENAERE, *dignitaire*
MEULENAERE, H. d., *Le dignitaire memphite Pay*, in CdÉ 50/ 1975, 87 - 92
MOGENSEN, *Collection Égyptienne*
MOGENSEN, M., *La Collection Égyptienne - La Glyptothèque Ny Carlsberg*, København 1930
MOGENSEN, *Inscriptions Hiéroglyphiques*
MOGENSEN, M., *Inscriptions hiéroglyphiques du Musée National de Copenhague*, København 1918
MOGENSEN, *Stèles*
MOGENSEN, M., *Stèles Égyptiennes au Musée National de Stockholm*, København 1919
MOKHTAR, *Ihnâsya*
MOKHTAR, G. el-Din, *Ihnâsya el-Medina (Herakleopolis Magna). Its Importance and Its Role in Pharaonic History*, Kairo 1983 (BdÉ 40)
MÖLLER, *Hieratische Paläographie*
MÖLLER, G., *Hieratische Paläographie. Die ägyptische Buchschrift in ihrer Entwicklung von der fünften Dynastie bis zur römischen Kaiserzeit*, 3 Bände, Berlin^2 1927 und 1936
MOND, MYERS, *Temples of Armant*
MOND, R., MYERS, O. H., *Temples of Armant. A Preliminary Survey*, 2 Bände London 1940 (MEES 43)
MONNET, SALEH, *Zagreb*
MONNET, J., SALEH, M., *Les antiquités égyptiennes de Zagreb. Catalogue raisonné des antiquités égyptiennes conservées au Musée Archéologique en Yougoslavie*, Paris 1970

MONTET, *Tombeaux de Siout*

MONTET, P., *Les Tombeaux de Siout et de Deir Rifeh*, in Kêmi 3/ 1930 - 1935, 45 - 111, Taf. 2 - 10

MOOREY, *Egypt*

MOOREY, P. R. S., *Ancient Egypt*, Oxford 1970

MORENZ, *Schrift – Mysterium*

MORENZ, L. D., *Schrift - Mysterium. Gottes-Schau in der visuellen Poesie von Esna - insbesondere zu den omnipotenten Widder-Zeichen zwischen Symbolik und Lesbarkeit*, in ASSMANN, J., BOMMAS, M. (Hrsg.), *Ägyptische Mysterien?*, München 2002, 77 - 94

MORET, *Monuments égyptiens*

MORET, A., *Monuments égyptiens de Musée Calvet à Avignon (suite)*, in RT 34/ 1912, 182 - 189

MORGAN, *Ohrenstelen*

MORGAN, E. E., *Untersuchungen zu den Ohrenstelen aus Deir el-Medine*, Wiesbaden 2004 (ÄAT 61)

MORKOT, *Archaism*

MORKOT, R., *Archaism and Innovation in Art from the New Kingdom to the Twenty-Sixth Dynasty*, in TAIT, J. (Hrsg.), *Encounters with Ancient Egypt: 'Never Had the Like Occurred': egypt`s view of its past*, London 2003, 79 - 99

MOURSI, *Corpus*

MOURSI, M., *Corpus der Mnevis-Stelen und Untersuchungen zum Kult der Mnevis-Stiere in Heliopolis*, in SAK 10/ 1983, 247 - 267, Taf. 5 - 6

MOURSI, *Hohenpriester*

MOURSI, M., *Die Hohenpriester des Sonnengottes von der Frühzeit Ägyptens bis zum Ende des Neuen Reiches*, München Berlin 1972 (MÄS 26)

MOURSI, *Re-hotep*

MOURSI, M., *Die Stele des Vezirs Re-hotep (Kairo JdE 48845)*, in MDAIK 37/ 1981, 321 - 329, Taf. 52 - 53

MÜLLER, *Sammlung Esch*

MÜLLER, H. W., *Die Sammlung Wilhelm Esch, Duisburg: Werke altägyptischer und koptischer Kunst*, München 1961

MÜLLER, *Verwaltung*

MÜLLER, I., *Die Verwaltung der nubischen Provinz im Neuen Reich*, Diss. Berlin (Ost) 1979

MÜLLER, SETTGAST, EGGEBRECHT, *Nofretete - Echnaton – Tutanchamun*

MÜLLER, H. W., SETTGAST, J., EGGEBRECHT, A. (Red.) *Nofretete - Echnaton - Tutanchamun*, Mainz 1976

MUNRO, *Jah-mes*

MUNRO, I., *Das Totenbuch des Jah-mes (pLouvre E. 11085) aus der frühen 18. Dynastie*, Wiesbaden 1995 (HAT 1)

MUNRO, *Totenstelen*

MUNRO, P., *Die spätägyptischen Totenstelen*, Glückstadt 1973 (ÄF 25)

MURRAY, *Fresh Inscriptions*

MURRAY, M. A., *Some Fresh Inscriptions*, in AncEg 1917 II/ 1917, 62 - 68

MURRAY, *Saqqara Mastabas I*

MURRAY, M. A., *Saqqara Mastabas Part I*, London 1905 (BSAE 10)

MURRAY, *Saqqara Mastabas II*

MURRAY, M. A., *Saqqara Mastabas Part II*, London 1937 (BSAE 11)

MYRSICH, *Hieroglyphisches Denken*

MYRSICH, T. Q., *Ein Beitrag zum 'Hieroglyphischen Denken'*, in SAK 6/ 1978, 107 - 129

MYSLIEWIEC, *Pyramidia*
MYSLIEWIEC, K., *Zwei Pyramidia der XIX. Dynastie aus Memphis*, in SAK 6/ 1978, 139 – 155, Taf. 36 - 40
NAVILLE, *Deir el-Bahari I*
NAVILLE, E., *The XIth Dynasty Temple at Deir el-Bahari I*, London 1907 (MEES 28)
NAVILLE, *Deir el-Bahari III*
NAVILLE, E., *The XIth Dynasty Temple at Deir el-Bahari III*, London 1913 (MEES 32)
NAVILLE, *Stèles*
NAVILLE, E., *Les quatre stèles orientées Du Musée de Marseille*, in *Congrès Provincial des Orientalistes: compte rendu de la troisième session Lyon 1878*, Lyon 1880, 275 - 293, Taf. 12 - 15
NEGM, *Stela*
NEGM, M., *A Stela of Ramose from Deir el-Medina in the Cairo Museum*, in DE 54/ 2002, 97 - 104
NEUREITER, *Interpretation*
NEUREITER, S., *Eine neue Interpretation des Archaismus*, in SAK 21/ 1994, 219 - 254
NICHOLSON, *Faience*
NICHOLSON, P. T., *Egyptian Faience and Glass*, Princes Risborough 193 (SE 19)
NICHOLSON, PELTENBURG, *Egyptian faience*
NICHOLSON, P. T., PELTENBURG, E., *Egyptian Faience*, in NICHOLSON, P. T., SHAW, I. (Hrsg.), *Ancient Egyptian Materials and Technology*, Cambridge 2000, 177 - 194
NIMS, *Stela*
NIMS, C. F., *A Stela of Penre, Builder of the Ramesseum*, in MDAIK 14/ 1956, 146 - 149
NUNN, *Medicine*
NUNN, J. F., *Ancient Egyptian Medicine*, London 1996
PAGE-GASSER, WIESE, *Augenblicke*
PAGE-GASSER, M., WIESE, A. B., *Ägypten – Augenblicke der Ewigkeit. Unbekannte Schätze aus Schweizer Privatbesitz*, Basel, Mainz 1997
PALANQUE, *Toulouse*
PALANQUE, C., *Musée Égyptien de Toulouse*, in RT 25/ 1903, 121 - 138
PERDU, RICKAL, *Collection Égyptienne*
PERDU, O., RICKAL, E.., LA COLLECTION ÈGYPTIENNE DU MUSÉE DE PICARDIE, Amiens, Paris 1994
PETRIE, *Abydos I*
PETRIE, W. M. F., *Abydos Part I. 1902*, London 1902 (MEES 22)
PETRIE, *courtiers*
PETRIE, W. M. F., *Tombs of the courtiers and Oxyrhynchos*, London 1925 (BSAE 37)
PETRIE, *Gizeh, Rifeh*
PETRIE, W. M. F., *Gizeh and Rifeh. Double Volume*, London 1907 (BSAE 13)
PETRIE, *Hieroglyphs*
PETRIE, H., *Egyptian Hieroglyphs of the First and Second Dynasties*, London 1927
PETRIE, *Kahun*
PETRIE, W. M. F., *Kahun, Gurob and Hawara*, London 1890
PETRIE, *Koptos*
PETRIE, W. M. F., *Koptos*, London 1896
PETRIE, *Medum*
PETRIE, W. M. F., *Medum*, London 1892
PETRIE, *Sedment II*
PETRIE, W. M. F., *Sedment II*, London 1924 (BSAE 35)
PETRIE, *Six Temples*
PETRIE, W. M. F., *Six Temples at Thebes. 1896*, London 1897

PETRIE, *Tools*
PETRIE, W. M. F., *Tools and Weapons*, London 1917 (BSAE 30)
PETSCHEL, VON FALCK, *Krieg und Frieden*
PETSCHEL, S., VON FALCK, M., *Pharao siegt immer. Krieg und Frieden im Alten Ägypten*, Hamm 2004
PIANKOFF, *Chapelles*
PIANKOFF, A., *Les Chapelles de Tout-ankh-Amon*, Kairo 1952 (MIFAO 72)
PIANKOFF, *Shrines*
PIANKOFF, A., *The Shrines of Tut-Ankh-Amon*, New York 1955 (ERTR 2)
PIERRET, *Recueil II*
PIERRET, P., *Recueil d'inscriptions inédites du Musée Egyptien du Louvre. Deuxième Partie*, Paris 1878 (ÉtÉg 8)
PM I: 2
PORTER, B., MOSS, R. L. B., *Topographical Bibliography of Ancient Egyptian Hieroglyphic Texts, Reliefs, and Paintings. I: The Theban Necropolis Part 2: Royal Tombs and Smaller Cemeteries*, Oxford[2] 1964
PM II
PORTER, B., MOSS, R. L. B., *Topographical Bibliography of Ancient Egyptian Hieroglyphic Texts, Reliefs, and Paintings. II: Theban Temples*, Oxford[2] 1972
PM III
PORTER, B., MOSS, R. L. B., *Topographical Bibliography of Ancient Egyptian Hieroglyphic Texts, Reliefs, and Paintings. III: Memphis, 2 Bände*, Oxford[2] 1974, 1981
PM IV
PORTER, B., MOSS, R. L. B., *Topographical Bibliography of Ancient Egyptian Hieroglyphic Texts, Reliefs, and Paintings. IV: Lower and Middle Egypt*, Oxford 1934
PM V
PORTER, B., MOSS, R. L. B., *Topographical Bibliography of Ancient Egyptian Hieroglyphic Texts, Reliefs, and Paintings. V: Upper Egypt: Sites*, Oxford 1962
POSENER, *Inscriptions*
POSENER, G., *Sur les Inscriptions Pseudo-Hiéroglyphique de Byblos*, in *Mélanges offerts a M. Maurice Dunand I*, Beirut 1969, 225 - 239
PUMPENMEIER in DREYER et al., *Umm el-Qaab 9./10. Vorbericht*
DREYER, G., HARTUNG, U., HIKADE, T., KÖHLER, E. C., MÜLLER, V., PUMPENMEIER, F., *Umm el-Qaab. Nachuntersuchungen im frühzeitlichen Königsfriedhof 9./10. Vorbericht*, in MDAIK 54/ 1998, 77 - 167, Taf. 3 - 15
QUIBELL, *Ramesseum*
QUIBELL, J. E., *The Ramesseum*, London 1896 (BSAE 2)
QUIRKE, *Cult*
QUIRKE, S., *The Cult of Ra. Sun-worship in Ancient Egypt*, London 2001
QUIRKE, *Religion*
QUIRKE, S., *Altägyptische Religion*, Stuttgart 1996
RADWAN, *Aspekte*
RADWAN, A., *Einige Aspekte der Vergöttlichung des ägyptischen Königs*, in *Ägypten. Dauer und Wandel. Symposium anläßlich des 75jährigen Bestehens des Deutschen Archäologischen Instituts Kairo am 10. und 11. Oktober 1982* (SDAIK 18), 53-69, Taf. 10
RANDALL-MACIVER, WOOLEY, *Buhen*
RANDALL-MACIVER, D., WOOLLEY, C. L., *Buhen*, 2 Bände Philadelphia 1911 (CEN 7)
RANKE, *PN* RANKE, H., *Die ägyptischen Personennamen Band I: Verzeichnis der Namen*, Glückstadt 1935

RAUE, *Wesir*
RAUE, D., *Ein Wesir Ramses'II*, in GUKSCH, H., POLZ, D. (Hrsg.), *Stationen. Beiträge zur Kulturgeschichte Ägyptens (FS Stadelmann)*, Mainz 1998, S. 431 - 51
RAVEN, *Iurudef*
RAVEN, M. J., *The Tomb of Iurudef. A Memphite Official in the Time of Ramsesses II*, London 1991 (MEES 57)
RAVEN, *Stela*
RAVEN, M. J., *A Stela Relocated*, in WES 1/ 1997, 139 - 148, Taf. 16 - 19
REEVES, WILKINSON, *Tal der Könige*
REEVES, N., WILKINSON, R. H., *Das Tal der Könige*, Düsseldorf 1997
REINEKE, *Technik*
REINEKE, W.-F., *Technik und Wissenschaft*, in EGGEBRECHT, A. (Hrsg.), *Das Alten Ägypten*, München 1997, S. 365 - 393
RICH, *Materials*
RICH, J. C., *The Materials and Methods of Sculpture*, New York9 1973
RICKE, *Geflügelhof*
RICKE, H., *Der Geflügelhof des Amon in Karnak*, in ZÄS 73/ 1937, 124 - 131
RILEY, *Paléographie*
RILEY, M. G., *Paléographie des signes hieroglyphiques sous les deux premières dynasties égyptiennes*, Diss. Paris 1985, unpubliziert, mir nicht zugänglich
ROBINS, *Proportion*
ROBINS, G., *Proportion and Style in Ancient Egyptian Art*, London 1994
ROEDER, *Ramses II*
ROEDER, G., *Ramses II. als Gott nach den Hildesheimer Denksteinen aus Horbêt*, in ZÄS 61/ 1926, 57 - 67, Taf. 4 - 5
RÖMER, *Gottes- und Priesterherrschaft*
RÖMER, M., *Gottes- und Priesterherrschaft in Ägypten am Ende des Neuen Reiches. Ein religionsgeschichtliches Phänomen und seine sozialen Grundlagen*, Wiesbaden 1994 (ÄAT 21)
RÖMER, *Königssöhne*
RÖMER, M., *Königssöhne - Königsstatuen - Königsgötter*, in ZÄS 131/ 2004, 73 - 82
ROSENVASSER, *Stela*
ROSENVASSER, A., *The Stela Aksha 505 and the Cult of Ramesses II as a God in the Army*, in RIHAO 1/ 1972, 99 - 114, Taf. 1
ROWE, *Newly identifies monuments*
ROWE, A., *Newly identified monuments in the Egyptian Mu-seum showing the deification of the dead together with brief details of similar objects elsewhere*, in ASAE 40/ 1940, 1 - 50, 291 - 296, 10 Taf.
RUFFLE, *Urhiya and Yupa I*
RUFFLE, J., *The Family of Urhiya and Yupa, High Stewards of the Ramesseum Part I: The Monuments*, in: RUFFLE, J., GABALLA, G. A., KITCHEN, K. A. (Hrsg.), *Glimpses of Ancient Egypt. Studies in Honour of H.W. Fairman*, Warminster 1979, S. 55 - 70
RUSSMANN, *Eternal Egypt*
RUSSMANN, E. R., *Eternal Egypt. Masterworks of Ancient Art from the British Museum*, London 2001
SÄVE-SÖDERBERGH, *Denkmäler*
SÄVE-SÖDERBERGH, T., *Einige ägyptische Denkmäler in Schweden*, Uppsala 1945
SÄVE-SÖDERBERGH, *Harpune*
SÄVE-SÖDERBERGH, T., *Harpune*, in LÄ II, 1012 - 1014

SÄVE-SÖDERBERGH, *Tomb*

SÄVE-SÖDERBERGH, T., *The Tomb of the Prince of Teh-Khet, Amenemhet*, in Kush 11/ 1963, 159 - 174

SATZINGER, *Wien, KHM*

SATZINGER, H., *Das Kunsthistorische Museum in Wien. Die Ägyptisch-Orientalische Sammlung*, Mainz 1994 (ZBA 14)

SATZINGER, *Wiener Objekte*

SATZINGER, H., *Zwei Wiener Objekte mit bemerkenswerten Inschriften*, in *Mélanges Gamal Eddin Mokhtar Volume II*, Kairo 1985, 249 - 259, 2 Taf. (BdÉ 97,2)

SAUNERON, *chef*

SAUNERON, S., *Le chef de travaux Mây*, in BIFAO 53/ 1953, 57 - 63

SCHEEL, *Metallhandwerk III*

SCHEEL, B., *Studien zum Metallhandwerk im alten Ägypten III. Handlungen und Beischriften in den Bildprogrammen der Gräber des Neuen Reiches und der Spätzeit*, in SAK 14/ 1987, S. 247 - 264

SCHEEL, *Metalworking*

SCHEEL, B., *Egyptian Metalworking and Tools*, Princes Risborough 1989 (SE 13)

SCHENKEL, *Einführung*

SCHENKEL, W., *Tübinger Einführung in die klassisch-ägyptische Sprache und Schrift*, Tübingen 1997

SCHENKEL, *Frühmittelägyptische Studien*

SCHENKEL, W., *Frühmittelägyptische Studien*, Bonn 1962 (BOS NS 13)

SCHENKEL, *Konkordanz*

SCHENKEL, W., *Aus der Arbeit an einer Konkordanz zu den altägyptischen Sargtexten*, Wiesbaden 1983 (GOF IV, 12)

SCHENKEL, *Vorlagen*

SCHENKEL, W., *Zur Frage der Vorlagen spätzeitlicher Kopien*, in ASSMANN, J. et al., *Fragen an die altägyptische Literatur (Gedenkschrift E. Otto)*, Wiesbaden 1977, 417 - 448

SCHEURLEER, *Egypte*

SCHEURLEER, R. A. L. (Hrsg.), *Egypte eender en anders*, Amsterdam 1984 (Ausstellung APM 1984)

SCHULMAN, *Faience Stela*

SCHULMAN, A. R., *A Faience Stela from the New Kingdom*, in Expedition 2,4/ 1960, S. 32 - 33

SCHULMAN, ***Mhr and Mškb***

SCHULMAN, A. R., ***Mhr and Mškb**, Two Egyptian Military Titles of Semitic Origin*, in ZÄS 93/ 1966, 123 - 132, Taf. 8 - 9

SCHULZ, *Ohrenstelen*

SCHULZ, R., *Ohrenstelen*, in LÄ IV, 562 - 566

SCHULZ, SEIDEL, *Ägypten*

SCHULZ, R., SEIDEL, M., *Ägypten – Die Welt der Pharaonen*, Köln 1997

SCHULZ, SEIDEL, *Kunst*

SCHULZ, R., SEIDEL, M., *Ägypten. Kunst & Architektur*, Köln 2001

SCOTT, *Reliefs*

SCOTT, N. E., *Two Reliefs of The Early Old Kingdom*, in MMAB NS 19/ 1961 - 62, 194 - 197

SCOTT, *Stela*

SCOTT, N. E., *A Stela and an Ostracon: Two Acquisitions from Deir el Medineh*, in MMAB NS 21/ 1962 - 63, 149 - 153

SEIPEL, *Ägypten*

SEIPEL, W., *Ägypten. Götter, Gräber und die Kunst: 4000 Jahre Jenseitsglaube*, Linz 1989

SEIPEL, *Bilder*
SEIPEL, W., *Bilder für die Ewigkeit. 3000 Jahre ägyptische Kunst*, Konstanz 1983
SERVAJEAN, *hirondelle*
SERVAJEAN, F., *À propos d'une hirondelle et de quelques chats à Deir al-Médîna*, in BIFAO 102/ 2002, 353 - 370
SEYFRIED, *Beiträge*
SEYFRIED, K.-J., *Beiträge zu den Expeditionen des Mittleren Reiches in die Ost-Wüste*, Hildesheim 1981 (HÄB 15)
SMITH, *Buhen II*
SMITH, H. S., *The Fortress of Buhen. The Inscriptions*, London 1976 (MEES 48)
SMITH, *History*
SMITH, H. S., *A History of Egyptian Sculpture and Painting in the Old Kingdom*, Oxford 1949
SMITH, STEWARD, *Gurob Shrine Papyrus*
SMITH, H. S., STEWARD, H. M., *The Gurob Shrine Papyrus*, in JEA 70/ 1984, 54 - 64, Taf. 15 - 16
SNAPE, *Excavations*
SNAPE, S., *The Excavations of the Liverpool University Mission to Zawiyet Umm el-Rakham 1994-2001*, in ASAE 78/ 2004, 149 - 160
SNAPE, *Neb-Re*
SNAPE, S., *Neb-Re and the heart of darkness: the latest dis-coveries from Zawiyet Umm el-Rakham*, in Antiquity 75/ 2001, 19 - 20
Sotheby's Catalogue 13.12.1928
Sotheby's, Sale Catalogue 13.12.1928
Sotheby's Catalogue 05.07.1982
Sotheby's, Sale Catalogue 05.07.1982
Sotheby's Catalogue 29.05.1987
Sotheby's, Sale Catalogue 29.05.1987
SOUROUZIAN, *Merenptah*
SOUROUZIAN, H., *Les Monuments du roi Merenptah*, Mainz 1989 (SDAIK 22)
SPELEERS, *stèle de Mai*
SPELEERS, L., *La stèle de Mai du Musée de Bruxelles (E. 5300)*, in RT 39/ 1921, 113 - 144, Taf. 4
SPIEGELBERG, *Grabsteine I*
SPIEGELBERG, W. (Hrsg.), *Aegyptische Grabsteine und Denksteine aus süddeutschen Sammlungen. I. Karlsruhe, Mülhausen, Strassburg, Stuttgart*, Straßburg i. E. 1902
SPIEGELBERG, *Grabsteine III*
SPIEGELBERG, W. (Hrsg.), *Aegyptische Grabsteine und Denksteine aus verschiedenen Sammlungen. III. Bonn, Darmstadt, Frankfurt a. M., Genf, Neuchâtel*, Straßburg i. E. 1906
SPIEGELBERG, *Schenkungsstelen*
SPIEGELBERG, W., *Neue Schenkungsstelen über Landstiftungen an Tempel*, in ZÄS 56/ 1920, 55 - 60, Taf. 4 - 6
STADELMANN, *Syrisch-palästinensische Gottheiten*
STADELMANN, R., *Syrisch-palästinensische Gottheiten in Ägypten*, Leiden 1967 (PdÄ 5)
STAUFFER, *Cartoons*
STAUFFER, A., *Cartoons for weavers from Graeco-Roman Egypt*, in BAILEY, D. M. (Hrsg.), *Archaeological Research in Roman Egypt. The Proceedings of The Seventh Classical Colloquium of The Department of Greek and Roman Antiquities, British Museum, held on 1-4 December, 1993*, Ann Arbor 1996 (JRA-SS 19), 223-230
STEINDORFF, *Aniba II*
STEINDORFF, G., *Aniba. Zweiter Band*, Glückstadt, Hamburg New York 1937

STERNBERG-EL HOTABI, *Horusstelen*
STERNBERG-EL HOTABI, H., *Untersuchungen zur Überlieferungsgeschichte der Horusstelen. Ein Beitrag zur Religionsgeschichte Ägyptens im 1. Jt. v. Chr.*, Wiesbaden 1999 (ÄA 62)
STERNBERG-EL HOTABI, *Untergang*
STERNBERG-EL HOTABI, H., *Der Untergang der Hieroglyphenschrift*, in CdÉ 69/ 1994, 218 - 248
STEWARD, *Stelae I* STEWARD, H. M., *Egyptian Stelae, Reliefs and Paintings from the Petrie Collection. Part One: The New Kingdom*, London 1976
THÉODORIDÈS, *stèle juridique*
THÉODORIDÈS, A., *La stèle juridique d'Amarah*, in RIDA 3e Série 11/ 1964, 45 - 80
TIRADRITTI, *Cammino*
TIRADRITTI, F., *Il Cammino di Harwa. L'uomo di fronte al mistero l'Egitto*, Milano 1999
TOSI, ROCCATI, *Stele*
TOSI, M., ROCCATI, A., *Stele e altre epigrafi di Deir el Me-dina n. 50001 - n. 50262*, Torino 1972
TRAUNECKER, *Achôris*
TRAUNECKER, C., LE SAOUT, F., MASSON, O., *La Chapelle d'Achôris a Karnak II*, Paris 1981 (RGC-S 5)
TZACHOU, *World of Egypt*
TZACHOU, O. (Hrsg.)., *The World of Egypt in the National Archaeological Museum*, Athen 1995
VALBELLE, *Témoignages*
VALBELLE, D., *Témoignages du Nouvel Empire sur les cultes de Satis et d'Anukis á Eléphantine et à Deir el-Médineh*, in BIFAO 75/ 1975, 123 - 145, Taf. 37 - 42
VAN WALSEM, *Month*
VAN WALSEM, R., *The God Monthu and Deir el-Medîna*, in DEMARÉE, R. J., JANSSEN, J. J. (Hrsg.), *Gleanings from Deir el-Medîna*, Leiden 1982, 193 - 214 (EgU 1)
VARILLE, *Antiquités Égyptiennes*
VARILLE, A., *Les Antiquités Égyptiennes du Musée de Vienne (Isère)*, Paris 1983
VERCOUTTER, *Sai*
VERCOUTTER, J., *Excavations at Sai 1955 - 7. A Preliminary Report*, in Kush 6/ 1958, 144 - 169, Taf. 8 - 18
VERHOEVEN, *Post ins Jenseits*
VERHOEVEN, U., *Post ins Jenseits - Formular und Funktion altägyptischer Briefe an Tote*, in WAGNER, A. (Hrsg.), *Bote und Brief. Sprachliche Systeme der Informationsüberlieferung im Spannungsfeld von Mündlichkeit und Schriftlichkeit*, Frankfurt a. M. 2003 (NWS 4)
VERHOEVEN, *Untersuchungen*
VERHOEVEN, U., *Untersuchungen zur späthieratischen Buchschrift*, Leuven 2001 (OLA 99)
VERNER, *Abusir I*
VERNER, M., *Abusir I. The Mastaba of Ptahshepses. Reliefs I/ 1*, Praha 1977
VERNER, *Preparation*
VERNER, M., *Preparation of a Palaeographical Study on Old Kingdom Hieroglyphs*, in ZÄS 96/ 1969, 49 - 52
VERNUS, *Name*
VERNUS, P. *Name*, in LÄ IV, 320 - 326
VERNUS, *Namengebung*
VERNUS, P., *Namengebung*, in LÄ IV, 326 - 333
WAHRIG, *Wörterbuch*
WAHRIG, G., *Deutsches Wörterbuch*, Gütersloh 1997

WÅNGSTED, *Vier Stelen*

WÅNGSTED, S. V., *Vier Stelen und eine Opfertafel aus Deir el-Medineh*, in BMS 4/ 1964, 3 - 12

WB

ERMAN, A., GRAPOW, H. (Hrsg.), *Wörterbuch der Ägyptischen Sprache*, Berlin 1926 - 1931

WEEKS, *Tal der Könige*

WEEKS, K. (Hrsg.), *Im Tal der Könige. Von Grabkunst und Totenkult der ägyptischen Herrscher*, München 2001

WENIG, *Nubien*

WENIG, S., *Nubien*, in LÄ IV, 526 - 532

WENTE, *Letters*

WENTE, E. F., *Letters from Ancient Egypt*, Atlanta 1990

WENTE, *Ramesside Stelas*

WENTE, E. F., *Two Ramesside Stelas Pertaining to the Cult of Amenophis I*, in JNES 22/ 1963, 30 - 36

WIEDEMANN, *Egyptian inscriptions*

WIEDEMANN, A., *On some Egyptian inscriptions in the Musée Guimet at Paris*, in PSBA 14/ 1892, 331 - 339

WIEDEMANN, *Stela*

WIEDEMANN, A., *Stela at Freiburg in Baden. Varia*, in PSBA 13/ 1891, 31 - 39

WILD, *Ti*

WILD, H., *Le Tombeau de Ti*, 3 Bände, Kairo 1939, 1953, 1966 (MIFAO 65)

WILDUNG, SCHOSKE, *Nofret*

WILDUNG, D., SCHOSKE, S., *Nofret - Die Schöne. Die Frau im Alten Ägypten*, 2 Bände Kairo, Mainz 1985

WILKINSON, *manners and customs*

WILKINSON, J. G.., *The manners and customs of the ancient Egyptians: including their private life, government, laws, arts, manufactures, religion, agriculture, and early history; derived from a comparison of the paintings, sculptures, and monuments still existing, with the accounts of ancient authors. Illustrated by drawings of thoses subjects*, 2 Vol. in 6 Bänden London 1837 - 1841"

WILKINSON, *Wall Paintings*

WILKINSON, C. K., *Egyptian Wall Paintings. The Metropolitan Museums of Art`s Collection of Facsimiles*, New York 1983

WILLEITNER, *Gottkönig*

WILLEITNER, J., *Rätselhafter Gottkönig. Ein Statuenfund in Giza wirft neues Licht auf die Vergöttlichung Ramses II*, in AW 27, 6/ 1996, 359 - 364

WILSON, *Ptolemaic Lexikon*

WILSON, P., *A Ptolemaic Lexikon. A Lexicographical Study of the Texts in the Temple of Edfu*, Leuven 1997 (OLA 78)

WIMMER, *Paläographie*

WIMMER, S., *Hieratische Paläographie der nichtliterarischen Ostraka der 19. und 20. Dynastie*, Wiesbaden 1995 (ÄAT 28)

WINLOCK, *Statue*

WINLOCK, H. E., *Statue of the Steward Roy Singing the Psalm to Re'*, in JEA 6/ 1920, 1 - 3, Taf. 1 - 2

WRESZINSKI, *Atlas I*

WRESZINSKI, W., *Atlas zur altaegyptischen Kulturgeschichte I*, Leipzig 1923

YOYOTTE, *document relatif*

YOYOTTE, J., *Un document relatif aux rapports de la Libye et de la Nubie*, in BSFE 6/ 1951, 9 - 14, Taf. 1

ZAUZICH, *Hieroglyphen*

ZAUZICH, K.-T., *Hieroglyphen ohne Geheimnis*, Mainz 1980 (KAW 6)

ZAYED, *Stela*

ZAYED, A. el-H., *A Free-Standing Stela of the XIXth Dynasty*, in RdÉ 16/ 1964, 193 - 208, Taf. 7 - 8

ZECCHI, *Prosopographia*

ZECCHI, M., *Prosopografia dei sacerdoti del Fayyum. Dall' Antico Regno al IV secolo a.C.*, Imola (Bo) 1999 (ASC 4)

ZIBELIUS-CHEN, *Expansion*

ZIBELIUS-CHEN, K., *Die ägyptische Expansion nach Nubien. Eine Darlegung der Grundfaktoren*, Wiesbaden 1988 (BTAVO B/ 78)

ZIBELIUS-CHEN, *Hohentübingen*

ZIBELIUS-CHEN, K. (Hrsg.), *Museum Schloß Hohentübingen. Das Alte Ägypten*, Tübingen 2002

ZIEGLER, *Akhethetep*

ZIEGLER, C., *Le mastaba d'Akhethetep. Une chapelle funéraire de l'Ancien Empire*, Paris 1993

ZIEGLER, *les Pharaons*

ZIEGLER, C., *les Pharaons*, Paris 2002

ZIVIE, *Giza*

ZIVIE, C. M., *Giza au deuxième millénaire*, Kairo 1976 (BdÉ 70)

ZOFFILI, *Kleidung*

ZOFFILI, E., *Kleidung und Schmuck im Alten Ägypten*, Frankfurt, Berlin 1992

13. Abkürzungen – Abbreviations – Abréviations

allgemein – generally – général

Abb.	Abbildung	figure	illustration
kpl.	komplett	complete	complet
n.l.	nach links	to the left	à gauche
n.r.	nach rechts	to the right	à droite
Ofl.	Oberfläche	surface	surface
S.	Seite	page	page
Taf.	Tafel	plate	planche

Faksimiles

F	Faksimile (publiziert)	facsimile (published)	facsimilé (publié)
O	vom Original	from original	par original
P	vom Photo	from photo	par photo

Könige – Kings – Rois

RI	Ramses I
SI	Sethos I
RII	Ramses II
Mer	Merenptah
Am	Amenmesse
SII	Sethos II
Sip	Siptah

Toponyme – Toponyms - Toponymes
(alphabetisch – alphabetically – par ordre alphabétique)

Aby	Abydos
Aks	Akscha
Ama	Amara
Amd	Amada
Ani	Aniba
ASi	Abu Simbel
Buh	Buhen
DeB	Deir el-Bahari
DeM	Deir el-Medineh
DRi	Deir Rifeh
Edf	Edfu
Ele	Elephantine
Gad	Gadra
Giz	Giza
Gur	Gurob
Hel	Heliopolis
Her	Herakleopolis
Kar	Karnak
KeG	Kafr el-Gabal
Kop	Koptos
Lux	Luxor
Mem	Memphis
M-S	Memphis, Serapeum
Nub	Nubien
Qan	Qantir
Sai	(Insel) Sai
Saq	Saqqara
Sas	Sais
Sed	Sedment
SeK	Serabit el-Khadim
Sin	Sinai
The	Theben
WeS	Wadi es-Sebua
ZUR	Zawijet Umm el-Rakham
???	(Herkunft unklar) (provenance unknown) (provenance inconnu)

Periodica –Periodicals –Périodiques

AANL-M *Atti della Accademia Nazionale dei Lincei – Memorie*, Roma
ADAIK *Abhandlungen des Deutschen Archäologischen Instituts Kairo – Ägyptologische Reihe)*, Glückstadt, Berlin
ÄA *Ägyptologische Abhandlungen*, Wiesbaden
ÄAT *Ägypten und Altes Testament*, Bamberg, Wiesbaden
ÄF *Ägyptologische Forschungen*, Glückstadt, Hamburg, New York
AfP *Archiv für Papyrusforschung und Verwandte Gebiete*, Leipzig
Antiquity *Antiquity*, London
AOAT *Alter Orient und Altes Testament. Veröffentlichungen zur Kultur und Geschichte des Alten Orients und des Alten Testaments*, Neukirchen-Vluyn
AoF *Altorientalische Forschungen*, Berlin
ArOr *Archiv Orientální. Československý Orientální Ustar v Praze*, Praha
ASAE *Annales du Service des Antiquités de l'Égypte*, Kairo
ASC *Archeologia e storia della civiltà egiziana e del vicino oriente antico. Materiali e studi*, Imola (Bo)
AV *Archäologische Veröffentlichungen*, Mainz
AW *Antike Welt. Zeitschrift für Archäologie und Kulturgeschichte*, Mainz
BAe *Bibliotheca Aegyptiaca*, Bruxelles
BdÉ *Bibliothèque d'Étude*, Kairo
BIFAO *Bulletin de l'Institut Français d'Archéologie Orientale*, Kairo
BMS *Bulletin of the Medelhavsmuseet Stockholm*, Stockholm
Bor *Boreas. Uppsala Studies in Ancient Mediterranean and Near Eastern Civilisations*, Uppsala
BOS NS *Bonner Orientalistische Studien, Neue Serie*, Bonn
BSAE *British School of Archaeology in Egypt*, London
BSAK *Studien zur Altägyptischen Kultur - Beihefte*, Hamburg
BSFE *Bulletin de la Société Française d'Égyptologie*, Paris
BTAVO *Beihefte zum Tübinger Atlas des Vorderen Orients, Reihe B (Geisteswissenschaften)*, Wiesbaden
BzÄ *Beiträge zur Ägyptologie. Veröffentlichungen der Institute für Afrikanistik und Ägyptologie der Universität Wien*, Wien
CdÉ *Chronique d'Égypte. Bulletin Périodique de la Fondation Égyptologique Reine Élisabeth*, Bruxelles
CEN *Eckley B. Coxe Junior Expedition to Nubia*, Philadelphia
DE *Discussions in Egyptology*, Oxford
DFIFAO *Documents de fouilles publiés par les membres de l'Institut Français d'Archéologie Orientale du Caire*, Kairo
DÖAW-S *Denkschriften der Österreichische Akademie der Wissenschaften, Sonderband*, Wien
EA *Egyptian Archaeology. The Bulletin of The Egypt Exploration Society*, London
EgU *Egyptologische Uitgaven*, Leiden
EQÄ *Einführungen und Quellentexte zur Ägyptologie*, Münster
ERTR *Egyptian Religious Texts and Representations*, New York
ÉtÉg *Études Égyptologiques*, Paris
ExcSaq *Excavations at Saqqara*, Kairo
FIFAO *Fouilles de l'Institut Français d'Archéologie Orientale du Caire*, Kairo

GdG	*Grundlagen der Germanistik*, Berlin
GM	*Göttinger Miszellen*, Göttingen
GOF IV	*Göttinger Orientforschungen IV. Reihe: Ägypten*, Wiesbaden
HÄB	*Hildesheimer Ägyptologische Beiträge*, Hildesheim
HAT	*Handschriften des Altägyptischen Totenbuches*, Wiesbaden
JAC	*Journal of Ancient Civilizations*, Chanchun, Jilin Province
JAOS	*Journal of the American Oriental Society*, New York
JARCE	*Journal of the American Research Center in Egypt*, Cambridge (Mass.) / Boston / Princeton / New York
JEA	*Journal of Egyptian Archaeology*, London
JEOL	*Jaarbericht „Ex Oriente Lux" van het Vooraziatisch-Egyptisch Gezelschap*, Leiden
JESHO	*Journal of the Economic and Social History of the Orient*, Leiden
JRA-SS	*Journal of Roman Archaeology, Supplementary Series*, Ann Arbor
Karnak	*Karnak. Centre Franco-Égyptien d'étude des temples de Karnak*, Kairo
KAW	*Kulturgeschichte der Antiken Welt*, Mainz
Kêmi	*Kêmi. revue de Phililogie et d'Archéologie Égyptiennes et Coptes*, Paris
Kush	*Kush. Journal of the Sudan Antiquities Service*, Khartum
LÄ	*Lexikon der Ägyptologie*, Wiesbaden
MÄS	*Münchner Ägyptologische Studien*, München
MASE	*Memoirs of the Archaeological Survey of Egypt*, London
MDAIK	*Mitteilungen des Deutschen Archäologischen Instituts Kairo*, Berlin, Mainz
MEES	*Memoirs of the Egypt Exploration Society*, London
MIFAO	*Memoires publiés par les membres de l'Institut Francais d'Archéologie Orientale du Caire*, Kairo
MMAB	*The Metropolitan Museum of Art Bulletin*, New York
MMAEE	*The Metropolitan Museum of Art Egyptian Expedition*, New York
NWS	*Nordostafrikanisch/ Westasiatische Studien*, Frankfurt a. M.
OBO	*Orbis Biblicus et Orientalis*, Fribourg, Göttingen
OBOSA	*Orbis Biblicus et Orientalis – Series Archaeologica*, Fribourg, Göttingen
OLA	*Orientalia Lovaniensia Analecta*, Leuven
OMRO	*Oudheidkundige Mededelingen uit het Rijksmuseum van Oudheden te Leiden*, Leiden
Or NS	*Orientalia Nova Series*, Roma
OrAnt	*Oriens Antiquus. Rivista del Centro per le Antichità e la Atoria dell'Arte del Vicini Oriente*, Roma
PdÄ	*Probleme der Ägyptologie*, Leiden, Boston, Köln
PIREI	*Publications Interuniversitaires de Recherches Égyptologiques Informatisées*, Utrecht, Paris
PPYEE	*Publications of the Pennsylvania – Yale Expedition to Egypt*, New Haven, Philadelphia
RAMSES	*Recherchen zu Aegyptiaca in München – Studien zur Erwerbsgeschichte der Sammlung*, München
RevTrav	*Recueil et Travaux reliatifs à l'Archeologie et à la Philologie Égyptiennes et Assyriennes*, Paris
RGC-S	*Recherche sur les grandes civilisations , Synthèses*, Paris
RIDA	*Revue Internationale des Droits de l'Antiquité 3e Séries*, Bruxelles
RPTMS	*Robb de Peyster Tytus Memorial Series*, New York, subseries of MMAEE

SAGA	*Studien zur Archäologie und Geschichte Altägyptens*, Kairo, Heidelberg
SAK	*Studien zur Altägyptischen Kultur*, Hamburg
SDAIK	*Sonderschriften des Deutschen Archäologischen Instituts Kairo*, Mainz
SE	*Shire Egyptology*, Princes Risborough
SG	*Studium Generale*, Berlin, Heidelberg New York
TempImm	*Les Temples immergés de la Nubie*, Kairo
Theben	*Theben*, Mainz
UKÖAI	*Untersuchungen der Zweigstelle Kairo des Österreichischen Archäologischen Institutes*, Wien
WdO	*Die Welt des Orients*, Göttingen
WES	*Warsaw Egyptological Studies*, Warszawa
WZKM	*Wiener Zeitschrift für die Kunde ds Morgenlandes*, Wien
ZÄS	*Zeitschrift für ägyptische Sprache und Altertumskunde*, Berlin, Leipzig
ZBA	*Zaberns Bildbände zur Archäologie*, Mainz